Wolfgang Portisch

Sanierung und Insolvenz aus Bankensicht

Wolfgang Portisch

Sanierung und Insolvenz aus Bankensicht

4., überarbeitete und erweiterte Auflage

DE GRUYTER
OLDENBOURG

ISBN 978-3-11-060185-5
e-ISBN (PDF) 978-3-11-060513-6
e-ISBN (EPUB) 978-3-11-060342-2

Library of Congress Control Number: 2018940937

Bibliografische Information der Deutschen Nationalbibliothek
Die Deutsche Nationalbibliothek verzeichnet diese Publikation in der Deutschen Nationalbibliografie; detaillierte bibliografische Daten sind im Internet über http://dnb.dnb.de abrufbar.

Printing and binding: CPI books GmbH, Leck
Cover image: Mlesna / E+ / gettyimages

www.degruyter.com

Vorwort

Das Handbuch **„Sanierung und Insolvenz aus Bankensicht"** analysiert die aktive Krisenbewältigung von Firmenkunden aus der Sicht einer Hausbank. Dazu wird der außergerichtliche Sanierungsprozess von der Risikoerkennung bis zum Turnaround detailliert untersucht. Der Insolvenzprozess und die Möglichkeiten einer Sanierung nach dem Insolvenzantrag werden ebenfalls betrachtet. Diese Inhalte zur Sanierung und Insolvenz von Firmen werden mit Praxisbeispielen sowie aktuellen empirischen Ergebnissen aus Untersuchungen unterlegt. Die Aussagen stellen die Ansichten der Verfasser dar und können eine rechtliche Beratung nicht ersetzen.

Ziele des Buches

Dieses Buch soll die professionelle Durchführung von Unternehmenssanierungen in Banken und Sparkassen unterstützen. Dazu werden wirtschaftliche und juristische Aspekte des Sanierungs- sowie Abwicklungsprozesses aus Sicht der beteiligten Kreditinstitute erläutert, um den nachhaltigen Turnaround zu begleiten. Dabei werden praxisnahe Gestaltungsempfehlungen für die einzelnen Prozessphasen in der Sanierung gegeben. Gezeigt wird, wie wichtige Akteure bei der Sanierung von Unternehmen agieren, um einen wirtschaftlichen Gesundungsprozess positiv voranzutreiben oder die optimale Abwicklungsstrategie im Insolvenzverfahren zu erreichen.

Neuerungen und Erweiterungen in der vierten Auflage

Das Handbuch wurde in der aktuell vierten Auflage an die neuere Rechtsprechung angepasst. Es wurden Urteile zu den Anforderungen an Sanierungskonzepte sowie die überarbeitete Fassung des Standards IDW S 6 mit aufgenommen und bewertet. Des Weiteren wurde auf den NPL-Leitfaden der EZB zu notleidenden Krediten sowie die Mindestanforderungen an das Risikomanagement in der aktuellen Fassung eingegangen. Das Controlling und das Reporting der Sanierung und Abwicklungsaktivitäten wurden ebenfalls berücksichtigt. Zudem wurde die Rechtsprechung zum Sanierungsgewinn und zur Vorsatzanfechtung dargelegt.

Adressaten des Werkes

Zielgruppen für dieses Buch sind in erster Linie Mitarbeiter von Sanierungsabteilungen und Führungskräfte aus Kreditinstituten. Aber auch für Firmeninhaber und Geschäftsführer sowie Kunden und Lieferanten von Unternehmen ist es wichtig einen Einblick zu erhalten, wie Kreditinstitute im Sanierungsprozess bei Firmen agieren. Das vorliegende Werk kann in der Praxis aber auch in der Lehre an Hochschulen und Universitäten in einem Studienschwerpunkt Sanierung, Restrukturierung oder Insolvenz eingesetzt werden.

Oldenburg, im Oktober 2018 Wolfgang Portisch

https://doi.org/10.1515/9783110605113-202

Danksagung

Ein großer Dank gilt meiner Familie für die mentale Unterstützung beim Schreiben des Buches und das Schaffen zeitlicher Spielräume. Ich möchte mich besonders bei meinen Söhnen Alexander, David und Luis für ihre Geduld sowie die vielen Stunden ohne Fahrradfahren und Baggern bedanken.

Bedanken möchte ich mich bei Dr. Christoph Bode für das praxisnahe Verfassen des theoretischen Kapitels der übertragenden Sanierung.

Des Weiteren bedanke ich mich herzlich bei Prof. Dr. Knut Henkel sowie Prof. Dr. Thomas Lenz für die Durchsicht der Bereiche Rechnungswesen und Steuern.

Mein besonderer Dank gilt auch Dr. Friedrich L. Cranshaw für das Einbringen seiner großartigen insolvenzrechtlichen Expertise mit dem Lektorieren des Insolvenzteils.

Ich bedanke mich auch ganz herzlich bei Silke Reeh für ihr kompetentes Korrekturlesen und ihre immer netten Worte der Unterstützung.

Ganz vielen Dank auch an Anne Rudolph für die Fertigstellung des Buches und ihre ruhige Art und die insgesamt angenehme Zusammenarbeit.

Oldenburg, im Oktober 2018 Wolfgang Portisch

https://doi.org/10.1515/9783110605513-203

Inhalt

1 Einleitung

Die wirtschaftliche Entwicklung verläuft auch aufgrund der starken Verzahnung der Sektoren sowie der Globalisierung in stark ausschlagenden Konjunkturzyklen des Auf- und Abschwungs. Firmen können innerhalb dieser volatilen Zyklen in wenigen Monaten in eine wirtschaftliche Krisenlage gelangen, selbst Unternehmen mit einer bislang starken Marktposition.

Dabei sind nicht allein junge und kleine Unternehmen durch wirtschaftliche Fehlentwicklungen belastet. Immer öfter sind auch alteingesessene und große Traditionsfirmen in ehemals erfolgreichen Branchen von einem wirtschaftlichen Zusammenbruch bedroht. Ein bedeutendes Krisenmerkmal ist unter anderen eine nicht optimal gestaltete Nachfolge. Problematisch ist, dass die in vielen Jahren geschaffenen Werte wie der Ruf und der Kundenstamm auf einen Schlag mit dem Insolvenzantrag vernichtet werden. Des Weiteren können Zusammenbrüche großer Firmen aufgrund von wirtschaftlichen Abhängigkeiten Folgekrisen bei anderen Unternehmen in einer Wertschöpfungskette nach sich ziehen. Insgesamt verursachen Insolvenzen intensive wirtschaftliche Schäden für die Gläubigergruppen.

Positiv ist, dass viele Krisen von Firmen heilbar und Insolvenzen durch ein rechtzeitiges Gegensteuern vermeidbar sind. Daher gesunden zahlreiche Unternehmen in einer Übergangsphase der Sanierung. Durch die konsequente Sanierung und nachhaltige Restrukturierung von Krisenunternehmen mit Unterstützung der Kreditinstitute können diese Insolvenzschäden für die deutsche Volkswirtschaft in Grenzen gehalten werden. Den beteiligten Banken und Sparkassen kommt eine Sonderrolle zu. Vielfach werden die wirtschaftlichen Risiken der Kreditnehmer durch die Finanzierer aufgedeckt und aktiv bearbeitet, denn Banken setzen professionelle Risikoerkennungsinstrumente ein und besitzen ein umfangreiches Spezialwissen in der außergerichtlichen Sanierung von Firmenkunden.

Ein Akteur unter den Banken steht in der Krise einer Unternehmung besonders im Fokus, die Hausbank. Dieses Institut führt die laufenden Konten und weist in der Regel das größte Kreditvolumen auf. Meist besteht eine langjährig gewachsene und von gegenseitigem Vertrauen geprägte Geschäftsbeziehung. Es existiert regelmäßig eine hohe Unterstützungsbereitschaft, wenn das Hausinstitut von der Sanierungsfähigkeit und der Sanierungswürdigkeit des Krisenunternehmens überzeugt ist.

Die Hausbank ist eine der Kerngruppen im Rahmen der Bearbeitung von Unternehmenskrisen und wird daher in den Vordergrund dieser Untersuchung gestellt. Aber auch andere Institute und weitere Akteure sind an Firmensanierungen beteiligt und können eine Gesundung fördern oder auch gefährden. So behindern Streitigkeiten unter den Kreditinstituten, Lieferanten sowie Kreditversicherern über Beteiligungsquoten an Sicherheiten, geforderte vorrangige Rückführungen und persönliche Animositäten eine Sanierung oft erheblich.

https://doi.org/10.1515/9783110605136-001

Daher ist es zu versuchen, möglichst alle Gläubiger zu einer Sanierungskoalition zu vereinen. Die verschiedenen Interessen sind in Einklang zu bringen, um möglichst hohe Unterstützungsbeiträge für das Unternehmen zu gewinnen sowie potenzielle Sanierungsgefährdungen zu vermeiden. Auf diese Art und Weise wird ein nachhaltiger Turnaround des betrachteten Krisenunternehmens begünstigt.

Erschwert wird die Sanierung durch einen heterogenen Gesellschafterkreis. Hatten es die Risikospezialisten in den Instituten bislang oft mit klassischen Familienunternehmen zu tun, so hat sich der Kreis der Gesellschafter in mittelständischen Betrieben vielfach stark verändert. Im Rahmen der Globalisierung der Finanzmärkte sind immer öfter Finanzinvestoren wie Hedgefonds oder Private-Equity-Geber aus ihrer Gesellschafterstellung heraus an Firmensanierungen beteiligt und erschweren unter Umständen die Verhandlungen zur wirtschaftlichen Gesundung.

Neben Gläubigern sowie Gesellschaftern haben auch andere Unternehmensgruppen ein Interesse an der Sanierung eines Krisenunternehmens. Diese Motivationen lassen sich ausnutzen, um Sanierungsbeiträge zur Stützung der Krisenfirma einzufordern. Demnach können die Mitarbeiter im Rahmen von Gehaltsverzichten und freiwilligen Überstunden und der Fiskus mit Stundungen von Steuern oder die Kunden durch Anzahlungen positive Beiträge zur Gesundung eines Unternehmens leisten. Daher erfolgt die Betrachtung des Sanierungsprozesses aus ganzheitlicher Sicht und unter Einbezug aller relevanten Anspruchsgruppen eines Unternehmens. Es werden Gestaltungsempfehlungen für die Beziehung der Hausbank zur Krisenfirma und zu den übrigen Interessengruppen gegeben, um den Genesungsverlauf zu fördern. Dabei wird die Sanierungsbegleitung in Eigenregie einer Hausbank mit der Aufrechterhaltung der Kundenbeziehung betrachtet, um für das eigene Kreditinstitut Wertsteigerungen aus einem Firmenengagement zu generieren.

Besondere Anforderungen können sich bei den Gesundungsbemühungen von Spezialfinanzierungen bei Schiffen, Immobilienobjekten und auch bei Projektfinanzierungen regenerativer Energievorhaben ergeben. Meist wird bei diesen Sanierungen mit Tilgungsaussetzungen sowie Verzichten in Form von Haircuts gearbeitet. Aufgrund dieser Spezialität wird nicht näher auf diese Geschäftsarten eingegangen. Es werden klassische Sanierungen von Unternehmen mit einer Organisationsstruktur betrachtet. Eingegangen wird primär auf den außergerichtlichen Sanierungsprozess sowie Alternativen der wirtschaftlichen Gesundung nach dem Insolvenzantrag beziehungsweise im eröffneten Insolvenzverfahren.

Der Themenkomplex zur Bewältigung der Unternehmenskrise wird in diesem Buch umfassend analysiert. Es erfolgt eine integrierte Betrachtung des Sanierungs- und Insolvenzprozesses auf Basis einer Theorie, einer Praxisfallstudie und den Ergebnissen einer empirischen Studie. Vorrangig wird dabei die Sichtweise einer Hausbank eingenommen. Im Folgenden wird der Aufbau dieses Handbuchs mit den einzelnen Kapiteln beschrieben.

2 Aufbau des Buches

Bei diesem Werk handelt es sich um ein Praxishandbuch für Anwender, die Sanierungsfälle im operativen Geschäft in einem Kreditinstitut bearbeiten. Es wird primär die Sichtweise der Gläubigerbanken eingenommen. Aber auch andere Parteien im Sanierungsprozess und ihre Interessen sowie Verhaltensweisen werden betrachtet, um ein möglichst umfassendes Bild zu gewinnen. Aus Sicht der Kreditinstitute sind bei einem Gesundungsversuch alle Kräfte zu bündeln und daher die Ziele und Meinungen der übrigen Parteien im Vorfeld zu analysieren. Gelingt es diese Unterstützungsbeiträge vieler im Sanierungsprozess direkt und indirekt beteiligter Akteure in Übereinstimmung zu bringen, steigt die Wahrscheinlichkeit diese schwierige Unternehmenssituation erfolgreich zu meistern.

Die Sanierung wird als Prozess angesehen, in dem idealtypisch verschiedene Phasen durchlaufen werden. Auch wenn aus der Praxis bekannt ist, dass Sanierungen im Detail unterschiedlich verlaufen, lassen sich Kernphasen bei der Krisenentstehung und Meilensteine bei der Bewältigung der Schieflage identifizieren. Der Sanierungsprozess wird der Übersichtlichkeit halber in wichtige Teilschritte zergliedert. Dies bietet den Vorteil, dass sich konkrete Eckpunkte im Sanierungsverlauf erkennen lassen, an denen bestimmte Maßnahmen zu ergreifen sind. Es erfordert zudem eine gleichartige Vorgehensweise bei der Bearbeitung von Krisenfällen, damit zum einen effizient vorgegangen und zum anderen objektiv geurteilt wird. Des Weiteren ermöglicht eine prozessuale Strukturierung eine optimale digitale Unterstützung. Es wird die Kommunikation mit allen Anspruchsgruppen über den Sanierungsverlauf betrachtet, denn diese ist meist ein kritischer Erfolgsfaktor.

Das Buch ist zusammenfassend wie folgt aufgebaut: Im Anschluss an die Einleitung in Kapitel 1 sowie dem Aufbau in Kapitel 2 wird in Kapitel 3 eine ganzheitliche Theorie erarbeitet, auf die in späteren Abschnitten des Buches Bezug genommen wird. Das Stakeholder-Modell und die Agency-Theorie erlauben es, die relevanten Akteure in einer Firmensanierung und Insolvenz zu identifizieren, ihre Interessen zu analysieren sowie daraus abgeleitete Handlungsempfehlungen für die Bearbeitung von Krisenfällen zu geben.

Ein Schwerpunkt des Buches liegt auf dem Kapitel 4, in dem die Phasen einer Sanierung untersucht werden. In jedem Abschnitt des vierten Kapitels wird ein Prozessschritt detailliert analysiert. Zur Veranschaulichung wird ein Praxisfall über den gesamten Sanierungsprozess betrachtet. Begonnen wird in jedem Abschnitt mit einem Theorieteil, der die Grundlage für den nachfolgenden Bearbeitungsschritt in einer Fallstudie schafft. Es folgen die Aufgabenstellung sowie die Lösung des Praxisbeispiels. Den Abschluss eines Abschnitts bildet eine Sanierungsregel als Erfolgsfaktor einer erfolgreichen Sanierung. Unterlegt werden diese Prozessphasen durch die Ergebnisse verschiedener empirischer Studien.

https://doi.org/10.1515/9783110605013-002

In Kapitel 5 wird der Verlauf eines Insolvenzverfahrens erläutert. Begonnen wird mit dem Eröffnungsverfahren und den wichtigen Handlungsschritten direkt nach dem Insolvenzantrag. Dazu wird auf die Stellung der Kreditinstitute im Rahmen der Entwicklung eines Abwicklungskonzeptes Bezug genommen und auf die Prozesse und die Herangehensweisen der Banken sowie Sparkassen in diesem Bereich eingegangen. Es werden die Neuerungen im Insolvenzrecht und aktuelle Urteile betrachtet. Der Leitfaden für Banken zu notleidenden Krediten findet ebenfalls Berücksichtigung. Es folgt die Darstellung von Sanierungsalternativen im Insolvenzplanverfahren. Beispielsweise wird der Prozess der übertragenden Sanierung aus der Sicht von Banken untersucht. Des Weiteren wird die Konzeption einer jeweils optimalen Verwertungsstrategie beschrieben, falls die Gesundungsanstrengungen im Insolvenzverfahren scheitern. Abschließend wird ein Messkonzept erarbeitet, um die Ergebnisse aus der Abwicklungsarbeit zu ermitteln. Zudem werden Alternativen bei der bankinternen Berichterstattung aufgezeigt.

In Kapitel 6 schließt das Buch mit einer Zusammenfassung der Erfolgsfaktoren der Sanierung und Insolvenz ab. Der Aufbau des Buches wird in Abb. 2.1 dargestellt.

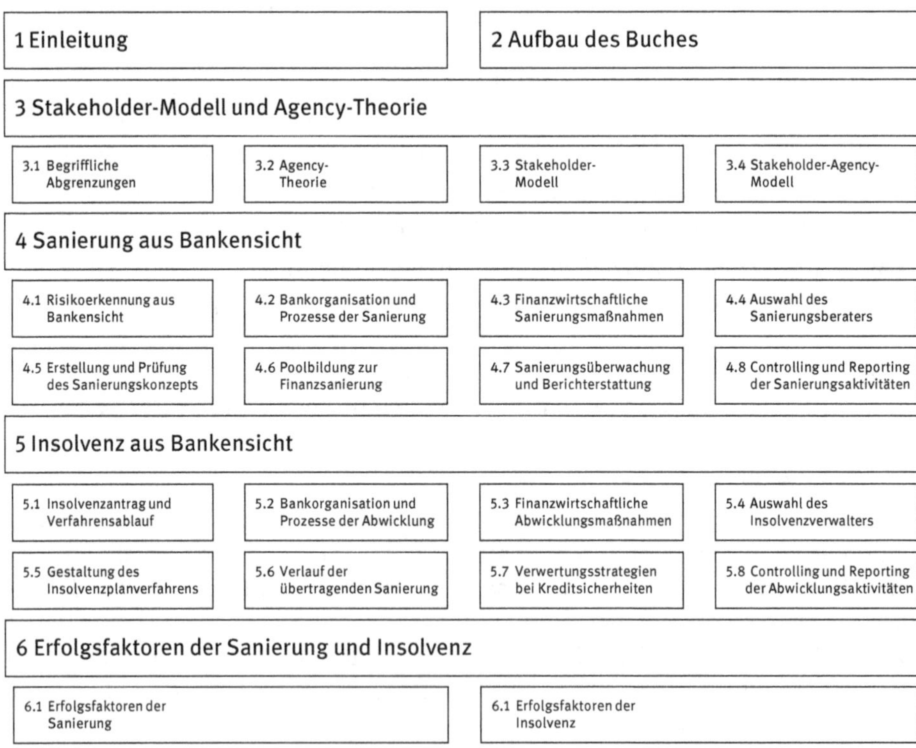

Abb. 2.1: Aufbau des Buches (Quelle: Eigene Darstellung)

3 Stakeholder-Modell und Agency-Theorie

Lernziele

Problemfelder der Agency-Theorie kennen
Stakeholder im Gesundungsprozess identifizieren
Unterstützungen realisieren und Gefährdungen vermeiden können

Im Folgenden werden zunächst die begrifflichen Grundlagen erarbeitet. Es wird auf die Krisenphasen und den Sanierungsprozess eingegangen. Dabei ist der Begriff der Sanierung von der Restrukturierung abzugrenzen. So erfordert eine Sanierung gemäß der gewählten Definition die Unterstützung externer Gruppen, während die Restrukturierung auch aus dem Unternehmen heraus, mit eigenen Mitteln, erfolgen kann. Im Anschluss an diese Erläuterungen werden betriebswirtschaftliche Theorien für die späteren Abschnitte dargestellt. Die Auswahl der Modelle erfolgt in Bezug auf die prägenden Eigenschaften einer Sanierung.

Basis der Untersuchungen bildet zum einen die Agency-Theorie, denn in der Krise bestehen meist starke Informationsasymmetrien zwischen den beteiligten Akteuren. Diese lassen sich mit dem Agency-Ansatz untersuchen. Aus diesem Theoriemodell werden wichtige Elemente im Sanierungsprozess deutlich und es können anschließend praxisnahe Lösungen zur Bewältigung der Krise erarbeitet werden.

Des Weiteren wird das Stakeholder-Modell vorgestellt, denn in einer Sanierung ist es typisch, dass sich eine Vielzahl von Akteuren zu einer Sanierungskoalition zusammenschließen. Diese Gruppen verfolgen jedoch unterschiedliche Interessen. Die verschiedenen Ziele und Handlungsweisen dieser Stakeholder sind zu analysieren, um auf die bedrohenden Handlungen im Sanierungsprozess reagieren und die unterstützenden Entscheidungen fördern zu können.

Gleichermaßen gelten die Rahmenbedingungen auch für die Abwicklung im Rahmen einer sanierenden oder verwertenden Insolvenz. Werden die Erwartungen der internen und externen Akteure durch die Geschäftsführung des Unternehmens oder den Insolvenzverwalter angemessen berücksichtigt, dann steigen die Chancen, den Sanierungsprozess oder den Abwicklungsprozess in der Insolvenz aus der Sicht der Kreditinstitute erfolgreich abzuschließen.

Ziel ist es, den Sanierungsprozess bestmöglich zu begleiten und die Bedürfnisse und Ansprüche der internen und externen Akteure zu kennen, um diese bestmöglich zu befriedigen. Ein optimal gestalteter Prozess schafft bestmögliche Voraussetzungen, um den Ausfall für alle Parteien zu verringern oder zu vermeiden.

https://doi.org/10.1515/9783110605013-003

3.1 Begriffliche Abgrenzungen

Das Wort Krise stammt aus dem Altgriechischen (crisis) und steht für die kritische Entwicklungsphase einer Krankheit oder die Zuspitzung einer kritischen Situation (vgl. Müller, 1985, S. 398). Betriebswirtschaftlich gesehen lässt sich dieser Begriff im Rahmen einer einzelwirtschaftlichen Betrachtung auf Unternehmen mit wirtschaftlichen Schwierigkeiten anwenden (vgl. David, 2001, S. 22). Um den Begriff der Krise zu beschreiben, lässt sich die Fehlentwicklung als Prozess ansehen, der:

- zu Umsatzeinbußen, Ertragsrückgängen und Liquiditätsproblemen führt,
- die Ziele des Unternehmens und die Kapitaldienstfähigkeit bedroht und
- die Einschränkung der Entscheidungsfreiheit handelnder Personen bewirkt.

Der Begriff der Krise eines Unternehmens beziehungsweise eines Firmenkunden soll hier prozessual, bezogen auf den zeitlichen Krisenentstehungsprozess, und in enger Anlehnung an den Untersuchungsgegenstand, der Sanierung sowie Insolvenz aus Bankensicht, wie folgt verstanden werden.

Definition: Die **Krise** eines Unternehmens wird als Prozess angesehen, der die Marktstellung und Ertragskraft einer Firma nachhaltig schwächt. Gefährdet werden die Zahlungen an die Interessengruppen, wie die vertragsgerechte Bedienung des Kapitaldienstes in Form von Zins- und Tilgungsleistungen oder Provisionen an die Kreditinstitute beziehungsweise die Leistungen an die Lieferanten und die sonstigen Gläubiger. Die Wettbewerbsfähigkeit im relevanten Markt ist durch die wirtschaftliche Schieflage nur noch eingeschränkt vorhanden und eine branchenübliche Rendite wird dauerhaft nicht erzielt. Auch die Ausstattung mit Eigenkapital ist im Branchenvergleich zu gering.

Zeitlich gesehen lässt sich der Krisenprozess in verschiedene Phasen zergliedern. Es lassen sich drei typische Krisenstadien sowie als vierte Phase die Insolvenz unterscheiden. Die Krisenstadien können sich überlappen und es können Interdependenzen zu zeitlich vorgelagerten Abschnitten bestehen (vgl. Müller, 1986, S. 25 ff.). Der Regelkreis, der die Verschärfung dieser Gefährdungslage anzeigt, ist im Rahmen der Sanierung nachhaltig zu durchbrechen.

Die Strategiekrise ist in der Regel die erste Phase einer Unternehmenskrise. Sie setzt bereits ein, wenn eine Gefährdung der langfristigen Erfolgspotenziale eines Unternehmens möglich erscheint. Erfolgspotenziale sind alle produkt- und marktspezifischen Faktoren einer Unternehmung, um dauerhaft am Markt bestehen zu können.

Diese relevanten Merkmale können von der Qualität der Produkte über den Standort bis hin zu der Preispolitik oder dem Aufbau eines Markennamens reichen. Folgende Beispiele zeigen Gefährdungen der Erfolgsmerkmale eines Unternehmens:

- Nichterreichen notwendiger Unternehmensgröße und Marktanteile
- Anpassungen an technologische Veränderungen erfolgen nicht
- Leistungsträger verlassen das Unternehmen, der Krankenstand steigt

Definition: Die **Strategiekrise** beschreibt eine frühe Phase im Krisenprozess. Diese setzt bereits ein, wenn eine Gefährdung der Erfolgspotenziale eines Unternehmens durch technische Änderungen in den Branchen möglich erscheint. Beispielsweise kann die künftige Wettbewerbsfähigkeit der angebotenen Produkte sowie Dienstleistungen beeinträchtigt sein, da Kundenbedürfnisse nicht ausreichend erfüllt werden. Das Geschäftsmodell des betrachteten Unternehmens ist durch interne oder externe Ereignisse und negative Entwicklungen gefährdet und die Rahmenbedingungen zum Führen eines erfolgreichen Unternehmens sind dauerhaft nicht mehr gegeben. In der Folge sind auch die Ansprüche der Stakeholder wie die Renditeforderungen der Anteilseigner oder die Kapitaldienstfähigkeit bei den Banken bedroht. Daher sind Kreditinstitute darauf angewiesen, bereits strategische Risikofrüherkennungssysteme einzusetzen, um in der Strategiekrise erste schwache und unscharfe Gefährdungssignale, die Weak Signals, wahrzunehmen (vgl. Ansoff, 1976, S. 129 ff.).

In einer Phase der Strategiekrise können zwischen Kreditnehmer und Bank unterschiedliche Auffassungen über die Änderungen der betrieblichen Ausrichtung und den eigentlichen Sanierungsbedarf bestehen. Der Kreditnehmer ist in dieser Phase der Krise meist noch sehr optimistisch und äußert sich positiv über die weitere wirtschaftliche Entwicklung. Aber auch bankintern wird die Strategiekrise durch Fremdkapitalgeber oft nicht erkannt. Diese lässt sich jedoch aus externer Sicht auch meist sehr schwer identifizieren. Hinweise auf strategische Fehlentwicklungen können sich unter anderem aus dem Lagebericht ergeben.

Häufig werden Kreditengagements auch erst spät als intensiv oder gefährdet eingestuft, obwohl sich eine dauerhafte Negativentwicklung bereits über viele Jahre abzeichnet. So zeigt auch eine Befragung unter Spezialisten aus Kreditinstituten, dass eine Hauptkrisenursache von Unternehmen operative Verluste, infolge lange bestehender Strategiedefizite darstellt (vgl. Emmrich/Titz, 2004, S. 9 ff. und S. 35 ff. sowie Portisch et al., 2012a, S. 52 ff.).

Wirkungsvolle Sanierungsmaßnahmen werden oft erst bei der Feststellung späterer Krisenphasen ergriffen. Je früher allerdings die Notwendigkeit zur Einleitung von Sanierungsmaßnahmen erkannt wird, desto größer sind erfahrungsgemäß auch die Chancen einer Gesundung. Schreitet die Krise weiter fort, ergibt sich ein Schneeballeffekt, da nicht nur die strategische Fehlrichtung korrigiert, sondern auch die negativen Auswirkungen ausgeglichen werden müssen.

Auf die Strategiekrise folgt die zweite Phase, die Ertragskrise, auch Erfolgskrise genannt. In dieser Situation wird die wirtschaftliche Fehlentwicklung bereits im Zahlenmaterial des Unternehmens sichtbar. Über Vergleiche mit anderen Firmen einer Branche sowie negative Veränderungen im Zeitablauf lässt sich dieses Stadium der Schieflage in der Regel sicher identifizieren. Diese Krisenphase zeigt sich häufig mit den folgenden Eigenschaften:

- Stetiger Rückgang der Auftragslage, der Umsätze und Erträge
- Erwirtschaftung von dauerhaften operativen Verlusten
- Beginn der Aufzehrung des vorhandenen Eigenkapitals

Definition: Als **Ertragskrise** wird ein Zeitraum beschrieben, in dem die Umsatz- und Ertragslage bei einem Unternehmen nachhaltig rückläufig und die Kapitaldienstfähigkeit bei den Banken gefährdet ist. Ertragskrisen spiegeln sich im internen sowie externen Zahlenmaterial von Unternehmen wider. Die Kreditinstitute sollten versuchen, durch systematische Kennzahlenauswertungen aktueller Daten aus dem internen Controlling sowie dem externen Rechnungswesen von Firmenkunden bereits erste Anzeichen dieser Krisenphase zu erkennen. Es ist für Kreditinstitute von Bedeutung zum einen zeitnah an aktuelle Informationen aus Jahresabschlüssen und betriebswirtschaftlichen Auswertungen zu gelangen. Zum anderen sind die in die Zukunft gerichteten Prognosedaten wie beispielsweise die Auftragslage und die Planzahlen hereinzunehmen und genau zu überprüfen.

In dieser Krisenphase wird die Verschlechterung der Unternehmenszahlen von den Unternehmern noch als vorübergehende negative Entwicklung angesehen und mit saisonalen oder konjunkturellen Effekten durch die Firmenleitung begründet. In der Situation werden aber die finanziellen Ressourcen merklich angegriffen. Finanzielle Mittel, die aufgezehrt werden, stehen dann für die Neukonfiguration des Geschäftsmodells nicht mehr zur Verfügung. Aus diesem Grund ist spätestens in diesem Krisenstadium entschlossen gegenzulenken, damit auch verhindert wird, dass wichtige Leistungsträger das Unternehmen verlassen.

Wenn sich die Zahlungsmittel als Folge einer dauerhaften Ertragskrise nachhaltig verknappen, droht in der dritten Phase die eingetretene Liquiditätskrise. Dann liegt die akute Gefahr einer Zahlungsunfähigkeit vor. Es treten bereits Kontoüberziehungen auf und Darlehensraten werden nicht mehr vertragsgemäß bedient. Ausgewählte Kennzeichen für diese Phase der Krise sind die Merkmale:

- Anstieg der Inanspruchnahmen und des Informationsbedarfes der Banken
- Auftretende Zahlungsverzögerungen bei Kunden und Lieferanten
- Überziehungen und Rückbuchungen von Darlehensraten bei Banken

Definition: Als **Liquiditätskrise** wird eine Krisenphase bezeichnet, in der die Zahlungsfähigkeit und die vertraglich vereinbarte Bedienung des Kapitaldienstes eines Unternehmens nachhaltig gefährdet sind. So steigt die dauerhafte Ausnutzung der Kreditlinien aufgrund der rückläufigen Erträge an. Bei nachhaltigen sowie deutlichen Überziehungen besteht eine erhöhte Insolvenzgefahr, aufgrund einer drohenden oder eingetretenen Zahlungsunfähigkeit. Hausbanken haben üblicherweise einen Einblick in die Kontoführung und verfügen über ausreichendes Datenmaterial, um eine Liquiditätskrise bei ihren Firmenkunden frühzeitig zu erkennen. Spätestens in dieser Phase ist von Seiten der Banken scharf gegenzulenken, um die Insolvenz bei gegebenen Sanierungschancen zu vermeiden.

In einer Liquiditätskrise sind die Probleme offensichtlich und die Schieflage spitzt sich weiter zu. Dies erschwert eine grundlegende Sanierung und Krisenfinanzierung erheblich. In dieser Situation ist von Seiten der Kreditinstitute und anderer Akteure, gegebenenfalls unter Zeitdruck, zu entscheiden, ob bei der bestätigten Sanierungsfähigkeit und der überprüften Sanierungswürdigkeit frisches Geld gegeben werden kann oder ob die Risiken als zu hoch eingeschätzt werden.

Dabei spielen für Gläubiger wirtschaftliche und auch haftungsrechtliche Kriterien eine besondere Bedeutung, damit nicht der Tatbestand der Beihilfe zur Insolvenzverschleppung, unter anderem bei der Zulassung von dauerhaften Überziehungen, gegebenenfalls erfüllt wird (vgl. Portisch, 2008a, S. 374 ff.).

Zu beachten ist, dass sich die ersten drei Krisenphasen zeitlich überlagern können. Strategiekrisen münden zumeist mit einer Zeitverzögerung in einer Ertragskrise. Die strategische Fehlentwicklung besteht jedoch weiter fort.

Dauerhaft rückläufige Erträge bewirken zusätzlich oftmals eine angespannte Liquiditätslage. In der Liquiditätskrise können die strategischen Defizite und die Ertragseinschränkungen weiterhin existieren. Zudem kann es im Krisenprozess zu Rückschritten in vorgelagerte Krisenstadien kommen. Daher ist nach einer kurzfristigen Phase der Bereinigung der Liquiditätsenge die langfristige Ertragssituation häufig noch angespannt. Dies kann mittelfristig wieder zu einer Belastung der Liquidität führen. Dieser Regelkreis ist zu durchbrechen und die Ursachen der Schieflage sind im Rahmen einer Sanierung erfolgreich zu beseitigen.

Gelingt dies nicht, schließt sich der Liquiditätskrise in der folgenden Phase die Insolvenz an. Der Insolvenzverwalter erhält nach dem Insolvenzantrag und der Eröffnung des Verfahrens die Verfügungsgewalt über das insolvente Unternehmen und der Betrieb wird in vielen Fällen liquidiert. Es können jedoch auch Sanierungsmaßnahmen aus der Insolvenz heraus ergriffen werden, beispielsweise über das Insolvenzplanverfahren (vgl. Hanken, 2005, S. 284 ff.) oder die übertragende Sanierung (vgl. Bode, 2005, S. 316 ff.). Gegebenenfalls kann eine Eigenverwaltung mit oder ohne Schutzschirmverfahren umgesetzt werden. Die folgende Abb. 3.1 zeigt die verschiedenen Krisenphasen mit Rückkopplungen in vorgelagerte Stufen und der möglichen Zuspitzung der Schieflage in der Insolvenz.

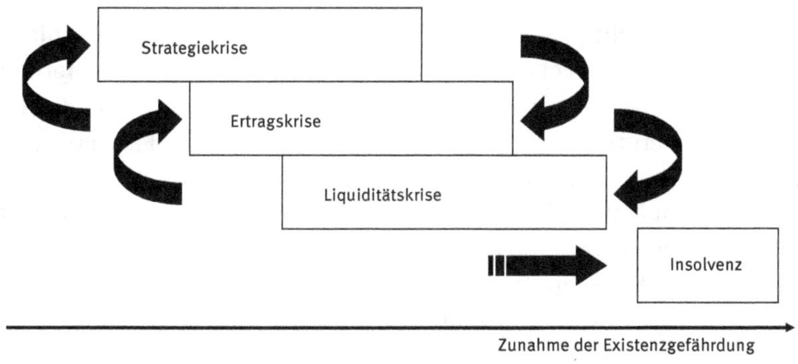

Abb. 3.1: Krisenphasen und Insolvenz mit Rückkopplungen (Quelle: Eigene Darstellung)

Eine andere praxisnahe Definition der Krisenentstehung und der daran angelehnten Forderung zur Aufarbeitung dieses zunehmenden Gefährdungsprozesses erfolgt im Standard für Sanierungskonzepte IDW S 6 (vgl. IDW, 2018a, Rn. 31 ff.). In dem Konzept wird erläutert, dass sich als charakteristische Krisenarten die Stakeholder-, die Strategie-, die Produkt- und Absatzkrise, die Erfolgs- und Liquiditätskrise sowie bei einer erfolglosen Krisenbeseitigung die Insolvenz unterscheiden lassen. Es wird ein sequenziell ablaufendes Szenario dieser Krisenphasen als typisch für eine anhaltende unternehmerische Schieflage angesehen. Dabei wird angenommen, dass die verschiedenen Krisenstadien im Regelfall nacheinander durchlaufen werden. Je mehr sich die Krise verschärft, desto höher steigt die Insolvenzantragsgefahr. Die Ausfallwahrscheinlichkeiten eines Kreditengagements steigen für Banken in diesem zeitlichen Krisenverlauf kontinuierlich und exponentiell an.

Des Weiteren werden in dem Standard IDW S 6 die Begriffe der Fortbestehensprognose und der Fortführungsprognose voneinander abgegrenzt. So handelt es sich bei der insolvenzrechtlichen Fortbestehensprognose um eine Abwendung von Liquiditätsgefährdungen zur Vermeidung der Insolvenzantragspflicht. Diese inhaltlich weitergehende Fortführungsprognose gemäß § 252 Abs. 1 Nr. 2 HGB bezieht sich jedoch auf die Fortführung der Unternehmenstätigkeit im Sinne einer Sanierungsfähigkeit und beinhaltet zudem die Wiederherstellung der nachhaltigen Wettbewerbsfähigkeit und der branchenabhängigen Renditefähigkeit des betreffenden Unternehmens (vgl. IDW, 2018a, Rn. 18 ff. und Portisch, 2018a, S. 18 ff.).

Aus Sicht der Hausbank ist zusätzlich die nachhaltige Kapitaldienstfähigkeit mit der Fähigkeit des Unternehmens, die vereinbarten Zinsen, Tilgungen sowie Provisionen vertragsgerecht leisten zu können, für die Wiedererlangung des Status eines tragbaren Ausfallrisikos und die endgültige Übertragung in die Normalkreditbearbeitung erforderlich (vgl. Portisch/Holtkötter, 2012f, S. 214 ff.).

In dem Konzeptstandard IDW S 6 wird ein frühes Krisenstadium in der Stakeholderkrise gesehen. Diese Art der Krise beschreibt mögliche Problemlagen eines Unternehmens gegenüber den wichtigen Anspruchsgruppen oder innerhalb verschiedener Interessengruppen, wie beispielsweise dem Gesellschafterkreis eines Unternehmens. So kann ein stark zersplitterter oder ein heterogen zusammengesetzter Gesellschafterkreis eine Krise verursachen. Beispielhaft sind verschiedene Familienstämme zerstritten oder Beteiligungsgesellschaften mit einer hervorgehobenen Renditevorstellung sind an einem Unternehmen beteiligt. Des Weiteren kann auch ein weit aufgefächerter Bankenkreis eine finanzielle Gefährdung verursachen und Sanierungen erheblich erschweren. Vornehmlich beschreibt diese Krisenphase jedoch bedeutende Schwierigkeiten mit externen Geschäftspartnern. Dies äußert sich unter anderem durch folgende ausgewählte Sachverhalte:

- Abnehmer, die erst stark zeitverzögert ihre Rechnungen begleichen
- Banken, die Linien im Kurzfristbereich zurücknehmen, Zinsen erhöhen
- Lieferanten, die sich aus Vorfinanzierungen zurückziehen, Vorkasse fordern

Definition: Als **Stakeholderkrise** wird eine Krisenphase bezeichnet, in der eine Existenzbedrohung durch das Handeln verschiedener relevanter interner und externer Anspruchsgruppen entsteht. Die Einwirkungen können durch bedeutende kurzfristig nicht ersetzbare Stakeholder in der Wertschöpfungskette wie Lieferanten oder Abnehmer erfolgen oder durch Stakeholder im Unternehmen, die durch ihre Entscheidungen den Erfolg negativ beeinflussen. Auch Klumpenrisiken in Form von Konzentrationen auf bestimmte Gläubiger oder Lieferanten beziehungsweise Abnehmer können Gefährdungen der Geschäftstätigkeit hervorrufen, die von einzelnen Stakeholdern ausgehen.

Ein weiteres Krisenstadium, das nach dem IDW S 6 direkt auf die Strategiekrise folgt und noch vor der Erfolgskrise eintritt, ist die Produkt- und Absatzkrise. Diese Phase beschreibt die Gefährdung der Nachfrage nach Hauptproduktgruppen oder Dienstleistungen eines Unternehmens. So können die Marktanteile gegenüber Konkurrenten deutlich sinken oder das Marktvolumen in einer Branche kann stark zurückgehen mit erheblichen Auswirkungen auf die Umsätze. Die nachfolgenden Ursachen können eine Produkt- und Absatzkrise auslösen:

- Vernachlässigung der Bereiche Forschung und Entwicklung
- Qualitätsprobleme bei Produkten und Dienstleistungen, Vorratsaufbau
- Schwächen im Marketing-Mix, unter anderem bei der Vertriebspolitik

Definition: Als **Produkt- und Absatzkrise** wird eine Krisenphase beschrieben, in der die Hauptumsatzträger eines Unternehmens signifikant rückläufig sind. Dies führt zu Unterauslastungen in der Wertschöpfung, zu steigenden Warenvorräten bei Produktionsunternehmen und ist unter anderem zurückzuführen auf eine Reduzierung des Marktvolumens, den dauerhaften Verlust von Marktanteilen, technologische Defizite oder einen mangelhaften Sortimentmix. Ein frühes Merkmal der Produkt- und Absatzkrise zeigt sich in Branchen mit einem zeitlichen Auftragsvorlauf durch ein dauerhaftes und starkes Abschmelzen der Auftragseingänge. Später gehen die Umsätze zurück.

Die übrigen Krisenstadien wurden bereits ausführlich beschrieben. Die nachfolgende Abb. 3.2 zeigt den sequenziellen Krisenverlauf nach dem Standard IDW S 6.

Abb. 3.2: Krisenphasen nach dem Standard IDW S 6 (Quelle: In Anlehnung an IDW, 2018a, Rn. 31 ff.)

Diese Beschreibungen weiterer Krisenarten sowie Krisenstadien im IDW S 6 können hilfreich sein, um die Umfelddynamik eines Unternehmens genauer zu erfassen. So werden in dieser Stakeholderkrise besondere Krisenelemente beschrieben, die sich in dem Zyklus der Strategie-, Erfolgs-, und Liquiditätskrise nicht immer unterbringen lassen. Dagegen kann die Produkt- und Absatzkrise auch als eine Unterform der Strategiekrise angesehen werden. Denn wenn das individuelle Geschäftsmodell die Nachfrage am Markt nicht mehr zufriedenstellt, bestehen automatisch Schwierigkeiten mit dem Absatz der angebotenen Produkten und Dienstleistungen. Dies bedingt ebenfalls eine sich daran anschließende beziehungsweise parallel auftretende Erfolgskrise, da rückläufige Umsätze sinkende Erträge bedeuten, wenn die Produktionskapazitäten nicht unmittelbar angepasst werden können.

In der Fachliteratur existieren weitere Erklärungen zur Krisenentstehung. Dort werden diese Krisenphasen zum Teil zweidimensional direkt mit bestimmten typischen Krisenmerkmalen verbunden oder es werden andere Begrifflichkeiten und Abgrenzungen der Krisenstadien und der Zunahme der Existenzbedrohung verwendet (vgl. Bennewitz/Kasterich, 2004, S. 3 ff.). Es können auch weitere Phasen, wie strukturelle Krisen, verursacht durch rechtliche oder regulatorische Änderungen, beschrieben werden und auf frühzeitig zu erkennende Gefahren hindeuten.

Allen Modellen ist gemeinsam, dass die fortschreitende Krise als zeitlicher Prozess oder Phasenmodell beschrieben wird (vgl. David, 2001, S. 38 ff.). Im Folgenden wird als Grundlage das dreistufige Schema der Strategie-, Ertrags- und Liquiditätskrise verwendet. Bei besonderen Bezugspunkten wie der Erstellung eines Sanierungskonzeptes wird dieser Ansatz gegebenenfalls um die weiteren Krisenphasen der Stakeholderkrise und der Produkt- und Absatzkrise ergänzt.

Meist wird die Fehlentwicklung des Krisenunternehmens von einem Kreditinstitut erst in einer späteren Phase der Liquiditätskrise entdeckt. In diesem Stadium ist die Bedrohung des Bestands eines Unternehmens aber schon sehr weit fortgeschritten. Ziel sollte es daher sein, die Krisenlage bei Firmen möglichst früh zu erkennen. Dies kann durch die Einführung eines Frühwarnsystems geschehen, um bereits die Strategiekrise zu identifizieren. Dazu sind in den Banken leistungsfähige digitale Risikofrüherkennungsinstrumente notwendig.

So sind die Wertschöpfungsketten und die strategischen Ausrichtungen der Unternehmen laufend auf künftige Bedrohungen des Marktes hin zu untersuchen. Nachfrageverschiebungen an Absatzmärkten und technologische Neuerungen sind ständig zu beobachten. Es kann eine Branchenspezialisierung der Analysten in Kreditinstituten sinnvoll sein. Aber auch der Geschäftsführer ist gefragt, der den Betrieb und den relevanten Markt kennen sollte. Werden negative Auswirkungen aufgrund von Marktveränderungen der Branche rechtzeitig erkannt, ist die Informationstransparenz zu Kreditinstituten zu verbessern, damit die Sanierung unverzüglich einsetzen kann. In einem frühen Stadium der Krise sind die Banken und andere Gläubiger noch am ehesten bereit, finanzielle Hilfestellungen zu leisten.

Wird die Krise identifiziert, sind unverzüglich Maßnahmen einzuleiten, um den Sanierungsprozess anzustoßen. In der Praxis zeigt sich, dass von der Feststellung der Krise bis zu der Durchführung von Sanierungsmaßnahmen viele Monate vergehen können (vgl. Blatz/Eilenberger, 2004, S. 428 ff.). In diesem Zeitraum wird die Substanz des betreffenden Unternehmens weiter angegriffen und die Negativsituation verschärft sich. Es ist aus Bankensicht von großer Bedeutung, die Sanierungsmaßnahmen unverzüglich und professionell einzuleiten, um Wertberichtigungen, Rückstellungen und Kreditausfälle in Form von Abschreibungen, zu vermeiden.

Nicht nur die Krisenursachen und die Krisenphasen sind ausfindig zu machen, um die Fehlentwicklung zu überwinden. Auch der Verlauf einer Sanierung beeinflusst die Nachhaltigkeit und den positiven Richtungsverlauf eines Gesundungsprozesses maßgeblich. Werden in einer Sanierung unter anderem bei der Ausgestaltung der Finanzierung, der Umsetzung von marktseitigen Maßnahmen oder der Kommunikation mit wichtigen internen und externen Unternehmensgruppen erhebliche Fehler gemacht, kann dies einen negativen Einfluss auf das Gelingen des Turnarounds bewirken und die Insolvenz bedeuten.

Wichtig ist es, das angeschlagene und gefährdete Unternehmen langfristig aus der Krise zu führen. Meist ist dazu eine komplette Neuausrichtung der Wertschöpfungskette notwendig und alle angebotenen Produkte und Dienstleistungen sind auf den Prüfstand zu stellen. Dieses erfordert ein professionelles Vorgehen der involvierten Akteure im Rahmen der Sanierung.

Zunächst ist der Begriff Sanierung zu definieren, um Ansatzpunkte für eine dauerhafte wirtschaftliche Gesundung zu erhalten. Der Begriff Sanierung stammt etymologisch vom Lateinischen (sanare) ab und bedeutet heilen oder gesund machen. Ziel der Sanierung ist es, einem problembehafteten Unternehmen nachhaltig aus einer Krise zu helfen. Dies lässt sich mit folgenden Merkmalen umschreiben:

- Beheben von Krisenursachen und Erreichen der Kapitaldienstfähigkeit
- Schaffen einer langfristigen Ertragsgrundlage mit angemessener Rentabilität
- Sicherung der nachhaltigen Erfolgspotenziale und der Wettbewerbsfähigkeit

Dabei wirken verschiedene Rahmenbedingungen in der akuten Krise und dem sich anschließenden Sanierungsprozess bedrohend auf die Zielerreichung ein, wie:

- Komplexität der Lage, angegriffene Ressourcen und erheblicher Zeitdruck
- Unvollständige Informationen bei verschiedenen Unternehmensgruppen
- Befangenheit der betroffenen Personen und eingeengter Handlungsspielraum

Definitionen für den Begriff Sanierung unterscheiden sich in der Literatur vielfach. Es existieren weite und enge Umschreibungen. In diesem Buch wird eine individuelle Abgrenzung für den Begriff der Sanierung gewählt. Diese orientiert sich an einer wirtschaftlichen und rechtlichen Sichtweise.

Die Beschreibung verfolgt den Zweck, die Bedeutung des Begriffes auf den Untersuchungsgegenstand anzupassen. Dabei stehen die Sicht der Kreditinstitute sowie die Perspektiven anderer Interessengruppen im Vordergrund der Analysen.

Definition: Unter **Sanierung** werden alle rechtlichen, organisatorischen, personellen, leistungs- und finanzwirtschaftlichen Maßnahmen verstanden, um die Wettbewerbsfähigkeit eines Unternehmens und damit die Ertragslage und notwendige Eigenkapitalausstattung nachhaltig zu stabilisieren und langfristig die Kapitaldienstfähigkeit für alle Gläubiger sowie die branchenübliche Rentabilität für die Anteilseigner und die übrigen internen und externen Anspruchsgruppen zu gewährleisten.

Der Begriff der Sanierung ist von der Restrukturierung abzugrenzen. Eine Restrukturierung erfolgt im Gegensatz zur Sanierung aus dem Unternehmen heraus und meist ohne die Bereitstellung zusätzlicher finanzieller Ressourcen von externen Gruppen. Die finanziellen sowie leistungswirtschaftlichen Potenziale sind in dieser Situation noch nicht substanziell angegriffen. Einem Unternehmen kann es aus eigener Kraft gelingen, die notwendigen Reorganisationsmaßnahmen einzuleiten und umzusetzen. Daher sind bezogen auf die finanzwirtschaftliche Komponente keine Unterstützungsmaßnahmen externer Akteure notwendig, um eine Restrukturierungskonzeption zu erstellen (vgl. Portisch, 2005b, S. 10 ff.).

Definition: Unter dem Begriff **Restrukturierung** wird eine langfristige Absicherung der strategischen Erfolgsfaktoren eines Unternehmens verstanden. Dazu werden die Unternehmensorganisation und die Prozessketten neu konfiguriert, um am Markt nachhaltig wettbewerbsfähig zu bleiben. Auch die Positionierung in neue innovative Geschäftsfelder sowie das Abstoßen von Segmenten wird oftmals durchgeführt. Eine Restrukturierung erfolgt im Gegensatz zu einer Sanierung intern aus dem Unternehmen heraus, und meist ohne die finanzielle Unterstützung externer Gruppen.

Wie die Unternehmenskrise verläuft auch der Ablauf der Sanierung über eine längere Zeitschiene und über mehrere Teiletappen. Der Sanierungsprozess wird in diesem Buch in acht Kernphasen unterteilt, die sich überlappen oder mit Rückkopplungen verlaufen können. Es wird ein typischer Sanierungsablauf als Idealprozess zugrunde gelegt, um die unterschiedlichen Stadien der Krisenbehebung übersichtlich darstellen und beurteilen zu können.

Die Betrachtung erfolgt aus der Sicht einer Hausbank, die den Sanierungsprozess anstößt und die Abläufe bis zum Turnaround oder in die Insolvenz begleitet. Dabei werden die Begriffe Unternehmen, Unternehmung, Firma und Betrieb synonym verwendet, ebenso wie die Begrifflichkeiten Bank, Sparkasse, Finanzinstitut und Kreditinstitut. Die Hausbank hat als Institut mit dem größten Kreditengagement eine Sonderrolle inne, die Leitung des Sanierungsprozesses zu übernehmen. Dies kann sich beim Vorschlag verschiedener Sanierungsberater, bei der Poolführung oder in anderen Bereichen des Gesundungsprozesses zeigen.

Definition: Unter einer **Hausbank** wird ein Kreditinstitut in Form einer Bank oder Sparkasse verstanden, das in der Regel eine lange Kredithistorie zu einem Firmenengagement aufweist, umfassende Kreditvolumina und den Kontokorrent bereitstellt. Die Kreditbeziehung ist in der Regel durch einen regionalen Bezug und eine Dauerhaftigkeit geprägt. Zudem bestehen umfangreiche Sicherheiten in Form des Warenlagers und der Globalzession. In vielen Kreditbeziehungen existiert nur eine Hausbank, jedoch können bei größeren Firmenkundenengagements auch mehrere gleichberechtigte kreditgebende Hausbanken bestehen und die Sanierung gemeinsam erfolgreich vorantreiben.

Der Gesundungsprozess beginnt aus Bankensicht mit der Risikofrüherkennung. Je früher eine wirtschaftliche Schieflage erkannt wird, desto größer sind die Chancen einer erfolgreichen Gesundung. Im Optimalfall sollte den Banken die Fehlentwicklung einer strategischen Krise auffallen. Dies macht den Einsatz qualitativer Analyseinstrumente neben der quantitativen Untersuchung aktueller Unternehmensdaten zur Risikofrüherkennung erforderlich.

Wurde die Krise des Unternehmens durch ein Kreditinstitut erkannt, erfolgt im Rahmen der bankinternen Sanierungsprozesse die unverzügliche Berichterstattung an den Kompetenzträger und die Übergabe der Kreditakten an die Spezialabteilung. Es unterscheiden sich die einzelnen Schritte in den Kreditinstituten zum Teil erheblich. Zu beachten sind bei der Engagementeinstufung und der Krisenbearbeitung die jeweiligen bankinternen Vorgaben sowie die Mindestanforderungen an das Risikomanagement (MaRisk) zur organisatorischen Gestaltung des problembehafteten Kreditgeschäfts. Wichtig bei der Betreuung der Problemkredite ist die Federführung durch die Marktfolge (vgl. Ifftner, 2012, S. 215 ff.).

Es schließen sich finanzielle Sofortmaßnahmen je nach Intensität der Krisenlage an. Ziel ist die Sicherung der Liquidität und des Eigenkapitals, um die Insolvenzantragspflicht zu vermeiden. Dazu ist es notwendig, die Überschuldung über einen Überschuldungsstatus prüfen zu lassen beziehungsweise die Fortführungsfähigkeit festzustellen und die Liquidität über einen Finanzplan zu analysieren. Zusätzlich kann es notwendig werden, eine bestehende Überschuldung zu bereinigen oder die Zahlungsfähigkeit über eine Überbrückungsfinanzierung sicherzustellen. Des Weiteren sind von Seiten der Hausbank die Krisengespräche mit der Geschäftsleitung der gefährdeten Firma aufzunehmen, um dieser eine Auswahl geeigneter Unternehmensberater zu präsentieren. Ziel ist es, mit der Feststellung der möglichen Sanierbarkeit den Gesundungsprozess weiter voranzutreiben.

Es folgt die Einleitung der eigentlichen Sanierung mit der Auswahl des Sanierungsberaters durch die Geschäftsleitung der Krisenfirma. Der Sanierer hat die leistungswirtschaftliche und finanzielle Situation des Krisenunternehmens zu analysieren und ein umfassendes und gerichtsfestes Sanierungskonzept zur Feststellung der Sanierungsfähigkeit zu erstellen. Bei einer Mandatierung ist aus Bankensicht auf die Auswahl eines qualifizierten Akteurs und den genauen Auftragsumfang daher unbedingt zu achten (vgl. Portisch et al., 2008d, S. 494 ff.).

Der Vertrag zur Sanierungsprüfung kann die reine Erstellung eines Konzepts sowie zusätzlich die Umsetzung von Maßnahmen vorsehen. Wichtig für den weiteren Sanierungsprozess ist die Feststellung der Sanierungsfähigkeit.

Liegt das Sanierungsgutachten den kreditgebenden Banken vor, so ist von den Kreditinstituten eine Überprüfung des Sanierungskonzeptes zur Beurteilung der Sanierungswürdigkeit vorzunehmen. Neben einer notwendigerweise bestehenden positiven Fortführungsprognose sollte die Bank aufgrund der eigenen Erfahrungen von einem vorhandenen Sanierungspotenzial überzeugt sein. Es spielen wirtschaftliche Aspekte über die Abwägung der Chancen und Risiken sowie die geforderten Unterstützungsbeiträge eine erhebliche Rolle. Auch die Qualität des Gutachtens kann die Einschätzung der Kreditinstitute beeinflussen und die Sanierung fördern oder sogar behindern. Dabei hilft die Einhaltung eines Sanierungsstandards zur Verbesserung der Qualität von Sanierungskonzepten (vgl. IDW, 2018a, Rn. 11 ff., Portisch, et al., 2007d, S. 468 ff., Portisch, 2009c, S. 36 ff.).

Wird das Sanierungskonzept von den Kreditinstituten positiv votiert, ist der finanzielle Rahmen zur Umsetzung der wirtschaftlichen Gesundung bereitzustellen. Dieses geschieht in der Regel über die Poolbildung der Gläubiger zur finanziellen Sanierung. Denn auch bei einer Sanierungsfähigkeit kann die Realisierung der Maßnahmen noch an finanziellen Unzulänglichkeiten scheitern, unter anderem wenn einzelne Gläubiger abspringen. Dies zeigt sich insbesondere dann, wenn viele Parteien über eine Umsetzung der Sanierung zu entscheiden haben und dazu auch ihre Beiträge leisten sollen. Je mehr Interessengruppen beteiligt sind, desto komplexer wird die Situation. Die Hausbank sollte in diesem Fall den Abschluss eines Sicherheitenpoolvertrags und eines Vertrages zur Sicherheitenabgrenzung der Materialeinsatzquote der Lieferanten zur Bindung der Gläubiger sowie zur Ordnung der meist komplexen Sicherheitenlage herbeiführen.

Ist diese wichtige Hürde überwunden, können die Sanierungsmaßnahmen umgesetzt werden. Oft zeigen sich bereits nach kurzer Zeit erste finanzielle Erfolge. Umso wichtiger ist es, den Verlauf der Sanierung und negative Abweichungen zu den Planungen mittel- und langfristig zu überwachen. Diese Überwachung des Sanierungsverlaufes ist durch die beteiligten Kreditinstitute effizient zu organisieren. Dazu sind geeignete Berichtssysteme zu installieren.

Zum einen hat die Krisenfirma ein bankengerechtes Reporting über die quantitativen und qualitativen Ergebnisse der Sanierungsarbeit aufzubauen sowie kontinuierlich über die Sanierungserfolge und -misserfolge zu berichten. Dieses dient dazu die Informationsunterschiede zur Geschäftsleitung zu eliminieren. Zum anderen ist eine bankinterne Berichterstattung in Anlehnung an die eigenen Erfordernisse und die Mindestanforderungen an das Risikomanagement auf Basis eingereichter Firmeninformationen zu gestalten. Aufgrund der hohen Risikorelevanz sind die Gremien der Bank bei bedeutenden Kreditengagements gemäß MaRisk BTO 1.2.5 Rn. 5 und BT 3 laufend über den Stand der Sanierungsaktivitäten zu informieren.

Verläuft die Sanierung erfolgreich, steht die Sicherung des Turnarounds im Vordergrund. Das Engagement ist anschließend an die Normalkreditbearbeitung zurück zu übertragen. Von großer Bedeutung für die Umklassifizierung in den Normalbereich ist die Festlegung bestimmter Kriterien, die eine dauerhafte Gesundung des Firmenkunden verlässlich anzeigen. Zur anschließenden Weiterführung des Engagements in der Normalkreditbearbeitung ist ein Übergabeprotokoll zu erstellen, um den Analysten bei der Risikoüberwachung auf die risikorelevanten Aspekte des ehemaligen Problemkunden hinzuweisen. Es sollte dazu ein Übergabegespräch stattfinden. Die Prozesse der Übergabe und des Abschlusses der Sanierung sind einheitlich festzulegen, damit ein hoher Effizienzgrad erreicht wird.

Im Nachgang der Gesundung ist ein Sanierungscontrolling aufzubauen, um die Erfolge aus der Sanierungstätigkeit aufzubereiten. Den Leitungsorganen der Kreditinstitute ist darüber zu berichten. Auf diese Weise kann der Nutzen der Sanierungsarbeit mit der Gegenüberstellung der Erträge sowie der Kosten bei den einzelnen Engagements und bei der Gesamtheit der betreuten Fälle ermittelt werden. So wird der Berichtspflicht nach MaRisk BT 3.2 Rn. 3 zur Erstellung eines vierteljährlichen Risikoberichts, mit der Entwicklung des risikorelevanten Portfolios, zu den Einzelengagements sowie zu weiteren Sonderauswertungen, unter anderem zu möglicherweise vorhandenen Branchenkonzentrationen, Rechnung getragen.

Des Weiteren können die Systeme zur Risikofrüherkennung in den Kreditinstituten auf Basis der Erfahrungen aus den Sanierungen auf neue Merkmale eingestellt und die Prozesse in der operativen Sanierungstätigkeit bei Firmenkunden optimiert werden. Darüber können die Früherkennung von Gefährdungen und die Quoten erfolgreicher Sanierungen deutlich verbessert werden (vgl. Portisch, 2008f, S. 66 ff.). Die nachfolgende Abb. 3.3 veranschaulicht den Sanierungsprozess von der Risikoerkennung bis zum wirtschaftlichen Turnaround und den Folgearbeiten im Rahmen des Controllings und der Berichterstattung. Besonderen Wert ist auch auf das Controlling und das Reporting zu legen, da sich nur durch diese Ex-Post-Analysen Hinweise auf Verbesserungen im Prozess ergeben können.

Abb. 3.3: Idealtypischer Sanierungsprozess in Kreditinstituten (Quelle: Eigene Darstellung)

Schlägt die Sanierung fehl, folgt in der Regel die Stellung des Insolvenzantrags. Im Eröffnungsverfahren prüft bereits der vorläufige Insolvenzverwalter die Sanierungsfähigkeit und er kann geeignete Sanierungsmaßnahmen vorbereiten. Die klassische Eigenverwaltung gemäß § 270a InsO wird als Sanierungsalternative im Insolvenzprozess nicht betrachtet, da das Vertrauen der Gläubiger in das Management meist eingeschränkt ist und diese Fortführungsalternative in der Praxis der Insolvenzverfahren selten vorkommt. Dagegen wird das Schutzschirmverfahren gemäß § 270b InsO zur Vorbereitung der Sanierung näher untersucht. Zudem stellt die Insolvenzordnung zwei weitere Sanierungsoptionen im Insolvenzverfahren bereit, das Insolvenzplanverfahren und die übertragende Sanierung.

Nach dem Verfahrensantrag erfolgt die Insolvenzbearbeitung in den spezialisierten Abteilungen und es werden in der Regel standardisierte Abwicklungsprozessschritte innerhalb der Kreditinstitute und in den Kanzleien umgesetzt. Die Forderungen und die Sicherheiten sind beim zuständigen Insolvenzverwalter anzumelden. Der Prüfungstermin sowie der Berichtstermin werden nach der Eröffnung des Insolvenzverfahrens durchgeführt. Die Dauer des Abwicklungsprozesses richtet sich in der Regel nach dem gewählten Verfahrensweg, den zu verwertenden Sicherheiten und der erforderlichen Gremienbeteiligung der Kreditinstitute.

Ein wichtiges Element ist aus Sicht der Kreditinstitute die Bereitstellung finanzieller Mittel zur Fortführung der betrieblichen Aktivitäten nach dem Insolvenzantrag. Die bedeutenden Meilensteine in einer Insolvenz vollziehen sich in der Regel im Eröffnungsverfahren. Dann ist es von Bedeutung, dass Finanzmittel von Bankenseite zur Vorfinanzierung des Insolvenzgeldes oder im Rahmen von echten sowie unechten Massekrediten bereit gestellt werden, da der Geschäftsbetrieb ansonsten zum Erliegen kommt und die Sanierungsmaßnahmen oder Veräußerungsaktivitäten in der Insolvenz nicht mehr erfolgreich sind.

Mit der Umsetzung des Gesetzes zur weiteren Erleichterung der Sanierung von Unternehmen (ESUG) in die Insolvenzordnung besteht die Möglichkeit, die Auswahl eines vorläufigen Insolvenzverwalters über einen vorläufigen Gläubigerausschuss mit zu bestimmen. Damit werden auch die Mitwirkungsrechte der Gläubiger erheblich gestärkt, denn dieser Ausschuss kann mit einstimmigem Beschluss den Insolvenzverwalter für das Verfahren auswählen (vgl. Wimmer, 2012, S. 4 ff.). Wird die Alternative der Auswahl des Insolvenzverwalters in Kreditinstituten in Betracht gezogen, sollten die Spezialbereiche in den Banken auf diese Situation vorbereitet sein. Der Stillstand eines Unternehmens kann schnell das Aus jeglicher Sanierungsbemühungen bedeuten. Aus diesem Grunde ist schon im Vorfeld der Insolvenz möglichst eine Anzahl geeigneter Kandidaten zu bestimmen. Hilfreich für das Vorgehen kann der Aufbau einer Datenbank über regionale und überregionale sowie international tätige Verwalter mit ihren Stärken und Schwächen in bestimmen Branchen und Unternehmensgrößenklassen sein. Des Weiteren sollten die bisherigen Erfahrungen in die Auswahl des vorläufigen Insolvenzverwalters mit einfließen.

Eine Option zur Sanierung des insolventen Unternehmens innerhalb eines eröffneten Insolvenzverfahrens besteht über das Insolvenzplanverfahren. Daher kann die Gläubigerversammlung den Insolvenzverwalter im Berichtstermin mit der Ausarbeitung eines detaillierten Insolvenzplans beauftragen. Dieses Konzept ermöglicht den Verfahrensbeteiligten gemäß §§ 217 ff. InsO eine von den gesetzlichen Regelungen abweichende Verfahrensabwicklung zum Erhalt des Unternehmens. Dabei kann der Insolvenzplan frei ausgestaltet werden. Gerade bei großen Unternehmen kann diese aufwendigere Sanierungsalternative Anwendung finden, um durch die Gesundung den Firmennamen, ganze Betriebsteile sowie darüber hinaus eine Vielzahl von Arbeitsplätzen zu retten (vgl. Rattunde, 2003b, S. 596 ff.).

Eine weitere Alternative ist die übertragende Sanierung. Dazu wird der Verkauf des gesamten Unternehmens oder von funktionsfähigen Unternehmensteilen des insolventen Rechtsträgers im Wege des Asset Deals, mit der Übereignung einzelner Vermögensgegenstände an einen neuen Rechtsträger, vollzogen (§ 159 ff. InsO). Es handelt sich nicht um eine Sanierung im herkömmlichen Sinne. Dennoch kann auch in diesem Fall oft eine Rettung von betrieblichen Teilaktivitäten beziehungsweise des Firmennamens und des Kundenstamms erreicht werden (vgl. Bode, 2005, S. 319 ff.). Den Gläubigern fließt im Gegenzug der Kaufpreis für die veräußerten Wirtschaftsgüter zu und kann den Kreditausfall deutlich verringern.

Das gerichtliche Verfahren dient der bestmöglichen Befriedigung der Gläubiger (§ 1 InsO). Die Sanierung stellt keinen Selbstzweck dar. Daher kann auch die Alternative der Verwertung gewählt werden. Dazu sind geeignete Verwertungsstrategien vorzubereiten und es ist nach MaRisk BTO 1.2.5 Rn. 6 ein bankinternes Abwicklungskonzept zu gestalten. Grundsätzlich erfolgt die Verwertung der Vermögensgegenstände durch den Insolvenzverwalter. Dabei besteht die Möglichkeit der Überwachung der Verwertung beziehungsweise die Alternative, einen Bieterkreis für sicherungsübereignete Sachen aufzubauen, um den Verkaufserlös zu steigern. Die Verwertung von abgetretenen Forderungen sollte unterstützt werden, um eine hohe Quote auf diese absonderungsberechtigten Forderungen zu erzielen.

Im Nachgang zu den Sanierungen sowie Verwertungen ist ein Insolvenzcontrolling durchzuführen. Zunächst ist die Schlussrechnung eines Insolvenzverwalters zu prüfen. Anschließend kann eine Auswertung mit Kennzahlen aus dem Insolvenzstatistikgesetz oder anhand eigener Berechnungen erfolgen. Wichtig ist es zum einen den Effekt aus der Abwicklungsarbeit im Rahmen der begleiteten Insolvenzplanverfahren, der übertragenden Sanierungen und der Abwicklungen zu messen, um Aussagen über den Erfolg und den Mitarbeitereinsatz im Insolvenzverfahren aus Bankensicht treffen zu können. Zum anderen sind die Berichtspflichten gemäß MaRisk BT 3 auch bei der Abwicklung von Firmenengagements zu erfüllen. So ist im Risikobericht eingehend auf die strukturellen Merkmale des Kreditgeschäftes unter anderem mit den Risikoklassen und Größenklassen einzugehen. Des Weiteren ist die Risikovorsorge angemessen zu berücksichtigen.

Die nachfolgende Abb. 3.4 zeigt den Abwicklungsprozess aus Sicht der Banken mit den Alternativen der Sanierung und Verwertung im Insolvenzverfahren.

Abb. 3.4: Idealtypischer Abwicklungsprozess in Kreditinstituten (Quelle: Eigene Darstellung)

Der Früherkennung von Risiken im Kreditgeschäft kommt eine große Bedeutung zu, damit die Sanierungschancen möglichst hoch sind. Eine rechtzeitig eingeleitete Sanierung bietet einen umfassenden Entscheidungsrahmen und damit Möglichkeiten einer langfristigen Gesundung. Unter Risiko wird in der betriebswirtschaftlichen Literatur die Unsicherheit über das Erreichen bestimmter Ziele verstanden. Dabei existieren unterschiedliche Risikodefinitionen. Nach Risikoarten wird in Kreditinstituten in Adressausfallrisiken, Marktpreisrisiken, Liquiditätsrisiken und operationellen Risiken unterschieden. Kern der Untersuchung ist das Adressausfallrisiko beziehungsweise das Bonitätsrisiko, das als Gefahr anzusehen ist, dass ein Unternehmen die im Kreditvertrag festgelegten Bedingungen zu vereinbarten Zahlungsverpflichtungen nicht vertragskonform erfüllt (vgl. Schiller/Tytko, 2001, S. 5).

Auch eine eingetretene Bonitätsverschlechterung kann bereits als relevantes Kreditrisiko interpretiert werden. Ursachen dieser wirtschaftlichen Gefährdungen liegen in internen und externen Krisenfaktoren bei den Firmenkunden. Auswirkungen auf die betroffenen Banken bestehen in rückständigen Zinsen, Tilgungen oder Provisionen beziehungsweise erhöhten Ausfallrisiken und zu buchenden Einzelwertberichtigungen und Abschreibungen. Folgewirkungen betreffen auf Ebene der Kreditinstitute die Bildung von Einzelwertberichtigungen, Rückstellungen und Abschreibungen. Unter dem Begriff des Bonitätsrisikos wird hier folgendes verstanden.

Definition: Das **Bonitätsrisiko** wird als potenzielle oder bereits akute Gefahr angesehen, dass ein Kreditnehmer die vereinbarten Bedingungen aus dem Kreditvertrag nicht mehr erfüllen kann, seine Kapitaldienstfähigkeit eingeschränkt ist und eine erhöhte Ausfallwahrscheinlichkeit der Kredite besteht. Die Folge ist, dass das Rating unter Umständen mehrfach deutlich herabgestuft wird, Einzelwertberichtigungen, Abschreibungen oder Rückstellungen für ein Engagement gebildet werden und für den Kreditnehmer eine intensive und zeitaufwendige Betreuung erforderlich wird.

Diese negativen erfolgswirksamen Auswirkungen sind aus Bankensicht zu verhindern, um die eigenen Gewinnpotenziale nicht zu gefährden. Zielsetzung ist es, einen Forderungsausfall zu vermeiden oder diesen in Grenzen zu halten und die Kundenbeziehung als künftige Ertragsquelle zu erhalten. Dazu ist in den Fällen, in denen eine realistische Sanierungschance und somit die Sanierungsfähigkeit und auch die Sanierungswürdigkeit besteht, die wirtschaftliche Gesundung des Unternehmens zu fördern, um den Turnaround zu erreichen. Zu beachten sind auch die Sanierungsrisiken für die begleitenden Institute und die sonstigen involvierten Gläubiger. Diese müssen in einem angemessenen Verhältnis zu den Chancen auf einen erfolgreichen Turnaround stehen. Zu betrachten sind in diesem Zusammenhang:

- die Vergabe weiterer Gelder oder finanzieller Zugeständnisse bei mehrjährigen Tilgungsaussetzungen,
- die Aushöhlung von Kreditsicherheiten oder die Risiken einer verschlechterten Verwertungsperspektive und
- die Zeitdauer der Sanierungsumsetzung bis hin zur erfolgreichen wirtschaftlichen Gesundung im Rahmen des Turnarounds.

Der Begriff des Turnarounds wird als wirtschaftliche Wende verstanden und in diesem Buch wie folgt definiert und interpretiert.

Definition: Der **Turnaround** lässt sich als positiver Abschluss eines Sanierungsprozesses mit dem Erreichen der wirtschaftlichen Ziele für die relevanten Anspruchsgruppen beschreiben. Die Renditefähigkeit und die ausreichende Kapitalisierung sind wieder hergestellt. Für die beteiligten Kreditinstitute wurde die Kapitaldienstfähigkeit wieder nachhaltig erreicht und das Engagement aufgrund der geringeren Ausfallwahrscheinlichkeit an die Normalbearbeitung zurückgegeben.

Weitere Zielsetzungen anderer Interessengruppen sind die vertragskonforme Zahlung der Löhne und Gehälter sowie die Bedienung anderer Gläubiger innerhalb der Zahlungsziele. Die Lieferanten sowie Kreditversicherer sollen künftig keine Forderungsausfälle bei der Krisenfirma erleiden. Auch die Lieferfähigkeit für die Kunden ist nachhaltig sicherzustellen. Zudem sollten die Gesellschafter eine marktübliche Rendite erhalten. Die Interessen weiterer interner und externer Gruppen sind im Sanierungsverlauf ebenfalls zu berücksichtigen.

Zusammenfassung Theorieabschnitt 3.1: In diesem Abschnitt wurden wesentliche Begriffe für den Untersuchungsgegenstand der Sanierung definiert und auf den speziellen Inhalt des Buches angepasst. Die Betrachtung erfolgt primär aus der Sichtweise der Kreditinstitute und darunter der Hausbank. Diese hat einen wesentlichen Einfluss auf die Einleitung und die Umsetzung von Sanierungsmaßnahmen bei einem Firmenkunden und kann den Gesundungsprozess erfolgreich steuern. Dabei findet eine prozessuale Betrachtung der Sanierung von der Risikoerkennung bis hin zum Turnaround statt. Die Teilschritte im Sanierungsprozess werden mit Theoriegrundlagen untersucht.

3.2 Agency-Theorie

Ein zentraler Faktor in der Sanierung einer Unternehmung ist die Informationsverteilung auf die beteiligten Akteure. Die optimale Allokation der Daten hat auch einen maßgeblichen Einfluss darauf, ob die Sanierungsnotwendigkeit im Rahmen der Risikofrüherkennung von den Kreditinstituten überhaupt festgestellt wird. Im Verlauf der Sanierung ist die Kommunikationstätigkeit zum Abbau dieser Informationsunterschiede insbesondere zwischen der Geschäftsleitung eines Unternehmens und der Hausbank wichtig. Beispielsweise sind die aktuellen Geschäftszahlen im Gesundungsprozess zeitnah und vollständig offen zu legen. Nur dann kann das meist verloren gegangene Vertrauen der Hausbank wieder zurückerlangt werden. Werden Informationen dagegen gezielt zurückgehalten oder negative Sachverhalte nur verspätet berichtet, kann diese Verhaltensweise das gegenseitige Vertrauen zerstören und den Turnaround-Erfolg stark beeinträchtigen.

Zielunterschiede, Interessenkonflikte und Informationsdifferenzen sowie ihre Beseitigung sind Untersuchungsgegenstand der Agency-Theorie. Diese bildet eine wichtige Theoriegrundlage für die Untersuchung des Sanierungs- und Insolvenzprozesses. Die an einer Sanierung und Insolvenz beteiligten Akteure weisen einen unterschiedlichen Informationsstand auf. Es treten in den einzelnen Krisenstadien sowie den sich anschließenden Sanierungsphasen Informationsdifferenzen verschiedener Art und Intensität zwischen Banken und ihren Kreditnehmern auf.

Definition: Bei einer Gleichverteilung von Daten zwischen zwei oder mehreren Wirtschaftssubjekten besteht eine Informationssymmetrie. Eine Situation **asymmetrischer Informationsverteilung** liegt vor, wenn ein Akteur einen Informationsvorsprung gegenüber einer anderen Partei besitzt.

Die Agency-Theorie kann bei der Problemanalyse, der Interessenangleichung in der Sanierung und Insolvenz sowie bei der Findung praxisnaher Lösungen Hilfestellung leisten. Ungleiche Informationsverteilungen sind Hauptuntersuchungsgegenstand der Agency-Theorie. Kerninhalt dieser Theorie ist die Beschreibung und Analyse von Verhaltensweisen zweier Akteure in einer Auftragsbeziehung (vgl. Jensen/Meckling, 1976, S. 305 ff.). Dabei können die Kontraktbeziehungen zwischen den Gläubigern und den Anteilseignern sowie der Geschäftsführung eines Unternehmens als sogenannte „Principal-Agent-Beziehung“ interpretiert werden.

Die Kapitalgeber übernehmen in diesem Theoriemodell die Funktion des Principals. Die Kapitalnehmer tragen die Rolle der Agents. Diese Agents sind in diesem Fall die verantwortlichen Entscheider in einem Unternehmen. Die Kapitalgeber übertragen als Principals den Entscheidungsträgern die Aufgabe, ausgezahlte Kredite vertragsgerecht zu verzinsen und zurückzuführen und bei angelegten Geldern eine marktgerechte Rendite zu erwirtschaften (vgl. Schiller/Tytko, 2001, S. 37 ff.). Die Inhalte der Agency-Theorie lassen sich wie folgt definieren.

Definition: Die **Agency-Theorie** analysiert Verhaltensweisen zweier Akteure, dem Principal und dem Agent, in einer Auftragsbeziehung und gibt Gestaltungsempfehlungen für diese Relation. Ursächlich für Probleme aus der Beziehung sind unterschiedliche Ziele und Interessen der Akteure, begleitet durch eine heterogene Informationsverteilung. Der Agent ist in der Regel besser informiert, als der Principal und er kann diesen Informationsvorteil zu seinen Gunsten nutzen. Werden unter diesen Annahmen Handlungsvollmachten an den Agent delegiert, können daraus Wohlfahrtsverluste in Form von Agency-Kosten für den Principal als Eigenkapital- oder Fremdkapitalgeber resultieren.

Es können spezifische Probleme aus diesen Beziehungen daraus entstehen, dass der Agent seine Entscheidungen einseitig in der Verfolgung eigener Interessen trifft und damit das Nutzenniveau des Principals negativ beeinträchtigt. Zum Beispiel kann der Kreditkunde schon frühzeitig planen, die Finanzmittel anderweitig zu verwenden oder dieser besitzt Informationen über den Risikogehalt seiner Mittelverwendung und beabsichtigt eine besonders risikoreiche Investitionspolitik.

Spezifische Probleme aus einer Agency-Beziehung können daraus entstehen, dass der Agent Entscheidungen in der Verfolgung eigener Interessen trifft und damit das Nutzenniveau des Principals beeinträchtigt. So kann der Kreditkunde schon frühzeitig planen, die ausbezahlten Mittel anderweitig zu verwenden. Des Weiteren hat er unter Umständen genauere Informationen über den erhöhten Risikogehalt seiner kreditfinanzierten Investitionen.

Mit der Agency-Theorie lassen sich die Verhaltensweisen von zwei Akteuren in einer Auftragsbeziehung beschreiben und analysieren. Dies lässt sich auch auf die Bereiche der Sanierung und der Insolvenz übertragen. Dabei lassen sich die auftretenden Problembereiche aus Sicht der Kapitalgeber untersuchen. Diese sehen die Rückführung ihrer Kreditmittel als gefährdet an und greifen mit verschiedenen Maßnahmen in den eigentlichen Kreditprozess ein beziehungsweise treffen geeignete Vorgehensweisen, um von der schlechten Entwicklung überhaupt erst zu erfahren. Dies erfolgt im Rahmen der Risikofrüherkennung, die auch dazu dient, möglicherweise entstehende Agency-Probleme im Vorfeld zu vermeiden.

Im Fall einer bestehenden Krise kann die wirtschaftliche Schieflage durch den Unternehmer verschleiert werden. Im Rahmen einer Sanierung können die Erfolgsaussichten besser dargestellt werden, als sie es tatsächlich sind. Des Weiteren können in der Schieflage Entnahmen vorgenommen oder Gesellschafterdarlehen zurückgeführt werden, um eigene Gelder zu retten und Sanierungsbeiträge einseitig zu Lasten anderer Gläubiger zu verteilen. Daher kommt es im Vorfeld einer Sanierung häufig zur Rückzahlung von Gesellschafterdarlehen.

Agency-Probleme treten auf, wenn eine heterogene Informationsverteilung vorliegt. In dieser Situation ist der Agent oftmals besser informiert als der zugehörige Principal (vgl. Swoboda, 1991, S. 162 ff. und Arrow, 1985, S. 37 ff.). Dann werden negative Charaktereigenschaften oder Handlungen für den Principal nicht sichtbar.

Nach der Art des Informationsvorsprungs lassen sich verschiedene Formen ungleicher Informationsverteilung zeitlich voneinander unterscheiden, wie nachfolgende Abb. 3.5 zeigt (vgl. Perridon et al., 2012, S. 572). Differenzieren lässt sich die zeitliche Verteilung der Entscheidungsfelder sowie der auftretenden Schwierigkeiten mit den Akteuren in die Segmente vor dem Vertragsabschluss, beim Vertragsabschluss und nach dem Vertragsabschluss.

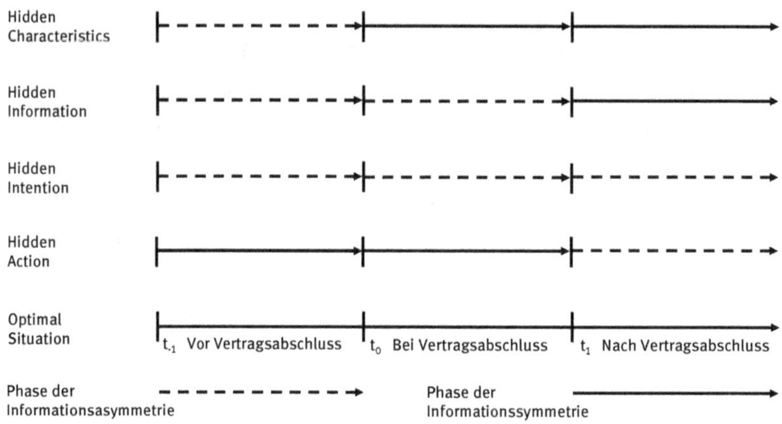

Abb. 3.5: Fälle der Informationsasymmetrie (Quelle: In Anlehnung an Perridon et al., 2012, S. 572)

Der Fall **Hidden Characteristics** bezieht sich auf Informationsunterschiede bezüglich der Qualitäten und Eigenschaften des Agents, die dem Principal verborgen sein können. Zeitlich besteht diese Form der Unsicherheit in der Verhandlungsphase vor dem Vertragsabschluss. Der Agent kennt seine Risikoeinstellung sowie charakterlichen Eigenschaften besser als der Principal. Ebenso sind ihm seine Qualifikationen, seine Präferenzen und seine Nutzenfunktion bekannt. Daher können, von Seiten der Stakeholder, Qualitätsunterschiede unter Umständen nicht erkannt werden und es besteht zudem Unsicherheit über die Fairness des Agents.

Der Fall der **Hidden Information** bezieht sich auf Merkmale des Agents, die dem Principal vor dem Eingehen einer Vertragsbeziehung und bei der Verhandlung verborgen geblieben sind, die aber auch in den Verlauf einer Vertragsbeziehung nach Vertragsabschluss hineinwirken können. So kennt der Agent seine Managementfähigkeiten und das Marktpotenzial sowie den Unternehmenswert besser als der Principal. Über die Einbringung von freiwilligen Signalen von Seiten des Agents kann diese Form der Unsicherheit zumindest verringert werden. Dennoch kann sich das Verhalten nach dem Vertragsabschluss auch noch weiter negativ verändern.

Des Weiteren können Probleme aus **Hidden Intention** im Sinne verdeckter Absichten oder versteckter bestehen. Hier lockt der Agent den Principal beispielsweise in eine Falle unter anderem bei irreversiblen Investitionsentscheidungen und nutzt dann die erst später vom Principal entdeckte Abhängigkeit möglicherweise mit erpresserischen Aktionen aus (Hold Up). Eine Unsicherheit kann auch bezüglich eines angebotenen Guts bestehen (Adverse Selection). Die verschiedenen Untersuchungsfelder, Hidden Characteristics und Hidden Information und Hidden Intention, können sich, anhand der Informationsinhalte und der zeitlichen Positionierung, weitgehend überschneiden.

Probleme aus **Hidden Action** sind dadurch bestimmt, dass der Agent Handlungen während einer bereits existierenden Vertragsbeziehung vornimmt, die der Principal nicht beobachten kann und die beim Principal einen Schaden bewirken. So können der Arbeitseinsatz, das Anstrengungsniveau sowie die Sorgfalt des Agents während der Laufzeit einer Finanzierungsbeziehung nicht komplett überwacht werden. Auch bewusste Schädigungen des Agents lassen sich nicht immer erkennen oder werden durch bilanzpolitische Maßnahmen verschleiert. Ebenfalls kann der Principal nicht einschätzen, ob das jeweilige Unternehmensergebnis auf der Leistung des Agents beruht oder auf günstige oder ungünstige Umwelteinflüsse einer boomenden beziehungsweise schleppenden Branchenkonjunktur zurückzuführen ist.

Im Rahmen der Untersuchung von Agency-Problemen im Rahmen des Sanierungs- und Insolvenzprozesses findet eine Fokussierung auf die Felder Hidden Information und Hidden Action statt. Die folgende Abb. 3.6 verdeutlicht die Agency-Verbindung zwischen einem Principal und Agent in einer Auftragsbeziehung mit einem Kapitalgeber und einem Kapitalnehmer.

Abb. 3.6: Agency-Beziehung zwischen Kapitalgeber und Kapitalnehmer (Quelle: Eigene Darstellung)

Probleme aus Hidden Action sowie Hidden Information können isoliert, aber auch kombiniert auftreten. Wichtig ist es, diese Schwierigkeiten zu antizipieren sowie im Vorfeld auf mögliche Problembereiche zu reagieren.

Die Stärke von Informationsasymmetrien steigt in der Krise eines Unternehmens regelmäßig an. Dann werden in der wirtschaftlichen Schieflage meist Daten geschönt oder nicht an die Gläubiger weitergegeben. Im Zweifel liegen krisenrelevante Informationen der Firma nicht vor, wenn unzureichende Controllingsysteme bestehen. Dies behindert die rechtzeitige Einleitung der Sanierungsaktivitäten, verlängert die Dauer des Gesundungsprozesses und beeinträchtigt die späteren Erfolgsaussichten für den möglichen Turnaround.

In den Stadien der Krise lassen sich im Zeitablauf verschiedene Arten und Intensitäten von Informationsasymmetrien feststellen. In der Strategiekrise sind die wirtschaftlichen Probleme für die finanzierende Hausbank meist noch verdeckt. So wird das Management des Unternehmens oft noch als qualitativ gut eingeschätzt und die Rahmendaten der Firma gelten als gesichert. In einer akuten Schieflage wird diese Haltung dann meist plötzlich und stark revidiert. Hidden-Information- und Hidden-Action-Probleme sind in der Strategiekrise nicht offenkundig, da der Kapitaldienst bislang geleistet wird und die Schwierigkeiten verschleiert sind. Die Geschäftsführung kann bereits erste Anzeichen einer strategischen Krise durch Anspannungen der Marktlage erkennen, die Relevanz der Auswirkungen jedoch nicht wahrnehmen oder die Probleme erst gar nicht berichten.

In der Ertragskrise beziehungsweise der Erfolgskrise wirkt sich die negative wirtschaftliche Entwicklung bereits deutlich aus und zeigt sich in Form reduzierter und schwacher Erfolgskennzahlen. Die Schwierigkeiten aus Hidden Action und Hidden Information werden Dritten wie Kreditinstituten erstmals sichtbar. Besonders problematisch ist dies, wenn die Krisenfestigkeit der Geschäftsleitung nicht eingeschätzt werden kann. Die Ertragskrise erfordert in der Regel ein starkes Gegensteuern mit einschneidenden Maßnahmen wie Kostensenkungen, um die drohende Liquiditätskrise und Insolvenz abzuwenden.

In der Liquiditätskrise kommt der Beachtung von Agency-Problemen aus asymmetrischer Informationsverteilung eine besondere Wichtigkeit zu. Kann der Hausbank als Hauptgläubigerin nicht versichert werden, dass eine Abwendung der Krise noch möglich ist und werden Informationen nicht weitergegeben, führt ein gesteigertes Misstrauen unter Umständen zur Beendigung der Vertragsbeziehung. Meist ist das vorhandene Vertrauen in dieser heiklen Krisenphase mitentscheidend dafür, ob das betreffende Unternehmen überhaupt als unterstützungswürdig eingestuft wird. Die Reduzierung der Agency-Probleme und der Informationsdifferenzen haben hier eine besondere Wichtigkeit. So ist es von Bedeutung, dass gerade der Unternehmer und die Hausbank die wirtschaftlichen Schwierigkeiten gleichermaßen feststellen und die Einigkeit zur Einleitung eines Sanierungsprozesses besteht.

Auch im Gesundungsprozess gilt es Interessenunterschiede und Informationsasymmetrien zu untersuchen und gegebenenfalls abzubauen. In der Sanierung ist es von Bedeutung, dass die wesentlichen Entscheidungsträger möglichst gleiche Ziele und Interessen verfolgen oder eine Zielangleichung angestrebt wird.

Zudem ist Datentransparenz herzustellen, damit die Gläubiger den Sanierungsverlauf effizient überwachen können und eine gleiche Informationslage besteht. Es stehen Agency-Probleme aus Hidden Action und Hidden Information im Vordergrund der Betrachtung. Zwischen den Gläubigerbanken sowie dem Krisenunternehmen ist im Sanierungsprozess in erster Linie eine Reduzierung von Problemen aus Hidden Action relevant, da eine bereits bestehende Vertragsbeziehung untersucht wird. Es ist von Bedeutung, wie eine Interessenangleichung in der Sanierung erreicht werden kann, um den Turnaround zu erreichen.

In der Praxis helfen hier unter anderem Instrumente der Absicherung in Form von persönlichen Sicherheiten und vertragliche Verpflichtungserklärungen in Form von Financial Covenants und Soft Covenants um das Verhalten des Kreditnehmers unter anderem zur Informationsweitergabe positiv zu beeinflussen. Es sind jedoch auch Probleme aus Hidden Information von Relevanz. So ist die Qualifikation des Managements für den Erfolg einer Sanierung von erheblicher Bedeutung. Daher ist vor der Einleitung des Gesundungsprozesses insbesondere darüber zu entscheiden, ob diese Geschäftsleitung als geeignet eingestuft wird, um eine Sanierung erfolgreich umzusetzen. Gegebenenfalls sollte das Altmanagement durch ein Interimsmanagement unterstützt oder ersetzt werden.

Dieses ist gerade dann von Bedeutung, wenn neue Geldmittel gegeben werden sollen. Die Entscheidung wird in Banken nicht leichtfertig getroffen, damit keine weiteren potenziellen Abschreibungen zu erzeugen. In diesem Fall hängt die Neukreditvergabe neben den positiven Sanierungsaussichten maßgeblich von den Qualifikationen des Kreditnehmers ab. Lösungsansätze für den Problembereich der bestmöglichen Besetzung eines Sanierungsumsetzers können dann gegebenenfalls aus der Agency-Theorie abgeleitet werden.

Bestreben der Agency-Theorie ist es, Anreiz-, Überwachungs- sowie Kontrollmechanismen zu gestalten. Diese Maßnahmen haben eine Reduzierung der ungleichen Informationsverteilung und eine Angleichung der Interessenlagen zwischen Principal und Agent zum Ziel. Probleme aus der asymmetrischen Informationsverteilung zwischen Banken und Kreditnehmern lassen sich bereits vor dem Eingehen einer langen Vertragsbeziehung (Hidden-Information-Fall) antizipieren und durch konkrete Maßnahmen verringern. Diese können umfassen:

- Erstprüfung der wirtschaftlichen Verhältnisse und Firmensicherheiten
- Obligierung, persönliche durch Geschäftsführer oder Gesellschafter
- Festlegung von Covenants zur Vermögens-, Finanz- und Ertragslage

Bei Bestehen der Vertragsbeziehung (Hidden-Action-Fall) existieren weitere Instrumente zur Reduzierung von Agency-Problemen. Dabei ist zu versuchen, den Unternehmer, insbesondere in der Krise und eingeleiteten Sanierung, zu einer Weitergabe richtiger Informationen anzureizen. Hier kann das Signalling besondere Wirkungen setzen. Es geht von einer Signalsendung des Agents aus.

Dies stellt eine Form der Informationsübermittlung dar, die der Agent nutzen kann, um ein besseres Vertragsangebot zu erhalten (vgl. Schiller/Tytko, 2001, S. 39 ff.). So können freiwillig erstellte Finanzpläne als positives Signal für die Unternehmensbonität interpretiert werden und durch verbesserte Zinskonditionen von Kreditinstituten belohnt werden. Eine andere Form ist das Monitoring von Bankenseite mit der Installierung von bestimmten Überwachungsinstrumenten durch die Gläubiger. Es sind spezielle Kontrolldesigns zu wählen, um die Agency-Probleme aus den negativen Handlungen verhindern, wie unter anderem:

- Laufende Überprüfung der künftigen Kapitaldienstfähigkeit
- Überwachung der Kreditsicherheiten in regelmäßigen Zeitintervallen
- Stetige Analyse des aktuellen wirtschaftlichen Zahlenmaterials

Diese Informationsübermittlung von Seiten eines Unternehmens ist in der Krise von besonderer Bedeutung. Gerade wenn eine wirtschaftliche Schieflage sichtbar wird, ist es für Kreditinstitute besonders wichtig, eine optimale und dauerhaft transparente Datenlage zu erhalten, damit die Vertrauensgrundlage bestehen bleibt. Dazu sind vom Unternehmen richtige, vollständige sowie risikorelevante Informationen zielgruppengerecht aufbereitet zu übermitteln, die von den Risikosystemen der Kreditinstitute untersucht werden können. Banken sind unter gewissen Voraussetzungen gesetzlich dazu verpflichtet, quantitative Informationen über Kreditnehmer hereinzunehmen und auszuwerten (§ 18 KWG). Diese Pflicht besteht auch in der Krise und Sanierung des Kunden weiter fort. Zudem sind weitere Akteure an Informationen interessiert. Mitarbeiter, Lieferanten, Kreditversicherer und Kunden bestimmen den Erfolg des Sanierungsverlaufs maßgeblich mit und sind daher mit Daten zu versorgen. Diese Parteien können den Sanierungsprozess unterstützen, indem sie als Mitarbeiter auf Entgelte verzichten oder als Lieferanten stillhalten und das Krisenunternehmen zu den bisherigen Konditionen weiter beliefern. Sie können den Erfolg der Sanierung aber auch gefährden, wenn zum Beispiel die Linien von Kreditversicherern gekürzt werden oder Kunden die Produkte boykottieren. Es reicht nicht aus, sich auf die Sichtweise der Kreditinstitute zu beschränken, sondern es sind die Ziele und Einflussmöglichkeiten weiterer an einem Sanierungsprozess beteiligter Personen, Gruppen und Institutionen zu analysieren, um den langfristigen Turnaround zu erreichen. Aus diesem Grund werden die Eigenschaften, Interessen sowie Motive der sanierungsrelevanten Akteure im Stakeholder-Modell untersucht.

---

i **Zusammenfassung Theorieabschnitt 3.2:** In diesem Abschnitt wurden die Grundzüge der Agency-Theorie dargestellt und der Bezug zur Unternehmenssanierung aufgezeigt. Probleme aus Hidden Information und Hidden Action sind in der wirtschaftlichen Krise von Bedeutung. Als kritisch können sich Zielunterschiede sowie Informationsasymmetrien zwischen Kapitalnehmern und Kapitalgebern erweisen. Daher sind Maßnahmen des Monitorings einzusetzen, um die Agency-Probleme aus Sicht der Kreditinstitute abzubauen und den Sanierungsprozess aktiv zu fördern.

3.3 Stakeholder-Modell

Sanierungen werden in ihrem Verlauf oft durch verschiedene Akteure beeinflusst. Gerade externe Gläubiger entscheiden über das Vorgehen bei einem Kreditnehmer in einer Krisenlage auf der Basis von rationalen wirtschaftlichen Gründen. Sie werden zum Teil aber auch von irrationalen Gegebenheiten geleitet. So kann das Verhalten der Geschäftsführung deren Unterstützungsbereitschaft erhöhen oder verringern. Firmen werden mit den Erwartungen und Anforderungen von verschiedenen Akteuren im Unternehmen sowie in deren Umfeld konfrontiert, den Stakeholdern. Diese Parteien lassen sich wie folgt definieren.

Definition: Stakeholder sind Individuen oder Gruppen mit eigenen Zielen und Bedürfnissen, die von Handlungen einer Unternehmung beeinflusst werden oder diese selbst aktiv beeinflussen können. Von diesen internen sowie externen Akteuren können intensive Unterstützungen oder auch Bedrohungen im Sanierungsprozess ausgehen (vgl. Freeman, 1984, S. 46.).

Die Ansprüche der wirtschaftlich involvierten Parteien steigen in der Krise und der Sanierung eines Unternehmens erheblich, da die bedrohte Unternehmensexistenz auch negative Folgen für die Stakeholder bedeutet. Daher fordern insbesondere die Banken zur intensiven Überwachung und frühzeitigen Risikoerkennung aktuelle Ertragszahlen sowie detaillierte Liquiditätspläne und die Gesellschafter Informationen über die wirtschaftliche Lage der Krisenfirma.

Werden diese Stakeholder-Interessen vernachlässigt, kann dies in schwierigen Unternehmenssituationen wie einer Krise den Erfolg des Gesundungsprozesses stark beeinträchtigen. Dabei können Kreditversicherer und Banken ihre Linien auf Basis dieses gestiegenen Risikogehalts kürzen oder qualifizierte Mitarbeiter verlassen das Unternehmen aufgrund der erhöhten Insolvenzgefahr. Daher sind die in einer Krise sowie Sanierung bedeutenden Stakeholder zu identifizieren. Die Unternehmensleitung sollte ihre Entscheidungen dann im Sinne eines optimalen Sanierungserfolgs auf die wichtigen Gruppen abstimmen.

Hilfestellung dazu leistet das Stakeholder-Modell. Dieses schafft einen strukturierten Rahmen, um die Chancen und Bedrohungen der relevanten Interessengruppen für die Sanierung eines Unternehmens systematisch zu untersuchen sowie Gestaltungsempfehlungen für einen Sanierungsprozess zu geben.

Der Stakeholder-Management-Ansatz umfasst zum einen die Analyse von Ansprüchen und Beiträgen ausgewählter Unternehmensgruppen in sowie im Umfeld der betrachteten Firmen. Zum anderen schafft der Management-Ansatz ein Abbild der unternehmensrelevanten Umwelt, indem er die in der Krise und Sanierung auf die Unternehmung treffenden Forderungen, Erwartungen und Ansprüche auf konkrete Akteure sowie Gruppen zurückführt und deren Eigenheiten strukturiert erfasst (vgl. Schuppisser, 2002, S. 7).

Der langfristige Erfolg eines Unternehmens hängt dann oftmals davon ab, wie gut es der Geschäftsführung gelingt, eine Balance zwischen den verschiedenen Interessen und der Befriedigung der Ansprüche der Stakeholder zu finden (vgl. Freeman, 1984, S. 52 ff.). Die wesentlichen Aussagen des Stakeholder-Modells lassen sich daher wie nachfolgend beschreiben.

Definition: Das **Stakeholder-Modell** betrachtet Interaktionen zwischen Unternehmen und ihrem Umfeld. Im Stakeholder-Modell sind drei Schritte zu vollziehen. Erstens sind die für eine Problemsituation relevanten Stakeholder zu identifizieren. Zweitens sind ihre Interessen und Einflussmöglichkeiten genau zu bestimmen. Drittens sind die Entscheidungen der Geschäftsführung auf die Bedürfnisse wichtiger Unternehmens-Stakeholder abzustimmen. Zudem sind die diversen und komplexen Stakeholder-Beziehungen untereinander zu koordinieren.

Der Stakeholder-Ansatz geht deutlich weiter als Shareholder-Modelle, da die Sicht umfassender ist und nicht auf die Ansprüche der Anteilseigner begrenzt wird, da weitere Unternehmensakteure einbezogen werden. Das Modell kann deskriptiv auf der beschreibenden Ebene eingesetzt werden. In diesem Fall werden die Erwartungen der Stakeholder in Bezug auf ein Unternehmen dargelegt. Das Konzept kann zudem instrumentell verwendet werden, indem zweckdienliche Aussagen zur Verfolgung ökonomischer Zielsetzungen in Firmen vorgegeben werden.

Mit einem Stakeholder-Modell lassen sich außerdem normative Aussagen ableiten. Als Resultat ergibt sich dann eine Richtschnur des optimalen Handelns für die relevanten Akteure zur Unterstützung von Gesundungsmaßnahmen in der Sanierung oder Insolvenz (vgl. Schuppisser, 2002, S. 12 ff.).

In dieser Arbeit wird das Stakeholder-Modell verwendet, um Beschreibungen vorzunehmen, die ein realistisches Abbild des Unternehmens in der Krise und Sanierung geben. Des Weiteren wird versucht das Modell instrumentell einzusetzen, um nützliche Gestaltungsempfehlungen für die Hauptbeteiligten an einer Sanierung vorzuschlagen. Im Vordergrund steht die Hausbank. Eine normative Nutzung des Modells wird dagegen nicht als zielführend angesehen, da Sanierungsverläufe vom Handeln vieler Akteure unter nicht vergleichbaren Rahmenbedingungen bestimmt werden und schwer in ein Schema zu pressen sind. Es lassen sich jedoch praxisnahe Regeln zu einer professionellen Sanierungsbegleitung ableiten.

Das Stakeholder-Modell ist ein strategisches Konzept. Das Konstrukt gewinnt seine Bedeutung daraus, dass Chancen sowie Bedrohungen relevanter Stakeholder eines Unternehmens erfasst und gesteuert werden können. Die Analysen können auf den Untersuchungsgegenstand der Sanierung angepasst werden. Dann besteht die Möglichkeit, die Sanierung durch gezieltes Handeln an bestimmten Eckpunkten auf den richtigen Weg zu bringen und den Sanierungsverlauf positiv zu beeinflussen. Dann lässt sich durch die Einforderung von Beiträgen bestimmter interner sowie externer Gruppen der Gesundungsprozess stabilisieren.

Gleichermaßen sind negative Auswirkungen anderer Parteien zu analysieren. Diese Untersuchungen können Banken dazu nutzen, um den Sanierungsverlauf proaktiv zu gestalten. Auf diese Weise lässt sich zum einen ein hoher Wirkungsgrad der Sanierung erreichen, indem positive Unterstützungsbeiträge stark gefördert werden. Zum anderen lassen sich mögliche Gefährdungen frühzeitig erkennen und es kann rechtzeitig gegengesteuert werden, wenn unter anderem einzelne Stakeholder eine Sanierung behindern und einen Insolvenzantrag provozieren.

Um eine Stakeholder-Analyse durchzuführen, sind folgende drei Ablaufschritte zu vollziehen: Im ersten Schritt sind die für eine Krise und Sanierung relevanten Stakeholder zu identifizieren. Im zweiten Schritt sind die Interessen, Sanierungsbeiträge sowie Bedrohungspotenziale der Gruppen zu bestimmen. Im dritten Schritt sind die Entscheidungen der Geschäftsführung auf die Bedürfnisse wichtiger Akteure abzustimmen und die Interaktionen zwischen den Stakeholdern zu steuern und zu überwachen. Bei dem ersten Schritt, der Identifizierung der für eine Sanierung wichtigen Gruppen ist strukturiert vorzugehen. Dazu sind die Stakeholder in Kategorien einzuteilen. So lassen sich ihre primären Interessen optimal ableiten. Ein mögliches Entscheidungsmerkmal differenziert Stakeholder nach der Stärke, Bindung und Zugehörigkeit zum Krisenunternehmen in interne sowie externe Gruppen. Interne Stakeholder haben einen engen Bezug zu dem Unternehmen, befinden sich im direkten Einflussbereich unternehmerischer Entscheidungen oder treffen diese. Interne Akteure haben meist aus existenziellen Gründen ein originäres Interesse am Fortbestehen des Krisenunternehmens. Zu den ausgewählten internen Stakeholdern gehören die Geschäftsführung, die Anteilseigner, der Aufsichtsrat oder Beirat, das Mittlere Management und die Mitarbeiter beziehungsweise der Betriebsrat.

Die externen Stakeholder befinden sich im Unternehmensumfeld und können meist nur indirekt auf unternehmerische Entscheidungen einwirken. Externe Stakeholder sind unter anderem Kreditinstitute, Lieferanten und Kreditversicherer, Kunden, Sanierungsberater, gegebenenfalls Insolvenzverwalter und die Öffentliche Hand. Besondere Vorteile dieser Zuordnung zu internen und externen Gruppen sind:

- Differenzierung nach der Einwirkung auf den Sanierungsverlauf: Interne Stakeholder haben zumeist direkte Einwirkungsmöglichkeiten auf Unternehmen und auf unternehmerische Entscheidungen. Die Gestaltungspotenziale sind von den externen Stakeholdern wie Kreditinstituten zu berücksichtigen.
- Zuordnung nach der Stärke der Verbundenheit zum Unternehmen: Der persönliche und emotionale Bezug ist bei den Internen meist stärker vorhanden als bei den Externen. Auch die Betroffenheit aufgrund der höheren Abhängigkeit der internen Gruppen in einer Krise ist meist intensiver ausgeprägt.
- Bezug zur Informationsverteilung: Interne Akteure sind aufgrund der Nähe zum Wertschöpfungsprozess, der fachlichen Kenntnisse sowie des erleichterten Zugangs zu formellen und informellen Informationsquellen besser informiert über den wirtschaftlichen Zustand eines Unternehmens als externe Gruppen.

Dabei ist zu beachten, dass Akteure existieren, die gleichzeitig der internen und der externen Gruppierung angehören. Daher können Mitarbeiter auch Kunden oder Anteilseigner der Krisenfirma sein. Der Übersichtlichkeit halber wird zu Lasten der Genauigkeit davon ausgegangen, dass jeder Akteur nur einer Kernanspruchsgruppe angehört und ausschließlich diejenigen Interessen vertritt. Weiter wird unterstellt, dass die Akteure innerhalb einer Anspruchsgruppe einheitliche Ziele und Interessen verfolgen. Später wird die Homogenität in den Gruppen unter anderem im Banken- oder im Gesellschafterkreis aufgehoben.

Die Entscheidungen im Rahmen einer Sanierung werden aus Sicht der betroffenen Gruppen primär aus ihren wirtschaftlichen Kalkülen heraus getroffen. So kann im Vordergrund die ökonomische Frage stehen, ob ein Unternehmen aus Sicht der Banken überhaupt kapitaldienstfähig ist und eine marktübliche Rendite für die Anteilseigner erwirtschaftet. Neben den Banken und den Gesellschaftern sollen in erster Linie die internen Stakeholder betrachtet werden, die ein eigenes ökonomisches Interesse am Fortbestand des Krisenunternehmens haben. Dieses sind in der Sanierung die nachfolgenden ausgewählten internen Stakeholder:

- Geschäftsführung: Das Top-Management hat die Krisenlage mit verursacht. Die Bereinigung der wirtschaftlichen Schieflage über eine Sanierung muss oft mit Hilfe der Manager gestaltet werden. Ist die Geschäftsführung nicht geeignet, die Sanierung umzusetzen, besteht die Möglichkeit und Notwendigkeit des Ersatzes durch ein Interimsmanagement.
- Anteilseigner: Von den Gesellschaftern werden in der Regel erhebliche Sanierungsbeiträge gefordert. Anteilseigner sollten möglichst zusätzliche Liquidität bereitstellen. Zu beachten ist, dass sich immer häufiger Finanzinvestoren im Gesellschafterkreis von Firmen befinden, deren Interessen sich von Familieneigentümern erheblich unterscheiden können.
- Aufsichtsrat/Beirat: Das Organ hat die Aufgabe, die Geschäftsführung oder den Vorstand zu überwachen und in Krisenzeiten verschiedene Kontrollpflichten zu erfüllen. Auch Abberufungen der Geschäftsleitung sind im Rahmen einer Krise möglich. Zudem kann das Gremium nach einer erfolgreichen Sanierung installiert werden, um den Turnaround mittel- bis langfristig abzusichern.
- Mittleres Management: Die Gruppe hat einen wesentlichen Beitrag bei der Umsetzung der Sanierungsmaßnahmen zu leisten. Daher sollte in einer Sanierung in Erwägung gezogen werden, einen internen Lenkungsausschuss im Unternehmen zu installieren, der als Projektorganisation die Sanierungsaktivitäten abteilungsübergreifend steuert und überwacht.
- Mitarbeiter/Betriebsrat: Mitarbeiter als Arbeiter und Angestellte ohne Führungsaufgaben sind meist existenziell von einer Krise und Sanierung betroffen. Häufig müssen diese Zugeständnisse in Form von Lohn- und Gehaltsverzichten leisten. Der Betriebsrat ist von Bedeutung, wenn dieser als Vermittler und Verhandlungspartner der Mitarbeiter auftritt.

Unter den externen Gruppen ist die Abgrenzung schwerer zu ziehen, da der potenzielle Kreis der Teilnehmer unter Umständen größer ist. Ausgewählt wird zunächst folgender Rahmen der für eine Sanierung betrachteten externen Stakeholder:

- Kreditinstitute: Für die Banken sowie Sparkassen drohen in der wirtschaftlichen Schieflage eines Firmenkunden meist erhebliche Ausfallrisiken. Kreditinstitute können in der wirtschaftlichen Krise eines Kreditnehmers unterschiedliche Strategien verfolgen. Dazu kann das Bestreben darin bestehen, das eigene Risiko zu vermindern. Alternativ kann ein Verkauf des gesamten Kreditengagements zur Disposition stehen. Hier soll das vornehmliche Interesse an einer aktiven Sanierung und Unterstützung des Kreditnehmers im Vordergrund stehen.
- Lieferanten/Kreditversicherer: Diese Akteure müssen in der Krise eines Kunden mit hohen Forderungsausfällen sowie Umsatzeinbußen rechnen. Dabei ist deren Risikosituation aufgrund von kollidierenden Positionen mit dem möglichen Untergang von Sicherheiten meist schwach. Warenkreditversicherer haben einen erheblichen Einfluss auf den Handlungsspielraum der Lieferanten. Da sich die Interessen zum Teil überschneiden, werden Kreditversicherer und Lieferanten im Folgenden zusammenhängend betrachtet.
- Kunden: Diese Gruppe bestimmt den wirtschaftlichen Erfolg der unternehmerischen Aktivitäten erheblich. Daher kommt der Kommunikations- und Informationspolitik zu den Kunden in einer Sanierungsphase besondere Bedeutung zu. Zudem können Großabnehmer mit finanziellen Unterstützungen erhebliche Sanierungsbeiträge leisten. Dieses wird der Fall sein, wenn ein Abnehmer von den Vorprodukten maßgeblich abhängig ist, da keine Substitute bestehen oder eine enge Verzahnung in der Wertschöpfungskette vorliegt.
- Sanierungsberater: Diese übernehmen im Rahmen eines Beratungsauftrags die Aufgabe, das Krisenunternehmen nachhaltig zu sanieren. Dabei können diese Stakeholder entweder der Geschäftsführung eines wirtschaftlich schwachen Unternehmens bei der Umsetzung zur Seite stehen und alternativ auch im Rahmen eines Interimsmanagements die bisherige Altgeschäftsführung eines angeschlagenen Unternehmens ersetzen.
- Insolvenzverwalter: Der Verwalter hat im vorläufigen sowie im eröffneten Insolvenzverfahren primär zu prüfen, ob Sanierungschancen durch eine übertragende Sanierung oder über ein Insolvenzplanverfahren bestehen. Auf die Auswahl eines erfahrenen und auch risikobereiten Insolvenzverwalters ist gerade bei Unternehmen mit guten Gesundungschancen zu achten. Dieses sind meist größere Firmen mit einem umfangreichen Kundenstamm.
- Öffentliche Hand: Gemeint sind verschiedene Gruppen außerhalb eines Unternehmens, die von einem Krisenfall wirtschaftlich betroffen sein können, wie der Fiskus, der Bund oder das Land. Steuerausfälle können diese Akteure belasten. Sanierungsmittel wie Landesbürgschaften oder die Stundung von Steuerzahlungen können Unterstützungen im Gesundungsprozess erbringen.

Die folgende Abb. 3.7 bietet eine Übersicht über die betrachteten Stakeholder-Gruppen im Sanierungsprozess, differenziert nach internen und externen Gruppen. Dazu werden bestimmte ausgewählte Akteure und Gruppen betrachtet.

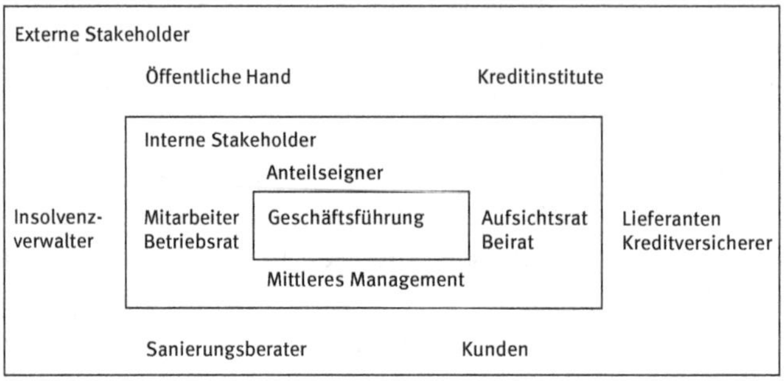

Abb. 3.7: Ausgewählte interne und externe Stakeholder (Quelle: Eigene Darstellung)

Interne und externe Stakeholder sind im Sanierungsprozess zwingend zu beachten. Dies lässt sich aus dem Anspruchspotenzial aufgrund von Legitimationsrechten und Einflusswirkungen dieser Gruppen begründen (vgl. Schuppisser, 2002, S. 16 ff.):

– Stakeholder können ein positives oder negatives Einflusspotenzial auf den Sanierungsverlauf ausüben. Zu beachten sind die Beziehungen zum Krisenunternehmen, aber auch die Verbindungen der Stakeholder untereinander.
– Stakeholder haben Legitimationsrechte im Sanierungsprozess. Diese resultieren aus Eigentumsrechten beispielsweise bei Gesellschaftern oder durch eine enge Einbeziehung in die Wertschöpfungskette bei Lieferanten und Kunden.

Aus den Ansprüchen ergeben sich Bedrohungspotenziale oder Möglichkeiten, eine Sanierung aktiv zu unterstützen. Dies ist im zweiten Schritt der Stakeholder-Analyse differenziert nach internen und externen Gruppen zu untersuchen.

Im zweiten Schritt einer Stakeholder-Analyse sind die Interessen, Bedrohungen und Sanierungsbeiträge abzuleiten. Zwischen den ausgewählten internen und externen Stakeholdern sowie dem Krisenunternehmen bestehen wechselseitige Beziehungen. Die wirtschaftliche Lage sowie die Entscheidungen der Geschäftsleitung können auf diese Stakeholder einwirken und es kann im Gegenzug zu einer Einflussnahme auf das Krisenunternehmen kommen. Ein erfolgreicher Sanierungsprozess setzt daher zunächst die Kenntnis der Entscheidungsalternativen der wichtigen Stakeholder des Unternehmens, die eine Sanierung aktiv fördern oder auch stark gefährden können, voraus (vgl. Buschmann, 2004, S. 205 ff.).

Dabei wirken einige Maßnahmen positiv und unterstützen die mögliche Sanierung, andere Schritte wirken negativ und beeinträchtigen diesen wirtschaftlichen Gesundungsprozess. Insbesondere auf die internen Gruppen kann von Seiten der Banken meist ein erheblicher Einfluss ausgeübt werden. Die positiven Beiträge sind zu forcieren und die Gefährdungspotenziale zu vermeiden. Eine Übersicht über die alternativen Einflussmöglichkeiten gibt die nachfolgende Tab. 3.1.

Tab. 3.1: Einflüsse interner Stakeholder in der Krise und Sanierung (Quelle: Eigene Darstellung)

Unterstützungen	Interne Stakeholder	Bedrohungen
Gehaltsverzicht Einschuss frischer Liquidität	Geschäftsführung	Kündigung Missmanagement
Kapitalerhöhung Rangrücktritt Darlehen	Anteilseigner	Erhöhte Entnahmen Rückführung Darlehen
Sanierungsunterstützung Sanierungsüberwachung	Aufsichtsrat/Beirat	Fehlende Überwachung Passivität
Gehaltsverzicht Freiwillige Überstunden	Mittleres Management	Blockadehaltung Innere Kündigung
Gehaltsverzicht Freiwillige Überstunden	Mitarbeiter	Kündigung Demotivation

Auch das Verhalten der externen Stakeholder ist in der Krise und Sanierung von erheblicher Bedeutung. Diese Akteure können mit der Krisenfirma kooperieren, indem sie zum Beispiel Stillhalten und das Unternehmen mit Sanierungsbeiträgen unterstützen. Sie können die Geschäftsbeziehung aber auch zu Lasten des Unternehmens umgestalten, indem neue Konditionen vereinbart werden oder diese komplett beenden (vgl. Buschmann, 2004, S. 203 ff.).

Die Belastungen der Geschäftsbeziehung sind im Rahmen einer Sanierung zu vermeiden, da sich die Krisenlage ansonsten verschärfen kann. Des Weiteren können sich die einseitigen und nicht abgestimmten Handlungen einer Partei auf die Entscheidungen anderer Gruppen auswirken. Wenn ein Lieferant seine Zahlungskonditionen verändert, können andere Lieferanten, Kreditversicherer oder die Kreditinstitute ähnlich reagieren und die Gesamtlage verschlechtert sich.

Auch innerhalb einer Stakeholder-Gruppe kann es unterschiedliche Verhaltensweisen geben. Demnach kann die Hausbank eine Sanierung in jeglichen Punkten unterstützen, während ein gut abgesichertes Kreditinstitut unter Umständen eine Verwertung vorzieht, um die finanziellen Risiken einer unsicheren Sanierung zu vermeiden und daher alle Sanierungsbeiträge konsequent ablehnt. Die möglichen Maßnahmen sowie Entscheidungen der verschiedenen betrachteten externen Gruppen werden in der nachfolgenden Tab. 3.2 aufgezeigt.

Tab. 3.2: Einflüsse externer Stakeholder in der Krise und Sanierung (Quelle: Eigene Darstellung)

Unterstützungen	Externe Stakeholder	Bedrohungen
Stundungen Neukreditvergabe	Kreditinstitute	Kündigungen/Linienkürzungen Nachbesicherungen
Weiterbelieferung Erhalt Versicherungslinien	Lieferanten/Kreditversicherer	Lieferung gegen Vorkasse Kürzung Einkaufslinien
Finanzielle Unterstützungen Fortführung Geschäfte	Kunden	Verzögerung von Zahlungen Wechsel zur Konkurrenz
Professionelle Sanierung Interimsmanagement	Sanierungsberater	Unprofessionelle Sanierung Hoher Kostenfaktor
Branchenwissen Sanierungserfahrung	Insolvenzverwalter	Ausgeprägte Risikoaversion Fehlendes Sanierungswissen
Vergabe Landesbürgschaft Stundung Steuerzahlungen	Öffentliche Hand	Versagung öffentlicher Hilfen Einforderung Steuerzahlungen

Dabei kann sich das Entscheidungsverhalten im Zeitablauf verändern, unter anderem, wenn einzelne Stakeholder Einfluss auf andere Akteure nehmen. So kann der Druck der Kreditinstitute unter Umständen verhindern, dass Kreditversicherer ihre Linien kürzen oder ihre Geschäftsbeziehung vollständig beenden. Es kann sich auch die Geschäftspolitik eines Akteurs verändern und dies einen Einfluss auf die Sanierungsmaßnahmen haben. Vielfach spielt auch der Zeitpunkt, zu dem ein relevanter Akteur einen Sanierungsbeitrag gewährt, eine bedeutende Rolle, um auch andere Stakeholder zu den erforderlichen Unterstützungen zu gewinnen.

Förderlich zur Gewinnung der Sanierungsunterstützungen der externen Anspruchsgruppen sind das Verhalten des Managements und die geleisteten finanziellen Beiträge der Gesellschafter. Jedoch kann es beim Vorhandensein mehrerer Anteilseigner im Gesellschafterkreis zu erheblichen Differenzen kommen, wenn in einer Krisenlage dann neues Geld eingeschossen werden soll. Es kann Anteilseigner geben, die das Unternehmen unterstützen wie die Unternehmensgründer.

Andere Gesellschafter, wie zum Beispiel reine Finanzinvestoren, können finanzielle Interessen verfolgen und ihr bestehendes Investment bereits abgeschrieben haben. Wenn Renditeziele nicht erreicht werden, nimmt das Interesse an dem Investment ab. Ebenfalls können die Ziele sowie Vorgehensweisen innerhalb unterschiedlicher Kreditinstitute stark differieren. Zum Beispiel kann ein Institut mit einem geringen Kreditvolumen von der Hausbank die Ablösung fordern.

Wenn die Anteilseigner vorrangig neues Geld geben und damit ein positives Zeichen setzen, können unter Umständen alle Gläubiger dazu bewegt werden, ihre zunächst bestehende Blockadehaltung aufzugeben. Um die möglichen Unterstützungen und Bedrohungen erklären zu können, werden die Ansprüche der Stakeholder in einer Krise und der sich anschließenden Sanierung näher untersucht.

Folgende Grundinteressen der internen Stakeholder können bestehen:

- Geschäftsführung: Die Unternehmensleitung hat das Interesse, die Existenz der Firma zu erhalten. Dazu gilt es die Insolvenz zu vermeiden und das Unternehmen über Sanierungsmaßnahmen langfristig aus einer Krisenlage herauszuführen. Gleichzeitig besteht das Ziel, den eigenen Arbeitsplatz in der Geschäftsleitung und die Reputation der Firma zu erhalten.
- Anteilseigner: Gesellschafter haben in der Regel das Interesse, das Krisenunternehmen vor der Insolvenz zu bewahren. Dieses kann aus der Erhaltung des Unternehmenswertes, dem Aufrechterhalten einer Einkommensquelle oder der Absicherung eines lange bestehenden Familienunternehmens resultieren. Interessen von Finanzinvestoren im Gesellschafterkreis sind meist auf finanzielle Ziele der Wertsteigerung und der Ausschüttung ausgerichtet.
- Aufsichtsrat/Beirat: Diese Organe vertreten die Interessen der Anteilseigner und haben in ihrer Funktion die Geschäftsführung intensiv zu überwachen. Zudem besteht das Ziel, einen eingeleiteten Sanierungsprozess erfolgreich zu gestalten. Dabei kann es unter Umständen notwendig werden, die bestehende Geschäftsführung durch ein neues Management zu ersetzen.
- Mittleres Management: Auch Führungskräfte haben das Ziel, das Unternehmen aus der Krise herauszuführen, auch wenn dieses mit einem erhöhten Arbeitseinsatz und Verzichten bei Gehältern verbunden ist. Es besteht meist eine hohe Eigenmotivation zur Krisenbewältigung. Jedoch kann es auch zur Abwanderung erfolgreicher Führungskräfte kommen.
- Mitarbeiter/Betriebsrat: Diese Akteure haben als Angestellte ein hohes Interesse am Fortbestand eines Unternehmens, um den Arbeitsplatz als Erwerbsquelle zu erhalten. Optionen ergeben sich bei der Unterstützung in Form von Sanierungsbeiträgen. In der Regel ist die Bereitschaft der Arbeitnehmer sowie Angestellten bei einer engen Bindung hoch, Gehaltsverzichte und Mehrarbeit zu leisten.

Zu beachten ist allerdings, dass es innerhalb der betrachteten Gruppen zu erheblichen Unterschieden in den Sichtweisen und Verhaltensweisen im Rahmen einer Sanierung kommen kann. Teile der Geschäftsführung können die Gesundungsbemühungen unterbinden. Akteure aus dem Kreis der Gesellschafter können die Erfolgschancen einer Sanierung als gering einschätzen und dem Unternehmen Kapital entziehen oder keine Bereitschaft entwickeln weiteres Geld einzuschießen. Es besteht auch die Möglichkeit eine Insolvenz zu provozieren, um die restlichen Gesellschaftsanteile im Insolvenzverfahren zu erwerben. Die Belegschaft kann eine Sanierung ebenfalls differenziert bewerten. Teile der Mitarbeiter werden versuchen, sich rechtzeitig vom Unternehmen zu trennen, um die Ungewissheit einer unsicheren Sanierung nicht tragen zu müssen. Andere werden zur Unterstützung bereit sein, wenn finanzielle Einschnitte nachträglich kompensiert werden. Meist ist die Aufstellung eines teuren Sozialplans erforderlich.

Bei externen Gruppen sind die Interessenlagen differenziert ausgeprägt und von der Dauer und dem Umfang der Geschäftsbeziehung abhängig:

- Kreditinstitute: Banken haben das Interesse an einer vertragskonformen Bedienung ihrer Kredite und einer unter Risiko- und Ertragsgesichtspunkten profitablen Geschäftsbeziehung. Zugeständnisse im Sanierungsprozess hängen häufig von der Kreditrisikostrategie, dem Kundenobligo, der Höhe und Werthaltigkeit der Sicherheiten und dem möglichen Sanierungserfolg ab. In der Sanierung bestehen diverse Optionen, die finanziellen Beziehungen neu zu ordnen. Diese reichen von Stillhaltevereinbarungen bis hin zur Vergabe neuer Finanzmittel. Der Sanierungserfolg kann jedoch über eine Rücknahme von Linien oder Konditionenanhebungen beeinträchtigt werden.
- Lieferanten/Kreditversicherer: Lieferanten haben das Interesse an der Fortführung einer Geschäftsbeziehung und sind grundsätzlich bereit, das Unternehmen in einer Sanierung weiter zu beliefern. Dabei können sich jedoch die Zahlungskonditionen verändern. Dieses Verhalten ist meist von der Reaktionsweise der Warenkreditversicherer abhängig. Die Kreditversicherer haben aufgrund der oft schwachen Risikoposition und der geringen Kundenbindung das Bestreben ihre Linien zu kürzen oder komplett zu streichen.
- Kunden: Abnehmer haben in der Regel ein Interesse daran, dass ein Krisenunternehmen saniert wird, damit Geschäftsmöglichkeiten weiter gegeben sind und künftige Garantie- und Kulanzleistungen erbracht werden können. Bestehen intensive wirtschaftliche Beziehungen aufgrund einer sehr engen Verzahnung der Geschäftsprozesse, kann von Abnehmerseite unter Umständen eine erhebliche Unterstützungsbereitschaft in der Krise bestehen.
- Sanierungsberater: Die Unternehmensberater haben ein großes Interesse daran, den Turnaround eines Mandanten zu erreichen, um die eigene Reputation zu erhöhen und Folgeaufträge zu erhalten. Die Handlungsoptionen bestehen in der Erstellung eines qualitativ hochwertigen Sanierungskonzepts und der erfolgreichen Umsetzung von Maßnahmen. Der zeitliche und der intensitätsmäßige Einsatz variiert je nach Auftragsumfang und Krisensituation.
- Insolvenzverwalter: Der eingesetzte Insolvenzverwalter hat in seiner Funktion zu überprüfen, ob in einem Insolvenzverfahren die Sanierungschancen über ein Planverfahren oder Möglichkeiten einer Fortführung über die übertragende Sanierung gegeben sind. Ein Insolvenzverwalter sollte daher risikobereit sein und zudem das Wissen und die Erfahrung aufweisen, eine Sanierung bei aussichtsreichen Gesundungschancen umzusetzen.
- Öffentliche Hand: Gemeint sind der Bund, die Länder, die Gemeinden sowie die Finanzbehörden. Diese haben ein Interesse am Fortbestand eines Krisenunternehmens, da die öffentlichen Kassen in einer Insolvenz meist stark belastet werden. In aussichtsreichen Sanierungsfällen werden Hilfen in Form von Landesbürgschaften oder Stundungen von Ertragssteuerarten gewährt.

Die Interessen sowie Handlungsoptionen der einzelnen Stakeholder werden in den folgenden Abschnitten in Bezug auf die fachlichen Fragestellungen bei den einzelnen Sanierungsschritten betrachtet. Insgesamt wird das Krisenunternehmen mit einem Fortschreiten der wirtschaftlichen Schwäche zunehmend abhängig von wichtigen Anspruchsgruppen. Somit sind die Beziehungen zwischen den einzelnen Gruppen zu analysieren und die Entscheidungen der Geschäftsführung möglicherweise auf die Forderungen und Interessen der internen und der externen Akteure beziehungsweise Gruppen abzustimmen. Dies erfolgt im abschließenden dritten Schritt, dem Stakeholder-Management (vgl. Buschmann, 2006, S. 139 ff.).

Im dritten Ablaufschritt sind die Einflüsse und die Bedrohungspotenziale der ausgewählten Stakeholder-Gruppen zu erfassen, damit diese in ihrer Auswirkung analysiert und bei Risiken gegengesteuert werden kann. Es ergeben sich Bedrohungspotenziale durch bestimmte Akteure aus deren Entscheidung heraus, negativ auf die geschäftlichen Beziehungen zum Krisenunternehmen einzuwirken. Beispielsweise besteht die Option der Kreditkündigung von Nebenbanken oder der Linienkürzung von Kreditversicherern. Meist lässt sich Einfluss nehmen auf negative Handlungen einzelner Parteien. Dazu sind verbündete Partner wie die Hausbank zu suchen, um auf diese Stakeholder einwirken zu können.

Zudem werden Einflusspotenziale der Krisenfirma auf die Entscheidungen bestimmter Stakeholder-Gruppen erfasst. So existiert zum Beispiel die Möglichkeit, auf ungesicherte Banken oder Lieferanten mit umfassendem Belieferungsvolumen Einfluss zu nehmen, da die Abhängigkeiten dieser Gruppen zur Krisenfirma oft hoch sind. Zusätzlich lassen sich aufgrund der partnerschaftlich geprägten geschäftlichen Verbindungen in vielen Fällen erhebliche finanzielle Unterstützungsbeiträge von verschiedenen Stakeholdern realisieren.

Gerade bei einem hohen Bedrohungspotenzial durch bestimmte Gruppen ist meist eine starke Überzeugungsarbeit zu leisten, um die Parteien fest in den Sanierungsprozess zu integrieren (vgl. Buschmann, 2004, S. 210 ff.). Wenn sich die wichtigen Stakeholder vom Krisenunternehmen abwenden sowie ihre Geschäftsbeziehung beenden, ist ein Scheitern weiterer Sanierungsbemühungen vorprogrammiert. Verlässt ein relevanter Akteur die Sanierungsgemeinschaft, folgen häufig andere Stakeholder und die Erosionseffekte sind nicht weiter aufzuhalten. Daher sind die konkreten Parteien mit hohem Bedrohungspotenzial zu benennen und möglichst über schriftliche Verträge in die Sanierung einzubinden.

Ein primäres Ziel ist in diesem Analyseschritt, Transparenz in den unterschiedlichen Stakeholder-Beziehungen herzustellen, um Gefahren für eine Sanierung zu erkennen und frühzeitig gegenzusteuern. Dazu ist eine Differenzierung innerhalb der verschiedenen Stakeholder-Gruppen notwendig. Es ist unter anderem bei Abnehmern zwischen Großkunden oder gestreuten kleineren Kunden zu unterscheiden. Auch zu Lieferanten können eher umfangreiche Geschäftsbeziehungen bestehen oder Verbindungen zu kleinen und substituierbaren Akteuren.

Speziell im Bankenkreis sind die unterschiedlichen Positionen im Vorfeld zu analysieren. Dabei spielen das Kreditvolumen, die Höhe sowie Werthaltigkeit der Sicherheiten, der regionale Bezug und die individuelle Kreditrisikostrategie eine wichtige Rolle. Auch die Organisationsform der Sanierungsabteilung mit der Möglichkeit der internen Bearbeitung der Problemengagements oder dem Outsourcing von Serviceleistungen beziehungsweise dem Verkauf von Problemkreditportfolios oder von Einzelengagements spielen bei der möglichen Weiterbehandlungsstrategie dieser Problemkreditfälle eine erhebliche Bedeutung.

Es ist daher früh in Erfahrung zu bringen, wie sich die betreffenden Kreditinstitute in vergleichbaren Sanierungsfällen verhalten haben. Die Hausbank kann bei dieser Untersuchung helfen und zudem Überzeugungsarbeit bei anderen Banken leisten, um unter anderem die abwanderungswilligen Kreditinstitute an die Krisenfirma zu binden. Ein Ausstieg wichtiger Stakeholder ist unbedingt zu vermeiden, um den Sanierungsverlauf nicht zu gefährden.

Dabei kann auch diese Übermittlung von krisenrelevanten Informationen vertrauensbildend wirken und die Beziehung zum Kreditinstitut nachhaltig stärken. Daher hat der Sanierungsberater oftmals die Aufgabe, neben einer Konzepterstellung die Kommunikation zu den Gruppen im Umfeld des Krisenunternehmens zu übernehmen, um die Abwanderung wichtiger Akteure zu verhindern. Es ergibt sich in der folgenden Abb. 3.8 die Beziehungsmatrix der Einflüsse sowie Bedrohungen in der Krise eines Unternehmens (vgl. Buschmann, 2006, S. 142).

Abb. 3.8: Matrix der Einfluss- und Bedrohungspotenziale (Quelle: Eigene Darstellung)

Aus dieser Systematik lässt sich eine an den Fall angepasste Stakeholder-Strategie entwickeln und die Beziehungen zu den Anspruchsgruppen werden stabilisiert.

Zu beachten ist jedoch, dass sich das Verhalten der Akteure im Zeitablauf verändern kann. Die nachfolgenden Gestaltungsmöglichkeiten werden aus Sicht der Unternehmen und der Banken betrachtet (vgl. Buschmann, 2004, S. 211):

- Im Sanierungsprozess sind Bedrohungspotenziale der Gruppen zu überwachen und es ist zu versuchen, Parteien durch Maßnahmen im Sanierungsprozess zu verankern oder die Abhängigkeit zu den Gruppen zu verringern.
- Im Gesundungsprozess lassen sich Bindungen von Stakeholdern zum Krisenunternehmen nutzen, um über Einflusspotenziale umfassende Unterstützungsbeiträge für einen erfolgreichen Sanierungsverlauf zu realisieren.

Im Stakeholder-Modell wurde gezeigt, dass nicht allein die Kreditinstitute und andere externe Geldgeber für einen erfolgreichen Sanierungsverlauf von Bedeutung sind, sondern weitere Stakeholder in den wirtschaftlichen Gesundungsprozess eines Krisenunternehmens einzubinden sind. Verdeutlicht wird im Stakeholder-Modell, dass verschiedene Akteure im Unternehmen und im Unternehmensumfeld bestimmte Interessen verfolgen, die den Sanierungserfolg positiv oder negativ beeinflussen können. Es werden in diesem Ansatz allerdings die Ursachen dieser verschiedenen Zielsetzungen nicht ausreichend analysiert und es werden ungenügende Lösungsmöglichkeiten zum Interessenausgleich in der Sanierung angeboten.

Dagegen wird im Rahmen der Agency-Theorie erklärt, dass Probleme zwischen zwei Unternehmensakteuren im Kern auf Zieldifferenzen und Informationsunterschieden beruhen. Diese können sich in der Krise und der Sanierung verstärken, da der Handlungs-, Erfolgs- und Entscheidungsdruck oftmals rapide ansteigt. Zudem werden im Rahmen der Theorie konkrete Empfehlungen gegeben, um diese Informationsdifferenzen abzubauen. Es werden lediglich Zweierbeziehungen zwischen einem Principal und einem Agent betrachtet.

Dieses Verhältnis bildet die Realität nur ungenau ab, da in Sanierungsprozessen oftmals verschiedene Akteure einbezogen sind, die außerdem wechselseitig handeln. Es ist empfehlenswert, beide Konzepte zu einem integrierten Ansatz zusammenzuführen. Im Stakeholder-Agency-Modell können die Interessenunterschiede und die Informationsdifferenzen mit den Auswirkungen auf den Sanierungsprozess im Vorfeld untersucht werden, um mögliche Gefährdungen für die erfolgreiche wirtschaftliche Sanierung zu vermeiden.

Zusammenfassung Theorieabschnitt 3.3: In diesem Abschnitt wurde das Stakeholder-Modell dargestellt und die Anwendungsmöglichkeit auf die Thematik der Sanierung eines Unternehmens aufgezeigt. Dabei wurden die Ziele sowie Interessen von relevanten Stakeholdern im Gesundungsprozess untersucht. Dieses diente dem Verständnis, welche Gruppen im Unternehmen und in deren Umfeld positive Sanierungsbeiträge erbringen können und welche Akteure Bedrohungen für den erfolgreichen Sanierungsverlauf bewirken können. Im folgenden Kapitel werden die Agency-Theorie und das Stakeholder-Modell miteinander kombiniert, um Praxisempfehlungen abzuleiten.

3.4 Stakeholder-Agency-Modell

Zur Verbindung der Vorteile beider Ansätze werden die Kernelemente der Modelle kombiniert, um Einblicke in das Entscheidungsverhalten von verschiedenen Stakeholdern in einer Situation asymmetrischer Informationsverteilung in der Anwendungssituation der Sanierung zu erhalten. Im Folgenden werden die Theorieansätze zum Stakeholder-Agency-Modell verbunden. Hauptziel gilt der Findung praxisnaher Lösungen, um einen Sanierungsprozess zwischen Unternehmen und den relevanten Stakeholdern zu erleichtern und unter informationstheoretischen Gesichtspunkten positiv zu beeinflussen.

Unternehmen stehen in wechselseitigen Verbindungen zu internen und externen Interessengruppen. Oftmals sind die Beziehungen durch Verträge unterlegt. Vertragliche Beziehungen sind wiederum meist gekennzeichnet von Interessendivergenzen der Beteiligten und Agency-Problemen aus Hidden Action und Hidden Information. Somit lässt sich ein Unternehmen mit seiner relevanten Umwelt als komplexes Netzwerk von vertraglichen Beziehungen zwischen den internen und externen Stakeholdern und der Geschäftsführung in einem Stakeholder-Agency-Modell begreifen (vgl. Hill/Jones, 1992, S. 131 ff.).

Die Principal-Agent-Beziehungen lassen sich in einer ganzheitlichen Sicht auch als Stakeholder-Agent-Beziehungen interpretieren. Ein darauf aufbauendes Theoriemodell, das Stakeholder-Agency-Modell, beschreibt die multiplen Beziehungsgeflechte zwischen verschiedenen Principals und Agents.

Definition: Das **Stakeholder-Agency-Modell** stellt eine Verallgemeinerung der Agency-Theorie dar und beschreibt die wechselseitigen Beziehungen zwischen Unternehmen und ihren internen und externen Stakeholdern. Dieses Konstrukt begreift die Unternehmung als komplexes Netzwerk von wirtschaftlichen Beziehungen. Es werden Interessenunterschiede und Informationsdifferenzen bei multiplen Agency-Problemen analysiert, die in einer Sanierung und auch einer Insolvenz von großer Bedeutung sein können. Dabei übernimmt das Management eine zentrale Koordinierungsfunktion und wird in dieser Anwendung als Agent betrachtet.

Interessenunterschiede und asymmetrische Informationen stellen Kernelemente der Agency-Theorie dar. Die Merkmale sind für die Steuerung des Sanierungsprozesses mit unterschiedlichen Interessengruppen von Bedeutung. Stakeholder-Beziehungen sollen vor diesem Hintergrund dieser beiden Kriterien untersucht werden. Zwischen Stakeholdern und Unternehmen bestehen meist erhebliche Interessenunterschiede. Diese können sich in einer angespannten wirtschaftlichen Lage des Unternehmens verstärken. Bei internen Stakeholdern des Unternehmens kann in der Regel davon ausgegangen werden, dass individuelle Interessen in der Schieflage zugunsten der Unterstützung der Firma zurückgestellt werden. Dies ist für den erfolgreichen Sanierungsprozess zu nutzen.

So sind unter anderem das Mittlere Management und die Mitarbeiter oftmals bereit, Gehaltsverzichte oder freiwillige Mehrarbeit hinzunehmen, um den Erhalt des Unternehmens und des Arbeitsplatzes zu sichern.

Die externen Stakeholder weisen häufig eine hohe Risikoexposition zum Krisenunternehmen auf. In der Krise und Sanierung kann dies starke finanzielle Einbußen und die Hinnahme von Ausfallrisiken bedeuten. Somit ist davon auszugehen, dass externe Stakeholder in einer wirtschaftlichen Schieflage des Geschäftspartners versuchen, ihr Risiko abzubauen und die wirtschaftliche Verbindung beenden. Dabei ist die Stärke des jeweiligen Abhängigkeitsgrads zum Unternehmen zu beachten, ob eine Unterstützung in Betracht kommen kann.

Stakeholder mit einer geringen Abhängigkeit sind eher geneigt ihre Position durch Nachverhandlungen zu verbessern. Zum Beispiel können von Banken mit geringen Kreditvolumina neue Sicherheiten oder zusätzliche Tilgungen eingefordert werden. Im Zweifel können die Geschäftsbeziehungen in einer Situation mit einer geringen Bindung zum Krisenunternehmen sogar komplett aufgegeben werden.

Dagegen sind externe Stakeholder mit hohen Abhängigkeiten eher bereit, individuelle Interessen zurückzustellen und finanzielle Unterstützungen zu leisten. Die Verhaltensweise kann auch mit dem Vorhandensein spezifischer Investitionen erklärt werden (vgl. Williamson, 1985, S. 52 ff.).

Definition: Spezifische Investitionen haben einen originären Charakter und sind oft optimal auf das empfangende Unternehmen abgestimmt. Die Investitionen können nicht ohne weiteres in anderen Objekten eingesetzt werden, erzeugen eine Bindung zum Unternehmen und gegebenenfalls starke Abhängigkeiten, wenn hohe Wechselkosten bestehen (vgl. Schmidt/Weiß, 2003, S. 5 ff.). Oftmals besteht ein Interesse an der Fortführung der Geschäftsbeziehung zu dem Krisenunternehmen insbesondere bei Stakeholdern, die spezifische Investitionen eingebracht haben. Die Insolvenz stellt eine schlechte Alternative dar, da in dem Fall die eingebrachten spezifischen Investitionen an Wert verlieren beziehungsweise komplett untergehen. Die Geschäftsführung einer Krisenfirma kann die Gegebenheit nutzen, um von Akteuren mit eingebrachten spezifischen Investitionen unter Umständen hohe Unterstützungsbeiträge und positive Einwirkungen auf andere Stakeholder einzufordern und um die Sanierung damit zu unterstützen (vgl. Buschmann, 2004, S. 215 ff.).

Diese starken Verbindungen zu bestimmten Stakeholdern können aktiv als Erfolgsfaktor im Krisenmanagement sowie der Sanierung genutzt werden (vgl. Buschmann, 2006, S. 169 ff.). Beispielsweise können Abhängigkeiten in Form von spezifischen Investitionen aufgrund einer direkten Verzahnung in der Wertschöpfungskette bestehen. In der Praxis existieren beispielsweise spezifische Investitionen, wenn ein Automobilzulieferer in Spezialmaschinen investiert oder seine Produktionskapazitäten an die Auftragslage seines Kunden anpasst. Aufgrund der engen Logistikbeziehungen zwischen den Parteien kann der Lieferant in der Krise seines Abnehmers von diesem zu Preiszugeständnissen gedrängt werden und umgekehrt ist der Produzent vom Lieferanten abhängig (vgl. Buschmann, 2006, S. 97 ff.).

Diese enge Verbindung kann sich daher auch zu Lasten des Produzenten umkehren, wenn eine Marktbereinigung der Zulieferer aufgrund der schwachen Margen eintritt und damit ein Oligopol oder Monopol für Vorprodukte entsteht. Folgende Arten von spezifischen Investitionen können kritische Abhängigkeiten in der Wertschöpfungskette hervorrufen (vgl. Williamson, 1985, S. 52 ff.):

- Standortspezifität: Investitionen an transaktionsgünstigen Standorten
- Sachkapitalspezifität: Investitionen in transaktionsspezifische Maschinen
- Humankapitalspezifität: Erlangung von Spezialwissen in einer Transaktion
- Auftragsspezifität: Investitionen in Kapazitäten bei erwarteten Absatzmengen

Auch eine Bereitstellung erheblicher finanzieller Ressourcen kann eine spezifische Investition für Finanzierungs-Stakeholder darstellen, wenn vertragliche Bindungen vorliegen oder eine zügige Mittelrückführung durch das Unternehmen nicht möglich ist. Dann existieren möglicherweise hohe spezifische Investitionen aus Sicht der Banken aufgrund der folgenden Faktoren:

- Kreditvolumen: Höhe der Kredite in Relation zum Eigenkapital der Bank
- Sicherheitenlage: Art, Qualität und Umfang der Kreditsicherheiten
- Reputation: Abhängigkeiten aufgrund einer regionalen Verbundenheit
- Beteiligung: Verbindungen aus einer Anteilseignerposition der Bank

Lösen sich Finanzierungs-Stakeholder aufgrund einer geringen Bindung aus ihrem Engagement und findet sich kein Ersatz für diese Finanzierer, kann die Existenz gefährdet werden. Somit ist ein Rückzug der Kreditinstitute unbedingt zu vermeiden. Insgesamt zeigt sich, dass Firmen in ihrer Finanzierung stabiler sind, wenn diese es schaffen, mehrere und verschiedenartige Stakeholder in die Unternehmensfinanzierung mit einzubinden. Vorteil einer multiplen Stakeholder-Finanzierung ist ein starkes Finanzierungssystem, verteilt auf mehrere Parteien. Dieses bedeutet eine Risikoteilung für die Stakeholder und das Unternehmen und damit eine erhöhte Festigkeit des strukturellen Finanzierungsaufbaus.

In der Krise und Sanierung eines Unternehmens gewinnen finanzielle Beziehungen stark an Bedeutung. Dann ist eine Weiterfinanzierung durch verschiedene Interessengruppen wie Banken, Lieferanten, Kreditversicherer und Anteilseigner möglichst gemeinsam zu gewährleisten. Finanzierungen im Rahmen eines Sicherheitenpools und eines Sicherheitenabgrenzungsvertrags stellen Mittelbereitstellungen mehrerer unterschiedlicher Stakeholderarten zur Forcierung einer Interessenangleichung dar (vgl. Schmidt/Weiß, 2003, S. 5 ff. und Buschmann, 2004, S. 197 ff.).

Des Weiteren ist die Informationsverteilung in einer Sanierung aktiv zu steuern. So können interne Stakeholder besondere Informationsvorteile in Bezug auf die wirtschaftliche Lage des Unternehmens gegenüber externen Stakeholdern besitzen. Die Geschäftsführung und das Mittlere Management haben meist Detailkenntnisse über die aktuelle und die künftige Vermögens-, Finanz- und Ertragslage.

Die Anteilseigner besitzen ebenfalls in der Regel einen Zugang zu allen wirtschaftlich relevanten Unternehmensdaten und regelmäßig einen guten Informationsstand und können die wirtschaftliche Lage gut einschätzen.

Die Mitarbeiter eines Unternehmens haben oftmals hohe fachspezifische Kenntnisse über Produkte und Märkte und können sich ein gutes Bild über die wirtschaftliche Lage des eigenen Unternehmens verschaffen. Zudem ist die Informationslage über einen Betriebsrat meist gut. Nicht zu vernachlässigen sind informelle Informationskanäle, die für eine gute Versorgung der Arbeitnehmer und Angestellten mit quantitativen und qualitativen Daten über die wirtschaftliche Situation des Arbeitgebers sorgen können und sich auf deren Verhaltensweisen auswirken können.

Die Transparenz der externen Stakeholder über die wirtschaftliche Lage eines Unternehmens ist dagegen eingeschränkt. Diese Gruppen müssen sich häufig auf die Informationen verlassen, die ihnen von der Firmenleitung mitgeteilt werden. Ist die wirtschaftliche Situation des Geschäftspartners angespannt, so steigt der Informationsbedarf der Externen regelmäßig in Bezug auf Umfang und Aktualität der Daten. Eine Sonderrolle nimmt die Hausbank ein, die häufig unter den Externen noch über die beste Informationsbasis verfügt. Dies ist oft auf ein langjähriges geschäftliches Vertrauensverhältnis zurückzuführen.

Aufgrund der wachsenden Bedeutung der Informationen in der Krise kann die zeitnahe Weitergabe von sanierungsrelevanten Daten an diese externen Stakeholder zu einem kritischen Erfolgsfaktor für den gesamten Gesundungsprozess werden. Wenn unter anderem Zahlenmaterial über die Vermögens-, Finanz- und Ertragslage in der Krise nur unzureichend oder verspätet weitergeleitet wird, kann diese Verhaltensweise bestimmte Stakeholder dazu veranlassen, die Geschäftsbeziehung zu beenden. So fragen insbesondere die beteiligten Banken und die Kreditversicherer aufgrund ihres hohen Risikos detaillierte Informationen über die geschäftliche Entwicklung im Krisen- und Sanierungsverlauf nach.

Werden Informationen nicht zeitnah weitergegeben, kann dies erhebliche negative Konsequenzen für die Weiterführung eines Engagements haben. Die Hausbank hat die Aufgabe, sich selbst eine umfassende Datenlage zu verschaffen und Informationen gegebenenfalls gefiltert, unter Wahrung des Bankgeheimnisses, beispielsweise an andere Poolbanken, weiterzugeben.

Es lassen sich im Ergebnis vielerlei Ansatzpunkte für eine Stakeholder-Agency-Strategie entwickeln, um einen Sanierungsprozess anzustoßen und aus Bankensicht positiv voranzutreiben. Dabei ist zu berücksichtigen, dass innerhalb der Stakeholder-Gruppen unterschiedliche Forderungen zu stellen sind. Zusätzlich ist auf die Veränderung der Verhaltensweisen einzelner Stakeholder im Zeitablauf zu achten und gegebenenfalls darauf zu reagieren. Aus diesem Grund ist ein Überwachen und Steuern, der für die Umsetzung einer Sanierung wichtigen Akteure, aus Sicht des Unternehmens und der Hausbank jederzeit sicher zu stellen.

Folgende Handlungsoptionen sind zu überprüfen und umzusetzen:

- Im Sanierungsprozess lassen sich Abhängigkeiten vom Krisenunternehmen nutzen, um Unterstützungsbeiträge für einen optimalen Sanierungsablauf zu realisieren. Stakeholder, die vom Krisenunternehmen abhängig sind, sollten in den Sanierungsprozess eingebunden werden. Bedrohungspotenziale sind zu überwachen. Abwanderungswillige Akteure sind vertraglich zu binden.
- Im Verlauf des Sanierungsprozesses sind die Interessenunterschiede der beteiligten Stakeholder zu steuern. Dazu sind die Entscheidungen der Geschäftsleitung des Krisenunternehmens auf die Bedürfnisse aller Stakeholder abzustimmen. Daher ist eine Balance der wirtschaftlichen Interessen anzustreben, um einen optimalen Sanierungserfolg zu erreichen.
- Zudem spielt der Abbau asymmetrischer Informationen eine wichtige Rolle. So sind regelmäßig Daten über den Sanierungsverlauf gerade an die externen Stakeholder abgestuft weiterzuleiten, um auf diese Art und Weise die Informationsallokation zu verbessern und die Vertrauensbildung zu stützen. Eine ungleiche Informationsverteilung erzeugt Unsicherheit und gefährdet die Sanierung.

Im Folgenden wird der Sanierungsprozess eines Krisenunternehmens aus Sicht der beteiligten Kreditinstitute und anderer wichtiger Anspruchsgruppen im Rahmen des Stakeholder-Agency-Modells untersucht. Dieses erfordert zunächst die Feststellung eines erhöhten Gefährdungsgrads bei einem Unternehmen. Die Sanierung kann erst eingeleitet werden, wenn diese Krisenlage eindeutig festgestellt wurde. Der Anstoß zur Einleitung der Sanierung erfolgt zumeist durch Banken, die eine professionelle Risikoanalyse bei ihren Firmenkunden betreiben. So ist das Feststellen eines erhöhten Ausfallrisikos bei Unternehmen für das eigene Geschäftsmodell von großer Bedeutung. Besonders die Hausbank hat aufgrund ihrer Sonderstellung die Funktion, ein stetiges Screening bei ihren Firmenengagements vorzunehmen. Es stehen vielfältige Methoden der Krisenfrüherkennung zur Verfügung. Im folgenden Abschnitt werden unterschiedliche Risikoerkennungsinstrumente aus Bankensicht dargestellt und der Einsatz zur Identifizierung von Intensivfällen sowie Problemkreditengagements beurteilt. Dabei erfolgt die Ausrichtung der Verfahren zur Risikoermittlung in Anlehnung an die Krisenphasen.

---

i **Zusammenfassung Theorieabschnitt 3.4:** In diesem Abschnitt wurde die bekannte Agency-Theorie mit dem Stakeholder-Ansatz zu einem integrierten Stakeholder-Agency-Modell zusammengebracht. Die Vorteile beider Ansätze wurden kombiniert, um auf die wesentlichen Kernpunkte in einer Sanierung hinweisen zu können. Auf diese Art und Weise lassen sich die Unterstützungsmöglichkeiten, die Bedrohungspotenziale und die Informationsanforderungen interner sowie externer Stakeholder genau analysieren. So können auf dieser Grundlage die Entscheidungen der Geschäftsleitung und der Hausbank auf die Interessenlagen der übrigen Stakeholder optimal abgestimmt und der professionelle Sanierungsprozess realisiert werden. Zu Beginn der Sanierung erfolgt die Risikoerkennung durch Kreditinstitute. Die Risikoermittlung der Banken sollte möglichst frühzeitig ansetzen.

---

4 Sanierung aus Bankensicht

Lernziele
Komplexe Individualsanierungsprozesse mit Ablaufschritten kennen
Kritische Erfolgsfaktoren für den Turnaround sicher ableiten können
Wirtschaftliche und rechtliche Kriterien für Sanierungsentscheidungen wissen

Sanierungen gehören im Bankbereich zu dem Bereich der Problemkreditbetreuung und zu den schwierigen und komplexen Fällen. Die Bearbeitung dieser Kreditengagements, bei denen sich erhöhte Risiken abgezeichnet haben, erfordern meist eine intensive Betreuung und ein sehr individuelles Vorgehensmodell. Dabei besteht die Zielrichtung im Erhalt der Kundenbeziehung und in der Vermeidung eines Ausfalls. Dieses erfordert, dass das Unternehmen wirtschaftlich gesundet und am Markt wieder wettbewerbsfähig auftreten kann.

In Kreditinstituten bedeutet die Begleitung eines erfolgreichen Gesundungsprozesses beim Kunden in der Regel eine Festigung der Kundenbeziehung. Des Weiteren führt die Sanierung zu einer Verbesserung im Rating und deutlich geringeren Ausfallrisiken. Mit einer Auflösung von Einzelwertberichtigungen sowie Rückstellungen ist in Banken zudem ein starker Effekt in der Gewinn- und Verlustrechnung zu erzielen. Daher sind die Bestrebungen in erster Linie darauf zu lenken, den Kunden im Rahmen der Betreuung zu unterstützen, um die erfolgreiche Sanierung zu erreichen. Das setzt allerdings voraus, dass das betrachtete Unternehmen insgesamt als sanierungsfähig und sanierungswürdig einzustufen ist. Dies ist im Rahmen des Prozessablaufs möglichst objektiv festzustellen.

Die Fallzahlen bei Sanierungsengagements sind gerade in Zeiten des konjunkturellen Abschwunges hoch. Es erfordert feste Prozessabläufe, um ein effizientes Vorgehen zu ermöglichen. Der Sanierungsprozess sollte somit in den Kreditinstitute weittestgehen gleichartig gestaltet werden, um:

- maximale Gesundungschancen zu gewährleisten,
- ein effizientes prozessuales Vorgehensmodell durchzuführen,
- bei jedem Prozessschritt Klarheit über wichtige Abläufe zu haben,
- Mitarbeiterübergaben nach erfolgten Teilprozessen zu ermöglichen und
- eine einheitliche Vorgehensweise bei den Betreuern sicherzustellen.

https://doi.org/10.1515/9783110605013-004

In den Marktfolgebereichen, in denen Kreditengagements mit erhöhten Ausfallrisiken bearbeitet werden sind vielerlei grundlegende Entscheidungen zu treffen. Es ist über die Einrichtung eines Intensivbereiches zu entscheiden. Dort sind die Abläufe und Risikoerkennungssysteme festzulegen. Dann sind die Übergänge zur Sanierung und Abwicklung zu gestalten. Bei den beiden Bereichen wird von der sogenannten Problemkreditbetreuung gesprochen. In den jeweiligen Kundensegmenten sind die Prozesse und Strukturen festzulegen. Es sind die vorzuhaltenden Mitarbeiterprofile, die Mitarbeiterkapazitäten, die Anzahl der Engagementbetreuungen pro Mitarbeiter und die Bearbeitungsabläufe zu bestimmen. Unter Umständen ist auch festzulegen, welche Engagements von der aktiven und individuellen Begleitung ausgeschlossen werden und ob ein Outsourcing erfolgen sollte.

Gelangen Kreditengagements von der Normalkreditbetreuung, gegebenenfalls über den Bereich der Intensivbearbeitung, in die Sanierung oder auch die Abwicklung ist zu überprüfen, inwieweit eine Insolvenzgefahr besteht, ob diese abgewendet werden kann oder überhaupt bereinigt werden sollte. Dazu sind die einen Insolvenzantrag auslösenden Tatbestände zu kennen.

Wird die Entscheidung zu einer aktiven Sanierung getroffen, ist zu bestimmen, ob eine Sanierungsbegleitung zu einem Erfolg führen kann. Dazu ist die Beauftragung eines externen Sanierungskonzepts zu veranlassen. In dem Konzept, mit festgelegten Mindestbestandteilen, ist die Sanierungsfähigkeit zu bestimmen. Zudem verhelfen professionelle Sanierungskonzepte, über einen ernsthaften Sanierungsversuch, mögliche Anfechtungen abzuwenden. Somit sind bestimmte in rechtlichen Urteilen festgelegte Kerninhalte mit aufzunehmen. Die begleitenden Kreditinstitute entscheiden anschließend über die Sanierungswürdigkeit, indem sie Chancen sowie Risiken aus einer Begleitung, mit finanziellen Beiträgen, gegenüberstellen.

Dabei ist meist eine Risikoverteilung auf mehrere Gläubiger und Gläubigerklassen hilfreich. Dies erfolgt im Rahmen des Sicherheitenpoolvertrags und einer Sicherheitenabgrenzung. Poolverträge verhelfen zudem zu einem verbesserten Informationsaustausch der Kreditinstitute. Jedoch sind die vertraglichen Abstimmungen oftmals aufwendig und erfordern ein hohes Maß an Verhandlungsgeschick.

Der anschließenden Umsetzung der Sanierungsmaßnahmen kommt eine besondere Bedeutung zu. Diese Schritte sind eng zu beaufsichtigen, denn meist besteht nur ein Sanierungsversuch, der erfolgreich sein sollte. Erforderlich zur Umsetzung dieser intensiven Umstrukturierungsmaßnahmen ist in der Regel die Begleitung durch einen erfahrenen externen Manager. Kann der Turnaround erfolgreich realisiert werden, wird in den Banken eine Zurückstufung in die Normalkreditbetreuung umbesetzt. In den Folgeprozessen ist es von Bedeutung, den Sanierungserfolg abzusichern. Des Weiteren ist eine Nachkalkulation im Rahmen des Sanierungscontrollings der Erfolg aus den Maßnahmen zu ermitteln. Es ist ein begleitendes Reporting auf der Ebene der Einzelengagements und des Sanierungsportfolios einzurichten. Im ersten Schritt sind die erhöhten Risiken im Rahmen der Früherkennung zu ermitteln.

4.1 Risikoerkennung aus Bankensicht

Lernziele

Risiken bei Kreditnehmern frühzeitig und systematisch erkennen
Krisenphasen kennen und bei Firmenkunden bestimmen können
Stärken und Schwächen von Instrumenten der Risikoerkennung wissen

In diesem Kapitel werden unterschiedliche Verfahren der Risikofrüherkennung aus Sicht der Kreditinstitute dargestellt und beurteilt. Wird die Krise eines Firmenkunden in einer frühen Phase erkannt und eine Sanierung zeitnah eingeleitet, steigen die Chancen, einen Turnaround, zu erreichen oft erheblich. Häufig sind bei einem rechtzeitigen Wahrnehmen der wirtschaftlichen Schieflage noch ausreichend finanzielle, personelle und sonstige firmeninterne Ressourcen vorhanden, um eine weitere Fehlentwicklung abzuwenden. Dabei zeigen empirische Untersuchungen, dass die Reaktionen der Geschäftsführung auf die ersten Signale einer wirtschaftlichen Schwächephase häufig verspätet erfolgen (vgl. Roland Berger, 2006, S. 23 ff.). Auch Banken bemerken Krisen häufig erst sehr spät. Es verstreicht ungenutzte Zeit und eine Sanierung findet unter erschwerten Bedingungen statt. Daher ist die Früherkennung von Gefährdungen erforderlich, um rechtzeitig handeln zu können.

Viele bankinterne Modelle verwenden bei der Risikofrüherkennung Daten aus der Vergangenheit und versuchen Rückschlüsse auf die aktuelle Lage oder die Zukunft zu ziehen. Die Risikofrüherkennung kann aber in der Regel nur so gut sein und früh erfolgen, wie zeitnah die Daten zur Verfügung gestellt werden. Aus diesem Grunde gewinnen Untersuchungen der Kontoführung sowie der Planzahlen an Bedeutung. Im Folgenden werden wichtige Modelle zur Erkennung von Risiken dargestellt und im theoretischen und praktischen Einsatz beurteilt.

Im Vordergrund steht die Sanierung von Firmenkunden als wirtschaftlicher Erfolgsfaktor zur Erhöhung des Jahresüberschusses eines Kreditinstituts. Dieses gelingt in der Regel nur, wenn ein individueller sowie auf den Firmenkunden angepasster Sanierungsprozess eingeleitet wird. Zudem hat die Sicherung von aktuellem Wissen in der Sanierung, der Kreditbearbeitung und der Risikofrüherkennung eine große Bedeutung. Weitere positive Nebeneffekte liegen in einer Erfüllung der Pflichten der Bankenaufsicht sowie einer Erhöhung der Kundenbindung. Im Folgenden werden alternative Instrumente der Risikofrüherkennung dargestellt, die aus theoretischer und praktischer Sicht geeignet erscheinen, eine kritische Entwicklung bei Firmenkundenengagements in den Phasen einer Krise frühzeitig wahrzunehmen und zeitnah Gegenmaßnahmen einleiten zu können.

4.1.1 Theorie der Risikoerkennung

In vielen Krisenentstehungsprozessen wird deutlich, dass nicht nur die Geschäftsführer der wirtschaftlich geschwächten Unternehmen oft erst sehr spät Maßnahmen ergreifen, sondern auch, dass Kreditinstitute zeitlich stark verzögert durchgreifen. Dies kann aus Bankensicht zwei Hauptursachen haben. Entweder erkennen Banken die Krise ihrer Kreditnehmer nicht rechtzeitig oder es wird nur unzureichend auf eine Gefährdung reagiert. Herausgestellt werden soll, dass Banken aktiv die Krisenerkennung bei ihren Firmenkunden betreiben und die Sanierung eigenständig einleiten und begleiten sollten, um den Kunden zu erhalten.

Unter anderem sprechen folgende Gründe für die Betreuung von Sanierungsfällen im eigenen Hause sowie gegen ein Outsourcing der Bearbeitung auf eine Bad Bank oder einen Verkauf der Problemengagements:

- Erfolgsfaktor: Reduzierung von Einzelwertberichtigungen, Abschreibungen
- Proaktivität: Entscheidung für individuell ausgestaltete Sanierungsprozesse
- Wissenssicherung: Aktualisierung des Know Hows in der Risikoerkennung
- Aufsicht: Entwicklung von Verfahren zur Risikofrüherkennung nach MaRisk
- Kundenbindung: Fürsorgepflichten zu langjährigen Firmenverbindungen

Bevor der Sanierungsprozess beim Firmenkunden eingeleitet werden kann, muss die Krise des Unternehmens durch die betreffenden Kreditinstitute festgestellt werden. Die Krisenerkennung kann durch unterschiedliche Instrumente erfolgen. Diese lassen sich klassifizieren in Methoden, die eine quantitative Datenbasis haben. So wird das Zahlenmaterial von Firmen mit Kennzahlen aufbereitet, wie zum Beispiel im Rahmen der Jahresabschlussanalyse. Des Weiteren existieren qualitativ ausgerichtete Verfahren mit der Analyse von Fähigkeiten des Managements und der Firmenstrategie, unter anderem über ein Polaritätsprofil. Schließlich bestehen kombinierte Instrumente, die quantitative und qualitative Kriterien zusammenführen, wie beispielsweise Ratingverfahren und Scoring-Modelle.

Dabei weisen die Instrumente zur Risikoermittlung bestimmte Stärken bei der Gefährdungsfrüherkennung in den verschiedenen Krisenphasen auf. So lässt sich die Strategiekrise verstärkt durch qualitative Verfahren identifizieren, da die geschäftspolitischen Krisenmerkmale häufig sehr unscharf sind und sich noch nicht in quantitativen Daten widerspiegeln. Die Ertragskrise wird durch eine dezidierte Kennzahlenanalyse des Zahlenmaterials erkannt. Die Liquiditätskrise kann über eine genaue Untersuchung der Kontoführung nachgewiesen werden, zum Beispiel mit einer Zeitreihenanalyse. Weiter lassen sich diese Instrumente nach dem Zeitbezug der Datengrundlage klassifizieren. Es existieren Methoden der Risikoerkennung, die eine vergangenheitsbezogene Datenbasis benutzen, wie die Jahresabschlussanalyse mit bestimmten branchenbezogenen Kennzahlen gemäß HGB oder nach den International Financial Reporting Standards (IFRS).

Zudem bestehen Instrumente der Kennzahlen- und Kontoführungsanalyse aus zeitnahem Datenmaterial, unter anderem bei betriebswirtschaftlichen Auswertungen. Außerdem lassen sich zukunftsbezogene Planzahlen untersuchen und mit Soll-Ist-Vergleichen laufende Überwachungen vornehmen.

Verstärkt werden auch Informationen aus der Kontoführung untersucht, um erhöhte Risiken systematisch zu erkennen. Die Hausbank des Unternehmens kann mit der Führung der laufenden Konten aus einer digitalen Datenanalyse der Kontoführung einen hohen Nutzen ziehen. Im Gegensatz zu anderen externen Stakeholdern steht der Primärbank damit ein Informationsmedium zur Verfügung, das einen aktuellen Einblick in den Erfolg des operativen Geschäfts erlaubt.

In speziellen Kundensegmenten wie beispielsweise bei den Freiberuflern besteht ein hoher Grad an Transparenz, wenn neben der Finanzierung der Kanzlei oder Praxis auch die private Vermögenssphäre bekannt ist und ein umfassender Haftungsrahmen existiert. In diesem Fall können Krisenursachen aus den beruflichen und privaten Bereichen frühzeitig erkannt werden (vgl. Holtkötter, 2012, S. 173). Auch bei den sonstigen Firmenkunden ist es nicht nur aus Ertragsgesichtspunkten, sondern auch aus der Sicht der Risikofrüherkennung von Bedeutung, wenn neben der geschäftlichen Verbindung auch die privaten Konten bei der Hausbank geführt werden. Dann lassen sich weitere Methoden zur Risikoerfassung anwenden.

Es können zusammengefasst zahlreiche Instrumente der Risikoerkennung in Kreditinstituten eingesetzt werden, um Krisenursachen bei ihren Firmenkunden systematisch zu identifizieren. Nachfolgende Grafik stellt diesen Sachverhalt in einem Würfel dar. Jedes Element des Quaders steht repräsentativ für ein Instrument der Risikoerkennung, das in der Praxis angewendet werden kann. Es kann es zu Überschneidungen in der Zuordnung kommen. Daher lassen sich Kennzahlenanalysen sowohl zum Identifizieren der Ertragskrise, als auch der Liquiditätskrise nutzen. Wichtig ist es aus Sicht der Banken, eine Kombination verschiedener Verfahren zu wählen, die optimale Eigenschaften in methodischer sowie zeitlicher Hinsicht vereinen, um eine differenzierte Risikoerkennung in den unterschiedlichen Krisenphasen effizient bei vielen Firmenkunden betreiben zu können.

Die folgende Abb. 4.1 zeigt eine Systematik zur Strukturierung der Instrumente der Risikoerkennung. In Anlehnung an die vorhandene Datenbasis, den Zeitbezug der einfließenden Informationen sowie die Konzentration auf das Erkennen spezifischer Krisenphasen können jedem Element des Würfels bestimmte Risikoerkennungsverfahren aus der Theorie und Praxis zugeordnet werden. Beispielsweise lässt sich bei dem Vorhandensein einer quantitativen Datenbasis mit Vergangenheitsbezug und der Ausrichtung auf die Identifizierung der Ertragskrise die Jahresabschlussanalyse zur Erkennung von Gefährdungen des Geschäftsmodells bei den Firmenkunden auf effizienter Basis einsetzen. Zur Validierung dieser meist auch im Rating relevanten Kennzahlen können diese branchenspezifisch analysiert werden. Zudem ist eine Untersuchung in Abhängigkeit vom Unternehmenslebenszyklus möglich.

Auf dieser Grundlage sind wichtige Kennzahlen herauszufiltern, die Risiken für die Ertragslage eines Firmenkunden verlässlich anzeigen können. So kann mit der Ausgestaltung eines ganzheitlichen Risikoanalyseansatzes in Kreditinstituten versucht werden, sämtliche Facetten der Eigenschaften und Dimensionen von Gefährdungen über verschiedene Risikomodelle abzubilden, um die optimale Risikofrüherkennung bei Firmenkunden in allen Kundensegmenten auf Einzelengagementbasis sowie im gesamten Kreditportfolio realisieren zu können.

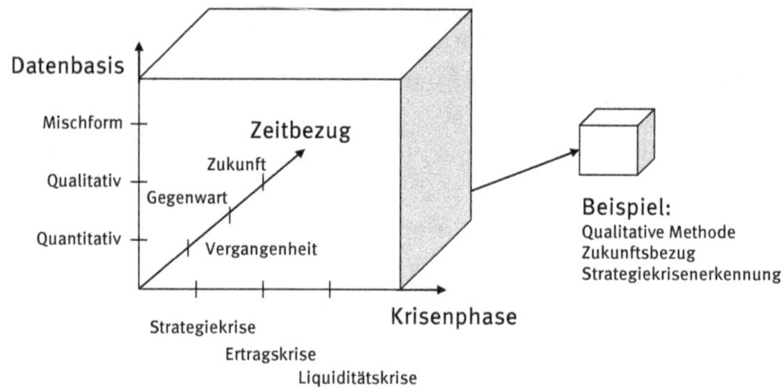

Abb. 4.1: Dimensionen und Elemente der Risikoerkennung (Quelle: Eigene Darstellung)

Bei der Risikoerkennung gilt es zu beachten, dass in Kreditinstituten zu Marktgegebenheiten oft Wissensnachteile im Gegensatz zu den Spezialisten in den Firmen bestehen. Die Entscheidungsträger in Unternehmen kennen die Geschäftsmodelle, die Dienstleistungen, die Produkte und die Märkte genau. Zudem können die Unternehmensvertreter die Veränderungen an den Märkten mit Auswirkungen auf die Firmen genauer einschätzen. Nur in wenigen Banken werden gezielt Branchenspezialisten eingestellt, um sich diesem Kenntnisstand anzugleichen. Dennoch besitzen Kreditinstitute bestimmte Vorteile im Rahmen der Risikoerkennung aufgrund von:

- Erfahrungen: Kreditfälle in der gleichen Branche oder aus einem angrenzenden Wirtschaftszweig eines Zulieferers oder eines Abnehmers liefern wichtige risikorelevante Informationen für die Risikofrüherkennung.
- Spezialwissen: Die Risikoanalyse von Unternehmen auf Basis von Kennzahlen aus Jahresabschlüssen und der Kontoführung ist ein Spezialgebiet von Banken und ermöglicht eine statistische Analyse mit quantitativen Daten.
- Informationen: Der Zugang zu Daten volkswirtschaftlicher Abteilungen oder zu Marktinformationen wie Risikoprämien für Kreditabsicherungen ist vorhanden und kann für die Risikoerkennung genutzt werden.

In der Praxis hat sich gezeigt, dass der Früherkennung von wirtschaftlichen Risiken bei Unternehmen eine erhebliche Bedeutung zukommt, damit die Sanierungschancen bei einer identifizierten Krisenfirma hoch sind. Eine rechtzeitig eingeleitete Sanierung bereits in der Strategiekrise, bietet den größtmöglichen Entscheidungsrahmen und die besten Möglichkeiten einer langfristigen Gesundung. Denn oftmals bestehen dann noch ausreichende finanzielle Ressourcen für die erfolgreiche Umsetzung eines Sanierungsprozesses. Erfolgt der Sanierungsbeginn erst in einer späteren Krisenphase, sind verstärkt Ressourcen externer Stakeholder zur Unterstützung notwendig. Ob diese Hilfen in allen Fällen gewährt werden ist unsicher.

Beispiel: Eine Analyse der Lageberichterstattung kann unter Umständen zur Erkennung von frühen Krisenlagen verwendet werden. Problematisch ist allerdings, dass die Auswertung von qualitativen Daten meist aufwendig und nicht für alle Engagements systematisch betrieben werden kann. **i**

Somit ist ein rechtzeitiges Erkennen der wirtschaftlichen Schieflage in Form einer Risikofrüherkennung eminent wichtig, damit das Krisenunternehmen nicht zu sehr von externen Stakeholdern abhängig ist. Den Anstoß zum Einleiten einer frühzeitigen Sanierung kann die Hausbank leisten. Diese ist Risikospezialist und setzt häufig leistungsstarke Instrumente zur Risikoerkennung ein. Die Krisenerkennungsmodelle sollten bestimmte Merkmale aufweisen, damit eine wirkungsvolle sowie effiziente Anwendung zur Risikoidentifikation auf breiter Fläche erfolgen kann:

- Zukunftsgerichtetheit: Es sind Analyseinstrumente einzusetzen, die bedeutende wirtschaftliche Risiken bei Unternehmen frühzeitig und auf lange Sicht antizipieren. Dazu sind unter anderem genauere Prognosen über die wirtschaftliche Entwicklung von Unternehmen, im Branchenumfeld und über den technologischen Fortschritt anzustellen.
- Ganzheitlichkeit: Die Risikosicht sollte umfassend sein und die komplette Risikoposition eines Kreditinstituts erfassen, inklusive Lieferanten sowie Kunden der Krisenfirma, die ebenfalls Kreditkunden der Bank sein können. Ebenso lassen sich Informationen anderer Stakeholder der Branche als Diagnosehilfe nutzen, um Warnsignale zu erkennen.
- Informationssicherheit: Die Höhe des Kreditrisikos wird durch die verfügbaren Informationen wesentlich beeinflusst. Daher ist aus Bankensicht ein laufender, aktueller und effizienter Informationstransfer durch den Kreditnehmer sicherzustellen, um Informationsasymmetrien abzubauen und Krisen in einem frühen Stadium zu erkennen und aktiv anzugehen.
- Multipersonalität: Entscheidungen werden erschwert durch die Teilnahme einer Vielzahl an Entscheidungsträgern. Diese Ausgangslage kann dann dazu führen, dass Entscheidungen über zu viele Stufen verlagert werden. Allerdings kann die differenzierte Betrachtung die Entscheidungsqualität auch verbessern und zur optimierten Risikoeinschätzung führen.

Im Folgenden werden verschiedene häufig verwendete Risikoerkennungsmethoden im Firmenkundenkreditgeschäft in der Praxis der Kreditinstitute aufgeführt. Diese können sich zum einen anhand der Qualität der zur Verfügung gestellten und ausgewerteten Daten unterscheiden sowie zum anderen aufgrund der Zielrichtung in Bezug auf die Analyse des Einzelgeschäftes oder des Kreditportfolios eines Institutes wie die nachfolgende Tab. 4.1 zeigt:

Tab. 4.1: Klassifizierung von Risikoerkennungsverfahren (Quelle: Eigene Darstellung)

Risikoerkennungsverfahren	Einzelgeschäftsbezogen	Kreditportfoliobezogen
Quantitativ	Jahresabschlussanalyse BWA-Analyse Planzahlenanalyse Cash-Flow-Analyse Sensitivitätsanalyse	Migrationsanalyse Korrelationsanalyse ABC-Analyse Deckungsbeitragsrechnung Kreditgrößenklassenverteilung
Qualitativ	Geschäftsfeldanalyse Managementanalyse SWOT-Analyse Stakeholder-Analyse Lageberichtsanalyse	Branchenmix Portfolio-Analyse Lebenszyklusanalyse Kundensegmentanalyse Wettbewerbsanalyse
Kombinativ und spezifisch	Scoringverfahren Existenzgründerrating Branchenrating Größenklassenrating Spezialfinanzierungsrating	Ratingmigrationen Ratingverteilung Risikokonzentrationen Diskriminanzanalyse Neuronale Netze

Einige der Analyseverfahren, die sich möglicherweise gut für die Risikoerkennung eignen, werden im Folgenden in Bezug auf die Eignung zur Risikofrüherkennung bei Einzelengagements dargestellt und beurteilt. In diesem Zusammenhang wird zudem bewertet, ob eine intensive Beschäftigung mit einem Einzelkreditnehmer individuell wirtschaftlich erscheint oder ob eine hohe Anzahl an Kreditnehmern effizient durch ein digitales Analysesystem bearbeitet werden sollte.

Zur strategischen Risikoerkennung ist es notwendig, das betrachtete Unternehmen in die Beziehung zu seiner relevanten Umwelt zu setzen. Auf der Makroebene sind dies die Branche oder die Geschäftsfelder, in denen ein Unternehmen tätig ist (vgl. Porter, 2013, S. 37 ff.). Dazu ist es von Bedeutung, den relevanten Markt eines Unternehmens mit Merkmalen zu beschreiben und zu anderen Sektoren horizontal und vertikal abzugrenzen. Des Weiteren sind das Marktvolumen als von allen Anbietern abgesetzte Menge von Marktleistungen, das Marktpotenzial als maximal mögliche Absatzmenge, der Marktsättigungsgrad, das Absatzvolumen sowie der Marktanteil des betrachteten Unternehmens in Erfahrung zu bringen.

Zu beachten sind zudem Änderungen in den relevanten Märkten durch Technologiesprünge und gegebenenfalls räumliche Abgrenzungen (vgl. Meffert et al, 2012, S. 54 ff.). Wichtige Marktteilnehmer sind als potenzielle Konkurrenten in Relation zu den Marktdaten zu setzen. Auf diesem Weg kann unter Umständen erkannt werden, dass ein abgegrenzter Markt durch erhebliche Überkapazitäten geprägt ist. Ein hoher Preisdruck und eine konsequente Marktbereinigung über das Ausscheiden von einzelnen Akteuren in diesem Segment könnte die Folge sein.

Die Bewertung der Marktposition innerhalb eines abgegrenzten Marktes kann auch mittels eines Benchmarkings erfolgen. So kann die bisher verfolgte Strategie zu den besten Mitbewerbern ins Verhältnis gesetzt werden. Auch sich daran anschließende Betriebsvergleiche mit Erfolgskennzahlen oder Kostenquoten können dann helfen, den Erfolg aus der Geschäftskonzeption beziehungsweise aus dem Geschäftsmodell zu verifizieren (vgl. Backhaus/Voeth, 2010, S. 136 ff.).

Aus struktureller Sicht ist es daher für Unternehmen und auch Kreditgeber wichtig, die Reife der angebotenen Produkte sowie Dienstleistungen im Rahmen eines Produkt-Lebenszyklus einzuordnen, die Wettbewerbskräfte und auch die potenziellen Gewinnmargen und branchenüblichen Rentabilität und das Marktwachstum zu kennen. Die Erfolgssituation in den einzelnen Geschäftssegmenten kann unter anderem durch eine Profit-Center-Rechnung ermittelt werden.

Eine ausreichende Produktdifferenzierung kann über eine Untersuchung des Produkt-Lebenszyklus oder im Rahmen einer Portfolio-Matrix geprüft werden. Die Portfolio-Analyse ermöglicht eine Gliederung der Produkte sowie Dienstleistungen im Hinblick auf Geschäftszweige, die bereits einen hohen Deckungsbeitrag liefern und vielversprechend sind in Bezug auf den Ausbau einer Marktposition sowie die rückläufigen und nicht profitablen Segmente (vgl. Porter, 2013, S. 99 ff.).

Unterschieden und differenziert betrachtet werden die angebotenen Produkte und Dienstleistungen, die ein hohes Marktwachstum generieren (Stars, Question Marks) und diejenigen, bei denen das erwartete Steigerungspotenzial am Markt eher als gering eingeschätzt wird (Dogs), aber auch diejenigen, bei denen ein hoher Marktanteil bestehen kann (Cash Cows). Wichtig ist es, für ein ausgewogenes Angebot zu sorgen, damit nicht die Gewinnpotenziale aller Produkte und Leistungen gleichzeitig einbrechen und sich die Risikowirkungen additiv verhalten.

Diese Portfolio-Methode ist flexibel einsetzbar und kann nicht nur produktbezogen, sondern auch anhand der relativen Marktanteile durchgeführt werden. Neben der Porter-Matrix haben sich die strategischen Analysemodelle der Boston Consulting Group mit einer 4-Felder-Matrix und den zu bewertenden Dimensionen Marktanteil und Marktanteilswachstum und das Konzept von McKinsey mit einem 9-Felder-Aufbau und weiteren veränderbaren Achsenbezeichnungen durchgesetzt (vgl. Winkelmann, 2010, S. 82 ff. und Meffert et al., 2012, 279 ff.). Die nachfolgende Abb. 4.2 zeigt die BCG-Portfolio-Struktur, mit den jeweiligen Merkmalen.

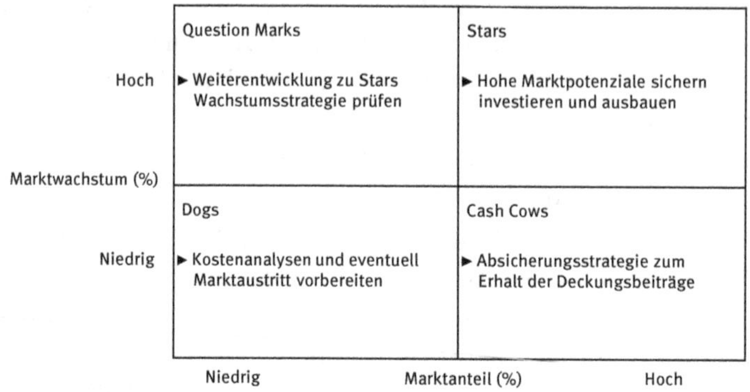

Abb. 4.2: Portfolio-Matrix mit der BCG-Struktur (Quelle: In Anlehnung an Winkelmann, 2010, S. 83)

Die Portfolio-Analyse und die Untersuchung der Strukturen der Lieferanten und der Abnehmer sowie der Konkurrenten können als inhaltliche Grundlage für eine Stärken- und Schwächen-Analyse verwendet werden, um den Produkt-Mix eines Unternehmens zu überprüfen. Insgesamt ist jedoch der bankinterne Aufwand, der in der Risikoerkennung für einen Kunden eingesetzt wird stets zu beachten, denn es besteht in der Regel eine Vielzahl an Firmenkunden.

Detaillierte Markt- und Konkurrenzanalysen lassen sich wirtschaftlich meist nur bei großen Kreditkunden oder bei Engagements, die deutlich risikoauffällig geworden sind, umsetzen. Effiziente Verfahren der Risikoanalyse sind für die Gesamtheit der Kundenengagements im Kreditportfolio in diesem Bereich kaum realisierbar. In der Praxis konzentrieren sich daher viele Risikoerkennungsverfahren auf die Überprüfung von einzelnen deutlichen Risikosignalen.

In den drei Krisenstadien der Strategie, Ertrags- und Liquiditätskrise können unterschiedliche Gefährdungsmerkmale auftreten. Diese können aus dem Unternehmen heraus entstehen und werden dann als interne Krisenmerkmale bezeichnet. Treten beispielsweise Fehler in der internen Kalkulation oder durch unzureichende Überwachungen im Controlling auf, spiegelt dieses unter Umständen Qualifikationsdefizite der Geschäftsleitung wider. Interne Krisenursachen können sich zudem in mangelhaften Produkten oder auch unstrukturierten Geschäftsprozessen zeigen.

Weiter können Krisenursachen auf externen Ereignissen beruhen, die von der Firma nicht zu beeinflussen sind, wie stark ansteigende Rohstoffpreise oder konjunkturelle Schwankungen innerhalb einer Branche (vgl. Wilden, 2009, S. 48 ff.). Daneben können Kombinationen aus internen sowie externen Merkmalen vorkommen, wenn bestimmte Krisenursachen einen externen Ursprung haben, die Risiken jedoch nicht erkannt oder nicht aktiv bearbeitet werden.

Demnach haben Forderungsausfälle primär einen externen Grund, können aber oft durch Vorauszahlungen, Bonitätsprüfungen oder Kreditversicherungen vermieden werden. Diese Gefahren weisen daher sekundär auf interne Managementprobleme hin. Meist treten in der Praxis mehrere Krisenursachen kombiniert auf, können sich gegenseitig verstärken und aufgrund einer Kausalkette eine existenzielle Bedrohung für ein Unternehmen darstellen. Im Folgenden werden ausgewählte Instrumente zur Erkennung von internen und externen Krisenmerkmalen erläutert und der Praxiseinsatz in Kreditinstituten in Bezug auf die Wirksamkeit beurteilt.

Ein Ziel ist es, die asymmetrische Informationsverteilung zwischen Banken und Kreditnehmern abzubauen, um den Krisenentstehungsprozess transparent zu machen und einer zunehmenden Gefährdung rechtzeitig entgegenzuwirken. Dazu erfolgt die Darstellung der Risikoerkennungsinstrumente in Anlehnung an einen sich zeitlich entwickelnden Entstehungsprozess der wirtschaftlichen Schieflage mit den Phasen der Strategiekrise, der Ertragskrise und der Liquiditätskrise.

Risikofrüherkennungssysteme einer fortgeschrittenen Generation gehen primär davon aus, dass sich wesentliche Ursachen für strategische Gefährdungen mit Strukturbrüchen in der Unternehmensumwelt begründen lassen. Diese können unter anderem auf Nachfrageverschiebungen oder auch auf technologischen Neuerungen beruhen. Die Zielrichtung der Risikofrüherkennung richtet sich auf die Entwicklung von strategischen Radarsystemen aus, die auf Umweltsignale reagieren (vgl. Ansoff, 1976, S. 129 ff.). Diese Systeme sind einzusetzen, um eine Strategiekrise zu erkennen und das Ausmaß der Wirkungen einzuschätzen.

Da die **Strategiekrise** den anderen Krisenphasen vorgelagert ist, sollten Banken im Rahmen einer frühzeitigen Risikoerkennung versuchen, gerade dieses Stadium der Gefährdung bei ihren Kreditnehmern zu identifizieren. Dazu haben sich die Risikoanalysten in den Kreditinstituten intensiv mit dem Geschäftsmodell sowie der Branche des Unternehmens zu beschäftigen. Die Untersuchungen sollten sich nicht nur auf die Auswertung des Zahlenmaterials beschränken, sondern vielmehr auch die leistungswirtschaftlichen Prozesse eines Firmenkunden umfassen.

Dieses kann insbesondere dann gut gelingen, wenn ein Kreditnehmer vorwiegend in einer Kernbranche tätig ist. Schwieriger wird es, wenn dieser mehrere Sektoren bedient sowie verschiedene Bereiche einzuschätzen sind. Allerdings hat diese Verteilung der geschäftlichen Aktivitäten auf mehrere Segmente den Vorteil, dass risikoausgleichende Diversifikationseffekte bestehen können.

Das Erfassen der Strategiekrise eines Kreditnehmers ist aus Sicht der Banken meist schwierig. Ein Grund liegt darin, dass das Problemumfeld wenig klar umrissen ist, sich nur unscharf identifizieren lässt und die Intensität der Effekte auf das betrachtete Unternehmen nur schwer einzuschätzen sind. Des Weiteren besteht die Möglichkeit, dass das Management auf negative Bedingungen der Umwelt mit wirkungsvollen Maßnahmen erfolgreich reagiert.

Nachfolgende Problembereiche bestehen im Rahmen der systematischen Wahrnehmung der strategischen Krisenpotenziale (vgl. Krystek, 2005, S. 174):

- Bedrohungspotenzial: Dies lässt sich nur für Unternehmen in einer Branche angeben. Die Relevanz ist für ein bestimmtes Unternehmen schwer feststellbar.
- Unschärfe: Das Problemfeld der Warnsignale ist wenig konkret. Die Quellen und Ursachen latenter Gefahren und Auswirkungen lassen sich nur vage ermitteln.
- Informationsunsicherheit: Die Situation zeichnet sich durch eine schwache Datenbasis und eine schwer strukturierbare, objektivierbare Auswertung aus.

Weiter wird diese Einschätzung dadurch erschwert, dass die betreuende Bank keine Möglichkeit besitzt, auf unternehmensspezifische Daten zuzugreifen. Interne Informationen wie unter anderem die Auftragslage oder die Qualität der erbrachten Leistungen sind aber notwendig, um unscharfe Risikomerkmale einzuschätzen.

---

i **Beispiel:** Untersuchungen aus einer Bank zeigen veränderte Markttrends in einer innovativen und forschungsintensiven Branche. Auf Nachfragen der Hausbank bei einem Kreditnehmer, mit welchen eigenen Entwicklungen diesen Neuerungen begegnet wird, antwortet der Geschäftsführer: „Wir werden uns dann, wenn es notwendig erscheint, mit diesem Thema beschäftigen. Unsere angebotenen Produkte und Dienstleistungen haben eine lange Tradition und einen guten Namen. Neuerungen sehen wir in unserem Markt gelassen entgegen." In diesem Fall liegen unter Umständen Anzeichen einer Strategiekrise und qualitative Managementdefizite vor, wenn sich das Unternehmen nicht mit aktuellen Entwicklungen in den relevanten Märkten beschäftigt und darauf reagiert.

Zudem sind die Möglichkeiten der Auswertung von strategischen Daten durch Kreditinstitute aufgrund ihrer Analysekapazitäten begrenzt und daher nur für risikorelevante Firmen mit hohem Kreditvolumen anwendbar. Die folgenden Merkmale beschreiben die stark eingeschränkte Datenlage und fehlende Untersuchungsmöglichkeiten aus Sicht der externen Banken. Diese Faktoren zeigen typische Eigenschaften einer asymmetrischen Informationsverteilung auf:

- Informationszugang: Dieser fehlende Zugang zu risikorelevanten Informationen erschwert die Früherkennung strategischer Fehlentwicklungen.
- Handlungsoptionen: Die Reaktionsweise der Unternehmensleitung auf die strategischen Problemfelder ist nicht bekannt.
- Intensität: Die Betroffenheit des Unternehmens von Auswirkungen der internen und externen Gefährdungen ist nicht messbar.

Trotz der Schwierigkeiten sollten Kreditinstitute versuchen, ihre Risikosysteme auch auf die diffusen strategischen Krisenmerkmale auszurichten und diese stetig zu verbessern. Es sind nicht nur bei der Erstgenehmigung, sondern während der gesamten Kreditlaufzeit detaillierte marktbezogene Überwachungen vorzunehmen, um mögliche Bedrohungen rechtzeitig erkennen zu können.

Im Folgenden werden weitere Instrumente zur Analyse von Bonitätsrisiken dargestellt und im Praxiseinsatz beurteilt. Im Vordergrund steht das Erkennen der Strategiekrise, die einen qualitativen Charakter aufweist.

Definition: Bonitätsrisiken sind Gefährdungen, die bei Krediten aus einer nicht vertragsgerechten Erfüllung des Kapitaldienstes resultieren und zu Forderungsausfällen und Zinsausfallrisiken führen. Auch eine Herabstufung in Rating bewirkt bereits eine negative Veränderung der Kreditwürdigkeit. Kreditsicherheiten können die Ausfallgefahren abfedern und eventuell Abschreibungen reduzieren.

Die Simulationstechnik bietet die Möglichkeit einer Risikoevaluation in einer frühen Phase des Krisenentstehungsprozesses. Es werden ausgewählte, für den Problemfall und die Entscheidungssituation wichtige Einflussfaktoren simuliert und die Outputgrößen berechnet. Diese Inputvariablen können anhand eines Zufallsgenerators erzeugt oder durch Experten geschätzt werden (vgl. Schiller/Tytko, 2001, S. 201). Dazu werden Szenarien aus vernetzten Einflussfaktoren entwickelt, die zukünftig eintreten können (vgl. Möhrle/Müller, 2005, S. 188 ff.). Mit dem Analysemodell lassen sich Auswirkungen auf die Kapitaldienstfähigkeit ableiten.

Zunächst ist dazu der Untersuchungsgegenstand festzulegen. Im nächsten Schritt sind interne und externe Einflussfaktoren auf das Problemfeld zu untersuchen. Anschließend sind Kennzahlen zur Beschreibung des identifizierten Umfelds zu formulieren (Deskriptoren) und es sind Erwartungen der Veränderungen der Merkmale in der Zukunft zu schätzen (Projektionen). Dann folgen die Auswahl relevanter Annahmen und die Ableitung von Umfeldszenarien. Es werden realistische Szenarien für das Unternehmen erarbeitet, die in der Zukunft eintreten können. Abschließend ist die Reaktion auf diese Entwicklungen zu analysieren, wie Abb. 4.3 zeigt.

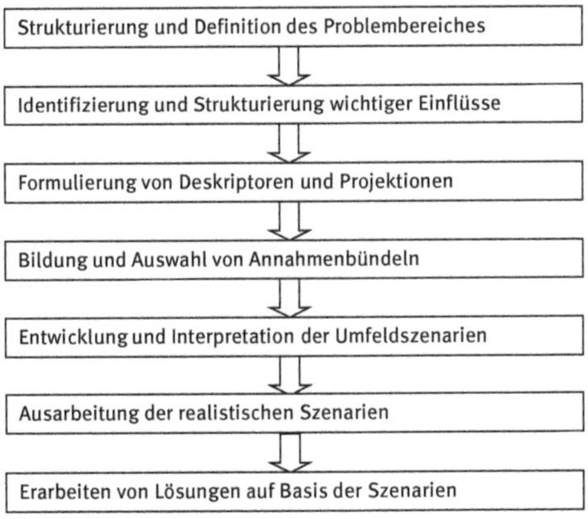

Abb. 4.3: Prozess der Simulationstechnik (Quelle: Eigene Darstellung)

Die Darstellung kann zudem mit einem Entscheidungsbaum wie bei sequenziellen Entscheidungen visualisiert und mit Wahrscheinlichkeiten für alternative Szenarien versehen werden (vgl. Kruschwitz, 2014, S. 331 ff.). Die Modellierung kann bei quantitativen Daten auch mit einer computergestützten Simulation im Rahmen einer Risikoanalyse erfolgen. Damit lassen sich Risikoprofile aus Wahrscheinlichkeitsverteilungen ableiten und mit statistischen Kennzahlen auswerten. Auf diese Weise können extreme Trends für Erfolgsgrößen eines Unternehmens ermittelt werden, die bereits erste Anzeichen einer Strategiekrise aufzeigen.

Wichtig ist es aus Risikosicht, den Wahrscheinlichkeitsgrad des Eintritts von diesen negativen Extremsituationen als Randereignissen wie beispielsweise bei den Value-at-Risk-Kennziffern abzuschätzen. Des Weiteren können die Handlungsoptionen der Geschäftsleitung auf Veränderungen von relevanten Ausgangsdaten über die Abbildung von Realoptionen mathematisch berücksichtigt und genau analysiert werden (vgl. Copeland/Antikarov, 2002, S. 21 ff.).

Wenn Daten in quantitativer Form vorliegen, können Sensitivitätsanalysen durchgeführt werden, um die Stabilität von Outputgrößen in Abhängigkeit von einer oder mehrerer Inputgrößen zu testen (vgl. Kruschwitz, 2014, S. 312 ff.). Dieses Verfahren dient primär der Entscheidungsunterstützung sowie der Überprüfung von Schwellenwerten bei Kennzahlen. Es kann dazu eingesetzt werden, um zu bestimmen, ab welchem Punkt der Variation unsicherer Inputdaten negative Unternehmensergebnisse auftreten. So lassen sich Schwankungen von Rohstoffpreisen und ihre Auswirkungen auf das Betriebsergebnis bei Firmenkunden analysieren und simulieren. Auf diese Art kann erkannt werden, wie empfindlich eine Outputgröße auf mögliche Veränderungen von Inputgrößen reagiert. Insgesamt lassen sich sowohl qualitative als auch quantitative Informationen gleichzeitig verarbeiten. Die folgende Abb. 4.4 zeigt eine Darstellung der Simulationstechnik.

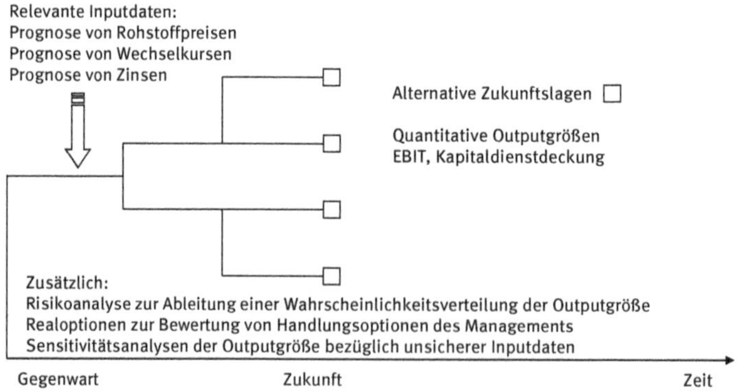

Abb. 4.4: Simulationstechnik mit Entscheidungsbaum (Quelle: Eigene Darstellung)

In vielen Branchen steigen die Abhängigkeiten von schwankenden Marktpreisen für Rohstoffe, Zinsen und Währungen. Zudem sind die Energiepreise in den Segmenten starken Preissteigerungen unterworfen. Auch diese Kostenfaktoren können für ein Unternehmen intensive Risiken bedeuten, die durch ein Risikomanagement erkannt und denen mit Absicherungskonzepten begegnet werden kann (vgl. Portisch, 2011a, S. 60 ff.). Die Gefährdungen können über langfristige Lieferverträge mit festen Preisen und Wechselkursen ausgeschlossen werden. Alternativ existiert die Möglichkeit Absicherungen über derivative Finanzinstrumente einzusetzen. Zuerst sind diejenigen Kunden zu identifizieren, bei denen die Marktpreisänderungsrisiken auf Inputfaktoren bestehen. Dies erfolgt über eine Branchenanalyse.

Wurden in risikoreichen Branchen Preisabhängigkeiten bei Firmenkunden erkannt, können die Preisveränderungen in der Gewinn- und Verlustrechnung (GuV) bei den Kreditnehmern in diesen Sektoren simuliert werden, um die Risikoeffekte zu verdeutlichen. Dazu ist es beispielsweise möglich, über Variationen der Inputpreise für Material, Energie, Kapital und der Wechselkurse relevanter Währungen, die Effekte auf den Gewinn oder den Cash Flow sichtbar zu machen. Dabei ist es bei potenziellen Währungsrisiken relevant, in welchen Regionen sich die wesentlichen Einkaufs- und Absatzkanäle der betrachteten Firma befinden.

Bei Zinsrisiken kann von Bedeutung sein, welche Zinsbindungen bestehen, ob eine kurzfristige und variable Finanzierung benötigt und ob sehr kapitalintensiv gearbeitet wird. Aufgrund des aktuell niedrigen Zinsniveaus kann es interessant sein, sich dieses langfristig zu sichern. Die Rohstoffpreisrisiken können bestimmte vertragliche Gestaltungen im Einkauf, im Absatz und beim Einsatz von Finanzinstrumenten erfordern, potenzielle Forderungsausfälle dagegen den Forderungsverkauf oder den Abschluss von Ausfallversicherungen.

Auch eine gleichzeitige Veränderung mehrerer Inputfaktoren kann vorgenommen werden. Diese relevanten Prognosedaten liegen in den volkswirtschaftlichen Abteilungen oder dem Treasury der Banken häufig vor oder können aus den Systemen herausgefiltert werden, wie die Terminkurse für Zinsen sowie Währungen. Somit ist auch das interne Wissensmanagement einer Bank zu optimieren, um Informationen aus einem Bereich für andere Abteilungen nutzbar zu machen. Beispielsweise können Marktpreisdaten aus der Wertpapierabteilung auch für Firmenkundenanalysen im Kreditbereich von erheblichem Interesse sein. Gerade für Kreditengagements mit einem großen Volumen und Blankoteil kann sich dieser Aufwand lohnen, um drohende Gefährdungen frühzeitig zu erkennen.

Diese identifizierten Risikokategorien können zudem als Baustein mit Prognosecharakter in einer auf das Geschäftsmodell und die Branche abgestimmten Gewichtung im Rating berücksichtigt werden, um die Bonitätsklassifikation schneller an aktuelle Entwicklungen anzupassen und eine wirksame Risikofrüherkennung überhaupt erst zu ermöglichen. Die Reaktionsweise des Managements auf diese Risiken kann erfragt und in das Rating integriert werden.

Von Vorteil ist es, dass die Jahresabschlussinformationen sowie die BWA-Daten von den Kreditnehmern bereits in die IT-Systeme der Kreditinstitute eingepflegt wurden. Somit sind in einem Folgeschritt lediglich die für das Geschäftsmodell individuell wichtigen Risikokategorien herauszufiltern und ungünstige Marktpreisveränderungen bei einzelnen Komponenten oder im Verbund zu simulieren, um die Ertragseffekte zu analysieren. Darüber können Ratingsysteme drohende Gefährdungspotenziale bei Firmenengagements früher anzeigen und es kann rechtzeitig gegengesteuert werden (vgl. Portisch, 2011a, S. 60 ff.).

Zeigen sich bei einem Firmenkunden aufgrund der Simulationen deutliche Ertragsauswirkungen in seiner GuV, mit einer möglichen Existenzgefährdung, können Gegenmaßnahmen mit dem Unternehmen erarbeitet werden. Bei dem Einsatz von Absicherungsinstrumenten ist Spezialwissen und daher Beratungsbedarf von Seiten der Kreditinstitute notwendig. Hier bietet sich gegebenenfalls zusätzliches und noch nicht genutztes Cross-Selling-Potenzial.

Zinsrisiken lassen sich über verschiedene Derivate beziehungsweise Termingeschäfte wie Zins-Caps verringern (vgl. Hull, 2012, S. 807 ff.). Die Währungsrisiken können über Swaps reduziert und Rohstoffpreisrisiken über Futures ausgeschaltet werden. In den GuV-Simulationen lassen sich die ausgewählten Absicherungen berücksichtigen. Folgende Gefährdungen können sich in den einzelnen finanzwirtschaftlichen Risikokategorien ergeben und getestet werden:

- Berücksichtigung von möglichen Zinsveränderungen auf das Ergebnis
- Variation der Wechselkurse und Korrelationen von relevanten Währungen
- Ermittlung von Preisschwankungen für Energie und Rohstoffe

Zudem können die Auswirkungen von Forderungsausfallrisiken auf den Cash Flow ermittelt werden, indem die Forderungslaufzeiten verlängert oder alternativ Forderungsausfallquoten in den Simulationen variiert werden. Die bankeigenen Risikoerkennungssysteme wie beispielsweise das Firmenrating lassen sich dann mit diesen Daten aktueller einstellen und optimieren, um Gefährdungen früh zu erkennen. Das folgende Beispiel zeigt Risiken aus volatilen Marktpreisen auf.

Beispiel: Eine Analyse der volkswirtschaftlichen Abteilung einer Bank prognostiziert einen Anstieg der Preise für Energie in den nächsten Jahren. Ein Firmenkunde der Metall verarbeitenden Branche arbeitet sehr kapital- und energieintensiv und ist von stabilen Marktpreisen abhängig. Auf Nachfragen der Hausbank, wie dem Problem der steigenden Preise für Energie und Kapital begegnet wird, antwortet der Geschäftsführer: „Wir werden uns wenn es notwendig wird mit dem Thema beschäftigen. Derzeit sehen wir keine starken Preisänderungen im Markt." In diesem Fall liegen unter Umständen Anzeichen einer Strategiekrise vor, wenn das Unternehmen keine vorsorglichen Maßnahmen zur Absicherung dieser Marktpreisrisiken trifft, beziehungsweise es ablehnt, sich mit dieser Thematik aktiv zu befassen und damit kein vorsorgliches Risikomanagement betreibt.

Dabei sind nur die für das Geschäftsmodell und Geschäftsgebiet relevanten Risikokategorien eines Firmenkunden herauszufiltern. Dann folgt die Quantifizierung der Gefährdungen. Das Gesamtrisiko eines Unternehmens beruht auf einem Zusammenspiel von Einzelrisiken. Die isoliert wahrgenommenen Komponenten können sich additiv verhalten, aber auch kompensieren oder gegenseitig verstärken. Derartige Risikointerdependenzen sind über Szenarien transparent zu machen, um die Nettoeffekte zu bemessen. Somit können sich einzelne Gefährdungen multiplizieren und ein zunächst nicht wahrgenommenes Risiko kann eine große Existenzgefährdung bei einem Kreditnehmer hervorrufen (vgl. Gramlich, 2002, S. 29 ff.).

Vorteile bei einer Anwendung der Simulationstechnik bestehen aus Bankensicht in der Möglichkeit, Risiken des Unternehmensumfeldes bei Firmenkunden umfassend zu berücksichtigen. Dann lassen sich in Kreditinstituten vorhandene Informationen aus volkswirtschaftlichen Analysen zu Einschätzungen von Zinsänderungen, Prognosen von Wechselkursen, Schwankungen von Rohstoffpreisen und anderen Marktpreisen nutzen. Wurden erhöhte Risiken in verschiedenen Bereichen für ein Unternehmen identifiziert, sind anschließend die Auswirkungen der Gefährdungen abzuschätzen. Bei bedeutenden Problemen ist das Unternehmen im Hinblick auf die festgestellten Risiken zu sensibilisieren. Reaktionsstrategien der Geschäftsleitung sind zu erfragen. Wird aus Bankensicht eine ausreichende Befassung mit den Problemen und die Einleitung von Maßnahmen konstatiert, sind die künftigen Gefahren lediglich zu überwachen. Erfolgt dagegen keine Reaktion auf die Bedrohungen, kann das Kreditinstitut das Risiko bei diesem Kreditnehmer senken.

Die Ermittlung aussagekräftiger sowie valider Daten zur strategischen Risikoerkennung über Szenarien ist für Externe, wie die Bankenvertreter, in der Regel nur unter Schwierigkeiten möglich, auch aufgrund der fehlenden Marktkenntnisse. Lediglich Bedrohungen durch Unsicherheiten im Unternehmen und in dessen Umfeld können wahrgenommen werden und es kann geprüft werden, ob das Management eines Firmenkunden angemessen auf die Gefährdungen reagiert. Unter Umständen lässt sich auf diese Weise eine Strategiekrise über die Anwendung der Simulationstechnik erkennen. Diese Analysemethode ist aus Effizienzgründen, aufgrund des Analyseaufwands, jedoch nur für ausgewählte Firmenkunden wirtschaftlich durchführbar. Daher eignet sich die Simulationstechnik meist nur theoretisch zur systematischen Risikofrüherkennung für das gesamte Kreditportfolio.

Ein praxisnäheres Verfahren zur Identifizierung einer Strategiekrise ist dagegen die SWOT-Analyse. Diese Methode nutzt verstärkt qualitative Informationen. Mit diesem Verfahren der Risikoerkennung werden interne Stärken (Strengths) und Schwächen (Weaknesses) in einem Unternehmen neben Chancen (Opportunities) sowie Bedrohungen (Threats) aus dem relevanten Umfeld bestimmt. Es werden im Rahmen der SWOT-Analyse die im Unternehmen vorhandenen internen Stärken und Schwächen im Vergleich zum Marktführer oder zu den stärksten Mitbewerbern untersucht (vgl. Meffert, 2000, S. 68 ff. und S. 1135 ff.).

Aus Bankensicht ist dieser Vergleich vereinfacht durchführbar, wenn Informationen von Kreditnehmern aus der gleichen Branche vorliegen. Zudem werden die Chancen und Risiken im Unternehmensumfeld systematisch überprüft. Dabei können Kreditinstitute auf Branchenanalysen zurückgreifen. Anhand dieser SWOT-Kriterien lässt sich ein Unternehmensprofil erstellen, das Anzeichen von Gefährdungen aufzeigen kann. Beispielsweise kann auch die Wertschöpfungskette mit Kunden und Lieferanten genauer untersucht werden.

Die SWOT-Analyse zeigt die momentane Einschätzung der Lage des Unternehmens auf, sollte aber auch Zukunftsentwicklungen beinhalten. Diese kann für den Kreditnehmer geschäftsfeldbezogen oder für einzelne Tochterunternehmen angewendet werden, um die Genauigkeit bei diversifizierten Unternehmen oder in Konzernen zu erhöhen. Die nachfolgende Tab. 4.2 zeigt die Anwendung des Instrumentariums zur strategischen Krisenerkennung.

Tab. 4.2: SWOT-Analyse an einem Beispiel (Quelle: Eigene Darstellung)

Positive Kriterien	**Negative Kriterien**
Interne Stärken (Strengths)	**Interne Schwächen (Weaknesses)**
Skaleneffekte hoher Produktionsmengen	Geringe Produktstandardisierung
Gute Qualität der Produkte	Umfassender Investitionsstau
Externe Chancen (Opportunities)	**Externe Risiken (Threats)**
Konkurrenz auf die Region beschränkt	Kostendruck steigender Rohstoffpreise
Know How auf dem Arbeitsmarkt	Starker Preiswettbewerb im Markt

Im Rahmen der Durchführung einer SWOT-Analyse ist es notwendig, sich intensiv mit dem Unternehmen beziehungsweise den strategischen Geschäftseinheiten der Firma und der relevanten Branche zu beschäftigen. Erkennen lassen sich Veränderungen in den Technologien, dem Branchenumfeld und bei der Konkurrenz. Auch interne Risiken können sichtbar gemacht werden. Die SWOT-Analysetechnik basiert auf einer verstärkt qualitativen Bewertung des Unternehmens (vgl. Portisch, 2005b, S. 22 ff.). Auf diese Weise lassen sich bei der Kreditanalyse zum Beispiel geschäftspolitische Krisenentwicklungen beim Firmenkunden frühzeitig identifizieren. Die SWOT-Analyse kann mit einer Ressourcenanalyse verbunden werden (vgl. Meffert et al, 2012, S. 238 ff.). Die SWOT-Analyse lässt sich einsetzen, um die Marktlage sowie Branchensituation der Firmenkunden systematisch zu strukturieren. Für Banken ist es von Bedeutung, die Märkte zu verstehen, in denen Kreditnehmer tätig sind.

Definition: Ein abgegrenzter Sektor wird auch **relevanter Markt** genannt. Er ist zu beschreiben und gegenüber anderen Bereichen abzustecken. Die Darstellung ist notwendig, um im Zeitablauf mögliche Veränderungen in der Kundennachfrage und den angewendeten Technologien zu erkennen.

Die Abgrenzung des relevanten Marktes, kann anhand der folgenden Dimensionen erfolgen (vgl. Meffert et al., 2012, S. 51 ff.):

- Räumliche Abgrenzung: Regionaler, nationaler oder internationaler Markt
- Zeitliche Abgrenzung: Saisonalität des Geschäftes und Produktlebenszyklus
- Sachliche Abgrenzung: Marktvolumen, Marktwachstum, Technologiefortschritt

Die Bedeutung der Beschreibung eines relevanten Marktes liegt insbesondere darin, sektorale Entwicklungspotenziale zu untersuchen und Marktverschiebungen unter anderem im Volumen oder im Wachstum zu identifizieren. Daher kann ein sinkendes Marktvolumen in einem Segment auf Umsatzrisiken mit Kapazitätsüberhängen hindeuten. Über Kontrollabfragen lässt sich ein Bild darüber gewinnen, ob ein konkreter Firmenkunde aus dieser Branche seinen Markt kennt und wesentliche Veränderungen zu antizipieren vermag.

Zudem sind die Planungen der Geschäftsleitung und die Reaktionsweisen auf Marktänderungen zum Beispiel in technisch-orientierten Fortschrittssegmenten interessant. Die Abgrenzung des Marktes reicht unter Umständen nicht aus, um Risiken zu erkennen. Einen Schritt weiter geht die Branchenanalyse, die inhaltlich im Rahmen einer SWOT-Analyse eingesetzt werden kann, um auch das relevante Unternehmensumfeld näher zu durchdringen.

Die Branchenanalyse dient der genauen Untersuchung des Marktumfeldes, in dem ein Unternehmen tätig ist. Diese Analysetechnik ist umfassender als die reine Abgrenzung des relevanten Marktes, da weitere Determinanten in das Untersuchungsgebiet einwirken, zum Beispiel die Prüfung des Einflusses der Lieferanten, der Konkurrenten sowie der Abnehmer. Es wird darüber auch die Wettbewerbssituation in der bestimmten Marktlage analysiert.

Auf diese Weise kann eine Branchenanalyse dazu dienen, Kreditrisiken frühzeitig zu erkennen. Diese Methode ermöglicht es auch schwache Risikosignale, sogenannte strategische Diskontinuitäten, zu ermitteln (vgl. Ansoff, 1976, S. 129 ff.). Für diese Risikoerkennung ist es von Vorteil, dass in Banken umfassende sektorale Kenntnisse aus einer Vielzahl der betreuten Kreditfälle vorhanden sind. In einigen Banken wird sogar eine Branchenspezialisierung in der Betreuung und der Marktfolge vorgenommen, um dieses Spezialwissen zu konzentrieren und es gezielt für die Risikoanalyse zu nutzen. Es kann das Modell von Porter eingesetzt werden, um Branchen und abgegrenzte Märkte zu untersuchen.

Der Ansatz von Porter zielt auf eine detaillierte Branchenanalyse ab. Dabei wird die Wertschöpfungskette eines Unternehmens sektorspezifisch untersucht (vgl. Porter, 2013, S. 37). Kritische Veränderungen können frühe Indikatoren für eine strategische Krise darstellen und sind zu beobachten. Diese Untersuchungen können sich auf die horizontalen, vertikalen und lateralen Bereiche in der Wertschöpfungskette in einer bestimmten Branche beziehen.

Porter identifiziert insgesamt genau fünf Determinanten der Wettbewerbssituation in einem abgegrenzten Marktbereich (vgl. Staehle, 1994, S. 856):

- Determinanten der Konkurrenzintensität: Branchenwachstum, Konkurrenzanalyse, Preispolitik, Größe und Anzahl der Konkurrenten
- Determinanten des Markteintritts: Kapitalbedarf, kritische Unternehmensgröße, notwendige Produktdifferenzierung, Schnelligkeit des Technologiefortschritts
- Determinanten der Substitutionsgefahr: Produktqualität, Ersatzprodukte sowie alternative Leistungen, Umstellungskosten, Substitutionsneigung
- Determinanten der Lieferantenmacht: Lieferantenkonzentration, Vorwärtsintegration, Produktzuschnitt, Produktkomplexität, Input-Substitute
- Determinanten der Abnehmermacht: Abnehmerkonzentrationen, Abnehmervolumina, Gefahr der Rückwärtsintegration, Ersatzprodukte, Ersatzleistungen

Die strukturellen Merkmale einer Branche können durch Kreditinstitute überwacht werden und zur Risikofrüherkennung bei Einzelkreditnehmern, in bestimmten Kundensegmenten sowie im gesamten Kreditportfolio genutzt werden. Auf diese Weise können Technologieänderungen erkannt, der Eintritt von Konkurrenten mit zunehmendem Preisdruck sichtbar und die Abhängigkeit von Lieferanten und Abnehmern festgestellt werden. In Verbindung mit der detaillierten Marktanalyse sowie der Untersuchung der Wettbewerber und wichtiger Teilnehmer in der Wertschöpfungskette der Lieferanten und Abnehmer kann ein Unternehmen in Relation zu seinen Konkurrenten im Hinblick auf die Wettbewerbsfähigkeit beurteilt werden.

Diese Marktsignale von Konkurrenten über Strategieveränderungen können unter Umständen zukünftige Gefährdungen und Risiken für das eigene Geschäftskonzept aufzeigen (vgl. Porter, 2013, S. 120 ff.). Die potenziellen Bedrohungen in der Wertschöpfungskette und auf dem relevanten Markt können auf der Grundlage der Wettbewerbsanalyse mit der Untersuchung der Lieferanten und Abnehmer systematisch erkannt werden. Es kann auch eine Visualisierung helfen in der wichtige Marktteilnehmer in Bezug zum Kunden gesetzt werden, wie Abb. 4.5 darstellt.

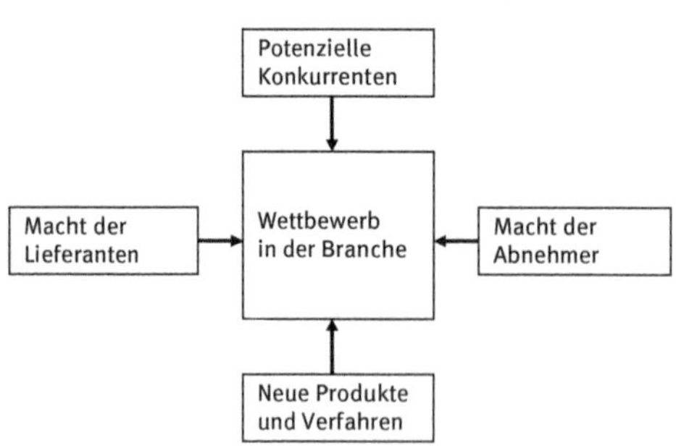

Abb. 4.5: Branchenwettbewerbsanalyse nach Porter (Quelle: In Anlehnung an Porter, 2013, S. 38)

Insgesamt zeigt sich, dass Kreditinstitute sich intensiv mit den Chancen und Risiken einer Branche sowie dem Geschäftsmodell ihrer Unternehmenskunden beschäftigen sollten. Dieses Feld kann aktiv zur frühzeitigen Identifizierung von Risiken bei Kreditnehmern genutzt werden. Ergeben sich grobe Veränderungen in einem Sektor, mit Gefährdungen, ausgelöst durch Veränderungen dieser fünf Determinanten des Wettbewerbs, sind die möglichen Auswirkungen auf diese Firmen zu überprüfen sowie die geplanten Reaktionsweisen der Unternehmensleitungen auf diese Problemfelder genau abzufragen.

Es empfiehlt sich in regelmäßigen Abständen, Marktanalysen einzuholen, um die Position von Firmenkunden im Konkurrenzumfeld zu überwachen. Veränderungen des Marktes und der Wettbewerbsstärke eines Unternehmens können anschließend mit einer SWOT-Analyse qualitativ beurteilt werden. Dabei kann sich ergeben, dass ein Unternehmen von vorneherein eine falsche Marktposition gewählt hat, wie folgendes Beispiel zeigt. So ist in bestimmten Wirtschaftszweigen eine Mindestunternehmensgröße notwendig, um bei Technologiesprüngen jederzeit aktuelle Produkte entwickeln und anbieten zu können.

Beispiel: Ein mittelständisches Unternehmen stellt Standard-Elektronikartikel im Hifi- sowie TV-Bereich her. In den Anfangsjahren werden gute Markterfolge erzielt. Das Unternehmen befindet sich jedoch in einem konkurrenzintensiven Umfeld mit vielen großen und stark international tätigen Wettbewerbern. Aufgrund dieser Markt- und Branchenkonstellation hat das mittelständische Unternehmen in dieser kapitalintensiven Branche, gekennzeichnet durch einen hohen Forschungs- und Entwicklungsaufwand auf Dauer geringe Überlebenschancen. Es wurde keine Produktnische gewählt. Diese Fehlpositionierung hätte durch eine genaue Strukturanalyse dieser Branche frühzeitig erkannt werden können. Es zeigt, dass eine nicht vorhandene kritische Unternehmensgröße ein bedeutendes Risikomerkmal sein kann, wenn Innovationssprünge nicht finanzierbar sind.

Die Strukturanalyse des Marktes und der Branche bilden in Unternehmen meist das Grundgerüst für die Formulierung einer Vision und einer strategischen Mission. Die unzureichende zielgerichtete Ausrichtung kann ein Risiko für eine Firma bedeuten, denn die instabile und dynamische Umwelt führt dazu, dass die Unsicherheit im Zeitablauf zunimmt. Firmen müssen sich an diese Veränderungen im Tagesgeschäft anpassen. Um frühzeitig reagieren zu können, sind langfristige Planungen notwendig. Dabei sollte eine Strategie nicht immer auf den historischen Stärken aufbauen. Die Strategiefestsetzung ist ein dynamischer Prozess, der die künftigen Gegebenheiten des Marktes antizipieren sollte (Porter, 2013, S. 73).

Die Festlegung einer Unternehmensstrategie umfasst die Mittel und Wege zur Erreichung gesetzter Ziele (vgl. Staehle, 1994, S. 575). Dabei sollte ein Zielsystem möglichst konsistent sein und die Interdependenzen zu anderen Geschäftsbereichen berücksichtigen (vgl. Meffert et al., 2012, S. 253). Insbesondere wird im Rahmen dieser Unternehmensstrategie die Produkt-Markt-Kombination festgelegt.

Des Weiteren sind die Chancen und Risiken der Strategie im Hinblick auf die internen Ressourcen und das betriebliche Umfeld zu prüfen. Ebenso sind die Strukturen und Prozesse im Unternehmen auf die gewählte Strategie abzustimmen. Meist verläuft der Prozess der Unternehmensstrategiefestlegung über mehrere Phasen.

Zunächst wird die Ausgangsposition untersucht. Anschließend werden verschiedene Strategieoptionen geprüft. Nach der Auswahl einer geeigneten Strategie ist die Unternehmenspolitik gegebenenfalls anzupassen. Dazu gehören die Ausarbeitung der internen und externen Kommunikation, die Abstimmung der Aufbauorganisation sowie die optimale Ausgestaltung wichtiger Geschäftsprozesse. Anschließend erfolgt die operative Umsetzung (vgl. Staehle, 1994, S. 577 ff.). Wichtig für einen dauerhaften Unternehmenserfolg ist, dass die internen firmenbezogenen und die externen marktorientierten Ressourcen mittelfristig bis langfristig in Übereinstimmung gebracht werden können.

Auch die Unternehmensstrategie eines Firmenkunden kann auf Risiken hindeuten und sollte daher aus Bankensicht überprüft werden. Systematische Abfragen von Bestandteilen der Unternehmensstrategie durch Banken erfolgten in der Vergangenheit gegebenenfalls durch einmalige Aktionen im Rahmen der Umstellung auf den Euro oder bei anstehenden Nachfolgeregelungen oder sonstigen Firmenübertragungen und Fusionen. Gerade die Unternehmensnachfolge birgt besondere Risiken, die im Rahmen der Risikofrüherkennung zu eruieren sind.

Dieses sind jedoch nur unstetige Analysen bei besonderen Unternehmenssituationen. Aufgrund der Bedeutung einer gewählten Produkt-Markt-Strategie als Basis eines individuellen Geschäftsmodells sollte in festen Intervallen eine Befragung der Strategiedeterminanten bei allen Firmenkunden erfolgen, zum Beispiel im Rahmen des jährlichen Prolongationstermins, wie bei der genauen Strategieüberprüfung gezeigt. Hier sollte der Firmenkundenbetreuer aufmerksam sein.

---

i **Beispiel:** Ein Einzelhändler im Segment der weißen und braunen Elektronikware mit Filialvertrieb im Inland und Ausland vermerkt seit einigen Jahren kontinuierlich sinkende Umsätze. Konkurrenten, die neben dem stationären Handel auch einen eigenen Internetvertrieb aufgebaut haben, können diese Einbrüche im klassischen Verkauf durch stetig wachsende Umsätze und Erträge im Internet ausgleichen. Es zeigt sich, dass das Geschäftsmodell dieser Firma nicht mehr zeitgemäß ist und um den neuen Vertriebszweig erweitert oder gegebenenfalls sogar durch diesen ersetzt und der Filialbetrieb vollständig eingestellt werden sollte. Auch über eine intensive Marktforschung hätte bereits frühzeitig erkannt werden können, dass diese traditionellen Vertriebswege heutzutage durch neue Konzeptionen zu ergänzen sind. Technologieveränderungen wurden eindeutig verpasst.

Insgesamt gesehen ist für externe Stakeholder wie Banken das Erkennen strategischer Warnsignale bei Firmenkunden aufgrund der unvollkommenen Informationslage meist schwierig. Zudem besteht das Problem, eine systematische Analyse strategischer Warnsignale bei Firmenkunden effizient durchführen zu können.

Gründe dafür liegen im Erhebungsaufwand und den hohen Informationsverarbeitungskosten für die Kreditinstitute. Anwendbar erscheinen daher nur die praxisnahen Verfahren wie beispielsweise die SWOT-Analyse. Diese Methoden sind aus Effizienzgründen ausschließlich bei Firmenkunden mit einer hohen Risikorelevanz in einem Kreditinstitut einsetzbar. Es lassen sich strategische Krisenmerkmale oft erst dann erkennen, wenn sich diese zum Beispiel deutlich zeigen, in Form von:

- Qualitativ und quantitativ beschränkten Managementressourcen
- Abhängigkeiten in der Wertschöpfungskette von Kunden und Lieferanten
- Fehlkonzeptionen des Geschäftsmodells und keine Strategieanpassung

Weitergehend können qualitative Angaben zum Unternehmen in unterschiedlichem Detaillierungsgrad im Lagebericht gemäß § 289 HGB dargelegt und dann auch durch die Gläubiger analysiert und zur Risikoerkennung genutzt werden. Von Vorteil ist bei dieser Untersuchung, dass der Lagebericht auch auf aktuelle und künftige Entwicklungen eingeht. Neben Pflichtbestandteilen können auch freiwillige Informationen gegeben werden. Der Lagebericht stellt in der Rechnungslegung im Jahresabschluss die weitere Säule der externen Berichterstattung dar. Dieser Report dient der qualitativen Informationsübermittlung und ergänzt die quantitativen Daten des Jahresabschlusses im Hinblick auf künftige Chancen und Risiken aus der Geschäftstätigkeit und kann zur Risikoerkennung genutzt werden.

Die Pflicht zur Erstellung eines Lageberichts besteht für Einzelunternehmen gemäß § 264 Abs. 1 in Verbindung mit § 289 HGB bei mittleren und großen Unternehmen (§ 267 Abs. 2 und 3 HGB) und zur Verfassung eines Konzernlageberichts aus § 290 in Verbindung mit § 315 HGB, sofern keine Befreiungsregeln greifen. Nach § 315 Abs. 1 Satz 1 HGB ist der Geschäftsverlauf und die Lage des Konzerns so darzustellen, dass ein den tatsächlichen Verhältnissen entsprechendes Bild vermittelt wird. Die Pflicht besteht unabhängig von der Abschlusserstellung nach HGB oder IFRS. Der Lagebericht ist neben dem Jahresabschluss als eigenständiges Berichtsinstrument anzusehen. Die Grundlage zur Erstellung des (Konzern-)Lageberichts gemäß § 315 HGB und § 289 HGB bildet der Standard DRS 20 vom Deutschen Rechnungslegungs Standards Committee. DRS 20 bezieht sich in erster Linie auf die Ausgestaltung des Konzernlageberichtes. Der Anwendungsbereich umfasst primär Mutterunternehmen, die nach §§ 315, 315a HGB in Verbindung mit § 290 HGB oder § 11 PublG einen Konzernabschluss aufstellen müssen.

In der Neukonzeption des DRS 20 sind zum einen neue Grundsätze der ordnungsgemäßen Lageberichterstattung zu beachten. Zum anderen ergibt sich eine veränderte Struktur mit materiellen Inhaltsänderungen bei der Berichterstattung, die sich auch in einem geänderten Gliederungsschema zeigt. Aktuelle Grundsätze der Lageberichterstattung betreffen die Wesentlichkeit und Relevanz der Inhalte und die Informationsabstufung hinsichtlich der Intensität und Darstellungstiefe der Berichterstattung bei großen Unternehmen.

Der Grundsatz der Wesentlichkeit fordert eine Beschränkung auf Sachverhalte, die dem Adressatenverständnis des Geschäftsverlaufs sowie der Entwicklung zuträglich sind. Unternehmensübergreifende Informationen aus der Branche sind darzulegen, wenn diese für die Adressaten relevant sind. Des Weiteren sind auch die geplanten Entwicklungen in der einzelnen Segmenten nur dann zu erläutern, wenn diese wesentliche Informationen für die jeweiligen externen Bilanzadressaten bereitstellen (vgl. Zülch/Höltken, 2013, S 2458 ff.).

Die Anforderungen des DRS 20 enthalten strukturelle sowie materielle Änderungen der Lageberichterstattung. Dabei sollte die Überfrachtung eines Lageberichts mit zu vielen Informationen vermieden werden. Diese neuen Grundsätze und der neue Aufbau tragen dazu bei, dass der Lagebericht seiner Rechenschafts- und Informationsfunktion besser gerecht werden kann. Wesentliche Inhaltsbereiche des zu erstellenden (Konzern-)Lageberichtes betreffen die folgenden materiellen Bereiche:

- Wirtschaftsbericht: Im Wirtschaftsbericht ist auf den Geschäftsverlauf sowie die Lage des Konzerns einzugehen. Die Berichterstattung beinhaltet grundlegende Annahmen zu gesamtwirtschaftlichen und branchenbezogenen Rahmenbedingungen. Eine Neuerung ist der Abgleich früherer Prognosen mit der tatsächlichen Entwicklung über einen Prognose-Ist-Vergleich.
- Prognosebericht: Im Prognoseteil sind die geschäftlichen Chancen und Risiken ausgewogen darzulegen. Der Prognosezeitraum wurde von zwei Jahren auf mindestens ein Jahr verkürzt. Die Anforderungen an die Prognosegenauigkeit wurden erhöht. Es sind Planungen zu finanziellen und nicht-finanziellen Leistungsindikatoren abzugeben, die auch der internen Steuerung dienen.
- Risikobericht: Im Risikobericht ist eine zusammenfassende Darstellung der Risikolage abzugeben. Risiken sind zu quantifizieren, wenn es auch bei der internen Steuerung erfolgt. Bei kapitalmarktorientierten Unternehmen sind das Risikomanagementsystem und das interne Kontrollsystem ausführlich zu erklären. Bestandsgefährdende Sachverhalte mit einem negativen Einfluss auf die Vermögens-, Finanz- und Ertragslage sind zu dokumentieren.

Dazu bestehen zwei zeitliche Komponenten im Aufbau der (Konzern-)Lageberichterstattung. Erstens die retrospektive Betrachtung in den Bereichen der Grundlagen des Konzerns mit der Darstellung des Geschäftsmodells, der freiwilligen Erläuterung der Ziele und Strategien, der Erklärung des internen Steuerungssystems sowie des Bereiches Forschung und Entwicklung. Ebenfalls ist der Wirtschaftsbericht auf eine Ex-Post-Sicht ausgerichtet. Demnach ist der Geschäftsverlauf nachträglich zu beurteilen. Eine wichtige Neuerung betrifft dort die Vergangenheitsbetrachtung. Es sind die im Vorjahr getroffenen Pläne mit den erreichten Leistungen und dem tatsächlichen Geschäftsverlauf über quantitative sowie qualitative Leistungsindikatoren im Rahmen eines Plan-Ist-Vergleiches aufzuzeigen. Die folgende Abb. 4.6 zeigt diesen Aufbau des Lageberichts nach DRS 20.

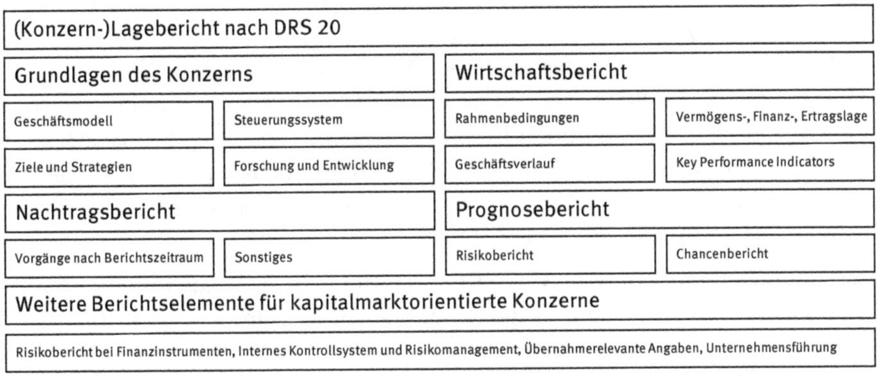

Abb. 4.6: Gliederung des Lageberichts (Quelle: In Anlehnung an Zülch/Höltken, 2013, S 2460)

Es sind im Wirtschaftsbericht Abweichungen zu finanziellen Leistungsindikatoren darzulegen wie zu seinerzeit geplanten Umsatzerlösen, Investitionen, Dividenden, Umsatzrenditen sowie Ergebniskennzahlen. Von dieser Darstellung wird in der Praxis umfassend Gebrauch gemacht. Nicht-finanzielle Leistungsindikatoren, die auch bei der internen Steuerung verwendet werden, sind ebenfalls darzustellen. Es wird unter anderem auf Mitarbeiterzahlen, Kundenzahlen, Zahlen von Standorten, Umweltaspekte und die Zufriedenheit von Stakeholdern eingegangen. Der Vergleichsreport wird in der Regel im Teil des Wirtschaftsberichts platziert, aber auch im Prognoseteil veröffentlicht (vgl. Kajüter et al., 2014, S. 2841 ff.). Dabei wird in der Gesamtsicht im Rahmen von empirischen Studien deutlich, dass in Jahresabschlüssen überwiegend Prognosen und Plan-Ist-Abweichungen zu wichtigen finanziellen Leistungsindikatoren angegeben werden.

Im prospektiven Teil des Prognoseberichts sind grundsätzlich die gleichen Sachverhalte zu erörtern wie im Wirtschaftsbericht. Der Prognosehorizont hat sich von zwei Jahren auf mindestens ein Jahr reduziert, bei einer geforderten Erhöhung der Genauigkeit der Aussagen. Rein komparative oder qualitative Prognosen sind künftig unzulässig. Es sind Punktprognosen im Hinblick auf erwartete Umsätze, Intervallprognosen für zu erreichende Bandbreiten von Ergebniszielen und auch qualifiziert-komparative Prognosen mit der Angabe zu der Veränderung von Zielgrößen im Hinblick auf den Istwert, unter Angabe der Richtung der Abweichung, zu tätigen.

Einzugehen ist ausgewogen auf die Chancen und Risiken der Geschäftstätigkeit (vgl. Baetge, 2013, S. 528). Ebenso sind mögliche Zielabweichungen und deren Gründe in der Zukunft zu erörtern. Der Prognose-, Chancen- und Risikobericht soll den Bilanzadressaten im Zusammenhang mit dem Jahresabschluss ein zutreffendes Abbild der Entwicklung mit den wesentlichen Chancen und Risiken geben. Der Zukunftsaspekt ist für externe Analytiker von besonderem Interesse.

Prognosen sind zu wichtigen finanziellen und nicht-finanziellen Leistungsindikatoren abzugeben, die auch bei der internen Steuerung eine Bedeutung haben. Bei den Einschätzungen sind die zugrundeliegenden Annahmen anzugeben. Hier zeigt sich, dass viele Unternehmen Prämissen zur gesamtwirtschaftlichen Konjunkturlage oder zur Branchenentwicklung zugrunde legen. Es werden Annahmen zu Wechselkursentwicklungen, zu Rohstoffpreisen und zu Abnehmern dargelegt. Diese Annahmen mit Unternehmensbezug betreffen die Absatzmenge, die Absatzpreise sowie die Personalkosten (vgl. Kajüter et al., 2014, S. 2843 ff.).

Wichtige finanzielle Indikatoren, die im Prognosebericht in Bezug auf die getroffenen Annahmen gezeigt werden, beziehen sich auf Erfolgsgrößen. Nicht-finanzielle Indikatoren beinhalten Mitarbeiterzahlen und weitere qualitative Elemente, die im Rahmen der Risikoanalyse ausgewertet werden können.

Der Lagebericht erläutert den Jahresabschluss und bringt damit zukunftsbezogene Elemente mit ein, damit die Stakeholder zu einem besseren Verständnis über das Geschäftsmodell und die Geschäftsfelder gelangen. Auch die Zwischenberichterstattung nach DRS 16 wurde im Hinblick auf inhaltliche Bezüge an DRS 20 angepasst, sodass sich ein Gesamtbild über die Zwischen- sowie Jahresberichte ergibt. Es wird zudem ein Zusammenhang mit der Segmentberichterstattung geschaffen, indem der interne Management Planungsansatz auch bei der Erstellung des Lageberichts unter anderem beim Risikobericht betont wird (vgl. Pochmann, 2013, S. 8).

Neben dem Lagebericht kann die Segmentberichterstattung in der detaillierten Ausgestaltungsweise gezielt als Instrument der Risikoanalyse und zur Feststellung von Gefährdungen eingesetzt werden und zu einer Verringerung von Informationsasymmetrien zu Kreditnehmern beitragen (vgl. Müller/Peskes, 2006, S. 38 ff.). Zu beachten ist bei der Erstellung eines Segmentberichts DRS 3 und bei der internationalen Rechnungslegungspflicht IFRS 8.

Definition: Ein **Geschäftssegment** ist als ein Unternehmensbereich zu verstehen, der Geschäftsaktivitäten betreibt, in dem Erträge erwirtschaftet werden und in dem Aufwendungen anfallen. Die Betriebsergebnisse aus den Segmenten werden von den wichtigen Entscheidungsträgern regelmäßig im Hinblick auf die Ertragskraft überprüft. Es ist davon auszugehen, dass ein Segmentmanager Verantwortung für einen Geschäftsbereich trägt (vgl. Baetge et al., 2013, S. 505).

In IFRS 8 Geschäftssegmente ist dazu vorgeschrieben, dass Unternehmen Angaben zu ihren bedeutenden Geschäftssegmenten, Produkten und Dienstleistungen beziehungsweise Regionen und wesentlichen Kundengruppen zu leisten haben. Berichtspflichtig ist ein Segment dann, wenn das Periodenergebnis mindestens 10,0 % des Gesamtgewinns beträgt. Die zu verbreitenden Informationen sollen auf internen Managementberichten basieren, im Hinblick auf die Identifizierung von Geschäftssegmenten und auch im Rahmen der Wertbeimessung. Die Analyse der Segmente kann Erkenntnisse für die Risikofrüherkennung erbringen.

Dabei hat sich der Management Approach bei der Berichterstattung in DRS 3 durchgesetzt. Dieser fordert eine Anlehnung der Segmentberichte an das interne Reporting. Die Organisationsstruktur, das interne Rechnungswesen sowie die interne Berichtsstruktur bilden die Grundlage des Segmentberichtes. Damit folgen neben den Bereichsabgrenzungen auch die inhaltlichen Ausweisvorschriften weitgehend einer Steuerungskonzeption aus der firmeninternen leistungswirtschaftlichen Perspektive (vgl. Baetge et al., 2013, S. 505 ff.).

Dieser Ansatz gewährt einen höheren Grad an Gestaltungsfreiheit. Damit strahlt das interne Rechnungswesen auf die externe Berichterstattung aus und dient dem Abbau von Informationsungleichgewichten zu den außenstehenden Adressaten. Diese Segmentberichterstattung stellt ein wertvolles Instrument dar, um die Entwicklung der Geschäftsfelder, die wertorientierte Unternehmenspolitik und die erzielten Renditen in den Unternehmensbereichen aufzuzeigen.

Im (Konzern-)Lagebericht ist ebenfalls auf die Segmente einzugehen. Die Segmentprognosen sind allerdings nur noch erforderlich, wenn die, über alle geschäftlichen Segmente konsolidierte Betrachtung, kein zutreffendes Bild der Konzernlage vermittelt. Dieses kann der Fall sein, wenn sich einzelne Bereiche gegenläufig entwickeln. Für die Darlegung eines geplanten Geschäftsverlaufes erscheint das Aufzeigen der wesentlichen Geschäftsfelder erforderlich zu sein. Der Konzernlagebericht, die Segmentberichterstattung und der Zwischenlagebericht sollten zueinander wirtschaftliche und textliche Bezüge aufweisen. Auch der Zwischenabschluss kann als zusätzliches Informationsinstrument dienen.

Des Weiteren können Informationen der Stakeholder als Erkenntnisquelle zu der Ermittlung von strategischen Risiken genutzt werden. Gerade in einer Strategiekrisenentwicklung ist diese asymmetrische Informationsverteilung zwischen den Kreditinstituten und ihren Firmenkunden oft stark ausgeprägt. Die Anspruchsgruppen eines Unternehmens können eine Diagnosehilfe leisten, um die Krisenlage bei einer Firma zu erkennen und das Gesamtbild über den Kreditnehmer abzurunden. Basis dieses Verfahrens zur Risikofrüherkennung ist die Stakeholder-Analyse. Dieses Vorgehen wird auch im Sanierungsstandard IDW S 6 gefordert. Der gewählte Ansatz der Risikofrüherkennung geht davon aus, dass sich Krisensignale in den Beziehungen zu den internen und externen Stakeholdern zeigen können und sich auf diesem Wege wirtschaftliche Risiken früh identifizieren lassen (vgl. Ansoff, 1976, S. 129 ff. sowie Meffert et al., 2012, S. 327 ff.). Es lassen sich über diese systematische Untersuchung der Anspruchsgruppen unter Umständen weitere Risikokonzentrationen bei Kunden sowie Lieferanten zu einer Firma und damit Gefährdungen in der Wertschöpfungskette deutlich erkennen.

Folgende Stakeholder und daraus abgeleitete Merkmale können ein Signal für künftige Risiken bei einem bedeutenden Firmenkunden darstellen. Es werden die bereits im Stakeholder-Modell betrachteten Stakeholdergruppen begutachtet und mögliche Risikomerkmale in Unternehmen erfasst.

Risikoidentifizierung über die Geschäftsführung

- Fehlende Unternehmensstrategie, keine Nachfolgeregelung
- Mangelhafte Qualifikation der gesamten Geschäftsführung
- Intensives Entnahme- und Investitionsverhalten der Geschäftsführer

Risikoidentifizierung über die Anteilseigner

- Gesellschafterdarlehen werden besichert oder zurückgeführt
- Bürgschaften werden nachhaltig zurückgefordert
- Risiken aus der Gestaltung der Unternehmensnachfolge

Risikoidentifizierung über den Aufsichtsrat/Beirat

- Mangelhafte Qualifikationen der Mitglieder des Überwachungsorgans
- Vermehrte Sitzungen des Aufsichtsrats
- Häufiger Wechsel der Auswahl der Geschäftsleitung

Risikoidentifizierung über das Mittlere Management

- Mitarbeiter der zweiten Führungsebene verlassen das Unternehmen
- Fehlende Qualifikationen des Mittleren Managements
- Hohes Alter der zweiten Führungsriege

Risikoidentifizierung über Mitarbeiter/Betriebsrat

- Fehlzeiten nehmen zu und die Arbeitsmotivation sinkt
- Weniger Auszubildende und hoher Altersdurchschnitt
- Qualifikation und Qualität der Mitarbeiter nehmen ab

Risikoidentifizierung über Kreditinstitute

- Hohe Ausnutzung der Linien bei anderen Kreditinstituten
- Negative Bankauskünfte anderer Finanzinstitute und Mahnbescheide
- Anstieg der Gesamtverschuldung gemäß der Evidenzmeldung

Risikoidentifizierung über Lieferanten/Kreditversicherer

- Klumpenrisiken bei einzelnen Lieferanten
- Höhere Ausnutzung von Lieferantenkrediten
- Linien von Kreditversicherern werden gekürzt

Risikoidentifizierung über Kunden

- Abhängigkeiten von einzelnen Händlern und Endabnehmern
- Verringerung der Bestellmengen, erhöhte Forderungsausfallraten
- Vermehrte Reklamationen, Rückgaben, Anstieg Zahlungsziele

Dieser längst nicht vollzählige Katalog kann Hinweise auf risikorelevante Veränderungen im Unternehmen und seinem Umfeld geben. So kann eine Checkliste erarbeitet werden, mit der die qualitativen Krisenindikatoren durch den Firmenkundenbetreuer systematisch abgefragt werden. Gerade die Hausbank hat oft Informationsvorteile. Es besteht aufgrund einer oft jahrelangen Geschäftsbeziehung eine hohe Wissensdichte beziehungsweise ein geringer Grad an asymmetrischer Informationsverteilung. Dieser Vorteil kann dazu genutzt werden, um eine wirksame Risikofrüherkennung bei Firmenkunden zu betreiben.

Auf diese Weise besteht die Chance, bereits eine strategische Krisenphase zu erkennen. Zum Teil liegen relevante Informationen den Banken bereits vor. Diese werden jedoch nur ungenügend genutzt. Wichtig ist, dass Risikoanalysen in den Kreditinstituten nicht nur auf quantitativen Daten beruhen, sondern dass zusätzlich verstärkt qualitative Krisenmerkmale identifiziert werden. Nur die umfassende Risikofrüherkennung kann das ganzheitliche Wahrnehmen einer strategischen Gefährdung bei einem Firmenkunden ermöglichen.

Im Übergang zwischen der Strategiekrise sowie der Stakeholderkrise und Ertragskrise, befindet sich die Produkt- und Absatzkrise. Diese wird durch sinkende Absatzzahlen und Umsätze erkennbar. Messungen können über Profit-Center-Rechnungen sowie Deckungsbeitragsrechnungen erfolgen, um rückläufige Erlöse zu erkennen. Ein wichtiges Instrument ist aus Bankensicht die Analyse der Auftragslage, gerade im Maschinen- und Anlagenbau oder im Baugewerbe. Diese kann als Grundlage zur Verifizierung künftiger Umsätze herangezogen werden.

In der Praxis lassen sich aus der Szenario-Analyse verschiedene Bewertungen der Zukunft für eine Firma vornehmen. So können Best-Case-, Normal-Case- oder Worst-Case-Prognosen abgegeben werden. Diese lassen sich zum einen verbal beschreiben und zum anderen auch rechnerisch ableiten. Somit kann beispielsweise eine Plan-Simulation der Gewinne oder Verluste sowie der Liquiditätslage aus den erwarteten Umsätzen ermittelt werden. In den Best Case werden alle geplanten Umsätze eingerechnet. Im Normal Case werden nur die bereits bestehende Auftragslage und der erwartete Grundumsatz zuzüglich der Umsätze, die mit einer Eintrittswahrscheinlichkeit von mehr als 50,0 % eintreten, berücksichtigt. Im Worst Case werden nur die Erlöse auf der Grundlage bestehender Verträge berücksichtigt. Die nachfolgende Abb. 4.7 zeigt die Methode zur Ableitung der Zukunftslagen auf Basis der geplanten und erwarteten Umsatzerlöse. Diese Berechnungen können auf monatlicher Basis oder auf kumulierter Basis erfolgen. Auch die Saisonalität der Umsatzstruktur kann detailliert abgebildet werden. Auf diese Art und Weise lassen sich Risiken aus einer reduzierten Auftragslage und die Auswirkungen auf die Ertragslage und die finanzielle Situation bei der betrachteten Firma erfassen. Besonders relevant sind Normal-Case und Worst-Case-Szenarien, da diese die wahrscheinliche beziehungsweise die schlechteste Entwicklungssituation der Umsatzlage angeben. Auf Grundlage dieser Berechnungen lassen sich auch die möglichen Ertragslagen abschätzen.

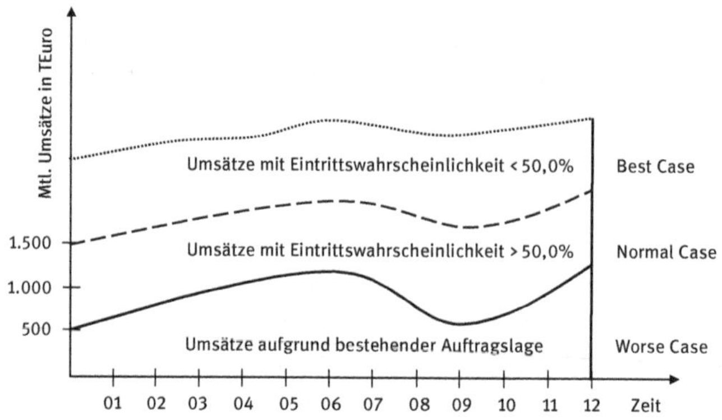

Abb. 4.7: Umsatzszenarien im Jahresverlauf (Quelle: Eigene Darstellung)

Aus diesem Instrument lassen sich die geplanten Ergebnisse im Rahmen der kurzfristigen Erfolgsrechnung und Liquiditätsplanung mit dem Bedarf an Kontokorrentkreditlinien und Avallinien im Zeitablauf aus den erwarteten Umsätzen und diesen aus den Erlösen resultierenden Kostenfaktoren ableiten. Der Jahresverlauf mit den unterschiedlichen Umsatzsituationen kann auf zudem gut visualisiert werden. Zur Erhöhung der Sicherheit bei der Jahresprognose können mit jedem Ablauf eines Monats die tatsächlich erzielten Ergebnisse sowie Veränderungen in den Eintrittswahrscheinlichkeiten zukünftiger Monate laufend eingepflegt werden.

Mit dieser Methode lassen sich diese drei Szenarien nachvollziehbar berechnen und zudem kann auf dieser Basis eine transparente integrierte Planung der Erfolgs- und Liquiditätslage aufgebaut werden. Der Übergang zur Erfolgskrise ist gleitend. Während die Anzeichen einer Strategiekrise, einer Stakeholder-Krise und einer Produktkrise oft nur unscharf sichtbar werden, sind die Folgen meist gut erkennbar. Spiegeln sich die Krisenlagen mit einer Zeitverzögerung im Zahlenwerk wider, so ist der Übergang zur Ertragskrise offenkundig.

Die **Ertragskrise** zeigt sich bei einer Krisenfirma durch rückläufige Umsätze und Ergebnisse. Dies wirkt sich mit der Dauer negativ auf die Kapitalstruktur und destabilisierend aus. Das Feststellen einer rückläufigen Ertragslage ist durch verschiedene quantitativ geprägte Instrumente wie die Jahresabschlussanalyse und weitergehende statistische Verfahren in der Praxis, wie die Diskriminanzanalyse möglich. Dabei liefern die Kennzahlenanalysen des Jahresabschlusses oder der betriebswirtschaftlichen Auswertungen (BWA) zum einen wichtige Informationen zur laufenden Überwachung der Bonität eines Firmenkunden. Zum anderen werden Indizien deutlich, die eine Beeinträchtigung der Ertragslage anzeigen. Damit können Kennzahlenauswertungen zur Risikofrüherkennung genutzt werden.

Auch Planzahlen lassen sich potenziell auswerten. Diese zeigen über mögliche Soll-Ist-Vergleiche negative Abweichungen von der erwarteten Entwicklung auf. Daten aus diesen Informationsmedien sind für Kreditinstitute meist gut zugänglich, effizient auswertbar und beschreiben die wirtschaftliche Entwicklung eines Unternehmens im Zeitablauf. Wichtig für eine Überwachung der Bonität ist die Auswahl geeigneter Indizes, die als signifikante Risikoindikatoren eine drohende Fehlentwicklung verlässlich anzeigen können.

Dabei kann eine Diskriminanzanalyse aufbauend auf einer Jahresabschlussanalyse bei der Erfassung bedeutender Krisenindikatoren helfen. Das multivariate Analyseverfahren identifiziert Kennzahlenkombinationen aus empirischen Jahresabschlussdaten der Vergangenheit, die eine möglichst verlässliche Prognose für die Zukunft gewährleisten. Dazu wird unterstellt, dass negative Kennzahlenveränderungen aus dem externen Rechnungswesen eine Insolvenzgefährdung bei Unternehmen frühzeitig anzeigen und sich die Indizes bei schwachen Firmen deutlich von Unternehmen ohne Krisenentwicklung unterscheiden. Ziel ist die Ermittlung einer mathematischen Diskriminanzfunktion, die über ein trennscharfes Kennzahlenprofil als Risikoindikator dienen kann (vgl. Schiller/Tytko, 2001, S. 91 ff.).

Die Untersuchung der externen Rechnungslegung stellt mit der Jahresabschlussanalyse ein Instrument zur Schwachstellendiagnose in der Ertragskrise dar. So hat die Bilanzanalyse über Kennzahlensysteme und darauf aufbauende statistische Verfahren inhaltlich gesehen in den letzten Jahren erhebliche Fortschritte gemacht. Zeitreihenanalysen und Branchenvergleiche lassen sich effizient mit der elektronischen Datenverarbeitung durchführen. Vorteil bei einer Bilanzanalyse ist das individuelle Analysieren und Eingehen auf Informationen sowie Probleme jedes einzelnen Engagements. Dabei sind alle Einzelabschlüsse und Konzernbilanzen eines Kunden individuell zu analysieren, um auch bei den komplexen Firmenkundenengagements die wirtschaftliche Lage verlässlich einschätzen zu können. So wird bei der Krisendiagnose über Jahresabschlüsse treffend festgestellt: „Jeder Fall verlangt letztlich seinen individuellen Analysepfad." (Hauschildt, 2002, S. 1008).

Bedeutende Untersuchungsfelder im Bereich einer Jahresabschlussanalyse sind die Vermögens-, Ertrags- und Finanzlage. Dabei hat der Jahresabschluss aus der Grundnorm des § 264 Abs. 2 HGB ein den tatsächlichen Verhältnissen entsprechendes Bild der Vermögens-, Finanz- und Ertragslage der Kapitalgesellschaft zu vermitteln. Es ist im Sinne der Zielrichtung der Analysen wichtig, die Auswertungsabsichten vorab zu benennen und eine gleichartige Vorgehensweise bei der Analyse zu wählen (vgl. Baetge et al., 2004, S. 25). Bedeutende Felder der Risikofrüherkennung und mögliche Untersuchungszwecke sind unter anderem die:

- Feststellung der dauerhaften finanziellen Stabilität
- Ermittlung der zukünftigen nachhaltigen Ertragskraft
- Fähigkeit zur langfristigen Deckung des Kapitaldienstes

Somit ist die Abdeckung des Kapitaldienstes für die Inhaber von Festbetragsansprüchen in Form von Zinsen sowie Tilgungen aus dem laufenden Ertrag und Cash Flow zu bestimmen. Fremdkapitalgeber treffen als Gläubiger Entscheidungen über Kreditengagements. Somit steht oft die Finanz- und Ertragslage im Zentrum der Analyse, da die Kreditwürdigkeit über einen langen Zeitraum eingeschätzt werden muss (vgl. Baetge et al., 2004, S. 27). Im Allgemeinen sind dazu die Anforderungen zur zeitnahen und vollständigen Hereinnahme wichtiger Unterlagen zur wirtschaftlichen Lage aus § 18 KWG und MaRisk zu beachten. Des Weiteren können sich zusätzliche Anforderungen aus internen Richtlinien ergeben.

Im ersten Schritt der Jahresabschlussanalyse ist eine Strukturbilanz festzulegen. Bei diesem Auswertungsraster handelt es sich um eine aufbereitete Originalbilanz, mit der eine standardisierte Analyse dieser meist sehr unterschiedlichen Ausgangsdaten ermöglicht wird (vgl. Baetge et al., 2004, S. 85). Es lassen sich Korrekturen von Abschlussposten vornehmen und in einem Folgeschritt gegebenenfalls einige der korrigierten Positionen zu aussagefähigen Größen zusammenfassen, um eine einheitliche Ausgangsbasis bei unterschiedlichen Bilanzausführungen zu schaffen. Dieses kann auch in Anlehnung an eine bestimmte Branche geschehen. Die Umgestaltung erfolgt nach den individuellen Anforderungen eines Kreditinstituts mit der Zusammenfassung und Korrektur von Größen (vgl. Küting/Weber, 2012, S. 81 ff.). Besondere Vorzüge der Kennziffernanalyse auf Grundlage einer Strukturbilanz sind:

- Vergleichbarkeit der Kennziffern mit anderen Betrieben oder Betriebsteilen
- Mögliche Trendvergleiche von Zahlen und Kennziffern im Zeitablauf
- Objektive, effiziente Auswertungsmöglichkeiten über die Datenverarbeitung

Die eigentliche Analyse der Daten des externen Rechnungswesens nach HGB erfolgt anhand ausgewählter Kennzahlen. Dabei erarbeitet jedes Kreditinstitut aufgrund eigener Erfahrungen bei der Bonitätsbeurteilung meist mit unterschiedlichen Kennziffernkatalogen. Dazu können auch kreative Kennzahlen gebildet werden, um Risiken zu erkennen (vgl. Baetge et al., 2004, S. 164 ff.). Dazu werden sowohl Bestands- als auch Stromgrößen verwendet. Aus der Bilanz lassen sich unter anderem Veränderungen in der Kapitalstruktur erkennen, die eine große Bedeutung bei der Bonitätseinschätzung hat (Finanzlage). Zudem kommt der Analyse des Umlaufvermögens eine große Wichtigkeit zu, da in diesen Positionen große Risiken aus überbewerteten Materialvorräten, Warenbeständen sowie dubiosen Forderungen bestehen können (Vermögenslage). Notwendige Wertkorrekturen wirken sich unmittelbar auf das Jahresergebnis in der Gewinn- und Verlustrechnung aus.

Die Analysepraxis in Kreditinstituten sollte sich einer genauen Untersuchung der Gewinn- und Verlustrechnung (GuV) zuwenden, da dort der Erfolg des Leistungserstellungsprozesses abgebildet wird (Ertragslage). Anhand der Erfolgsanalyse lassen sich auffällige Veränderungen im Zeitvergleich oder in Relation zu anderen Kreditnehmern einer Branche im Betriebsvergleich ermitteln.

Eine wesentliche Grundlage der Untersuchung der **Ertragslage** ist eine Aufspaltung der Erfolgsquellen. Die Aufgabe der Erfolgsspaltung ist die Zerlegung des Periodenerfolgs auf nachhaltige und nicht nachhaltige Bestandteile, um die dauerhaft gültigen Erfolgspotenziale ableiten zu können. Nachhaltige Komponenten zeichnen sich dadurch aus, dass eine Widerkehr in der Zukunft erwartet werden kann, während nicht nachhaltige Positionen unregelmäßig oder nur einmalig anfallen. Ausgangspunkt dieser Erfolgsstrukturanalyse ist die GuV. Abzuleiten sind das ordentliche Betriebsergebnis sowie das ordentliche Finanzergebnis als dauerhafte Ertragsquellen und unregelmäßige, außerordentliche und nicht nachhaltige Ergebnisbestandteile (vgl. Küting/Weber, 2012, S. 234 ff. sowie 252 ff., Portisch, 2012a, S. 42 ff., Baetge, et al., 2004, S. 108 ff.). Ein wesentliches Erkenntnisziel besteht in der Ermittlung des nachhaltig erzielbaren Unternehmensergebnisses. Die darauf basierende Erfolgsaufspaltung kann in die nachstehenden Segmente erfolgen:

- Ordentlicher Betriebserfolg: Eigentliche und nachhaltige Geschäftstätigkeit
- Finanz- und Verbunderfolg: Spekulation, Erträge aus Beteiligungen
- Außerordentlicher Erfolg: Verkauf von Anlagevermögen, Umlaufvermögen
- Bewertungserfolg: Spielraum Entstehungszeitraum Erträge, Neubewertung

Auf der Basis der Ertragsdaten erfolgt in Kreditinstituten die Ermittlung der Kapitaldienstfähigkeit, als zentrale Größe einer Bonitätseinschätzung. Wesentlich sind die dauerhaften Bestandteile. Die Analyse kann auf Ist-Daten oder auf Plan-Daten beruhen. Meist wird der Worst Case abgebildet, beispielsweise beim Ansatz der maximalen Inanspruchnahme bei einer zur Verfügung gestellten Kontokorrentlinie. Die Berechnung erfolgt in der Regel brutto, das heißt der Zinsaufwand aus der GuV wird zunächst abgezogen und anschließend, bei Unterstellung einer vollständigen Inanspruchnahme, wieder hinzugezählt, wie der Aufbau in Tab. 4.3 erläutert.

Tab. 4.3: Kapitaldienstrechnung (Quelle: Eigene Darstellung)

Position	**Ist**	**Plan**
Jahresüberschuss		
+ Abschreibungen (70,0 % bei Ersatzbeschaffungen)		
+ Zuführung zu langfristigen Rückstellungen		
+ Zinsaufwand aus Gewinn- und Verlustrechnung		
= Cash Flow		
+/– Desinvestitionen/Investitionen		
+/– Kreditaufnahmen/Bankeigene Zinsen/Tilgungen		
+/– Privateinlagen/Privatentnahmen		
= Kapitaldienstüberdeckung/-unterdeckung		

Es zeigen sich Übereinstimmungen zur Kapitalflussrechnung, gegebenenfalls nach DRS 21, denn es werden die verschiedenen Finanzfonds beziehungsweise die Einzahlungen und Auszahlungen in Form der Cash Flows erfasst, um den Finanzmittelfonds am Ende der Periode zu ermitteln:

- Cash Flow aus operativer Geschäftstätigkeit
- Cash Flow aus Investitionstätigkeit
- Cash Flow aus Finanzierungstätigkeit
- Cash Flow aus Ausschüttungstätigkeit

Allerdings erfolgt die Berechnung im Rahmen der Kapitalflussrechnung in der Regel rückwärtsgerichtet und auf der Basis von Ex-Post-Daten. Dagegen kann die Kapitaldienstrechnung auch prospektiv ausgestaltet sein. Dann werden auf der Grundlage von Ex-Ante-Daten Aussagen über die erwartete Zukunft getroffen. Relevant ist als Zahlungsdeckungsbestand der Cash Flow. Zusätzlich lassen sich Ertragsdaten durch die Kontoführung und die Finanzplanung plausibilisieren. Eine nachhaltig gute Ertragslage sollte sich irgendwann positiv in der Kontoführung und in einer dauerhaft stabilen Liquiditätslage widerspiegeln.

Auch die genaue Analyse der Ertrags- und Aufwandsstruktur im zeitlichen sowie im strukturellen Vergleich erfährt Aufmerksamkeit. Im Branchenvergleich sind dort die Einzelpositionen des Materialaufwands und des Personalaufwands beziehungsweise die Quoten in Relation zum Umsatz von Interesse.

Im Rahmen der **Finanzlage** wird zum einen die Kapitalstruktur untersucht und zum anderen die Liquiditätslage im Unternehmen. Eine wichtige Bilanzkennzahl ist die Eigenkapitalquote (vgl. Baetge, et al., 2004, S. 228 ff.). Die Entwicklung des Eigenkapitals zeigt als Verlustauffangpuffer die Stabilität eines Unternehmens zur Überwindung von temporären Krisenphasen an. Die Eigenkapitalposition ist von großer Bedeutung, da dieser Posten zu einem umfassenden Teil die in den Vorjahren erzielten kumulativen Gewinne repräsentiert. Diese mögliche Bildung von neuem Eigenkapital hängt somit eng mit der gegebenen Ertragskraft zusammen, die sich in der Gewinn- und Verlustrechnung zeigt.

Des Weiteren wirken sich diese Erträge in Form von Einzahlungen auf die Zahlungsmittelzuflüsse aus. Dabei steht die Beurteilung der Kontoführung immer stärker im Vordergrund einer Risikofrüherkennung, da diese als Indikator für die unternehmerische Zahlungsfähigkeit angesehen werden kann und diese Daten zeitnah zur Verfügung stehen. Die Hausbank verfügt mit der Führung der laufenden Konten über eine kostenlose und stets aktuelle Informationsquelle, die auszuwerten ist. So können die Saldenentwicklungen Gefährdungen anzeigen, zum Beispiel wenn Soll- und Haben-Umsätze entgegen der Historie und vom Saisonverlauf auffällig negativ abweichen und zudem nicht der aktuellen Ertragslage entsprechen. Hohe Kontoinanspruchnahmen und auftretende Überziehungen können ebenfalls auf relevante und dauerhafte Liquiditätsrisiken hindeuten.

Die Vermögenslage, die Ertragslage und die Finanzlage werden schwerpunktmäßig im Rahmen einer Jahresabschlussanalyse untersucht. Zusätzlich können die Informationen aus dem Anhang, dem Lagebericht aus §§ 289, 289a HGB und dem Bericht des Aufsichtsrats herangezogen werden, um ein umfassendes Bild zu erhalten. Insbesondere der Lagebericht gibt einen Ausblick auf den Geschäftsverlauf, die Branchensituation und die zukünftige Entwicklung unter anderem über den Nachtragsbericht (vgl. Baetge, et al., 2012, S. 761 ff. und Portisch, 1997, S. 184 ff.).

Die nachfolgende Abb. 4.8 zeigt mögliche Auswertungsbereiche über Kennzahlen im Rahmen der Jahresabschlussanalyse nach dem Handelsrecht. Dabei sind Untersuchungen in der Bilanz auf vertikaler sowie horizontaler Ebene möglich, wie beispielsweise bei der **Vermögenslage**. Dazu können Positionen innerhalb des Anlage- und Umlaufvermögens gemessen und verglichen werden oder es lassen sich Relationen im Zusammenhang mit der Kapitalstruktur ermitteln. Im Umlaufvermögen ist die Qualität der Warenbestände und der Forderungen in Bezug auf die Bewertung, gegebenenfalls durch einen Wirtschaftsprüfer, zu verifizieren.

Vermögenslage	Ertragslage	Finanzlage
Analyse Umlaufvermögen (z.B. Working Capital)	Ergebnisanalyse (z.B. Umsatzrentabilität)	Kapitalstrukturanalyse (z.B. Eigenkapitalquote)
Vermögensstrukturuntersuchung (z.B. Vermögenskonstitution)	Ergebnisstrukturanalyse (z.B. Segmentanalyse)	Liquiditätskennzahlen (z.B. Debitoren-, Kreditorenlaufzeit)
Bilanzstrukturanalyse (z.B. Anlagendeckung)	Kennzahlen zur Aufwandsstruktur (z.B. Materialeinsatzquote)	Kapitaldienstfähigkeitsanalyse (z.B. Kapitaldienstdeckungsgrad)

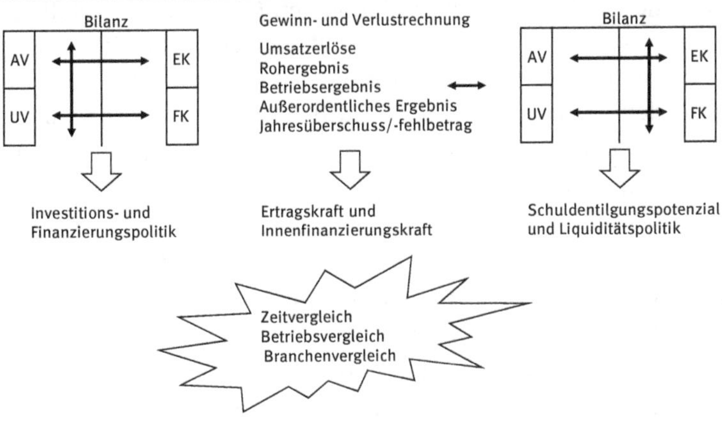

Abb. 4.8: Komponenten der Jahresabschlussanalyse nach HGB (Quelle: Eigene Darstellung)

Von großer Bedeutung ist auch die Ertragslage, da diese die dauerhaften Gewinnpotenziale anzeigt. Zudem lassen sich Analysen der Bilanz mit der Gewinn- und Verlustrechnung verzahnen.

Diese unterschiedlichen Auswertungen mit Kennzahlen können im Zeitvergleich, im Betriebsvergleich oder im Branchenvergleich betrachtet werden. Neben der Bilanz und der Gewinn- und Verlustrechnung sind auch weitere Bereiche aus dem Jahresabschluss einer systematischen Analyse zu unterziehen:

- Analyse des Lageberichtes, da die Geschäftsleitung in dem Report auch auf die zukünftig erwartete Ertragslage der nächsten Jahre eingeht
- Analyse des Berichtes des Vorstandes, des Aufsichtsrates oder Beirates und des Bestätigungsvermerks auf Besonderheiten
- Analyse der Eigenkapitalveränderungsrechnung und der Segmentberichterstattung, um die Struktur der Profit Center zu erkennen
- Analyse der Kapitalflussrechnung als Instrument zur Beurteilung einer Investition, Finanzierungs- und Ausschüttungspolitik
- Analyse des Anhangs mit Informationen zur Ausnutzung von Wahlrechten bei dem Ansatz und der Bewertung von Bilanzpositionen

Es ist zu beachten, dass der vorrangige Rechnungslegungszweck des Handelsrechts im Gläubigerschutz liegt (vgl. Buchholz, 2008, S. 4 ff.). Dies kann dazu führen, dass Bilanzierungs- und Bewertungswahlrechte bewusst ausgeübt werden, um eine Optimierung des Bilanzbildes für die externen Analysten zu erreichen und damit die Kreditanalysen der Banken positiv zu beeinflussen. Die Wahlrechte können das tatsächliche Bild der wirtschaftlichen Lage eines Unternehmens für externe Bilanzleser verfälschen (vgl. Baetge et al., 2004, S. 155 ff. und Baetge et al., 2012, S. 722 ff.). Erschwert wird eine vergleichende Betrachtung von Jahresabschlussdaten, wenn die Firmen entweder nach HGB oder nach IFRS bilanzieren. Zusätzlich ist zu beachten, dass die Übereinstimmung der Abschlüsse gemäß HGB im Zeitablauf aufgrund des Bilanzrechtsmodernisierungsgesetzes (BilMoG) eingeschränkt sein kann.

Ziele der Umsetzung des BilMoG waren die Entlastung der kleineren Unternehmen von Bürokratie und Kosten und die Erhöhung der Aussagekraft des Jahresabschlusses mit einer Angleichung an die IFRS. Gerade der zweite Aspekt ist bei der Bilanzanalyse von Bedeutung, denn durch das BilMoG wurden verschiedene Ansatz- und Bewertungsvorschriften geändert und an die internationale Rechnungslegung, zur verbesserten Vergleichbarkeit, angepasst.

Daher besteht ein Ansatzwahlrecht für Teile selbstgeschaffener immaterieller Vermögenswerte des Anlagevermögens (vgl. Kessler et al., 2008, S. 82 ff.). Wichtig ist es, im Rahmen der Bilanzanalyse zu überprüfen, ob die Werthaltigkeit der angesetzten Positionen des immateriellen Vermögens gegeben ist oder Korrekturen zum Eigenkapital erfolgen sollten (vgl. Buchholz, 2008, S. 293 ff.). Insgesamt ist überprüfen, inwieweit Wahlrechte bei den Ansatz- oder Bewertungsvorschriften im Sinne einer konservativen oder progressiven Bilanzierung genutzt wurden. Allgemein ist die gestaltende Ausnutzung von bestehenden Wahlrechten bei der Bewertung der Vermögens- und Schuldenpositionen zu überprüfen.

Untersuchungsobjekt der **Vermögenslage** ist die Analyse der Vermögensstruktur. Es ist zu ermitteln, wie das im Unternehmen eingesetzte Kapital verwendet wurde. Von Interesse sind die Arten der investierten Vermögenspositionen, die Zusammensetzung der Bereiche des Anlage- und des Umlaufvermögens und die Dauer der Vermögensbindung (vgl. Baetge et al., 2004, S. 191 ff.). Von der Struktur des Vermögens hängt es unter anderem ab, inwieweit ein Unternehmen auf Beschäftigungsschwankungen reagieren kann. Der Bilanzaufbau deutet die Liquidierbarkeit der Positionen an und ist zudem Ausdruck des leistungswirtschaftlichen Risikos.

Dabei kann nach IFRS die Anlagenintensität deutlich höher ausfallen, wenn umfassende Vermögenspositionen als langfristig deklariert oder neu eingeschätzt werden. Dieses kann der Fall sein, wenn Neubewertungen von Sachanlagen zu Zeitwerten vorgenommen werden. Zudem kann eine detaillierte Auswertung des Working Capitals erfolgen, da dieses im IFRS-Abschluss differenzierter ausgewiesen wird. Hier ist zudem eine Untersuchung der Notes vorzunehmen.

Bei einer Analyse der **Ertragslage** lassen sich insbesondere Informationen aus der Segmentberichterstattung nutzen, um die Entstehung des Ergebnisses differenziert nach Geschäftsbereichen, Regionen oder Produktgruppen aufzuzeigen (vgl. Gräfer, 2008, S. 155 ff.). Eine wichtige Kennzahl der Ertragsanalyse ist der EBIT mit seinen verschiedenen Abwandlungen. Dieser EBIT soll wie das Betriebsergebnis den Unternehmenserfolg frei von Einflüssen unterschiedlicher Kapitalstrukturen als vorläufiges Ergebnis vor Zinsen und Steuern aufzeigen (vgl. Gräfer, 2008, S. 57 ff.). Zusätzlich können weitere Rentabilitäts- und Cash-Flow-Kennzahlen zur Ermittlung der Erfolgsindikatoren in einzelnen Unternehmenssegmenten gebildet sowie im Branchen- und Zeitvergleich ausgewertet werden.

Zu beachten ist, dass die GuV nach IFRS um außerordentliche Bestandteile sowohl im Betriebs- als auch im Finanzergebnis zu bereinigen ist. Diese Positionen werden in den IFRS in der Regel nicht differenziert ausgewiesen und die Notes sind zur Erläuterung hinzuzuziehen (vgl. Weigel/Flick, 2007, S. 392 ff.).

Auswertungen der **Finanzlage** umfassen die Kapitalstruktur und horizontale Kennzahlen zur Bilanz. Die Untersuchungen können um eine Prüfung der Eigenkapitalveränderungsrechnung erweitert werden. Aus Analysegesichtspunkten ist von Bedeutung, dass Kapitaltransaktionen mit den Anteilseignern inklusive der Gewinnausschüttungen sichtbar werden. Auch Korrekturen zum Eigenkapital sind deutlich erkennbar. Weiterhin kommt der Eigenkapitalquote als Kennzahl eine große Bedeutung zu. Diese kann jedoch höher ausfallen, wenn mezzanine Finanzprodukte als Eigenkapitalsurrogate eingesetzt werden. So kann Genussrechtskapital nach IFRS unter bestimmten Bedingungen sogar als wirtschaftliches Eigenkapital anerkannt werden, wenn dieses unbefristet sowie unkündbar zur Verfügung gestellt wird und die Vergütung im Ermessen eines Unternehmens liegt und von den variablen jährlichen Ausschüttungen im Fall einer guten Gewinnsituation abhängt (vgl. Portisch, 2008a, S. 217 ff. und Grünberger, 2009, S. 184 ff.).

Zudem kann die Untersuchung um eine zahlungsstromorientierte Liquiditätsanalyse erweitert werden. Hier erleichtert die Kapitalflussrechnung gemäß IAS 7 finanzielle Interpretationen, da reine Zahlungsvorgänge abgebildet werden. Dies kann den Aussagegehalt einer Untersuchung des Liquiditätsbereichs erhöhen, da die Mittelherkunft und die Mittelverwendung deutlich werden. Es werden die Cash Flows aus der laufenden Geschäftstätigkeit, der Investitionstätigkeit und der Finanzierungstätigkeit eines Unternehmens sichtbar (vgl. Baetge et al., 2004, S. 129 ff.). Ebenso lässt sich der Cash Flow aus außerordentlicher und finanzieller Geschäftstätigkeit zeigen und detailliert mit Kennzahlen auswerten.

Definition: Als **Cash Flows** werden periodische Einzahlungsüberschüsse verstanden. Diese lassen sich direkt oder indirekt aus den internen oder externen Instrumentarien der Rechnungslegung ermitteln. Externe Bilanzanalytiker berechnen den Cash Flow nach der vereinfachten indirekten Berechnung aus dem Jahresüberschuss zuzüglich der Abschreibungen abzüglich der Zuschreibungen und den Veränderungen der langfristigen Rückstellungen. In einer Zukunftsbetrachtung wird der Zinsaufwand aus der GuV zunächst hinzugezählt und anschließend werden die maximalen Zinsbelastungen, die unter anderen aus einer vollständigen Ausnutzung der Kontokorrentlinien resultieren können, wieder abgezogen. Dieses Vorgehen folgt einer Bruttobetrachtung.

Insgesamt haben die aus den IFRS-Positionen abgeleiteten Kennzahlen eine unterschiedliche Aussagekraft im Vergleich zum HGB, aufgrund folgender Faktoren:
- Fair Value-Bewertung: Zeitwertansätze basieren auf Schätzungen
- Ergebnisvolatilität: Werte können im Zeitablauf stark schwanken
- Realisationsprinzip: Realisierbare Gewinne werden bereits erfasst

Die Jahresabschlussanalyse nach IFRS ähnelt der Bilanzanalyse nach HGB. Jedoch existieren bei den IFRS mit der Eigenkapitalveränderungsrechnung, der Segmentberichterstattung und der Kapitalflussrechnung weitergehende Zusatzinstrumente, die eine hohe Transparenz gewährleisten sowie differenzierte Auswertungen ermöglichen. Zudem unterscheiden sich die Jahresabschlüsse nach HGB und IFRS inhaltlich. Dieses ist auf unterschiedliche Ansatz- und Bewertungsvorschriften zurückzuführen. Insgesamt ist die Beurteilung der IFRS-Abschlüsse aufgrund der Komplexität der Regelungen und den umfangreichen Erläuterungen in den Notes oftmals nur unter erheblichem zeitlichen Aufwand möglich.

Motivationen zur Ausnutzung von Bilanzierungsspielräumen ergeben sich aus der jeweiligen Unternehmenslage und der gewählten Firmenstrategie. Die Vorteile einer IFRS-Bilanz sind, dass diese Abschlüsse weder für die Gewinnverwendung noch für die Besteuerung herangezogen werden. Damit entfallen zwei Argumente für eine gezielte Bilanzgestaltung. Von elementarer Bedeutung ist auch die Untersuchung des Anhangs beziehungsweise der Notes, in dem die zugrunde liegenden Bilanzierungsmaßstäbe und Bewertungsmethoden erläutert werden.

Wenn auch die traditionelle Jahresabschlussanalyse nach HGB oder IFRS von starker Praxisnähe gekennzeichnet ist, so ergeben sich doch einige Mängel im Hinblick auf eine frühzeitige und zuverlässige Krisenerkennung. Die wesentlichen Nachteile einer Kennzahlenanalyse zur Krisenanalyse sind unter anderem (vgl. Wilden, 2009, S. 52 und Baetge et al., 2004, S. 54 ff.):

- Vergangenheitsbezug und Stichtagsbezogenheit der Daten
- Ansatz- und Bewertungswahlrechte verfälschen das Bild
- Geringe Aussagekraft der qualitativen Berichtsteile

Bestimmte Kennziffern aus der Jahresabschlussanalyse nach HGB oder IFRS können in den Banken als Grundlage für weitere Verfahren wie multivariate Diskriminanzanalysen genutzt werden. Ziel ist bei diesem statistischen Verfahren die Risikoerkennung auf Basis der Ermittlung wichtiger Indizes, die eine Insolvenzgefährdung früh anzeigen. Somit kann durch ein schrittweises Vorgehen eine Kombination von Finanzkennzahlen ermittelt werden, die eine Klassifikation zwischen wirtschaftlich starken Unternehmen und insolvenzgefährdeten Firmen vornimmt. Berechnet wird eine trennscharfe Funktion mit einer geringen Zahl an Fehlzuordnungen (vgl. Gräfer, 2008, S. 163 und Schiller/Tytko, 2001, S. 91 ff.).

In verschiedenen Praxisstudien hat sich daher gezeigt, dass Verknüpfungen von einem Renditemaß, einer Kapitalstrukturquote und einer Liquiditätskennzahl in einer Diskriminanzfunktion zu einer Analysevoraussage mit einer hoher Validität, Reliabilität und Objektivität führen kann (vgl. Wilden, 2009, S. 53 ff.). Es ist zweckmäßig, in branchenbezogene Richtwerte zu unterscheiden, um die Genauigkeit dieses Verfahrens zu erhöhen. Dennoch wird auch die Güte einer Diskriminanzanalyse stark durch den Vergangenheitsbezug des Jahresabschlusses eingeschränkt. Zudem lassen sich die vielschichtigen Ursachen sowie Symptome einer Krise auch mit diesem Verfahren oft nicht genau erkennen.

Es zeigt sich, dass eine frühe Krisenfeststellung anhand von Jahresabschlussdaten aufgrund veralteter Zahlen besondere Schwächen aufweist. Diese Nachteile können durch die zusätzliche Auswertung aktuellen Materials ausgeglichen werden. Somit gewinnen auch unterjährige Zahlen bei der Risikoanalyse an Bedeutung (vgl. Grigg, 2005, S. 111 ff.). Die Daten liegen in der Regel in Form betriebswirtschaftlicher Auswertungen (BWA) von der DATEV oder auf Basis selbst erstellter monatlicher Zahlenwerke der Unternehmen vor und ermöglichen eine zeitnahe Beurteilung. Auswerten lassen sich betriebswirtschaftlicher Auswertungen mit Hilfe der genannten Kennzahlen, gegebenenfalls mit Korrekturen. Außerdem lassen sich Controlling-Reports der DATEV zur Analyse der Vermögenslage, Ertragslage und Finanzlage nutzen, um Bonitätsrisiken zu erkennen. Von Vorteil ist die höhere Aktualität der Daten aus der betriebswirtschaftlichen Auswertung. Nachteile bestehen in Form einer nicht erfolgten unterjährigen Abgrenzung, nicht vorhandener Bestandsdaten zum Umlaufvermögen sowie fehlender Spartenrechnungen.

Des Weiteren fehlt bei diesem Zahlenwerk der betriebswirtschaftlichen Auswertung eine perspektivische Vorausschau im Rahmen einer Planungsrechnung. Somit stellt auch die BWA-Analyse nur ein Mosaikstein bei der Untersuchung der Bonität eines Unternehmens dar. Ein Hauptproblem, gerade für Kreditinstitute, ist die zeitnahe Verfügbarkeit dieser monatlichen Zahlen.

Häufig werden diese unterjährigen Daten den Instituten trotz mehrfacher Aufforderung nicht oder nur verspätet eingereicht. Liegen den Banken neben dem Jahresabschluss sowie der BWA weitere zukunftsorientierte Zahlenwerke in Form von Planzahlen vor, können auch diese systematisch mit Kennzahlen ausgewertet werden. Des Weiteren bieten sich unterjährige Soll-Ist-Vergleiche auf monatlicher Basis der Ergebnisplanung mit den ermittelten Ist-Zahlen an (vgl. Dobler, 2009, S. 15 ff.). Diese detaillierten Abweichungsanalysen gewinnen später im Rahmen der Sanierungsüberwachung und dem Sanierungscontrolling an Bedeutung, um den Verlauf einer Gesundung überwachen zu können.

Planzahlen lassen sich systematisch analysieren. Diese ermöglichen eine Sicht auf die Zukunft der Ertragslage eines Firmenkunden. Problematisch ist unter Umständen, dass diese Informationen zum einen entweder nicht von allen Kunden erstellt oder nicht zeitnah eingereicht werden. Zum anderen ist die Erstellung von verlässlichen Prognosedaten nicht in allen Branchen möglich oder diese Daten werden vom Unternehmen bewusst oder unbewusst zu positiv dargestellt. Wichtig ist diese Unterlage vor allem in Sektoren, die aufgrund eines Auftragsvorlaufes ihr Geschäft und auch ihre Kreditbedarfe in der Zukunft planen müssen. Im Baugewerbe und im Maschinenbau dürfte dies regelmäßig der Fall sein. Somit ist die Auftragslage systematisch bei allen Engagements aus diesen Bereichen abzufragen und zum Zweck der umfassenden Risikoerkennung auszuwerten.

Alternativ lassen sich aus der Vermögens- sowie Ertragslage kombinierte Kennzahlenmodelle aufbauen, mit denen eine Insolvenzprognose abgegeben werden kann. Ein bekanntes System ist das „Saarbrücker Modell“. Dieses quantitative Instrument verwendet unterschiedliche Kennzahlen und gewichtet diese im Rahmen eines über viele Fälle validierten Punktbewertungsschemas. Anhand von Klassifizierungen der Gesamtpunktzahlen werden Ertragsstärkeklassen gebildet. Wird dann eine kritische Punktezahl unterschritten, kann unter Umständen eine Gefährdung aufgrund einer Ertragsschwäche vorliegen. Die Kennzahlen können branchenspezifisch eingestellt und durch die stetige Eingabe neuer Jahresabschlüsse validiert und an konjunkturelle Entwicklungen angepasst werden (vgl. Küting/Weber, 2012, S. 408 ff.).

Zusätzlich können Kreditinstitute als weiteres Instrument Sekundärmarktinformationen zur Risikoerkennung verwenden, wie Bonitätseinstufungen von Kreditversicherern oder Factoring-Instituten. Ein Vorteil der Daten ist, dass sie stark verdichtet sind. Diese Komprimierung ist gleichzeitig auch ein Nachteil, da eine individuelle und differenzierte Feststellung einer Krise und ihrer Ursachen nicht möglich ist. Zudem sind diese Informationen nicht für alle Kreditinstitute verfügbar.

Diese stellen für Kreditversicherer und Factoring-Institute eine Geschäftsgrundlage dar und werden nicht veröffentlicht. Über mögliche gesellschaftsrechtliche Verbindungen oder Kooperationen mit Versicherern lässt sich der Zugang zu diesen Daten unter Umständen erreichen. Als zusätzliche Informationsquellen sind diese Hinweise unbedingt heranzuziehen.

Zusätzlich können Risikoprämien für Kreditabsicherungen beobachtet werden, um die Einschätzungen anderer Marktakteure zu Kreditnehmern oder einer Branche zu erhalten. Steigen die Absicherungsprämien, ist dies ein Ausdruck der Zunahme des Forderungsausfallrisikos. Daher sind die Preise für Credit Default Swaps (CDS) meist verlässliche Stimmungsbarometer (vgl. Kremers, 2007, S. 21 ff.). Steigen die Prämien in Form von CDS-Spreads in bestimmten Branchen systematisch an, sind Kreditnehmer aus diesen Sektoren einer genaueren Beobachtung und Kreditanalyse zu unterziehen. Auch das Länderrisiko, bei international tätigen Firmenkunden, kann über diese Marktpreise berücksichtigt werden.

Ebenso spielt die **Liquiditätslage** von Unternehmen bei einer Bonitätsbeurteilung eine Rolle. Galt in früheren Zeiten meist noch der Leitsatz: „Liquidität folgt der Rentabilität“, so lässt sich diese Redensart nach den Erfahrungen aus der Finanzkrise abwandeln in „Liquidität vor Rentabilität“. Dies bedeutet, dass die Sicherung einer jederzeitigen Zahlungsfähigkeit in unsicheren konjunkturellen Zeiten eine höhere Wichtigkeit haben kann, als die mindestens zu erreichenden nachhaltigen Renditeziele (vgl. Portisch et al., 2009e, S. 39 ff.).

Im Krisenentstehungsprozess folgt auf eine Ertragskrise eine Liquiditätskrise. Wenn die Erträge ausbleiben und die Rentabilität dauerhaft geschwächt wird, schlägt sich dies in der Regel unverzüglich auf die Zahlungsfähigkeit von Unternehmen nieder. Die Inanspruchnahmen bei den Banken und Lieferanten steigen kontinuierlich an. Zudem ist bei Umsatzeinbußen ein Rückgang der Haben-Umsätze zu verzeichnen. Schnell befindet sich das betrachtete Unternehmen in der prekären Lage der drohenden Zahlungsunfähigkeit. Zwangsmaßnahmen der Gläubiger drohen und diese können einen Insolvenzantrag nach sich ziehen.

Dreh- und Angelpunkt der Geschäftsbeziehung des Kreditinstituts zu einem Firmenkunden ist das laufende Konto (vgl. Wilden, 2009, S. 68 ff.). Somit bietet eine systematische Kontoführungsanalyse eine gute Möglichkeit der Risikoidentifikation bei einer drohenden Liquiditätskrise. Des Weiteren kann das Zahlungsverhalten eines Kreditnehmers aus seiner Kontoführung abgelesen werden. Daher fließen Informationen über positive Handlungsweisen wie die Einhaltung der vertraglichen Vereinbarungen zur Kontoführung als wichtiger Baustein in die Ratingbeurteilungen mit ein. Es werden auch negative Aspekte bei im Vorfeld nicht abgestimmten Überziehungen, einer angespannten Kontoführung oder der Nichteinhaltung von Rückführungsvereinbarungen sowie Kontopfändungen und Mahnbescheiden sichtbar und als qualitative Kriterien im Rating berücksichtigt. Diese Verhaltensweisen sind eine wichtige Erkenntnisquelle zur Einschätzung des Managements.

Kontodatenanalysen basieren auf der Überlegung, dass ein enger zeitlicher Zusammenhang zwischen der geschäftlichen Entwicklung sowie der Kontokorrentinanspruchnahme besteht (vgl. Schiller/Tytko, 2001, S. 109 ff.). Auch saisonale Entwicklungen und Abweichungen von diesen Regelmäßigkeiten können auf Risiken hindeuten. Die Untersuchung dient zur Abrundung dieses Gesamtbildes, denn die Zahlungsmoral eines Unternehmers ist ein wichtiges Kriterium des Geschäftsgebarens und kann ein Frühwarnindikator sein. Viele Kreditinstitute verwenden ein Watch-List-System zum Erkennen erhöhter Risiken. Werden Gefährdungssignale identifiziert, sind diese Engagements in Segmente umzugruppieren, die eine kritische Entwicklung aufzeigen. Der zuständige Betreuer entscheidet anschließend, ob die Fälle als Intensivengagements oder als Sanierungen anzusehen sind oder ob eine Rückstufung in den Normalkreditbereich erfolgen kann.

Kreditinstitute haben Vorteile beim Erkennen einer Liquiditätsenge, wenn sie als Hausbank die laufenden Kontokorrentkonten führen. Dabei stellt das laufende Konto bei der Hausbank generell die „Drehscheibe des Unternehmens" dar. In den Zahlungsströmen stecken gebündelte Informationen über das operative Geschäft, die es aufzulösen gilt. Durch die systematische Analyse der Soll- und Haben-Umsätze lassen sich frühzeitig Merkmale einer Liquiditätskrise ausmachen. Dies kann automatisiert über statistische Analysen der Kontoführung erfolgen.

Auf diese Art und Weise können potenzielle Krisen im Rahmen von Zeitreihenanalysen und im Branchenvergleich sowie durch außerordentliche Ereignisse über folgende Parameter in der Kontoführung erkannt werden:

- Änderungen in den Zahlungsgewohnheiten der Kunden und Lieferanten
- Rückläufige Haben-Umsätze und stetig ansteigende Soll-Salden
- Untypische saisonale Inanspruchnahmen und auftretende Überziehungen

Anhand der Kontoführung kann die Umsatzentwicklung hinterfragt werden. Zusätzlich kann ein Abgleich mit der Auftragslage und der aktuellen BWA zur Plausibilisierung der Saldenentwicklung vorgenommen werden. Die Überprüfung der Zahlungsfähigkeit erfordert eine Abstimmung mit den Beständen des Umlaufvermögens und möglichst den kurzfristigen Kontoinanspruchnahmen bei anderen Banken und Lieferanten, wenn diese bekannt sind, wie beispielsweise bei einer gemeinsamen Finanzierung über einen Pool. Die nachfolgende Abb. 4.9 zeigt alternative Entwicklungen der Salden eines Kontokorrentkontos bei der Hausbank im Zeitablauf an. Die negativen Entwicklungen mit einem Anstieg der Soll-Inanspruchnahmen und Überziehungen der Linien sind zu beachten. Dabei ist es erforderlich, dass die Höhe der Kontokorrentlinie bei jeder Firma angemessen, in Relation zum Umsatz, zum Umfang und zur Dauer des Vorfinanzierungsbedarfs für Aufträge, Forderungen, Material und Personal festgelegt wird. Es sollten keine Luftlinien bestehen, aber auch keine zu engen Kreditlinien. Die Höhe der Kontokorrentlinie ist in regelmäßigen Abständen zu überprüfen und an die Auftragslage anzupassen.

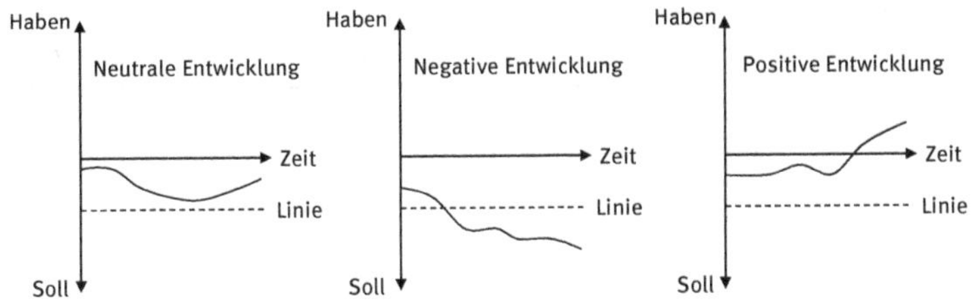

Abb. 4.9: Analyse der Kontoführung anhand der Saldenentwicklung (Quelle: Eigene Darstellung)

Kontodaten können regelmäßig mit Kennzahlen ausgewertet und im Zeitablauf mit historischen Daten verglichen werden. Zudem können die Kreditausnutzungen oder Überziehungen in Prozent der Kontokorrentlinie und bezogen auf die zeitliche Dauer der Inanspruchnahme berechnet werden.

Des Weiteren lassen sich zahlreiche Plausibilitätsprüfungen durchführen, indem die Kontoführung mit dem unterjährigen Zahlenmaterial verglichen wird. Vorteile dieser Analysen sind, dass die Daten stets aktuell sind und automatisch bereitgestellt werden. Eine genaue und widerspruchsfreie Untersuchung setzt jedoch im Idealfall voraus, dass nur eine Kontoverbindung existiert, über die sämtliche Umsätze abgewickelt werden. Die genaue Kontoführungsanalyse wird in vielen Kreditinstituten im Rahmen der Risikofrüherkennung unter anderem im Watch-List-System genutzt, um Gefährdungen bei Kreditnehmern zu erkennen.

Die Kontoführung ermöglicht zudem einen Abgleich mit der eingereichten Finanzplanung. Werden den Kreditinstituten von ihren Firmenkunden neben dem Bilanzmaterial auch regelmäßig Liquiditätspläne bereitgestellt, können diese in Bezug zur Kontoführung gesetzt und zum Erkennen von Krisen genutzt werden. Die nachfolgende Tab. 4.4 zeigt exemplarisch den Aufbau eines monatlich gestaffelten Finanzplans als Liquiditätsübersicht.

Zu differenzieren ist im Rahmen der Fristigkeit der Planung zwischen einer Monats- oder Jahresplanung und einer wöchentlichen oder taggenauen Vorausschau. Diese detaillierten Pläne gewinnen an Bedeutung in Sanierungsfällen mit dem permanenten Risiko einer Zahlungsunfähigkeit oder bei Fällen mit einem hohen Kreditvolumen. Mehrjährige Planungen sind bei Firmen in Branchen mit hohem Auftragsvorlauf wie im Baugewerbe oder im Maschinen- und Anlagenbau erforderlich. Dabei ist revolvierend zu planen. Ist ein Monat abgelaufen, verschiebt sich die Planung um einen Monat in die Zukunft. Zudem sollte die Vorhersage auf aktuelle Ereignisse bei einem Kunden eingehen. Die Planung ist integriert abzustimmen mit anderen Vorhersagen und Teilplanungen, wie der Ertragsplanung.

Tab. 4.4: Grundaufbau eines Finanzplans (Quelle: Eigene Darstellung)

Werte in TEuro	Januar	Februar	März	Summe Jahr
Einzahlungen				
Zahlungswirksame Umsätze				
Sonstige Einzahlungen				
Auszahlungen				
Material/Waren				
Personalkosten				
Investitionen				
Miete/Pacht				
Werbung/Vertrieb				
Kapitalkosten				
Privatentnahmen				
Steuern				
Liquiditätssaldo				
Konto Anfangsbestand				
Konto-Endbestand				
Kontokorrentlinie				
Über-/Unterdeckung Kontokorrent				
Avalinanspruchnahme				
Avallinie				
Über-/Unterdeckung Avale				

Gerade zum Erkennen einer drohenden Liquiditätskrise nimmt die Bedeutung von Finanzplänen zu. Insgesamt sind die folgenden Grundsätze bei der Erstellung eines Liquiditätsplans zu beachten (vgl. Wöhe/Bilstein, 2002, S. 399 ff.).

- Grundsatz der Vollständigkeit der Planungen: Es sind alle Zahlungsströme der jeweiligen Planungsperioden zu berücksichtigen.
- Grundsatz der Zeitgenauigkeit der Planungen: Es erfolgt eine exakte Schätzung der Eintrittszeitpunkte sämtlicher Zahlungen.
- Grundsatz der Betragsgenauigkeit der Planungen: Die eintreffenden Zahlungen sind der Höhe nach genau zu schätzen.
- Grundsatz der Antizipation von Risiken: Bei den Planungen der Zahlungsströme sind mögliche Ausfälle von Einzahlungen einzukalkulieren.
- Grundsatz der laufenden Anpassung der Planungen: Die Planungen sind rollierend fortzuführen und der aktuellen Entwicklung anzupassen.
- Grundsatz der Geschäftsmodellbetrachtung: Die Individualität der Branche und des Geschäftsmodells sind bei Saisoneffekten zu berücksichtigen.

Gerade die Banken fordern die Einreichung dieser Prognosen, die eine Vorausschau über die Liquidität liefern sollen, um die (drohende) Zahlungsunfähigkeit zu erkennen. Mit Abweichungsanalysen lassen sich die Planungen mit den Kontodaten vergleichen. Zudem können bei Unternehmen mit einem längeren Auftragsvorlauf wie beispielsweise im Maschinen- und Anlagenbau frühzeitig Engpässe bei Kredit- und Avallinien erkannt werden. Befindet sich ein Unternehmen bereits in der Krise dann steigt der Grad der Anforderungen an die Detaillierung der Finanzpläne. Dabei sind taggenaue Pläne zu erstellen. Über das Kontoführungsverhalten und die Einhaltung dieser Finanzpläne wird das Geschäftsgebaren deutlich. Es spiegelt einen wichtigen qualitativen Aspekt bei der Bonitätsanalyse wieder und sollte Bestandteil des bankinternen Ratings, dem zentralen Risikosystem einer Bank, sein.

Definition: Das **Rating** stellt ein individuelles Urteil der Bank über die Bonität des Kreditnehmers dar, mit der Abschätzung der Ausfallwahrscheinlichkeit auf ein Jahr bezogen. Die Ratingnote dient neben der Identifikation von erhöhten Risiken zur Festlegung der Konditionen. Weiter ist diese ein Maßstab für das maximale Kreditvolumen, die Kompetenzen und die Eigenkapitalunterlegung. Das Rating dient zur Beurteilung der künftigen Fähigkeit des Unternehmens, seinen Zahlungsverpflichtungen vertragsgemäß nachzukommen und damit zur Einschätzung von Ausfallrisiken. Das Rating zeigt die Ausfallwahrscheinlichkeit und den Grad der Gefährdung auf einer Schulnotenskala.

Jedes Kreditinstitut kann nach eigenem Ermessen und auf Basis von Erfahrungen quantitative und qualitative Kriterien zur Identifizierung von erhöhten Risiken festlegen. Dieses ist unter anderem erforderlich aus MaRisk BTO 1.3 und BTO 1.4 sowie zur Umsetzung des Risikomanagements im Rahmen von § 25a Abs. 1 KWG. Banken verfügen über gut justierte Ratingverfahren, die sich zur Krisenerkennung bei Firmenkunden eignen (vgl. Ifftner, 2012, S. 219 ff.). Im Ratingprozess werden quantitative sowie qualitative Daten eines Kreditnehmers betrachtet und mit Gewichtungen belegt. Eine abgeleitete Ratingnote dient als Maßstab der Bonität auf einer bankindividuellen Skala. Besondere Aufmerksamkeit gilt den Problemkrediten.

Diese Kreditnehmer lassen sich anhand des Ratings identifizieren und sind gemäß MaRisk BTO 1.2.5 Rn. 1 an spezialisierte Mitarbeiter oder Bereiche abzugeben. Ergeben sich bei den Forderungen potenzielle Gefährdungen eines Ausfalls, ist es erforderlich, diese mit einer Einzelwertberichtigung (EWB) zu belegen. Falls diese Kreditforderungen tatsächlich ausfallen, zieht dieses in Höhe der bereits gebildeten Wertberichtigung eine erfolgsneutrale Abschreibung und Ausbuchung nach sich.

Diese Zuordnung zu den Problemkrediten erfolgt anhand von Muss- oder Kann-Kriterien. Die Muss-Kriterien, wie eine fehlende Kapitaldienstfähigkeit oder Überschuldung, führen zu einer Eingliederung als Problemkreditengagement. Kann-Kriterien lösen über Watch-List-Systeme nur eine enge Berichtspflicht oder eine Überprüfung in der Intensivbetreuung aus. Folgende Tab. 4.5 illustriert den Aufbau einer Ratingskala mit Abstufungen bei den erhöht risikobehafteten Forderungen.

Tab. 4.5: Beispiel für eine Ratingskala mit Benotungen von 1 bis 16 (Quelle: Eigene Darstellung)

Ratingstufen	Bonitätseinschätzung
1 bis 13	Normalkreditkunden mit abgestuften Ausfallwahrscheinlichkeiten
14	Gefährdete Intensivkunden mit Warnsignalen aus einer Watch List
15	Notleidende Sanierungskunden mit der Einstellung einer EWB
16	Uneinbringliche Abwicklungskunden Kündigung, Abschreibung

So bestehen Bereiche mit Kreditkunden, die einen abgestuften Risikogehalt aufweisen. Im Intensivbereich werden frühzeitig bereits erste gefährdende Risikosignale bemerkt. Bei den notleidenden und leistungsgestörten Krediten sowie uneinbringlichen, insolventen Engagements wird von Problemkrediten gesprochen.

Definition: Im Folgenden wird bei **Intensivkunden** von gefährdeten Engagements oder Krediten, bei notleidenden Engagements beziehungsweise Krediten von **Sanierungskunden** und bei uneinbringlichen Forderungen der Schuldner von **Abwicklungskunden** gesprochen.

Die Klassifizierung dieser Kundenkreise mit höheren Ausfallgefährdungen erfolgt in Kreditinstituten über ein Ratingsystem. Dabei können als wesentliche Determinanten des erhöhten und die Rückzahlung gefährdenden Ausfalls die Kriterien des Zahlungsverzugs in den Abstufungen 30, 60 oder 90 Tage verwendet werden. Den Ratingstufen sind Ausfallwahrscheinlichkeiten zuzuordnen. Diese sind laufend zu validieren sowie mit öffentlich verfügbaren Ratingmodellen externer Agenturen abzustimmen. Die Ausfallwahrscheinlichkeit fungiert als gemeinsamer Nenner und kann zur Übertragung von Bonitätseinstufungen in verschiedene Ratingsysteme dienen. Dabei lässt sich ein Gesamtrating in der Regel aufteilen in ein Finanzrating und ein Strukturrating. Im Finanzrating gehen die Kennzahlen der ausgewerteten Jahresabschlüsse ein. Im Strukturrating werden die leistungswirtschaftlichen Informationen aus der Branchen- und Wettbewerbsanalyse, dem Management und weiteren Daten aus der Kontoführung verarbeitet. Sonderfaktoren können diese Analysen ergänzen. Zusätzlich ist gegebenenfalls ein Konzerneinfluss zu bewerten. Diese Segmente werden nachfolgend aufgeführt und in Abb. 4.10 dargestellt:

- Finanzrating (Quantitativer Teil): Bewertung Jahresabschluss mit ausgewählten Kennzahlen, Berücksichtigung von Branchenspezifika
- Strukturrating (Qualitativer Teil): Bewertung Geschäfts- und Wettbewerbssituation, Management, Prognosequalität, Kontoführungsverhalten
- Sonderfaktoren: Rechtliche und operative Risiken, Einfluss einer unterjährigen Unternehmensentwicklung und Planzahlen
- Konzerneinfluss: Positive oder negative Einflüsse der Unternehmensgruppe auf das Einzelkreditnehmerrating

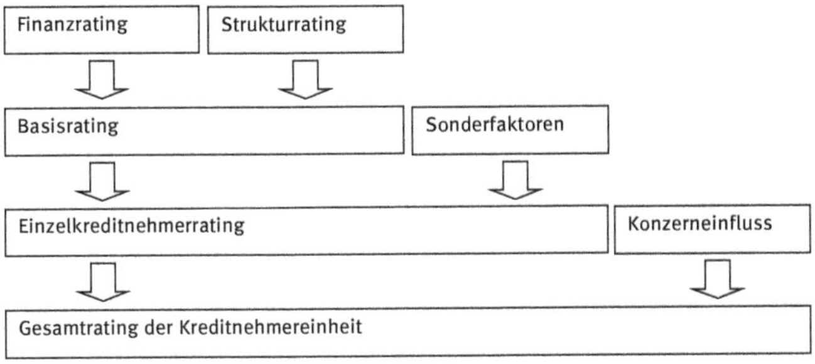

Abb. 4.10: Aufbau eines Ratingsystems (Quelle: Eigene Darstellung)

Gegebenenfalls kann die Sicherheitenlage in das Rating einfließen. Zu beachten ist, dass Firmensicherheiten oft Spezialsicherheiten darstellen und schwer zu verwerten sind. Zudem ist primär die nachhaltige Kapitaldienstfähigkeit zu beurteilen. Dabei ist festzulegen, ob bestimmte „KO-Kriterien", wie eine nicht gegebene Kapitaldienstfähigkeit, sofortige Umstufungen in den Sanierungsbereich erfordern. Es kann der Fall eintreten, dass ein Ratingsystem aufgrund der herangezogenen Ex-Post-Daten nicht so zeitnah reagiert wie ein Watch-List-System, das in der Risikofrüherkennung das Kontoführungsverhalten untersucht. Dann ist bei der Erkennung erhöhter Gefährdungen manuell umzustellen im Rating in die Kategorie der Sanierung.

Grundlage für alle Ratingsysteme sind mathematische sowie statistische Prozeduren auf der Basis von logistischen multiplen Regressionsfunktionen und Diskriminanzanalysen. Multiple Regressionsanalysen bestimmen, ob und in welcher Ausprägung ein Zusammenhang zwischen mehreren unabhängigen und einer abhängigen Variable wie dem Rating besteht. Dabei ist die Auswahl der zugrundeliegenden Faktoren in Form der unabhängigen Variablen zu bestimmen und im Rahmen der Funktion mit Kriteriengewichten zu versehen. Die Ausfallwahrscheinlichkeit oder Probability of default (PD) steigt mit einem sicher verschlechternden Rating kontinuierlich an und beschreibt die Ausfallrate pro Jahr. Demnach fallen bei einer PD von 10,0 % durchschnittlich rund 1.000 von 10.000 Kunden pro Jahr aus. Bei notleidenden Sanierungskunden in der Ratingklasse 17 ist mit einer Ausfallquote von rund 30,0 % und bei Abwicklungskunden von 100,0 % zu rechnen.

Nicht betrachtet wird dabei die tatsächlich erwartete Abschreibungsrate, gemessen in Euro, in Bezug auf das Kreditvolumen. Sie wird im Rahmen von Discounted-Cash-Flow-Berechnungen, auf ein Kreditengagement bezogen, errechnet. Berücksichtigt werden unter anderem erwartete Zinsen und Tilgungen, erwartete Rückflüsse aus der Verwertung der Sicherheiten und ein risikoangepasster Zins. Die Kurve der Ausfallwahrscheinlichkeit verläuft exponentiell, wie in Abb. 4.11 gezeigt. Dazu lassen sich ratingbezogene Kreditportfolioanalysen mit der Betrachtung von Migrationen in den Ratingklassen im Zeitablauf durchführen.

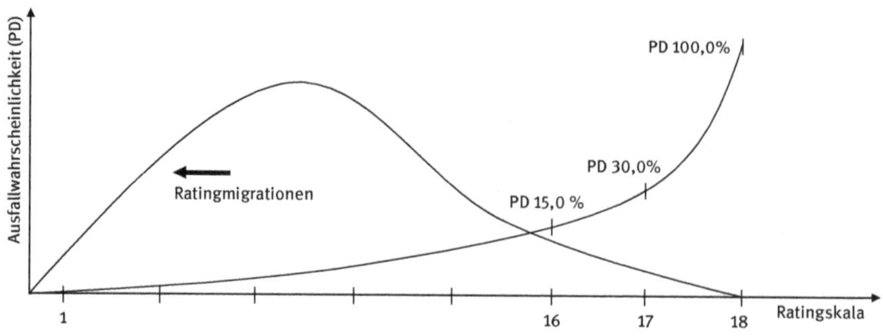

Abb. 4.11: Ratingskala und Kreditportfolio (Quelle: Eigene Darstellung)

Das Ratingsystem kann auch zur Analyse von Konzentrationen im Portfolio verwendet werden. Viele Banken zerlegen das Kreditportfolio zur Steuerung in Schichten. Das bankinterne Rating kann gemäß der Schwerpunkte im Kreditportfolio auf Branchen, Größenklassen eingestellt werden, mit alternativen Bewertungssystemen:

- Branchenratings: Bonitätseinstufungen für bestimmte Sektoren
- Spezialratings: Projektfinanzierungen erneuerbarer Energien, Schiffe
- Anlassbezogene Ratings im Lebenszyklus: Existenzgründung, Nachfolge

Die in den Kreditinstituten eingesetzten Ratingverfahren sind leistungsfähig. Zudem führen langjährige Erfahrungen zu einer stetigen Verbesserung der Analysemodelle. Problematisch ist, dass oftmals quantitative Kriterien aus dem abgelaufenen Jahresabschluss die Ratingnote dominieren. Auf die qualitativen Aspekte wird ein weniger starkes Gewicht gelegt. Zudem werden die Informationen automatisch verarbeitet, sodass wie bei einer Black Box kein Einblick in die Ratingprozeduren beim Beurteiler besteht. Eine Veränderung im Rahmen eines Override ist kaum möglich. Dies erhöht die Objektivität, lässt allerdings kaum einen Spielraum zur Berücksichtigung subjektiver Sachverhalte. Einige Risikoinstrumente sind in der Praxis für das Kreditportfolio effizient einsetzbar, wie die SWOT-Analyse zum Erkennen der Strategiekrise, die Jahresabschlussanalyse zum Identifizieren der Ertragskrise und die Analyse der Kontoführung zur Feststellung der Liquiditätskrise.

---

i **Zusammenfassung Theorieabschnitt 4.1.1:** In diesem Abschnitt wurden unterschiedliche Risikoerkennungsinstrumente aus Bankensicht untersucht. Es erfolgte eine Orientierung am Krisenphasenschema. Dabei zeigte sich, dass vielfältige Verfahren eine Risikoerkennung in den einzelnen Krisenstadien ermöglichen. Ausgewählte Modelle wurden dargestellt und im Praxiseinsatz beurteilt. Bei der Einschätzung wurden die Rahmenbedingungen in Kreditinstituten beachtet. So gilt es, eine Vielzahl von Kreditengagements anhand der auftretenden Risiken zu überwachen. Dabei können die SWOT-Analyse, die Jahresabschlussanalyse und die Analyse der Kontoführung zu einer wirksamen Risikoidentifikation effizient für das gesamte Kreditportfolio eingesetzt werden.

4.1.2 Praxisfall zur Risikoerkennung

Die ausgewählten Methoden der Risikofrüherkennung sollen nun am Beispiel eines Unternehmens aus der Druckindustrie angewendet werden. Alle Namen, Daten und Zahlen dieser Fallstudie sind fiktiv. Wir befinden uns am Anfang des Jahres xxx1 und betrachten die Situation aus Sichtweise dieses Startjahres der Sanierung.

Die Druck GmbH ist ein mittelständisches Unternehmen aus dem produzierenden Gewerbe. Die Firma wurde 1950 zunächst als Einzelfirma gegründet. In 1975 erfolgte aus haftungsrechtlichen Gründen die Umwandlung in eine GmbH. Die Druck GmbH bilanziert nach HGB. Das Unternehmen erstellt Druckerzeugnisse verschiedener Art im Rollen-, Bogen- und Digitaldruckverfahren. Ein Umsatzschwerpunkt liegt auf der Erstellung von speziellen Formularen für öffentliche Verwaltungen.

Dieses Segment macht rund 60,0 % des Gesamtumsatzes aus (Geschäftsfeld 1). Die weiteren Bereiche umfassen den speziellen Etikettendruck in der Lebensmittelbranche (Geschäftsfeld 2) und den Druck von Werbebroschüren für Einzelhändler, Versicherungen und Banken (Geschäftsfeld 3). Durch den Kontakt zu den Banken wurde ein neues Geschäftsfeld mit der Organisation der Logistik von Büroartikeln und Papiererzeugnissen für das Filialgeschäft der Kreditinstitute (Geschäftsfeld 4) aufgebaut. Das Unternehmen schätzt seine wichtigen Produkte und Dienstleistungen anhand einer Portfolioanalyse gemäß Abb. 4.12 wie folgt ein.

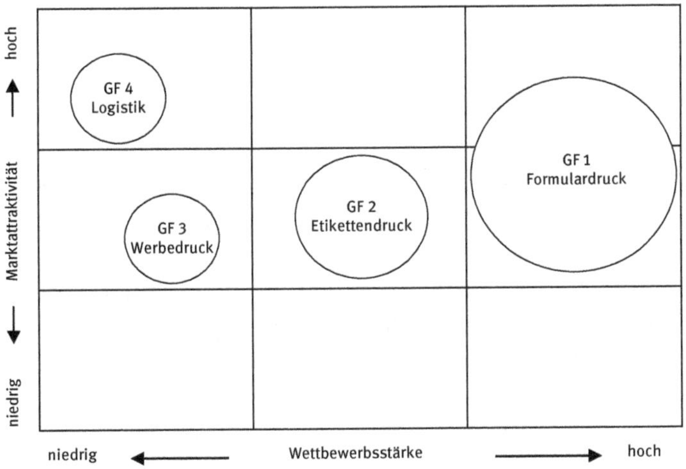

Abb. 4.12: Produktportfolio der Druck GmbH (Quelle: Eigene Darstellung)

Das Unternehmen befindet sich mitten in der Wertschöpfungskette bei den Druckerzeugnissen. Aufgrund einer intensiven Konkurrenzsituation sind die Margen gerade bei Großaufträgen angespannt. Zudem bestehen enge Kapazitätsgrenzen, insbesondere bei der Abwicklung von größeren Aufträgen. Bei kleineren Aufträgen sind die Rüstkosten entsprechend hoch. Dieses belastet die Deckungsbeiträge, wie aus der Vorkalkulation der Aufträge deutlich wird.

Zudem sind die Bereiche Bogenoffsetdruck, Rollenoffsetdruck und Digitaldruck seit Jahren durch die zunehmende Verdrängung von Printprodukten durch das Internet rückläufig. Des Weiteren belasten höhere Energie- und Rohstoffpreise die Produktion von Druckartikeln. Es besteht ein erheblicher Wettbewerbsdruck und regionale Geschäftsverbindungen lösen sich nach und nach auf. Die nachfolgende Abb. 4.13 stellt die Position der Druck GmbH in der Wertschöpfungskette dar.

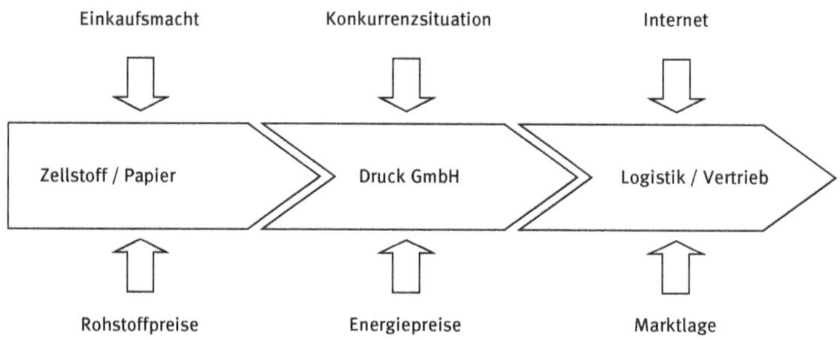

Abb. 4.13: Produktportfolio der Druck GmbH (Quelle: Eigene Darstellung)

Die Firma wird von dem geschäftsführenden Gesellschafter Müller bereits in zweiter Generation geleitet. Müller hält zugleich 75,0 % der Anteile an der Druck GmbH. Einen Firmenanteil von 10,0 % hält der Finanzinvestor Beteiligungs AG gegen eine hohe Verzinsung der Einlage. Dieser Finanzinvestor hat seinerzeit liquide Mittel in das Unternehmen eingebracht und fordert eine hohe Verzinsung auf das eingesetzte Kapital. Diese Beteiligung wurde seinerzeit auf Drängen der Banken eingeworben, um das Eigenkapital der Firma zu stärken.

Weiter hält die Druckmaschinen AG 10,0 % der Gesellschafteranteile. Diese Firma produziert Druckmaschinen und hat sich in früheren Jahren an dem Unternehmen beteiligt, insbesondere um Neuentwicklungen bei der Druck GmbH zu testen. Es bestehen gute Geschäftsbeziehungen zur Druck GmbH. Die Druckmaschinen AG ist ein langjähriger und sehr treuer Geschäftspartner der Druck GmbH.

Zur Mittelstandsbank AG besteht ebenfalls eine langjährige Kundenbeziehung. Die Druck GmbH bezeichnet die Mittelstandbank AG als ihre Hausbank. Seinerzeit beschloss der Vorstand der Bank, gegen damalige Widerstände aus dem Kreditbereich, sich an dem Unternehmen mit 5,0 % zu beteiligen. Die nachfolgende Tab. 4.6 zeigt die Gesellschafterstruktur bei der Druck GmbH zum Zeitpunkt xxx1.

Tab. 4.6: Beteiligungsverhältnisse bei der Druck GmbH (Quelle: Eigene Darstellung)

Gesellschafter Druck GmbH	Beteiligungsquote
Müller	75,0 %
Beteiligungs- AG	10,0 %
Druckmaschinen AG	10,0 %
Mittelstandsbank AG	5,0 %

Der alleinige Geschäftsführer Diplom-Kaufmann Müller ist 55 Jahre alt. Die Zuständigkeiten liegen primär im kaufmännischen Sektor. Unter anderem ist das Controlling in seinem Aufgabenbereich angesiedelt. Eine persönliche Obligierung für die Druck GmbH lehnt Müller seit langem ab. Er sträubt sich gegenüber der Forderung seiner Hausbank, die Bürgschaft für die Kredite der Druck GmbH abzugeben. Müller gilt als eigensinnig und er ist als starker Individualist bekannt.

Sein Geschäftsführergehalt beträgt 120 TEuro pro Jahr und Müller weist ein freies Vermögen von 250 TEuro aus. Weitere Bereiche des Betriebes sind die Abteilungen Entwicklung, Produktion und Vertrieb. Diese Abteilungen arbeiten sehr eigenständig und die Abläufe in den Sektoren sind nicht optimal aufeinander abgestimmt.

Die Abteilung Entwicklung wird von dem 40-jährigen Diplom-Ingenieur Schmidt geleitet. Schmidt ist als potenzieller Nachfolger vorgesehen, wenn Müller in rund zehn Jahren aus Altersgründen aus dem Betrieb ausscheidet und in den Beirat einzieht. Vor einem Jahr gab es bereits Differenzen bei der strategischen Planung. Vor kurzer Zeit hat Schmidt daher angekündigt, einen Wechsel in die Geschäftsführung nicht mehr in Betracht zu ziehen. Daher hat Müller beschlossen, zunächst unbefristet als Geschäftsführer tätig zu bleiben. Müller sieht die Nachfolgeplanung aufgrund seiner Dynamik erst in rund 10 Jahren als relevant an.

Der Bereich Produktion wird von dem Abteilungsleiter Janssen, 45 Jahre alt, geführt. In der Vergangenheit sind aufgrund des Tests neuer Anbauteile an den Maschinen starke zeitliche Verzögerungen bei der Umrüstung der Druckmaschinen aufgetreten. Janssen hat bereits Fehler in den Produktionsabläufen und den Prozessen in der Logistik zugegeben. Janssen ist daher auf der Suche nach einem Studenten mit der Fachrichtung Maschinenbau, der innerhalb eines Praktikums die Logistik umplant und gegebenenfalls neue Abläufe im Betrieb umsetzt.

Der Vertrieb wird durch den langjährigen Mitarbeiter Meyer im Alter von 55 Jahren geleitet. Meyer ist bereits mit 16 Jahren in die Firma eingetreten, hat sich kontinuierlich hochgearbeitet und ist als Intimus des Geschäftsführers bekannt. Er hält an den alten Methoden im Vertrieb fest und steuert die Abteilung anhand von Erfahrungswerten. Das Unternehmen Druck GmbH hat insgesamt 85 Mitarbeiter. Dabei liegt die durchschnittliche Betriebszugehörigkeit der Belegschaft der Firma bei 15 Jahren und nimmt derzeit ab. Der Krankenstand ist in der letzten Zeit merklich angestiegen. Das Firmenorganigramm zeigt in der folgenden Abb. 4.14 die Struktur der Druck GmbH mit den ersten beiden operativen Führungsebenen.

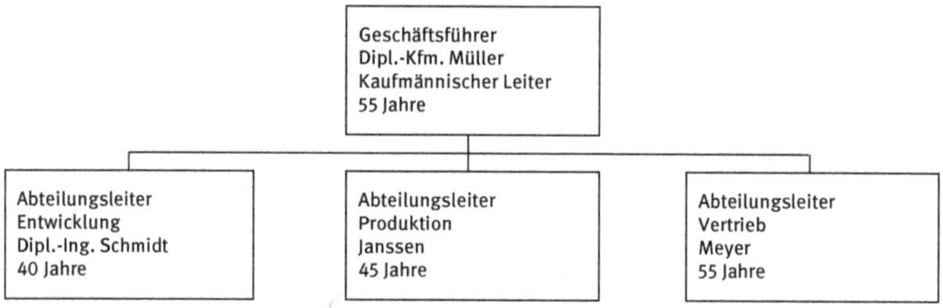

Abb. 4.14: Organigramm der Druck GmbH (Quelle: Eigene Darstellung)

Die Lieferantenstruktur ist wie nachfolgend beschrieben aufgebaut. Es besteht eine enge Service-Beziehung zur Druckmaschinen AG. Diese wartet die Maschinen, liefert Ersatzteile und testet neue Aufsatzteile. Die Geschäftsbeziehungen sind als sehr gut zu bezeichnen. In der Vergangenheit hat die Druck GmbH stark investiert und viele Bauteile von der Druckmaschinen AG erworben.

Des Weiteren wird die Druck GmbH von zwei Papierlieferanten beliefert, die hohe Einkaufslinien gewähren. Die Lieferanten, Papierlieferant GmbH und Papierzulieferer KG haben ihre Forderungen aus Lieferungen und Leistungen an die Druck GmbH bei der Kreditversicherer AG sowie bei der Warenversicherer GmbH rückversichert. Die Kreditversicherer sind große bekannte Marktteilnehmer und haben in der Branche den Ruf, sich bei Bonitätsverschlechterungen unverzüglich aus einem Engagement zurückzuziehen. Aufgrund der allgemeinen Wirtschaftslage findet derzeit zudem ein Rückzug aus verschiedenen Segmenten statt.

In der letzten Zeit haben sehr kritische Gespräche mit den Lieferanten auf Druck der Warenkreditversicherer stattgefunden, da die Einkaufslinien dauerhaft überzogen sind. Demnach haben die Kreditversicherer angedroht, die versicherten Linien der Lieferanten deutlich zu reduzieren oder gegebenenfalls komplett zu streichen.

Zudem sollen die Konditionen der Belieferungen der Druck GmbH bei den Versicherern stark angezogen werden. Die Absicherungsquoten über die Belieferungslinien sollen stark verringert werden. Die Lieferanten haben auf diese Planungen bereits unverzüglich reagiert. Mittlerweile konnten die hohen Inanspruchnahmen bei den Papierlieferanten durch stärkere Ausnutzungen der Kontokorrentlinien der Banken sehr zeitnah aufgefangen werden. Die Finanzierungsbalance hat sich verändert.

Neben weiteren unbedeutenden und substituierbaren Lieferanten besteht eine langjährige und enge Kundenbeziehung zur Farbenlieferant OHG, die Druckfarben für sämtliche Erzeugnisse liefert. Die Farbenlieferant OHG befand sich vor zwei Jahren in wirtschaftlichen Schwierigkeiten. Die dortigen Kreditinstitute hatten aufgrund einer Krise die laufenden Linien bei dem Unternehmen gekürzt.

Nur durch das mutige Eingreifen der Druck GmbH konnte letztendlich seinerzeit eine Insolvenz der OHG verhindert werden. Die Druck GmbH hatte das Unternehmen mit einem unverzinslichen Darlehen mehrere Jahre lang unterstützt. Mittlerweile weist die Farbenlieferant OHG wieder sehr stabile wirtschaftliche Verhältnisse auf. Die nachfolgende Abb. 4.15 zeigt die Lieferantenstruktur der Druck GmbH.

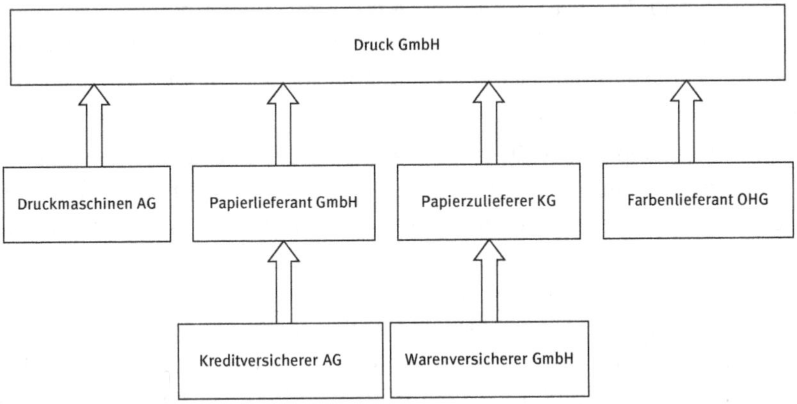

Abb. 4.15: Zuliefererstruktur der Druck GmbH (Quelle: Eigene Darstellung)

Die Kunden- und Produktstruktur zeigt sich wie nachfolgend beschrieben. Eine ausführliche Dokumentation über die Kunden der Druck GmbH liegt nicht vor. Es können lediglich die größten Nachfrager in den einzelnen Produktsparten spezifiziert werden. In der letzten Zeit weist die Mittelstandsbank AG auf Qualitätsprobleme bei der Logistik hin. Viele Lieferungen der Druck GmbH an die Bank kommen zum Teil verspätet an und es wurden zum Teil sogar falsche Produkte versendet.

Die Qualität der Produkte und Dienstleistungen wird laut Angaben der Kunden generell als gut beurteilt. Tab. 4.7 stellt die Produktsparten und Kunden dar.

Tab. 4.7: Kundengruppen und Produktsparten der Druck GmbH (Quelle: Eigene Darstellung)

GF 1 Formulardruck **z.B. Steuerformulare**	**GF 2 Etikettendruck** **z.B. Flaschenetiketten**	**GF 3 Werbedruck** **z.B. Prospekte**	**GF 4 Logistik** **z.B. Büroartikel**
Verwaltungen Krankenkassen Finanzämter	Lebensmittelproduzenten Großhändler Einzelhändler	Einzelhändler Banken Versicherungen	Banken Versicherungen Finanzdienstleister

Die Markt- und Wettbewerbsstruktur ist differenziert zu betrachten. Die Wirtschaftslage in der Druckindustrie hat sich nach mehreren schwierigen Jahren wieder stabilisiert. Die Umsätze, Produktionskapazitäten sowie Kapazitätsauslastungen nahmen nach Rückgängen in den letzten drei Jahren wieder zu. Jedoch ist die geschäftliche Gesamtsituation sowohl in der Druckereibranche als auch in den angrenzenden Bereichen der Produktion von Druckmaschinen und Papier insgesamt noch nicht als zufriedenstellend zu bezeichnen. Diese insgesamt schwache Konjunkturlage konnte bei den Unternehmen in der gesamten Branche meist nur über einen starken Personalabbau abgefedert werden. Die Umsatzlage stagniert auf einem niedrigen Niveau. Nachdem die Papierpreise in den letzten Jahren angestiegen waren, haben sich die Materialkosten mittlerweile wieder reduziert.

Der Markt für Druckerzeugnisse ist in den Produktbereichen der Druck GmbH stark segmentiert und durch einen intensiven Wettbewerb gekennzeichnet. Neben wenigen großen Druckunternehmen agieren in den betreffenden Geschäftsfeldern viele Konkurrenten mittlerer Unternehmensgröße. Die Druck GmbH bezeichnet sich als klassischen Mittelständler. Das Unternehmen spielt in der Region eine bedeutende Rolle und Geschäftsführer Müller versteht sich selbst als Meinungsbildner vor Ort und in der Region. Im Bereich Formulardruck gehört die Druck GmbH zu den fünfzig größten Unternehmen in Deutschland. Der Markttrend für den Formulardruck ist in der Zukunft leicht negativ, da viele Firmen und Behörden ihre Formulare mittlerweile selbst drucken. Dieses zeigt sich aktuell bereits durch erhebliche Kapazitätsüberhänge in der Produktion.

Für die Segmente Etikettendruck und Werbedruck ergeben sich gemäß einer aktuellen Geschäftsklimaumfrage positive Markttrends. Dennoch wird in der Lebensmittelbranche verstärkt mit selbstklebenden, farbigen und im Digitaldruck gefertigten Etiketten gearbeitet, die von der Druck GmbH grundsätzlich in hoher Qualität erstellt werden können. Jedoch besteht meist eine Mindestgröße für lukrative Etikettenaufträge, die aufgrund fehlender Kapazitäten bei der Druck GmbH derzeit nicht produziert werden kann.

Der Druck von Werbematerialien ist von einem starken Anstieg durch Direct-Mail-Aktionen vieler Unternehmen gekennzeichnet. Jedoch sind die Margen aufgrund dieser Kleinstaufträge und der hohen Umrüstungskosten bei den Druckmaschinen gering. Gerade der Bereich der Logistik verspricht aufgrund weiterer Outsourcing-Bestrebungen der Banken gute Zuwachsraten und ist zudem trotz hoher Konkurrenz sehr lukrativ mit hohen Deckungsbeiträgen.

In den letzten Jahren wurden zwei neue Druckmaschinen angeschafft und über die Hausbank finanziert. Das Unternehmen ist damit technologisch auf dem neuesten Stand. Die Maschinen wurden geordert, da das Auftragsvolumen im Formulardruck in den vergangenen Jahren aufgrund einer Sondersituation sehr umfangreich war.

Die Gläubigerstruktur ist seit vielen Jahren sehr stabil. Zwischen der Druck GmbH und der Hausbank, der Mittelstandsbank AG, besteht eine über lange Jahre gewachsene Kundenbeziehung. Die Druck GmbH ist neben Druckaufträgen als Service-Partner für die Logistik von Büroartikeln im gesamten Filialgeschäft der Hausbank tätig. Zudem werden zu bestimmten Zeiten Werbebroschüren im Mehrfarbendruck erstellt und über Direct Mailings vertrieben.

Um diese langfristige Zusammenarbeit abzusichern und die Partnerschaft zu dokumentieren, hat sich die Mittelstandsbank AG seinerzeit an der Druck GmbH beteiligt. Der Vorstand der Bank pflegt insbesondere gute Beziehungen zur Geschäftsführung dieses Mittelständlers. Dieser ist stolz, an einem derart erfolgreichen Unternehmen aus der Region beteiligt zu sein und zeitweise einen Beiratsposten bei der Firma gegen eine angemessene Vergütung wahrzunehmen.

Neben der Mittelstandsbank AG bestehen Kreditnehmerbeziehungen zu weiteren Banken. So stellen die Großbank AG und die Ausstiegsbank AG die weiteren Kontokorrentlinien bereit. Diese Kreditlinien werden unbefristet, das heißt „bis auf weiteres“ (b.a.w.), gewährt und jährlich prolongiert.

Kürzlich hat der Vorstand der Ausstiegsbank AG jedoch angekündigt, die Kundengruppenstrategie insgesamt zu verändern. Dieses Institut möchte sich stärker im Geschäftsfeld für vermögende Privatkunden positionieren und zudem nur noch Großunternehmen als Kreditkunden betreuen und sich aus der Mittelstandfinanzierung kurz- bis mittelfristig zurückziehen.

Die Grundbank AG hat das in xxx0 erstellte repräsentative Bürogebäude mit der anliegenden Produktionshalle in der Innenstadt gegen mit Grundschulden besicherte Darlehen finanziert. Die Altimmobilie steht seitdem leer. Eine Vermietung ist mittelfristig geplant. Die Solobank AG hat sich auf den Mittelstand spezialisiert und in der Vergangenheit bereits Teile der kurzfristigen Linien der Ausstiegsbank AG abgelöst und in ein Darlehen umgeschuldet.

Wir befinden uns am Anfang des Jahres xxx1. Gerade abgelaufen ist das Jahr xxx0. Die vorhergehenden Jahre werden durch die Kürzel xxx-1 sowie xxx-2 beschrieben. Darüber lassen sich Kennzahlveränderungen auf der zeitlichen Achse erkennen.

Zusammengefasst besteht im Betrachtungszeitpunkt zu Jahresbeginn xxx1 folgende Gläubigerstruktur mit Krediten und Sicherheiten, wie die folgende Tab. 4.8 aufgeteilt nach Banken, Lieferanten und Kreditversicherern zeigt.

Tab. 4.8: Gläubigerspiegel der Druck GmbH (Quelle: Eigene Darstellung)

Gläubiger	Kreditprodukte	Linien in TEuro	Sicherheiten
Kreditinstitute			
Mittelstandsbank AG	Kontokorrentlinie	3.000	Warenübereignung (WÜ)
	Investitionsdarlehen	2.000	Maschinen (SÜ), KLV
	Avallinie	500	Blanko
Großbank AG	Kontokorrentlinie	1.500	Blanko
Ausstiegsbank AG	Kontokorrentlinie	500	Blanko
Grundbank AG	Darlehen	5.700	Grundschuld (GS)
Solobank AG	Darlehen	300	Blanko
Lieferanten			
Papierlieferant GmbH	Einkaufslinie	1.000	Verlängerter EV
Papierzulieferer KG	Einkaufslinie	800	Verlängerter EV
Farbenlieferant OHG	Einkaufslinie	300	Verlängerter EV
Kreditversicherer			
Kreditversicherer AG	Warenversicherung	500	Verlängerter EV
Warenversicherer GmbH	Warenversicherung	400	Verlängerter EV

Neben dem Gläubigerspiegel liegen Daten aus den Jahresabschlüssen gemäß HGB vor. Die bilanziellen Verhältnisse der Druck GmbH haben sich in den letzten drei Jahren stark verändert und insgesamt hat sich die wirtschaftliche Lage anhand der Daten verschlechtert. Im Jahr xxx0 wurde das neue Gewerbeobjekt fertiggestellt. Zusätzlich ist das Anlagevermögen aufgrund der Investition in die Druckmaschinen im Jahr xxx-1 stark angestiegen. Ebenso sind die Positionen im Umlaufvermögen zum Teil sehr stark angewachsen. Dadurch hat insgesamt eine erhebliche Bilanzausweitung stattgefunden mit einer Absenkung der Eigenkapitalquote.

Im Gegenzug hat sich auf der Passivseite ein erheblicher Anstieg der Verschuldung ergeben. Das Eigenkapital und das Gesellschafterdarlehen haben sich dagegen in xxx0 reduziert. Gerade die Rückführung des Gesellschafterdarlehens ist in dieser Situation auffällig. Die nachfolgende Tab. 4.9 stellt eine Übersicht ausgewählter Positionen zum Bilanzstichtag in den Jahren xxx-2 bis xxx0 dar. Es zeigen sich deutliche strukturelle Verschiebungen in den Bilanzen der letzten zwei Jahre im Anlagevermögen und bei den Verbindlichkeiten.

Tab. 4.9: Ausgewählte Bilanzpositionen der Druck GmbH (Quelle: Eigene Darstellung)

Position	Bilanz xxx-2	Bilanz xxx-1	Bilanz xxx0
Anlagevermögen	4.550	6.350	12.800
Kasse	200	100	100
Vorräte	1.800	1.900	1.900
Forderungen LuL	1.550	1.700	2.000
Eigenkapital	1.000	1.000	800
Darlehen Müller	500	450	400
Verbindlichkeiten KI	4.500	6.500	13.500
Verbindlichkeiten LuL	2.100	2.100	2.100
Bilanzsumme	8.100	10.050	16.800

Die Investitionstätigkeit hat sich auch in der Gewinn- und Verlustrechnung widergespiegelt. Dabei ist der Zinsaufwand aufgrund der erhöhten Verschuldung stark angestiegen. Die Umsätze und Erträge blieben jedoch weit hinter den Erwartungen zurück. Aufgrund der starken Investitionstätigkeit hätte sich die Umsatzlage zumindest verdoppeln sollen. Die tatsächliche Situation ist deutlich hinter den Planungen und Erwartungen zurückgeblieben.

Der Personalaufwand und die sonstigen Aufwendungen konnten noch einigermaßen in Grenzen gehalten werden, aber der Zinsaufwand ist aufgrund der hohen Verschuldung deutlich angestiegen. Das Jahresergebnis und der Cash Flow sind insgesamt sehr stark eingebrochen. Die nachfolgende Tab. 4.10 zeigt die erheblich angespannte Ertragslage bei der Druck GmbH.

Tab. 4.10: Verkürzte Gewinn- und Verlustrechnung der Druck GmbH (Quelle: Eigene Darstellung)

Position	GuV xxx-2	GuV xxx-1	GuV xxx0
Umsatz/Gesamtleistung	15.700	15.000	13.700
Materialaufwand	8.500	7.800	7.300
Rohertrag	7.200	7.200	6.400
Personalaufwand	3.400	3.200	3.100
Abschreibungen	400	500	600
Zinsaufwand	200	300	500
Sonstige Aufwendungen	3.000	2.900	2.400
Jahresergebnis	200	300	-200
Cash Flow	600	800	400

Auch die Liquiditätslage ist aufgrund der schwachen Umsatz- und Ertragsentwicklung mittlerweile stark angespannt. Die Kreditlinien sind komplett ausgereizt. Damit ergibt sich eine deutliche Abweichung zu der Kontoentwicklung früherer Jahre. Es liegt eine Finanzplanung für das kommende Halbjahr xxx1 der Monate 01 bis 06 vor. Die Hochrechnung auf das Gesamtjahr beinhaltet auch die umsatzstarke zweite Jahreshälfte. Die Kontoführung ist insgesamt durch eine steigende Inanspruchnahme geprägt. Mitte des Jahres wird es zeitweise zu Überziehungen kommen, die bis zum Jahresende ausgeglichen werden sollen, wie Tab. 4.11 darstellt.

Tab. 4.11: Finanzplanung für das erste Halbjahr und das Gesamtjahr (Quelle: Eigene Darstellung)

TEuro/Monate	01	02	03	04	05	06	Jahr
Einzahlungen	1.000	1.000	1.000	1.000	1.000	1.000	14.000
Materialkosten	500	500	500	500	500	500	7.000
Personalkosten	250	250	250	250	250	250	3.000
Zinsen	50	50	50	50	50	50	600
Tilgung	50	50	50	50	50	50	600
Sonstige Auszahlungen	175	175	175	175	175	175	2.500
Saldo Ein-/Auszahlungen	-25	-25	-25	-25	-25	-25	300
Konto-Anfangsbestand	-4.900	-4.925	-4.950	-4.975	-5.000	-5.025	-4.900
Konto-Endbestand	-4.925	-4.950	-4.975	-5.000	-5.025	-5.050	-4.600
Kontokorrentlinie	5.000	5.000	5.000	5.000	5.000	5.000	5.000
Überdeckung/Unterdeckung	75	50	25	0	-25	-50	400

In der Mittelstandsbank AG steht die jährliche Prolongation des Kreditengagements an. Versetzen Sie sich in die Lage des Kreditanalysten der Mittelstandsbank.

Aufgabenstellungen

1. Stellen Sie in einem Überblick das Kreditengagement der Druck GmbH bei der Mittelstandsbank AG im Zeitablauf der Jahre xxx-2 bis xxx0 dar.
2. Wenden Sie die SWOT-Analyse an, um festzustellen, ob mögliche Anzeichen der Strategiekrise vorliegen.
3. Führen Sie eine Jahresabschlussanalyse mit Hilfe geeigneter Kennzahlen durch und bestimmen Sie, ob eine Ertragskrise besteht.
4. Analysieren Sie die Liquiditätsplanung sowie die ersten Warnsignale aus der Kontoführung im Hinblick auf eine Liquiditätskrise.
5. Untersuchen Sie, ob die relevanten Stakeholder des Unternehmens besondere Anzeichen für Risikosignale geben.
6. Erstellen Sie ein abschließendes Votum zur weiteren Vorgehensweise mit den zu planenden Maßnahmen.

4.1.3 Lösung des Praxisfalls zur Risikoerkennung

1. Stellen Sie in einem Überblick das Kreditengagement der Druck GmbH bei der Mittelstandsbank AG im Zeitablauf der Jahre xxx-2 bis xxx0 dar.

Die folgende Tab. 4.12 gibt einen Überblick über das gesamte Kreditengagement der Druck GmbH bei der Mittelstandsbank AG in den letzten drei Jahren. Die bankinterne Aufstellung zeigt eine kontinuierliche Ausweitung des Engagements.

Tab. 4.12: Engagementübersicht Druck GmbH (Quelle: Eigene Darstellung)

Engagement Druck GmbH			
Rating	10	12	12
Angaben in TEuro per	**xxx-2**	**xxx-1**	**xxx0**
Volumen	3.500	5.500	5.500
Kontokorrentlinie	3.000	3.000	3.000
(Inanspruchnahme)	(2.550)	(2.800)	(2.950)
Investitionsdarlehen	---	2.000	2.000
Avallinie	500	500	500
(Avalausnutzung)	(200)	(300)	(450)
Sicherheiten	---	1.700	1.650
RKW Kapital-LV	---	---	50
Warenübereignung	---	700	600
Druckmaschinen	---	1.000	1.000
Blanko/Risiko	3.500	3.800	3.850
EWB	---	---	---

Die Druck GmbH ist seit vielen Jahren Kreditnehmer der Mittelstandsbank AG und wird auf der bankinternen Ratingskala von 1–16 mit der Bonitätsnote 12 eingestuft. Gemäß der Kundenkalkulation belief sich der Deckungsbeitrag aus dem Gesamtengagement in xxx0 auf insgesamt 39 TEuro. Die vierteljährliche Evidenzstatistik der Millionenkredite gemäß § 14 KWG ergibt sich aus Tab. 4.13.

Tab. 4.13: Evidenzmeldungen beim Engagement Druck GmbH (Quelle: Eigene Darstellung)

Evidenzzahlen per	**xxx-2**	**xxx-1**	**xxx0**
Volumen Mio. Euro	4.250	6.600	12.600
Anzahl Institute	2	2	3

2. Wenden Sie die SWOT-Analyse an, um festzustellen, ob mögliche Anzeichen der Strategiekrise vorliegen.

Aufgrund der Vielzahl interner Schwächen im Unternehmen sowie externer Risiken aus dem Unternehmensumfeld heraus sind erste deutliche Warnsignale einer Strategiekrise erkennbar. Kernproblem ist das Hauptgeschäftsfeld Formulardruck. Dieser Bereich ist einem grundlegenden strukturellen Wandel unterworfen. So werden Formulare in vielen Verwaltungen nur noch elektronisch erfasst und über die betriebseigene Datenverarbeitung ausgedruckt.

Zudem können Kunden aus der Verwaltung oder von Krankenkassen die Formulare über Internet selbst ausfüllen und über eine E-Mail versenden. Die genauen Ursachen und Wirkungen dieser Trendentwicklung sind zu ergründen und strategische Maßnahmen der Firma auf das veränderte Nachfrageverhalten sind genau zu eruieren. Aufgrund der Bedrohung dieses Geschäftsfeldes, das rund 60,0 % der Umsätze ausmacht, ist eine Neugestaltung der Firmenstrategie notwendig, um die potenziellen Umsatzeinbußen aufzufangen.

Auch das Geschäftsfeld Etikettendruck weist aufgrund der fehlenden Umsatz- sowie Auftragsgröße Schwächen auf. Dieses Segment kann unter Umständen jedoch als Zukunftsbereich angesehen werden, da das Marktvolumen jährlich ansteigt. Zudem ist die technische Ausstattung zur Bedienung dieses Bereiches vorhanden. Die weiteren Geschäftsfelder erscheinen ebenfalls ausbaufähig. Im Ergebnis ist zu prüfen, ob der Umsatzrückgang im Formulardruck durch ein Wachstum in den anderen Bereichen aufgefangen werden kann und die wegfallenden Erträge kompensiert.

Die folgende Tab. 4.14 zeigt die Ergebnisse einer SWOT-Untersuchung. Die Analyse wurde in Abstimmung zwischen Markt und Marktfolge in der Bank erstellt. Die Erfassung dieser Merkmale offenbart viele interne Schwächen sowie externe Risiken. Erkennbar werden sowohl strategische als auch operative Krisenmerkmale.

Tab. 4.14: Evidenzmeldungen beim Engagement Druck GmbH (Quelle: Eigene Darstellung)

Positive Kriterien	Negative Kriterien
Interne Stärken (Strengths)	**Interne Schwächen (Weaknesses)**
Maschinenpark auf neuestem Stand	Schwächen im Controlling
Kein sonstiger Investitionsstau	Ungezügelte Expansion
Flexibilität durch flache Firmenstrukturen	Keine geschäftsfeldbezogene Strategie
	Hohe Verschuldung durch Investitionen
	Rückläufige Umsätze und Erträge
	Anstieg Warenlager, Überziehungen
Externe Chancen (Opportunities)	**Externe Risiken (Threats)**
Abnehmer mit guter Bonität	Kostendruck steigender Rohstoffpreise
Ausbau neuer Geschäftsfelder	Technologische Veränderungen der Branche
Regionale Marktführerschaft	Rücknahme der Linie der Ausstiegsbank AG

3. Führen Sie eine Jahresabschlussanalyse mit Hilfe geeigneter Kennzahlen durch und bestimmen Sie, ob eine Ertragskrise besteht.

Folgende ausgewählte Kennzahlen in Abb. 4.16 werden verwendet, um eine Jahresabschlussanalyse durchzuführen und die wirtschaftliche Lage der Druck GmbH eingehend auf der Basis der aktuellen Zahlen zu untersuchen.

Vermögenslage	Ertragslage	Finanzlage
Anlagenintensität = $\frac{\text{Anlagevermögen}}{\text{Gesamtvermögen}}$	Rohertragsquote = $\frac{\text{Rohertrag}}{\text{Gesamtleistung}}$	Eigenkapitalquote = $\frac{\text{Eigenkapital}}{\text{Bilanzsumme}}$
Anlagendeckung = $\frac{\text{Eigenkapital}}{\text{Anlagevermögen}}$	Materialeinsatzquote = $\frac{\text{Materialaufwand}}{\text{Gesamtleistung}}$	Dyn. Verschuldungsgrad = $\frac{\text{Fremdkapital}}{\text{Cash Flow}}$
Umlaufintensität = $\frac{\text{Umlaufvermögen}}{\text{Gesamtvermögen}}$	Personaleinsatzquote = $\frac{\text{Personalaufwand}}{\text{Gesamtleistung}}$	Liquidität 2. Grades = $\frac{\text{Kasse + Forderungen}}{\text{Kfr. Verbindlichkeiten}}$
Umschlagdauer Vorräte = $\frac{\text{Vorräte x 360}}{\text{Umsatzerlöse}}$	Cash Flow Quote = $\frac{\text{Cash Flow}}{\text{Gesamtleistung}}$	Debitorenlaufzeit = $\frac{\text{Forderungen x 360}}{\text{Umsatz}}$

Abb. 4.16: Ausgewählte Kennzahlen zur Jahresabschlussanalyse (Quelle: Eigene Darstellung)

Anhand der aufgeführten Kennzahlen werden die Relationen aus der Bilanz und der Gewinn- und Verlustrechnung auf auffällige negative Veränderungen im Jahr xxx0 untersucht. Dabei werden die Gesellschafterdarlehen nicht als Eigenkapitalsurrogat berücksichtigt. Die Kennzahlen zur Vermögenslage der Druck GmbH ergeben sich in der nachfolgenden Tab. 4.15.

Tab. 4.15: Vermögenslage der Druck GmbH (Quelle: Eigene Darstellung)

Vermögenslage der Druck GmbH				
Kennzahlen in Tagen/%	**xxx-2**	**xxx-1**	**xxx0**	**xxx1 (Plan)**
Anlagenintensität	56,17	63,18	76,19 ↑	---
Anlagendeckung	21,98	15,75	6,25 ↓	---
Umlaufintensität	43,83	36,82	23,81 ↓	---
Umschlagdauer Vorräte	41,27	45,60	49,93 ↑	---

Die Kennzahl zur Anlagenintensität zeigt einen stetigen Anstieg an. Dieses deutet auf einen hohen Sachanlagenbestand mit hohen Fixkosten hin und ist im Allgemeinen als ungünstig zu beurteilen. Die Anlagendeckung ist schwach und zeigt eine hohe Fremdfinanzierungsquote des Anlagevermögens.

Das Umlaufvermögen nimmt in Relation zu dem Anlagevermögen kontinuierlich ab und repräsentiert eine geringe Liquidierbarkeit von Vermögenspositionen. Die Umschlagdauer der Vorräte hat sich kontinuierlich erhöht. Diese Kennzahl informiert darüber, wie viele Tage die Vorräte im Unternehmen verbleiben, bis diese vollständig verkauft worden sind. Die Vorräte werden im Durchschnitt fast alle zwei Monate ausgewechselt. Eine hohe Umschlagzeitdauer ist gegebenenfalls als negativ anzusehen, da die Mittelbindung im Vorratsvermögen ansteigt.

Jedoch ist diese Kennzahl im Einzel- sowie im Großhandel bedeutender und aussagekräftiger. Eine bewusste Bevorratung kann im produzierenden Gewerbe dagegen auch strategisch vorgenommen werden, wenn mit dauerhaft steigenden Einkaufspreisen und steigenden Materialkosten gerechnet wird.

Insgesamt gesehen haben sich die Vermögenslage sowie die Bilanzstrukturen durch die Investitionen in das Anlagevermögen stark verschlechtert. Dieses ist insbesondere im Zusammenhang mit der Verschuldungslage und der Kapitaldienstfähigkeit, abgeleitet aus der Ertragslage, zu beurteilen. Die Erfolgssituation der Druck GmbH zeigt in der nachfolgenden Tab. 4.16 ebenfalls schwache wirtschaftliche Verhältnisse und deutliche Anzeichen einer Ertragskrise in xxx0.

Tab. 4.16: Ertragslage der Druck GmbH (Quelle: Eigene Darstellung)

Ertragslage der Druck GmbH				
Kennzahlen in %	**xxx-2**	**xxx-1**	**xxx0**	**xxx1 (Plan)**
Rohertragsquote	45,9	48, 0	46,7 ↓	50,0
Materialeinsatzquote	54,1	52,0	53,3 ↑	50,0
Personaleinsatzquote	21,7	21,3	22,6 ↑	21,4
Cash-Flow-Quote	3,8	5,3	2,9 ↓	5,0

Die Kennzahlen zur Ertragslage haben sich in xxx0 gegenüber den Vorjahren negativ verändert. Die Rohertragsquote sowie die Materialeinsatzquote haben sich aufgrund aktueller Preiserhöhungen für Papier leicht verschlechtert. Die Personalkosten sind prozentual leicht angestiegen und die Cash-Flow-Quote hat sich aufgrund der erhöhten Kosten deutlich reduziert. Die Ertragslage verbessert sich gemäß den Planzahlen in der Periode xxx1.

Die künftig angekündigten Umsätze und Ergebnisse in xxx1, abgeleitet aus dem Finanzplan, erscheinen jedoch sehr optimistisch. Die klaren Schwächen in der aktuellen Vermögenslage und der Ertragslage wirken sich unmittelbar auf die Verschlechterung der Finanzlage aus, wie die folgende Tab. 4.17 mit der Entwicklung der Inanspruchnahmen darlegt. Damit ist die Zahlungsfähigkeit in der Zukunft unter Umständen bedroht und ein Insolvenzantrag nicht vollständig ausgeschlossen.

Tab. 4.17: Finanzlage der Druck GmbH (Quelle: Eigene Darstellung)

Finanzlage der Druck GmbH				
Kennzahlen in Tagen/%	**xxx-2**	**xxx-1**	**xxx0**	**xxx1 (Plan)**
Eigenkapitalquote (%)	12,3	9,9	4,8 ↓	---
Dyn. Verschuldungsgrad	11,8	11,3	40,0 ↑	---
Liquidität 2. Grades (%)	28,7	29,5	34,4 ↑	---
Debitorenlaufzeit (Tage)	35,5	40,8	52,6 ↑	---

Die ausgewählten Kennzahlen zur Finanzlage zeigen eine sich im Zeitvergleich kontinuierlich schlechter entwickelnde Eigenkapitalquote und ein geringeres Verlustauffangpotenzial auf. Das gleiche Bild offenbart der stark erhöhte dynamische Verschuldungsgrad. Auf Basis des aktuell erwirtschafteten Cash Flows hat sich die Zeitdauer der Schuldenrückführung erheblich verlängert. Diese ausgewählte Kennzahl Liquidität 2. Grades hat sich absolut gesehen verbessert. Jedoch kann der relative Anstieg der Forderungen auch Risiken bedeuten. So ist dringend die Werthaltigkeit durch einen Wirtschaftsprüfer zu verifizieren.

Die Debitorenlaufzeit hat sich von einem Monat in xxx-2 auf zwei Monate in xxx0 deutlich verlängert und der Vorfinanzierungsbedarf ist daraufhin erheblich gestiegen. Diese Entwicklung korrespondiert mit dem Anstieg im laufenden Konto.

Aufgrund der Analyse der Vermögenslage, der Ertragslage und der Finanzlage wird deutlich, dass sich das Unternehmen Druck GmbH neben der Strategiekrise bereits in einer Ertragskrise und in einer drohenden Liquiditätskrise befindet. Unklar ist, worauf sich der Optimismus der Planungen im Jahr xxx1 im Bereich der Ertragslage gründet. Denn die aktuellen Daten zeigen im Detail deutliche Anzeichen einer starken wirtschaftlichen Schieflage in sämtlichen Bereichen und eine sich eintrübende konjunkturelle Gesamtsituation.

Zudem bestehen im Controlling erkennbare Schwächen. Es existiert keine Spartenrechnung, die darstellt, in welchen Geschäftsfeldern Gewinne oder Verluste erzielt werden. Unklar ist, ob die höheren erwarteten Umsätze in xxx1 mit dem Auftragsvorlauf abgestimmt wurden. Eine Kapitalflussrechnung, die eine Verwendung des Cash Flows gestaffelt nach Entnahmen, Investitionen und Schuldentilgungen zeigt, liegt nicht vor. Ebenso fehlt eine ABC-Analyse der Kundenstruktur in den einzelnen Produktsparten. Es zeigen sich insgesamt starke Mängel im Controlling und in der Kostenrechnung der Druck GmbH.

Daher ist ein Fokus der internen Veränderungen auf die Ausgestaltung eines aussagekräftigen Controllings zu legen. Als Grundlage ist eine Ist- und Plankostenrechnung auf Teilkostenbasis einzuführen. Eine Deckungsbeitragsrechnung sowie eine abgegrenzte Segmentberichterstattung sind regelmäßig aufzustellen.

4. Analysieren Sie die Liquiditätsplanung sowie die ersten Warnsignale aus der Kontoführung im Hinblick auf eine Liquiditätskrise.

Die Liquiditätslage hat sich aufgrund der angespannten Ertragslage ebenfalls verschlechtert. Die Kapitaldienstfähigkeit ist laut Berechnungen der Bank derzeit nicht gegeben. Dies bestätigen auch die Beobachtungen der aktuellen Kontoführung. Zu bemängeln ist bei der Liquiditätsplanung die fehlende Einarbeitung der Saisonalität in den einzelnen Monaten. Unklar ist weiter, wie Überziehungen in den kommenden Monaten aufgefangen werden sollen. Insgesamt gesehen scheint sich die Ertragskrise bereits in eine Liquiditätskrise gewandelt zu haben. Es sind unverzüglich Maßnahmen zu ergreifen, um die Insolvenzgefahr abzuwenden und einen Sanierungsprozess einzuleiten. Das Engagement ist als Intensivkunde einzustufen und gegebenenfalls an den Sanierungsbereich abzugeben.

5. Untersuchen Sie, ob die relevanten Stakeholder des Unternehmens besondere Anzeichen für Risikosignale geben.

Interne Stakeholder

- Geschäftsführung: Konzentration der Leitung auf Müller, Controllingdefizite
- Anteilseigner: Fehlende Bürgschaft, Rückführung der Gesellschafterdarlehen
- Aufsichtsrat/Beirat: Ein Überwachungsorgan existiert noch nicht
- Mittleres Management: Probleme bestehen insbesondere im Vertrieb
- Mitarbeiter: Anmerkungsbedürftig ist der gestiegene Krankenstand

Externe Stakeholder

- Kreditinstitute: Hohe Verschuldung und Abhängigkeit von mehreren Banken
- Lieferanten/Kreditversicherer: Ergebnisse der Problemgespräche nicht bekannt
- Kunden: Qualitätsmängel und Falschlieferungen in der Vergangenheit
- Sanierungsberater: Keine Informationen über eingesetzte Berater
- Öffentliche Hand: Problemfelder sind in diesem Bereich nicht zu erkennen

Wichtige Auffälligkeiten stellen von der Stakeholderseite die hohe Verschuldung, der gestiegene Krankenstand, die aufgetretenen Qualitätsmängel und die Abhängigkeiten zu den Kreditinstituten, Lieferanten und Kreditversicherern dar.

6. Erstellen Sie ein abschließendes Votum zur weiteren Vorgehensweise mit den zu planenden Maßnahmen.

Deutliche Anzeichen der Strategiekrise sind bereits erkennbar. Negative Auswirkungen auf die Ertragslage und die Finanzlage werden sichtbar. Daher wird empfohlen, unverzüglich finanzwirtschaftliche und leistungswirtschaftliche Maßnahmen einzuleiten, um das Unternehmen zu stabilisieren und nachhaltig zu sanieren. Die Wettbewerbsfähigkeit ist wieder herzustellen.

Folgende Maßnahmen sind von der Mittelstandsbank AG umzusetzen:

- Unverzügliche Einschaltung der Sanierungsabteilung der Bank
- Hereinnahme einer Bürgschaft von Geschäftsführer Müller
- Kapitalbelassungs- und Rangrücktrittserklärung für Gesellschafterdarlehen
- Prüfung der Risiken aus der Beteiligung der Mittelstandsbank AG von 5,0 %
- Aufbau eines aussagekräftigen Controllings mit Unternehmensberatung
- Entscheidung: Wiedervorlage in sechs Monaten auf Basis Halbjahreszahlen

Die Risikoerkennung und das unverzügliche Einschalten der Spezialabteilung sind wesentliche Erfolgsfaktoren im Sanierungsprozess von Banken. Aus der geplanten Vorgehensweise lässt sich eine Sanierungsregel für die erste Phase im Gesundungsprozess formulieren. Diese weist aus Bankensicht auf die Bedeutung des zeitnahen Handelns im Rahmen der Sanierung hin.

1. Sanierungsregel: Das frühe Feststellen einer Krisenlage sowie die unverzügliche Einleitung eines Sanierungsprozesses mit Einschaltung der Sanierungsabteilung sind die wesentlichen Erfolgsfaktoren zum Erreichen des nachhaltigen Turnarounds bei einem Firmenkunden.

Erläuterung der 1. Sanierungsregel

Eine frühe Risikoerkennung, möglichst bereits in der Phase einer Strategiekrise, erhöht die Sanierungschancen erheblich. Damit die Krisenengagements aus Bankensicht professionell betreut werden, sollte eine unverzügliche Einbeziehung der Sanierungsspezialisten erfolgen. Durch das Abwarten und Vertrauen auf Aussagen zur positiven wirtschaftlichen Entwicklung von Seiten der Geschäftsleitung verstreicht wertvolle Zeit. Es reduzieren sich kontinuierlich die finanziellen Ressourcen eines Krisenunternehmens. Dieses erschwert einen Sanierungsprozess und die Chancen einer nachhaltigen Gesundung.

Banken sollten zur Erkennung eines frühen Krisenstadiums weiter in die ständige Entwicklung der Risikosysteme, die Qualifizierung ihres Personals und die Fortentwicklung der Geschäftsprozesse mit der Einrichtung von Frühwarnsystemen investieren. Nur so können Krisen bei Firmenengagements bereits im Stadium der Strategiekrise erkannt werden. Des Weiteren ist auf die Weiterentwicklung leistungsfähiger Organisationsstrukturen und professioneller Abläufe bei der bankinternen Betreuung von Problemkrediten zu achten.

Auf diese Weise lassen sich in Zukunft erhebliche Kreditausfälle vermeiden. Dazu sollte eine Spezialabteilung als Profit Center eingerichtet werden, in der sämtliche Sanierungsfälle eines Kreditinstituts bearbeitet werden. Im Folgenden wird anhand einer empirischen Studie geprüft, welche Systeme in Banken zur Identifikation von Risiken eingesetzt werden. Des Weiteren wird auf die aktuelle Sanierungslage bei Firmenkunden in den Kreditinstituten eingegangen.

4.1.4 Empirische Ergebnisse zur Risikoidentifizierung

In einer Untersuchung in 2017 haben rund 1.000 Befragte aus den Spezialbereichen Intensiv, Sanierung, Abwicklung der Kreditinstitute einen Fragebogen zu Strukturen, Prozessen und Controlling sowie Berichterstattung in der Sanierung und Abwicklung erhalten. Rund 120 der Spezialisten haben den Fragebogen ausgefüllt und es ergab sich eine Antwortquote von 13,7 %. Etwa 56,2 % der Antwortenden kamen aus dem genossenschaftlichen Sektor, 35,0 % aus Sparkassen und Landesbanken. Das restliche Teilnehmerfeld verteilte sich auf insgesamt 5,1 % Vertreter aus Privatbanken und 3,6 % aus sonstigen Instituten (vgl. Portisch, 2017a, S. 1 ff.).

Wie die Untersuchung aus 2017 aufzeigte, ist die Anzahl der Sanierungsfälle in den meisten Kreditinstituten deutlich (72,6 %) oder leicht rückläufig (11,9 %). Nur 15,6 % der Probanden aus den Instituten vermeldeten in den letzten zwei Jahren gleiche Sanierungszahlen. Dieses waren überwiegend Genossenschaftsbanken und sonstige Banken. Bestätigt wurde dieses Bild dadurch, dass überwiegend die Kleinstinstitute gleichbleibende Fälle an Sanierungen vermeldeten, die vornehmlich im genossenschaftlichen Sektor anzufinden sind.

Die Neubildung der Risikovorsorge, in Form einer Einzelwertberichtigung, ist in den letzten Jahren in den meisten Instituten (77,8 %) gesunken. Nur 10,4 % der Banken benennen, dass dieses nicht zutrifft. Dies sind insbesondere Privatbanken und sonstige Banken. Es sind auch verstärkt große Institute unter den Antwortenden zu finden, die keine deutliche Reduzierung der EWB-Neubildung in den letzten zwei Jahren vermerken. Bei diesen Instituten ist zu vermuten, dass die gute Konjunkturlage nicht weiter durchschlägt oder auch Branchenkrisen wie im Bereich der Schifffahrt oder bestimmter Sektoren der Immobilien zu vermerken sind. Nach regionalen Geschäftsgebieten sind im Sample keine Unterschiede in den Beurteilungen zu erkennen. Die gute wirtschaftliche Erholung ist wahrscheinlich breit aufgestellt und umfasst alle Bundesländer in Deutschland.

Viele Institute berichteten, dass die Mitarbeiterzahlen in der Sanierung in den letzten Jahren, wahrscheinlich aufgrund der geringeren Bearbeitungszahlen, reduziert wurden (42,2 %). Des Weiteren wurde besonders vermerkt, dass versucht wird, die Kosten im Bereich der Sanierung deutlich zu senken. Dieses bewerten 60,7 % der Institute als zutreffend. Rund 51,9 % bemerkten, dass das Prozessdenken im Hinblick auf eine Kostenreduzierung in der Sanierungsabteilung mittlerweile eine zum Teil sehr große Bedeutung besitzt.

Die theoretischen und praktischen Erkenntnisse im Bereich der Risikofrüherkennung sollen abschließend durch Daten weiterer empirischer Untersuchung ergänzt werden. Diese Studien basieren auf Erhebungen aus den Jahren 2008 und 2009 und wurden unter aktuellen Bedingungen in 2012 wiederholt. Insgesamt wurden in 2012 von den Bankspezialisten und Insolvenzverwaltern 522 Fragebögen ausgefüllt und es wird primär auf die Zahlen aus 2012 Bezug genommen.

Es ergab sich insgesamt folgender Rücklauf bei den Sanierern und Abwicklern aus den Banken sowie den Insolvenzverwaltern (vgl. Portisch et al., 2013a, S. 3 ff.):

- Sanierungsfragebogen: 739 Sanierungsspezialisten aus deutschen Kreditinstituten wurde ein Online-Fragebogen zugesendet, 185 Teilnehmer haben den Fragebogen beantwortet. Damit ergibt sich eine Rücklaufquote von 25,0 %.
- Abwicklungsfragebogen: 721 Abwicklern in Banken, die Firmeninsolvenzen betreuen, wurde ein Online-Fragebogen zugeschickt. Geantwortet haben auf diese Fragen 183 Personen. Die Rücklaufquote beträgt 25,4 %.
- Insolvenzverwalterfragebogen: 1.550 Insolvenzverwalter wurden insgesamt befragt, die Firmeninsolvenzen begleiten. 154 Fragebögen wurden beantwortet. Es ergibt sich eine Rücklaufquote von rund 10,0 %.

Das Sanierungsgeschehen in den Kreditinstituten wird von kleinen sowie mittleren Firmengrößen dominiert. Rund 75,3 % der Spezialisten aus den Sanierungsabteilungen schätzen, dass sich von typischen 100 Firmen in der Sanierung 40,0–80,0 % Kleinstunternehmen mit einem Umsatz von weniger als 2 Mio. Euro befinden. Kleine Unternehmen in einer Umsatzklasse von bis zu 10 Mio. Euro betreffen 20,0–40,0 % der Fälle. Etwa 76,7 % beurteilen, dass mittelgroße Unternehmen mit einem Umsatz von bis zu 50 Mio. Euro im Normalfall nur rund 20 Fälle von 100 darstellen und 90,5 % erwarten, dass große Unternehmen mit einem Umsatz von mehr als 50 Mio. Euro 0,0–20,0 % typische Sanierungsfälle repräsentieren.

Die Ergebnisse stimmen überwiegend mit der aktuellen Insolvenzstatistik überein. Das aktuelle Insolvenzgeschehen wird von kleinen und mittleren Firmen dominiert. Große Betriebe mit einem Umsatzvolumen von mehr als 50 Mio. Euro stellen seltener einen Insolvenzantrag, sind meist finanziell robuster ausgestattet und bei Sanierungsfällen deutlich unterrepräsentiert (vgl. Creditreform, 2017, S. 6 ff.). Auch die Anzahl der großen Firmen in der Grundgesamtheit ist geringer als kleine und mittlere Unternehmensgrößen.

Die Betreuung von Kleinstunternehmen und kleineren Firmen überwiegt bei Volks- und Raiffeisenbanken. Dagegen begleiten die Sparkassen hauptsächlich kleine und mittelgroße Unternehmen in der Sanierung, während die Bearbeitung großer Sanierungsfälle überdurchschnittlich in Privatbanken, Landesbanken und Spitzeninstituten des Genossenschaftsverbandes vorkommt.

Gerade die Vertreter von kleineren Banken begleiten zum großen Teil Sanierungen von Firmen mit einer geringen Umsatzgröße. Rund 90,0 % der Engagements stellen Unternehmen mit Umsätzen von weniger als 10 Mio. Euro dar. Bei mittleren Instituten mit einer Bilanzsumme von 5–50 Mrd. Euro und großen Kreditinstitute mit einer Bilanzsumme größer als 50 Mrd. Euro verändern sich sowohl die zu bearbeitenden Firmengrößen, als auch die Höhe der ausgereichten Kreditvolumina. Beide Werte steigen oftmals erheblich an. Damit verändern sich auch die Bearbeitungsprozesse und die Herangehensweisen an die Fälle.

Häufig werden mittelgroße und große Unternehmen mit einem Umsatz von mehr als 50 Mio. Euro in der Sanierungsphase betreut. Diese Ergebnisse stehen in Einklang mit der Anpassung der Größe der Institute an die Unternehmensgröße ihrer Kreditkundschaft. Somit finanzieren kleinere Banken überwiegend kleine Unternehmen. In mittelgroßen Banken überwiegt das Klientel kleiner sowie mittlerer Unternehmen und große Institute begleiten häufiger große Firmen in der Krise und Sanierung.

Nach der Unternehmensgröße wird die Wahrscheinlichkeit eines Turnarounds mit der wachsenden Größe einer Firma deutlich positiver beurteilt. Gerade bei großen Firmen mit einem Jahresumsatzvolumen von mehr als 50 Mio. Euro wird der positive Sanierungsausgang von 59,1 % aller Befragten als überproportional hoch eingeschätzt, gegenüber 27,8 % bei Kleinunternehmen und 22,7 % bei Kleinstunternehmen. Es besteht ein enger Zusammenhang zwischen der Unternehmensgröße und dem eingeschätzten Sanierungserfolg. Dies sollte sich auf einen umfassenderen Bearbeitungsaufwand bei den größeren Krisenfirmen in den meist auch komplexeren Sanierungsfeldern auswirken.

Wenn die Gesundungschancen bei Kreditengagements steigen und der Sanierungsmehrwert für das Kreditinstitut aus der Bearbeitung hoch ist, sollte der Ressourceneinsatz der Bank bei diesen Engagements wachsen, da der Nutzen aus einer erfolgreichen Sanierung meist groß ist. Daher ist eine Durchschichtung des Krisenportfolios in Fälle mit guten Sanierungschancen gegenüber Engagements mit geringen Restrukturierungsmöglichkeiten wichtig, um die knappen finanziellen sowie personellen Sanierungsressourcen optimal einzusetzen.

Viele Befragte aus Privatbanken schätzen den positiven Sanierungsausgang bei großen Firmen als hoch ein (83,3 %), gegenüber Vertretern von Sparkassen (59,1 %), Probanden aus Genossenschaftsbanken (57,4 %) sowie Antwortenden aus sonstigen Instituten (42,9 %). Sehr hohe Sanierungschancen werden von 61,2 % der Genossenschaftsbanken den mittelgroßen Unternehmen eingeräumt. Die aussichtsreichen Sanierungschancen bei kleinen Unternehmen werden von Vertretern der Sparkassen mit 42,6 % deutlich höher beurteilt als beispielsweise von den Spezialisten aus den Privatbanken (8,3 %). Bei den Kleinstunternehmen werden die Gesundungsmöglichkeiten von Privatbanken sogar nur mit 0,0 % benannt. Diese Werte liegen bei Vertretern der Genossenschaftsbanken mit 29,3 % und bei Personen aus Sparkassen mit 25,0 % deutlich höher. Zu vermuten ist daher auch, dass nicht nur die Kundschaft der Sparkassen und Genossenschaftsbanken kleiner, sondern auch die Bereitschaft dieser Institute höher ist, diesen Firmen in der Sanierung zu helfen.

Gemäß dem Unternehmenstyp bestätigen bei möglichen Mehrantworten 85,5 % der Probanden, dass inhabergeführte Unternehmen häufiger in Krisensituationen geraten, gefolgt von managementgeleiteten Firmen mit 36,7 %. Bei der ersten Umfrage in 2008 waren diese Ergebnisse ähnlich. So schätzten in der Erstumfrage 90,0 % der Befragten, dass es sich bei diesen Krisenfällen häufig um Firmen mit einer Einheit von Geschäftsführer und Gesellschafter handelt.

Kapitalmarktorientierte Unternehmen kommen mit rund 3,6 % (2008: 4,0 %) Nennungen selten vor. Interessant ist, dass 19,3 % der Befragten aktuell angekreuzt haben, dass auch Zweckgesellschaften für Projektfinanzierungen wie bei Schiffsfinanzierungen aktuell öfter in Krisen geraten. Auch regenerative Energievorhaben kommen mit 9,0 % der Antworten häufig vor, wie Abb. 4.17 zeigt.

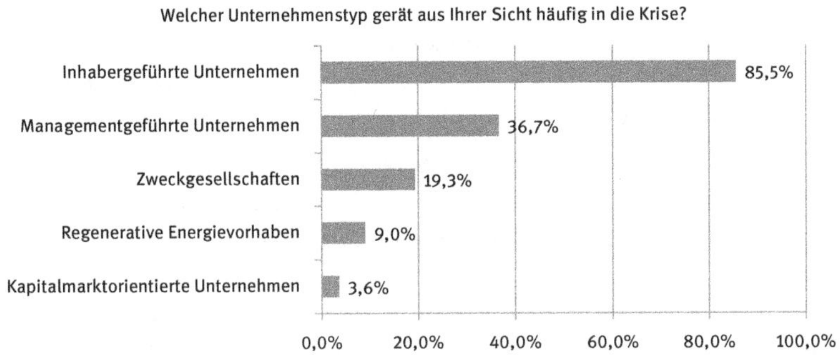

Abb. 4.17: Unternehmenstypen in der Krise (Quelle: Eigene Darstellung)

Der Sanierungserfolg wird gemäß dem Unternehmenstyp und dem Finanzierungsvehikel differenziert eingeschätzt. Damit liegt die Sanierungserfolgsquote bei kapitalmarktorientierten Firmen mit 46,2 % am höchsten. Es folgen die inhabergeführten Betriebe mit 38,1 % und die managementgeführten Unternehmen mit einer Gesundungsquote von rund 31,8 %. Deutlich geringer werden die Sanierungschancen mit 17,1 % bei Finanzierungen im Segment regenerativer Energievorhaben und mit rund 14,6 % bei Zweckgesellschaften für Projektfinanzierungen gesehen.

Der positive Sanierungsausgang mit einer Rückgabe in die Normalbearbeitung wurde in 2008 durchschnittlich nur in rund 18,0 % der Fälle als häufig vorkommend bewertet. Dieses Ergebnis korrespondiert mit einer Studie aus 2003. Seinerzeit haben Befragte aus Banken eingeschätzt, dass circa 20,6 % der Unternehmen saniert und mit einer guten Bonität in den Firmenkundenbereich zurückgegeben werden können. Derzeitige Sanierungspotenziale werden erheblich positiver eingeschätzt. Die Rückgabequoten liegen deutlich über 50,0 %.

Dazu bewerten aktuell rund 22,2 % der Bankspezialisten, dass eine Rückgabe in die Normalbearbeitung häufiger erfolgt. Dies spiegelt unter Umständen die aktuell gute konjunkturelle Lage wider, mit entsprechend guten Sanierungsaussichten. Dennoch wird auch die Stellung des Insolvenzantrags in Folge einer wirtschaftlichen Schieflage mit 52,5 % häufig angekreuzt (2008: 41,0 %). Der Verkauf oder die Ablösung wird von 15,3 % der Spezialisten als öfter vorkommend beurteilt.

Der eigentliche Sanierungsprozess wird mit der Erkennung einer erhöhten Gefährdungsstufe ausgelöst. Die in der Praxis häufig verwendeten Risikofrüherkennungsverfahren in Kreditinstituten und die relevanten Merkmale, die eine Krisenlage anzeigen können, werden im Folgenden im Hinblick auf ihre Wirksamkeit analysiert. Da sich der Risikogehalt während der Laufzeit eines Kredites verändern kann, ist die Beurteilung im Rahmen eines Ratings in festen Zeitabständen, oftmals jährlich bei Prolongationen oder bei besonderen Kreditanlässen wie einem Neuantrag, zu vollziehen. Damit zunehmende Risiken bei einer Vielzahl an Firmenengagements rechtzeitig erkannt und laufend überwacht werden können, ist eine umfassende Sensibilität der Risikomodelle erforderlich. Eine systemseitige Unterstützung ist aufgrund der Vielzahl der Fälle unerlässlich.

Von Bedeutung ist es für Kreditinstitute, geeignete Verfahren zur Risikoerkennung und Risikobewertung auszuwählen, um Gefährdungen bei den Firmenkunden frühzeitig zu erkennen. Diese eingesetzten Modelle sollten sich an der institutseigenen Risikostrategie und dem bestehenden oder dem angestrebten Kreditportfolio orientieren. Damit die Risikoerkennungsmodelle sowie die Bewertungsverfahren optimal funktionieren, sind Risikokriterien zu bestimmen und zu gewichten, die sich sensitiv gegenüber negativen Veränderungen des Kreditrisikos verhalten. Auswählen lassen sich qualitative oder quantitative Merkmale, statische oder dynamische Kriterien und Faktoren, die bei einem gemeinsamen Zusammentreffen eine kritische Gefährdung aufzeigen. Daher fordern die MaRisk die Festlegung von Kriterien, die eine Pflichtabgabe der Krisenfälle an die Bereiche Intensiv, Sanierung und Abwicklung regeln (vgl. Portisch et al., 2013a, S. 39 ff.).

Diese Kriterien sind laufend über das Kreditportfolio zu ziehen und sollten dazu geeignet sein, verschiedene Risikostufen exakt voneinander abzugrenzen. Über ein Backtesting können die Kriterien und deren Gewichtungen beispielsweise in einem Rating regelmäßig der aktuellen wirtschaftlichen Lage angepasst werden. Dabei existieren Kennzeichen, die bei der Risikorelevanz Kann-Kriterien darstellen und eine Problemkreditbetreuung auslösen wie beispielsweise Überziehungen auf dem Konto. Lassen sich diese von einem Kreditnehmer jedoch sachlich begründen und stellen nur eine Zahlungsstockung dar, weil ein Drittschuldner verspätet zahlt, ist eine Einstufung in die Bereiche Intensiv oder Sanierung unter Umständen nicht erforderlich. Handelt es sich jedoch um stetig ansteigende Überziehungen aufgrund einer nicht gegebenen Kapitaldienstfähigkeit, so liegt dagegen ein Muss-Kriterium vor, mit einer Herabstufung der Ratingnote in einen Bereich, der ein stark erhöhtes Risiko mit deutlichen Kreditausfallgefährdungen anzeigt.

Nach der Bedeutungsrangfolge werden in den Kreditinstituten vorwiegend quantitative Informationen bei Firmenkunden in Form von betriebswirtschaftlichen Auswertungen und Jahresabschlüssen, systematisch untersucht. So setzen 95,0 % der befragten Kreditinstitute diese Analysen nicht nur zur laufenden Kreditüberwachung, sondern auch zur Risikofrüherkennung ein.

Auch das institutsspezifische Ratingverfahren und die Kontoführungsanalyse haben mit 93,1 % beziehungsweise 90,6 % der Nennungen als Risikofrüherkennungsinstrument eine erhebliche Bedeutung. Diese Verfahren arbeiten mit Zahlenmaterial und lassen damit eine effiziente Auswertung, unter anderem mit Kennzahlen über die interne Datenverarbeitung zu (vgl. Portisch et al., 2013a, S. 42 ff.).

Seltener werden qualitativ ausgerichtete Risikoerkennungsinstrumente verwendet, die sich unter anderem auf die Analyse von Geschäftspartnern (Stakeholdern) wie Kunden und Lieferanten konzentrieren. Hier ergaben sich 56,0 % (2008: 33,0 %) der Nennungen. Ebenso liegt die Betrachtung von Branchengefährdungen mit 51,6 % (2008: 46,0 %) höher als bei der erstmaligen Untersuchung aus 2008. Strategieanalysen mit 21,4 % und die Überprüfung des Gesellschafterkreises mit 15,7 % der Antworten spielen nur eine untergeordnete Rolle, obwohl gerade die Abfrage der Unternehmensstrategie die Qualität des Managements offenbaren und Hinweise auf eine früh einsetzende Strategiekrise geben kann. Abb. 4.18 stellt die von Kreditinstituten angewendeten Verfahren zur Identifizierung von Gefährdungen dar.

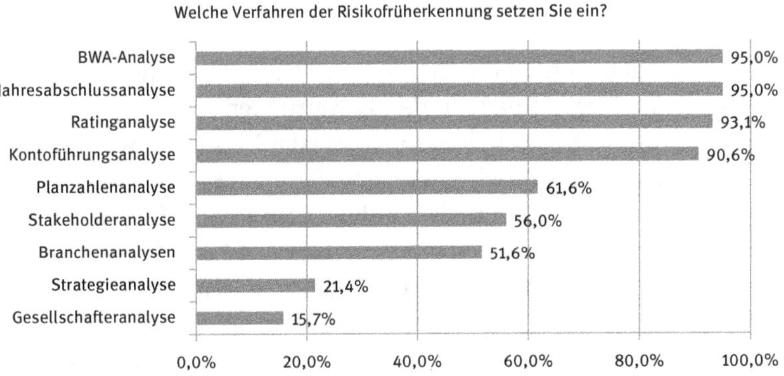

Abb. 4.18: Einsatz von Verfahren zur Risikofrüherkennung (Quelle: Eigene Darstellung)

Einzelnennungen bei Freitextantworten betreffen die intensive Nutzung eines prospektiven Ratings, die Analysen der Firmenstammdaten mit Berufsgruppe, Umsatz, Rechtsform, Beginn der Geschäftsbeziehung, Branchenbewertung, die weitere Untersuchung des Verhaltens eines Darlehensnehmers, die Auswertung externer Informationen zum Beispiel von Creditreform oder aus der Presse, die Nutzung maschineller Risikofrüherkennungsverfahren mit der Analyse der Kontoführung, des Überziehungsverhaltens, der Pfändungen, spezieller Frühwarnlisten und selbst erstellter sowie kalibrierter Verfahren wie Watch List, die Verwendung regionaler Informationen und der Einsatz banksektoreigener Risikoerkennungs-Tools.

Des Weiteren werden besondere Merkmale für die Risikoerkennung in bestimmten Branchen genannt wie bei den Schiffsfinanzierungen eigene Prognosen der Kapitaldienst- und Betriebskosten-Deckungsfähigkeit auf Basis der tatsächlichen Beschäftigungsrate sowie im Autohandel die Nutzung eigener Erfahrungen bei Absatzzahlen und Standzeiten. Nennenswerte Unterschiede in der Anwendung der verschiedenen Risikoerkennungsverfahren ergeben sich in den betrachteten Banksektoren insbesondere bei der Planzahlenanalyse sowie den verstärkt qualitativ geprägten Modellen. Die Untersuchung der Planzahlen wird deutlich häufiger von Vertretern der Privatbanken gegenüber Volksbanken sowie Sparkassen benannt. Gleiches gilt für die Stakeholderanalyse und die Analyse von Branchenrisiken. Die starke Betonung von Branchen kann damit zusammenhängen, dass die Privatbanken im Sample meist größer waren und diese gegebenenfalls bankeigene volkwirtschaftliche Abteilungen vorhalten, die wirtschaftliche (Krisen-)Sektoren genau überwachen.

Die häufige Nennung der Strategieanalyse von Privatbanken mit 61,5 % überrascht, gegenüber Sparkassen mit 19,6 % und Genossenschaftsbanken mit 18,3 %. Auch die Untersuchung des Gesellschafterkreises hat eine deutlich höhere Bedeutung für die Analysten der Privatbanken. Dies kann unter Umständen mit der Begleitung größerer Firmenkunden zusammenhängen, bei denen die Untersuchungen der wirtschaftlichen Lage ganzheitlicher und detaillierter erfolgen.

Die vorangegangen Aussagen werden durch die Auswertung nach Institutsgrößenklassen bestätigt. Deutliche Unterschiede in den Bewertungen ergeben sich bei der Planzahlenanalyse und den verstärkt qualitativ geprägten Verfahren wie der Branchenanalyse, der Strategieanalyse und der Gesellschafteranalyse. Hier zeigt es sich, dass diese aufwendigen Methoden deutlich häufiger von großen Instituten angewendet werden. Dies hängt wahrscheinlich mit den umfassenderen Personalkapazitäten in der Sanierungsabteilung und den in der Regel größeren Kreditvolumina je Einzelkunden, verbunden mit großen Ausfallrisiken und möglicherweise bestehenden Klumpenrisiken, zusammen (vgl. Portisch et al., 2013a, S. 44 ff.). Die umfassenden Verfahren einer Risikoanalyse werden häufig durch zusätzliche Kreditportfoliosteuerungsmodelle unterstützt.

Wichtig für einen Sanierungserfolg ist aus Sicht der Bankspezialisten insbesondere die Erkennung eines frühen Krisenstadiums. Im Krisenzyklus ist dies die Strategiekrise. Dies deutet auf die notwendige Bewertung der Strategie eines Unternehmens hin, um langfristige Fehlentwicklungen oder Mängel im Geschäftsmodell zu erkennen. Jedoch ist es für Externe schwierig, die Geschäftsausrichtung eines Unternehmens verlässlich zu beurteilen. Dabei ist der Firmenkundenbetreuer gefragt, der die Engagements über viele Jahre kennt. Er sollte sich zumindest einmal jährlich ein objektives Urteil über das Management und auch die Geschäftsstrategie im Verhältnis zu den Wettbewerbern und Kunden bilden und dieses schriftlich festhalten. Negative Veränderungen im Zeitablauf können dann unter Krisengesichtspunkten in Zusammenhang mit der Analyse des Zahlenmaterials gewürdigt werden.

Die Unternehmensstrategie und damit auch die Bewertung des Managements sollten deutliches Gewicht im Ratingverfahren erhalten. Das Management legt die Unternehmensziele und die individuelle Geschäftsstrategie in Abhängigkeit von der gesamtwirtschaftlichen Lage, den finanziellen Möglichkeiten und den wichtigen Akteuren auf den Belieferungs- und Absatzmärkten fest und steht damit im Kern der Beurteilung. Somit ist es aus Risikoerkennungssicht von Vorteil, sich ein neutrales Bild über die Führungsriege eines Unternehmens zu verschaffen.

Es kann jährlich ein Polaritätsprofil zu den Eigenschaften, den Qualifikationen und den Führungsmerkmalen einer Geschäftsleitung erstellt werden. Aufgrund der zu wahrenden Objektivität bei dieser schwierigen Beurteilung ist es unter Umständen von Vorteil, in festen Zeitabständen von beispielsweise fünf Jahren die Firmenkundenbetreuer in den Geschäftsgebieten rotieren zu lassen, um neutral zu bleiben und nicht zu eng Kontakt zur Unternehmerschaft aufzunehmen.

Rund 99,3 % aller Antwortenden schätzen das Erkennen eines frühen Krisenstadiums für den späteren Sanierungserfolg als sehr wichtig ein. Diese Einstufung gilt über alle Banksektoren und Größenklassen hinweg. Die Erkennung der firmeninternen Krisensignale steht auf der Bedeutungsskala der Kreditinstitute insgesamt weit oben. Daher ist es relevant Fehlentwicklungen bei Ertragskennzahlen oder Liquiditätskennzahlen eines Unternehmens festzustellen und angemessen darauf zu reagieren. Die internen Merkmale werden über alle Institutsgruppen und Bankgrößen hinweg als wichtig zur Früherkennung von Kundenrisiken und zur Erreichung des Sanierungserfolgs bewertet (vgl. Portisch, 2008f, S. 22 ff.).

Das Wahrnehmen externer Anzeichen der wirtschaftlichen Schieflage, zum Beispiel bei Faktoren, die auf eine Branchenkrise hindeuten, wird aktuell etwas seltener als wichtig eingeschätzt. Externe Kriterien bieten jedoch besondere Chancen bei der Risikoerkennung, da diese Merkmale entstehende Krisen meist früh ankündigen. Dazu sind auch die Risikoverfahren der Banken auf diese Kriterien einzustellen. Beispielsweise stellen die Preisschwankungen bei Währungen, Zinsen, Rohstoffen und Energie eine immer stärker werdende Bedrohung für das operative Ergebnis von vielen Firmen in bestimmten Branchen dar.

Die Auswirkungen von Preissteigerungen lassen sich automatisiert analysieren. So können die Wirkungen der Preisveränderungen durch Szenario-Analysen in den Erfolgsrechnungen der Firmen, die bereits in der maschinellen Bilanzauswertung der Kreditinstitute erfasst sind, transparent gemacht werden. Es lassen sich über Simulationen alternativ mögliche Zukunftsszenarien (Best Case, Normal Case oder Worst Case) generieren und deren Auswirkungen auf den Unternehmenserfolg detailliert abbilden. Die nachfolgende Abb. 4.19 zeigt die Wichtigkeit sowie den Anpassungsbedarf bei der Aufnahme von firmeninternen Merkmalen in das bankeigene Risikoerkennungssystem, um Krisen bei Firmenkunden rechtzeitig zu erkennen (vgl. Portisch et al., 2013a, S. 48 ff.). Dabei wird deutlich, dass die Risikoerkennung primär auf den quantitativen Bereichen beruht.

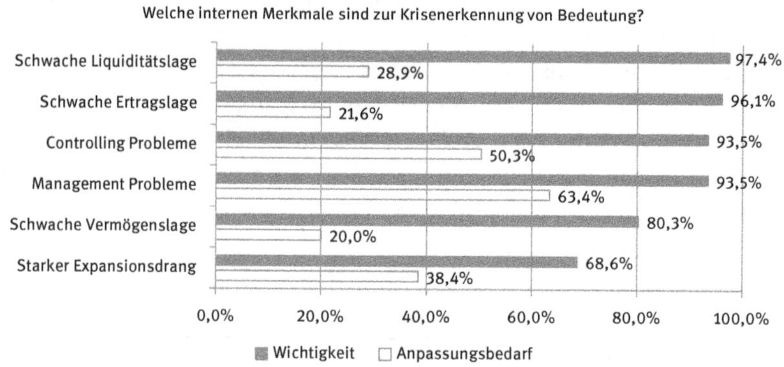

Abb. 4.19: Bedeutung firmeninterner Risikomerkmale in den Analysen (Quelle: Eigene Darstellung)

Auf der Skala liegen bei der Wichtigkeit interner Krisenerkennungsmerkmale Faktoren wie das Feststellen einer schwachen Ertrags- und Liquiditätslage, neben dem Erkennen von Management- und Controlling-Problemen, an den ersten Positionen der Wichtigkeit des Einsatzes in der Praxis. Als unwichtigere Risikokriterien werden die Analyse der Vermögenslage sowie die Beurteilung einer unangemessen starken Expansion eingeschätzt.

Ein Anpassungsbedarf der bankeigenen Risikosysteme wird insbesondere bei den qualitativen Analysen des Managements und des Firmencontrollings gesehen. Die bestehenden quantitativen Auswertungsverfahren werden dagegen in den Kreditinstituten als weitgehend gut befunden und eine Notwendigkeit zur Veränderung der Systeme wird nicht konstatiert. Die Vertreter unterschiedlicher Banksektoren messen bei den internen Risikomerkmalen gerade der Liquiditätslage und der Ertragslage eine hohe Wichtigkeit zu. Des Weiteren wird als qualitativer Faktor potenziellen Managementproblemen Beachtung geschenkt. Als weniger bedeutend schätzen Privatbanken eine schwache Vermögenslage ein.

Dagegen werden von diesen Banken Expansionsprobleme als Gefährdungsmerkmal deutlich höher eingestuft als in den übrigen Sektoren. Einen großen Bedarf zur Veränderung der hauseigenen Risikosysteme sehen gerade die Befragten aus Genossenschaftsbanken insbesondere bei der Erfassung von Managementproblemen. Die Probanden aus Sparkassen sowie Landesbanken versprechen sich zudem viel von einer intensiven Untersuchung und Bewertung des internen Controllings von den krisenbehafteten Unternehmen.

Bei der Beurteilung der Wichtigkeit externer Krisenanzeichen liegen die Bewertungen unter dem Bedeutungsgrad der internen Merkmale. Mögliche Forderungsausfälle, Abhängigkeiten zu Kunden und Lieferanten sowie Veränderungen von Technologien und Trends werden als wichtige Indizien eingestuft.

Die Bewertungen zur Bedeutung externer Krisensignale aus den unterschiedlichen Banksektoren fallen sehr unterschiedlich aus. So werden Veränderungen der Märkte von Antwortenden aus Privatbanken als deutlich wichtiger eingeschätzt als beispielsweise von Vertretern aus Genossenschaftsbanken und Sparkassen.

Dagegen wird der Bedarf zur Erfassung von Technologie- und Marktänderungen in den Risikosystemen von Sparkassen und Genossenschaftsbanken betont. Die weitergehende Berücksichtigung von Preisrisiken in den bankeigenen Risikosystemen wird insbesondere von den Sparkassenvertretern konstatiert. Gemäß den Bewertungen der Institute aus den unterschiedlichen Bankgrößenklassen ist ein Bedarf zur Anpassung oder Erweiterung der Risikosysteme bei kleineren Banken in den Bereichen der Erfassung von Preisrisiken und der Berücksichtigung von möglicherweise bedrohlichen Ausfallrisiken bei Debitoren zu bemerken. Die nachfolgende Abb. 4.20 zeigt die Wichtigkeit und den Anpassungsbedarf zur Aufnahme von möglichen externen Risikofaktoren in die Banksysteme, um Krisen bei Firmenkunden frühzeitig zu erkennen (vgl. Portisch et al., 2013a, S. 50 ff.).

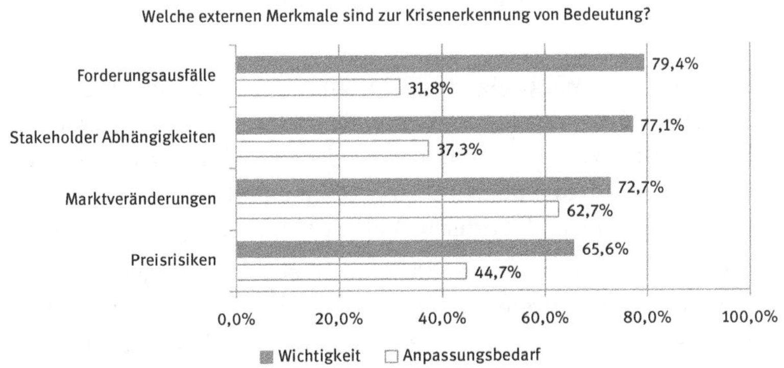

Abb. 4.20: Wichtigkeit externer Risikofaktoren in den Analysen (Quelle: Eigene Darstellung)

Mit einer stärkeren Integration qualitativer Kriterien in die Risiko- und besonders die Ratingsysteme der Banken lassen sich Krisen bei Firmenkunden unter Umständen frühzeitiger erkennen. Dazu wäre die Erfassung erster strategischer Probleme optimal, um das Krisenentstehungsszenario frühzeitig zu verhindern. Es war auch die Frage von Interesse, in welchem Stadium der Krise die Engagements in der Regel an die Problemkreditbetreuung übergeleitet werden und in welcher Krisenphase eine Bank Kenntnis von der Schieflage eines Kunden erlangt. So berichten 94,8 % der Vertreter, dass erst das Stadium der Liquiditätskrise von der Bankenseite regelmäßig identifiziert wird. Auffällig war auch, dass nur 57,4 % der Vertreter aus den Kreditinstituten ankreuzen, dass sie die Erfolgskrise erkennen.

Zudem berichten immerhin 27,7 % der Befragten, dass sie erst im Stadium der Insolvenz die Kenntnis von einer Schieflage der Firmen erhalten. Die Nennungen beim Erkennen der Strategiekrise fallen mit 3,9 % der Antworten wie erwartet sehr gering aus wie die nachfolgende Abb. 4.21 zeigt.

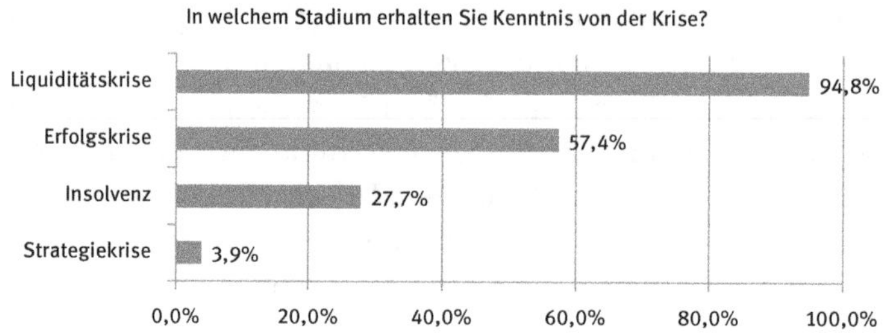

Abb. 4.21: Stadium der systematischen Krisenerkennung (Quelle: Eigene Darstellung)

Die Strategiekrise ist von den Marktfolgemitarbeitern schwerlich zu erkennen. In diesem Bereich ist insbesondere der Firmenkundenbetreuer aufgefordert wachsam zu sein. Risikofrüherkennungssysteme sollten strategische und marktnahe Elemente aufweisen, um ein frühes Stadium der Krise zu erkennen und mit Sanierungsmaßnahmen gegenlenken zu können (vgl. Portisch et al., 2013a, S. 52 ff.).

Starke Veränderungen zu der Umfrage aus 2008 haben sich nicht ergeben. Seinerzeit kreuzten rund 60,0 % der Vertreter aus den Banken an, dass das Stadium der Erfolgskrise regelmäßig erkannt wird und eine Überleitung an bankinterne Sanierungsspezialisten erfolgt. Etwa 93,0 % der Befragten äußerten, dass bereits die zeitlich folgende Stufe der Liquiditätskrise vorliegt und in 31,0 % der Fälle wurden Engagements erst im Stadium der Insolvenz an die Spezialabteilung abgegeben. Das Bemerken einer Strategiekrise wurde nur von 5,0 % der Probanden geäußert.

Damit erhalten viele der Institute erst im Stadium der Liquiditätskrise Kenntnis von der wirtschaftlichen Schieflage des Kreditnehmers und leiten eine Übergabe an die Sanierungsabteilung ein. Wird erst diese späte Stufe einer Liquiditätskrise erkannt, reduzieren sich die Chancen, der Krise erfolgreich zu begegnen. Handlungsoptionen verringern sich erheblich, da finanzielle Ressourcen verbraucht wurden. Eine effiziente sowie zeitnahe Überleitung von erhöht risikobehafteten Engagements an eine Spezialabteilung erfordert daher klare Prozesse und Strukturen in der bankinternen Kreditorganisation mit detaillierten Übergaben. Daher sind hohe Anforderungen an die Bankorganisation in diesem Bereich der erhöht risikobehafteten Forderungen zu stellen, damit eine zeitnahe Übergabe erfolgt.

4.2 Bankorganisation und Prozesse der Sanierung

Lernziele:
Organisationsmodelle von Sanierungsabteilungen kennen
Ablaufprozesse bei Sanierungsfällen in Kreditinstituten wissen
Spezialprobleme bei Kreditengagements beurteilen können

In diesem Kapitel werden die verschiedenen internen Aufbauorganisationsformen von Sanierungsabteilungen in den Kreditinstituten sowie die Ablaufprozesse zur Behandlung der Krisenengagements dargestellt und beurteilt. Zu beachten sind die Anforderungen der MaRisk zum organisatorischen Aufbau des Kreditgeschäfts und zur inhaltlichen Ausgestaltung der Behandlung von Problemkrediten. Wesentlich ist dabei die Realisierung einer klaren Funktionstrennung zwischen dem Markt und der Marktfolge. Des Weiteren sind detaillierte Regelungen zur Kompetenzverteilung im Entscheidungsprozess zu treffen. Zudem sind diese Abläufe unter Umständen zu differenzieren, damit eine optimale Verteilung der engen Personalkapazitäten auf die wichtigen Fälle erfolgt. Es ist jedoch zu beachten, dass erfolgreiche Sanierungen erhebliche positive Ertragsauswirkungen entfalten können.

Zunächst werden alternative bankinterne Organisationsmodelle betrachtet, die in der Praxis angewendet werden können. Dabei zeigt sich, dass die Einbindung der marktnahen Bereiche variieren kann. Es wird bewertet, welche Strukturmodelle in der Praxis Vorteile bieten. Anschließend werden die prozessualen Besonderheiten zur Betreuung der Problemengagements untersucht. Neben der genauen Zuordnung der Engagements auf Intensiv-, Sanierungs- und Abwicklungskunden, wird auf eine genaue Risikoerfassung sowie Berichterstattung an den jeweiligen Kompetenzträger Wert gelegt. Zudem ist es von Bedeutung, dass Schnittstellen festgelegt, Zuständigkeiten abgegrenzt sowie Doppelarbeiten vermieden werden.

Aufbauend auf den Empfehlungen zu den Strukturen und den Prozessen werden besondere Probleme bei verbundenen Kreditrisiken, operationellen Risiken sowie Gefährdungen aus Beteiligungen von Banken an Krisenfirmen aufgezeigt. Die effiziente Steuerung und enge Begleitung von Sanierungsfällen ist ein wesentlicher Erfolgsfaktor für Kreditinstitute. Eingegangen wird auch auf die Votierung, die Einrichtung der Prozesse, die Ausgestaltung des Intensivbereiches und die Festlegung der Höhe einer angemessenen Risikorelevanzgrenze.

Eine andere Richtung verfolgt der NPL-Leitfaden für große Kreditinstitute, die von der Europäischen Zentralbank direkt beaufsichtigt werden. Es wird stärker auf formale Aspekte als auf inhaltliche Begleitungen einer Sanierung eingegangen.

4.2.1 Bankinterne Steuerung der Sanierung

Das Kreditgeschäft ist nach MaRisk AT 4.3.1. Rn. 1 und BTO 1.1 Rn. 1 mit einer klaren Trennung der Zuständigkeiten auf die Bereiche Markt und Marktfolge zu organisieren (vgl. Hannemann et al., 2011, S. 483 ff. und Falter, 2007, S. 571 ff.). Unter dem Sektor Markt werden die jeweiligen Firmenkundenbetreuer, marktverantwortlichen Leiter und Bankvorstände subsumiert, die für eine direkte Betreuung der Kunden zuständig sind. Diese sind verantwortlich für ihre vertrieblichen Zielsetzungen und verhandeln die Finanzierungsstruktur und die zu stellenden Sicherheiten. Diese Finanzierungsvorbereitung wird mit der Bonitätseinschätzung im Rating des Marktes dokumentiert und stellt das Erstvotum dar. Damit es zu einer Kreditvergabe kommt, ist ein positives Zweitvotum durch die Marktfolge erforderlich. Die Marktfolge führt dazu eine umfassende Kreditwürdigkeitsprüfung durch.

Dazu werden die Kapitaldienstdeckung in Form der zu erbringenden Zins- und Tilgungsleistungen verifiziert, die Sicherheitenstruktur überprüft sowie das endgültige Rating berechnet. Des Weiteren wird die Marktfolge eine Plausibilitätsprüfung der Kundenangaben als auch des Erstvotums vornehmen (MaRisk, 2017, BTO 1.1 Rn. 2). Nach dem Ergebnis der Untersuchungen wird dem Erstvotum entweder zugestimmt oder es werden Auflagen an den Markt übermittelt, die vor der Vergabe eines positiven Zweitvotums erfüllt sein müssen. Mit dem Abschluss dieser Kreditwürdigkeitsprüfung durch ein positives Zweitvotum der Marktfolge, werden die weiteren Schritte im Kreditprozess ausgelöst. Diese Prozesse werden in der Regel von einer separaten Kreditbetreuung vorgenommen. Zu ihren Aufgaben gehören die vertragliche Gestaltung der Finanzierungsstruktur, die Prüfung der Sicherheiten und die Archivierung der Dokumente. Die folgende Abb. 4.22 stellt den Kreditentscheidungsprozess mit Markt und Marktfolge dar (vgl. Portisch, 2016a, S. 122 ff.).

Eng verbunden mit den Kreditentscheidungsprozessen ist auch die Votierung zur Kreditentscheidung. Dabei sind auch die Kreditkompetenzen für die erhöht risikobelasteten Bereiche anzugeben. Diese sind institutsindividuell, in Abhängigkeit von den jeweiligen ausgestalteten Prozessen, dem Kreditportfolio in Bezug auf Granularität, Segment, Branche und Größenklasse festzulegen.

Grundsätzlich erfordert der Abschluss eines anlassbezogenen oder überwachenden Kreditprozesses zwei zustimmende Voten der Bereiche Markt und Marktfolge gemäß MaRisk BTO 1.1 Rn. 2. Bei den nicht-risikorelevanten Geschäften beispielsweise im Mengengeschäft kann aus MaRisk auf diese organisatorisch unterlegte Doppelvotierung verzichtet werden. Dieses ist in den internen Richtlinien der Banken detailliert darzulegen. Jedoch sind auch für diese nicht risikorelevanten Geschäfte angemessene und wirksame Kreditprozesse auszugestalten (MaRisk, 2017, BTO 1.1 Rn. 4). Die Abgrenzung zwischen dem risikorelevanten sowie dem nicht-risikorelevanten Geschäft ist eindeutig auszugestalten und unter Risikogesichtspunkten institutsindividuell anzupassen (vgl. DSGV, 2018, S. 152 ff.).

Dabei ist zu beachten, dass diese Grenze auch in Anlehnung an die Kosten und den Nutzen aus den erfolgreichen Sanierungen festgelegt wird, denn vielfach ist zu beobachten, dass Kreditinstitute ausschließlich auf die Kosten der Betreuung achten. Dann besteht die Gefahr, dass die Risikorelevanzgrenze, auch für den Sanierungsbereich zu hoch angesetzt wird und Chancen aus der Auflösung von Wertberichtigungen werden nicht genutzt, da entweder ein vereinfachter Bearbeitungsprozess, ein Outsourcing der Bearbeitung oder ein Verkauf der Engagements erfolgt. Damit die Grenze optimal festgelegt wird, sind eine Kostenrechnung und ein Controlling in der Sanierung einzurichten (vgl. Portisch et al., 2013a, S. 239 ff.).

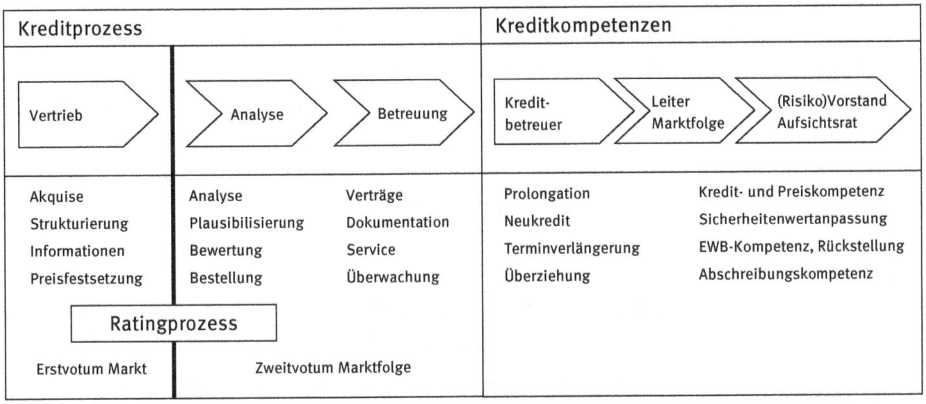

Abb. 4.22: Kreditentscheidungsprozess und Kompetenzen (Quelle: Eigene Darstellung)

Vereinfachungen von der Doppelvotierung und der Funktionstrennung können bei Kreditgeschäften vorgenommen werden, die durch Dritte initiiert wurden. Die Funktionstrennung und das Vier-Augen-Prinzip gelten grundsätzlich für das Normalkreditgeschäft, aber auch für Engagements, die einem Intensivbereich übertragen werden. Erfolgt eine Umklassifizierung in die Bereiche Sanierung, Abbauportfolio oder Abwicklung, ist dagegen eine Votierung und Entscheidung allein durch die marktunabhängigen Bereiche möglich. Dies ist die auf die Bearbeitung von erhöhten Risiken behaftete Spezialmarktfolge der Problemkreditbearbeitung und gilt für risikorelevante Geschäfte (vgl. MaRisk BTO 1.2.5 Rn. 1, DSGV, 2018, S. 156).

In der Regel werden dort die Votierung und die Kreditentscheidung von ein und derselben Person vorgenommen. Aufgrund der erhöhten Risiken in der Sanierung und Abwicklung mit einer umfassenden Wirkung auf die Ertragslage der Bank kann davon auch abgewichen werden. Es sollte daher bankintern auch für die Problemkreditbetreuung möglichst eine Doppelvotierung beziehungsweise eine Entscheidung nach dem Vier-Augen-Prinzip umgesetzt werden.

Auch für abweichende Voten sind Entscheidungsregeln gemäß MaRisk BTO 1.1 Rn. 6 einzuführen, im Rahmen eines Eskalationsverfahrens. Damit entscheidet gegebenenfalls die höhere Abteilungsstufe den Fall. Bei Entscheidungen über Sanierungs- und Abwicklungsengagements ist der Genehmigungsprozess oft eng mit der Kreditkompetenz verbunden. Aufgrund des hohen Risikogehaltes sind diese Engagements vielfach von einem Risikovorstand oder Gesamtvorstand zu entscheiden. Es wird in den MaRisk im Detail offengelassen, ob ein zusammenfallen von Votierung und Entscheidung besteht. Die nachfolgenden Entscheidungsfallkategorien mit den einhergehenden Mindestanforderungen existieren im Kreditgeschäft:

- Nicht-risikorelevantes Geschäft: Votum ist gleich Kreditentscheidung und durch eine Person umsetzbar, wenn nicht bankinterne Regelungen dagegen sprechen.
- Risikorelevantes Kreditgeschäft der Normalkreditbetreuung: Zwei zustimmende Voten mit Kreditkompetenz bedeuten eine Entscheidung.
- Risikorelevantes Kreditgeschäft in der Sanierung und Abwicklung: Votum der Spezialmarktfolge ist bei Kreditkompetenz gleich Kreditentscheidung.

Im Rahmen von Entscheidungen über Sanierungskredite ist eine Votierung aus dem marktunabhängigen Bereich oder dem Spezialbereich als Mindeststandard ausreichend. Dies gilt auch für Engagements in Abbauportfolien, wobei die Bestände sowie die jeweils verfolgte Intention vom Institut nachvollziehbar darzustellen sind, beispielsweise über ein erarbeitetes Abbaukonzept.

Die Organisation und die Abläufe im Kreditgeschäft verändern sich mit dem erhöhten Risikogehalt der Kreditengagements. Daher sind Strukturen der Intensivbetreuung und der Behandlung von Problemkrediten aus MaRisk BTO 1.2.4 und BTO 1.2.5 einzurichten. Die Entscheidungsbefugnisse verlagern sich in diesem Zuge bei den Intensivkunden und Problemkrediten weitestgehend auf die Spezialmarktfolge. Die MaRisk belassen Kreditinstituten jedoch ausreichend Handlungsspielraum bei der operativen Ausgestaltung der Organisation sowie der Prozesse zur Betreuung erhöht risikobehafteter Kreditengagements.

Hilfreich bei der Steuerung ist eine Durchstrukturierung des Intensiv- und Problemkreditbereiches mit einer Differenzierung des Kreditportfolios in trennscharfe Segmente. Diese Gruppierung kann in Abstimmung mit dem institutsspezifischen Ratingsystem aufgrund einer ansteigenden Risikointensität und wachsender Ausfallwahrscheinlichkeiten erfolgen. Das Kreditportfolio ist nach bankeigenen Segmentierungskriterien durchzuschichten in verschiedene Bereiche und die daran angelehnten Handlungsstrategien (vgl. Ifftner, 2012, S. 222 ff.):

- Normalkreditbetreuung
- Kann- oder Muss-Intensivbetreuung
- Sanierung
- Abwicklung
- Abbauportfolio

Aus der Klassifizierung sowie den individuell festzulegenden Engagementstrategien lassen sich die Organisationsstrukturen und die unterschiedlichen Prozesse, die Bearbeitungsrichtlinien und die Mitarbeiterprofile ableiten. Bei der Ausgestaltung des Organisationsmodells sollte eine Ausgewogenheit zwischen der Möglichkeit einer schnellen und wirkungsvollen Reaktion auf stark ansteigende Risiken und einer Effizienz der Bearbeitung gelingen.

Im Rahmen der Anwendung von Verfahren zur Früherkennung von Risiken kann ein Institut unter Risikogesichtspunkten besondere Arten von Kreditgeschäften oder Geschäfte unterhalb bestimmter Größenordnungen von der Intensivbetreuung und der Problemkreditbearbeitung mit der Festlegung der Risikorelevanzgrenze ausnehmen. Die Gefahr eines Ausfalls aus diesen Positionen ist entsprechend höher, allerdings werden auch die Kosten einer aufwendigen Betreuung eingespart.

Da von Kreditinstituten aktiv begleitete Sanierungen bei Firmenkunden meist lukrativ sind und mit der Auflösung der Risikovorsorge ein Ertrag entsteht sowie eine Abschreibung vermieden wird, ist von einer zu hohen Bedeutung der reinen Kostenbetrachtung in der Sanierung abzusehen. Die Entscheidungen zur Festlegung der Mitarbeiterkapazitäten, der Ausgestaltung der Sanierungsprozesse und der Aufteilung auf verschiedene Komplexitätsgrade der Bearbeitung sowie die Bestimmung der Risikorelevanzgrenze sind sorgfältig abzuwägen und auf rechnerischer Basis zu treffen. Dazu sind ein Prozesskostenrechnung und ein Controlling in der Sanierung und Abwicklung vorzuschalten. Die Risikorelevanzgrenze kann anhand eines Kriteriums wie dem Kreditvolumen festgelegt werden oder von weiteren Bestandteilen wie dem Rating oder auch dem Blankoteil abhängig gemacht werden.

Definition: Die **Risikorelevanzgrenze** beschreibt ein quantifiziertes Volumen, bei denen Kreditnehmer von den klassischen Vorgehensweisen der Aufbauorganisation und Abläufe nach MaRisk von der Betreuung ausgenommen werden können. Dieses betrifft beispielsweise die geforderte Doppelvotierung im Rahmen des Vier-Augen-Prinzips sowie die Intensivbetreuung, Sanierung oder Abwicklung. Diese Grenze kann in Anbetracht des Kundensegments, der Branche oder der Größenklasse der Kreditnehmer individuell in einem Institut festgelegt werden. Aus Gründen der Klarheit wird als Risikorelevanzgrenze oft das Kreditvolumen, in Höhe von 750 TEuro des § 18 KWG, herangezogen.

Es sind ausreichende Kapazitäten an qualifizierten Mitarbeitern in diesen Sonderbereichen Intensiv, Sanierung und Abwicklung vorzuhalten, da meist eine erhebliche Ertragsbedeutung besteht. Somit ist zumeist auch die Begleitung kleinerer Fälle im Rahmen eines individuell geprägten Sanierungsprozesses für viele Institute ertragreich. Bei der Bearbeitung von Firmenkunden ist zu beachten, ob unter Umständen neben klassischen kleinen und mittleren Unternehmen in der Problemkreditbearbeitung auch komplexe Sanierungsengagements vorkommen, wie bei strukturierten Finanzierungen oder Projektfinanzierungen. Institute mit Branchenschwerpunkten sollten auf den Sektor bezogene Bearbeitungswege einrichten.

In Anlehnung an das bankindividuelle Risiko und die Größenklassen der Kreditengagements kann die Ausgestaltung der Organisationsstruktur in der Praxis stark variieren (MaRisk, 2017, BTO 1.4 und 1.2.5). Dabei kann die Einbindung des Marktes in den Spezialbereichen der Intensiv, Sanierung und Abwicklung unterschiedlich ausfallen wie Abb. 4.23 zeigt (vgl. Ifftner, 2012, S. 224).

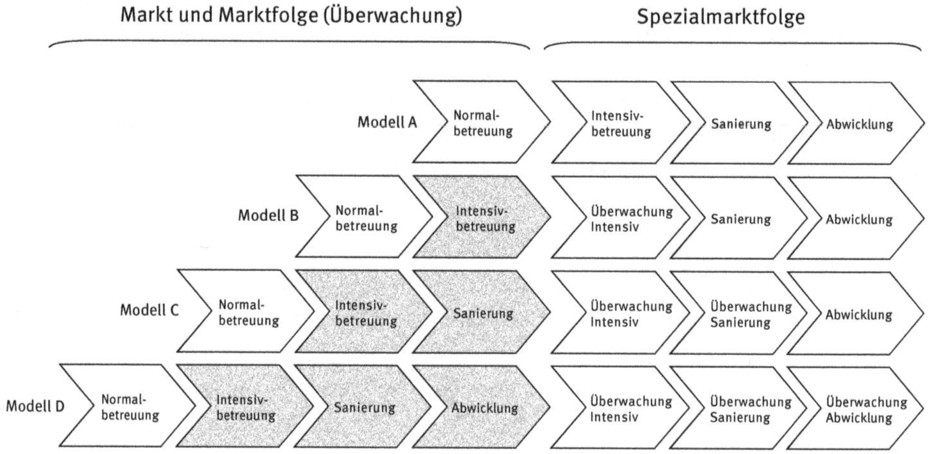

Abb. 4.23: Organisation Intensiv, Sanierung, Abwicklung nach MaRisk (Quelle: Eigene Darstellung)

Modell A zeigt die komplette Übergabe der problematischen Engagements an eine Marktfolge und lässt sich als Spezialistenmodell klassifizieren. Der Markt ist bereits bei den Intensivfällen nicht mehr involviert. Dieses schont Vertriebskapazitäten und ermöglicht die Steuerung von Risikoengagements auf einem hohen Niveau. Jedoch ist die Übertragung von Problemkunden in den Sanierungsbereich sowie zurück in die Normalkreditbetreuung mit einem Betreuerwechsel verbunden. Dies vergrößert den Aufwand und kann die Kundenbeziehung belasten.

Modell B stellt mit der Spezialisierung der Marktfolge auf Sanierungs- und Abwicklungsfälle ein häufig praktiziertes Modell dar. Zum einen kann dort das Spezialwissen gebündelt werden und zum anderen wird berücksichtigt, dass Intensivengagements oft auch wieder in die Normalbearbeitung zurückübertragen werden. Der Bereich der intensiv zu führenden Kreditkunden wird durch die Spezialkreditabteilung in der Marktfolge überwacht. Es kann die Problemkreditbearbeitung bedarfsgerecht eingebunden werden, zum Beispiel in die Gesprächsführung und bei der Begleitung von besonders komplexen Fällen. Die Sanierungs- und Abwicklungskunden werden durch gesonderte Einheiten betreut. Darüber werden die Ressourcen im Markt geschont und eine fachliche Bearbeitung auf betriebswirtschaftlich sowie rechtlich hohem Niveau wird sichergestellt.

In den **Modellen C** und **D** erfolgt die Begleitung in den verschiedenen Risikostadien durch den Markt und die Normalkreditbearbeitung. Zusätzlich findet eine Überwachung durch die Spezialmarktfolge in den Bereichen Intensiv, Sanierung und Abwicklung statt. Diese Strukturen eignen sich für kleine Banken, bei denen der Aufbau einer Spezialabteilung aus Kosten-Nutzen-Überlegungen nicht lohnenswert erscheint. Die Risikoengagements werden weitgehend im Markt belassen.

Es ist von jeder Bank zu prüfen, welches Organisationsmodell individuell geeignet erscheint. Dies wird von verschiedenen Kriterien abhängen, wie der Größe des Instituts, der bankspezifischen Kreditrisikostrategie, der Anzahl und der Größenordnung der Problemkreditengagements und den vorhandenen personellen Ressourcen (vgl. Ifftner, 2012, S. 225 ff.). Zudem ist über den regionalen Aufbau und den Konzentrationsgrad dieser Abteilungen zu entscheiden. Entschließt sich eine Bank für die feste Installierung einer Fachabteilung für Problemkreditkunden, können verstärkt zentrale oder dezentrale System eingerichtet werden, je nach Zielrichtung einer Spezialisierung oder Kundennähe. Es zeichnet sich eine zunehmende Zentralisierung dieser Abteilungen ab. Diese ist notwendig, um die immer komplexer werdenden Fälle, in denen immer mehr Spezialkenntnisse erforderlich sind, professionell begleiten zu können. Zudem kann dann das Fachwissen über Sanierungsfälle gebündelt werden. So wird die Einrichtung einer zentralen Spezialabteilung zur Behandlung von Intensivfällen, Sanierungen und Abwicklungsengagements empfohlen (vgl. Hannemann et al., 2011, S. 567 ff.). Dabei spielt die konjunkturelle Lage eine Rolle. Eine geringe Anzahl an Sanierungs- und Abwicklungsfällen fördert Konzentrationsprozesse in den Banken und damit die Zentralisierung.

In den Kreditinstituten werden diese Spezialabteilungen mit vielfältigen Namen wie Sanierungsabteilung, Sanierungsmanagement, Intensivabteilung, Work Out Group oder neuerdings auch als Consulting bezeichnet. Dabei können sich der Aufbau und die Tätigkeiten dieser Bereiche in verschiedenen Instituten deutlich unterscheiden. Im Folgenden werden ausgewählte Organisationsstrukturen und die damit zusammenhängenden Aufgaben- sowie Kompetenzverteilungen dargestellt und beurteilt. Dabei wird auch auf neuere Entwicklungen im Rahmen der aktuellen MaRisk eingegangen. So sind die Bereiche Intensiv und Sanierung aufeinander abzustimmen und Betreuungsausnahmen zu beachten (MaRisk, 2017, BTO 1.2.5 Rn. 2).

Das zentrale Organisationsmodell hat einen stark konzentriert geprägten Charakter. Problemkreditengagements, bei denen auffällige Risiken bestehen, werden von der Fachabteilung dann umfassend betreut. Der Leiter einer zentralen Sanierungsabteilung übernimmt vorwiegend administrative und steuernde Aufgaben sowie zum Teil operative Tätigkeiten mit der Betreuung der für die Bank bedeutenden Krisenfälle. Die Bearbeitung der übrigen Engagements erfolgt in Teams von Sanierungsberatern mit Kundenkontakt und Analysten im Backoffice. Die Akteure im Team können sich aus Individual- und Standardsanierern zusammensetzen, die unterschiedlich komplexe Fälle betreuen und sich gegenseitig vertreten, wie Abb. 4.24 verdeutlicht.

Auf diese Art können die Standardsanierer an die größeren Fälle herangeführt werden. Die Gruppen können alternativ auch in Team 1 nur mit Individualsanierern und in Team 2 ausschließlich mit Standardsanierern besetzt werden, um so Spezialisierungsvorteile für die Fallbearbeitungen zu erbringen.

Abb. 4.24: Sanierungsabteilung im zentralen Organisationsmodell (Quelle: Eigene Darstellung)

Oftmals arbeiten in dieser Organisationsform die Sanierer und die Vertriebsverantwortlichen mit weiteren internen Spezialisten und unter Umständen mit externen Beratern zusammen in Projektteams. Diese Konstellation ist häufig bei der Bearbeitung von größeren Krisenengagements anzutreffen. Aufgrund einer hohen Komplexität der zu bearbeitenden Aufgaben ist dieses Vorgehen sinnvoll. Die Zusammenarbeit weist Komponenten einer Projektgruppe auf, der zeitlich begrenzt die Aufgabe der Sanierung eines Kunden übertragen wird. Auf diese Art lässt sich das Fachwissen bündeln und die Expertenkenntnisse lassen sich optimal nutzen.

Wird die Entscheidungskompetenz bankintern auf mehrere Personen aufgeteilt, besteht die Gefahr von Effizienzverlusten. So können sich wie in einer mehrdimensionalen Matrixorganisation erhebliche Konflikte aus unklaren Kompetenzregelungen und unterschiedlichen Risikopräferenzen sowie Interessenlagen der Entscheidungsträger ergeben. Daher sollte die Hauptverantwortlichkeit für ein Engagement einer Person zugeordnet werden. Optimal erscheint es, wenn der Individualsanierer beziehungsweise der Standardsanierer gleichzeitig auch Kompetenzträger für das Krisenengagement ist, da bei diesen Personen die Fäden in der Sanierung zusammenlaufen. Dennoch sollte bei den Intensiv-, den Sanierungs- sowie Abwicklungsfällen das Vier-Augen-Prinzip praktiziert werden.

Des Weiteren ist abzuwägen, ob der ehemalige Firmenkundenbetreuer weiter Ansprechpartner für den Kunden bleibt. Vorteilhaft kann unter Umständen sein, dass das Vertrauen des Kunden erhalten bleibt, wenn erhebliche Sanierungseinschnitte erfolgen. Im Falle des Turnarounds wird das Engagement in die Kompetenz des Vertriebs und der Normalkreditbearbeitung zurückübertragen. Es ergibt sich dann kein Wechsel in der Betreuung. Nachteilig ist, wenn Abstimmungsschwierigkeiten zwischen dem Firmenkundenbetreuer und Sanierer bestehen, nicht konsequent vorgegangen wird und deutliche Interessenkollisionen existieren.

Zudem wird der Vertrieb mit sehr aufwendiger Sanierungsarbeit belastet. Zu favorisieren ist die komplette Übergabe der Sanierungsfälle an die Spezialisten in der zentralen Sanierungsabteilung. Bei Intensivkunden ist individuell zu entscheiden, ob eine sofortige Komplettüberleitung erfolgt oder zunächst ein Abwarten bis eine Entscheidung über die künftige Begleitung gefallen ist.

Die Komplettübergabe von kritischen Problemengagements an einen Bereich der Sanierung vereint mehrere Vorteile. Hauptvorzüge sind die schnelle Einbringung des Expertenwissens und die Möglichkeit der zeitnahen Abstimmung mit dem Kunden, die in Sanierungsfällen wichtig ist.

Übernimmt ein Sanierungsteam die Engagementbegleitung, so ist eine professionelle Betreuung aus wirtschaftlicher sowie rechtlicher Sicht gewährleistet. Die ehemals Verantwortlichen in der Kreditabteilung werden entlastet und eine einheitliche Problemanalyse und Entscheidungspolitik wird gewährleistet. Bei der Bearbeitung der Sanierungsfälle sind das Fachwissen und auch die Erfahrung Voraussetzungen für eine qualitativ hochwertige Begleitung. Nachteilig ist, dass diese Bearbeitungsform kostenintensiv ist, da teure Sanierungsspezialisten auch in Zeiten mit geringen Zahlen von Problemfällen vorgehalten werden müssen. Dann kann es sich anbieten, Beratungsleistungen auch anderen Kreditinstituten zu offerieren, um die zentralen Ressourcen dauerhaft auszulasten. Ausgewählte Vorteile des spezialisierten und zentralen Sanierungsmodells sind:

- Aufbau und Bündelung von Spezialwissen in der Sanierung
- Engagementüberblick über alle Krisenfälle einer Bank
- Einheitliche Umsetzung einer Kreditrisikostrategie

Das verstärkt dezentrale Organisationsmodell kombiniert zentrale mit dezentralen Elementen. Der Leiter der Zentraleinheit übernimmt in diesem Fall vorrangig steuernde Aufgaben. Die Krisenfälle der Bank werden bei diesem Modell nur partiell in der Zentrale, unter anderem bei der Votierung, bearbeitet. Die Aktenführung und die Datenaufbereitung verbleiben für alle Engagements in den ursprünglichen regionalen Krediteinheiten. Diese dezentralen Analysten erhalten zudem eine limitierte Entscheidungskompetenz für kleine Firmensanierungen. Die Engagementsteuerung wird beim Überschreiten von festgelegten Risikolimiten von den Sanierungsbetreuern der Zentrale wahrgenommen.

Beim Übersteigen der Grenzen sind die zentralen Sanierungsbetreuer alleinige Kompetenzträger und für die Risikostrategie und den Kundenkontakt zuständig. Der bislang zuständige Firmenkundenbetreuer gibt bei dem Modell seine Betreuungsfunktion vollständig an die Sanierer ab und das Engagement wird komplett an die Spezialabteilung übertragen. Die folgende Abb. 4.25 zeigt das Organigramm bei diesem gemischten Betreuungskonzept mit regionalen Elementen. Die Sanierungsanalysten führen in dem dezentralen Modell die Untersuchungen auf Gesamtbankebene durch und entwickeln die Risikosysteme der Bank weiter.

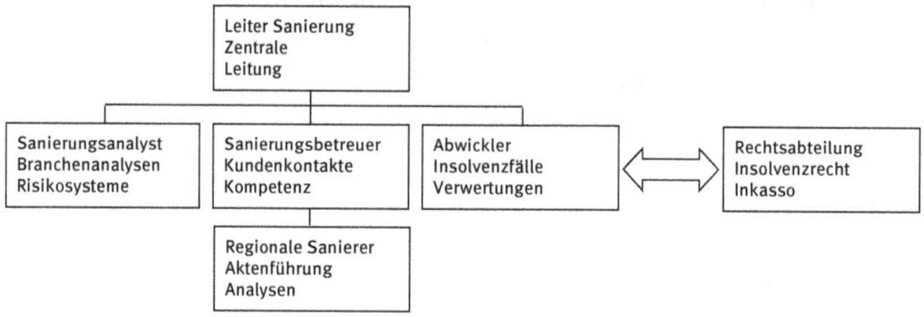

Abb. 4.25: Sanierungsabteilung im dezentralen Organisationsmodell (Quelle: Eigene Darstellung)

Die Abwickler übernehmen die Verwertung von Sicherheiten und betreuen gekündigte Engagements und auch Insolvenzfälle. Ausgegliedert ist die Rechtsabteilung. Es kann dann von Seiten der Sanierer und Abwickler fallweise, bei rechtlichen Spezialproblemen, auf die Fachleute der Rechtsabteilung zurückgegriffen werden. Besondere Vorzüge dieser Organisationsform sind:

- Stärkere Kundennähe der in der Region verteilten Sanierer
- Schnelle Bearbeitung kleiner Krisenfälle durch dezentrale Büros
- Aufbau von Sanierungsspezialwissen in den regionalen Gebieten

In einem abgewandelten Organisationsmodell verbleiben die Sanierungsfälle in der Betreuung der bisherigen Kreditverantwortlichen und die Votierung und die Kompetenzen werden von der Marktfolge wahrgenommen (vgl. David, 2001, S. 196 ff.). Dieses System hat den Vorteil, dass die Mitarbeiter in den Normalkreditabteilungen spezielles Fachwissen aufbauen und erhebliche Erfahrungen bei der Risikobeurteilung sammeln können. Die Einblicke können zudem bei bislang unauffälligen Kreditengagements genutzt werden. Die Kreditanalysten kennen die Unternehmen oft Jahre und es entstehen keine Schnittstellenprobleme.

Bei dem erfolgreichen Turnaround entfällt die Engagementüberleitung. Jedoch fehlen oftmals das Spezialwissen und die Strukturen für eine einheitliche Behandlung von Krisenfällen. Zudem besteht die Gefahr der Überlastung der Normalkreditbearbeitungen, da Sanierungsfälle einer meist intensiven Betreuung bedürfen. Die langjährige Betreuung eines Firmenengagements in der Sanierung kann zudem dazu führen, dass wesentliche Risikoaspekte übersehen oder Kunden nicht mehr neutral eingeschätzt werden. Harte Einschnitte sind dann schwierig umsetzbar. Zudem ergeben sich Konflikte mit den MaRisk, die eine Konzentration der Problemkreditfälle auf spezialisierte Einheiten vorsehen. Des Weiteren werden Haftungsrisiken sowie Anfechtungsrisiken unter Umständen nicht optimal abgewehrt.

Ein weiteres Organisationsmodell sieht eine Betreuung und Steuerung der Problemkreditfälle allein durch die Rechtsabteilung vor. Wird die Bearbeitung komplett auf diese Abteilung übertragen, so werden die Krisenfälle aus juristischer Sicht optimal betreut und potenzielle Haftungsrisiken für Banken lassen sich häufig vermeiden. Nachteilig kann jedoch sein, dass betriebswirtschaftliches Wissen zur Behandlung von Sanierungsfällen nicht gebündelt vorliegt. Somit besteht die Gefahr, dass wichtige Sanierungsentscheidungen weniger aus betriebswirtschaftlichen Gründen, als aus juristischen Kalkülen getroffen werden, da rechtliche Fragen bei dieser Engagementbearbeitung im Vordergrund stehen. Elemente dieser Strukturmodelle lassen sich zu weiteren Modellen von Aufbauorganisationen kombinieren, die jedoch MaRisk-konform sein müssen. In der Praxis ist festzustellen, dass diverse Formen bestehen, die vollumfänglich nicht abgebildet werden können. Zudem werden die Organisationskonzepte in den Banken fortlaufend weiterentwickelt.

Insgesamt hat sich das Modell einer Sanierungsabteilung mit Sanierungsteams analog dem zentralen Organisationsmodell in der Praxis für viele Banken als vorteilhaft erwiesen. Auf diese Art und Weise kann notwendiges Spezialwissen zur Betreuung der einfachen und der komplexen Fälle gebündelt werden. Die Entscheidungskompetenz wird auf einen Betreuer verlagert. Darüber wird die Umsetzung einer einheitlichen Risikopolitik gewährleistet. Die Spezialisten aus dem Rechtsbereich können bei juristischen Fragenstellungen hinzugezogen werden. Auch der Firmenkundenbetreuer kann gegebenenfalls involviert bleiben. Auf diese Weise kann mit einem Kunden in vertrauensvoller Atmosphäre weitergearbeitet werden und das Kreditinstitut erhält gerade in der ersten Sanierungsphase notwendige Informationen vom Kreditnehmer. Jedoch ist diese Vorgehensweise nicht konfliktfrei.

Zur organisatorischen Einbindung der Intensivengagements sehen die MaRisk keine festen Vorgaben vor. Banken können diese Fälle in der bisherigen Zuständigkeit belassen, auf die Normalkreditbearbeitung übertragen oder einer speziellen Betreuungseinheit wie der Sanierungsabteilung zuordnen. Bei der Festlegung der Zuständigkeiten spielt auch die institutseigenen Risikostrategie eine erhebliche Rolle. In der Praxis variiert die Einbindung des Marktes, der Marktfolge sowie der Spezialmarktfolge bei den Intensivengagements stark.

Aus Risikosicht ist eine Spezialistenlösung für die Bearbeitung von Kreditengagements mit ersten Risikosignalen optimal. Dann werden diese Krisenkunden entweder in einem eigenständigen spezialisierten Intensivbereich geführt oder vollständig an die Sanierungsabteilung übertragen. Der Markt und die Marktfolge für Normalengagements sind nicht weiter involviert. Auf diese Weise kann das volle Know How der Sanierung ausgeschöpft werden und die Engagements werden in den ersten Stadien einer Schieflage professionell betreut. Dies macht sich häufig bereits bei der Gesprächsführung bemerkbar. Die Weichenstellung kann dann in Richtung des umfassenden Sanierungsprozesses erfolgen. Dabei dient die Vorstufe der Intensivbearbeitung speziell der Früherkennung von Risiken.

Auf diese Weise sollen Kreditnehmer identifiziert werden, bei denen sich erhöhte Gefährdungen bereits erstmalig abzuzeichnen beginnen. Es besteht die Chance in einem frühen Stadium der Krise geeignete Gegenmaßnahmen einzuleiten. Demnach haben Kreditinstitute gemäß MaRisk BTO 1.2.4 Rn. 1 Kriterien festzulegen, ab wann ein Engagement einer gesonderten Beobachtung zu unterziehen ist. Diese sind einer Intensivbetreuung zu unterziehen. Es sind möglichst harte Kriterien zu formulieren, die eine automatische und sofortige Überleitung an die Intensivbearbeitung erforderlich machen (vgl. Hannemann et al., 2011, S. 567 ff.).

Auslöser der Feststellung erhöhter Gefährdungen sind somit Verfahren zur Risikofrüherkennung nach MaRisk BTO 1.3. Das bedeutet eine Umklassifizierung und neue Zuordnung auf einen spezialisierten Bereich der **Intensivbearbeitung**. Intensivengagements zeigen erste Gefährdungsanzeichen und können sowohl in einer Spezialabteilung als auch durch den Markt oder die klassische Normalkreditbetreuung bearbeitet werden. Eine Fragestellung bei der Ausgestaltung des Intensivbereiches besteht daher in der organisatorischen Ansiedlung in der Aufbauorganisation. Es ist zu entscheiden, ob die Abteilung als Spezialbereich installiert wird oder eher in der Normalkreditbetreuung im Markt angesiedelt sein soll.

Bei einer höheren Fallanzahl von Intensivkunden in einer Bank wird der Aufbau einer Spezialeinheit empfohlen, da bei der Bearbeitung dieser Fälle eine Gesundung besonders erfolgversprechend ist und eine individuelle Bearbeitung einen bestmöglichen Sanierungserfolg garantiert. In kleineren Instituten mit geringeren Fallzahlen kann dieser Bereich mit der Sanierung zusammengelegt werden.

Adressausfallrisiken werden auf diese Weise frühzeitig und anhand konsequenter Risikoprozesse begleitet. Für die Einrichtung eines spezialisierten Intensivbereiches sprechen unter anderem folgende Argumente:

- Fachwissen zur Vermeidung von Haftungs- sowie Anfechtungsrisiken
- Möglichkeiten der Risikoreduzierung und erhöhte Sanierungschancen
- Umsetzung einheitlicher, zeitnaher Handlungsweisen, bei Risikokunden

Eine weitere Fragestellung, betrifft die Ausgestaltung der Stellenprofile. So sind gegebenenfalls Intensivbetreuer mit externem Kundenkontakt auszubilden, die ähnlich wie Sanierungsbetreuer in einer Bank agieren, jedoch in einer vorgeschalteten Risikostufe. Ebenfalls sind rechtliche Schulungen beispielsweise im Hinblick auf die Insolvenzreife notwendig. Auch sind die Betreuungskapazitäten mit den maximalen Fallbearbeitungszahlen je Mitarbeiter festzulegen. Zudem ist zu bestimmen, welche Aufgaben im Back Office und beim Krisenkunden zu verrichten sind und ob das Modell im Rahmen einer Co-Betreuung mit dem Firmenkundenbetreuer oder auf Basis der alleinigen Betreuung aus dem Intensivbereich heraus ausgerichtet wird. Bei der Co-Betreuung ist zu beachten, dass sich aufgrund dieser Schnittstellenproblematik, der Zuordnung dieser Engagements eher zur Normalkreditbetreuung oder zur Sanierung, Entscheidungskonflikte ergeben können.

Daher sind die Zuständigkeiten klar festzulegen, damit keine Unsicherheiten bestehen. Durch die Einführung eines Spezialbereichs mit vollen Entscheidungsbefugnissen wird dieser Konflikt vermieden und eine enge Betreuung sichergestellt.

Die folgende Abb. 4.26 stellt die Klassifizierung von Kreditengagements im gefährdeten Intensivbereich, im notleidenden Sanierungsbereich und im uneinbringlichen Abwicklungsbereich mit der stetigen Zunahme der Ausfallrisiken dar (vgl. Portisch, 2015a, S. 13 ff. und Portisch, 2015d, S. 66 ff).

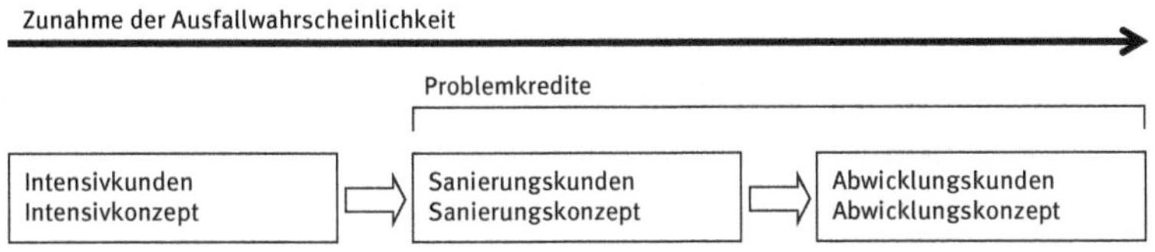

Abb. 4.26: Aufteilung von erhöht risikobehafteten Kreditengagements (Quelle: Eigene Darstellung)

Zu regeln und zu entscheiden sind die Übergänge und Rückstufungen, unter anderem in den Normalkreditbereich und die konkreten Arbeitsabläufe, je Fallkategorie, da den Engagements meist verschiedene Prozesswege zugeordnet werden.

Dabei ist festzulegen, welche Kriterien eine intensive Beobachtung auslösen können und auf welche Art eine Umstufung ausgelöst wird beziehungsweise welche Bearbeitungsprozesse erfolgen. Des Weiteren ist auch die maximale Verweildauer im Intensivbereich zu entscheiden. Im Intensivbereich ist nach MaRisk BTO 1.2.4 Rn. 2 die weitreichende Entscheidung zu treffen, ob der Kunde:

- weiter durch die Intensivabteilung betreut wird,
- in die Normalkreditbearbeitung zurückgeführt wird oder
- an die Sanierung oder Abwicklung abgegeben wird.

Der Intensivbereich ist in vielen Kreditinstituten noch im Markt angesiedelt. Wenn jedoch Risikofrüherkennungssysteme wie Watch List anschlagen, kann schon das späte Gefährdungsstadium einer Liquiditätskrise bestehen. Daher ist bei der weiteren Betreuung durch den Intensivbereich zu entscheiden, auf welcher Basis dieses geschehen soll. Problematisch ist eine längere Verweildauer, ohne das konkrete Sanierungsmaßnahmen eingeleitet werden. Es existieren Richtlinien in Banksektoren, die eine Begleitung beziehungsweise einen engen Beobachtungszeitraum von bis zu 12 Monaten im Intensivbereich vorsehen. Dieser Zeitraum wird als zu lang angesehen, denn eigentlich ist zeitnah die Entscheidung zu fällen, ob ein Normalkreditfall oder ein Sanierungs- oder Abwicklungsengagement vorliegt.

Verzögert sich diese zu treffende Entscheidung, kann sich die Schieflage weiter verstärken und zudem können sich potenzielle rechtliche und wirtschaftliche Risiken für Banken ergeben. Des Weiteren wird ein Sanierungsversuch unter Umständen zu spät begonnen und weitere finanzielle Mittel werden aufgebraucht. Mit dem Insolvenzantrag schwinden die Alternativen der Gesundung. Der Handlungsrahmen und die Unterstützungsbereitschaft der externen Stakeholder sinken.

Die frühzeitige Einleitung einer Sanierung über professionelle Maßnahmen ist ein Erfolgstreiber für den Turnaround. Es wird empfohlen, diesen Zeitraum der Zuordnung deutlich zu reduzieren. Um die Zeitspanne der Reaktion auf eine Schieflage zu verkürzen, kann bei den Intensivkunden nach dem Feststellen der ersten Krisenanzeichen eine Überprüfung durch einen externen Berater angeregt werden. Auf diese Weise kann Sicherheit über die Entscheidung der weiteren Begleitung erlangt werden, gerade in Fällen, die als kritisch eingestuft werden.

Die Bearbeitungsprozesse im Intensivbereich können aufgrund der in der Praxis bereits guten Erfahrungen in der Sanierungsabteilung ausgestaltet werden. Auch eine „Intensivnomenklatur" kann wie im Sanierungsbereich erarbeitet werden. So kann die Forderung zur Hereinnahme eines externen Intensivkonzepts, erstellt durch einen auf Restrukturierungen spezialisierten Unternehmensberater in den internen Bankrichtlinien formuliert werden. Die folgende Abb. 4.27 stellt einen möglichen Intensivprozess dar (vgl. Portisch, 2015d, S. 66 ff). Dieser Intensivprozess kann in drei Phasen unterteilt werden.

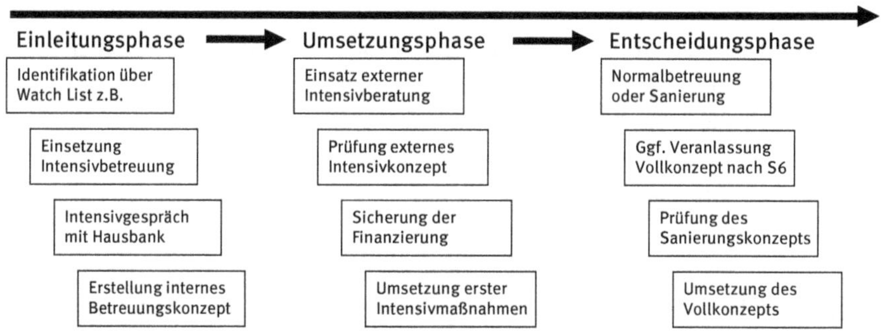

Abb. 4.27: Bearbeitungsprozess in der Intensivbetreuung (Quelle: Eigene Darstellung)

In der **Einleitungsphase** wird ein auffälliges Engagement in die Entscheidungsbefugnis und die alleinige Betreuung eines Intensivspezialisten abgegeben. Der Fall ist mit einem Übergabeprotokoll zu versehen und es ist aufgrund der Volumina und Sicherheiten das Ausfallrisiko für das Gesamtengagement zu bestimmen. Die Sicherheitenbewertung sollte sich an der Schwere der Schieflage orientieren.

Damit alle Informationen einer Bank einfließen, sollte ein Überleitungsgespräch mit dem ehemaligen Marktfolgebetreuer und dem Firmenkundenbetreuer geführt werden. Ein erster Meilenstein ist das Führen des Krisengesprächs mit dem Kunden. Im Kundentermin sind die weiteren Schritte zu erläutern, insbesondere der Einsatz eines externen Beraters, der das Unternehmen auf Krisenanzeichen hin durchleuchtet. Dem Unternehmen ist eine ausreichende Anzahl von Beratern vorzuschlagen. Die Auswahl trifft der Entscheidungsträger der Firma. Auf dieser Basis ist anschließend ein internes Betreuungskonzept durch den Intensivbearbeiter zu formulieren, in dem die weitere Engagementstrategie festgelegt wird.

Nach dem Einsatz der externen Beratung ist das eingereichte Intensivkonzept in der **Umsetzungsphase** zu überprüfen und zu plausibilisieren. Es ist zu überprüfen, ob sich die Einschätzungen der Beratungsgesellschaft mit denen des Intensivbetreuers decken. Auch eine Beurteilung der Insolvenzreife sollte in dem Konzept beinhaltet sein. Des Weiteren sollte die Beratungsfirma schon frühzeitig prüfen, ob im Falle des Vorliegens einer Krisenlage das Management für in der Lage gehalten wird, sich aus der Gefährdungslage eigenständig herauszuarbeiten oder ob eine externe Unterstützung über einen Chief Restructuring Officer erforderlich wird. Auch das Geschäftsmodell ist in dieser Phase auf die Wettbewerbsfähigkeit hin zu überprüfen. Die Erarbeitung eines neuen Leitbildes erscheint bei dem geforderten Zeitansatz allerdings noch nicht erforderlich und realisierbar zu sein. Dazu fehlt es an zeitlichen Ressourcen. Die Leitbildentwicklung erzeugt hohe Kosten, die dem Kreditnehmer in diesem Stadium nicht zugemutet werden soll.

Auch ein Planzahlenwerk ist hereinzunehmen, falls ein Controlling im Unternehmen bislang nicht existent war. Des Weiteren kann der Berater schon Möglichkeiten einer finanziellen Gesundung über interne Schritte mit Kosteneinsparungen, Forderungsabbau und externe Maßnahmen unter anderem über Tilgungsstundungen vorschlagen. Ein wichtiger Schritt in der **Entscheidungsphase** ist die richtige Feststellung der Notwendigkeit zur Einleitung einer umfassenden Sanierung.

Vorteilhaft ist es, wenn dieses erste Intensivkonzept später gegebenenfalls zu einem Vollkonzept ausgebaut werden kann. Daher kann sich das Konzept an der Gliederungssystematik und den Mindest- und Kernanforderungen des IDW S 6 orientieren. Durch das vorhandene Intensivkonzept kann bei einer später notwendigen Sanierung Zeit gewonnen werden, da das Beratungsunternehmen die handelnden Personen im Unternehmen kennt, die Inhalte aus der ersten Analysestufe bekannt sind und mit der Umsetzung der Maßnahmen begonnen werden kann.

Aus MaRisk BTO 1.2.5 Rn. 2 besteht eine Ausnahmeregelung, dass Sanierungsfälle weiter in der Intensivabteilung bearbeitet werden. Dieses Vorgehen sollte nur in begründeten Fällen wahrgenommen werden, da sich die Risiken erhöhen und Sanierungen unterwandert werden (vgl. DSGV, 2018, S. 186 ff.). Forbearance-Maßnahmen sind zu berücksichtigen. Diese führen nicht automatisch zur Bildung einer Risikovorsorge in Form der Einzelwertberichtigung (vgl. DSGV, 2018, S. 184).

Eng im Zusammenhang mit den Abläufen in der Intensivbearbeitung stehen die Geschäftsprozesse für erhöht risikobehaftete Engagements in der **Sanierung**. Die Abläufe für Problemkreditengagements können nach den MaRisk flexibel gehandhabt werden. Es wird lediglich gefordert, dass diese Fälle an spezialisierte Mitarbeiter abzugeben sind und die Federführung für die Engagements in der Marktfolge anzusiedeln ist (MaRisk, 2017, BTO 1.2.5 Rn. 1). In Anlehnung an die Durchschichtung des Kreditportfolios können, aufgrund der Höhe der Risikovolumina und der Komplexität, einheitliche Sanierungs- und Abwicklungswege eingerichtet werden, um eine effiziente Bearbeitung und ein einheitliches Vorgehen zu gewährleisten. Die Mitarbeiterkapazitäten sind auf die aussichtsreichen Sanierungen oder die hohen Kreditvolumina sowie Blankoteile zu konzentrieren. Die Einführung verschiedener Sanierungswege ist mit der Größe und der Internationalität der Firmen, der Risikostruktur und der Granularität des Kreditportfolios einer Bank abzustimmen.

Bei Kleinstfällen bietet es sich an, den Prozess einer **Kontensanierung** einzuführen. Bei diesem Geschäftsprozess erfolgt lediglich eine Überwachung der Kontoführung. Im Fall der andauernden Linienüberschreitungen ist eine Kündigung und Abwicklung mit Verwertung der Sicherheiten einzuleiten. Ebenso kann bei kleinen Unternehmen ein verkürzter Prozess der **Standardsanierung** installiert werden. In diesen Fällen wird kein vollumfänglicher Gesundungsprozess eingeleitet, es werden lediglich Teilkomponenten eines Sanierungskonzepts gefordert. Es kann auch der Prozess des Risikoabbaus in einem sogenannten **Abbauportfolio** ausgestaltet werden. Zu beachten ist, dass auch bei einer großen Anzahl an kleineren Kreditengagements kumuliert, hohe Ausfallrisiken bestehen können. Die drei Fallkategorien bieten sich bei Kreditnehmereinheiten unterhalb der festgelegten Risikorelevanzgrenze an. Im Rahmen von Entscheidungen über die Sanierungskredite ist eine Votierung aus dem marktunabhängigen Bereich ausreichend. Dieses gilt auch für Engagements in Abbauportfolios, wobei die Bestände sowie die jeweils verfolgte Intention vom Institut nachvollziehbar darzustellen sind, wie beispielsweise in einem internen Abbaukonzept (MaRisk, 2017, BTO 1.2.5 Rn. 1). In diesem Fall dürfte die zusätzliche Einholung eines externen Sanierungskonzepts entbehrlich sein, da es sich um eine Art der Abwicklung handelt und keine Sanierung angestrebt wird.

Für den Fall einer Abwicklung ist ein Abwicklungskonzept zu erstellen. In MaRisk, BTO 1.2.5 Rn. 6 dürfte ein bankinternes Konzept gemeint sein. Dabei ist nicht auszuschließen, dass zusätzlich, ein externes Konzept in der Insolvenzsanierung erforderlich ist. Ein einzelnes Spezialistenvotum ist für Entscheidungen ausreichend.

Zieht ein Institut die Begleitung einer Sanierung in Betracht, hat es sich ein Konzept zur Beurteilung der Sanierungsfähigkeit des Kreditnehmers vorlegen zu lassen und auf dieser Grundlage ein eigenständiges Urteil darüber zu treffen, ob eine Sanierung erreicht werden kann. In MaRisk BTO 1.2.5 Rn. 3 ist zur Umsetzung eines ernsthaften Sanierungskonzepts die Expertise eines externen Fachmanns erforderlich, der die Sanierungsfähigkeit über ein rechtskonformes Konzept einschätzt.

Der Prozess der **Individualsanierung** gemäß MaRisk BTO 1.2.5 Rn. 1–5 umfasst das komplette und individuelle Repertoire zur Gesundung der Krisenfirma mit der Einsetzung eines spezialisierten Sanierungsberaters, der Erstellung eines Sanierungskonzeptes nach einem Standard wie dem IDW S 6, gegebenenfalls die Poolbildung mit anderen Banken, die Sicherheitenabgrenzung mit Lieferanten und Kreditversicherern sowie der Kontrolle einer Umsetzung leistungswirtschaftlicher Sanierungsmaßnahmen. Weitere komplexe Bearbeitungen ergeben sich bei Spezialproblemen, wie bei Projektfinanzierungen oder aus einer individuellen Unternehmenssituation heraus. Dazu kann ein Geschäftsführerwechsel mit der Einsetzung eines Interimsmanagers notwendig werden oder es sind Investoren zu finden, die sich an dem Krisenengagement beteiligen oder dieses komplett übernehmen. In einigen Fällen ist internationales Rechtswissen erforderlich (vgl. Portisch, 2011c, S. 74 ff. sowie 2011f, S. 38 ff.). Bei den komplexen Engagements sind Sanierungsteams zu bilden, in denen die Akteure alle notwendigen Wissenskomponenten abdecken.

Die Stellenprofile der Mitarbeiter sind an die gewählten Geschäftsprozesse anzupassen. So wird in Instituten die Position eines **Sanierungsanalysten** beziehungsweise des Standardsanierers geschaffen. Die Akteure bearbeiten vornehmlich geringvolumige Standardsanierungsfälle und werden für Teilaufgaben der Analyse von Krisenkreditengagements, der Vertragsgestaltung und der Erstellung von Ex-Post-Auswertungen und Berichten eingesetzt. Die Entscheidungskompetenzen sind gering und gegebenenfalls auf das betreute Spezialgebiet ausgerichtet. Die Mitarbeiter können an die Position des Betreuers herangeführt werden.

Sanierungsbetreuer oder **Individualsanierer** begleiten den Geschäftsprozess der Individualsanierung und haben zum einen Analyseaufgaben und zum anderen extern ausgerichtete Tätigkeiten auszuüben. Diese Betreuer haben erhöhte Entscheidungskompetenzen und halten den Kontakt zum Kunden. Bei diesem Stellen vermischen sich Aktivitäten im internen Backoffice mit externen Aufgaben unter anderem der Teilnahme an Bankenpoolsitzungen.

Spezialsanierer weisen besondere Fähigkeiten auf, wie Fremdsprachenkenntnisse, internationales rechtliches Wissen oder M&A-Erfahrung. Des Weiteren können diese Fachkräfte für Projektfinanzierungsmodelle zuständig sein, wenn die Institute umfassende Kreditportfolios an Spezialfinanzierungen aufweisen, wie unter anderem in den Bereichen Schiffsfinanzierungen, Flugzeugfinanzierungen, Immobilienprojekte sowie bei Finanzierungen regenerativer Energieprojekte.

Wird der Bereich der Sanierung und Abwicklung mit den Organisationsstrukturen, den Geschäftsprozessen sowie den Mitarbeiterprofilen durchstrukturiert, besteht die Möglichkeit einer Messung der Mengengerüste in den Sanierungswegen, der Einplanung der Mitarbeiterkapazitäten anhand der Prozesse, der Bestimmung des Zeitaufwands und der zu bearbeitenden Fallzahlen in den einzelnen Kategorien. Auf diese Weise kann ein wirkungsvolles Sanierungscontrolling aufgebaut werden.

Es ist dann auch überprüfbar, ob bei Teilleistungen in der Problemkreditbetreuung ein **Outsourcing** zum Generieren von Effizienz-, Spezialisierungs- und Kostenvorteilen oder sogar ein Insourcing mit Sanierungsfällen anderer Institute zur dauerhaften Auslastung der Kapazitäten erfolgen kann.

Gemäß § 25a in Verbindung mit § 25b KWG und AT 9 MaRisk sowie AT 3 MaRisk ist grundsätzlich eine Auslagerung vielerlei Aktivitäten eines Kreditinstitutes denkbar, soweit die Ordnungsmäßigkeit der Geschäftsorganisation sowie das Risikomanagement eines Kreditinstituts nicht beeinträchtigt werden. Die mit einer Fremdvergabe zusammenhängenden Risiken müssen vom abgebenden Institut steuerbar und auch kontrollierbar sein. Dies erfordert ein Anpassen der Schnittstellen und eine laufende Risikoüberprüfung eines Geschäftspartners. Dabei bestehen oft hohe Anbahnungs- und Kontrollkosten. Gefordert wird eine umfassende Risikoanalyse bei den betrachteten Aktivitäten und Prozessen (vgl. DSGV, 2018, S. 129 ff.).

Des Weiteren wird in MaRisk AT 9 Rn. 5 gefordert, dass im Falle der Beendigung des Auslagerungsverhältnisses der ordnungsmäßige Betrieb fortgesetzt werden kann. Bei wesentlichen Auslagerungen und der geplanten Beendigung der Auslagerungsvereinbarung sind Vorkehrungen nach MaRisk AT 9 Rn. 6 zu treffen, um die Kontinuität und Qualität der ausgelagerten Aktivitäten und Prozesse auch nach Beendigung zu gewährleisten. Zudem sind bestimmte Bereiche wie die Interne Revision oder die Compliance nur bei kleinen Instituten auslagerbar.

Das Institut hat abhängig von der Art, dem Umfang und der Komplexität der Auslagerungsaktivitäten ein zentrales Auslagerungsmanagement einzurichten. Dieses hat mindestens jährlich einen Bericht über die wesentlichen Auslagerungen zu verfassen, in dem unter anderem auf die Dienstleistungsqualität und auch notwendige zu ergreifende risikomindernde Maßnahmen einzugehen ist (MaRisk, 2017, AT 9 Rn. 12 und Rn. 13). Insgesamt haben sich die Anforderungen an das Outsourcing mit Verabschiedung der MaRisk 2017 nochmals erhöht. Dadurch steigen auch die Transaktionskosten, die im Zusammenhang mit der Auslagerung entstehen.

Technisch und rechtlich sind ein Outsourcing von Sanierungsfällen oder alternativ das externe Servicing möglich. Aus wirtschaftlichen Gründen ist dieses jedoch oftmals nicht sinnvoll. Bei Sanierungskunden geht zudem die Kundenbeziehung verloren. Empfehlenswert ist das Outsourcing gegebenenfalls nur bei geringvolumigen Blankoengagements im Abwicklungsbereich.

Im Rahmen der Sanierung kann in kleinen Instituten gegebenenfalls die Unterstützung angeschlossener Zentralinstitute, wie die DZ Bank, oder spezialisierter Einheiten, wie der BAG Bankaktiengesellschaft, in Erwägung gezogen werden. Es kann ein True Sale aus wirtschaftlichen Gründen erwogen werden, wenn die Quote entsprechend hoch ist. Im Abwicklungsbereich kann die Übertragung oder Ablösung von Engagements dagegen aus wirtschaftlichen und rechtlichen Gründen häufiger eine sinnvolle Option darstellen.

Abzuwägen gilt es zwischen den Vor- und Nachteilen einer Eigenerstellung oder einer Auslagerung von Teilleistungen im Sanierungs- oder Abwicklungsprozess anhand der nachfolgenden Kriterien:

- Steigerung der Effizienz, Realisierung Spezialisierungs- und Kostenvorteile
- Auslagerung von Wissen und Verlust des Blickes für den Gesamtprozess
- Transparenz und Kontrolle des beauftragten Partnerunternehmens
- Kosten des Auslagerungsverfahrens und Folgeaufwendungen
- Ertragseinbußen durch das Nichtausnutzen von Sanierungsoptionen

Auch das **Insourcing** der Bearbeitung von Fällen aus anderen Kreditinstituten kann in Erwägung gezogen werden, um die hochspezialisierten und teuren Mitarbeiter im Problemkreditbereich auch in konjunkturell starken Zeiten auszulasten. Dies ist in Bereichen von Interesse, in denen Spezialisierungen bestehen, wie bei der Poolführung oder der Betreuung komplexer internationaler Engagements. Alternativ lassen sich Kooperationen mit anderen Kreditinstituten aufbauen oder gemeinsame Shared Service Center in der Sanierung und Abwicklung betreiben, um jederzeit auf ausreichend hohe Stückzahlen zu kommen.

Die Geschäftsleitung eines Kreditinstituts hat aus § 25a Abs. 1 KWG eine ordnungsgemäße Geschäftsorganisation zu installieren, die das Risikomanagement umfasst. Dazu geben die MaRisk einen flexiblen Rahmen vor, der institutsintern auszugestalten ist. So hat jedes Kreditinstitut wesentliche Risiken wie die Adressausfallrisiken in Abhängigkeit von der Risikotragfähigkeit zu steuern. Dabei hat der Begriff der Risikokultur eine Bedeutung erlangt. Gemäß MaRisk AT 3 Rn. 1 haben die Geschäftsleiter zur Entwicklung, Förderung und Integration einer angemessenen Risikokultur beizutragen. Die Risikokultur beschreibt, wie Mitarbeiter eines Instituts im Rahmen ihrer Tätigkeiten mit Risiken umgehen sollen. Gefordert werden ein bewusster Umgang mit Risiken und ein Entscheidungsprozess, der zu Ergebnissen führt, die auch unter Risikogesichtspunkten ausgewogen sind. Dabei ist gemäß MaRisk AT 4 Rn. 1 die Risikotragfähigkeit sicherzustellen.

Im Rahmen des Risikomanagements ist aus MaRisk AT 4.2 Rn. 2 und Rn. 3 eine in sich konsistente Risikostrategie festzulegen, die eine geeignete Vorgehensweise der Bearbeitung von Kreditrisiken beinhaltet. Des Weiteren sind interne Kontrollprozesse zum Zweck der Überprüfung der risikorelevanten Abläufe und Aktivitäten einzurichten (MaRisk, 2017, AT 1 Rn. 1). Dies gilt auch für die Sanierung.

Zur operativen Umsetzung der qualitativ geprägten MaRisk sind für ein Kreditinstitut angemessene operative Risikosteuerungs- und Controllingprozesse einzuführen (MaRisk, 2017, AT 4.3.2 und AT 4.4.1). Dabei liegt dem Risikomanagementbegriff der MaRisk das Proportionalitätsprinzip zugrunde. Demnach hängt die Ausgestaltung der bankinternen Risikosteuerung von der Art, dem Umfang sowie der Komplexität und dem Risikogehalt der Geschäftstätigkeit ab (MaRisk, 2017, AT 1 Rn. 2). Die festzulegende Risikostrategie eines Instituts ist in diesen Ablauf zu integrieren.

Bei Wahl einer geeigneten Zielsetzung ist die Risikotragfähigkeit zu beachten. Somit bestehen im Rahmen des Kreditrisikomanagements und der Sanierung starke Interdependenzen zwischen der Risikostrategie, dem Steuerungsprozess und der Risikotragfähigkeit, die interdependent aufeinander abzustimmen sind. Es bietet sich an, ein übergeordnetes Risikomanagementsystem zu installieren.

Anhand der Struktur kann eine Kreditrisikostrategie transparent im operativen Geschäft umgesetzt werden. Diese Zielrichtung umfasst zum einen die Maßnahmen auf der Einzelengagementebene und zum anderen auf der Ebene des gesamten Kreditportfolios. Dieses wird bei der Durchführung von Stresstests im Kreditportfolio deutlich. Dieser Aufbau eines umfassenden Kreditrisikomanagementsystems wird in der nachfolgenden Tab. 4.18 verdeutlicht.

Tab. 4.18: Risikomanagement zur Kreditrisikostrategieumsetzung (Quelle: Eigene Darstellung)

Kreditrisikomanagementsystem		
Risikoanalyse	**Risikosteuerung**	**Risikoüberwachung**
Risikoidentifikation	Einzelbetrachtung	Controlling
Risikoquantifizierung	Portfoliobetrachtung	Berichtswesen
Risikobewertung	Steuerungsmaßnahmen	Überwachung

Im ersten Schritt ist eine Risikoermittlung durch eine ganzheitliche Bestandsaufnahme und Bewertung der Einzelkreditnehmerrisiken vorzunehmen. Darüber kann die Belastung für das Eigenkapital eingeschätzt werden.

Im zweiten Schritt ist das Risiko auf Basis der institutsspezifischen Kreditrisikostrategie zu steuern. Dabei sind sowohl Maßnahmen auf Ebene der Einzelkreditnehmer, als auch zur Beeinflussung des Kreditportfolios von Bedeutung. Wichtig ist es, dass eine Steuerung der Einzelkreditnehmer nicht losgelöst von der gewählten Risikostrategie erfolgt und auf dem gesamten Kreditportfolio aufgrund von Verbundrisiken und Diversifikationseffekten aufsetzt. Zur weiteren Analyse des Kreditportfolios ist die Granularität der Forderungen zu untersuchen. Es lassen sich Schichtungen nach Volumina, Branchen, vorhandenen Sicherheiten sowie weiteren strukturellen Gesichtspunkten vornehmen.

Im dritten Schritt ist das Exposure über ein zu implementierendes Controllingsystem und über VaR-Kennziffern zu überwachen. Weiter umfasst das Risikomanagement die Erstellung von Auswertungen und die Weiterentwicklung der Dokumentationen in Form von Kredithandbüchern. Es sollten Rückkopplungen zur regelmäßigen Anpassung der Kreditrisikostrategie an die aktuellen wirtschaftlichen Ereignisse und die neueren rechtlichen Regulierungen erfolgen, damit sich der Regelkreis schließt und die Risikostrategie erfolgreich für die Bank ist.

Es wird deutlich, dass die strategische Ebene eines Risikomanagements eng mit der operativen Ebene zu verzahnen ist und das beide Bereiche zueinander kompatibel sein müssen (vgl. Hannemann et al., 2011, S. 187 ff.). Die Strategie eines Kreditinstituts wird durch das Geschäftsmodell verkörpert. Dieses sollte vorhanden, ausformuliert sowie konsequent umgesetzt werden. Zwischen der Geschäftsstrategie und der Risikostrategie sollte Kongruenz bestehen.

Beispiel: Dies wird bei der Zielrichtung eines Kreditinstituts deutlich, dass keine unangemessenen Klumpenrisiken eingegangen werden sollen. In der Umsetzung bedeutet dies, dass Limitsysteme eingeführt werden, um Konzentrationen im Vorfeld zu vermeiden (MaRisk, 2017, BTR 1 Rn. 1). Bestehende Risikoansammlungen sind zu messen, zu beurteilen und gegebenenfalls abzubauen.

Im Rahmen der Festlegung und Umsetzung einer Risikostrategie sind somit Risikokonzentrationen zu berücksichtigen. Diese können zum einen Einzelkreditnehmer betreffen, die eine hohe Risikoauswirkung auf ein Institut haben und die Risikotragfähigkeit stark belasten. Beispielsweise können Insolvenzen großer Unternehmen Kreditinstitute in Bedrängnis bringen. Zum anderen können Risikokonzentrationen bestehen, wenn Institute eine hohe Anzahl an Kreditausreichungen in bestimmten Geschäftssegmenten bei homogenen Kundengruppen oder in einzelnen Branchen vornehmen. Dabei können sich Risiken verstärken, sich additiv verhalten oder sich teilweise oder vollständig aufheben (vgl. Gramlich, 2002, S. 32 ff.).

Im Kreditportfoliobereich werden diese Risikopositionen unter anderem über VaR-Konzepte gemessen und gesteuert. Wichtig ist, dass diese Berechnungen die Subadditivität erfüllen und Diversifikationseffekte mit einbeziehen. Ansonsten werden die Risikobereiche unter Umständen zu hoch eingeschätzt und es werden überzogene Absicherungsmaßnahmen getätigt.

Die folgende Tab. 4.19 zeigt die Alternativen der Kreditrisikosteuerung, die bezogen auf das Einzelgeschäft oder das Gesamtkreditportfolio erfolgen können. Ursachenbezogene Maßnahmen helfen vorab bei der Vermeidung eines Eingehens erhöhter Risikopositionen, während wirkungsbezogene Handlungen einen Abbau bereits bestehender Kreditrisiken mit bestimmten Instrumenten implizieren.

Tab. 4.19: Kreditrisikopolitische Instrumente (Quelle: In Anlehnung an Schiller/Tytko, 2001, S. 5)

Handlungen	Einzelgeschäftsmaßnahmen	Gesamtgeschäftsmaßnahmen
Ursachenbezogene Handlungen	Einzelkreditwürdigkeitsprüfung (Quantifizierung Kreditrisiken)	Aufbau- und Ablaufsteuerung (Limitsysteme, Mitarbeiter)
Wirkungsbezogene Handlungen	Risikoadäquate Konditionen (Konditionen, Risikoabbau)	Portfoliosteuerung Risikoabbau (Derivate, Portfolioverkauf)

Im Folgenden werden primär die Bearbeitung von erhöhten Einzelkreditnehmerrisiken und die Handlungen im Rahmen eines einheitlichen Sanierungsprozesses untersucht. Ziel dieser Vorgehensweise ist die gleichmäßige Umsetzung einer Kreditrisikostrategie über die Gestaltung einheitlicher Bearbeitungsstrukturen in der Sanierung bei individuellen Firmenkunden.

Dazu soll der Prozessablauf mit den ersten Bearbeitungsschritten bei dem Problemkreditengagement eines Firmenkunden im operativen Tagesgeschäft eines Kreditinstitutes in der folgenden Abb. 4.28 illustriert werden.

Abb. 4.28: Bearbeitungsschritte bei risikobehafteten Engagements (Quelle: Eigene Darstellung)

Zunächst sind die bestehenden Risiken über harte und weiche Kriterien zu identifizieren. Anschließend folgt die Ratingklassifizierung, die direkt zum nächsten Prozessschritt überleitet. Dabei ist eine Schichtung des Kreditportfolios vorzunehmen. Anhand der Bonitätseinstufung und den besonderen Kriterien der Risikofrüherkennung sind Krisenfälle zu unterteilen in (MaRisk, 2017, BTO 1.2.4 und 1.2.5 und Hannemann et al., 2011, S. 567 ff.):

- Intensivengagements: Begutachtung des Grades des bestehenden Risikos
- Sanierungsengagements: Belegung mit individueller Einzelwertberichtigung
- Abwicklungsengagements: Kündigung, Abschreibung und Ausbuchung

Intensiv zu betreuende Engagements weisen Anzeichen einer erhöhten Gefährdung auf und werden zum Beispiel über das Rating oder eine Watch List identifiziert. Diese Engagements sind streng zu überwachen und es sind Maßnahmen zu ergreifen, um eine Rückstufung in die Normalkreditbearbeitung zu erreichen. Verschlechtern sich diese Rahmenbedingungen, ist eine Umgruppierung in die nachfolgenden Gefährdungsstufen notwendig.

In diesem Fall befindet sich der Kreditnehmer in der Strategie-, Ertrags- oder Liquiditätskrise und es kann eine akute Insolvenzgefahr drohen. Die Abwicklungsengagements umfassen gekündigte und insolvente Kreditnehmer, mit der Einleitung von Verwertungs- und Vollstreckungsmaßnahmen. Es lässt sich differenzieren in echte Abwicklungen, bei denen eine Abschreibung und Ausbuchung erfolgt, und in unechte Abwicklungen, bei denen sich eine Bank durch die gezielte Aussteuerung von Engagements, beispielsweise über eine Ablösung, trennen möchte.

Es schließt sich die zeitnahe Überleitung an die Spezialabteilungen der Sanierung oder Abwicklung an. Wichtig ist, dass die eingerichteten Bearbeitungsprozesse klar strukturiert sind. Dazu sind Schnittstellen abzugrenzen, Zuständigkeiten zuzuordnen und Doppelarbeiten aus Effizienzgründen zu vermeiden. Auch die Personalressourcen sind an die individuellen Notwendigkeiten der Organisation und das Risiko eines Instituts anzupassen. Den Sanierungsspezialisten sollte es in jeder Situation möglich sein zu agieren, anstatt nur zu reagieren (vgl. Ifftner, 2012, S. 238). Dies erfordert das Vorhalten entsprechender Personalressourcen.

Im nächsten Schritt erfolgt eine Grobanalyse der Problemengagements mit Feststellung der Volumina und der Kreditsicherheiten. Die institutsspezifische Risikoposition umfasst sämtliche Konten zu inländischen und ausländischen Bankstellen und weitere aus der Geschäftsverbindung resultierende Risiken. Auf diese Weise erhält der zuständige Sanierungsbetreuer einen Überblick über die vollständige Risikolage und den Blankoteil eines Kreditengagements. Im Wesentlichen sind die folgenden Positionen als weitere Verpflichtungen des Krisenkunden zu beachten und bei der Risikomessung mit aufzunehmen:

- Kredite, Darlehen sowie Unterbeteiligungen an Krediten anderer Institute
- Avale, aufgegliedert nach Avalarten mit verschiedenem Risikogehalt
- Cash-Management-Vereinbarungen, Verpflichtungen aus Derivaten

Ebenso ist es von Bedeutung, sich einen Überblick über die Art und die Qualität der Kreditsicherheiten zu verschaffen. Sicherheitenverträge sind zu untersuchen sowie bei Fehlern in den Vertragswerken sind die formalen und die inhaltlichen Mängel unverzüglich zu heilen. Zudem ist der materielle Wert der Sicherheiten zu prüfen, da diese Wertansätze der Kreditsicherheiten einen starken Einfluss auf die Höhe der Einzelwertberichtigung haben können.

Mit dieser Einschätzung ist sorgfältig vorzugehen, da diese Ansätze erfolgswirksam sind und durch den Wirtschaftsprüfer und die Finanzbehörden kontrolliert werden. Bei der Bewertung von Sicherheiten ist bei gefährdeten oder notleidenden Engagements, aufgrund der Neuausrichtung, mit Blick auf eine mögliche Verwertung, ein Sicherheitenstresstest durchzuführen. Dies bedeutet, dass sich die Bewertungen an Marktwerten der Liquidation der Vermögensgegenstände orientieren sollten. Dabei erfolgt eine Worst-Case-Betrachtung. Die Einschätzung von Spezialmaschinen oder Gewerbeobjekten sollte aus Gründen der Objektivität sowie der Beweiskraft möglichst auf einem externen Wertgutachten basieren.

Zur Objektivierung dieser wichtigen Entscheidungsgrundlage bei der Ermittlung der Einzelwertberichtigung kann diese Begutachtung auch durch ein bankinternes und von der Sanierungsabteilung getrenntes internes Bewertungsmanagement für Kreditsicherheiten im Rahmen von Stressszenarien vorgenommen werden. Auf dieser Basis lassen sich später die Sanierungserfolge objektiv messen.

Des Weiteren ist eine formale Prüfung und materielle Überwachung der Personal- und Sachsicherheiten nach MaRisk BTO 1.2.1 Rn. 2 und BTO 1.2.2 Rn. 4 vorzunehmen (vgl. Hannemann et al., 2011, S. 550 ff.). Der Umfang und Zeitabstand der Prüfungen sollten sich am Risikogehalt der Engagements und der Werthaltigkeit der Kreditsicherheiten ausrichten (vgl. Falter, S. 573 ff.). Denn diese Bewertung ist gerade bei variablen Sicherheiten des Umlaufvermögens, zum Beispiel aufgrund von Preisänderungen für Rohstoffe oder der Einschätzung von Forderungen aus Lieferungen und Leistungen, Schwankungen unterworfen, die sich auf die Risikoposition erheblich auswirken können. Zudem ist der rechtliche Zugriff zu überprüfen.

Zusätzlich ist festzustellen, ob die Rechte Dritter die Werthaltigkeit der Sicherheiten beeinträchtigen können. Denkbar sind hier Mehrfachabtretungen von Forderungen, vorrangige Belastungen bei den Grundpfandrechten inklusive der Berücksichtigung von Zinsen und kollidierende Vorrechte von Lieferanten und Kreditversicherern.

Haben sich die Sanierungsbetreuer einen Überblick über die Sicherheitenlage verschafft, ist zu überprüfen, welche Sicherheiten noch hereingenommen werden können, um den Blankoteil und damit das Risiko zu senken. Bedeutend ist unter anderem die Globalzession der Forderungen aus Lieferungen und Leistungen. Sind diese noch nicht abgetreten, sollte sich das Institut, das die laufenden Konten führt, die globale Forderungsabtretung aufgrund insolvenzrechtlicher Anfechtungen von Zahlungseingängen rechtzeitig sichern.

Auch Eintragungen von nachrangigen, scheinbar wertlosen Grundschulden können in einer späteren freien Verwertung eventuell noch Lästigkeitsprämien erbringen. Zudem sind freie Guthaben der Krisenfirma bei der betreffenden Bank zu verpfänden sowie weitere Ansprüche des Kunden gegenüber der Bank zu prüfen, um gegebenenfalls aufrechnen zu können. Es können unter anderem Ansprüche des Kunden gegenüber dem Kreditinstitut bestehen unter anderem aus Sichteinlagen, Festgeldern, Spareinlagen, aus Wertpapierdepots sowie Forderungen, an denen ein AGB-Pfandrecht besteht und die gegengerechnet werden können.

Auf Basis der Kreditvolumina und der Sicherheiten kann die genaue Risikohöhe in Form des Blankoteils festgestellt werden. Darauf aufbauend ist die Engagementstrategie bankindividuell gemäß der eigenen Risikoposition festzulegen. Dieses kann unter anderem in Anlehnung an die Größe des Einzelengagements zum Eigenkapital der Bank, der Besicherung oder dem erwarteten Mehrwert aus einer Sanierung erfolgen. Bei bedeutenden Fällen wird eine individuelle Kundensanierung durchgeführt. Bei kleinen Engagements mit einem nur geringen Mehrwert aus einer Sanierung erfolgt ein stark strukturierter Bearbeitungsprozess in Form einer Standardsanierung. Kleinstkunden werden über eine Kontensanierung auf Abbau gestellt und bei Verstößen gegen die Absprachen zur Rückführung der Konten werden Zwangsmaßnahmen eingeleitet. Zusätzlich kann die Alternative der gezielten Aussteuerung im Abbauportfolio in Erwägung gezogen werden.

Für die Entscheidung zu einer Sanierungsstrategie ist der potenzielle Mehrwert aus den verschiedenen Alternativen über barwertige Zahlungsströme abzuschätzen. So sind die Einzahlungen und Auszahlungen jeder Sanierungsstrategie gegenüberzustellen. Bei den alternativen Szenarien ist der Mehraufwand einer individuellen und aktiven Sanierung im Vergleich zu einer verstärkt passiven Sanierungsstrategie oder einer Abwicklung der Forderungen und Sicherheiten abzuwägen. Es ist die Frage zu beantworten, ob sich der Aufwand einer Sanierung gegenüber einer Abwicklung anhand folgender Kriterien lohnt (vgl. Ifftner, 2012, S. 230 ff.):

- Zeitdauer der Sanierung und geforderte finanzielle Sanierungsbeiträge
- Wahrscheinlichkeit der Erzielung eines nachhaltigen Sanierungserfolgs
- Sekundärrisiken aus Krediten an Mitarbeitern, Kunden und Lieferanten

Eng angelehnt an die Auswahl einer geeigneten Engagementstrategie sind die Entscheidungskompetenzen der Mitarbeiter. Die Kreditkompetenz bei erhöht ausfallgefährdeten Risiken ist in der Regel an das Rating, in Verbindung mit dem Brutto- und dem Nettorisiko, anzupassen. Weiter kann differenziert werden in Grundkompetenzen, sowie in Befugnisse zur Bildung und Auflösung von Einzelwertberichtigungen und Verantwortlichkeiten für Zins- und Forderungsverzichte. Die Grade der Einzelkompetenzen sind an den jeweiligen Qualifizierungsgrad der Sanierungsmitarbeiter und das Stellenprofil anzupassen.

Dazu sind Sanierungsbetreuern beziehungsweise den Individualsanierern regelmäßig höhere Genehmigungskompetenzen einzuräumen als den Analysten oder Sanierern von Standardfällen. Zudem kann eine Differenzierung nach Geschäftsfeldern in Privatkunden, Firmenkunden und Großkunden vorgenommen werden. Es ist dann abzuwägen zwischen einerseits zu niedrigen Entscheidungskompetenzen, die zu Effizienzverlusten führen können und andererseits zu hohen Berechtigungen, bei denen die genehmigten Risiken stark ansteigen können.

Auf Basis der gewählten Kundenstrategie erfolgt die Berichterstattung an den Kompetenzträger mit der Darstellung der wirtschaftlichen Lage und des Weiterbehandlungskonzepts. Es ist zwischen einem detaillierten Erstbericht (EB) und den darauf aufbauenden späteren Folgeberichten (FB) zu unterscheiden. Die FB sollten mindestens einmal jährlich oder bei aktuellen Ereignissen erstellt werden. Die Darstellungen können aggregiert in den Risikobericht an die Geschäftsleitung mit aufgenommen werden (MaRisk, 2017, BT 3.2 Rn. 3). Insgesamt greifen bei der Feststellung von Gefährdungen besondere Berichtspflichten. Dabei kommt der genauen Quantifizierung eines bestimmten Engagements, aufgrund der ergebnisbeeinflussenden Auswirkung mit der Neubildung einer Einzelwertberichtigung (EWB), eine große Bedeutung zu. Zudem sind Volumen und Blankoteil entscheidend für die Ausübung der Entscheidungskompetenz, damit kein Verstoß gegen interne Richtlinien begangen wird. Zudem ist ein internes Sanierungskonzept zu erarbeiten.

Definition: Das **interne Sanierungskonzept** beschreibt die beabsichtigte Vorgehensweise bei einem Sanierungsengagement. Die Sanierungsstrategie kann für gleichartige, standardisierbare Kundenbeziehungen ähnlich und für individuell zu betreuende Engagements spezifisch verfasst werden. Dieses Konzept ist in die interne Berichtsstruktur zu verankern, durch den Kompetenzträger zu entscheiden und in der Umsetzung der vereinbarten Sanierungsstrategie zu überprüfen.

Neben dem Berichtskopf in Form der Rahmendaten sind im Erstbericht der Ertrag und die Kreditkonditionen im Sanierungsbericht genau darzustellen. Darüber kann überprüft werden, ob das erhöhte Risiko adäquat bepreist wird. Einzugehen ist zudem auf die qualitativen Risikoarten, unter anderem in Form operationeller und verbundener Risiken. Ebenso ist die Engagementhistorie zu beschreiben, um qualitative Informationen über den Kreditnehmer, die Branche und sowie mögliche vielfältige Krisenursachen zu erhalten.

Wichtig ist es daher, das Zahlenmaterial zur Vermögens-, Ertrags- und Finanzlage eingehend zu analysieren sowie zu bewerten. Zudem ist auf die Interessen der übrigen beteiligten Gläubiger einzugehen, um sich ein Gesamtbild zu verschaffen. Anschließend ist eine individuelle Risikostrategie in Form des Weiterbehandlungskonzepts bei dem Kreditengagement auszuarbeiten.

Dabei sind die intern ermittelten Szenarien bei einer Sanierung beziehungsweise im Rahmen einer Abwicklung mit den finanziellen Auswirkungen aufzuzeigen. Von Bedeutung ist es, dass für den Kompetenzträger im Votum eine Entscheidung vorbereitet wird. Der Entscheidungsbedarf und der Wiedervorlagetermin sind abschließend aufzuzeigen, wie in nachfolgender Abb. 4.29 dargestellt.

Sanierungsberichterstattung

Rating, Linien, Inanspruchnahmen, Sicherheiten, Risiko, EWB und Kreditanträge
→ darzustellen im EB und in den FB

Konditionen, Deckungsbeiträge aus der Kundenbeziehung und Evidenzmeldung
→ darzustellen insbesondere im EB

Verbundene Kreditrisiken, operationelle Risiken und Risiken aus Beteiligungen
→ darzustellen im EB und Entwicklungen in den FB

Historie des Engagements mit Geschäftsmodell, Krisenursachen und alte Kreditberichte
→ lediglich aufzuführen im EB

Aktuelle Vermögens-, Ertrags- und Finanzlage
→ darzustellen im EB und in den FB

Gläubigerstruktur, Sicherheiten und Verhalten anderer Gläubiger, Poollösungen
→ darzustellen im EB und in den FB

Weiterbehandlungskonzept mit gewählter Sanierungsstrategie oder Abwicklungskonzept
→ darzustellen im EB und in den FB

Entscheidungsbedarf und Wiedervorlagetermin

Abb. 4.29: Inhalte eines Sanierungsberichtes (Quelle: Eigene Darstellung)

Wurden diese Risiken im Erstbericht dargestellt, schließt sich die laufende Überwachung des Krisenengagements mit der Darstellung in den Folgeberichten an. Zudem ist die Auswertung wichtiger Rahmendaten zu den Krisenursachen und dem Erfolg des Weiterbehandlungskonzepts für den Aufbau eines Datenpools und eine Ex-Post-Analyse zu empfehlen, um diese Daten auswerten zu können.

Auf Basis dieser Auswertungen lassen sich Rückschlüsse aus Krisenfällen und Sanierungen für die gesamte Bank ziehen, die in der Zukunft zur Risikofrüherkennung und erfolgreichen Sanierung genutzt werden können. Somit sollten gerade häufig festgestellte Krisenursachen zur systematischen Identifizierung von Gefährdungen in das Ratingsystem einfließen. Des Weiteren kann die Dokumentation dazu genutzt werden um die Erfolge in der Sanierungsarbeit darzulegen oder der Risikoberichterstattung nach den MaRisk nachzukommen. Die folgende Abb. 4.30 zeigt das Vorgehen einer Risikobestandsaufnahme von auffälligen Firmenengagements. Von erheblicher Bedeutung ist hierbei die Quantifizierung des gesamten Kreditengagements und des Blankovolumens, da die Kerngrößen zur Festlegung der Einzelwertberichtigung (EWB) herangezogen werden.

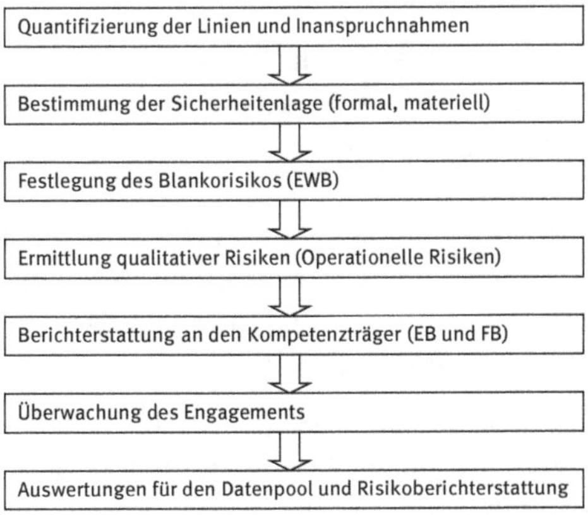

Abb. 4.30: Prozess der bankinternen Risikobestandsaufnahme (Quelle: Eigene Darstellung)

Bilanzierung von Forderungen in Kreditinstituten nach HGB

Die Quantifizierung der Risiken mit der Ermittlung der Einzelwertberichtigungen ist für die Bankbilanz von erheblicher Bedeutung. Das Maßgeblichkeitsprinzip der handelsrechtlichen GoB für die Bilanzierung in der Steuerbilanz bedeutet grundsätzlich das Durchschlagen handelsrechtlicher Ansatzgebote und Ansatzverbote in die Steuerbilanz. Es bedeutet, dass in der Steuerbilanz aktiviert beziehungsweise passiviert werden muss, was in der Handelsbilanz angesetzt wurde.

Dieses gilt gleichermaßen für Ansatzverbote (vgl. Becker et al., 2012, S. 16 ff.). Diese Rechtsgrundlagen der handelsrechtlichen Bewertung gelten ebenso für die steuerliche Bewertung von Forderungen (§ 5 Abs. 1 Satz 1 EStG). Allerdings ist der Bewertungsvorbehalt gemäß § 5 Abs. 6 EStG zu beachten, der einen Vorrang steuerlicher Bewertungsvorschriften beinhaltet sowie den Grundsatz der Maßgeblichkeit durchbricht. In Kreditinstituten besteht der Großteil der Aktivpositionen meist aus Kundenforderungen im Umlaufvermögen. Dort gilt das strenge Niederstwertprinzip. Daher sind Forderungen gegebenenfalls abweichend von den Inanspruchnahmen und saldiert zu bewerten. Wertbeeinträchtigungen bei Forderungen können bestehen im Rahmen von (vgl. Bieg/Waschbusch, 2017, S. 421):

- Einzelwertberichtigungen: Es findet eine Wertberichtigung, unter Berücksichtigung der Inanspruchnahme, der erwarteten Tilgungen und der stressgetesteten Kreditsicherheiten, statt. Es erfolgt ein Nettoausweis in der Bilanz.
- Pauschalwertberichtigungen auf Forderungen: In diesem Fall wird das latente, noch nicht genau messbare Ausfallrisiko, vorsorglich, nach dem Vorsichtsprinzip, durch pauschale Abschläge im Wert berichtigt.
- Pauschalierte Einzelwertberichtigungen auf Forderungen: Hier wird zum Beispiel das Länderrisiko, unter anderem bei Forderungsgesamtheiten, mit einem angemessenen Risikoabschlag berücksichtigt.
- Rückstellungen für die Eventualrisiken: Sie erfolgen für die Stellung von Avalen oder für unwiderufliche Kreditzusagen und somit außerbilanzielle Geschäfte, die für eine drohende Inanspruchnahme zu bilden sind.

Rückstellungen dienen der Erfassung von dem Grunde und der Höhe nach ungewissen Verbindlichkeiten und von drohenden Verlusten aus schwebenden Geschäften sowie von bestimmten Forderungen. Darunter zu erfassen sind auch die Eventualverbindlichkeiten aus der Übernahme von Bürgschaften und Garantien.

Der Ansatz von Forderungen an Kunden ergibt sich beim Zugang nach den Anschaffungskosten beziehungsweise zum Nennwert. Die Folgebewertung erfolgt nach den Vorschriften des Umlaufvermögens zum Nominalwert oder bei dem Vorliegen einer Wertbeeinträchtigung nach dem strengen Niederstwertprinzip gemäß § 253 Abs. 4 HGB mit dem niedrigeren beizulegenden Wert (§ 340e HGB in Verbindung mit § 253 HGB). Dabei findet eine Orientierung an der Bonität eines Kreditnehmers statt (vgl. Bieg/Waschbusch, 2017, S. 399). Einzelwertberichtigungen auf Kredite beziehungsweise Inanspruchnahmen sind gemäß § 253 HGB zu bilden, wenn die Bonität eines Kunden und andere Gründe eine Aktivierung zum Nennwert nicht zulassen.

Die Forderungspositionen sind zum Abschlussstichtag grundsätzlich einzeln zu bewerten (§ 252 Abs. 1 Nr. 3 HGB). Dabei sind die grundlegenden Bilanzierungs- und Bewertungsprinzipien der Imparität, der Vorsicht und der Realisation zu beachten. Über allem stehen im HGB das Gläubigerschutzprinzip und der Grundsatz der kaufmännischen Vorsicht, der sich im Niederstwertprinzip äußert.

Forderungen sind steuerlich gemäß § 6 Abs. 1 Nr. 2 EStG mit den Anschaffungskosten beziehungsweise den Inanspruchnahmen anzusetzen und mit dem gegebenenfalls niedrigeren Teilwert gemäß § 6 Abs. 1 Nr. 2 und Nr. 3 EStG zu bewerten, insoweit sich eine voraussichtlich andauernde Wertminderung ergibt (vgl. Becker et al., 2012, S. 41 ff. und S. 76 ff.). Der niedrigere Teilwert und der niedrigere beizulegende Wert entsprechen sich inhaltlich. Zum Zweck der Forderungsbewertung kann dazu die Methodik des Standards IDW PS 522 angewendet werden.

Das maximale Ausfallrisiko aus einem Kreditfall besteht in Höhe der Kapitalrückzahlung zuzüglich der erwarteten Zinsausfälle. Die **Einzelwertberichtigung** (EWB) berechnet sich in Höhe des aktuellen nominellen Forderungsbetrages abzüglich der zu erwartenden Tilgungen sowie sonstigen Zuflüsse, unter anderen aus der Verwertung der stressgetesteten Sicherheiten. Die Ausgangsgröße der Nominalforderung bemisst sich nach dem Gesamtengagement eines Kreditnehmers und nicht nach den vorhandenen Einzelforderungen.

Wenn allerdings die Einbringlichkeit einzelner Engagementteile unterschiedlich ist, sind die einzelnen Kreditteile gesondert zu bewerten (vgl. Scharpf, 2004, 4.3.5.3.6). Wichtig ist, dass die Inanspruchnahme einer Forderung die Obergrenze für die Bildung einer Einzelwertberichtigung setzt. Kreditzusagen in Form von nicht ausgenutzten Linien sind zunächst noch nicht bewertungsrelevant. Auch wenn das Kreditinstitut eine unwiderrufliche Kreditzusage erteilt hat, führt diese noch nicht zur Bildung einer Wertberichtigung, da keine Aktivposition besteht, sondern eine Erfassung der Position unter dem Bilanzstrich. Dieses Risiko ist entsprechend durch eine Rückstellung zu berücksichtigen (vgl. Becker et al., 2012, S. 50 ff.).

Bei einem Wegfall der Gründe für eine Wertkorrektur gemäß § 253 Abs. 4 HGB darf bei Vermögensgegenständen des Umlaufvermögens ein niedrigerer Wert nicht beibehalten werden, wenn sich beispielsweise die Bonität des Kreditnehmers deutlich verbessert (§ 253 Abs. 5 HGB). Dann besteht ein Zuschreibungsgebot bis zu den ursprünglichen Anschaffungskosten (vgl. Bieg/Waschbusch, 2017, S. 400).

Unterschieden werden können folgende Risikokategorien von Forderungen, die sich auf die Bewertung auswirken (vgl. Bieg/Waschbusch, 2017, S. 418 ff.):

- Forderungen ohne erkennbare Ausfallrisiken im Normalkreditgeschäft
- Gefährdete Forderungen mit erhöhtem Ausfallrisiko im Intensivbereich
- Notleidende Forderungen mit starkem Forderungsausfallrisiko in der Sanierung
- Uneinbringliche Forderungen im Abwicklungsbereich mit erwartetem Ausfall

Bei den ersten beiden Forderungskategorien werden Pauschalwertberichtigungen gebildet, um das latente Risiko bei einer Forderungsgesamtheit zu berücksichtigen. Bei den gefährdeten Forderungen erfolgt ein Wertabschlag in Form der Einzelwertberichtigung und bei den uneinbringlichen Forderungen werden Ausbuchungen in Form von Abschreibungen vorgenommen.

Dabei ist die Einzelwertberichtigung auf ein Kreditengagement beziehungsweise die einzelne Forderung zu beziehen. Dies ist Ausfluss des Einzelbewertungsgrundsatzes gemäß § 252 Abs. 1 Nr. 3 HGB. Bei der Einzelwertberichtigung wird auf das Gesamtkreditengagement abgestellt, unter Berücksichtigung der erwarteten Erlöse aus den Sicherheiten. Einzelwertberichtigungen sind nur auf die in Anspruch genommenen Kreditteile zu bilden, unabhängig von der maximalen Kreditlinie, unter andere im Kontokorrent. Es gilt nach § 253 Ab. 5 Satz 1 HGB ein Wertaufholungsgebot, bei einem vollständigen oder teilweisen Wegfall der Gründe für eine Wertberichtigung. Dann ist der Auflösungsbetrag erfolgserhöhend zuzuschreiben und erhöht den Gewinn des Jahres (vgl. Bieg/Waschbusch, 2017, S. 421 ff.).

Das künftig eintretende Abschreibungsrisiko kann dagegen bankintern höher ausfallen, wenn unter anderem Kontokorrentlinien oder Avallinien zum Bewertungsstichtag nicht ausgenutzt werden oder anderweitige Kreditzusagen bestehen. Aus diesem Grunde ist bei der internen Berichterstattung immer der jeweils höhere Wert zwischen den Linien und Inanspruchnahmen bei der Ermittlung des Blankorisikos anzusetzen. Bei dieser Einschätzung der Sicherheiten sind aktuelle und realistische Verwertungsmöglichkeiten in dieser Situation einer wirtschaftlichen Krise zugrunde zu legen. Wird das Engagement komplett durch stressgetestete Sicherheiten abgedeckt, ist keine EWB einzustellen. Nicht zu vernachlässigen ist allerdings als weitere Risikokomponente das potenzielle Zinsausfallrisiko.

Der zu erzielende Risikoabbau kann auch einen Anreiz für die Mitarbeiter in der Sanierungsabteilung im Rahmen einer variablen Vergütung bieten. Dann ist die EWB in einer separaten internen Rechnung nicht vollständig anzusetzen. Dabei kann für jedes Engagement gemeinsam mit dem Sanierungsleiter erarbeitet werden, welche künftigen Zins- und Tilgungsleistungen sowie zusätzlichen Besicherungen noch erreicht werden können. Eine vollständige nach den Vorschriften des Handels- oder Steuerrechts eingestellte EWB verzerrt dann unter Umständen das mögliche EWB-Reduzierungspotenzial (vgl. Portisch, 2012, S. 66).

Die Einzelwertberichtigung ist ein Ausdruck für das Ausfallrisiko einer Forderung. Das individuelle Ausfallrisiko eines Firmenkunden bestimmt sich nach der Bonität. Diese wird maßgeblich durch die Zahlungsfähigkeit beeinflusst. Die Zahlungsfähigkeit des Kunden ist daher das bestimmende Kriterium bei der EWB-Bildung. Diese gilt unter anderem als beeinträchtigt, wenn die künftigen Einzahlungsüberschüsse nicht ausreichen, um den Kapitaldienst in Form von Zins-, Tilgungs- und Provisionsleistungen zu decken. Die folgenden Einzeltatbestände führen daher regelmäßig zur Bildung einer Wertkorrektur in Form einer handelsrechtlichen Einzelwertberichtigung (vgl. Becker et al., 2012, S. 52 ff.):

- Zahlungsverzug mit Überziehungen, rückständige Darlehensraten
- Nachhaltige Verlustsituation mit Aufzehrung des Eigenkapitals
- Verschlechterte wirtschaftliche Situation, Kapitaldienstunterdeckung

Wichtig ist, dass die Bewertungsentscheidung einer Bank nicht subjektiv oder willkürlich zur Steuerung des Jahresüberschusses erfolgt. Der Prozess, der zur Einstellung einer EWB führt, sollte transparent und einheitlich sein. Daher bietet das interne Ratingsystem der Banken die Möglichkeit, eine Objektivität der EWB-Bildung anhand festgelegter Kriterien herzustellen. Wesentlich für die Bildung der EWB ist auch die steuerliche Anerkennung.

Dabei haben sich die steuerlichen Vorschriften im Hinblick auf die Anerkennung der Risikovorsorge durch das „Steuerentlastungsgesetz 1999/2000/2002“ erheblich verschärft. Kriterium für die Bildung einer steuerlich zulässigen Teilwertabschreibung und auch die Vermeidung einer Wertaufholung ist das Tatbestandsmerkmal der voraussichtlich dauernden Wertminderung einer Forderung. Zudem ist die Beweispflicht durch die Kreditinstitute verstärkt worden. So ist der Nachweis der Dauerhaftigkeit der Wertbeeinträchtigung bei jeder einzelnen Forderung zu führen und zu dokumentieren (vgl. Becker et al., 2012, S. 76 ff.).

Zudem besteht ein Wertaufholungsgebot zu jedem Abschlussstichtag, das heißt die alljährliche Rückkehr der Regelbewertung zu den Anschaffungskosten aus § 6 Abs. 1 Nr. 2 Satz 2 EStG. Die steuerliche Wertaufholungspflicht mit der jeweiligen Rückkehr zur Bewertungsobergrenze führt also im Ergebnis dazu, dass jede im Wert berichtigte Forderung zum Abschlussstichtag erneut auf die Dauerhaftigkeit der Notwendigkeit einer Wertberichtigung zu überprüfen ist (vgl. Becker et al., 2012, S. 59 ff.). Es ist regelmäßig zu jedem Bilanzstichtag eine Neubewertung der Forderungen und auch der Sicherheiten vorzunehmen. Während die Bildung und die Auflösung von Einzelwertberichtigungen nach dem HGB und dem EStG noch überschaubar sind, verkomplizieren sich die Regelungen zu den Wertberichtigungen nach IAS und IFRS zum Teil erheblich. Diese Rechnungslegungsvorschriften haben kapitalmarktorientierte Kreditinstitute zu beachten.

Bilanzierung von Forderungen in Kreditinstituten nach IAS und IFRS

Die Ermittlung der Risikovorsorge auf Forderungen wurde früher mit dem Incurred Loss Model in IAS 39 geregelt (vgl. Löw, 2005, S. 526 ff.). Der Ansatz und die Bewertung von Finanzinstrumenten richten sich gemäß IAS 39.9 nach der Zuordnung in vier Kategorien (vgl. Bieg/Waschbusch, 2017, S. 654). Aus Bankensicht sind der Ansatz und die Bewertung von Krediten aus dem Bereich „Darlehen und Forderungen“ besonders relevant. Diese Positionen umfassen alle nicht-derivativen Finanzinstrumente mit bestimmbaren Zahlungen, die nicht an einem aktiven Markt gehandelt werden. Bei diesen Buchkrediten besteht in der Regel keine Absicht diese kurzfristig weiter zu veräußern (vgl. Portisch/Smit, 2011g, S. 214 ff.).

Die Zugangsbewertung von Darlehen und Forderungen erfolgt gemäß IAS 39.43 zum beizulegenden Zeitwert (Fair Value). Für die Folgebewertung gelten die fortgeführten Anschaffungskosten, ermittelt unter Anwendung der Effektivzinsmethode, zur Diskontierung der erwarteten Zahlungen (vgl. Becker et al., 2012, S. 281).

Gemäß IAS 39.58 ist an jedem Bilanzstichtag ein Impairment-Test (Wertminderungstest) im Hinblick auf möglicherweise bestehende Kreditstörungen durchzuführen. Bei diesem Test wird anhand von Indizien (Loss Events) überprüft, ob sich Wertminderungen bei Krediten ergeben haben, die zur Reduzierung der künftig erwarteten Cash Flows führen können (vgl. Barz et al., 2008, S. 364 ff.). Ein Impairment liegt gemäß IAS 39.59 vor, wenn bei einem laufenden Kreditengagement objektive Hinweise auf eine Wertminderung zu erwarten sind. Wichtige Indikatoren für ein Loss Event sind beispielsweise (vgl. Bieg/Waschbusch, 2017, S. 650):

- Erhebliche finanzielle Schwierigkeiten des Schuldners
- Längerer Verzug von Zinszahlungen und Tilgungsleistungen
- Sanierungsmaßnahmen oder eine Insolvenz werden wahrscheinlich

Bei bedeutenden Einzelforderungen ist eine Einzelprüfung nach IAS 39.64 zur Ermittlung der Höhe der individuellen Risikovorsorge vorzunehmen. Der offene Saldo der Wertberichtigung ist ergebniswirksam zu erfassen (vgl. Stosch, 2008, S. 241 ff.). Einzelwertberichtigungen werden auf der Grundlage der individuellen Betrachtung bei signifikanten Einzelforderungen mit auffälligen Kreditrisikomerkmalen gebildet. Die Höhe einer Wertminderung ergibt sich aus der Differenz zwischen dem Buchwert der Forderung und dem Barwert der aus der Forderung zukünftig zu erwartenden Zahlungen, unter Verwendung des ursprünglich erwarteten Effektivzinssatzes. Alle noch zu erwartenden Eingänge aus Zinszahlungen, Tilgungen, Sicherheitenerlösen sind dabei zu berücksichtigen.

Grundlage dieser Wertberichtigungsermittlung ist ein Incurred Loss Model, bei dem konkrete Indizien für eine Störung des Vertragsverhältnisses vorliegen müssen. Vorteil dieser Bilanzierung ist die detaillierte Erfassung von Einzelwertberichtigungen, unter Berücksichtigung der effektiven Zahlungsströme. Ein Nachteil besteht in dem hohen Aufwand der Ermittlung der Wertberichtigungen bei einer Vielzahl von Krisenfällen. Zudem ist zu bemängeln, dass ein Bewertungsmodell auf der Basis von Loss Events in bestimmten Phasen prozyklisch wirken kann. Mit dem Incurred Loss Model aus IAS 39 werden Wertminderungen und Abschreibungen erst im Fall eines konkreten Verlustereignisses bilanziert. Dieses entspricht nicht dem Einbeziehen einer Risikoprämie in den Kreditzins in Abhängigkeit von der Ausfallwahrscheinlichkeit. Dieser bestehende Bewertungsansatz wurde durch das Expected Loss Model im Rahmen der Umstellung auf IFRS 9 abgelöst. Dadurch werden Wertminderungen bei Finanzinstrumenten bereits in einem frühen Stadium erfasst.

Demnach sind Verluste bereits anzusetzen, wenn diese noch nicht eingetreten aber absehbar sind. Künftig soll bereits diese Berücksichtigung erwarteter Verluste in einem Expected Loss Model mit einer Risikovorsorge erfolgen. Nach diesem Verfahren sind zukünftig geschätzte Wertverluste bereits bei dem erstmaligen Ansatz der Kreditposition zu erfassen (vgl. Schaber et al., 2010, S. 241 ff.). Auch Ratingherabstufungen folgen dem Ansatz eines kontinuierlich steigenden Ausfallrisikos.

Des Weiteren existieren nach dem neuen Konzept gegenüber dem IAS 39 nur noch drei Bewertungskategorien von Forderungen. So erfolgen die Ansätze der Folgebewertung von Forderungen nach den Kategorien:

- Bewertung zu fortgeführten Anschaffungskosten (Amortised Costs)
- Erfolgsneutrale Fair-Value-Bewertung
- Erfolgswirksame Fair-Value-Bewertung

Bis zu der Endfälligkeit gehaltene Finanzinstrumente zur Vereinnahmung von Zins- sowie Tilgungsleistungen zu klar festgelegten Zeitpunkten auf die Nominale beziehungsweise finanzielle Vermögenswerte sind mit fortgeführten Anschaffungskosten zu bewerten (vgl. Bieg/Waschbusch, 2017, S. 662 ff.). Diese finanziellen Vermögenswerte werden im Rahmen eines Geschäftsmodells gehalten, mit der Zielsetzung die vertraglichen Cash Flows zu vereinnahmen.

Die Wertminderungsvorschriften im General Approach sind auf die finanziellen Verbindlichkeiten anzuwenden. Das Wertminderungsmodell besteht aus einem dreistufigen Verfahren, in Anlehnung an eine steigende Intensität der Ausfallwahrscheinlichkeit. Die Zuordnung dieser Finanzinstrumente erfolgt gemäß einem dreistufigen Modell (Three Bucket Approach) und wird wie folgt vorgenommen:

- Eine Zuordnung zu der Stufe 1 (erwarteter 12-Monats-Kreditverlust) betrifft beispielsweise die Bewertung von Krediten, die keine direkten einzelfallbezogenen Ausfallereignisse aufweisen, bei denen sich Änderungen der Ausfallerwartungen jedoch aufgrund makroökonomischer Verschlechterungen ergeben können. Das Wertminderungsmodell in Bucket 1 berücksichtigt erwartete Kreditausfälle in Höhe des Barwerts, die sich innerhalb eines Jahres zeigen können. Der Ansatz folgt anderen bankbezogenen Risikomodellen und erfasst die erwarteten Ausfälle der folgenden zwölf Monate (12-Monats-Expected-Credit-Loss). Die zu berechnende Zinsvereinnahmung erfolgt auf Basis des Bruttobuchwerts, unter Anwendung der Effektivzinsmethode.
- Die Stufe 2 umfasst Instrumente, die seit dem Zugang eine deutliche Erhöhung des Ausfallrisikos aufweisen (über die Laufzeit erwarteter Kreditverlust). Stufe 2 beinhaltet die Kredite, mit beobachtbaren Ereignissen, die einen direkten Rückschluss auf erhöhte Ausfälle beispielsweise in einem Teilkreditportfolio zulassen. Es liegt eine signifikante Erhöhung des Ausfallrisikos, jedoch kein objektiver Hinweis auf eine konkrete Wertminderung vor. Die Risikovorsorge ist in der Stufe 2 nun bis zur Höhe der erwarteten Verluste der Restlaufzeit abzubilden. Die erwarteten Ausfälle werden als Differenz zwischen dem ursprünglich vertraglich erwarteten Barwert Cash Flows und dem Barwert der erwarteten Zahlungen berechnet. Die Abweichung ist gegenüber dem Zwölfmonatsansatz umfangreicher, umfasst die gesamte Kreditlaufzeit (Lifetime Expected Credit Loss) und führt in der Regel zu einer zusätzlichen Wertberichtigung. Die Zinsberechnungsart erfolgt wie auf Stufe 1 auf Basis des Bruttobuchwertes.

– Auf der höchsten Stufe 3 (über die Laufzeit erwarteter Kreditverlust auf Basis der Discounted Cash Flows) liegt eine signifikante Erhöhung des Ausfallrisikos oder ein objektiver Grund für eine notwendige Wertminderung vor, wie Ratenrückstände, Zahlungsschwierigkeiten oder ein eingeleiteter Sanierungsprozess bei Kunden. Eine Forderung kann direkt von Stufe 1 in Stufe 3 überführt werden, wenn dazu ein Anlass gegeben ist. In Stufe 3 sind Informationen auf Einzelkreditnehmerebene über erwartete oder bereits eingetretene Ausfälle zu erfassen. Die Bemessung der Risikovorsorge erfolgt auf Basis des Barwerts der erwarteten Verluste der gesamten Restlaufzeit als Differenz zwischen den fortgeführten Anschaffungskosten im Vergleich zum Barwert der mit dem ursprünglichen Effektivzins diskontierten geschätzten zukünftigen Zahlungsströme.

Der erstmalige Wertansatz folgt der Stufe 1, außer die Forderung hatte bereits beim Zugang eine stark beeinträchtigte Bonität. Die Aufteilung beziehungsweise Abgrenzung zwischen den Stufen 1 und 2 erfolgen anhand eines Vergleichs der erwarteten Ausfallwahrscheinlichkeit zum Zugangszeitpunkt. Eine Absenkung auf Stufe 2 erfolgt bei einer deutlichen Erhöhung der Ausfallwahrscheinlichkeit. Indikatoren sind beispielsweise eine Anhebung der Zinsen, aufgrund steigender Risikokosten oder wenn vertraglich vereinbarte Zahlungen mehr als 30 Tage überfällig sind.

Die Herabstufung in Stufe 3 wird nach einer starken Beeinträchtigung der Bonität, beispielsweise bei Sanierungsengagements vorgenommen. Es werden bereits deutliche finanzielle Schwierigkeiten des Kreditnehmers vermerkt, mit erhöhten Insolvenzantragsrisiken (vgl. Bieg/Waschbusch, 2017, S. 683 ff.).

Das Bewertungsmodell folgt mit dem Kernkriterium der Ausfallwahrscheinlichkeit den bankinternen Ratingsystemen und den Eigenmittelunterlegungsansätzen IRBA und FIRBA der Säule 1 nach Basel III. Hier ergibt sich eine Konsistenz der Modelle und die Ausfallwahrscheinlichkeit (PD) kann einheitlich verwendet werden. Durch diese Anrechnung erwarteter Verluste soll die Risikovorsorge im Idealfall gleichmäßig über die Laufzeit finanzmathematisch genau aufgebaut beziehungsweise bei einer Werterholung wieder abgebaut werden.

Wenn später ein tatsächliches Ausfallereignis wie bei einer Insolvenz eintritt, ist bei dem Expected Loss Model im Optimalfall kein zusätzlicher Wertberichtigungsbedarf mehr erforderlich, da die Risikovorsorge unter Berücksichtigung der kontinuierlich wachsenden Ausfallgefahren bereits komplett angespart wurde. Damit können Verzögerungen bei einer plötzlich notwendigen Bildung von Wertberichtigungen vermieden werden. Die nachfolgende Abb. 4.31 zeigt die Einstellung der Risikovorsorge bei den alternativen Modellen nach IAS 39 und IFRS 9.

Problematisch sind sicherlich der Berechnungsmodus in den verschiedenen Stufen und die Umsetzung in Form von mathematischen und statistischen Modellen. Der Aufwand für die Umsetzung von IFRS 9 in Kreditinstituten ist anhand der Kosten und der gebundenen Personalkapazitäten meist sehr hoch.

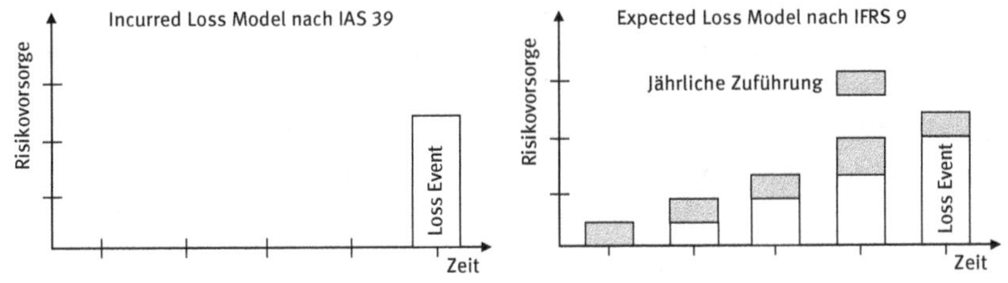

Abb. 4.31: Bewertung von Forderungen mit Risikoerfassungsansätzen (Quelle: Eigene Darstellung)

Ziel dieser Neuregelung bei der Risikovorsorge ist die Glättung einer erfolgswirksamen Wertberichtigung mit der periodengerechten Aufteilung sowie Verstetigung der Bildung einer Risikovorsorge. Während bei dem Bewertungsmodell nach IAS 39 bei der Einbuchung einer Einzelwertberichtigung der Aufwand nur der bestimmten Periode des Loss Events zugerechnet wird, soll bei der neuen Regelung im Optimalfall ein kontinuierlicher und gleichmäßiger Aufbau der Risikovorsorge erfolgen und die Bankbilanz nicht plötzlich belasten.

Künftig wird in diesem Praxishandbuch der Blankoteil als Wertberichtigung angesetzt, da der Hauptzweck dieses Werkes der professionellen Bearbeitung von Sanierungsfällen gilt und nicht der genauen buchungstechnischen Erfassung der Risikovorsorge. Es wird im Folgenden weiter der Begriff der Einzelwertberichtigung (EWB) verwendet, auch wenn dieser Begriff gemäß IFRS nicht existiert. Weitere Neuerungen bestehen für große Kreditinstitute über den NPL-Rahmen.

Leitfaden für Banken zu notleidenden Krediten (NPL)

Der Leitfaden für Banken zu notleidenden Krediten (NPL) richtet sich als Empfehlung für die von der EZB direkt beaufsichtigten Institute und beschreibt einen einheitlichen aufsichtlichen Ansatz für Non Performing Loans (NPL). Dieser Rahmen stellt die Erwartungen der Aufsicht zur Bearbeitung von riskanten Forderungen dar und enthält vorwiegend qualitative Elemente (vgl. EZB, 2017a, S. 5). In diesem Ansatz wird zunächst auf die Festlegung einer NPL-Strategie zum Abbau und der Steuerung von NPL-Beständen eingegangen.

Dabei sind die Größe und Entwicklung des Portfolios zu untersuchen und es sind operative Kapazitäten für die Bearbeitungsprozesse bereit zu halten. Es werden vier Kernstrategien vorgeschlagen:

- Hold/Forbearance-Strategie mit einer weiteren Begleitung
- Aktiver Portfolioabbau zur Reduzierung der Risikopositionen
- Änderungen der Rechtsposition, beispielsweise über Debt Equity Swap
- Rechtliche Optionen, über die Insolvenz oder außergerichtliche Lösungen

Dabei sollen Kombinationen dieser strategischen Optionen zur Steuerung des Portfolios eingesetzt werden. Bei hohen Beständen an NPL sind auch quantitative Ziele beim Forderungsabbau zu benennen, mit Angaben zum Zeithorizont, nach Hauptportfolios und nach gewählter Strategie (vgl. EZB, 2017a, S. 14). Beschrieben werden anschließend alternative Optionen zur Umsetzung einer Aufbau- und Ablauforganisation, mit einem Fokus auf spezialisierte Einheiten und der Ausrichtung der Bearbeitung am NPL-Zyklus mit der Feststellung von Zahlungsrückständen und der Umsetzung von Forbearance-Vereinbarungen. Junge Zahlungsdefizite werden mit 90 Tagen angegeben und entsprechen einem Übergang in die Intensivbetreuung und alte Zahlungsrückstände mit über 90 Tagen einer Übertragung in den Sanierungsbereich mit der Umsetzung von Forbearance-Schritten. In der Abwicklung sind keine tragfähigen Forbearance-Lösungen zu finden und es sind verschiedene Optionen zu prüfen mit der Insolvenz oder der Veräußerung (vgl. EZB, 2017a, S. 22 ff.). Das Verzugstagekriterium wird als Frühwarnindikator empfohlen mit den Abstufungen bis 30 Tage, 30 bis 60 Tage, 60 bis 90 Tage und größer 90 Tage. Portfoliobewegungen beziehungsweise Migrationen sind zu erfassen.

Die Empfehlungen zur Einrichtung von Abteilungen in der Intensivbetreuung, der Restrukturierung und der Abwicklung im Privat- und Firmenkundengeschäft sowie die Abläufe stimmen mit den hier genannten Strukturen und Prozessen weitestgehend überein. Wichtiger Steuerungskennzahlen werden als elementar für die Portfolio-Überwachung angesehen (vgl. EZB, 2017a, S. 33 ff.). Als zentrales Instrument zur Abwendung oder Begrenzung werden Forbearance-Maßnahmen angesehen.

Ziel der Gewährung dieser Aktionen ist die Wiederherstellung der Zahlungsfähigkeit gefährdeter Engagement oder notleidender Kreditnehmer. Erreicht werden sollen tragfähige Lösungen, die den tatsächlichen Saldo verringern. Dieser NPL-Status soll beendet werden und es soll verhindert werden, dass endgültige Ausfälle erfolgen.

Definition: Forbearance-Maßnahmen bezeichnen Zugeständnisse an den Schuldner, die bei finanziellen Schwierigkeiten zur Bedienung von Forderungen vereinbart werden. Diese Zugeständnisse finden ihren Niederschlag in Modifikationen von Verträgen beispielsweise mit der Vereinbarung von Zins- und Tilgungsstundungen und sollen dem Kreditnehmer die finanzwirtschaftliche Sanierung ermöglichen. Vorrangiges Ziel ist es, dem Kreditnehmer aus dem Status notleidend zu verhelfen. Diese Maßnahmen sollen darauf ausgerichtet sein, den Schuldner in die Lage zu versetzen, seine Kredite langfristig zurückzuzahlen und den Status der Performing Loans zu erreichen.

Der Erfolg von Forbearance ist in Kreditinstituten anhand von Messgrößen wie der Gesundungsrate zu überwachen und die Art der Maßnahme ist eindeutig festzulegen und in den IT-Systemen zu hinterlegen. Unterschieden werden kurzfristige und langfristige Schritte, wie Tab. 4.20 zeigt (vgl. EZB, 2017a, S. 44 ff.). Kurzfristige Forbearance-Maßnahmen sollen dazu geeignet sein, finanzielle Schwierigkeiten zeitnah zu bereinigen und nicht länger als zwei Jahre andauern.

Bei Projektfinanzierungen und dem Bau von Gewerbeimmobilien gilt ein maximaler Zeitraum von einem Jahr. Der Kreditnehmer soll bei diesen Maßnahmen bestimmte Kriterien erfüllen. Es ist zu unterscheiden zwischen tragfähigen und nicht tragfähigen Lösungen. In Anlehnung an die Fristigkeit der vereinbarten Schritte sind tragfähige Ansätze zu gestalten. Auch hier werden Beispiele genannt, die in der Praxis häufig umgesetzt werden (vgl. EZB, 2017a, S. 46 und Cranshaw, 2017, S. 108).

Tab. 4.20: Gängige kurz- und langfristige Forbearance-Maßnahmen (Quelle: Eigene Darstellung)

Kurzfristige Forbearance-Maßnahmen	Langfristige Forbearance-Maßnahmen
Tilgungsaussetzung	Zinssenkung
Tilgungsreduzierung	Laufzeitverlängerung
Moratorium	Zusätzliche Sicherheiten
Kapitalisierung von Rückständen/Zinsen	Verkauf von Vermögenswerten

Dabei sollen Forbearance-Maßnahmen ihren Zielen gerecht werden, sich möglichst nicht wiederholen indem die Grundprobleme des Schuldners nicht beseitigt werden. Zusätzlich sind in Kreditinstituten Forbearance-Richtlinien zu implementieren, die Kreditnehmer zeitnah erfassen, deren Finanzlage nicht tragfähig ist.

Voraussetzung für diese Vereinbarung von soliden Forbearance-Maßnahmen ist die geprüfte und wahrscheinlich gegebene Kapitaldienstfähigkeit, damit diese Schritte auch wirksam sind und die Finanz- und Liquiditätslage restrukturieren. Herausgestellt wird, dass keine der Maßnahmen ohne Kapitaldienstfähigkeitsprüfung umgesetzt werden darf. Diese soll konservativ ermittelt und auf zukünftiger Basis aufgestellt werden. In dem Forbearance-Vertrag sind Vorgaben zu Zielen und Meilensteinen zu vereinbaren und durch das Kreditinstitut eng zu überwachen (vgl. Wuschek, 2017, S. 196 ff. und Cranshaw, 2017, S. 106 ff.).

Bei einer Realisierung von NPL-Strategien oder Forbearance-Maßnahmen sind Entscheidungsbäume einzusetzen und es ist auf möglichst standardisierbare Lösungen hinzuwirken. Forbearance-Lösungen sind den Abwicklungsoptionen anhand ihres Nettobarwertes, des Net Present Value (NPV), gegenüberzustellen. Diese Strategien sind zu erfassen und in das Meldewesen einzubinden.

Im Anschluss an die Veröffentlichung des NPL-Leitfadens hat die EZB eine Ergänzung formuliert, die unter anderem auf die Anforderungen an die zeitnahe Bildung der Risikovorsorge sowie Vorgehensweisen zu besonderen Abschreibungspraktiken eingeht (vgl. EZB, 2017b, S. 2 ff.). Dazu werden bestimmte Kategorien von Forderungen und Risikovorsorge-Backstops, in Anlehnung an die Besicherung, gebildet. Es sind zur Vermeidung von Unterdeckungen die höchstmöglichen Wertberichtigungen festzulegen, die allerdings nicht in Widerspruch zu den Rechnungslegungsvorschriften stehen dürfen.

Von der Aufsicht werden zudem Zeitspannen zur Anwendung dieser Abdeckung im Rahmen der Backstops definiert, bei unbesicherten NPE von bis zu zwei Jahren und besicherten Engagements von bis zu sieben Jahren.

Definition: Risikovorsorge-Backstops legen zur Erfüllung des Mindestmaßes an eine ausreichende aufsichtliche Wertberichtigung für Non Performing Exposures bestimmte quantitative Erwartungen fest, damit keine NPL-Bestände mit einer unzureichenden Risikovorsorge aufgebaut werden.

Die Forbearance-Maßnahmen sowie Angaben zu der Kreditqualität und der Wirksamkeit sowie den Laufzeiten von diesen Schritten sind der Aufsicht zu melden und jährlich sind qualitative Informationen unter Verwendung des Musterformulars im Anhang des Leitfadens zu verwenden. Auch die aufsichtlichen Risikovorsorge-Backstops in Form der NPL-Deckungsgrade und der Zeitspannen sind zu berichterstatten (vgl. EZB, 2017b, S. 2 ff.). Die Berichterstattung der CRR-Institute über Forbearance-Maßnahmen sowie Non Performing Exposures wurde in das Finanzreporting integriert (FINREP-Meldewesen) und bestimmte Positionen sind vierteljährlich zu melden, damit auf dieser Basis Auswertungen der Bankenaufsicht möglich sind.

Forbearance-Maßnahmen werden in den Erläuterungen zu den MaRisk im Intensivbereich in BTO 1.2.4 angesprochen. Bei der Festlegung der Kriterien hat das Institut die Engagements hinsichtlich eines Übergangs in die Intensivbetreuung angemessen zu berücksichtigen, bei denen Zugeständnisse hinsichtlich der Rückzahlungsmodalitäten zugunsten des Kreditnehmers gemacht wurden (Forbearance). Entsprechendes gilt für die Kriterien, die maßgeblich für den Übergang in die Sanierung beziehungsweise Abwicklung sind (BTO 1.2.5 Rn. 1). Diese Forbearance-Maßnahmen bestehen aus vertraglichen Zugeständnissen aufgrund sich abzeichnender finanzieller Schwierigkeiten eines Kreditnehmers. Eine genaue Definition und Abgrenzung von Forbearance-Schritten kann das Kreditinstitut institutsindividuell vornehmen. Die Erkenntnisse aus Forbearance-Maßnahmen sind bei den Verfahren zur Früherkennung von Risiken (BTO 1.3), beim Risikoklassifizierungsverfahren (BTO 1.4) und bei der Bildung der Risikovorsorge (BTO 1.2.6) zu berücksichtigen.

Präventiver Restrukturierungsrahmen

Die EU-Kommission hat am 22.11.2016 einen Richtlinienentwurf für präventive Restrukturierungsrahmen vorgelegt. Darüber sollen konsistente Strukturen in der außergerichtlichen Sanierung und der Insolvenz geschaffen werden. Gestaltet werden soll ein vorinsolvenzrechtliches Sanierungsverfahren mit möglichen Auswirkungen auf die Unternehmenssanierung und die klassische Begleitung des Sanierungsprozesses durch Kreditinstitute. Der Vorschlag ist in drei Bereiche aufgeteilt, den präventiven Restrukturierungsrahmen, die zweite Chance für Unternehmer und Maßnahmen zur Steigerung der Verfahrenseffizienz bei Restrukturierungen und Insolvenzen. Der Zugang zu dem Verfahren soll möglichst früh erfolgen.

Unklar ist in diesem Zusammenhang, welche konkreten Kriterien dieses Verfahren auslösen können und wie Unsicherheiten sowie Risiken einer zu frühen Antragstellung vermieden werden. Problematisch sind die geplanten Eingriffe in Gläubigerrechte im Rahmen einer Überstimmung zum Sanierungsplan und das Risiko für die Gesellschafter aus dem Unternehmen herausgedrängt zu werden (vgl. Erbe, 2017, S. 110 ff.). Des Weiteren besteht die Frage, wie wesentliche Merkmale wie das Moratorium, die Zugangsvoraussetzungen zu dem Verfahren, der Restrukturierungsplan, die Abstimmung darüber, der Schutz sowie die Bevorzugung neuer Finanzierungen im Detail ausgestaltet werden können, sodass diese mit anderen Regelwerken und Gesetzen in Einklang stehen (vgl. Jung, et al., 2017, S. 245 ff.).

Das Moratorium soll dem Schuldner eine Atempause verschaffen, damit dieser geeignete Sanierungsmaßnahmen umsetzen kann. Die Dauer soll vier oder zwölf Monate nicht überschreiten. Gegebenenfalls soll auch während des Moratoriums eine Insolvenzantragspflicht weiter bestehen (vgl. Erbe, 2017, S. 112).

Der Fokus liegt auf der rein finanzwirtschaftlichen Zielsetzung, die nicht ausreichen wird, ein Unternehmen mit Problemfeldern im Geschäftsmodell und am Markt wieder wettbewerbsfähig zu gestalten. Dieses erfordert leistungswirtschaftliche Sanierungskonzeptionen und Umsetzungen. Es wird zudem nicht deutlich, wer die Koordination des Verfahrens übernehmen soll und wie dies eine Sanierung im Zweifel verteuert und damit die Turnaround-Chancen vermindert.

Die Einführung eines derartigen Verfahrens könnten erhebliche Auswirkungen auf die begleitenden Kreditinstitute haben. Da in Sanierungen oft frisches Geld benötigt wird, stellt sich die Frage, ob ein derartiges Verfahren mit weiteren Kosten und Unsicherheiten für die Gläubiger diese Geldvergabe, meist mit Risikoaufteilung im Pool über die Bestandsbanken, nicht sogar gegebenenfalls verhindert. Zudem ist empirisch nachgewiesen, dass der derzeitige außergerichtliche Sanierungsweg, ohne ein vorgestuftes fixiertes Verfahren, sehr erfolgreich ist. Die Intention eines derart juristisch geprägten Aufbaus ist somit unklar und verhilft gegebenenfalls nur den Insolvenzverwaltern zu neuen Positionen, als Koordinatoren dieses Verfahrens, mit einer entsprechenden Vergütung. Dieses unterwandert den Weg der erfolgreichen Sanierung ohne kodifizierten Verfahrensweg, durch hohe Umsetzungskosten. Die Marktlösungen sind volkswirtschaftlich vorteilhafter gegenüber den gesetzlichen Wegen. Damit bleibt zu hoffen, dass ein derartiger Verfahrensweg nicht bindend wird in der bereits überregulierten Wirtschafts- und Bankenwelt.

Zudem steht in Frage, wie der Erfolg des Schutzschirmverfahrens bislang insgesamt war und ob das neue Modell nicht in Konkurrenz zur Eigenverwaltung dem Schutzschirmverfahren steht. Diese Instrumente wie die geplanten Abstimmungsverfahren ähneln dem Insolvenzplanverfahren. Eine Überstimmung der beteiligten Gläubiger in einem Cramdown greift stark in deren Rechte ein und wird auch weitere Finanzierungszugeständnisse der Altbanken behindern. Ohne die bereits involvierten Gläubigerbanken sind aber Sanierungen in der Regel kaum umsetzbar.

Weitere Risikokategorien in Sanierungen

Erhebliche zusätzliche Risiken können für Kreditinstitute aus gesellschaftsrechtlichen oder wirtschaftlichen Verflechtungen zu einer Krisenfirma entstehen. So kann die Schieflage der Firma auf andere Kunden der Bank ausstrahlen und sich damit der Risikoeffekt für das betreffende Institut stark erweitern. Zudem kann die Bank selbst Abnehmer von Produkten einer Krisenfirma sein, mit einer engen Verflechtung in der Wertschöpfungskette. Auch können sich aus Beteiligungen an Kreditnehmern besondere wirtschaftliche Risiken ergeben.

Diese Gefährdungen aus dem unmittelbaren Umfeld des Krisenfalls sind zu untersuchen. Ausgewählte Risiken aus gesellschaftsrechtlichen oder wirtschaftlichen Verbindungen können unter Umständen bestehen in:

- Sekundärrisiken: Verbundene Kredite zu anderen Kreditnehmern
- Operationellen Risiken: Lieferungs- oder Leistungsverträge mit Krisenfirma
- Risiken aus Beteiligungen: Gesellschafterstellungen bei Krisenunternehmen

Diese Risikokomponenten sollen im Folgenden analysiert werden, da sie eine große wirtschaftliche Bedeutung für ein betroffenes Kreditinstitut haben und die Wirkung des bisher festgestellten Blankorisikos vervielfachen können. So können sich, infolge von Abhängigkeiten einer Krisenfirma zu Lieferanten oder Abnehmern, die ebenfalls Kreditkunden der Bank sind, Risikokonzentrationen ergeben. Die besonderen Gefährdungskomponenten werden im Folgenden als verbundene Kreditrisiken bezeichnet (vgl. Portisch, 2005a, S. 52 ff. und Gramlich, 2002, S. 29 ff., S. 154 ff.).

Gerät ein großes Unternehmen in eine wirtschaftliche Schieflage, sind die Auswirkungen auf das relevante Umfeld gravierend. Betroffen von der Krise sind verschiedene Stakeholder im Unternehmen und im externen Unternehmensumfeld. Mitarbeiter der Krisenfirma verlieren gegebenenfalls ihre Arbeitsplätze, Hauptlieferanten vermerken Umsatzeinbrüche und Forderungsausfälle. Die Abnehmer haben oft mit Leistungseinbußen zu rechnen. Für die Kreditinstitute ist dann nicht allein das originäre Blankorisiko bei einer Krisenfirma im Wert zu berichtigen, sondern es folgen mit einer Zeitverzögerung Folgerisiken, die ihre Ursachen in der eigentlichen Schieflage dieser Krisenfirma haben, die sekundären Risiken (vgl. Portisch, 2005a, S. 52). Die genaue Quantifizierung der Kreditrisiken darf sich nicht allein auf das originäre Blankovolumen beschränken, sondern muss nach dem Grad der ausstrahlenden Gefährdung auch die ausgereichten Kreditmittel an weitere abhängige Stakeholder im Rahmen dieses Kreditrisikoverbundes erfassen.

Der Verbund kann weiter reichen als die Kreditnehmereinheit nach § 19 Abs. 2 KWG. Ursache ist die wirtschaftliche Abhängigkeit der internen und externen Stakeholder zum Krisenunternehmen. Besonders zwischen Firmen in einer Region bestehen oft enge wirtschaftliche Verflechtungen über Geschäftspartnernetzwerke. Diese Verbindungen erzeugen wechselseitige Abhängigkeiten.

So kann allein ein erhöhtes Umsatzvolumen eine gegenseitige wirtschaftliche Verzahnung erzeugen. Zudem können enge logistische Abstimmungen in der Belieferungskette oder mit Abnehmern wirtschaftliche Abhängigkeiten hervorrufen. Des Weiteren können wirtschaftliche Verbindungen aus Joint Ventures oder aus der Zusammenarbeit in Arbeitsgemeinschaften bei Projekten existieren.

Weitergehend sind spezifische Investitionen bedeutend, wenn unter anderem die Produktionskapazitäten genau auf die Auftragslage eines Kunden angepasst sind. Diese Auswirkungen können die Mitarbeiter der Krisenfirma betreffen und Ausfälle bei Baufinanzierungen und bei Ratenkrediten bewirken.

Aufgrund der Übersichtlichkeit und der intensiveren Risikobedeutung sollen hier allein Firmenverbindungen betrachtet werden. Die nachfolgende Abb. 4.32 zeigt den Ausstrahlungseffekt des Krisenkunden auf Lieferanten und Abnehmer mit der Erfassung des gesamten Kreditrisikoverbundes.

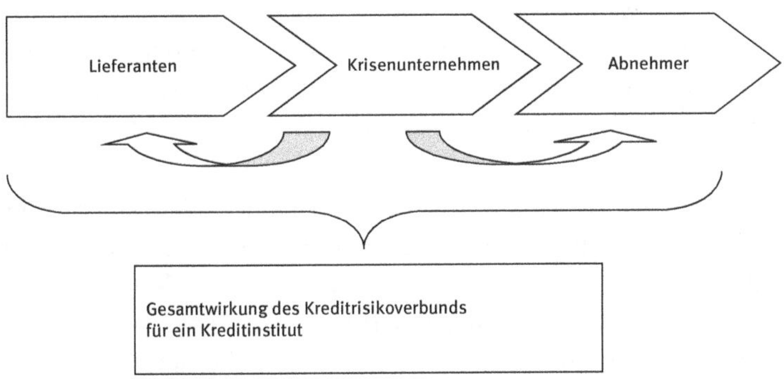

Abb. 4.32: Kreditrisikoverbund eines Engagements (Quelle: Eigene Darstellung)

Die Ausstrahlungseffekte bei einer großen Krisenfirma können somit für eine Bank erhebliche Risikowirkungen entfalten. Daher sind auch diese Folgerisiken zu identifizieren, transparent zu machen und zu steuern. Folgende Kriterien können bereits frühzeitig Anhaltspunkte für wirtschaftliche Beziehungen zu der Krisenfirma liefern und Ausgangspunkt für eine bankinterne Analyse sein (vgl. Portisch 2005a, S. 54):

- Finanzielle Abhängigkeiten von Unternehmen aus offenen Forderungen.
- Volumensmäßige Verflechtungen mit Lieferanten und Abnehmern.
- Strategische Kooperationen und Partnerschaften mit anderen Firmen.

Wichtig ist es für die Institute, bedeutende Abhängigkeiten herauszufiltern. Informationen über enge Kooperationen lassen sich aus Kreditgesprächen gewinnen.

Starke Abnehmer- und Lieferantenbeziehungen ergeben sich aus betriebswirtschaftlichen Auswertungen, Kreditorenaufstellungen und Debitorenlisten. Weiter lassen sich Daten zur Ermittlung eines Verbunds über den Zahlungsverkehr und die Auswertung der Kontoführung gewinnen. Die Darstellung lässt sich in einem Map visualisieren, um eine Gesamtsicht auf die Risiken zu erhalten. Interessant für die Analyse und Steuerung sind jedoch allein die Verbindungen, die eine direkte Wirkung auf die Bonität erwarten lassen. Wird festgestellt, dass ein Lieferant, der ebenfalls Kreditnehmer der Bank ist, einen Großteil seines Umsatzes mit der Krisenfirma abwickelt, so ist dieser in den Risikoverbund mit aufzunehmen, da eine negative Auswirkung des Krisenunternehmens auf die Bonität dieses Akteurs wahrscheinlich ist.

Nach der Identifikation eines Risikokreises sind die Inanspruchnahmen, die stressgetesteten Sicherheiten sowie die Blankoteile aller Teilnehmer des Kreditrisikoverbundes zu erfassen, um einen Überblick über die Gesamtrisiken zu erhalten. Aufgabe dieser Verbundquantifizierung ist es, daraufhin das mögliche Schadenspotenzial gemeinsamer Kreditrisiken zu berechnen.

Anschließend ist abzuwägen, welche Maßnahmen im Rahmen der Risikosteuerung zu ergreifen sind. Interessant ist die Steuerung der möglichen Folgerisiken aus dem Umstand heraus, dass meist ein großes Zeitfenster für den Abbau dieser verbundenen Risiken besteht. Folgende ausgewählte Handlungsoptionen bestehen für die betroffenen Banken:

- Neukreditgeschäft: Wurde festgestellt, dass ein bestehender oder neuer Kunde aus dem Verbund einen Kreditantrag stellt, kann dieser Kredit abgelehnt werden oder die Zinskonditionen dem Risiko adäquat angepasst werden.
- Prolongationen: Der Rahmen einer Risikosteuerung ist hier enger gesteckt, da sich das Risiko bereits in den Büchern befindet. Es ist ein Kundengespräch mit dem betroffenen Unternehmen zu initiieren. Die Abhängigkeitsproblematik ist unter Wahrung des Bankgeheimnisses zu kommunizieren. Handlungsoptionen können der abhängigen Firma aufgezeigt werden, um die Verflechtung zum Krisenunternehmen zu lockern. Alternativ können Linien gesenkt oder eine Nachbesicherung gefordert werden.

Wurden der Risikoverbund identifiziert und erste Gegenmaßnahmen eingeleitet, so sind die Risikokonzentrationen nachhaltig zu kontrollieren. Es bietet sich an, diese Überwachungsaufgabe durch die zentrale Sanierungsabteilung durchzuführen. Auf diese Art und Weise können relevante Informationen aller betroffenen Kreditnehmer den Filialen und Geschäftsstellen eines Kreditinstituts zugänglich gemacht werden. So wird eine hohe Informationstransparenz innerhalb der Bank sichergestellt. Die Kreditentscheidungen für die beteiligten Engagements sollten unter Hinzuziehung der Sanierungsabteilung erfolgen. Diese Abteilung kann den Risikogehalt von Geschäften mit Teilnehmern aus dem Kreditrisikoverbund präzise einschätzen, da der Gesamtumfang der Wirkung bekannt ist.

Ebenfalls ist die Kundenkommunikation an die brisante Thematik anzupassen und durch die Sanierungsabteilung zu steuern. Große Verbünde sind in den vierteljährlichen Risikobericht an die Geschäftsleitung mit aufzunehmen, wenn sie von umfangreicher Bedeutung für das Kreditportfolio sowie das aufsichtsrechtliche Eigenkapital der Bank sind (MaRisk, 2017, AT 4.3.2 Rn. 3, BTR 1 Rn. 7 und BT 3).

Neben dem Verbundrisiko können auch operationelle Risiken bestehen. Diese beschreiben mögliche Gefahren von Verlusten für eine Bank, die aufgrund einer Unangemessenheit oder eines Versagens von bankinternen Systemen sowie Abläufen eintreten können beziehungsweise auf externen Ereignissen beruhen. Das rechtliche Risiko ist in dieser Erklärung enthalten. Schäden aus strategischen Risiken oder Folgewirkungen aus Reputationsverlusten sind jedoch ausgeschlossen.

Definition: Das **operationelle Risiko** beschreibt die Gefahr von Verlusten, die infolge der Unangemessenheit sowie des Versagens von internen Verfahren, Menschen, Systemen oder infolge des Eintretens externer Ereignisse und bei besonderen Rechtsrisiken eintreten können (vgl. § 269 Abs. 1 SolvV und Kaiser, 2011, S. 288). Diese Gefährdungen sind unter Erschwernissen zu quantifizieren.

Operationelle Risiken können auch aus dem Umstand heraus resultieren, dass eine Bank in technischer oder logistischer Verbindung zu einer Krisenfirma steht. Dann können Kreditinstitute abhängig sein von externen Rechenzentren, Software-Unternehmen oder Zulieferern für Bankprodukte. Wenn starke Verflechtungen bestehen, die nicht kurzfristig substituiert werden können, existieren operationelle Risiken, die zu beachten sind. Dies kann auch durch das Outsourcing hervorgerufen werden. Entstehen bei dem Partnerunternehmen eines Kreditinstituts Bonitätsrisiken, sind unverzüglich Maßnahmen einzuleiten, um die operative Abhängigkeit zu der Krisenfirma zu verringern. Dieser Schritt sollte durch die zentrale Sanierungsabteilung eingeleitet und auch überwacht werden, da in dieser Abteilung zeitnahe Informationen über die wirtschaftliche Lage der Krisenfirma vorliegen. Insbesondere wenn andere Bankbereiche betroffen sind, ist oftmals eine abteilungsübergreifende Vorstandsentscheidung notwendig, damit Maßnahmen zur Reduzierung der Abhängigkeit schnell und wirkungsvoll umgesetzt werden können.

Des Weiteren können Risiken entstehen, wenn Banken sich aufgrund einer engen Geschäftsbeziehung oder aus anderen Gründen an einem Firmenkunden beteiligt haben. Bislang galt, dass bei der Beteiligung eines Kreditinstituts an einem Kreditnehmer die Bestimmungen zum Eigenkapitalersatz gemäß § 32a Ab. 1 GmbHG greifen können. Diese Norm beschreibt ein eigenkapitalersetzendes Darlehen dahingehend, dass ein Gesellschafter zu einem Zeitpunkt, zu dem der ordentliche Kaufmann Eigenkapital zugeführt hätte, nur ein Darlehen gewährt hat. Gesellschafterdarlehen werden dann zu wirtschaftlichem Eigenkapital umqualifiziert. Zahlungen auf diesen Kredit sind rückwirkend für ein Jahr vor Stellung des Insolvenzantrags gemäß § 32b GmbHG zurückzugewähren (Schmidt, 2009, S. 166 ff.).

Mit dem neueren Gesetz zur Modernisierung des GmbH-Rechts und zur Bekämpfung von Missbräuchen (MoMiG) wurden die Regelungen abgeschafft (vgl. Goette, 2008, S. 24 ff.). Die Bestimmungen nach §§ 32a und 32b GmbHG wurden in die Insolvenzordnung verlagert (§ 39 Abs. 1 Nr. 5 InsO). Nach dem neuen Konzept existieren keine eigenkapitalersetzenden Gesellschafterdarlehen mehr. Jedes Darlehen eines Gesellschafters ist bei Eintritt der Insolvenz künftig nachrangig, unabhängig davon, ob es in einem Stadium der Krise gewährt oder auch nur stehen gelassen wurde. Zusätzlich können sämtliche Leistungen, die der Gesellschafter innerhalb eines Jahres vor dem Insolvenzantrag erhalten hat, durch den Insolvenzverwalter rückwirkend angefochten werden (vgl. Bauer, 2008, S. 207 ff.). Des Weiteren ist eine für die Forderung bestellte Sicherheit gemäß § 135 Abs. 1 Nr. 1 InsO anfechtbar.

Auch das Sanierungsprivileg wird rechtsformneutral gehandhabt und künftig in die Insolvenzordnung integriert (§ 39 Abs. 4 InsO). Erwirbt ein Kreditgeber in der Krise Geschäftsanteile zum Zweck der Überwindung der Schwächephase, so führt dieser Sachverhalt für bestehende oder neu gewährte Kredite zunächst noch nicht zur Anwendung der Insolvenzordnung.

Weiterhin problematisch ist jedoch die Dauer der Privilegierung. Denn diese Kredite und sonstigen Finanzierungsleistungen werden nur einmalig den Regelungen der InsO entzogen. Ein erneuter wirtschaftlicher Zusammenbruch führt auch künftig zur Nachrangigkeit dieser neu gewährten sowie der stehengelassenen Darlehen. Das zu beachtende Kleingesellschafterprivileg gilt bis zu der Beteiligungsgrenze von maximal 10,0 % (§ 39 Abs. 5 InsO).

Unabhängig von diesen Regelungen können sich in der Praxis wirtschaftliche Probleme aus Beteiligungen von Kreditinstituten an Krisenfirmen ergeben. So werden die übrigen Gläubiger auf die Gesellschafterstellung einer Bank hinweisen und den Einschuss von notwendigen Finanzmitteln fordern, wie auch von anderen Gesellschaftern. Aus dieser Sicht ist eine Beteiligung von Banken an Nichtbanken generell mit Vorsicht zu betrachten. Aus Informationsaspekten können sich dennoch Vorteile aus einer Beteiligung und eventuellen Mandaten in Aufsichtsräten und Beiräten ergeben. Auf diese Weise erhält eine beteiligte Bank faktisch Einblicke, die sich aus der alleinigen Position als Kreditgeber nicht ergeben würden. Jedoch ist in Frage zu stellen, inwieweit diese Informationen verwendet werden dürfen.

---

i **Zusammenfassung Theorieabschnitt 4.2.1:** In diesem Abschnitt wurden unterschiedliche Organisationsformen und Geschäftsprozesse von Sanierungsabteilungen dargestellt und ihr Einsatz in der Praxis beurteilt. Dabei zeigte sich, dass zentrale Abteilungen Vorteile bei der einheitlichen Umsetzung einer Kreditrisikostrategie haben. Zudem können Abläufe effizient koordiniert und umgesetzt werden. Zusätzlich ist von Bedeutung, dass eine umfassende Risikobetrachtung der Kreditengagements erfolgt, indem verbundene Kreditrisiken, operationelle Gefährdungen und mögliche Risiken aus einer Gesellschafterstellung umfassend berücksichtigt werden.

4.2.2 Praxisfall zur Steuerung der Sanierung

Wir befinden uns in der Mitte des Jahres xxx1. Nachdem Risikoauffälligkeiten bei der Druck GmbH festgestellt wurden, hat der zuständige Kreditanalyst der Mittelstandsbank AG das Kreditengagement mit dem Rating 14 als anmerkungsbedürftig versehen und mit sämtlichen Akten an die zentrale Sanierungsabteilung übergeben. Das Kreditengagement ist voraussichtlich ein Sanierungsfall. Das Engagement der Druck GmbH fällt in den Filialbereich des Sanierungsteams 1.

Die Entscheidungskompetenz für das Firmenkundenengagement der Druck GmbH liegt aufgrund des Kreditvolumens und des Blankoteils nach dem internen Kompetenzschema beim Risikovorstand des Kreditinstituts. Dies betrifft zudem die Kompetenzen für die Bildung der Risikovorsorge und die Gewährung von finanziellen Zugeständnissen, beispielsweise in der Form von Tilgungsaussetzungen.

Die Hausbank der Druck GmbH hat in den letzten Jahren eine zentrale Sanierungsabteilung mit verschiedenen Teams aufgebaut. Bei Durchsicht der Unterlagen durch den Individualsanierer der Mittelstandsbank AG ergeben sich erste Hinweise auf die Krisenursachen aus früheren Aktenvermerken. So sind in der Vergangenheit bereits wirtschaftliche Schwierigkeiten bei der Firma aufgetreten und es ist verstärkt vor den erheblichen Investitionen in die Gebäude und Maschinen mit dem potenziellen Aufbau von Überkapazitäten gewarnt worden.

Vor dem Hintergrund der sich abzeichnenden Wirtschaftslage sowie der Veränderungen in den Märkten für Druckerzeugnisse wurden die Investitionen bereits kritisch betrachtet, aber dennoch aus Ertragsgründen umgesetzt. Dabei wurde auch auf den Geschäftsführer und Firmeninhaber als Meinungsbildner verwiesen.

Ebenso fällt dem Betreuer ein Vermerk zu einer im Jahr xxx-1 stattgefundenen Gläubigerrunde in die Hände, zu der die Lieferanten und Warenkreditversicherer aufgrund der hohen Ausnutzung der Linien und der Klärung der Sicherheitenlage mit den kreditgebenden Banken gebeten hatten. Weitere Informationen zu der Sitzung sind nicht bekannt. Aktuell stehen nach Durchsicht der Unterlagen keine Gespräche an. Aus den Vermerken und der Zusendung des neuen Zahlenmaterials ergeben sich die zusätzlichen Informationen:

- Ein Großabnehmer aus der öffentlichen Verwaltung ist dauerhaft weggefallen. Dieser druckt seine Formulare künftig über die hauseigene Datenverarbeitung aus und hat seine Verträge gekündigt.
- Bei einem Abnehmer ist ein Forderungsausfall in Höhe von 50 TEuro aufgetreten. Diese Forderung wurde nicht durch eine Versicherung oder Anzahlungen abgesichert und ist daher als ausgefallen zu betrachten.
- Es haben sich erhebliche Fehlkalkulationen, verursacht von dem Geschäftsführer Müller, bei mehreren Aufträgen ergeben, mit jeweils umfassenden Volumina. Diese belasten das Ergebnis stark.

- Die Papierlieferant GmbH, ebenfalls Firmenkunde der Mittelstandsbank AG, mit einem Kreditvolumen von rund 3.000 TEuro blanko, weist ein Forderungsvolumen von 1.000 TEuro gegenüber der Druck GmbH auf.
- Die Einkaufslinie der Papierlieferant GmbH zur Druck GmbH ist in der Höhe von 500 TEuro rückversichert bei der Kreditversicherer AG. Das sogenannte „First Loss Piece“ trägt die Papierlieferant GmbH.
- Bei einem Schadensfall sind damit die erstrangigen 500 TEuro von der Papierlieferant GmbH zu tragen. Zahlungspflichtiges Ereignis ist der Insolvenzantrag des Kunden Druck GmbH.
- Der Lieferant tätigt rund 10,0 % der Gesamtumsätze mit der Druck GmbH und fühlt sich auf dieser Basis bislang gut abgesichert. Der Lieferant hat die bedrohliche Situation bei der Druck GmbH noch nicht wahrgenommen.
- Die Ausnutzung der Kreditlinien bei anderen Banken und Gläubigern ist nicht bekannt. Aufgrund der Liquiditätsenge wird von einer Vollausschöpfung sämtlicher Linien bei den anderen Instituten ausgegangen.
- Die Einkaufsabteilung der Mittelstandsbank AG hat das Logistik-Geschäft mit der Krisenfirma intensiviert und plant die Software eng mit der Druck GmbH zu verzahnen, um die Lieferkette zu optimieren.
- Der zuständige Firmenkundenbetreuer beantragt auf Wunsch der Firma eine Erhöhung der Kontokorrentlinie um 100 TEuro auf 3.100 TEuro zur Aufrechterhaltung des Geschäfts mit einer Laufzeit bis Ende des Jahres xxx1.

Aktuelles Zahlenmaterial aus der GuV des ersten Halbjahrs per 06/xxx1 der Druck GmbH zeigt die nachfolgende Tab. 4.21. Zu beachten ist gegebenenfalls der Saisonalitätsverlauf der Umsätze, sodass diese nicht einfach auf das Jahr hochgerechnet werden können. Die umsatzstarken Monate liegen in der 2. Jahreshälfte.

Tab. 4.21: GuV der Druck GmbH mit Halbjahreszahlen per 06/xxx1 (Quelle: Eigene Darstellung)

Gewinn- und Verlustrechnung der Druck GmbH				
GuV per	**xxx-2**	**xxx-1**	**xxx0**	**06/xxx1**
Umsatz/Gesamtleistung	15.700	15.000	13.700	5.700
Materialaufwand	8.500	7.800	7.300	3.200
Rohertrag	7.200	7.200	6.400	2.500
Personalaufwand	3.400	3.200	3.100	1.500
Abschreibungen	400	500	600	300
Zinsaufwand	200	300	500	300
Sonstige Aufwendungen	3.000	2.900	2.400	1.400
Jahresergebnis	200	300	-200	-1.000
Cash Flow	600	800	400	-700

Als Ursachen für diese wirtschaftliche Fehlentwicklung im ersten Halbjahr 06/xxx1 werden Forderungsausfälle und Fehlkalkulationen angegeben. Zudem hat sich die Auftragslage nicht wie geplant entwickelt. Dabei ist die Druck GmbH bei mehreren lukrativen Projekten nicht zum Zuge gekommen.

Zusätzlich konnten die Kosten aufgrund des größtenteils fixen Charakters unterjährig nicht unverzüglich an die reduzierte Auftragslage angepasst werden. Es existieren weitere Informationen, die im Folgenden dargestellt werden:

- Es bestehen freie Kapazitäten bei den Druckmaschinen. So wurde bereits eine der neuen Maschinen temporär stillgelegt. Die Maschinen werden aktuell nur noch mit einem Verkehrswert von 400 TEuro pro Stück am Markt gehandelt. Es ist bei einem Verkauf mit einem Buchverlust zu rechnen.
- Der Analyst erkennt inhaltliche Fehler bei der Warensicherungsübereignung. So sind im Sicherungszweck nur Fertigwaren angegeben. Werthaltig sind jedoch die Rohstoffe, das Papier und die Farben. Zudem ist der Sicherungszweck lediglich auf das laufende Konto begrenzt.
- Der Stresstest hat eine komplette Abwertung bei der Warensicherungsübereignung ergeben, aufgrund der ungeklärten Vorrechte der Lieferanten aus einem erweiterten und verlängerten Eigentumsvorbehalt am werthaltigen Rohstoff Papier. Eine Abgrenzung der Sicherheiten ist noch nicht geklärt.

Laut Aktenlage und Prüfung der Sicherheiten liegt keine Bürgschaft von Müller vor. Gemäß einem Vermerk weigert sich Müller zu einer persönlichen Obligierung und begründet dieses mit seinem fortgeschrittenen Alter. Auf Dauer möchte sich Müller aus dem Geschäft zurückziehen und einen Nachfolger aufbauen. Die letzten Jahre haben ihm gesundheitlich deutlich zugesetzt. Sein früherer Elan zur Führung der Firma ist in Teilen erlahmt.

Das Unternehmen Druck GmbH wurde von der Hausbank als erhöht risikobehaftet eingestuft und direkt dem zentralen Sanierungsmanagement übergeben. Im Vordergrund steht zunächst die Risikoanalyse mit einer Berechnung der Risikoposition der Bank. Des Weiteren ist einzuschätzen, wie stark sich die Krisenlage bereits zugespitzt hat und ob akute Insolvenzgefahr besteht.

Der zuständige Individualbetreuer in der zentralen Sanierungsabteilung erhält alle Kredit- sowie Sicherheitenakten und arbeitet diese sorgfältig durch, um sich einen Eindruck über die Firma sowie die Krisenlage zu verschaffen. Des Weiteren führt er Gespräche mit dem Firmenkundenbetreuer und dem Betreuer aus der Normalkreditmarktfolge, um weiteres Hintergrundwissen zu erhalten.

Aufgabenstellungen

1. Erstellen Sie einen Erstbericht für den Kompetenzträger.
2. Geben Sie eine Empfehlung für die Entscheidung des Vorstands.

4.2.3 Lösung des Praxisfalls zur Sanierungssteuerung

1. Erstellen Sie einen Erstbericht für den Kompetenzträger.

Das Rating, die Linien, die Sicherheitenlage, das Risiko und die Risikovorsorge zeigt die nachfolgende Tab. 4.22.

Tab. 4.22: Übersicht über das Engagement Druck GmbH (Quelle: Eigene Darstellung)

Engagement Druck GmbH					
Rating	10	12	12	14	15
Angaben in TEuro	**xxx-2**	**xxx-1**	**xxx0**	**06/xxx1 Ist**	**xxx1 Antrag**
Volumen*	3.500	5.500	5.500	5.600	5.600
Kontokorrentlinie	3.000	3.000	3.000	3.000	3.100
(Inanspruchnahme)	(2.550)	(2.800)	(2.950)	(3.100)	(3.100)
Investitionsdarlehen**	---	2.000	2.000	2.000	2.000
Avallinie	500**	500	500	500	500
(Avalausnutzung)	(200)	(300)	(450)	(500)	(500)
Sicherheiten	---	1.700	1.650	900	1.000
RKW Kapital-LV	---	---	50	100	100
Warenübereignung	---	700	600	---	---
Druckmaschinen	---	1.000	1.000	800	800
Globalzession	---	---	---	---	100
Blanko/Risiko	3.500	3.800	3.850	4.700	4.600
EWB	---	---	---	---	4.600

* Volumen = Linie oder Inanspruchnahme, die höhere Ausnutzung zählt
** Tilgungsersatzleistungen für die Druckmaschinendarlehen in Höhe von 50 TEuro p.a.

Kreditanträge

– Antrag auf befristete Erhöhung der Kontokorrentlinie um 100 TEuro bis Ende des Jahres xxx1 gemäß der geplanten Inanspruchnahme, gegen die Hereinnahme der Globalzession allerdings beschränkt auf 100 TEuro.
– Einforderung einer Bürgschaft von Müller über 500 TEuro und Eintragung einer nachrangigen Gesamtgrundschuld von 500 TEuro auf der Gewerbeimmobilie.
– Umqualifizierung des Engagements in die Ratingstufe 15 als gefährdetes Engagement und Einstellung einer EWB in Höhe des Blankoteils von 4.600 TEuro.
– Überarbeitung und Anhebung der Kreditkonditionen in Anbetracht des erhöhten Ausfallrisikos und der erhöhten Eigenkapitalunterlegung. Künftig genaue Überprüfung des Deckungsbeitrags mit dem Problemkreditkunden.

- Weitere Verfolgung einer stringenten Sanierungsstrategie gemäß dem nachfolgend dargestellten Weiterbehandlungskonzept.
- Führung eines Sanierungsgespräches mit dem Geschäftsführer der Firma und Einleitung eines strukturierten Sanierungsprozesses.
- Regelmäßige Wiedervorlage des Engagements auf Basis der geltenden Kreditrichtlinien beim zuständigen Kompetenzträger.

Die Konditionen und die Deckungsbeiträge aus der Kundenbeziehung und die Daten aus der Evidenzmeldung werden in der folgenden Tab. 4.23 dargelegt. Insgesamt zeigt sich eine auskömmliche Ertragslage zu dem Engagement. Auffällig ist aus der Evidenzmeldung der starke Anstieg der Gesamtverschuldung. Insgesamt erscheint die wirtschaftliche Lage aufgrund der Verschuldung kritisch zu sein.

Tab. 4.23: Rahmendaten beim Engagement Druck GmbH (Quelle: Eigene Darstellung)

Konditionen und Evidenzmeldung					
Zeitpunkte	**xxx-2**	**xxx-1**	**xxx0**	**06/xxx1 Ist**	**xxx1 Antrag**
Konditionen KK	8,0 %	9,0 %	9,0 %	9,5 %	10,0 %
Konditionen Darlehen	6,0 %	6,0 %	6,0 %	6,0 %	6,0 %
Avalkonditionen	0,5 %	0,5 %	0,5 %	0,7 %	1,0 %
Deckungsbeitrag TEuro	35	38	39	70	75
Volumen in Mio. Euro	4.250	6.600	12.600	12.800	12.800
Anzahl Institute	2	2	3	3	3

Verbundene Kreditrisiken, operationelle Risiken, Risiken aus Beteiligungen

- Es besteht eine große wirtschaftliche Abhängigkeit der Druck GmbH vom Kreditnehmer Papierlieferant GmbH. Das gemeinsame Risiko aus den Linien und den Inanspruchnahmen bei der Bank beläuft sich insgesamt auf ein Kreditvolumen von 8.600 TEuro und einem Blankoteil von 7.600 TEuro. Damit bestehen umfassende Kreditrisiken in der Bank.
- Das gesamte Risiko ist insgesamt erheblich und es sind Maßnahmen zu ergreifen, um den Blankoteil bei beiden Engagements insgesamt zu senken. Zu beachten ist bei der Kommunikation der Bank mit dem Kunden Papierlieferant GmbH die Wahrung des Bankgeheimnisses. Es ist in diesen Gesprächen unter anderem auf die Risiken der Abhängigkeit von Kunden hinzuweisen.
- Die Gefährdungen aus der Beteiligung an diesem Kreditengagement sind aus wirtschaftlichen Gründen und aus der Stellung als Gesellschafter und den Verhandlungen mit anderen Gläubigern heraus nicht optimal. Aufgrund der geringen Beteiligungsquote wird allerdings kein Haftungsrisiko gesehen. Jedoch soll das Risiko zur Sicherheit juristisch überprüft werden.

Die nachfolgende Abb. 4.33 verdeutlicht den derzeitigen Stand der Kreditvolumina aus dem gemeinsamen Kreditrisikoverbund.

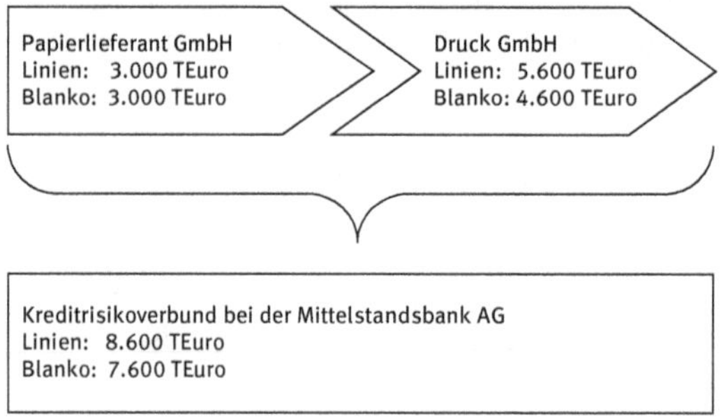

Abb. 4.33: Kreditrisikoverbund der Druck GmbH gemäß Kreditantrag (Quelle: Eigene Darstellung)

– Aufgrund der engen Einbindung der Druck GmbH in die Logistikkette bei der Mittelstandsbank AG mit Belieferung mit Büroartikeln existieren operationelle Risiken zu diesem Kunden. In einer Insolvenz der Druck GmbH könnte es unter Umständen zu Lieferengpässen kommen.
– Zudem kann aufgrund der Abhängigkeit potenziell Druck auf die Mittelstandsbank AG als Kreditgeber ausgeübt werden. Die Reduzierung dieser Abhängigkeit ist einzuleiten. Dazu ist Kontakt zu den betroffenen Abteilungsdirektoren der Bank aufzunehmen.
– Es besteht ein Risiko aus der Beteiligung der Mittelstandsbank AG in Höhe von 5,0 % an der Druck GmbH. Dieses Beteiligungsrisiko ist durch die Bankjuristen zu überprüfen und Möglichkeiten zur Beseitigung dieser unvorteilhaften Gesellschafterstellung sind vorzuschlagen.

Historie des Engagements

– Die Geschäftsbeziehung der Mittelstandsbank AG zur Druck GmbH besteht seit vielen Jahren. Wichtige Profit Center der Druck GmbH sind die Bereiche Formulardruck, Etikettendruck, Werbedruck und Logistik. Diese Segmente zeigen sehr unterschiedliche Entwicklungen auf.
– Die Geschäftsführung ist stark auf den Hauptgesellschafter und Geschäftsführer Müller ausgerichtet. Hohe Investitionen wurden in den letzten Jahren in zwei Druckmaschinen sowie ein neues Gewerbeobjekt getätigt. Dadurch hat sich die Verschuldung stark erhöht.
– Es bestehen interne Krisenmerkmale aufgrund unzureichender Controllingsysteme, überhöhter Druckkapazitäten, starker Verschuldung, rückläufiger Umsätze und Erträge, eines Anstiegs des Warenlagers und externe Risiken aufgrund eines erheblichen Branchenrückgangs.

Das Unternehmen befindet sich derzeit in einer Strategiekrise, Ertragskrise und Liquiditätskrise, wie die wichtigen wirtschaftlichen Kerndaten des Unternehmens verdeutlichen. Diese Informationen werden in Tab. 4.24 zur aktuellen Vermögens-, Ertrags- und Finanzlage angegeben.

Tab. 4.24: Wirtschaftliche Verhältnisse der Druck GmbH (Quelle: Eigene Darstellung)

Vermögens-, Ertrags- und Finanzlage				
Angaben TEuro und (%)	**xxx-2**	**xxx-1**	**xxx0**	**06/xxx1**
Eigenkapital	1.000	1.000	800	-200
Wirtschaftl. Eigenkapital	1.500	1.450	1.200	200
Umsatz/Gesamtleistung	15.700 (100)	15.000 (100)	13.700 (100)	5.700 (100)
Materialaufwand	8.500 (54,14)	7.800 (52,00)	7.300 (53,28)	3.200 (56,14)
Rohertrag	7.200 (45,86)	7.200 (48,00)	6.400 (46,72)	2.500 (43,86)
Personalaufwand	3.400 (21,66)	3.200 (21,33)	3.100 (22,63)	1.500 (26,32)
Jahresergebnis	200 (1,27)	300 (2,00)	-200 (-1,46)	-1.000 (-17,54)
Cash Flow	600 (3,82)	800 (5,33)	400 (2,92)	-700 (-12,28)
Debitorenlaufzeit (Tage)	35,54	40,80	52,55	61,20

Das Eigenkapital wurde gemäß den unterjährigen Zahlen aufgezehrt und kann nur durch die Gesellschafterdarlehen bilanziell gestützt werden. Es besteht die Gefahr der Überschuldung. Künftig auftretende Verluste können nicht mehr aufgefangen werden ohne externe Maßnahmen zur Stärkung des Eigenkapitals. Derzeit ist noch nicht klar, ob die Gesellschafter bereit sind, diesem Krisenunternehmen weiteres Eigenkapital zuzuführen und weiter ins Risiko zu gehen.

Die Umsätze und Erträge sind stark rückläufig. Die Materialaufwandsquote hat sich gegenüber den Vorjahren stark verschlechtert. Die Ertragslage ist insgesamt als katastrophal zu bezeichnen. Die Rohertragsquote hat sich stark vermindert. Der Umsatz und die Gesamtleistung liegen weit unter der Planung und den historischen Daten, trotz der hohen Investition in eine neue Druckmaschine. Die Debitorenlaufzeit hat sich merklich erhöht mit steigenden Forderungsausfallrisiken.

Der unterjährige Jahresfehlbetrag ist deutlich negativ und der Cash Flow deckt die Kapitaldienste der Gläubiger nicht mehr. Insgesamt gesehen weist die Vermögens-, Ertrags- und Finanzlage eine desolate Entwicklung auf. Die Kernursachen für diese negativen Entwicklungen liegen im strategischen Bereich. Das Geschäftsmodell ist in bestimmten Segmenten besonderen Gefahren ausgesetzt.

Die negativen wirtschaftlichen Auswirkungen zeigen sich bereits deutlich in den finanziellen Daten des Unternehmens, wie die nachfolgende Tab. 4.25 zur Gläubigerstruktur und zu den Kreditsicherheiten aufzeigt.

Tab. 4.25: Gläubigerspiegel mit geschätzten Blankoteilen (Quelle: Eigene Darstellung)

Gläubiger	Kreditprodukte	Linien in TEuro	Blankoteil/Risiko
Kreditinstitute			
Mittelstandsbank AG	Kredite und Avale	5.600	4.600
Großbank AG	Kredite	1.500	1.500
Ausstiegsbank AG	Kredite	500	500
Grundbank AG	Kredite	5.700	2.000
Solobank AG	Kredite	300	300
Lieferanten			
Papierlieferant GmbH	Einkaufslinie	1.000	500
Papierzulieferer KG	Einkaufslinie	800	400
Farbenlieferant OHG	Einkaufslinie	300	300
Kreditversicherer			
Kreditversicherer AG	Warenversicherung	500	500
Warenvers. GmbH	Warenversicherung	400	400

Weiterbehandlungskonzept

- Die Warensicherungsübereignung ist zu aktualisieren und es ist zu versuchen, einen weiten Sicherungszweck bezogen auf alle Konten zu erreichen. Zusätzlich ist eine Sicherheitenprüfung durchführen. Die Vorrechte der Lieferanten sind zu analysieren. Eine Anpassung der Werte ist nach Stresstest vorzunehmen.
- Die Globalzession ist mit einem weiten Sicherungszweck neu zu vereinbaren. Zunächst wird die Hereinnahme einer erstrangig auf 100 TEuro begrenzten Globalzession angestrebt. Die Bürgschaft von Müller über einen nennenswerten Betrag, zum Beispiel 500 TEuro, ist unbedingt einzufordern.
- Die Eintragung einer nachrangigen Grundschuld über 500 TEuro sollte auf dem Gewerbeobjekt erfolgen. Dazu sind die Rückübertragungsansprüche aus Grundschulden der vorrangigen Gläubiger an die Mittelstandsbank AG abzutreten und anzuzeigen. Der Verkaufsauftrag für die Altimmobilie ist hereinzunehmen.
- Die Darstellung des Gesamtrisikos des Kreditengagements ist in den vierteljährlichen Risikobericht an den Vorstand und Aufsichtsrat aufzunehmen, aufgrund der Gefährdungen aus dem Risikoverbund, der operationellen Risiken sowie der Gefahren aus der Beteiligung. Die Risiken sind zu überwachen und abzubauen.
- Es ist eine Liquiditätsplanung mit einer Vorausschau für mindestens sechs Monate hereinzunehmen. Die Überschuldung ist abzuwenden sowie die Liquidität abzusichern. Anschließend soll der Einsatz eines externen fachkundigen Unternehmensberaters zur Feststellung der Sanierungsfähigkeit der Firma erfolgen.

In einem Gespräch mit der Druck GmbH ist dem Geschäftsführer Müller diese katastrophale wirtschaftliche Lage klar zu verdeutlichen. Zu erörtern sind die Krisenursachen sowie die notwendigen Maßnahmen zur Einleitung einer vollumfänglichen Sanierung. Dabei ist Müller der notwendige Einsatz eines externen Unternehmensberaters mit der Beauftragung eines Vollkonzepts anzukündigen.

Alle Sicherheiten sind formal sowie materiell zu prüfen und die neuen Kreditsicherheiten sind zeitnah hereinzunehmen. Fortlaufend sind Überwachungen und Überprüfungen der Bewertungen der Sicherheiten vorzunehmen.

Aufgrund der festgestellten verbundenen Risiken zu einem Lieferanten sind auch mit der Papierlieferant GmbH unverzüglich Gespräche zu führen, um diese Abhängigkeiten aus Klumpenrisiken zu verdeutlichen. Weiter ist die Liquidität zu überwachen, um eine drohende Insolvenz abzuwenden, die alle Sanierungsbemühungen im Keim ersticken würde. Der Steuerberater soll kurzfristig einen Überschuldungsstatus einreichen und Maßnahmen zur Abwendung der Überschuldung vorschlagen und umsetzen. Diese direkte Abwendung der Überschuldung ist vom Steuerberater schriftlich zu dokumentieren.

Entscheidungsbedarf und Wiedervorlagetermin

- Umqualifizierung des Engagements in die Ratingstufe 15 und Einstellung einer EWB in Höhe des Blankoteils von 4.600 TEuro.
- Ausweitung der Kontokorrentlinie um 100 TEuro auf 3.100 TEuro gegen Hereinnahme einer erstrangigen und auf 100 TEuro beschränkten Globalzession.
- Einforderung einer Bürgschaft von Müller über nominal 500 TEuro und Eintragung einer nachrangigen Grundschuld über nominal 500 TEuro.
- Genehmigung des weiteren Vorgehens nach beantragtem Weiterbehandlungskonzept. Vermeidung der Insolvenz mit einzuleitenden Sofortmaßnahmen.
- Einsetzung einer internen Projektgruppe unter Leitung des Sanierungsteams 1 mit dem vorrangigen Ziel zur Feststellung der Sanierungswürdigkeit.
- Weitere Bearbeitung des Engagements mit Überwachung der Kontoführung anhand eines Liquiditätsplans und Berichterstattung bei aktuellen Ereignissen.

Das Unternehmen Druck GmbH befindet sich in wirtschaftlichen Schwierigkeiten. Alle Krisenstadien wurden bereits durchlaufen, sodass sich das Unternehmen in der Liquiditätskrise befindet. In dieser Krisenlage besteht automatisch Insolvenzgefahr und die Antragssituation ist daher zu klären. Dringend sind Sofortmaßnahmen zur Sicherung der Liquidität und des Eigenkapitals gemäß dem Weiterbehandlungskonzept einzuleiten. Dazu sind Gespräche mit dem Unternehmen zu führen, um die finanzielle Situation zu verifizieren. Es ist die Einsetzung eines externen Unternehmensberaters zu forcieren, der die Sanierungsfähigkeit bestimmt.

- Votum: Vorschlag für die Wiedervorlage per 10/xxx1

2. Geben Sie eine Empfehlung für die Entscheidung des Vorstands.

Die vorgeschlagenen Maßnahmen sind unverzüglich einzuleiten. Dabei sind die Liquiditätsprobleme und eine Überschuldung abzuwenden, um die drohende Insolvenz zu vermeiden. Dringend sind die Sicherheiten auf den neuesten Stand zu bringen. Der Sanierungsberater sollte neben einer Stand-Alone-Lösung die Alternativen einer Kooperationslösung oder des Engagements eines Investors prüfen. Eine Aufstockung der Linie um 100 TEuro in Höhe der derzeitigen Inanspruchnahme wird gegen die Hereinnahme der auf 100 TEuro begrenzten Globalzession, einer unbefristeten Bürgschaft von Müller über 500 TEuro und einer nachrangigen Grundschuld über 500 TEuro auf dem Gewerbeobjekt befürwortet.

Die Linienaufstockung und die Hereinnahme der neuen Kreditsicherheiten sind vor dem Hintergrund der möglichen Überschuldung und der drohenden Zahlungsunfähigkeit rechtlich aus Haftungs- und Anfechtungsgründen zu überprüfen.

Gegebenenfalls ist bei hoher Insolvenzgefahr ein Bargeschäft, das heißt eine befristete Aufstockung der Kontokorrentlinie gegen Hereinnahme gleichwertiger Sicherheiten zu gestalten. Zusätzliche Liquidität muss sich die Firma über Einlagen der weiteren Gesellschafter oder andere Gläubiger beschaffen. Die übrigen Gesellschafter sind in die Absicherung der Liquidität und des Eigenkapitals einzubinden, unter anderem über den Einschuss von Fresh Money und die Erklärung des Rangrücktritts bei den bestehenden Gesellschafterdarlehen.

– Entscheidung: Wiedervorlage 10/xxx1 auf Basis des aktuellen Zahlenmaterials

---

2. Sanierungsregel: Bei auffälligen Risiken hat nach Überleitung an die Sanierungsabteilung unverzüglich eine Bestimmung der quantitativen und qualitativen Risikoposition des Kreditinstituts zu erfolgen und es sind erste Schritte zur Senkung des Risikos einzuleiten.

Erläuterung der 2. Sanierungsregel

Nach Feststellung des Risikos ist ein umfassender Bericht durch die Sanierungsabteilung zu erstellen, damit ein Gesamtüberblick über die Historie und die wirtschaftliche Entwicklung der Krisenfirma besteht. Auf Basis dieser Berichterstattung lassen sich weitere Gefährdungen oder erste Risikosenkungspotenziale erkennen. Linienreduzierungen sind zu nutzen, um den Blankoteil zu senken. Es sollten neue Kreditsicherheiten hereingenommen werden und es lassen sich Unzulänglichkeiten bei den bestehenden Verträgen bereinigen. Zu beachten ist, dass erhebliche Gefahren im Rahmen einer Insolvenz aus Anfechtungsrisiken resultieren können. Des Weiteren ist zeitnah überzuleiten, damit die optimalen wirtschaftlichen Möglichkeiten zur Reduzierung der Risiken genutzt werden können, indem die Firma durchgreifend erfolgreich saniert wird. Problematisch ist die Situation allerdings dann, wenn beim Krisenunternehmen bereits durchgreifende Liquiditätsprobleme bestehen.

4.2.4 Empirische Ergebnisse zur Sanierungsorganisation

Im Folgenden wird untersucht, in welchen Organisationseinheiten die Sanierungsfälle in den Kreditinstituten betreut werden. Die Überleitung von erhöht risikobehafteten Engagements an eine Spezialabteilung erfordert klare Organisationsstrukturen und Ablaufprozesse in der bankinternen Kreditorganisation.

Die Organisationsstrukturen in den Bereichen Intensiv, Sanierung und Abwicklung haben sich im Rahmen der Analyse aus 2017 gegenüber den vorherigen Untersuchungen nicht stark verändert. Meist werden spezialisierte Abteilungen in den Segmenten Sanierung und Abwicklung eingerichtet. Seltener ist eine Spezialabteilung im Rahmen der Intensivbearbeitung. Vielfach wurde der Bereich mit der Sanierung zusammengelegt. Bei kleineren Instituten ist die Normalkreditbetreuung besonders häufig in die Intensivfälle involviert beziehungsweise betreut diese.

Im Intensivbereich war interessant zu erfahren, dass in vielen Instituten der Firmenkundenbetreuer und damit der Markt weiter einbezogen ist. Des Weiteren bearbeitet auch die Marktfolge im Normalkreditbereich die kritischen Fälle mit ersten bemerkbaren Risikoanzeichen häufig. Beide Merkmale wurden von rund 56,2 % der Antwortenden angekreuzt. Nur in 26,3 % der Institute existiert eine Spezialabteilung für die Intensivengagements.

Die Betreuung von Sanierungsfällen liegt üblicherweise in der Hand einer Spezialabteilung. Dies bestätigen rund 81,8 % der Teilnehmer der Umfrage. Die Einbindung des Firmenkundenbetreuers findet im Sanierungsbereich seltener statt und wird nur in 18,2 % der Institute praktiziert. Diese Co-Betreuung war früher häufiger anzutreffen, ist aber mittlerweile einer zunehmenden Spezialisierung in der Sanierungsbearbeitung aus einer Hand gewichen. In rund einem Drittel der Institute sind die Bereiche Intensiv und Sanierung zusammengelegt. Dieses berichten rund 32,1 % der Antwortenden. In diesem Fall können die Intensivengagements mit ersten Auffälligkeiten bereits mit Sanierungsmaßnahmen begleitet werden.

Demnach sollen Intensivfälle künftig mit dem Instrumentarium bearbeitet werden, dass in den Bereich der Sanierung fällt. Vermutlich sollen damit die Beobachtungsfälle, die jedoch bereits erhebliche Leistungsstörungen, wie beispielsweise andauernde Überziehungen oder eine nicht gegebene Kapitaldienstfähigkeit, aufweisen, künftig aktiver und frühzeitiger bearbeitet werden. Der Intensivbereich gewinnt an Bedeutung. Eine Zusammenlegung dieser Bereiche Intensiv und Sanierung ist dann aus Effizienzgründen und aus einheitlichen Maßnahmen bei der Bearbeitung unter Umständen strategisch sinnvoll.

Das Vorhandensein einer spezialisierten Abwicklungsabteilung ist in den meisten Kreditinstituten bereits üblich (95,6 %). Seltener wird im Bereich der Abwicklung externe fachliche Unterstützung eingeholt (31,4 %) oder ein Verkauf von Kreditengagements vorgenommen (21,2 %), wie die nachfolgende Abb. 4.34 darstellt.

Abb. 4.34: Organisation der Betreuung risikobehafteter Engagements (Quelle: Eigene Darstellung)

In der Auswertung nach Banksektoren wird deutlich, dass spezielle Intensivabteilungen deutlich häufiger in Privatbanken vorkommen. Die Auswertung der Zuordnung der Krisenfälle mit ersten Risikoanzeichen im Intensivbereich nach Bankgrößenklassen bestätigt das voranstehende Bild. Demnach besitzen gerade große Institute etwas häufiger eine Spezialabteilung für die Betreuung der Intensivfälle. Bei kleineren Banken und Kleinstinstituten ist der Firmenkundenbetreuer oftmals weiter im Engagement tätig und die Marktfolge für Normalkredite übernimmt die Bearbeitung im Back Office. Die Betreuungszuordnung birgt die Gefahr, dass Krisenengagements nicht mit dem vollen Instrumentarium der Sanierung bearbeitet werden, sich erhöhte rechtliche Risiken ergeben, die Insolvenzgefahr stetig zunimmt und die Chancen einer erfolgreichen Sanierung kontinuierlich sinken.

Die Strukturen und Abläufe zur Behandlung von Firmensanierungsengagements in Banken hatten sich in der Studie in 2012 gegenüber früheren Untersuchungen schon deutlich verändert. Während durchgeführte Studien aus 1997 und 2002 zeigen, dass problembehaftete Engagements oft noch in der Normalkreditbearbeitung sowie der Firmenkundenbetreuung belassen wurden, hat sich dieser Zustand mit der Professionalisierung der Problemkreditbearbeitung mittlerweile zugunsten von Speziallösungen verändert (vgl. David, 1997, S. 101 ff. und KPMG, 2002, S. 3 ff.). Das Outsourcing in der Abwicklung spielt mit 2,6 % der Antworten keine nennenswerte Rolle und eine Ausgliederung der Sanierung findet in keinem der Institute statt.

Interdependent abzustimmen mit der Aufbauorganisation sind die Abläufe bei der Kreditbetreuung in der Sanierung und die vorzuhaltenden Stellenprofile der Mitarbeiter. Die Herangehensweise an die Kreditentscheidungen und die einzelnen Bearbeitungsschritte sind heutzutage stark prozessual geprägt. Auf diese Weise wird eine Vereinheitlichung der Abläufe angestrebt. Die unterschiedlichen Kreditprozesse werden in die Kerngeschäftsprozesse aufgeteilt und in den Teilprozessen oder weiteren Modulen dann genauer beschrieben.

In diesem Zusammenhang wird in einer starken Ausprägung auch von einer „Kreditfabrik“ gesprochen, in der die einzelnen Arbeitsschritte wie in Produktionsprozessen der Industrie aufgeteilt und optimiert werden. Dies führt auf der einen Seite zu effizienten und kostengünstigen Entscheidungsprozessen, die eine weitgehend einheitliche Vorgehensweise signalisieren. Auf der anderen Seite sind diese Tätigkeiten der Mitarbeiter sehr gleichartig und können zu Frustration sowie einem eingeschränkten Blickfeld für das Gesamtbild eines Krisenkunden und schlechteren Gesamtergebnissen für die Bank führen.

Auch die Organisations- und Entscheidungsmodelle für gefährdete und notleidende Engagements werden aufgrund des Kostendrucks stetig optimiert (vgl. Schnüttgen, 2011a, S. 30 ff. und Berndt/Mantell, 2011, S. 256 ff.). Dabei kann es auch vorkommen, dass für unterschiedliche Engagementgrößen verschiedene Geschäftsprozesse eingerichtet werden und diese Fälle in differenzierten Einheiten betreut werden.

Aus der aktuellen Umfrage aus 2017 wird deutlich, dass sich der Kostendruck in den Bereichen Intensiv, Sanierung und Abwicklung, auch wegen der geringeren Fallzahlen, erhöht hat. Dies hängt zum Teil auch mit einer geringeren Wertschätzung dieser Cost Center zusammen, da oft nicht bekannt ist, welche Erfolge in diesen Abteilungen erzielt werden und die relativen Kosten gering sind. Diese Bewertungen zeigen sich in Abb. 35 beispielhaft für den Bereich der Sanierung.

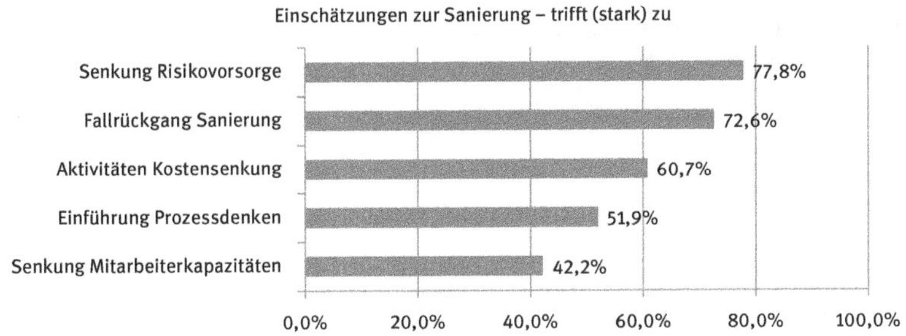

Abb. 4.35: Einschätzung des Sanierungsgeschehens aus Bankensicht (Quelle: Eigene Darstellung)

Erstaunlich ist, dass viele Spezialisten aus den Instituten berichten, dass der Verbleib dieser Engagements im Normalkreditbereich häufig mehr als ein Jahr beträgt. Diesen Zustand benennen immerhin 47,3 % der Teilnehmer der Umfrage aus 2017. Es stellt sich bei diesen Fällen die Frage, ob dann auch mit Sanierungsmaßnahmen aktiv begonnen wird, um erfolgreich zu restrukturieren, oder ob diese Engagements lediglich beobachtet werden. Des Weiteren wird von 33,7 % öfter geantwortet, dass diese Fälle bis zu einem Jahr in der Kreditabteilung für Normalfälle verbleiben, wie die nachfolgende Abb. 4.36 zeigt.

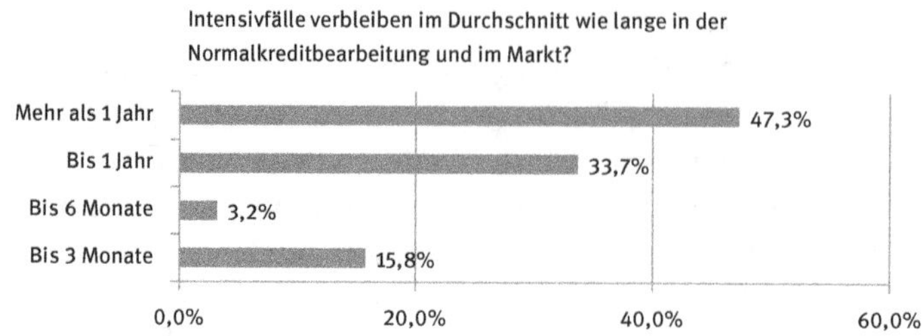

Abb. 4.36: Dauer Intensivfälle in Normalkreditbearbeitung und Markt (Quelle: Eigene Darstellung)

Ein ähnliches Bild zeichnet sich für die Dauer der Betreuung in der Intensivabteilung. So antworten rund 71,8 % der Teilnehmer an der Umfrage, dass Risikofälle im Durchschnitt länger als ein Jahr im Intensivbereich verweilen und immerhin 17 Antwortende berichten, dass diese regelmäßig noch bis zu einem Jahr dort verbleiben. Lediglich ein Teilnehmer berichtet, dass eine Dauer von bis zu 3 Monaten üblich ist und zwei Befragte antworten mit einem durchschnittlichen Verbleib von 6 Monaten, wie die folgende Abb. 4.37 darstellt.

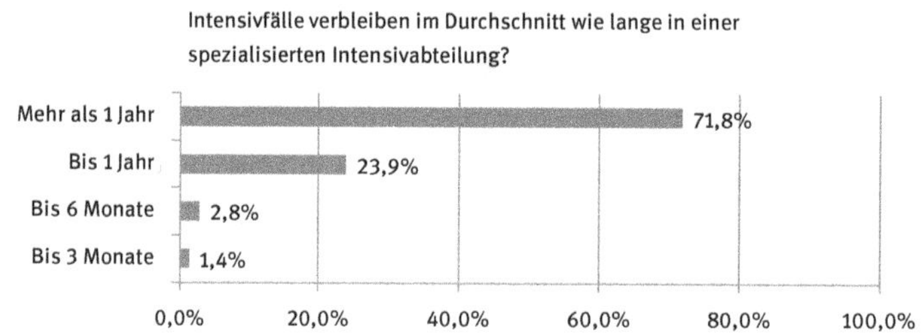

Abb. 4.37: Verweildauer der Intensivfälle in Spezialintensivabteilung (Quelle: Eigene Darstellung)

Damit ist insgesamt ein sehr langer Verbleib von Krisenfirmenkunden in der Normalkreditbearbeitung oder im Intensivbereich im Durchschnitt oft üblich. Problematisch erscheint dieser Zustand, wenn die Chance der relativ frühen Risikoerkennung über Systeme wie unter anderem Watch List nicht genutzt wird, um rechtzeitig zu erkennen, ob wirklich durchgreifender Sanierungsbedarf existiert. Aus mehreren Umfragen ist bekannt, dass frühzeitig einsetzende Sanierungsmaßnahmen die Erfolgsquote für einen Turnaround deutlich erhöhen. Daher war es wichtig zu erfahren, auf welche Art und Weise auf eine verschärfte Krisenlage bei Firmenkunden mit gestiegenen Ausfallgefahren reagiert wird.

Rund 53,3 % der Teilnehmer an der Umfrage berichten davon, dass die Sanierungsabteilung grundsätzlich ein Ziehungsrecht für Krisenfälle besitzt. Dieses bedeutet, dass die Sanierer entscheiden können, ob ein Engagement weiter in der Normalkreditbearbeitung oder der Intensivabteilung verbleiben kann oder ob eine Übertragung in die Sanierung zwingend erforderlich ist. Immerhin 46,7 % antworten, dass dies nicht der Fall ist. Jedoch berichten auch 46,0 % der Teilnehmer, dass zum Teil bereits Sanierungsmaßnahmen im Intensivbereich umgesetzt werden.

Rund 54,0 % der Probanden verneinen das Aktivwerden mit Restrukturierungsoptionen in diesem Bereich. Darunter sind auch Antwortende, die angekreuzt haben, dass spezialisierte Intensivabteilungen in ihren Häusern existieren und dieses ist verwunderlich. Eigentlich besteht die Chance im Intensivbereich, mit der Anwendung des vollständigen Instrumentariums aus der Sanierung, dauerhaft erfolgreich die Insolvenz zu vermeiden.

In nur 31,4 % der Institute verlagert sich die Entscheidungskompetenz für Intensivengagements in den Sanierungsbereich. In den restlichen Banken, (68,6 %), verbleiben die Entscheidungskompetenzen entweder im Intensivbereich oder auch in der Normalkreditbetreuung, gegebenenfalls mit dem Markt zusammen. Wird die Sanierung angestoßen, erfolgt in 61,3 % Banken grundsätzlich eine Übergabe der Kreditakten an den Sanierungsbereich und in 56,9 % eine Übertragung der Sicherheitenakten. Dann ist die Sanierungsabteilung vollständig für die Bearbeitung der eindeutigen Krisenfälle zuständig. Die folgende Abb. 4.38 verdeutlicht dieses.

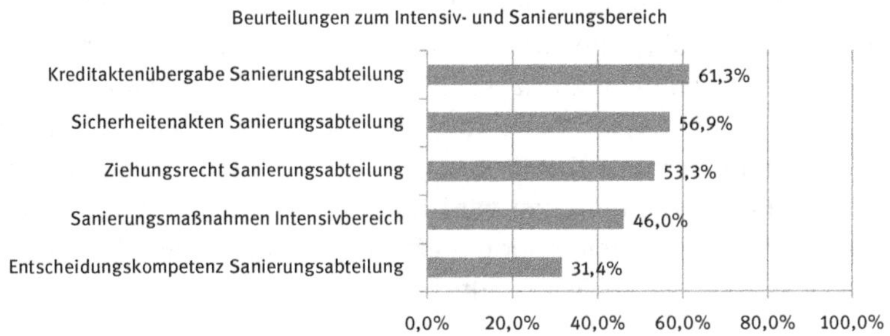

Abb. 4.38: Einschätzungen zu Abläufen in Intensiv und Sanierung (Quelle: Eigene Darstellung)

Die prozessuale Steuerung in Banken und Sparkassen hat sich mittlerweile durchgesetzt. In der Sanierungsabteilung berichten lediglich 53 der antwortenden Institute, dass keinerlei Prozesswege bestehen. Ein Grund könnte das mangelnde Aufkommen an Fällen sein. Der Tatbestand wird bestätigt durch die hohe Anzahl der Nennungen aus Kleinstinstituten und aus dem Genossenschaftssektor. Dagegen berichtet die Mehrheit der Antwortenden (61,0 %), dass differenzierte Prozessausgestaltungen im Bereich der Sanierung existieren.

Es benennen 43,1 % der Teilnehmer dieser Umfrage, bei der Möglichkeit der Mehrantworten, dass ein Prozessweg für die Individualsanierung besteht. Damit ist ein umfassender Ablauf individuell geprägter Sanierungsablauf gemeint, mit den Komponenten nach MaRisk, der Hereinnahme eines externen Sanierungskonzepts sowie der Umsetzungsüberwachung. Weitere Hauptprozesse, die häufiger gestaltet werden, sind ein schlanker Sanierungsweg in 23,4 % Banken, der Prozess zur Aufnahme in ein Abbauportfolio mit 32,8 % der Nennungen und in nur 2,9 % Fällen der Ablauf des Forderungsverkaufes, wie die folgende Abb. 4.39 zeigt. Gerade kleine Institute mit geringeren Fallzahlen haben keine Prozesswege definiert.

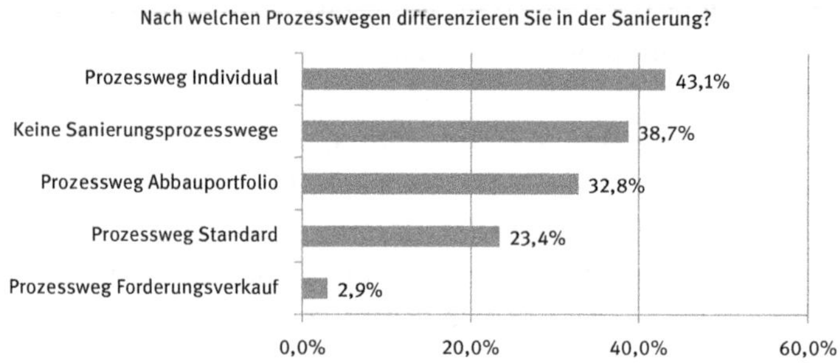

Abb. 4.39: Prozessdifferenzierungen in der Sanierungsabteilung (Quelle: Eigene Darstellung)

Des Weiteren war von Interesse zu erfahren, wie die Zuordnung der Engagements auf die einzelnen Prozesse erfolgt. Hier waren ebenfalls Mehrfachantworten zulässig. Es berichten 33,6 % der Teilnehmer, dass das Kreditvolumen ausschlaggebend für die Aufteilung ist. Lediglich 9,5 % benennen die Höhe der Einzelwertberichtigung als Zuordnungskriterium. Rund 22,9 % äußern, dass die Komplexität eines Engagements für die Zuteilung herangezogen wird und die Mehrheit von 43,1 % berichtet davon, dass eine Kriterienkombination ausschlaggebend für die Zuordnung zu einem Prozessweg ist, wie Abb. 4.40 darstellt.

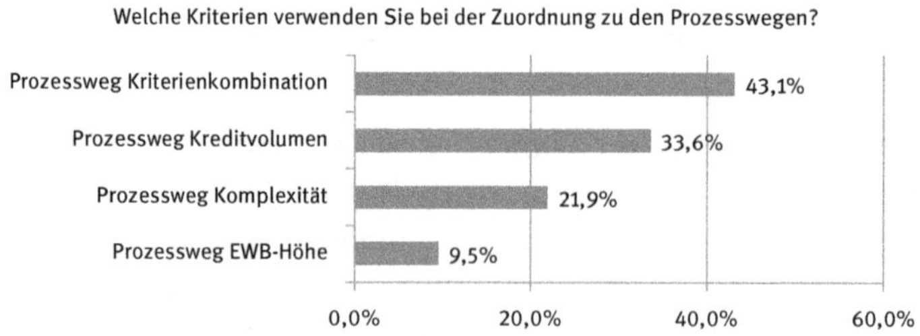

Abb. 4.40: Zuordnungskriterien auf die Prozesswege in der Sanierung (Quelle: Eigene Darstellung)

In der Umfrage aus 2012 zeigt sich mit 75,3 % der Nennungen, dass die Sanierungsfälle in den meisten Fällen individuell angegangen werden. Diese standardisierte Herangehensweise mit Checklisten, auch als „Sanierung Light“ bezeichnet, wird jedoch von immerhin 29,3 % der Institute betrieben, ebenso wie die individuelle Vorgehensweise nur bei den größeren Sanierungsfällen.

Bei der Betrachtung nach den Banksektoren ergibt sich ein differenziertes Bild. So wird eine standardisierte Vorgehensweise bei kleineren Engagements häufiger von Privatbanken und Sparkassen sowie Landesbanken präferiert. Diese durchgehend individuelle und proaktive Bearbeitung wird mit den häufigsten Nennungen insbesondere in den Genossenschaftsbanken und den sonstigen Instituten durchgeführt. In Übereinstimmung mit der Handlungsweise nach Banksektoren sind auch deutliche Unterschiede in den Bearbeitungsweisen der verschiedenen Größenklassen der Institute zu erkennen. In mittleren und großen Banken findet sehr viel häufiger eine Prozessdifferenzierung statt.

Fast alle kleineren Banken gehen bei allen Engagements, unabhängig von der Größenordnung der Fälle, dagegen individuell vor und arbeiten selten mit einer Prozessdurchstufung nach dem Kreditvolumen, dem erwarteten Mehrwert einer Sanierung oder den Risiken aus einem Sanierungsfall. Dies kann auch mit den geringeren Stückzahlen an Problemkrediten in kleineren Häusern zusammenhängen. Dennoch verspricht dies unter Umständen einen Optimierungsbedarf.

Neben der Herangehensweise an die Kreditengagements ist die Ausgestaltung der wesentlichen Prozessschritte, die nach der Krisenerkennung in den Instituten umgesetzt werden, von Interesse. An den ersten Positionen lag bei den primären Handlungsschritten nach der Feststellung eines erhöhten Risikos bei einem Engagement mit 89,5 % der Nennungen die Einschaltung einer Spezialabteilung und mit 88,2 % die Feststellung der bankeigenen Risikoposition sowie mit rund 84,9 % der Antworten die Berichterstattung an den Kompetenzträger. Die Übergabe der vollständigen Kreditakten an die Spezialabteilung ist mit 75,7 % der Nennungen hoch und die Weiterleitung der Sicherheitenakten mit 65,8 % der Antworten deutet darauf hin, dass in vielen Kreditinstituten mittlerweile die Komplettbearbeitung in der Sanierung erfolgt. Festgelegte Sanierungsprozesse sind in 68,4 % der befragten Kreditinstitute anzutreffen und zeigen eine starke Durchstrukturierung des Sanierungsbereiches in vielen Instituten an.

Neben den Ablaufschritten wurden die Sanierungsspezialisten befragt, welche Betreuungsformen diese für den Sanierungserfolg bei Krisenunternehmen für wichtig halten und inwieweit die Begleitungsarten durch die eigene Bank erfüllt werden. Im Ergebnis ergibt sich eine hohe Wichtigkeit für die Alternative der Begleitung durch eine spezialisierte Sanierungsabteilung neben der Kompetenzübergabe an diese Abteilung und einer individuellen Herangehensweise an Krisenfälle. Im Rahmen einer kompletten Übergabe der Problemkreditengagements können diese von den Spezialisten bestmöglich bearbeitet werden.

Die nachfolgende Tab. 4.26 fasst die Mittelwerte der Beurteilungen auf einer Schulnotenskala (1,0 = „wichtig" beziehungsweise „erfüllt" bis 5,0 = „unwichtig" beziehungsweise „nicht erfüllt") zusammen.

Tab. 4.26: Wichtigkeit und Erfüllungsgrad bei Betreuungsarten (Quelle: Eigene Darstellung)

Formen der Betreuung in der Sanierung	Wichtigkeit der Eigenschaft		Erfüllungsgrad in der Praxis		Abweichung
	% Zustimmung	Mittel	% Zustimmung	Mittel	Differenz
Betreuung durch die Sanierungsabteilung	97,9 %	1,3	93,6 %	1,4	0,1
Kompetenzverlagerung in Sanierungsabteilung	91,6 %	1,4	86,5 %	1,6	0,2
Individuelle Herangehensweise	89,8 %	1,5	92,4 %	1,4	0,1
Betreuung durch die Intensivabteilung	71,5 %	2,0	66,4 %	2,2	0,2
Festgelegte Prozessschritte	59,2 %	2,3	66,7 %	2,0	0,3
Betreuung durch die Rechtsabteilung	42,5 %	2,7	47,7 %	2,8	0,1

Auffällig ist die gute Übereinstimmung der Bewertungsprofile. So sind der durchschnittliche Bedeutungsgrad und der Erfüllungsgrad in der Praxis im Durchschnitt fast deckungsgleich. Eine leichte Übererfüllung der Wichtigkeit ergab sich bei dem Kriterium Prozessschritte. So wird die strenge Bearbeitung anhand von festen Sanierungsprozessen von den Praktikern für weniger wichtig gehalten, aber in der Umsetzung der Sanierungsarbeit stark gefordert.

Offensichtlich besteht hier eine Abweichung der Einschätzung der Bedeutung einer fixierten und vorgegebenen Prozesslandschaft in der Literatur und in der Empfindung der Umsetzer in der Praxis. So wird die Prozessorientierung in der Fachliteratur aus Effizienzgründen, Kostengesichtspunkten und aufgrund der Einheitlichkeit der Entscheidungsfindung oft befürwortet. Aus Sicht der Sanierer ist dieser Themenbereich in der Praxis von geringerer Bedeutung und sogar kontraproduktiv für die Erzielung guter Ergebnisse im Bereich der Sanierung.

Neben den bankinternen Ablaufschritten werden regelmäßig auch Sofortmaßnahmen in der Sanierungsbearbeitung mit externem Bezug umgesetzt. Die finanzwirtschaftliche Sanierung zur Vermeidung einer Insolvenz gehört zu den wichtigen Sofortmaßnahmen. Bedeutende finanzielle Schritte zur Vermeidung des Insolvenzantrags des Schuldnerunternehmens, der den Sanierungsprozess deutlich erschwert, werden im Folgenden umfassend dargelegt und beurteilt.

4.3 Finanzwirtschaftliche Sanierungsmaßnahmen

Lernziele:
Insolvenztatbestände zur Antragstellung kennen
Maßnahmen zur Abwendung der Überschuldung beherrschen
Instrumente zur Sicherung der Zahlungsfähigkeit anwenden können

In diesem Abschnitt werden finanzwirtschaftliche Maßnahmen beschrieben, um unmittelbar nach dem Feststellen der Krise die Pflicht zur Stellung eines Insolvenzantrags zu prüfen und gegebenenfalls abzuwenden. Insolvenzeröffnungsgründe sind die (drohende) Zahlungsunfähigkeit und rechtsformabhängig die Überschuldung. Zunächst gilt es die Zahlungsunfähigkeit zu vermeiden, denn diese ist ein häufiger Insolvenzgrund. Die Liquiditätslage lässt sich über die Aufstellung des Finanzplans überwachen. Ebenso von Bedeutung ist die Prüfung der Überschuldung.

Zu beachten ist, dass das Überschuldungskriterium durch Art. 5 des Finanzmarktstabilisierungsgesetzes und eine spätere Gesetzesänderung modifiziert wurde. Eine Unterkapitalisierung liegt bei juristischen Personen und haftungsbeschränkten Personengesellschaften vor, wenn das Vermögen des Schuldners die bestehenden Verbindlichkeiten nicht deckt, es sei denn, die Fortführung des Unternehmens ist nach den Umständen überwiegend wahrscheinlich. Daher gewinnen Aussagen über die Fortbestehensprognose, die Fortführungsprognose und die Sanierungsfähigkeit für den Überschuldungsbegriff an Bedeutung.

Hat sich eine Insolvenzantragspflicht ergeben, ist diese zunächst abzuwenden, um zumindest die Sanierungsfähigkeit im Vorfeld der Sanierungswürdigkeitsprüfung und das Sanierungsrisiko abschätzen zu können. Dabei kommt der Hausbank eine bedeutende Rolle zu. Zum einen trägt sie in dieser Phase die Hauptlast der zusätzlich bereitzustellenden finanziellen Mittel. Zum anderen übernimmt sie eine steuernde Funktion, wenn Gesellschafter und übrige Stakeholder in die Absicherung der Finanzierung eingebunden werden sollen. Im Folgenden werden Kriterien für das Bestehen der Zahlungsunfähigkeit sowie das Vorgehen bei der Überschuldungsprüfung schrittweise ausgearbeitet. Anschließend werden Maßnahmen zur finanziellen Stabilisierung dargestellt und beurteilt.

Rechtliche Änderungen in Bezug auf die Abwendung der Insolvenz haben sich bei einer wirksamen Rangrücktrittserklärung ergeben. Des Weiteren geht der Standard des IDW S 11 auf die Prüfung der Insolvenzkriterien ein und verschafft bei der Überprüfung der Merkmale Transparenz. Zudem haben sich Änderungen bei der steuerlichen Betrachtung des Sanierungsgewinns ergeben.

4.3.1 Vermeidung der Zahlungsunfähigkeit und Überschuldung

Die Eröffnung des Insolvenzverfahrens setzt gemäß § 16 InsO voraus, dass ein Eröffnungsgrund gegeben ist. Wesentliches Ziel der Insolvenzrechtsreform war es, eine möglichst frühe Einleitung der Insolvenz zu bewirken, um massearme Insolvenzverfahren zu verringern sowie über eine vermehrte Anzahl an Sanierungen in der Insolvenz, im Gegensatz zu einer Zerschlagung, höhere Befriedigungsquoten für alle beteiligten Gläubiger zu erreichen. Mit der Einführung der Insolvenzordnung (InsO) wurden die Insolvenzgründe daher seinerzeit um den Tatbestand der drohenden Zahlungsunfähigkeit erweitert. Durch diese Aufweichung des Insolvenzgrunds der Überschuldung, erfolgte eine partielle Schwächung der frühzeitigen Antragstellung. Mit dem Schutzschirmverfahren, der klassischen Eigenverwaltung und dem diskutierten außergerichtlichen Sanierungsverfahren bestehen Alternativen, die auf ein zeitnahes Handeln der Unternehmensorgane in der Krise hinwirken können.

Ansonsten bleibt es bei der Führungsrolle in der Krise von Unternehmen durch Kreditinstitute. Diese verfügen über leistungsstarke Risikoinstrumente und haben aufgrund der Schieflage eines Firmenkunden mit steigenden inhärenten Forderungsausfallrisiken ein Interesse an einem aktiven Vorgehen aus wirtschaftlichen Gründen sowie aus rechtlichen Vorgaben. Zudem verfügen viele Institute über eine hohe Fachexpertise in der Begleitung von Sanierungsfällen. Es ist jedoch im ersten Schritt der Insolvenzantrag unbedingt zu vermeiden, damit nicht jegliche Sanierungsbemühungen und Turnaround-Chancen im Keim ersticken.

Wichtig ist die Vermeidung der Insolvenz, da die Einbringungsquoten über die außergerichtliche Sanierung deutlich höher sind als im Insolvenzverfahren. Daher ist der Insolvenzantrag bei objektiv gegebenen guten Sanierungschancen aus Bankensicht möglichst zu verhindern. Über eine Sanierungsbegleitung kann in rund zwei Dritteln der Fälle ein endgültiger Ausfall durch eine Abschreibung verhindert werden. Des Weiteren werden potenzielle Anfechtungsrisiken vermieden. Im Rahmen des Sanierungsansatzes aus dem IDW S 6 ist auf der ersten Stufe des Sanierungsprozesses die Analyse einer möglichen Insolvenzreife vorzunehmen. Diese ist gegebenenfalls mit finanzwirtschaftlichen Sanierungsmaßnahmen nachhaltig zu beseitigen (vgl. IDW, 2018a, Rn. 13 ff. sowie IDW, 2017a, Rn. 4 ff.). Daher sollten die Insolvenz auslösenden rechtlichen Ereignisse bekannt sein, um diese gegebenenfalls abzuwenden. Aus der Insolvenzordnung ergeben sich drei Eröffnungsgründe:

- Zahlungsunfähigkeit gemäß § 17 Abs. 1 InsO
- Drohende Zahlungsunfähigkeit gemäß § 18 Abs. 1 InsO
- Überschuldung gemäß § 19 Abs. 1 InsO

Sind die Insolvenzkriterien Zahlungsunfähigkeit oder Überschuldung erfüllt, haben die Gesellschaftsorgane spätestens drei Wochen nach Eintritt des Eröffnungsgrunds einen Insolvenzantrag beim zuständigen Insolvenzgericht zu stellen (§ 15a InsO).

Definition: Bei einem Vorliegen der Antragsvoraussetzungen Zahlungsunfähigkeit oder Überschuldung haben die gesetzlichen Vertreter des Schuldners unverzüglich, spätestens jedoch mit einer **Dreiwochenfrist**, als Maximalfrist, die Pflicht, einen Insolvenzantrag, beziehungsweise einen Antrag auf Eröffnung des Insolvenzverfahrens, beim zuständigen Gericht, aus § 15a Abs. 1 InsO zu stellen.

Lediglich beim Tatbestand der drohenden Zahlungsunfähigkeit besteht seitens des Schuldners ein Antragsrecht. Das Überschuldungskriterium gilt nur bei haftungsbeschränkten Firmen oder Unternehmen ohne Rechtspersönlichkeit, bei denen kein persönlich haftender Gesellschafter eine natürliche Person ist, wie bei der GmbH & Co. KG. Im Rahmen einer Überschuldungsprüfung ist zunächst eine Fortbestehensprognose abzugeben. Bei einer negativen Prognose ist die Überschuldungslage im Status zu untersuchen. In Abb. 4.41 sind die Antragsgründe dargelegt.

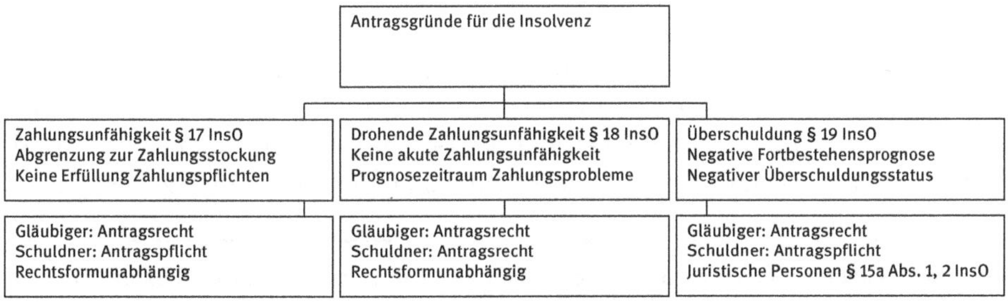

Abb. 4.41: Insolvenzantragsgründe (Quelle: Eigene Darstellung)

Die Notwendigkeit zur Stellung des Insolvenzantrags besteht darin, dass in der Krise keine Verlagerung des Risikos, unter anderem auf die Gläubiger, stattfindet. Eine verspätete Antragstellung birgt gemäß § 15a Abs. 4 InsO strafrechtliche Folgen für die Organe. Gläubiger haben ebenfalls die Möglichkeit gemäß § 14 InsO einen Insolvenzantrag bei einer Schuldnerfirma zu stellen. Voraussetzung ist, dass eine glaubhafte und begründete Forderung besteht. Der Eröffnungsgrund wird durch das zuständige Insolvenzgericht geprüft und festgestellt (vgl. Hefermehl, 2018, S. 107 ff.).

In der Praxis kommt die Antragsstellung durch einen Gläubiger selten vor und lässt sich oft durch ein geplantes Vorgehen im Rahmen der finanzwirtschaftlichen Sanierung vermeiden. Kreditinstitute haben in der Regel kein originäres Interesse an der Stellung eines Insolvenzantrags, da gegebenenfalls ein Reputationsverlust droht. Die Antragstellung ist nur eine Alternative, wenn der Schuldner unredlich handelt, Gelder umleitet, Sicherheiten mehrfach vergibt oder sonstige vorsätzliche Handlungen mit einer Schädigung der Institute vornimmt, die den Ausfall vergrößern.

Zunächst wird analysiert, wie sich das Vorliegen der (drohenden) Zahlungsunfähigkeit oder Überschuldung bestimmen lässt und wie eine Abgrenzung, unter anderem zur Zahlungsstockung, erfolgt. Anschließend ist zu untersuchen, wie im Rahmen alternativer Sofortmaßnahmen einer finanzwirtschaftlichen Sanierung die Pflicht zur Stellung des Insolvenzantrags ohne weitere Risiken vermieden werden kann. Dazu werden sowohl interne Maßnahmen aus dem Unternehmen heraus, als auch mögliche Schritte externer Stakeholder erörtert.

Definition: Die **finanzwirtschaftliche Sanierung** im Rahmen der Sofortmaßnahmen beschreibt Möglichkeiten zur Sicherung der Zahlungsfähigkeit sowie zur Abwendung der Überschuldung, nach dem Feststellen der Krise. Ziel ist es, durch finanzielle Maßnahmen die Zahlungsströme und die Kapitalstruktur derart zu gestalten, dass eine frühzeitige Stellung des Insolvenzantrags, ohne Prüfung der Sanierungsfähigkeit und die Analyse von Sanierungsoptionen, aus Bankensicht vermieden wird.

Zahlungsunfähigkeit gemäß § 17 InsO

Der häufig vorkommende Insolvenzeröffnungsgrund Zahlungsunfähigkeit liegt vor, wenn das Schuldnerunternehmen aus einem Mangel an Finanzmitteln nicht mehr in der Lage ist, seine fälligen Verbindlichkeiten zu erfüllen (§ 17 Abs. 2 InsO). Beim Bestehen einer Zahlungsunfähigkeit hat der Geschäftsführer, unabhängig von der Rechtsform seines Unternehmens, die Pflicht, einen Insolvenzantrag zu stellen.

Definition: **Zahlungsunfähigkeit** beschreibt gemäß § 17 Abs. 2 InsO den Zustand eines Schuldners seinen fälligen Zahlungsverpflichtungen nicht mehr nachkommen zu können. Dies ist in der Regel anzunehmen, wenn der Schuldner seine Zahlungen eingestellt hat.

Für den Unternehmer ist es wichtig den genauen Zeitpunkt der Zahlungsunfähigkeit zu kennen, damit dieser rechtzeitig den Insolvenzantrag stellt. Zur Feststellung der potenziellen Zahlungsunfähigkeit sind ein Finanzstatus für die nächsten drei Wochen und ein integrierter zeitraumbezogener Finanzplan aufzustellen.

Aufgrund der unklaren Begriffsbestimmung hat der Gesetzgeber das Bestehen einer Zahlungsfähigkeit an die folgenden Kriterien geknüpft, um diese von einer reinen Zahlungsstockung abzugrenzen (vgl. BGH vom 24.05.2005, IX ZR 123/04 und Kirchhof et. al., 2013, § 17 InsO, Rn. 10 ff.):

- Zeitkriterium: Es liegt eine bloße Zahlungsstockung vor, wenn ein Zeitraum zur notwendigen Mittelbeschaffung von drei Wochen nicht überschritten wird.
- Erheblichkeitskriterium: Bei einer Liquiditätslücke von weniger als 10,0 % der fälligen Verbindlichkeiten ist nicht von einer Zahlungsunfähigkeit ausgehen.
- Prognosekriterium: Die Erheblichkeitsgrenze gilt jedoch nicht, wenn die Zahlungslücke in der Zukunft voraussichtlich mehr als 10,0 % erreichen wird.

Demnach ist von der Pflicht zur Stellung eines Insolvenzantrags auszugehen, wenn die Liquiditätsunterdeckung über einer Grenze von 10,0 % der fälligen Verbindlichkeiten liegt und die Liquiditätslücke in einer Zeitspanne von drei Wochen nicht unter 10,0 % gesenkt beziehungsweise innerhalb von drei Monaten nicht endgültig beseitigt werden kann. Eine festgelegte Grenze dieser Deckungslücke von 10,0 % erscheint unter rein wirtschaftlichen Gesichtspunkten jedoch problematisch zu sein, wie das folgende Beispiel zeigt. Dennoch liefern diese Kriterien eine praxisnahe Abgrenzung des Tatbestands der Zahlungsunfähigkeit.

Beispiel: Der Schuldner verfügt über eine freie Liquidität von 90 TEuro. Es bestehen drei fällige Zahlungen in Höhe von 50 TEuro, 30 TEuro und 20 TEuro. Da die Liquiditätslücke nicht mehr als 10,0 % beträgt, besteht noch keine Insolvenzantragspflicht. Wird nun aber die Verbindlichkeit in Höhe von 20 TEuro getilgt, so haben sich die wirtschaftlichen Verhältnisse nicht verschlechtert. Jedoch beträgt die Unterdeckung nun 12,5 %, da freie Mittel von 70 TEuro jetzt fälligen Zahlungsverpflichtungen von 80 TEuro gegenüber stehen, denn es liegt eine Unterdeckung von 10 TEuro im Verhältnis zu 80 TEuro vor. Da sich die wirtschaftliche Situation durch die Tilgung der Verbindlichkeit eigentlich nicht verschlechtert hat, ist unklar, warum die Einhaltung dieser starren Grenze genannt wird.

Der BGH billigt dem Schuldner einen Dreiwochenzeitraum zur Beseitigung der Liquiditätslücke zu. Ist diese Spanne am Ende dieser Zeitspanne geringer als 10,0 % der fälligen Gesamtverbindlichkeiten, besteht keine Antragspflicht, die Firma ist lediglich zahlungsstockend. Ist diese Unterdeckung höher, so ist von einer Zahlungsunfähigkeit auszugehen, sofern dieser Negativsaldo nicht mit hoher Sicherheit demnächst fast oder vollständig beseitigt werden kann (vgl. BGH vom 24.05.2005, IX ZR 123/04 und Becker et al., 2014, S. 198). Zur sicheren Ermittlung der möglichen Zahlungsunfähigkeit ist ein integrierter Finanzplan aufzustellen, auch wenn zunächst nur ein Finanzstatus für die folgenden drei Wochen gefordert wird.

Definition: In einem **Finanzstatus** werden die verfügbaren liquiden Finanzmittel des Unternehmens und die fälligen Verbindlichkeiten stichtagsbezogen gegenübergestellt. Dabei sind die gestundeten Verbindlichkeiten nicht mit aufzunehmen, wenn die Stundungen schriftlich bestätigt wurden (vgl. IDW, 2017a, Rn. 26 ff.). Auf dieser Basis kann festgestellt werden, in welchem Umfang die relevante Deckungslücke von 10,0 % zu einem Stichtag unterschritten oder überschritten wurde.

Der Finanzstatus ist zu einer integrierten Finanzplanung für die folgenden drei oder sogar sechs Monate auszuweiten, wenn eine Zahlungslücke nicht kurzfristig beseitigt werden kann. Wenn die Liquiditätslücke demnächst geschlossen werden kann, ist lediglich von einer Zahlungsstockung auszugehen. Ansonsten ist von einer Zahlungsunfähigkeit auszugehen (vgl. Becker et al., 2014, S. 198 ff.). Zur Bestimmung der Fortbestehensprognose kann der Finanzplan auf das angefangene und folgende Jahr beziehungsweise auf zwei Jahre ausgedehnt werden.

Es ist von einer Zahlungsstockung auszugehen, wenn der Kreditnehmer sich innerhalb von drei Wochen die nötige Liquidität beschafft. Merkmale für eine Zahlungsstockung sind verzögerte Zahlungseingänge oder unerwartete Zahlungsausfälle bei Kunden. Bei der Abgrenzung der Zahlungsfähigkeit von der Zahlungsstockung kann in drei Schritten vorgegangen werden (vgl. Crone/Werner, 2017, S. 35):

- 1. Schritt: Erstellung eines stichtagsbezogenen Finanzstatus. Besteht eine Zahlungsunterdeckung von mehr als 10,0 % zu den fälligen Verbindlichkeiten ist im Schritt 2 weiter zu prüfen, ansonsten existiert eine Zahlungsstockung.
- 2. Schritt: Aufstellung des detaillierten Dreiwochenfinanzplans. Kann die Liquiditätslücke innerhalb der drei Wochen geschlossen werden, besteht keine Zahlungsunfähigkeit. Existiert eine Unterdeckung ist 3. Schritt zu vollziehen.
- 3. Schritt: Ist die Liquiditätslücke nach drei Wochen größer als 10,0 %, im Verhältnis zu den fälligen Verbindlichkeiten, ist der Betrachtungszeitraum dieses Finanzplans auf weitere drei bis sechs Monate auszudehnen.

Nur wenn sich zeigt, dass sich die Liquiditätsunterdeckung innerhalb der Dreiwochenplanung schließt, ist von einer Zahlungsstockung auszugehen. Bestehen weiter Finanzierungslücken, ist die Zahlungsunfähigkeit endgültig anzunehmen. Dies wird erkennbar, wenn große Zahlungsblöcke wie Löhne und Gehälter sowie die Sozialabgaben nicht mehr geleistet werden können. Der zentrale Ausgangspunkt zur Bestimmung der Insolvenzantragspflicht ist der Dreiwochenfinanzplan.

Definition: Der **Dreiwochenfinanzplan** im Rahmen der Überprüfung der Zahlungsunfähigkeit ist taggenau und auf der Grundlage einer integrierten Planung aufzustellen, um mit hinreichender Sicherheit festzustellen, ob eine Insolvenzantragspflicht bei einer erheblichen Unterdeckung besteht.

Deutlich wird der Tatbestand der Zahlungsunfähigkeit erkennbar, wenn der Schuldner seine Zahlungen eingestellt hat (§ 17 Abs. 2 InsO). Dann fällt der Kapitaldienst aus und Zahlungen für Löhne und Gehälter erfolgen nicht mehr. Es bestehen zwei Methoden, um die Illiquidität festzustellen. Zum einen das wirtschaftskriminalistische Verfahren mit Indizienbeweisen, zum anderen die betriebswirtschaftliche Analyse mit statischen Kennzahlen und einer dynamischen Liquiditätsplanung.

Bei diesen wirtschaftskriminalistischen Untersuchungen werden Indizien als äußere Beweisanzeichen einer Zahlungsunfähigkeit herangezogen. So können Mahnungen, Vollstreckungsbescheide, Pfändungen sowie die Nichtzahlung von Löhnen und Gehältern, Krankenkassen- und Sozialversicherungsbeiträgen sowie Steuervorauszahlungen neben dauerhaften Überziehungen auf den laufenden Konten auf eine Illiquidität hindeuten. Dieses Verfahren wird oft erst nachträglich, unter anderem zur Feststellung der Verletzung einer rechtzeitigen Insolvenzantragspflicht in gerichtlichen Verfahren, angewendet. Alternativ ist eine betriebswirtschaftliche Zahlungsfähigkeitsanalyse über Finanzpläne möglich.

Die Untersuchung kann mit statischen Liquiditätskennziffern beziehungsweise mit einem Liquiditätsstatus auf Basis der Bilanz und GuV erfolgen. Aufgrund des Stichtagsprinzips, der fehlenden Aktualität der Datengrundlage und der mangelnden Zukunftsbetrachtung weisen diese Vorgehensweisen jedoch Schwächen auf. Die Feststellung der Zahlungsfähigkeit erfolgt daher regelmäßig über die Aufstellung eines detaillierten integrierten Finanzplans, in dem sämtliche Einzahlungen und Auszahlungen auf einer Zeitschiene gegenübergestellt und Über- beziehungsweise Unterdeckungen zu den bestehenden Kreditlinien aufgezeigt werden. Auch Avale sollten mit aufgenommen werden, da diese zum Teil auf die Kontokorrentlinien angerechnet werden und die Limite reduzieren. Der Planungszeitraum sollte bis zu sechs Monate umfassen (vgl. IDW, 2017a, Rn. 42 ff., Staufenbiel/Hoffmann, 2008a, S. 785 ff., 2008b, S. 838 ff. und Cranshaw et al., 2016a, § 17 InsO, Rn. 8 ff.).

Zur Erstellung eines Finanzplans sind sämtliche Zahlungsvorgänge zu berücksichtigen. Zu beachten ist die Vollständigkeit der Planung, die Zeitpunktgenauigkeit des Eintrittszeitpunkts von Zahlungen und die Betragsgenauigkeit der Schätzung einzelner Zahlungsvorgänge (vgl. Wöhe/Bilstein, 2002, S. 399 ff.). Ebenso ist das Zahlungsrisiko zu berücksichtigen. Demnach sind stark ausfallgefährdete Einzahlungen nicht oder nur mit einer Realisierungsquote aufzuführen.

Der Finanzplan kann mit der Kapitalflussrechnung verknüpft werden. Die Herkunft und Verwendung der Zahlungsströme wird dann zusätzlich in den betrieblichen, finanziellen und investiven Bereich unterteilt und es werden darüber Veränderungen der Bestände im Working Capital sichtbar gemacht. Über die Erstellung einer Finanzplanung erhält der Unternehmer eine Sicht auf seine künftigen Einzahlungen und Auszahlungen für die nächsten Monate oder Jahre. Auch eine drohende Zahlungsunfähigkeit wird damit erkennbar.

In der Praxis zeigt sich die Zahlungsunfähigkeit meist deutlich und wird sich nicht so sehr an den engen gesetzlichen Grenzen orientieren. Vielmehr ist eine Abgrenzung zur drohenden Zahlungsunfähigkeit erforderlich, da dort weitere Optionen wie der Eintritt in ein Schutzschirmverfahren bestehen. Zudem ist eine Abgrenzung notwendig, damit keine Insolvenzverschleppung erfolgt, mit zivilrechtlichen und strafrechtlichen Folgen für die Unternehmensorgane. Kreditinstitute sind von diesen Risiken in der Regel nicht betroffen, bei einem reinen Stillhalten.

Werden allerdings weitere Finanzierungen, in Form von Überziehungen, ohne wirtschaftliche Begründung und nur auf der Basis von Sicherheiten, bereitgestellt, können ebenfalls Haftungsrisiken aus der Beihilfe zur Insolvenzverschleppung begründet werden. Daher ist auch dieser Sicht die Überprüfung der Insolvenzgründe von Bedeutung. Generell ist die Analyse und Nichtexistenz oder Beseitigung durchgreifender Insolvenzantragsgründe aus Bankensicht eine Voraussetzung für die weitere Finanzierung. Der Sanierungsprozess ist abzubrechen, wenn die Insolvenzgründe, gerade die Zahlungsunfähigkeit, bestehen und nicht zeitnah und abschließend über externe Akteure beseitigt werden können.

Drohende Zahlungsunfähigkeit gemäß § 18 InsO

Insgesamt kann bereits zu einem frühen Zeitpunkt absehbar sein, dass es dem Unternehmer unter Umständen künftig nicht möglich sein wird, die Löhne und Gehälter am Monatsende zu leisten. Im Gegensatz zur Betrachtung der bestehenden Zahlungsunfähigkeit nach § 17 Abs. 2 InsO liegt bei der drohenden Zahlungsunfähigkeit der Schwerpunkt der Sichtweise auf einer Zukunftsbetrachtung. Dabei kommt es auf die künftige Entwicklung der erwarteten Einzahlungen und Auszahlungen im weiteren Zeitablauf an (vgl. Obermüller, 2016, S. 48 und Kirchhof et. al., 2013, § 18 InsO, Rn. 19 ff.). Die Feststellung der drohenden Zahlungsunfähigkeit ist eine Voraussetzung für das Schutzschirmverfahren gemäß § 270b InsO. Diese ist durch einen externen Gutachter zu bescheinigen (vgl. IDW, 2014, Rn. 4 ff.).

Seinerzeit wurde dieser Tatbestand der drohenden Zahlungsunfähigkeit in die Insolvenzordnung aufgenommen, um einem Schuldner mit seinem Eigenantrag die Möglichkeit zu geben, in einem frühen Stadium der Krise, mit verbesserten Sanierungschancen, ein Insolvenzverfahren einzuleiten.

Definition: Die **drohende Zahlungsunfähigkeit** besteht nach § 18 Abs. 2 InsO, wenn der Schuldner voraussichtlich nicht in der Lage sein wird, seine Zahlungsverpflichtungen in der Zukunft zum Zeitpunkt der Fälligkeit der Verbindlichkeiten dauerhaft zu erfüllen.

Empfohlen wird als Planungszeitraum für die Einzahlungen und Auszahlungen oft eine Zeitspanne von ein bis zwei Jahren beziehungsweise das laufende und das folgende Geschäftsjahr. Diese Planungsfähigkeit ist jedoch stark von der Branche abhängig. Gemäß der Prognose ist eine drohende Zahlungsunfähigkeit dann anzunehmen, wenn die Erfüllung der künftigen Verbindlichkeiten mit überwiegender Wahrscheinlichkeit nicht mehr gelingen wird und die tatsächliche Zahlungsunfähigkeit in Reichweite ist. Insgesamt ist es auch aus Gründen der Abgrenzung zur Zahlungsunfähigkeit von Vorteil drei Finanzpläne aufzustellen:

- Taggenauer Finanzstatus für die genaue Analyse der Dreiwochenfrist
- Detaillierte integrierte Finanzplanung für die kommenden drei bis sechs Monate
- Integrierte Finanzplanung mit Monatsraster für die folgenden zwei Jahre

Die monatliche integrierte Finanzplanung über zwei Jahre ist für die insolvenzrechtliche Fortbestehensprognose bei der Überschuldungsprüfung von Bedeutung. Diese Planung ist mindestens für das angefangene und folgende Geschäftsjahr aufzustellen. Aus praktischen Gründen sollte diese Liquiditätsplanung für zwei Jahre erstellt werden, damit auch abweichende Saisonverläufe erfasst werden. Im Rahmen dieser Überprüfung der Sanierungsfähigkeit ist es jedoch von Bedeutung, die Insolvenzkriterien zu bereinigen. Dies kann durch Maßnahmen im Rahmen der finanzwirtschaftlichen Sanierung, mit Unterstützung der Kreditinstitute, geschehen.

Abwendung der (drohenden) Zahlungsunfähigkeit aus §§ 17, 18 InsO

Wichtig für die Beseitigung der Liquiditätsenge ist die Frist gemäß § 15a InsO. Dem Schuldner bleiben zunächst drei Wochen Zeit zur Abwendung der Illiquidität. Dies kann meist nur mit Notmaßnahmen geschehen. Nach dem Ablauf dieses Zeitraums schlägt die Zahlungsstockung in eine Zahlungsunfähigkeit um. Somit verbleibt dem Unternehmen zeitlich nur wenig Spielraum, den Liquiditätsengpass über die Zuführung neuer Mittel oder die Vermeidung des Abflusses von Zahlungsmitteln nachhaltig zu überwinden (vgl. Tetzlaff, 2007, S. 1334 ff.). Aus Sicht der Hausbank sind zunächst alle Möglichkeiten der internen Liquiditätssicherung aus dem Unternehmen heraus zu forcieren. Dieses ist der Geschäftsleitung deutlich zu adressieren, damit keine Obligoerhöhung erfolgt (vgl. Crone/Kreide, 2017a, S. 157 ff.).

Maßnahmen zur Kapitalgenerierung aus dem Unternehmen heraus

Grundsätzlich gilt in einer akuten Liquiditätskrise bei allen zu treffenden unternehmerischen Entscheidungen der Grundsatz: „Liquidität vor Rentabilität“. Von Bedeutung ist daher, dass sämtliche liquiditätswirksamen Vorgänge innerhalb des Unternehmens abgestimmt werden. Dies betrifft unter anderem den Wareneinkauf, Verkäufe auf Ziel sowie den gesamten Investitionsbereich. Dazu empfiehlt sich die Einrichtung eines Liquiditätsbüros. Das Gremium, aus den Mitgliedern der Geschäftsführung und ausgewählten Abteilungsleitern, hat die Aufgabe, die Zahlungsströme eines Unternehmens zu planen und zu überwachen. Kernaufgaben sind:

- Herstellen von Transparenz über die Liquiditätslage im Unternehmen
- Einrichtung eines Cash-Pool-Systems bei bislang autarken Betriebsstätten
- Treffen von Zahlungsvereinbarungen mit Lieferanten und anderen Gläubigern

Eine Hauptaufgabe dieser Projektgruppe liegt darin, das Liquiditätsmanagement im Unternehmen organisatorisch zu verankern. Dies beinhaltet die Planung der Liquidität und Steuerungsmaßnahmen zur positiven Beeinflussung der Finanzen.

Definition: Unter dem **Liquiditätsmanagement** wird die umfassende Steuerung sowie Überwachung sämtlicher liquiditätswirksamen Vorgänge in einer Firma oder in einem Konzern verstanden und ist Teil des Risikomanagements und unter anderem mit dem Cash Pooling zu verzahnen.

Ein wichtiges Instrument für ein funktionierendes Liquiditätsmanagement ist der Finanzplan, in dem alle zahlungswirksamen Vorgänge im Unternehmen vorausschauend abgebildet werden. Unabhängig von den insolvenzrechtlichen Regelungen ist es ratsam, zwei Finanzpläne zu entwerfen. Es ist ein erster Plan für die tägliche Disposition über einen Zeitraum von einer bis vier Wochen zur Finanzsteuerung zu erstellen. Wichtig ist, dass der kurzfristige Liquiditätsplan revolvierend zur Verfügung steht, täglich überprüft und laufend aktualisiert wird.

Ein zweiter Liquiditätsplan über einen Zeitraum von zwölf Monaten ist zusätzlich erforderlich, um einen Jahresüberblick zu gewinnen und insbesondere saisonale Einflüsse zu erkennen. An der Jahresplanung orientiert sich der mittelfristige Finanzbedarf. Die finanziellen Engpässe lassen sich dann bereits Monate im Voraus erkennen und es lassen sich frühzeitig Gegenmaßnahmen einleiten. Beide Pläne sind den Banken kontinuierlich und zeitnah zur Verfügung zu stellen, denn die Controllinginstrumente sind ein wichtiger Bestandteil einer offenen Finanzkommunikation zu dieser wichtigen Stakeholder-Gruppe. Neben der Abbildung und der Steuerung von Zahlungsvorgängen im Krisenunternehmen hat dieser Ausschuss in Form eines Liquiditätsbüros konkrete Maßnahmen zur Stützung der Liquidität umzusetzen. Dies bedeutet auf der Ebene eines Krisenunternehmens, neben einem vollständigen und zunächst dauerhaften Investitionsstopp, unter anderem:

- Kostensenkungen im Personalbereich und bei den Sachkosten
- Beschleunigung von Einzahlungen und Hinauszögern von Auszahlungen
- Abbau von Forderungen, Material- und Warenbeständen, Sale and Lease Back

Durch ein konsequentes Forderungsmanagement besteht für die Geschäftsführung oft ein wirkungsvolles und kurzfristig umsetzbares Instrument zu einer deutlichen Verbesserung der Liquiditätslage im Unternehmen. Dabei ist das Debitorenmanagement in vielen Krisenunternehmen eine große Schwachstelle. Die Basis für die Steuerung der Debitoren bildet eine aktuelle sowie aussagefähige Forderungsliste. In der Aufstellung sollten Informationen über den Schuldner, das Datum der Forderungsentstehung, das Zahlungsziel, der Fälligkeitszeitpunkt der Forderung, die ursprüngliche Forderungshöhe, die gezahlte Abschlägen, die noch offenstehende Forderung und die durchschnittliche Zahlungsdauer enthalten sein.

Bei hohen Außenständen und einer Vielzahl überfälliger Posten ist es ratsam, einen oder mehrere Mitarbeiter, zumindest temporär, ausschließlich mit einem Beitreiben dieser Forderungen zu beauftragen. In einem weiteren Schritt ist ein straff organisiertes Mahnwesen zu installieren. Deutlich überfällige Forderungen sollten an ein Inkassobüro oder einen spezialisierten Rechtsanwalt abgegeben werden. Auch ein Forderungsverkauf kommt potenziell in Frage. Eine weitere Möglichkeit der Liquiditätsgenerierung ergibt sich aus der kritischen Überprüfung der Aktiva eines Unternehmens im Hinblick auf eine Veräußerung. Dies können unter anderem betriebsfremde Beteiligungen, Wertpapiere, nicht genutzte Maschinen, Grundstücke, überschüssiges Material sowie Warenbestände sein. Es sollten grundsätzlich sämtliche nicht betriebsnotwendigen Aktiva zur Disposition stehen.

Zunächst sind die einfach zu liquidierenden Vermögensgegenstände zu veräußern. Meist reichen die Maßnahmen der Innenfinanzierung aus dem Unternehmen heraus jedoch nicht aus, um die Liquiditätslage nachhaltig zu stabilisieren. Daher ist bankseitig zu prüfen, welche finanziellen Mittel von Seiten der Gesellschafter zusätzlich bereitgestellt werden können, um die Liquidität zu festigen.

Mittelbereitstellung und Liquiditätsstabilisierung durch Gesellschafter

Befindet sich ein Unternehmen in der Liquiditätskrise, so sind zur Abwendung der (drohenden) Zahlungsunfähigkeit aus Sicht der Kreditinstitute in erster Linie Mittelbereitstellungen durch die Gesellschafter zu prüfen. Zu nennen sind hier die Kapitalerhöhung oder eine Gewährung neuer Darlehen durch die bestehenden Anteilseigner und zusätzlich die Ausschöpfung von Möglichkeiten einer Aufnahme neuer Gesellschafter gegen eine Bareinlage. Diese Maßnahmen von Seiten der Gesellschafter werden in der Praxis oft nicht ausreichen oder stehen nicht zur Verfügung, da keine neuen risikobereiten Gesellschafter gefunden werden können und die Altgesellschafter über kein weiteres liquides Vermögen verfügen. Zur Sicherung der Zahlungsfähigkeit sind weitere Möglichkeiten zu prüfen, um daraus ein wirkungsvolles Maßnahmenbündel zu schnüren.

Dabei ist zu berücksichtigen, dass der Gesellschafterkreis von Unternehmen heterogen ausgestaltet sein kann. Im einfachen Fall existiert ein Alleingesellschafter, der Entscheidungen über die Eigenmittelerhöhung unverzüglich treffen und umsetzen kann. Bei einem zersplitterten Eigentümerkreis, mit zudem unterschiedlichen Arten von Gesellschaftern, wie Anteilseignern aus dem Familienkreis, von Finanzinvestoren und weiteren Akteuren gestaltet sich diese Alternative problematischer und oft sind zeitaufwendige Verhandlungen notwendig. Dort spielen Interessenlagen und auch die finanziellen Möglichkeiten eine Rolle bei der Vergabe von neuen Mitteln. Wurden alle Optionen von Seiten der Gesellschafter umgesetzt, ist erst im nächsten Schritt die Einbindung der Kreditinstitute zur Stützung der Liquiditätslage zu prüfen. In dieser Phase ist meist die Hausbank gefragt, da diese die laufenden Konten führt und oft ein enges Vertrauensverhältnis zur Krisenfirma besteht. Die Hausbank sollte auch die Koordination der übrigen beteiligten Kreditinstitute bei der Finanzmittelsicherung übernehmen. Dabei sind unterstützende Maßnahmen möglich, die von einem Stillhalten über eine Stundung bis zu einer Neukreditvergabe reichen.

Stillhalten, Stundung und Neukreditvergabe durch Kreditinstitute

Zunächst kommt aus Sicht der Kreditinstitute ein Stillhalten mit Aufrechterhalten der Linien Bedeutung zu, da kein neues Geld gegeben werden muss und das Risiko nicht unmittelbar ausgeweitet wird. Dazu ist es notwendig, dass die von allen Kreditinstituten zur Verfügung gestellten Linien bestehen bleiben. Ein Stillhalten kann jedoch auch eine Risikoerhöhung durch einen Abbau der Kreditsicherheiten nach sich ziehen, wenn Vermögenswerte vom Unternehmen zur Stützung der Liquidität kontinuierlich reduziert werden. Insbesondere die variablen Kreditsicherheiten wie die Globalzession oder die Warensicherungsübereignung sind hiervon betroffen. Oft werden Forderungen oder Rohstoff- und Warenbestände zur Liquiditätsgenerierung abgebaut und die Sicherheitenwerte reduzieren sich. Somit kann ein Stillhalten einen erheblichen Sanierungsbeitrag und eine erhebliche Risikoausweitung bedeuten und sollte gegenüber den anderen Banken herausgestellt werden.

Das Stillhalten ist nicht immer bei allen Instituten leicht durchzusetzen, insbesondere, wenn eine heterogene Gläubigerstruktur besteht. Es können sich die Größe des Engagements, die individuellen Besicherungen und die subjektiven Einschätzungen der Sanierungswürdigkeit neben den Ausstiegsmöglichkeiten, unter anderem über eine zeitliche Befristung der Kreditlinien, auf Entscheidungen der einzelnen Gläubiger auswirken und deren Unterstützungsbereitschaft beeinflussen.

Ein wichtiges Instrument zur Liquiditätssicherung ist die Stundungsvereinbarung. Diese Maßnahme geht weiter als reine Stillhalteabkommen, da Kreditinstitute auf einen vertraglich vereinbarten Kapitaldienst zunächst befristet verzichten. In Frage kommen Stundungsvereinbarungen zu Zins- und Tilgungsleistungen (Moratorien). Aus Bankensicht ist ein Zinsverzicht oder eine Stundung der Zinsen dagegen aus Ertragsgründen eindeutig abzulehnen. Zu beachten ist, dass sich an den Tilgungsstundungen alle Finanzgläubiger beteiligen sollten. In der Praxis werden meist nur zeitlich befristete Tilgungsaussetzungen ausgesprochen. Dies ist aus Bankensicht zu befürworten, um den Sanierungsdruck für die Firma stetig aufrecht zu erhalten. Ein großer Vorteil ist, dass Stundungsvereinbarungen ohne Limitausweitung keinerlei haftungsrechtliche Konsequenzen für die beteiligten Banken haben. Dieses kann bei der Vergabe neuer Kreditmittel, der Vereinbarung zusätzlicher Sicherheiten oder bei der Ausweitung des Sicherungszwecks problematisch sein.

Bei bestehenden Zahlungsschwierigkeiten sollte zunächst die Überbrückungsfinanzierung zur Abwendung der Insolvenz bewilligt werden. Dieser Überbrückungskredit dient der Mittelbereitstellung für den Zeitraum, der für die eigentliche Erstellung des Konzepts zur Feststellung der Sanierungsfähigkeit notwendig ist. Die Beauftragung des Sanierungsgutachtens sollte bei Valutierung dieses Kredits vorliegen (vgl. Ringelspacher, 2012, S. 255 ff.). Der Verwendungszweck ist für den Kredit zu benennen. Die Laufzeit für die Zwischenfinanzierung ist zeitlich zu begrenzen und an die Erstellung oder die Vorlage des Sanierungskonzepts zu binden.

Der BGH hat mit Beschluss vom 07.03.2017, XI ZR 571/15 entschieden, dass die Frage, ob ein als Überbrückungskredit bezeichnetes Darlehen sittenwidrig ist, nur aufgrund einer umfassenden Gesamtwürdigung beurteilt werden kann. Der Kredit soll das finanzielle Überleben gewährleisten, bis ein Sanierungskonzept des Unternehmens fertiggestellt werden kann. Rechtsprechung, die Anhaltspunkte für die zulässige Dauer von Überbrückungskrediten bietet, ist noch bislang nicht ergangen, in der juristischen Literatur werden bis zu drei Monate genannt (vgl. Andersch, 2017, S. 86 ff.). Daher ist der Dreimonatsfinanzplan von Bedeutung.

Sind freie Kreditsicherheiten der Firma vorhanden, kann die Vergabe neuer Mittel für die finanzierende Bank risikoneutral und anfechtungssicher als Bargeschäft gestaltet werden. Die Mittelvergabe ist mit einer zeitlichen Nähe und einer Gleichwertigkeit der Leistung und Gegenleistung in Form der Sicherheit, zu verknüpfen. Bei einer Ausweitung des Sicherungszweckes ist aufgrund von Anfechtungsrisiken vorsichtig vorzugehen. Nicht riskant ist die Hereinnahme von Drittsicherheiten.

Jegliche Neukreditvergabe und Sicherheitenausweitung ist rechtlich zu überprüfen sowie die Sanierungsabsicht zu dokumentieren. Zudem sind die Sanierungsaussichten durch ein externes Fachgutachten zu untermauern. Zur Finanzierungssicherung ist es zusätzlich erforderlich, dass weitere Stakeholder in die finanzielle Absicherung mit eingebunden werden. Gerade die Aufrechterhaltung der Wertschöpfungskette durch die Lieferanten ist von Bedeutung.

Stillhalteabkommen mit Lieferanten und Kreditversicherern

Voraussetzung in einer Sanierung ist, dass sich die Zulieferer über ein Stillhalteabkommen verpflichten, ihre Waren weiterhin auf Basis der bestehenden Einkaufslinien und Zahlungskonditionen zu liefern. Sind erste Anzeichen zu erkennen, dass die Lieferanten ihre Zahlungsziele verkürzen oder ausschließlich Geschäfte gegen Vorkasse durchführen, ist gegenzusteuern, da sich das Risiko einseitig auf die Banken verlagert. Neben den Lieferanten sind auch die Kreditversicherer in die Stillhaltevereinbarungen mit einzubeziehen. Warenkreditversicherer decken das Obligo der Belieferer gegen Zahlungsausfälle ab und tragen in der Krise aufgrund ihrer schwachen Sicherheitenposition regelmäßig hohe Risiken.

Daher ist das Bestreben groß, die versicherten Linien der Lieferanten zu reduzieren. Aus Sicht der Kreditinstitute gilt es dieses zu vermeiden, damit sich Änderungen in den Zahlungsanforderungen der Lieferanten nicht zu Lasten des Kontokorrents der Banken verschieben. Dann gerät dieses austarierte Zahlungsgleichgewicht zwischen Kunden über Anzahlungen, Kreditinstituten über den Kontokorrent und Lieferanten über Zahlungsziele aus der Balance und die Zahlungsunfähigkeit droht. Auch eine Linienausweitung bei den Warenkreditversicherern ist anzustreben, in der Praxis jedoch meist nicht erreichbar. Insgesamt ist kreativ vorzugehen, um die Zahlungsfähigkeit in der Krise eines Unternehmens abzusichern. Einige dieser Maßnahmen zur Sicherung der Zahlungsunfähigkeit dienen gleichzeitig zur Abwendung einer Überschuldung. So wird durch eine Bereitstellung von Liquidität in der Form von Eigenkapital ebenfalls das bilanzielle Vermögen gestärkt und es kann darüber eine Überschuldung vermieden werden.

Im Folgenden werden die gesetzlichen Regelungen zur Bestimmung der Überschuldung bei haftungsbeschränkten Firmen dargestellt und beurteilt. Im Kern ist dieser Antrag erforderlich, wenn die Fortbestehensprognose negativ ausfällt und der Überschuldungsstatus zudem eine negative Differenz ausweist. In der Praxis lässt sich die Überschuldung jedoch meist durch finanzwirtschaftliche Maßnahmen mit unterschiedlichem Komplexitätsgrad vermeiden. Diese Schritte bestehen unter anderem in einem Forderungsverzicht, einem Rangrücktritt, einer Kapitalerhöhung oder einem Debt Equity Swap. Jedoch sind diese Umsetzungen gegeneinander abzuwägen, da sich die Transaktionskosten und die steuerlichen Wirkungen unterscheiden. Im Folgenden werden verschiedene Möglichkeiten zur Beseitigung einer bestehenden Vermögensunterdeckung aufgezeigt.

Überschuldung gemäß § 19 InsO

Eine Überschuldung liegt bei der Unterdeckung der bestehenden Verbindlichkeiten durch das Vermögen vor (§ 19 Abs. 2 InsO). Nach § 19 Abs. 1 InsO ist bei juristischen Personen oder gemäß § 19 Abs. 3 InsO bei einer Gesellschaft ohne Rechtspersönlichkeit, bei der kein persönlich haftender Gesellschafter eine natürliche Person ist, die Überschuldung ebenfalls Insolvenzeröffnungsgrund. Die Überschuldung wird über die Gegenüberstellung der Vermögenswerte und der Verbindlichkeiten in einer Sonderbilanz, die Überschuldungsstatus genannt wird, ermittelt (vgl. Obermüller, 2016, S. 50). Von Bedeutung ist, dass dieser Status losgelöst von den Ansatz- und Bewertungsvorschriften des Handelsrechts aufgestellt wird. So kann eine HGB-Bilanz oder ein IFRS-Abschluss mit einer vorliegenden Eigenkapitalunterdeckung nur einen Indiz für eine Überschuldung liefern (vgl. Hefermehl, 2018, S. 101 ff.).

Definition: Eine **Überschuldung** liegt gemäß § 19 Abs. 2 InsO vor, wenn das Vermögen des Schuldners die bestehenden Verbindlichkeiten nicht mehr deckt, es sei denn, die Fortführung des Unternehmens ist nach den Umständen überwiegend wahrscheinlich. Die insolvenzrechtlich relevante Überschuldung wird in einem Status durch die Gegenüberstellung von Vermögen und Schulden, unabhängig von den Rechnungslegungsvorschriften nach HGB, ermittelt. Beispielsweise sind Forderungen mit Rangrücktrittserklärungen bei den Verbindlichkeiten nicht zu berücksichtigen

---

Zu beachten ist, dass die Überschuldungsprüfung durch das Finanzmarktstabilisierungsgesetz (FMStG) und das Gesetz zur Erleichterung der Sanierung von Unternehmen zunächst zeitlich befristet bis zum 31.12.2013 geändert wurde. Diese Regelung wurde mittlerweile entfristet und der neuere Überschuldungsbegriff wurde beibehalten (vgl. Kirchhof et. al., 2013, § 19 InsO, Rn. 51 ff.). Diese Gesetzesänderung wurde seinerzeit verabschiedet, um Unternehmen und Kreditinstitute vor der Verschärfung der Finanzmarktkrise zu schützen.

So liegt eine Überschuldung bei Kapitalgesellschaften oder bei haftungsbeschränkt ausgestalteten Personengesellschaften wie der GmbH & Co. KG dann vor, wenn das Vermögen des Schuldners die bestehenden Verbindlichkeiten nicht mehr deckt. Ist eine Fortführung des Unternehmens dagegen überwiegend wahrscheinlich, ist die Überschuldung unerheblich (§ 19 Abs. 2 InsO in Verbindung mit Artikel 5 FMStG). Die unterschiedlichen Fortführungsbegriffe sind voneinander abzugrenzen. So bezieht sich die InsO primär auf die zukünftige Existenz des Unternehmens. Daher ist die insolvenzrechtliche Prognoseaussage des § 19 InsO als Fortbestehensprognose anzusehen. Diese betrifft die künftige Zahlungsfähigkeit und steht damit in einem engen Zusammenhang zu §§ 18, 19 InsO (vgl. Portisch/Holtkötter, 2012, S. 216 ff.). Die insolvenzrechtliche Fortbestehensprognose gemäß § 19 InsO ist somit primär eine Zahlungsfähigkeitsprognose, die dann durch einen mehrjährigen Finanzplan zu belegen ist (vgl. Kirchhof et al., 2013, § 19 InsO, Rn. 58 ff. und Cranshaw et al., 2016a, § 19 InsO, Rn. 8 ff.).

Der relevante Prognosezeitraum erstreckt sich auf das laufende sowie das folgende Geschäftsjahr (vgl. IDW, 2017a, Rn. 61). Zudem muss der Fortführungswille erkennbar sein. Weitergehende Interpretationen betrachten, dass die Ertragsfähigkeit und die Kapitaldienstfähigkeit vorliegen müssen. Der Grad der Fortführungswahrscheinlichkeit muss bei deutlich über 50,0 % liegen und die Prognosedauer bei zwei Jahren (vgl. Schmidt et al., 2016, § 19 InsO, Rn. 48 ff.).

Definition: Der Begriff der **Fortbestehensprognose** ist insolvenzrechtlich geprägt und damit ein Teil der weitergehenden Fortführungsprognose. Im Vordergrund steht, ob die Finanzkraft des Unternehmens zur Fortführung des Geschäftsbetriebs ausreicht und beinhaltet daher ebenfalls eine Aussage über die Zahlungsfähigkeit für das angefangene und das kommende Geschäftsjahr, besser für zwei Jahre auf der Basis einer integrierten Finanzplanung, um Saisonverläufe zu berücksichtigen.

Der Prüfungsverlauf bei der Überschuldung umfasst nach aktueller Gesetzgebung zwei Stufen. Auf der ersten Stufe ist eine Fortbestehensprognose abzugeben. Fällt diese positiv aus, ist das betrachtete Unternehmen nicht überschuldet. Im Fall einer negativen Prognose ist auf der zweiten Stufe ein Überschuldungsstatus aufzustellen, um das Reinvermögen zu Marktwerten festzustellen. Ist dieses positiv, ist die Überschuldung abgewendet. Im negativen Fall besteht eine Insolvenzantragspflicht aufgrund des Kriteriums der Überschuldung, wie die folgende Abb. 4.42 zeigt.

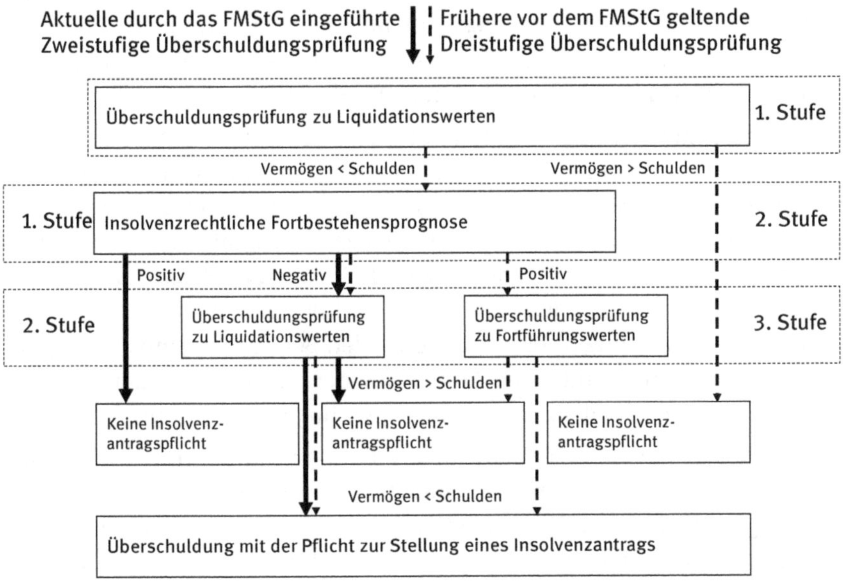

Abb. 4.42: Überschuldungsprüfung nach altem und aktuellem Recht (Quelle: Eigene Darstellung)

Im Optimalfall kann diese Fortbestehensprognose im Rahmen der Untersuchungen aus der Erstellung eines umfassenden Sanierungskonzepts abgeleitet werden (vgl. IDW, 2017a, Rn. 58 ff. und Zwirner, 2018, S. 64). Im IDW S 6 ist im Konzept zunächst auf die Insolvenzkriterien und die Feststellung einer möglichen Nähe zur Insolvenz einzugehen. Wenn die Prüfung der Insolvenzkriterien zeitlich vor der Erstellung des Sanierungskonzepts liegt, ist dieses allerdings kaum möglich. Diese Feststellung im Rahmen des IDW S 6 ist vielmehr später auch bei der Durchfinanzierung der Sanierungsumsetzung von Relevanz. Hier ist es von Bedeutung für ausreichend finanzielle Mittel zu sorgen, damit während der Realisierung der eigentlichen Umstrukturierungen dauerhaft keine Insolvenzreife eintritt.

Bei der Erstellung des Finanzplans im Rahmen der Fortbestehensprognose können auch Maßnahmen zur Sicherung der Zahlungsfähigkeit einbezogen werden. Dies ist problematisch, wenn ein Sanierungskonzept noch nicht existiert, die Sanierungsfähigkeit noch unklar ist und die Gläubiger die Sanierungswürdigkeit noch nicht entschieden haben. Maßnahmen zur finanziellen Unterstützung sind dann ebenfalls unbekannt und vertraglich noch nicht vereinbart. Somit können wahrscheinlich nur die finanziellen Unterstützungen der Gesellschafter mit den erwarteten Auswirkungen hinreichend konkretisiert werden (vgl. IDW, 2017a, Rn. 67).

Die insolvenzrechtliche Fortbestehensannahme basiert auf dem finanziellen Gleichgewicht und ist eine Zahlungsfähigkeitsprognose (vgl. Groß/Amen, 2002, S. 225 ff. und IDW, 2017a, Rn. 60.). Eine Fortführungsfähigkeit des Unternehmens sollte mit der überwiegenden Wahrscheinlichkeit zu erwarten sein. Daher sind die Umsetzung des Unternehmenskonzeptes, die voraussichtliche Branchenentwicklung, neben der Gesamtkonjunkturlage, im Prognoseergebnis angemessen zu berücksichtigen (vgl. Groß/Amen, 2002, S. 433 ff. und Groß/Amen, 2003, S. 67 ff.).

Eine positive Fortbestehensprognose setzt nach der Rechtsprechung als subjektives Element den Fortführungswillen des Schuldners beziehungsweise der Organe einer Gesellschaft voraus. Zudem muss als weiteres objektives Kriterium eine Ertrags- und Finanzplanung zeigen, dass die Firma mittelfristig zahlungsfähig bleibt sowie in der Lage ist, künftig wieder positive Ergebnisse zu erzielen (vgl. BGH vom 09.10.2006, II ZR 305/05). Fällt diese Prüfung der Fortführung positiv aus, gilt die Überschuldung nach der derzeitigen Regelung direkt als abgewendet. Bei einer negativen Prognoseaussage ist auf der zweiten Stufe eine Abdeckung der Verbindlichkeiten durch die Vermögenswerte, bewertet unter Zerschlagungsgesichtspunkten, zu prüfen.

Gemäß dem IDW S 6 wird die Prognose auf Grundlage eines Unternehmenskonzepts sowie der Finanzplanung getroffen. Auch bereits eingeleitete oder beabsichtigte interne Sanierungsmaßnahmen mit Liquiditätswirkungen und Kapitalstabilisierungen dürfen bereits berücksichtigt werden, wenn diese Effekte mit überwiegender Wahrscheinlichkeit zu erwarten sind. Externe Maßnahmen, die von den Entscheidungen Dritter abhängen, sind dagegen in der Finanzplanung nur dann zu berücksichtigen, wenn deren Realisierungen hinreichend gesichert erscheinen.

Im Zentrum der weiteren Analyse der Überschuldungsprüfung steht der Überschuldungsstatus. Fällt die Fortbestehensprognose negativ aus, sind in einer statischen Aufstellung die Vermögenspositionen und die Schulden gegenüberzustellen. Wenn ein positives Vermögen nachgewiesen werden kann, ist die Überschuldung endgültig abgewendet. Ansonsten besteht eine Insolvenzantragspflicht. Es lassen sich verschiedene Maßnahmen zur Schuldenbereinigung umsetzen.

Definition: Im **Überschuldungsstatus** sind alle Vermögenswerte sämtlichen Schulden gegenüberzustellen. Die Bewertung der Vermögensgegenstände erfolgt zu Markt- beziehungsweise Liquidationswerten. Dabei sind stille Reserven aufzudecken. Verbindlichkeiten sind zu Rückzahlungswerten anzusetzen. Stille Lasten sind zu berücksichtigen. Bei der Bewertung ist unter Umständen die erforderliche höhere Liquidationsgeschwindigkeit mit Abschlägen zu berücksichtigen.

In der Praxis sind die ersten Anzeichen einer Überschuldung oft aus der Handelsbilanz ersichtlich (vgl. Hefermehl, 2018, S. 101 ff.). Auf der Grundlage der Bilanzpositionen kann ein Überschuldungsstatus aufgestellt werden, wie Abb. 4.43 zeigt. Die Abwendung der Überschuldung, beispielsweise durch die Aufdeckung stiller Reserven, sollte den Kreditinstituten durch einen Wirtschaftsprüfer bestätigt werden, da dies wesentlich für die Herauslegung neuer Kredite ist.

Status	Vermögen	Bilanz der	WP GmbH	Schulden	Status
250	Grundstücke	150	Stammkapital	0	0
200	Vorräte	150	Rückstellungen	100	50
100	Forderungen LuL	150	Verbindlichkeiten LuL	150	150
0	Fehlbetrag	50	Verbindlichkeiten KI	250	250
550	Summe	500	Summe	500	450

Abb. 4.43: Überschuldungsstatus mit Liquidationswerten (Quelle: Eigene Darstellung)

Auf der Vermögensseite kann die Aufdeckung stiller Reserven die Positionen erhöhen. Auf der Schuldenseite können sich beispielsweise Positionen durch Verzichte oder Rangrücktritte reduzieren oder erledigen. Wichtig ist, dass die Bewertung unter Liquidierungsaspekten beziehungsweise zu Marktwerten erfolgt. In dem obigen Beispiel besteht eine bilanzielle Überschuldung. Durch die Aufdeckung stiller Reserven auf der Aktivseite und die realistische Ansetzung von Rückstellungen kann die Unterdeckung unter Umständen bereits aufgefangen werden und es besteht im Ergebnis aus dem Überschuldungsstatus heraus, auch ohne die Maßnahmen der Gläubiger, keine Insolvenzantragspflicht.

Mögliche Abweichungen des Status von der handelsrechtlichen Bewertung auf der Aktivseite und bei den Passiva können sich ergeben bei einer:

- Auflösung stiller Reserven in Grundstücken über externe Wertgutachten
- Bewertung von Vorräten zu Marktpreisen und Forderungen mit Ausfallquote
- Realistischen Bewertung von erforderlichen Rückstellungen

Unabhängig vom insolvenzrechtlichen Ablauf des Prüfprozesses zur Überschuldung und den Bewertungsalternativen kann die Vermögensunterdeckung durch finanzielle Maßnahmen der internen und externen Stakeholder nachhaltig bereinigt werden. In Betracht kommen als Instrumente unter anderem:

- Finanzielle Maßnahmen der Kapitalstärkung durch Gesellschafter
- Rangrücktritte, Verzichte oder Teilverzichte der Gläubiger
- Unterstützungen durch die Lieferanten und Kreditversicherer

Rangrücktritt, Verzicht und Kapitalerhöhung durch Gesellschafter

Zur Abwendung der Überschuldung sind in erster Linie die Gesellschafter gefragt. Sie besitzen in der Regel ein originäres Interesse am Fortbestand des eigenen Unternehmens. In vielen Firmen haben die Gesellschafter gleichzeitig die Position des Geschäftsführers inne. Sind die Anteilseigner darüber hinaus haftungsmäßig über Bürgschaften eingebunden, so folgt einer betrieblichen Insolvenz meist die Privatinsolvenz mit einer Existenzgefährdung für die betroffenen Familien und einem Ansehensverlust in der Öffentlichkeit. Da der Unternehmer dieses unter allen Umständen vermeiden möchte, ist eine finanzielle Einbindung zur Vermeidung der Überschuldung in der Regel leicht durchzusetzen.

Ein übliches Mittel zur Abwendung der Überschuldung von Seiten der Gesellschafter bietet die Erklärung eines wirksamen Rangrücktritts inklusive einer Kapitalbelassungserklärung für bereits bestehende oder für neu vergebene Gesellschafterdarlehen. Die Gesellschafter eines Krisenunternehmens äußern dabei schriftlich, dass sie mit ihren Darlehen hinter die gegenwärtigen und zukünftigen Forderungen übriger Geldgeber im Rang zurücktreten. Erforderlich ist bei der Rangtiefe des Rücktritts, dass die Gläubiger hinter die in § 39 Abs. 1 Nr. 1 bis 5 InsO genannten Forderungen zurücktreten. Nicht mehr notwendig ist dagegen die Gleichstellung mit dem statuarischen Eigenkapital (vgl. Hirte, 2008, S. 689 ff.).

Somit rückt der Gesellschafter als Kreditgeber gemäß § 39 Abs. 2 InsO einen Rang hinter diejenigen Gesellschafter, die keine derartige Rangrücktrittserklärung abgegeben haben (§ 39 Abs. 1 Nr. 5 InsO). Wird das Darlehen trotz Rangrücktritt zurückgezahlt, begründet dies lediglich die Möglichkeit einer Insolvenzanfechtung. Auch die bestellten Kreditsicherheiten für Gesellschafterdarlehen sind aus § 135 InsO anfechtbar (vgl. Rechtmann, 2008, S. 120 ff.). Dieser Rangrücktritt ist unter Umständen mit einer Kapitalbelassungserklärung zu verknüpfen.

Neu zu beachten ist das BGH-Urteil vom 05.03.2015, IX ZR 133/14, in dem gefordert wird, dass der Rangrücktritt auch schon für den Krisenzeitraum vor der Insolvenzeröffnung gelten soll (vgl. Cranshaw et al., 2016a, § 17 InsO, Rn. 34).

In der Praxis ist das Instrument des Rangrücktritts vertraglich einfach umsetzbar. Zudem zeigt sich hier die Bereitschaft der Gesellschafter, bedingungslos hinter ihrem Unternehmen zu stehen. Da stehengelassene Gesellschafterdarlehen im Insolvenzverfahren nur als nachrangige Insolvenzforderungen geltend gemacht werden können, erscheint die Abgabe einer Rangrücktrittserklärung für den Gesellschafter aus wirtschaftlicher Sicht unproblematisch zu sein (§ 39 Abs. 1 Nr. 5 InsO).

Sind die Anteilseigner eines Unternehmens allerdings nicht bereit, diese Erklärung abzugeben, so werden sich die externen Gläubiger ebenfalls kaum dazu bereiterklären, das Unternehmen durch finanzielle Beiträge weiter zu unterstützen. Alternativ kann ein Verzicht auf die Rückzahlung dieser Forderungen erteilt werden. Hierbei sind jedoch vorab unbedingt die ertragssteuerlichen Konsequenzen zu prüfen.

Neben einem Rangrücktritt oder Verzicht durch die Gesellschafter besteht auch die Möglichkeit, das Eigenkapital durch zusätzliche Einlagen in Form einer Kapitalerhöhung aufzustocken. Dabei kommen sowohl Barmittel als auch Sacheinlagen in Betracht (vgl. Bauer, 2008, S. 43 ff.). Auch hier ist die positive Außenwirkung auf die externen Gläubiger von Bedeutung. Bestehen von Seiten der Gesellschafter daher Möglichkeiten, finanzielle Mittel aus dem privaten Bereich in die Firma einzubringen, wird dies von den externen Gläubigern erwartet. Eine Verweigerung von Seiten der Gesellschafter würde ein sehr negatives Zeichen setzen. Es zeigt die mangelnde Bereitschaft, hinter dem eigenen Unternehmen zu stehen und deutet auf schlechte erwartete geschäftliche Aussichten hin.

Erwähnt werden soll auch die Kapitalstärkung durch die Aufnahme neuer Gesellschafter aus dem Kreis der internen Stakeholder. Durchaus Erfolg versprechend ist eine Beteiligung des Managements über Geschäftsanteile an dem Unternehmen. In Frage kommen dabei in erster Linie die Führungsebene und das Mittlere Management. Sie kennen die Strukturen und auch die Position des Unternehmens am Markt und sind damit in der Lage, die Zukunftsperspektiven einer Sanierung detailliert zu beurteilen. Diese Beteiligung kann auch zu einem Management Buy Out, mit einer Übernahme der Mehrheit der Anteile durch das Management, führen.

Ein wichtiger Antrieb für den angesprochenen Personenkreis wird das Streben nach der Absicherung des eigenen Arbeitsplatzes und damit letztlich auch der eigenen Existenz sein. Die Chance, dass sich dagegen neue Gesellschafter von externer Seite finden, die das Unternehmen in der Krise mit Eigenkapital versorgen, ist in der Praxis gerade im Mittelstand oft gering. Die aufwendige Suche eines potenziellen Investors und die notwendigen wirtschaftlichen und rechtlichen Prüfungen eines Neuengagements im Rahmen der Due Diligence, stehen einem hohen zeitlichen Druck in der Krise und Sanierung klar entgegen.

Heutzutage werden gerade große mittelständische Unternehmen vielfach von Finanzinvestoren begleitet. Diese haben häufig Kapital in Form von Mezzaninen wie einer stillen Beteiligung oder Genussrechten bereitgestellt. Unter Umständen kann hier eine Umwandlung der eigenkapitalähnlichen Mittel in bilanzielles Eigenkapital im Rahmen eines Debt Equity Swap erfolgen und damit die Überschuldung bereinigt werden. Auch von Seiten der Kreditinstitute bestehen verschiedene Möglichkeiten der Kapitalstützung eines Krisenunternehmens. Diese werden erst eingesetzt, wenn die Gesellschafter aus Sicht der Banken alle finanziellen und vertraglichen Möglichkeiten der Kapitalstärkung ausgereizt haben.

Rangrücktritt, Verzicht oder Forderungsumwandlung durch Kreditinstitute

Kreditinstitute können mit einer ausgestellten Rangrücktrittserklärung ebenfalls die Insolvenzantragspflicht aufgrund der Überschuldung vermeiden. Auch ein Verzicht auf die Rückzahlung von Krediten oder ein Teilverzicht mit Besserungsschein sind mögliche Alternativen einer Kapitalstärkung. Auslöser für ein derartiges Verhalten müssen jedoch außergewöhnlich starke Interessen des Kreditinstitutes am Fortbestand der Unternehmung, gepaart mit einer Aussichtslosigkeit weiterer Möglichkeiten sein. In dem betrachteten Umfeld eines Krisenunternehmens ist ein solches Verhalten der Kreditinstitute kaum anzutreffen.

Eine weitere Alternative zur Kapitalbereinigung der Krisenfirma von Seiten der Kreditinstitute besteht in einer Umwandlung von Forderungen in eine Beteiligung am Unternehmen. Für die dann entstehende Gesellschafterstellung ist jedoch die Dauer des Sanierungsprivilegs problematisch (§ 39 Abs. 4 InsO). Die Kredite und sonstigen Finanzierungsleistungen der Banken werden nur einmalig den Regeln der Insolvenzordnung entzogen. Ein erneuter wirtschaftlicher Zusammenbruch führt dann künftig zur Nachrangigkeit der gewährten und auch der stehengelassenen Darlehen eines Gesellschafters, der mit mehr als 10,0 % an dem Unternehmen beteiligt ist. Unabhängig von der Regelung ergeben sich in der Praxis oft wirtschaftliche Probleme aus Beteiligungen von Banken an Krisenfirmen. So werden die übrigen Gläubiger auf diese Gesellschafterstellung hinweisen und künftig den Einschuss von notwendigen Finanzmitteln fordern, wie auch von anderen Anteilseignern.

Ist mit der späteren Werthaltigkeit der Gesellschaftsanteile aufgrund der guten Sanierungsaussichten zu rechnen, sollten sich die finanzierenden Banken unter Umständen die Rechte an den Firmenanteilen sichern. Werden diese über eine erfolgreiche Sanierung wieder werthaltig, partizipieren diese Institute an einem späteren Verkaufserlös. Dies erscheint dann gerechtfertigt, wenn die Kreditinstitute maßgeblich zur Überwindung einer Krisenlage beitragen. Zur Sicherheitenbestellung bietet sich die doppelnützige Treuhand an. Dabei wird eine Quote von Geschäftsanteilen, unter Berücksichtigung der steuerlichen Aspekte, auf einen nicht weisungsabhängigen Treuhänder übertragen. Dieser nimmt für die Kreditgeber reine Sicherungsinteressen wahr, indem er die Anteile vorrangig für die Institute hält.

Werden diese später durch den Treuhänder veräußert, wird dieser durch die konkrete Sicherungsabrede verpflichtet, den Erlös an die besicherten Institute auszukehren. Nachrangig ist auch der Treugeber berechtigt, da ihm ein möglicher Übererlös aus der Veräußerung dieser Anteile zusteht. Diese Form der Treuhandvereinbarung endet erst dann, wenn die gesicherte Forderung vollständig zurückgeführt worden ist (vgl. Portisch, 2009a, S. 34 ff.).

Unterstützungen durch Lieferanten und Kreditversicherer

Existieren starke wechselseitige Verbindungen zu Lieferanten, ist zu prüfen, inwieweit bestehende oder neue Darlehen mit Rangrücktrittserklärungen versehen werden können oder auch Beteiligungen zur Kapitalfestigung realisierbar sind. Dieses wird nur in Frage kommen, wenn ausgeprägte Abhängigkeiten bestehen. Lieferanten sind ebenfalls potenzielle Kandidaten für Verzichte.

In der Praxis sind diese Möglichkeiten der Kapitalunterstützung einer Krisenfirma jedoch nicht häufig anzutreffen. Zudem ist ein wesentlicher Einspruch der Kreditversicherer zu erwarten, wenn diese den Verzicht der Forderungen unter Umständen anteilig tragen müssen. Meist ist es von größerer Wichtigkeit, sich in einer Krise und eingeleiteten Sanierung die weitere Lieferbereitschaft auf Basis der bestehenden Einkaufslinien zu sichern, um die Liquidität nicht weiter zu belasten. Dieses ist besonders dann bedeutend, wenn keine Substitutionsmöglichkeiten bestehen und die Produktionsprozesse durch mögliche Engpässe bedroht werden.

Insgesamt gesehen wird ein Insolvenzantrag aufgrund einer Überschuldung eines Unternehmens selten gestellt, da ein großer Handlungsspielraum besteht, die Überschuldung zu bereinigen. Die Sicherung der Liquidität hat eine größere Bedeutung, da sich gerade die Beschaffung neuer Mittel weitaus schwieriger gestaltet. Nachfolgend werden ausgewählte finanzwirtschaftliche Sanierungsinstrumente in Tab. 4.27 zusammengefasst dargestellt (vgl. Bales, 2007, S. 260 ff.).

Tab. 4.27: Finanzwirtschaftliche Sanierungsmaßnahmen (Quelle: Eigene Darstellung)

Zahlungsunfähigkeit	**Überschuldung**
Liquiditätsmanagement im Unternehmen	Auflösung stiller Reserven
Bareinlagen von Gesellschaftern	Kapitalaufstockungen
Liquidation nicht betriebsnotwendiger Aktiva	Rangrücktrittserklärungen
Zins- und Tilgungsstundungen	Forderungsverzichte
Neukreditvergabe	Umwandlung von Fremdkapital in Eigenkapital

Zu beachten ist, dass die Schritte zur Bereinigung der Überschuldung steuerliche Wirkungen entfalten können. Die Steuerfreiheit eines Sanierungsgewinns gemäß § 3 Nr. 66 EStG ist ersatzlos gestrichen worden (vgl. Lauer, 2005, S. 389 ff.).

Die Begründung für die Aufhebung der Befreiung war, dass eine Doppelbegünstigung zum einen durch den Erlass der Steuern auf die Sanierungsgewinne zur Kapitalbereinigung und zum anderen durch weiter bestehende Vorteile aus dem Bestand von Verlustvorträgen mit einer Schmälerung zukünftig entstehender Gewinne existieren würde (vgl. Janssen, 2005, S. 1027 ff.).

Definition: Unter einem **Sanierungsgewinn** ist die Erhöhung der steuerlichen Belastung zu verstehen, die dadurch entsteht, dass auf die Rückzahlung von Verbindlichkeiten teilweise oder vollständig verzichtet wird. Auf der Ebene des Schuldnerunternehmens führt der Forderungsverzicht in der Höhe der wegfallenden Verbindlichkeiten zu einem steuerlichen Ertrag. Dieser wiederum bedeutet eine zusätzliche Steuer- und Liquiditätsbelastung oder einen Wegfall von Verlustvorträgen.

Bis zum Veranlagungszeitraum 1997 waren Sanierungsgewinne, die den Zweck der Bilanzbereinigung im Rahmen einer Sanierung hatten, gemäß § 3 Nr. 66 EStG steuerlich befreit. Der Wegfall dieser Regelung erschwerte die Sanierungsbemühungen von Gläubigern. Daher erließ das Bundesministerium der Finanzen mit dem BMF-Schreiben vom 27.03.2003 eine Verwaltungsvorschrift. Dieser Sanierungserlass ermöglichte anschließend eine Steuerbefreiung von Sanierungsgewinnen. Voraussetzung war, dass es sich um eine Sanierung handelte und die Maßnahmen dem Zweck dienten ein Unternehmen vor dem Zusammenbruch zu bewahren. Weitere Bedingungen waren die Sanierungsbedürftigkeit und die Sanierungsfähigkeit des Unternehmens, die Sanierungseignung des Schuldenerlasses und die Sanierungsabsicht der Gläubiger. Mit dem Vorlegen des Sanierungskonzepts wurden diese Voraussetzungen vom Fiskus vermutet und anerkannt.

Dieser mit sämtlichen Verlusten zu verrechnende überschüssige Sanierungsgewinn wurde dann durch das Finanzamt gestundet oder erlassen. Damit entstand im Rahmen der Bilanzsanierung durch Verzicht keine liquiditätsbelastende Steuerauszahlung, die Kreditinstitute schwerlich finanziert hätten. Das BMF-Schreiben enthielt allerdings keine Regelung zur Stundung oder dem Erlass der Gewerbesteuer. Gemäß § 163 Abs. 1 AO ist die betroffene Gemeinde für die Stundung oder den Erlass zuständig. Dies erhöhte den Aufwand für Krisenunternehmen mit mehreren Betriebsstätten, da mit jeder Gemeinde separat verhandelt werden muss (vgl. Crone/Kreide, 2017b, S. 422 ff.). Der Steuererlass auf Sanierungsgewinne stützte sich auf die Regelungen der §§ 163, 222, 227 AO (vgl. Bös/Schwarz, 2017a, S. 169 ff. und Bös/Schwarz, 2017b, S. 268 ff.). Seit dem 09.02.2017 besteht eine neue Rechtslage, denn der BFH entschied, dass ein pauschales Verfahren zur Erlass einer Steuer nur vom Gesetzgeber geregelt werden kann. Über die Auswirkung dieser Rechtsprechung auf Altfälle, bei denen die Gläubiger bis zum 08.02.2017 auf ihre Forderungen verzichtet haben, sind sich das BMF und der BFH noch uneins. Aus Gründen des Vertrauensschutzes soll der Sanierungserlass laut BMF für Altfälle weiterhin Gültigkeit besitzen. Nach dem BFH ist der Sanierungserlass auch für die Vergangenheit nicht anwendbar.

Als Reaktion wurde die Steuerfreiheit von Sanierungsgewinnen zum 02.06.2017 mit § 3a EStG und § 7b GewStG neu geregelt und entspricht inhaltlich dem Vorgehen nach dem bisherigen Sanierungserlass. Sanierungsgewinne sind damit per Gesetz steuerfrei. Die Regelung gilt rückwirkend ab dem 08.02.2017. Die Steuerfreiheit gilt künftig einheitlich für die Gewerbesteuer. Eine Einbeziehung mehrerer Gemeinden entfällt damit. Dieses Gesetz ist noch durch die Europäische Kommission zu bestätigen, da es sich möglicherweise um eine unzulässige Beihilfe für Unternehmen handelt. Ein Forderungsverzicht zur Beseitigung der Überschuldung ist aufgrund der gegebenenfalls entstehenden Steuer, derzeit nicht vollständig rechtssicher.

Sowohl bei der Prüfung der Zahlungsunfähigkeit, als auch bei der Analyse der Überschuldung und der Abwendung über eine positive Fortbestehensprognose läuft es auf die Erstellung eines Finanzplans hinaus. Bei der Abwendung der Zahlungsunfähigkeit können Kreditinstitute in einem bestimmten Rahmen mitwirken. In der ersten Phase der Sanierung kann ein Überbrückungskredit gewährt werden, der ausreicht, um die Erstellung des Sanierungskonzepts zu ermöglichen. Die Finanzierung sollte auf maximal drei Monate begrenzt werden, allein zum Zweck der Erstellung des Konzeptes, zur Einleitung eines ernsthaften Sanierungsversuches, unter Angabe des Verwendungszwecks. Neue Sicherheiten sind anfechtungssicher als Bargeschäft zu gestalten. Primär sollte das Krisenunternehmen Kosten einsparen oder Anlage- und Umlaufvermögen liquidieren, um die notwendige Liquidität zu beschaffen. Die Firma ist in Kenntnis zu setzen, dass weitere Gelder einer schwierigen bankinternen Genehmigung bedürfen. Sekundär können Forbearance-Maßnahmen wie eine Tilgungsaussetzung in Betracht gezogen werden. Erst wenn diese Schritte nicht ausreichend sind, sind weitere Mittel, im Gleichschritt mit anderen Instituten, zu gewähren. Eine anschließende Sanierungsfinanzierung sollte für eine ausreichende Durchfinanzierung der Sanierungsumsetzung sorgen wie Abb. 4.44 zeigt.

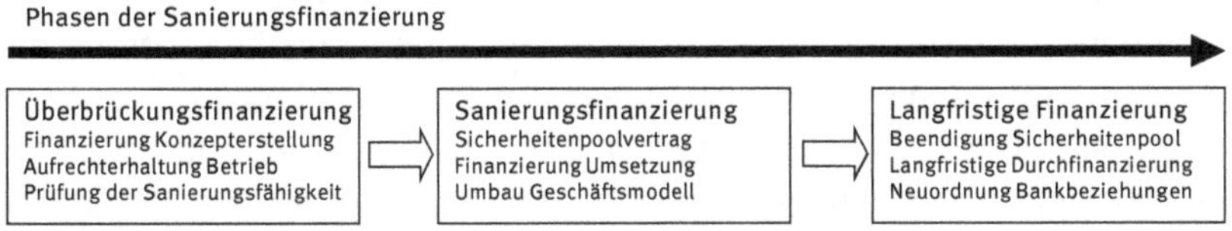

Abb. 4.44: Finanzierungsphasen in der Sanierung (Quelle: Eigene Darstellung)

Zusammenfassung Theorieabschnitt 4.3.1: Der Abschnitt befasste sich mit finanzwirtschaftlichen Sofortmaßnahmen, nachdem die Krise festgestellt wurde. Vorrangiges Ziel ist die Vermeidung der Insolvenz, die Sanierungsbemühungen unmöglich macht. Dargestellt wurden Maßnahmen, um die Insolvenzeröffnungsgründe der Zahlungsunfähigkeit sowie der Überschuldung abzuwenden. Wichtig ist es, die Beiträge vieler Stakeholder zusammenzuführen. Aus Sicht der Hausbank sind bei der Stützung des Unternehmens unbedingt die möglichen Beiträge der Gesellschafter zu mobilisieren.

4.3.2 Praxisfall zu finanzwirtschaftlichen Sofortmaßnahmen

Wir befinden uns am Ende des dritten Quartals des Jahres xxx1. Die Mittelstandsbank AG ist Hausbank der Druck GmbH. Bei ihr besteht das größte Blankorisiko unter den Gläubigern. Zudem existieren weitere Risiken aus verbundenen Kreditengagements, operationellen Prozessen und gesellschaftsrechtlichen Verflechtungen.

Die negativen Informationen bei der Firma Druck GmbH verdichten sich und die Strategie-, Ertrags- und die Liquiditätskrise sind mittlerweile offensichtlich. Folgendes aktuelles Zahlenmaterial zur Ertragslage liegt der Mittelstandsbank AG in Form einer verkürzten GuV per 09/xxx1 vor, wie folgende Tab. 4.28 darstellt.

Tab. 4.28: Auszüge aus der GuV der Druck GmbH (Quelle: Eigene Darstellung)

Gewinn- und Verlustrechnung der Druck GmbH				
GuV per	**xxx-2**	**xxx-1**	**xxx0**	**09/xxx1**
Umsatz/Gesamtleistung	15.700	15.000	13.700	8.700
Materialaufwand	8.500	7.800	7.300	4.800
Rohertrag	7.200	7.200	6.400	3.900
Personalaufwand	3.400	3.200	3.100	2.300
Abschreibungen	400	500	600	400
Zinsaufwand	200	300	500	400
Sonstige Aufwendungen	3.000	2.900	2.400	1.900
Jahresergebnis	200	300	-200	-1.100
Cash Flow	600	800	400	-700

Bis zum dritten Quartal per 09/xxx1 ist ein im Vergleich zum Halbjahr angestiegener Verlust entstanden, der sich bis zum Jahresende laut Firmenangaben weiter erhöhen kann. Auch der Cash Flow ist deutlich negativ und weist auf einen Verzehr der Zahlungsmittelbestände hin. Die angestiegenen Verluste zeigen sich zudem in einer angespannten Kontoführung. Folgende weitere Informationen zeigen die erhöhte Brisanz der wirtschaftlichen Lage:

- Das Eigenkapital ist bereits aufgezehrt. Dieses deutet auf eine mögliche Überschuldung in der Jahresabschlussbilanz xxx1 hin. Die Liquidität ist zusätzlich angespannt, alle Linien sind bereits vollständig ausgereizt, sodass auch eine kurzfristig eintretende Zahlungsunfähigkeit nicht ausgeschlossen werden kann.
- Geschäftsführer Müller weist telefonisch auf eine Liquiditätslücke für die nächsten drei Monate in Höhe von 100 TEuro gemäß dem nachfolgenden Finanzplan hin. Er beantragt eine Erhöhung der Kontokorrentlinie um weitere 100 TEuro auf insgesamt 3.200 TEuro bis Ende xxx1 bei der Mittelstandsbank AG.

- Es wurde ein erstes Krisengespräch geführt. Teilgenommen haben von Firmenseite der Geschäftsführer Müller und sein Steuerberater. Von der Bank sind der Firmenkundenbetreuer und der zuständige Sanierungsbetreuer anwesend. Zunächst wurden die bestehenden Sicherheitenverträge aktualisiert und die neuen Sicherheiten hereingenommen.
- Müller zeigt sich zunächst nicht einsichtig zu der bestehenden Krise und spielt diese im Gespräch mit seiner Aussage herunter: „Die Geschäftslage wird sich im vierten Quartal verbessern." Der Steuerberater unterstützt Müller mit der Aussage, dass er die Firma seit vielen Jahren kennt und diese auch früher schwere Krisensituationen überstanden hat.
- Der Sanierungsbetreuer erläutert dem Geschäftsführer sowie dem Steuerberater die Regelungen des Insolvenzrechts und weist auf die Pflicht zur Antragstellung gemäß § 15a InsO hin. Des Weiteren klärt er Müller über die Gefahren der Beihilfe zur Insolvenzverschleppung aus Sicht der Mittelstandsbank AG im Hinblick auf die mögliche und andauernde Überziehung auf.
- Der Sanierungsspezialist der Mittelstandsbank weist deutlich auf die Klärung der Sanierungsfähigkeit der Druck GmbH hin. So ist in Kürze ein Gutachten zu beauftragen, dass über eine Fortführungsprognose die potenziellen Sanierungsaussichten der Firma untersucht. Er nennt dem Geschäftsführer dazu verschiedene geeignete externe Berater.
- Nachdem alle Argumente ausgetauscht wurden, konnten Müller und sein Steuerberater überzeugt werden, Maßnahmen zur Sanierung der Druck GmbH einzuleiten. So ist Müller bereit, mit eigenen finanzwirtschaftlichen Sofortmaßnahmen eine Insolvenzantragspflicht zeitnah zu vermeiden. Zudem möchte er Kontakt zu einem externen Berater aufnehmen.
- Das Engagement der Mittelstandsbank AG bei der Papierlieferant GmbH konnte auf ein Volumen von 2.500 TEuro, blanko 1.500 TEuro, verringert werden. Die operationellen Risiken wurden abgebaut. Die Gefährdungen aus der Beteiligung werden von der Rechtsabteilung aufgrund einer Unterschreitung der 10,0 %-Grenze als gering eingeschätzt.

Der Finanzstatus zeigt keine Unterdeckung von mehr als 10,0 % in Bezug auf die fälligen Verbindlichkeiten. Der taggenau erstellte Dreiwochenfinanzplan zeigt die Ausfinanzierung für diesen Zeitraum. Sicherheitshalber wurde bereits eine Planung für die folgenden drei Monate auf integrierter Basis erstellt. Bestimmt werden soll, welche Liquiditätsprobleme bis zum Jahresende xxx1 zu erwarten sind. Die nachfolgende Tab. 4.29 zeigt den kurzfristigen Finanzplan für die folgenden drei Monate.

Es zeigt sich, dass die Kreditlinien bei den Banken zeitweise überschritten werden und die dauerhaften Überziehungen in der Zukunft nicht durch erzielbare Einzahlungsüberschüsse abgebaut werden können. Somit zeigen sich bereits erste Warnhinweise einer nicht gegebenen Kapitaldienstfähigkeit.

Allerdings sind die finanziellen Maßnahmen der Banken noch nicht eingearbeitet. Dabei hat die Hausbank angekündigt, die Kreditlinie befristet um 100 TEuro zu erhöhen. Darüber wäre die Liquidität zunächst gesichert. Des Weiteren besteht ein zusätzlicher Puffer von rund 20 TEuro monatlich über Kosteneinsparungen, der noch nicht in den Finanzplan integriert wurde.

Tab. 4.29: Verkürzter Finanzplan der Druck GmbH (Quelle: Eigene Darstellung)

Angaben in TEuro/Monate	10	11	12
Konto-Anfangsbestand	-5.100	-5.150	-5.200
Einzahlungen	1.000	1.000	1.000
Auszahlungen	1.050	1.050	1.000
Saldo Ein-/Auszahlungen	-50	-50	0
Konto-Endbestand	-5.150	-5.200	-5.200
Bankkreditlinien	5.100	5.100	5.100
Über-/Unterdeckung	-50	-100	-100

Der Steuerberater hat kurzfristig einen Überschuldungsstatus anhand von Liquidationswerten erstellt, da derzeit noch keine positive Fortbestehensprognose für das Unternehmen vorliegt. Die Wertansätze der Grundstücke und Gebäude basieren auf einem externen Gutachten. Die Verbindlichkeiten wurden zu Nominalwerten beziehungsweise zu Rückzahlungswerten angesetzt.

Derzeit weist der Überschuldungsstatus eine Unterdeckung auf. Eine Bereinigung der Überschuldung ist mit Erklärung eines wirksamen Rangrücktritts für das Gesellschafterdarlehen über insgesamt 400 TEuro möglich. Müller hat sich dazu bereiterklärt. Die folgende Tab. 4.30 zeigt den aktuellen Stand der Überschuldung vor deren Bereinigung durch den Rangrücktritt. Mit der Erklärung eines wirksamen Rangrücktritts wird die Unterdeckung von 300 TEuro aufgehoben und es besteht eine Überdeckung von 100 TEuro, die später durch weitere Maßnahmen gestärkt werden kann. Dennoch ist die Kapitallage ungenügend.

Tab. 30: Überschuldungsstatus der Druck GmbH (Quelle: Eigene Darstellung)

Vermögen	In TEuro	Schulden	In TEuro
Anlagevermögen	12.800	Gesellschafterdarlehen	400
Umlaufvermögen	4.100	Verbindlichkeiten	15.700
Unterdeckung	300	Jahresfehlbetrag	1.100
Summe	17.200	Summe	17.200

Insgesamt besteht keine Insolvenzantragspflicht aufgrund einer Zahlungsunfähigkeit oder Überschuldung, wenn die angedachten finanzwirtschaftlichen Sofortmaßnahmen unverzüglich umgesetzt werden.

Da die übrigen Gläubiger bereits vor einiger Zeit starken Druck auf die Firma ausgeübt haben, sollen die anderen Banken und Lieferanten beziehungsweise Kreditversicherer nicht von diesem Erstgespräch unterrichtet werden. Auf diese Weise kann notwendige Zeit zur Erstellung eines Gutachtens mit einer Überprüfung der Sanierungsfähigkeit gewonnen werden. Nach schwierigen Verhandlungen einigen sich die Akteure zum Ende des Gesprächs darauf folgende Maßnahmen zu ergreifen, um die akute Liquiditätskrise zunächst zu bereinigen und anschließend die Sanierungsfähigkeit überprüfen zu lassen:

- Wohlwollende Prüfung der Linienerhöhung im Rahmen einer Entscheidungsvorlage um weitere 100 TEuro gegen eine Hereinnahme einer deckungsgleichen Globalzession und der Erfüllung aller Forderungen durch Müller.
- Erklärung des Rangrücktritts mit Kapitalbelassungserklärung bei dem Gesellschafterdarlehen durch Müller sowie schriftliche Bestätigung der Abwendung der Überschuldung durch den Steuerberater innerhalb von drei Wochen.
- Hebung von Liquiditätsreserven in der Firma sowie Übersendung eines taggenauen Liquiditätsplans mit einer Vorausschau rollierend im Voraus für die folgenden acht Wochen und künftig auf 12-Monatsbasis.

Zudem verpflichtet sich Müller, einen externen Sanierungsberater einzusetzen, der ein Gutachten mit der abschließenden Sanierungsfähigkeitsaussage nach dem Standard IDW S 6 oder der Einhaltung der Mindestanforderungen an Sanierungskonzepte (MaS) sowie der Grundsätze ordnungsgemäßer Sanierungskonzepte (GoS) erstellt. Der Berater soll branchenerfahren sein sowie eine langjährige Erfahrung in der Begleitung von Sanierungsfällen aufweisen. Dabei ist insbesondere auf die Eignung des Beraters beziehungsweise des Beratungsunternehmens im Hinblick auf die Erstellung eines strukturieren Gutachtens und auf die Umsetzungskompetenzen zur Realisierung der Sanierungsmaßnahmen im Unternehmen zu achten.

Zur Bestimmung der weiteren Vorgehensweise wird ein Kurzgespräch in drei Tagen vereinbart. Zu dem Zeitpunkt soll auch die Entscheidung der Mittelstandsbank AG zu der beantragten Erhöhung der Kontokorrentlinie über weitere 100 TEuro vorliegen. Diese Mittel sollen nur als Überbrückungskredit bis zur endgültigen Klärung der Sanierungsaussichten gewährt werden. In diesem Gespräch soll auch der externe Unternehmensberater vorgestellt werden.

Aufgabenstellungen

1. Erstellen Sie einen Folgebericht für den Kompetenzträger und geben Sie eine Empfehlung zur weiteren Vorgehensweise.
2. Bereiten Sie einen Vorschlag für die Entscheidung des Risikovorstands vor.

4.3.3 Lösung des Praxisfalls zu Sofortmaßnahmen

1. Erstellen Sie einen Folgebericht für den Kompetenzträger und geben Sie eine Empfehlung zur weiteren Vorgehensweise.

Tab. 4.31: Übersicht über das Engagement Druck GmbH (Quelle: Eigene Darstellung)

Berichtskopf des Engagements Druck GmbH					
Rating	12	12	14	15	15
Angaben in TEuro	**xxx-1**	**xxx0**	**xxx1**	**09/xxx1 Ist**	**xxx1 Antrag**
Volumen*	5.500	5.500	5.600	5.600	5.700
Kontokorrentlinie	3.000	3.000	3.000	3.100	3.200
(Inanspruchnahme)	(2.800)	(2.950)	(3.100)	(3.100)	(3.100)
Investitionsdarlehen	2.000	2.000	2.000	2.000	2.000
Avallinie	500	500	500	500	500
(Avalausnutzung)	(300)	(450)	(500)	(500)	(500)
Sicherheiten	1.700	1.650	900	1.000	1.100
RKW Kapital-LV	---	50	100	100	100
Warenübereignung	700	600	---	---	---
Druckmaschinen	1.000	1.000	800	800	800
Globalzession	---	---	---	100	200
Grundschuld**	---	---	---	(500)	(500)
Bürgschaft**	---	---	---	(500)	(500)
Blanko/Risiko	3.800	3.850	4.700	4.600	4.600
EWB	---	---	---	4.600	4.600

* Volumen = Linie oder Inanspruchnahme, die höhere Ausnutzung zählt

** (500) bedeutet nominaler Sicherheitenwert 500 TEuro aus Vorsichtsgründen ohne Bewertung

Kreditanträge

- Beantragt wird eine Erhöhung der Kontokorrentlinie um 100 TEuro, gegen eine Erhöhung der begrenzten Globalzession auf insgesamt 200 TEuro, zunächst befristet bis Ende des Jahres xxx1.
- Zwischenzeitlich soll innerhalb von zwei Wochen durch den Geschäftsführer auf Bankempfehlung ein externer spezialisierter Berater eingesetzt werden, der ein Gutachten mit einer Fortführungsprognose nach IDW S 6 erstellt.
- Gleichzeitig soll Müller den Rangrücktritt mit Kapitalbelassung für sein Gesellschafterdarlehen erklären und dieses wieder auf den ursprünglichen Stand auffüllen, damit die Liquidität im Betrieb zusätzlich gestärkt wird.

- Zudem wird der Steuerberater aufgefordert, unverzüglich schriftlich zu bestätigen, sodass keine Überschuldungssituation mehr besteht. Dieses ist Voraussetzung für die befristete Krediterhöhung im Kontokorrent.
- Laufende Informationen von Müller über den Krisenverlauf. Bei Verhandlungen mit den Kreditversicherern und den Lieferanten sollen unverzüglich die zuständigen Individualsanierer der Hausbank informiert werden.

Vermögens-, Ertrags- und Finanzlage

Tab. 4.32: Aktuelle wirtschaftliche Verhältnisse der Druck GmbH (Quelle: Eigene Darstellung)

Vermögens-, Ertrags- und Finanzlage				
Angaben TEuro und (%)	**xxx-2**	**xxx-1**	**xxx0**	**09/xxx1**
Eigenkapital	1.000	1.000	800	-300
Wirtschaftl. Eigenkapital	1.500	1.450	1.200	100
Umsatz/Gesamtleistung	15.700 (100)	15.000 (100)	13.700 (100)	8.700 (100)
Materialaufwand	8.500 (54,14)	7.800 (52,00)	7.300 (53,28)	4.800 (55,17)
Rohertrag	7.200 (45,86)	7.200 (48,00)	6.400 (46,72)	3.900 (44,83)
Personalaufwand	3.400 (21,66)	3.200 (21,33)	3.100 (22,63)	2.300 (26,44)
Jahresergebnis	200 (1,27)	200 (1,33)	-200 (-1,46)	-1.100 (-12,64)
Cash Flow	600 (3,82)	800 (5,33)	400 (2,92)	-700 (-0,08)
Debitorenlaufzeit (Tage)	35,54	40,80	52,55	62,50

Die wirtschaftlichen Verhältnisse zeigen keine starke Verbesserung. Nur der deutliche Rückgang des Jahresfehlbetrags konnte verlangsamt werden.

Gläubigerstruktur und Sicherheiten der Gläubiger

- Es bestehen keine Veränderungen der Kreditengagements bei den übrigen Gläubigern. Allerdings beginnen die Kreditversicherer Druck auszuüben und beabsichtigen die Konditionen zu verändern. Daraufhin könnten sich auch die Zahlungskonditionen zu den Hauptlieferanten verschlechtern und die Inanspruchnahmen zu Lasten der Banken verlagern.

Weiterbehandlungskonzept

- Die Firma befindet sich in einer akuten Liquiditätskrise. Um die Zahlungsunfähigkeit zu vermeiden ist die Kontokorrentlinie um weitere 100 TEuro auszuweiten. Die Linienerhöhung soll zunächst bis Ende des Jahres xxx1 befristet werden. Dann sollte das Sanierungsgutachten des Unternehmensberaters vorliegen und beurteilt worden sein.

- Dem Unternehmen sollen verschiedene der Bank bekannte einschlägige Sanierer vorgeschlagen werden. Nach zwei Wochen ist ein Berater vom Unternehmen nachweislich einzusetzen. Das Sanierungsgutachten sollte dann nach weiteren sechs Wochen mit der Einschätzung der Sanierungsfähigkeit vorliegen.
- Das Konzept soll auf die Krisenursachen, die leistungswirtschaftlichen und die finanzwirtschaftlichen Sanierungsschritte sowie die personelle Maßnahmenumsetzung eingehen. Das Konzept ist durch eine integrierte Planungsrechnung zur Liquidität und zur Ertragslage nach Sparten zu unterlegen.

Die nachfolgende Abb. 4.45 zeigt die Terminplanung mit den in der Sanierung wichtigen Aktivitäten und ihren Zeitdauern. Zudem lassen sich anhand der Projektlandkarte der Bearbeitungsstand und die Teilnehmer eines Vorgangs an dem Balkendiagramm vermerken. Der erfolgreiche Abschluss einer Aktivität im Rahmen bedeutender Meilensteine wird zur Kontrolle eingetragen (vgl. Litke, 2004, S. 102 ff.).

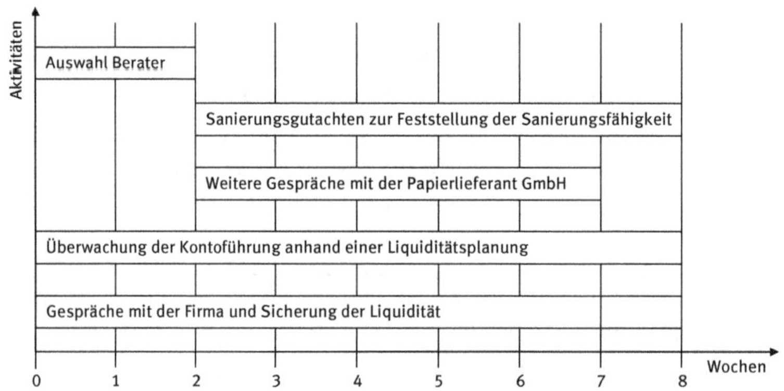

Abb. 4.45: Maßnahmenkatalog auf einem Zeitraster (Quelle: Eigene Darstellung)

Wichtig ist es, dass dem Krisenunternehmen mehrere branchenkundige Beratungen empfohlen werden. Es darf von Seiten der Bank kein Druck ausgeübt werden, dass eine bestimmte Beratungsfirma eingesetzt wird, um nicht aktiv in die Geschäftsführung einzugreifen. Damit die Feststellung der Sanierungsfähigkeit über ein Gutachten ermöglicht wird, ist in diesem Stadium die Liquidität abzusichern und über den Finanzplan laufend zu überwachen.

Liegt das Gutachten vor, ist durch das Sanierungsteam der Mittelstandsbank AG die Sanierungswürdigkeit aus Sicht der Bank zu prüfen. Die weiteren Gläubiger sollen aufgrund der Einschätzungen der Druck GmbH zunächst nicht in diesen Entscheidungsprozess mit einbezogen werden, da in der Vergangenheit von Seiten der Lieferanten und Kreditversicherer erheblicher Druck ausgeübt wurde.

Von diesen externen Stakeholdern können Sanierungsgefährdungen ausgehen. Unter anderem bestehen Risiken, dass die Einkaufslinien sowie die Zahlungsziele gekürzt werden und sich damit die Liquidität weiter eintrübt.

Entscheidungsbedarf und Wiedervorlagetermin

- Die Druck GmbH befindet sich in einer unmittelbaren Gefährdungslage. Finanzwirtschaftliche Sofortmaßnahmen sind unverzüglich einzuleiten und umzusetzen. Dazu wird die Linienerhöhung um 100 TEuro auf 3.200 TEuro im Kontokorrent als Überbrückungsfinanzierung bis zur Vorlage eines Sanierungskonzepts befürwortet. Die Aufstockung wird zur Feststellung der Sanierungsfähigkeit als unbedingt notwendig erachtet.
- Voraussetzung für die Krediterhöhung ist, dass von Müller die Auflagen der Vergabe eines Rangrücktritts sowie der Beauftragung eines qualifizierten externen Beraters erfüllt werden. Nach der Vorlage des Gutachtens ist auf dieser Basis der Fortführungsprognose sowie Sanierungsfähigkeit die Sanierungswürdigkeit zu bestimmen. Wiedervorlage nach Einreichung des Gutachtens mit Prüfung einer weiteren Begleitung durch die Mittelstandsbank AG.

2. Bereiten Sie einen Vorschlag für die Entscheidung des Risikovorstands vor.

Zur Erhöhung der Kontokorrentlinie um 100 TEuro auf 3.200 TEuro: Der Liquiditätsbedarf der nächsten Monate ist über einen taggenauen Finanzplan zu verifizieren. Die Saisonalität der Umsätze sollte in den Finanzplan eingearbeitet werden. Es wird darauf hingewiesen, dass in den letzten Jahren eine Rückführung des Gesellschafterdarlehens erfolgte. Die notwendigen Mittel von 100 TEuro soll Müller daher selbst durch eine Bareinlage mit Wiederauffüllung des Gesellschafterdarlehens auf den ursprünglichen Stand von 500 TEuro gewährleisten.

Gleichzeitig ist von Müller ein wirksamer Rangrücktritt mit Kapitalbelassung oder gegebenenfalls ein Verzicht für dieses Darlehen zu erklären. Im Fall eines erteilten Forderungsverzichts sind die steuerlichen Auswirkungen vorab zu überprüfen. Von Bedeutung ist, dass Müller eng in die Kapitalbereinigung eingebunden wird.

Die Anträge und das Weiterbehandlungskonzept werden auf der Basis genehmigt. Einzubinden sind die bankeigenen Juristen, um die Gestaltung der Sanierungshilfen rechtlich abzusichern. Die Liquiditätsplanung für die folgenden drei Monate sollte im Rahmen der bewilligten Linien liegen. Die Firma muss weiterhin alle Quellen zur internen Liquiditätsgenerierung aus dem heraus Unternehmen nutzen. Die Wareneinkäufe sind auf das Notwendigste zu beschränken und es ist ein strenges Forderungsmanagement zu betreiben. Zudem ist unverzüglich eine Sicherheitenüberprüfung der Forderungen und des Warenlagers vorzunehmen.

- Entscheidung: Unverzügliche Wiedervorlage nach Feststellung der Sanierungsfähigkeit und Sanierungswürdigkeit

3. Sanierungsregel: Nach der Identifizierung einer Krise sind zunächst über finanzielle Sofortmaßnahmen die Zahlungsfähigkeit abzusichern und bei haftungsbeschränkten Unternehmen die Überschuldung über Kapitalmaßnahmen abzuwenden, um die Insolvenzantragspflicht zu vermeiden.

Erläuterung der 3. Sanierungsregel

Die Vermeidung der Insolvenz ist der erste Meilenstein, der erreicht werden sollte, damit die Sanierungsbemühungen nicht bereits in einer frühen Phase scheitern. Dazu ist bei haftungsbeschränkten Firmen gegebenenfalls die Überschuldung abzuwenden. Dies kann über eine positive Fortbestehensprognose beziehungsweise mit der Aufdeckung stiller Reserven oder der Erklärung eines wirksamen Rangrücktritts und der dann erreichbaren Kapitalsanierung erreicht werden.

Schwieriger gestaltet sich in der Praxis die Sicherung der Liquidität zur Vermeidung der Zahlungsunfähigkeit. Von Bedeutung ist es dann, zunächst alle Möglichkeiten der Liquiditätsgenerierung aus dem Unternehmen heraus umzusetzen. Gleichzeitig sind von den Gesellschaftern finanzielle Beträge einzufordern, damit diese Lasten nicht einseitig auf die Gläubiger verteilt werden.

Erst wenn diese internen Alternativen ausgeschöpft sind, ist eine Überbrückungsfinanzierung durch die Banken zu prüfen. Diese ist an strenge Auflagen wie die Beauftragung eines externen Beraters zur Erstellung eines qualifizierten Gutachtens zu knüpfen. Dazu sollte auch eine schriftliche Sanierungsvereinbarung getroffen werden. Dort werden unter anderem der zeitliche Verlauf der Beraterbeauftragung, der einzuhaltende Sanierungsstandard sowie die Schwerpunktsetzungen der Inhalte des Gutachtens festgelegt. Das Sanierungskonzept sollte nach dem aktuellen Standard des IDW S 6 oder den MaS rechtskonform erstellt werden, damit ein hohes Maß an Qualität gewährleistet wird. Dabei ist insbesondere auf die Krisenursachen, das Geschäftsmodell, die strategischen Optionen, die finanz- sowie leistungswirtschaftlichen Maßnahmen und deren personelle Umsetzung einzugehen. Das Sanierungsgutachten ist durch eine integrierte Planungsrechnung zu unterlegen und sollte mit einem klaren Urteil zur Sanierungsfähigkeit abschließen.

Von erheblicher Bedeutung ist auch die Auswahl einer geeigneten Unternehmensberatung beziehungsweise auch eines konkreten Beraters durch das Krisenunternehmen. Dabei können Kreditinstitute Hilfestellung leisten, da sie den Beratermarkt kennen und zudem einschätzen können, welche Eigenschaften der Berater in Bezug auf die Firma in der Schieflage aufweisen sollte. Neben regionalen Aspekten, können Konzentrationen auf der Erstellung einer integrierten Planungsrechnung, der Einschätzung des Managements oder der Prüfung des Geschäftsmodells liegen.

Im Folgenden werden die Ergebnisse einer empirischen Untersuchung zur finanziellen Unterstützungen in der Krise und Sanierung dargelegt. Analysiert wird, welche Maßnahmen direkt nach dem Feststellen einer Krisenlage bei einem Firmenkunden aus Bankensicht eingeleitet werden.

4.3.4 Empirische Ergebnisse zu Sofortmaßnahmen

Bedeutende interne Schritte nach dem Erkennen eines Krisenfalls im Firmenkundenbereich sind die Übergabe der Akten an die Spezialabteilung, die Bewertung der Ausfallrisiken und der potenziellen Ausfallhöhe sowie die Vorbereitung einer klar definierten Engagementstrategie. Externe Sofortmaßnahmen sind wichtig, um unter der Einbindung des Krisenkunden bei der wirtschaftlichen Schieflage unverzüglich gegensteuern zu können. Dazu gehört unter anderem das Krisengespräch zur Offenlegung der Gefährdungslage mit Sanierungsbedarf.

Eine bedeutende Maßnahme ist daher mit 98,0 % der Nennungen die Gesprächsführung mit dem Kunden zur Verdeutlichung der Krise, damit die Geschäftsleitung die Entscheidung zur Einleitung von Gegenmaßnahmen trifft. Es folgen die Empfehlung einer geeigneten Sanierungsberatung mit 65,5 % sowie die Risikoreduzierung, beispielsweise mit einer Hereinnahme neuer Sicherheiten, mit 62,2 % der Antworten. Seltener sind diese Benennungen zur Liquiditätssicherung durch Kreditinstitute mit rund 56,1 % und die Aufnahme der Gespräche zur Poolbildung mit 31,1 %. Die nachfolgende Abb. 4.46 fasst dieses zusammen.

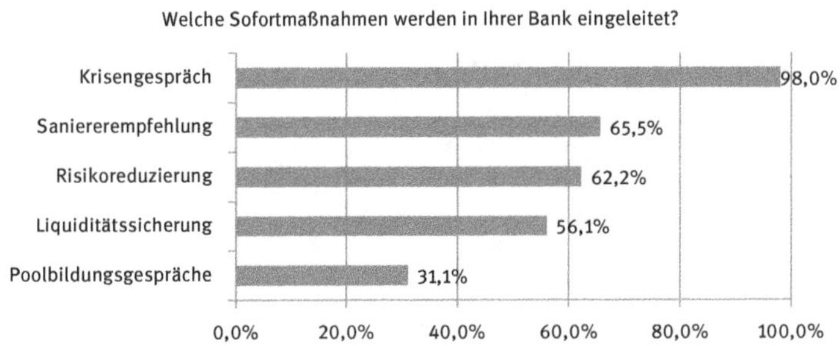

Abb. 4.46: Externe Schritte nach der Krisenerkennung (Quelle: Eigene Darstellung)

Für die Gesundungschancen ist es auch von Bedeutung, in welchem Stadium der Unternehmer die Gefährdungslage überhaupt wahrnimmt und wann dieser auf die Schieflage reagiert. Dabei war zu erkennen, dass keiner der Spezialisten, die häufig viele Engagements betreuen und bereits über viele Jahre Erfahrungen gesammelt haben, einschätzt, dass ein Unternehmer eine strategische Krisenlage erkennt und dann auch konsequent gegenlenkt. Dies zeigt ein klares Wahrnehmen von Schwächen im Management und hat eine große Bedeutung bei der Einschätzung der Qualität zur Führung eines Unternehmens.

Es zeigt sich auch die Wichtigkeit einer regelmäßigen Managementbeurteilung der Leistungen einer Geschäftsleitung von Firmenkreditengagements durch die Firmenkundenbetreuer eines Instituts. Denn ein Unternehmen kann dann nur erfolgreich wirtschaften, wenn das Management qualifiziert ist, ein Risikomanagement betreibt und unternehmerische Entscheidungen überwiegend richtig trifft.

Ebenfalls war bei Einfachnennungen überraschend, dass nur 10,9 % der Bankspezialisten einschätzen, dass Unternehmer eine Erfolgskrise sicher identifizieren. Rund 15,5 % bemerken, dass die Geschäftsleitung erst durch das Einwirken der Bank auf eine Krisenlage aufmerksam wird. Dagegen äußern 73,4 %, dass Unternehmer eine Schieflage erst erkennen, wenn bereits das späte Gefährdungsstadium einer Liquiditätskrise vorliegt und damit bereits eine hohe Insolvenzgefahr besteht.

Diese Auswertung korrespondiert mit der späten Krisenerkennung durch die Risikosysteme der Banken, häufig erst in einer Phase der Liquiditätskrise. In diesem späten Krisenstadium wurden aber bereits oft über Jahre verschiedene Krisenphasen durchlaufen und eine Liquiditätslücke, die nicht geschlossen werden kann, bedeutet bereits eine große Insolvenzgefahr. Auch aus Bankensicht ist es von Bedeutung, das Stadium der Erfolgskrise regelmäßig zu erkennen. Die folgende Abb. 4.47 stellt diese Beurteilungen der Spezialisten aus den Kreditinstituten dar.

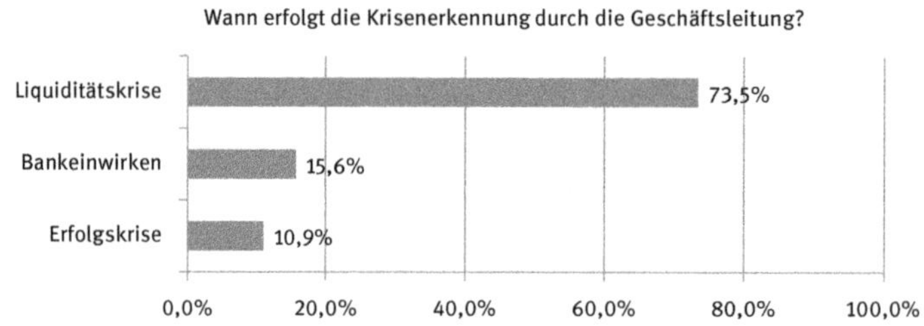

Abb. 4.47: Krisenerkennung durch die Unternehmensleitung (Quelle: Eigene Darstellung)

Die Gefährdung eines Unternehmens wird nicht nur durch das späte Erkennen der Firmenleitung, sondern auch durch die verzögerte Reaktionsweise auf die Schieflage meist noch verschärft. Rund 88,3 % der Spezialisten aus den Banken sind der Meinung, dass ein Unternehmer erst auf Bankendruck oder beim Bestehen einer Liquiditätskrise intensive Sanierungsmaßnahmen einleitet (85,5 %). Das Reagieren im Rahmen früherer Krisenstadien einer Erfolgskrise mit 14,5 % sowie einer Strategiekrise mit 1,4 % der Nennungen fällt ernüchternd aus. Die folgende Abb. 4.48 verdeutlicht die späte Reaktionsweise der Geschäftsleitung von Firmen auf eine Krisensituation in den verschiedenen Phasen der Gefährdung.

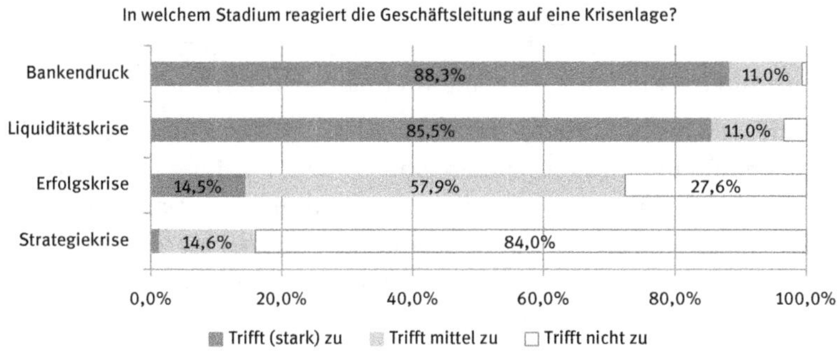

Abb. 4.48: Reaktion der Geschäftsleitung auf ein Krisenstadium (Quelle: Eigene Darstellung)

Die zeitliche Reaktion auf eine festgestellte Krisenlage erfolgt nach der Meinung der Bankspezialisten oftmals sehr spät. So schätzen aktuell rund 55,5 % der Teilnehmer ein, dass ein Unternehmer innerhalb einer Zeitspanne von 6–12 Monaten konkrete Sanierungsschritte ergreift und 17,1 % erwarten ein Handeln erst nach 12 Monaten, wie die nachfolgende Abb. 4.49 zeigt.

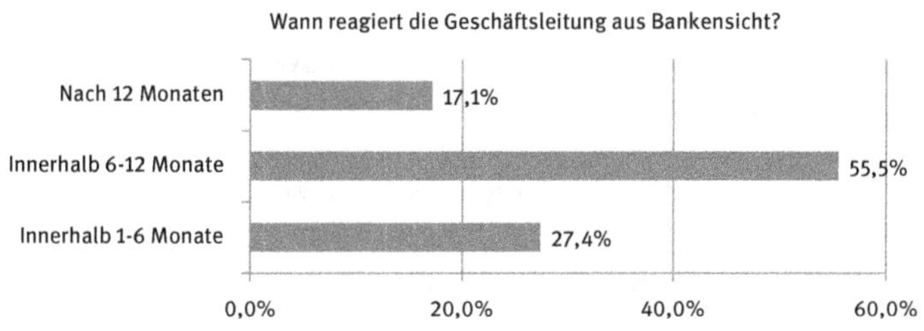

Abb. 4.49: Zeitliche Reaktion der Geschäftsleitung auf eine Krisenlage (Quelle: Eigene Darstellung)

Wird derart lange abgewartet, leiden die Chancen auf einen Turnaround vermutlich erheblich. Gerade die Vertreter der Privatbanken schätzen, dass oftmals mehr als 12 Monate abgewartet wird, bevor durchgreifende Gesundungsschritte eingeleitet werden. Hier sind auch die Banken in der Verantwortung und sollten auf ein zeitnahes Sanierungsmanagement in einem Krisenunternehmen hinwirken. Von Interesse war es zu erfahren, welche Sofortmaßnahmen auf die wirtschaftliche Schieflage von den Kreditinstituten als wichtig eingeschätzt werden.

An erster Stelle lag das Kundengespräch mit 99,3 % und mit 93,2 % der Nennungen die Realisierung von Kosteneinsparungen im Unternehmen. Dieses hat aus Bankensicht den Vorteil, dass geringere Mittel neu valutiert werden müssen, um finanzielle Löcher zu schließen und die Liquidität des Unternehmens zu stärken.

Des Weiteren war die Gesellschafterunterstützung mit 87,2 % der Antworten von Bedeutung. Diese verschafft einem Unternehmen eine große finanzielle Unterstützung aus eigener Kraft und setzt ein positives Zeichen für die Gläubiger. Dann folgen mit 84,4 % die Auftragsvergabe an die Sanierungsberatungsgesellschaft und mit 79,7 % die Bereitschaft der Kreditinstitute finanzielle Unterstützung zu leisten, unter anderem mit der Gewährung von langfristigen Tilgungsstundungen.

Zur Realisierung von Unterstützungspotenzialen bestehen unter Umständen Chancen bei der Ansprache von Geschäftspartnern. Die Maßnahme wird von 52,7 % der Bankspezialisten als wichtig angesehen. Insbesondere die Vertreter großer Banken und sonstiger Institute haben diesen Aspekt häufiger als wichtig erachtet als die Antwortenden anderer Finanzinstitute. Diese Bankenunterstützung wurde verstärkt von Vertretern kleinerer Bankinstitute angekreuzt. Die nachfolgende Abb. 4.50 verdeutlicht die von den Bankspezialisten als wichtig angesehenen Sofortmaßnahmen des Unternehmens.

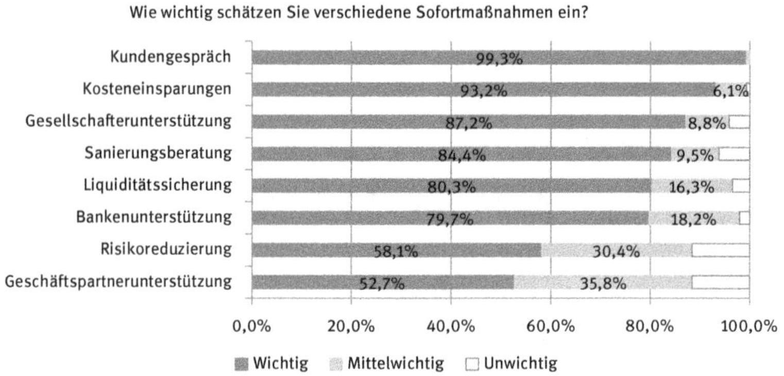

Abb. 4.50: Bedeutung von verschiedenen Sofortmaßnahmen (Quelle: Eigene Darstellung)

Eine wichtige Maßnahme der Geschäftsleitung im Rahmen einer Sanierung ist die nachweisliche Beauftragung eines externen Sanierungsberaters, der zunächst ein Konzept zur Überprüfung der Sanierungsfähigkeit erstellt und später unter Umständen die empfohlenen Sanierungsmaßnahmen im Krisenunternehmen realisiert. Die Auswahl ist durch die Banken zu begleiten und der Auftragsumfang zu überwachen. Es ist in der Regel eine schriftliche Sanierungsvereinbarung zu treffen.

4.4 Auswahl des Sanierungsberaters

Lernziele:
Kriterien zur Auswahl eines geeigneten Sanierungsberaters kennen
Verschiedene Beratungsansätze verstehen können
Notwendige Bestandteile eines Sanierungsauftrags wissen

In diesem Abschnitt wird die Auswahl eines geeigneten Unternehmensberaters, der das Sanierungskonzept erstellt und gegebenenfalls im Krisenunternehmen umsetzt, betrachtet. Dabei ist die Fachexpertise eines externen Spezialisten für die Sanierung eines Unternehmens erforderlich. Jedoch ist der Markt für Sanierungsberater heterogen besetzt. Die geeignete Beraterauswahl bestimmt aber die Erfolgswahrscheinlichkeit der Sanierung erheblich und Banken steuern den Prozess der Auswahl mit. Vorrangiger Ansprechpartner bei der Wahl eines qualifizierten Akteurs ist die Hausbank. Diese kann der Geschäftsleitung der Krisenfirma verschiedene erfahrene und geeignete Berater empfehlen. Die endgültige Auswahl des externen Sanierungsträgers und den Auftragsumfang sollte der Unternehmer selbst bestimmen, damit kein Eingriff in die Geschäftsführung besteht. Der Rahmen ist aber ausreichend zu formulieren, damit ein ernsthafter Sanierungsversuch vorliegt.

Der Markt für Unternehmensberater oder andere mögliche externe Sanierungsträger ist breit gefächert und die Qualifikationen sind unterschiedlich ausgeprägt. Wichtig ist es aus Sicht des Krisenunternehmens, sich zunächst für einen bestimmten Beratertyp zu entscheiden. Bestehen Probleme bei der Erstellung verlässlicher Zahlenwerke, kann dieses auf einen Wirtschaftsprüfer oder Steuerberater hindeuten. Sind verstärkt kreative Aspekte beim Beratungsauftrag erforderlich, können Unternehmensberater diese Aufgabe unter Umständen gut lösen. Bei der Suche eines Investors sind beispielsweise Interimsmanager mit Branchenkenntnissen gefragt. Wenn die fachliche Ausrichtung feststeht, sind anschließend das Beratungsunternehmen und der konkrete Akteur auszuwählen. Im folgenden Abschnitt werden Kriterien erarbeitet, die für eine Beratungssituation einer Unternehmenskrise von Bedeutung sind. Dann werden die relevanten Akteure anhand dieser Merkmale im Hinblick auf die Eignung zur Sanierung beurteilt.

Zur Bewältigung der Unternehmenskrise sind besondere Konzeptions- und Umsetzungsqualitäten gefragt. Es stellt sich die Frage, ob das bestehende Management in der Lage ist, die Sanierung erfolgreich umzusetzen beziehungsweise überhaupt ein Unternehmen zu führen. Dieser Nachweis ist später auch durch den externen Berater zu führen, im Rahmen der Überprüfungen im Sanierungskonzept.

4.4.1 Bestimmung des externen Sanierungsträgers

Während im vorausgegangenen Kapitel die finanzwirtschaftliche Sanierung im Vordergrund stand, steht jetzt der leistungswirtschaftliche Teilbereich des Gesundungsprozesses im Fokus der Betrachtung. Die Kompetenz des Managements ist entscheidend für das Herausarbeiten aus einer Krisensituation. Des Weiteren ist das Management in Form der Geschäftsführung oder des mittleren Managements häufig eine wesentliche interne Krisenursache und mit verantwortlich für die tiefgreifende wirtschaftliche Schieflage. Die führenden Entscheidungsträger haben das Geschäftsmodell nicht an die Marktgegebenheiten angepasst. Es fehlt an Managementwissen sowie Führungserfahrung und es bestehen Defizite im Controlling. Steuerungsmethoden sind oft veraltet beziehungsweise nicht existent.

Aufgrund der Existenzbedrohung und der fehlenden Management- und Restrukturierungskompetenzen ist die Einbeziehung externer Akteure in den Sanierungsprozess meist unabdingbar und aus Bankensicht auch rechtlich aus MaRisk BTO 1.2.5 Rn. 3 und Rn. 4 erforderlich bei der Erstellung sowie Umsetzung eines Sanierungskonzepts. Die finanz- und leistungswirtschaftliche Sanierung beginnt mit der Auswahl des geeigneten Beraters, der die fachlichen Defizite aufdeckt und fehlende Managementkompetenzen ergänzt. Durch diese Expertise können die Schwächen der Unternehmensführung identifiziert und gegebenenfalls behoben werden.

Im Vordergrund steht das Ziel der erfolgreichen Gestaltung der leistungswirtschaftlichen Sanierung, da nur diese zu einer langfristigen Gesundung des Geschäftsmodells und der Konkurrenzfähigkeit und Renditefähigkeit der Unternehmung führt. Insgesamt kann die komplette leistungswirtschaftliche Sanierung inklusive der Umsetzung durch externe Kräfte übernommen werden. Der Sanierungsberater kann zusätzlich die Kommunikation zu den wichtigen Stakeholdern koordinieren.

Definition: Die **leistungswirtschaftliche Sanierung** umfasst sämtliche Maßnahmen, die zur Analyse und Reorganisation des Geschäftsmodells sowie der Geschäftsprozesse zu gestalten sind, um ein Unternehmen wieder erfolgreich am Markt zu positionieren. Ein Kernaspekt der erfolgreichen leistungswirtschaftlichen Sanierung stellt die Auswahl des geeigneten Sanierungsträgers dar. Dieser hat ein tragfähiges Sanierungskonzept für einen ernsthaften Sanierungsversuch nach einem Standard rechtskonform zu erstellen und die empfohlenen Maßnahmen im Unternehmen umzusetzen.

Der personelle Sanierungsträger soll mit der Analyse der Krisenursachen und der Erstellung eines Gutachtens Klarheit in die aktuelle Unternehmenssituation bringen. Ziel ist es festzustellen, ob die Firma überlebensfähig ist. Dann ist die Aussage eines Beraters zur Sanierungsfähigkeit eine wesentliche Entscheidungsgrundlage für die Weiterbegleitung eines Engagements und die Bereitschaft der involvierten Banken zu finanziellen Zugeständnissen. Dies erfordert erhebliches Vertrauen der Kreditinstitute und der weiteren Gläubiger in das Sanierungsteam.

Das bestehende Management wird allein nicht in der Lage gesehen, die Krisenlage zu bewältigen. Zudem ist ein Sanierungskonzept erforderlich, das formalen, rechtlichen und materiellen Anforderungen Genüge trägt und eine logisch abgeleitete Aussage zur Sanierungsfähigkeit abgibt. Dieses Konzept ist komplex, es muss zeitnah erstellt werden, eine Aussage zu den Sanierungsoptionen und ihren Chancen abgeben sowie die Maßnahmen zur erfolgreichen Umsetzung ableiten. Dabei sind in dem Konzept die BGH-Anforderungen zu beachten. Diese komplexen und umfangreichen Abhandlungen können in der Regel nur durch externe und zudem objektive Sanierungsexperten erarbeitet werden.

Die Auswahl eines geeigneten Sanierers ist daher eine der Schlüsselentscheidungen für den erfolgreichen Turnaround. Es ist eine Differenzierung zwischen den Anforderungen an den Berater einerseits und andererseits an die Beratungsgesellschaft in Form einer Unternehmensberatung erforderlich. Diese stellt die personellen, fachlichen und systemischen Kapazitäten bereit, mit notwendigen Sonderqualifikationen wie bei der Beratung erforderlicher Zusammenschlüsse, der Einwerbung von Investorengeldern, der operativen Umsetzung der Sanierung und weiteren Kompetenzen. Hier liegt der Fokus primär auf der personellen Eignung des Beraters.

Die Notwendigkeit der Beauftragung eines externen und spezialisierten Sanierungsberaters beziehungsweise einer Beratungsgesellschaft in der Krise lässt sich sachgerecht anhand folgender Kriterien begründen (vgl. Lützenrath et al., 2006, S. 34 ff. und David, 2001, S. 241 ff.):

- Expertenwissen: Die in der Krise zu lösenden Probleme sind komplexer als das normale Tagesgeschäft und verlangen betriebswirtschaftliche Methoden, Spezialwissen sowie einen erheblichen Zeiteinsatz. Erforderlich sind die Eigenschaften Fachkompetenz, Methodenkompetenz und Mentalkompetenz.
- Verhandlungsgeschick: Die Krisenlage und Sanierung erfordern Erfahrung im Umgang und der Kommunikation mit den beteiligten Stakeholdern beim Lösen von Konflikten und der Gestaltung von tragbaren Ideen. Daher sind erhebliche Anforderungen an die Sozialkompetenz und die Führung notwendig.
- Objektivität: Die zu treffenden Maßnahmen und ihre Folgewirkungen sind einschneidend und durch einen Externen mit geringeren Widerständen umsetzbar. Dies gilt unter anderem bei notwendigen Personalkapazitätsanpassungen. Eine Unabhängigkeit bei der Geschäftsverbindung fördert dieses Kriterium.
- Ressourcen: Die zu erledigenden Arbeiten stehen unter einem hohen Zeit- und Erfolgsdruck, bei der das operative Tagesgeschäft nicht vernachlässigt werden darf und die fehlenden Kapazitäten durch externe Berater ergänzt werden. Im Vordergrund stehen die Personalkapazitäten der Unternehmensberatung.
- Neutralität: Die Krise und Sanierung erfordern eine unbelastete Persönlichkeit bei den wichtigen Umstrukturierungsmaßnahmen, zu der ein höheres Vertrauen der Banken als zur bestehenden Geschäftsführung besteht. Die Eigenschaft entfaltet Wirkungen auf die Unterstützungsbereitschaft der Stakeholder.

Es werden aufgrund der speziellen Anforderungen an eine Sanierung ausschließlich externe Sanierungsträger betrachtet, die mit der Erstellung und gleichzeitig mit der Umsetzung der Maßnahmen aus einem Sanierungskonzept beauftragt werden können. Dabei steht die Reputation des Beraters ständig auf dem Prüfstand.

Definition: Der **Sanierungsträger** ist eine Person, ein Team oder eine Organisation in Form einer Beratungsgesellschaft, die das Sanierungskonzept erstellt und die Maßnahmen aus dem schriftlichen Konzept gegebenenfalls eigenständig umsetzt. Auch die personelle Trennung zwischen dem Ersteller des Gutachtens und dem Umsetzer des Sanierungsprojekts ist möglich. Häufig wird aufgrund von Haftungsrisiken die Umsetzung auch von einem getrennten Rechtsträger durchgeführt.

Aus verschiedenen Akteuren ist der für ein bestimmtes Krisenunternehmen passende Akteur zu finden. Beeinflusst wird diese Auswahl durch die Situation der Schieflage mit dem Vorliegen einer bestimmten Krisenphase oder einer drohenden Insolvenz. Zudem kann die Entscheidung von einer speziellen Problematik zum Beispiel der Sanierungsumsetzung oder der Suche eines Investors aus der Branche abhängen. Ein weiterer wichtiger Aspekt bei der Beauftragung eines externen Sanierers ist die Informationsaufhellung. So bestehen meist durchgreifende Agency-Probleme in der Beziehung zwischen den Kreditkunden und der Bank.

Somit existiert erstens eine verstärkt aufgabenorientierten Beratung. Hier steht die Abarbeitung von Teilaufträgen wie die Aufbereitung von Zahlenmaterial oder die Erstellung des ganzheitlichen Sanierungskonzepts im Vordergrund. Zweitens besteht die Möglichkeit einer umsetzungsorientierten Beratung. Diese kann von einer Realisierung der Sanierungsmaßnahmen bis hin zu einer diskontinuierlichen Tätigkeit in einem Lenkungsausschuss reichen. Weitergehend ist das Management auf Zeit. Bei dem Ansatz wird das Altmanagement einer Firma zeitlich begrenzt durch ein neues Krisenmanagement ersetzt.

Damit sind Kriterien festzulegen, nach denen bestmöglich geeignete Sanierungsträger für die jeweilige Krisensituation ausgewählt werden können. Zu differenzieren ist zwischen folgenden Klassen von hervorzuhebenden Eigenschaften:

- Fachliche Eignung: Dieses Merkmal benennt die notwendigen Fachqualifikationen des Sanierers, die für die Analyse der Krisenlage erforderlich sind.
- Persönliche Anforderungen: Dieses Attribut beschreibt individuelle Eigenschaften, die in der Persönlichkeitsstruktur des Krisenmanagers verankert sind.
- Erfordernisse einer Beratungsorganisation: Dieser Faktor wird durch die Größe, die vorhandenen Kompetenzen, den Ruf der Unternehmensberatung definiert.

Aus diesen grundsätzlichen Eigenschaften sind konkrete Anforderungskriterien zu bestimmen, die durch potenzielle Sanierungsakteure zu erfüllen sind. Es wird eine gute Reputation der Unternehmensberatung vorausgesetzt. Dies ist vor dem Hintergrund zu sehen, dass der erste Sanierungsversuch gelingen sollte.

Von Vorteil ist es, wenn ein Kreditinstitut den Markt der regionalen und überregionalen Beratungsunternehmen und der konkreten Berater stetig überprüft, um der Geschäftsleitung eines Krisenunternehmens bei der Auswahl Hilfestellung zu leisten. Wichtig ist es bei dem Aussprechen von Empfehlungen vorsichtig vorzugehen, damit kein Eingriff in die Geschäftsführung vorliegt. Kreditinstitute sollten nicht aktiv in das Auftragsverhältnis zwischen Firma und Beratungsunternehmen eingreifen (vgl. Pohl, 2011, S. 208 ff.). Dazu sollten mindestens drei mögliche Gutachter zur Erstellung des Sanierungskonzepts vorgeschlagen werden, damit kein Eingriff in die Geschäftsführung vorliegt (vgl. Theewen, 2011, S. 31 ff.). Damit gute Berater benannt werden können, kann die Beurteilung strukturiert anhand eines Merkmalkatalogs in Form eines Polaritätsprofils erfolgen. Diese für einen Sanierungsprozess wichtigen Kriterien können Eingang in diese Bewertung finden. Beurteilungskriterien können sich an den persönlichen und fachlichen Merkmalen des Krisenmanagers orientieren. Es sind möglichst überschneidungsfreie und voneinander unabhängige Faktoren auszuwählen. Folgende Kriterien werden als Anforderungen an einen externen Sanierungsträger formuliert (vgl. David, 2001, S. 251 ff.):

- Individuelle Anforderungen: Der Faktor definiert die Anpassungsfähigkeit eines Beraters an die individuellen Gegebenheiten eines Krisenfalls. Daher sollte der Berater in der Lage sein, auf die Entscheidungsträger im Unternehmen einzugehen, Vertrauen gegenüber Stakeholdern aufzubauen und die notwendige Neutralität zu wahren. Wichtig sind Führungs- und Managementkompetenzen.
- Analysewissen: Das Merkmal basiert auf dem Ausbildungsweg beziehungsweise der Krisenerfahrung des Sanierungsberaters und beschreibt seine analytischen Fähigkeiten zur Untersuchung von Schwachstellen in dem betroffenen Unternehmen. Dies erfordert betriebswirtschaftliches Fachwissen bei der integrierten Planung, Methodenkompetenz und die Möglichkeit vernetzt zu denken.
- Krisenerfahrung: Der Aspekt beschreibt die Erfahrung des externen Sanierungsträgers im Krisenmanagement, die Spezialisierung auf bestimmte Krisenphasen, die Konfliktfähigkeit und das Verhandlungsgeschick in Krisenlagen, das unternehmerische Denken sowie die Kreativität für das Design innovativer Lösungen bei der Gestaltung des Leitbilds und des Geschäftsmodells.
- Branchenkenntnisse: Diese Eigenschaft meint die Kenntnisse eines Sanierungsträgers über die Eigenheiten der Branche informiert zu sein, mit dem Verstehen des Geschäftsmodells, dem Mitbringen von Kontakten zu potenziellen Investoren oder Kooperationspartnern und Verbindungen zu Kunden, Lieferanten und Kreditversicherern, um deren Unterstützungspotenziale zu erreichen.
- Umsetzungsfähigkeit: Das Kriterium beschreibt die Fähigkeiten, eine Sanierung einzuleiten, die Sanierungsmaßnahmen im Unternehmen konsequent umzusetzen und gegebenenfalls in die Geschäftsführung oder ein Überwachungsorgan einzutreten, um die Sanierungserfolge zu überwachen und die Ergebnisse den externen Stakeholdern auf geeigneter Basis zu kommunizieren.

Das Kriterium der Umsetzungsfähigkeit von Sanierungsmaßnahmen ist von starker Bedeutung, da der Turnaround primär vom aktiven Handeln in der Umsetzungsphase abhängt, denn das bestehende Management ist meist nicht bereit oder nicht in der Lage, einschneidende Sanierungsmaßnahmen erfolgreich zu realisieren. Der Berater sollte daher auch die Fähigkeit mitbringen, seine Empfehlungen in die Praxis umzusetzen. Dies ist häufig ein wesentlicher Erfolgsfaktor im Gesundungsprozess, wie auch empirische Ergebnisse aus mehreren Studien zeigen (vgl. Portisch et al., 2008d, S. 500 ff., Portisch et al., 2013a, S. 65 ff., Maatz, 2017, S. 158 ff.).

Die Höhe des Honorars in Form der zu zahlenden Tagessätze wird von den Firmen häufig als zusätzliches Kriterium für die Auswahl eines Beraters in Betracht gezogen. Aufgrund der ähnlichen Honorarforderungen innerhalb einer Klasse von Akteuren, der Größe der Beratungen und der möglichen Anpassung des Leistungskatalogs an den Einzelfall wird dieses Kriterium nicht in die Beurteilung einer grundsätzlichen Sanierungseignung mit einbezogen. Zudem weist dieses Merkmal keinen Bezug zu der eigentlichen Sanierungsqualifikation im Sinne der erforderlichen Fähigkeiten und keine Korrelation zum Sanierungserfolg auf.

Die Erfüllbarkeit der oft hohen Honorarforderungen ist als einzuhaltende Nebenbedingung anzusehen. Gegebenenfalls ist mit den Kreditinstituten eine Einigung zur Kostenübernahme zu treffen. Jedoch sollte die Relevanz der Aufwendungen für den Sanierungsauftrag vor dem Hintergrund der Existenzkrise gering ausfallen. Bei der Auswahl eines Sanierungsträgers sollte nicht unbedingt auf die Erfüllung aller Kriterien geachtet werden. Vielmehr ist ein externer Akteur auszuwählen, der kritische Faktoren oder fehlende Kompetenzen in der Unternehmensleitung optimal ergänzt. Daher kann ein Externer bei der Erstellung des Zahlenmaterials tätig werden. Erforderlich sind Fähigkeiten beim professionellen Aufbau einer integrierten Planung.

Es lassen sich verschiedene Arten von externen Sanierungsberatern unterscheiden. Dabei ist jedoch klar darauf hinzuweisen, dass Banken als aktive Sanierer, die in die Geschäftsführung eingreifen, nicht betrachtet werden. Aus Haftungsgründen, Interessenkonflikten und fehlender Expertise ist eine aktive Beteiligung an einer Sanierung durch Bankmitarbeiter unbedingt zu vermeiden. So kann sich das Risiko durch einen aktiven Eingriff in die Geschäftsführung vervielfachen. Mögliche externe Träger der Sanierung sind in der Praxis häufig:

- Rechtsanwälte
- Steuerberater
- Wirtschaftsprüfer
- Unternehmensberater
- Interimsmanager

Im Folgenden sollen die potenziellen externen Sanierungsträger anhand dieser Bewertungskriterien in Bezug auf ihre grundsätzliche Eignung zur Krisenberatung, zur Konzepterstellung und Umsetzung eingeschätzt werden.

Rechtsanwälte sind Freiberufler und beraten ihre Mandanten in juristischen Fragestellungen. Die Rechtsanwälte sind eine häufig auftretende Berufsgruppe unter den Insolvenzverwaltern und meist besteht eine Zusatzqualifikation als Fachanwalt für Insolvenzrecht. Große Firmen unterhalten üblicherweise eigene Rechtsabteilungen. Kleine und mittlere Unternehmen haben in der Regel enge Geschäftsverbindungen zu bestimmten Anwaltskanzleien.

Werden dann externe Anwälte mandatiert, besteht in der Regel eine langjährige Geschäftsbeziehung zur Firma. Diese Rechtsanwälte kennen das Unternehmen sowie die handelnden Personen genau. Die Fähigkeit auf individuelle Anforderungen des Krisenunternehmens einzugehen ist bei den externen Rechtsanwälten meist vorhanden. Rechtsanwälte durchlaufen allerdings ein juristisches Studium mit generalistischer Prägung. Meist werden keine detaillierten betriebswirtschaftlichen Kenntnisse vermittelt, sodass die fachliche Ausarbeitung von kreativen ökonomischen Sanierungsmaßnahmen und das erforderliche Analysewissen nicht gegeben sind. Lediglich bei den Fachanwälten für Insolvenzrecht sind die Spezialkenntnisse in betriebswirtschaftlichen Methoden sowie rechtliches Spezialwissen für Krisenunternehmen, zum Herauslösen von Unternehmensteilen oder Veränderungen der rechtlichen Gestaltung von Unternehmen, vorhanden.

Aufgrund der Spezialisierungen wird dieser Personenkreis in vielen Fällen als Insolvenzverwalter bestellt. Es zeigt sich jedoch, dass deren Einsatz erst in einer weit fortgeschrittenen Krise oder bereits in der Insolvenz erfolgt. In vorgelagerten Krisenphasen wie der Strategie- oder Ertragskrise werden Rechtsanwälte dagegen selten eingesetzt. Die eigentliche Krisenerfahrung ist nur gering ausgeprägt. Lediglich bei der Erstellung von Konsortialverträgen, Sozialplänen und Sicherheitenprüfungen oder als Treuhänder sind Rechtsanwälte gut einsetzbar. Auch Branchenkenntnisse und Umsetzungsfähigkeiten in einem spezifischen Sektor dürften nicht vorhanden sein, da Rechtanwälte sich selten auf die Vertretung von Unternehmen aus bestimmten Sektoren spezialisieren. Die folgende Tab. 4.33 stellt das zusammengefasste Eignungsprofil dar.

Tab. 4.33: Rechtsanwälte als externe Sanierungsträger (Quelle: Eigene Darstellung)

Rechtsanwälte			
Grundsätzliche Eignung zur Sanierung	**Gut**	**Mittel**	**Schlecht**
Individuelle Anforderungen	X		
Analysewissen			X
Krisenerfahrung			X
Branchenkenntnisse			X
Umsetzungsfähigkeit			X
Einsatz als externer Sanierungsträger			**X**

Gerade die Umsetzungsfähigkeit von Maßnahmen ist aufgrund einer fehlenden betriebswirtschaftlichen Ausbildung meist nicht optimal vorhanden. Zudem erscheint die zeitliche Belastung, ein Unternehmen in der Krise umfassend zu begleiten, aufgrund der sonstigen Mandatstätigkeiten aus Kapazitätsgründen unmöglich zu sein. Es lässt sich als Fazit zusammenfassen, dass Rechtsanwälte aufgrund der häufig nur geringen betriebswirtschaftlichen Qualifikationen grundsätzlich seltener geeignet erscheinen, ein Sanierungskonzept zu erstellen sowie in die Praxis umzusetzen. Gut einsetzbar sind Rechtsanwälte bei Spezialproblemen in der Sanierung. Beispielhaft seien hier genannt, rechtlich komplexere Vertragsgestaltungen, Vertragsprüfungen oder der Einsatz als Treuhänder.

Steuerberater sind als Freiberufler ebenfalls oftmals selbstständig tätig. Zwischen Steuerberatern und der Geschäftsführung gerade kleiner sowie mittlerer Unternehmen mit inhaberbezogener Struktur bestehen häufig langjährig gewachsene Beziehungen, die über die Steuerberatung und Erstellung von Jahresabschlussunterlagen hinausgehen. Daher besitzt ein Steuerberater aus dieser Verbindung meist umfangreiche Informationen, die sich ein externer Akteur ansonsten erst verschaffen müsste (vgl. David, 2001, S. 337). Diese Beziehung wird auch durch die kleine und mittlere Unternehmensgröße begünstigt.

Die individuellen Anforderungen des Unternehmens und die handelnden Personen sind bekannt und lassen eine grundsätzliche Eignung eines Steuerberaters erkennen, auf die Erfordernisse der Krisenfirma einzugehen. Es besteht jedoch meist ein Vertrauensverhältnis, das notwendige harte Sanierungseinschnitte behindern kann. Dies kann eine erfolgreiche Sanierung beeinträchtigen. So werden aus Sicht der Sanierungsspezialisten der Kreditinstitute die Neutralität und die Unabhängigkeit des Steuerberaters in Sanierungsfragen bei ihren meist langjährigen Kunden oft stark angezweifelt. Steuerberater sind Fachleute im Steuerrecht (§ 57 StBerG). Eine zusätzliche Spezialisierung in einer Wirtschaftsberatung ist selten gegeben.

Daher ist ein umfassendes Analysewissen aufgrund der fehlenden Qualifikationen und Berufserfahrung in der Realwirtschaft nicht vorhanden. Somit deckt ein Steuerberater nur das Rechnungswesen im Rahmen eines Krisenmanagements ab, zum Beispiel durch die Erstellung von Planbilanzen und Finanzplänen. Ein tiefergehendes Verständnis für strategische sowie marktbezogene Vorgänge, die bei der Erstellung und Umsetzung des Sanierungskonzepts allerdings notwendig sind, ist bei den Steuerberatern nicht immer gegeben (vgl. David, 2001, S. 343 ff.).

Auch eine ausgeprägte Krisenerfahrung, zum Beispiel aus einer unternehmerischen Tätigkeit heraus, ist nicht immer existent. Zudem fehlt vielen Steuerberatern die Erfahrung aus betriebswirtschaftlichen Funktionsbereichen in Firmen. Die oftmals erforderlichen speziellen Branchenkenntnisse sind ebenfalls selten vorhanden, da Steuerberater in vielen Wirtschaftszweigen tätig sind und sich nicht auf bestimmte Sektoren spezialisieren.

Die Umsetzungsfähigkeit von Sanierungsmaßnahmen ist aufgrund eingeschränkter Personalkapazitäten oftmals unmöglich. Auch fehlen bei Steuerberatern häufig die Erfahrungen zu der Realisierung von Sanierungsmaßnahmen in der unternehmerischen Praxis. Selten weisen Steuerberater eine mehrjährige und umfassende Erfahrung auf dem Gebiet der nachhaltigen Sanierung von Krisenunternehmen auf. Aufgrund der Nichterfüllung wesentlicher Kriterien an eine umfassende Sanierungsberatung ist der Einsatz des Steuerberaters als externer Träger im Gesundungsprozess abzulehnen. Empirische Untersuchungen stützen diese Ergebnisse.

Es geben laut einer Untersuchung aus dem Jahr 1996 nur 22,0 % der befragten Steuerberater an, eine Sanierung erfolgreich bei einem Firmenkunden durchgeführt zu haben. Knapp 19,0 % räumen ein, nur anfänglich an einer Sanierung beteiligt gewesen zu sein, während die restlichen 59,0 % befragten Steuerberater selten einen Sanierungsauftrag erhalten und dann erfolgreich abgewickelt haben (vgl. Kratz, 1996, S. 72 ff.). Dieses zeigt, dass Steuerberater gerade die Vorgänge in den leistungswirtschaftlichen Bereichen eines Sanierungsauftrages nicht umfassend abdecken können. Daher ist der Einsatz von Steuerberatern in einem umfassenden Sanierungsprojekt gerade bei größeren Krisenfirmen aufgrund der erforderlichen betriebswirtschaftlichen Fähigkeiten mit Vorsicht zu betrachten.

Insgesamt sind Steuerberater gut einsetzbar bei Spezialproblemen in einer Sanierung bei der Erstellung von Zahlenmaterial in Form von Planbilanzen, Planerfolgsrechnungen oder auch Finanzplänen. Auch ein Überschuldungsstatus mit der Abwendung einer Überschuldungslage kann durch einen Steuerberater dokumentiert werden. Gegebenenfalls können Kleinstsanierungen von Firmen mit Schwerpunkten beim Aufbau des Controllings begleitet werden. Die Erarbeitung eines umfassenden leistungswirtschaftlichen sowie finanzwirtschaftlichen Sanierungskonzepts und die Umsetzung der erforderlichen Maßnahmen im Unternehmen gehört jedoch selten zu den Aufgabenbereichen eines Steuerberaters. Die nachfolgende Tab. 4.34 fasst die Eignung von Steuerberatern zur Begleitung einer Unternehmenssanierung mit den wesentlichen Bewertungen zusammen.

Tab. 4.34: Steuerberater als externe Sanierungsträger (Quelle: Eigene Darstellung)

Steuerberater			
Grundsätzliche Eignung zur Sanierung	**Gut**	**Mittel**	**Schlecht**
Individuelle Anforderungen	X		
Analysewissen		X	
Krisenerfahrung			X
Branchenkenntnisse			X
Umsetzungsfähigkeit			X
Einsatz als externer Sanierungsträger			**X**

Wirtschaftsprüfer können in Sanierungen ebenfalls aktiv werden. Das Berufsbild des Wirtschaftsprüfers ist durch den Rahmen der Wirtschaftsprüferordnung (WPO) geprägt. In der WPO werden die Inhalte verschiedener Tätigkeiten des Wirtschaftsprüfers in § 2 WPO beschrieben. Dazu zählen unter anderem:

- Jahresabschlussprüfungen mit Erteilung von Bestätigungsvermerken
- Beratung und Vertretung in steuerlichen Angelegenheiten
- Auftreten als Sachverständige bei wirtschaftlichen Problemen

Im Mittelpunkt der Tätigkeit steht die Prüfung der externen Rechnungslegung. Dabei ist die Unabhängigkeit eines Prüfers nach § 43 WPO von Bedeutung (vgl. Rockel/Andersch, 2009, S. 252 ff.). Dieser Aspekt kann sich auch auf die Zulässigkeit der gleichzeitigen Prüfung sowie Beratung eines Mandanten beziehen. Betreut ein Wirtschaftsprüfer einen Kunden, der sich in wirtschaftlichen Schwierigkeiten befindet, so können die Grenzen zwischen der Prüfung und Beratung verschwimmen. Die Wahrung der Unabhängigkeit kann problematisch sein, wenn eine wirtschaftliche Beratung empfohlen wird und sich das Wirtschaftsprüfungsunternehmen selbst für diese Aufgabe anbietet (vgl. David, 2001, S. 356 ff.).

So ist die gleichzeitige Beratung und Prüfung eines Mandanten kritisch, wenn eine Krisenfirma als langjähriger Kunde erhalten bleiben soll. Daher ist die Betreuung in mehreren Funktionen als problematisch anzusehen. Bei möglichen Interessenkollisionen sind die Beratungsaufträge gegebenenfalls abzulehnen. Dieses gilt für Wirtschaftsprüfer bei einer gleichzeitigen Tätigkeit als Abschlussprüfer sowie Berater. Es wird auch im Standard für Sanierungskonzepte IDW S 6 auf die parallele Befassung als Abschlussprüfer und Berater hingewiesen, allerdings nicht in aller Konsequenz. Vielmehr ist im Einzelfall zu prüfen, ob die Unabhängigkeit gefährdet ist und es erfolgt kein expliziter Ausschluss dieser Verbindung. Lediglich Jahresabschlusstätigkeiten dürfen nicht zeitgleich erfolgen (vgl. IDW S 6, 2018a, Rn. 38).

Grundsätzlich kann die Erstellung eines Sanierungsgutachtens aufgrund der langen Geschäftsbeziehung und guten Kenntnisse der individuellen Anforderungen eines Mandanten durch den Wirtschaftsprüfer auch vorteilhaft sein. Demnach besteht in vielen Fällen ein gutes Vertrauensverhältnis. Dies verschafft dem Akteur einen umfassenden Zugang zu internen Unternehmensinformationen und begünstigt unter Umständen den Abbau asymmetrischer Informationen. Durch eine enge geschäftliche Beziehung kann die Neutralität jedoch auch beeinträchtigt sein.

Zudem stellt sich die Kernfrage nach der Sanierungsqualifikation in Form des Analysewissens. Während das Eingehen auf individuelle Anforderungen des Mandanten grundsätzlich gegeben scheint, liegt der Schwerpunkt der Tätigkeit eines Wirtschaftsprüfers mehr auf der Kontrolle des externen Rechnungswesens und weniger auf der Erarbeitung kreativer Lösungen sowie Marktanalysen, die im Rahmen einer Sanierungskonzeption von Bedeutung sind.

Jedoch können sich die Wirtschaftsprüfer aufgrund ihrer Erfahrungen aus der Prüfungstätigkeit und der guten betriebswirtschaftlichen Kenntnisse auf die Rechenbereiche in Sanierungen, wie die Erstellung von Planungsrechnungen, konzentrieren. Des Weiteren kann auch das Umsetzungscontrolling in einer Sanierung durch einen Wirtschaftsprüfer überwacht werden. Zudem besteht die Möglichkeit, die Kenntnisse aus Risikoanalysen und zukunftsbezogenen Risikoeinschätzungen bei Unternehmen genauer zu überprüfen.

Auch wenn eine gute Analysefähigkeit unterstellt werden kann, ist die Krisenerfahrung bei Wirtschaftsprüfern weniger stark ausgeprägt. Ursachen sind die fachliche Fokussierung auf das externe Rechnungswesen und retrospektive Tätigkeiten einer Prüfung (vgl. David, 2001, S. 365). Daher sind in einer fortgeschrittenen Krise oft erfahrene Sanierungsspezialisten hinzuzuziehen (vgl. Rockel/Andersch, 2009, S. 250). Aufgrund einer hohen Anzahl von Mandaten in gleichen Branchen oder der Spezialisierung von Wirtschaftsprüfungen auf bestimmte Sektoren sind Branchenkenntnisse dagegen möglicherweise vorhanden. Von Bedeutung sind die rechtlichen Anforderungen in Bezug auf die Einschätzung der Erfolgsaussichten einer Sanierung. Dazu ist bei den Erfolgschancen zu einem Turnaround auf die Beurteilung eines unvoreingenommenen und branchenkundigen Fachmanns abzustellen (vgl. BGH vom 04.12.1997, IX ZR 47/97 und BGH vom 12.05.2016, IZR 65/14).

Eine Grenze ist bei der Umsetzungsfähigkeit von Sanierungsmaßnahmen zu ziehen. Wenn der Sanierungsberater zudem unternehmerische Entscheidungen treffen soll, sind Prüfungshandlungen zeitgleich nicht zulässig (vgl. Kämpfer, 1997, S. 869 ff.). Aufgrund der zu wahrenden Unabhängigkeit kommt ein Wirtschaftsprüfer als Krisenmanager mit der Tätigkeit im Unternehmen zur Umsetzung von Sanierungsmaßnahmen oder zur Unterstützung des Managements gar nicht in Betracht (vgl. David, 2001, S. 357). Bei der Realisierung von Sanierungsschritten erscheinen Wirtschaftsprüfer zudem aufgrund der gering ausgeprägten Sanierungsqualifikationen und Erfahrungen im Krisenmanagement ungeeignet zu sein. Die folgende Tab. 4.35 zeigt das Eignungsprofil von Wirtschaftsprüfern.

Tab. 4.35: Steuerberater als externe Sanierungsträger (Quelle: Eigene Darstellung)

Wirtschaftsprüfer			
Grundsätzliche Eignung zur Sanierung	**Gut**	**Mittel**	**Schlecht**
Individuelle Anforderungen	X		
Analysewissen	X		
Krisenerfahrung			X
Branchenkenntnisse		X	
Umsetzungsfähigkeit			X
Einsatz als externer Sanierungsträger			**X**

In der Praxis werden die Wirtschaftsprüfungsgesellschaften, die den Abschlussprüfer stellen, häufig auch in Sanierungen eingesetzt. Kritisch ist zu sehen, dass diese Berater dann nicht mehr als unbefangene Außenstehende betrachtet werden können. Wenn auch die guten Vorkenntnisse der Verhältnisse des Unternehmens besondere Vorzüge bei der Krisendiagnose und zeitliche Vorteile bei einer Sanierung erbringen können, dann erschweren das eingeschränkte Krisen-Know-How und die fehlende Umsetzungsfähigkeit den Einsatz als externe Sanierungsträger.

Dagegen erscheint der Einsatz von Wirtschaftsprüfern bei Spezialproblemen in einer Sanierung aufgrund der guten Reputation und der guten Analysefähigkeiten sinnvoll. Daher ist eine Verwendung in komplexen Sanierungsfällen zu empfehlen zum Beispiel bei der Bewertung von Unternehmen, als Treuhänder zur Sicherheitenverwaltung sowie bei Sicherheitenüberprüfungen im Rahmen von Poollösungen. Auch bei der Moderation von Sicherheitenpoolverhandlungen können die Fachexpertise und die Neutralität von Wirtschaftsprüfern vorteilhaft sein.

Auch wenn klassische Wirtschaftsprüfer grundsätzlich eine geringe Eignung zur Bearbeitung von leistungswirtschaftlichen Konzeptteilen und Sanierungsumsetzungen aufweisen, haben Wirtschaftsprüfungsgesellschaften oft Tochterunternehmen oder Spezialabteilungen, die sich mit der Sanierungsmaterie befassen. Sie zählen zu den Unternehmensberatungen und sollen im Folgenden gemeinsam mit den unabhängigen Beratern beurteilt werden.

Unternehmensberater werden in vielerlei Sonderfragestellungen in Unternehmen eingesetzt, wie unter anderem bei der Strategieberatung und der Organisationsberatung. Unternehmensberatung kann als vertraglich vereinbarte externe Hilfestellung unabhängiger Personen beziehungsweise Organisationen zur Lösung betriebswirtschaftlicher Probleme von Unternehmen über den ganzheitlichen Beratungsansatz verstanden werden (vgl. Rüschen, 1989, S. 3 sowie S. 24 ff.). Zu den typischen Aufgaben gehört die Entwicklung von umfassenden Konzepten zur Umgestaltung von Unternehmen, Firmenteilen oder Organisationseinheiten (vgl. David, 2001, S. 300 ff.). Es sind in hohem Maße Eigenschaften der Problemdiagnose, ein umfassendes Methodenwissen, eine starke Konfliktfähigkeit sowie die Empfehlung und Umsetzung unkonventioneller und kreativer Maßnahmen notwendig.

Der Berufsstand des Unternehmensberaters ist in Deutschland gesetzlich nicht geschützt. Die Folgen sind ein großes Angebot und ein unüberschaubarer Markt, auf dem sich namhafte Berater oder professionelle Gesellschaften wie auch unerfahrene sowie unqualifizierte Akteure bewegen (vgl. Trippler, 2005, S. 84 ff.). So besteht für den Unternehmer und die Banken oft das Problem, einen geeigneten Berater auszuwählen, der diese notwendigen Fähigkeiten für den Spezialfall der Sanierung erfolgreich erfüllen kann. Hilfestellung bei dieser Auswahl kann der Bundesverband deutscher Unternehmensberater (BDU) leisten. Mit einer vom BDU bereitgestellten Beraterdatenbank kann eine Vorauswahl geeigneter Unternehmensberater mit Sanierungsspezialisierung getroffen werden.

Die Berater des BDU haben sich zur Einhaltung von Berufsgrundsätzen verpflichtet, wie unter anderem:

- Fachliche Kompetenz: Unternehmensberater übernehmen lediglich Aufträge, für deren Bearbeitung die erforderlichen Fähigkeiten und Erfahrungen bereitgestellt werden können. Sie suchen Lösungen, die dem Stand der Wissenschaft, der Entwicklung einer Branche sowie den Bedürfnissen eines Klienten in bester Weise gerecht werden.
- Seriosität und Effektivität: Unternehmensberater empfehlen ihre Dienste nur, wenn sie erwarten, dass ihre Arbeit große Vorteile für den Klienten erbringt. Sie geben realistische Leistungs-, Termin- sowie Kostenschätzungen ab und bemühen sich, die Zeitpunkte einzuhalten. Berater erarbeiten Empfehlungen und wirken bei deren Realisierung mit.
- Objektivität, Neutralität und Eigenverantwortlichkeit: Die Unternehmensberater sind grundsätzlich eigenverantwortlich tätig und akzeptieren in Ausübung ihrer Tätigkeiten keine Einschränkung ihrer Unabhängigkeit durch die Erwartungen Dritter. Sie führen eine objektive Beratung durch sowie erstellen generell keine Gefälligkeitsgutachten.
- Vertraulichkeit: Unternehmensberater behandeln alle internen Vorgänge und Informationen des Klienten, die ihnen durch ihre Arbeit bekannt werden, streng vertraulich. Insbesondere werden auftragsbezogene Unterlagen nicht ohne das Einverständnis eines Kunden an Dritte weitergegeben oder auf sonstige Weise veröffentlicht.
- Angemessene Preisbildung: Unternehmensberater berechnen Honorare, die im richtigen Verhältnis zu Art und Umfang der durchgeführten Arbeit stehen und die vor Beginn der Beratungstätigkeit mit dem Mandanten abgestimmt worden sind. Aus den Angeboten wird auch deutlich, welche sonstigen Kosten in Rechnung gestellt werden.

Des Weiteren sind fünf Jahre Berufserfahrung in der Unternehmensberatung sowie drei qualifizierte Mandatsreferenzen nachzuweisen. Der Markt für Unternehmensberater ist heterogen. So existieren Spezialisten für die IT-Beratung, die Personalberatung und auch für die Krisenberatung. Letztere werden im Folgenden betrachtet. Dabei lassen sich diese Gesellschaften zur Krisenberatung anhand ihrer Größe und des genauen Tätigkeitsfeldes strukturieren. Zur Auswahl einer geeigneten Beratung für die Probleme und Bedürfnisse des Unternehmens lässt sich der Gesamtmarkt für Beratungsunternehmen nach Wirtschaftssegmenten (Industrie, Handel, Dienstleistungen), nach den regionalen Märkten (regional, national, international), den verschiedenen Größenklassen (klein, mittel, groß) und nach der Zugehörigkeit zu Konzernen segmentieren (vgl. David, 2001, S. 313). Diese Kriterien sind auf den Einzelproblemfall der Krisenfirma abzustimmen. Zusätzlich sollte die Größe der Beratung an das Krisenunternehmen angepasst werden.

So lassen sich in eine wirtschaftliche Schieflage geratene internationale Großkonzerne meist durch global tätige Gesellschaften beraten, da die Komplexität der zu lösenden Probleme hoch ist. Für kleine und mittlere Unternehmen sind Einzelsanierungsberater oder mittelständische Beratungen gut einsetzbar. Insgesamt lässt sich anhand der Größe des Krisenunternehmens sowie dem regionalen Bezug meist eine Vorauswahl eines potenziell geeigneten Sanierungsträgers treffen.

Gerade in der Erfolgs- und Liquiditätskrise ist ein Unternehmen meist nicht mehr in der Lage, eine Sanierung aus eigener Kraft zu gestalten. In diesen Krisenphasen ist das Vertrauen der Gläubiger und der Mitarbeiter in die Geschäftsführung weitestgehend zerstört, sodass die Einschaltung externer Experten mit Sanierungskenntnissen als einzige Möglichkeit zur Vermeidung einer Insolvenz angesehen wird. Insbesondere Banken sollten in fortgeschrittenen Krisenphasen auf eine einzuleitende Expertenberatung drängen, um ein neutrales Urteil über die Sanierungsfähigkeit eines Unternehmens zu erhalten (vgl. Trippler, 2005, S. 80 ff.).

Bei der Auswahl eines geeigneten Beraters kann die Hausbank aufgrund ihrer Erfahrungen eine gute Hilfestellung leisten. Der eingesetzte Sanierer wird in der Regel in der Lage sein, sich in kurzer Zeit an die individuellen Anforderungen des Krisenfalls anzupassen. Zudem sind das Analysewissen sowie die Sanierungsqualifikation der Mitarbeiter in Beratungsgesellschaften, die sich auf Krisenunternehmen spezialisiert haben, hoch. Eine umfangreiche Krisenerfahrung mit Firmen in einer Schieflage kann unterstellt werden. Gerade bei großen Unternehmensberatungen besteht meist eine Aufteilung nach bestimmten Branchen. Zudem haben sich viele kleinere Gesellschaften auf konkrete Sektoren konzentriert, sodass mit einer geeigneten Beraterauswahl gute Branchenkenntnisse unterstellt werden können.

Eine ausgeprägte Umsetzungsfähigkeit von Sanierungsmaßnahmen ist nicht immer gegeben. Auf diese notwendige Eigenschaft sollte bei der Auftragsvergabe geachtet werden. Aus folgender Tab. 4.36 ergibt sich das Eignungsprofil der auf Sanierungsfälle spezialisierten Unternehmensberater.

Tab. 4.36: Unternehmensberater als externe Sanierungsträger (Quelle: Eigene Darstellung)

Unternehmensberater			
Grundsätzliche Eignung zur Sanierung	**Gut**	**Mittel**	**Schlecht**
Individuelle Anforderungen	X		
Analysewissen	X		
Krisenerfahrung	X		
Branchenkenntnisse	X		
Umsetzungsfähigkeit		X	
Einsatz als externer Sanierungsträger	**X**		

Insgesamt gesehen weisen auf Krisen spezialisierte Unternehmensberater eine hohe Eignung bei der Bearbeitung von Sanierungsfällen auf. Häufig werden diese Akteure durch Banken in das Mandat gebracht. Sanierungsspezialisten lassen sich grundsätzlich in allen Krisenphasen beauftragen. Schwerpunktmäßig werden Berater zur Erstellung eines Sanierungskonzepts eingesetzt (vgl. Portisch et al., 2007b, S. 494 ff. und Maatz, 2017, S. 162 ff.). Zudem kann direkt eine Überleitung mit der Umsetzung der empfohlenen Sanierungsmaßnahmen stattfinden. Die Realisierung kann auch durch Interimsmanager erfolgen. Diese üben eine zeitlich begrenzte Tätigkeit in der Geschäftsleitung eines Krisenunternehmens aus und setzen die empfohlenen Sanierungsmaßnahmen vor Ort um (vgl. Portisch et al., 2008f, S. 29 ff.).

Interimsmanager sind ebenfalls als Sanierungsträger einsetzbar. Die Hauptaufgabe eines Krisenmanagers, Zeitmanagers oder Interimsmanagers besteht in der Übernahme einer zeitlich begrenzten Führungsfunktion im Krisenunternehmen. Als Externe erhalten diese über die hierarchische Einordnung als Geschäftsführer oftmals Weisungsbefugnisse gegenüber den Mitarbeitern. Grundsätzlich können Interimsmanager in sämtlichen Phasen einer Sanierung eingesetzt werden. Von Vorteil ist es, wenn ein Zeitmanager bereits an der Erstellung des Gutachtens mitgewirkt hat. Dann kennt er die Gegebenheiten des Betriebs und hat sich in die Zahlenwerke eingearbeitet (vgl. Portisch, 2006d, S. 58 ff.).

Meist wird dieser in einer späteren Phase im Gesundungsprozess positioniert. Kerneinsatzgebiet des Interimsmanagers ist die Umsetzung der leistungswirtschaftlichen Sanierung. Die Aufgaben sind vielfältig und reichen vom Umbau der Organisationsstrukturen über eine Optimierung der Unternehmensprozesse bis hin zur Installierung eines aussagefähigen internen und externen Berichtswesens. Es können sich positive Sanierungsoptionen ergeben, wenn der Zeitmanager über Branchenkontakte verfügt. Meist werden Interimsmanager eingestellt, um unpopuläre Maßnahmen wie einen umfassenden Personalumbau auszuführen. Von Vorteil ist, dass der neue Geschäftsführer von außen kommt und auf intern gewachsene Strukturen und Seilschaften keine Rücksicht nehmen muss.

Die Aufgaben des Interimsmanagers verlagern sich mit zunehmendem Verlauf der Sanierung weg von den operativen Tätigkeiten hin zu den verstärkt überwachenden Aufgaben. Dieses beinhaltet unter anderem die Leitung von Lenkungsausschusssitzungen, die Durchführung von Fortschrittskontrollen sowie die Überwachung der Zahlenwerke, um Erfolge langfristig abzusichern. Um die Akzeptanz innerhalb eines Unternehmens zu erhöhen, sollte der Zeitmanager eine Integration von Führungskräften aus der zweiten Reihe in verantwortliche Sanierungspositionen prüfen. Die Installierung eines Lenkungsausschusses unter der Mitarbeit des Mittleren Managements ist für den Sanierungserfolg meist von Vorteil. So kennen diese leitenden Mitarbeiter die Unternehmenskultur, aber auch Schwachpunkte in den Strukturen und Abläufen. Auch kann die Expertentätigkeit des Interimsmanagers im Verlauf der Sanierung sukzessive auf die zweite Managementebene verlagert werden.

Die Expertenberatung durch den Zeitmanager wandelt sich im Laufe des erfolgreichen Sanierungsprozesses zu einer Prozessberatung im Rahmen eines Coachings und schafft Strukturen für eine nachhaltig erfolgreiche Übergabe an das Management. Meist erfolgt im Rahmen der Einsetzung eines Interimsmanagers eine genaue Aufgabenbeschreibung im Sanierungsprojekt. Der dauerhafte Erfolg dieser Sanierungsbegleitung wird in der Regel durch eine spätere Übertragung der kompletten Verantwortung erreicht. Bei der Suche und Auswahl der künftigen fest installierten Geschäftsführung kann der Interimsmanager aktiv mitwirken, da er die individuellen Gegebenheiten des Krisenunternehmens kennt. Er kann anschließend den Turnaround-Prozess im Rahmen einer Tätigkeit in einem Überwachungsorgan wie einem Aufsichtsrat oder Beirat weiter begleiten (vgl. Portisch, 2007b, S. 36 ff.).

Die Umsetzung der empfohlenen Maßnahmen aus dem Sanierungskonzept ist einer der wesentlichen Erfolgsfaktoren für den Gesundungsprozess (vgl. Portisch et al., 2007b, S. 36 ff., Portisch et al., 2008d, S. 494 ff.). Eine Sanierung kann trotz guter Aussichten noch scheitern, wenn es an der Umsetzungsfähigkeit in der bestehenden Altgeschäftsführung fehlt. Die schwierige Unternehmenssituation der Krise und Sanierung weicht vom normalen Geschäftsalltag stark ab, da viele komplexe Aufgaben unter Zeit- und Erfolgsdruck zu erledigen sind. In diesem schwierigen Umfeld kann ein Interimsmanager helfen, die Sanierung erfolgreich zu gestalten. Dieser Umsetzer kann fehlende Managementkapazitäten ergänzen oder sogar komplett ersetzen. Interimsmanager haben als zeitlich limitiert eingesetzte interne Umsetzungsberater eine sehr schwierige Doppelrolle inne. Diese sind als Berater und zugleich als interne Führungskraft tätig. Diese Position weist folgende Vorteile auf:

- Vertrauensvorschuss der Stakeholder aufgrund der erwarteten Neutralität.
- Übernahme kritischer Entscheidungen wie Personalentlassungen.
- Ergänzung fehlender Qualifikationen in der Geschäftsführung.

Die Fähigkeit eines Interimsmanager, auf die individuellen Anforderungen des Unternehmens eingehen zu können, ist neben den persönlichen Eigenschaften stark vom Zeitpunkt des Einsatzes abhängig. Wird der Krisenmanager bereits in die Phase der Erstellung des Sanierungskonzepts einbezogen, so ist diese Einarbeitungsphase überwunden und es existiert bereits eine Informationsgrundlage mit ausführlichen Kenntnissen der Unternehmensspezifika. Zudem kennt dieser zukünftige Krisenmanager inzwischen die handelnden Personen in der zweiten Managementebene. Dies kann die Einarbeitungszeit erheblich verkürzen. Der verpflichtete Interimsmanager sollte ein Höchstmaß an Sensibilität aufweisen, damit Vertrauen zu seiner Person innerhalb des Unternehmens entsteht und Ängste, unter anderem der Mitarbeiter, abgebaut werden können (vgl. Klinkmann, 1996, S. 195 ff.). Bei Interimsmanagern handelt es sich um erfahrene Führungskräfte mit generalistisch geprägter betriebswirtschaftlicher Ausbildung. Das Analysewissen ist aufgrund der Qualifikation und der Erfahrung aus einer unternehmerischen Tätigkeit meist hoch.

Krisenerfahrung und Methodenwissen zur Situationsanalyse mit einer Entwicklung von Gegenmaßnahmen in wirtschaftlichen Schieflagen haben diese Manager oft in selbst durchlebten wirtschaftlichen Schwächephasen von Unternehmen erworben. Damit ist die Sanierungsqualifikation dieser Zeitmanager als hoch einzuschätzen. Das analytische Potenzial zur ganzheitlichen Analyse von Krisenursachen sowie der Erarbeitung innovativer Lösungen sind aufgrund des Erfahrungsschatzes vorhanden. Dies ist auch bei der Anpassung der zunächst angedachten Lösungen im Sanierungskonzept an die spätere Umsetzungspraxis erforderlich, denn meist verändern sich die zunächst vorgedachten Ansätze durch die Realität in der Praxis.

Ebenfalls können detaillierte Branchenkenntnisse bei der geeigneten Auswahl eines Interimsmanagers unterstellt werden. Zeitmanager fokussieren ihren Arbeitseinsatz meist auf Branchen, in denen sie eigene berufliche Erfahrungen gesammelt haben. Dies kann Vorteile bei der Sanierung mit sich bringen, da die relevanten Märkte und die Eigenheiten der betrachteten Branche bekannt sind. Zudem eröffnen sich alternative Sanierungsoptionen, wenn über vorhandene Kontakte eine Investorenlösung oder ein Kooperationsmodell mit einem wirtschaftlich starken Unternehmen aus der gleichen Branche angestrebt wird.

Gerade die Eignung zur Umsetzungsfähigkeit von Maßnahmenpaketen im Rahmen von Sanierungen ist bei Zeitmanagern meist stark ausgeprägt (vgl. Portisch, 2009d, S. 44 ff.). Es sind zwei Einsatzmodelle denkbar. Dieses kann erstens den kompletten Ersatz des bisherigen Managements bedeuten oder zweitens die Ergänzung fehlender Managementfunktionen unter der Beibehaltung der ehemaligen Geschäftsführung beinhalten. Es ergibt sich in nachfolgender Tab. 4.37 das zusammengefasste Eignungsprofil für Interimsmanager.

Somit weisen in der Zusammenfassung spezialisierte Unternehmensberater in der Kombination mit Interimsmanagern eine gute Eignung auf, Krisenunternehmen als externe Sanierungsträger qualifiziert bei der Sanierungskonzepterstellung sowie der späteren Umsetzung zu begleiten.

Tab. 4.37: Interimsmanager als externe Sanierungsträger (Quelle: Eigene Darstellung)

Interimsmanager			
Grundsätzliche Eignung zur Sanierung	**Gut**	**Mittel**	**Schlecht**
Individuelle Anforderungen	X		
Analysewissen		X	
Krisenerfahrung	X		
Branchenkenntnisse	X		
Umsetzungsfähigkeit	X		
Einsatz als externer Sanierungsträger	**X**		

Im Verlauf des Sanierungsprojekts ist der Sanierungsberater mit der Konzepterstellung zu betrauen. In der ersten Umsetzungsphase ist dieser Berater zunächst weiter involviert. Bei der weiteren langfristigen Realisierung von Maßnahmen kann es von Vorteil sein, den Interimsmanager fest in die Geschäftsführung zu implementieren. Dieser sollte an der Erstellung des Gutachtens bereits mitwirken, damit eine Identifikation mit dem Konzept besteht. Seine Aufgaben wandeln sich im Sanierungsprojekt von der Konzeptumsetzung hin zur Überwachung. Ein Shadow Manager aus der Beratungsfirma kann als Überwacher des gesamten Prozesses und als Moderator gegebenenfalls zwischengeschaltet werden, wie die folgende Abb. 4.51 zeigt.

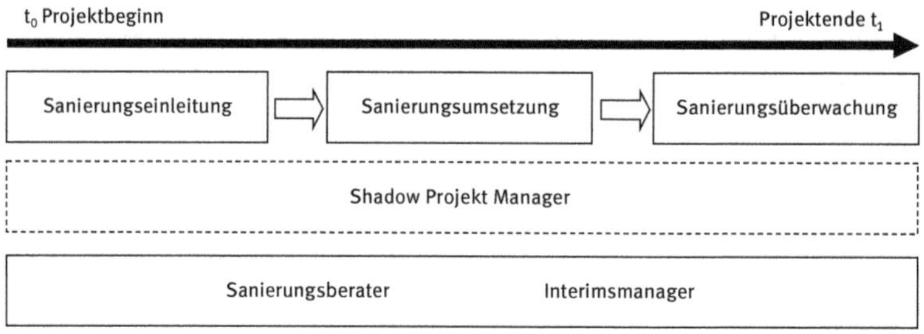

Abb. 4.51: Externer Beratereinsatz im Sanierungsprojekt (Quelle: Eigene Darstellung)

Insgesamt unterscheidet sich die Qualität von Beratern und ihrer Sanierungskonzepte in der Praxis meist stark. Als Ergebnis einer Untersuchung lassen sich deutliche Differenzierungen der Sanierungsgutachten in Bezug auf ihre materiellen und formalen Inhalte feststellen (vgl. Portisch, 2009d, S. 44 ff.). Die Unterschiede können einen erheblichen Einfluss auf den späteren Sanierungserfolg haben. Gute Eignungen in der Krisenberatung weisen insbesondere spezialisierte Sanierungsberatungen bei der Erstellung der Sanierungskonzepte und Interimsmanager in der Umsetzung der Sanierungsmaßnahmen auf. Bei einer Auswahl des Sanierungsträgers sollten die Qualifikationen im Vorfeld bekannt sein. Zertifizierungen bei Beratungsunternehmen und eine Fachqualifikation bei Beratern sowie Interimsmanagern, mit der Spezialisierung auf Sanierungsfälle, könnte Außenstehenden diese Qualitäten verdeutlichen und Transparenz herstellen (vgl. Portisch, 2009d, S. 44 ff.).

Zusammenfassung Theorieabschnitt 4.4.1: Der Abschnitt beschäftigte sich mit der Auswahl eines externen Sanierungsträgers. Die Beauftragung des geeigneten Beraters ist wesentlicher Erfolgsfaktor in der leistungswirtschaftlichen Sanierung. Bei den Untersuchungen hat sich gezeigt, dass auf Sanierungsfälle spezialisierte Unternehmensberater und Interimsmanager gute Qualifikationen aufweisen, um den Gesundungsprozess mit der Konzepterstellung und Umsetzung zu begleiten.

4.4.2 Praxisfall zum Einsatz des externen Sanierungsberaters

Wir befinden uns im 4. Quartal des Jahres xxx1. Kurz nach der Entscheidung des zuständigen Risikovorstands der Mittelstandsbank AG wurde ein Gespräch mit der Geschäftsleitung der Druck GmbH vereinbart. Teilnehmer von Seiten der Firma sind der Geschäftsführer Müller sowie sein langjähriger Steuerberater. Von der Mittelstandsbank AG sind der zuständige Sanierungsbetreuer und der Firmenkundenbetreuer bei der Sitzung anwesend. Gesprächsziele von Seiten der Bank sind die Umsetzung der Vorgaben des Vorstands sowie der Maßnahmen aus dem Weiterbehandlungskonzept des Votums. Im Vordergrund steht die schriftliche Vereinbarung zur Beauftragung eines qualifizierten Sanierungsberaters.

Es herrscht nach langer Diskussion und den Begründungen der Bank jetzt Einigkeit über die Bedingungen zur künftigen finanziellen Ausstattung der Firma. Müller ist bereit, sein Gesellschafterdarlehen über eine Bareinlage von 100 TEuro wieder auf den ursprünglichen Stand zu bringen sowie eine Rangrücktritts- und Kapitalbelassungserklärung für seine Darlehen über 500 TEuro abzugeben. Auch ist er jetzt einverstanden mit einer engen Finanzplanung sowie einer Umsetzung liquiditätsschonender Maßnahmen im Unternehmen. Weitere finanzielle Entlastungen sollen über Einsparungen im Einkauf erfolgen. Der Steuerberater wird zudem die Abwendung der Überschuldung schriftlich bestätigen.

Das Gespräch wendet sich nun dem Kernpunkt zu, der unverzüglichen Einsetzung eines externen Beraters zur Erstellung eines rechtskonformen Sanierungsgutachtens. Zu diesem Zweck hat sich der Sanierungsbetreuer bereits ein Bild über mögliche, der Bank positiv bekannte Spezialisten verschafft. In der engeren Auswahl stehen drei Unternehmensberatungen. Unter diesen Dreien wird von der Mittelstandsbank AG die Druckereiberatung GmbH favorisiert, da sich diese Gesellschaft auf die Druckbranche spezialisiert hat und bereits in mehreren Sanierungsfällen der Mittelstandsbank AG erfolgreich tätig war.

So passt das Beratungsprofil der Druckereiberatung GmbH gut zur Krisenfirma. Die Größe und die Zielrichtung der Unternehmensberatung sind fokussiert auf mittelständische Firmen. Das Honorar in Höhe der Tagessätze ist auf das Klientel abgestimmt. Die Sanierer des Beratungsunternehmens sind in der Lage, schnell Vertrauen aufzubauen auch bei typischen Unternehmerpersönlichkeiten. Die individuellen Anforderungen an die Rahmenbedingungen des Krisenunternehmens können damit insgesamt gut erfüllt werden. Das Analysewissen ist bei den Beratern aufgrund der guten Qualifikationen sowie der langjährigen Ausbildung auf jeden Fall vorhanden und auch für komplexe Sanierungsfälle geeignet.

Das Krisen-Know-How ist ebenfalls gegeben. So haben diese Berater stets Verhandlungsgeschick bewiesen und auch schwierige Konfliktsituationen optimal gemeistert. Die Branchenkenntnisse und Umsetzungsfähigkeiten sind vorhanden, da die Mehrzahl der Berater in der Druckereibranche gearbeitet hat.

Die Beauftragung zur Erstellung eines tragfähigen Sanierungskonzepts durch eine der vorgeschlagenen Beratungsfirmen soll aus Sicht der Mittelstandsbank innerhalb von zwei Wochen erfolgen. Dieses ist gleichzeitig das erste Projektteilziel und ein wichtiger Meilenstein in dem begonnenen Sanierungsprozess. Damit dieser wichtige Schritt der Überprüfung der Sanierungsfähigkeit erreicht wird, ist in dieser Phase die Liquidität über finanzwirtschaftliche Sofortmaßnahmen abzusichern. Im Folgenden wird der weitere Sanierungsprozess durch den Firmenkundenbetreuer dargelegt. Nach Vorlage des Gutachtens bei der Bank wird die Sanierungswürdigkeit geprüft. Dies bedeutet, dass die Sanierungschancen und die geplante Zeitdauer der Krisenüberwindung aus Sicht der Bank abzuschätzen sind und eine logische Überprüfung des Gutachtens vorgenommen wird. Stehen die Chancen und Risiken einer erfolgreichen Sanierung in einem guten Verhältnis und lassen sich die Sanierungsrisiken auf die internen und externen Stakeholder optimal und gerecht verteilen, kann der Gesundungsprozess fortgeführt werden.

Der langjährige Firmenkundenbetreuer weist zudem auf die guten Geschäftsbeziehungen hin und versucht Druck aus dem Gespräch zu nehmen. Jedoch sperrt sich der Patriarch und Unternehmer Müller bislang gegen den Einsatz eines externen Beraters. Müller weist gegenüber der Bank auf folgendes hin:

- „Wirtschaftliche Schwächephasen haben wir in der Vergangenheit auch durchlebt. Wir haben es immer aus eigener Kraft geschafft, uns zu stabilisieren."
- „Ein Berater kostet nur Geld, die Liquidität darf nicht zusätzlich durch teure Unternehmensberater belastet werden. Das können wir uns nicht leisten."
- „Der Berater kennt unser Unternehmen nicht. Wenn jemand geeignet ist, dann unser Steuerberater, mit dem wir ein angemessenes Honorar vereinbaren."

Der Steuerberater unterstützt diese Anmerkungen von Geschäftsführer Müller. Er äußert zudem, dass er die Gegebenheiten der Firma bereits seit vielen Jahren kennt. Die Krisenlage sieht er ebenfalls als nicht so problematisch an. Er spricht die hohen Zinsen der Banken an, die das Unternehmen erst in diese kritische Lage gebracht haben. Der Steuerberater erklärt, dass er sich in die Erstellung eines Sanierungsgutachtens einarbeiten und ein Konzept vorlegen wird. Er hat sich schon einschlägige Literatur im Insolvenzbereich zugelegt. Zudem erinnert er sich an sein Studium vor zwanzig Jahren. Damals hat er ein Seminar zur Sanierung belegt.

Aufgabenstellungen

1. Benennen Sie Argumente, die aus Sicht der Mittelstandsbank den Einsatz eines spezialisierten Sanierungsberaters im Krisenunternehmen begründen.
2. Versetzen Sie sich in die Lage des Sanierungsbetreuers der Mittelstandsbank und helfen Sie der Firma bei der Wahl eines geeigneten Sanierungsträgers.
3. Erläutern Sie den Ablauf einer Sanierungsberatung. Welchen Umfang und welche Inhalte sollte der mit der Beratung vereinbarte Sanierungsauftrag haben?

4.4.3 Lösung des Praxisfalls zum Einsatz des Beraters

1. Benennen Sie Argumente, die aus Sicht der Mittelstandsbank den Einsatz eines spezialisierten Sanierungsberaters im Krisenunternehmen begründen.

Häufig bestehen von Seiten der Geschäftsleitung erhebliche Widerstände bei der Einsetzung eines externen Sanierungsberaters. Die Gründe liegen zum einen in den drohenden Kosten, zum anderen in dem fehlenden Eingeständnis der Geschäftsführung, das Unternehmen in diese Krise geführt zu haben und diesen Zustand nicht selbst bereinigen zu dürfen. Es ist von Seiten der Bank kein Druck auszuüben, einen Berater zu verpflichten. Vielmehr sollte der Nutzen eines Einsatzes sachlich begründet werden. Folgende Argumente können die Unternehmensleitung unter Umständen überzeugen, Berater zu beauftragen, denn diese:

- ergänzen kritische Managementkapazitäten in durchgreifenden Krisenzeiten,
- ermöglichen die Konzentration des Managements auf das operative Geschäft,
- bringen notwendiges Spezialwissen, Branchenkontakte und kreative Ideen ein,
- erhöhen durch ihre Neutralität das Vertrauen der einbezogenen Gläubiger und
- fungieren als Verantwortliche bei harten personellen Einschnitten.

Erst wenn die Geschäftsleitung auf diese Argumente keine Einsicht zeigt, sollte auf die Existenzbedrohung der Firma und die Verantwortung für die Mitarbeiter hingewiesen werden. Durch eine Androhung der Kündigung kann meist Einsicht erzielt und der Sanierungsprozess vorangetrieben werden. Wichtig ist, dass möglichst keine Zeit verloren geht, denn im Zeitablauf werden die finanziellen Ressourcen aufgebraucht und dies gefährdet den Sanierungserfolg.

2. Versetzen Sie sich in die Lage des Sanierungsbetreuers der Mittelstandsbank und helfen Sie der Firma bei der Wahl eines geeigneten Sanierungsträgers.

Wie bereits im Theorieteil gezeigt, weisen auf Krisenfälle spezialisierte Unternehmensberater potenziell ein gutes Eignungsprofil auf, den Sanierungsprozess zu begleiten. Aufgaben in der Sanierung reichen von der Erstellung eines Konzepts bis hin zur Umsetzung und Überwachung von Maßnahmen. Zu achten ist bei der Auswahl auf die Größe des Krisenunternehmens und die Kommunikationsfähigkeit des Beraters. Zudem sind die Anforderungen einer Branche zu berücksichtigen, neben den sanierungsspezifischen Qualifikationen.

Damit Banken in Krisen ihrer Kreditnehmer unverzüglich bei der Selektion eines Beraters helfen können, sollten bisher gemachte Erfahrungen mit den Sanierern dokumentiert werden. Wichtig ist die Erfassung möglichst objektiver Daten über die Berater, damit die Beurteilung nicht primär auf individuellen Einschätzungen beruht (vgl. David, 2001, S. 131 ff.). Daher besteht die Möglichkeit, ein Polaritätsprofil für jeden Berater anzulegen (vgl. Schiller/Tytko, 2001, S. 71 ff.).

Anhand einer Schulnotenskala können persönliche und fachliche Qualifikationen auf Basis der bereits bekannten Kriterien bewertet werden. Zusätzlich lassen sich weitere Informationen aufnehmen, wie zum Beispiel die bisher gemachten Erfahrungen in Sanierungsfällen. Es lässt sich ein Wissenspool aufbauen und in der Zukunft kann von Banken schnell auf diese Auswertungen zurückgegriffen werden.

Akteure für Spezialprobleme sollten ebenfalls in dieser Statistik aufgeführt werden, da diese Personen meist einen Engpassfaktor darstellen. Folgende Tab. 4.38 zeigt eine mögliche Profilbeschreibung für externe Sanierungsspezialisten.

Tab. 4.38: Beispiel für das Polaritätsprofil eines Sanierers (Quelle: Eigene Darstellung)

Name Unternehmensberatung/Sanierungsberater:						
Skala: 1 = „trifft stark zu „ biS 6 = „trifft gar nicht zu“	1	2	3	4	5	6
Individuelle Anforderungen						
Anpassungsfähigkeit						
Einfühlungsvermögen						
Neutralität						
Analysewissen						
Analysefähigkeit						
Methodenwissen						
Ganzheitliches Denken						
Krisenerfahrung						
Konfliktfähigkeit						
Verhandlungsgeschick						
Kreativität						
Branchenkenntnisse						
Kenntnisse der Brancheneigenheiten						
Branchenkontakte						
Investorenkontakte						
Umsetzungsfähigkeit						
Unternehmertyp						
Führungspersönlichkeit						
Kommunikationsfähigkeit						
Sonstiges						
Berufsqualifizierender Abschluss						
Honorarforderungen						
Spezialgebiete						
Bisherige Erfahrungen						

Die bereits gemachten Erfahrungen und Erkenntnisse zu den externen Sanierungsberatern und den Interimsmanagern sind stetig zu erfassen und auszuwerten. Dazu bietet es sich an, eine Datenbank anzulegen, die laufend zu pflegen und zu erweitern ist. Auch potenzielle Kandidaten für die Durchführung von Sanierungen sollten stetig gesichtet und zur Vorstellung in die Bank eingeladen werden. Die zentrale Sanierungsabteilung wird damit zur Evidenzstelle für den Beratereinsatz bei Krisenfirmenkunden auch für dezentrale Sanierungseinheiten. Für Spezialprobleme können unter anderem Wirtschaftsprüfer bei notwendigen Bewertungsgutachten oder Experten für die Erstellung von Poolverträgen laufend gesichtet werden.

3. Erläutern Sie den Ablauf einer Sanierungsberatung. Welchen Umfang und welche Inhalte sollte der mit der Beratung vereinbarte Sanierungsauftrag haben?

Bei der Auswahl eines geeigneten Beraters sollte aus Sicht des Krisenunternehmens die Hilfe der Hausbank in Anspruch genommen werden, die den Markt für Sanierer in der Regel aus ihren Erfahrungen gut kennt. Ist die Entscheidung für einen konkreten Berater gefallen, so ist der Umfang des Sanierungsauftrags vertraglich genau zu vereinbaren. Zu diesem Zweck sind die gewünschten Inhalte des Sanierungskonzeptes, die Standardeinhaltung sowie die Rahmenbedingungen des Beratungsauftrags schriftlich festzulegen, wie unter anderem:

- Einhaltung eines Sanierungsstandards wie IDW S 6 oder MaS
- Prüfungsumfang mit Aussagen zur Sanierungsfähigkeit
- Ergründung der wesentlichen Krisenursachen der Firma
- Darstellung des relevanten Marktes mit Daten zu Marktanteilen
- Erarbeitung Leitbild und Überprüfung, Neugestaltung Geschäftsmodell
- Finanzwirtschaftliche Absicherung der Sanierungsschritte
- Vorschlag geeigneter leistungswirtschaftlicher Sanierungsmaßnahmen
- Entwicklung einer integrierten Planungsrechnung mit geeigneter Software
- Zeitpunkt zur Vorlage des vollständigen Sanierungskonzepts
- Begleitung einer Sicherheitenpoollösung zur langfristigen Finanzierung
- Umsetzung der leistungswirtschaftlichen Maßnahmen im Unternehmen
- Kostenpauschale für die Erstellung und Umsetzung des Gutachtens

Dabei ist zu beachten, dass nicht nur die Vereinbarung der Konzepterstellung von Bedeutung ist. Wichtig ist, dass auch Vorschläge für die Umsetzung der empfohlenen Schritte aus dem Sanierungskonzept hervorgehen sollten. Die Realisierung der Maßnahmen kann ebenfalls durch den gleichen Unternehmensberater erfolgen, da dieser sich bereits eingearbeitet hat. Damit werden zeitliche Verzögerungen vermieden und die Aufwendungen werden geschont. Aus Bankensicht ist der Einsatz des Sanierungsberaters beziehungsweise der Umsetzungsprozess gemäß MaRisk kontinuierlich zu überwachen. Dazu sind die zu erreichenden Meilensteine aus zeitlicher Sicht festzulegen. Der Ablauf der Beratung ist zu kontrollieren.

4. Sanierungsregel: Die Empfehlung eines geeigneten externen Sanierungsberaters zur Erstellung eines aussagekräftigen und rechtskonformen Standardsanierungskonzepts und zur Sicherstellung der Umsetzung der empfohlenen Maßnahmen ist für das Erreichen eines Turnarounds bedeutend.

Erläuterung der 4. Sanierungsregel

Die Auswahl eines geeigneten Sanierungsträger, der die Konzepterstellung und die Umsetzung der Maßnahmen verantwortlich begleitet, ist eine der Kernentscheidungen im Sanierungsprozess. Nur wenn ein fachlich und persönlich geeigneter Berater eingesetzt wird, kann eine hohe Turnaroundquote erreicht werden.

Verschiedene Untersuchungen zeigen, dass insbesondere externe Sanierungsberater, die sich auf Krisen- und Sanierungsfälle spezialisiert haben, in der Lage sind, Sanierungen erfolgreich zu bearbeiten (vgl. Portisch et al., 2008d, S. 494 ff.). Von Bedeutung bei der Auswahl eines für den individuellen Fall geeigneten Beraters ist aus Sicht der Kreditinstitute, dass dem Unternehmer die freie Entscheidung bei der Beauftragung gewährt wird. Bankenvertreter sollten aus Haftungsgründen lediglich mehrere Unternehmensberater empfehlen und den Geschäftsführer nicht zur Entscheidung mit der Beauftragung eines bestimmten Beraters drängen.

Neben den fachlichen Eignungen, die der Akteur aufweisen sollte, ist es bedeutend, dass dieser über empathische Fähigkeiten verfügt, um sich auf die Geschäftsleitung und Mitarbeiter der Krisenfirma einzustellen. Dies erfordert ein erhebliches Einfühlungsvermögen beim Berater. Wird die Umsetzung der Sanierungsmaßnahmen über Externe sichergestellt, kann das Vertrauen zu den Gläubigern wieder aufgebaut werden. Insbesondere lässt sich auf diese Weise oft eine Verbesserung der externen Finanzkommunikation erreichen. Dies führt zu einem Abbau der asymmetrischen Informationsverteilung zwischen dem Unternehmen und seinen Gläubigern mit einer Optimierung des externen Reportings.

Zunächst ist durch den Berater ein Sanierungskonzept zu erstellen, das wesentliche Kerninhalte, die in verschiedenen BGH-Urteilen gefordert werden, aufweist. Dabei ist auch auf die Einhaltung der Inhalte und Struktur eines Standards zu achten. So sollte ein Gutachten nach dem Standard IDW S 6 oder in Anlehnung an die Mindestanforderungen an Sanierungskonzepte (MaS) beziehungsweise die Grundsätze ordnungsgemäßer Sanierungskonzepte erstellt werden (vgl. ISU, 2008, S. 1 ff. und Portisch et al., 2007d, S. 468 ff.). Mit der Einhaltung rechtlich geforderter Inhalte lassen sich über einen ernsthaften Sanierungsversuch auch mögliche Anfechtungsrisiken reduzieren. Der Sanierungsberater ist an der Einhaltung dieser Standards und Inhalten zu messen. Unter Umständen können unwesentliche Teile weggelassen werden, wenn diese für die Analyse nicht von Bedeutung sind. Es ist dann im Bericht auf die fehlenden Segmente hinzuweisen. Jedoch ist kritisch zu prüfen, ob alle rechtlichen Bausteine beinhaltet sind. Im Folgenden wird der Einsatz von Beratern im Krisen- und Sanierungsprozess empirisch untersucht.

4.4.4 Empirische Ergebnisse zum Beratereinsatz

Die Einbindung eines externen Beraters ist für die weitere Begleitung durch die betroffenen Kreditinstitute eine wesentliche Grundvoraussetzung. Dies ist auch erforderlich, um MaRisk BTO 1.2.5 einzuhalten. Es können unterschiedliche Beratertypen als externe Sanierungsträger zum Einsatz kommen, wie Rechtsanwälte, Steuerberater, Wirtschaftsprüfer, Unternehmensberater sowie Interimsmanager. Von Interesse ist, welche dieser Akteure von den befragten Kreditinstituten favorisiert werden, um eine Sanierung erfolgreich zu begleiten.

Bei der Auswahl eines Beraters spielen die Neutralität des Gutachters und die objektiv abgeleiteten Feststellungen im erarbeiteten Sanierungskonzept eine bedeutende Rolle für die darauf folgenden Entscheidungen der Gläubiger zu der Begleitung von Sanierungsmaßnahmen (vgl. OLG Köln vom 24.09.2009, 18 U 134/05: „überzeugenden Darlegungen des Sachverständigen“ und BGH vom 04.12.1997, IX ZR 47/97: Beurteilung der Sanierungsfähigkeit durch einen „unvoreingenommen und branchenkundigen Fachmann“). Die Kreditinstitute beurteilen auf Basis des vorliegenden Sanierungskonzepts sowie der Ausführungen zur Sanierungsfähigkeit die bankintern bewertete Sanierungswürdigkeit. Dies ist die Grundlage für zu gewährende finanzielle Zugeständnisse im Rahmen der finanzwirtschaftlichen Sanierungsmaßnahmen. Diese erhöhen gegebenenfalls das Obligo.

Aus der Untersuchung in 2012 zeigt sich, dass die Sanierungskonzepterstellung für 79,3 % der Spezialisten eine hohe Bedeutung hat. Des Weiteren wird die Konzeptumsetzung sogar von 95,1 % der Befragten als wichtig für den späteren Turnarounderfolg eingestuft. In der Umfrage aus 2008 bewerteten rund 81,0 % der Antwortenden, dass die Konzepterstellung für den späteren Turnaround besonders wichtig ist. Die Bedeutung der Umsetzung des Sanierungsgutachtens wurde auch damals mit etwa 94,0 % der Nennungen als hoch eingeschätzt.

Bei der Konzepterstellung sowie der Sanierungsumsetzung können unterschiedliche externe Sanierungsträger zum Einsatz kommen. Daher ist von Interesse, welche Beratertypen von den Bankspezialisten grundsätzlich als geeignet angesehen werden, um eine Sanierung erfolgreich zu begleiten. Der Berater leistet mit der Erstellung eines Sanierungskonzeptes einen wesentlichen Baustein zur Überprüfung der Sanierungsfähigkeit und der Umsetzung der Maßnahmen.

In der Bedeutungsrangfolge liegt der spezialisierte Sanierungsberater, meist ein Einzelkämpfer oder ein Akteur beziehungsweise ein Projektteam aus einer Unternehmensberatungsgesellschaft, mit 94,5 % der Nennungen an der ersten Stelle. Auch Wirtschaftsprüfungsunternehmen mit einer Sanierungsabteilung werden mit 63,7 % häufig bevorzugt. Ergibt sich neben der Konzepterstellung auch das Erfordernis der Realisierung von konkreten Maßnahmen, kann ein Berater, der gleichzeitig als Interimsmanager tätig ist oder ein reiner Interimsmanager die Sanierung begleiten. Die Nennungen fallen mit 47,9 % und 38,4 % ebenfalls häufiger aus.

Deutlich seltener werden reine Wirtschaftsprüfer mit 25,3 % sowie Steuerberater beziehungsweise Rechtsanwälte mit 18,5 % sowie 7,5 % der Antworten der Spezialisten als Berater zum erfolgreichen Durchlaufen eines Sanierungsprozesses für geeignet gehalten, wie die nachfolgende Abb. 4.52 zeigt.

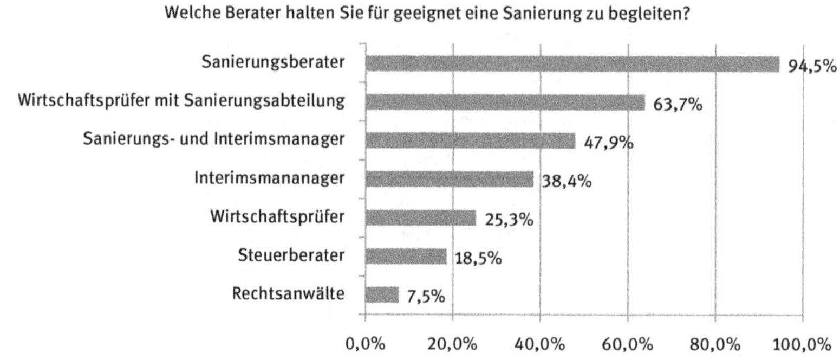

Abb. 4.52: Geeignete Berater für Sanierungsprojekte (Quelle: Eigene Darstellung)

Dabei weist die aktuelle Auswertung in der Reihenfolge der Nennungen geeigneter Berater kaum einen Unterschied zu der Auswertung aus 2008 auf. In der Bedeutungsrangfolge der als qualifiziert angesehenen Akteure, lagen seinerzeit an erster Stelle spezialisierte Sanierungsberater mit 93,0 % der Nennungen, es folgten Wirtschaftsprüfer mit Sanierungsabteilung mit 69,0 % und Sanierungsberater, die als Interimsmanager fungieren können, mit 55,0 % der Antworten sowie reine Interimsmanager mit 44,0 %. Seltener genannt wurden auch seinerzeit Wirtschaftsprüfer, Steuerberater und Rechtsanwälte.

Es zeigt sich bei der Auswertung nach Banksektoren, dass gerade diejenigen Sanierungsberater, die gleichzeitig als Interimsmanager fungieren, von Privatbanken bevorzugt werden. Somit steht für diese Institute die Umsetzungseignung der Berater mit im Vordergrund. Wirtschaftsprüfer und Steuerberater werden hingegen häufiger von den Vertretern aus Genossenschaftsbanken genannt, die oft kleinere Engagements betreuen. Bei diesen Firmen spielt der langjährige Steuerberater meist eine gewichtige Rolle. Wird die Beurteilung nach unterschiedlichen Größenklassen der Institute betrachtet, so ergibt sich ein differenziertes Bild. So nimmt die Wichtigkeit von Interimsmanagementeigenschaften der Berater mit der Größe der Kreditinstitute zu. Dagegen steigt die Bedeutung bei Wirtschaftsprüfern und Steuerberatern mit absteigender Institutsgröße. Somit ist auch zu vermuten, dass in kleineren Banken häufiger der langjährige Wirtschaftsprüfer und Steuerberater in der Sanierung tätig wird. Dies ist in vielen Fällen nicht optimal.

Dabei ist auch in der Praxis zu beobachten, dass bei kleinen Krisenengagements der langjährig bekannte Rechtsanwalt, Steuerberater oder Wirtschaftsprüfer die Sanierungsarbeiten erledigt. Kostengründe und Ängste vor einem unbekannten Berater können bei einer derartigen Auswahlentscheidung eine Rolle spielen. In größeren Instituten werden diese Akteure als Sanierungsberater aus qualitativen Gründen oft abgelehnt. Allgemein sollte ein qualifizierter und sanierungserfahrener Unternehmensberater die Krisenfälle betreuen. Schlägt eine Sanierung fehl, sind die Insolvenz sowie die Liquidation der Firma die Folge und erhebliche Werte werden vernichtet. Aus diesem Grund ist ein Sanierungsversuch ernsthaft anzugehen und die Kosten einer Beratung sollten nicht im Vordergrund stehen, da der Verlust vieler Arbeitsplätze auf dem Spiel steht. Zudem besteht für den Unternehmer das Risiko, neben der Firmeninsolvenz auch die Privatinsolvenz beantragen zu müssen.

Da die Beauftragung des Beraters eine Kernentscheidung im Sanierungsprozess ist, war zudem von Interesse zu erfahren, auf welche Eigenschaften die Spezialisten aus den Banken bei den Sanierern besonderen Wert legen und wie der Erfüllungsgrad der Merkmale von den Sanierungsspezialisten in der Praxis eingeschätzt wird. Als besonders wichtig werden die Eigenschaften Sanierungserfahrung, gute kommunikative Fähigkeiten, Umsetzungserfahrung sowie Kenntnisse im Analysebereich mit analytischem Denken und Methodenwissen angesehen. Weniger bedeutend waren die Branchenkenntnisse und die Größenklassenerfahrung.

Die nachfolgende Tab. 4.39 fasst die Mittelwerte der Beurteilungen auf einer Schulnotenskala (1,0 = „wichtig“ beziehungsweise „erfüllt“ bis 5,0 = „unwichtig“ beziehungsweise „nicht erfüllt“) zusammen.

Tab. 4.39: Wichtigkeit und Erfüllungsgrad bei Beratereigenschaften (Quelle: Eigene Darstellung)

Eigenschaften von Sanierungsberatern	Wichtigkeit der Eigenschaft		Erfüllungsgrad in der Praxis		Abweichung
	% Zustimmung	Mittel	% Zustimmung	Mittel	Differenz
Sanierungserfahrung aus anderen Fällen	99,3 %	1,3	74,8 %	2,2	0,9
Kommunikative Fähigkeiten	95,1 %	1,5	73,2 %	2,2	0,7
Umsetzungserfahrung aus anderen Fällen	91,7 %	1,5	40,4 %	2,7	1,2
Analysefähigkeit und Methodenwissen	92,4 %	1,7	62,4 %	2,3	0,6
Branchenerfahrung und Branchenkontakt	75,5 %	2,0	28,7 %	2,8	0,8
Größenerfahrung aus anderen Fällen	63,9 %	2,2	46,1 %	2,6	0,4

Auffällig sind die hohen Abweichungen zwischen der Bedeutung sowie dem Erfüllungsgrad in der Praxis durch die Sanierer bei Kennzeichen wie der Sanierungserfahrung, der Kommunikationsfähigkeit und der Umsetzungserfahrung.

Auch bei den weiteren Merkmalen ergeben sich zum Teil hohe Differenzen, die zu beachten sind. Die Ergebnisse zeigen einen gewissen Grad der Unzufriedenheit aus Sicht der Bankspezialisten mit den Sanierungsträgern bei bestimmten fachlichen sowie persönlichen Merkmalen, die in der Praxis als wichtig empfunden werden.

So wird auch das Vertrauen zwischen den Bankentscheidern sowie den Sanierungsberatern meist nur eingeschränkt vorhanden sein. Daher sollten die Spezialisten aus den Banken unbedingt in regelmäßigen Abständen neue Berater an Krisenfällen testen und Polaritätsprofile für die Berater und die Gesellschaften anlegen, um für eine konkrete Krisensituation passgenau die richtigen Unternehmensberater empfehlen zu können. Die nachfolgende Abb. 4.53 zeigt die Einschätzungen der Sanierer aus den Kreditinstituten anhand des Profils der Wichtigkeit und des Erfüllungsgrads der Eigenschaften durch Sanierungsberater in der Praxis.

Abb. 4.53: Eigenschaften von Beratern für den Sanierungserfolg (Quelle: Eigene Darstellung)

Gerade die Vertreter aus Privatbanken legen bei der Wichtigkeit der relevanten Sanierungseigenschaften aktuell ein hohes Gewicht auf das vorhandene Branchenwissen, die Erfahrung mit der Unternehmensgröße und auch die Umsetzungserfahrung beziehungsweise die Unternehmereigenschaften der Berater. Dabei wird der positive Erfüllungsgrad bei der Sanierungserfahrung, dem Branchenwissen und der Größenklassenerfahrung von den Privatbanken besser eingeschätzt als von den Vertretern aus den anderen Banksektoren. Sparkassen sehen die Umsetzungseignung bei den Unternehmensberatern in der Praxis deutlich häufiger als gegeben an.

Bei den Einschätzungen aus den verschiedenen Größenklassen der Institute ergibt sich aktuell folgendes Bild. Eine hohe Wichtigkeit wird in großen Banken in Krisenlagen der Kunden insbesondere den Eigenschaften „Erfahrung mit der Unternehmensgröße" und „Umsetzungseignung" zugeschrieben. Die vorhandene Branchenerfahrung beim Sanierungsberater wird gerade von Kleinstinstituten als notwendig erachtet. Große Institute sind mit dem Erfüllungsgrad der Sanierungserfahrung, der Analysefähigkeit, der Größenerfahrung zufrieden und kleine Institute mit der Kommunikationsfähigkeit des Beraters.

Ein Unternehmensberater hat bei einem Sanierungsauftrag verschiedene Aufgaben zu erfüllen. Als wichtig wird mit 95,1 % der Antworten die gründliche Konzepterstellung und mit 93,7 % die zeitnahe Einreichung des Sanierungskonzepts benannt. Es folgen die Einführung des Controllings mit 93,0 %, die Umsetzung des Sanierungskonzepts mit 75,4 % der Nennungen und die Aufnahme der Kommunikation mit den Gläubigern mit 68,5 % der Antworten, wie Abb. 4.54 zeigt.

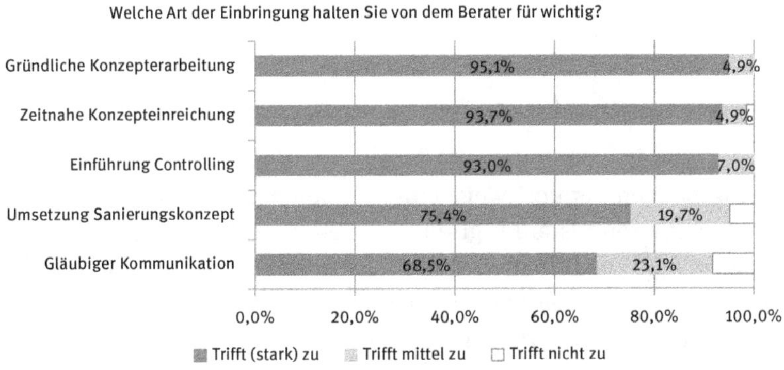

Abb. 4.54: Wichtige Aufgabenstellungen für den Sanierungserfolg (Quelle: Eigene Darstellung)

Die Aufnahme der Gespräche mit den verschiedenen Gläubigern wird insbesondere von großen Instituten aus dem Sektor der Privatbanken als wichtig erachtet. Es ist zu vermuten, dass von diesen Kreditinstituten eher größere Unternehmen in der Krise betreut werden. Die Firmen haben eine umfassende Gläubigerstruktur mit mehreren Hausbanken und verschiedenen Lieferanten. Damit keiner der Gläubiger einen Insolvenzantrag stellt, ist mit den relevanten Stakeholdern geschickt zu kommunizieren. Wichtig ist es aus Bankensicht, dass im Krisengespräch vereinbart wird, dass die Geschäftsleitung des Krisenunternehmens die Konzepterstellung zeitnah beauftragt und dieses nachweist. Die Beauftragung der Konzeptumsetzung wird von rund zwei Dritteln der befragten Spezialisten als wichtig empfunden und zeigt diese Notwendigkeit der Realisierung von Sanierungsmaßnahmen aus externer Hand.

Die Konzepterstellung nach einem Standard wie unter anderem dem IDW S 6 wird dagegen nicht von allen als wichtig wahrgenommen. Hier zeigt sich unter Umständen, dass die Einhaltung des IDW S 6 für kleinere Unternehmen nicht immer als bezahlbar erachtet wird. Die nachfolgende Abb. 4.55 stellt die wichtigen Maßnahmen bei der Beauftragung eines Sanierungsberaters dar.

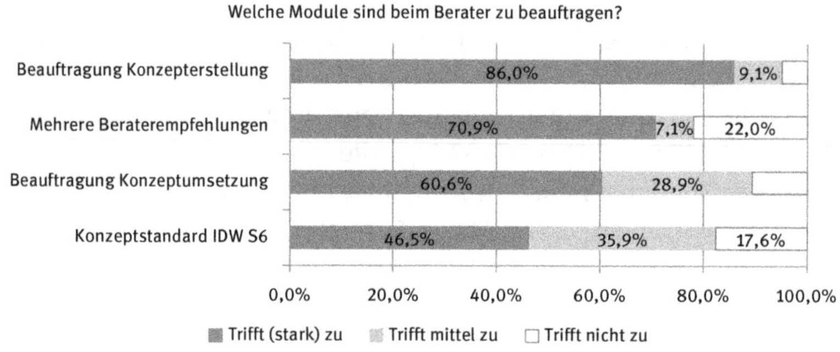

Abb. 4.55: Umfang des Beraterauftrages bei der Sanierung (Quelle: Eigene Darstellung)

Die Qualität des eingesetzten Beraters weist einen Zusammenhang zur Erfolgsquote des wirtschaftlichen Turnarounds auf (vgl. Portisch et al., 2008d, S. 494 ff.). Daher ist es von Interesse, welche Qualifikationen der Sanierungsberater aus Bankensicht mitbringen sollte. Die Ergebnisse einer Untersuchung aus 2017 zeigen die folgenden Eigenschaftskategorien (vgl. Maatz, 2017, S. 158 ff.):

- Fachkompetenz: Die hervorgehobene Priorität hat die Erstellung der finanzwirtschaftlichen Planung zur Erhöhung der finanziellen Transparenz.
- Sozialkompetenz: Berater sollen dem Management den Nutzen eines Konzepts verdeutlichen und die Führungsqualitäten des Managements bewerten.
- Managementkompetenz: Sanierungsberater sollen Systeme und Prozesse installieren können, die eine Firma steuern und wettbewerbsfähig gestalten.

Gerade auf die Managementfähigkeiten ist in der Krise Wert zu legen. Dabei kann der Berater und Interimsmanager bei der Sanierungsumsetzung diese Eigenschaften ergänzen oder sogar ersetzen. Dies ist aber keine Dauerlösung. Des Weiteren bleibt das ehemalige Management häufig im Unternehmen, da eine Gesellschafterstellung besteht. Aus diesem Grund sollte das zu erstellende Sanierungskonzept auch immer eine Aussage über die Fähigkeiten des Managements beinhalten. Eingeschätzt werden sollte, ob bei der Geschäftsleitung die Sanierungseignung gegeben ist und ob diese das Unternehmen dauerhaft konkurrenzfähig führen kann.

4.5 Erstellung und Prüfung des Sanierungskonzepts

Lernziele:
Strukturen und Inhalte von Standardsanierungskonzepten kennen
Sanierungskonzepte mit rechtlichen und wirtschaftlichen Maßstäben beurteilen
Sanierungsalternativen und Sanierungswürdigkeit einschätzen können

Im Anschluss an die Auswahl eines qualifizierten Beraters werden in diesem Abschnitt die Anforderungen an die Sanierungskonzepte sowie die Überprüfung dieser Manuskripte aus Bankensicht betrachtet. Die Ansprüche an die Struktur und die Inhalte eines Sanierungskonzeptes sind unter anderem durch die Empfehlungen des IDW und des ISU Instituts gestaltet worden. Der aktuelle Standard des IDW zur Erstellung von Sanierungskonzepten sowie die Grundsätze ordnungsgemäßer Sanierungskonzepte (GoS) im Rahmen der Mindestanforderungen an Sanierungskonzepte (MaS) werden in Bezug auf ihre materiellen Aussagen beurteilt.

Dabei haben die Fortbestehens-, die Fortführungsprognose und die Bestimmung der Sanierungsfähigkeit aus dem Sanierungskonzept auch insolvenzrechtliche Konsequenzen zur Abwendung einer Zahlungsunfähigkeit und Überschuldung. Der mehrstufige Ansatz wird beispielweise im IDW S 6 stark betont. Dazu ist zu prüfen, ob bereits Insolvenzgründe vorliegen, um diese zunächst für die Dauer der Erstellung des Sanierungskonzeptes zu beseitigen. Verwiesen wird bei dieser insolvenzrechtlichen Prüfung auf den Standard IDW S 11. Neben den wirtschaftlichen Betrachtungen sind auch die rechtlichen Anforderungen an Sanierungskonzepte beispielsweise aus den aktuellen BGH-Entscheidungen und den MaRisk zu beachten.

Im Sanierungskonzept ist einzugehen auf die Krisenursachen, die Krisenstadien, die strategische Neuausrichtung, die Einzelmaßnahmen zur finanzwirtschaftlichen und leistungswirtschaftlichen Sanierung und die Chancen der Sanierbarkeit auf Basis des vorhandenen oder neugestalteten Geschäftsmodells. Nur wenn der Begutachter eine Überwindung der wirtschaftlichen Schieflage für überwiegend wahrscheinlich hält, wird die Sanierungsfähigkeit eines Engagements als positiv eingeschätzt. Entscheider in den Kreditinstituten prüfen diese Prognose kritisch. Die Sichtweise eines Kreditinstituts ist durch weitere Facetten geprägt. Neben der logischen Prüfung der Inhalte und der Aussagen aus dem Sanierungskonzept sind verschiedene Alternativen der Weiterbehandlung zu prüfen. Die Möglichkeiten reichen von der Sanierung bis zur Kündigung und Abwicklung oder dem Verkauf der Kredite. Bei der Prüfung der Sanierungswürdigkeit stehen erwartete Erfolge und mögliche Risiken aus Bankensicht im Vordergrund der Betrachtung.

4.5.1 Prüfung der Sanierungsfähigkeit und Sanierungswürdigkeit

Die Sanierungsuntersuchungen und die Hereinnahme externer Sanierungskonzepte sind in Banken aus wirtschaftlichen und rechtlichen Gründen in der Schieflage eines Kunden erforderlich. Im Vordergrund soll zunächst die wirtschaftliche Betrachtung stehen. Der Firmenkunde soll als Kunde erhalten bleiben und ein Forderungsausfall mit einem wirtschaftlichen Schaden soll vermieden werden. Zusätzlich sind rechtliche Gründe ausschlaggebend für die Einleitung des Sanierungsprozesses und die Beauftragung des externen Sanierungskonzeptes:

- Sicherstellung einer ordnungsgemäßen Geschäftsorganisation mit einem angemessenen und wirksamen Risikomanagement aus § 25a KWG.
- Einhaltung der MaRisk BTO 1.2.5 Rn. 3 mit der Hereinnahme eines Sanierungskonzeptes zur Überprüfung der Sanierungsfähigkeit.
- Vermeidung von Anfechtungsrisiken aus § 129 ff. InsO und dabei insbesondere die Vorsatzanfechtung gemäß § 133 InsO.

Die Sanierungsuntersuchungen können unterschiedlich erfolgen. In der Regel werden prozessuale Ansätze von Beratungsgesellschaften verfolgt. Bei der Dokumentation ist die Einhaltung eines Sanierungsstandards aus wirtschaftlichen und rechtlichen Gründen sinnvoll. Aus wirtschaftlichen Gründen erhöhen sich die Qualität der Analysen und die schriftliche Berichterstattung im Konzept. Aus rechtlicher Sicht findet ein ernsthafter Sanierungsversuch statt, da die zugrundeliegenden Standards die wesentlichen Anforderungen aus BGH-Urteilen enthalten.

Zunächst sind bestimmte Begriffe voneinander abzugrenzen, bevor die unterschiedlichen Standards für die Erstellung und Umsetzung von Sanierungskonzepten dargelegt und beurteilt werden (vgl. Portisch/Holtkötter, 2012f, S. 214 ff.):

- Fortbestehensprognose: Die Insolvenzrechtliche Fortbestehensprognose bei einer Überschuldung aus § 19 Abs. 2 InsO ist primär eine Zahlungsfähigkeitsvorhersage für das angefangene und kommende Geschäftsjahr.
- Fortführungsprognose: Betriebswirtschaftliche nachhaltige Fortführungsfähigkeit. Oberbegriff für Fortbestehensprognose sowie Sanierungsfähigkeit. Going-Concern § 252 Abs. 1 Nr. 2 HGB für die Bewertung im Jahresabschluss relevant.
- Sanierungsfähigkeit: Feststellung der langfristigen Wettbewerbsfähigkeit, Kapitaldienstfähigkeit, Renditefähigkeit für die Stakeholder sowie Grundlage für die Feststellung der überwiegend wahrscheinlichen Sanierungschancen.
- Sanierungswürdigkeit: Beurteilung der Sanierungsaussichten durch die Kreditinstitute unter Berücksichtigung des Sanierungsrisikos, der Zeitdauer der Sanierungsumsetzung zum Turnaround sowie der finanziellen Zugeständnisse
- Sanierungswille: Eignung des Managements, unter Einbindung der Anteilseigner, das neue Leitbild und Geschäftsmodell aus dem Sanierungskonzept konsequent und gegebenenfalls mit externer Begleitung umzusetzen.

Das Sanierungskonzept untersucht in erster Linie die Sanierungsfähigkeit und gibt dazu einen Umsetzungsrahmen vor. Des Weiteren dient es als Grundlage der Überprüfung der Sanierungswürdigkeit und des Sanierungsrisikos für die Kreditinstitute. Wenn das Konzept umgesetzt wird, ist es der erste Rahmen für den Umsetzungsprozess, da wesentliche Maßnahmen und Meilensteine bereits enthalten sind. Dennoch werden die Realisierungen in der Praxis den Gegebenheiten anzupassen sein, wie auch die Planzahlen häufig nochmals revidiert werden.

Zentral für das Vorgehen in der Individualsanierung ist MaRisk BTO 1.2.5. Gemäß MaRisk BTO 1.2.5 Rn. 1 sind in der Sanierung spezialisierte Mitarbeiter einzusetzen und die Federführung liegt außerhalb des Marktes. Wird die Sanierung angestoßen nach MaRisk BTO 1.2.5 Rn. 3, ist ein externes Sanierungskonzept mit der Beurteilung der Sanierungsfähigkeit des Kreditnehmers hereinzunehmen sowie auf dieser Basis die Sanierungswürdigkeit aus Bankensicht abschließend zu bewerten. Nach MaRisk BTO 1.2.5 Rn. 4 sind die Umsetzung des Sanierungskonzeptes und die Auswirkungen der Maßnahmen vom Institut zu überwachen und aus MaRisk BTO 1.2.5 Rn. 5 und BT 3 sind die Geschäftsleiter bei bedeutenden Engagements regelmäßig über den Stand der Sanierung zu informieren (vgl. Kurfels, 2018, S. 128).

Zentral ist zunächst die Hereinnahme eines qualitativ geeigneten Sanierungskonzepts. Auf dieser Basis beurteilt die Bank die Sanierungsfähigkeitsaussage und unter Würdigung der bankinternen Einschätzung auch die Sanierungswürdigkeit. So können umfangreiche finanzielle Zugeständnisse erforderlich sein oder die Erreichbarkeit eines durchgreifenden Turnarounds wird in Zweifel gezogen.

Neu eingefügt wurde im Rahmen der Überarbeitung der MaRisk in BTO 1.2.5 Rn. 2 Demnach kann sich ein Institut bei einem Kreditnehmer trotz Erfüllung der Kriterien für den Übergang in die Sanierung beziehungsweise Abwicklung und trotz wesentlicher Leistungsstörungen für einen Verbleib in der Intensivbetreuung entscheiden, wenn sichergestellt ist, dass das Adressenausfallrisiko des Kredites verringert oder begrenzt werden kann. Diese Maßnahmen sind mit den spezialisierten Mitarbeitern aus der Sanierung abzustimmen und rechtliche Risiken sind zu überprüfen.

Hier handelt es um einen Ausnahmetatbestand. Engagements, die eigentlich in die Sanierung gehören, können ohne die ansonsten in MaRisk BTO 1.2.5 beschriebenen Sanierungsmaßnahmen mit in der Intensivbetreuung bearbeitet werden, wenn ein Risikoabbau erfolgt oder der Stand beibehalten wird. Aus rechtlichen und aus wirtschaftlichen Gründen sollte dieses Vorgehen jedoch möglichst unterbleiben, denn bei einem nicht ernsthaften Sanierungsversuch können Risiken aus der Anfechtung im Insolvenzverfahren bestehen. Die Ausnahmen von den typischen Abläufen nach MaRisk BTO 1.2.5 sind demnach:

- Kreditengagements unterhalb der Risikorelevanzgrenze
- Fälle, bei denen begründet ein internes Sanierungskonzept ausreicht
- Nutzung des Ausnahmetatbestandes gemäß MaRisk BTO 1.2.5 Rn. 2

Die Regelung nach MaRisk BTO 1.2.5 Rn. 3 lässt einen gewissen Interpretationsspielraum. Grundsätzlich ist wegen eines ernsthaften Sanierungsversuchs nach der BGH-Rechtsprechung ein externes Sanierungskonzepts hereinzunehmen. Dieses gilt bei einer Neukreditgewährung, einer Prolongation und internen Umschuldung im Rahmen einer aktiven Unternehmenssanierung mit finanzwirtschaftlichen Maßnahmen. Als Ausnahme kann bei einer reinen Konsolidierung mit einem Stillhalten oder bei einem kontrollierten Ausstieg im Abbauportfolio ein internes Konzept ausreichen. Eine Sanierungsfähigkeit muss nicht unbedingt gegeben sein. Dieses abweichende Vorgehen sollte begründet und dokumentiert werden (vgl. DSGV, 2018, S. 187).

Im Folgenden wird die Vollsanierung nach MaRisk BTO 1.2.5 mit der Hereinnahme und Überprüfung eines externen Sanierungskonzepts beschrieben. Die Anforderungen an ein rechtskonformes und inhaltlich aussagekräftiges Sanierungskonzept zur Beurteilung der Sanierungsfähigkeit sind hoch. Zur Verbesserung der Qualität von Sanierungsgutachten wurden verschiedene Standards eingeführt:

- GoS: Die Grundsätze ordnungsgemäßer Sanierungskonzepte (GoS) beschreiben feste Strukturen, Prinzipien und Regeln, nach denen ein ganzheitlicher Sanierungsprozess mit dem Kernbestandteil Sanierungskonzept verlaufen sollte.
- MaS: Aufbauend auf den GoS wurde mit den Mindestanforderungen an Sanierungskonzepte (MaS) ein Standard zu der Bewältigung von Sanierungsprojekten unter der Einbindung der relevanten Stakeholder entwickelt.
- IDW S 6: Der IDW Standard: Die Anforderungen an die Erstellung von Sanierungskonzepten (IDW S 6) beinhalten ein stufenweises Vorgehen bei der Insolvenzüberprüfung und der Analyse und Bestätigung der Sanierungsfähigkeit.
- KFS-Standard: Standard der KMU-Berater zur Erstellung von Sanierungsgutachten mit Anpassungen und Erleichterungen bei der Konzepterstellung für kleine und mittlere Unternehmen mit Regeln und Beispielinhaltsverzeichnis.
- GoRS: Grundlagen ordnungsgemäßer Restrukturierung und Sanierung (GoRS) des BDU schaffen einen Überbau für bereits vorhandene Standards, in dem die existierenden Regelwerke miteinander verknüpft werden.

Im Folgenden wird primär auf den IDW S 6 und die MaS eingegangen, da sich beide Standards in der Praxis durchgesetzt haben. Aufgrund von möglichen Schadensersatzpflichten gegenüber der Geschäftsleitung beziehungsweise den Organen einer Kapitalgesellschaft sollten neben den ein Sanierungskonzept anfordernden Kreditinstituten die Leitungsorgane von Unternehmen aus Haftungsgründen eigenständig in einer Krise eine Sanierung einleiten und dieses durch ein Sanierungskonzept dokumentieren. Dazu ist die betriebswirtschaftliche Frage der Sanierungsfähigkeit zu beantworten (vgl. Crone, 2017, S. 65 ff.). Insgesamt sind an die Konzepte hohe formale, inhaltliche sowie rechtliche Anforderungen zu stellen. Kreditinstitute achten dabei auf die Einhaltung der Merkmale aus der aktuellen Rechtsprechung, damit ein ernsthafter Sanierungsversuch vorliegt.

Dabei ist von Bedeutung, dass wichtige betriebswirtschaftliche Kernbestandteile in einem Sanierungskonzept vorzufinden sind. Außerdem sind die rechtlichen Anforderungen aus verschiedenen BGH-Urteilen inhaltlich zu berücksichtigen. Ein formaler Sanierungsstandard ist nicht unbedingt anzuwenden, wie der BGH in dem Urteil vom 12.05.2016, IX ZR 65/14 formuliert hat. Vielmehr kommt es auf die materiellen Anforderungen an, die in verschiedenen Leitsätzen vom BGH festgehalten wurden. Die wesentlichen BGH-Leitsätze lauten:

- Das Sanierungskonzept geht von den erkannten und erkennbaren tatsächlichen Gegebenheiten aus, ist in sich schlüssig und nicht offensichtlich undurchführbar (vgl. BGH-Urteil vom 12.11.1992, IX ZR 236/91).
- Für die Prognose der Durchführbarkeit ist auf die Beurteilung eines unvoreingenommenen, branchenkundigen Fachmanns abzustellen, dem Buchhaltungsunterlagen vorlagen (vgl. BGH-Urteil vom 04.12.1997, IX ZR 47/97).
- Das Sanierungsgutachten enthält eine detaillierte Analyse der wirtschaftlichen Lage des Unternehmens im Rahmen seiner Wirtschaftsbranche und erfasst die wesentlichen Krisenursachen (vgl. BGH-Urteil vom 04.12.1997, IX ZR 47/97).
- Das Sanierungsgutachten beurteilt die Vermögens-, Ertrags- und Finanzlage des Unternehmens zutreffend (vgl. BGH-Urteil vom 04.12.1997, IX ZR 47/97).
- Das Unternehmen ist nach der pflichtgemäßen Einschätzung eines unabhängigen Dritten objektiv sanierungsfähig. Die für die Sanierung in Angriff genommenen Schritte sind dazu geeignet, die Gesellschaft in überschaubarer Zeit durchgreifend zu sanieren (vgl. BGH-Urteil vom 21.11.2005, II ZR 277/03).
- Die geplanten Sanierungsmaßnahmen sind in Anfängen schon in die Tat umgesetzt, das heißt die Sanierungsaktivitäten wurden sachgerecht eingeleitet (vgl. BGH-Urteil vom 12.11.1992, IX ZR 236/91).

Weitere Auszüge der Leitsätze sowie Inhalte aus einem aktuellen BGH-Urteil vom 12.05.2016, IX ZR 65/14 lauten:

- „Der Gläubiger kann nur dann von einem schlüssigen Sanierungskonzept des Schuldners ausgehen, wenn er in Grundzügen über die wesentlichen Grundlagen des Konzeptes informiert ist; dazu gehören die Ursachen der Insolvenz, die Maßnahmen zu deren Beseitigung und eine positive Fortführungsprognose."
- „Der Gläubiger ist nicht verpflichtet, das Sanierungskonzept eines Schuldners fachmännisch zu prüfen oder prüfen zu lassen; er darf sich auf die Angaben des Schuldners oder dessen Berater zu den Erfolgsaussichten des Konzeptes verlassen, solange er keine Anhaltspunkte dafür hat, dass er getäuscht werden soll oder dass der Plan keine Chancen auf dauerhaften Erfolg bietet."
- „Der Sanierungsplan des Schuldners muss nicht den formalen Erfordernissen entsprechen, wie sie das Institut für Wirtschaftsprüfer e.V. im IDW Standard S 6 oder das Institut für die Standardisierung von Unternehmenssanierungen als Mindestanforderungen an Sanierungskonzepte aufgestellt haben."

Diese rechtlichen Kerninhalte sind in den Standards wie den MaS oder dem IDW S 6 enthalten. Daher hebt die Anwendung eines Sanierungsstandards die betriebswirtschaftliche Qualität der Sanierungsgutachten und erfüllt die rechtlichen Voraussetzungen. Es wird zudem ein strukturiertes Vorgehen bei den Analysen gewählt. Die Sanierungskonzepte weisen zudem eine einheitliche Gliederungsstruktur auf und lassen sich aus Bankensicht effizient überprüfen.

Im Folgenden wird primär auf die betriebswirtschaftlichen Rahmenbedingungen in Sanierungskonzepten nach den MaS und dem Standard IDW S 6 eingegangen, da der vornehmliche Zweck in der Feststellung der überwiegenden Wahrscheinlichkeit der Sanierungsfähigkeit des Unternehmens besteht.

Im BGH-Urteil vom 12.05.2016, IX ZR 65/14 Rn. 36 wird näher erläutert, dass bei der Notwendigkeit von Umstrukturierungsmaßnahmen diese Schritte nicht im Detail erörtert werden müssen. Es ist aber grundsätzlich darzulegen, dass die Realisierungen in Angriff genommen werden und dass nach ihrer Durchführung für das Unternehmen wieder Erfolgsaussichten bei der Beseitigung der Schieflage bestehen und die Rentabilität der unternehmerischen Tätigkeit wiederhergestellt werden kann. Diese Maßnahmen sollten die positive Fortführungsprognose klar begründen können (vgl. BGH-Urteil vom 12.05.2016, IX ZR 65/14 Rn. 36).

Die Fortführung kommt im Going-Concern-Prinzip zum Ausdruck Der aktuelle Prüfungsstandard IDW PS 270 setzt bei der Bewertung der Aktiva unter Going-Concern-Gesichtspunkten gemäß § 252 Abs. 1 Nr. 2 HGB an und ist allerdings primär auf die Prüfung des Jahresabschlusses zugeschnitten. Dabei wird der Jahresabschluss unter der Annahme aufgestellt, dass das Unternehmen für die absehbare Zukunft seine Geschäftstätigkeit fortführt. Der Begriff der Sanierungsfähigkeit ist umfassender zu interpretieren. Hier sind konkrete Sanierungsmaßnahmen in Betracht zu ziehen.

Die Analyse der Sanierungsoptionen sollte durch einen externen qualifizierten und von der Firma unabhängigen Sanierungsberater erfolgen. Das Krisenunternehmen ist ganzheitlich im Hinblick auf die vorhandenen internen Krisenursachen und die externe Einbindung in die relevanten Märkte zu untersuchen. Wichtig ist, dass die Analyse mit einem Urteil zur Sanierungsfähigkeit abschließt. Im Folgenden werden die Anforderungen an die Struktur und die Inhalte eines Sanierungskonzepts auf Basis der MaS und des IDW S 6 dargestellt und beurteilt werden.

Definition: Das **Sanierungskonzept** oder synonym das Sanierungsgutachten, beschreibt das theoretische Umsetzungskonzept für ein Unternehmen, um aus einer Krisenlage zurück in einen Zustand der Wettbewerbsfähigkeit und Renditefähigkeit zu gelangen. Ein wichtiges inhaltliches Merkmal ist die Überprüfung der Sanierungsfähigkeit. Aus bankinternen Richtlinien und aus rechtlichen Gründen benötigen Kreditinstitute diese Einschätzung, um Anfechtungsrisiken, Haftungsrisiken sowie wirtschaftliche Gefahren aus der Begleitung von Firmenkunden in der Krise zu vermeiden und eine Entscheidung über finanzwirtschaftliche Maßnahmen und die Begleitung einer Sanierung oder die Weichen in Richtung einer Insolvenz mit der gerichtlichen Sanierung oder Abwicklung zu treffen.

GoS und Mindestanforderungen an Sanierungskonzepte (MaS)

Die MaS sind zweiteilig aufgebaut. Zunächst werden Grundsätze ordnungsgemäßer Sanierung (Gos) beschrieben, die allgemeingültigen Charakter besitzen. Im zweiten Teil erfolgt die inhaltliche Durchführung von Sanierungen bei Firmen nach MaS.

Gemäß der GoS-Struktur sind zehn Grundsätze zu beachten, um eine ganzheitliche Sanierungsberatung, inklusive der Berichterstattung und der Umsetzung, auf einem hohen qualitativem Niveau sicherzustellen (vgl. Portisch, 2012c, S. 21 ff. sowie Portisch/Schuppener, 2012d, S. 36 ff.). Auf diese Weise kann ein optimales Sanierungsergebnis erreicht werden. Die GoS werden in Abb. 4.56 dargestellt.

1. Grundsatz der Erfüllung der rechtlichen Anforderungen
   - Berücksichtigung der aktuellen Rechtsprechung zu Sanierungskonzepten
   - Überprüfung der Insolvenzantragspflicht
2. Grundsatz der Neutralität und Qualifikation des Gutachters
   - Detaillierte Auftragsvergabe und Verantwortlichkeit der Auftragsdurchführung
   - Nachweis der Qualifikation und Neutralität des Gutachters
3. Grundsatz der Vollständigkeit und Aktualität
   - Vollständige Einbeziehung aller Daten und Informationen
   - Eingehen auf aktuelle Erkenntnisse und Erfordernisse
4. Grundsatz der Wesentlichkeit und Angemessenheit
   - Besondere Analyse der risikorelevanten Bereiche
   - Hervorhebung wichtiger Inhalte und Berücksichtigung der Komplexität des Falles
5. Grundsatz der Klarheit
   - Überprüfung der Informationsquellen und Darlegung der Vorgehensweise
   - Formulierung von transparenten und praxisnahen Handlungsempfehlungen
6. Grundsatz der Folgerichtigkeit
   - Prüfung einer lückenlosen Argumentationskette
   - Abbildung der Unsicherheit durch Szenariorechnungen
7. Grundsatz der Flexibilität
   - Eingehen auf die individuellen Risikomerkmale
   - Berücksichtigung der Rahmenbedingungen und des Krisenverlaufes
8. Grundsatz der Nachhaltigkeit
   - Erarbeitung eines wettbewerbsfähigen Geschäftsmodells
   - Realisierung der erforderlichen leistungs- und finanzwirtschaftlichen Maßnahmen
9. Grundsatz der Sicherstellung des Sanierungsmanagements
   - Gewährleistung der Maßnahmenumsetzung aus dem Gutachten
   - Schaffung einer Sanierungsorganisation und eines Sanierungscontrollings
10. Grundsatz der Dokumentation
    - Schriftliche Erstellung eines strukturierten Sanierungsgutachtens
    - Klare Fortführungsprognose und Aussage zur Sanierungsfähigkeit

Abb. 4.56: Grundsätze ordnungsgemäßer Sanierungskonzepte (Quelle: Eigene Darstellung)

Die Einhaltung des Aufbaus und der Inhalte des Regelungswerkes GoS erlaubt bei gleichzeitig hoher Praxisnähe und Flexibilität eine Sanierungsuntersuchung sowie Berichterstattung auf hohem Niveau. Diese Durchführung einer Sanierungsanalyse nach den Grundsätzen ist in der Praxisanwendung wie folgt zu beurteilen:

- Ganzheitlicher Sanierungsprozess mit Auswahl Gutachter und Umsetzung
- Flexible Anpassung an kleine oder auch komplexe Sanierungsfälle
- Keine Vorgabe in Form der Gliederung eines Sanierungskonzepts

Aufbauend auf den Grundsätzen ordnungsgemäßer Sanierungskonzepte wurde mit den Mindestanforderungen an Sanierungskonzepte (MaS) ein umfangreicher Standard zur praxisnahen Bewältigung von Sanierungsprojekten, außergerichtlich und im eröffneten Insolvenzverfahren, entwickelt. Es handelt sich um eine pragmatische Vorgehensweise zur Erstellung von Sanierungskonzepten. Wichtige Stakeholder wie Gläubiger werden mit ihren Anforderungen eingebunden. Ein Sanierungskonzept nach den GoS und den MaS umfasst insgesamt die folgenden inhaltliche Elemente (vgl. Peppmeier/Schuppener, 2012, S. 50 ff.):

- Basisdaten zum Auftragsumfang und der Beschreibung des Unternehmens
- Darstellung wirtschaftlicher Ausgangslage und Analyse Krisenursachen
- Sanierungskonzept mit leistungs- und finanzwirtschaftlichen Maßnahmen
- Integrierte Planungsrechnung zur Vermögens-, Finanz- und Ertragslage
- Nachvollziehbare, schlüssig abgeleitete Beurteilung der Sanierungsfähigkeit

IDW Standard: Anforderungen an Sanierungskonzepte (IDW S 6)

Der IDW Standard Anforderungen an Sanierungskonzepte (IDW S 6) wurde überarbeitet und in 2018 verabschiedet (vgl. IDW, 2018a, Rn. 1 ff. und DSGV, 2018, S. 1 ff.). Dabei wurde der Standard gekürzt und Fragen und Antworten in ein weiteres Dokument ausgelagert (vgl. IDW, 2018a, Rn. 1 ff. und IDW, 2018b, Rn. 1 ff.). Es besteht ein mehrstufiges Konzept, das durch den Sanierungsablauf überlagert wird. Der Sanierungsverlauf wird unterteilt in die Phasen Auftragsannahme und Auftragsdurchführung. Inhaltlich existiert eine Vorstufe zur Prüfung der Insolvenzreife nach IDW S 11 und möglicher finanzwirtschaftlicher Sofortmaßnahmen. Es folgt die zentrale Stufe der Konzepterstellung sowie bei einer positiven Votierung der Gläubiger die Umsetzung der Sanierungsmaßnahmen aus dem Konzept. Das prozessuale Vorgehen wird in der folgenden Abb. 4.57 dargestellt.

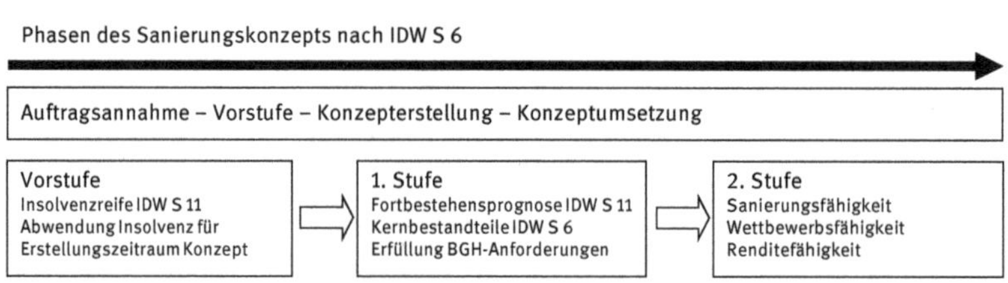

Abb. 4.57: Ablauf Sanierungsüberprüfung nach IDW S 6 (Quelle: In Anlehnung an IDW S 6, 2018a)

Auf der ersten Stufe erfolgt eine Überprüfung der Fortführungsfähigkeit einer Firma auf Grundlage der Zahlungsfähigkeit sowie der Kapitalisierung für das laufende und das folgende Geschäftsjahr (vgl. Groß/Amen, 2002a, S. 225 ff., 2002b, S. 433 ff.).

Wird diese bejaht, ist auf der zweiten Stufe die Wiederherstellung der nachhaltigen Wettbewerbsfähigkeit und Renditefähigkeit auf Basis einer krisenstadiengerechten Bewältigung der Schieflage zu gestalten. Dazu besteht die Aufforderung, dass sämtliche durchlaufene Krisenstadien der Stakeholderkrise, Strategiekrise, Produkt- und Absatzkrise, Erfolgskrise und Liquiditätskrise differenziert aufzuarbeiten und durch Maßnahmen nachhaltig zu beseitigen sind. Grundlage einer Sanierung ist das Leitbild, das als wettbewerbsfähiges Geschäftsmodell eines sanierten Unternehmens zu interpretieren ist. Das Sanierungskonzept und der Gesundungsprozess sind an dem Firmenleitbild auszurichten. Der Standard IDW S 6 prägt für die Konzepterstellung die Zielbegriffe (vgl. IDW S 6, 2018a, Rn. 24 ff. und Steffan/Solmecke, 2018, S. 5 ff.):

- Nachhaltige Fortführungsfähigkeit
- Wettbewerbsfähigkeit und Renditefähigkeit
- Angemessene Eigenkapitalausstattung

Bei der Detailtiefe der Beschreibungen ist der Grundsatz der Wesentlichkeit zu berücksichtigen. Die Kernbestandteile des IDW S 6 sind BGH-konform aufgebaut und mindestens mit aufzunehmen. Der Standard IDW S 6 richtet sich in erster Linie an Wirtschaftsprüfer, es wird neuerdings allgemeiner von Konzeptersteller gesprochen. Dieser Standard für Sanierungskonzepte wird von Unternehmensberatern als Qualitätsstandard angewendet (vgl. Portisch, 2009c, S. 36 ff.). Die wesentlichen Kernbestandteile eines Sanierungskonzepts nach IDW S 6 sind in Abb. 4.58 dargestellt.

1. Beschreibung von Auftragsgegenstand und -umfang
   - Beschreibung der Auftragsbedingungen und der Begutachtungsinhalte
   - Festlegung der verantwortlichen Sanierer und des Zeitrahmens
2. Basisinformationen über die wirtschaftliche und rechtliche Ausgangslage
   - Untersuchung der leistungswirtschaftlichen Verhältnisse und der Branche
   - Analyse der Vermögens-, Finanz- und Ertragslage
3. Analyse von Krisenstadium und -ursachen
   - Feststellung des Krisenstadiums und des Intensitätsgrads der Krise
   - Analyse der internen und externen Krisenursachen
4. Darstellung des Leitbilds mit dem Geschäftsmodell des sanierten Unternehmens
   - Erarbeitung eines nachhaltig wettbewerbsfähigen Geschäftsmodells
   - Krisenstadiengerechte Überwindung der wirtschaftlichen Schieflage
5. Maßnahmen zur Abwendung der Insolvenzgefahr und Bewältigung der Krise
   - Sanierungsschritte zur Herstellung des erarbeiteten Leitbilds
   - Finanzwirtschaftliche und leistungswirtschaftliche Sanierungsmaßnahmen
6. Integrierter Unternehmensplan
   - Zahlenmäßige Darstellung der Maßnahmeneffekte und des Sanierungsablauf
   - Integrierte Planungsrechnung mit Planbilanz, Plan-Guv, Finanzplan und Kennzahlen
7. Zusammenfassende Einschätzung der Sanierungsfähigkeit
   - Berichterstattung, Muster für Schlussbemerkung und Zusammenfassung
   - Beispiel für die Gliederung eines Sanierungskonzepts

Abb. 4.58: Kernbestandteile Sanierungskonzept IDW S 6 (Quelle: In Anlehnung an IDW S 6, 2018a)

Neu mit aufgenommen beziehungsweise abgeändert wurden in der aktuellen Version des Standards für Sanierungskonzepte IDW S 6 (vgl. IDW S 6, 2018a, Rn. 1 ff.):

- Sanierungskonzepte bei kleineren Unternehmen: Formuliert werden Erleichterungen in Bezug auf das Ausmaß der Analysen sowie der Berichterstattung. Es sind allerdings sämtliche Kernbestandteile BGH-konform aufzunehmen.
- Weglassen der detaillierten Beschreibung der Krisenstadien sowie zum Leitbild: Diese Ausführungen finden sich in den gesonderten Fragen und Antworten. Bei der Zahlungsunfähigkeit und Überschuldung wird auf IDW S 11 verwiesen.
- Integration einer Konzernsanierung: Bei Konzernen sind auch die finanz- sowie leistungswirtschaftlichen Verflechtungen zu berücksichtigen, insbesondere die Sicherstellung der Zahlungsfähigkeit der Konzerngesellschaften.
- Änderungen bei der Sanierungsaussage und Dokumentation: Es sind Aussagen zur Fortführungsfähigkeit auf Basis der Analysen in Stufe 1 sowie Aussagen zur Wettbewerbs- und Renditefähigkeit in Stufe 2 zu tätigen.
- Mustergliederung für ein Sanierungskonzept: Die Berichterstattungsgrundsätze werden ausführlich beschrieben und es wird ein Muster für eine Schlussbemerkung zur Zusammenfassung und eine Beispielgliederung gegeben.

Insgesamt handelt es sich beim IDW S 6 um eine umfassende Abbildung wichtiger Inhalte eines Sanierungskonzepts. Dieses Regelwerk erklärt, welche Grundsätze bei der Erstellung des Konzepts einzuhalten und welche Kerninhalte zu erarbeiten sind. Im aktuellen Standard wird insbesondere auf die aktuellen rechtlichen Erfordernisse eingegangen. Die Sanierungsberichterstattung auf der Basis des Standards für Sanierungskonzepte IDW S 6 ist wie folgt zu beurteilen:

- Ganzheitliche und vollständige Betrachtung der Sanierungsprüfung
- Detailliertes Eingehen auf die Erstellung der Fortführungsprognose
- Hohe Komplexität und Unübersichtlichkeit der einzelnen Prüfschritte

Das Unternehmen ist dauerhaft und durchgreifend gemäß der BGH-Rechtsprechung zu sanieren, damit es nach der Umsetzung wieder profitabel arbeitet und die marktübliche Rentabilität wiederhergestellt ist. Des Weiteren sollte das Unternehmen ein angemessenes Eigenkapital aufweisen, um nach der Sanierung wieder kreditwürdig zu sein (vgl. Steffan/Solmecke, 2018, S. 7 ff.). Die Erstellung von Sanierungskonzepten „in Anlehnung an IDW S 6" wird als unzulässig erachtet, wenn dann nicht alle Kernbestandteile enthalten sind (vgl. Steffan, 2016, S. 1310 ff.).

Diese aktuelle Neufassung des IDW S 6 ist deutlich kürzer und konzentriert sich auf wesentliche Elemente einer Sanierung. Die Anpassung des IDW S 6 bezüglich der Erstellung von Sanierungskonzepten für kleine Unternehmen greift die neue Rechtsprechung des BGH auf und stellt klar, dass der Umfang von Sanierungskonzepten sich ausschließlich am Bedarf sowie an der jeweiligen Krisensituation des betrachteten Unternehmen zu orientieren hat.

Allerdings scheint sich der Standard für Sanierungskonzepte des IDW weiterhin auf die rechtlichen Aspekte zu fokussieren. Demnach wird der juristischen Betrachtung mit den Anforderungen an die Rechtsprechung, insbesondere der haftungsrechtlichen sowie der anfechtungsrechtlichen Thematik, eine hohe Bedeutung geschenkt (vgl. Steffan, 2016, S. 1310 ff.). Hauptzwecke sollten aber die betriebswirtschaftliche sowie leistungswirtschaftliche Sanierung sein, unter Beachtung der rechtlichen Anforderungen als Nebenbedingungen (vgl. Portisch, 2018a, S. 18 ff.).

Es sollte ein Management-Audit im Sanierungskonzept durchgeführt werden, das die Fähigkeiten des Managements in der Krise und die Eignung zur Sanierungsrealisierung überprüft. Der notwendige Austausch des Managements ist ebenfalls eine wichtige Sanierungsoption und daher zu überprüfen. Es ist auch klarzustellen, wie sich bei einer Verflechtung zwischen Geschäftsführung und Gesellschafterstellung der schwer zu gestaltende Wechsel im Management auf die Sanierungsfähigkeitsaussage auswirkt. Unklar ist ob und mit welcher konkreten Methode die Mitglieder der Führungsebene in Bezug auf die Sanierungseignung und Umsetzungsrealisierung zu überprüfen sind. Hier lassen sich Vorschläge für ein Management-Audit aus der EFQM-Excellence-Methodik ableiten (vgl. Maatz/Neuhaus, 2017, S. 251 ff.).

Die Reduzierungen bei der Sanierung von kleineren Unternehmen hätten allerdings noch konkreter gefasst werden können. Bei kleineren Unternehmen ist das Geschäft stark operativ geprägt, sodass eine Leitbildentwicklung wie im IDW S 6 gefordert problematisch ist (vgl. Püschel, 2013, S. 53 ff.). Der Charakter der Unternehmensführung ist oft familiär ausgerichtet, die finanzielle Lage angespannt und es besteht ein begrenztes Zeitfenster für die Sanierungskonzeptentwicklung. Der Umsetzungsprozess sollte detailliert beschrieben werden mit Meilensteinen. Dabei ist auch zu beachten, dass die Sanierungskonzeption mit den eruierten Maßnahmen, gegebenenfalls an neue Kenntnisse aus dem begonnenen Umsetzungsprozess anzupassen ist, wenn sich neue Krisenursachen ergeben, die bislang noch nicht entdeckt und beschrieben wurden. Die integrierte Planung ist rollierend, an die tatsächlichen Gegebenheiten der Umsetzung zu aktualisieren. Es könnten Anregungen für ein geeignetes Umsetzungsreporting in digitaler Form an die Stakeholder gegeben werden.

Von Vorteil wäre, es in der Präambel bestimmte Sanierungstypen von dem Standard IDW S 6 auszunehmen. Der Standard richtet sich üblicherweise an realwirtschaftlich orientierte Unternehmen mit einer Organisationsstruktur. Single-Purpose-Vehicle-Finanzierungen sollten aufgrund der Eigenheiten von einem vollumfänglichen IDW S 6 befreit werden. Hier wird ein vollumfänglicher IDW S 6, entgegen anderer Meinung, nicht erforderlich sein, denn leistungswirtschaftliche Geschäftsmodellveränderungen sind bei Single Assets nicht in sämtlichen Fällen umsetzbar (vgl. Crone, 2017, S. 105). Gegebenenfalls sollten auch kapitalmarktorientierte Firmen vom IDW S 6 ausgenommen werden, aufgrund der rechtlichen Besonderheiten. Da in Konzernen die Zahlungsströme oftmals über Cash-Pool-Systeme gelenkt werden, sollte im IDW S 6 die einschlägige Rechtsprechung dazu genannt werden.

Ein wichtiger Adressat dieser Konzepte sind Kreditinstitute. Aus diesem Grund sollte das Gutachten auch auf die erreichbare Kapitaldienstfähigkeit eingehen. Dieses Kriterium ist ein wichtiger Beurteilungsmaßstab für Banken. Es ist von Vorteil, wenn dieses Entscheidungskriterium bereits frühzeitig in das Kalkül der Sanierungsberater einbezogen wird, um die Banken zu Beiträgen zu bewegen. Dieses kann eine Entscheidung zur Gewährung finanzwirtschaftlicher Zugeständnisse positiv beeinflussen, wenn festgestellt wurde, dass die Kapitaldienstfähigkeit in absehbarer Zeit erreichbar erscheint. Es wird in dem Regelwerk nicht detailliert auf die leistungswirtschaftlichen Umsetzungsschritte der Maßnahmen eingegangen. Daher fehlt die Forderung zur genauen Beschreibung eines Sanierungsprojekts mit Meilensteinen, Verantwortlichkeiten und zeitlichen Abarbeitungen.

Alternative Konzepte sehen für kleine Unternehmen deutliche Erleichterungen vor. Ein Sanierungskonzept, dass die Anforderungen des IDW S 6 vollumfänglich erfüllt, bedeutet meist einen erheblichen finanziellen Aufwand. Dieser kann die meist ausgelasteten Kreditlinien stark belasten. Aus diesem Grund sind konkrete Vereinfachungsmöglichkeiten bei der Gutachtenerstellung zu benennen. Da die Rechtsprechung nicht die mit hohem Aufwand verbundene Analyse und neu zu generierende Leitbilderstellung des sanierten Unternehmens und auch nicht den IDW S 6 fordert, kann hier eine Reduzierung vorgenommen werden (vgl. Holtkötter, 2017, S. 76 ff.). In vielen Fällen ist im kleineren Mittelstand das Geschäftskonzept etabliert und die Probleme bestehen in anderen Bereichen. Gegebenenfalls sind nur geringe Neujustierungen beim Geschäftsmodell erforderlich. Vollständige Änderungen sind in der Regel meist nicht praktizierbar und führen zu einer negativen Sanierungsfähigkeitsaussage. Kostentreiber und oft sehr aufwendig ist zudem die Erarbeitung der integrierten Planung. Diese ist in allen Fällen erforderlich zur Sanierungssteuerung und um die insolvenzrechtliche Überprüfung vorzunehmen. Die inhaltlich notwendigen Kerninhalte sind im IDW S 6 rechtlich und betriebswirtschaftlich sinnvoll. Dennoch kann davon abgewichen werden. Der BGH hat in seinem Urteil in 2016 eben keinen Standard als Grundlage gelegt. Damit sind auch bestimmte Kerninhalte und IDW-spezifische Ausführungen nicht rechtlich verbindlich.

Ein Sanierungsgutachten sollte unabhängig von der Einhaltung eines Standards mit einer detaillierten rechtlichen und wirtschaftlichen Bestandsaufnahme in Form der Unternehmensanalyse beginnen. Es ist von Bedeutung, das Krisenstadium festzustellen, in dem sich das Unternehmen befindet. Dieses ist wichtig, da beispielsweise in einer akuten Liquiditätskrise unverzüglich Maßnahmen zur Sicherung der Zahlungsfähigkeit ergriffen werden müssen, um die Insolvenzantragspflicht zu vermeiden. Des Weiteren ist es von Bedeutung, die wesentlichen internen sowie externen Krisenursachen zu erkennen, um mögliche Ansatzpunkte für wirksame Sanierungsmaßnahmen zu identifizieren. Das Erkennen sowie das Darlegen der internen und externen Krisenursachen ist Kern eines Sanierungsgutachtens, da die zu ergreifenden Sanierungsmaßnahmen die Gründe der Schieflage beseitigen sollen.

Die Erforschung dieser Krisenfaktoren sollte systematisch erfolgen und strukturiert in dem Konzept dargelegt werden. Daher bieten sich folgende Ausgangspunkte an, um die wesentlichen Krisenmerkmale zu ermitteln:

- Untersuchung der Geschäftsfelder, Produkte und Dienstleistungen
- Analyse des Managements und der übrigen internen Stakeholder
- Analyse der Organisationsstruktur und der Geschäftsprozesse

Unterscheiden lassen sich interne, externe sowie interne-externe Mischformen von Krisenursachen. Unternehmensschieflagen sind in der Regel nicht allein auf einen Grund zurückzuführen. Typischerweise ist eine Krise durch multikausale Faktoren geprägt. Diese Ursachen und Wirkungen sind zudem meist stark verflochten. Bedeutende Krisenursachen und die nachfolgenden Auswirkungen können sich oft stark vermischen. Häufig auftretende interne Krisenursachen, die aus dem Unternehmen heraus entstehen, sind beispielsweise:

- Managementfehler und mangelhafte personelle Ressourcen
- Fehlende oder nicht leistungsfähige Controllingsysteme
- Qualitätsmängel bei Produkten und Dienstleistungen

Die Ursachen für nicht vom Unternehmen zu verantwortende externe Krisengründe liegen in Marktentwicklungen begründet und sind unter anderem von makroökonomischen Faktoren abhängig. Daher kann sich die konjunkturelle Wirtschaftslage in bestimmten Sektoren abschwächen oder die Preise für Inputfaktoren verteuern sich. Folgende Merkmale können von externer Seite auf ein Unternehmen einwirken und eine bedrohliche Schieflage auslösen:

- Steigende Zinsen, Energie- und Rohstoffpreise, schwankende Wechselkurse
- Veränderte relevante gesetzliche Rahmenbedingungen
- Konjunkturelle Einbrüche der Wirtschaft und Finanzkrisen

Vielfach liegen die Krisenursachen weder eindeutig in einem Unternehmen begründet, noch sind diese alleine durch marktseitige Faktoren zu erklären. Interne und externe Krisenmerkmale sind eng miteinander verbunden. Zusätzlich kann die Geschäftsleitung der Firma auf schwierige wirtschaftliche Situationen angemessen reagieren und deren Auswirkungen in Grenzen halten. Beispiele für die vernetzten internen-externen Krisenursachen sind:

- Forderungsverluste bei Kunden und Ausfälle von Lieferanten
- Nachfrageverschiebungen auf den globalen Märkten, Zölle
- Veränderungen von Verfahren und bei führenden Technologien

Als methodisches Hilfsmittel zur systematischen Feststellung von Krisenursachen in den Unternehmen kann unter anderem eine Analyse der Wertschöpfungskette nach Porter dienen, die in folgender Abb. 4.59 dargestellt wird.

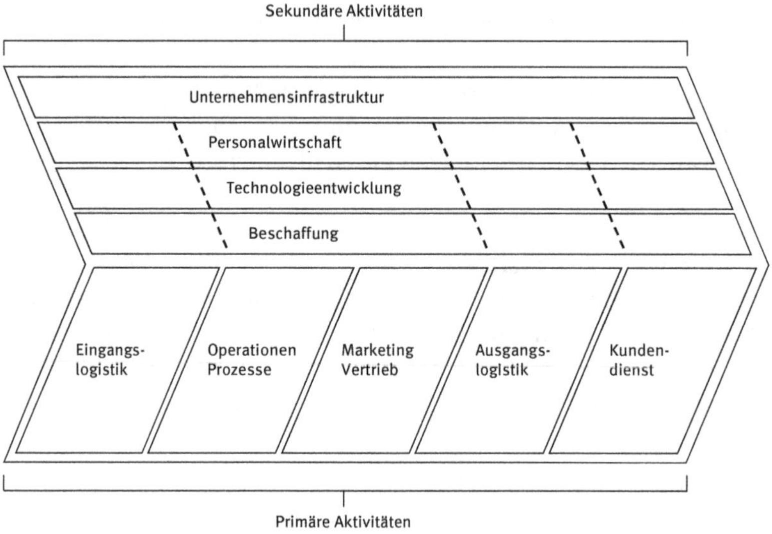

Abb. 4.59: Wertschöpfungskette nach Porter (Quelle: In Anlehnung an Porter, 2000, S. 70)

Zur Analyse des Unternehmens wird dieses in unterschiedliche Aktivitäten gegliedert (vgl. Porter, 2000, S. 70 ff.). Die Aufspaltung erfolgt zum einen in Primäraktivitäten, auch Kernprozesse genannt, die unmittelbar mit der Herstellung sowie dem Vertrieb der Produkte und Dienstleistungen verbunden sind und einen Beitrag zur Wertschöpfung leisten. Zum anderen bestehen Sekundäraktivitäten.

Bei den Supportprozessen handelt es sich um unterstützende Tätigkeiten, die über keinen direkten wertschöpfenden Charakter verfügen. Diese erbringen in der Produktion jedoch Versorgungs- und Steuerungsleistungen für die primären Aktivitäten und sind daher zur Ausführung der Kernprozesse notwendig. Das Ziel der Untersuchung der Wertschöpfungskette besteht in einer systematischen Ordnung und Beschreibung der Unternehmensressourcen aus strategischer Sicht. Auf der Grundlage kann ein Ansatz für die Krisenursachen im Wertschöpfungsprozess und deren Behebung gefunden werden (vgl. Noeske, 2005, S. 209 ff.).

Wurden wesentliche Krisenursachen aus einer Analyse der Wertschöpfungskette erkannt, so sollte ein Sanierungsgutachten auf die relevanten Märkte, in denen das betreffende Unternehmen agiert, Bezug nehmen. Kenntnisse über die Absatzmärkte sind von Bedeutung, um das eigene Verhalten auf die übrigen Akteure wie Konkurrenten einzustellen und zu optimieren. Unverzichtbar sind qualitative Informationen über die verschiedenen Produkteigenschaften, die Kundenbedürfnisse, die Konkurrenzsituation, die regulatorischen Bestimmungen und die möglichen Markteintrittsbarrieren (vgl. Ganz, 2004, S. 38 ff.).

Neben qualitativen Beschreibungen eines Marktes sind quantitative Informationen notwendig, um detaillierte Untersuchungen der Absatzkanäle durchführen zu können. Die Daten sind oft nur über eigene Studien verfügbar oder müssen von Marktforschungsgesellschaften käuflich erworben werden. Beispielsweise sind quantitative Informationen über Marktvolumina, Marktanteile, Entwicklungstrends, Wachstumsraten und Preise einzuholen. Auch Daten über Wirkungszusammenhänge wie Preiselastizitäten bei Produkten können helfen, um das Preis-Mengen-Gefüge tiefgehend zu verstehen. Dazu sind Analyseverfahren einzusetzen, um die Produkte, die Branche sowie die Wettbewerbslage auf den abgegrenzten relevanten Märkten beschreiben zu können (vgl. Faulhaber/Grabow, 2009, S. 69 ff.).

Oftmals wird beispielsweise eine Kunden-ABC-Analyse erstaunliche absatzbezogene Ergebnisse zeigen. Es wird dann oft festgestellt, dass der Hauptanteil des Umsatzes und des Deckungsbeitrages (80,0 %) mit einer geringen Kundenanzahl (20,0 %) erzielt wird (80/20-Regel). Als methodische Hilfsmittel zur Untersuchung der relevanten Märkte können dienen:

- Branchenstudien mit Befragungen von Kunden, Lieferanten, Konkurrenten
- ABC-Analysen und Deckungsbeiträge je Geschäftsfeld, Produkt und Kunde
- Portfolio-, Konkurrenz- und Produktlebenszyklus-Analysen

Wurden die Krisenursachen systematisch erforscht und das Unternehmen, die Produkte und die Märkte detailliert beschrieben, so sind in dem Sanierungskonzept anschließend geeignete leistungswirtschaftliche Sanierungsmaßnahmen zur Beseitigung der Krisenursachen aufzuzeigen. Vorzustellen sind kreative, realisierbare und praxisnahe Lösungen. Ziel ist es, zunächst über pragmatische und operative Sanierungsschritte wichtige Krisenherde zu beseitigen, zum Beispiel eine Liquiditätsenge über Kosteneinsparungen. Dabei sollte der konkrete Maßnahmenkatalog immer umsetzungsorientiert ausgearbeitet sein, sodass dieser bei Einleitung der Sanierungsmaßnahmen als Grundlage zur Umsetzung des Sanierungsprojekts verwendet werden kann. Wichtig ist, die vorgesehenen Prozesse und Funktionen mit Zuständigkeiten und Erledigungsterminen zu versehen.

Auch die Realisierung der Sanierungsmaßnahmen, unter der Hilfestellung eines Interimsmanagers, durch ein intern-extern besetztes Projektteam oder durch eine bestehende Geschäftsführung sollten erörtert werden. Auch langfristig wirkende strategische Vorschläge, wie unter anderem in Form einer Kooperation mit anderen Unternehmen oder einer Investorenlösung, sind zu diskutieren. Des Weiteren ist auf die personelle Umsetzung und die Überwachung der geplanten Sanierungsmaßnahmen einzugehen. Es kann unter anderem auf die Einrichtung eines Lenkungsausschusses zur Umsetzung des Sanierungsprojekts hingewirkt werden. Weiter sollten das Sanierungshauptziel sowie Teilziele mit Meilensteinen formuliert und auf einem Zeitraster dargestellt werden. Die geplanten Ergebniseffekte und die Verantwortlichen für die Teilmodule sind zu benennen.

In dem Sanierungskonzept ist umfassendes Zahlenmaterial bereitzustellen. Dazu ist einzugehen auf den letzten vorliegenden Jahresabschluss und die aktuellen unterjährigen Zahlen. Die Analysen zur Bilanz sollten unter anderem die Eigenkapitalisierung und die vorsichtige Bewertung des Umlaufvermögens umfassen. Die relevanten Ertragszahlen sind nach Geschäftsfeldern sowie Profit Centern zu gliedern. Neben den Ist-Daten sind Planungsrechnungen, in enger Verzahnung mit den leistungswirtschaftlichen Maßnahmenpaketen, abzustimmen.

Dies bedeutet, dass auch bestimmte Sanierungsaufwendungen, unter anderem für Sozialpläne und die Schließung von Bereichen, in die Planzahlen mit einzubeziehen sind. Wichtig ist die Darstellung des finanzwirtschaftlichen Rahmens, der die leistungswirtschaftliche Sanierung über den gesamten Zeitraum des Sanierungsprozesses begleitet. Dazu sind den Gläubigern die zur Sanierung erforderlichen externen Leistungen in Form von Verzichten, neuen Finanzmitteln, Tilgungsstundungen oder einem Stillhalten klar darzulegen. Diese notwendigen finanziellen Maßnahmen sollten je nach Stakeholder-Gruppe aufgegliedert werden.

Daher werden Banken zumeist im Rahmen von Stillhalteabkommen, Tilgungsstundungen oder Neukrediten in die finanzwirtschaftliche Sanierung mit eingebunden. Bei Lieferanten und Warenkreditversicherern steht oft die Absicherung der geschäftlichen Lieferbeziehungen auf Basis der bestehenden Linien der Kreditversicherer im Vordergrund. Zusätzliche finanzielle Sofortmaßnahmen zur unmittelbaren Vermeidung der Zahlungsunfähigkeit und der Überschuldung sind besonders hervorzuheben, um die Insolvenzvermeidung zu beschreiben.

Wichtig ist es zudem, die finanziellen Beiträge der Gesellschafter und der internen Stakeholder aufzuzeigen. Daher sehen es die externen Stakeholder als sehr positiv an, wenn Gesellschafter neue Finanzmittel in der Krise vergeben und die Mitarbeiter Gehaltseinbußen hinnehmen. Die vorhandene Bereitschaft der Gläubiger zu Sanierungsbeiträgen sollte bereits im Vorfeld erfragt und in die Planungsrechnungen mit einbezogen werden. Bedeutend ist es, die Rahmenbedingungen zu benennen, unter denen die Planungen erstellt wurden,. Zu erarbeiten sind unter Beachtung der Stakeholderbeiträge insbesondere folgende integrierte finanzielle Rechenwerke:

- Planbilanz mit Plan-GuV inklusive Spartenrechnung
- Investitionsplanung
- Liquiditätsplanung

Starkes Gewicht legen Banken insbesondere auf einen realistischen und detaillierten Liquiditätsplan. Überraschungen in Form von Überziehungen werden aufgrund der direkten Risikowirkung sehr negativ beurteilt. Des Weiteren sind bei der Aufstellung der Finanzplanung die Saisonalität der Umsätze und die Realisierbarkeit der Einzahlungen unter Risikoaspekten wie Forderungsausfällen zu berücksichtigen. Es sind die betriebswirtschaftliche Grundsätze bei der Erstellung einer Liquiditätsplanung zu beachten (vgl. Wöhe/Bilstein, 2002, S. 399 ff.).

Bei der Erstellung der Planungsunterlagen ist die interdependente Abstimmung der Zahlenwerke zu berücksichtigen. Dies ist mit einer professionellen integrierten Planungssoftware möglich. Damit diese Unterlagen von Seiten der Kreditinstitute effizient ausgewertet werden können ist unter Umständen ein einheitliches identisches Format zu verlangen. Meist werden in den Sanierungsgutachten zwei Finanzpläne erstellt. In einem langfristigen Plan wird eine Jahresprognose mit einer nach Monaten unterteilten Liquiditätsplanung gegeben. Zusätzlich ist eine zweite fortlaufende Planung zu erstellen, in der ein taggenauer Überblick mit einem Vorlauf der Einzahlungen und Auszahlungen von sechs bis acht Wochen aufgezeigt wird. Der Zeitraum der Planung hängt davon ab, in welcher Branche ein Unternehmen tätig ist. So lassen sich bei Auftragsfertigungen im Anlagenbau meist sehr genaue Planungen für eine lange Zeitdauer im Voraus erstellen. Im Handel und Dienstleistungsbereich dagegen ist die detaillierte Finanzplanung stark vom Tagesgeschäft sowie von saisonalen Schwankungen abhängig. Finanzpläne sollten aufgrund der Unsicherheiten des Sanierungsverlaufs konservativ aufgebaut sein sowie ein realistisches Szenario präsentieren und mit der Ertrags- und Bilanzplanung abgestimmt sein.

Generell sind Szenario-Rechnungen für Externe oft hilfreich, um die Planungsunsicherheit bei einer Sanierung zu erhöhen. So sollten in der Krise ein Base-Case-Fall und ein Worst-Case-Szenario bei den Planungen berücksichtigt werden. Das Base-Case-Schema bildet die wahrscheinliche Parameterkonstellation ab. Dieser Zustand ist im Fall der Sanierung allerdings selten gegeben und ist aus Gläubigersicht mit Vorsicht zu betrachten. Dagegen zeigt der Worst Case als konservative Einschätzung das Schaubild, das bei einer negativen Entwicklung eintreten kann. Szenario-Rechnungen erhöhen die Transparenz und können ein besseres Bild über die möglichen Erfolgsaussichten und Risiken einer Sanierung ergeben. Zudem kann die Stabilität der Ergebnisse bei möglichen Planabweichungen durch Sensitivitätsanalysen überprüft werden. Es sollte ausreichender finanzieller Puffer bestehen.

Grundsätzlich legen die beteiligten Banken großen Wert auf aussagekräftiges Planzahlenmaterial zur Vermögens-, Ertrags- und Finanzlage. Diese Daten lassen sich von den Kreditinstituten effizient anhand von Kennzahlen auswerten. Dabei ist für Kreditinstitute von Bedeutung, zu erkennen, ab wann sich die ersten Sanierungserfolge einstellen und wann mit einem Turnaround und einem dauerhaften Risikoabbau zu rechnen ist. Von Vorteil für diese Zeitabschätzung ist es dabei, die geplanten quantitativen Sanierungserfolge visualisiert darzulegen. Es bietet sich eine Darstellung in Form einer Ergebnisbrücke wie in nachfolgender Abb. 4.60 an.

Das Sanierungskonzept sollte mit einer Zusammenfassung enden, in der die Krisenursachen und die wesentlichen zu ergreifenden Sanierungsmaßnahmen mit den finanziellen Auswirkungen aufgezeigt werden. Das Management Summary erleichtert es, einen Gesamtüberblick über das Gutachten zu gewinnen. Zum Abschluss ist eine klare sowie objektive Aussage zur Sanierungsfähigkeit, unter Berücksichtigung der finanziellen Beiträge der Stakeholder, abzugeben.

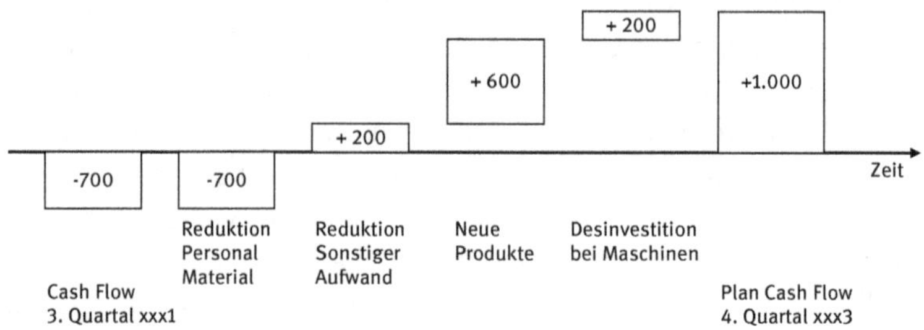

Abb. 4.60: Visualisierung der geplanten Sanierungserfolge (Quelle: Eigene Darstellung)

Dabei ist auf die wesentlichen Randbedingungen der Sanierungsbegleitung durch die Stakeholder einzugehen. Das Sanierungsgutachten sollte unterschrieben sein, damit der Berater dokumentiert, dass er zu seinen Einschätzungen steht. Ein praxisnahes Sanierungsgutachten, dass auch für kleinere Firmen geeignet ist, hat zusammengefasst folgenden Aufbau, wie in Abb. 4.61 dargestellt.

1. Unternehmensanalyse
- Bestimmung der Krisenphasen und der Krisenursachen
- Wirtschaftliche, rechtliche und organisatorische Verhältnisse
- Untersuchung der Wertschöpfungskette

2. Marktanalyse
- Abgrenzung und Beschreibung der relevanten Märkte
- Analyse der Branche und der Wettbewerbssituation
- Durchführung von Portfolio-, Branchen-, ABC-Analysen

3. Sanierungsmaßnahmen
- Finanz- und leistungswirtschaftliche Maßnahmen
- Zielformulierung mit Unterzielen und Zeitraster der Umsetzung
- Verantwortlichkeiten und Lenkungsausschuss

4. Zahlenmaterial mit Erläuterungen
- Aufbereitung der Ist-Zahlen inklusive Spartenrechnungen
- Integrierte Planungsrechnung zu Bilanz, GuV, Liquidität
- Szenario-Rechnungen (Best Case, Base Case, Worst Case)

5. Zusammenfassung und Sanierungsaussage
- Management Summary zu den wesentlichen Maßnahmen
- Zeitdauer bis zur nachhaltigen Krisenüberwindung
- Klare Aussage zur Sanierungsfähigkeit

Abb. 4.61: Aufbau eines praxisnahen Sanierungskonzepts (Quelle: Eigene Darstellung)

Liegt das Gutachten mit den aufgezeigten Inhalten vor, so beginnt anschließend die Prüfung des Sanierungskonzepts aus Sicht der beteiligten Gläubiger, insbesondere der Kreditinstitute, wie der Hausbank.

Diese Prüfung ist ein wichtiger Baustein zur Beurteilung der Sanierungswürdigkeit des Krisenunternehmens. Dazu ist ebenfalls eine Einschätzung zu weiteren Handlungsoptionen bei einer Sanierungsbegleitung abzugeben. Die Begriffe Sanierungsfähigkeit sowie Sanierungswürdigkeit lassen sich wie folgt beschreiben. Dabei sind bei der externen Sanierungsfähigkeit die notwendigen finanziellen Unterstützungsbeiträge der Anteilseigner und Gläubiger aufzuführen.

Definition: Die **Sanierungsfähigkeit** beschreibt die potenzielle und überwiegend wahrscheinliche Sanierbarkeit eines Unternehmens und ist durch ein neutrales externes fachkundiges Sanierungskonzept mit Kernbestandteilen zu bestimmen. Es sind auch die notwendigen finanziellen Beiträge der Gläubiger aufzuführen. Die **Sanierungswürdigkeit** umfasst die individuelle Einschätzung eines Kreditinstituts, mit subjektiven Wertungselementen, ein Krisenunternehmen bei den Sanierungsbemühungen zu unterstützen. Dabei sind zwei Schritte zu vollziehen. Erstens ist eine Überprüfung des Sanierungsgutachtens vorzunehmen. Zweitens beinhaltet die Prüfung der Sanierungswürdigkeit die Beurteilung weiterer Handlungsalternativen aus der Risikosicht einer Bank. So ist zu entscheiden, ob eine Abwicklung mit Verwertung oder ein Kreditverkauf aus wirtschaftlichen Gründen vorzuziehen ist. Entscheidungskriterien für das **Sanierungsrisiko** aus Bankensicht sind dabei die Zeitdauer der Sanierung, notwendige finanzielle Zugeständnisse der Kreditinstitute und das Verhalten der übrigen Geldgeber. Zudem ist das Management bei der Sanierungsumsetzung zu bewerten.

In enger Anlehnung an den Aufbau des Sanierungsgutachtens kann der erste Schritt zur Feststellung der Sanierungswürdigkeit durchgeführt werden, die Überprüfung der Plausibilität des Sanierungskonzeptes aus der Sicht der kreditgebenden Banken. Bei der Kontrolle der Gutachten können die Spezialisten aus den Kreditinstituten in der Regel auf umfassende Erfahrungswerte zurückgreifen. Darüber ist neben einer Kontrolle der formalen Struktur eines Gutachtens auch eine wirkungsvolle Validierung der Inhalte eines Sanierungskonzepts möglich.

Überprüfung Sanierungskonzept und Aussage zur Sanierungsfähigkeit

Die formale und die inhaltliche Prüfung des Sanierungskonzepts können sich überlappen. Dennoch wird versucht, die Prüfungsmaßnahmen einer Bank im Sinne einer strukturierten Darstellung in formale sowie inhaltliche Prüfschritte zu trennen, damit ein möglichst hoher Grad an Validität und auch Reliabilität der Kontrollen erreicht wird. Validität bedeutet, dass das Ergebnis der Untersuchungen eine hohe Gültigkeit besitzt. So sollten die Überprüfungen den tatsächlichen Sachverhalt widerspiegeln und die Prüfungshandlungen eine hohe Güte haben. Die Korrelationen zwischen der Einschätzung der Sanierungsfähigkeit durch den externen Gutachter, der Bestätigung der Sanierbarkeit durch die Banken und dem tatsächlich eintretenden Turnaround des Unternehmens sollten möglichst hoch sein. Auch sollten die Prüfungsresultate einen hohen Grad an Zuverlässigkeit oder Reliabilität aufweisen. Ein Messergebnis ist reliabel, wenn das Ergebnis frei von zufälligen Messfehlern ist und vergleichbare Untersuchungen das gleiche Ergebnis erbringen würden.

Daher sollte das Prüfungsergebnis des Sanierungskonzepts in den Kreditinstituten möglichst wiederholt festgestellt werden können, unter der subjektiven Betrachtung unterschiedlicher Entscheidungsträger. Die Prüfung der Struktur sowie der Inhalte kann in Anlehnung an die Einhaltung der MaS und des Standards IDW S 6 erfolgen. Folgende Inhaltsbausteine sollten in einem Sanierungskonzept vorhanden sein und können Prüffragen zur formalen Vollständigkeit nach sich ziehen:

- Ist der Begutachter beziehungsweise das Sanierungsteam erfahren, objektiv?
- Sind Aufbau und Gewichtungen im Sanierungskonzept klar und schlüssig?
- Sind alle wichtigen Kernbestandteile im Sanierungskonzept enthalten?
- Werden Planungsprämissen dargelegt, ist die integrierte Planung professionell?
- Wird eine klare, nachvollziehbare Aussage zur Sanierungsfähigkeit abgegeben?

Gelten die Erfordernisse als erfüllt, schließt sich eine Untersuchung der Inhalte des Sanierungsgutachtens an. Zur materiellen Prüfung des Sanierungsgutachtens bietet sich aus Bankensicht die Beantwortung folgender Fragestellungen an:

- Decken sich die Krisenursachen mit den Einschätzungen der Bank?
- Setzen die operativen Sanierungsmaßnahmen an den Krisenursachen an?
- Wird die Umsetzung des Sanierungsprojekts mit Erfolgen aufgezeigt?
- Ist die Umsetzung des Sanierungskonzepts personell, finanziell abgesichert?
- Lassen die Sanierungsmaßnahmen einen nachhaltigen Turnaround erwarten?

Dabei kann es von Wichtigkeit sein, die Anforderungen des IDW oder der GoS für den Prüfprozess in Kredithandbüchern zugrunde zu legen (vgl. Reiner, 2009, S. 325). Es ergibt sich in Anlehnung an den vorigen Aufbau des Konzepts folgende Checkliste zur Prüfung des Gutachtens aus Bankensicht, wie Abb. 4.62 zeigt.

1. Prüfung der Unternehmensanalyse
- Wurden die Krisenphasen richtig bestimmt?
- Decken sich die Krisenursachen mit den Bankeinschätzungen?
- Wurden die Organisation und die Geschäftsprozesse untersucht?

2. Prüfung der Marktanalyse
- Wurde der relevante Markt umfassend beschrieben?
- Wird auf die Marktentwicklungen und das Umfeld eingegangen?
- Wurden betriebswirtschaftliche Instrumente angewendet?

3. Prüfung der Sanierungsmaßnahmen
- Liegt eine Sanierungsstrategie bezogen auf den Markt vor?
- Ist die Liquidität in der Phase der Sanierung gesichert?
- Wurde geklärt, wer das Sanierungskonzept umsetzt?

4. Prüfung des Zahlenmaterials
- Ist das Zahlenmaterial vollständig, aktuell und richtig?
- Wurden die Sanierungsmaßnahmen im Zahlenwerk abgebildet?
- Schätzen Szenario-Rechnungen das Sanierungsrisiko ab?

5. Prüfung der Sanierungsaussage
- Wird die Sanierungsfähigkeit logisch abgeleitet?
- Sind die geforderten Sanierungsbeiträge der Banken vertretbar?
- Werden die Risiken der Sanierung realistisch eingeschätzt?

Abb. 4.62: Checkliste für die Prüfung eines Sanierungskonzepts (Quelle: Eigene Darstellung)

Von Vorteil ist es, wenn frühzeitig neben der eigenständigen Sanierungslösung der Krisenfirma auch mögliche Alternativen als Sanierungsoptionen geprüft wurden. Falls ein eigenständiger Sanierungsversuch umfassende Risiken aufweist, kann eine parallele Investorenlösung angebahnt werden. Dazu kann bei einer wirtschaftlichen Kooperationslösung unter Umständen das Geschäftsmodell in die Wertschöpfungskette eines anderen Unternehmens eingebunden werden. Als weitere externe Möglichkeit besteht der Verkauf der Firmenanteile im Rahmen einer Fremdübernahme mit der vollständigen Integration in eine neue Firmengruppe.

Meist lassen sich in der Praxis nur die beiden Extremlösungen der eigenständigen Sanierung oder des Unternehmensverkaufs realisieren. Wird der Verkauf favorisiert, ist es wichtig bereits früh mit der Suche nach einem Kaufinteressenten zu beginnen, da der Markt für Unternehmensübernahmen in Deutschland nicht sehr ausgeprägt ist und es einige Zeit benötigen kann, um potenzielle Käufer zu finden. Das Sanierungskonzept sollte unbedingt auf die Chancen dieser Handlungsalternativen eingehen, damit keine Möglichkeiten zur langfristigen Genesung eines Krisenunternehmens unversucht bleiben. Der Verkauf bietet für die Banken die Option, einen wirtschaftlich starken Käufer zu gewinnen und die Sanierung unverzüglich abschließen zu können, aufgrund der Weiterbegleitung des Engagements mit der Nutzung der verbesserten Bonität des Käufers oder über eine Ablösung.

Auch mögliche Stolpersteine einer Sanierung sollten erörtert und berichtet werden. Dann ist insbesondere das Verhalten der übrigen relevanten externen Stakeholder zu berücksichtigen sowie realistisch zu antizipieren. Dabei spielen die zu leistenden Sanierungsbeiträge eine große Rolle. Für Banken sind die erforderlichen Verzichte, die Vergabe von neuem Geld und die Aushöhlung von Sicherheiten bedeutend. Die finanziellen Bedingungen zur Gestaltung sowie Sicherstellung des wirtschaftlichen Gesundungsprozesses sind bei der Prüfung der Sanierungswürdigkeit aus Sicht der Kreditinstitute von besonderer Relevanz.

Prüfung der Sanierungswürdigkeit

Wurden die Sanierungschancen als positiv befunden, so ist im zweiten Schritt zu analysieren, ob die Sanierungswürdigkeit gegeben ist. Bei dieser Prüfung spielt die subjektive Interessenlage einer Hausbank eine wichtige Rolle (vgl. Lützenrath et al., 2006, S. 61 ff.). Dabei ist abzuwägen zwischen den zu leistenden Sanierungsbeiträgen und sonstigen Handlungsoptionen. Es ist auch von Relevanz, ob weitere Stakeholder einen maßgeblichen Beitrag leisten sollen. Insgesamt ist das Verlustpotenzial zu minimieren bei folgenden Sanierungsbeiträgen:

- Stillhalten, Umschuldung: Prolongation der Linien, Entlastung Kapitaldienst
- Stundung: Befristeter Verzicht auf die Vereinnahmung von Tilgungen
- Freigabe von Sicherheiten: Verzicht auf Personal- oder Sachsicherheiten
- Verzicht: (Teil-)Forderungs- oder Zinsverzicht mit Besserungsabrede
- Fresh Money: Vergabe neuer Kreditmittel oder weiterer Avallinien

Dann ist darüber zu entscheiden, ob die Sanierungsbeiträge oder das Stillhalten auf Basis bestehender Kreditlinien und Konditionen wirtschaftlich tragbar sind. Neukredite werden über die zusätzlich zu bildende Wertberichtigung direkt erfolgswirksam und sind daher meist schwer umsetzbar. Bei der Entscheidung für eine neue Mittelvergabe spielen neben finanziellen Verlustrisiken auch Haftungsrisiken eine Rolle. So sollte eine Insolvenzantragspflicht bei der weiteren finanziellen Begleitung eines Engagements ausgeschlossen sein. Zudem sind bei Statusänderungen der Kredite, unter anderem im Rahmen einer Umschuldung, die möglichen Auswirkungen aus dem Erlöschen und den Anfechtungsrisiken bei fiduziarischen oder bei akzessorischen Kreditsicherheiten zu untersuchen (vgl. Bales, 2007, S. 260 ff.). Allgemein ist auf die Infizierung von bestehenden Altsicherheiten und dem Risiko der Anfechtung durch neue Verträge zu achten. Bei der Auswahl von Alternativen zur weiteren Begleitung im Rahmen einer außergerichtlichen Sanierung sind die subjektiven Interessenlagen der einzelnen kreditgebenden Banken von Bedeutung. Dazu sind die Sanierungsrisiken und das individuelle Verlustpotenzial zu beurteilen. Bei der Bewertung spielen qualitative Argumente in den Kreditinstituten eine Rolle:

- Zeitdauer zur Erreichung einer nachhaltigen Sanierung
- Entscheidungsträger bei der Sanierungsumsetzung
- Reputationsrisiken bei einer Nichtbegleitung der Sanierung

Wichtig sind für die beteiligten Finanzinstitute meist die quantitativen Faktoren. Ein Institut wird in erster Linie eine Handlungsweise wählen, die eigene Verluste minimiert. Folgende quantitative Merkmale beeinflussen die Einschätzung:

- Höhe des Engagements, der Sanierungsbeiträge und mögliche Zusatzerträge
- Werthaltigkeit der Sicherheiten und die Aushöhlung der Sicherheitenwerte
- Betreuungsressourcen, die in der Sanierungsabteilung vorgehalten werden

Da Banken gerade bei hohen Blankoteilen ausschließlich auf ihre eigene finanzielle Risikoposition achten, konzentriert sich die Entscheidung in der Regel allein auf die quantitative Beurteilung. Die Begleitung einer Sanierung aus Bankensicht ist zu befürworten, wenn der Barwert der künftigen Einzahlungen abzüglich möglicherweise noch zu leistender Auszahlungen für künftige Sanierungshilfen und sonstige Kosten für Personal bei einer Fortführung des Engagements größer ist als der Barwert des Saldos künftiger Ein- und Auszahlungen bei einer Liquidation mit einer Veräußerung der Sicherheiten oder bei einem Komplettverkauf des Engagements inklusive der Sicherheiten. Dabei ist ein risikoadäquater sowie laufzeitspezifischer Diskontierungszins zur Abzinsung der Zahlungen zu wählen. Zusätzlich sind Opportunitätskosten bei der Weiterführung des Engagements im Rahmen der Sanierung in Abzug zu bringen, unter anderem in der Höhe des gebundenen Eigenkapitals und des möglichen auftretenden Zinsschadens. Im Rahmen der Optionsanalyse ist auch die Verwertungsalternative aus Bankensicht durchzukalkulieren

Eine ähnliche Betrachtung stellt Märki in einem Sanierungsentscheidungsmodell an (vgl. Märki, 2004, S. 73 ff.). So steht in dem Modell die Minimierung des Barwertes der erwarteten Verluste aus Sicht der Gläubigerbank im Vordergrund bei der Entscheidung zur weiteren Begleitung einer Sanierung, der Umsetzung eines Kreditverkaufs oder der Realisierung einer Abwicklungslösung (vgl. Märki, 2004, S. 81 ff.). Dieser erwartete Kreditverlust (V) stellt die zentrale Größe dar. Dieser Wert ist nach jedem Sanierungsschritt neu zu ermitteln. Wichtige Variablen, die den erwarteten Verlust beeinflussen können, sind:

- R (Recovery Rate): Rückgewinnungsrate Forderung nach Sicherheitenerlösen
- D (Default Rate): Ausfallwahrscheinlichkeit der betrachteten Forderungen
- E (Exposure): Höhe der Inanspruchnahme aller ausstehenden Forderungen

Der erwartete Verlust im Zeitpunkt T ergibt sich unter der Berücksichtigung der betrachteten Einflussfaktoren nach der folgenden Formel.

$$V_T = (1 - R_T) \cdot D_T \cdot E_T$$

Beispiel: Beträgt das ausstehende Kreditvolumen (E) beispielsweise 1.000 TEuro und der Wert der Sicherheiten 500 TEuro und damit die Recovery Rate (R) 50,0 % vor Sanierung bei einer Default Rate (D) von 95,0 %, so beläuft sich der erwartete Verlust (V) aus dem Krisenengagement im Fall eines negativen Kreditereignisses rechnerisch auf insgesamt 475 TEuro.

Neben diesen Größen sind die zu erbringenden Sanierungsleistungen (S) in Form von Kapitalverzichten, Zinsverzichten oder Kapitalzuschüssen als Verlust erhöhend in die Rechnung mit einzubeziehen. Weiter sind Opportunitätskosten (O) unter anderem in Form des gebundenen Kapitals und im Bearbeitungsaufwand im Fall einer aktiven Sanierungsbetreuung detailliert zu berücksichtigen. Ein möglicher Verwertungsaufwand bei den Sicherheiten lässt sich bei der Recovery Rate oder als Preisabschlag beim Verkauf der Kredite einpreisen.

Ein Engagement wird nach diesem Rechenmodell dann als sanierungswürdig eingeschätzt, wenn der Barwert (BW) des erwarteten Verlustes (V) bei einer Sanierung inklusive noch zu erbringender Sanierungsleistungen (S) und auftretender Opportunitätskosten (O) geringer ist als das Minimum der Barwerte der Sanierungsverluste bei einer sofortigen Abwicklung mit einer Abschreibung oder bei einem Verkauf des Engagements zum Preis (P). Die Differenz der Ungleichung kann bei Vorteilen für die Sanierung auch als Sanierungsgewinn bezeichnet werden. Folgendes Modell gibt den oben beschriebenen Sachverhalt wieder.

$$BW(V(R, D, E, S, O)) < Min(BW\,(E \cdot (1 - R))\,;\, BW(E - P))$$

Bei der Wahl einer außergerichtlichen Sanierungslösung sollte aus Bankensicht der Barwert (BW) des erwarteten Verlustes (V) in Abhängigkeit von R, D, E, S und O geringer ausfallen als das Minimum des Barwerts der Verluste im Fall einer Abwicklung (BW in Abhängigkeit von E und R) oder bei einem Kreditverkauf mit der Übertragung der Sicherheiten zum Preis von P (BW in Abhängigkeit von E und P).

Gerade bei engen Personalkapazitäten in der Sanierungsabteilung sind Alternativen zu einer weiteren Begleitung zu prüfen. So bestehen optionale Vorgehensweisen zu einer Sanierung aus Sicht der Banken in einem Kreditverkauf oder einer Abwicklung des Engagements mit der vollständigen Liquidation der Sicherheiten.

Distressed-Debt-Transaktionen mit dem Verkauf von risikobehafteten Forderungen standen in den vergangenen Jahren als weitere Alternative zu einer Sanierung zur Verfügung, da vermehrt Finanzinvestoren auf dem deutschen Markt für Kreditforderungen aufgetreten sind. Aufgrund des niedrigen Zinsniveaus sind die Ankäufe für Renditeinvestoren wieder interessant. Dabei kann der Kreditverkauf eine Sanierung für Banken erschweren, wenn Finanzinvestoren im Gesellschafterkreis ihre Renditeforderungen als Eigenkapitalgeber in den Vordergrund der Handlungen stellen. Es hat sich gezeigt, dass Finanzinvestoren, die sich im Anteilseigner- oder Gläubigerkreis von Krisenfirmen befinden, eine Sanierung behindern können, da das Hauptinteresse meist der Renditeforderung gilt (vgl. Portisch, 2009a, S. 34 ff.).

Markttransaktionen des Forderungsverkaufs unterscheiden sich häufig in der Anzahl der sich gegenüberstehender Akteure. So können die Kredite einzelnen Investoren angeboten werden. Des Weiteren können Portfolios mehrerer homogener Forderungen gleichzeitig verschiedenen Kapitalmarktteilnehmern zugänglich gemacht werden. Über differenzierte Qualitäten der Einzeltranchen kann die Bonität strukturiert werden. Folgende Transaktionen existieren:

- Single-Name-Transaktion: Veräußerung einer Einzelforderung
- Basket-Transaktion: Verkauf eines Forderungsportfolios

Basket-Transaktionen werden häufig über sogenannte synthetische Wertpapiere am Kapitalmarkt verbrieft und fungibel gemacht (vgl. Portisch et al., 2008a, S. 155 ff.). Die Verbriefung ist verknüpft mit einer Standardisierung der Eigenschaften des Kreditportfolios. Dieses erleichtert Transaktionen mit den Wertpapieren und wirkt begünstigend auf die Liquidität des Handels (vgl. Gleumes, 2005, S. 368 ff.).

Jedoch sind bestimmte Rahmenbedingungen zu erfüllen, damit der Verkauf eines Problemkreditportfolios als True Sale mit einer Ausbuchung aus der Bilanz und der kompletten Risikoübertragung in Betracht gezogen werden kann. Dieses meint im Wesentlichen die folgenden Voraussetzungen beim Underlying:

- Umfang und Homogenität des betrachteten Kreditportfolios
- Rechtlicher Status der Kredite, gekündigt oder nicht gekündigt
- Vertragliche Transaktionsstruktur, bilanzwirksam als True Sale

In der Vergangenheit haben verschiedene Banken, meist im Rahmen eigener Sanierungen, umfassende Kreditverkäufe von Problemengagements vorgenommen. Auch künftig werden diese Marktlösungen möglich sein. Vorteile der Wahl dieser Option für die veräußernden Kreditinstitute sind unter anderem:

- Einsparung von Kosten zur Sanierungsbegleitung und Abwicklung
- Verringerung des bilanztechnischen Aufwands nach HGB oder IFRS
- Preiswettbewerb bei Bietungsverfahren von mehreren Interessenten

Die erzielten Erfolge beim Verkauf von Forderungsportfolios stützen die genannten Vorteile. Nicht unbeachtet bleiben sollen Schwierigkeiten, die sich bei einer Veräußerung von Problemkrediten ergeben können. Diese bestehen in den Merkmalen:

- Komplexität der Veräußerungen mit hohen Transaktionskosten
- Abschreibungen aufgrund von Preisabschlägen beim Kreditverkauf
- Verlust an Reputation bei den veräußernden Kreditinstituten

Insgesamt gesehen erscheint die Ausstiegsstrategie der Banken jedoch keine dauerhafte und erfolgsorientierte Alternative mit einer aktiven Bearbeitung von Problemkreditengagements zu sein. Auf diese Weise werden die Problemursachen nicht gelöst und Lerneffekte bei der Risikofrüherkennung und Sanierung nicht realisiert. Zudem ist der Verkauf von erhöht risikobehafteten Engagements oft eine teure Lösung, da die Aussteuerungskredite weit unter dem Nominalwert veräußert werden müssen und Abschreibungen endgültig zu tätigen sind.

In vielen Kreditinstituten liegt die Quote erfolgreich sanierter Unternehmen bei über sechzig Prozent. Dies erzeugt hohe Sondergewinne in Form von EWB-Auflösungen (vgl. Portisch, 2013a, S. 262 ff.). Ergeben sich somit aus quantitativer und qualitativer Einschätzung Vorteile für die weitere Begleitung im Rahmen einer aktiven individuellen Sanierung, gilt auch die endgültige Sanierungswürdigkeit als festgestellt. Dieser Fall wird im Folgenden im Theorie- und im Praxisteil weiter betrachtet. Die finanz- und leistungswirtschaftliche Sanierung wird weiter vorangetrieben.

Zusammenfassung Theorieabschnitt 4.5.1: Dieser Abschnitt beschäftigte sich mit dem Aufbau und den Inhalten eines Sanierungsgutachtens. Im Prüfungsprozess der Kreditinstitute sind zur Feststellung der Sanierungswürdigkeit zwei Schritte zu vollziehen. Im ersten Schritt ist das Sanierungskonzept formal und materiell auf den Prüfstand zu stellen. Wurden diese Kontrollen erfolgreich durchgeführt und die positive Sanierungsfähigkeitsprognose des Gutachtens durch eine Bank bestätigt, schließt sich im zweiten Schritt die Abwägung weiterer Handlungsoptionen an. So kann die Abwicklung mit einem Verkauf der Sicherheiten sowie einer Abschreibung der Restforderung neben einer Marktlösung mit einem Verkauf der Problemkredite vorteilhaft sein. Bei Auswahl einer dieser Optionen sind qualitative und quantitative Auswirkungen zu berücksichtigen. Erst wenn sich in diesem zweiten Schritt eine Vorteilhaftigkeit für eine durch die Hausbank aktiv begleitete Sanierung ergibt, wird die Sanierungswürdigkeit bestätigt und das Engagement kann durch die Spezialisten der Kreditinstitute im Sanierungsprozess weiter eng begleitet werden.

4.5.2 Praxisfall zur Prüfung des Sanierungskonzepts

Wir befinden uns am Anfang des Jahres xxx2. Geschäftsführer Müller hat sich nach langer und heftiger Diskussion mit dem Spezialisten der Mittelstandsbank AG entschlossen, die Druckereiberatung GmbH mit der Erstellung eines Sanierungskonzepts zu beauftragen. Sein Steuerberater hat sich aus dem Gespräch zurückgezogen, als er bemerkt hat, dass die Probleme zu umfassend sind, um diesen Schwierigkeiten allein mit der Erstellung einer Finanzplanung zu begegnen. Zudem möchte der Steuerberater das Verhältnis zur Bank nicht weiter strapazieren und keine Risiken in der Sanierung eingehen.

Überzeugt haben den Geschäftsführer Müller letztlich die sachlichen Argumente des Sanierungsbetreuers der Mittelstandsbank AG mit dem Hinweis auf die limitierten Managementressourcen. So hat Müller eingesehen das operative Geschäft nicht zu Lasten zahlreicher und nervenaufreibender Gespräche mit Banken, Lieferanten und Kreditversicherern zu vernachlässigen. Gleichzeitig ist es aber wichtig und existenziell notwendig, dass ein erfahrener Akteur die Verantwortung für die Einleitung der Sanierung, die Erstellung des Planzahlenmaterials und die Verhandlungen mit den Stakeholdern übernimmt.

Der Geschäftsführer Müller hat auf das Anraten der Mittelstandsbank AG einen umfassenden Beratungsauftrag an die in der Druckbranche bekannte und qualifizierte Druckereiberatung GmbH vergeben. Das Mandat beinhaltet zum einen das Erstellen des Sanierungsgutachtens und zum anderen weitere Aufgaben der Kommunikation mit den übrigen Gläubigern neben der Initiierung und Umsetzung von Maßnahmen im Sanierungsprojekt. Aufgrund dieser Einsicht von Müller hat die Mittelstandsbank AG die Kontokorrentlinie von insgesamt 3.100 TEuro zunächst auch über die Jahresfrist xxx1 hinaus weiter aufrechterhalten.

Mittlerweile liegt das umfassende Sanierungskonzept der Druckereiberatung GmbH der Mittelstandsbank und den anderen beteiligten Kreditinstituten vor. Wichtige Ergebnisse des Sanierungsgutachtens werden im Folgenden in Bezug auf den Aufbau des Konzepts aus dem vorigen Abschnitt erläutert. Die Analysen und Dokumentationen der Druckereiberatung erfolgen auf rechtskonformer Basis.

Unternehmensanalyse

Die Druck GmbH befindet sich in einer Liquiditätskrise und hat bereits die Stadien einer strategischen Krise und Ertragskrise durchschritten. Die Geschwindigkeit des Durchlaufens der Krisenphasen ist bedrohlich. Aus Sicht der Beratung ist die Aufarbeitung aller Krisenstadien notwendig, um die Ursachen der Schieflage tiefgehend zu ergründen und Maßnahmenpakete zur Bewältigung der Existenzbedrohung vorzuschlagen. Auch das Stakeholderumfeld ist in die Analysen und erarbeiteten Vorschläge einzubeziehen, damit Unterstützungspotenziale und Gefährdungen sichtbar werden und die Sanierungsumsetzung erfolgreich gestaltet werden kann.

Ziel ist die Bestimmung der Fortführungsfähigkeit mit einer Wiederherstellung der Wettbewerbsfähigkeit auf Basis eines zukunftsorientierten Geschäftsmodells. Dazu sind die aktuellen Unternehmens- und Marktdaten vollständig zu sammeln und im Rahmen der Untersuchung zu berücksichtigen.

Die festgestellten Krisenursachen aus den verschiedenen Krisenstadien sind vielfältig. Interne Krisenursachen sind unter anderem eine nicht optimale Firmenstruktur und Ineffizienzen in den Geschäftsprozessen. So besteht keine ausreichend besetzte zweite Führungsebene, die derzeit in die strategische Planung eingebunden wird. Zudem existiert kein entscheidungsunterstützendes Controllingsystem für das Management. Nicht vorhanden sind unter anderem Spartenrechnungen für die einzelnen Profit-Center und eine Kalkulation für die Druckaufträge.

Eine ABC-Analyse zeigt, dass bei der Druck GmbH bei vielen Aufträgen ein negativer Deckungsbeitrag erzielt wird. Diese Erkenntnisse bedeuten wesentliche Ursachen für das Abgleiten in die Erfolgskrise und erfordern unverzügliche Gegenmaßnahmen, damit sich die bereits entstandene Liquiditätskrise nicht weiter verschärft und eine Insolvenzreife droht. Durch finanzwirtschaftliche Maßnahmen ist die jederzeitige Zahlungsfähigkeit über den Zeitraum der Sanierung sicherzustellen, um eine Insolvenzantragspflicht zu vermeiden und die Umsetzung der weiteren einzuleitenden Sanierungsschritte zu gewährleisten.

Des Weiteren wurden mögliche Bedrohungspotenziale in der Wertschöpfungskette überprüft. So bestehen Risiken der weiteren Absicherung durch Kreditversicherer. Gleichzeitig können auch Druckpunkte bei den Lieferanten und den Warenkreditversicherern aufgrund bestehender Abhängigkeiten sowie guter Geschäftsbeziehungen gesetzt werden. Auf diese Weise können die Unterstützungsbeiträge mehrerer Stakeholder die Gleichbehandlung im Gläubigerkreis fördern und in der Summe erhebliche finanzielle Beiträge mobilisieren.

Aus den Feststellungen zur Absatzkrise in den verschiedenen Sparten ergibt sich: Wesentliche externe Krisenursachen sind ein rückläufiges Marktvolumen sowie ein intensiver Wettbewerb im Geschäftsfeld Formulardruck (GF 1). Im zweiten Hauptgeschäftsfeld Etikettendruck (GF 2) fehlt dem Unternehmen Druck GmbH die kritische Betriebsgröße, um am Markt langfristig erfolgreich bestehen zu können, denn lukrative Aufträge haben meist ein umfassendes Volumen. Diese interessanten Aufträge können von der Druck GmbH aufgrund ihrer derzeit begrenzten Druckkapazitäten nicht vollständig bearbeitet werden.

Der Ausbau der weiteren Geschäftsfelder (GF 3 und GF 4) verspricht dagegen Erfolg. Insgesamt wurden folgende Krisenursachen festgestellt:

- Keine Reaktionen auf die deutlichen Veränderungen der Märkte
- Wegbrechen der Absatzmärkte in einem Hauptgeschäftsfeld
- Fehlende strategische Ziele und Maßnahmen in lukrativen Bereichen
- Managementdefizite im kaufmännischen Bereich

- Unzureichender Einsatz von Planungsinstrumenten
- Fehlende Spartenrechnung für die Geschäftsfelder
- Nichtexistenz einer Vor- und Nachkalkulation von Aufträgen
- Nicht vorhandene Kommunikation mit Banken und anderen Stakeholdern
- Suboptimale Führungsstrukturen im gesamten Unternehmen
- Ineffizienzen bei den wesentlichen Geschäftsprozessen
- Ungezügelte Expansion mit der Erstellung eines Gewerbeobjektes
- Aufbau von nicht benötigten und nicht ausgelasteten Druckkapazitäten
- Starke Verschuldung und erheblicher Anstieg des Kapitaldienstes

Marktanalyse

Eine Untersuchung der relevanten Märkte in den vier Geschäftsfeldern hat folgende zusammenfassende Erkenntnisse erbracht:

- Geschäftsfeld 1: Das Marktvolumen für den Formulardruck ist stark rückläufig. Dieses dokumentiert auch der Geschäftsklimaindex in diesem Bereich. Die Auftragsbestände gehen seit Jahren zurück, bei ständig fallenden Preisen und stetig sinkenden Bestellgrößen. Es sind erhebliche Konzentrationsprozesse in diesem Segment zu beobachten.
- Geschäftsfeld 2: Die Abteilung Etikettendruck für die Lebensmittelindustrie verspricht aktuell und in der Zukunft gute Wachstumsraten und Margen. Bedeutsam ist es, eine kritische Unternehmensgröße zu erreichen. Nur auf diese Weise kann das Unternehmen auf Dauer in diesem wettbewerbsintensiven Umfeld erfolgreich bestehen und Deckungsbeiträge erwirtschaften.
- Geschäftsfeld 3: Das Segment Werbedruck wächst durch die verstärkten Direct-Mail-Aktionen der Unternehmen kontinuierlich an. Die Margen sind gut und der Konkurrenz- und Wettbewerbsdruck gering. Es ist zudem möglich, sich nur auf bestimmte Nischenprodukte und Serviceleistungen zu spezialisieren.
- Geschäftsfeld 4: Der Bereich Logistik für Banken verspricht aufgrund der erheblichen Outsourcing-Bestrebungen vieler Kreditinstitute große Chancen. Es werden gute Preise bei bonitätsstarken Abnehmern erzielt und die Konkurrenzlage zeigt am Markt bislang nur verstreute regionale Serviceanbieter.

Sanierungsmaßnahmen

Im Rahmen der leistungswirtschaftlichen Maßnahmen wird unter anderem die Neuausrichtung der Unternehmensstrategie untersucht. Es werden Empfehlungen zur Reorganisation der strategischen Geschäftsfelder des Unternehmens gegeben. Dabei soll insbesondere der Digitaldruck aufgrund der hohen weltweiten Wachstumsraten stärker in den Vordergrund rücken. Hier bestehen große Marktpotenziale und der Markteintritt erscheint aufgrund geringer Barrieren möglich und umsetzbar zu sein. Nachfolgend werden die wichtigsten realwirtschaftlichen Schritte aus dem Sanierungskonzept näher beschrieben.

Leistungswirtschaftliche Maßnahmen

- Reduzierung Geschäftsfeld 1 (Formulardruck) mit der Konzentration auf lukrative Aufträge bei einer genauen Vor- und Nachkalkulation.
- Ausbau Geschäftsfeld 2 (Etikettendruck) mit der Suche nach Kooperationspartnern, da eine kritische Größe eigenständig nicht erreicht werden kann.
- Erweiterung Geschäftsfeld 3 (Werbedruck), da der Bereich aufgrund der hohen Margen und eines Anstiegs des Marktvolumens Chancen verspricht.
- Ausbau Geschäftsfeld 4 (Logistik) mit Servicedienstleistungen für Kreditinstitute aufgrund der guten Margen und der noch geringen Wettbewerbsintensität.
- Für sämtliche Geschäftsfelder ist ein Preiskalkulationssystem einzuführen. Aufträge mit negativem Deckungsbeitrag sind strikt abzulehnen.
- Die Installierung eines Einkaufs- sowie Forderungsmanagements ist notwendig und mit einem Cash-Management-System zu verzahnen.
- Mittel- bis langfristig sollte ein fester Kooperationspartner oder ein strategischer Investor zur finanziellen Unterstützung gefunden werden.
- Sale and Lease Back der Gewerbeimmobilie wurde geprüft, um Liquidität zu generieren. Es findet sich kein Institut, das diese Transaktion begleitet.
- Der Verkauf der Altimmobilie ist zur Generierung frischer Liquidität notwendig. Da sich die Veräußerung hinziehen kann, wird der Erlös nicht fest eingeplant.
- Eine Druckmaschine soll für geschätzte 400 TEuro verkauft werden. Die Mittel sollen zur Entschuldung bei der Hausbank eingesetzt werden.
- Dabei sind diese empfohlenen strategischen und operativen Maßnahmen abzusichern und durch folgende finanzwirtschaftliche Schritte zu flankieren.

Finanzwirtschaftliche Maßnahmen

- Aktuell wird bei der Aufstellung der Bilanz zum Stichtag per Ende xxx1 von der Eigenkapitalunterdeckung von 400 TEuro ausgegangen.
- Eine Überschuldung kann vermieden werden, wenn ein Verzicht oder ein Rangrücktritt bei den Gesellschafterdarlehen über 500 TEuro erklärt wird.
- Es notwendig, dass alle Gläubiger einem Verzicht über 500 TEuro zustimmen, damit die Druck GmbH in der Sanierung ausreichend kapitalisiert bleibt.
- Alle Kreditinstitute sollen zunächst für ein Jahr auf jegliche Tilgungen und Tilgungsersatzleistungen zu verzichten, um die Liquidität zu schonen.
- Zur Liquiditätserhaltung sind 500 TEuro von den Kreditinstituten zu gewähren. Lieferanten und Kreditversicherer müssen ihre Linien aufrechterhalten.

Es soll bereits per Ende xxx2 ein deutlich verringerter Jahresfehlbetrag ausgewiesen werden. Nachhaltige Ertragsverbesserungen lassen sich allerdings nur durch eine Kooperations- oder Investorenlösung mit einer bonitätsstarken Firma erreichen. Das Unternehmen ist insgesamt zu kapitalschwach. Auf dem relevanten Markt wird eine nicht ausreichende Betriebsgröße erreicht.

Zahlenmaterial mit Erläuterungen

- GF 1 rückläufige Umsätze, nicht wettbewerbsfähigen Kostenstrukturen.
- GF 2 deckt aktuell die zurechenbaren Kosten und ist erfolgsneutral.
- GF 3 erbringt eine hohe Umsatzrendite, bei nur geringen Fixkosten.
- GF 4 erarbeitet ebenfalls einen zufriedenstellenden Erfolgsbeitrag.
- Insgesamt zeigen die Ist-Zahlen eine bedrohliche wirtschaftliche Lage.

Neue Erkenntnisse zur Untermauerung der Rentabilitätseinschätzung der einzelnen Geschäftsfelder hat die Spartenrechnung erbracht. Dieses wird in Tab. 4.40 gezeigt. Auf die zusätzliche Darstellung der Bilanz- und Finanzplanung im Rahmen eines integrierten Planungssystems, wie eigentlich erforderlich ist, wird aufgrund der Übersichtlichkeit an dieser Stelle verzichtet.

Tab. 4.40: Spartenrechnung der Druck GmbH (Quelle: Eigene Darstellung)

Spartenrechnung IST per xxx1 und PLAN per xxx2

Werte in TEuro	**GF 1**	**GF 2**	**GF 3**	**GF 4**	**IST**	**PLAN**
Umsatz	7.000	2.400	1.300	1.000	11.700	11.400
Materialaufwand	3.400↑	1.300↘	1.000↘	700↘	6.400	6.100
Rohertrag	3.600	1.100	300	300	5.300	5.300
Personalaufwand	2.500↑	400↘	100↓	100↓	3.100	3.000
Abschreibungen	300	100	0	0	400	400
Zinsaufwand	300	100	50	50	500	400
Sonst. Aufwendungen	1.400↑	500→	50→	50→	2.000	1.800
Jahresergebnis	-900	0	100	100	-700	-300
Cash Flow	-600	100	100	100	-300	100

↑ = im Branchenvergleich deutlich zu hoch
↗ = im Branchenvergleich leichte Abweichung nach oben
→ = liegt im Branchendurchschnitt
↘ = liegt leicht unter dem Branchendurchschnitt
↓ = liegt deutlich unter dem Branchendurchschnitt

Insgesamt liegen die Jahresumsatzzahlen sogar über der Planung für das Folgejahr. Der Personalaufwand liegt über den Erwartungen. Der Jahresfehlbetrag ist zu hoch und die ersten Sanierungsmaßnahmen schlagen nur teilweise an. Die erwirtschafteten Verluste sind erheblich und führen zu einer weiteren Aufzehrung des Eigenkapitals. Lediglich das Geschäftsfeld 2 erzielt ausreichende Deckungsbeiträge und kann zum Erfolg der Druck GmbH beitragen. Die anderen Geschäftsfelder sind weiterhin mit Problemen behaftet und defizitär. Es sind Entscheidungen über die Gesundung der übrigen Sparten zu treffen. Besonders Geschäftsfeld 1 ist kritisch.

Die konjunkturelle Lage ist von einer Flaute geprägt. Die Nachfrage nach Druckerzeugnissen stagniert. Den Planzahlen xxx2 liegen folgende Prämissen zugrunde:

- Vorsichtige Planung bei Annahme des Worst-Case-Szenarios für das Jahr xxx2, aufgrund der unsicheren gesamtwirtschaftlichen Lage.
- GF 1 mit einer geplanten Reduzierung der Umsätze, da Aufträge mit einem negativen Deckungsbeitrag in Zukunft konsequent abgelehnt werden sollen.
- GF 2 soll ausgebaut werden, da dieser Bereich bei vergleichbaren Unternehmen bereits ertragsstark betrieben wird und die Auftragslage ansteigt.
- GF 3 wird ebenfalls moderat ausgeweitet, da die Sparte zukunftsträchtig ist und hohe Deckungsbeiträge bei gesicherten Umsätzen verspricht.
- GF 4 soll mittelfristig erweitert werden. Derzeit erfolgt eine vorsichtige Planung, da die Geschäftskontakte erst angebahnt werden müssen.
- Kostenersparnisse sollen sich bereits in xxx2 durch eine stringente Personaloptimierung und durch eine Reduzierung der sonstigen Aufwendungen zeigen.
- Ziel ist es zunächst in xxx2 den Jahresfehlbetrag auf 300 TEuro zu reduzieren und einen positiven Cash Flow von 100 TEuro auszuweisen.

Zusammenfassung und Sanierungsaussage

Die Druck GmbH befindet sich in einer akuten Krise mit Insolvenzgefahr. Die Überschuldung ist nur durch die Erklärung eines Rangrücktritts bei den Gesellschafterdarlehen oder einen Verzicht abzuwenden. Ein Teilverzicht der Gläubigerbanken in Höhe von 500 TEuro ist notwendig, um das Eigenkapital nachhaltig zu festigen. Die geringe Kapitalisierung ist eine Krisenursache, denn weitere Jahresfehlbeträge führen automatisch zu einer Unterkapitalisierung.

Des Weiteren sind Maßnahmen zu ergreifen, um die Liquidität abzusichern. So wird es notwendig, dass alle Banken zunächst für ein Jahr alle Tilgungen und Tilgungsersatzleistungen stunden. Zusätzlich ist Kapital in Höhe von 500 TEuro durch die Gläubiger aufzubringen. Auch die Belieferung zu den bisherigen Konditionen mit einer Aufrechterhaltung der Einkaufs- und Rückversicherungslinien ist notwendig. Dazu sind zudem verbindliche Absprachen mit den wichtigen Lieferanten und Warenkreditversicherern zu treffen.

Empfohlen wird zur finanzwirtschaftlichen Stabilisierung eine Sicherheitenpoolbildung unter Banken. Zusätzlich ist ein Sicherheitenabgrenzungsvertrag abzuschließen, um die Lieferanten und die Kreditversicherer in eine Finanzierungslösung mit einer Prolongation der Linien auf bestehender Basis zu integrieren. Entscheidend ist, dass alle externen Gläubiger diese Bedingungen mittragen und anteilig ihre Sanierungsbeiträge leisten. Zu diesem Zweck ist in Kürze eine Gläubigerrunde einzuberufen, unter Leitung der Druckereiberatung GmbH. Diese soll als neutraler Moderator fungieren und die Interessenlagen sämtlicher Gläubiger im Sinne der finanziellen Unterstützung einer Sanierungslösung erreichen. Auf diese Weise kann eine Entemotionalisierung des Verhandlungsprozesses erreicht werden.

Künftiges Produktangebot

Das Unternehmen Druck GmbH ist in vier Geschäftsfeldern tätig. Es werden drastische leistungswirtschaftliche Maßnahmen erforderlich, da der Markt im Hauptgeschäftsfeld Formulardruck (GF 1) stark rückläufig ist. Zudem zeigt die Spartenrechnung für das GF 1 einen negativen Deckungsbeitrag. Eine ABC-Analyse deckt auf, dass viele nicht lukrative Aufträge abgewickelt werden. Daher wird empfohlen, ein Kalkulationssystem einzuführen sowie nicht kostendeckende Aufträge abzulehnen. Da das Marktvolumen im Formulardruck rückläufig ist und die Margen aufgrund von Konzentrationsprozessen unter Druck stehen, wird ein Abbau von GF 1 befürwortet, um die Abhängigkeit von diesem Segment zu senken.

GF 2 (Etikettendruck) ist gemäß der Spartenrechnung ergebnisneutral, jedoch wird die kritische Unternehmensgröße in diesem Sektor nicht erreicht. Empfohlen wird daher die aktive Suche eines strategischen Kooperationspartners, um gemeinsam größere Auftragsvolumina abzuwickeln zu können. GF 3 (Werbedruck) ist ein zukunftsträchtiges Geschäftsfeld. Der Ausbau wird mittelfristig empfohlen und ist mit den vorhandenen Kapazitäten und Maschinenpark darstellbar. GF 4 (Logistik) ist lukrativ und soll stark ausgeweitet werden.

Zur Entwicklung des notwendigen Wachstums wird in den beiden letztgenannten Bereichen GF 3 sowie GF 4 dringend zusätzliche Liquidität benötigt. Da die Reduzierung des GF 1 zu freien Druckkapazitäten führt, soll eine der Druckmaschinen verkauft und die Mittel aus dieser Veräußerung zur Entschuldung eingesetzt werden. Zudem sollen nicht benötigte räumliche Kapazitäten im Verwaltungsgebäude vermietet werden, um eine neue dauerhafte Geldquelle zu erschließen.

Aufstellung des zukünftigen Unternehmens

Im Unternehmen sind drastische Kosteneinsparungen zu treffen. So werden freiwillige Überstunden notwendig und die Mitarbeiter sollen auf das Urlaubs- und Weihnachtsgeld für ein Jahr verzichten. Zudem ist ein Liquiditätsbüro einzurichten, das sämtliche Investitions- und Finanzierungsentscheidungen künftig koordiniert. Alle Einkaufsentscheidungen sind mit dem Liquiditätsbüro abzustimmen. Des Weiteren ist ein Sanierungslenkungsausschuss für das Gesundungsprojekt mit Führungskräften aus jeder Abteilung und mindestens einem Akteur aus der Unternehmensberatung für die Dauer des Sanierungsprojekts einzurichten. Dieses Steuerungsgremium hat die Aufgabe, die einzuleitenden Sanierungsschritte zu überwachen und die Ergebnisse den Gläubigern in regelmäßigen Abständen zu berichten. Das Reporting kann zentral an den künftigen Poolführer erfolgen. Des Weiteren sind die Planzahlen auf Basis der Ist-Daten weiter fortzuschreiben und an die Gläubiger weiterzuleiten. Es sollen verschiedene Zukunftsszenarien eingearbeitet werden. Wichtig ist die Betrachtung des Worst-Case-Falls, damit deutlich wird, in welcher Höhe ein ausreichender Liquiditätspuffer erforderlich ist. So soll die Planung möglichst nicht laufend nach unten revidiert werden.

Zudem ist über die Fortschritte bei einer Kooperation im Geschäftsfeld 2 mit einem möglichen Investor zu informieren. Der Verkauf der alten Firmenimmobilie ist weiter zu forcieren und es sind örtliche Makler einzuschalten. Insgesamt sind die Berichterstattung und die Kommunikation zu den externen Stakeholdern auszubauen sowie gegebenenfalls durch den Berater oder den Interimsmanager vorzunehmen. Die Umsetzung des Sanierungsprojekts durch den externen Manager ist aufgrund der Vielzahl der erforderlichen Maßnahmen sowie der hohen Komplexität der Umsetzung der Sanierungsschritte dringend anzuraten.

Umsetzung der Sanierung

Zur Unterstützung der Geschäftsführung bei den dringlichsten Sanierungsaufgaben wird ein Interimsmanager, der zeitlich befristet eingesetzt wird, empfohlen. Spezielle Tätigkeiten des Zeitmanagers beinhalten die Umsetzung des Sanierungsprojekts, die Einrichtung einer Projektorganisation zur Steuerung des Gesundungsprozesses und die Einbindung der Führungskräfte in die Sanierung. Es besteht die Option, einen kaufmännischen Leiter aus der zweiten Führungsebene eng in die Neuorganisation einzubinden und diesen Akteur vorrangig mit dem Aufbau des Controllinginstrumentariums zu beauftragen, um die Strukturen und die Steuerungsmodule zur Überwachung und Kalkulation nachhaltig verbessert werden.

Der Interimsmanager sollte als neutrale Person die Kommunikation zu den relevanten Stakeholdern übernehmen. Des Weiteren sollte dieser Zeitmanager seine Kontakte zur Suche eines strategischen Investors nutzen. Denn das Unternehmen wird mittel- bis langfristig aufgrund der fehlenden kritischen Unternehmensgröße in den Hauptgeschäftsfeldern Probleme haben, sich am Markt durchzusetzen. Zudem kann ein Zusammenschluss mit einer Partnerfirma den Strategiewechsel mit Kapital und Know How beschleunigen. Müller sollte daher bereits jetzt darauf vorbereitet werden, seine Geschäftsanteile zur Verfügung zu stellen.

Es ist ein integriertes Planungswesen aufzubauen mit einer Ertragsplanung, einer Bilanzplanung und einer Finanzplanung. Die Daten sind den beteiligten Instituten im Laufe der Umsetzung kontinuierlich auf monatlicher Basis bereitzustellen. Dazu soll ein enges Monitoring gestaltet werden, das es erlaubt, den Realisierungsprozess der Maßnahmen zeitnah zu überwachen. Die leistungswirtschaftlichen Schritte in der Umsetzung sind zu kontrollieren. Insbesondere der Ausbau des Geschäftsfeldes Etikettendruck ist zu berichten. Des Weiteren sind die erzielten Kosteneinsparungen von Interesse. Es ist ein laufendes Überwachungsmanagement zu installieren.

Aufgabenstellungen

1. Nehmen Sie eine Überprüfung des Sanierungsgutachtens vor und untersuchen Sie die Aussage zur Sanierungsfähigkeit.
2. Beurteilen Sie die endgültige Sanierungswürdigkeit aus Sicht der Mittelstandsbank unter Abwägung verschiedener Handlungsalternativen.

4.5.3 Lösung des Praxisfalls zur Prüfung des Sanierungskonzepts

1. Nehmen Sie eine Überprüfung des Sanierungsgutachtens vor und untersuchen Sie die Aussage zur Sanierungsfähigkeit.

Die formale Prüfung des Sanierungskonzepts in Bezug auf die Vollständigkeit der Inhalte und der Struktur des Aufbaus hat keine besonderen Beanstandungen ergeben. Bei der materiellen Prüfung der Inhalte sind jedoch die folgenden Sachverhalte negativ aufgefallen und führen zu Rückfragen:

- Wenig herausgestellt wird die Rolle von Müller. Nach Einschätzungen der Bank hat der Geschäftsführer das Unternehmen in die Krise geführt. Es wird zu wenig aufgezeigt, ob Müller weiter im operativen Geschäft eingesetzt werden soll.
- Die Planungsprämissen werden nicht detailliert dargelegt. Zudem werden keine unterschiedlichen Szenarien (Best Case/Normal Case/Worst Case) für einen potenziellen Sanierungserfolg in den Rechenwerken dargestellt.
- Unklar ist, wie der Ausbau von GF 3 und GF 4 mittelfristig gelingen soll mit den knappen finanziellen Ressourcen. Die Planzahlen sind nicht nach Sparten aufgegliedert und können den prognostizierten Erfolg nicht detailliert aufzeigen.
- Die finanzielle Sicherung des Sanierungskonzepts mit der Kapitalisierung sowie der Wiederherstellung der Liquidität sieht nur minimale finanzielle Beiträge der Gesellschafter vor. Die Kreditinstitute haben die Hauptlast zu tragen.
- Es wird nicht klar deutlich, wie die Reduzierung des Zinsaufwands von 500 auf 400 TEuro erreicht werden soll. Nicht dargelegt wird zudem, wie der entstehende Jahresfehlbetrag im Kapital und bei der Liquidität aufgefangen wird.

Positiv ist bei der Untersuchung des Sanierungskonzepts zu vermerken:

- Die Hauptkrisenursachen werden herausgestellt und stimmen mit den Einschätzungen des Kreditinstituts klar überein. Der Hinweis auf ein fehlendes Controlling als wirkungsvolles Steuerungsinstrumentarium ist bedeutend.
- Wichtig sind die Analysen der Geschäftsfelder anhand der wesentlichen Marktdaten und der künftigen Branchenentwicklungen. So werden die Erfahrungen der Druckereiberatung in den verschiedenen Geschäftsfeldern zugrunde gelegt.
- Es ist positiv, dass auf die Umsetzung der Maßnahmen eingegangen wird und personelle Vorschläge für die Realisierung dieses Sanierungskonzepts gemacht werden mit der Installierung von Lenkungsausschuss und Interim Manager.
- Hervorzuheben ist, dass neben einer eigenständigen Sanierungslösung auch eine Kooperationslösung und eine Investorenlösung in Betracht gezogen werden. Damit kann das Unternehmen langfristig stabilisiert werden.
- Die geplante Sanierungsstrategie ist in sich logisch und schlüssig. Die Planzahlen per xxx2 erscheinen realistisch und bilden ein vorsichtiges Szenario ab. Auf dieser Grundlage sollen die finanziellen Unterstützungen gestaltbar sein.

Auffällig ist, dass das Fazit keine konkrete Aussage zur Sanierungsfähigkeit abgibt. So wird nicht deutlich herausgestellt, ob das Unternehmen auch aus eigener Kraft als sanierungsfähig angesehen wird oder nur mit externer Hilfe der Gläubiger oder eines Investors. Da zu diesem Punkt keine definitive Erklärung abgegeben wird, ist davon auszugehen, dass die Druckereiberatung GmbH das Engagement sehr kritisch einschätzt. Eine Schlussbemerkung zur Sanierungsfähigkeit ist jedoch wesentlicher Kernbestandteil eines Sanierungskonzepts und sollte daher als abschließendes Urteil von der Beratung eingeholt werden.

Die Sanierungsfähigkeit wird von der Mittelstandsbank AG aufgrund der positiven Aussichten in den beiden entwicklungsstarken Geschäftsfeldern als möglich angesehen. Dennoch ist aus Sicht der Hausbank eine Investorenlösung zu favorisieren, da auf diese Weise ein schneller und abgesicherter Sanierungserfolg erreicht werden kann. Dazu kann das eigene Kundenportfolio der Kreditinstitute auf mögliche Kooperationspartner und Übernehmer untersucht werden, unter strenger Wahrung des Bankgeheimnisses. Der Fokus sollte neben der Einleitung der Sanierung auf der Suche nach einem strategischen Investor liegen.

2. Beurteilen Sie die endgültige Sanierungswürdigkeit aus Sicht der Mittelstandsbank unter Abwägung verschiedener Handlungsalternativen.

Neben der weiteren Begleitung des Engagements im Rahmen der Sanierung bestehen für die Mittelstandsbank AG zwei weitere Handlungsoptionen, der Kreditverkauf oder die Abwicklung mit Liquidation der Sicherheiten. Da lediglich ein potenzieller Kreditaufkäufer angefragt hat und nur eine geringe Quote von 10,0 % auf die Nominalforderungen bei Übernahme der Sicherheiten angeboten hat, scheidet diese Alternative aus Sicht der Mittelstandsbank AG aus. Auch die Option der Liquidation wurde eingehend geprüft. Aufgrund der schwachen Sicherheitenposition ergibt sich ein hoher Blankoteil und bei einer Verwertung der zumeist als Spezialsicherheiten deklarierten Werte in einer Insolvenz ein umfangreicher Ausfall.

Es wird nur die Chance gesehen, im Rahmen einer Sanierung weniger Geld zu verlieren, bei noch tragbaren Risiken. Wichtige Voraussetzung ist jedoch, dass Müller das Sanierungskonzept uneingeschränkt akzeptiert und sich einer Investorenlösung nicht verschließt. Es sind bereits zu diesem Zeitpunkt die Gesellschaftsanteile von Müller und der übrigen Anteilseigner auf einen Treuhänder zu übertragen, um einen Unternehmensverkauf kurzfristig abwickeln zu können.

Die Banken sollten sich diese Rechte an den Gesellschaftsanteilen sichern. Werden diese Firmenanteile über eine erfolgreiche Sanierung wieder werthaltig, partizipieren die Kreditinstitute an einem Verkaufserlös. Eine doppelnützige Treuhand bietet sich zur Umsetzung dieser Übertragungslösung an (vgl. Portisch, 2009a, S. 34 ff.). Des Weiteren ist es erforderlich, dass die übrigen relevanten Stakeholder einer Sanierung zustimmen und auch ihre Sanierungsbeiträge leisten.

Dazu ist der Abschluss eines Poolvertrags anzustreben. Zur finanziellen Sanierung sind die Liquidität und das Eigenkapital über den mehrjährigen Gesundungsprozess abzusichern. Dazu sind alle bedeutenden Gläubiger in Form der Kreditinstitute, der Lieferanten und der Kreditversicherer und gegebenenfalls der Leasinggeber im Rahmen einer Poolvereinbarung und eines gesonderten Sicherheitenabgrenzungsvertrags in die Finanzierung einzubinden (vgl. Portisch, 2006c, S. 54 ff.).

Damit die Einbindung gelingt, sind aus Sicht der Hausbank die strategischen Ziele der Gläubiger zu eruieren und Koalitionen anzustreben. Von besonderer Bedeutung ist die Sicherstellung der Umsetzung der Maßnahmen im Sanierungsprojekt. Es ist auf die Installierung eines Interimsmanagers hinzuwirken. Das Vertrauen in das Altmanagement ist stark eingeschränkt. Zudem können die vielfältigen Probleme nicht durch die bestehende Geschäftsführung gelöst werden (vgl. Portisch, 2006d, S. 58 ff. und 2007b, S. 36 ff.). Auf Grundlage des Konzepts, der Voraussetzung einer erfolgreichen Poolbildung und der Sicherstellung der Umsetzung der Maßnahmen werden sowohl die Sanierungsfähigkeit als auch die Sanierungswürdigkeit auf Basis einer subjektiven Bewertung durch die Mittelstandsbank AG positiv eingeschätzt.

Als Hauptargument zur weiteren Begleitung wird angesehen, dass das Unternehmen am Markt und bei den Kunden eine gute Stellung aufweist und der Umbau der einzelnen Geschäftsfelder gelingen kann. Ein weiterer Fokus der Sanierung liegt auf der Suche nach einem bonitätsstarken strategischen Investor, der Kapital einschießt oder das Unternehmen komplett übernimmt und in seine Firmengruppe einbindet.

---

5. Sanierungsregel: Ein Sanierungsgutachten sollte die langfristigen Erfolgspotenziale des Krisenunternehmens analysieren, das Marktprofil und Geschäftsmodell der Firma auf seine langfristigen Chancen und Risiken untersuchen und die Sanierungsfähigkeit vorsichtig einschätzen.

Erläuterung der 5. Sanierungsregel

Ein Sanierungsgutachten, das von den Banken sowie anderen Gläubigern akzeptiert wird, sollte eine Unternehmensanalyse beinhalten und interne und externe Krisenursachen feststellen. Im Rahmen einer Marktanalyse sind die Produkte und Dienstleistungen des Unternehmens im Marktzusammenhang zu betrachten. Dann sind die notwendigen Sanierungsschritte, unterteilt nach den finanzwirtschaftlichen und den leistungswirtschaftlichen Maßnahmen, auszuweisen.

Das Sanierungskonzept ist durch aktuelles Zahlenmaterial zu unterlegen. So sollte eine Spartenrechnung die Ertragslage und Erfolgsbereiche des Unternehmens darstellen. Wichtig ist es, dass realistische Planzahlen in Form einer aufeinander abgestimmten Ertragsplanung und Liquiditätsplanung bereitgestellt werden. Abschließend sollte das Sanierungsgutachten ein Urteil zur Sanierungsfähigkeit abgeben. Wird auf Basis dieser Prognose zudem die Sanierungswürdigkeit bestätigt, kann der begonnene Gesundungsprozess weiter voranschreiten.

4.5.4 Empirische Ergebnisse zur Prüfung von Sanierungskonzepten

Damit der Sanierungsprozess unverzüglich begonnen werden kann und kein weiteres Geld der Gläubiger unnötig verbraucht wird, sollte das Sanierungsgutachten den Entscheidungsträgern der Banken innerhalb eines bestimmten Zeitraums vorliegen. Damit die zeitnahe Vorlage gegenüber dem Sanierungsberater durchgesetzt werden kann, sollte dieses bereits im Sanierungsauftrag fest vereinbart und später nachgehalten werden. Auch der Auftragsinhalt sollte umfassend sein und möglichst einen Standard für das Sanierungskonzept zugrunde legen.

Die Zeitdauer zur Erstellung eines Konzeptes ist abhängig von der Komplexität des Falles, dem erreichten Krisenstadium, der Größe der Firma und weiteren Faktoren wie der Anzahl der eingebundenen Gläubiger, Gesellschafter, Kunden und Lieferanten. Rund 84,9 % der Probanden äußern, dass das Sanierungskonzept durchschnittlich sechs Wochen nach der Beauftragung des Beraters vorliegen sollte. Etwa 15,1 % sind der Meinung, dass das Konzept auch spätestens nach acht Wochen eingereicht werden kann. Der Vorlagezeitpunkt ist allerdings von der Größe und Komplexität des Krisenfalls abhängig. Bei umfassenden Konzernsanierungen im In- und Ausland und einer möglichen Kapitalmarktorientieren kann die Analysedauer und der Umfang der erforderlichen Dokumentationen beträchtlich sein.

Gerade mittlere und größere Institute sowie Privatbanken und auch Sparkassen sind öfter der Meinung, dass eine Vorlage auch noch nach acht Wochen erfolgen kann. Dies kann damit zusammenhängen, dass diese Kreditinstitute häufiger mittlere und große Firmen betreuen, die dort auftretenden Probleme komplexer sind und unter Umständen umfangreiche Analysen erfordern.

Jegliche Verzögerung der Einreichung des Sanierungskonzeptes kann in den Kreditinstituten einen Schaden in Form von nicht angeschafften Zinsen, steigenden Valutierungen auf den laufenden Konten, Aushöhlungen von variablen Sicherheiten oder Nutzungen von Mitarbeiterressourcen, verursachen. Des Weiteren besteht die Ungewissheit, ob die Krisenfirma überhaupt im Kern sanierbar ist. Die Notwendigkeit der Überprüfung von Sanierungskonzepten bei Krisenunternehmen ergibt sich unter anderem aus MaRisk BTO 1.2.5 Rn. 3.

Zudem ist es für Kreditinstitute wirtschaftlich von Bedeutung, sehr treffgenau darüber zu entscheiden, ob ein Firmenkunde in der wirtschaftlichen Schieflage finanziell unterstützt werden soll oder ob der Einsatz weiterer Ressourcen vergeblich ist und ein extern unterstützter Sanierungsversuch gänzlich unterbleiben sollte.

Welche Bausteine in einem Sanierungskonzept enthalten sein sollten, wird in den MaRisk nicht genannt. Einige Anforderungen ergeben sich aus rechtlichen Urteilen. So ist bereits im Konzepterstellungsauftrag, vergeben durch die Geschäftsleitung der Firma, festzuhalten, dass bestimmte Mindestbausteine in einem tragfähigen und rechtssicheren Sanierungskonzept enthalten sind.

Das Konzept sollte in sich schlüssig sein, ernsthafte Erfolgsaussichten und eine positive Sanierungsprognose darlegen. Des Weiteren sollte ein Sanierungskonzept von erkannten sowie erkennbaren tatsächlichen Gegebenheiten ausgehen und nicht offensichtlich undurchführbar sein. Bereits bei Auftragsvergabe ist der Zeitrahmen bis zur Vorlage des fertigen Gutachtens festzuhalten. Die Vereinbarung eines einzuhaltenden Sanierungsstandards kann zusätzlich helfen, dass bestimmte Strukturen sowie festgelegte Mindestinhalte in den Sanierungskonzepten vorzufinden sind und die Qualität der eingereichten Konzepte hoch ist.

Wichtige Bestandteile in Sanierungskonzepten lassen sich somit aus Standards wie dem IDW S 6 oder den Mindestanforderungen an Sanierungskonzepte (MaS) ableiten. Im Sanierungskonzept sind die Krisenursachen festzustellen sowie die Maßnahmen zur erfolgreichen Restrukturierung festzulegen. Ziel ist zunächst eine objektive Untersuchung der Sanierungsfähigkeit aus Sicht eines externen Experten, damit die Entscheidungsträger in den Kreditinstituten anschließend über die Begleitung des Kreditengagements urteilen können.

In der nachfolgenden Tab. 4.41 werden wichtige Elemente von Sanierungskonzepten aufgeführt und aus Sicht der Banksanierer mit Durchschnittsnoten auf der Skala (1,0 = „wichtig“ beziehungsweise „erfüllt“ bis 5,0 = „unwichtig“ beziehungsweise „nicht erfüllt“) beurteilt.

Tab. 4.41: Wichtigkeit, Erfüllungsgrad Elemente im Sanierungskonzept (Quelle: Eigene Darstellung)

Eigenschaften von Sanierungsberatern	Wichtigkeit der Eigenschaft		Erfüllungsgrad in der Praxis		Abweichung
	% Zustimmung	Mittel	% Zustimmung	Mittel	Differenz
Klarheit der Fortführungsprognose	97,9 %	1,2	66,4 %	2,3	1,1
Aussagekräftiges Planzahlenmaterial	98,6 %	1,3	65,0 %	2,3	1,0
Darlegung der Ausgangslage und Krisenursachen	95,7 %	1,4	67,9 %	2,2	0,8
Festlegung zeitlicher Umsetzungsschritte	95,0 %	1,5	32,4 %	2,9	1,4
Finanzwirtschafte Sanierungsmaßnahmen	86,4 %	1,7	67,9 %	2,2	0,5
Leistungswirtschafte Sanierungsmaßnahmen	75,0 %	1,9	25,2 %	3,1	1,2
Situation in der Branche und im relevanten Markt	75,0 %	2,0	39,3 %	2,7	0,7
Konzepterstellung nach Standard IDW S 6	55,0 %	2,4	25,2 %	3,1	0,7

Dabei zeigt sich, dass eine klare Fortführungsprognose an erster Stelle der Wichtigkeit bei den Inhalten des Sanierungskonzeptes steht. Es folgen auf den weiteren Plätzen die Vorlage aussagekräftigen Planzahlenmaterials sowie die Darlegung der Ausgangslage sowie der finanzwirtschaftlichen Maßnahmen. Die Zufriedenheit mit den Erfahrungen aus Sanierungskonzepten ist bei diesen Inhaltsbausteinen mit jeweils rund zwei Dritteln des Zustimmungsgrads relativ hoch. Jedoch ergeben sich zum Teil erhebliche Abweichungen bei weiteren wichtigen Merkmalen zwischen dem Anspruchsniveau der Bankspezialisten und der Ausprägung in der Praxis bei den leistungswirtschaftlichen Komponenten.

So legen die Banksanierer Wert auf die Darlegung der zeitlichen Umsetzungsschritte im Sanierungskonzept, jedoch fällt die Zufriedenheit in diesem Feld in den eingereichten Gutachten offenbar sehr gering aus. Ebenso ergeben sich deutliche Unterschiede zwischen dem Anspruch und der Wirklichkeit bei den vorgeschlagenen leistungswirtschaftlichen Sanierungsmaßnahmen. Diese werden als bedeutend angesehen, die Ausführungen in den Sanierungskonzepten stellen die Bankspezialisten jedoch nicht sehr häufig zufrieden. Gleiches gilt für die Analysen der Branchen und der relevanten Märkte. Die leistungswirtschaftlichen und die marktbezogenen Faktoren in den Sanierungskonzepten bieten oft Anlass zu Kritik.

Die Sanierungsfachleute in den Banken sind mittlerweile immer stärker spezialisiert und haben aufgrund ihres Erfahrungsaufbaus in vielen wirtschaftlichen Bereichen gute Marktkenntnisse. Dieses ist auch erforderlich, um die Erfolgsaussichten bei einem Sanierungsengagement einschätzen zu können. Während früher die finanzwirtschaftliche Seite im Vordergrund der Beurteilung stand, achten Kreditinstitute mittlerweile sehr viel stärker auf die Marktseite und setzen in Bereichen, zum Beispiel bei umfassenden Krediten in bestimmten Sektoren, Fachleute ein, die in dieser Branche früher unternehmerisch tätig waren.

Eine Sanierung kann nur erfolgreich sein, wenn das Unternehmen sich am Markt gegenüber seinen Konkurrenten durchsetzt und die Akzeptanz beim Kunden findet. Eine finanzielle Bereinigung verschafft meist nur kurze Zeit Luft und verzögert einen Insolvenzantrag lediglich. Die marktnahen Beurteilungen haben eine hohe Bedeutung im Sanierungskonzept und sind intensiv zu überprüfen. Die folgende Abb. 4.63 verdeutlicht den Anspruch und den Zufriedenheitsgrad mit den Bausteinen in den eingereichten und überprüften Sanierungskonzepten.

Die Bedeutung der Einhaltung des Sanierungsstandards IDW S 6 wird von Genossenschaftsbanken und kleineren Instituten als weniger wichtig erachtet gegenüber den anderen Banksektoren. Differenzen des Erfüllungsgrads mit den Anforderungen in der Praxis bestehen insbesondere bei der vorhandenen Unzufriedenheit der Privatbanken mit den Untersuchungen der Branche und bei den Genossenschaftsbanken vornehmlich mit den in den schriftlichen Konzepten vorgeschlagenen leistungswirtschaftlichen Sanierungsmaßnahmen. Die Kreditinstitute fokussieren sich in den Analysen mittlerweile deutlich stärker auf die Marktseite im Konzept.

Die leistungswirtschaftlichen Bereiche sowie die Darlegung der Umsetzungen im Sanierungskonzept sehen zudem mit etwas höheren Quoten die mittleren und großen Institute gegenüber den kleinen Banken als erfüllt an.

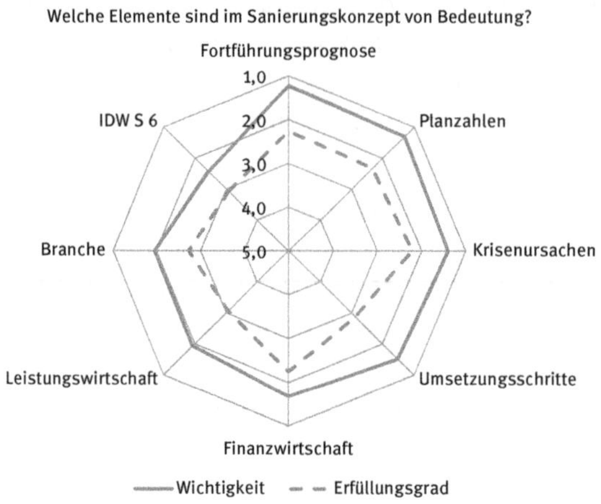

Abb. 4.63: Beurteilung der Elemente in Sanierungskonzepten (Quelle: Eigene Darstellung)

Die Zufriedenheit mit der Aussagekraft der Fortführungsprognose wächst ebenfalls mit einem Anstieg der Größe der Kreditinstitute. Somit erscheint die Beurteilung der Sanierungskonzepte insbesondere beim Klientel kleinerer Firmen ungenügend auszufallen. Dieses spricht für die Entwicklung eines gesonderten Sanierungskonzeptstandards für kleinere Firmen. Die finanzwirtschaftlichen Untersuchungen und das eingereichte Planzahlenmaterial werden dagegen als gut bewertet. Lediglich kleine Banken sind unzufriedener mit der Qualität des Zahlenmaterials. Es zeigt, dass viele Berater eine integrierte Planungssoftware einsetzen und unabhängig von der Größe der Krisenfirmen aussagekräftige Unterlagen einreichen.

Gegenüber der damaligen Befragung dieser Experten haben sich zum Teil deutliche Verschiebungen der Bedeutung von bestimmten Bereichen sowie Komponenten im Sanierungskonzept ergeben. Wichtige Inhalte, die von Banken seinerzeit gefordert wurden, betrafen insbesondere die finanzwirtschaftlichen Sanierungsmaßnahmen neben der Darstellung der Ist-Situation mit den Krisenursachen, einer klaren Fortführungsprognose und aussagekräftigen Planzahlenmaterials. Dies zeigte eine verstärkt zahlenorientiert geprägte Sicht der Bankmitarbeiter. Auch der Struktur eines Gutachtens nach dem IDW Standard wurde von den Bankspezialisten seinerzeit eine hohe Bedeutung beigemessen. Die Darstellung der Branchen- und Marktlage, die zeitlichen Umsetzungsschritte im Projekt und die konkreten leistungswirtschaftlichen Maßnahmen sahen dagegen damals eine deutlich geringere Anzahl der Befragten als besonders wichtig an.

Hier hat sich mittlerweile eine erhebliche Verschiebung in Richtung der Bedeutung von leistungswirtschaftlichen Komponenten ergeben. Diese Untersuchungen werden als sehr bedeutend für den Sanierungserfolg angesehen.

Mittlerweile haben die Sanierungsspezialisten in den Instituten erkannt, dass es bei der Beurteilung eines Krisenfalls darauf ankommt die Marktseite im Konzept stärker durchleuchten zu lassen. Dazu ist von Bedeutung, welche leistungswirtschaftlichen Maßnahmen vorgeschlagen werden und wie deren Umsetzung geplant wird. Die Zufriedenheit mit den Sanierungsgutachten hat sich in der aktuellen Umfrage, insbesondere bei der Darstellung des Planzahlenmaterials, verbessert. Insgesamt hat der Zufriedenheitsgrad mit den vorgelegten Konzepten in der Praxis bei den meisten Inhaltsbausteinen zugenommen.

Falls die Firma im Sanierungskonzept als sanierungsfähig eingestuft wird, ist anschließend aus Sicht der Kreditinstitute über die Sanierungswürdigkeit zu entscheiden. Dies ist eine subjektive Beurteilung. Es erfordert eine wirtschaftliche Betrachtung, ob die Sanierung aus Bankensicht begleitet werden soll. Dabei ist abzuwägen, welche finanziellen Beiträge gewährt werden sollen, ob lediglich ein Stillhalten erfolgt oder ob eine Kündigung in Betracht gezogen wird. Es sollte zudem eine angemessene Berücksichtigung der Risiken einer Weiterbegleitung in die Entscheidungsprozesse mit einfließen, wie unter anderem:

- Wirtschaftliche Risiken aus finanziellen Sanierungsbeiträgen
- Personalkosten und Bindung von Mitarbeiterkapazitäten
- Sanierungsmehrwert als Differenz der Kosten und Erträge

In dieser Bedeutungsrangfolge zur Entscheidung der Sanierungswürdigkeit spielt die Umsetzung der Sanierungsmaßnahmen mit 95,7 % der Zustimmung eine wichtige Rolle. Des Weiteren wird eine klar abgeleitete Fortführungsprognose im Konzept von 92,2 % der Befragten als bedeutend angesehen. Es folgen die aus dem Sanierungskonzept abgeleiteten finanziellen Beiträge mit 83,7 % und die guten Erfahrungen mit dem Sanierungsberater mit 67,9 % der Antworten.

Die Überprüfung alternativer Sanierungsstrategien gegenüber der Sanierung Stand Alone, wird mit 64,0 % der Nennungen als notwendig erachtet. Die voraussichtliche Dauer der Sanierungen wird von 54,3 % der Probanden als bedeutend benannt. Die nachfolgende Abb. 4.64 zeigt diese Einschätzungen der Spezialisten aus den Banken bei der Analyse der Sanierungswürdigkeit.

Auffällig ist, dass gerade Vertreter der Sparkassen und Landesbanken einen großen Wert auf die guten Erfahrungen mit dem Berater legen und eine positive Entscheidung zur Sanierungsbegleitung insbesondere unter diesem Aspekt beurteilen. Des Weiteren spielen die zu leistenden finanziellen Sanierungsbeiträge zur Generierung eines Sanierungserfolgs bei Sparkassen und Landesbanken eine bedeutendere Rolle als in den anderen Institutssektoren.

Bei einer Auswertung nach Größenklassen der Banken fällt auf, dass die Darlegung von unterschiedlichen Sanierungsszenarien, wie beispielsweise einer Investorenlösung im Vergleich zu einer Sanierung aus eigenen Kräften, gerade von großen Instituten gefordert wird. Dies kann damit zusammenhängen, dass in Privatbanken größere Sanierungsengagements betreut werden und dort Beteiligungslösungen oder Unternehmensverkäufe häufig möglich sind.

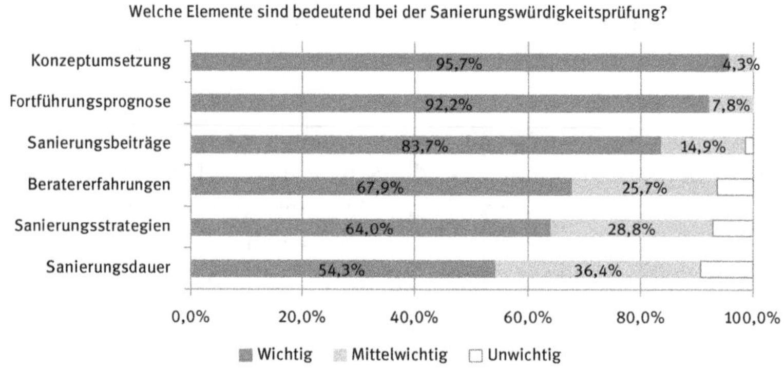

Abb. 4.64: Bausteine zur Prüfung der Sanierungswürdigkeit (Quelle: Eigene Darstellung)

Im Vergleich zur Umfrage aus 2008 hat die Bedeutung der bislang gemachten Erfahrungen mit dem Berater zugenommen. Daher sehen Kreditinstitute es als positiv an, wenn sie den Sanierungsberater kennen und mit diesem bei anderen Krisenengagements gute Ergebnisse erzielt haben. Ebenfalls hat die Wichtigkeit der Umsetzung stark zugenommen. Dabei wird aktuell sehr viel stärker darauf geachtet, wer das Sanierungskonzept realisiert und wie das gesamte Sanierungsteam zusammengestellt wird. Dies ist im Konzept klar darzulegen.

Im Anschluss an die Prüfung der Sanierungsfähigkeit und an die Bewertung der Sanierungswürdigkeit sind die konkreten finanziellen Rahmenbedingungen festzulegen, unter denen der Gesundungsprozess begleitet werden kann. Zu beachten ist, dass die variablen Sicherheiten an Wert verlieren, da eine Liquiditätsschöpfung in der ersten Phase der Sanierung meist über einen Abbau der Forderungen oder der Warenbestände erfolgt. Diese Wertminderungen sind bereits als Sanierungsbeitrag der Banken aufzufassen. Wichtig für die Stabilisierung der Finanzen ist die Poolbildung mit einer Aufteilung der Sicherheiten, der Sanierungsbeiträge und der Verabredung eines Stillhaltens der Gläubiger. Mit dem Abschluss eines Sicherheitenpoolvertrags wird der Ausstieg einzelner Banken aufgehalten. Von Interesse ist es, unter welchen Bedingungen die Kreditinstitute im Allgemeinen bereit sind, einen für die Sanierungsphase bindenden Poolvertrag abzuschließen.

4.6 Poolbildung zur Finanzsanierung

Lernziele:
Maßnahmen zur Sicherung der Liquidität und des Eigenkapitals umsetzen
Kernelemente von Poolverträgen und Organisation einer Poollösung gestalten
Unterstützungen und Behinderungen auf dem Weg zu einer Poolbildung kennen

Wurden bei einem Krisenengagement die Sanierungsfähigkeit durch ein externes Gutachten bestätigt und dieses von den begleitenden Banken auf Plausibilität erfolgreich geprüft, sind im nächsten Schritt die finanziellen Rahmenbedingungen zu gewährleisten, damit die zumeist entscheidende leistungswirtschaftliche Sanierung störungsfrei ablaufen kann. Dies macht es erforderlich, möglichst alle Gläubiger des Krisenunternehmens vertraglich zum Stillhalten zu verpflichten, damit sich nicht einzelne Parteien aus dem Engagement zurückziehen. Zudem wird durch die Einbindung der Gläubiger bei einer notwendigen Neukreditvergabe eine Risikoteilung erreicht. Dabei ist die Bildung eines Sicherheitenpools im Rahmen der finanzwirtschaftlichen Sanierung oft unumgänglich. Die Hausbank hat die Aufgabe, die Kreditverhandlungen mit den unterschiedlichen Parteien einzuleiten, zu gestalten und erfolgreich zum Abschluss zu bringen.

Sicherheitenpoolverträge regeln die Belange und Verhältnisse der Banken untereinander aber auch gegenüber dem Schuldnerunternehmen, soweit die in den Poolvertrag eingebrachten Kredite und Sicherheiten betroffen sind. Wichtige Regelungsinhalte sind unter anderem die gleichmäßige Informationsverteilung, die Verpflichtung zur Aufrechterhaltung der jeweiligen Kreditlinien, die Festlegung einer Poolquote sowie die Vereinbarung eines Saldenausgleichs. Des Weiteren ist es von Bedeutung, die Lieferanten und Kreditversicherer in die Vereinbarungen mit einzubeziehen, damit das operative Geschäft weiterläuft. Dies geschieht über den Abschluss eines Sicherheitenabgrenzungsvertrags. Diese Vereinbarung regelt die Partizipation an den Erlösen aus den Sicherheiten des Umlaufvermögens.

Die Finanzierung in der Sanierung birgt für die beteiligten Banken hohe ökonomische und rechtliche Risiken. Neben dem bereits bestehenden Kreditrisiko kommt die Gefahr hinzu, weiteres Geld zu verlieren und zwar dadurch, dass eine Sanierungsfinanzierung nicht vollständig zurückbezahlt werden kann oder dass sich die Werthaltigkeit der Sicherheiten verschlechtert. Zusätzlich besteht mit dem Bekanntwerden der Krise das Problem, dass sich einzelne Finanzgläubiger aus diesem Krisenengagement lösen können. Dann tritt oft ein Wettlauf um mögliche Rückführungen und verbliebene Sicherheiten ein (vgl. Rechtmann, 2012, S. 399 ff.).

4.6.1 Umsetzung finanzwirtschaftlicher Sanierungsmaßnahmen

Poolverträge können dafür sorgen, dass die Gläubiger ihre Interessen bündeln und sich nicht gegenseitig behindern und die Firmensanierung vorantreiben (vgl. Sickel, 2008, S. 89 ff, Berner, 2006, S. 1 ff. und Wuschek, 2011, S. 358 ff.). Darüber wird ein einheitliches Vorgehen im Rahmen eines Sicherheitenpools oder eines Sanierungspools geregelt. Der Pool kommt als Sicherheitentreuhandvertrag bei hoher Komplexität der Fremdfinanzierung eines Unternehmens sowie einer größeren Zahl von Finanzgläubigern außerhalb von Sanierungsfällen vor.

Ziele des Pools in der Krise sind die optimale Nutzung und Aufteilung der Kreditsicherheiten und die Einbeziehung der Kredite einschließlich der in vielen Branchen überlebenswichtigen Avale für eine dauerhafte Stabilisierung finanzwirtschaftlicher Sanierungsmaßnahmen (vgl. Cranshaw, 2013, S. 1005 ff.). Sogar die Vereinbarung eines Moratoriums als eines der Stabilisierungsinstrumente in der Sanierung kann in einem Poolvertrag geregelt werden. Rechtlich gesehen ist der Poolvertrag dann zugleich eine Sanierungsvereinbarung (vgl. Portisch/Cranshaw, 2014, S. 9 ff.).

Bei einem Poolvertrag, oft auch als Sicherheitenpoolvertrag bezeichnet, handelt es sich damit um die Bündelung der Sicherheiteninteressen mehrerer Finanzgläubiger zum Zweck der Risikoteilung, der Risikosteuerung und Risikoreduzierung. Ein weiteres genutztes Anwendungsfeld bei diesen gemeinschaftlichen Mittelbereitstellungen sind Konsortialfinanzierungen, die bei umfangreichen Finanzierungsprojekten eingesetzt werden. Sehr häufig beschränkt sich der Poolvertrag nicht auf bestehende Finanzierungsmittel, sondern es werden neue Finanzierungen vereinbart. Dieses betrifft Betriebsmittelkredite, gegebenenfalls als Mischlinien mit Avalen, entweder als Finanzierung eines völlig selbstständigen Teilbetrages der Gesamtsumme durch jede der beteiligten Banken oder als Konsortialfinanzierung.

Diese Geldvergabe wiederum ist wie stets bei Gemeinschaftsfinanzierungen zum einen als Innenkonsortium möglich. Dann ist der Konsortialführer der einzige Kreditgeber und die Konsortialpartner sind nur im Innenverhältnis beteiligt. Zum anderen ist sie als Außenkonsortium ausgestaltbar und jeder Kreditgeber ist mit einem Teilbetrag im Außenverhältnis zum Kreditnehmer engagiert. Diese Organisation der Gemeinschaftsfinanzierung liegt beim Konsortialführer. Bei dem sogenannten „stillen“ Innenkonsortium muss dieser Kreditnehmer nicht einmal zwingend davon Kenntnis besitzen, dass andere Banken an der Finanzierung des ursprünglichen Kreditgebers „unterbeteiligt“ sind. Dieses Instrument ist von Interesse, wenn beispielsweise die Hausbank die Finanzierung nicht mehr allein übernehmen kann, aber im Außenverhältnis unbedingt allein auftreten möchte.

Wie Konsortialverträge begründen auch Poolverträge unter den Banken von ihrer Rechtsnatur her einfache Gesellschaften bürgerlichen Rechts gemäß §§ 705 ff. BGB (vgl. Lwowski/Merkel, 2003, S. 25).

Konsortialfinanzierungsverträge beziehen sich auf schuldrechtliche Darlehensgeschäfte mehrerer Banken bei einer Bereitstellung umfangreicher Investitionsmittel (vgl. Lauer, 2005, S. 357 ff., Peppmeier/Neumann, 2005, S. 53 ff., Rechtmann, 2012, S. 390 ff.). Es findet wirtschaftlich und beim Außenkonsortium auch rechtlich, eine Teilung des Kredites zur Vermeidung großer Ausfälle sowie zur Diversifikation von möglicherweise umfassenden Risiken statt.

Sicherheitenpoolverträge dienen dagegen der Bündelung und der meist nur wirtschaftlichen Aufteilung von Kreditsicherheiten bei der langfristigen Sanierung eines Unternehmens. Beteiligt sind alle kreditgebenden Banken sowie regelmäßig die betroffenen Lieferanten und Kreditversicherer im Rahmen der vertraglichen Vereinbarung einer gesonderten Sicherheitenabgrenzung (vgl. Ahlers, 2016, S. 333 ff.).

Im Folgenden konzentriert sich diese Untersuchung auf Sicherheitenpoolvereinbarungen. Diese haben die Aufgabe, die Gläubiger in einer Sanierung zu binden und die Kreditsicherheiten neu zu strukturieren (vgl. Portisch et al., 2007f, S. 30 ff.). Dazu werden wesentliche Kredite und die zur Verfügung stehenden Sicherheiten in einen Poolvertrag mit einbezogen. Bei den Forderungen der Banken kann es sich um alle üblichen Arten der Mittelbereitstellungen handeln.

Schwerpunktmäßig werden in den Pool Kontokorrentkreditlinien, Avalkredite, Sonderkredite, Darlehen und Diskontkredite mit eingebracht und vertraglich gebündelt. Diese Poolsicherheiten können alle Formen von Personalsicherheiten, Sachsicherheiten und sonstigen Kreditsicherheiten umfassen. Der Pool ermöglicht die Sicherheitenabgrenzung der Gläubiger und die Erleichterung der Durchsetzung der Rechte (vgl. BGH vom 03.11.1988, IX ZR 213/87, BGH vom 09.11.1998, II ZR 144/97, BGH vom 19.03.1998, IX ZR 22/97 und Rechtmann, 2012, S. 427). Diese Bündelung der Sicherheiten überträgt den beteiligten Gläubigern keine neuen Rechte gegenüber einem Schuldner, als sie ohnehin schon innehaben.

Definition: Unter einem **Sicherheitenpool** wird der Zusammenschluss von Banken in der Rechtsform einer Gesellschaft bürgerlichen Rechts verstanden. Ziel ist es, eine in dem Poolvertrag getroffene Regelung zur gemeinschaftlichen Verwaltung, Kontrolle und Verwertung von Mobiliar-, Immobilien- und sonstigen Kreditsicherheiten festzuschreiben. Primär dient dieser Pool zur Stabilisierung der Finanzierung in der Sanierung eines Unternehmens. Über diese Vereinbarung lassen sich rechtliche Schwierigkeiten bei der Abgrenzung von Sicherheiten vermeiden und diese für die Mittelbereitstellung und die Gewährung von Avalen in der Krise und Sanierung von Unternehmen optimal nutzen.

Im Poolvertrag werden die Belange und Verhältnisse der Kreditinstitute untereinander sowie gegenüber dem Schuldnerunternehmen geregelt, soweit die in den Poolvertrag eingebrachten Kredite und Sicherheiten betroffen sind. Diese Pool-GbR ist rechtlich eine Innengesellschaft (vgl. Peppmeier/Neumann, 2005, S. 53 ff.). Dieses Konsortium entfaltet jedoch auch eine wirtschaftliche Bindungswirkung und sendet Signale zur Stabilisierung der Firma nach außen.

Mitglieder des Bankenpools sind nur die Kreditinstitute und nicht der Kreditnehmer. Dieser unterzeichnet den Vertrag zwar mit, beispielsweise wenn der Sicherheitenzweck auf sämtliche Poolkredite erweitert wird, eine Übertragung auf eine Poolbank beziehungsweise einen Treuhänder erfolgt oder auch ein Saldenausgleich schriftlich vereinbart wird. Die Unterschrift führt jedoch nicht zu seinem Eintritt als Poolmitglied (vgl. Cranshaw, 2009, S. 1682 ff.). Der Kreditnehmer ist zwar unter Umständen Vertragspartner. Dieser kann aber aus den allein unter den Banken geltenden gesellschaftsrechtlichen Abreden keine Rechte herleiten.

Die Rechte und Ansprüche des Unternehmens ergeben sich daher allein aus den jeweiligen ursprünglichen Finanzierungsverträgen. Ausgenommen sind die in diesem Sicherheitenpoolvertrag gesondert geregelten spezifisch den Kreditnehmer betreffenden Abreden. Die für die verabredeten Finanzierungen bestehenden Sicherheiten werden schuldrechtlich gebündelt. Diese werden im Allgemeinen nicht gesamthänderisches Vermögen der Pool-GbR unter den Banken, die im Grundsatz kein Gesellschaftsvermögen bildet, zumal letztendlich jede dieser beteiligten Poolbanken ihren Kredit einzeln vergibt und auch weiterhin Gläubiger aus dem eigenen ursprünglich geschlossenen Kreditvertrag bleibt. Die beteiligten Kreditinstitute treten nach außen nicht gemeinsam in ihrer Verbundenheit als rechtsfähige Gesellschaft bürgerlichen Rechts auf (vgl. Obermüller, 2016, S. 1135 ff.).

Das Institut mit dem größten Kreditengagement, meist die sogenannte Hausbank, übernimmt in der Regel die Rolle des **Poolführers** gegen ein vereinbartes Entgelt. Zu den Hauptaufgaben gehören die Ausarbeitung des Vertragswerkes, die Verwaltung der Poolsicherheiten beziehungsweise die Beauftragung eines externen Treuhänders zur Sicherheitenprüfung und -verwaltung. Des Weiteren sind die stetige Information aller Poolmitglieder und die regelmäßige Einberufung von Bankenrunden zur Abstimmung von Bedeutung.

Der Poolführer ist regelmäßig Mehrfachtreuhänder. Zum einen ist er Treuhänder des Kreditnehmers oder des Drittsicherungsgebers, der diesem Sachsicherheiten bestellt hat. Darüber hinaus ist er Treuhänder sämtlicher Poolpartner bezüglich der Sicherheiten, die er in deren Auftrag oder zugleich für diese hält.

Beispiel: Ein Beispiel dafür ist die Globalzession, die zugunsten eines Poolführers bestellt wird und nicht nur dessen Forderungen gegen den Kreditnehmer besichert, sondern auch diejenigen Forderungen der anderen Poolbanken. Ein weiteres typisches Beispiel in diesem Zusammenhang ist ein Grundpfandrecht, das der Poolführer für sich sowie auch die übrigen Poolbanken gleichzeitig hält (vgl. BGH vom 21.02.2008, IX ZR 255/06 und Steinwachs, 2008, S. 2231 ff.).

Eine weitere wichtige Funktion des Poolführers besteht in der Durchführung des sogenannten Saldenausgleichs. Demnach verpflichten sich die Poolpartner untereinander, mit bereits im Vertrag erteilter genereller Zustimmung des Schuldners notwendige Ausgleichszahlungen auf seinen Konten vorzunehmen.

Entsprechende Überträge auf den Konten des Kreditnehmers sorgen dafür, dass bei sämtlichen Banken eine Inanspruchnahme nach dem prozentualen Verhältnis der vereinbarten Linien entsteht. Ein Krisenunternehmen wird seine Kontodispositionen nicht immer derart exakt planen können, dass die Kreditlinien bei allen Banken stets gleichmäßig ausgenutzt werden (vgl. Obermüller, 2016, S. 1164 ff.). Zudem wird der Schuldner dann bestrebt sein, vorrangig diejenigen Kontokorrentlinien auszuschöpfen, für die der geringste Zinssatz vereinbart ist. Die üblichen Regelungen sehen vor, dass der Ausgleich für jede Kreditart getrennt vorgenommen wird und in regelmäßigen zeitlichen Abständen erfolgt.

Würde der Saldenausgleich im Verhältnis zum Kreditnehmer rechtlich scheitern, so sehen die in der Praxis verbreiteten Poolverträge vor, dass der Saldenausgleich nur im Innenverhältnis unter den Banken erfolgt (vgl. Rechtmann, 2012, S. 414 ff.). Der Saldenausgleich unter den Banken bedeutet den Kauf einer gleichrangigen Teilkreditforderung von einer anderen Bank in Höhe der Differenz zwischen dem jeweiligen quotalen Ausnutzungsgrad der Finanzierung, um im Ergebnis eine gleichhohe Belastungsquote und Zinserträge bei den Forderungen für alle Poolbeteiligten zu erreichen, wie das nachfolgende Beispiel verdeutlicht.

Definition: Beim **Saldenausgleich** verpflichten sich die Poolpartner untereinander, durch Überträge auf den Konten eines Kreditnehmers dafür zu sorgen, dass für alle beteiligten Banken eine Kreditinanspruchnahme nach dem Verhältnis der im Poolvertrag vereinbarten Linien entsteht. Folgendes Beispiel soll dies erläutern: Poolbank A stellt eine Kontokorrentlinie von 1.000.000 Euro nach der Festlegung im Poolvertrag bereit, bei einer Inanspruchnahme von 950.000 Euro zum Abrechnungsstichtag. Poolbank B stellt eine Betriebsmittelkreditlinie von 500.000 Euro bereit, bei einer Inanspruchnahme von 400.000 Euro. Um den Saldenausgleich gemäß dem prozentualen Verhältnis der Kreditlinien durchzuführen, muss dazu ein Übertrag von Bank B auf Bank A in Höhe von insgesamt 50.000 Euro erfolgen. Die Inanspruchnahmen betragen anschließend bei Bank A 900.000 Euro und bei Bank B 450.000 Euro und liegen damit jeweils bei 90,0 % der bereitgestellten Linien.

Der Saldenausgleich wird in der Regel vom Poolführer organisiert. Die Funktion des Poolführers, zum Beispiel als ein Sicherheitentreuhänder, kann in Ausnahmefällen auch auf einen außenstehenden Treuhänder übertragen werden. Regelmäßig kann der aktuelle Poolführer diese Übertragung, aber nur mit Zustimmung aller anderen Poolpartner, vornehmen. Weitergehend kann auch der gesamte Prozess der Poolbildung mit den oft komplexen Verhandlungen durch einen neutralen Akteur begleitet werden. Auf diese Weise gelingt es möglicherweise schneller zu einer konfliktfreien und konstruktiven Einigung zu gelangen.

Dieser steuernde Akteur besitzt als Mediator bei den Gläubigern gegebenenfalls eine höhere Akzeptanz und kann bei auftretenden Konflikten ausgleichend wirken (vgl. Peppmeier/Neumann, 2005, S. 55). Jedoch entstehen mit der Übertragung der Poolführerschaft sowie der Organisation der Sicherheitenpoolbildung durch einen externen Treuhänder im Zweifel hohe Kosten.

Neben der Festschreibung der Kreditlinien enthalten Poolverträge weitere Regelungen, wie mit den vorhandenen Sicherheiten umgegangen wird und welche neuen Sicherheiten bestellt werden sollen. Auch genaue Kriterien, ab welchem Zeitpunkt eine Verwertung erfolgen kann, können verabredet werden. So kann das Liquidationsszenario für die Sicherheiten schon im Voraus geplant werden und spätere Unsicherheiten und Schwierigkeiten der Einigung zur Abwicklung werden vermieden. Allgemein üblich sind Vertragsgestaltungen, demnach eine poolführende Bank in Eilfällen allein entscheidet, ansonsten bedarf die Verwertung der Zustimmung aller. Ist dagegen das Insolvenzverfahren eröffnet, stellt sich für die Sicherungsübereignung und die Sicherungszession diese Problematik nur mehr eingeschränkt, da die Verwertungsbefugnis auf den Insolvenzverwalter oder bei der Eigenverwaltung gegebenenfalls auf den Schuldner übergegangen ist (§§ 166 ff., 282 InsO).

Diese relevanten nicht-akzessorischen bereits bestehenden Sicherheiten können auf den Poolführer als Sicherheitentreuhänder übertragen werden oder aber bei dem jeweiligen Poolmitglied verbleiben und im Rahmen einer erweiterten Sicherungszweckerklärung zugleich für die unterschiedlichen Poolpartner verwaltet werden. Eine Übertragung auf diese Pool-GbR als Gesamthandsvermögen, findet nicht statt. Hierdurch würde der Pool auch zur rechtsfähigen Außen-GbR, was aus vielerlei Gründen nicht wünschenswert ist. Werden Sicherheiten an den Poolführer oder an einen dritten Treuhänder übertragen, ist zu beachten, dass bei akzessorischen Sicherheiten auch die Kreditforderung mit abgetreten werden muss oder dass die Sicherheit für alle Gläubiger gleichzeitig zu bestellen ist. Die Übertragung oder die Ausführung der Sicherheitenverwaltung hat für den Poolführer oder den Sicherheitentreuhänder in der Regel eine doppelnützige Treuhand zur Folge (vgl. Bork, 1999b, S. 337 ff. sowie Cranshaw, 2009, 1682 ff.).

Als **Sicherheitentreuhänder** kommen zusätzlich Akteure in Betracht, die außerhalb eines Pools stehen. So übernehmen Wirtschaftsprüfer oder Rechtsanwälte die Rolle dieser neutralen Partei. Hauptaufgaben bestehen in der Verwaltung der Poolsicherheiten, der Sicherheitenbewertung und der Verwertung und der Prüfung von variablen Sicherheiten des Umlaufvermögens. Vorteile dieser Regelung sind:

- Kompetenz bei der Bewertung und Prüfung von Sicherheiten
- Neutralität gegenüber den anderen Sicherheitenpoolmitgliedern
- Vermeidung von Haftungsrisiken auf der Ebene des Poolführers

Im Allgemeinen übernimmt jedoch eine Poolbank zum einen die Rolle des Poolführers und zum anderen die des Sicherheitentreuhänders. In internationalen Finanzierungskonsortien mit verschiedenen Banken, die initiativ für diese Finanzierung geworden sind und weitere Banken akquiriert haben (Arrangers), ist es üblich, die verschiedenen Funktionen klar zu trennen, wobei eine der beteiligten Banken der bereits genannte Sicherheitentreuhänder wird. Ist in ähnlichen Fällen ein Sicherheitenpool zu bilden, gilt im Ergebnis dasselbe.

Zu unterscheiden ist zwischen Finanzierungen im Rahmen einer Poolvereinbarung, die von Anfang an gemeinsam mit mehreren Instituten erfolgt und einer Bereitstellung von Mitteln auf der Basis selbstständiger Kreditvereinbarungen, die erst nachträglich durch den Poolvertrag gebündelt werden. Ersteres geschieht in der Regel bei einer Bereitstellung neuer Mittel im Rahmen einer Finanzierung.

Zwischen einer Auszahlung der Kreditmittel und der Vereinbarung der Sicherheiten sollte unter anderem ein enger zeitlicher Zusammenhang hergestellt werden, damit diese Sicherheitenbestellung für die neue Finanzierung als insolvenzrechtlich nicht anfechtbares Bargeschäft beurteilt werden kann. Bei Verwertungsmaßnahmen erfolgen meist eine gleichmäßige Tilgung und eine quotale Verteilung der Sicherheitenerlöse auf die beteiligten Institute (vgl. Obermüller, 2016, S. 1137 ff.).

Bei der nachträglichen Poolbildung finden sich Banken zusammen, die unabhängig voneinander Kredite an ein Krisenunternehmen vergeben und Sicherheiten für ihre Forderungen hereingenommen haben. Die Kreditsicherheiten verbleiben entweder bei dem jeweiligen Poolmitglied oder sie werden ebenfalls auf den Poolführer beziehungsweise einen externen Treuhänder übertragen, soweit es sich um abstrakte, nicht-akzessorische Sicherheiten handelt.

Eine Übertragung auf den Pool als GbR erfolgt im Allgemeinen nicht. Akzessorische Sicherheiten müssen jeweils für sämtliche der beteiligten Poolbanken bestellt werden. Der Poolführer oder der externe Sicherheitentreuhänder kann hierbei die Aufgabe der Verwaltung sowie Verwertung im Auftrag und mit Vollmacht der anderen Poolpartner übernehmen, aber dieser Akteur ist rechtlich betrachtet nicht der alleinige Rechtsinhaber einer Kreditsicherheit.

Im Rahmen einer Poolvereinbarung wird die Zuordnung der eingebrachten Sicherheiten im Rahmen des Sicherungszweckes für die Gesamtdauer eines Sicherheitenpools grundlegend neu geregelt. Zu beachten ist, dass durch die möglichen Erweiterungen der Sicherungsabrede, zum Beispiel eine Erstreckung des Sicherungszwecks auf die Kredite sämtlicher Institute, umfangreiche Anfechtungsmöglichkeiten entstehen können. Allgemein ist auf eine Infizierung von bestehenden Altsicherheiten mit dem Risiko einer Insolvenzanfechtung durch neue Sicherheitenvereinbarungen zu achten. Bei notwendigen Veränderungen des Sicherungszwecks muss daher aus insolvenzanfechtungsrechtlichen Gründen eine feste Rangordnung verabredet werden (vgl. Obermüller, 2016, S. 1159 ff.):

- Erstrangig dienen bestehende Sicherheiten unverändert dem Zweck, die Altkredite zu besichern, für die sie ursprünglich bestimmt waren.
- Zweitrangig dienen diese Sicherheiten zur Sicherung der Kredite der Poolbanken, die im Zusammenhang mit der Poolbildung neu eingeräumt wurden.
- Drittrangig besichern diese Sicherheiten alle weiteren in den Poolvertrag einbezogenen Finanzierungen und Finanzierungspartner.

Grundsätzlich werden im jeweiligen Rang standardmäßig nicht nur die bestehenden Forderungen besichert, sondern auch die künftigen sowie die bedingten oder befristeten Forderungen. Dabei ist zu beachten, dass die Vereinbarungen nicht einer späteren Anfechtung durch den Insolvenzverwalter unterliegen.

Insolvenzanfechtungsrechtliche Risikolage und Sicherheitenzweck

Eine Verbesserung der Rechtsstellung über die neue Poolvereinbarung und eine damit verbundene Vermögensverminderung für das Schuldnerunternehmen stellt eine eigenständig anfechtbare Rechtshandlung dar. Dies ist gerade dann der Fall, wenn etwaige formale oder inhaltliche Fehler bei der ursprünglichen Sicherheitenbestellung, im Rahmen fehlender sachenrechtlicher Bestimmtheit oder schuldrechtlicher Bestimmbarkeit, durch den Poolvertrag beseitigt werden sollen.

In diesen Fällen liegt gegebenenfalls eine dann sogar erleichtert anfechtbare inkongruente Deckung vor (§ 131 InsO) vor, weil auf die Rechtsänderung kein Anspruch des Begünstigten besteht. Gegebenenfalls kommt eine Anfechtung wegen einer vorsätzlichen Gläubigerbenachteiligung gemäß § 133 InsO in Frage, die als Folge des vierjährigen Anfechtungszeitraumes gravierend ist.

Werden neue Sicherheiten für Altverbindlichkeiten begründet, bisherige rechtliche Schwachstellen beseitigt oder auch Sicherheitenzwecke erweitert, führt erst diese Poolbildung und schließlich die Bestellung der Kreditsicherheiten zu einer erweiterten Anfechtbarkeit nach den §§ 129 ff. InsO. Dieses ist in einer akuten Krise mit einer unmittelbar drohenden Insolvenzgefahr stets zu beachten. Für die Anfechtbarkeit der Sicherheiten ist dann der Zeitpunkt des Abschlusses des Poolvertrages maßgeblich, soweit es um die dort vorgenommene Änderung des Sicherheitenzwecks bereits bestehender Sicherheiten geht.

Bei der Bestellung neuer Sicherheiten ist der eventuell spätere Abschluss des Sicherungsvertrags beziehungsweise die Entstehung der Sicherheit maßgeblich. Bei erst mit Eintragung in das Grundbuch entstehenden Grundpfandrechten oder anderen Registerrechten (Flugzeuge, Schiffe) ist unter weiteren formellen Voraussetzungen der Eingang des Eintragungsantrages beim Grundbuchamt oder der Registerbehörde entscheidend (§ 140 Abs. 2 InsO).

Die Poolbildung dient dazu, die bestehenden Sicherheiten bestmöglich für die Kreditbereitstellung zu nutzen und Abgrenzungsprobleme innerhalb einer Gläubigerklasse und zwischen den Gläubigerarten zu beseitigen. Dazu lassen sich bei strikter systematischer Trennung vier Vertragsvarianten unterscheiden, die in der Finanzierungspraxis regelmäßig angewendet werden (vgl. Obermüller, 2016, S. 1137):

- Poolverträge, die der Zusammenfassung von Sicherheiten und der Übertragung der Verwaltung auf eine der beteiligten Banken oder einen Externen dienen.
- Vertragsgestaltungen mit der internen Saldenausgleichsklausel, die primär das Innenverhältnis der beteiligten Kreditinstitute betreffen.

- Sicherheitenpoolverträge mit einem externen Saldenausgleich, der dann auch im Außenverhältnis seine finanzielle Wirkung entfaltet.
- Verträge mit einer Erweiterung des Sicherungszwecks bei den einzelnen Sicherheiten auf alle an dem Pool beteiligten Kreditinstitute.

Bei den beiden letztgenannten vertraglichen Poolvarianten ist die Zustimmung des Schuldners zum Poolvertrag erforderlich. Die in der Praxis verwendeten weitgehend ähnlichen Sicherheitenpoolverträge enthalten sämtliche der oben erwähnten Varianten (vgl. Rechtmann, 2012, S. 414 ff.).

Ein **interner Saldenausgleich,** der nur zwischen den beteiligten Poolbanken durch gegenseitige Überweisungen im Rahmen eines Vollzugs des Forderungskaufs mit Forderungsübertragung unter den aufnehmenden beziehungsweise den abgebenden Banken abgewickelt wird, damit bei allen Instituten der gleiche Grad der Inanspruchnahmen beziehungsweise der Befriedigungen aus Sicherheiten erreicht wird, ist insolvenzrechtlich nicht zu beanstanden. Die Ausgleichszahlungen haben keinen Einfluss auf die Höhe der Zahlungen, die der Kreditnehmer den Banken insgesamt schuldet. Eine Gläubigerbenachteiligung, die zu einer möglichen Anfechtung nach §§ 129 ff. InsO führen könnte, liegt hierbei nicht vor. Ein derartiger Saldenausgleich führt auch nicht zu einer vertraglichen Änderung zwischen dem Kreditnehmer und der jeweiligen Bank. Daher kann dieser interne Saldenausgleich ohne die Einbeziehung des Schuldners vollständig vollzogen werden.

Ein **externer Saldenausgleich** mit der Entfaltung einer Außenwirkung gegenüber dem Kreditnehmer bedarf dagegen seiner Zustimmung. Wird dieser in der Weise vorgenommen, dass eine Bank, die von ihr gehaltenen Sicherheiten nicht vollständig zur Abdeckung der eigenen Forderungen benötigt, Forderungen anderer Banken ankauft und dann mit einem Guthaben verrechnet, so führt dies insgesamt zu einer höheren Befriedigungsquote bei der Gesamtheit der Poolbanken. Es liegt ein unzulässiges Unter-Deckung-Nehmen von Kreditforderungen mit der Folge einer möglichen Anfechtung in einem späteren Insolvenzverfahren vor. Dabei ist zu beachten, dass Anfechtungen zugenommen haben. Auch bei der Ausgestaltung einer Saldenausgleichsklausel als Konzernverrechnungsklausel ergibt sich insgesamt keine Veränderung dieses Ergebnisses (vgl. Obermüller, 2016, S. 1165 ff.).

Problematisch ist unter Umständen auch, wenn ein Poolmitglied beispielsweise bereits Inhaber aller Kreditsicherheiten ist und die anderen Poolmitglieder gleichmäßig entsprechend ihrer Quote daran partizipieren sollen. Dazu werden in Poolverträgen Vereinbarungen getroffen, dass diese Sicherheiten treuhänderisch auch für die anderen Kreditinstitute gehalten werden sollen. Der Kreditnehmer muss dieser Erweiterung des Sicherungszweckes zustimmen. Wenn eine andere Bank im Rahmen dieser Konstruktion Erlöse aus Sicherheiten erhält, besteht das erhöhte Risiko der Anfechtung (vgl. Obermüller, 2016, S. 1166 ff.). Dieses ist aufgrund der zunehmenden Anfechtungsaktivitäten der Insolvenzverwalter zu vermeiden.

Durch einen Poolvertrag werden Kreditsicherheiten dann gegebenenfalls auf andere Institute verschoben und Übererlöse wären an den Insolvenzverwalter herauszugeben (vgl. BGH vom 02.06.2005, IX ZR 181/03).

Jedoch hat der BGH in seinen späteren Entscheidungen die Erweiterung des Sicherungszwecks einer Sicherheit zur Aufnahme neuer Gläubiger in die Finanzierungsgemeinschaft zur Stabilisierung einer Sanierung im Ergebnis als rechtlich möglich sowie angemessen anerkannt und die Alternative einer Sicherheitentreuhand daher in seiner Entscheidung ausdrücklich bejaht (vgl. BGH vom 21.02.2008, IX ZR 255/06 und BGH vom 16.10.2008, IX ZR 183/06).

Solange die Poolmitglieder lediglich ihre bereits vorhandenen Sicherheiten in den Pool mit einbringen, verschafft diese Poolbildung den Gläubigern insgesamt keine Vorteile gegenüber dem Schuldner. Werden lediglich Abgrenzungsschwierigkeiten unter den vorhandenen Poolmitgliedern beseitigt, ist dieses unschädlich. Abgrenzungsprobleme treten vornehmlich auf, wenn Sicherungsübereignungen und Zessionen mehrerer Institute zusammentreffen oder diese mit den Eigentumsvorbehalten der Warenlieferanten in den verschiedenen Verlängerungs- und Erweiterungsstufen kollidieren. Auch Vermischungen können diese Aufteilung der Sicherheiten auf die einzelnen Lieferanten und Finanzierer erschweren.

Damit eine schnelle Einigung auf ein gemeinsames Poolvertragswerk gelingt, können die Kreditinstitute sich auf ein verbreitetes Vertragsmuster einigen, wobei die in der Praxis verwendeten Verträge ganz weitgehend identisch sind (vgl. Rechtmann, 2012, S. 414 ff.). In der Praxis bedeutende Poolpartner aus dem Bankenverband der Privatbanken und dem Landesbankenbereich haben jeweils eigene ganz ähnliche Vertragstexte entwickelt. Die abzustimmenden Problembereiche liegen dann weniger bei den grundsätzlichen Vertragsklauseln in einem Poolvertrag, da dort weitestgehend inhaltliche Übereinstimmung besteht.

Die Schwierigkeit der Praxis liegt vielmehr in der Ausgestaltung des stets individuellen Vertrages bei den rechtlichen und den ökonomischen Faktoren im Detail. Auch unterschiedliche Erfahrungen der Beteiligten im Umgang mit Poolverträgen spielen bei einer zügigen Einigung eine Rolle und können diese im Zweifel behindern. Poolverträge müssen zur Risikoreduzierung schnellstmöglich verhandelt und geschlossen werden. Im Einzelfall sollte auf unbedeutende Einzelheiten verzichtet werden, um das Ziel des Ganzen zu wahren. In der Praxis übliche Vertragsmuster eines Poolvertrags werden in der Spezialliteratur vielfach veröffentlicht (vgl. Obermüller, 2016, S. 1138 ff. und Rechtmann, 2012, S. 414 ff.).

Unglücklich ist es, wenn aufgrund des finanziellen Drucks bei der Krisenfirma eine schnelle Valutierung neuer Geldmittel erfolgt und erst später, zeitnah mit dem Insolvenzantrag, ein Einverständnis über den Poolvertrag erzielt wird. Der Poolvertrag und die vereinbarten Poolsicherheiten sind dann unter Umständen einem erhöhten Anfechtungsrisiko ausgesetzt.

Die vertretbare Hingabe eines geeigneten Sanierungskredits, der dem sanierungsfähigen Kreditnehmer zeitlich parallel gegen eine entsprechende Sicherheit gewährt wird, ist als Bargeschäft nicht anfechtbar (§ 142 InsO). Eine Anfechtbarkeit wegen vorsätzlicher Gläubigerbenachteiligung (§ 133 InsO) findet erst recht keine Grundlage. Anders ist dies aber, wenn die Auszahlung einige Zeit vor der vertraglichen Vereinbarung des Poolvertrags erfolgt. Ein Bargeschäft ist dann zu verneinen, ganz abgesehen davon, dass ohne vertragliche Basis valutiert wurde. Die spätere Berufung auf den gegebenenfalls mündlichen Abschluss des Poolvertrages und der Sicherheitenzweckerklärung kann sich als rechtlich riskant herausstellen.

Zu dieser Vertragsstruktur ist vorweg folgendes festzuhalten: Es ist unbedingt von Vorteil, in einer Einleitung oder **Präambel** zum Poolvertrag dessen Grundlage und das wesentliche Ziel, nämlich die Förderung der Sanierung, zu benennen, um zwischen den Vertragsparteien die Zwecke der Vereinbarungen festzuhalten und diese auch zur Vermeidung beziehungsweise Reduzierung des Risikos späterer rechtlicher Unklarheiten herauszustellen.

Dabei besteht die Funktion der Poolung der Sicherheiten in der gemeinsamen Stabilisierung der Fremdfinanzierungsgrundlagen des angeschlagenen Krisenunternehmens auf der Basis eines schlüssigen Sanierungskonzeptes des für sanierungsfähig und sanierungswürdig befundenen Schuldnerunternehmens.

Die Bezugnahme auf das dem Vertragsabschluss zugrunde liegende Sanierungsgutachten, das im Ergebnis nach einem Standard erstellt worden ist und von den Banken auf Plausibilität geprüft worden ist, hat zur Konsequenz, dass die Geschäftsführung unter Einhaltung des Sanierungskonzeptes den Betrieb aufrechterhalten und fortsetzen kann, ohne beispielsweise Insolvenzverschleppungsrisiken einzugehen. Dann ist auch die positive Fortführungsprognose in den Fällen des Überschuldung (§ 19 Abs. 2 InsO) zu bejahen.

Voraussetzung dafür ist, dass keine Zahlungsunfähigkeit vorliegt und eine etwaig bestehende Zahlungsunfähigkeit innerhalb der Dreiwochenfrist nach § 15a InsO bei den unter diese Vorschrift zu subsumierenden Gesellschaften vollständig beseitigt wurde. Ebenso muss nach der Sanierungsplanung die drohende Zahlungsunfähigkeit ausgeschlossen werden können. Dazu müssen unter anderem die im Planungszeitraum zur Verfügung gestellten Mittel geeignet und in der Höhe hinreichend sein. Als Planungs- und Prognosezeitraum werden im Allgemeinen das noch laufende Geschäftsjahr und das Folgejahr angesehen. Regelmäßig soll der Prognosezeitraum mindestens 18 Monate betragen. Wird dieses bejaht, dann kann bei einem dennoch eintretenden Scheitern der Sanierung und der Einleitung eines Insolvenzverfahrens der Geschäftsführung nicht der Vorwurf der Insolvenzverschleppung oder der vorsätzlichen Gläubigerbenachteiligung gemacht werden. Damit scheiden dann auch entsprechende Vorwürfe sowie Insolvenzanfechtungen nach § 133 InsO gegenüber den am Pool beteiligten Gläubigern aus.

Die derart strukturierte und verstandene Präambel ermöglicht eine Reflexion für die an der Verhandlung und dem Abschluss auf Gläubigerseite beteiligten Akteure, um sich über die Fragen der rechtlichen Vertretbarkeit und wirtschaftlichen Sinnhaftigkeit dieses ausgehandelten Vertragswerkes klarzuwerden. Im Vordergrund steht die Durchfinanzierung der Sanierungsumsetzungsphase.

Es ist ebenfalls bereits zu regeln, wann ein Scheitern der Sanierungsbemühungen festzustellen ist und welche Ablaufschritte dann folgen. Daher kann beispielsweise bereits bestimmt werden, dass der Poolführer die übrigen Institute in einem zu bildenden vorläufigen Gläubigerausschuss bei der Auswahl des vorläufigen Insolvenzverwalters oder die Kreditinstitute in diesem Gläubigergremium im eröffneten Insolvenzverfahren stellvertretend vertritt.

In einen Poolvertrag ist auch bereits aufzunehmen, dass der Poolführer die Gläubigergemeinschaft gegebenenfalls in einem vorläufigen oder endgültigen Gläubigerausschuss vertritt und sich damit in die Bestellung des Insolvenzverwalters und die Überwachung sowie die wirtschaftliche Beratung dieses Akteurs einbringt.

In den Poolverträgen sind folgende wesentliche Vertragsinhalte auszugestalten (vgl. Obermüller, 2016, S. 1138 ff., Lauer, 2005, S. 358 ff., Rechtmann, 2012, S. 414 ff. und Wuschek, 2011, S. 358 ff.). In Klammern sind die Paragraphen in den allgemeinen Vertragsmustern angegeben:

– Bezeichnung der Vertragsparteien (Vertragseingang): Zu nennen sind der oder die Kreditnehmer, die an der Poollösung beteiligten Kreditinstitute und gesondert der Poolführer. Des Weiteren sind auch die Drittsicherungsgeber im Sicherheitenpoolvertrag zusätzlich mit aufzuführen.
– Benennung der bereitgestellten Kredite (§ 1): Es ist festzulegen, welche Kredite sowie Avale in den Poolvertrag einbezogen werden. Differenziert werden sollte zwischen Alt- und Neu-Krediten und den verschiedenen bereitgestellten Kreditarten, um Probleme einer späteren Zuordnung von Sicherheiten zu vermeiden. Auch die Anrechnung von Mischlinien bei Aval- und Kontokorrentlinien ist unbedingt festzulegen. Gegebenenfalls ist eine gesonderte Vereinbarung zu einem Verzicht oder einer Neukreditvergabe zu treffen.
– Vereinbarung zur Aufrechterhaltung der Kreditlinien (§ 1): Es wird festgelegt, dass Reduzierungen oder komplette Streichungen von Kreditlinien nur im gegenseitigen Einvernehmen vorgenommen werden. Diese Regelung ist unbedingt notwendig, damit alle Banken die Sanierung gemeinsam unterstützen und sich nicht einzelne Gläubiger einseitig Vorteile, unter anderem durch Reduzierungen, verschaffen können. In Bezug auf den Kreditnehmer entfaltet diese Regelung keine Wirkung. Es bleibt bei den bilateralen Vereinbarungen. Die Kündigung gegenüber diesem durch eine der beteiligten Banken kann aber im Einzelfall gegen diese gesellschaftsrechtliche Treuepflicht der Banken untereinander verstoßen und zu Ersatzansprüchen führen.

Ein derartiges Ausscheren einzelner Banken durch nicht einvernehmliche Kündigung scheint in der Praxis nur selten vorzukommen. Ausgenommen werden die nicht in den Pool einbezogenen Finanzierungen, wozu insbesondere kurz- und langfristige Darlehen gehören. Da auf diese Weise für den Pool ein Risikopotenzial entsteht, sind weitergehende sowie zugleich risikoabmildernde Abreden gebräuchlich, wonach die anderen Banken vor der Kündigung derartiger Finanzierungen zu unterrichten sind und ihnen dabei sogar Gelegenheit gegeben wird, die betroffene Finanzierung abzulösen.

- Bestimmungen zu Zins- und Tilgungsleistungen (§ 1): Werden Darlehen in den Sicherheitenpool einbezogen, ist zu klären, inwieweit Tilgungsleistungen angepasst werden, um eine Ausgewogenheit der Rückführungen zu erreichen. Es ist festzuschreiben, wie lange im Rahmen der Sanierung Tilgungsstundungen gewährt werden sollen. Zinssätze im Kurzfristbereich sind dem Risiko anzupassen sowie untereinander anzugleichen. Sondergebühren einzelner Banken sollten ausgeschlossen werden, Ausnahmen bestehen für den Poolführer und den externen Sicherheitentreuhänder. Es steht allerdings nichts im Wege, für den Fall einer geglückten Sanierung bestimmte erfolgsabhängige Provisionen oder einen Besserungsschein zu verabreden, um die Poolbeteiligten für ihre Sanierungsbeiträge zu kompensieren. Die Verhandlungen darüber sind schwierig und zeitraubend, sodass diese im Zweifel nicht zu den originären Poolverhandlungen passen. Positiv ist es, wenn dieses in einem Sideletter zum Sicherheitenpoolvertrag verabredet wird (vgl. OLG Karlsruhe, vom 02.09.2009, 23 U 101/08 sowie BGH vom 15.06.2010, XI ZR 204/09).
- Genaue Bezeichnung der Poolsicherheiten (§ 2): Wichtig ist die exakte Beschreibung und Zuordnung der Sicherheiten auf die einzelnen Banken sowie den Gesamtpool beziehungsweise den Poolführer, um im Fall einer Verwertung die potenziellen Auseinandersetzungen aufgrund von Abgrenzungsschwierigkeiten zwischen den Poolpartnern zu vermeiden. Es ist zu differenzieren zwischen den akzessorischen und den nicht-akzessorischen Sicherheiten eines Kreditnehmers oder eines Drittsicherungsgebers. Auf die Beschreibung der Kreditsicherheiten, der Sicherungsnehmer und die Unterscheidung der abstrakten von den akzessorischen Sicherheiten ist große Sorgfalt zu legen, da es sich um eine Schlüsselnorm des Vertrages handelt. Dazu gehört auch die Unterscheidung, welche Sicherheiten bereits bestehen und welche erst noch bestellt werden sollen. Im letzteren Fall ist die schuldrechtliche Verpflichtung des Kreditnehmers oder des Drittsicherungsgebers zur Bestellung mittels gesonderten Sicherungsvertrages verbunden. Akzessorische Sicherheiten müssen sowohl zugunsten des Poolführers als auch gegenüber allen anderen Banken gleichzeitig und gleichrangig bestellt werden. Ansonsten geht die Sicherheitenbestellung ins Leere, wenn nicht in einer anderen konzeptionellen Lösung zugleich Forderungen auf Sicherungsnehmer solcher Sicherheiten übertragen werden.

Davon ist der getrennt abzuschließende Sicherungsvertrag mit Details zur jeweiligen Sicherheit zu unterscheiden. Im Allgemeinen enthält die Bestimmung weitere Abreden über die Einbeziehung von Sicherheiten in den Pool, die der Kreditnehmer für künftige Kredite erst noch bestellen wird. Diese Vereinbarung ist nicht insolvenzanfechtungsfest. Schließlich wird regelmäßig eine übliche Negativverpflichtung seitens des Kreditnehmers übernommen. Ausgenommen davon sind im kommerziellen Geschäftsverkehr die standardmäßigen Sicherheiten wie der Eigentumsvorbehalt in den verschiedenen Ausprägungen und entsprechende AGB-Pfandrechte. Als Generalklausel wird aus den Gründen der Transparenz ferner festgelegt, dass dem Sicherheitenpoolvertrag entgegenstehende Regelungen der Sicherungsverträge von bereits bestehenden Kreditsicherheiten für die Dauer des Pools ausgesetzt werden und der Sicherheitenpoolvertrag somit vorrangige Bedeutung hat.

- Beschreibung des Sicherungszwecks (§ 3): Die konkrete Ausformulierung regelt den engen oder weiten Sicherungszweck zu den Kreditforderungen. Zusätzlich ist der Rang der Sicherheiten für den Pool und die einzelnen Kreditinstitute anzugeben. Häufig wird dazu vereinbart, dass Poolsicherheiten nachrangig auch für sonstige, nicht im Poolvertrag aufgeführte Forderungen, haften. Der Darstellung des Sicherungszwecks, gerade auch der Rangordnung ist aufgrund der Anfechtbarkeit gemäß §§ 129 ff. InsO größte Sorgfalt zu widmen. Die Erweiterung dieses Sicherungszwecks muss stets nachrangig gegenüber einem bereits bestehenden Sicherungszweck erfolgen, schon um der Gefahr einer oben unter der Neuregelung der Sicherheitenzuordnung beschriebenen Infizierung der gesamten Sicherheiten mit einem Insolvenzanfechtungsrisiko zu begegnen. Es können sich mehrere Rangfolgen ergeben (1., 2., 3. Rang), die ihrerseits wieder maßgeblich für die Verteilung des Verwertungserlöses sind.
- Sicherheitenfreigabe (§ 4): Auch die Sicherheitenfreigabe nach der Erledigung der im Vertrag für diese einzelnen Sicherheiten vereinbarten Sicherungszwecke und für den Fall der beispielsweise nachträglich eintretenden Übersicherung ist nach den standardmäßigen Usancen festzulegen.
- Poolführung, Treuhandverhältnis und Sicherheitenverwaltung (§ 5): Die Aufgaben des Poolführers bestehen insbesondere darin, die Rechte und Pflichten aus den Sicherheitenverträgen wahrzunehmen. Dabei ist dann einzuräumen, dass der Poolführer die Aufgaben der Verwaltung und der Überprüfung der Firmensicherheiten mit Zustimmung aller Poolpartner auf einen Dritten treuhänderisch übertragen kann. Dies kann gerade bei der Sanierung von großen Unternehmen empfehlenswert sein, wenn eine hohe Anzahl sowie schwer zu bewertende Sicherheiten bestehen. Die Bestimmung sollte zugleich Regelungen über die Vertretung der Kreditinstitute in Verbindung mit der Verwaltung und der Verwertung der Poolsicherheiten enthalten, gegebenenfalls unter Befreiung vom Verbot des Selbstkontrahierens gemäß § 181 BGB.

Soweit akzessorische Sicherheiten betroffen sind, ist die Übertragung der Vertretungsmacht auf den die Sicherheit verwaltenden Poolführer unerlässlich. Üblich sind ferner Regelungen, die eine zur Haftung führende Prüfungspflicht des Poolführers für die Sicherheitenverträge ausschließt. Hier genügt die Zuleitung an die Poolbanken zur eigenverantwortlichen Prüfung. Die für den Poolführer geltenden Vereinbarungen werden üblicherweise auf Poolbanken erstreckt, die Sicherheiten für sich sowie zugleich für die anderen Poolpartner halten.

- Bestimmungen zu Verwertungsmaßnahmen (§ 6): Es wird festgelegt, dass die Verwertung von Poolsicherheiten der Zustimmung aller Poolmitglieder bedarf. In Eilfällen entscheidet der Poolführer allein. Dasselbe gilt für die Freigabe von Sicherheiten. Die Frage, wann Verwertungsmaßnahmen eingeleitet werden dürfen, muss vorab genau definiert werden, damit später keine Unklarheiten auftreten. Die Details hierzu sind nicht Gegenstand des Poolvertrages, sondern des jeweiligen Sicherungsvertrages. Eine Veräußerung setzt grundsätzlich Verwertungsreife voraus, die entweder unter bestimmten Voraussetzungen bereits mit der Entstehung von Ratenrückständen zu bejahen ist, spätestens jedoch mit der Kündigung einer besicherten Finanzierung und dem Ablauf einer für die Rückführung etwa zu setzenden angemessenen Frist. Mit der Insolvenzeröffnung ist die Verwertungsreife als Folge des § 41 InsO der Fälligkeit kündbarer, aber noch nicht gekündigter Forderungen ohne weiteres gegeben.
- Durchführung des Saldenausgleichs (§ 7): Es ist ein Saldenausgleich zu vereinbaren. Auf diesem Wege wird mittelbar das Ausfallrisiko bei den in den Saldenausgleich einbezogenen Finanzierungen im Verhältnis zu den vereinbarten Linien auf die Poolakteure prozentual gleichmäßig verteilt. Dabei ist aus Gründen der Klarheit zwischen verschiedenen Kreditarten zu differenzieren. Bei Mischlinien ist festzulegen, ab wann eine Inanspruchnahme zu erwarten ist sowie auf welche Art und Weise zum Beispiel eine Anrechnung von Kontokorrentlinien im Verhältnis zu Avalen erfolgt.
- Regelungen zur Erlösverteilung (§ 8): Die geplante Aufgliederung der Erlöse aus den Poolsicherheiten ist anzugeben. Es ist eine Rangfolge bei der Verteilung auf Kosten, Steuern, Entgelte für die Tätigkeiten des Poolführers sowie deren Aufwendungen für die Verwaltung und Verwertung der Sicherheiten festzulegen. Anschließend erfolgt eine Verteilung auf die Poolkredite und auch auf die außerhalb dieser Vereinbarung gewährten Kredite.
- Kosten, Steuern sowie Vergütung (§ 9): Sämtliche Kosten und Steuern, die dem Sicherheitenpoolführer beziehungsweise jeder eine Sicherheit haltenden Bank aus dem Poolvertrag, insbesondere im Zusammenhang mit der Verwaltung oder der Verwertung der Sicherheiten entstehen, gehen zu Lasten des Krisenunternehmens. Daneben hat der Poolführer gegenüber der Firma aus diesem Vertrag den Anspruch auf ein angemessenes Entgelt zuzüglich der hierauf anfallenden und abzuführenden Umsatzsteuer.

Es ist auch darauf zu achten, dass die Vergütung des Poolführers umsatzsteuerbar ist. Soweit die Kosten und Steuern von der Firma nicht gezahlt werden, tragen diese die Poolbanken entsprechend dem Verhältnis der in den Poolvertrag einbezogenen Kreditlinien.

- Informationspflichten (§ 10): Es sind die gegenseitigen Unterrichtungspflichten aller Poolbeteiligten genau festzuhalten. So hat der Poolführer laufend über den Sachstand einer Sanierung zu berichten. Die übrigen Poolbanken werden ebenfalls dazu angehalten, sich die vorhandenen Informationen gegenseitig zur Verfügung zu stellen. Dabei ist unabdingbar zu vereinbaren, dass die Firma und die übrigen Sicherungsgeber die Poolbanken vom Bankgeheimnis befreien. Insoweit sind das betroffene Unternehmen sowie die Drittsicherungsgeber ebenfalls in den Poolvertrag einbezogen. Diese Informationsversorgung hat aufgrund der Vertrauensbildung eine erhebliche Bedeutung für den positiven Verlauf und die Unterstützungsbereitschaft der Gläubiger.
- Vereinbarung zur Laufzeit des Poolvertrags und zu Kündigungsrechten (§ 11): Ein Poolvertrag wird meist auf unbestimmte Zeit geschlossen, wobei sich die beteiligten Bankpartner üblicherweise das Recht einer Kündigung, gegebenenfalls nach einer Mindestlaufzeit, vorbehalten. Zumindest sollte auch eine angemessene Kündigungsfrist schriftlich vereinbart werden. Üblich ist ein Zeitraum von drei Monaten. Ein befristeter Poolvertrag ist unflexibel, da bei Beendigung der Vertrag vollständig neu zu verhandeln wäre. Einem Kreditnehmer darf ein Kündigungsrecht allerdings erst dann eingeräumt werden, wenn die Ansprüche der Banken aus den in den Pool einbezogenen Finanzierungen endgültig erledigt sind. Diese Kündigung durch eine Bank beendet entgegen § 723 BGB nicht die Pool-GbR, die vielmehr nach den gängigen Vertragsmustern unter den anderen Instituten beziehungsweise Beteiligten fortgesetzt wird. Die kündigende Bank scheidet aus dem Pool aus. Standard ist dabei die Vereinbarung, dass „die Aufteilung der Sicherheiten besonderen Absprachen unter den Banken vorbehalten bleibt“. Die davon betroffenen Firmen verpflichten sich dabei soweit notwendig mitzuwirken. Die Regelung zur Aufteilung der Sicherheiten in gesonderter Vereinbarung ist in Wahrheit praktisch immer undurchführbar, was den Protagonisten des Poolvertrages auch durchaus bewusst ist. Problematisch ist es gerade variable Sicherheiten aufzuteilen, bei denen es ökonomisch auf den künftigen Bestand ankommt wie bei Globalzessionen und Sicherungsübereignungen. Bei Grundschulden drohen, wenn eine größere Zahl von Banken und diverse Finanzierungen und Grundpfandrechten involviert sind, eine hohe Kostenlast und eine Atomisierung des nicht mehr sachgerecht verwaltbaren sowie verwertbaren Rechts. Neben der in den Poolverträgen angesprochenen ordentlichen Kündigung steht die fristlose außerordentliche Kündigung aus wichtigem Grund, die einer Regelung nicht bedarf, zumal sie vertraglich nicht ausgeschlossen werden kann (§ 723 Abs. 3 BGB).

– Schlussbestimmungen (§ 12): Fest zu regeln sind der Erfüllungsort, der Gerichtsstand sowie das anzuwendende Recht. Bei letzterer Abrede handelt es sich um eine Klarstellung, denn auch bei der Beteiligung ausländischer Partner kommt nur deutsches Recht als anwendbares Statut in Frage. In den Schlussbestimmungen ist ferner enthalten die Vereinbarung der Schriftform für Vertragsänderungen und für Ergänzungen, eine salvatorische Klausel und die ausdrückliche Klarstellung, dass der Kreditnehmer keinen Anspruch aus Bestimmungen des Poolvertrages hat, die nur die Banken untereinander berühren. Namentlich hat der Kreditnehmer ausdrücklich keinen Anspruch auf die Beibehaltung von Krediten seitens einer Bank, obwohl diese Institute Kündigungen oder Reduzierungen der Poolkredite nur einvernehmlich vornehmen können.

Die Verteilung der Erlöse auf die Berechtigten aus dem Poolvertrag und den Sicherungsverträgen erfolgt gemäß der vereinbarten Rangordnung nach dem Wasserfall-Prinzip. Anschließend entsteht eine Allokation auf die bestimmte Kreditforderung nach Maßgabe des im Poolvertrag angegebenen Sicherungszwecks, bezogen auf die jeweils zu verwertende Kreditsicherheit. Stehen Forderungen beziehungsweise Risiken noch nicht endgültig vollständig fest, wie aus Diskontkrediten, Akzeptkrediten, Avalen, Akkreditiven oder aus Finanztermingeschäften, so empfiehlt es sich diese Finanzinstrumente zunächst noch nicht zu berücksichtigen.

Dasselbe gilt auch für Lastschriftrückgaben und für Scheckrückgaben (Rechtmann, 2012, S. 421). Stehen sämtliche Inanspruchnahmen dann später endgültig fest und sind die eventuell mehrfachen Saldenausgleichungen durchgeführt worden, kann eine abschließende fiktive Berechnung dahingehend erfolgen, welchen Betrag ein Kreditinstitut aus welchem Verwertungserlös wofür hätte erhalten müssen.

Differenzen zur tatsächlichen Erlöszuordnung und Auszahlung sind auszugleichen. In diesen Fällen tritt an die Stelle der Befriedigung aus dem Erlös der Sicherheit ein bedingter anteiliger schuldrechtlicher Anspruch gegen die übrigen Kreditinstitute. Das Vorgehen ist insoweit dem Saldenausgleich vergleichbar. Dabei stellt sich die Frage, ob nicht aus Vereinfachungsgründen der vereinnahmte Erlös zunächst bei dem Poolführer oder bei dem Sicherheitentreuhänder verbleibt, einvernehmlich verzinslich angelegt wird und erst nach dem endgültigen Feststehen des jeweiligen Betrages für jede Bank nach den Quoten ausgeschüttet wird.

Diese Regelung zur Erlösverteilung hängt eng mit der Beschreibung des Sicherungszweckes und der Saldenausgleichsregelung zusammen und bedarf wie bei der Konzeption größtmöglicher Sorgfalt. An letzter Rangstelle, aber noch vor etwa nachrangigen Forderungen, erfolgt dann die Rückführung geduldeter Überziehungen und die Verrechnung auf Ansprüche außerhalb der bereitgestellten Poolkredite. In der Praxis werden diese Forderungsteile jedoch regelmäßig ausfallen, denn im Rahmen der Sanierung werden die vorhanden Sicherheiten, unter anderem des Umlaufvermögens, meist abgebaut und in der Umsetzung verbraucht.

Poolvereinbarungen sowie ihre Ergänzungen beziehungsweise Änderungen stehen daher meist unter einem strengen Konsortialvorbehalt beziehungsweise einem notwendigen Poolvorbehalt. Es bedeutet, dass alle an dem Sicherheitenpoolvertrag Beteiligten das Vertragswerk auch mittragen müssen (vgl. Lubos, 2002, S. 1033 ff.). Dabei lässt sich der Begriff des strengen Konsortialvorbehalts beschreiben, wie aus der nachfolgenden Definition hervorgeht.

Definition: Ein **strenger Konsortialvorbehalt** bedeutet, dass alle Gläubiger mit den Bestimmungen im Poolvertrag einverstanden sein müssen. Es gilt grundsätzlich das Prinzip der Einstimmigkeit bei den zu treffenden Entscheidungen im Sicherheitenpool oder bei dessen Abschluss beziehungsweise Änderung. Ein in den Verhandlungen oder bei der Unterschrift festgehaltener Konsortialvorbehalt bedeutet, dass der Vertrag erst dann wirksam wird, wenn der letzte Beteiligte seine rechtsverbindliche Zustimmung in der Sicherheitenpoolvereinbarung schriftlich erklärt hat.

In den Poolverträgen ist es vorgesehen, dass Handlungen, die Interessen der Poolbanken betreffen, mit einer einfachen Mehrheit oder einer qualifizierten gegen ablehnende Minderheiten entschieden werden. Diese Abstimmung kann nach Köpfen oder Forderungen erfolgen. Dieses Vorgehen ist von Vorteil, damit einzelne Institute nicht wirtschaftliche Entscheidungen des Pools blockieren können.

Damit sich unter den Poolbanken gegenseitiges Vertrauen aufbaut, ist es unbedingt anzustreben, dass bei allen Parteien komplette Einigkeit herrscht, was in der Praxis nicht immer leicht zu erreichen ist. Die verbreiteten Poolvertragsmuster sehen jedoch Einstimmigkeit vor. Bei den handelnden Akteuren besteht tendenziell ebenfalls keine Neigung zu Mehrheitsentscheidungen. Häufig sind die zu treffenden Entscheidungen von großer wirtschaftlicher Reichweite, sodass das faktisch herrschende Einstimmigkeitsprinzip nachvollziehbar erscheint. Beispiele sind die Sicherheitenfreigabe oder der vorübergehende Verzicht auf eine Verwertung sowie Verzichte der Gläubiger und andere Sanierungsbeiträge. Sind diese Entscheidungen über die Ausgestaltung dieser Finanzierungspartnerschaft komplex, so bietet es sich aus der Sicht der betroffenen Gläubiger an, die Zusage zu einer Regelung in einer Bankensitzung, auch noch in einem später unterzeichneten Vertrag, unter der Formulierung eines Gremienvorbehalts abzugeben.

Definition: Die Erklärung eines **Gremienvorbehalts** beinhaltet, dass eine Entscheidung nicht sofort im Rahmen der Gläubigersitzung getroffen wird, beziehungsweise dem Vertrag zugestimmt wird, sondern eine endgültige Genehmigung erst beim Kompetenzträger im eigenen Hause einzuholen ist und dieser Vorbehalt erst anschließend mit Mitteilung an die Vertragspartner wegfällt. Verbreitet ist in den Verhandlungen, auch wenn sich die Verhandlungspartner sämtlich einig sind, ein Konsortialvorbehalt, verbunden mit einem Gremienvorbehalt. Selbst wenn ein Verhandlungsführer beispielsweise der Vorstand eines Kreditinstituts zugegen ist, der diese erforderliche Kompetenz aufweist, die Beteiligung am Pool zu den ausgehandelten Punkten zuzusagen, ist dieser im Außenverhältnis nicht an der Vereinbarung eines Konsortial- und Gremienvorbehalts gehindert.

Im Allgemeinen sollten Vorstände von Kreditinstituten es aus psychologischer Sicht möglichst vermeiden, an Verhandlungen in Bankenrunden teilzunehmen. Ansonsten könnte eine geplante Gewährung von Sanierungsbeiträgen bereits in einer Sitzung präjudiziert werden. Diese Vereinbarung von Sicherheitenpoolverträgen weist unter der Würdigung der obigen Erwägungen bestimmte Vorzüge für die beteiligten Gläubiger des Krisenunternehmens auf:

- Bindung und Risikoteilung der Poolbanken beim Stillhalten oder einer erforderlichen Neukreditvergabe zur Liquiditätssicherung.
- Informationsallokation über eine Verbreitung aller Daten meist durch den Poolführer mit einem Abbau asymmetrischer Informationen.
- Ausschöpfen von Kreditsicherheiten durch das Ausschließen von Kollisionen bei Sicherungsrechten und das Vermeiden von Einzelverwertungen.

Da eine Kündigung von Krediten durch einzelne Banken die gesamte Sanierung gefährden kann, verpflichten sich die Poolbanken im Rahmen des Sanierungspoolvertrages regelmäßig, diese vom Vertrag umfassten Kredite für die Dauer der vertraglichen Regelung offen zu halten sowie Kürzungen oder Kündigungen nur im gegenseitigen Einvernehmen vorzunehmen. Die Erklärung kann befristet oder sogar unbefristet gegeben werden und soll die Flucht einzelner Poolbanken aus der Vertragsvereinbarung verhindern. Diese Öffnungsklauseln erleichtern den Beitritt weiterer Gläubiger (vgl. Rechtmann, 2012, S. 414 ff.).

Von besonderer Bedeutung im Hinblick auf die Reduzierung asymmetrischer Informationsverteilungen unter den Stakeholdern sind Bestimmungen zu gegenseitigen Berichterstattungen der Poolmitglieder. Nur wenn regelmäßig Meldungen erfolgen und Gespräche stattfinden, kann ein einheitliches Vorgehen sichergestellt werden. Die Leitungsrolle in der Gläubigerkommunikation übernimmt der Poolführer. Dieser ist gemäß dem Sicherheitenpoolvertrag zur Unterrichtung der anderen Poolpartner verpflichtet. Der Umfang der Wahrnehmung dieser Pflicht wird auch dazu führen, ob sich Vertrauen zwischen den Beteiligten nachhaltig aufbaut oder ob sich diese fortan mit Misstrauen begegnen.

Auf diese Weise wird die Voraussetzung für eine optimale Informationsverteilung unter allen beteiligten Hauptgläubigern geschaffen. Die gute Kommunikation ist ein ganz wesentliches Element des Erfolgs eines Poolvertrages im Interesse der Banken und des Kreditnehmers, denn nicht Verwertung ist das Ziel des Pools, sondern die Stabilisierung des Kunden und die erfolgreiche außergerichtliche Sanierung. Zu diesem Zweck ist es formal erforderlich, dass der Kreditnehmer und etwaige Drittsicherungsgeber die Poolbanken vom Bankgeheimnis befreien. Auf diese Weise wird die Voraussetzung für eine optimale Informationsverteilung unter allen relevanten und beteiligten Hauptgläubigern geschaffen. Diese Informationstransparenz hat eine besondere Bedeutung für die Vertrauensbildung unter den Gläubigern.

Vor diesem Hintergrund wird der Stellenwert der Poolsicherheiten erkennbar, die den Poolbanken erhöhte Sicherheit für ihr Kreditengagement verschaffen und sie nur deshalb befähigen, an dem Engagement festzuhalten und es nicht zu kündigen. Motivation ist unter anderem die Risikoreduzierung und die prognostizierte Verbesserung der Recovery Rate, verglichen mit der befürchteten oder erwarteten Entwicklung ohne den Sicherheitenpool.

Zum einheitlichen Vorgehen ist es wichtig, die Verwertungsvoraussetzungen genau im Vertragswerk zu bestimmen. Dieser Verwertungsfall kann unter anderem an eine Kreditkündigung oder die Stellung des Insolvenzantrags geknüpft werden. Die Abwicklung wird in der Regel durch den Poolführer, in Abstimmung mit den anderen Poolbanken, durchgeführt. Für die Befriedigung von Forderungen, unter anderem aus Barlinien, wird in der Regel eine Reihenfolge vereinbart. Diese Erlösverteilung erfolgt zunächst auf Kosten, Steuern und anschließend auf das Entgelt des Poolführers. Dann wird eine Aufteilung der Mittel auf die Forderungen der Banken aus den Poolkrediten nach vollzogenem Saldenausgleich, nach der festgelegten Poolquote, vorgenommen. Dann folgen die Rückführungen geduldeter Überziehungen und die Verrechnungen auf Ansprüche außerhalb der Poolkredite.

Zusätzlich können Abschläge aufgrund von Risiken einer Kollision mit den Sicherungsrechten anderer Gläubiger, zum Beispiel durch separate Vereinbarungen mit Lieferanten, ausgeschlossen werden. Insgesamt ist dieses gemeinsame Vorgehen im Verwertungsfall kostengünstiger als eine isolierte Geltendmachung der Sicherheiten und Rechte. Auf diesem Wege kann häufig eine komplette Zerschlagung des Krisenunternehmens vermieden und ein höherer Verwertungserlös durch eine Gesamtveräußerung aller Sicherheiten erzielt werden (vgl. Rechtmann, 2012, S. 399). Es kann von Bedeutung sein, andere Gläubiger wie Lieferanten und Kreditversicherer über eine gesonderte Vereinbarung in den Pool mit aufzunehmen.

Zumeist ist die Veräußerung der mit Eigentumsvorbehalten der Lieferanten und Absonderungsrechten der Banken sowie Lieferanten belasteten Gegenstände des Umlaufvermögens Teil eines Gesamtkonzepts. Der andere Teil betrifft die Veräußerung des sonstigen unbelasteten Umlaufvermögens und des Anlagevermögens, die Übertragung der betrieblichen Organisation sowie des unternehmerischen Know How´s und des ebenfalls unbelasteten „Intellectual Property", soweit der Erwerber einige Betriebe oder auch Betriebsteile weiterführt.

Die übertragende Sanierung durch Veräußerung der werthaltigen Assets des Krisenunternehmens restrukturiert im günstigsten Fall das gesamte sich in der Insolvenz befindliche Unternehmen, zumindest Teile davon, nicht aber den Rechtsträger, der schlussendlich liquidiert wird. Über eine Fortführung bestimmter betrieblicher Teile können letztendlich noch Arbeitsplätze sowie Gelder für die Kreditinstitute gerettet werden. Demnach bietet dieses Vorgehen oftmals eine praktikable Möglichkeit der Rettung zumindest von lukrativen Betriebsteilen in der Insolvenz.

i

Beispiel: Die Druck GmbH mit 85 Mitarbeitern wird insolvent. Der Investor I. erwirbt das wesentliche Anlage und Umlaufvermögen einschließlich des Betriebsgrundstücks mittels einer ihm gehörenden Alpha GmbH und führt das Geschäft mit den vorhandenen Arbeitnehmern fort. Die Firma der Druck GmbH wird nach dem Abschluss des Insolvenzverfahrens aus dem Register gelöscht. Der Sicherheitenpoolvertrag und die zu unterscheidende Abgrenzungsvereinbarung können wesentliche Beiträge dazu leisten, dass auch ein solcher Verwertungsprozess optimiert abläuft. Es kann von Bedeutung sein, andere Gläubiger wie Lieferanten und Kreditversicherer über eine gesonderte Vereinbarung in den Sicherheitenpoolvertrag mit aufzunehmen oder eine Abgrenzungsvereinbarung zu schließen.

Sicherheitenpoolverträge werden in der Regel unter Kreditinstituten geschlossen. Es besteht aber auch die Möglichkeit, Lieferanten und Kreditversicherer in die Vereinbarungen mit einzubeziehen und diese vertraglich zu binden. Dieses ist unbedingt erforderlich zur Erreichung der finanzwirtschaftlichen Sanierung, denn Lieferanten und Kreditversicherer haben in Finanzierungsverhandlungen einer Krise häufig das Bestreben, die Konditionen an das höhere Risiko anzupassen, ihre Linien zu reduzieren oder die Vertragsbeziehung komplett zu beenden.

Ist dieses Verhalten zu erwarten, sollte diesen Parteien klargemacht werden, dass eine Insolvenz auch für sie augenblicklich hohe Ausfälle bedeuten würde. Gelieferte Produkte werden regelmäßig vermischt, weiterverarbeitet oder auch veräußert. Die Durchsetzung der Rechte der Belieferer aus verlängertem Eigentumsvorbehalt gestaltet sich dann in der Regel problematisch.

Als Indiz hierfür kann angesehen werden, dass sich Lieferanten mit Eigentumsvorbehalten oder deren verlängerten beziehungsweise deren erweiterten Formen um ihre Rechte im Insolvenzverfahren nach Äußerungen aus Insolvenzverwalterkreisen jedenfalls gelegentlich offenbar nicht kümmern und sich auf die Anmeldung ihrer Forderung im Insolvenzverfahren beschränken, welches im Einzelfall natürlich eine Frage der wirtschaftlichen Bewertung dieser Rechte darstellt. Anders bei den bedeutenden Lieferanten und wesentlichen Beträgen, insbesondere mit einem Warenkreditversicherer im Hintergrund.

Als Anreiz zu der Stillhaltelösung kann den Lieferanten und Kreditversicherern der Abschluss eines **Abgrenzungsvertrags** angeboten werden, der primär die Erlösaufteilung der Verwertung von Kreditsicherheiten des Umlaufvermögens auf die unterschiedlichen Gläubigerklassen bestimmt.

Dieser Vertrag regelt primär die Partizipation der Lieferanten und Kreditversicherer an den Erlösen aus den Sicherheiten des Umlaufvermögens. Diese Zurechnung der Rohstoffe, unfertigen und fertigen Erzeugnisse, Waren und Forderungen aus Lieferungen und Leistungen erfolgt nach der **Materialeinsatzquote**, also dem Anteil der Materiallieferungen am Wert des produzierten Endprodukts. Es bestehen bei variablen Sicherheiten wie den unfertigen und fertigen Erzeugnissen in der Regel Abgrenzungsprobleme und Kollisionen, unter anderem zwischen dem verlängerten Eigentumsvorbehalt der Lieferanten und der Globalzession der Banken.

Um künftige Erlösverteilungsprobleme in einer Insolvenz zu vermeiden und eine Einigung zwischen den Banken sowie den Lieferanten inklusive der Kreditversicherer herbeizuführen, ist der Abschluss eines Abgrenzungsvertrags unbedingt anzuraten. Für die Banken bedeutet eine solche Vereinbarung im Allgemeinen schon deswegen keine Beeinträchtigung, weil die Vertragsgestaltung zum Beispiel bei der Globalzession nach schon lange herrschender Rechtsprechung Rücksicht auf den verlängerten Eigentumsvorbehalt nehmen muss und daher an Lieferanten abgetretene Forderungen aus der Globalzession an die Bank herausgenommen werden, solange der Lieferant noch Ansprüche gegenüber der insolventen Firma hat.

Für das betroffene Unternehmen bedeutet ein derartiger Sicherheitenabgrenzungsvertrag eine erhebliche Finanzierungssicherheit in der Sanierung, nicht nur bei den Banken, sondern auch gegenüber den Lieferanten beziehungsweise den Kreditversicherern. Dieses ist von großer Bedeutung, um den operativen Betrieb aufrecht zu erhalten. Mustervereinbarungen für den **Sicherheitenabgrenzungsvertrag** finden sich in verschiedenen Literaturquellen (vgl. Obermüller, 2016, S. 1176 ff. und Rechtmann, 2012, S. 425 ff.). Dabei werden üblicherweise Regelungen zu den folgenden Sachverhalten in diesem Vertragswerk getroffen:

- Benennung der Vertragsparteien: Dies sind in der Regel der Schuldner, die Banken, die Lieferanten und die angeschlossenen Kreditversicherer.
- Beschreibung der Sicherungsrechte: Die unterschiedlichen Besicherungen sind differenziert nach Gläubigern und Gläubigergruppen aufzuführen.
- Verteilung der Sicherheitennettoerlöse: Zu regeln ist die Aufteilung der Erlöse bis zu einer bestimmten Höhe oder einem Prozentsatz auf die Gruppen der Banken, Lieferanten und Kreditversicherer. Die Festlegung der Quote führt häufig zu konträren Diskussionen. Dies erschwert eine schnelle Einigung. Meist bietet die Wertschöpfung im Unternehmen einen Anhaltspunkt zur Aufteilung der Erlöse gemäß der Materialeinsatzquote. Zu unterscheiden ist bei der Quotenfestlegung insbesondere zwischen den Rohstoffen und Waren, spezifiziert nach den Verarbeitungsstufen. Je genauer der Verwertungsprozess beschrieben wird, desto geringer sind später Auseinandersetzungen bei der Erlösverteilung. Dazu ist zu definieren, was unter den Nettoerlösen zu verstehen ist. Zudem ist der jeweilige Rang der Verteilung dieser Sicherheitenerlöse auf bestimmte Gläubiger und Gläubigergruppen anzugeben. Auch die Kosten der Mitwirkung des Insolvenzverwalters sind bei der Verwertung und bei der Erlösverteilung zu berücksichtigen. Allerdings hat diese Vorgehensweise die Konsequenz, dass die den Lieferanten nachgeordneten Banken im Hinblick auf den Sicherheitenerlös weniger von der Vereinbarung partizipieren. Ihr Vorteil liegt dann primär bei der Weiterbelieferung des Kreditnehmers und den daraus für sie mittelbar resultierenden Vorteilen. Dies ist auch meist das Bestreben der Lieferanten, denn es bestanden vor der Krise oftmals bereits langjährige profitable Geschäftsverbindungen, die es zu erhalten gilt.

- Modalitäten zur Aufrechterhaltung der Linien sowie Lieferkonditionen: Hauptzweck des Sicherheitenabgrenzungsvertrags ist es, das Stillhalten der Lieferanten und Kreditversicherer zu erreichen. Es ist zu vereinbaren, dass die künftigen Lieferungen zu unveränderten Konditionen wie Zahlungsbedingungen und Fristen stattfinden. Das Krisenunternehmen erhält beispielsweise unverändert Rabatte und Skonti, das Risiko der katastrophalen Lieferung ausschließlich gegen Vorauskasse wird vermieden.
- Regelungen zu den Nachweispflichten, Kontrollen sowie Informationsrechten: Bestimmungen zur Informationsallokation haben die bedeutende Aufgabe, das Vertrauen zwischen den Beteiligten mit zum Teil sehr unterschiedlichen Interessen aufrechtzuerhalten. Daher sind die vertraglichen Informationsvereinbarungen stringent zu formulieren und die Einhaltung ist von allen am Vertrag beteiligten Parteien genau zu beachten.

Mit dem Abschluss eines Sicherheitenabgrenzungsvertrags werden die potenziellen Verwertungserlöse aus Kreditsicherheiten für den Fall der Insolvenz bereits im Vorfeld aufgeteilt. Lieferanten und Kreditversicherer lassen sich durch dieses Angebot oft zum Stillhalten bewegen, da sich ihre Risikoposition meist deutlich verbessert.

Zudem herrscht Verwertungssicherheit durch die Beseitigung von Kollisionsproblemen bei den Sicherungsrechten der Kreditinstitute und der Lieferanten. Vorteile des Abschlusses eines Sicherheitenabgrenzungsvertrags sind unter anderem:

- Erreichung einer Einigungslösung mit den Lieferanten sowie Kreditversicherern und das Vermeiden eines Ausstiegs über Linienkürzungen.
- Wirtschaftliche volle Ausschöpfung der Warenbestände sowie der Forderungen mit der Beseitigung von Abgrenzungsschwierigkeiten bei Sicherungsrechten.
- Faire Aufteilung der Verwertungserlöse auf die Gläubigergruppen über die Festlegung einer Materialeinsatzquote als Bezugsgröße für die Verteilung.

Versucht werden sollte über den Poolvertrag und den Sicherheitenabgrenzungsvertrag stets, die Gleichbehandlung der Banken und der übrigen Gläubiger zu gewährleisten. Gelingt eine Vereinbarung dieser Verträge, dann wird eine Einigungslösung festgeschrieben. Dies bedeutet eine erhebliche Sicherheit für die finanzwirtschaftliche Sanierung der betroffenen Firma. Denn oft entsteht bereits früh nach Bekanntwerden einer wirtschaftlichen Krise große Unruhe auf Seiten der Banken, Lieferanten und Kreditversicherer. Einzelne Gläubiger versuchen dann ihre Risikoposition zu verbessern indem sie aus dem Engagement aussteigen.

Da es von entscheidender Bedeutung ist, dass möglichst alle Parteien die Sanierung finanziell begleiten, sollte umgehend nach Feststellen der Sanierungsfähigkeit und der Sanierungswürdigkeit von Seiten der Hausbank eine Gläubigersitzung einberufen werden, um die Interessen im Sinne der Krisenfirma sowie der zu beteiligenden Gläubiger zu koordinieren (vgl. Rösler et al., 2002, S. 689 ff.).

Dabei ist das Krisenunternehmen zur Absicherung der finanziellen Mittel meist auf die Unterstützung der Hausbank aufgrund der Komplexität der Verträge, der Erfahrung und des notwendigen Fachwissens bei der Sicherheitenpoolbildung angewiesen. Im weiteren Verlauf werden daher die Interessen der Hausbank und der Firma als im Wesentlichen gleichgerichtet unterstellt und beschrieben.

Einschränkend ist zu bemerken, dass im Folgenden nur Anhaltspunkte für Kreditverhandlungen zur Realisierung finanzieller Hilfestellungen in einem Sicherheitenpool gegeben werden können, da die Ausgestaltung der realen Situation differenziert sein kann und sich die Verhaltensweisen der Gläubiger zudem über die Zeit verändern können. Dennoch sind die nachfolgend beschriebenen Reaktionsmuster in der Praxis häufig anzutreffen. Ist die unterstützende Hausbank auf diese Situation vorbereitet, so lassen sich Strategien anwenden, die Gläubigerinteressen auf das Ziel der gemeinsamen finanziellen Absicherung des Krisenunternehmens im Rahmen einer Poollösung auszurichten.

Zunächst sind die Interessen aller Gläubiger zu analysieren, um im nächsten Schritt das Bedrohungspotenzial einzelner Akteure zu identifizieren. Die Kreditgeber können unter anderem nach dem Grad ihrer Abhängigkeit von der Krisenfirma unterschieden werden. Dazu sind die Banken nach der Höhe der Kredite, der Sicherheitenposition sowie der individuellen Kreditrisikostrategie zu klassifizieren. Werden bei einem Bankinstitut potenzielle Gefahren eines Rückzugs erkannt, ist zu untersuchen, welche Instrumente einzusetzen sind, um eine mögliche vertragliche Bindung dieses Gläubigers zu erreichen.

Es bestehen innerhalb der betrachteten Stakeholder besondere Parteien, die einen intensiven Einfluss ausüben können und deren Eigenbedrohung von einer Krise aufgrund einer starken Abhängigkeit zum Unternehmen hoch ist. Dieses sind beispielsweise Banken mit einem hohen Kreditvolumen und Blankoteil oder Kreditinstitute mit einer starken Bindung zum Krisenunternehmen. Zudem existieren Lieferanten mit hohen Umsatzanteilen und umfassenden Einkaufslinien sowie erheblichen Außenständen, mit umfangreichen Spezialgütersortimenten oder einer engen Verzahnung in der Wertschöpfungskette. Angeschlossen sind die Warenkreditversicherer mit entsprechend hohen Risiken.

Des Weiteren existieren Stakeholder, deren Abhängigkeitsgrad aus der Geschäftsbeziehung gering ausgeprägt ist. Dieses sind unter den Banken meist gut abgesicherte Finanzinstitute, Banken mit geringem Kreditvolumen oder ausländische Kreditinstitute. Bei den Lieferanten sind dies Akteure einfacher, homogener Güter mit geringem Lieferanteil und Kreditversicherer mit niedrigen Limiten. Trotz des geringeren Eigenrisikos bedeuten gerade diese Gruppen ein besonderes Gefährdungspotenzial für die Finanzierung eines Krisenunternehmens in der Sanierung. So bestehen vielfach starke Begehrlichkeiten dieser Parteien, ihr Risiko einseitig zu verringern oder unverzüglich komplett abzubauen.

Daneben gibt es Gläubiger, die einen mittleren Grad der Bindung zur Firma aufweisen, deren Einstellung zur finanziellen Unterstützung noch nicht feststeht und unter Umständen zu beeinflussen ist.

Um die Ziele und Verhaltensweisen der Gläubiger einschätzen zu können, sind die Beteiligten in die Segmente Gläubiger mit geringem, mittlerem und hohem Abhängigkeitsgrad zu klassifizieren. Anschließend können Verhandlungsstrategien entwickelt werden, um eine gemeinsame Finanzierung des Krisenunternehmens zu gestalten und den Ausstieg einzelner Parteien zu verhindern. Dazu ist schnellstmöglich nach Feststellung der Sanierungswürdigkeit von der Hausbank die bereits erwähnte Gläubigersitzung einzuberufen, um die Interessen und Handlungen aller externen Gläubiger im Sinne der Krisenfirma zu koordinieren.

Je höher die Anzahl der Finanzierer ist und umso heterogener die Forderungen und Sicherheiten verteilt sind, desto schwieriger wird die Einigung auf einen gemeinsamen Poolvertrag. Meist nimmt dann die Komplexität des Vertragswerkes zu und es steigen diese potenziellen Konfliktbereiche. Dieses erschwert die Festlegung einer geeigneten Verhandlungsstrategie für die Hausbank, um diese Poolverhandlungen einer gemeinsamen Lösung zuzuführen. Im Folgenden wird das häufig anzutreffende Verhalten der Gläubiger im Hinblick auf ihren Abhängigkeitsgrad klassifiziert, um Ansatzpunkte für eine wirkungsvolle Stakeholderstrategie zu erhalten. So bestehen folgende Gläubigertypen:

- Gläubiger mit hohem Abhängigkeitsgrad: Diese Stakeholder verhalten sich aufgrund der engen Verbindungen zum Krisenunternehmen und der hohen Risikowirkungen eines Verlustes meist kooperativ. Daher sollte mit diesen Gläubigern eng zusammengearbeitet werden, um sie als Partner zu gewinnen. Die Verhandlungsstrategie heißt: **Koalitionen bilden.**
- Gläubiger mit mittlerem Abhängigkeitsgrad: Die Bindung zum Krisenengagement ist bei diesen Gruppen meist differenzierter ausgeprägt und Bestrebungen können in einer Risikoreduzierung liegen. Wichtig ist es, diese Gläubiger in den Vertrag einzubinden, da mit dem Rückzug das Scheitern der Sanierung verbunden sein kann. Die Strategie heißt: **Überzeugen und einbinden.**
- Gläubiger mit geringem Abhängigkeitsgrad: Diese Akteure haben meist das Ziel, ihr Risiko kurzfristig zu verringern, indem Linien gestrichen, Umschuldungen mit Tilgung vorgenommen oder neue Sicherheiten eingefordert werden. Diese Akteure sind in einen Pool mit einzubinden, damit keine Aufweichungseffekte entstehen. Die Strategie heißt: **Rückzug vermeiden.**

Kritisch für die Einigung sind diejenigen Gläubiger, die einer Sicherheitenpoolvereinbarung potenziell entgegenstehen (Akkordstörer). Dies sind oftmals Nebenbanken, gut abgesicherte Kreditinstitute, ausländische Banken und zudem Kreditversicherer oder auch Leasingunternehmen sowie Finanzinvestoren.

Aber auch Lieferanten können eine Poolvereinbarung oder Abgrenzungsvereinbarung potenziell meiden, gerade wenn die angeschlossenen Kreditversicherer eine Lösung nicht mittragen. Diese können dann ihre Rückversicherungslinien bei den Lieferanten reduzieren oder sogar streichen. Diese Parteien weisen Merkmale eines geringen Abhängigkeitsgrads auf.

In einer ersten Poolsitzung ist das Bestreben dieser Parteien oftmals hoch, auf eine komplette Ablösung ihrer Forderungen zu drängen (Exitstrategie). Falls eine direkte Ausstiegsmöglichkeit nicht besteht, wird meist ein sukzessiver Engagementabbau über Sondertilgungen betrieben oder eine umfassende Risikoreduzierung über zusätzliche Absicherungen eingefordert (Voice). Lediglich die umfassend engagierten Banken inklusive der Hausbank sind in der Regel von Anfang an bereit, die Krisenfirma im Sinne der Sanierung weiter zu begleiten (Loyalty).

Insbesondere Voice-Strategien steht in einer akuten Unternehmenskrise das Insolvenzanfechtungsrisiko gegenüber, denn Sondertilgungen oder Absicherungen sind dann als inkongruent einfacher anfechtbar. Mit anderen Worten unterstützt das Insolvenzrecht die Abwehr von Voice-Strategien. Besondere Gefährdungsmöglichkeiten sowie Unterstützungspotenziale, die durch Gläubiger existieren können, sind in der nachfolgenden Tab. 4.42 dargestellt.

Tab. 4.42: Unterstützungen und Bedrohungen in der Sanierung (Quelle: Eigene Darstellung)

Sanierungsunterstützungen	Sanierungsgefährdungen
Moratorien, andere Stillhaltevereinbarungen	Engagementabbau durch Tilgungen
Neukreditvergabe	Befristung und Reduzierung von Kreditlinien
Zins- und Tilgungsstundungen	Verschlechterung der Zahlungskonditionen
Umschuldung, Kapitalbeteiligung	Hereinnahme von neuen Sicherheiten
Forderungsverzichte und Nachrangabreden	Kreditkündigungen

Da im Wege einer bestmöglichen Krisenbewältigung aus Sicht einer sanierungsbegleitenden Hausbank versucht werden sollte, alle externen Finanzgläubiger beziehungsweise Warenkreditgeber für eine Poollösung zu gewinnen, beginnen in den Bankenrunden meist Diskussionen, in denen Koalitionen gebildet werden können. Diese Verhandlungen fallen oft sehr kontrovers aus.

Anzustreben ist durch die eine Sanierung unterstützende Hausbank, über eine Mischung von Rückzugsangeboten, dem Eingehen von Verbindungen sowie der Ausübung von Druck, die Gespräche zu dem gewünschten Ziel zu führen. Diese Art der Verhandlungsstrategie wird in der Organisationstheorie auch als „Bargaining“ bezeichnet (vgl. Staehle, 1994, S. 405 ff.).

Ziel eines Bargaining ist es, die Verhandlungen zwischen verschiedenen Akteuren und Gruppen mit Interessendivergenzen derart zu steuern, dass eine Vereinbarung hinsichtlich des Austausches von Leistungen erzielt wird.

Dabei verfügen die Verhandlungspartner über Machtmittel, mit denen sie das Verhalten der übrigen Parteien in Konfliktsituationen beeinflussen können. So kann die Hausbank über das Risiko des Bekanntwerdens einer Verweigerungshaltung in der Öffentlichkeit oder auch über die Androhung von späteren eigenen boykottierenden Verhaltensweisen in vergleichbaren Sanierungen bei anderen Problemkreditengagements auf diese ausscheidungswilligen Gläubiger erheblichen Druck ausüben. Es sollte daher unbedingt versucht werden, eine stabile Einigungslösung zwischen den Parteien mit den verschiedenen Interessen und Ausgangspositionen zu finden, damit die Sanierung störungsfrei ablaufen kann.

Meist sind bei den Poolverhandlungen mit Gläubigern unterschiedlicher Abhängigkeiten zum Krisenunternehmen Probleme eines Gefangenendilemmas mit mehreren Akteuren zu beobachten (vgl. Eidenmüller, 1996, S. 343 und Simon, 2012, S. 143). So ziehen einzelne Gläubiger einen Nutzen daraus, ihre eigene Situation zu optimieren, indem sie einseitig Tilgungen einfordern oder ihre Sicherheitenposition zu verbessern versuchen. Diese individuellen Optimierungen führen jedoch häufig zu einer suboptimalen Gesamtlösung. Im Extremfall kann die Sanierung komplett scheitern, sodass sich alle Parteien in einer darauf folgenden Insolvenz schlechter stellen (vgl. Portisch, 2006c, S. 54 ff.).

Daher ist es bei den Poolverhandlungen bedeutsam, eine für alle Stakeholder ausbalancierte und stabile Gleichgewichtslösung zu finden. Werden einzelne Parteien benachteiligt, verlassen wichtige Stakeholder diese Finanzierungsgemeinschaft und die Sanierung scheitert. Eine Problemursache sind die wechselseitigen Abhängigkeiten der Entscheidungen der verschiedenen Stakeholder. Diese gemeinsame Variante der Poolbildung kommt unter Umständen nur dann zustande, wenn jede Partei auf einseitige risikoreduzierende und die Sanierung schädigende Maßnahmen verzichtet (vgl. Dixit/Nalebuff, 1997, S. 17).

Es ist eine Lösung für diese Problemsituation notwendig, mit der die Strategie der Hausbank umgesetzt werden kann. Ansätze zur Lösung dieser Problematik finden sich in der Spieltheorie, einer Wissenschaft zum strategischen Denken. Dabei empfiehlt sich ein nach der Intensität gestuftes Vorgehen je nach Widerstand und Abhängigkeitsgrad der einzelnen Akteure. Ist dagegen die Gefahr des Rückzugs eines Gläubigers groß, sind alle Maßnahmen auszuschöpfen:

– Teamwork: Die Bildung einer Gruppe aus mehreren Akteuren, die eine Sanierung entschlossen unterstützt, kann eine Art Gruppenzwang bewirken und andere Parteien dazu bewegen, ihre Konfrontationshaltungen aufzugeben. Daher sind Koalitionen zu anderen, die Sanierung stützenden Gläubigern nachhaltig und dauerhaft aufzubauen.

- Selbstbindung: Mündliche und schriftliche Absichtserklärungen zur Unterstützung des Krisenunternehmens schränken die Möglichkeit ein, sich aus dieser Selbstbindung zu lösen. Dazu sind Sicherheitenpoolverträge ein geeignetes Mittel, um die Bindung zu erzeugen und die Finanzierung bei dem Engagement mittel- bis langfristig abzusichern.
- Unterhändler: Die Hausbank wird bei den Poolverhandlungen oft nicht als objektiv angesehen, da sie von einer Unterstützung des Unternehmens profitiert. Es kann daher förderlich sein, einen neutralen Akteur wie einen Sanierungsbetreuer damit zu beauftragen, diese Poolverhandlungen als Moderator zu leiten und einer Lösung zuzuführen.
- Anreize: Es können Anreize in Form von Beteiligungen an Sicherheiten oder geringen Tilgungen gesetzt werden, um einen Ausstieg von Gläubigern zu verhindern. Auf diese Weise können unbesicherte Banken überzeugt werden. Auch die Lieferanten und Kreditversicherer können gegebenenfalls mit einer Sicherheitenabgrenzung überzeugt werden.
- Boykott: Banken, Lieferanten und Kreditversicherer treffen in mehreren Sanierungsfällen und Bankenrunden aufeinander. Dann ist zu beachten, dass in den verschiedenen Verhandlungssituationen jeweils eine andere Partei Vorteile besitzen kann. Nutzt ein Akteur seine Vorteile einseitig aus, so werden die Anderen sich fortan ähnlich verhalten.
- Öffentlichkeit: In der Praxis ist häufiger zu beobachten, dass Sanierungen bei großen Krisenunternehmen eine hohe Öffentlichkeitswirkung entfalten. Dieses kann zur Findung einer Poollösung beitragen, wenn die Gläubiger bei einem Rückzug ein Reputationsrisiko befürchten. So ist gerade Banken negative Presse oftmals sehr unangenehm.

Bei der Nutzung öffentlichkeitswirksamer Maßnahmen bestehen sicherlich Interdependenzen zwischen der Bedeutung des Krisenunternehmens sowie der Größe und Entfernung der Leitung des Kreditinstituts vom Standort der betroffenen Firma. Die örtliche kleinere Bank ist aus verschiedenen Gründen wahrscheinlich eher geneigt, das potenzielle Risiko negativer regionaler Presse wegen eines Verweigerungsverhaltens zu vermeiden und wird eine Firmensanierung anstreben.

Insgesamt lässt sich festhalten: Entsteht der Eindruck, dass ein Gläubiger übermäßig gierig agiert, indem er einseitig den Abbau von Krediten vornimmt, massiv Sicherheiten einfordert oder sich an Verzichten sowie Neukreditvergaben nur unzureichend beteiligt, werden die übrigen Verhandlungspartner in der Zukunft weniger geneigt sein, mit dieser Partei zusammenzuarbeiten. Sie werden in anderen Sanierungsfällen, an denen der Störenfried beteiligt, aber schlechter positioniert ist, als harte Verhandlungspartner auftreten. Auf Dauer ist dieses Vorgehen schädlich für die Bankbeziehungen an einem Standort. Eine Lösung im Sinne der Sanierung des Kunden ist dann deutlich erschwert.

Auf der zwischenmenschlichen Ebene kann ein unfairer Sieg diese Geschäftsbeziehungen dauerhaft verderben und das Vertrauen ist zwischen diesen Verhandlungspartnern künftig nur noch eingeschränkt vorhanden. Daher ist eine Kooperation im Pool für alle Beteiligten anstrebenswert.

Allerdings geht es nicht darum, dass wirtschaftlich sowie rechtlich ganz unzweifelhaft bestehende Positionen aufgegeben werden. Hinzu kommt, dass die Handlungsoptionen durch zunehmende aufsichtsrechtliche Vorgaben tendenziell beschränkt werden. Demnach fordert das Aufsichtsrecht bei entsprechender Verschlechterung der wirtschaftlichen Lage und Bonität eines Kunden unter anderem die Anpassung der Zinsen an das erhöhte Ausfallrisiko des betrachteten Kreditnehmers.

Im Worst-Case-Szenario muss dem vor dem Zusammenbruch stehenden Kreditnehmer ein hoher Zinssatz auferlegt werden, während aus Sanierungssicht gerade umgekehrt die Zinsermäßigung auf den Einstand vielleicht die richtige Lösung wäre. Hier bleibt dann im Zweifel nur der Forderungsverzicht, der in der Bankbilanz zur Abschreibung auf die Kreditforderungen führt.

Die Umsetzung der finanzwirtschaftlichen Sanierung kann nur gelingen, wenn das Krisenunternehmen möglichst von allen Gläubigern unterstützt wird. Dabei ist auf eine faire Verteilung der auftretenden Sanierungsbelastungen zu achten. Eine Einigungslösung wird im Rahmen der Anreiz-Beitrags-Theorie als Gleichgewichtszustand beschrieben. Dieser Zustand ist genau dann erreicht, wenn die dem Verhandlungspartner angebotenen Anreize mit den von ihm zu leistenden Beiträgen übereinstimmen (vgl. Staehle, 1994, S. 405 ff.).

Demnach können einzelnen Gläubigern zusätzliche Sicherheiten, Tilgungen oder in äußersten Notfällen auch Ablösungen gegen bestimmte Verzichtsquoten angeboten werden. Gierige oder rechtlich problematische Vorstellungen der Gläubiger wirken jedoch als Bremse bei einer Vertragseinigung und tendenziell dem Insolvenzanfechtungsrecht entgegen. Um im Optimalfall sämtliche Gläubiger einzufangen und eine Poollösung zu erreichen, sind die folgenden Eckpfeiler in den Verhandlungen mit den Gläubigern zu beachten (vgl. Rösler et al., 2002, S. 689 ff.):

- Tragbare Vereinbarungen: Die Vergabe weiterer Gelder, ein Stillhalten oder ein Verzicht muss allen Parteien zumutbar sein.
- Gleichhohe Sanierungsbeiträge: Finanzielle Unterstützungen sollten ausgewogen sein, das heißt Verzichte oder neue Mittel sind quotal zu gewähren.
- Einheitliches Vorgehen: Sämtliche Gläubiger sollten die Vereinbarungen mittragen, auch jene mit geringen Forderungen und gut abgesicherte Akteure.

Der Kreditnehmer kann die Bündelung der divergenten Interessen seinerseits durch geeignete Maßnahmen in seinem wohlverstandenen Sanierungsinteresse erheblich fördern. Dazu gehört die gleichfalls bereits erwähnte Kooperation mit der Hausbank, aber auch die offene Kommunikation mit allen Gläubigern.

Bei börsennotierten Unternehmen sind die kapitalmarktrechtlichen Vorschriften zu beachten. Ganz entscheidend ist, dass das Schuldnerunternehmen in der Krise das Geschäftsmodell sowie das finanz- und leistungswirtschaftliche Sanierungskonzept frühzeitig, umfassend und auch überzeugend präsentiert, dieses durch ein geeignetes Gutachten untermauert und sich in der Umsetzung daran hält, soweit nicht aufgrund neuer exogener Faktoren Korrekturen angezeigt sind. Vertrauensbildend ist zudem insbesondere, wenn Gesellschafter neue Mittel einbringen.

Akkordstörern kann der Kreditnehmer entgegenwirken, indem er im Rahmen der laufenden Sanierungsverhandlungen mit Pool und Lieferanten einen zweiten Plan entwickelt, der im Einvernehmen mit den sich beteiligenden Finanzgläubigern und Lieferanten zu einem Insolvenzantrag wegen drohender Zahlungsunfähigkeit führt, verbunden mit dem Antrag auf das Schutzschirmverfahren (§ 270b InsO). In diesem Rahmen wird der Sanierungsplan vorbereitet, der in dem Insolvenzplan seinen Abschluss findet. Ob das Ergebnis dieser Lösungen für sich im Vorfeld der Poolbildung zur außergerichtlichen Sanierung verweigernde Gläubiger dann günstiger ausfällt, darf bezweifelt werden. Die mit dem ESUG neu geschaffenen rechtlichen Strukturen sollten tendenziell auch die Verhandlungen über Pool- sowie Abgrenzungsverträge positiv beeinflussen können (vgl. Portisch/Cranshaw, 2014, S. 9 ff.).

Zeitlich gesehen wird in der Regel zuerst der Poolvertrag unter den Banken abgeschlossen, bevor im Rahmen einer Sicherheitenabgrenzungsvereinbarung die Lieferanten und Kreditversicherer in die finanzielle Sanierung eingebunden werden. Zunächst sind die Banken zur Stützung des Unternehmens zu gewinnen. Zeichnet sich hier bereits ab, dass keine Einigung unter den involvierten Kreditinstituten gefunden werden kann, ist das Scheitern der Sanierung vorprogrammiert.

Da eine Poollösung unter Banken aufgrund der handelnden Personen und der divergierenden Interessenlagen nicht immer leicht zu finden ist, sollte versucht werden, das Problem einer Abstimmung über ein formales Verfahren zu versachlichen. Denn selbst wenn alle beteiligten Gläubiger grundsätzlich bereit sind, die Krisenfirma gemeinsam zu begleiten, kann die Finanzstrukturierung letztendlich noch an einer genauen Festlegung der Beteiligungsquoten in dem Sicherheitenpoolvertrag scheitern (vgl. Portisch, 2006a, S. 208 ff.).

Soweit Poolquoten der einzelnen Kreditinstitute von Bedeutung sind, werden sie aus dem Verhältnis der bereitgestellten nominellen Kreditvolumina zu den Gesamtkrediten ermittelt, unter der angemessenen Berücksichtigung eingebrachter Kreditsicherheiten. Differenziert werden kann zwischen verschiedenen Kreditarten. Meist werden nur die Barkreditlinien und die Avallinien beziehungsweise die Mischlinien in eine Poollösung unter Banken einbezogen. In einem Pool dient die Quote als Basis für die rechnerische Zuordnung der Sicherheiten für die Partner und damit zusätzlich für die Ermittlung des jeweiligen Kreditrisikos. Dies ist wichtig, um die Höhe der Einzelwertberichtigung zu bestimmen.

Ebenso sind die Poolquoten zu berechnen zur genauen Feststellung folgender Größen, die eine Auswirkung auf den Erfolg in Kreditinstituten haben:

- Ermittlung der Höhe der notwendigen Forderungsverzichte
- Kalkulation der jeweiligen Anteile bei einer Neukreditvergabe
- Durchführung eines laufenden und endgültigen Saldenausgleichs

Dabei zeigt sich, dass gerade die Aufteilung einer notwendigen Kreditneuvergabe in der Sanierung schwer zu erreichen ist. Hauptgrund ist die erforderliche Risikoerhöhung der Engagements der Gläubiger. Eine Aufstockung der Kreditengagements ist meist nur dann möglich, wenn alle Akteure gute Sanierungschancen sehen und zusätzliche werthaltige Sicherheiten oder Ausfallbürgschaften angeboten werden, die eine Neukreditierung mit hohen Quoten absichern. Der Staat ist dann allerdings bei seinen im Grundsatz auf 80,0 % des Neukredits beschränkten Ausfallbürgschaften nicht „frei“, sondern an die strikten staatsbeihilfenrechtlichen Vorgaben des AEUV und der EU-Kommission gebunden. In der Praxis ist zu beobachten, dass ein Anstieg der Unternehmensgröße und eine hohe Öffentlichkeitswirkung positive Effekte auf die Neukreditvergabe der Gläubiger bewirken können (vgl. Märki, 2004, S. 108). Zu beachten ist, dass bei Liquiditätsengpässen zunächst Gesellschafter oder Investoren neue Mittel zur Verfügung stellen sollten.

Im Folgenden wird differenziert zwischen der Ermittlung der Poolquote und der Anteile der Banken an notwendigen neuen Kreditvergaben oder Forderungsverzichten. Während Quoten in Poolverträgen meist in Relation der nominalen Höhe des eigenen Engagements zu den gesamten Poollinien ermittelt werden, kann diese Festlegung der jeweiligen Anteile an einer neuen Mittelvergabe oder an Verzichten differenziert erfolgen. Die Ermittlung einer fairen Quote für Sanierungsbeiträge ist daher immer wieder ein Streitpunkt unter den Banken, insbesondere wenn die Kreditportfolios sehr unterschiedlich strukturiert sind. In einer Situation, in der verschiedene Kreditarten und Sicherheitenarten bestehen, sind konträre Verhandlungen über die zu leistenden finanziellen Sanierungsbeiträge zu erwarten.

Wird das Kreditvolumen als Grundlage einer Quotenermittlung herangezogen, kann das Abweichen von Linien und Inanspruchnahmen zu Diskussionen führen. Ist der Blankoteil relevant, kann es Meinungsverschiedenheiten über individuelle Bewertungen bei den Sicherheiten geben. Die Quote für Verzichte und neue Mittelvergaben lässt sich einfacher über einen formalen Ansatz finden. Einigen sich alle Gläubiger auf ein Risikogewichtungsverfahren, so tritt ein fester Verfahrensablauf an die Stelle kontroverser und meist lang andauernder Diskussionen (vgl. Portisch, 2005c, S. 60 ff.). Das Verfahren kann folgendermaßen ablaufen: Im ersten Schritt ist zu klären, welche Kredite sowie Sicherheiten bei den einzelnen Kreditinstituten bestehen. Im zweiten Schritt wird festgelegt, dass die grundlegende Basis für die Berechnung von Verzichten oder die Vergabe neuer Mittel das Kreditvolumen darstellt, anfangs ohne den Einbezug von Sicherheiten.

Dies hat den Vorteil, dass zunächst keine Auseinandersetzungen über Sicherheitenbewertungen erfolgen. Erst im dritten Schritt werden die einzelnen Kreditarten in Kombination mit den zugehörigen Sicherheiten auf einer Skala gewichtet angesetzt. Auf diese Weise kommt die unterschiedliche Werthaltigkeit der Forderungen und Sicherheiten kombiniert zum Ausdruck und zeigt das mögliche Ausfallrisiko an. Zur Hilfestellung kann dieser Einigungsprozess zusätzlich durch eine neutrale Unternehmensberatung unterstützt werden, um die Situation im Fall eines potenziellen Konfliktes weiter zu entschärfen.

Ein großer Vorteil dieser Vorgehensweise ist, dass eine Diskussion über die Bewertung der unterschiedlich gesicherten Kreditportfolios der Banken versachlicht und objektiviert wird. So wird lediglich eine Einigung auf die Verfahrensweise und über die Risikogewichtung der einzubringenden Forderungen im Verbund mit den Kreditsicherheiten notwendig. Wird eine geeignete Bewertung gefunden, können die Anteile an den Sanierungsbeiträgen auf eine einfache Art und Weise berechnet werden. Diese Quote dient zur Aufteilung der Sanierungsleistungen, unter anderem bei Verzichten oder bei Neukreditgewährungen.

Es zeigt sich in der Praxis, dass die Bildung eines Bankenpools, zur gemeinsamen Kreditgewährung und Risikoteilung bei der Beteiligung mehrerer Gläubiger an einer Krisenfinanzierung unabdingbar für das Gelingen des wirtschaftlichen Turnarounds ist. Denn eine große Gefährdung für die finanzwirtschaftliche Gesundung ist, dass einzelne Gläubiger versuchen, ihre Risikoposition einseitig zu verbessern. So ist das schnelle Zustandekommen eines Bankenpools ein wichtiger Erfolgsfaktor in einem eingeleiteten Sanierungsprozess. Dazu ist ein professionelles Management des Poolführers mit einer Integration aller Beteiligten notwendig, um die Zahlungsfähigkeit sowie das Eigenkapital im wohlverstandenen Interesse möglichst aller Beteiligten mittel- bis langfristig abzusichern (vgl. Emmrich/Titz, 2004, S. 27 ff.).

Dies ist eine wesentliche Rahmenbedingung der beginnenden beziehungsweise der sich anschließenden und sich regelmäßig über eine längere Zeitdauer erstreckenden leistungswirtschaftlichen Sanierung mit der Umsetzung der produkt- und leistungsbezogenen Neugestaltungsmaßnahmen.

---

i **Zusammenfassung Theorieabschnitt 4.6.1:** In dem Abschnitt wurde die finanzwirtschaftliche Stabilisierung der Krisenfirma untersucht. Diese kann durch den Abschluss eines Poolvertrags der Banken mit einer Sicherheitenabgrenzung zu den Lieferanten und den Kreditversicherern gelingen. Auf diese Weise werden eine Bindung der Akteure und eine Risikoteilung im Rahmen der Finanzierung erreicht. Problematisch kann sein, eine Einigung unter den Gläubigern zu finden, wenn neue Kredite zu vergeben sind oder ein Verzicht zu leisten ist. Dann fallen die Verhandlungen in der Praxis aufgrund der hohen Risikowirkung gewöhnlich sehr kontrovers aus. Ein weiterer Bestandteil von Diskussionen ist regelmäßig die Erlösverteilung der Sicherheiten über die Poolquote sowie die Materialeinsatzquote. Auch in diesem Fall gibt es häufig unterschiedliche Vorstellungen. Wichtig für eine faire und stabile Lösung ist es, dass sämtliche Gläubiger gleichmäßig an den Erlösen partizipieren, unter Begrenzung von Anfechtungsrisiken, damit keine Unzufriedenheit aufkommt.

4.6.2 Praxisfall zur Sicherheitenpoolbildung

Wir befinden uns am Anfang des Jahres xxx2. Als Müller erfährt, dass die Druck GmbH von der Mittelstandsbank AG grundsätzlich als sanierungsfähig sowie sanierungswürdig eingeschätzt wird, fällt ihm „ein Stein vom Herzen“. Nachdem sich die erste Euphorie gelegt hat, teilt die Hausbank dem geschäftsführenden Gesellschafter die Voraussetzungen mit, unter denen sich das Kreditinstitut die weitere Begleitung vorstellen kann. Die wesentlichen Nebenbedingungen für die vom Kunden beantragte Sanierungsfinanzierung sind:

- Müller leistet einen Vorwegbeitrag von 100 TEuro aus seinem Privatvermögen und verzichtet auf die Rückzahlung der Gesellschafterdarlehen. Alle Kreditinstitute verzichten im Gegenzug zunächst für ein Jahr auf jegliche Tilgungen sowie Tilgungsersatzleistungen.
- Müller erklärt sich zu einer Investorenlösung bereit, auch wenn dies mit dem Ausscheiden aus der Geschäftsleitung sowie dem Verlust seiner Unternehmensanteile verbunden ist. Er wird seine Gesellschaftsanteile auf einen noch zu benennenden Treuhänder übertragen.
- Alle Banken schließen einen Sicherheitenpoolvertrag. Die Mittelstandsbank AG wird als Poolführer bestellt. Der notwendige Verzicht von 500 TEuro sowie die neu einzuschießenden Finanzmittel von 500 TEuro werden über eine Quote gerecht auf alle Kreditinstitute verteilt.
- Die Lieferanten und Kreditversicherer werden in diese Vereinbarung integriert. Es wird ihnen der Abschluss eines Sicherheitenabgrenzungsvertrags angeboten. Im Gegenzug ist die weitere Belieferung zu gleichen Limiten und sonstigen Zahlungskonditionen sicherzustellen.
- Die Umsetzung der Sanierungsmaßnahmen aus dem Gutachten wird eng durch die Druckereiberatung GmbH begleitet. Des Weiteren wird ein Interimsmanager mit Geschäftsführerkompetenz eingesetzt sowie ein Lenkungsausschuss zur Sanierungsüberwachung im Unternehmen installiert.

Nachdem Müller bekundet, „alles in seinen Möglichkeiten stehende zu tun“, und sämtliche Unterlagen unterschreibt, beschließt die Mittelstandsbank AG unverzüglich eine Sitzung einzuberufen und zunächst nur die beteiligten Banken einzuladen. Den übrigen Kreditinstituten hat das Sanierungsgutachten der Unternehmensberatung ebenfalls seit einiger Zeit vorgelegen, sodass davon auszugehen ist, dass alle anderen Banken bereits ihre Bereitschaft zu einer weiteren finanziellen Begleitung der Krisenfirma umfassend geprüft haben.

Drei Tage nach der Sitzung soll mit den Ergebnissen aus der Bankenrunde das Gespräch mit den Lieferanten und Kreditversicherern aufgenommen werden, um das Verhalten der Warengläubiger zu prüfen. Von besonderem Interesse ist die Strategie der Warenkreditversicherer, da diese die Lieferanten absichern.

Wichtig erscheint es dem Sanierer der Mittelstandsbank, bei der Umsetzung dieser Maßnahmen keine weitere Zeit zu verlieren. Denn es kann davon ausgegangen werden, dass sich die Krise und die drohende Insolvenz in der Branche bereits herumspricht. Somit sind dringend positive Meldungen notwendig, dass das Krisenunternehmen von den Gläubigern umfassend finanziell unterstützt wird. Eine mögliche Beantragung einer Landesbürgschaft zur Unterlegung der zusätzlichen Finanzmittel wird aufgrund des engen Zeitrahmens und der erforderlichen EU-Ratifizierung nicht mehr in Betracht gezogen.

Der Sanierungsbetreuer der Mittelstandsbank AG analysiert die vorliegenden Unterlagen und bereitet sich eingehend auf die erste Bankenrunde vor. Von Bedeutung ist, dass die übrigen Gläubigerbanken möglichst ihre grundsätzliche Bereitschaft zu Sanierungsbeiträgen bekunden und der Abschluss eines Poolvertrags erreicht wird. Er macht sich Gedanken über mögliche Strategien der übrigen Institute. Unter Umständen kann er im Vorfeld das potenzielle Vorgehen abschätzen.

Anhand des Gläubigerspiegels überprüft der Sanierungsbetreuer die Ausgangslage der übrigen Akteure. Es wird davon ausgegangen, dass alle Kreditlinien voll valutieren. Der Blankoteil der jeweiligen Gläubiger wird von dem Sanierungsbetreuer anhand eigener Bewertungen der Sicherheiten geschätzt. Die nachfolgende Tab. 4.43 zeigt die Struktur der Kreditengagements sämtlicher Gläubiger in einem Kredit- und Sicherheitenspiegel an.

Tab. 4.43: Gläubigerspiegel mit Krediten und Sicherheiten (Quelle: Eigene Darstellung)

Gläubiger	Kreditprodukte	Linien/Blanko	Sicherheiten
Kreditinstitute			
Mittelstandsbank AG	Kontokorrentlinie	3.100/2.900	WÜ, GZ, BÜ, GS
	Investitionsdarlehen	2.000/1.200	SÜ, KLV, BÜ, GS
	Avallinie	500/500	BÜ, GS
Großbank AG	Kontokorrentlinie	1.500/1.500	Blanko
Ausstiegsbank AG	Kontokorrentlinie	500/500	Blanko
Grundbank AG	Darlehen	5.700/2.000	GS
Solobank AG	Darlehen	300/300	Blanko
Lieferanten			
Papierlieferant GmbH	Einkaufslinie	1.000	Verlängerter EV
Papierzulieferer KG	Einkaufslinie	800	Verlängerter EV
Farbenlieferant OHG	Einkaufslinie	300	Verlängerter EV
Kreditversicherer			
Kreditversicherer AG	Warenversicherung	500	Verlängerter EV
Warenvers. GmbH	Warenversicherung	400	Verlängerter EV

Dem Sanierungsbetreuer liegen zu den verschiedenen Gläubigern weitere Informationen vor, die für die anstehenden Gesprächsrunden von Bedeutung sein können:

Die **Großbank AG** hat eine professionelle Sanierungsabteilung. Deren Sanierer sind dem Betreuer der Mittelstandsbank aus anderen Fällen, in denen die Großbank AG die Rolle eines Poolführers innehat, persönlich bekannt. Die Großbank AG verfolgt in Kreditfällen das Ziel, ihre Kunden nachhaltig zu sanieren. Des Weiteren möchte die Großbank AG in der Zukunft das Firmenkundengeschäft ausbauen.

Bekannt ist jedoch auch, dass dieses Kreditinstitut in einigen Krisenfällen ihre kurzfristigen Linien drastisch gekürzt oder gegen Tilgungen umgeschuldet hat. So hat es vor zwei Monaten eine Demonstration von Mitarbeitern einer insolventen Krisenfirma auf dem Firmengelände der Großbank AG gegeben. Der Bank wurde vorgeworfen, die Insolvenz aktiv durch eine Kreditkündigung provoziert zu haben. Der Reputationsverlust kann für eine Unterstützung der Druck GmbH genutzt werden.

Der **Ausstiegsbank AG** eilt ihr Ruf als harter Verfechter eigener Interessen voraus. Sanierungsbeiträge werden nur selten geleistet. In Krisenfällen wird in erster Linie versucht, aus den Engagements komplett auszusteigen. Es zeigt sich auch die Bereitschaft, einer Ablösung gegen eine geringe Quote zuzustimmen. Zudem hat der Vorstand die Geschäftspolitik im letzten Jahr geändert. So möchte sich diese Bank vorzugsweise dem gehobenen Privatkundengeschäft widmen und sich aus dem Firmenkundengeschäft komplett zurückzuziehen. Zur Umsetzung dieser Strategie wurde in der Vergangenheit ein umfassendes Firmenkreditportfolio an einen amerikanischen Finanzinvestor verkauft. Aufgrund dieser Geschäftsstrategie ist davon auszugehen, dass die Verhandlungen mit dieser Bank schwierig werden.

Die **Grundbank AG** ist ein Realkreditinstitut mit langer Historie. Das Hauptgeschäft umfasst die Finanzierung von Gewerbeobjekten für Großunternehmen und den Mittelstand. In der Vergangenheit hat das Institut mehrfach Unternehmen bei Sanierungen geholfen. Jedoch lautet die Geschäftsdevise, in Krisen möglichst keine neuen Mittel bereitzustellen. Lediglich Tilgungsstundungen wurden in der Vergangenheit gewährt. Es ist bekannt, dass bereits einige Kreditengagements zurückgeführt wurden. Aufgrund der schwierigen Geschäftslage ist auch in diesem Fall erhebliche Überzeugungsarbeit zu leisten.

Die **Solobank AG** hat einen sehr guten Ruf unter der mittelständischen Firmenkundschaft. Nach einigen Jahren der Zurückhaltung ist der Vorstand der Bank bestrebt, das Kreditgeschäft mit kleinen und mittleren Unternehmen erheblich auszuweiten. In der Vergangenheit wurden bei mehreren Sanierungsfällen erhebliche Unterstützungsbeiträge in Form von frischen Finanzmitteln und Tilgungsstundungen geleistet. Dem Sanierungsbetreuer der Mittelstandsbank AG ist auch bekannt, dass eine andere Bank in einem Krisenfall abgelöst wurde. Unter Umständen kann es jedoch problematisch sein, dass das bereitgestellte Kreditvolumen nur gering ist und Begehrlichkeiten zu einer Rückführung weckt.

Die **Papierlieferant GmbH** beliefert das Unternehmen bereits seit vielen Jahren. Es hat sich eine vertrauensvolle Geschäftsbeziehung entwickelt. In der jüngsten Vergangenheit hat die Druck GmbH diesem Lieferanten mehrmals in Krisensituationen geholfen. Beide Unternehmen sind in der Wertschöpfungskette stark miteinander verzahnt. Zudem kennen sich die beiden Geschäftsführer persönlich sehr gut. Ein Aufrechterhalten der Linien sowie gegebenenfalls ein Verzicht auf Teile der Forderungen erscheinen daher realisierbar zu sein.

Die als Rückversicherer verbundene **Kreditversicherer AG** ist als harter Verhandlungspartner bekannt. Das Risikovolumen ist in Relation zum Geschäftsumfang als hoch einzuschätzen. Über genaue Versicherungskonditionen ist nichts bekannt. Es ist jedoch davon auszugehen, dass ein hohes First Loss Piece, als Selbstbeteiligung, durch die Papierlieferant GmbH zu tragen ist. In der Vergangenheit konnte in vergleichbaren Sanierungsfällen ein Stillhalten erreicht werden. Dies ist auch hier anzustreben. Es sind jedoch zähe Verhandlungen aufgrund der Risikoposition und der geringen Bindung des Versicherers zu erwarten.

Die **Papierzulieferer KG** ist eine mittelständische Firma in Familienbesitz. Es besteht seit Jahren eine vertrauensvolle Geschäftsbeziehung zu der Druck GmbH. Die Verbindung wurde seinerzeit aufgebaut, um die Abhängigkeit von nur einem Papierlieferanten zu verringern. Das Einkaufsvolumen wurde in den letzten Jahren stetig ausgeweitet. Dieser Lieferant drängt stets auf die zeitnahe Begleichung seiner Forderungen. Die Bonität dieses Unternehmens ist als gut zu bezeichnen. Aufgrund der wirtschaftlichen Stärke erscheint nur das Erreichen einer weitere Belieferung zu bisherigen Konditionen möglich zu sein.

Die **Warenversicherer AG** versichert als angeschlossener Kreditversicherer die gelieferten Rohstoffe der Papierzulieferer KG gegen potenzielle Forderungsausfallrisiken. Der Versicherer hat sich auf die Papierbranche spezialisiert. Es bestehen gute Geschäftsverbindungen zu namhaften Lieferanten. Über die genaueren Konditionen dieser Versicherung liegen keine weiteren Informationen vor. Aufgrund guter Geschäftskontakte zu anderen Papierlieferanten kann nicht ausgeschlossen werden, dass dieser Kreditversicherer bereits von den wirtschaftlichen Problemen der Druck GmbH Kenntnis erhalten und seine Linien gekürzt hat.

Die **Farbenlieferant OHG** ist regionaler Marktführer bei der Belieferung von Unternehmen der Druckindustrie mit Farben. Die Geschäftsbeziehung wurde in der Vergangenheit ausgebaut. Mittlerweile ist die Druck GmbH einer der Großkunden der OHG und es besteht aufgrund des großen Umsatzanteils der Druck GmbH eine gegenseitige Abhängigkeit. Die Verbindung ist freundschaftlich geprägt, da die Druck GmbH dieser Firma vor zwei Jahren stark geholfen hat. Der Geschäftsführer der Farbenlieferant OHG hat bereits signalisiert, Unterstützungsbeiträge zu leisten, wenn die Banken ebenfalls zu Einschnitten bereit sind. Ein teilweiser Forderungsverzicht und eine weitere Belieferung erscheinen realistisch zu sein.

Die Anteilseigner **Druckmaschinen AG** und **Beteiligungs AG**, konnten nach ersten Gesprächen trotz der Gesellschafterstellung zu keinen Sanierungsbeiträgen bewegt werden. Beide Parteien waren jedoch bereit, ihre Firmenanteile an der Druck GmbH auf einen Treuhänder zu übertragen, um auf diese Weise eine Investorenlösung zu ermöglichen. So kann bei einem Sanierungserfolg die Werthaltigkeit der Anteile erheblich steigen und für Investoren interessant sein. Des Weiteren existieren Finanz- und Realinvestoren, die bereits in der Krise eines Unternehmens einsteigen und dieses anschließend sanieren.

Die Generierung weiterer Sanierungsbeiträge in Form von liquiden Mitteln soll aus Sicht der Mittelstandsbank AG zunächst nicht weiterverfolgt werden, da diese Bank selbst mit 5,0 % an der Druck GmbH beteiligt ist. Den anderen Instituten ist die Beteiligung bislang nicht aufgefallen. Daher ist geplant, diese Geschäftsanteile unverzüglich an einen Treuhänder abzugeben und die Beteiligung von der Hausbank abzuleiten. Die wirtschaftlichen und auch die rechtlichen Risiken aus der Gesellschafterstellung von Kreditinstituten sind umfassend und daher unbedingt zu vermeiden beziehungsweise in diesem Fall abzubauen.

Dem Sanierungsbetreuer der Mittelstandsbank AG wird deutlich, dass sich das Unternehmen und die Hausbank auf schwierige Diskussionen im Rahmen der Poolverhandlungen mit den übrigen Banken und den Lieferanten sowie Kreditversicherern einzustellen haben. Er berät sich aus diesem Grund mit den Fachkollegen über die künftige Vorgehensweise. Zudem nimmt er Kontakt zu Geschäftsführer Müller und zum verantwortlichen Unternehmensberater der Druckereiberatung GmbH auf. Zudem prüft er, welche inoffiziellen Kontakte er zu den Sanierern der anderen Bankhäuser hat. So kennen sich viele der Fachleute über gemeinsame Seminare und über andere Sanierungsfälle und Bankenrunden.

Gemeinsam wird beschlossen, dass die Gespräche durch den Unternehmensberater geleitet werden sollen. Dieser hat bereits Erfahrung aus vielen Bankenrunden und sieht sich in der Lage, die Gläubiger mit seiner neutralen Argumentationsweise zu einer Begleitung im Rahmen eines Poolvertrags zu überzeugen. Als objektiver Akteur hat er den Vorteil, dass er von den Gläubigern als unbefangen angesehen wird. Auf diese Weise kann unter Umständen eine Entschärfung bei den Verhandlungen erreicht werden, da es nicht selten zu Differenzen unter den Finanzierern und den späteren Poolbeteiligten kommen kann.

Aufgabenstellungen

1. Welche Strategie sollte die Mittelstandsbank AG anwenden, um die weiteren kreditgebenden Banken zu den Sanierungsbeiträgen zu bewegen?
2. Auf welche Art und Weise lassen sich die Lieferanten und die Kreditversicherer zum Stillhalten bewegen?
3. Wie sieht eine mögliche Sicherheitenpoollösung in der Umsetzung mit der Vertragsgestaltung und der Verteilung von Sanierungsbeiträgen aus?

4.6.3 Lösung des Praxisfalls zur Poolbildung

1. Welche Strategie sollte die Mittelstandsbank AG anwenden, um die weiteren kreditgebenden Banken zu den Sanierungsbeiträgen zu bewegen?

Der Sanierungsbetreuer der Mittelstandsbank AG sollte zunächst die Positionen der weiteren Banken systematisch analysieren sowie versuchen, die erwarteten Verhaltensweisen im Voraus zu antizipieren. Auf Basis dieser Einschätzungen kann der Sanierungsbetreuer alternative Strategien vorbereiten, um die übrigen Banken zu einer Poollösung und den erforderlichen Sanierungsbeiträgen zu überzeugen. Kriterien, die das Verhalten der übrigen Banken bei einem Krisenfall erheblich beeinflussen können, sind unter anderem:

- Kreditrisikostrategie: Strategische Risikoausrichtung der Kreditinstitute
- Kreditprodukt: Kreditarten und vertragliche Kündigungsmöglichkeiten
- Kreditvolumen und Blankoteil: Risikoposition der Kreditinstitute
- Sicherheitenposition: Sicherheitengattungen und -bewertungen
- Sonstiges: Verhaltensweisen bei anderen Sanierungsfällen

Die Handlungsalternativen der Banken können positive Sanierungsunterstützungen bedeuten, wie zum Beispiel eine Neukreditvergabe sowie Tilgungsstundungen, die eine Sanierung fördern. Es können jedoch auch Maßnahmen ergriffen werden, die eine finanzielle Gesundung beeinträchtigen, wie eingeforderte Sondertilgungen. Die folgenden finanzwirtschaftlichen Maßnahmen werden von den Kreditinstituten beispielsweise im Rahmen der Firmensanierung in Betracht gezogen:

- Neukreditvergabe
- Verzichte oder Teilverzichte
- Zins- oder Tilgungsstundungen
- Zinsreduzierungen
- Vereinbarung erhöhter Sanierungszinses
- Einfordern von Sondertilgungen
- Vereinbarung von Sanierungsgebühren
- Nachbesicherungen
- Kündigung von einzelnen Krediten
- Verkauf der Kreditforderungen

Um sich ein Bild über die Gesamtlage zu verschaffen, beschließt der Sanierungsbetreuer, die Position jeder einzelnen Bank zu analysieren und ein Tableau mit den wesentlichen Kriterien sowie Verhaltensausprägungen der Banken aufzubauen. Zudem sollen Bedrohungen und mögliche Gegenmaßnahmen erarbeitet werden. Abschließend ist die Strategie zum Umgang mit dem Verhandlungspartner abzustimmen, um eine maximale finanzielle Unterstützung der Krisenfirma zu erreichen. Für die beteiligte Großbank AG ergibt sich in Tab. 4.44 folgendes Bild.

Tab. 4.44: Charakteristika der Großbank AG (Quelle: Eigene Darstellung)

Großbank AG	
Kriterien	**Ausprägungen**
Kreditrisikostrategie	Risikosensitiv, professionelle Sanierung Begleitung von mehreren Sanierungen
Kreditprodukt	Kontokorrentlinie bis auf weiteres Keine Befristung
Kreditvolumen und Blankoteil	Mittleres Kreditvolumen zur Größe der Bank Hoher Blankoteil in Bezug auf das Kreditvolumen
Sicherheitenposition	Schwache Sicherheitenlage, Nachbesicherung wird unter Umständen angestrebt
Sonstiges	Bank steht in weiteren Sanierungsfällen in Kontakt mit der Mittelstandsbank AG
Mögliche Bedrohungen	**Maßnahmen**
Kündigung, Reduzierung der Kreditlinie Umschuldung mit Tilgung, Konditionen	Anbieten von Sicherheiten bei Poollösung Druck ausüben bei anderen Krisenengagements
Fazit mit Einschätzung	Verbündeter Partner aufgrund von Erfahrungen Einigung zur Poolbildung erreichbar Neukredit und Teilverzicht möglich **➔ Koalition bilden**

Aus Sicht der Mittelstandsbank AG ist es insbesondere von Bedeutung die Großbank AG als Verbündeten zur Unterstützung des Krisenunternehmens zu gewinnen. Es ist zu versuchen, dieses im Rahmen einer Einigungslösung zu erreichen, ohne die Ausübung von Druck. Angeboten werden kann der Großbank AG aufgrund ihrer schwachen Sicherheitenlage eine Beteiligung an den variablen Sicherheiten des Umlaufvermögens, an der Globalzession und der Warensicherungsübereignung.

Aufgrund der hohen Kontokorrentlinie ist die Großbank AG unbedingt in eine Poollösung mit einzubinden, um die Sicherung der laufenden Liquidität zu gewährleisten. Dies ist auch der Hebel, an dem anzusetzen ist, denn das Blankorisiko ist für diese Bank sehr hoch. Daher sollte zusätzlich ein Verzicht bei Forderungen durchgesetzt werden, um das Eigenkapital der Druck GmbH langfristig zu stabilisieren. Die Strategie zur Einbindung des Kreditinstituts lautet: **Koalition bilden**.

Die Ausstiegsbank AG wird dagegen als sehr problematisch in Bezug auf ihre erwartete Handlungsstrategie eingeschätzt. In der Vergangenheit sind mehrere Sanierungen gescheitert, weil sich diese Bank jeglichem Sanierungsbeitrag verwehrt hat. So wurden in anderen Fällen die kurzfristigen Kontokorrentlinien plötzlich gekündigt. Die Kürzungen wurden den anderen beteiligten Banken in der Regel nicht mitgeteilt und die betreffenden Unternehmen bekamen unverzüglich Liquiditätsprobleme. Es ist zu überprüfen, welche Möglichkeiten der Finanzierungseinbindung bestehen.

Das Kreditvolumen wird in Bezug auf die Größe dieser Bank als sehr gering eingeschätzt. Dies lässt auf die Wahl der Ausstiegsalternative schließen. Zudem hat sich die Geschäftspolitik der Bank stark verändert. So wurde vom Vorstand dieser Bank eine Abkehr vom Firmenkundengeschäft und die Ausweitung des Geschäfts mit vermögenden Privatkunden verkündet. Die folgende Tab. 4.45 liefert einen Überblick über das prognostizierte Verhalten der problematischen Ausstiegsbank AG.

Tab. 4.45: Charakteristika der Ausstiegsbank AG (Quelle: Eigene Darstellung)

Ausstiegsbank AG	
Kriterien	**Ausprägungen**
Kreditrisikostrategie	Keine Begleitung von Krisenunternehmen Ausstieg aus dem Firmenkundengeschäft
Kreditprodukt	Kontokorrent blanko Befristung nicht bekannt
Kreditvolumen und Blankoteil	Geringes Kreditvolumen für die Größe der Bank Blankoteil nicht von Bedeutung
Sicherheitenposition	Schwache Sicherheitenlage Sicherheiten nicht von Interesse
Sonstiges	Abbaustrategie bei Problemkrediten Verkauf Problemkredite an Investoren
Mögliche Bedrohungen	**Maßnahmen**
Kündigung Reduzierung der Kreditlinie	Überzeugen aufgrund schwacher Absicherung Gegebenenfalls Ablösung gegen geringe Quote
Fazit mit Einschätzung	Schwer in eine Sanierung einzubinden Kreditvolumen muss aufgefangen werden Ablösung gegen geringe Quote anzustreben **➔ Rückzug vermeiden**

Zunächst sollte mit Unterstützung der anderen Banken versucht werden, den Akteur in die Sanierung einzubinden. Eine Maßnahme zur Vermeidung des Rückzugs besteht im Anbieten einer Beteiligung an den Kreditsicherheiten. Alternativ soll eine Ablösung offeriert werden, wenn die Bedingungen angemessen sind. Von der Ausstiegsbank AG wurde eine Quote von 60,0 % genannt.

Es ist zu versuchen, diese Quote mit dem Hinweis auf den potenziellen Ausfall bei diesem Institut weiter abzusenken. Problematisch ist dabei, dass das Kreditvolumen durch eine oder mehrere Banken aufgefangen werden muss. Unter Umständen ist die Solobank AG aufgrund ihrer aggressiven Volumenstrategie sogar bereit, das Kreditvolumen der Ausstiegsbank AG gegen eine angemessene Quote zu übernehmen. Im Zweifel sind die Finanzierungsmittel der Bank auf die anderen Institute aufzuteilen. Die Strategie lautet in diesem Fall: **Rückzug vermeiden**.

Die Grundbank AG hat als Hypothekeninstitut das neue Gewerbeobjekt finanziert und sich bislang nicht so stark für das operative Geschäft der Druck GmbH interessiert. Da der Kapitaldienst bislang immer geleistet wurde, könnte dieses Institut von der Krise überrascht worden sein, aber dennoch die Sanierung unterstützen. Bislang konnten mit diesem Institut immer Lösungswege gefunden werden.

Bei der Grundbank AG bestehen insgesamt gute Chancen, diese in eine Sanierung mit einzubinden. Die Realisierung von Tilgungsstundungen wird zumindest für ein bis zwei Jahre als durchsetzbar angesehen. Eine Beteiligung an einem Verzicht erscheint im Hinblick auf die schwache Sicherheit an dem Spezialgewerbeobjekt möglich zu sein. In einem Verwertungsfall wird für dieses Institut ein hohes Risiko bestehen einen Käufer für das Firmenobjekt zu finden. Auch die Suche nach einem bonitätsstarken Anschlussmieter dürfte schwierig sein.

Die Kreditrisikostrategie ist bei der Grundbank AG als ausgeglichen anzusehen. So ist dieses Institut bestrebt, ihre Kreditnehmer in der Krise zu unterstützen. Die Verwertung der belasteten Objekte wird im Hinblick auf die zu erzielenden Sicherheitenerlöse bei diesen vornehmlichen Spezialimmobilien als riskant und zeitaufwendig eingeschätzt. Im Ergebnis ergibt sich aus der nachfolgenden Tab. 4.46 das erwartete Verhaltensbild für dieses Bankinstitut.

Tab. 4.46: Charakteristika der Grundbank AG (Quelle: Eigene Darstellung)

Grundbank AG	
Kriterien	**Ausprägungen**
Kreditrisikostrategie	Bislang geringe aktive Sanierungserfahrung Grundsätzlich Begleitung von Krisenunternehmen
Kreditprodukt	Grundbuchlich gesicherter Kredit Lange Laufzeit und Zinsbindung
Kreditvolumen und Blankoteil	Mittleres Kreditvolumen für die Größe der Bank Hoher geschätzter Blankoteil
Sicherheitenposition	Absicherung auf der Gewerbeimmobilie Schlechte Verwertungsaussicht, da Spezialobjekt
Sonstiges	Keine aggressive Marktstrategie Bank stützt Sanierungen mit Tilgungsstundungen
Mögliche Bedrohungen	**Maßnahmen**
Außerordentliche Kündigung Einforderung der Regeltilgungen	Überzeugen, aufgrund schwacher Absicherung Druck durch die Öffentlichkeit
Fazit mit Einschätzung	Einbindung über Tilgungsstundungen Neues Geld nicht durchsetzbar Gegebenenfalls Teilverzicht möglich **➔ Überzeugen und einbinden**

Die Grundbank wird aufgrund der bisherigen Kreditstrategie als kooperativer Verhandlungspartner angesehen. Aufgrund der Bereitstellung eines langfristigen Darlehens mit einer Vertragsbindung und einer schwachen Absicherungsbasis auf einem Spezialobjekt erscheint die Gewinnung des Institutes zu nennenswerten Sanierungsbeiträgen möglich zu sein. Es soll in erster Linie erreicht werden, das Kreditinstitut zu langfristigen Tilgungsstundungen zu bewegen. Zudem ist möglichst ein Verzicht zur Stützung des Kapitals anzustreben. Die festgelegte Strategie lautet in diesem Fall: **Überzeugen und einbinden.**

Das Verhalten der Solobank AG wird insgesamt als unproblematisch angesehen. Interessant ist die aktuelle Kreditstrategie dieses Instituts. Dazu ist vom Vorstand geplant, das Kreditvolumen im Mittelstand erheblich auszuweiten. Dazu wird die Verdopplung des Kreditportfolios in diesem Kundensegment angestrebt. Das Kreditinstitut soll in den nächsten Jahren zu einem der Marktführer unter den Finanzierern im Mittelstand aufgebaut werden.

Diese Strategie kann nur durch eine Marktvolumensstrategie erreicht werden. Diese Kenntnis der geplanten Aktivitäten kann in diesem Sanierungsfall unter Umständen zur Einbindung der Bank genutzt werden. Von Interesse ist allerdings, wie sich die Bank bei erhöht risikobehafteten Fällen verhält. Es ergibt sich in der nachfolgenden Tab. 4.47 die Einschätzung des Verhaltens der Solobank AG.

Tab. 4.47: Charakteristika der Solobank AG (Quelle: Eigene Darstellung)

Solobank AG	
Kriterien	**Ausprägungen**
Kreditrisikostrategie	Starke Mittelstandsorientierung Expansion im Firmenkundengeschäft
Kreditprodukt	Tilgungsdarlehen Befristung nicht bekannt
Kreditvolumen und Blankoteil	Mittleres Kreditvolumen für die Größe der Bank Hoher Blankoteil in Bezug auf das Kreditvolumen
Sicherheitenposition	Keine Sicherheiten Nachbesicherung angestrebt
Sonstiges	Bank unterstützt Sanierungen häufig Gewährung Tilgungsstundungen und neues Geld
Mögliche Bedrohungen	**Maßnahmen**
Außerordentliche Kündigung Einforderung der Regeltilgungen	Überzeugen mit Ausrichtung auf den Mittelstand Beteiligung an den Sicherheiten
Fazit mit Einschätzung	Einbindung über Tilgungsstundungen Teilverzicht nicht möglich Ablösung der Ausstiegsbank AG erreichen **➔ Überzeugen und einbinden**

Bisher wird bei diesem Engagement nur ein Darlehen mit geringem Umfang bereitgestellt. Gegebenenfalls besteht die Möglichkeit der Teilablösung anderer Banken durch dieses Kreditinstitut und die Etablierung einer weiteren Hausbankbeziehung. Dieses könnte die finanzielle Lage des Unternehmens auf Dauer stützen und auch die anderen Gläubiger zu einer weiteren Begleitung der Krisenfirma überzeugen.

Wichtig ist es, dieses Kreditinstitut neben Tilgungsstundungen zu weiteren Sanierungsbeiträgen zu gewinnen. Dies wird einen schwierigen Teil der Verhandlungen darstellen. So ist anzustreben, dass das Bankhaus den Kontokorrentkredit der Ausstiegsbank AG möglichst komplett übernimmt oder zumindest teilweise in die Ablösung eingebunden wird. Auf diese Art und Weise kann eine weitere Aufweichung des Bankenkreises vermieden werden. Auch die Solobank AG ist daher von den Sanierungsbeiträgen zu überzeugen und fest in die finanzielle Sanierung einzubinden. Die Strategie lautet: **Überzeugen und einbinden.**

Nachdem der Sanierungsbetreuer der Mittelstandsbank AG die Kernpositionen der einzelnen Kreditinstitute analysiert hat, ergibt sich in Tab. 4.48 folgender Gesamtüberblick über die möglichen Sanierungsbeiträge aller Kreditinstitute.

Tab. 4.48: Einschätzung der Kreditinstitute (Quelle: Eigene Darstellung)

Kreditinstitute	Tilgungsstundung	Neue Mittel	Verzicht
Mittelstandsbank AG	Ja, bei Poollösung	Ja, bei Poollösung	Ja, bei Poollösung
Großbank AG	Keine Darlehen	Ja, bei Poollösung	Ja, bei Poollösung
Ausstiegsbank AG	Ablösung	Ablösung	Ablösung
Grundbank AG	Ja, bei Poollösung	Nein	Unter Umständen
Solobank AG	Ja, bei Poollösung	Unter Umständen	Nicht möglich

Neben den Sanierungsbeiträgen ist der Poolvertrag genauer auszugestalten. Es ist zu untersuchen, ob es sinnvoll ist, die Kredite in mehrere Gruppierungen aufzuteilen. Dabei besteht unter anderem die Möglichkeit eine Gliederung nach den Laufzeiten in Kurzfrist- und Langfristkredite vorzunehmen.

Zudem kann eine Differenzierung hinsichtlich der Kreditarten erfolgen. Es sollte unter anderem darüber entschieden werden, ob Kontokorrentlinien und Avallinien gemischt oder getrennt in den Poolvertrag mit aufgenommen werden. In dem vorliegenden Sanierungsfall erscheint die Poolbildung unter Kreditinstituten, die Kontokorrentlinien gewähren, wichtig zu sein, da lediglich in diesem Bereich Gefahren eines einseitigen Rückzugs bestehen und Sicherheiten zu poolen sind. Die übrigen Banken, die Darlehen bereitstellen, befinden sich in festen Vereinbarungen mit der Firma und haben erklärt, Aussetzungen der Tilgungen sowie der Tilgungsersatzleistungen und Forderungsverzichte wohlwollend zu prüfen.

Voraussetzung für das Mitgehen aller Banken ist, dass mit den Lieferanten und den Kreditversicherern eine Stillhaltevereinbarung getroffen werden kann. Versucht werden sollte dabei, die Lieferanten in die Verzichtslösung zu integrieren, damit der Forderungsverzicht weiter aufgeteilt und tragbar wird. Der Verzicht sollte mit einem Besserungsschein ausgestaltet werden. Diese Erklärung verpflichtet den Schuldner bei einer Verbesserung der wirtschaftlichen Verhältnisse, Zahlungen auf die erlassenen Forderungen zu leisten.

Dabei ist auf eine genau spezifizierte Ausgestaltung des Maßstabs einer wirtschaftlichen Erholung und der zu erbringenden Leistungen zu achten. Einem Besserungsschein kommt aufgrund der auch in der Zukunft sehr geringen Zahlungsaussichten bei der Firma und dem Unternehmer weniger eine materielle als vielmehr eine mögliche psychologische Bedeutung zu (vgl. Lauer, 2005, S. 238 ff.).

In den Sanierungsverhandlungen werden kontroverse Meinungen aufeinander treffen. Wichtig ist es aus Sicht der Mittelstandsbank AG, sich starke Verbündete in jeder Gläubigergruppe zu suchen, um auf diesem Weg die geplante Sanierungsstrategie durchzusetzen. Dabei ist den übrigen Parteien zu verdeutlichen, dass die Gesundung nur gelingen kann, wenn die Finanzierung über den gesamten Sanierungsprozess abgesichert wird sowie sämtliche Akteure ihre Beiträge leisten. Eine stabile finanzielle Lösung mit einer Selbstbindung der Banken kann nur über den Abschluss eines Poolvertrags erreicht werden. Von Bedeutung ist, dass sich möglichst alle der beteiligten Institute auf den Sicherheitenpoolvertrag einlassen.

Problematisch an der Vertragslösung ist, dass die Poolsicherheiten in Form der Warensicherungsübereignung sowie der Globalzession mit den Sicherungsrechten der Lieferanten und der Warenkreditversicherer aus erweitertem und verlängertem Eigentumsvorbehalt kollidieren können. Dies sorgt häufig für erhebliche Unruhe unter den Lieferanten und den Kreditversicherern, da diese Parteien ihre Rechte in einer Sanierung potenziell beeinträchtigt sehen. Um einen Rückzug der Lieferanten und Kreditversicherer zu vermeiden, sind diese über eine Sicherheitenabgrenzung in die Sanierung vertraglich mit einzubinden.

2. Auf welche Art und Weise lassen sich die Lieferanten und die Kreditversicherer zum Stillhalten bewegen?

In Sanierungsfällen ist es oft problematisch die Lieferanten und Kreditversicherer zu einem Stillhalten zu bewegen. Ursachen sind die schlechte Risikoposition der Lieferanten und eine meist geringe Kundenbindung der Kreditversicherer. Des Weiteren besteht die Schwierigkeit der Kollision von Sicherungsrechten mit denen der Banken, insbesondere bei der Globalzession und der Warensicherungsübereignung. Zudem werden gelieferte Rohstoffe oftmals unverzüglich verarbeitet und die Rohware geht unter. Die Vermischung und Verarbeitung ist insbesondere für die Lieferanten von Krisenfirmen problematisch.

In einer Insolvenz erleiden Lieferanten und Kreditversicherer regelmäßig hohe Ausfälle. Aus diesem Grund sollten die an der Poollösung mitwirkenden Banken, die Sicherheiten des Umlaufvermögens halten, den Lieferanten und den Kreditversichern den Abschluss eines Sicherheitenabgrenzungsvertrags anbieten. Auf diese Weise besteht die Möglichkeit, die für die Aufrechterhaltung des Geschäftsbetriebes wichtigen Akteure vertraglich zu binden und fest in die Sanierungsaktivitäten zu integrieren. Dabei sind die nachfolgenden Punkte mit den Gläubigern detailliert auszuhandeln und schriftlich zu vereinbaren:

- Fortbestand der Sicherungsrechte der Lieferanten und Kreditversicherer neben den im Abgrenzungsvertrag begründeten Rechten. Es bedeutet, die Warengläubiger partizipieren durch diese Vereinbarung zusätzlich an Sicherungsrechten, die ursprünglich allein für die Kreditinstitute vorgesehen waren.
- Bestimmung der Materialeinsatzquote mit der Definition einer Quote, zu der die Nettoverwertungserlöse aufgeteilt werden. Anhaltspunkt für die Festlegung des Anteiles ist der Wertschöpfungszuwachs, der im Unternehmen geleistet wird. Die Erlösverteilung folgt damit der Verarbeitungsstufe der Produkte.
- Aufrechterhaltung der Lieferkonditionen mit einer Verpflichtung der Lieferanten und der Kreditversicherer, ihre Einkaufslinien sowie Versicherungslimite zu unveränderten Konditionen weiter aufrecht zu erhalten. Wichtig ist es, dass die Limite nicht abgebaut und die Zahlungsbedingungen nicht verschärft werden.

Als Grundlage zur Berechnung der Materialeinsatzquote kann der Jahresabschluss herangezogen werden. Demnach beträgt die Materialeinsatzquote bei Endprodukten durchschnittlich 55,0 %, gemäß dem Jahresabschluss per xxx1. Bei Vereinbarung dieser Quote werden im Fall einer Verwertung 55,0 % der Nettoerlöse aus den Endprodukten auf die Lieferanten und Kreditversicherer und 45,0 % auf die Kreditinstitute nach Abzug der Kosten verteilt.

Durch den Abschluss des Sicherheitenabgrenzungsvertrags werden die Lieferanten und Kreditversicherer nicht schlechter gestellt. So werden Rohstoffe, Halbfabrikate sowie Waren, die ausgesondert werden können, von den Regelungen dieses Vertrags nicht berührt. Lediglich verarbeitete Güter und die daraus entstehenden Forderungen aus Lieferungen und Leistungen werden im Verwertungsfall aufgeteilt. Dieses dient der Klarheit einer späteren Erlösverteilung in der Insolvenz. Auf diese Weise kann es gelingen, alle Lieferanten sowie Kreditversicherer in dieser Phase der Sanierung zum Stillhalten zu bewegen. Zusätzlich ist hier zu versuchen, die Lieferanten aufgrund der Kundenbindung zu einem Verzicht zu überzeugen. Dieses wird sich vermutlich aufgrund der schwachen Bonität der Lieferanten als schwierig erweisen. Der Kreis der Belieferer soll dadurch nicht destabilisiert werden. Wichtiger ist es die logistischen Ketten aufrecht zu erhalten, um nicht unter hohem Zeitdruck möglicherweise auf andere Lieferanten ausweichen zu müssen und das Gesamtrisiko des Sanierungserfolgs in Frage zu stellen.

3. Wie sieht eine mögliche Sicherheitenpoollösung in der Umsetzung mit der Vertragsgestaltung und der Verteilung von Sanierungsbeiträgen aus?

Die Ausarbeitung des Sicherheitenpoolvertrags mit dem Sicherheitenabgrenzungsvertrag ist komplex, da sich Banken, Lieferanten und Kreditversicherer auf einheitliche Vertragsbedingungen einigen müssen. Dies gelingt aufgrund der unterschiedlichen Standardverträge in den einzelnen Häusern in der Regel erst nach einigen Verhandlungsrunden. Hier einigen sich die potenziellen Poolbanken unter Gremienvorbehalt darauf, dass die Kontokorrentlinien in den Vertrag einbezogen werden sollen. Als Poolsicherheiten sind die Warensicherungsübereignung (WÜ) sowie die Globalzession (GZ) fest vorgesehen.

Sämtliche Kreditinstitute, die Darlehen bereitstellen, haben sich zudem unter Konsortialvorbehalt bereit erklärt, Tilgungsstunden zunächst für ein Jahr zu bewilligen. Zudem einigt sich die Solobank AG mit der Ausstiegsbank AG auf eine Ablösequote von 60,0 %. Damit werden die Nominalforderungen der Ausstiegsbank AG von über 500 TEuro für nur 300 TEuro verkauft. Im Außenverhältnis zur Druck GmbH hat dieser Quotenverkauf keine Auswirkung, da die nominellen Forderungen buchmäßig in gleicher Höhe bestehen bleiben. Das Kreditengagement bei der Solobank AG erhöht sich somit um 500 TEuro auf 800 TEuro.

Weitaus schwieriger gestaltet sich die Umsetzung der materiellen Sanierungshilfen. So sind die finanziellen Unterstützungsbeiträge auf die restlichen Gläubiger angemessen aufzuteilen, damit sich einzelne Akteure nicht benachteiligt fühlen. Es sind in diesem Fall zu klären:

- Vergabe neuer Mittel über 500 TEuro: Verteilung auf die begleitenden Banken.
- Verzicht über 500 TEuro: Aufteilung des Verzichts auf Banken und Lieferanten.

Die restlichen Gläubiger einigen sich nach langer Diskussion darauf, über ein Gewichtungsverfahren eine möglichst gerechte Lösung für die Bereitstellung der neuen Finanzmittel sowie die Aufteilung des Verzichts zu finden. Die Solobank AG ist aufgrund ihrer bereits unter strengem Konsortialvorbehalt signalisierten Ablösung der Ausstiegsbank und einer damit bereits gewährten Unterstützung nicht mehr in weitere Sanierungsbeiträge einzubeziehen. Diese Bank ist allerdings als Mitglied im Poolvertrag zu berücksichtigen.

Die Ausstiegsbank AG scheidet aufgrund dieser geplanten Ablösung endgültig aus dem Engagement der Druck GmbH aus. Die Grundbank AG erklärt sich zu einem Teilverzicht bereit, wird aber nicht an den Poolsicherheiten beteiligt. Die Lieferanten der Druck GmbH sollen aufgrund der langjährigen Geschäftsbeziehung mit angemessenen Beiträgen in die Verzichtslösung eingebunden werden. Sie haben dazu bereits ihr grundsätzliches Einverständnis erklärt. Die Gläubiger beschließen aufgrund des Zeitdrucks die Anwendung eines festen Ablaufverfahrens zur Ermittlung der Quoten für die Neukreditvergabe und den Forderungsverzicht.

Im ersten Schritt wird entschieden, dass alle Kredite und Sicherheiten in die Bemessung einbezogen werden sollen. Im zweiten Schritt wird festgelegt, dass Basis für die Berechnung von Verzichten und Neukreditvergaben das Forderungsvolumen ist, zunächst ohne den Einbezug von Sicherheiten. Im dritten Schritt werden die einzelnen Kreditarten in Kombination mit den zugehörigen Sicherheiten, die bei den Kreditinstituten, Lieferanten und Kreditversicherern bestehen, auf einer Skala gewichtet. Auf diesem Weg kommt die unterschiedliche Wertigkeit der Kredite in Kombination mit den eingebrachten Sicherheiten sowie das Ausfallrisiko des Gesamtengagements der Akteure zum Ausdruck. Die Gläubiger legen daher eine Bewertungsskala von 1–10 für ihre unterschiedlich gesicherten Kreditarten wie folgt fest:

- Unbesicherter Kontokorrent 10
- Besicherter Kontokorrent 8
- Besicherte Kreditlinie der Lieferanten 5
- Besicherte Investitionsdarlehen 5
- Grundbuchlich besicherte Darlehen 3
- Besicherte Avallinien 3

Aufgrund der Risikogewichtung lassen sich die Quoten und daraus abgeleitet die neuen Mittel und Verzichte errechnen. Es wird davon ausgegangen, dass jegliche Erträge bei der Druck GmbH aus Kapitalverzichten über Verlustvorträge der Vorjahre steuerlich aufgefangen werden können. Die Einigung auf das Verfahren sorgt im Optimalfall dafür, dass später nicht mehr über einzelne Beiträge diskutiert wird.

Die nachfolgende Tab. 4.49 zeigt das Ergebnis der Berechnungen mit einer Aufteilung der neu zu gewährenden Mittel und der zu genehmigenden Verzichte. Insgesamt ergibt sich für die Mittelstandsbank eine erhebliche Risikoausweitung. Diese muss im Einklang mit der Sanierungsstrategie und dem eingeschätzten Sanierungserfolg stehen. In Höhe der neu gewährten Mittel ist gegebenenfalls eine zusätzliche Wertberichtigung zu bilden.

Tab. 4.49: Poollösung mit Risikogewichtungsverfahren (Quelle: Eigene Darstellung)

Gläubiger	Gewichtete Kredite/Quote/Mittel	Gewichtete Kredite/Quote/Verzicht
Mittelstandsbank AG	36.300 / 71,0 % / 355	36.300 / 46,0 % / 230
Großbank AG	15.000 / 29,0 % / 145	15.000 / 19,0 % / 95
Grundbank AG	Nein	17.100 / 22,0 % / 110
Papierlieferant GmbH	Nein	5.000 / 6,0 % / 30
Papierzulieferer KG	Nein	4.000 / 5,0 % / 25
Farbenlieferant OHG	Nein	1.500 / 2,0 % / 10
Sanierungsbeitrag:	500	500

Die ermittelten Quoten weichen von denen des Bankenpoolvertrags ab, da im Poolvertrag die Kredite der Solobank AG mit einbezogen und die Poolquoten nach den bereitgestellten Kontokorrentlinien ermittelt werden. Bei der Mittelstandsbank AG wird daher die Entscheidung getroffen, den Verzicht beim Darlehen zu leisten und die Kontokorrentlinie aufzustocken. Auf diese Weise ist eine Verteilung der Verzichte einfach zu berechnen. Dabei wird einem hereingenommenen Besserungsschein keine große wirtschaftliche Bedeutung beigemessen.

Vorteile dieser Regelung für die Hausbank bestehen in einem künftig höheren Zinsertrag sowie einer gestiegenen Quote an den vereinbarten Poolsicherheiten. Zudem kann der Kunde bei einem optimalen Sanierungsverlauf erhalten bleiben und eine künftige Auflösung der Wertberichtigung sorgt für einen Ertragsschub.

Bei der Großbank AG wird das Engagement aufgestockt und der Verzicht bei den Inanspruchnahmen im Kontokorrent geleistet. Dann ergibt sich gemäß nachfolgender Tab. 4.50 der veränderte Bankenspiegel der Finanzinstitute.

Tab. 4.50: Bankenspiegel nach Sanierungsmaßnahmen (Quelle: Eigene Darstellung)

Gläubiger	Kreditprodukte	Linien in TEuro	Sicherheiten
Poolsicherheiten			WÜ, GZ
Mittelstandsbank AG	Kontokorrentlinie (Pool)	3.455	Poolsicherheiten, SÜ, GS
	Investitionsdarlehen	1.770	SÜ, KLV, BÜ, GS
	Avallinie	500	BÜ, GS
Großbank AG	Kontokorrentlinie (Pool)	1.645	Poolsicherheiten
Grundbank AG	Darlehen	5.590	GS
Solobank AG	Kontokorrentlinie (Pool)	500	Poolsicherheiten
	Darlehen	300	Blanko

Da die Poolsicherheiten nun den Kreditinstituten zur Verfügung stehen ist eine Gewichtung nicht mehr notwendig. Die Banken einigen sich darauf, dass die Poolquote der Kontokorrentlinien in Relation zu den gesamten Poolkrediten berechnet wird und sich in nachfolgender Tab. 4.51 wie folgt.

Tab. 4.51: Poollinien und Poolquoten (Quelle: Eigene Darstellung)

Kreditinstitute	Poollinie	Poolquote
Mittelstandsbank AG	3.455 TEuro	61,7 %
Großbank AG	1.645 TEuro	29,4 %
Solobank AG	500 TEuro	8,9 %

Voraussetzung für die Poollösung ist die Bereitschaft von Müller, vorab Finanzmittel in Höhe von 100 TEuro einzuschießen. Gleichermaßen wird von den Banken erklärt, dass alle Beiträge der Kurzfristkreditgeber unter strengem Konsortialvorbehalt geleistet werden. So ist eine wesentliche Voraussetzung, dass die Lieferanten und Warenkreditversicherer die Sanierung begleiten, zudem die oben genannten Kapitalverzichte erbringen und sich vertraglich dazu verpflichten, ihre Lieferbereitschaft auf Basis der ursprünglich vor der Krise und Sanierung bestehenden Konditionen weiter aufrechtzuerhalten.

Als Poolsicherheiten stehen die Forderungen aus Lieferungen und Leistungen und die Warensicherungsübereignung zur Verfügung. Diese sind quotal auf die beteiligten Poolbanken aufzuteilen. Die Lieferanten und Kreditversicherer partizipieren an den Verwertungserlösen in einer Insolvenz aufgrund des vereinbarten Sicherheitenabgrenzungsvertrags. Damit besteht auch für diese Akteure Verwertungssicherheit bei der Verarbeitung oder Vermischung von Lieferungen sowie den Kollisionen von Sicherungsrechten mit denen der Kreditinstitute.

---

6. Sanierungsregel: In einer eingeleiteten Sanierung sind möglichst alle Gläubiger zu einer Sicherheitenpoollösung zu gewinnen, um die finanzwirtschaftlichen Rahmenbedingungen vertraglich abzusichern und die Risiken auf viele Parteien quotal gleich zu verteilen.

Erläuterung der 6. Sanierungsregel

Die Umsetzung einer leistungswirtschaftlichen Sanierung kann erst beginnen, wenn die finanziellen Rahmenbedingungen abgesichert sind. Dabei ist es zu vermeiden, dass einzelne Gläubiger isoliert Schritte zur Absenkung ihres Risikos vornehmen. Dies erfordert die schriftliche Vereinbarung im Rahmen eines Sicherheitenpoolvertrags. Mit diesem Vertrag gelingt es zum einen, die vorhandenen Sicherheiten in einer Sanierung neu zu strukturieren und zum anderen, die Poolbanken zu binden und schädigende Handlungen zu vermeiden. Über diese Ausgestaltung steigt zudem der Informationstransfer zwischen den Poolpartnern und gleichzeitig wächst auch das Vertrauen unter den Finanzierern.

Zusätzlich ist der Ausstieg der Lieferanten und der Kreditversicherer zu verhindern. Wenn Lieferanten nur noch gegen Vorkasse liefern oder Warenkreditversicherer ihre Linien kürzen, wird die Liquidität belastet und der Gesundungsprozess kann im Ergebnis scheitern. In dem Fall müssten die Kreditinstitute das Vorfinanzierungsvolumen auffangen und die Balance zwischen den Finanzierern Bank sowie Lieferant gerät aus dem Gleichgewicht. Die Integration der Warengläubiger gelingt dann mit dem Abschluss einer Abgrenzungsvereinbarung. Durch diese Regelung werden Kollisionen von Sicherheitenrechten ausgeräumt und es wird Klarheit für den Fall einer Verwertungslösung geschaffen. Im Folgenden werden die empirischen Ergebnisse der Poolbildung unter den Gläubigern dargestellt.

4.6.4 Empirische Ergebnisse zur Sicherheitenpoolbildung

Die Poolbildung ist gerade bei einem zersplitterten und heterogenen Gläubigerkreis in einer Sanierung notwendig. Diese finanzielle Absicherung der Sanierung ist zum einen im Rahmen der Sofortmaßnahmen mit Überbrückungskrediten oder Tilgungsaussetzungen zur Vermeidung der Insolvenz notwendig. Zum anderen ist der gesamte Sanierungsprozess finanziell zu flankieren, damit nicht zwischenzeitlich die Liquidität knapp wird und Insolvenzgefahr besteht. Wurde die Sanierungsfähigkeit festgestellt und haben die Kreditinstitute intern die Sanierungswürdigkeit für positiv befunden, ist der eigentliche Gesundungsprozess in Gang zu setzen.

Der Sicherheitenpoolvertrag sorgt in der zweiten Phase der Durchfinanzierung des Sanierungsumsetzungsprojekts für finanzielle Sicherheit. In dieser Phase ist der Abschluss eines Sicherheitenpoolvertrages zwischen den eine Sanierung begleitenden Banken wichtig, damit die leistungswirtschaftlichen Schritte umgesetzt werden können. Der begleitende finanzielle Rahmen muss ausreichend sein.

Die beteiligten Institute verpflichten sich im Rahmen des Sicherheitenpoolvertrags, die vom Vertrag umfassten Kredite für die Dauer der Sanierung offen zu halten und Kürzungen oder Kündigungen nur im gegenseitigen Einvernehmen vorzunehmen. Die Erklärung kann befristet oder unbefristet abgegeben werden und soll die Flucht einzelner Institute aus der Finanzierung in der Sanierungsphase verhindern. Poolverträge fördern die gemeinsame Kreditbereitstellung, die Risikoteilung, die optimale Nutzung der vorhandenen Sicherheiten und erbringen eine finanzielle Absicherung bei der sich anschließenden Sanierungsumsetzung.

Eine Poolbildung ist gerade bei einem zersplitterten und heterogenen Banken- und Gläubigerkreis von Bedeutung, um einen sogenannten „Run“ aus dem Engagement zu vermeiden. Wenn die Kreditvolumina und die Sicherheiten ungleich verteilt sind, springen unter Umständen Gläubiger mit geringen Kreditausreichungen oder einer guten Absicherung im Verlauf der Sanierung ab und gefährden den Turnaround. Auch die Lieferanten und die Kreditversicherer können eine Sanierung bedrohen, wenn die leistungswirtschaftlichen Vorgänge unterbrochen oder die Vertragskonditionen nachverhandelt werden. Die Akteure sind mit Sicherheitenabgrenzungsverträgen an der Poolbildung indirekt zu beteiligen.

Im Folgenden werden die Rahmenbedingungen und der Prozess einer erfolgreichen Sicherheitenpoolbildung untersucht. Zunächst war von Interesse zu erfahren, wie wichtig die Poolbildung für den Sanierungserfolg angesehen wird. Dabei wird erkennbar, dass die Bedeutung nicht von allen Instituten als hoch eingeschätzt wird. So halten lediglich 30,1 % der befragten Institute den Abschluss eines Sicherheitenpoolvertrages zwischen den Banken für den späteren Sanierungserfolg für wichtig und nur 22,6 % den Sicherheitenabgrenzungsvertrag mit den Lieferanten. Die nachfolgende Abb. 4.65 stellt diese Bewertungen dar.

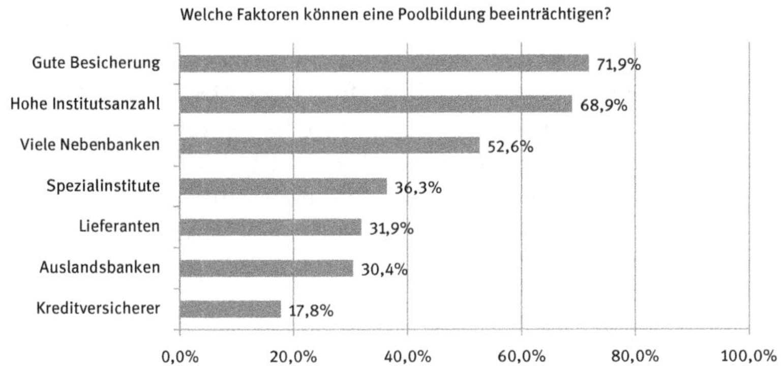

Abb. 4.65: Beeinträchtigungen bei der Sicherheitenpoolbildung (Quelle: Eigene Darstellung)

Dieses kann damit zusammenhängen, dass die Poolbildung voraussetzt, dass mehrere Kreditinstitute das Unternehmen begleiten. Bei kleineren Engagements ist dies oft nicht der Fall. Dies wird deutlich, wenn die Struktur der Antworten nach Banksektoren und Institutsgrößenklassen genauer untersucht wird. Insgesamt zeigt sich, dass insbesondere Privatbanken sowie große Institute die Poolbildung bei den Sicherheiten und auch die Abgrenzung zu den Rechten der Lieferanten und der Kreditversicherern für wichtig erachten.

Kleine Banken in den Sektoren der Sparkassen und Genossenschaftsbanken sehen die Sicherheitenpoolbildung sowie die Sicherheitenabgrenzung zu den Lieferanten als nicht gerade bedeutsam für den Sanierungserfolg an. Die Institute betreuen eher kleinere Unternehmen, die oft nur eine Bankverbindung aufweisen.

Die Poolbildung ist bei den Krisenengagements mit mehreren Gläubigerbanken und einer umfassenden Belieferungsstruktur besonders wichtig, damit nicht Kündigungen einzelner Stakeholder den Gesamtprozess der Sanierung in Gefahr bringen. Als wesentliche Störfaktoren bei der Vertragsbildung werden die gute Besicherung einzelner Institute und die hohe Anzahl an Banken eingeschätzt. Ebenso können Nebenbanken mit geringeren Kreditvolumina die Sicherheitenpoolbildung behindern. Seltener werden Warenfinanzierer oder Leasinggeber sowie Lieferanten, Auslandsbanken und Kreditversicherer als Störer genannt.

Des Weiteren war es von Bedeutung zu erfahren, welche Faktoren die Einigung auf dem Weg zu einem gemeinsamen Poolvertrag begünstigen können. An den ersten Stellen bei den Nennungen mit möglichen Mehrantworten lagen mit 97,0 % die gute Informationsverteilung auf der Bankenrunde, mit 94,8 % das professionelle Vorgehen der Teilnehmer und mit 92,6 % die Sanierungseignung der Geschäftsleitung des Krisenunternehmens.

Ebenfalls mit einer sehr hohen Zustimmungsrate von 89,7 % der Antworten können gleichgerichtete Interessenlagen der Gläubiger sowie mit 86,6 % finanzielle Gesellschafterbeiträge zudem eine gute Moderation des Bankentreffens mit 77,8 % der Banknennungen die Poolbildung erleichtern. Der erfolgreiche Abschluss des Sicherheitenabgrenzungsvertrags wird mit 40,2 % der Antworten als weniger wichtig angesehen. Dieses kann auch damit zusammenhängen, dass es nicht in allen Sanierungsfällen erforderlich ist, die Lieferanten in diese Vereinbarungen mit einzubeziehen. Die folgende Abb. 4.66 zeigt die Verteilung der wichtigen Faktoren für eine erfolgreiche Sicherheitenpoolbildung.

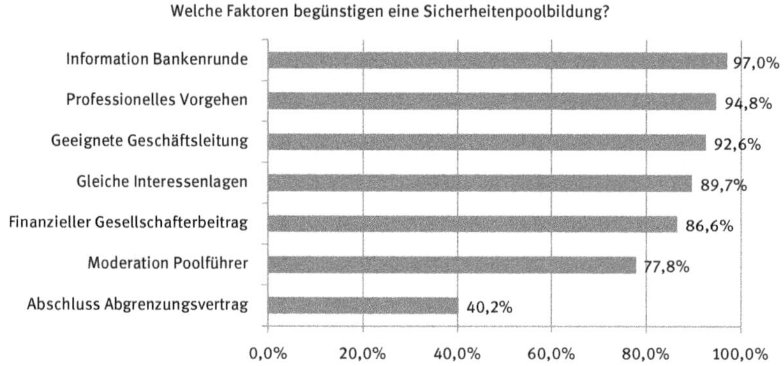

Abb. 4.66: Begünstigende Faktoren bei der Sicherheitenpoolbildung (Quelle: Eigene Darstellung)

Durch die Übernahme der Poolführerschaft besteht für Kreditinstitute die Möglichkeit, eine Sanierungsstrategie vorzugeben oder zumindest führend mitzugestalten. Diese Tätigkeit ist jedoch arbeitsintensiv und wird von vielen Instituten gemieden. Jedoch lässt sich die Poolführerschaft in der Regel nicht vermeiden, wenn eine Bank als Hausbank das deutlich größte Kreditvolumen bereitstellt. Im Gegenzug lässt sich für die Übernahme dieses Amtes eine Gebühr vereinnahmen, die in Abhängigkeit vom Arbeitsaufwand und dem Umfang des Gesamtkreditvolumens sowie der Komplexität des Falles festgelegt wird.

Aus der aktuellen Umfrage wird deutlich, dass die Übernahme der Poolführerschaft durch die Hausbank mit dem größten Engagement erfolgt (67,2 %). Viele Institute vermeiden diese Rolle aufgrund des Arbeitsaufwands (49,2 %). Nur selten wird von 14,2 % der Banken angekreuzt, dass diese die Poolführerschaft anstreben, um unter anderem die Sanierungsstrategie zu bestimmen. Die Betrachtung der Poolführereigenschaft als Profitcenter, aufgrund der Vereinnahmung einer Gebühr, wird nur von 1,5 % der Institute genannt.

Dabei geben in der aktuellen Erhebung, wie auch in der Umfrage aus 2008, die Befragten aus Sparkassen und Landesbanken häufiger als die Vertreter aus den übrigen Banksektoren an, dass sie die Poolführerschaft generell übernehmen, wenn sie das größte Kreditengagement aufweisen. Privatbanken streben diese Rolle häufiger an, um die Sanierungsstrategie festzulegen. Ebenso geben die Spezialisten aus den Privatbanken überproportional an, dass die Poolführerschaft ein wichtiges Profitcenter darstellt. Des Weiteren nimmt mit einer steigenden Größe der Institute der Gestaltungswille zur Übernahme der Poolführerschaft zu, um die Sanierungsstrategie aktiv zu gestalten. Lediglich die Vertreter aus großen Banken geben mit 7,1 % der Antworten überproportional häufig an, dass die Poolprämie ein wichtiger Einnahmefaktor im Bereich der Sanierung ist.

Neben diesen Abläufen sind die Rahmenbedingungen zu beachten, die eine Poolbildung begünstigen. Als besonders wichtiges Merkmal werden von 93,3 % der Befragten gleichverteilte Sanierungsbeiträge genannt. So ist die Gleichbehandlung der Kreditinstitute ein besonders wichtiger Faktor, der die Einigung zu einem gemeinsamen Vertrag fördert. Des Weiteren ist 87,2 % der Antwortenden die Zumutbarkeit der finanziellen Beiträge beim Poolbeitritt von Bedeutung und 84,4 % das Mitziehen sämtlicher Gläubiger bei der gemeinsamen Kreditgewährung und bei der Sicherheitenaufteilung. Es folgt mit 75,9 % die Nennung zur Erreichung einer ausgewogenen Verteilung der Kreditsicherheiten beispielsweise nach den gewährten Kreditlinien in Relation zum vergebenen Gesamtkreditvolumen. Die Aufteilung soll explizit über den Poolvertrag erreicht werden. Das Vorhandensein freier Firmensicherheiten wird mit 59,0 % der zutreffenden Antworten sowie mit 42,9 % die kurzfristige Erreichung der Risikoreduzierung seltener genannt.

Bei den Faktoren, die eine Poolbildung unterstützen, bestehen bei den gleichverteilten Sanierungsbeiträgen, den zumutbaren Unterstützungen sowie der Einigkeit des Bankenkreises ähnlich hohe Einschätzungen bei Privatbanken, Genossenschaften und öffentlich-rechtlichen Instituten. Eine möglichst ausgewogene Sicherheitenverteilung, freie Sicherheiten sowie eine kurzfristige Risikoreduzierung werden von den Vertretern aus den Privatbanken weitaus wichtiger bewertet als von denen aus den anderen Institutszweigen. Die Kriterien, die eine Gleichverteilung der Unterstützungen und Sicherheiten, eine Zumutbarkeit der Beiträge sowie eine Einigkeit der Gläubiger signalisieren, werden von kleineren Banken häufig angekreuzt. Diese Institute achten somit besonders auf die Ausgeglichenheit der Anreize und Beiträge bei der Poolbildung. Freie Sicherheiten werden von größeren Instituten verstärkt als Erfolgsfaktoren angesehen. Das Erreichen der kurzfristigen Risikoreduzierung wird dagegen eher von kleinen Instituten angekreuzt.

Gelingt die Einigung auf einen gemeinsamen Sicherheitenpoolvertrag sowie der Abschluss einer Sicherheitenabgrenzung, kann die leistungswirtschaftliche Sanierung auf der Grundlage eines Sanierungskonzepts beginnen. Für die Umsetzung der Sanierungsmaßnahmen ist eine geeignete Organisationsform zu wählen.

Bei der personellen Besetzung des Sanierungsteams bestehen verschiedene Alternativen, die von der Belassung des Altmanagements über die Begleitung durch einen Chief Restructuring Officer (CRO) bis hin zu einem kompletten Austausch der alten Geschäftsführung durch ein zeitlich begrenztes Interimsmanagement oder eine neu installierte Geschäftsleitung reichen können. Die Sanierungsergebnisse sind durch die beteiligten Banken anhand des Zahlenmaterials und des Controllings der einzelnen Projektschritte zu überwachen.

Dabei kann auch ein Lenkungsausschuss mit Teilnehmern aus dem Bankenkreis, wie dem Poolführer, als Kontrollorgan eingesetzt werden, das sich in regelmäßigen Abständen über die Sanierungserfolge informiert. Es sollten nicht nur die finanziellen Erfolge im Vordergrund stehen. Auch die Realisierung der leistungswirtschaftlichen Schritte wie beispielsweise die zeitliche Einhaltung der geplanten Änderungen im Organisationsaufbau oder die Optimierungen der Abläufe sind anhand der Meilensteine eingehend zu erläutern.

Der Markt und die Konkurrenzlage sind in die Berichterstattung unbedingt einzubeziehen, da eine Sanierung nur erfolgreich verlaufen kann, wenn die angebotenen Produkte und Dienstleistungen eine hohe Kundenzufriedenheit erzeugen und nachhaltig abgesetzt werden können. Eine sehr wichtige Fragestellung ist zudem, ob das Altmanagement, das gegebenenfalls auch über Gesellschaftsanteile verfügt, geeignet ist, das Unternehmen aus der Krise zu führen oder ob dafür ein Ersatz oder eine Unterstützung bereitzustellen ist.

Gelingt eine Einigung auf einen gemeinsamen Poolvertrag, so sind die finanziellen Rahmenbedingungen abgesichert und die leistungswirtschaftliche Sanierung kann auf der Grundlage des Sanierungskonzepts erfolgen. Für die Umsetzung der Sanierungsmaßnahmen ist eine geeignete Organisationsform zu wählen. Bei der personellen Besetzung des Sanierungsteams bestehen verschiedene Alternativen. Diese können von der Belassung des alten Managements über die Unterstützung durch ein Interimsmanagement bis hin zu einer neuen und fest installierten Geschäftsführung reichen. In der Regel wird das Altmanagement zunächst in der Geschäftsleitung belassen und es erfolgt eine intensive Unterstützung bei der Realisierung der Sanierungsmaßnahmen durch den eingesetzten Unternehmensberater. Dieser wird auch die Gespräche mit den Kreditinstituten sowie den sonstigen Gläubigern übernehmen und die Informationsweitergabe an die Banken steuern.

Die künftigen Sanierungsergebnisse sind durch die beteiligten Banken anhand des Zahlenmaterials und des Controllings der Projektschritte zu überwachen. Im Folgenden wird der Sanierungsverlauf mit der Umsetzung der Einzelmaßnahmen und der Überwachung der Ergebnisse durch die Banken untersucht. Dabei kommt auch der Informationsübermittlung im Rahmen dieses Zahlenmaterials eine bedeutende Rolle zu. Wichtig ist es von der Firma, über eine bankadäquate Finanzkommunikation Vertrauen aufzubauen und einen geeigneten Rahmen für die effiziente Überwachung des Sanierungsverlaufes zu bieten.

4.7 Sanierungsüberwachung und Berichterstattung

Lernziele:
Sanierungsüberwachungen aus Bankensicht effizient und effektiv betreiben können
Anforderungen an ein quantitatives Sanierungsinformationssystem wissen
Bedeutung leistungswirtschaftlicher Sanierungsumsetzungen beurteilen können

Mit der Umsetzung der leistungswirtschaftlichen Schritte im Anschluss an die Poolvertragsgestaltung steigen auch die Kommunikationsanforderungen der involvierten Gläubiger. Dazu ist von Seiten des Krisenunternehmens stetig über den Fortgang der Maßnahmen zu berichten, damit die Kreditinstitute den Sanierungsverlauf genau überwachen können. Diese Informationskanäle und die Berichtsinhalte zu den Gläubigern sind neu zu strukturieren. Dazu ist das Controlling der Firma auf die erforderliche Finanzkommunikation auszurichten. Die Hausbank kann Hilfestellung zu einer bankengerechten Berichterstattung leisten.

Diese ist Empfängerin der Informationen, die an die weiteren Poolbanken oder an die anderen Gläubiger weitergegeben werden. Zu überwachen und zu berichten ist das Erreichen der Meilensteine im leistungswirtschaftlichen Sanierungsprojekt und die Einhaltung der Planzahlen anhand der quantitativen Informationen. Die Sanierungsüberwachungsorganisation sollte aus Effizienzgründen einheitlich mit festgelegten Prozessen in den Kreditinstituten erfolgen. Von Vorteil ist es dabei, wenn das eingereichte Zahlenmaterial eine identische Struktur aufweist. Die Plan-Ist-Zahlen sollten auf einer integrierten Planung aus einem professionellen Software-Tool beruhen und rollierend fortgeschrieben werden.

Dabei sind aus Sicht der Kreditinstitute zahlreiche Sanierungsinformationen aus einer Vielzahl von Krisenengagements auf Gesamtbankebene effizient zu analysieren. Hilfreich ist es, diese Fälle in Bezug auf ihre Risikoauswirkung zu klassifizieren. Mit wachsender Bedeutung steigen dann deren Informationsanforderungen. Die eingereichten Daten sind aufzubereiten, um eine effektive Überwachung sowie ein rechtzeitiges Gegensteuern bei Planverfehlungen zu ermöglichen. Es ist zu analysieren, welche Daten aus Bankensicht nachzufragen sind, um eine effiziente Überwachung der Sanierungsumsetzung gemäß MaRisk BTO 1.2.5 Rn. 4 gewährleisten zu können. Die Umsetzung des Sanierungskonzeptes sowie die Auswirkungen der Maßnahmen sind vom Institut eng zu überwachen. Das Finanzreporting und die Berichterstattung der Maßnahmenerfüllung sind aus Sicht des Krisenunternehmens notwendig, um das Vertrauen bei den Kreditinstituten zurück zu erlangen. Kreditinstitute sollten als Hauptschuldner diese Unterlagen verlangen.

4.7.1 Überwachung des Sanierungsverlaufs

Die Problemsituation der Krise setzt neue Anforderungen an die Kommunikationspolitik des Unternehmens. Die internen und die externen Stakeholder haben in der Sanierung einen erhöhten Informationsbedarf gegenüber normalen wirtschaftlichen Zeiten. Gläubiger fragen verstärkt qualitative sowie quantitative Daten über den Sanierungsverlauf nach. Ursachen sind das gestiegene Risiko für Banken, Lieferanten oder Kreditversicherer einen Forderungsausfall zu erleiden und der erhöhte Grad an einer ungleichen Informationsverteilung, denn die Krise ist häufig von einer asymmetrischen Datenlage geprägt. Insider im Unternehmen sind die Geschäftsleitung, die Gesellschafter sowie gegebenenfalls der Aufsichtsrat oder Beirat, mit genaueren Informationen über eine wirtschaftliche Schieflage. Zwischen der Geschäftsleitung und den externen Gruppen wie den Banken, Lieferanten und Warenkreditversicherern bestehen oftmals starke Informationsunterschiede.

Treten zu dieser Lage abweichende Zielsetzungen hinzu, können Agency-Probleme auftreten und Kosten für ein intensives Monitoring der Gläubiger verursachen. In einem Sanierungsprozess sollten die Informationsdifferenzen ausgeräumt werden, da die Kreditinstitute dem Krisenunternehmen ansonsten das Vertrauen entziehen und keine sanierungsunterstützenden Maßnahmen mehr durchführen.

Finanzkommunikation des Krisenunternehmens

Eine Verbesserung der Situation zum Abbau der asymmetrischen Informationen aus Sicht eines Krisenunternehmens liefert das freiwillige Signalling. Somit sollte eine Firma, die sich in der wirtschaftlichen Schieflage und in einem sich anschließenden Gesundungsprozess befindet, möglichst von sich aus wirtschaftliche Daten übermitteln, aus denen der Vertragspartner auf die Entwicklungen in der Sanierung schließen kann. Die Zeichen müssen glaubwürdig sein. Dieses sind sie in der Regel dann, wenn ein falsches Signalling zu negativen Reaktionen führt wie bei der Nichteinhaltung von Covenants sowie der Erteilung eines Waivers gegen Gebühr (vgl. Portisch, 2008b, S. 44 ff.). Ein positives Signalling bedeutet, dass die Krisenfirma freiwillig vollständige, richtige und zeitnahe Daten an Externe wie Gläubigerbanken bereitstellt. Nur auf der Grundlage einer intensiven Information und Kommunikation von Seiten der Krisenfirma können die beteiligten Institute auf den Sanierungsverlauf reagieren und bankinterne Entscheidungen herbeiführen.

Die Informationsübermittlung ist ein sensitiver Bereich. So können falsche oder unvollständige Daten, zum Beispiel bei zu optimistischen Finanzplänen, zu einem Vertrauensbruch führen. Im Ergebnis kann die Gesundung trotz guter Aussichten, aufgrund der nicht angemessenen Informationspolitik von der Firmenseite, scheitern. In der Sanierung ist auf eine deutliche Zunahme der Wissensbedürfnisse der Stakeholder Rücksicht zu nehmen, um Glaubwürdigkeit im Hinblick auf eine Sanierungsunterstützung zu vermitteln und Vertrauen aufzubauen.

Informationen sollten, um echte Vertrauenssignale zu senden, hohe Anforderungen an die Richtigkeit, Vollständigkeit, Zeitnähe und Regelmäßigkeit erfüllen. Die Informationslage ist auf die Adressaten auszurichten (vgl. Portisch, 2008a, S. 391). Im Folgenden werden in erster Linie Informationsanforderungen der Kreditinstitute betrachtet. Die Hausbank kann der Krisenfirma die Ansprüche an eine adäquate Informationsversorgung verdeutlichen. Bei der festzulegenden Kommunikationsstrategie sind folgende Fragen zu beantworten:

- Welche quantitativen und qualitativen Informationen sind zu übermitteln?
- Zu welchen Zeitpunkten sind die betreffenden Informationen zu überspielen?
- Wem aus dem Gläubigerkreis sind die relevanten Daten zuzuleiten?

Neben den Inhalten, die weitergegeben werden, spielt die Art der Kommunikationswege und die Verantwortung für die regelmäßige Informationsübermittlung eine bedeutende Rolle bei der Einschätzung des Krisenunternehmens aus der Bankensicht. Dabei kann entweder ein leitender Mitarbeiter aus der Krisenfirma oder ein externer neutraler Sanierungsberater neben dem fachlichen Coaching die gesamte unternehmensinterne sowie die firmenexterne Kommunikation übernehmen.

Der externe Spezialist ist Ansprechpartner für Banken, Lieferanten und Kreditversicherer und kann aufgrund seiner objektiven Sichtweise und ausschließlich auf den Turnaround ausgerichteten Funktion eine Emotionalisierung im Sanierungsprozess vermeiden. Die auf Sanierungsfälle spezialisierten Berater kennen die Informationsanforderungen der Banken und können wichtige Überwachungsdaten problemgerecht mit Finanzreporting-Tools übermitteln.

Zudem kann das Verhältnis der Banken zum Altmanagement aufgrund der Krisenlage gestört sein. Diese Unstimmigkeit kann durch den Einsatz des neutralen Sanierungsberaters behoben und Vertrauen kann damit zurück gewonnen werden. Des Weiteren besteht die Möglichkeit, den Lenkungsausschuss nicht nur mit der Aufgabe zu betrauen, fachliche Lösungsvorschläge zur Bewältigung der Krise zu erarbeiten, sondern der Ausschuss kann eine kontinuierliche Unternehmenskommunikation sicherzustellen. Wichtig ist, dass im Sanierungsprozess offen kommuniziert wird und allen Stakeholdern die relevanten Informationen zugeleitet werden, die sie für ihre Entscheidungen benötigen.

Bestehen Unklarheiten, wie eine geeignete Informationspolitik in der Sanierung zu gestalten ist, können bestimmte externe Informationsgrundsätze beachtet werden (vgl. DVFA, 2008, S. 4 ff.). Folgende Prinzipien werden bei einer Informationsübermittlung vorgeschlagen. Im Einzelfall ist die Strategie jedoch anzupassen, beispielsweise bei großen Unternehmen (vgl. Portisch, 2008c, S. 44 ff.):

- Zielgruppenorientierung: Die übermittelten Daten sollten sich an den Verarbeitungsgewohnheiten der Adressaten ausrichten. Banken sind Informationen zu geben, die eine aktuelle, zukunftsbezogene Risikoeinschätzung ermöglichen.

- Informationen: Neben qualitativen Mitteilungen über die Abarbeitung der Meilensteine im Sanierungsprojekt sind verdichtete quantitative Daten mit Soll-Ist-Vergleichen sowie Abweichungsanalysen zeitnah, vollständig zu übermitteln.
- Übermittlungsprozess: Von großer Bedeutung ist die gleichmäßige Information, damit nicht einzelne Gläubiger abspringen. Die Übermittlung der Finanzdaten erfolgt gleichartig gegebenenfalls über ein IT-Tool.

Die Hausbank sollte Hilfestellung leisten sowie dem Krisenunternehmen verdeutlichen, welche Informationen Kreditinstitute in einer Sanierung erwarten. Gerade die Kommunikation zu den Banken ist wichtig, um die Glaubwürdigkeit zum Krisenunternehmen wieder herzustellen. Dabei sind nicht nur positive Meldungen von Bedeutung. So sollte auch über einen negativen Sanierungsverlauf informiert werden, bevor die Institute dies über andere Informationskanäle erfahren.

Bankenvertreter reagieren meist sehr sensibel auf plötzliche und unerwartete negative Wendungen in einer Sanierung. Beispielsweise werden unangekündigte Überziehungen aufgrund einer weiteren Verlustwirtschaft in einer Neuordnungsphase negativ beurteilt. Insgesamt sind von Unternehmensseite jederzeit vollständige und aktuelle Daten bereitzustellen, um asymmetrische Informationsverteilungen zu den beteiligten Kreditinstituten abzubauen. Die Hausbank oder auch der Poolführer hat die Aufgabe, die relevanten Sanierungsdaten gegebenenfalls aktiv einzuholen und an die übrigen Beteiligten weiterzuleiten.

Dabei ist auch von Unternehmensseite zu beachten, dass Kreditinstitute oftmals eine Vielzahl von Sanierungsfällen zu bearbeiten haben. Jegliche Unterstützung im Sinne einer aktuellen, vollständigen sowie einheitlichen Berichterstattung wird von Banken dankbar angenommen. Auf Seiten der Kreditinstitute gilt es meist eine hohe Anzahl von Sanierungen auf Ebene der Gesamtbank effizient zu überwachen. Dazu bietet sich eine Schichtung des Problemkreditportfolios nach der Bedeutung für ein Institut in A-, B- und C-Fälle an. Diese Unterteilung richtet sich an der Risikoauswirkung eines Problemengagements aus. Mit steigender Wichtigkeit sind die Überwachungsmechanismen zu intensivieren. Dann kann bei unbedeutenden C-Fällen aufgrund der geringen Volumina und großen Stückzahlen lediglich eine Kontenüberwachung mit der Einhaltung des Kapitaldienstes nach Gewährung der finanzwirtschaftlichen Sanierungshilfen laufend erfolgen.

Mittelwichtige B-Engagements werden über Soll-Ist-Abgleiche bei den Bilanz-, GuV- und Liquiditätsdaten gesteuert und es werden in regelmäßigen Abständen Gespräche mit der Geschäftsleitung geführt. Bei den wichtigen individuellen A-Fällen ist neben einer stetigen Überwachung der Zahlenwerke mit Plan- und Ist-Daten zusätzlich das Einhalten der leistungswirtschaftlichen Umsetzungsschritte im Sanierungsprojekt zu kontrollieren. Es sind relevante quantitative Daten zur Überwachung der Sanierung festzulegen. Diese Informationen sollten sich effizient auswerten lassen und einen Soll-Ist-Abgleich ermöglichen.

Quantitative Informationsbedürfnisse der Kreditinstitute

Notwendig ist die Auswertung von Zahlen zur Ertragslage, Liquiditätslage und Vermögenslage. Zur Ertragsanalyse aus Bankensicht richtet sich der Fokus auf die traditionelle Gewinn- und Verlustrechnung als Monats- und Jahresrechnung. Die Monatsrechnung kann sich dabei an die betriebswirtschaftliche Auswertung oder an die kurzfristige Erfolgsrechnung anlehnen. Neben einer Ist-Rechnung sind die Daten denen der Planungsrechnung des Sanierungskonzepts gegenüberzustellen.

Plan-Ist-Abweichungen sind zu ermitteln und die Ursachen für aufgetretene Differenzen sind darzulegen. Weiter sind aus Sicht der Kreditinstitute stetig monatlich gestaffelte Spartenrechnungen, Segmentberichte oder sonstige Profitcenter-Modelle wünschenswert, damit die umfangreiche Analyse der Verlustbringer und der erfolgreichen Geschäftsfelder laufend ermöglicht wird.

Zur Überwachung der Finanzlage sind laufende mittelfristige Monatspläne für ein Jahr im Voraus und in einer brisanten liquiditätsgesteuerten Sanierung zusätzlich kurzfristige detaillierte wöchentliche Finanzpläne nachzufragen. Auf diese Art und Weise kann aus Sicht der Kreditinstitute die laufende Kontoführung nachvollzogen sowie kontrolliert werden. Zudem können die eingereichten Daten zur Ertragslage plausibilisiert werden. Denn wenn sich eine gute Ertragslage nicht in der laufenden Kontoführung widerspiegelt, kann dies unter anderem aus einem gestiegenen Forderungsvolumen mit dem Aufbau dubioser Forderungen resultieren. Neben kurzfristigen Plänen ist eine Jahresplanung einzureichen. Zur Kontrolle der Vermögenslage sind monatliche sowie jährliche Ist- und Plan-Bilanzdaten nachzuhalten. Ausgangspunkt von Analysen zum Kapital ist die Sanierungseröffnungsbilanz mit den korrigierten Passivpositionen zur Wiederherstellung des Eigenkapitals. Die Schwerpunkte der laufenden Analyse der Aktiva und Passiva umfassen:

- Prüfung des Umlaufvermögens: Messung und Bewertung der Vorräte und Beurteilung der Werthaltigkeit und Fristigkeit von Forderungen
- Untersuchungen des Eigenkapitals: Überwachung der Eigenkapitalausstattung und dauerhafte Abwendung der Überschuldungssituation
- Analyse der Verbindlichkeiten: Darstellungen und Veränderungen bei den Lieferanten- sowie Bankverbindlichkeiten mit notwendigen Kapitaldiensten

Die quantitativen Unterlagen dienen als wichtiges Überwachungsinstrument für die Kreditinstitute. Die integrierte Sanierungsplanung ist bereits Kernbestandteil eines Sanierungskonzepts und weiter fortzuschreiben. Die Zahlenwerke sollten eine aufeinander abgestimmte Einheit in Form eines integrierten Planungssystems bilden, wie diese folgende Abb. 4.67 zeigt. Eine professionelle Planungssoftware sollte von Seiten des Sanierungsberatungsunternehmens zum Einsatz kommen. Aus den Plandaten, den Ist-Zahlen und den verbal erläuterten Abweichungen kann von den Banken ein bankinterner einheitlicher Berichtsbogen entwickelt oder dieser bereits von dem Sanierungsunternehmen bereitgestellt werden.

Ertragsplanung

	Profit Center 1		Profit Center 2	
Einnahmen	Plan	Ist	Plan	Ist
Ausgaben	Plan	Ist	Plan	Ist
Gewinn	Plan	Ist	Plan	Ist

Finanzplanung

	Monate		Gesamtjahr	
Einzahlungen	Plan	Ist	Plan	Ist
Auszahlungen	Plan	Ist	Plan	Ist
Saldo	Plan	Ist	Plan	Ist

Investitionsplanung

	Profit Center 1		Profit Center 2	
Sachinvestitionen	Plan	Ist	Plan	Ist
Finanzinvestitionen	Plan	Ist	Plan	Ist
Saldo	Plan	Ist	Plan	Ist

Bilanzplanung

	Planjahr 1		Planjahr 2	
Anlagevermögen	Plan	Ist	Plan	Ist
Umlaufvermögen	Plan	Ist	Plan	Ist
Bilanzsumme	Plan	Ist	Plan	Ist

Bankenberichtsbogen

Erfolgsdaten	Plan	Ist
Zahlungsdaten	Plan	Ist
Kennzahlen	Plan	Ist
Meilensteine	Plan	Ist
Schuldenstand	Plan	Ist

Abb. 4.67: Integriertes Planzahlensystem (Quelle: Eigene Darstellung)

Problematisch ist in Sanierungsfällen meist, dass die relevanten Daten vollumfänglich in der Regel nur zu Beginn einer Sanierung vorliegen, da dann der finanzielle Druck meist hoch ist. Im Laufe eines Sanierungsprozesses lässt die Informationsbereitschaft eines Krisenunternehmens häufig nach. Um eine Nachhaltigkeit der Überwachung aus Sicht der Banken sicherzustellen, ist zu gewährleisten, dass alle relevanten Sanierungsinformationen dauerhaft zur Verfügung stehen, um die MaRisk BTO 1.2.5 Rn. 4 und Rn. 5 zu erfüllen. Dazu ist der Informationsprozess fest zu institutionalisieren. Dies kann durch die Installierung eines Controlling-Systems in Form eines Sanierungsinformationssystems erreicht werden.

In Betracht kommt ein internet-basiertes Sanierungsinformationssystem um Banken zeitnah mit den wesentlichen Informationen über den Verlauf der Sanierung zu versorgen (Portisch, 2003b, S. 318 ff.). Per Internet können von Kreditinstituten aktuelle Daten des Krisenunternehmens zur Liquiditätsentwicklung, zur Auftragslage sowie zur Umsatz- und Ertragslage mit einer Zugangsberechtigung abgerufen werden. Auf diese Art können die Daten mit einem geringen Time Lag abgefragt werden. Etabliert hat sich eine rollierende Liquiditätsplanung über den Zeitraum von 13 Wochen, auch „3-Monatsforecast" genannt (vgl. Werner/Schreitmüller, 2017, S. 235).

Auch die Aufbereitung der Finanzdaten ist von großem Vorteil und kann spezifisch auf die Branche, die Krisenfirma und die Informationswünsche der beteiligten Banken zugeschnitten werden (Portisch, 2003b, S. 318 ff.). Insgesamt ist es wichtig, dass auf die Kommunikationsanforderungen der Kreditinstitute eingegangen wird, damit diese ihre internen Berichtspflichten erkennen können.

Zur Analyse kann ein Auswertungstool bedeutende positive und auch negative Abweichungen von branchenspezifischen Kennzahlen mit einer Ampelfunktion aufzeigen, das heißt Abweichungen werden farbig markiert und bewertet (rot, gelb, grün). Auch lassen sich historische Daten über dieses System für Zeitvergleiche abrufen. Die laufende Berichterstattung fördert als Kommunikationsmittel insbesondere den Abbau asymmetrischer Informationen zu den Stakeholdern.

Auf diese Weise lässt sich unter anderem die Informationsallokation auf alle an einem Sicherheitenpool beteiligten Gläubiger sicherstellen. Damit wird der Poolführer bei der Weitergabe von Unternehmenszahlen entlastet, wenn alle Banken den Zugang zu den Daten des Sanierungsinformationssystems (SIS) erhalten. Auch werden Informationsasymmetrien innerhalb eines Gläubigerkreises vermieden. Bei komplexen Sanierungen, die für ein Haus zudem stark risikorelevant sind, sollte neben der Überwachung der Unternehmenszahlen auch eine genaue Überprüfung der Umsetzung des Sanierungsprojekts erfolgen. Dazu sind qualitative Informationen zu leistungswirtschaftlichen Realisierungen nachzufragen. Die Berichterstattung von Seiten der Krisenfirma ist von Bedeutung, damit Kreditinstitute ihren Berichtspflichten nach MaRisk BTO 1.2.5 Rn. 5 ausreichend nachkommen können.

Qualitative Informationsanforderungen der Kreditinstitute

Das MaRisk-Sanierungsmonitoring umfasst neben einer Überwachung der Zahlenwerke auch die Kontrolle der leistungswirtschaftlichen Umsetzungen (vgl. Lützenrath, 2008, S. 177 ff.). Basis dieses Monitorings sind die in einem Sanierungskonzept zugrunde gelegten Maßnahmendurchführungen. Die Teilprojekte werden in einem umfassenden Gutachten meist detailliert dargelegt. Neben den personellen Verantwortlichkeiten werden zudem zeitliche Vorgaben für die Realisierungen vorgestellt und die finanziellen Effekte erläutert. Meist sind im Sanierungsprojekt unter Hochdruck gleichzeitig mehrere Maßnahmenpakete voranzutreiben, wie die nachfolgende Abb. 4.68 darstellt.

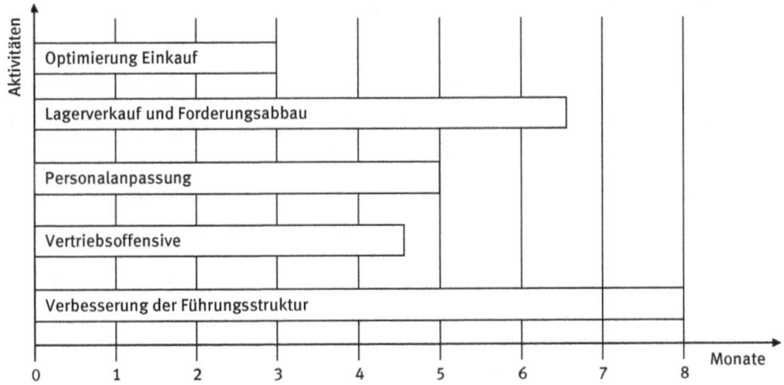

Abb. 4.68: Teilprojekte und Meilensteine bei Sanierungsumsetzungen (Quelle: Eigene Darstellung)

Damit die Sanierung zu einem Erfolg führt, sind wichtige Maßnahmen wie Kostenreduzierungen zeitnah einzuleiten. Zudem ist die Umsetzung der einzelnen Projektschritte aus Sicht der Kreditinstitute zu überwachen. Nur wenn eine echte Realisierungskontrolle erfolgt, kann von Seiten der Kreditinstitute der Fortschritt einer Sanierung kontrolliert werden. Gegebenenfalls ist der Sanierungsberater mit der Kommunikation der leistungswirtschaftlichen Umsetzungsschritte zu betrauen. Es kann auch eine Sanierungsorganisation beispielsweise in Form eines Lenkungsausschusses installiert werden. Dieser wird mit einem Vertreter aus dem poolführenden Institut besetzt und leitet dann die relevanten Sanierungsinformationen an die weiteren Poolbanken und die übrigen Gläubiger weiter.

Neben der laufenden Informationseinreichung bei den Banken ist der gesamte Prozess der Kommunikation zu den internen und externen Stakeholdern optimal auszugestalten. Dieses spielt eine bedeutende Rolle bei einer erfolgreichen Sanierung (vgl. Portisch, 2004, S. 56 ff.). Durch eine zielgruppengerechte Kommunikation, die auf die unterschiedlichen beteiligten Interessengruppen abgestimmt wird, kann das Vertrauen aufrechterhalten oder wieder neu aufgebaut werden.

Stakeholder-Kommunikation in der Sanierung

Die Geschäftsleitung der Krisenfirma weiß häufig nicht, wann und mit welchen Inhalten die unterschiedlichen Adressaten anzusprechen sind, denn jede Interessengruppe, ob Mitarbeiter, Kunde, Lieferant oder Kreditinstitut, hat einen gruppenspezifischen Informationsbedarf (vgl. Lützenrath et al., 2006, S. 67 ff.). Es ist zu beachten, dass die verschiedenen internen und externen Stakeholder differenziert auf die Sanierungsinformationen reagieren können. Damit Konflikten aufgrund einer fehlerhaften Kommunikation und Information entgegengewirkt werden kann, bietet es sich an, die Informationsübermittlungen an die einzelnen Anspruchsgruppen in einem Sanierungsprozess genau zu strukturieren und zu planen.

Parallel zur Art und zum Umfang der zielgruppengerichteten Information ist insbesondere der Zeitpunkt der Informationsübermittlung von Relevanz. Neben den internen Interessengruppen Anteilseigner und Aufsichtsrat beziehungsweise Beirat ist die Hausbank zeitnah über die wirtschaftliche Fehlentwicklung zu unterrichten. Sie sollte bereits mit dem Erkennen der ersten Krisenanzeichen durch die Geschäftsführung informiert werden, denn sie bekommt mit der Führung der laufenden Konten und der Analyse unterjährigen Zahlenmaterials die Krise oft frühzeitig zu spüren. Die Unternehmensführung sollte in dieser Phase aktiv auf die Hausbank zugehen und diese eng in den Informationsprozess mit einbinden.

Dies erhöht das Vertrauen und damit die Bereitschaft zur weiteren Begleitung des Unternehmens. Dann wird die Hausbank auch einen positiven Einfluss auf das Verhalten der übrigen Kreditinstitute nehmen. Im Verlauf der Sanierung nimmt die Anzahl der zu informierenden Gruppen meist zu. Dabei kommt den Lieferanten sowie den Kreditversicherern im Sanierungsprozess eine bedeutende Rolle zu.

Der Zeitpunkt der Krisenkommunikation zu diesen Gruppen ist von der genauen Situation und Brisanz der Krisenlage abhängig. Die weiterzugebenden Informationen erfordern ein äußerstes Fingerspitzengefühl, da gerade die Warenkreditversicherer häufig bei bloßem Bekanntwerden einer Krise ihre Limite reduzieren oder gar streichen. Die Einbeziehung dieser Gruppen in den Kommunikationsprozess sollte erst ab der Phase der eingeleiteten Sanierung mit dem Einsatz des Beraters erfolgen. Mit Hilfe der Hausbank ist zu versuchen, die anderen Gläubiger zu einem Stillhalten zu bewegen. Dies kann über die Vereinbarung eines Poolvertrags mit Sicherheitenabgrenzungsvereinbarung erfolgen.

Im Anschluss an die Präsentation des Konzepts an den Bankenpool kann der Sanierungsberater mit der Krisenkommunikation betraut werden. Er verfügt über Fachwissen in Sanierungsfällen und bei ihm laufen die Fäden zusammen. Zudem hat er durch eine intensive Kommunikation in der Krise zu allen Stakeholdern gute Kontakte und wird von diesen als objektiv wahrgenommen. Dies führt zu einer Versachlichung bei kritischen Themen. Der Sanierungsberater kann im Folgenden darüber entscheiden, welche Informationen in welcher Detaillierung an die bestimmten Stakeholder-Gruppen weitergegeben werden. Der Berater sollte den Erfolg des Umsetzungsprojekts realistisch einschätzen. Dazu kann die Abgabe einer Gefährdungsaussage an die Banken vorsorglich vereinbart werden. Wenn der Umsetzungserfolg in Frage steht und die Maßnahmenpakete nicht wie geplant greifen, hat der Berater zeitnah zu berichten. Dies ist als Insolvenzfrüherkennung aufzufassen.

Die Informationspolitik zu den weiteren internen Gruppen hängt maßgeblich davon ab, ob sich die Schieflage im Unternehmen bereits herumgesprochen hat. Üblicherweise sollten das Mittlere Management, der Betriebsrat und die Mitarbeiter jedoch erst mit Umsetzung des Sanierungskonzepts eingeweiht werden. Dieses wird unter anderem notwendig, da in der Regel weitreichende Sanierungsbeiträge durch die eigene Belegschaft zu leisten sind. Der Betriebsrat kann dann als Informationsübermittler für die Mitarbeiter genutzt werden.

Die größeren Kunden sind ebenfalls erst in einer späten Phase der Sanierung von der Unternehmensleitung in Einzelgesprächen, zu informieren, um einer Verunsicherung vorzubeugen. Bedeutenden Abnehmern kann unter Umständen das ausgearbeitete Sanierungskonzept vorgestellt werden. Gegebenenfalls lassen sich Großkunden dazu gewinnen, Sanierungsbeiträge zu leisten, wenn das gelieferte Produkt einen Engpassfaktor darstellt. Der externen Pressearbeit kommt ebenfalls eine große Bedeutung in der Sanierungsphase zu. Die Informationsinhalte und Kommunikationsmedien sind an die Informationsphasen anzupassen. In der Anfangsphase der Sanierung sind persönliche Gespräche durch die Geschäftsführung zu bevorzugen, da mit den Informationen sehr vertraulich umgegangen werden muss. In den folgenden Phasen ist stakeholderorientiert vorzugehen. Je nach durchlaufener Sanierungsphase sind weitere Stakeholder zu informieren. Die nachfolgende Abb. 4.69 stellt ein mögliches Stakeholderkommunikationsmodell dar.

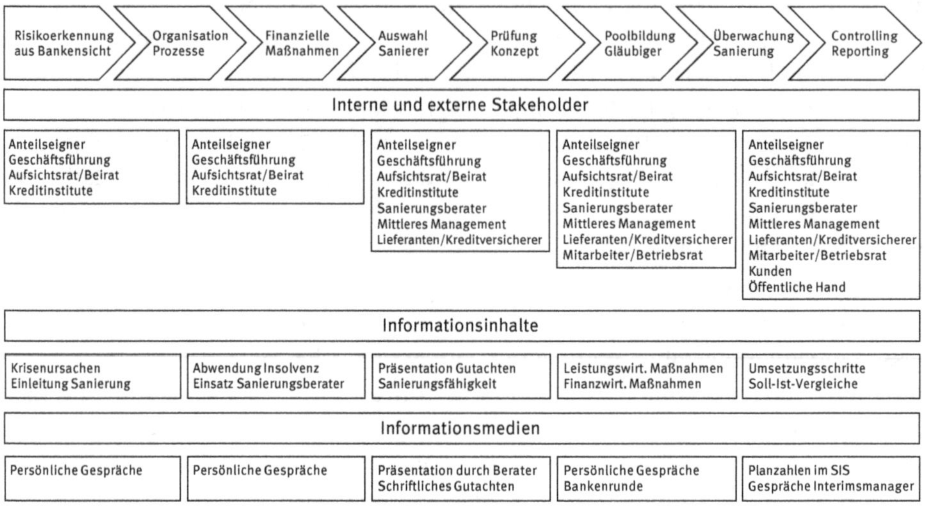

Abb. 4.69: Kommunikationsmodell in der Sanierung (Quelle: Eigene Darstellung)

Das Informationsmodell im Sanierungsprozess kann Anhaltspunkte für eine adressatenorientierte Berichterstattung liefern. Dieses ist auf die Größe einer Firma sowie an das jeweilige Krisenstadium anzupassen und kann helfen, die Kommunikation in der Sanierung zu strukturieren. Von erheblicher Bedeutung ist es für Kreditinstitute, aufbauend auf den Informationen eine regelmäßige bankinterne Kontrolle der Sanierungsengagements mit einheitlichen Prozessstandards zu installieren. In der Anfangsphase einer Sanierung hat je nach Gefährdungsstand und Bedeutung des Risikos für ein Kreditinstitut mindestens eine monatliche Vorlage zu erfolgen.

Einzureichen sind Statusberichte zu den erfolgten Projektschritten, den leistungswirtschaftlichen Umsetzungen und den Plan-Ist-Zahlen aus den quantitativen Sanierungsinformationen. Diese Unternehmenszahlen sind laufend mit den Daten aus dem eingereichten Sanierungskonzept abzugleichen. Ergeben sich deutliche Fehlentwicklungen, kann über eine regelmäßige Kontrolle zeitnah gegengesteuert werden. Das bankinterne Reporting sollte bei den Sanierungsfällen aus Effizienzgründen einheitlich erfolgen und die Erfordernisse der MaRisk aus BTO 1.2.5 Rn. 3 berücksichtigen. Hilfreich ist es, wenn die Beratungsfirma eine einheitliche Standardsoftware, die in den Sanierungsfällen häufig zum Einsatz kommt, verwendet. Dann können sich die Mitarbeiter der Bank auf diese Darstellungsschemata einstellen. Die daran angelehnte bankinterne Berichterstattung ist zudem an die besonderen Erfordernisse der Vorgaben aus den MaRisk gemäß BTO 1.2.5 Rn. 5, BT 3 und BTR 1 Rn. 7 anzupassen (vgl. Kurfels, 2018, S. 128).

Dieser bankinterne Bericht ist wie die im Organisationskapitel dargelegten Folgeberichte aufzubauen. Das Berichtsschema ist einheitlich zu gestalten, damit sich Entscheidungsträger schnell in die Sachverhalte einarbeiten können. Dabei ist jedoch auch ausreichend Spielraum zu belassen, um auf die speziellen Branchen und Thematiken eingehen zu können. Zu beachten ist, dass gerade bei den Folgeberichten und notwendigen Entscheidungsanlässen, beispielsweise zu genehmigenden Überziehungen bei negativen Abweichungen vom geplanten Sanierungsverlauf, ein bestimmter Informationsumfang und eine festgelegte Seitenzahl bei der Berichterstattung aus Effizienzgründen nicht überschritten wird.

Gemäß MaRisk BTO 1.2.5 Rn. 5 und BTR 1 Rn. 7 sind sowohl Einzelberichte zu verfassen, als auch Statusreporte sämtlicher Engagements abzugeben sowie eine Wiedervorlageliste zu verfassen (vgl. Hannemann et al., 2011, S. 583 und S. 692 ff.). Einzelberichterstattungen an die Geschäftsleitung können einzelfallbezogen bei deutlichen Planverfehlungen in einem Sanierungsumsetzungsprojekt notwendig werden. Zu berichten sind insbesondere auch Veränderungen bei den Linien, den Inanspruchnahmen sowie die Bewertungen der Poolsicherheiten. Die konkreten Berichtspflichten aus einem Poolvertrag sind zu beachten. Die Kontrolle der Sicherheitenwerte sowie die Verwaltung der Poolsicherheiten kann aus Haftungsgründen auf darauf spezialisierte Wirtschaftsprüfungen delegiert werden.

Der zeitliche Faktor der Berichterstattung ist an die Dauer und Inhalte der Betreuungsphasen anzupassen. In der ersten Phase einer Sanierung mit der Anbahnung des Beratereinsatzes, der Poolbildung und dem Sanierungsbeginn erfolgt meist eine deutlich intensivere, umfangreiche und häufigere Berichterstattung als in der zweiten Phase der leistungswirtschaftlichen Umsetzung des Sanierungsprojektes.

Einige Kreditinstitute legen sogar eine Maximalbetreuungsdauer für Krisenfälle im Sanierungsbereich fest. Auch an die Prozesse ist die Berichterstattung anzulehnen. Erfolgt eine Überwachung der Fälle auch noch nach einer Rückgabe an die Normalkreditbearbeitung, sind der zeitliche und inhaltliche Berichtsstandard und die Zeitdauer der Informationsübermittlung vom Normalbereich in den Sanierungsbereich festzulegen. Nach dem eindeutigen Feststellen der wirtschaftlichen Wende bei der ehemaligen Krisenfirma endet die oftmals sehr intensive und regelmäßige Form der Sanierungsberichterstattung.

Neben der Umsetzung von leistungswirtschaftlichen Maßnahmen bei einer Sanierung aus eigener Kraft oder mit einer finanziellen Unterstützung der Gläubiger und anderer Stakeholder, kann auch eine externe Option für die nachhaltige Gesundung gefunden werden. Eine alternative Möglichkeit einen Sanierungserfolg bei der Krisenfirma herbeizuführen bietet eine Investorenlösung, mit einer Übernahme der Kapitalanteile durch interne oder externe realwirtschaftliche sowie finanzwirtschaftliche Käufer. Diese können als Gesellschafter die Minderheits- oder Mehrheitsanteile erwerben und dieses Investment als Renditeobjekt oder als strategische Alternative zur Ergänzung der eigenen Wertschöpfungskette betrachten.

Sanierungslösungen über Investoren

Investoren können unter anderem die Mitarbeiter oder das Mittlere Management des Krisenunternehmens im Rahmen eines Management-Buy-Outs sein. Häufig bietet sich aber auch die Möglichkeit, diese Krisenfirma an ein anderes Unternehmen der Branche oder einen reinen Finanzinvestor zu verkaufen. In der Regel beabsichtigt der Investor, zumindest Mehrheitsgesellschafter eines Krisenunternehmens zu werden, um künftig die Geschäfte zu führen (vgl. Lützenrath et al., 2006, S. 74 ff.). Oftmals wird auch ein Interimsmanager mit der Aufgabe betraut, einen Käufer zu finden. Diese Investorenlösung kann ebenfalls als eine besondere Art der Sanierungsstrategie angesehen werden. In vielen Fällen ist das Krisenunternehmen zu klein, wenig ertragreich sowie unzureichend kapitalisiert, um langfristig in bestimmten Geschäftsfeldern erfolgreich wirtschaften zu können.

Zudem sind die beteiligten Kreditinstitute in einer Krisensituation oftmals meist nicht bereit, das notwendige Unternehmenswachstum zu finanzieren. Im Folgenden sollen Möglichkeiten, Chancen und Risiken der Beteiligung einer externen Firma als Investor bei einem Krisenunternehmen untersucht werden.

Definition: Unter einer **Investorenlösung** im Rahmen einer Sanierung wird der Verkauf von Mehrheitsanteilen der Krisenfirma an interne oder externe Stakeholder verstanden, mit dem Ziel direkt eine langfristigen wirtschaftliche Gesundung und eine verbesserte Bonität herbeizuführen.

Damit ein Verkauf der Anteile vorgenommen werden kann, ist in der Regel das Einverständnis der Gesellschafter notwendig. Dazu sind zunächst die Motive eines Verkäufers zu untersuchen. Diese können beispielsweise in der Realisierung eines hohen Kaufpreises, der Sicherung des Lebenswerkes, der Wahrung des öffentlichen Ansehens, der Entlastung von psychischem Druck aufgrund der Sanierung, dem Erhalt von Arbeitsplätzen oder der Befreiung von persönlichen Haftungstatbeständen bestehen (vgl. Lützenrath et al., 2006, S. 75 ff.). Auch die Beweggründe eines potenziellen Investors spielen bei der Übernahme eine Rolle. Wichtige Beteiligungsanlässe eines möglichen Investors können sein:

- Finanzinvestor: Erzielen einer hohen Rendite mit dem Kauf sowie dem Wiederverkauf von Krisenfirmenanteilen oder der Nutzung steuerlicher Verlustvorträge
- Realinvestor: Gewinnen neuer Kunden, Marktanteile, Patente, Know How der Mitarbeiter, Produkte und Realisierung von Synergieeffekten

Für die beteiligten Kreditinstitute ist eine Investorenlösung grundsätzlich interessant, denn es ergeben sich oft neue Handlungsoptionen und veränderte wirtschaftliche Rahmenbedingungen für das Krisenunternehmen. So besteht bei einer Übernahme der Krisenfirma die Option des Ausstiegs aus dem Firmenengagement, wenn die Hausbank des Käufers eine Ablösung in Aussicht stellt.

Auch kann sich die Bonitätseinschätzung mit der Übernahme grundsätzlich ändern, wenn ein wirtschaftlich starkes Unternehmen die Haftung für die Krisenfirma übernimmt. Eine Weiterbegleitung kann dann neue Geschäftsmöglichkeiten erbringen. Die positiven Resultate lassen sich jedoch nicht immer erzielen. Vielmehr knüpft der Investor mit dem Kauf des Krisenunternehmens bestimmte finanzielle Erwartungen an die Eigentümer und Gläubiger, die nicht immer tragbar erscheinen.

So werden in vielen Fällen bei einer Investorenlösung von den beteiligten Banken und den übrigen Gläubigern zum Teil erhebliche Sanierungsbeiträge gefordert. Dies wird bei krisenbehafteten Kreditengagements geradezu erwartet. Es werden bei der Haftungseinbindung des Käufers im Fall einer Weiterbegleitung oder bei einer kompletten Ablösung häufig hohe Forderungsverzichte von den finanzierenden Kreditinstituten verlangt. In diesem Fall stellt sich die Frage, ob eine weitere Sanierung Stand Alone oder eine Insolvenz geringere Verluste erwarten lässt. Aufgrund der Unsicherheit des Sanierungserfolgs, des langjährigen Sanierungsprozesses und der meist geringen Liquidationserlöse in einer ebenfalls lang andauernden Insolvenz oder einer außergerichtlichen Abwicklung wird einer Investorenlösung in der Praxis jedoch meist unter erheblichen finanziellen Zugeständnissen zugestimmt, damit der Insolvenzantrag vermieden wird. Haircut-Lösungen erleichtern unter Umständen einen Investoreneinstieg.

Es soll der Fall untersucht werden, dass ein realwirtschaftlicher Unternehmensinvestor mit guter Bonität das Krisenunternehmen kauft, in seine Strukturen eingliedert und auf diese Weise den Turnaround einleitet. In die Verhandlungen des Unternehmensverkaufs sind die beteiligten Banken regelmäßig einbezogen, aufgrund der Gestaltung der Konditionen zu den möglichen Kreditübernahmen oder der Übernahme der Firmenanteile aus einer doppelnützigen Treuhand.

Die beteiligten Banken werden daher versuchen, bei einer Investorenlösung direkt eine Verbesserung der Bonität zu erreichen oder aus dem Engagement auszusteigen. Dabei bestehen verschiedene Alternativen für die begleitenden Kreditinstitute zu möglichen Sanierungsbeiträgen, wie Abb. 4.70 zeigt.

Beitrag / Optionen	Ohne Verzicht	Mit Verzicht
Weitere Begleitung	(1)	(2)
Ausstieg	(3)	(4)

Abb. 4.70: Handlungsalternativen bei einer Investorenlösung (Quelle: Eigene Darstellung)

In der Praxis werden bei einer Investorenlösung häufig die Fälle (1), (2) und (4) auftreten. Bei diesen Alternativen ist entweder eine finanzielle Unterstützung oder die weitere Begleitung der Institute erforderlich. Alternative (3) ist die Lösung, die aus Bankensicht angestrebt werden sollte. Des Weiteren hängt die Option einer weiteren Begleitung davon ab, inwieweit das Krisenunternehmen in das gesunde Investorenunternehmen integriert wird und ob der Investor bereit ist, die Haftung für die Altkredite zu übernehmen. Folgende Optionen der Haftungseinbindung bestehen:

- Der Investor übernimmt eine Garantie oder Bürgschaft gemäß §§ 765 ff. BGB, eine harte Patronatserklärung, eine Schuldübernahme aus §§ 414 ff. BGB oder einen Schuldbeitritt §§ 311 ff. BGB (vgl. Lwowski/Merkel, 2003, S. 41 ff.).
- Der Investor erwirbt einzelne Vermögensgegenstände des Krisenunternehmens im Rahmen eines Asset Deals oder übernimmt die Mehrheit oder die kompletten Unternehmensanteile im Wege eines haftungsträchtigeren Share Deals.
- Der Investor erwirbt die Kreditforderungen der Banken im Rahmen eines Forderungsankaufs. Zu beachten ist in diesem Fall, dass die gegebenenfalls treuhänderisch gehaltenen Sicherheiten gesondert übertragen werden müssen.

Im Folgenden soll die Weiterbegleitung durch die bestehenden Banken bei einer Investorenlösung untersucht werden. Bei einem Einstieg eines realwirtschaftlichen Investors wird das Krisenunternehmen in die Unternehmensgruppe des Aufkäufers integriert und es entsteht eine Konzernlösung. Die Konsolidierungspflicht ist vom Kauf als Share Deal mit der Beteiligungsquote oder als Asset Deal abhängig. Für die Banken ist bei der Bonitätseinschätzung die Kreditnehmereinheit relevant.

Die Konzernzugehörigkeit kann sich auch auf die Bonität des Unternehmens auswirken. Bestehen bei Firmenkreditengagements Beteiligungen von übergeordneten Gesellschaften, so kann über Ergebnisabführungsverträge und hohe Verwaltungsumlagen die Ertrags-, Finanz- oder Liquiditätslage des Kreditnehmers langfristig geschwächt werden. Die Höhe der Ergebnisabführung wird dann maßgeblich von der wirtschaftlichen Lage der Konzernobergesellschaft bestimmt. Zunächst ist daher zu definieren, was unter einem Konzern zu verstehen ist, um anschließend mögliche Problemsituationen aufzuzeigen sowie Instrumente zur Steuerung von Risiken aus der Zugehörigkeit von Konzernen zu diskutieren und aus Bonitätsgründen beurteilen zu können (vgl. Portisch, 2006, S. 47).

Definition: Als **Konzerne** werden wirtschaftliche Entscheidungs- und Handlungseinheiten zwischen zwei oder mehreren juristisch selbstständigen oder unselbstständigen Unternehmen und Betrieben bezeichnet. Diese agieren als wirtschaftliche Einheit in personeller, institutioneller oder funktioneller Hinsicht, zeitlich befristet oder auf Dauer im Rahmen abgestimmter Planungen und verfolgen ein gemeinsames wirtschaftliches Ziel (vgl. Theisen, 2000, S. 18). Hauptmerkmal des Konzerns ist eine einheitliche Leitung oder ein beherrschender Einfluss in Verbindung mit einer mehrheitlichen Kapitalbeteiligung des herrschenden Unternehmens (§ 290 Abs. 1 und Abs. 2 HGB, § 19 Abs. 2 KWG).

Aus Kreditgebersicht sind die einem Konzern zugehörigen Unternehmen als Risikogemeinschaft anzusehen (§ 19 Abs. 2 KWG). Es ist für den Firmenkomplex ein einheitliches Gruppenrating festzulegen, da das wirtschaftliche Schicksal eines Konzernteils oft direkte Auswirkungen auf die künftige Existenz anderer Konzernmitglieder haben kann (Rösler et al., 2002, S. 556 ff.). Dagegen muss die wirtschaftliche Lage eines einzelnen Unternehmens aus dem Konzern nicht zwingend der Gesamtlage des wirtschaftlichen Konstruktes entsprechen. Dies ist intensiv zu untersuchen und mögliche Probleme sind zu antizipieren.

Im Hinblick auf die Fortführung des Kreditengagements kann es für die Bank vorteilhaft sein, einen neuen Schuldner mit guter Bonität zu erhalten. Daraus können sich künftig auch neuartige Formen von Risiken ergeben. Wenn sich die Bonität der Krisenfirma durch die Übernahme mit der Haftungseinbindung zunächst kurzfristig verbessert, können spätere Gefährdungen aus diesem Verkauf resultieren.

Aus einer Konzernstruktur können sich Spannungsfelder ergeben, die auf die Kreditgeber der Tochtergesellschaft ausstrahlen. Dann können Risiken allein aus dieser Gruppenzugehörigkeit resultieren. Zu beachten ist, dass ein Abhängigkeitsverhältnis zur Konzernmutter besteht und aus dieser Verbindung bestimmte Pflichten resultieren. Beispielsweise können wirtschaftlichen Verflechtungen bestehen durch finanzielle oder leistungswirtschaftliche Vernetzungen.

Es kann ein Gewinnabführungsvertrag existieren oder es können erhöhte Verwaltungsumlagen von der Konzernmutter für Dienstleistungen der Zentrale verlangt werden. Die wirtschaftlichen Abhängigkeiten werden im Folgenden untersucht und es werden Möglichkeiten für die Kreditinstitute erarbeitet, den negativen Verbindungen aus Konzernstrukturen entgegenzuwirken.

Betrachtet wird in der nachfolgenden Abb. 4.71 der Übersichtlichkeit halber die einstufige Konzernstruktur mit Mutter- und Tochterunternehmen. Diese Verbindungen können in der Praxis komplexer ausfallen. Die Konzernstrukturen können auch in einer sich anschließenden Insolvenz auf die Verfahrensart und Komplexität der Abwicklung auswirken. Hier ist das aktuelle Konzerninsolvenzrecht zu beachten.

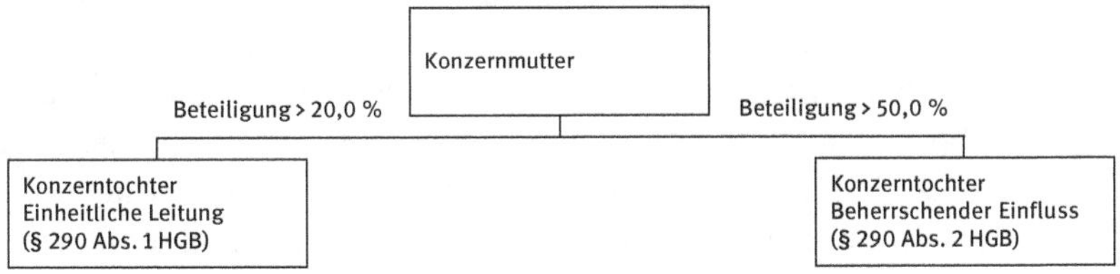

Abb. 4.71: Aufbau einer einstufigen Konzernstruktur (Quelle: Eigene Darstellung)

Problembereiche für das Tochterunternehmen sowie die betroffenen Kreditgeber bestehen beispielsweise in (vgl. Portisch, 2006, S. 48 ff.):

- Abhängigkeiten: Oft werden Tochterunternehmen in einer Unternehmensgruppe eng in die Wertschöpfungskette anderer Konzernteile eingebunden. Wenn sich die Bonität der Konzernmitglieder aufgrund der Krisenlage verschlechtert, kann dieses negative Auswirkungen auf die Liefer- und Leistungsbeziehungen und auf die Umsatz- und Ertragslage der Konzerntochter haben. So können Patente verlagert und die Nutzung gegen eine Gebühr genehmigt werden.
- Unternehmensentscheidungen: Wichtige Entscheidungen von Standortverlagerungen, Umfirmierungen sowie Schließungen von Betrieben werden in der Regel in einem Konzerngefüge von den Einheiten in der Obergesellschaft getroffen. Verschlechtert sich die wirtschaftliche Lage einzelner Konzernteile, können Entscheidungen die Bonität des Kreditnehmers als Tochterunternehmen negativ beeinflussen. Es können gute Betriebszweige verkauft werden, um die Liquiditätslage im Konzern zu verbessern.
- Zahlungsverflechtungen: Über ein zentrales Cash-Management-System können Liquiditätsreserven der Konzerntochter auf Konten anderer Banken umgebucht werden. Diese Reserven stehen einem Unternehmen dann nicht mehr zur Verfügung. Gerade in einer Krisenlage von Konzernteilen können diese Transaktionen zu drohenden Liquiditätslücken bei dem Tochternehmen und dadurch zu Überziehungen führen. Diese Transaktionen sind irreversibel.
- Ertragsaushöhlungen: Tochterunternehmen können über Ertragsverlagerungen systematisch ausgehöhlt werden. Dies kann erfolgen über tatsächliche oder fiktive konzerninterne Lieferungen oder Verwaltungsumlagen für Leistungen der Zentrale. Oftmals werden über Ergebnisabführungsverträge Gewinnanteile von Tochterunternehmen auf die Obergesellschaft verlagert. In diesem Fall kann sich die Kapitaldienstfähigkeit für Untergesellschaften und deren Gläubiger unter Umständen stark verschlechtern.
- Vermögenstransfers: Es können Vermögensverschiebungen auftreten, wenn Aktiva im Konzernverbund auf andere Firmen übertragen werden. Die Gesamthaftungsmasse wird über die Umverteilung auf andere Konzernteile gezielt gesteuert und dem Tochterunternehmen und ihren Gläubigern entzogen. Auch lassen sich Sachsicherheiten wie Sicherungsübereignungen im Zweifel schwer lokalisieren, wenn der Standort nicht bekannt ist.
- Überinvestitionsproblem: Auch können über eine selektive Investitionspolitik riskante Projekte bei den rechtlich selbstständigen Tochtergesellschaften realisiert werden, für die eine Obergesellschaft wie auch andere Konzernteile nur begrenzt haften sowie zu keinerlei Kompensationszahlungen verpflichtet sind. Das Risiko verbleibt beim Tochterunternehmen und seinen Gläubigern. Die residualen Überschüsse aus den riskanten Investitionen werden dagegen von der Konzernmutter abgeschöpft.

Diese genannten Problembereiche können sich verstärken, wenn das Mutterunternehmen seinen Firmensitz im Ausland hat und damit internationale Strukturen im Konzernverbund bestehen. Strategische Entscheidungen über ein deutsches Tochterunternehmen werden dann gegebenenfalls unter eigenen nationalen Interessen getroffen. Vermögens- und Ertragsverlagerungen sind dann unter Umständen dem deutschen Rechtsbereich entzogen. Zudem besteht eine Verhaltensunsicherheit bei einer ausländischen Konzernmutter zu einem deutschen Tochterunternehmen.

So ist in einer wirtschaftlichen Krise der deutschen Tochtergesellschaft unklar, ob die ausländische Konzernmutter weiter zu dem deutschen Engagement steht. Eventuell kann eine mangelnde Verbundenheit der Mutter zum deutschen Tochterunternehmen dazu führen, dass notwendige Finanzhilfen versagt bleiben und die Insolvenz in Kauf genommen wird.

Die dargestellten und in der Praxis häufig vorkommenden Problembereiche können isoliert oder auch kombiniert auftreten. Dies kann den Druck auf die kreditgebenden Institute einer Konzerntochter verstärken. Zudem zeigt sich bei einer Investorenlösung häufig, dass sich die übernommene Firma langfristig in einer schwachen Position befindet. Risiken aus Konzernstrukturen sind bei der Bonitätseinstufung zu antizipieren. Treten diese Schwierigkeiten bei einer Investorenlösung im Rahmen eines Konzernverbunds auf, sind aus Sicht der betroffenen Kreditinstitute rechtzeitig Gegenmaßnahmen einzuleiten.

Daher kommt auch der Bonitätseinschätzung für Konzerntochterunternehmen eine besondere Bedeutung zu, da von der Ratingnote zu fordernde Sicherheiten, Limite, Konditionen und die Kreditvergabe abhängen. Als Basis für ein Rating mit Konzerneinfluss und die gesamte Kreditnehmereinheit kommen verschiedene Alternativen in Betracht. Verwendet werden kann optional die Beurteilung der Bonität des Kreditnehmers, die Klassifikation der Konzernmutter oder die schlechteste Ratingnote eines Konzernteils. Die nachfolgende Abb. 4.72 zeigt die möglichen Risikokonstellationen in einer Konzernstruktur mit Mutter- und Tochterunternehmen und einer vereinfacht abgeleiteten Bonitätsaussage.

Mutter / Tochter	Schlechte Bonität	Gute Bonität
Schlechte Bonität	(1) Gefahr	(2) Mithaftung
Gute Bonität	(3) Mitgefährdung	(4) Idealzustand

Abb. 4.72: Risikokonstellationen im einstufigen Konzern (Quelle: Eigene Darstellung)

Im Folgenden werden die unterschiedlichen Fallkonstellationen mit den auftretenden Risikobereichen interpretiert. Hier handelt sich generell um potenzielle Gefährdungen, die in der vollen Konsequenz nicht eintreten müssen:

- Situation (1): Konzernmutter sowie Tochter weisen eine eingeschränkte Bonität auf. Von dieser Situation geht eine besondere Gefahr bei einer Investorenlösung aus. Es ist zu klären, ob die Krise der Mutter die Schieflage der Tochter noch verstärken kann. Dies wäre im Rating der Tochter mit einem zusätzlichen Abschlag zu berücksichtigen. Eine Investorenlösung würde in diesem Fall keinen Nutzen für die Krisenfirma erbringen.
- Situation (2): Die Obergesellschaft besitzt gute wirtschaftliche Verhältnisse und das Tochterunternehmen hat eine schlechte Bonität. In diesem Fall ist eine Mithaft der Muttergesellschaft unbedingt durchzusetzen. Ist eine Haftung der Mutter nicht zu erreichen, sollte das schlechtere Rating der Tochter für die Unternehmensgruppe angesetzt werden und es sind gegebenenfalls risikoreduzierende Maßnahmen einzuleiten.
- Situation (3): Die Konzernmutter hat schwache wirtschaftliche Verhältnisse und die Konzerntochter hat eine gute Bonität. Diese Situation zeigt eine potenzielle Mitgefährdung an. In diesem Fall ist es schwer abzuschätzen, wie sich die Krise der Obergesellschaft auf das Tochterunternehmen auswirken kann. Im Zweifel kann die Finanz- und Ertragslage der Tochter durch die abfließende Liquidität deutlich geschwächt werden.
- Situation (4): Beide Konzernteile befinden sich in einer guten wirtschaftlichen Verfassung. Grundsätzlich ist dieses der anzustrebende Idealzustand. Dennoch können in der Zukunft neue Probleme auftauchen oder Schwierigkeiten anderer Konzerntochtergesellschaften große Nachteile für das betrachtete Unternehmen bedeuten. Gegebenenfalls kann Liquidität abgezogen werden, um damit schwache Konzernsegmente zu stützen.

Zur Kreditanalyse sind neben dem Konzernabschluss alle Einzelabschlüsse der Konzernmitglieder zu überprüfen. Das Gruppenrating sollte aus Gründen der Vorsicht durch die bonitätsmäßig schwächste Firma bestimmt werden.

Diese vorgestellten Konstellationen zeigen Risiken, die bei einer Investorenlösung in der Krise zu antizipieren und zu bewerten sind. So kann eine schlechte Bonität der Konzernmutter (Fälle 1 und 3) beim Eingehen der Kreditbeziehung über folgende vorbeugende Maßnahmen abgeschwächt werden:

- Erklärungen der Mutter- und Tochtergesellschaft zur Gewinnthesaurierung und Verbesserung der Eigenkapitalrelation über Financial Covenants
- Einforderung von werthaltigen Sachsicherheiten zum Beispiel in der Form von Grundschulden oder eine Risikoteilung mit anderen Banken
- Abbau von Abhängigkeiten im Konzern im Rahmen der Wertschöpfungskette sowie bei Ergebnisabführungsverträgen oder Cash Pools

Ebenso sind Maßnahmen einzuleiten, wenn das Mutterunternehmen über eine einwandfreie Bonität verfügt (Fälle 2 und 4). So ist bei einer Investorenlösung und Aufrechterhaltung der Kreditbeziehung die Haftungseinbindung der Muttergesellschaft zu erreichen. Dies kann dann über folgende vertragliche Vereinbarungen geschehen (vgl. Portisch, 2006, S. 50):

- Aufnahme Konzernmutter als weiteren Kreditnehmer oder Hereinnahme Bürgschaft, Garantie oder einer harten Patronatserklärung der Muttergesellschaft
- Organschaftserklärung, wenn die Muttergesellschaft mit dem Tochterunternehmen einen Gewinnabführungsvertrag geschlossen hat
- Verpflichtung der Mutter mit Ownership Covenants, während der Kreditlaufzeit, keine Firmenanteile ohne Zustimmung der Kreditgeber zu veräußern

Somit bestehen vielfältige Möglichkeiten, die Bonität des Investors zu nutzen, um das Rating der Krisenfirma zu verbessern. Nur wenn bereits beim Eingehen der Kreditbeziehung im Rahmen der Investorenlösung diese dargestellten möglichen Problemfelder vorausschauend eingeplant und möglicherweise Maßnahmen eingeleitet werden, kann eine Risikoreduzierung auf Dauer erreicht werden. Es ist notwendig, in den Kreditverhandlungen die Obligierung eines möglichst bonitätsmäßig starken Investors zu erreichen.

Es ist insgesamt bei der Sanierungsumsetzung eine Projektorganisation zu gestalten und ein begleitendes Projektcontrolling einzusetzen. Oft ist ein Lenkungsausschuss zu bilden, der die oberste Projektinstanz der Sanierungsrealisierung darstellt. Unter dem Ausschuss sind die jeweiligen Projektleiter und Teams zu benennen. Diese haben die Aufgabe, die jeweiligen Meilensteine zu realisieren. Alle involvierten Akteure sollten in ihren Eigenschaften umsetzungsstark, durchsetzungsstark sowie kommunikativ sein (vgl. Werner et al., 2017, S. 239 ff.)

Parallel zu den Strukturen ist ein aussagekräftiges Projektcontrolling zu gestalten. Es ist laufend und zeitnah über den Projektfortschritt an den Lenkungsausschuss zu berichten. Der Abarbeitungsstand ist zu visualisieren und die quantitativen Ergebniseffekte sind im Soll-Ist-Vergleich mit einer Abweichungsanalyse zu erläutern. Der vorhandene Interimsmanager ist in die Projektstruktur zu integrieren.

---

i

Zusammenfassung Theorieabschnitt 4.7.1: In diesem Abschnitt wurde untersucht, welche Anforderungen an die Information und Kommunikation in der Sanierung zu stellen sind. Aus Bankensicht sind regelmäßig quantitative und qualitative Daten von der Krisenfirma abzurufen, um den Sanierungsverlauf verlässlich einschätzen zu können. Für den quantitativen Informationstransfer bietet sich der Einsatz eines Sanierungsinformationssystems an. Zudem sind qualitative Berichte über den Status eines Umsetzungsprojektes abzugeben. Um diesen Informationsprozess zu systematisieren, ist in den Sanierungsphasen gestuft vorzugehen. So kann die Informationsstruktur und die Weitergabe von Daten an die Stakeholder zielgruppengerecht geplant und der Sanierungsprozess unterstützt werden. Anschließend wurden Vorteile und Nachteile von Investorenlösungen beurteilt.

4.7.2 Praxisfall zur Sanierungsüberwachung

Wir befinden uns im 1. Quartal des Jahres xxx2. Die Situation der Mittelstandsbank AG war in den Poolverhandlungen zunächst schwierig. Dabei ist von den übrigen Banken aufgrund einer Gesellschafterstellung der Mittelstandsbank AG erheblicher Druck ausgeübt worden. Diese Argumente konnten mit dem Verweis auf die hohen Sanierungsbeiträge dieser Bank abgeschmettert werden. Die Hausbank wurde daher auch zum Poolführer gewählt. Aktuell ist die Mittelstandsbank AG vorrangig damit beschäftigt, die konkrete Ausgestaltung des Poolvertrages mit den übrigen Parteien abzustimmen. Die anderen Kreditinstitute haben sich zu den finanziellen Beiträgen positiv geäußert. Wichtig ist, dass die Umsetzung der leistungswirtschaftlichen Sanierungsschritte unverzüglich vorangetrieben wird.

Die interne Kommunikation unter den Poolmitgliedern verläuft gut. Alle beteiligten Banken bringen ihr Sanierungswissen ein, um den Gesundungsverlauf positiv zu gestalten. Insbesondere werden die Kundenportfolios im Hinblick auf potenzielle Investoren oder Kooperationspartner durchsucht. Zudem wird versucht, die Druckmaschine und auch die Altimmobilie an einen Bankkunden zu verkaufen.

Auch die Kreditversicherer und Lieferanten haben sich bislang als kooperativ erwiesen und sind grundsätzlich bereit, ihre Linien zu den bisherigen Konditionen aufrecht zu erhalten. Die Grundlage dafür ist der Abschluss eines Sicherheitenabgrenzungsvertrags. Des Weiteren ist für die Warengläubiger die laufende Informationsübermittlung über die Erfolge des eingeleiteten operativen Sanierungsprozesses mit den Ergebniseffekten von großer Bedeutung.

In Anbetracht der schwierigen Lage und auf Drängen der Gläubiger hat sich Müller mittlerweile entschlossen, einen Interimsmanager einzusetzen. Dieser soll sich zum einen um die Bankenkommunikation kümmern. Dazu ist ein Sanierungsinformationssystem einzuführen. Die Poolbanken erhalten Zugang zu relevanten Daten über einen mit Kennwort geschützten Bereich. Bereitgestellt werden die verdichteten und aktuellen Ertrags- und Liquiditätszahlen. Zum anderen soll der Zeitmanager die erfolgreiche Realisierung der Schritte aus dem Sanierungskonzept gewährleisten.

Der jeweilige Stand der Teilprojekte beziehungsweise das Erreichen von Meilensteinen wird laufend an die Banken übermittelt. Die folgende Abb. 4.73 zeigt auszugsweise dieses Berichtswesen der leistungswirtschaftlichen Umsetzungen mit den wesentlichen Meilensteinen in Anlehnung an das Sanierungskonzept. Auf der Grundlage können diese Realisierungen von Gläubigerseite regelmäßig überprüft werden. Ergeben sich Abweichungen, sind diese unverzüglich an die Projektleitung und einen vorhanden Lenkungsausschuss zu berichten. Es ist eine Abweichungsanalyse zu betreiben. Der Sanierungsgeschäftsführer oder Zeitmanager erhält dann die Verantwortung für die gesamten Sanierungsprojekte und muss diese zeitnah einleiten und bei Fehlentwicklungen gegensteuern.

Bereich	Maßnahmen	Verantwortlich	Effekt 02/xxx2	Effekt 03/xxx2	Effekt 04/xxx2
Einkauf	Materialkosten-reduzierung	Sanierer Bis 01/xxx2	20.000	30.000	30.000
	Konditionen Lieferanten	Sanierer Bis 01/xxx2	0	10.000	10.000
Lagerverkauf	Bestandsabbau	Janssen Bis 03/xxx2	100.000	50.000	20.000
Personal	Personalabbau	Schmidt Bis 04/xxx2	0	100.000	100.000
	Einstellung Vertrieb	Meyer Bis 04/xxx2	0	0	-100.000

Abb. 4.73: Umsetzungen leistungswirtschaftliches Sanierungsprojekt (Quelle: Eigene Darstellung)

Dieser Interimsmanager ist der Mittelstandsbank AG als Sanierungsumsetzer positiv bekannt. Es hat bereits ein Treffen mit den Poolbanken stattgefunden. Die Kreditinstitute möchten außerdem die Suche eines strategischen Investors oder Kooperationspartners weiter verfolgen. Der Zeitmanager soll dazu seine vorhandenen Kontakte in der Druckbranche nutzen. Zusätzlich sollen alle Möglichkeiten der Liquiditätsgenerierung untersucht werden.

Dazu wird der Interimsmanager alle Kosten auf den Prüfstand stellen. Als Alternative kann zusätzlich ein Cost Cutter eingestellt werden, der sich auf die Reduzierung der Kosten, zum Beispiel im Einkauf, fokussiert und eine Provision in Abhängigkeit von den erzielten Einsparungen erhält. Auf diese Weise kann die Liquidität schnell und umfassend stabilisiert werden.

Die Sanierung der Druck GmbH verläuft nach guten Anfangserfolgen im Jahr xxx2 mittlerweile schleppend. Es konnten durch die Kosteneinsparungen in der ersten Zeit erhebliche Erfolge erzielt werden. Dabei wurden die Kontokorrentkonten bei den Poolbanken lange Zeit im Rahmen geführt. Aktuell hat sich die wirtschaftliche Lage jedoch leicht eingetrübt. Es zeigt sich, dass das Unternehmen weiterhin in den Hauptgeschäftsfeldern Formulardruck sowie Etikettendruck wirtschaftliche Schwierigkeiten aufweist. In den beiden Bereichen fehlt die ausreichende Größe, um Ausschreibungen für rentable Projekte zu gewinnen und diese Einheiten dann mit wirtschaftlichem Erfolg führen zu können.

Wir befinden uns am Anfang des Jahres xxx3. Der Interimsmanager hat neben seinen Tätigkeiten im operativen Geschäft der Druck GmbH seinen Auftrag zur Suche nach einem bonitätsstarken strategischen Investor aus der Druckbranche forciert. Nach mehreren Monaten der Sondierung des Marktumfeldes hat ein ausländischer Konkurrent des Unternehmens im Bereich Etikettendruck, die Print AG, eine ernst zu nehmende Offerte zu einer Übernahme der Druck GmbH abgegeben.

Als wesentliche Bedingungen für den Erwerb der Geschäftsanteile der Druck GmbH durch die Print AG werden genannt:

- Die beteiligten Poolbanken erklären einen Forderungsverzicht von 30,0 % des Nominalwertes ihrer Forderungen auf die kurzfristigen Kontokorrentlinien und werden das Unternehmen weiter begleiten. Alle übrigen Darlehensgeber werden ihre Engagements weiter fortführen und auch die beteiligten Lieferanten sowie Kreditversicherer halten ihre Kreditlinien zu den bisherigen Konditionen weiter, ohne sonstige Nebenbedingungen, geöffnet.
- Das Krisenunternehmen wird zu 100,0 % übernommen. Die Firmenanteile werden für einen symbolischen Euro auf die Print AG übertragen. Müller erhält 500 TEuro für zwei Patente im Bereich des Etikettendrucks. Das Geld wird dazu verwendet, damit Müller sich bei der Mittelstandsbank AG aus seiner persönlichen Haftung herauslösen kann. Dieser scheidet anschließend aus dem Unternehmen aus und wird auch in weiteren Funktionen nicht mehr tätig.
- Kreditnehmer bleibt die Druck GmbH als eigenständiges Unternehmen. Sie wird mit den leistungswirtschaftlichen Prozessen in den Konzern der Print AG integriert. Es wird eine „weiche“ Patronatserklärung der Konzernmutter zu Gunsten der kreditgebenden Institute abgegeben. Die Firma wird in den unternehmensinternen Cash Pool einbezogen sowie mit allen Lieferbeziehungen in die Wertschöpfungskette der Print Gruppe integriert.

Nachdem die Mittelstandsbank AG dieses Angebot schriftlich von der Print AG erhalten hat, werden die aktuellen Zahlen der Druck GmbH analysiert, um die Chancen eines Sanierungserfolgs Stand Alone zu prüfen. Die Beiträge in Form des Verzichts im Rahmen der Investorenlösung erscheinen der Mittelstandsbank AG sehr weitreichend zu sein. Auch die übrigen Banken sind von den geforderten Übernahmebedingungen nicht überzeugt und möchten zunächst alle übrigen Alternativen vorab prüfen. Insbesondere der Verzicht von 30,0 % wird als sehr hoch erachtet.

Die Vertreter der Lieferanten sowie Kreditversicherer sind skeptisch und verifizieren die Bonität des Käufers. Dazu werden mehrere Bankauskünfte eingeholt und auch die Prämien für Kreditabsicherungen untersucht. Diese Ergebnisse fallen zufriedenstellend aus und werden den Poolbanken ebenfalls zur Verfügung gestellt.

Insgesamt sind die Lieferanten und die Kreditversicherer mit der Zusammenarbeit in dem Sicherheitenpool zufrieden. So wird die Datenverteilung unter den beteiligten Gläubigern von der poolführenden Bank gut organisiert. Die Analyse der aktuellen wirtschaftlichen Verhältnisse im Rahmen der Umsetzung der Sanierungsmaßnahmen bei der Druck GmbH wird neben den Banken von den Lieferanten und den Kreditversicherern mit großer Spannung erwartet.

Die Spartenrechnung aus dem Online-Sanierungsinformationssystem zeigt die aktuelle Ertragslage der Druck GmbH und einen Vergleich zu den Planzahlen aus dem Sanierungskonzept, wie in nachfolgender Tab. 4.52 dargestellt.

Tab. 4.52: Spartenrechnung IST und PLAN per xxx2 (Quelle: Eigene Darstellung)

Spartenrechnung IST per xxx2 und PLAN per xxx2

Werte in TEuro	**GF 1**	**GF 2**	**GF 3**	**GF 4**	**IST**	**PLAN**
Umsatz	6.800	2.200	1.200	1.000	11.200	11.400
Materialaufwand	3.100↗	1.200↗	1.000↘	700↘	6.000	6.100
Rohertrag	3.700	1.000	200	300	5.200	5.300
Personalaufwand	2.350↗	350↘	100↓	100↓	2.900	3.000
Abschreibungen	300	100	0	0	400	400
Zinsaufwand	300	100	50	50	500	400
Sonst. Aufwendungen	1.350↗	450→	50→	50→	1.900	1.800
Jahresergebnis	-600	0	0	100	-500	-300
Cash Flow	-300	100	0	100	-100	100

↑ = im Branchenvergleich deutlich zu hoch
↗ = im Branchenvergleich leichte Abweichung nach oben
→ = liegt im Branchendurchschnitt
↘ = liegt leicht unter dem Branchendurchschnitt
↓ = liegt deutlich unter dem Branchendurchschnitt

Der Interimsmanager kommentiert die wirtschaftlichen Verhältnisse. Folgende Zusatzinformationen werden zu den einzelnen Geschäftsfeldern gegeben:

- Geschäftsfeld 1: Aufgrund der Kostenersparnisse konnte eine geringe Reduzierung des Fehlbetrags in der Sparte Formulardruck erreicht werden. Jedoch ist der Ergebnisbeitrag weiter stark negativ. Zudem haben sich die Umsätze in diesem Segment verringert, da kleine Aufträge mit einem negativen Deckungsbeitrag konsequent abgelehnt wurden.
- Geschäftsfeld 2: Im Etikettendruck wird weiter lediglich ein ausgeglichenes Ergebnis erzielt. Großaufträge konnten bislang mangels ausreichender Kapazitäten nicht abgewickelt werden. Bei einer Kalkulation mit der teilweisen und notwendigen Fremdvergabe von Teilaufträgen konnte mit den Konkurrenzangeboten insgesamt nicht mitgehalten werden.
- Geschäftsfeld 3: Beim Werbedruck wird entgegen der guten Prognosen nur ein ausgeglichenes Ergebnis erreicht. Dieses Geschäftsfeld hat sich enttäuschend entwickelt. Der kapazitätsmäßige Ausbau des Bereiches ist aufgrund der eingeengten Finanzlage eingeschränkt. Ein großer Auftrag musste in diesem Bereich aufgrund der fehlenden Liquidität abgelehnt werden.
- Geschäftsfeld 4: Die Logistik bei Kreditinstituten zeigt weiterhin eine gute Ertragslage. Der geplante Ausbau gestaltet sich unter den engen finanziellen Rahmenbedingungen allerdings schwierig. Zudem sind neue Konkurrenzanbieter in diesen Markt eingetreten. In der Zukunft ist daher mit einer deutlichen Reduzierung der Gewinnmarge zu rechnen.

Der Zeitmanager betont, dass das Unternehmen auf dem richtigen Weg sei und sich die Sanierung nur noch einige Jahre hinziehen werde. Zudem ist in den nächsten drei Jahren mit einem Anspringen der Konjunktur zu rechnen. Müller sieht die langfristigen Prognosen ebenfalls sehr positiv. Die Erwartungen lassen sich jedoch nicht durch Fakten unterlegen, wie etwa durch eine deutlich anziehende Auftragslage. Die Gläubiger zeigen sich sehr bestürzt. Insgesamt gesehen konnten die Planzahlen für das Gesamtjahr xxx2 trotz der bereits vorsichtigen Planung nicht erreicht werden. Die Sanierungserfolge stagnieren.

Der Turnaround der Druck GmbH im Rahmen einer eigenständigen Sanierung erscheint aufgrund der unzureichenden Unternehmensgröße nicht realistisch zu sein. Die Kapitaldienstfähigkeit wird trotz der Tilgungsaussetzungen nicht erreicht. Die Kontoführung zeigt keine Entspannung. Die Druck GmbH operiert ständig an ihrer Kreditgrenze und es kommt zeitweise zu erheblichen Überziehungen.

Die künftige Einhaltung der Kreditlinien ist weiterhin nur durch die externe Unterstützung der Gläubiger im Rahmen der Tilgungsstundungen möglich. In Kürze laufen jedoch die Vereinbarungen zwischen den Banken, Lieferanten und Kreditversicherern aus und es wird mit erheblichen Schwierigkeiten bei den erneuten Verhandlungen gerechnet. Daher ist die Mittelstandbank AG bestrebt, die Investorenlösung voranzutreiben, um ein endgültiges und stabiles Sanierungsresultat zu erreichen. Es wird verstärktes Augenmerk auf das Angebot des potenziellen und einzig interessierten Investors Print AG gelegt.

Die Bedingungen der Print AG für die Übernahme der Geschäftsanteile der Druck GmbH erscheinen für die Mittelstandsbank grundsätzlich annehmbar zu sein. Jedoch ist die Forderung von 30,0 % als Verzichtsquote zu hoch. Ziel ist es daher, den Teilverzicht auf maximal 20,0 % der Nominalforderungen zu begrenzen. Die Vertreter der Print AG zeigen in diesem Punkt Verhandlungsbereitschaft. Im Folgenden sollen die übrigen Poolbanken von einer Übernahme der Druck GmbH durch die Print AG mit der Umsetzung eines Forderungsverzichts überzeugt werden. Auf diese Weise wird aus Sicht der Hausbank der bestmögliche Sanierungserfolg erreicht. Insgesamt soll eine dauerhafte Gesundung angestrebt werden.

Aufgabenstellungen

1. Was ist beim Einsatz eines Interimsmanagers zu beachten? Welche Aufgaben kann der Zeitmanager übernehmen und welche Qualifikationen soll er haben?
2. Nennen Sie Vorteile des Einsatzes eines Sanierungsinformationssystems für die an der Sanierung beteiligten Banken.
3. Erläutern Sie, warum die Mittelstandsbank AG den Übernahmebedingungen der Print AG zustimmen sollte und welche Vereinbarungen zu treffen sind.
4. Wie können die übrigen Poolbanken, die Lieferanten und die Kreditversicherer dazu bewegt werden, einer Investorenlösung ebenfalls zuzustimmen?

4.7.3 Lösung des Praxisfalls zum Sanierungsmonitoring

1. Was ist beim Einsatz eines Interimsmanagers zu beachten? Welche Aufgaben kann der Zeitmanager übernehmen und welche Qualifikationen soll er haben?

Zu beachten ist, dass der Zeitmanager im Unternehmen mit umfassenden Befugnissen ausgestattet wird. Daher sollte er den offiziellen Status eines Geschäftsführers erhalten, um im Innen- sowie Außenverhältnis wichtige Entscheidungen treffen zu dürfen. Dazu sind im Anstellungsvertrag seine Befugnisse festzuschreiben. Die konkreten Aufgaben des Interimsmanagers sollten aufgrund der Sanierungsempfehlungen im Gutachten primär sein:

- Installierung eines Sanierungsinformationssystems zum Finanzreporting
- Einrichtung Lenkungsausschuss zur internen Umsetzung der Sanierung
- Festlegung der Verantwortlichkeiten im Umsetzungsprozess
- Stetige Information der Stakeholder über den Stand der Teilprojekte
- Weiterentwicklung der Führungsstrukturen im Mittleren Management
- Reorganisation der Geschäftsprozesse im Unternehmen
- Anpassung der vorhandenen Geschäftsfelder gemäß Sanierungskonzept
- Verkauf der Druckmaschine und der Altimmobilie
- Suche nach einem Kooperationspartner oder strategischen Investor
- Übernahme der Kommunikation zu den relevanten Stakeholdern
- Enge Abstimmung mit den Lieferanten und Kunden

Aufgrund dieser umfassenden Tätigkeiten sollte der Interimsmanager unbedingt bestimmte Fähigkeiten aufweisen, um diese Sanierungsmaßnahmen zeitnah und erfolgreich umsetzen zu können. Wichtige Eigenschaften des Zeitmanagers sind aufgrund der genannten Aufgaben:

- Lange Sanierungserfahrung bei Krisenunternehmen
- Wissen bei der Einführung von Controllingsystemen
- Projektleitungserfahrung, aufgrund der Umsetzungsmaßnahmen
- Führungserfahrung, aufgrund der Stellung als Geschäftsführer
- Umfassende Branchenkenntnisse und Kontakte in der Druckindustrie
- Erfahrung in Veräußerungsprozessen an Investoren
- Kontakte zu realwirtschaftlichen und finanzwirtschaftlichen Investoren
- Gute Kommunikationsfähigkeit zu den Gläubigern

Relevant ist, dass die Banken stetig über den Sanierungsverlauf in Kenntnis gesetzt werden, um die asymmetrische Informationsverteilung abzubauen. Dazu sind Zahlen aus dem operativen Geschäft laufend über ein Sanierungsinformationssystem zu übermitteln. Zudem ist der jeweilige Status der Teilprojekte zu signalisieren. Auch über den Stand der Investorensuche sollte den Banken in regelmäßigen Abständen umfassend berichtet werden.

2. Nennen Sie Vorteile des Einsatzes eines Sanierungsinformationssystems für die an der Sanierung beteiligten Banken.

Mit der Einrichtung eines Controllingsystems kann der Sanierungsverlauf effizient überwacht werden. In der Regel liegt dem Sanierungsgutachten ein Termsheet bei, in dem die erwarteten Sanierungserfolge auf einem Zeitraster dargestellt werden. Anhand des Sanierungsinformationssystems (SIS) kann die Einhaltung des Terminplans mit wesentlichen Meilensteinen der Sanierung anhand des Zahlenwerkes detailliert verfolgt werden. Des Weiteren kann das System zur Überwachung der Vermögenslage, der Ertragslage und der Liquiditätslage eingesetzt werden. Besondere Vorteile eines Sanierungsinformationssystems sind für die Gläubiger:

- Laufendes Controlling und Monitoring des Sanierungsverlaufs: Der Sanierungsverlauf kann periodisch durch Auswertungen, Plan-Ist-Abweichungsanalysen und Kennzahlen effizient gesteuert und überwacht werden.
- Systematische und transparente Informationsverteilung: Eine weitere Funktion des SIS ist die Sicherstellung einer stetigen und aktuellen Verteilung von Informationen an alle Fremdkapitalgeber, die an der Sanierung beteiligt sind.
- Sicherstellung einer effizienten Sanierungsüberwachung: Es lässt sich eine Vielzahl an Sanierungsfällen auf der Gesamtbankebene bei geringen Transaktionskosten zeitnah und kostengünstig überwachen.

3. Erläutern Sie, warum die Mittelstandsbank AG den Übernahmebedingungen der Print AG zustimmen sollte und welche Vereinbarungen zu treffen sind.

Die Mittelstandsbank AG sieht insgesamt folgende Chancen aus einer vollständigen Übernahme der Druck GmbH durch die Print AG:

- Das Überleben der Firma wird langfristig gesichert. Zuliefererbetriebe, Mitarbeiter und andere Kreditkunden werden durch die Insolvenz nicht belastet.
- Operationelle Risiken aus der Geschäftsverbindung mit der Druck GmbH, die noch nicht komplett abgebaut werden konnten, fallen weg.
- Über eine Haftungseinbindung der Print AG lässt sich die Bonität der Krisenfirma sofort und unter Umständen langfristig deutlich verbessern.
- Die Einzelwertberichtigung kann bei einer überprüften und guten Bonität der Print AG mit einer adäquaten Haftungseinbindung aufgelöst werden.
- Es wird eine Risikoreduzierung in Höhe von 500 TEuro erreicht, da die Bürgschaft von Müller ausschließlich die Kredite der Mittelstandsbank AG besichert.

Die Bonität der Print AG wird nach einer Überprüfung des Konzernjahresabschlusses als gut bewertet. Es besteht eine hohe Eigenkapitalquote nach Bereinigungen im Umlaufvermögen und bei den immateriellen Vermögensgegenständen von 45,0 %. Die Kapitalisierung liegt deutlich über dem Branchendurchschnitt. Insgesamt ist die Vermögens- und Finanzlage als gut zu bezeichnen.

Die Ertragslage ist als stark einzuschätzen mit einer Umsatzrentabilität von 10,0 % und einem hohen Gewinnausweis. Die Haftungseinbindung der als bonitätsmäßig gut eingestuften Print AG über eine „weiche“ Patronatserklärung wird von der Mittelstandsbank AG als zu schwach angesehen. Die Hausbank bevorzugt intensivere Absicherungen über eine Bürgschaft, eine Garantie, einen Schuldbeitritt oder eine Schuldmitübernahme.

„Weiche“ Patronatserklärungen gewähren Kreditinstituten keinerlei Sicherheit, da sie die Muttergesellschaft nicht verpflichten, verbindliche Maßnahmen zu ergreifen, die eine Zahlungsfähigkeit der Tochtergesellschaft gewährleisten. Anders verhält es sich bei einer sogenannten „harten“ Patronatserklärung. Diese ist gemäß § 251 HGB bilanzausweispflichtig. Die Muttergesellschaft übernimmt gegenüber dem Kreditgeber der Tochterfirma die Gewähr, für die zukünftige finanzielle Leistungsfähigkeit zu garantieren. Kommt diese Muttergesellschaft den Verpflichtungen aus der Patronatserklärung nicht nach, steht den Kreditgebern ein einklagbarer Schadensersatzanspruch gemäß § 280 BGB zu (vgl. Lwowski/Merkel, 2003, S. 67 ff.).

Ziel muss es daher sein, dass die Print AG für die Kredite der Druck GmbH eine wirkliche Haftung übernimmt und zumindest eine „harte“ ausweispflichtige Patronatserklärung gegenüber den kreditgebenden Poolbanken abgibt. Diese Erklärung bietet zumindest eine hinreichende Sicherheit, dass die Muttergesellschaft in der Krise zu dem Tochterunternehmen steht.

4. Wie können die übrigen Poolbanken, die Lieferanten und die Kreditversicherer dazu bewegt werden, einer Investorenlösung ebenfalls zuzustimmen?

Die übrigen Poolbanken sind von den Forderungen der Print AG überrascht, teilen aber dennoch die grundsätzliche Meinung, dass die Übernahme für eine dauerhafte Lösung notwendig ist. Jedoch stören sich die Sanierungsbetreuer der Großbank AG und der Solobank AG an den einseitigen Rückführungsbestrebungen der Kredite bei der Mittelstandsbank AG. Die übrigen Institute haben die Sanierung bislang mitgetragen und möchten ebenfalls eine Kreditreduzierung erreichen.

Diese fordern einen Anteil an dem geplanten Erlös aus der Freigabe der Bürgschaft über insgesamt 500 TEuro und drohen, diese Investorenlösung ansonsten scheitern zu lassen. Zudem sind die Geschäftsanteile von Müller über den Treuhänder an den gesamten Bankenpool abgetreten. Damit ist die persönliche Bürgschaft von Müller indirekt an diese Poolsicherheit gekoppelt und eine Freigabe nur mit Zugeständnissen aller Poolbanken zu erreichen.

Daraufhin macht der Sanierungsbetreuer der Mittelstandsbank AG nach eingeholter Genehmigung beim Risikovorstand den Vorschlag, den Erlös aus der Freigabe der Bürgschaft von Müller in Anlehnung an die Poolquoten auf die Banken aufzuteilen. Somit ergeben sich für die Kreditinstitute des Pools folgende Rückführungsbeträge, wie in der nachfolgenden Tab. 4.53 dargestellt.

Tab. 4.53: Rückführungsbeträge nach Kreditinstituten (Quelle: Eigene Darstellung)

Kreditinstitute	Poolquote	Rückführung
Mittelstandsbank AG	61,7 %	308 TEuro
Großbank AG	29,4 %	147 TEuro
Solobank AG	8,9 %	45 TEuro

Die Sanierungsbetreuer der beteiligten Kreditinstitute erkennen diese Aufteilung als faire Lösung an, da sie sich bereits zu diesen Poolquoten erklärt haben. Einer Investorenlösung steht damit nichts mehr im Wege. Lediglich die Umsetzung ist zu gestalten. Alle Banken sind sich einig, dass die Print AG sich haftungsmäßig umfassender einbinden muss, zumindest eine harte Patronatserklärung ist erforderlich.

Dies soll als Forderung gegenüber dem Käufer gestellt werden. Den Lieferanten und Kreditversicherern erscheint diese Investorenlösung ebenfalls als durchführbar. Sie werten diese Sanierungsbeiträge der Kreditinstitute als positiv. Zudem sehen sie die bonitätsstarke Print AG mit neuen Geschäftsmöglichkeiten als optimalen Partner im Rahmen einer Investorenlösung an, um einen schnellen Turnaround zu erreichen.

7. Sanierungsregel: Der Erfolg einer Sanierung hängt maßgeblich von der Umsetzung der leistungswirtschaftlichen Maßnahmen mit der Festlegung der Verantwortlichkeiten für die Realisierung der Meilensteine und der Überwachung durch die Sanierer der Kreditinstitute ab.

Erläuterung der 7. Sanierungsregel

Außergerichtliche Sanierungen zeigen häufig gute Anfangserfolge, da zu Beginn der Sanierung durchgreifende Maßnahmen umgesetzt werden wie Personalreduzierungen und sonstige einmalige Kostenersparnisse. Im weiteren Verlauf nehmen die Erfolge zumeist ab und der Gesundungsprozess stagniert. Oftmals verschlechtern sich die Ertragszahlen nach den Anfangserfolgen einer Sanierung wieder, da das Unternehmen in alte Gewohnheiten zurückfällt und Wachstumsprozesse stagnieren. Daher ist der Sanierungsprozess mit den wesentlichen Maßnahmen aus dem Sanierungskonzept auch nachhaltig umzusetzen.

Die Realisierung der Sanierungsschritte ist zu überwachen, um bei den Planverfehlungen frühzeitig gegensteuern zu können. Empfohlen wird die Installierung eines Sanierungsinformationssystems. Zudem ist zu prüfen, ob das Management für einen bestimmten Zeitraum durch einen Interimsmanager unterstützt wird, damit die Empfehlungen aus dem Sanierungsgutachten zeitnah und konsequent umgesetzt werden. Es ist eine geeignete Sanierungsprojektstruktur zu schaffen mit Lenkungsausschuss und Projektgruppen. Über ein begleitendes Projektcontrolling können die Erfolge überwacht und es kann bei Fehlentwicklungen gegengesteuert werden.

4.7.4 Empirische Ergebnisse zur Sanierungsüberwachung

Insbesondere die Umsetzung der Maßnahmen aus dem Konzept ist einer der Erfolgsfaktoren der Sanierung, bei der einem externen Sanierungsberater eine besondere Rolle zukommt, wie eine Studie aus dem Jahr 2008 zeigt (Portisch, 2008d, S. 494 ff.). Eine Untersuchung aus dem Jahr 1997 bestätigt, dass die Chancen für einen Sanierungserfolg steigen, wenn Externe bei der Realisierung der Maßnahmen eingesetzt werden (vgl. David, 2001, S. 438 ff.). Um hohe Erfolgschancen des Turnarounds zu wahren, sollten daher die Sanierungsmaßnahmen im Unternehmen aufbau- und ablauforganisatorisch fest verankert werden. Zudem ist den Banken die Abarbeitung der Teilprojekte und Maßnahmenpakete zu berichten.

Die Besetzung der Führungsebene im Krisenunternehmen stellt einen zentralen Erfolgsfaktor für die Realisierung der Gesundungsmaßnahmen dar. Es bestehen verschiedene Alternativen der Sanierungsgeschäftsführung, die von der Belassung des Altmanagements bis zu dem Austausch und der Einsetzung eines neuen festen Managements reichen können.

Mit einer Zustimmungsrate von 76,6 % halten die Sanierungsexperten aus den Banken eine Zusammensetzung von dem Altmanagement mit der Unterstützung durch den externen Sanierungsberater für eine gute Kombination im Sanierungsteam, um die Teilschritte aus dem Konzept konsequent umzusetzen. Die Begleitung durch einen überwachenden Lenkungsausschuss sehen 32,4 % der Antwortenden als sehr wichtig an. Es folgen die Alternativen zum Einsatz des Interimsmanagers mit 26,5 % und des festen Neumanagements mit 25,0 %. Die Umsetzung durch den Sanierungsberater mit 18,4 % sowie die Belassung des Altmanagements mit 14,1 % der Nennungen wird deutlich seltener genannt. Die folgende Abb. 4.74 zeigt die Erfolgsaussichten der unterschiedlichen Alternativen.

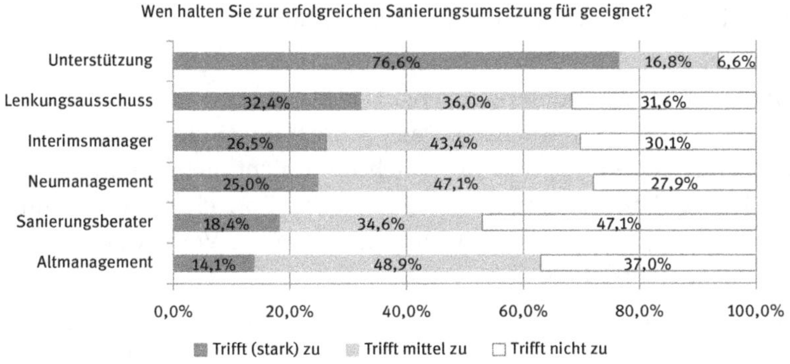

Abb. 4.74: Eignung Akteure zur Umsetzung von Sanierungen (Quelle: Eigene Darstellung)

Das alleinige Befassen der alten Geschäftsführung mit der Sanierungsrealisierung wird überwiegend abgelehnt. Aus diesem Grunde halten es viele Bankspezialisten für wichtig, dem Management einen Sanierer an die Seite zu stellen, der sich vornehmlich mit der Umsetzung dieser Maßnahmen aus dem Konzept beschäftigt. Von Bedeutung ist, dass diese Person zur Akzeptanz bei den Mitarbeitern unbedingt Geschäftsführungsbefugnisse erhält.

Gerade Vertreter aus Privatbanken sehen die Belassung des Altmanagements besonders kritisch und setzen sich verstärkt für den Ersatz des Managements durch einen temporär eingesetzten Interimsmanager oder eine neue fest installierte Geschäftsleitung ein. Insbesondere die Spezialisten aus den Sparkassen und Landesbanken sehen eine Teamlösung aus Altgeschäftsführung mit der Begleitung durch einen externen Chief Restructuring Officer als erfolgreiche Lösung zur zeitnahen gestalteten Sanierungsumsetzung an.

Gemäß den Größenklassen halten die Vertreter aus kleinen Instituten die Einrichtung eines Lenkungsausschusses für besonders wichtig. Zudem schätzen die Antwortenden aus großen Banken die Installation eines Zeitmanagers deutlich häufiger als bedeutsam ein, als Vertreter kleiner und mittlerer Institute. Die Unzufriedenheit mit dem Altmanagement ist bei dieser Gruppe am höchsten. So wird die Belassung der ehemaligen Geschäftsführung in dieser Umbruchphase als sehr kritisch angesehen. Alle Überwachungsbereiche einer Sanierung werden mittlerweile als wichtig beurteilt. Die Kontrolle der Ertrags- und Liquiditätslage anhand der eingereichten Planzahlen steht mit jeweils 93,3 % der Nennungen an erster Stelle. Auf diese Weise lassen sich die Sanierungen aus externer Sicht zudem effizient und objektiv überwachen. Weiter sehen 97,1 % der Antwortenden die Bedeutung der Überwachung der Einführung des Controllings, mit 95,6 % die Kontrolle der Realisierung der leistungswirtschaftlichen Maßnahmen und mit 90,5 % die Prüfung der Neuausrichtung der Unternehmensstrategie als hoch an. Bei den leistungswirtschaftlichen Faktoren wie der Umsetzung und der Neuausrichtung zeigt die Umfrage eine deutliche Veränderung der Einschätzung gegenüber der vorigen Umfrage.

Die Spezialisten aus den Kreditinstituten beschäftigen sich mittlerweile stärker mit dem Geschäftsmodell des Krisenunternehmens. Der Stellenwert des leistungswirtschaftlichen Bereiches ist stark gewachsen. Dazu werden die Meilensteine aus dem Sanierungsumsetzungskonzept intensiv überwacht und nicht mehr allein das Zahlenmaterial wird bei der Überprüfung durchgesehen. Der Fortschritt der leistungswirtschaftlichen Sanierungsschritte wird nachgehalten und in Verbindung mit den Ergebniseffekten genau kontrolliert.

Bei der zeitlichen Überwachung der Sanierung zeigen sich teilweise deutliche Unterschiede. Rund 97,0 % der Banken kontrollieren den Sanierungsverlauf bis zum Turnaround, aber nur 15,0 % der Institute prüfen auch regelmäßig nach der Rückgabe des Falls an die Normalkreditbearbeitung das Engagement weiterhin auf ehemals vorhandene Krisenmerkmale.

Die maximale Sanierungsdauer geben 4,8 % der Antwortenden mit einem Jahr an, es folgen 8,8 % mit zwei Jahren und 25,0 % mit drei Jahren. Ein hoher Prozentsatz legt somit keine maximale Sanierungsdauer für die Begleitung und Kontrolle der Engagements fest. Diese Krisenfälle verbleiben dann gegebenenfalls auch deutlich länger als drei Jahre in der Sanierungsabteilung, wie Abb. 4.75 zeigt.

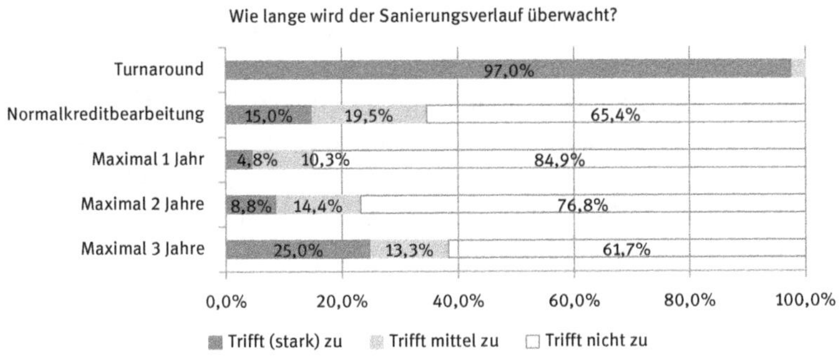

Abb. 4.75: Zeitliche Überwachung des Sanierungsverlaufes (Quelle: Eigene Darstellung)

Dabei kann dieser Gesundungsprozess zeitlich begrenzt werden, damit die knappen Personalressourcen in den Sanierungsabteilungen der Banken nicht auf lange Dauer mit wenig aussichtsreichen Fällen belastet werden. Hier ist auf den einzuschätzenden Mehrwert der Sanierung zu verweisen. Wenn dieser durch eine längere Betreuungsphase als hoch beurteilt wird, kann die Empfehlung auch lauten, das Engagement auch langfristig und mehr als drei Jahre zu betreuen und zunächst in der Sanierungsabteilung zu belassen.

Wichtig ist es jedoch, die Fälle grundsätzlich nach einem bestimmten Zeitraum abzuschließen und längere Betreuungen im Einzelfall zu entscheiden, beziehungsweise diese nur im Ausnahmefall zu genehmigen und damit als Sonderfälle anzusehen. Auch bei der Rückübergabe in den Markt ist darauf zu achten, dass der Krisenkunde komplett durchsaniert wurde und möglichst nicht nach einem kurzen Zeitraum erneut in der Sanierungsabteilung auftaucht.

Die Kontrolle bis in den Normalkreditbereich hinein wird häufiger von Vertretern aus Privatbanken benannt. Diese sehen auch eine maximale Dauer der Sanierung von zwei Jahren öfter als begrenzenden Faktor an als die anderen Banken. Antwortende aus Sparkassen verwenden häufiger die maximale Betreuungsdauer von drei Jahren in der Sanierung. Die kleinen Banken betreuen die Engagements häufig länger als die übrigen Institute, regelmäßig mit einer Dauer von über drei Jahren. Dies hängt wahrscheinlich mit dem engen regionalen Kundenkontakt zusammen.

Wichtige Maßnahmen zur Erreichung eines Sanierungserfolges betreffen aus Sicht der Beurteiler in Banken eine zeitnahe sowie handlungsorientierte Vorgehensweise bei der Restrukturierung. Dazu gehören eine frühzeitige Krisenerkennung, ein unverzügliches Reagieren auf eine Schieflage und das Mittragen des Gesundungsprozesses durch den Unternehmer, die Überwachung der Umsetzung, ein ganzheitliches Sanierungskonzept sowie die schnelle Umsetzung des Konzeptes. Als wichtig wird auch die Realisierung von nachhaltigen Kostensenkungen im Unternehmen eingeschätzt. Ein finanzieller Gesellschafterbeitrag wird von der überwiegenden Anzahl der Entscheider in den Kreditinstituten als besonders relevant empfunden. Die Bankunterstützungen im Bereich des Fremdkapitals, zum Beispiel bei den Tilgungsstundungen, werden ebenfalls als bedeutend angesehen. Die strategische Neuausrichtung einer Firma und die Bankhilfen im nichtfinanziellen Bereich, unter anderem bei der Beraterauswahl und im Bereich Eigenkapital, zum Beispiel bei der Vermittlung strategischer Kapitalgeber, stehen in der Bedeutungsrangfolge weiter hinten, wie die nachfolgende Abb. 4.76 verdeutlicht.

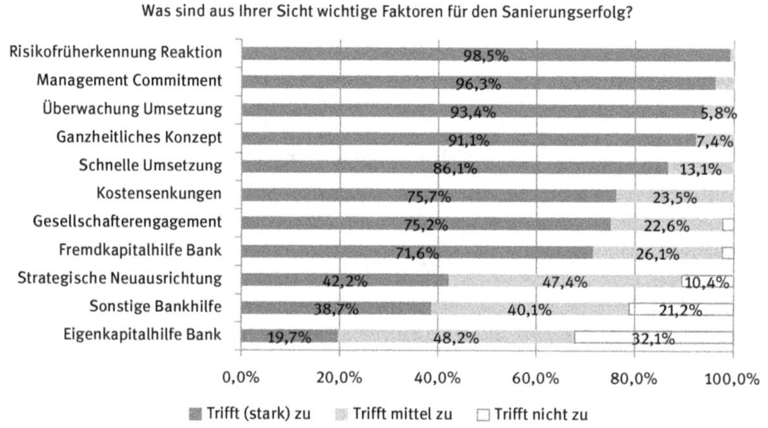

Abb. 4.76: Erfolgsfaktoren einer Sanierung (Quelle: Eigene Darstellung)

Unterschiede bei den Bewertungen der Erfolgsfaktoren sind nach Banksektoren bei der strategischen Ausrichtung zu sehen. Diese wird verstärkt von den Privatbanken ebenso wie die Realisierung von Kostensenkungen und Fremdkapitalunterstützungen gefordert. Auch die Unterstützung im nichtfinanziellen Bereich wird vermehrt durch die Antwortenden aus den Privatinstituten angekreuzt. Das finanzielle Engagement von Gesellschafterseite wird dagegen insbesondere von Privatbanken und Vertretern der Sparkassen als bedeutend angesehen, um die Unterstützungsbereitschaft von der Eigentümerseite her zu erkennen.

4.8 Controlling und Reporting der Sanierungsaktivitäten

Lernziele:
Turnaroundkriterien und Prozesse zur Rückgabe in den Normalkreditbereich kennen
Zahlenwerke zum Controlling der Sanierungsaktivitäten aufbauen können
Ex-post-Berichterstattungen auf Basis der MaRisk gestalten können

Zum Abschluss des Sanierungsprozesses wird entweder der Turnaround erreicht oder es folgt bei einem Scheitern der Sanierung der Insolvenzantrag. Es ist von Interesse, welche Kriterien einen nachhaltigen Turnaround anzeigen und wann eine Gesundung als gescheitert gilt. Die Standards können bereits beim Einleiten der Sanierung festgelegt werden, um den Entscheidungsprozess zur Rückgabe in die Normalbearbeitung oder zur Weitergabe an die Abwickler klar zu definieren. Die Dauer von Sanierungen sollte nicht auf einen unbestimmten Zeitraum ausgedehnt werden und Sanierungsabteilungen überlasten. Es ist von Bedeutung, welche Arbeitsschritte in den Kreditinstituten im Fall eines Turnarounds einsetzen.

So kommt der nachträglichen Analyse erfolgreicher Sanierungsfälle eine Bedeutung auch für künftige Krisenengagements zu. Die Risikofrüherkennungssysteme können weiterentwickelt und die Erkenntnisse aus dem Sanierungsprozess genutzt werden, um die bankinternen Ablaufschritte stetig zu verbessern. Das Wissen in der Sanierungsabteilung sollte an andere Bereiche weitergegeben werden. So können die Erkenntnisse in internen Schulungen an Mitarbeiter der Normalkreditbearbeitung und des Vertriebes übermittelt werden, um diese im täglichen Geschäft für eine Gefährdung anzeigende Risikokonstellationen zu sensibilisieren.

Des Weiteren sind die Effekte aus der bankinternen Sanierungstätigkeit zu bewerten. Zahlengerüste sind notwendig, um die Erfolge der Sanierungsabteilung beurteilen und im Hinblick auf Prozessoptimierungen durchdringen zu können. Von Bedeutung ist es, geeignete Messgrößen für diese Aktivitäten zu finden, um diesen Bereich als Profit Center beurteilen zu können. Es sind qualitative und quantitative Daten auszuwerten. Vorteilhaft ist es, ein Controlling der Sanierungsaktivitäten aufzubauen. Dazu sind die Kosten und Erfolge in diesen Bereich zu messen.

Auf Basis dieser Analysen lässt sich auch die Berichterstattung im eigenen Hause zu den Einzelfällen und den Sanierungsengagements in der Gesamtschau neu strukturieren. Es sind Berichterstattungen auf Einzelengagementebene sowie für das Kreditportfolio zu erstellen, die eine übersichtliche Steuerung der Kredite ermöglichen und Migrationen erfassen. Diese Reportings lassen sich auch dazu verwenden, um die interne Kommunikation gemäß MaRisk BT 3 zu optimieren.

4.8.1 Prozesse im Anschluss an die erfolgreiche Sanierung

Neben den Ablaufschritten zur Sanierungsumsetzung eines Problemengagements ist die Gestaltung der Geschäftsprozesse im Anschluss an eine erfolgreiche Sanierung wichtig. Diesen Betrachtungen wird in der Praxis bislang nur wenig Beachtung geschenkt. Dabei sind gerade diese Prozesse im Anschluss an einen erfolgreichen Turnaround von großer Bedeutung:

- Beurteilung des Erfolgs einer Sanierungsabteilung
- Weiterentwicklung der Risikosysteme
- Konstruktion neuer variabler Anreizsysteme
- Gestaltung der Risikoberichterstattung
- Controlling in Intensiv und Sanierung

Damit der Turnaround verlässlich festgestellt werden kann, sollten zum einen die Krisenmerkmale, die seinerzeit bei einem individuellen Krisenfall zu einer Einschätzung als erhöht risikobehaftetes Engagement geführt haben, im Hinblick auf positive Veränderungen untersucht werden. Zum anderen sind allgemeine Merkmale wie die vorhandene Kapitaldienstfähigkeit zu formulieren, die für einen Turnaround gegeben sein müssen, um eine vollständige Regeneration eines Engagements anzuzeigen. Wichtige Faktoren, die betrachtet werden sollten, betreffen unter anderem die folgenden Bereiche:

- Insolvenzabwendung: Die Tatbestände, die eine Insolvenzantragspflicht auslösen, sollten nachhaltig ausgeschlossen werden können.
- Kapitaldienstfähigkeit: Die Kapitaldienstfähigkeit soll unbedingt dauerhaft gegeben sein. Die Kontoführung erfolgt im Rahmen der vereinbarten Linien.
- Wettbewerbsfähigkeit: Eine durchschnittliche Sektorrendite wird beständig erzielt. Das Eigenkapital erreicht eine branchenübliche Größenordnung.

Es ist zu prüfen, ob die Risikomerkmale aller Krisenstadien langfristig beseitigt worden sind. Insgesamt sollte keine Liquiditätskrise, keine Ertragskrise und keine Strategiekrise mehr bestehen und die langfristige Wettbewerbsfähigkeit wieder hergestellt worden sein. Anhaltspunkte einer Krisenüberwindung ergeben sich auch aus den Standards zur Erstellung von Sanierungsgutachten in Form des IDW S 6 sowie den MaS. Nur wenn sich die ermittelten Risikokriterien bei der betrachteten Firma dauerhaft verbessert haben sowie die Wettbewerbsfähigkeit langfristig gegeben ist, kann eine Auflösung der Einzelwertberichtigung erfolgen und zudem eine Übergabe an die Normalkreditbearbeitung in Betracht gezogen werden.

Der Auslöser zur Bildung und Auflösung einer Einzelwertberichtigung ist in der Regel das interne Ratingsystem eines Kreditinstituts. Die Ratingklassifikation dient unter anderem zur Einschätzung der künftigen Ausfallwahrscheinlichkeit bezogen auf ein Jahr. Relevant ist die nachhaltige Kapitaldienstfähigkeit des Unternehmens.

Es werden qualitative und quantitative Faktoren zur Beurteilung der Bonität eines Firmenkunden einbezogen. Dabei bewertet die Kennzahlenanalyse die Vermögens-, Finanz- und Ertragslage eines Unternehmens im Zeitvergleich sowie in Relation zu den Wettbewerbern der Branche unter anderem anhand folgender Größen:

- Debitoren- und Kreditorenlaufzeit, Working Capital
- Eigenkapitalquote, Verschuldungsgrad und Kontoführung
- Umsatzvolumen, Jahresüberschuss sowie Cash Flow

Qualitative Faktoren, die untersucht werden können und zu der Einschätzung der Bonität dienen, sind Beurteilungen zu den folgenden Bereichen:

- Geschäftsführung und mittleres Management
- Produkte, Dienstleistungen und Wettbewerbsfähigkeit
- Unternehmensstrategie und interne Controllinginstrumente

In Anlehnung an die Bewertung der quantitativen und qualitativen Daten sind Entscheidungen über die Auflösung der EWB, die Ratingverbesserung und eine Rückübertragung in den Normalbereich vorzunehmen. Eine Umstufung im Rating, die EWB-Auflösung und die Übertragung in die Normalkreditbearbeitung sollten möglichst zeitgleich erfolgen. Von Bedeutung ist es, die zu erreichenden Maßstäbe für einen Turnaround festzuschreiben und diese in die internen Richtlinien der Kreditinstitute mit aufzunehmen. Damit wird die Verlässlichkeit für diese wichtige Entscheidung gestärkt. Denkbar ist die Erarbeitung einer Checkliste, die in allen Punkten erfüllt sein muss, damit eine Rückübertragung des Engagements in die Normalkreditbearbeitung erfolgen kann. Auch die Kompetenz für die Umgliederung eines Engagements in den Normalkreditbereich ist festzulegen.

Wurde der nachhaltige Turnaround bei einem Engagement anhand objektiver Kriterien festgestellt und möglichst durch zwei unabhängige Voten positiv entschieden, sollten bestimmte Geschäftsprozesse einsetzen, damit das ehemalige Krisenengagement in einem einheitlichen Ablauf an die Normalbearbeitung übergeben wird. Die Beschreibung der Geschäftsprozesse dient unter anderem dazu, ein effizientes und strukturiertes Vorgehen zu gewährleisten.

Neben der Ratingverbesserung sowie der EWB-Auflösung sind weitere Geschäftsprozesse für die Übergabe in den Normalbereich auszugestalten und schriftlich zu fixieren. So sind unter anderem die Kreditkonditionen an das neue Risiko anzupassen. Diese veränderte Bonitätseinschätzung ist dem Kreditnehmer in einem Kundengespräch zu übermitteln. Anschließend ist das Engagement in den Marktfolgebereich der Normalkreditbearbeitung zu überführen. Die Überleitung sollte mit der Übergabe der Kredit- und Sicherheitenakten und einem schriftlichen Protokoll erfolgen. In diesem Dokument sind die Krisenursachen und der Sanierungsverlauf festzuhalten. Zusätzlich sollte ein Übergabegespräch erfolgen. Auf diese Weise kann das Engagement künftig im Hinblick auf die früheren Risikoanzeichen überwacht werden.

Zudem ist im Anschluss an die Rückgabe eine bestimmte Zeitdauer festzulegen, in der das Engagement weiterhin genau kontrolliert wird. Die Änderung der internen Zuständigkeit und die Ratingverbesserung sind dem Kunden nach dieser schwierigen und intensiven Betreuungsphase aus Gründen der Fairness unbedingt mitzuteilen. War der Firmenkundenbetreuer bislang in diesen Sanierungsprozess mit einbezogen, ist ein Betreuerwechsel auf der Marktseite nicht notwendig.

Die Kundenverbindung ist wieder vollständig aufzunehmen, jedoch unter der weiteren Beobachtung von den bisher bekannten und gegebenenfalls neuen Risikoanzeichen. Dem Kunden ist die Umgruppierung in den Normalkreditbereich ausführlich zu erläutern. Diese Erkenntnisse aus neueren Risikomustern sind in die Früherkennungssysteme einzuarbeiten. Diese Maßnahmen dienen zur qualitativen Verbesserung der Risikoerkennung und zur Unterstützung der Risikokultur in der Bank.

Als weitere Ex-Post-Maßnahmen sind die Sanierungserfolge über ein Controlling zu messen und die Abläufe in der Sanierung auf Optimierungspotenziale hin zu überprüfen. Des Weiteren ist ein umfassendes Berichtswesen mit den Ergebnissen aus dem Sanierungsverlauf aufzubauen. Einzelauswertungen zu den Engagements sollten in regelmäßigen Abständen verdichtet werden zu einem Gesamtsanierungsbericht. Dieser basiert auf den Ex-Post-Auswertungen aller bearbeiteten Sanierungsfälle in einem festgelegten Zeitraum. Neben den quantitativen Erfolgen aus der Sanierungsarbeit können die qualitativen Verbesserungen der Arbeitsschritte aufgezeigt werden. Die folgende Abb. 4.77 zeigt diese Geschäftsprozesse, die mit dem Erreichen des Turnarounds umgesetzt werden sollten.

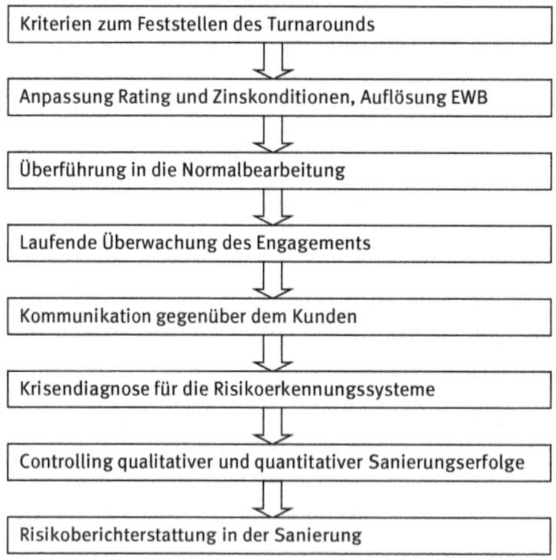

Abb. 4.77: Geschäftsprozesse nach Erreichen des Turnarounds (Quelle: Eigene Darstellung)

Im Folgenden wird der Fokus auf die Auswertung der qualitativen und quantitativen Sanierungserfolge, die Durchdringung der Kostenstrukturen und die Gestaltung des Reportings gelegt. Dies ist gerade dann von Bedeutung, wenn der Sanierungsbereich als eigenständigen Profit Center innerhalb der Bank betrieben wird. Auf diese Weise können die Leistungen dokumentiert werden. Grundlage der Analysen und der Berichterstattung ist eine interne Kostenrechnung und ein bankinternes Controlling im Sanierungsbereich.

Definition: Das **Problemkreditcontrolling** wird als Teilbereich des Bankcontrollings zur qualitativen und rechnerischen Begleitung aller Vorgänge rund um die Betreuung von Problemkrediten in der Sanierung und Abwicklung verstanden. Das Ziel des Problemkreditcontrollings ist es, die Erlös- und Kostentransparenz in diesen Spezialbereichen der Engagementbearbeitung zu erhalten. Dazu sind Entscheidungen bei der Kapazitätsausgestaltung, bei den Mitarbeiteranforderungsprofilen, bei den Prozessen zur Sanierungsbegleitung oder der Abwicklung zielgerichtet zu treffen. Zudem können die Ergebnisse einer verbesserten Informationspolitik und einem aussagekräftigen Reporting an die Geschäftsleitung im Rahmen der internen Berichterstattung dienen, um auf dieser Grundlage fundierte Entscheidungen über die Ausgestaltung von Personalkapazitäten treffen zu können.

Qualitative Auswertung der Einzelengagements

Sämtliche Teilschritte im Sanierungsprozess bieten die Möglichkeiten einer Analyse. Dies ist erforderlich, um Schwachstellen in den Prozessen zu erkennen und Umgestaltungen vorzunehmen. Wichtige Gründe der Auswertungen sind:

- Überarbeitung der Prozesslandschaft mit Haupt- und Teilprozessen
- Bewertung der Unternehmensberater im Sanierungseinsatz
- Beurteilung der internen Mitarbeiterstrukturen und Kapazitäten

Beispielsweise kann eine systematische Analyse der Einschätzungen in den Sanierungsgutachten erfolgen. Dieses ist von Bedeutung, um festzustellen, ob die Sanierungsfähigkeit der Krisenfirmen in den überwiegenden Fällen mit der späteren Sanierungswürdigkeit übereinstimmt und der Turnaround wie prognostiziert erreicht wurde oder aus welchen Gründen eine Sanierung gescheitert ist. Die Prognosen der Berater sind anhand der realen Ergebnisse zu überprüfen.

Dazu sind die Sanierungskonzepte im Hinblick auf die Qualität wichtiger Inhaltsbausteine auszuwerten. Entscheider in der Sanierungsabteilung haben auf die große Bedeutung des Umsetzungsteils im Sanierungskonzept hingewiesen. Daher sollten die Sanierungsgutachten nachträglich auf die Darlegung der geplanten Umsetzungsmaßnahmen ausgewertet werden. Diese Bewertungen können bereits bei einer Durchsicht der Unterlagen im Rahmen einer Feststellung der Sanierungswürdigkeit erfolgen. Hilfreich ist dabei die Erarbeitung einer Checkliste, mit der wichtige Bausteine in den Gutachten auf einer Bewertungsskala im Hinblick auf die Qualität und die real erzielten Ergebnisse beurteilt werden.

Aufbauend auf einer Analyse der Sanierungskonzepte sollte auch eine Einschätzung zu den konzepterstellenden Beratungsfirmen und den involvierten Beratern im Rahmen eines Stärken-Schwächen-Profils abgegeben werden. Darüber kann ermittelt werden, welche Berater in der Analyse oder in der Umsetzung besondere Stärken sowie Schwächen aufweisen. Auch diese Informationen sind strukturiert zu erheben und anschließend in einem jährlichen Bericht auszuwerten. Auf diese Weise kann die Qualität des Unternehmensberaters sowie der Beratungsfirma beurteilt werden. Zudem kann einmal jährlich ein Feedback-Gespräch mit den häufig eingesetzten Gesellschaften zu den Anforderungen der Praxis geführt werden.

Grundsätzlich können alle bisherigen Prozessschritte aus den Erfahrungen in den einzelnen Sanierungen systematisch ausgewertet werden und die Ergebnisse aus diesen Analysen in die Risikoberichterstattungen eingehen. Auf diese Weise können Verbesserungen der Risikoerkennung mit neuen relevanten Kombinationen von Risikofaktoren, der Abläufe, der Organisation, der Sofortmaßnahmen, bei der Beraterauswahl, der finanz- und leistungswirtschaftlichen Sanierung, der Poolbildung, der Sanierungsüberwachung sowie der bankinternen Auswertung der Sanierungsfälle durchgeführt werden (vgl. Portisch, 2013f, S. 149 ff.). Zudem ist ein Messkonzept zu erarbeiten, dass neben der Untersuchung des Erfolges der qualitativen Schritte im Sanierungsprozess, die angefallenen Kosten und den Nutzen errechnet und dies in der internen Risikoberichterstattung aufführt.

Quantitative Auswertung im Rahmen eines Sanierungscontrollings

Zu analysieren sind die Kosten- und Erfolgsbausteine in den einzelnen Sanierungsfällen und in der Gesamtheit der bearbeiteten Engagements in festen Zeitabschnitten. Wichtige Gründe zur systematischen Erhebung dieser Daten sind:

- Ermittlung des quantitativen und qualitativen Personalbedarfs
- Grundlage zur Einführung einer standardisierten Mitarbeiterbeurteilung
- Aufbau eines variablen Vergütungssystems in der Sanierung

Bei der Konstruktion eines Messkonzeptes zur quantitativen Auswertung der Sanierungsfälle sind diese Felder zu berücksichtigen. So können bei der Beurteilung des Erfolgs der Sanierungsarbeit externe Benchmarks als Maßstab angelegt werden. Aus den erhobenen Fallzahlen und sonstigen Bearbeitungsdaten zu den Haupttätigkeiten in der Sanierungsarbeit sollte sich ein Mengengerüst für den quantitativen und qualitativen Personalbedarf ableiten lassen. Auf dieser Grundlage kann der risikosensible Bereich gesteuert werden.

Diese systematische Erfassung von Daten aus abgewickelten Sanierungsfällen kann zusätzlich als Grundlage für ein Beurteilungssystem der Mitarbeiter sowie ein variables Vergütungssystem herangezogen werden. Das zu wählende Messkonzept ist in eine Gesamtbankstrategie einzubinden und sollte mit der Kreditrisikostrategie und der beabsichtigten Risikokultur und Risikotragfähigkeit eine Einheit bilden.

Es ist ein geschlossenes Controlling-System zu erarbeiten mit einem Zielsystem und den daraus abgeleiteten Aufgaben der Planung, Entscheidungsunterstützung sowie Informationsversorgung in einer Bank, um die Geschäftsleitung bei der Steuerung von Managemententscheidungen zu unterstützen (vgl. Horváth et al., 2015, S. 1 ff.). Zielbereiche des Problemkreditcontrollings in der Sanierung sind:

- Erzielung von Kosten- und Erlöstransparenz, möglichst anhand von Informationen aus der vorhandenen Bankensoftware und Aufbau Berichtswesen
- Entscheidungsunterstützung bei der Sanierung und Abwicklung einzelner Engagements mit der Kalkulation und der Bewertung von Alternativen
- Vorgabe von Planungen und Abweichungsanalysen für das interne und externe Rechnungswesen der Gesamtbank und für die leistungsbezogene Vergütung
- Ausgestaltung der Sanierungs- und Abwicklungsorganisation mit Stellenprofilen und Kapazitäten auf der Basis einer Prozessstruktur
- Erarbeitung einer Prozesslandschaft zur Begleitung häufig vorkommender Prozesswege mit Hauptprozessen und Teilprozessen in der Sanierung

Als theoretisches Modell zum Aufbau des Problemkreditcontrollings bietet sich die Prozesskostenrechnung an, da sich umfangreiche Anteile an indirekten Kosten, die in der Sanierung unter anderem in Form von Personalkosten entstehen, auf Kostenträger zurechnen lassen und diese Methode die prozessuale Denkweise in der Sanierung und Abwicklung unterstützt. Gerade das Denken in Abläufen bietet in der Sanierungsabteilung eine optimale Grundlage für den Einsatz der Prozesskostenrechnung mit dem Aufbau von Effizienz und digitaler Unterstützung.

Im Folgenden wird in Abb. 4.78 ein mögliches schrittweises Vorgehen der Kostenanalyse- und Erlösverrechnung auf Einzelengagements oder Kreditnehmereinheiten beziehungsweise für die Ablaufschritte der Bearbeitung in der Sanierungsabteilung vorgeschlagen (vgl. Horváth/Mayer, 1989, S. 214 ff.).

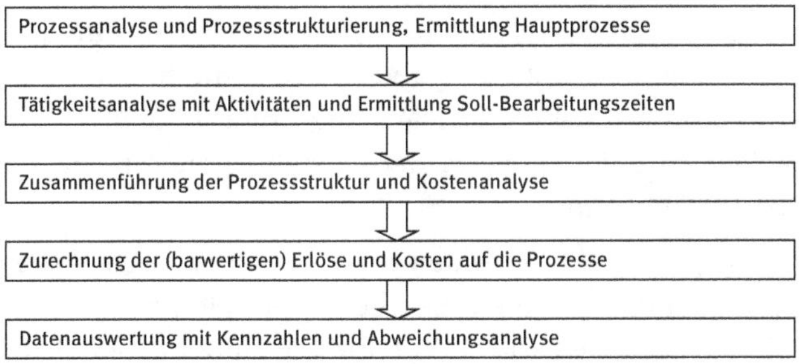

Abb. 4.78: Vorgehen bei der Kosten- und Erlösanalyse (Quelle: Eigene Darstellung)

Basis der Anwendung einer Prozesskostenrechnung stellt die Erfassung der zu untersuchenden Abläufe beziehungsweise Prozesse dar. Hauptprozesse werden identifiziert und festgelegt. Sie werden unterteilt in Teilprozesse. Als kleinste Einheit werden die Aktivitäten eines Teilprozesses erfasst. Ein Teilprozess lässt sich als Bündel von sachlich aufeinander bezogenen Tätigkeiten erfassen, die zu dem Arbeitsergebnis führen. Dies ist beispielsweise bei einem Sanierungsprojekt in der Individualbetreuung von der Risikoerkennung bis zum Turnaround der Fall.

Dazu sind die Hauptprozesse zu identifizieren, die Aktivitäten zu beschreiben sowie die Zeitdauern für die Aktivitäten und Liegezeiten zu messen. In einem abschließenden Schritt sind Teilprozesse zu umfassenden Hauptprozessen zu aggregieren und die Prozesskosten auf Basis der Personal- und Sachkosten zu ermitteln. Dies wird in der nachfolgenden Abb. 4.79 beschrieben.

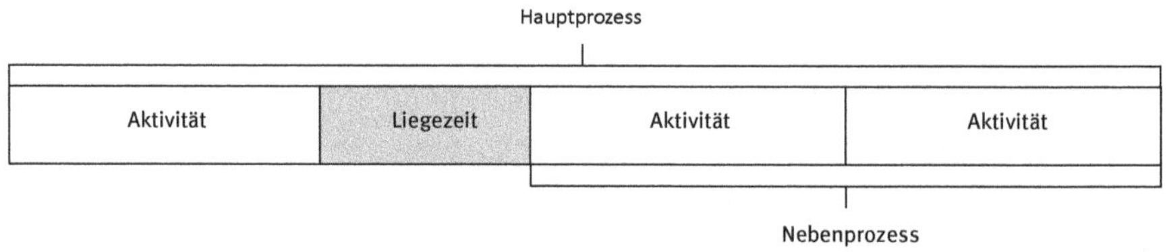

Abb. 4.79: Beschreibung der Hauptprozesse (Quelle: Eigene Darstellung)

Der Individualsanierungsprozess wird modulweise zerlegt in Teilvorgänge, die in jedem Sanierungsfall oft aufgrund gesetzlicher Grundlagen zur Anwendung kommen und Teilmodule, die in Spezialfällen zur Umsetzung gelangen. In einer Matrix werden die entstehenden Kostenarten und die Maßstäbe für eine verursachungsgerechte Kostenerhebung abgeleitet. Die Kernprozesse lassen sich wiederum unterteilen in Teilprozesse, mit einzelnen Arbeitsaufgaben, den Aktivitäten. So sind beispielsweise bei der Vorbereitung der Erstberichterstattung und der Erarbeitung des internen Sanierungskonzepts unter anderem viele Dateneingaben zu tätigen. Zur Erfassung wesentlicher Kernaufgaben ist in der Regel eine zusätzliche Zeiterfassung notwendig, damit die ermittelten Zeiten eine Umrechnung der entstehenden Personalkosten auf die Sanierungsschritte ermöglichen.

Im nächsten Schritt sind die insgesamt entstehenden Aufwendungen nach Kostenarten zu erfassen. Im Wesentlichen treten direkte Bearbeitungskosten in Form von Personalkosten auf. Des Weiteren sind Sachkosten in Form der Nutzung der IT und kalkulatorische Kostenarten zu erfassen. Die administrativen Kosten der Leitung sowie sonstige indirekte Prozesse der Beanspruchung anderer Abteilungen sind ebenfalls mit einzubeziehen und gegebenenfalls umzulegen.

Als Ergebnis dieser Kostenanalyse lassen sich beispielsweise Minutensätze für die Sanierungsbetreuung in den Aktivitäten und Teilprozessen ermitteln, je nach Status des Stelleninhabers. Diese Kosten sind leistungsmengeninduziert, da sie im Wesentlichen direkt mit den Bearbeitungsvorgängen zusammenhängen. Werden die Personalkostensätze dann mit den einzelnen Zeitdauern der Aktivitäten multipliziert und über die Teil- und Hauptprozesse aggregiert, lassen sich die Kosten für die Hauptprozesse in der Individualsanierung ermitteln. Daraus lassen sich im Verbund mit der geplanten Sanierungsstrategie und den Fallzahlen in einer Periode die Kosten und Erlöse im Plan und im Ist vergleichen.

Die Grundlage dafür bildet eine Analyse der Tätigkeiten der Berater und Analysten in der Sanierung und der Sachbearbeiter in der Abwicklung, um erstens die Haupttätigkeiten zu erfassen und zweitens die Soll-Bearbeitungszeiten für diese Aktivitäten zu ermitteln. Diese Vorgabezeiten bilden die Basis für die Kostenkalkulation und die spätere Abweichungsanalyse. Die Ermittlung der Normzeiten bildet die Grundlage für die Kostenverrechnung. Damit stabile sowie aktuelle Werte gegeben sind, sollten die Werte in regelmäßigen Abständen in weiteren Zeitaufschreibungen überprüft werden. Auch bei Veränderungen der Prozessstrukturen sind die Richtwerte nochmals für die neue Prozessstruktur zu erfassen.

Das Ziel ist die verursachungsgerechte Verteilung möglichst großer Kostenanteile der Gemeinkosten, die Errechnung der Kostensätze auf Basis der wesentlichen Kostentreiber und die Verteilung der Aufwendungen auf Prozesse sowie die Ableitung einer Kalkulationsbasis für die Kostenträger.

Es soll die Frage beantwortet werden können, was eine Sanierung im Individualbereich mit den üblichen Teilprozessen und den zusätzlichen Spezialmodulen durchschnittlich kostet und welche Erlöse sich direkt zuordnen lassen. Die Kostenträger müssen möglichst quantifizierbar sein, wie die Anzahl an Individualsanierungen, und es sollte ein verursachungsgemäßer Zusammenhang zwischen den Kosten, den Prozessen und den Kalkulationsobjekten bestehen. Kostentreiber sind die Hauptprozesse in Form der möglichen Sanierungs- und Abwicklungswege und die Teilprozesse, die bei jedem Sanierungs- und Abwicklungsweg entstehen. Zusätzlich lassen sich Spezialmodule erfassen, die nicht bei jedem Sanierungs- und Abwicklungsprozess auftreten, wie die Übernahme der Poolführerschaft oder die Tätigkeit in einem Lenkungsausschuss bei der Sanierungsüberwachung.

Erforderlich für die Beurteilung des Sanierungs- oder Abwicklungserfolgs bei einem Engagement sind zunächst die Zielvorgaben in Form der geplanten und erreichbaren Risikoreduzierung, unter den zugerechneten Soll-Bearbeitungskosten. Als Erfolg ist unter anderem zu bewerten, wenn über den geplanten Vorgaberisikoabbau beispielsweise aufgrund erhöhter Nachbesicherungen und ausgehandelter Tilgungen über die Sollgrößen erhöhte Erlöse beziehungsweise reduzierte Kosten realisiert wurden. Dabei kann die Veränderung einer Ratingklasse mit Gewichtung der Ausfallwahrscheinlichkeit in die Bewertung mit einbezogen werden.

Zudem sind die Zinserträge zu erfassen. Es bietet sich zur Vor- und Nachkalkulation ein Ertragswertmodell auf Basis der Marktzinsmethode mit Anpassungen der Diskontierungszinssätze an das erhöhte Risiko an. Bei den qualitativen Faktoren spielt die Messung des Zeitfaktors mit dem Einhalten der Meilensteine im chronologischen Verlauf und die erforderliche Gesamtzeit der eingesetzten Sanierungsaktivitäten im Soll-Ist-Vergleich eine Rolle. Da die Kosten und Erlöse auf der Zeitschiene anfallen, sind diese barwertig zu betrachten. Als Diskontierungszinssatz ist ein interner risiko- und laufzeitangepasster Zinssatz für die Problemkreditbearbeitung zu wählen. Die Risikoprämie kann beispielsweise aus der Höhe der Ausfallwahrscheinlichkeit der Bonitätsklasse abgeleitet werden.

Ziel ist die Ermittlung des Barwertes aus den Erlösen und Kosten eines Engagements auf dem Zeitstrahl als Zielvorgabe und als Erfolgskriterium für die Sanierung. Von grundlegender Bedeutung ist die Ermittlung einer quantitativen Zielerfolgsgröße in der Sanierung wie zum Beispiel die mögliche EWB-Reduzierung. Zudem ist die Vermeidung von Haftungsrisiken, Anfechtungsrisiken sowie Vertragsrisiken aus unzureichenden Sicherheitenverträgen unter anderem qualitativ zu berücksichtigen (vgl. Draxlinger/Schöning, 2014, S. 216 ff.).

Zentrale Steuerungskennzahlen, die die Transparenz der Problemkreditbearbeitung im Hinblick auf Ergebnisse sowie Effizienz erhöhen, werden von den Instituten bereits genutzt, jedoch fehlen Benchmarkvergleiche aufgrund einheitlicher Messmodelle. Die meisten Banken und Sparkassen konzentrieren sich als wesentliche Steuerungsgröße auf die Entwicklung der gebildeten beziehungsweise zu bildenden Einzelwertberichtigung für die Sanierungsengagements. Gerade die Abhängigkeit von hausinternen Vorgaben wie zum Beispiel die Gewährung von neuen Krediten bei Engagements in der Sanierung, welche bei nicht ausreichenden werthaltigen Kreditsicherheiten eine EWB-Bildung bedeuten kann, führt dazu, dass die Auflösung von EWB für die Messung des Erfolgs der Problemkreditbearbeitung im Bereich der Sanierung allein nur bedingt geeignet ist. Als geeignete Kennzahlen für ein funktionsfähiges Controlling haben sich daher zusätzlich die Fokussierung auf die Messung der Anzahl der Engagementrückgaben aus der Sanierung in die Normalkreditbetreuung am Markt, die Einhaltung der gesetzten Meilensteine sowie die maximale Bearbeitungsdauer für Sanierungsengagements als qualitative Maßstäbe erwiesen. Diese qualitativen Merkmale führen zu einer umfassenderen Sichtweise.

Als erstes gibt die Kennzahl der Rückgabequote in die Normalkreditbetreuung darüber Aufschluss, wie erfolgreich die Sanierungsabteilung in Bezug auf die Rückführung in den Markt und auf die Wiederherstellung der Kapitaldienstfähigkeit arbeitet. Die Kennzahl ist für ein Benchmarking im Rahmen eines Instituts- und Zeitvergleichs aufgrund des geringen Erhebungsaufwands besonders geeignet. Im Rahmen einer jährlichen Betrachtung ist zweitens festzustellen, in wieviel Prozent der Fälle die gesetzten Meilensteine beziehungsweise maximale Bearbeitungsdauer für Sanierungsengagements eingehalten wurden.

Auf dieser Basis ist zu prüfen, ob die festgelegten Schritte im Rahmen der Sanierungsbearbeitung institutsbezogen korrekt festgelegt wurden oder Anpassungsbedarf besteht. Anhand der Kennzahlen kann aussagekräftig ermittelt werden, ob die Sanierungsabteilung effizient arbeitet. Für diese Daten bietet sich ein Benchmarking im Zeitvergleich und in Form eines Institutsvergleichs an.

Der EWB-Abbau als dritte Kennzahl im Rahmen der Erfolgsmessung sollte erst nach Abschluss der Sanierung eingesetzt werden und eignet sich in der Regel nicht bei der Beurteilung in der laufenden Sanierungsbearbeitung. Die drei Kennzahlen sind in Kombination einzusetzen, um damit eine höchstmögliche Transparenz und Aussagekraft in der Erfolgsmessung zu erreichen. Es besteht auch die Möglichkeit diese Determinanten zu gewichten und dann zu einem Gesamtscorewert zu aggregieren, der Ausdruck des Erfolgs in der Sanierungsarbeit bei einem Engagement oder in einem zeitlichen Abschnitt darstellt.

Kapazitätsmessungen und Leistung der Sanierungsberater

Anhand der Vorgaben zu den Zeitdauern können die Engagementzahlen auf die Individualsanierer, die Standardsanierer und die Risikospezialisten aufgeteilt werden. Es ist aber zu beachten, dass diese Prozesse bei Individualsanierungen aufgrund der unterschiedlichen Komplexitäten der Engagements nicht vergleichbar sind und sich ein zu starres Festhalten an feste Zeiteinheiten für bestimmte Geschäftsprozesse negativ auf den Gesamterfolg auswirken kann. Individualsanierer, die große Engagements betreuen, benötigen Freiheiten und Zeit bei ihren Tätigkeiten. Dies lässt sich zum Teil schwerer in Soll-Bearbeitungszeiten ausdrücken. Auf der Grundlage der ermittelten Erfolgsgrößen sowie Kostenfaktoren können Kennzahlen zur Beurteilung des Erfolgs einer Sanierungsabteilung errechnet werden.

Das Messsystem hat allgemeine Anforderungen an ein Erhebungsmodell zu erfüllen. Es sollte transparent und verständlich sein, vollständige, aktuelle Daten verarbeiten sowie in ein Gesamtkonzept der Mitarbeiterbeurteilung und Vergütung eingebettet sein. Die zu messenden Inhalte sollten disjunkt sein und im Rahmen des Verantwortungsbereiches der Mitarbeiter liegen.

Messgrößen in der Sanierungstätigkeit sollten den Zusammenhang der Leistung des Mitarbeiters mit dem zu erzielenden Erfolg widerspiegeln. Zunächst sind für jedes Stellenprofil in der Sanierungsabteilung die häufigen Tätigkeiten zu erheben. Diese liegen beim Standardsanierer beispielsweise in der Auswertung von Zahlenmaterial und beim Individualsanierer in der Votierung oder der Durchführung von Kundenterminen. Auf Basis der ermittelten häufigen Tätigkeiten können die Kostenstrukturen und wesentlichen Kostentreiber in der Sanierungsarbeit ermittelt werden. Aus dem Mengen- und Kostengerüst können Kennzahlen für den Aufwand der Bearbeitung ausgewertet werden. Es kann überprüft werden, ob der Personaleinsatz auf die für die Bank wichtigen Sanierungsengagements sowie die richtigen Fallkategorien der standardisierten oder individualisierten Sanierungswege gelenkt wird.

Von Vorteil für die Betrachtung und Beurteilung der Sanierungsabteilung als eigenständigen Profit Center ist es mit einer Gefährdungsfeststellung bei einem Engagement eine vollständige interne Übergabe der Kreditvolumina inklusive der Sicherheiten auf die Sanierungsabteilung vorzunehmen. Dazu ist auch eine sachgerechte Bemessung der Sicherheiten mit einem Stresstest zum Übergabezeitpunkt vorzunehmen. Ab dem Zeitpunkt einer Übergabe erfolgen die Buchungen sämtlicher Erträge und Kosten separat auf den Profit Center Sanierung.

Ein wichtiger Baustein im Sanierungscontrolling ist nach der Erfassung der Mengengerüste die Festlegung geeigneter Kennzahlen zur Beurteilung des Erfolgs. Hier bieten sich folgende Relationen an (vgl. Portisch et al., 2013a; S. 262 ff.):

- Bestimmung Anzahl bearbeiteter Engagements gestaffelt nach Kategorien wie beispielsweise Kreditvolumen, Unternehmensgröße oder Rechtsform
- Erhebung der Fallzahlen nach Abgaben an den Markt oder in die Abwicklungsabteilung je Sanierungsprozessweg
- Ermittlung der Laufzeiten der einzelnen Prozessschritte sowie der Gesamtverweildauer der Engagements in der Sanierungsabteilung
- Veränderung des Kreditrisikos mit Neubildung und Auflösung von Einzelwertberichtigungen, Rückstellungen unter Berücksichtigung Abschreibungen
- Berechnung barwertiger Erfolgskennzahlen für einzelne Engagements und die Gesamtheit der Fälle auf Basis der ermittelten Erfolgs- und Kostengrößen

Bei der Ermittlung der EWB spielt die Bewertung der Sicherheiten eine große Rolle. Findet ein sehr strenger Stresstest statt, wird unter Umständen das Bild des EWB-Abbaus durch den Erfolg der Arbeit eines Sanierers verzerrt. Grundsätzlich sollte die Bewertung von Firmensicherheiten möglichst objektiv erfolgen unter der Berücksichtigung von realistischen Wertabschlägen aus Gutachten oder aufgrund von Erfahrungswerten. Neben der Sicherheitenbewertung, möglichst durch eine neutrale Stelle, ist ein Vergleich des ursprünglich geplanten bankinternen Sanierungskonzeptes mit den erfolgten Realisierungen vorzunehmen. Es sind die qualitativen und die quantitativen Zielerreichungen zu messen. Optimal ist es, wenn alle Messdaten direkt aus der EDV abgeleitet werden können und nicht extra separat erhoben werden müssen. Liegt eine ausreichende Zeitreihe mit einer Vielzahl von Sanierungsdaten vor, können auf Basis der systematischen und strukturierten Erhebung des Sanierungsprozesses folgende Erkenntnisse gezogen werden:

- Veränderung der Kosten- und Erfolgsdaten im langfristigen Zeitablauf
- Internes Benchmarking und Abgleich mit anderen vergleichbaren Instituten
- Aufbau eines Monitorings mit Abweichungsanalysen und Zielvorgaben

Der gesamte Sanierungsbereich kann anhand dieses Controllingsystems zahlenmäßig durchdrungen und gesteuert werden. Zudem kann mit einer Messung der Ergebnisse der Erfolg der Abteilung überhaupt erst bestimmt werden.

Dieses kann gegebenenfalls zum Eigenmarketing der Sanierungsabteilung genutzt werden. Es lässt sich ein Sanierungsmonitoring aufbauen, in dem die laufenden Ergebnisse aus der internen Sanierungsarbeit und der externen Tätigkeit des Sanierungsberaters erfasst werden. Aus den Einzelberichten lässt sich ein Gesamtbericht zur Information über die Sanierungsarbeit erstellen.

Auf diese Weise können Bewertungen im Zeitvergleich erfolgen. Zusätzlich können diese Ergebnisse in einen institutsübergreifenden anonymen Betriebsvergleich eingebracht werden, um die eigenen Quoten mit denen anderer Banken und Sparkassen zu vergleichen. Die nachfolgende Abb. 4.80 zeigt den Aufbau eines möglichen Formularbogens. Dieser ist für jedes Engagement zu erstellen und über einen Zeitraum zu einem Gesamtbericht zu verdichten. Von Bedeutung für den externen Vergleich sind insbesondere die Erfolgs- und die Kostenquoten im Sanierungsprozess. Die Sanierungsfälle können differenziert erfasst und ausgewertet werden nach Engagementgrößen, nach gewählten Abwicklungsprozesswegen, nach der Stellung als Hausbank oder Nebenbank oder nach weiteren Kriterien.

Sanierungsmonitor

Sanierungsprozess
Bearbeitungsdauer wichtiger Sanierungsteilprozesse
Gesamtbearbeitungsdauer als Hausbank oder Nebenbank
Dauer und Mitarbeiterkosten des Sanierungsprozesses
Bearbeitete Fallzahlen je Mitarbeiter nach Firmengröße
Veränderungen der Blankoteile, EWB, Rückstellungen
Rückgaben in den Markt und Abgaben an die Abwicklung

Sanierungsberater
Kosten der Beratung für ein Sanierungsprojekt
Erfahrung der Berater in Branchen- und Größenklassen
Kommunikation der Berater mit der Bank
Qualität und Verlässlichkeit der Zahlenwerke
Dauer der Erarbeitung und Qualität des Sanierungskonzepts
Prognosen der Berater und tatsächliche Sanierungserfolge

Abb. 4.80: Kennzahlen in einem Ex-Post-Sanierungsmonitoring (Quelle: Eigene Darstellung)

Die Sanierungsabteilungen sollten aufgrund der teilweise stark schwankenden Konjunktur nicht zu personaleng geführt werden. Es zeigt sich in Erhebungen, dass die Erfolge aus der Sanierungsarbeit in den Kreditinstituten oft sehr hoch sind und dies auch für konjunkturell gute Zeiten mit geringeren Fallzahlen an Sanierungsengagements gilt (vgl. Portisch et al., 2013a, S. 262 ff.). Dieses sollte die Geschäftsleitung in Kreditinstituten nicht dazu anregen allein im Hinblick auf die Betrachtung der Kostenstrukturen diesen Bereich personalmäßig anzupassen. Der Gesamtbankerfolg ist für die Beurteilung entscheidend.

Interne Auswertung der Sanierungsprozesse

Die Sanierungsprozesse sollten regelmäßig sowie standardisiert anhand von wichtigen Kennzahlen ausgewertet werden. Dabei kann zwischen den unterschiedlichen Prozesswegen differenziert werden. Die nachfolgende Tab. 4.54 zeigt wichtige Erhebungsparameter bei den Erfolgskennzahlen für unterschiedliche Prozesswege.

Tab. 4.54: Erfolge der Sanierungsarbeit je nach Sanierungsprozessweg (Quelle: Eigene Darstellung)

Verfahrensweg	Kreditvolumenabbau	EWB-Abbau	Rückgabe Markt
Kontensanierung			
Standardsanierung			
Individualsanierung			
Abbauportfolio			

Zusätzlich kann beispielsweise die Quote der Ablösungen erfasst werden. Insgesamt sollten Kreditinstitute bei der Bildung der Kennzahlen kreativ vorgehen. Dazu sind wichtige Daten zu erfassen. Der Effizienzgedanke sollte bei der Erhebung und Auswertung ebenfalls Beachtung finden. Neben den Erfolgskennzahlen sind auch Auswertungen zu den Kostenstrukturen vorzunehmen. Es sind die Zeitdauern und Kosten der Gesamtprozesse und für die Teilprozesse zu erfassen. Dabei kann zwischen folgenden Geschäftsprozesswegen differenziert werden, wie Tab. 4.55 zeigt.

Tab. 4.55: Dauer und Kosten der Geschäftsprozesse in der Sanierung (Quelle: Eigene Darstellung)

Verfahrensweg	Dauer Teilprozess	Dauer Gesamtprozess	Gesamtkosten
Kontensanierung			
Standardsanierung			
Individualsanierung			
Abbauportfolio			

Eine effiziente und wirkungsvoll arbeitende Sanierungsabteilung stellt einen wichtigen Faktor für den langfristigen Erfolg der Bank dar. Als flankierender Anreiz zum Aufbau eines einsatzstarken Sanierungsteams können die Vergütungssysteme leistungsgerecht angepasst und variabel ausgestaltet werden. Die gemessenen quantitativen und qualitativen Erfolge bei der Sanierungsarbeit können zur Anreizwirkung eingesetzt werden. Auf diese Weise können individuelle oder teambezogene Bonussysteme besondere Anreize entfalten und das unternehmerische Denken in diesen bankinternen Bereichen deutlich fördern.

Nutzen der Auswertungen für Beurteilungen und variable Vergütungssysteme

Variable Vergütungssysteme sind im Vertriebsbereich von Banken erfolgreich eingeführt. Jedoch bieten auch Marktfolge- oder Schnittstellenbereiche besondere Möglichkeiten der Steuerung und Motivation über eine anreizbezogene Bezahlung. So existieren in einer Problemkreditbearbeitung Stellenprofile, bei denen sich interne Aufgaben in der Kreditbearbeitung mit den Tätigkeiten der Kundenbetreuung überlagern (vgl. Hören, 2003, S. 24). Es ist zu prüfen, inwieweit und auf welche Art und Weise sich variable Leistungsanreize in der Sanierungsabteilung einsetzen lassen, um zum einen Effizienzreserven zu heben sowie zum anderen Leistungsanreize zu setzen (vgl. Portisch, 2009b, S. 60 ff.).

Bislang werden Backoffice-Bereiche in Kreditinstituten von der variablen Vergütung größtenteils ausgegrenzt. Als Gründe werden zum Beispiel fehlende quantitative Bezugsgrößen zur Messung des Erfolgs sowie die Subjektivität der Bewertung der Leistung genannt. Dennoch tragen alle Abteilungen in Kreditinstituten in ihrer Gesamtheit zum Unternehmenserfolg bei und sollten damit unter Umständen durch variable Vergütungen motiviert werden.

Zudem existieren bei der Problemkreditbetreuung Bereiche, in denen Überschneidungen zwischen der klassischen Sachbearbeitung und der Tätigkeit beim Kunden bestehen. Dies erhöht die Eignung variabler Vergütungssysteme. Es ist dann zu prüfen, ob die Arbeitsmotivation über eine leistungsgerechte Entlohnung mit der Einführung eines variablen Vergütungssystems gesteigert werden kann.

Definition: Unter einer **variablen Vergütung** wird die leistungsorientierte Bezahlung im Rahmen einer tariflichen Öffnungsklausel zusätzlich zum Fixum verstanden (vgl. Böhmer, 2007, S. 37 ff.). Dazu ist zunächst eine Leistungsmessung und dann eine Leistungsbeurteilung erforderlich.

In Kreditinstituten stellen Personalkosten einen großen Fixkostenblock dar, der die Wettbewerbsfähigkeit im nationalen und im internationalen Vergleich stark beeinflusst. So liegen die Cost Income Ratios deutscher Kreditinstitute über denen der internationalen Konkurrenz.

Zudem ist dieser Kostenblock statisch geprägt und entwickelt sich unabhängig von der tatsächlichen Geschäftslage. In Banken erfolgt häufig eine fixierte Entlohnung auf Grundlage der Tarifverträge und das Gehaltssystem ist meist nur durch geringe leistungsabhängige Anteile geprägt. Aber gerade die variablen Bestandteile der Entlohnung können Anreize für die Mitarbeiter entfalten und zugleich die individuelle Bankstrategie fördern. Ziele sowie Vorteile eines variablen Vergütungssystems sind (vgl. Portisch, 2009b, S. 60 ff.):

- Flexibilisierung der meist starren Personalkosten
- Erhöhung der Motivation und der Leistungsgerechtigkeit
- Förderung der bankinternen Unternehmensstrategie

Häufig werden bestimmte Mitarbeitergruppen von der variablen Entlohnung ausgegrenzt. So wird argumentiert, Stellen in der Marktfolge bieten aufgrund der fehlenden quantitativen Erfolgsmessungskriterien keine Basis für eine individuell ausgestaltete variable Vergütung. Jedoch können Vergütungssysteme heutzutage auch verstärkt qualitative Kriterien berücksichtigen.

Zudem existieren in Kreditinstituten oftmals Tätigkeitsbereiche, bei denen klassische Backoffice-Arbeiten mit vertriebsähnlichen Aufgaben kombiniert auftreten und damit auch messbare Zielgrößen anbieten. Zu prüfen ist daher, ob sich variable Entlohnungssysteme unter Umständen in der Problemkreditbearbeitung von Kreditinstituten sinnvoll einsetzen lassen.

Einsatzgebiete der variablen Vergütung in der Sanierung

In einer Problemkreditbearbeitung bestehen in Abhängigkeit von der Aufbauorganisation unterschiedliche Tätigkeitsbereiche. Die Stellenprofile sind verstärkt durch quantitativ messbare Bestandteile oder durch qualitative Inhalte geprägt. In Kreditinstituten existieren verschiedene Arten von Tätigkeitsgebieten in der Sanierungsarbeit bei Firmenkunden.

- Erstens sind dies sind klassische Standardsanierer, die unter anderem Teilaufgaben der Analyse von Kreditengagements und der Betreuung kleinerer Engagements verrichten. Die Aufgaben sind nach der Messbarkeit verstärkt quantitativ geprägt. Als Messgröße bietet sich unter anderem die bearbeitete Fallzahl an und auch die Rückführungsrate und Bearbeitungsdauer für die jeweiligen Teil- und Hauptprozesse in der Sanierungsarbeit.
- Zweitens bestehen Individualsanierer mit Analyseaufgaben und Tätigkeiten mit Kundenkontakt. Bei den Stellen vermischen sich Aktivitäten im internen Backoffice mit externen Aufgaben beim Kunden oder bei anderen Stakeholdern. Es sind Messgrößen zu verwenden, die qualitative und quantitative Eigenschaften miteinander vereinen. Dabei ist zu beachten, dass diese einzelnen Engagements häufig einen unterschiedlichen Komplexitätsgrad haben.
- Drittens existieren in vielen Instituten Spezialsanierer mit besonderen Aufträgen in der Sanierung eines Kunden. So werden von diesem Mitarbeiterkreis außergerichtliche Verwertungen von Immobilien oder Spezialsicherheiten sowie weitere Spezialaufgaben wie die Investorensuche durchgeführt. Zur genaueren Leistungsmessung kann der quantitative Erfolg bei außergerichtlichen Verwertungen herangezogen werden.
- Viertens besteht die Möglichkeit, die Bewertung im Team vorzunehmen, bei der eine Leistungsmessung den vollständigen Sanierungs-, Insolvenz- und Verwertungsprozess bei einem Firmenengagement umfasst. Auf diese Weise wird unter Umständen der Druck von einzelnen Mitarbeitern genommen und der Teamgedanke gefördert. Die nachfolgende Tab. 4.56 zeigt die verschiedenen Alternativen auf (vgl. Portisch, 2009b, S. 61).

Tab. 4.56: Tätigkeitsbereiche und Leistungsmessung in der Sanierung (Quelle: Eigene Darstellung)

Sanierer	Tätigkeiten	Bemessungsgrößen	Eignung
Standardsanierer	Analyse	Quantitativ	Mittel bis Gut
Individualsanierer	Kundenbetreuung	Quantitativ/Qualitativ	Gut
Spezialsanierer	Verwertung/Insolvenz	Quantitativ	Mittel bis Gut
Team	Kunde/Backoffice	Quantitativ/Qualitativ	Gut

Dabei gelingt es mit der Aufteilung und detaillierten Untersuchung der Einzeltätigkeiten und Stellenprofile auch ein Gesamtbild über die Eigenschaften und Fähigkeiten des Mitarbeiterstamms in der Sanierungsabteilung zu gewinnen. Auf diese Weise kann auch das Potenzial der Weiterentwicklung von einzelnen Mitarbeitern mit einer Matrix eingeschätzt werden, wie die folgende Abb. 4.81 zeigt.

Abb. 4.81: Auswertung des Mitarbeiterportfolios (Quelle: Eigene Darstellung)

Diese Strukturierung kann auch für die weitere Konstruktion und Ausgestaltung eines Beurteilungs- und Vergütungssystems verwendet werden. Ein Problem bei der Konzeption eines Anreizsystems mit variablen Gehaltskomponenten ist die Messung der Leistung. Dabei werden häufig individuelle Personalbeurteilungen durch den Vorgesetzten anhand von Kriterienkatalogen oder quantitativen Merkmalen vorgenommen. Die Beurteilung eines Erfolgs in einer Sanierung ist dagegen differenziert ausgestaltet und erfordert ganzheitliche Verfahren. Grundlage einer variablen Vergütung ist die Beurteilung der Leistung der einzelnen Mitarbeiter oder eines Teams. Es ist zunächst festzulegen, ob die Bewertung der individuellen Leistung, die eines Teams oder einer Kombination im Vordergrund der Beurteilung steht.

Im Fall der Einzelbewertung sind die Kriterien für die Leistungsbemessung und die Beurteilung aus dem Stellenprofil abzuleiten. Dabei sind die Bewertungsmethoden generell eng mit der Zielkonzeption und dem Vergütungssystem der Bank sowie der Kreditrisikostrategie zu verzahnen. Bei den Vereinbarungen sind die Gesetzesgrundlagen, die tariflichen Bestimmungen und die Einbindung des Betriebsrats zu beachten. Im Rahmen einer Teamlösung sollten sich die verschiedenen Beurteilungskriterien und die Zielgrößen aus den qualitativen Fähigkeiten der Akteure der Gruppe sowie den Zielsetzungen der Bank ableiten lassen.

Die Grundlage der Erfolgsmessungen bildet für jeden der Bearbeiter oder das Team ein Einzelfall oder das zur Bearbeitung übernommene Portfolio an Krisenfällen. Bei der Verteilung der Engagements ist auf eine homogene Allokation zu achten. Dazu sollten diese Engagementstrukturen entweder gleichmäßig in Bezug auf die Sanierungschancen, die Kreditvolumina und Sicherheiten und die Komplexität der Fälle ausfallen. Alternativ kann auch eine Gewichtung der Engagements im Portfolio anhand des Schwierigkeitsgrads mit einer Zahlenskala vorgenommen werden oder es kann eine Durchstufung in die A-, B-, oder C-Fälle erfolgen und auf diese Art und Weise eine Angleichung der Sanierungsteilportfolios erzielt werden. Diese Engagements werden dann in den Kategorien nach dem Schwierigkeitsgrad zahlenmäßig auf die Einzelsanierer oder die Teams möglichst gleichmäßig verteilt, damit eine Gerechtigkeit bei der Beurteilung gegeben ist.

Wichtig ist, dass nicht nur quantitative Beurteilungsdaten erfasst werden, sondern auch qualitative Komponenten ein starkes Gewicht bekommen, denn diese monetären Erfolge aus den Sanierungsengagements werden zum großen Teil auch extern beispielsweise durch die Konjunkturlage oder die Investitionsbereitschaft von anderen Unternehmen und sonstigen Marktakteuren bestimmt. Es ist ein interdependentes Konzept zu gestalten aus dem Zielsystem, der Leistungsbeurteilung, der variablen Vergütung und dem Gesamtvergütungssystem der Bank. Das System ist vor der Einführung zu testen und laufend zu kalibrieren. Allgemein einzuhaltende Gütekriterien bei Entlohnungsverfahren betreffen die:

- Gerechtigkeit: Entlohnungen sollten marktgerecht, qualifikationsgerecht sowie leistungsgerecht für alle Mitarbeiter ausfallen.
- Akzeptanz: Vergütungssysteme sollten Zustimmung bei allen Mitarbeitern finden, die Risikokultur fördern und eine motivierende Wirkung entfalten.
- Transparenz: Vergütungskonzepte sollten nachvollziehbar, durch den Beurteilten beeinflussbar und kontrollierbar ausgestaltet werden.

Des Weiteren sollte eine Prüfung der zugrundeliegenden Stellenprofile für die Eignung einer variablen Vergütung durchgeführt werden und die Administration des Systems sollte flexibel anpassbar und schlank sein. Das zugrundeliegende Beurteilungssystem sollte sowohl qualitative als auch quantitative Elemente enthalten und damit insgesamt auswogen sein.

Ein Beurteilungsinstrument, bei dem sich sowohl quantitative als auch qualitative Merkmale berücksichtigen lassen sowie individuelle oder teambezogene Zielvereinbarungen eine Rolle spielen, bietet eine Balanced Scorecard. Dazu werden qualitative und quantitative Kennzahlen mit Gewichtungen bei der individuellen Leistungsmessung berücksichtigt sowie gleichzeitig der Zielerreichungsgrad beim Mitarbeiter und auf der Teamebene gemessen. Gerade in der Sanierungsabteilung bietet sich das Messverfahren und Steuerungskonzept der Zielvereinbarung über eine Balanced Scorecard an, da Tätigkeiten in der Problemkreditbearbeitung durch weiche und harte Faktoren geprägt sind. Die Ziele und Vorgaben sollten zwischen den Mitarbeitern und der Führungskraft verhandelt werden, um eine Motivationswirkung entfalten zu können und Fehlsteuerungen zu vermeiden.

Die Anzahl der zu vereinbarenden Kriterien sollte überschaubar und die Gewichtung im Voraus verdeutlicht werden, damit das System transparent ist. Vorteile der Verwendung einer Balanced Scorecard bestehen darin, quantitative, qualitative und teambezogene Zielvorgaben zu kombinieren und die bankbezogene Unternehmensstrategie zu fördern. Die Kenngrößen und die Gewichtungen sind auf den individuellen Arbeitsplatz anzupassen. Zudem kann der Teamerfolg in die Beurteilung mit einbezogen werden (vgl. Böhmer, 2007, S. 68). Darüber kann der Zielerreichungsdruck des Einzelnen auf die Gruppe übertragen werden.

Kriterien für eine Zielvereinbarung und eine Leistungsmessung

Von Bedeutung ist, dass die festgelegten Richtwerte die Kreditrisikostrategie eines Instituts abbilden. In Anlehnung an die Balanced Scorecard können die zu erreichenden Ziele und die zu bestimmenden Kennzahlen aus verschiedenen Prozessperspektiven abgeleitet werden. Zur umfassenden Sicht wird eine Scorecard mit den Dimensionen der Finanz-, der Prozess-, der Potenzial- sowie der Teamperspektive anhand von Zielen, Messgrößen, Zielwerten formuliert und anschließend für Messungen zum Zielerreichungsgrad aufgebaut.

Es ist zu beachten, dass dieser ausgewogene Berichtsbogen mit dem Zielsystem und der Kreditrisikostrategie eines Instituts verzahnt wird. Die zu messenden Dimensionen einer Balanced Scorecard werden im Folgenden anhand ausgewählter Fragestellungen und Merkmale erläutert:

- Finanzperspektive: Welche Ziele leiten sich aus den finanziellen Erwartungen ab? – Kennzahlen zum Abbau der Einzelwertberichtigungen, Beitreibung von neuen Sicherheiten, Abbau der Problemkreditvolumina, Erzielung einer risikoangepassten Zinsmarge, Verwertungen über den Sicherheitenwert hinaus.
- Prozessperspektive: Welche Ziele sind bei den Prozessen zu setzen, um die Unternehmensstrategie zu fördern? – Fortschritte der Risikofrüherkennung sowie Engagementbearbeitung, Produktivitätssteigerungen bei den Bearbeitungszahlen, Optimierungen der Prozesse über Klassifikationen, Reportingqualität.

- Potenzialperspektive: Welche Ziele sind festzulegen, damit die Qualifikationspotenziale den aktuellen und künftigen Herausforderungen gewachsen sind? – Verbesserung der Qualifikation der Mitarbeiter über interne, externe Schulungen, Förderung des Erwerbs von Zertifikaten, Durchführung Studiengänge.
- Teamperspektive: Welche Ziele sind zu setzen, um die Strategie über den Teamerfolg zu fördern? – Ratingverbesserungen im Problemkreditportfolio, Gesamtbankanalysen zur Erhöhung der Transparenz im Kreditportfolio, Abbau der Einzelwertberichtigungen im Gesamtportfolio, Dozententätigkeiten im Team.

Das Bonussystem ist transparent, flexibel sowie leistungsgerecht aufzubauen. Auf diese Weise lässt sich der zu erreichende Unternehmenserfolg mit der individuellen Leistung und dem erzielten Einkommen verknüpfen. Es ist auf die zeitliche Messung der Erfolgskomponenten zu achten. Meist zeigt sich ein Sanierungserfolg erst nach vielen Jahren. Zudem kann nach dem festgestellten Turnaround ein Rückschlag erfolgen und eine erneute Risikovorsorge sowie eine Rückübertragung in den Sanierungsbereich erforderlich werden. Daher sollte eine Leistungsprämie erst nach einer Karenzzeit gewährt werden und die Rückerstattung bereits erhaltener Tantieme bei einer negativen Entwicklung eines Engagements sollte ebenfalls möglich sein.

Diese Messungen können auch für das Berichtswesen in der Sanierung genutzt werden. Im Vorfeld sollten sich die Entscheidungsträger über die gewünschten Informationen sowie die Ziele im Klaren sein. Des Weiteren ist der Rhythmus der Dokumentationen festzulegen. Folgende Zielbereiche und Maßstäbe zur Messung der Erfolge können den zu erstellenden Dokumentationen zugrunde liegen, damit aus den Berichtseinheiten starke Steuerungsimpulse gesetzt oder abgeleitet werden können. Beispiele dafür sind:

- Quantitative Kennzahlen: Zielerreichung beim Risikoabbau über Kreditreduzierungen und Nachbesicherungen, Abbau der Einzelwertberichtigung, Verwertungserfolge über die erwarteten Planwerte, Einhaltung beziehungsweise Unterschreitung der Kosten in der Sanierung, Generierung von Erlösen aus gesonderten Sanierungsprovisionen, Waiver Fees
- Qualitative Kennzahlen: Verbesserungen im Reporting, Erfüllung der Plandauer der Sanierung, Einhaltung der zeitlichen, inhaltlichen Meilensteine, Erreichung des Planziels der Sanierung mit der Rückgabe in die Normalkreditbetreuung sowie Verbesserungen im Rating, Aufbau eines Sanierungscontrollings und Erhöhung der Transparenz im Sanierungsprozess

Die nachfolgende Tab. 4.57 fasst die möglichen Erfolgsmaßstäbe zusammen. Diese sollten auf der Einzelengagementebene und der Portfolioebene erhoben werden, um auch eine Gesamtschau über die Segmente der Problemkredite zu erhalten. Gegebenenfalls sollte das Reporting auch auf einen spezialisierten Intensivbereich ausgeweitet werden, wie in MaRisk BT 3.2 Rn. 3 gefordert (vgl. Kurfels, 2018, S. 128).

Tab. 4.57: Erfolgsmaßstäbe in der Sanierung (Quelle: Eigene Darstellung)

Engagementebene	Portfolioebene
Einhaltung Meilensteine Sanierungskonzept	Fallzahl/Obligo/Blanko/EWB/Rückstellungen
Erlöse aus der Vor- und Nachkalkulation	Plan-Ist-Vergleich Kreditreduzierung
Kosten aus der Vor- und Nachkalkulation	Plan-Ist-Vergleich Nachbesicherung
Reduzierung der Einzelwertberichtigung	Durchschnittliche Sanierungsdauer
Einhaltung der maximalen Betreuungsdauer	Rückführungsquote in den Markt

Die Inhalte sollten in die Risikoberichterstattung an die Geschäftsleitung nach MaRisk BT 3.2 Rn. 3 einfließen. Dazu sind auch die strukturellen Gegebenheiten des Kreditportfolios darzulegen. Die Verteilung der Adressenausfallrisiken ist in diesem Analysebericht unter anderem nach Branchen, Ländern und Größenklassen auszuwerten und die Entwicklung der Risikovorsorge ist ausführlich darzustellen. Dieser Problemkreditbericht ist Bestandteil der Risikokommunikation innerhalb des Instituts und ein zentrales Informationsinstrument für die Geschäftsleitung.

Der Report dient zur nachträglichen Reflektion der Kreditrisikostrategie und einer möglichen Neuausrichtung des Instituts (vgl. Hannemann et al., 2011, S. 692 ff.). Die Sanierungskreditberichterstattung ist daher ein wichtiger Baustein zur Beurteilung der Adressenausfallrisiken und der Qualität des Kreditportfolios. Dieser Bericht aus MaRisk BT 3.2 ist auf den Intensivbereich zu erweitern (vgl. Kurfels, 2018, S. 128). Dieses hängt unter Umständen mit der Erfassung und Berichterstattung von Forbearance-Maßnahmen zusammen. Die Auswertungen dienen unter anderem auch zur Ermittlung von den folgenden Krisen- und Erfolgsfaktoren:

- Identifikation von Ergebnismustern einer erfolgreichen Sanierung
- Dokumentation der Erfahrungen mit den Unternehmensberatern
- Ermittlung und Nutzung von Krisensignalen für andere Kreditfälle

Grundlage des Sanierungsreportings ist eine detaillierte Analyse der Einzelfälle. Die Auswertungsbausteine im Sanierungsprozess bei den einzelnen Engagements sollten zum einen die qualitativen Schritte und zum anderen die quantitativen Erfolge durch die Sanierungsarbeit eines Kreditinstituts erfassen. Im Folgenden werden Berichterstattungsformate vorgestellt, die in der Sanierung auf Einzelkreditnehmerbasis oder auf Gesamtbankebene zum Einsatz kommen können. Ein Darlegungsformat bezieht sich auf die Kreditnehmereinheit (KNE). Im Fokus der Betrachtung stehen quantitative und qualitative Veränderungen, bezogen auf den Kreditnehmer. Damit wird der eingeschlagene Sanierungsweg dargestellt. Des Weiteren werden Engagementangaben zu den finanziellen Entwicklungen beim Kreditvolumen, den Sicherheiten und dem Blankoteil übermittelt. Zielabweichungen werden deutlich und ermöglichen Analysen zu den Ursachen negativer Verfehlungen.

Die folgende Abb. 4.82 stellt ein Reporting dar, das keinen Anspruch auf Vollständigkeit erhebt aber Anregungen zur Erstellung individueller Berichte für Kreditinstitute geben soll mit Angaben in TEuro (vgl. Portisch, 2017a, S. 102 ff.).

KNE Janssen, Einzelhandel Individualsanierung			**Maßnahmen**	**Plantermin**	**Planeffekt**	**Plandauer**	**Status**
Merkmal/Zeit	01/2018	01/2019	Volksbank – Status Hausbank Verantwortlich: Sanierungsbetreuer Schmitz				
Kredite	615	580	**Finanzwirtschaftliche Maßnahmen**				
Sicherheiten	280	300	Tilgungsaussetzung Forbearance	31.10.2018	200	12 Monate	Umgesetzt
Blanko	335	280	Überbrückungskredit Forbearance	31.12.2018	50	2 Monate	Umgesetzt
EWB	380	300	Forderungsverzicht Sparkasse	31.05.2018	200	Umgesetzt	Umgesetzt
Abschreibung	0	0	**Leistungswirtschaftliche Maßnahmen**				
Rating	12	15	Verkauf Halle	31.01.2020	300	12 Monate	Offen
Strategie	Normalkredit-bearbeitung	Individual-sanierung	Umseztnug Stellenabbau	30.11.2019	500	12 Monate	Teilweise umgesetzt
Bearbeitung seit	02.01.1985	15.05.2018	Gesamtstatus	Internes Sanierungskonzept		Sanierungserfolg noch offen	

Abb. 4.82: Statusbericht in der Individualsanierung (Quelle: Eigene Darstellung)

Neben den Einzelkreditnehmerberichten sollte auch eine aggregierte Darstellung erfolgen. Visualisiert werden die zusammengefassten quantitativen Werte der Kreditnehmereinheiten und die Volumina auf der Gesamtbankebene. Die Veränderungen lassen sich in dieser Darstellung bei den Engagements und auch im gesamten Portfolio erkennen. Das Berichtswesen kann monatlich oder auch quartalsweise erstellt werden. Auf dieser Basis hat die Sanierungsleitung die Wertentwicklung im Blick. Es werden die Prozesswege deutlich sowie die Bearbeitungsdauer. Die nachfolgende Abb. 4.83 zeigt ein mögliches Darstellungsformat für ein Portfolio-Reporting.

Kunde Branche	**Kredite (Veränd. VJ)**	**Sicherheiten (Veränd. VJ)**	**Blankoanteil (Veränd. VJ)**	**EWB (Veränd. VJ)**	**Rating (VJ)**	**Prozessweg**	**Bearbeitung seit**
Janssen Einzelhandel	580 (-35)	300 (+20)	280 (-55)	300 (380)	15 (12)	Individual-sanierung	15.05.2018
Meyer Maschinenbau	...	...	...	...			
Kumuliert							
102 Engagements	40.203 (-5.367)	23.494 (+4.316)	16.709 (-1.051)	17.235 (-1.267)			

Abb. 4.83: Portfoliobericht in der Sanierung (Quelle: Eigene Darstellung)

Als weitere Informationsquelle kann eine Gesamtübersicht, differenziert nach verschiedenen Prozesswegen sowie quantitativen Wertkategorien für die Sanierungsabteilung, erstellt werden. Zudem können die Verweildauern in der Sanierung für die Engagements erfasst werden. Diese geben einen Überblick über die kapazitätsmäßige Auslastung des Sanierungsbereiches sowie den zeitlichen Erfolg der geplanten Maßnahmen geben wie Abb. 4.84 zeigt.

Handlungsstrategie	**KNE 01/2018** **Kredite** **Blanko** **EWB**	**Zugänge 2018** **Kredite** **Blanko** **EWB**	**Abgänge 2018** **Kredite** **Blanko** **EWB**	**KNE 01/2019** **Kredite** **Blanko** **EWB**	**(Durchschnittliche)** **Verweildauer** **Jahre** **<1 <2 <3 <4 >4**
Individualsanierung	107 77.134 45.757 45.135	25 5.678 3.456 3.310	12 17.478 23.445 22.350	120 65.334 25.768 26.095	23 87 5 5 0 1,93 Jahre
Standardsanierung	278 26.084 10.299 10.210	34 2.356 1.763 1.735	67 4.984 1.698 1.688	245 23.456 10.364 10.257	140 35 55 10 5 1,78 Jahre
Abbauportfolio	200 26.956 10.735 10.655	20 12.567 3.623 3.611	75 14.956 4.902 4.876	145 24.567 9.456 9.390	90 30 15 10 0 1,62 Jahre
Sonstiges	18 345 197 185	12 345 132 125	7 123 95 90	23 567 234 220	15 8 0 0 0 1,35 Jahre

Abb. 4.84: Portfoliostatusbericht nach Prozessen in der Sanierung (Quelle: Eigene Darstellung)

Dabei sind auch Übertragungen von einem Portfolio in ein anderes Segment möglich, beispielsweise von der Standardsanierung in das Abbauportfolio, wenn sich das Sanierungsziel im Laufe der Restrukturierung verändert. Des Weiteren können auch die Rückübertragungen der Sanierungsfälle in den Normalkreditbereich anhand der Stückzahl und der Volumina in den verschiedenen Kategorien erfasst und dargelegt werden. Dieses könnte unter Umständen in einer eigenständigen Migrationsmatrix übermittelt werden.

Zusammenfassung Theorieabschnitt 4.8.1: In diesem Abschnitt wurden Kriterien beschrieben, die den Turnaround eines Unternehmens verlässlich anzeigen. Aus Sicht der beteiligten Institute wurde zudem untersucht, welche Geschäftsprozesse nach der erfolgreichen Sanierung einsetzen sollten, um ein Firmenengagement dauerhaft in die Normalbearbeitung übertragen und die Erfahrungen aus der Sanierung für künftige Fälle auswerten zu können. Dabei sind die Risikoursachen zu dokumentieren, damit diese Konstellationen auch bei künftigen Prolongationen überwacht werden können. Des Weiteren wurden der Aufbau eines Sanierungscontrollings und die Gestaltung eines Leistungsbeurteilungs- sowie eines variablen Vergütungssystems in der Sanierungsabteilung beschrieben. Auf die Berichterstattung des Einzelkreditnehmers und auf der Portfoliobasis wurde eingegangen.

4.8.2 Praxisfall zur Sanierungsauswertung

Wir befinden uns im ersten Quartal des Jahres xxx4. Drei Jahre intensiver Sanierungsarbeit bei der Druck GmbH sind mittlerweile vorüber. Das Unternehmen wurde vollständig in die Print-Gruppe integriert. Nachdem der Interimsmanager aus dem Unternehmen planmäßig ausgeschieden ist, wurde eine neue Geschäftsleitung von Seiten der Print AG benannt. Müller ist zwischenzeitlich als Geschäftsführer ausgeschieden. Die Geschäftsführung der Druck GmbH wurde mit einem jungen, gut qualifizierten Spezialisten aus der Branche besetzt.

Die Spartenrechnung aus dem Sanierungsinformationssystem zeigt die Ertragslage der Druck GmbH und einen Vergleich zu den Planzahlen aus dem Sanierungskonzept für das Jahr xxx3, wie in der nachfolgenden Tab. 4.58 dargestellt.

Tab. 4.58: Spartenrechnung IST und PLAN per xxx2 (Quelle: Eigene Darstellung)

Spartenrechnung IST per xxx3 und PLAN per xxx4						
Werte in TEuro	**GF 1**	**GF 2**	**GF 3**	**GF 4**	**IST**	**PLAN**
Umsatz	6.700	3.500	1.200	1.000	12.400	12.000
Materialaufwand	3.100	1.600	1.000	700	6.400	6.300
Rohertrag	3.600	1.900	200	300	6.000	5.700
Personalaufwand	2.300	500	100	100	3.000	3.100
Abschreibungen	300	100	0	0	400	400
Zinsaufwand	300	100	0	0	400	400
Sonst. Aufwendungen	1.200	500	100	100	1.900	1.900
Jahresergebnis	-500	700	0	100	300	-100
Cash Flow	-200	800	0	100	700	300

Die Umsatz- und Ertragslage hat sich mittlerweile durch den Einstieg des Investors und die Eingliederung in die Print-Gruppe stabilisiert. Die Vorgaben aus dem Sanierungskonzept konnten sogar leicht übertroffen werden. Es ergeben sich zusätzlich folgende kommentierte Ergebnisse für die einzelnen Geschäftsfelder:

- Geschäftsfeld 1: Die Umsätze und Ergebnisse im Bereich Formulardruck konnten stabilisiert werden. Es zeigt sich, dass dieser Bereich vermutlich noch längere Zeit Verluste einfahren wird. Es ist geplant, diesen Sektor auf einem geringeren Niveau weiterzuführen und eine strenge Auftragskalkulation vorzunehmen.
- Geschäftsfeld 2: Der Etikettendruck hat sich durch die Eingliederung in die neue Unternehmensgruppe positiv entwickelt. Es wurden Aufträge des Mutterunternehmens mit bedient. Die Ordergrößen konnten gesteigert und die Ertragssituation deutlich verbessert werden. Geplant ist dieses Feld weitere auszubauen.

- Geschäftsfeld 3: Im Werbedruck wird weiterhin lediglich ein ausgeglichenes Ergebnis erzielt. Dieser Bereich soll lediglich kostendeckend weitergeführt werden und dient als Ausgleichssegment für freie Kapazitäten, die sich durch Unterausnutzungen in den anderen Geschäftsfeldern ergeben können.
- Geschäftsfeld 4: Die Logistik bei den Kreditinstituten zeigt eine gute Ertragslage. Umsätze und Erträge konnten auf einem gleichen Niveau wie im Vorjahr gehalten werden. Dieser Bereich soll zunächst aufrechterhalten werden. Es soll abgewartet werden, wie sich das Marktvolumen in der Zukunft entwickelt.

Insgesamt hat sich die Ertragslage der Druckerei im Jahr xxx3 deutlich stabilisiert. Die Verlustwirtschaft im Gesamtunternehmen konnte abgestellt werden und es ergibt sich lediglich im Geschäftsfeld Formulardruck eine erhebliche Unterdeckung. Die Kapitaldienstfähigkeit ist wieder gegeben. Es haben sich Ersparnisse beim Materialeinkauf über eine Konzentration der Einkauftätigkeit bei der Muttergesellschaft und beim Zinsaufwand über die sofortige Einbeziehung in das konzerninterne Cash-Management der Print-Gruppe ergeben.

Enthalten ist in sonstigen Aufwendungen jedoch eine Gebühr von 200 TEuro für den Verwaltungsaufwand der Konzernmutter für Steuerungsleistungen. Es besteht die Gefahr, dass der Kostenaufwand in Form dieser Konzernumlage künftig angehoben wird und die Muttergesellschaft die Entgelte, die zum Erwerb der Druck GmbH erforderlich waren über erhöhte laufende Gebühren periodisch wieder herauszieht. In Konzernstrukturen und nach Übernahmen kommt dieses häufig vor. Darüber kann eine zeitnahe Refinanzierung des Erwerbs erfolgen.

Die Mittelstandsbank AG ist Hausbank der Druck GmbH geblieben und der Kompetenzträger im Sanierungsbereich plant eine Umgliederung des Engagements in den Normalkreditbereich. Des Weiteren beabsichtigt der Leiter der Sanierungsabteilung die Einführung eines Leistungsbeurteilungssystems und die Konzeption eines variablen Vergütungssystems. Er ist sich unklar darüber, ob dieses Modell die Ziele in der Sanierung unterstützen kann oder Unsicherheit erzeugt.

Aufgabenstellungen

1. Wurde der Turnaround nachhaltig erreicht und mit welchen Beurteilungskriterien wird die Entscheidung zur Umgliederung in den Normalbereich getätigt?
2. Wie ist der Überleitungsprozess an die Bearbeiter in der Normalkreditbearbeitung auszugestalten und welche Teilschritte sind zu vollziehen?
3. Wie lässt sich ein Messkonzept aufzubauen, um den Erfolg der Sanierungsarbeit bei den Einzelengagements und in der Gesamtheit zu erfassen?
4. Nennen Sie Ansatzpunkte für die Ausgestaltung eines variablen Vergütungssystems in der Sanierungsabteilung auf Basis einer Balanced Scorecard.
5. Welche Chancen und Risiken bestehen bei der Einführung eines variablen Entlohnungssystems in der Sanierungsabteilung eines Kreditinstituts?

4.8.3 Lösung des Praxisfalls zur Sanierungsauswertung

1. Wurde der Turnaround nachhaltig erreicht und mit welchen Beurteilungskriterien wird die Entscheidung zur Umgliederung in den Normalbereich getätigt?

Die Mittelstandsbank AG bewertet die Erreichung des Turnarounds bei Krisenfirmen anhand verschiedener Kriterien. Zunächst ist anhand qualitativer Merkmale festzustellen, ob die wesentlichen Ziele aus dem Sanierungskonzept erreicht worden sind. Es ist zu beurteilen, ob alle Krisenphasen und Krisenstadien nachhaltig aufgearbeitet und erfolgreich bewältigt worden sind. Zudem ist die Wiedererlangung der Wettbewerbsfähigkeit durch den verantwortlichen Sanierer zu prüfen und über ein Votum zu bescheinigen. Dazu gehört die Erreichung einer branchenüblichen Rendite, die sich aus dem Vergleich mit anderen Firmen eines Kreditportfolios der Bank ergibt. Dies zeigt den Übergang zu den quantitativen Merkmalen.

Bei den quantitativen Kriterien ist die Einhaltung der Kontoführung im Rahmen der gewährten Linien eine wesentliche Voraussetzung für die Umgliederung in den Normalbereich. Ein weiterer Maßstab für den Turnaround ist die Erreichung der Kapitaldienstdeckung auf Basis der aktuellen Zahlen und der mit der Auftragslage verifizierten Planzahlen. Dabei ist ein ausreichender Sicherheitspuffer von rund 20,0 % einzuhalten. Dieser Wert wurde aus den Erfahrungen der Vergangenheit als signifikant zur Feststellung der Überdeckung ermittelt.

Im Ergebnis wurden diese Bereiche bei der Druck GmbH geprüft, positiv votiert und durch den Kompetenzträger entschieden. Insbesondere die Einbringung des Investors hat zu einer zügigen sowie umfassenden Sanierungslösung beigetragen. Diese Überleitungsschritte an den Normalbereich sind im Folgenden zu vollziehen. Dabei ist auf die besonderen Erfordernisse dieses Sanierungsfalles einzugehen. So sind die künftigen Mitarbeiter aus dem Markt und der Marktfolge umfassend über die wichtigen Meilensteine in dem Sanierungsprozess und die relevanten Risikoeigenschaften bei diesem Engagement aufzuklären.

2. Wie ist der Überleitungsprozess an die Bearbeiter in der Normalkreditbearbeitung auszugestalten und welche Teilschritte sind zu vollziehen?

Nachdem auch die Poolpartner der Übernahme der Gesellschaftsanteile zugestimmt haben und die Print AG zudem über eine „harte“ Patronatserklärung ein deutliches Zeichen gesetzt hat, besteht aus Sicht der Mittelstandsbank AG kein Grund mehr für das Bestehen einer Einzelwertberichtigung. Die Erreichung des Turnarounds wird mit den Poolbanken abgestimmt und zunächst planen die beteiligten Kreditinstitute das Engagement weiter im Rahmen der gemeinsamen Kredit- und Sicherheitenvereinbarungen zu begleiten. Die Sanierungsabteilung der Mittelstandsbank AG konstatiert den Turnaround und der Betreuer beginnt mit dem Prozess zur Überleitung des Engagements in die Normalkreditbearbeitung.

Als erstes wird das Rating der Druck GmbH angepasst. Es ergibt sich aus Vorsichtsgründen eine Klassifizierung von zwölf auf einer Skala von 1–16. Es wird nicht das gute Einzelkreditnehmerrating der Print AG von acht zugrunde gelegt, da die Haftungseinbindung über eine Patronatserklärung nicht die gleiche Qualität aufweist wie eine Bürgschaft oder ein voller Schuldbeitritt.

Im Anschluss an die neue Ratingberechnung werden aufgrund der geringeren prognostizierten Ausfallwahrscheinlichkeit und den niedrigeren Eigenkapitalbindungskosten die Zinskonditionen bei diesem Engagement auf ein Normalniveau gesenkt. Dies geschieht in Einverständnis und im Gleichklang mit allen Kreditinstituten im Sicherheitenpool, der aufgrund einer Risikoteilung der beteiligten Banken zunächst als eine Art Konsortialfinanzierung beibehalten werden soll.

Die Ausstiegsbank AG hat nach Angaben der Firmenleitung ein Angebot zu Finanzierungsübernahme sämtlicher Poollinien auf Basis sehr günstiger Zinskonditionen unterbreitet. Aufgrund des seinerzeitigen Konfliktes und die Gefährdung der Sanierung haben die Geschäftsleitung der Druck GmbH, die Print AG und die beteiligten Banken dieses Angebot dankend abgelehnt.

Das neue Rating sowie die verbesserten Zinskonditionen werden dem neuen Management der Druck GmbH kommuniziert. Gleichzeitig erfolgt die interne Umstellung des Engagements. Die Kredit- und Sicherheitenakten werden an die Normalkreditbearbeitung übergeben. Um dem Kollegen in der Normalkreditbearbeitung der Mittelstandsbank AG die Übergabe und Einarbeitung zu erleichtern, wurde eine umfassende Dokumentation über den Krisen- und den Sanierungsverlauf erstellt. In diesem Bericht wurden Informationen aufgenommen zu den aufgetretenen Krisenursachen und den seinerzeit eingeleiteten Sanierungsmaßnahmen. Wichtig ist, dass die Kurzdokumentation künftig zur laufenden Überwachung des Engagements in der Normalkreditbearbeitung genutzt wird. In einem Übergabegespräch wird dem künftig zuständigen Mitarbeiter in der Normalkreditbearbeitung und dem zukünftig verantwortlichen Firmenkundenbetreuer der Engagementverlauf der Krisenfeststellung und der Sanierung bankintern detailliert erläutert.

Des Weiteren wurde auf alle beteiligten Gläubiger, die Poolbanken, die Übernahme durch die Print AG mit der Bonitätsprüfung des Käufers und die möglichen Risiken der Investorenlösung aufgrund der Integration in den Konzernverbund im Übergabebericht eingegangen. Insbesondere die Gewinnabführung und die Konzernumlagen sind künftig zu überwachen und bei den Prolongationen über Covenants in den Kreditverträgen zu begrenzen.

Gemeinsam mit dem neuen Firmenkundenbetreuer hat der jahrelang verantwortliche Sanierungsbetreuer ein Kundengespräch mit dem neuen Geschäftsführer initiiert, um die Beendigung der Sanierung offiziell zu verkünden und den Turnaround auszusprechen. Die verbesserten Zinskonditionen der Poolbanken sind zu übermitteln und der neue Firmenkundenbetreuer wird vorgestellt.

Des Weiteren ist die Geschäftsleitung auf die Beobachtung der ehemaligen Krisenursachen hinzuweisen und auf die Abarbeitung der noch offenen Schritte aus dem damaligen Sanierungskonzept. Es folgen die nachträglichen Ex-Post-Auswertungen in der Mittelstandsbank AG. So ist ein Kurzbericht für den Vorstand mit dem Nutzen aus der Sanierung der Druck GmbH darzulegen. Zu berichten sind die Erträge aus der Auflösung der EWB, die Kosten aus der Sanierungsbearbeitung und die qualitativen Ergebnisse aus diesem Turnaround. Diese Resultate aus dem Engagement fließen in den vierteljährlichen Risikobericht im Rahmen der Sanierungsberichterstattung nach MaRisk BTR 1 Rn. 7 und BT 3.2 mit ein.

Des Weiteren erfolgt innerhalb der Sanierungsabteilung eine umfangreiche qualitative Auswertung des Sanierungsverlaufs. Dazu wurden der Interimsmanager und die Art der Begleitung des Sanierungsprozesses beurteilt, um Anregungen für die künftige Betreuung von Problemengagements zu erhalten. Zielrichtungen der umfassenden Auswertung sind die Erzielung von Fortschritten bei der Risikofrüherkennung auf Gesamtbankebene, die schnelle und effiziente Einleitung von Sanierungsprozessen bei Krisenfällen und die laufende Optimierung der Sanierungsbegleitung durch die Spezialabteilung.

Insbesondere die Ermittlung der quantitativen Ergebnisse aus dem Sanierungsfall ist für den Aufbau eines Sanierungsmesskonzeptes von Bedeutung. Auf diese Weise können die Erfolge sowie die Kosten aus der Sanierungsarbeit im Zeitvergleich gemessen werden. Zudem können die Ergebnisse disaggregiert auf Engagementebene sowie auf Mitarbeiterebene Aufschlüsse für die Gestaltung einer verbesserten Sanierungsabteilung geben.

Diese Ergebnisse können eine Basis für die künftigen Personalkapazitäten und die Personalpolitik im Sanierungsbereich liefern. Wenn sich zeigt, dass die Mitarbeiter im Sanierungsbereich erheblich zum Gesamtbankerfolg beitragen, können Kostenbeurteilungen in den Hintergrund treten und vielmehr der starke Auftritt dieser Spezialabteilung als Profit Center für ein Institut angesehen werden. Somit ist der Nutzen dieser Abteilungen durch Kalkulationen mit Zahlen zu belegen. Dies dient auch als Basis für Reportings zum Zweck des Eigenmarketings. Des Weiteren können die Resultate aus dem Sanierungsmesskonzept als Grundlage für den Aufbau eines variablen Vergütungssystems herangezogen werden.

3. Wie lässt sich ein Messkonzept aufzubauen, um den Erfolg der Sanierungsarbeit bei den Einzelengagements und in der Gesamtheit zu erfassen?

Zum Aufbau eines Messkonzeptes in der Sanierungsabteilung sind im Wesentlichen drei Schritte zu vollziehen. Erstens sind die Kostentreiber der Sanierungsprozessschritte zu ermitteln. Die Hauptkostentreiber sind durch Zeitaufschreibungen zu erfassen und zusätzlich sind die Personalkosten und kalkulatorische Kosten wie beispielsweise die kalkulatorischen Mieten hinzuzurechnen.

Diese Kostenbestandteile sind je nach dem gewählten Sanierungsweg auf die Engagements und die einzelnen Prozessschritte aufzuteilen. Auf die Kosten je Engagement fallen je nach Kreditvolumen zusätzlich die kalkulatorischen Zinsen auf das gebundene Eigenkapital an. Sie können aus der Kundendeckungsbeitragsrechnung automatisch eingesteuert werden.

Zweitens ist das Mengengerüst als Vorgabe für jeden Mitarbeiter zu definieren. So sind die Fälle je nach Sanierungsweg zu clustern und es sind anhand der ermittelten Zeitgerüste Vorgaben je Mitarbeiter und Sanierungsfall zu geben beziehungsweise mit den Spezialisten abzustimmen (vgl. DSGV, 2015, S. 148 ff.). Die Richtzeiten können auch aus den einzelnen Meilensteinen im Sanierungsprozess abgeleitet werden. Hier sind die wichtigen Prozessschritte maßgebend.

Drittens sind Kennzahlen zu definieren, die sich aus einem Kosten-Mengen-Gerüst ableiten lassen. Zusätzlich sind Erfolgskennzahlen zu erfassen, die als Werte ermittelt werden können, wie der EWB-Abbau, oder in Relation zu den Kosten oder den Stückzahlen gesetzt werden. Berechnen und analysieren lassen sich beispielsweise Kennzahlen und Abweichungen aus den Bereichen:

- Soll-Ist-Bearbeitungszeiten für die Haupttätigkeiten differenziert nach Fallarten sowie Tätigkeitsprofilen, Ermittlung der Ursachen für Planabweichungen
- Zeitliche Einhaltung der Meilensteine in Anlehnung an die vorformulierten Sanierungswege und Gesamtdauer der Sanierung
- Anzahl der bearbeiteten Fälle je Mitarbeiter nach Stellenprofil der Personen und zudem nach Größenklassen und Komplexitätsstufen der Fälle
- Anzahl der Rückführungsraten in den Normalkreditbereich und Ermittlung der Veränderungen der nachhaltigen Ratingnoten
- Messung des EWB-Abbaus und der Reduzierung von Rückstellungen, unter Berücksichtigung von gebuchten (Teil-)Abschreibungen

Durch die Erfassung von Kennzahlen aus den verschiedenen Sanierungsverläufen der einzelnen Engagements, über die Erfolgs-, Kosten- und Zeitansätze je nach Prozessschritt bis hin zur Aggregation auf einen Sanierungsprozessweg je Sanierungsfall, einen Sanierungsbearbeiter oder die gesamte Abteilung lassen sich interessante Erkenntnisse ziehen. So können die Erfolge der Sanierungsarbeit im Zeitvergleich beurteilt werden. Es lassen sich zudem institutsübergreifende Gegenüberstellungen vornehmen, um Potenziale für genauere Optimierungen zu erkennen. Des Weiteren können die erzielten Erfolge je Mitarbeiter oder je Sanierungsteam als Basis für die variable Vergütung herangezogen werden. Des Weiteren ist die Einhaltung des qualitativen internen Sanierungskonzeptes in der Umsetzung zu überprüfen. Die ausgearbeitete Risikostrategie in Form dieses seinerzeit geplanten Weiterbehandlungskonzeptes ist im Hinblick auf die tatsächliche Realisierung zu überprüfen. Der abschließende Bericht sollte an dem ursprünglichen bankinternen Sanierungskonzept und der geplanten Sanierungsstrategie ansetzen.

4. Nennen Sie Ansatzpunkte für die Ausgestaltung eines variablen Vergütungssystems in der Sanierungsabteilung auf Basis einer Balanced Scorecard.

Das ermittelte Kennzahlensystem kann als Grundlage für den Aufbau eines variablen Vergütungssystems in der Sanierungsabteilung dienen. Zunächst sind dazu die Sanierungsfälle zu staffeln, unter anderem nach Kreditvolumen und Komplexität in A-, B-, oder C-Fälle oder in Individualsanierungen, Standardsanierungen und Kontensanierungen. Anschließend sind die Engagements auf die Mitarbeiter gleichmäßig zu verteilen. Dazu sind Zielvorgaben für die Einzelfälle im Gespräch zwischen Sanierungsbetreuer und Sanierungsleitung für Einzelengagements im übergebenen Portfolio zu entwickeln. Die nachfolgende Tab. 4.59 zeigt eine Scorecard für den Sanierungsbereich mit harten und weichen Kriterien.

Tab. 4.59: Leistungsbewertungsschema über eine Balanced Sorecard (Quelle: Eigene Darstellung)

Kategorie	Sollwert	Istwert	Abweichung	Gewichtung	Bewertung
Finanzperspektive					
EWB-Abbau					
Nachbesicherung					
Ratingverbesserung					
Prozessperspektive					
Einhaltung Prozesse					
Einhaltung Meilensteine					
Reportingqualität					
Potenzialperspektive					
Einbringung Fachwissen					
Kreativität Lösungen					
Schulungstage					
Teamperspektive					
Erreichung Teamziele					
Verhalten im Team					
Projektarbeit					

Zielvorgaben umfassen sowohl zeitliche Richtwerte für die Bearbeitung der Fälle als auch finanzielle Entwicklungen, die es durch einzubringende Tilgungen oder Nachbesicherungen zu erreichen gilt. Diese Ziele können auch als Teamziele formuliert werden. Dies hat den Vorteil, dass der Druck nicht so sehr auf dem einzelnen Mitarbeiter lastet, sondern dass mehrere Personen in einem Team oder in einer Sanierungsabteilung insgesamt an der Erfüllung der Vorgaben beteiligt sind.

Diese Vorgabekategorien und Werte sollten nicht allein quantitative, sondern auch qualitative Merkmale umfassen. Es bietet sich die Abbildung der Vorgabekriterien mit den Soll- und erreichten Ist-Werten im Rahmen der Balanced Scorecard an. Auf diese Weise kann sichergestellt werden, dass diese Zielvorgaben einen weiten Katalog an qualitativen und quantitativen Eigenschaften umfassen. Diese können zudem gewichtet werden und es kann der bereits dargelegte Teamgedanke mit einfließen. Die erreichten Ziele und die Abweichungen werden laufend erfasst, bewertet sowie gegebenenfalls kommentiert. In einem Jahresgespräch können der Zielerreichungsgrad und die Abweichungsursachen zwischen der Sanierungsleitung sowie den Mitarbeitern besprochen werden. Dabei kann auch herauskommen, dass die Kriterien beziehungsweise deren Gewichtung anzupassen sind.

5. Welche Chancen und Risiken bestehen bei der Einführung eines variablen Entlohnungssystems in der Sanierungsabteilung eines Kreditinstituts?

Mit der Gestaltung eines differenzierten Beurteilungs- und Vergütungssystems in der Sanierungsabteilung ergeben sich Chancen und Risiken für die involvierten Mitarbeiter. Die Vorteile der genauen Leistungsmessung und einer darauf aufbauenden variablen Vergütung bestehen unter anderem in der Förderung der Motivation und der Teilhabe am Erfolg der Sanierungsabteilung. Diese finanzielle Beteiligung kann nicht unerheblich ausfallen.

Auf diese Weise können Leistungsträger, die in der Problemkreditbearbeitung eine wichtige Funktion haben, über eine stärkere gehaltliche Differenzierung an das Institut gebunden werden. Von Bedeutung ist es, dass die Bankziele der Risikoreduzierung durch die Sanierungsarbeit und die geschaffene Anreizwirkung durch das Vergütungssystem komplementär verlaufen. Die Chancen der variablen Vergütung im Sanierungsbereich sind wie folgt:

- Anreizwirkung mit Motivations- und Beurteilungskomponenten
- Verbesserung der Cost Income Ratio und Optimierung der Prozesse
- Steigerung des Engagements und des unternehmerischen Denkens

Über eine angemessene Gewichtung der Teamziele können zudem die Zusammenarbeit und der Zusammenhalt in der Gruppe gefördert werden. Dieses kann auch die Arbeitszufriedenheit und die Mitarbeiterbindung erhöhen.

Es ergeben sich jedoch nicht nur Chancen und Vorteile bei der Gestaltung variabler Vergütungssysteme im Sanierungsbereich. Dies erfordert bei der Umstellung eine Änderungskündigung und kann zu einer Demotivation führen. Zudem ist zu beachten, dass Mitarbeiter in der Marktfolge meist risikoavers geprägt sind und eine variable Vergütung Unsicherheit erzeugt. Hier könnte unter Umständen ein Wahlmodell eine Lösung bieten. Das neue Vergütungssystem kann die Personalkosten in diesem Spezialbereich deutlich ansteigen lassen. Es sind auch die negativen Aspekte aus einem variablen Vergütungssystem zu beachten.

Risiken der variablen Vergütung im Sanierungsbereich liegen in der:
- Förderung Einzelkämpfertum wenn Teamziele nicht berücksichtigt werden
- Ungenauigkeit des Systems durch externe konjunkturelle Einflüsse
- Individualität der Sanierungsfälle und des Komplexitätsgrads der Lösungen

Des Weiteren können bilanzpolitische Zielsetzungen auf den Zeitpunkt und die Höhe der EWB-Bildung einwirken und sind von dem zu beurteilenden Mitarbeiter nicht zu verantworten. Zudem kann die Gerechtigkeit der Engagementverteilung beeinträchtigt sein und durch die Bearbeiter angezweifelt werden, denn Sanierungsfälle erfordern in der Regel unterschiedliche Zeitansätze und individuelle Methoden. Bei der Vorgehensweise im Engagement kann unter Umständen eine zu harte Gangart aus Reputationsaspekten gar nicht gewollt sein.

Insgesamt sind die Vorteile und Nachteile im Vorfeld genau abzuwägen und es ist eine institutsspezifische Lösung zu finden. Variable Vergütungssysteme sind nicht für alle Stellenprofile geeignet und entfalten nicht in allen Fällen positive Anreizwirkungen auf die Mitarbeiter. Das fachlich gut ausgebildete Personal bildet aber den Kern der erfolgreichen Sanierungsarbeit. Aus diesem Grund ist mit Veränderungen der Vergütungssystematik sehr umsichtig vorzugehen und die Mitarbeiter sind in diesen Prozess mit einzubeziehen.

---

8. Sanierungsregel: Es sind wichtige Merkmale für den Turnaround wie die nachhaltige Kapitaldienstfähigkeit oder die erreichte Wettbewerbsfähigkeit im relevanten Markt festzulegen und die Erfolge und Kosten aus der Sanierungsarbeit sind anschließend zu messen.

Erläuterung der 8. Sanierungsregel

Die Kapitaldienstfähigkeit sowie die wiedererlangte Wettbewerbsfähigkeit im Branchenvergleich sind wichtige Kriterien, die einen Turnaround anzeigen. Nach dem Feststellen des Turnarounds bei einer ehemaligen Krisenfirma sollten in Kreditinstituten feste Prozesse einsetzen, um die Übergaben in den Normalkreditbereich effizient und effektiv zu gestalten. Von Bedeutung ist es, den neuen Engagementbearbeitern die ehemaligen Krisenmerkmale aufzuzeigen, damit ein künftiges Risiko unverzüglich erkannt und schnell bearbeitet wird.

Die quantitativen Sanierungserfolge sind anschließend zu messen und zu untersuchen. Zusätzlich ist auch ein Abgleich zwischen dem ursprünglich geplanten internen Sanierungskonzept sowie der tatsächlichen qualitativen Umsetzung vorzunehmen. Diese Ergebnisse der Sanierungsarbeit und die erhobenen Kosten und Erfolge sollten in das bankinterne Reporting nach MaRisk und möglicherweise in den Aufbau eines leistungsgerechten Beurteilungskonzeptes, als Basis eines variablen Vergütungssystems, mit einfließen. Nachfolgend werden die empirischen Ergebnisse zu dem Sanierungscontrolling dargelegt.

4.8.4 Empirische Ergebnisse zum Sanierungscontrolling

Die genaue Festlegung und Validierung der Kriterien zur Rückgabe eines Falls in den Normalkreditbereich sind von Bedeutung, damit die Engagements nachhaltig gesunden und keine erneute Sanierung erforderlich ist. Den Folgearbeiten nach der wirtschaftlichen Gesundung des ehemaligen Krisenunternehmens ist besondere Beachtung zu schenken, denn dadurch lässt sich die bankinterne Bearbeitung an die aktuellen Erfordernisse anpassen. Damit können die Effizienz bei der Betreuung laufend verbessert und die Risikosysteme stetig optimiert werden, indem Erfahrungen aus abgeschlossenen Sanierungsfällen eingehen. Zunächst ist zu prüfen, welche Kriterien erfüllt sein müssen, damit die wirtschaftliche Wende bei einem Engagement als nachhaltig vollzogen gilt.

Rund 49,3 % der Kreditinstitute halten feste Abläufe in der Endphase einer erfolgreichen Sanierung für wichtig, um die Effizienz und Professionalisierung der Sanierungsarbeit zu fördern. Dabei benennen jedoch 54,7 % der Befragten, dass im Einzelfall über die Rückübertragung in den Normalbereich entschieden wird und nur 10,9 % geben an, dass feste Merkmale aus Richtlinien für einen Turnaround und die Übertragung aus dem Sanierungsbereich in die Normalkreditbearbeitung gelten. Dieses zeigt Möglichkeiten für Verbesserungen auf, wenn beispielsweise ein einheitlicher Überleitungsbogen verwendet wird. Auf diese Weise werden alle Schritte abgearbeitet und ein effizientes prozessuales Vorgehen wird gefördert.

Bei den Einzelnennungen von Kriterien, die den Turnaround anzeigen dominieren zahlendeterminierte Merkmale. Am häufigsten wird von 86,9 % der Befragten die Erreichung der nachhaltigen Kapitaldienstfähigkeit benannt (2008: 80,0 %). Es folgen die Liquiditätsverbesserung gemessen in einer Entspannung der Kontoführung mit 75,9 % der Nennungen (2008: 62,0 %) und die Optimierung der Ertragslage mit 62,0 % der Antworten (2008: 60,0 %). Weitere Merkmale, die von den Befragten jedoch selten geäußert werden, sind mit 21,9 % (2008: 26,0 %) die Verbesserung der Kapitallage und mit 21,2 % (2008: 23,0 %) die Wiederherstellung der Wettbewerbsfähigkeit, wie die nachfolgende Abb. 4.85 zeigt.

Damit stehen aus Bankensicht insbesondere finanziell-orientierte Kriterien für eine Entscheidung zum Turnaround im Vordergrund. Es verwundert, dass die Wiederherstellung der Wettbewerbsfähigkeit seltener genannt wird. Dieses Merkmal stellt in der Regel eine Grundlage für den langfristigen Erfolg am Markt bei den Kunden dar. So können sich die Zahlenwerke kurz- bis mittelfristig verbessern, jedoch ist für eine nachhaltige Gesundung oft die Neugestaltung der Marktposition und des Geschäftsmodells notwendig. Die Wettbewerbsfähigkeit ist jedoch nur unter erhöhtem Aufwand von Externen einschätzbar. Dennoch sollte zumindest versucht werden, die allgemeine Konjunktur- und Marktlage, die Entwicklung der Branchensituation, die Konkurrenz und die Positionierung der Firma im relevanten Umfeld zu beurteilen, um die Stabilität eines Turnarounds zu verifizieren.

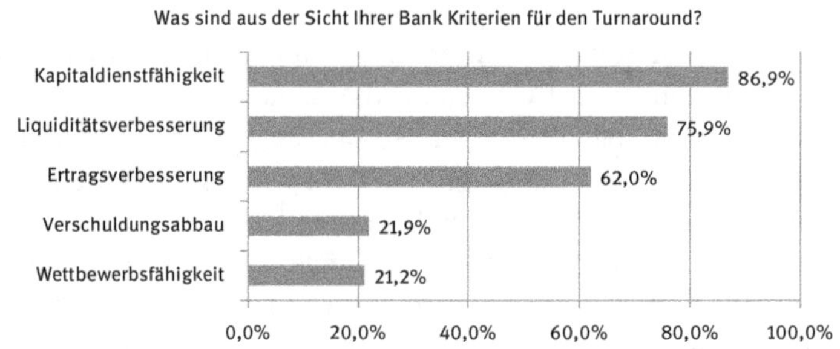

Abb. 4.85: Merkmale für den Sanierungserfolg (Quelle: Eigene Darstellung)

Wichtige Folgeschritte, die im Anschluss an die wirtschaftliche Wende umgesetzt werden, sind nach Mehrfachnennungen die Überführung in die Normalkreditbearbeitung mit 97,1 % der Antworten, mit 79,4 % die Auflösung der Einzelwertberichtigung und mit 75,0 % die Ratingverbesserung mit der Anzeige des Normalbereiches. In 55,1 % der Institute erfolgt regelmäßig das Führen eines Kundengespräches, um die Verbesserung des Ratings sowie die Überführung des Engagements in den Normalkreditbereich zu erläutern. In 39,0 % der Banken erfolgt unverzüglich eine Wiedereinsetzung der ursprünglichen Kreditkompetenzen, wie die folgende Abb. 4.86 verdeutlicht. Es verwundert, dass ein Abschlussgespräch mit der Geschäftsführung des Krisenunternehmens nicht immer fest in die Abläufe verankert ist. Denn in einer gemeinsamen Runde könnten dem Kunden die positiven Veränderungen und Chancen der Zusammenarbeit aufgezeigt werden. Zudem kann dem Unternehmer verdeutlicht werden, dass die ehemals festgestellten Krisenursachen weiterhin eigenständig überwacht werden sollten.

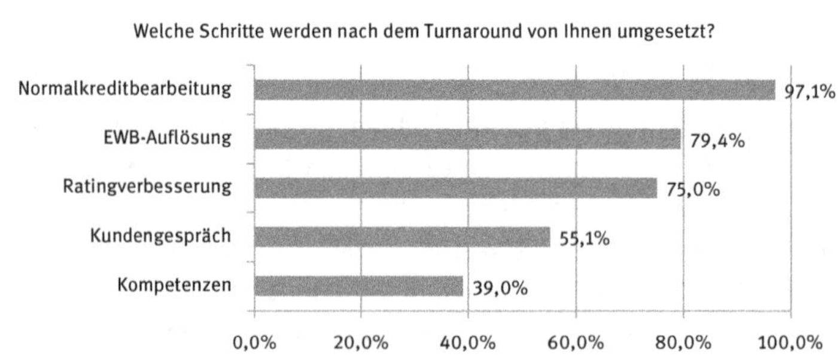

Abb. 4.86: Vorgehen im Anschluss an den Turnaround (Quelle: Eigene Darstellung)

Neben den Schritten im Anschluss an die Überwindung der Schieflage sind inhaltliche Folgearbeiten zur Verbesserung der internen Ratingsysteme von Bedeutung, um die Risikofrüherkennung und Sanierung in Kreditinstituten laufend zu professionalisieren. Gerade aus abgeschlossenen Sanierungsfällen können Banken viel lernen. Dazu können die Krisenfrüherkennungssysteme auf Basis der neuen Informationen weiterentwickelt und unter anderem im Hinblick auf die Identifizierung neuer Risikomerkmale verbessert werden.

Nach Meinung von rund 77,6 % der Spezialisten wird die Verbesserung der Risikosysteme als wichtig angesehen, der Erfüllungsgrad in der Praxis liegt bei einer Zustimmungsquote von lediglich 42,2 %. Die weitere Überwachung der Krisenfaktoren über den Sanierungsverlauf hinaus wird von 67,2 % der Vertreter benannt. Der Erfüllungsgrad liegt dagegen nur bei rund 42,6 %. Die Weitergabe der Erfahrungen aus den Sanierungsprozessen in internen Schulungen wird von 65,7 % als wichtig angesehen. Jedoch bestätigen knapp 40,0 % der Antwortenden, dass dieses in der Praxis auch umgesetzt wird.

Die Feststellung dieser quantitativen Sanierungserfolge, in Form der EWB-Auflösung, sehen 49,3 % der Bankenvertreter als wichtig an. Dies erfolgt aber nur in rund 30,9 % der Institute zufriedenstellend. Die Ex-Post-Messung der qualitativen Erfolge wird von 48,5 % als bedeutend, aber nur von 23,5 % als erfüllt angesehen.

In der nachfolgenden Tab. 4.60 werden Folgearbeiten nach der Wichtigkeit sowie dem Erfüllungsgrad aus Sicht der Banksanierer mit Durchschnittsnoten auf einer Skala (1,0 = „wichtig“ beziehungsweise „erfüllt“ bis 5,0 = „unwichtig“ beziehungsweise „nicht erfüllt“) bewertet.

Tab. 4.60: Wichtigkeit und Erfüllungsgrad bei den Folgearbeiten (Quelle: Eigene Darstellung)

Folgearbeiten nach der Feststellung des Turnarounds	Wichtigkeit der Eigenschaft		Erfüllungsgrad in der Praxis		Abweichung
	% Zustimmung	Mittel	% Zustimmung	Mittel	Differenz
Verbesserung der Risikosysteme	77,6 %	2,0	42,2 %	2,8	0,8
Überwachung der Krisenfaktoren	67,2 %	2,1	42,6 %	2,7	0,6
Erfahrungen in internen Schulungen	65,7 %	2,3	40,0 %	2,9	0,6
Quantitative Sanierungserfolge	49,3 %	2,6	30,9 %	3,1	0,5
Qualitative Sanierungserfolge	48,5 %	2,6	23,5 %	3,3	0,7
Prämien für Sanierungserfolge	13,6 %	3,8	7,5 %	4,5	0,7

Die Prämierung der Sanierungserfolge, unter anderem über variable Vergütungen, wird nur von 13,6 % der Spezialisten als besonders wichtig und nur von 7,5 % als vollzogen erachtet. Dieses verwundert, da die Sanierer in den Banken von den Regelungen im Rahmen variabler Vergütungen profitieren könnten. Deutliche Abweichungen zeigen sich bei fast allen Merkmalen. So liegt die Wichtigkeit, gemessen in den Durchschnittsnoten und der Grad der Zustimmung in allen Punkten über dem Erfüllungsgrad in der Praxis und zeigt Verbesserungsbedarf auf.

Nach Banksektoren schätzen Privatbanken die Wichtigkeit einer Weiterentwicklung der Risikosysteme mit 100,0 % der Nennungen deutlich höher ein als die anderen Institute. Ebenso wird der Messung quantitativer und qualitativer Sanierungserfolge sowie dem Eingehen der Erfahrung aus abgeschlossenen Fällen in interne Schulungen eine höhere Priorität beigemessen als in den anderen Banksektoren. Lediglich die Sparkassen und Landesbanken sehen diese Aspekte häufiger als wichtig an.

Ebenso wird der Wichtigkeitsgrad bei sämtlichen Merkmalen in großen Instituten höher eingeschätzt als in mittleren oder kleinen Banken. Auch der Erfüllungsgrad wird in großen Banken besser bewertet, obwohl dieser bei allen untersuchten Faktoren nicht bei 100,0 % liegt. Somit zeigt sich bei allen Kriterien besonderer Verbesserungsbedarf in kleinen und mittleren Häusern. Da dies mit eigenen Personalkapazitäten nicht immer realisierbar erscheint, besteht die Möglichkeit auf Ressourcen des Bankenverbandes oder spezielle IT-Lösungen zurückzugreifen, um den Zufriedenheitsgrad bei den Nacharbeiten zu verbessern.

Das Sanierungscontrolling ist wichtig, um die Erfolgsbeiträge aus der Sanierungstätigkeit zu messen und Veränderungen im Zeitablauf bei unterschiedlichen konjunkturellen Lagen zu erkennen. Zudem ist diese Dokumentation als ein wichtiger Teil des Berichtswesens anzusehen. Die Ermittlung der Sanierungserfolge kann auch zu einer Verbesserung der internen Berichterstattung im Problemkreditbereich führen.

Dabei können Auswertungen zu Sanierungsfällen auch für die Risikoberichterstattung gemäß MaRisk an die Geschäftsleitung von erheblicher Bedeutung sein. Auch der Wissenstransfer von Risikospezialisten aus den begleiteten Firmen und anderen Kreditinstituten kann zur Optimierung der Prozesse und der Aufbauorganisation in der Risikoerkennung und Sanierung noch deutlich stärker genutzt werden. Rund 54,5 % der Antwortenden sind der Meinung, dass Sanierungsberichte mit einer Darstellung der Erfolge der Spezialabteilung wichtig sind, aber nur 37,0 % sehen diesen Tatbestand in ihrer Bank als erfüllt an. Das Benchmarking im Vergleich mit anderen Instituten wird lediglich von 24,1 % der Spezialisten als wichtig eingestuft und nur von 5,9 % in der Praxis als erfüllt bewertet.

Es wird deutlich, dass Bedarf besteht, auch von anderen Instituten bei der Sanierungsarbeit zu lernen. Um diesen Mangel zu beheben, können Erfahrungsaustausche durchgeführt oder die Teilnahme der Mitarbeiter in der Problemkreditbearbeitung an Konferenzen forciert werden.

Die Notwendigkeit des Wissenstransfers und des Erfahrungsaustausches ist über alle Banksektoren und Größenklassen hinweg zu beobachten. Es zeigt sich, dass eine verstärkte Öffnung der Institute in diesen Bereichen Chancen zur Verbesserung der eigenen Sanierungsarbeit bedeutet. Das Augenmerk sollte auf der stetigen Professionalisierung der Risikosysteme und der internen Sanierungsprozesse liegen. Die folgende Abb. 4.87 fasst die ermittelten Abweichungen bei den Folgearbeiten und den Erfolgsauswertungen zusammen.

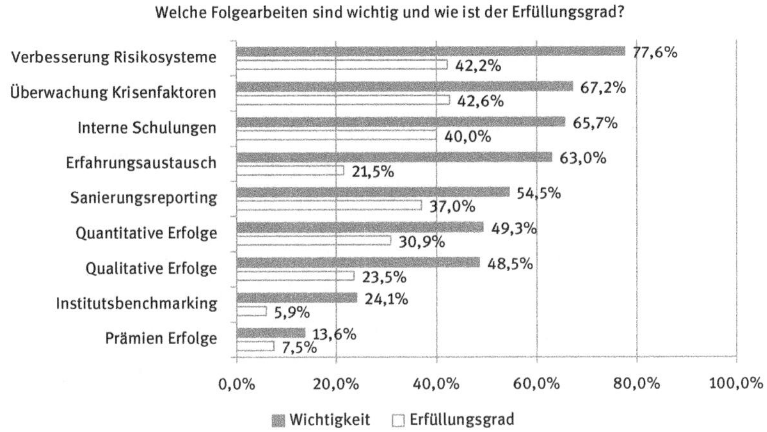

Abb. 4.87: Wichtigkeit und Erfüllungsgrad bei den Folgearbeiten (Quelle: Eigene Darstellung)

Aus der neuen Studie aus 2017 ergeben sich weitere Anforderungen an die Folgearbeiten im Hinblick auf das Controlling und die Berichterstattung der Risiken. Rund 65,9 % der Antwortenden hält die Kostenerfassung in der Sanierungsbearbeitung bei Firmenkunden für wichtig. Bei der Erfolgserfassung ist die Bedeutung stärker ausgeprägt. Diese wird von rund 91,1 % der Teilnehmer der Umfrage für relevant gehalten. Bei der Auswertung der Abstufung der Wichtigkeit wird klar, dass der Erhebung der Erfolge aus der Sanierungsarbeit eine besonders hohe Relevanz beigemessen wird. Die Erfassung der jeweiligen Dauer der Bearbeitung eines Sanierungsfalls war ebenfalls interessant zu erfahren. Rund 57,8 % Vertreter der Banken halten diese Messung für wichtig. Auffällig sind dagegen die Abweichungen zur tatsächlichen Erfassung dieser Parameter. So werden derzeit nur in rund 23,7 % Instituten Kennzahlen in der Sanierung regelmäßig gemessen.

Dies deutet auf eine erhebliche Lücke der eingeschätzten Bedeutung der Identifizierung der Kosten, Erfolge und Sanierungsdauern der Bearbeitungen hin, im Gegensatz zu den tatsächlich gemessenen Werten. Insgesamt kommt der systematischen Erhebung von Daten in der Sanierungsabteilung eine hohe Bedeutung zu, wie die nachfolgende Abb. 4.88 darstellt.

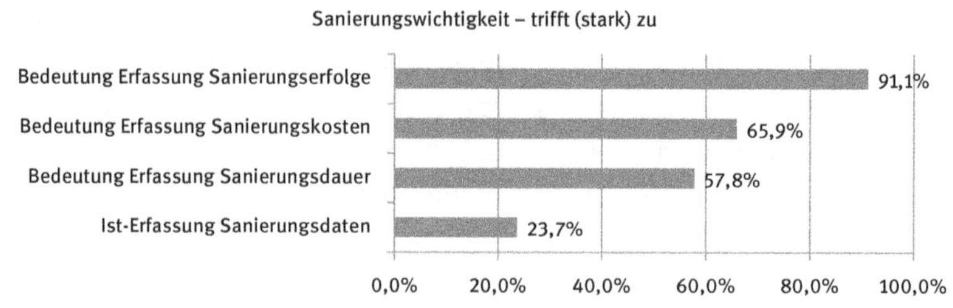

Abb. 4.88: Wichtigkeit der Erfassung von Daten in der Sanierung (Quelle: Eigene Darstellung)

Neben den Abläufen für die Krisenengagements war von Interesse, welche Bedeutung der Prozesssteuerung im Sanierungsbereich allgemein beigemessen wird. Mit 60,2 % der Antworten wird der Transparenzerhöhung eine besondere Beachtung bei der prozessualen Betrachtung der Sanierungsabläufe zuteil. Des Weiteren war mit 43,0 % der Nennungen die Möglichkeit der Kostenerfassung und mit 61,7 % die Erfolgsermittlung von Bedeutung. Über die Hälfte der Antwortenden (53,5 %) hält die Kapazitätsbestimmung auf der Basis der Sanierungsprozesse für wichtig.

Es ist für 97,7 % der Teilnehmer nicht zutreffend, dass in der Sanierung nur auf die Kosten geachtet werden sollte. Aufgrund der geringen Bedeutung wird auf die Analyse nach Banksektoren und Größenklassen verzichtet. Daher halten es auch nur 12,6 % für zutreffend, dass die Personalkosten in der Sanierung zu reduzieren sind, um weitere Aufwendungen einzusparen. Es wird von der überwiegenden Mehrheit und insgesamt 90,0 % der Teilnehmer die Bedeutung des Sanierungsgesamterfolgs als wichtig eingeschätzt, wie die folgende Abb. 4.89 zeigt. Dies verdeutlicht, dass es in der Sanierung um die Vermeidung von Ausfallrisiken geht.

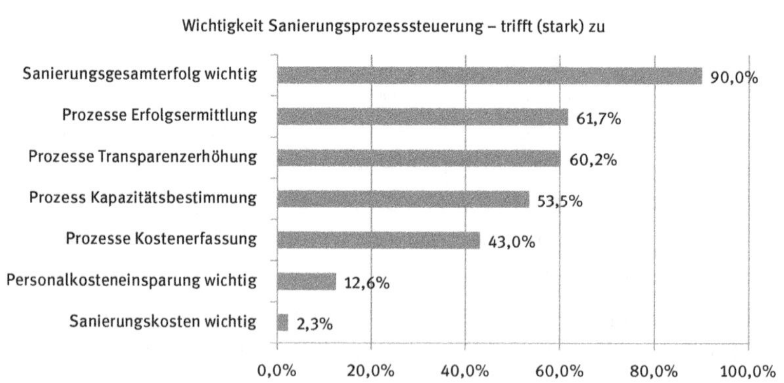

Abb. 4.89: Bedeutung der Prozesssteuerung in der Sanierung (Quelle: Eigene Darstellung)

Kennzahlen in der Sanierung werden allgemein von rund der Hälfte der Teilnehmer der Umfrage eine große Bedeutung beigemessen (46,5 %). Besonderer Wert wird auf die Feststellung der Sanierungserfolge gelegt, mit 47,3 % der Nennungen. Es folgen zeitliche Auswertungen der Kennzahlen (30,2 %) sowie Institutsvergleiche bei Indizes (25,0 %), um sich einordnen zu können und Verbesserungspotenziale zu erkennen. Seltener genannt wurde die Bedeutung der Einführung einer variablen Vergütung, beispielsweise auf der Basis von Benchmarks mit Vorgabekategorien (17,2 %). Dennoch liegt dieser Wert über der Messung des Ist-Zustands mit der Existenz einer variablen Vergütung im Sanierungsbereich. Das Vorhandensein einer variablen Vergütung und von Sanierungskennzahlen als zugrundeliegender Maßstab benennen nur 6,3 %, wie die folgende Abb. 4.90 verdeutlicht.

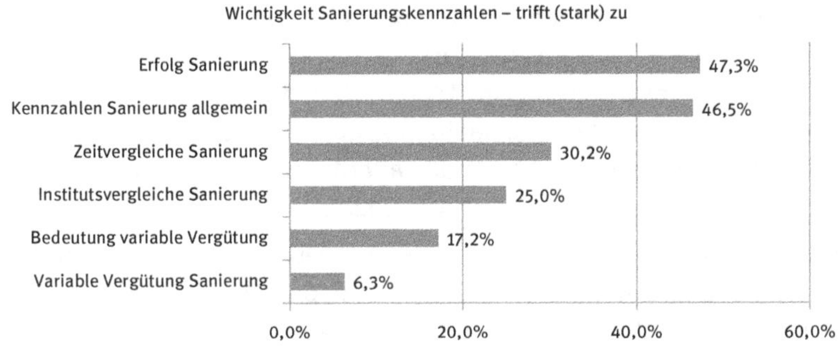

Abb. 4.90: Bedeutung von Kennzahlen in der Sanierung (Quelle: Eigene Darstellung)

Grundsätzlich können im Bereich der Sanierung sehr unterschiedliche Parameter zum Einsatz kommen. Es war von Interesse zu erfahren, welche Messungen häufig erfolgen. Einige Kreditinstitute äußerten zunächst, dass keine Kennzahlenmessungen in der Sanierung stattfinden (31,4 %).

Die häufigsten Antworten zu Datenerhebungen finden sich in der Erfassung der erreichten EWB-Reduzierung mit 62,0 % Angaben. Des Weiteren kommt in der Praxis auch die Messung der Kreditvolumenreduzierung sowie die Erfassung der Einhaltung der Meilensteine in der Sanierung mit jeweils 47,4 % der Nennungen eine große Bedeutung zu. Die Rückführungsquote, dies bedeutet die Anzahl der Rückgaben in den Markt bei erfolgreichen Sanierungen, in Relation zur Gesamtzahl der eingegangenen Fälle in einer Periode, wurde von 44,5 % genannt.

Ebenso erfolgt auch öfter eine Messung der Sanierungsdauer auf der Einzelengagementebene mit 41,6 % der Antworten, wie die nachfolgende Abb. 4.91 zeigt. Insgesamt verdeutlichen die Angaben zur Kennzahlenermittlung, dass die Relevanz hoch und gegenüber früheren Erhebungen sogar noch gestiegen ist.

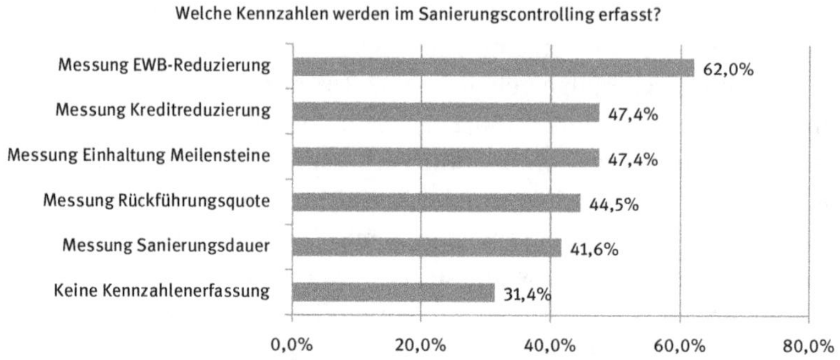

Abb. 4.91: Angewendete Kennzahlen in der Sanierung (Quelle: Eigene Darstellung)

Die Berichterstattungen in den Bereichen der Intensivbetreuung, Sanierung und Abwicklung haben sich in vielen Instituten verstärkt. In den neuen MaRisk hat das Reporting einen eigenen Gliederungspunkt in BT 3 „Anforderungen an die Risikoberichterstattung" erhalten. Neben den allgemeinen Anforderungen an die Berichterstattung, wie die Transparenz, wird im Folgenden auf die Intervalle sowie die darzulegenden Inhalte eingegangen (vgl. Kurfels, 2018, S. 128).

Von Bedeutung ist hier MaRisk BT 3.2 Rn. 3 mit der mindestens vierteljährlichen Risikoberichterstattung über die Adressenausfallrisiken, in der wesentliche strukturelle Merkmale des Kreditgeschäfts enthalten sind. Darzulegen sind die Entwicklungen im Kreditportfolio, unter anderem nach den Branchen, Ländern, Risikoklassen, Größenklassen sowie Sicherheiten. Zu beachten sind besonders auftretende Risikokonzentrationen. Des Weiteren sind Berichte auf Gesamt- und Einzelengagementebene erforderlich, zu bemerkenswerten Sanierungs- und Abwicklungsengagements und im Intensivbereich. Zudem sind in den Instituten sämtliche finanziellen Hilfsmaßnahmen zugunsten eines Schuldners zu erfassen (Forbearance). In diesem Zusammenhang ist auch eine umfassende Berichterstattung zu Risikopositionen sowie der Art der Forbearance-Option erforderlich.

Im Allgemeinen hat die Transparenz in den gefährdeten Bereichen der Adressenausfallrisiken eine große Bedeutung für Kreditinstitute, da das Eigenkapital und die Gewinnsituation durch die Bildung von Einzelwertberichtigungen sowie Abschreibungen stark belastet werden kann. Daher ist in diesem Sektor ein umfassendes Reporting erforderlich, um potenzielle Gefahren für ein Institut zu erkennen, zu überwachen und Risiken rechtzeitig abzuwenden. Es sind qualitative sowie quantitative Werte zu erfassen und zu beobachten, um einschätzen zu können, ob die ergriffenen Risikomaßnahmen und -strategien erfolgreich waren. Nur auf Basis aktueller, relevanter und nachvollziehbarer Daten lässt sich der Problemkreditbereich aktiv steuern. Die Berichterstattung sollte sich immer auf die einzelne Kreditnehmereinheit sowie das Gesamtsanierungsportfolio beziehen.

Die Mehrheit der antwortenden Teilnehmer an der Umfrage berichtet, dass eine umfassende Berichterstattung im Bereich der Sanierung an die Geschäftsleitung erfolgt (73,0 %). Das Reporting findet verstärkt auf der Einzelengagementebene statt, mit 81,8 % der Nennungen. Im Portfoliobereich werden immerhin noch in 40,9 % der Institute Berichterstattungen durchgeführt. Die Berichtsintervalle sind an die Anforderungen der MaRisk angelehnt und 67,2 % der Banken führen eine quartalsweise Berichterstattung durch. Es berichten 10,9 % der Institute jährlich, 7,3 % monatlich und 40,1 % der Banken anlassbezogen, wie Abb. 4.92 zeigt.

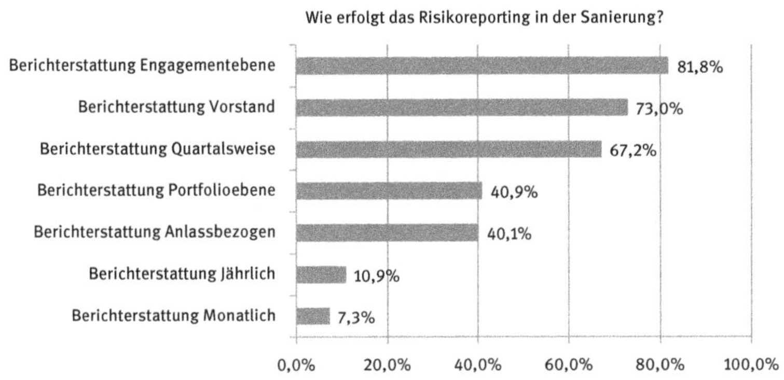

Abb. 4.92: Risikoreporting in der Sanierung (Quelle: Eigene Darstellung)

Viele der berichtenden Institute benennen, dass sich diese Berichterstattung in den letzten Jahren insgesamt intensiviert hat (50,4 %). Teilweise werden als Gründe die erhöhten Anforderungen an die Rechnungslegung (15,3 %) sowie die neueren Bankentests und Bankenüberprüfungen (13,1 %) genannt. Dabei äußern rund 29,2 % der Antwortenden, dass verstärkt quantitative Kennzahlen über die Sanierungsarbeit zu berichten sind und 18,2 % vermelden die vermehrte Berichterstattung über qualitative Werte, wie die folgende Abb. 4.93 darstellt.

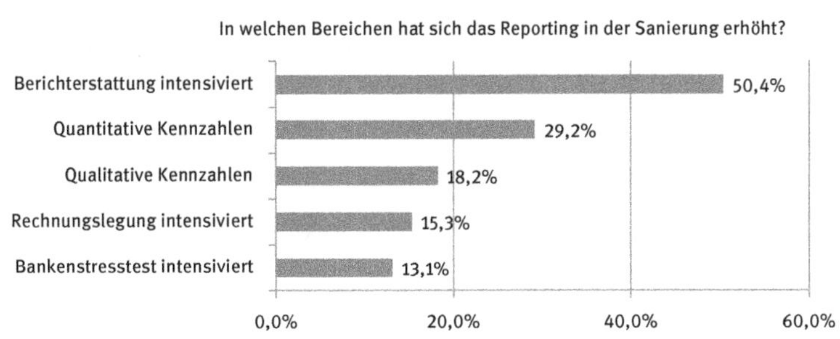

Abb. 4.93: Intensivierung Berichterstattung in der Sanierung (Quelle: Eigene Darstellung)

5 Insolvenz aus Bankensicht

Lernziele

Optimale bankinterne Gestaltungen in der Abwicklung kennen
Chancen und Risiken einer Sanierung in der Insolvenz beurteilen können
Aussichten übertragender Sanierungen und Verwertungen einschätzen

Es gelingt nicht in allen Fällen ein Krisenunternehmen erfolgreich zu sanieren. Die Gründe des endgültigen Scheiterns sind vielfältig. Eine wesentliche Hauptursache ist das verspätete Einleiten von außergerichtlichen Gesundungsmaßnahmen. Es besteht bereits lange Zeit eine Verlustwirtschaft, einhergehend mit einer hohen Verschuldung und einer intensiven Anspannung der Liquidität. Die Folge einer starken wirtschaftlichen Fehlentwicklung ist in der Regel der Insolvenzantrag und die Engagements werden an die Abwickler in den Kreditinstituten übergeleitet.

Scheitern die außergerichtlichen Sanierungsversuche, ist der Insolvenzantrag einer Krisenfirma oft die Konsequenz. Die Vertretungsorgane eines Unternehmens haben bei Vorliegen der Insolvenzkriterien gemäß § 15a InsO spätestens nach drei Wochen einen Insolvenzeröffnungsantrag zu stellen. Im Fall der Führungslosigkeit einer Gesellschaft mit beschränkter Haftung ist auch jeder Gesellschafter, bei einer Aktiengesellschaft oder einer Genossenschaft jedes Mitglied des Aufsichtsrats zur Stellung eines Insolvenzantrags verpflichtet, es sei denn, die Person hatte von der Zahlungsunfähigkeit und der Überschuldung oder auch der Führungslosigkeit keine Kenntnis (§ 15a Abs. 3 InsO). Werden die Pflichten nicht wahrgenommen machen sich die verantwortlichen Personen beziehungsweise Organe gegebenenfalls strafbar.

Dabei ist die Zahl der Insolvenzen bei Unternehmen in den letzten Jahren stetig gesunken. Dieses ist auf die gute Konjunkturlage zurückzuführen. Dennoch sind die Schäden, aus den nicht befriedigten Gläubigerforderungen bei insolventen Firmen, weiterhin sehr hoch (vgl. Creditreform, 2017, S. 1 ff.). Die Quoten auf die gesicherten und ungesicherten Forderungen der Banken sind gering (vgl. Kranzusch/Icks, 2009, S. 33 ff.). Daher sollten sich die betroffenen Kreditinstitute zur Eindämmung der Abschreibungen und für die optimale Abwicklung zur Erwirtschaftung der höchstmöglichen Rückführungsquote einsetzen. Dies kann durch Sanierungsmaßnahmen oder Verwertungsschritte in der Insolvenz gelingen.

https://doi.org/10.1515/9783110605136-005

Es haben sich einige Neuerungen im Insolvenzrecht ergeben. So ist das Gesetz zur Erleichterung der Bewältigung von Konzerninsolvenzen, kurz Konzerninsolvenzrecht, verabschiedet worden. Damit wird bei Konzernstrukturen eine Verfahrenskoordination ermöglicht, denn die Insolvenz von Unternehmensgruppen ist kein Phänomen der Großindustrie mehr. Eine ständig wachsende Zahl von mittelständischen Unternehmen organisiert sich in Konzernstrukturen und muss im Fall einer Insolvenz damit rechtlich wie ein Großkonzern behandelt werden. Dieses wird künftig im Konzerninsolvenzrecht durch die Bestellung eines gesonderten Verfahrenskoordinators sowie die Erstellung eines Koordinationsplans ermöglicht. Darüber kann das Insolvenzverfahren über das Vermögen einzelner Konzerngesellschaften insgesamt besser abgestimmt werden (vgl. Mock, 2017, S. 951 ff.). Die einzelnen Insolvenzverfahren über das Vermögen der Konzerngesellschaften bleiben selbstständig und es wird keine gemeinsame Insolvenzmasse gebildet.

Des Weiteren wurde das Insolvenzanfechtungsrecht reformiert. Die Vorsatzanfechtung nach § 133 InsO bei Deckungsgeschäften, als Geschäfte zur Sicherung oder Befriedigung eines Gläubigers oder die Ermöglichung der Sicherung oder der Befriedigung, wurde beschränkt. Die Vertragspartner, die den späteren Insolvenzschuldner über finanzielle Sanierungsmaßnahmen unterstützt haben, sollen zukünftig stärker vor Anfechtungen geschützt werden. Die Kenntnis der drohenden Zahlungsunfähigkeit wird bei den kongruenten Deckungsgeschäften (§ 133 Abs. 3 Satz 1, Abs. 1 Satz 2 InsO) nicht mehr vermutet und reicht für eine Anfechtung nicht aus. Dies hat seinen Grund darin, dass der Gläubiger bei den kongruenten Deckungsgeschäften den Anspruch darauf in der Art sowie zu der Zeit hat. Zudem wurde die Anfechtungsfrist aller Deckungsgeschäfte von zehn auf vier Jahre reduziert.

Bei inkongruenten Deckungsgeschäften, auf die also entweder überhaupt kein Anspruch besteht oder nicht zu der Zeit der Vornahme der Rechtshandlung oder nicht in der Art (§ 131 Abs. 1 Satz 1 Halbsatz 2 InsO), gilt weiterhin die Vermutung des § 133 Abs. 1 Satz 2 InsO. In allen Fällen bleibt es aber bei einer Anfechtbarkeit, wenn der Gläubiger und spätere Anfechtungsgegner wusste, dass die Handlung des späteren Insolvenzschuldners, die ihn, den Gläubiger begünstigt hat, zu der Benachteiligung der Gläubiger des Schuldners führen würde und dass der Schuldner Benachteiligungsvorsatz hatte (§ 133 Abs. 1 Satz 1 InsO). Bei Bargeschäften (§ 142 InsO) kommt eine Vorsatzanfechtung aus § 133 InsO nur in Betracht, wenn die Voraussetzungen des § 133 Abs. 1 bis 3 InsO zu bejahen sind sowie wenn der Anfechtungsgegner erkannt hat, dass der Schuldner unlauter handelte. Zudem schützt ein nachweislich ernsthaft eingeleiteter Sanierungsversuch generell vor der Vorsatzanfechtung.

Im Folgenden werden die Abwicklungsprozesse in den Banken und Sparkassen beleuchtet, um wesentliche Verfahrensweisen zur Abwicklung auf einer theoretischen und empirischen Basis zu untersuchen sowie gegebenenfalls Empfehlungen zur Optimierung der Abläufe aussprechen zu können. Im folgenden Kapitel wird zunächst der Verlauf des Insolvenzverfahrens genauer betrachtet.

5.1 Insolvenzantrag und Verfahrensablauf

Lernziele:
Ablauf eines Insolvenzverfahrens einschätzen können
Verfahrensschritte im Antragsverfahren verstehen
Eröffnung oder Abweisung mangels Masse wissen

Im Folgenden wird untersucht, welche Prozesse im Anschluss an den Insolvenzantrag einsetzen und welche Abläufe in Kreditinstituten bei einer Abwicklung von Firmenengagements zu vollziehen sind. So sind bestimmte Termine im Verfahrensverlauf zu beachten und der Verfahrensweg ist durch ausgewählte Vertreter in einem zu bildenden Gläubigerausschuss zu kontrollieren (§ 21 Abs. 2 Satz 1 Nr. 1a InsO). Des Weiteren ist die Auswahl des Insolvenzverwalters angemessen zu begleiten, da dieser Akteur im Verfahren eine zentrale Stellung einnimmt. Dabei wird auf Änderungen durch das Gesetz zur weiteren Erleichterung der Sanierung von Unternehmen (ESUG) im Rahmen der verstärkten Mitwirkung der Gläubiger eingegangen.

Wird im außergerichtlichen Sanierungsweg schon früh erkannt, dass ein Scheitern der Gesundungsmaßnahmen überwiegend wahrscheinlich ist oder können die Insolvenztatbestände nicht umgehend und dauerhaft bereinigt werden, ist ein Insolvenzantrag durch den Schuldner zu stellen. Aus Bankensicht kann in Anlehnung an eine Risikofrüherkennung auch eine Insolvenzfrüherkennung stattfinden mit dem Hinwirken auf die rechtzeitige Stellung eines Insolvenzantrags bei:

- Verfehlen der Sanierungsplanziele durch Schwierigkeiten der Umsetzung
- Verspätete Einleitung der Sanierungsaktivitäten und Liquiditätsprobleme
- Insolvenztatbestände können dauerhaft nicht bereinigt werden

Die betroffene Bank kann nur entweder selbst einen Insolvenzantrag stellen oder dem Kunden anraten, fachkundigen anwaltlichen Rat einzuholen. Das Kreditinstitut kann nicht steuernd in die Abläufe beim Kreditnehmer eingreifen, ansonsten geht dieses nicht vertretbare rechtliche Risiken ein. Die Alternativen des Insolvenzrechts können Vorteile für die Gläubiger erbringen. So ist die Verwertungsalternative von einzelnen Vermögensgegenständen gegenüber der übertragenden Sanierung abzuwägen, mit dem Verkauf eines Teilbetriebs. Über ein Insolvenzplanverfahren kann eine hohe Quote auf die Restforderungen erzielt werden. Der Verwalter kann Dauerschuldverhältnisse durch Kündigung beenden, wenn diese für die Schuldnerfirma nachteilig sind. Er kann die Masse durch Anfechtungen anreichern. Das Insolvenzverfahren soll die Gläubiger gemeinschaftlich befriedigen (§ 1 InsO).

5.1.1 Ablauf des Insolvenzverfahrens

Verschärfen sich die marktlichen und die finanziellen Verhältnisse des Krisenunternehmens, so ist ein gemeinsames Vorgehen der Gläubiger im Rahmen einer außergerichtlichen Sanierung häufig nicht mehr möglich. Einzelne Kreditinstitute kündigen die Geschäftsbeziehung, Lieferanten liefern nur noch gegen Vorkasse und die Sozialversicherungsträger drohen mit der Stellung des Insolvenzantrags. Bei einem Scheitern der außergerichtlichen Sanierungsschritte ist eine Insolvenz oft die Folge. Das vorläufige Insolvenzverfahren wird nach § 13 InsO auf Antrag eröffnet. Antragsberechtigt sind gemäß § 13 Abs. 1 Satz 2 InsO die Gläubiger sowie der Schuldner (vgl. Schmidt et al., 2016, § 13 InsO, Rn. 1 ff.).

In Anlehnung an die Risikofrüherkennung bei Sanierungsfällen, außerhalb des formalen Verfahrens, sollten Kreditinstitute ebenfalls eine Früherkennung für Insolvenzfälle installieren, wie aus MaRisk BTO 1.3. hervorgeht. Oft ist das Nichtgelingen einer außergerichtlichen Sanierung bereits frühzeitig abzusehen. Das Engagement befindet sich noch im Sanierungsbereich, aber die Bereinigung der wirtschaftlichen Schieflage zieht sich bereits lange hin und ein durchgreifender Turnaround ist nicht in Sicht. Vielmehr zeigt sich, dass die finanziellen Mittel und leistungswirtschaftlichen Ressourcen in der Sanierung stark beansprucht worden sind. Die qualifizierten Mitarbeiter haben das Unternehmen verlassen und die Produkte und die Dienstleistungen zeigen am Markt eine langfristige Absatzkrise.

Zudem fiel das Sanierungskonzept in der Einschätzung zum Turnarounderfolg deutlich zu positiv aus und die dauerhafte Sanierungsfähigkeit war von Anfang an nicht gegeben. Es konnte lediglich durch Tilgungsstundungen ein Hinausschieben der finanziellen Schieflage erreicht werden. Die Marktziele werden nicht erreicht und mit Einsetzen der Tilgungen ist die Kapitaldienstfähigkeit nicht mehr vorhanden. Es besteht eine Zahlungsunfähigkeit mit Insolvenzantragspflicht.

Sanierungsfälle mit einer erhöhten Insolvenzgefahr sollten in der Sanierungsabteilung identifiziert und früh an die Abwicklung übergeben werden, damit der Bereich nicht mit aussichtslosen Fällen überhäuft wird, keine weiteren finanziellen Zugeständnisse das Risiko zusätzlich erhöhen und keine Haftungsrisiken aus der Beihilfe zur Insolvenzverschleppung eintreten. Es sollte in einem regelmäßigen Turnus die Zuständigkeit für die Krisenengagements verändert werden, damit diese Fälle neutral beurteilt werden. Ein zu langes Abwarten und Festhalten an Altfällen blockiert gegebenenfalls enge Mitarbeiterkapazitäten für lohnenswerte Sanierungsfälle und vereitelt die möglichen Vorteile einer frühzeitigen Insolvenz.

Im Sanierungsbereich sollte eine Insolvenzfrüherkennung eingerichtet werden, um die kritischen Fälle rechtzeitig auf den Abwicklungsbereich überzuleiten. Eine Ausrichtung dieser Risikomodelle sollte sich auf das Erreichen der Markt- und Wettbewerbsfähigkeit des betrachteten Unternehmens und besonders auf die Erreichbarkeit der Kapitaldienstfähigkeit fokussieren.

Des Weiteren spielt der zeitliche Aspekt bei der Betreuung unter Umständen eine Rolle. Es ist zu entscheiden, ob nicht beispielsweise eine maximale Sanierungsdauer von beispielsweise drei oder vier Jahren festgelegt wird oder ob jährliche Zuordnungsprüfungen stattfinden sollten. Dabei ist zu entscheiden, ob das betreffende Engagement dauerhaft als saniert angesehen werden kann oder ob eine Aussteuerung oder auch eine Abwicklung im Rahmen einer Insolvenz vorteilhafter erscheint. Wird eine Unternehmenssanierung angestrebt, ist diese unabhängig von dem dazu eingeschlagenen Weg, ob sie außerhalb eines Insolvenzverfahrens oder innerhalb eines solchen erfolgt, ob dieses ein Regelverfahren oder Insolvenzplanverfahren ist, ob es einen Insolvenzverwalter oder Eigenverwalter gibt (§§ 270 ff. InsO), stets auf nachhaltige Sanierung gerichtet. Was deren Voraussetzungen konkret sind und wie lange der Zeitraum bis dorthin dauert, ist stark einzelfallabhängig

Wenn ein Sanierungsfall auf einen Insolvenzantrag zusteuert, können Vorarbeiten geleistet werden, damit eine optimale Betreuung der Insolvenz aus Bankensicht erreicht werden kann. So kann bei diesen Fällen frühzeitig ein vorläufiger Gläubigerausschuss initiiert werden, den das Gericht bestellt. Des Weiteren können Vorbereitungen zur Auswahl eines geeigneten vorläufigen Insolvenzverwalters oder Sachwalters getroffen werden, wenn vorläufige Eigenverwaltung beantragt werden soll. Die unterschiedlichen Verfahrenswege in der Insolvenz können in einer Prognoserechnung durchgespielt und gegenübergestellt werden.

So kann die Option einer Fortführung über den Insolvenzgeldzeitraum von maximal drei Monaten, ab dem Zeitpunkt der Insolvenzeröffnung, für die in diesem Zeitraum beschäftigten Arbeitnehmer zurückgerechnet, gemäß § 165 Abs. 1 Satz 2 Nr. 2 SGB III und die anschließende Veräußerung des Unternehmens gegeben sein. Alternativ besteht die Möglichkeit, das betreffende Unternehmen an die am Markt benötigten Kapazitäten anzupassen und fortführungsfähig zu gestalten. Auch die Verwertung der vorhandenen Assets kann gegebenenfalls noch erhebliche Restwerte ergeben. Im Folgenden wird der Ablauf eines Insolvenzverfahrens beschrieben. Das Insolvenzereignis wird durch den Antrag eines Schuldners oder eines Gläubigers ausgelöst. Voraussetzung ist das Bestehen eines Insolvenzgrundes.

Ein Gläubigerantrag ist möglich bei Überschuldung oder eingetretener Zahlungsunfähigkeit. Gläubiger sind berechtigt, aber nicht verpflichtet, einen Insolvenzantrag bei Bestehen dieser Tatbestände zu stellen. Eine weitere Voraussetzung ist zudem, dass ein rechtliches Interesse an der Eröffnung existiert und die Forderung sowie der Eröffnungsgrund glaubhaft gemacht werden können (§ 14 InsO). Dies wird beim Vorliegen einer titulierten oder fälligen Forderung der Fall sein.

Dennoch scheuen sich gerade Banken oftmals vor der Stellung eines Insolvenzantrags. Gründe sind erwartete Beeinträchtigungen in der Reputation oder wirtschaftliche Nachteile bei einer Verwertung von Sicherheiten in der Insolvenz zu oft niedrigen Zerschlagungswerten und unter der Abführung von Kostenpauschalen an den eingesetzten Insolvenzverwalter.

Die Kostenthematik darf aber nicht überschätzt werden, da die Bank nur ausnahmsweise die bessere Verwertung wird organisieren können und Kosten der Verwertung ohnehin anfallen, so dass es letztlich nur um die 4,0 % Feststellungskosten geht, die pauschal an die Masse fließen. Nicht selten werden Vereinbarungen mit den Verwaltern getroffen, die über die gesetzlichen Pauschalsätze hinausgehen. In der Eigenverwaltung ist der Schuldner freilich verwertungsbefugt, dort fällt auch nicht die Pauschale von 4,0 % an (§ 282 Abs. 1 InsO).

In Ausnahmefällen kann ein Insolvenzantrag durch Banken wirtschaftlich sinnvoll sein. Dies ist von Relevanz, wenn schädigende Handlungen des Gläubigers die Risikolage eines Kreditinstituts deutlich verschlechtern können. Der Fall tritt beispielsweise ein, wenn zur Sicherung übereignete Wirtschaftsgüter vom Betriebsgrundstück ohne Ankündigung entfernt werden oder wenn Zahlungsströme, die einer globalen Forderungsabtretung unterliegen, bewusst auf Konten anderer Kreditinstitute umgeleitet und diese Mittel gegebenenfalls für private oder betriebsfremde Zwecke verbraucht werden. Ein weiteres Beispiel im Bereich der Finanzierung von Immobilienunternehmen oder von Unternehmen des Anlagenbaus kann das Bedürfnis sein, begonnene großvolumige Vorhaben durch den Insolvenzverwalter sachgerecht fertigzustellen, weil erst mit Fertigstellung Erlöse fließen und eine Chance besteht, dass sich so die Verlustrisiken der Bank eingrenzen lassen.

Eine Verlustminderung tritt bereits ein, wenn die Bank im Auftrag des Schuldners auf dessen Rechnung Avale herausgelegt hat und daraus nicht in Anspruch genommen wird. Insolvenzanträge der Krankenversicherer sowie der Sozialversicherungsträger und des Finanzamts sind dagegen häufiger zu verzeichnen, da sich bei dem Nichtabführen der Abgaben die Risikopositionen der Stakeholder unmittelbar verschlechtern und keine Absicherungen bestehen. Diese Gläubiger haben zudem den Vorteil, dass sie ihre Vollstreckungstitel selbst generieren, die Nichtabführung strafbewehrt ist (§ 266a StGB) beim Vorenthalten des Arbeitnehmeranteils von Sozialversicherungsbeiträgen und auch sonst straf- und steuerrechtliche Haftungsrisiken der Geschäftsleiter beziehungsweise Unternehmer bestehen.

Der Schuldner hat als Folge des § 15a InsO rechtsformspezifisch bei Vorliegen des Insolvenzgrundes der Zahlungsunfähigkeit und der Überschuldung die Pflicht, ohne schuldhaftes Zögern und innerhalb von drei Wochen einen Insolvenzantrag zu stellen (vgl. Braun, 2017, § 15a InsO, Rn. 9 ff.). Bei drohender Zahlungsunfähigkeit besteht lediglich ein Antragsrecht, das vor dem ESUG 2012 jedoch sehr selten genutzt wurde, aber seitdem einen deutlichen Aufschwung erlebt hat, denn die Beantragung der vorläufigen Eigenverwaltung im Schutzschirmverfahren (§ 270b InsO) ist nur bei drohender Zahlungsunfähigkeit, nicht bei eingetretener möglich.

Die kommende europäische Richtlinie über den präventiven Restrukturierungsrahmen verlangt für die Einleitung eines derartigen Restrukturierungsverfahrens ebenfalls, dass eine Insolvenz lediglich droht. Hier sollte eine deutliche Schnittstelle zur „drohenden Zahlungsunfähigkeit“ vorliegen.

Das Kriterium drohende Zahlungsunfähigkeit wurde in die Insolvenzordnung aufgenommen, um den Eröffnungszeitpunkt der Insolvenz vorzuverlagern und damit die Anzahl massearmer Verfahren zu verringern und die Aussichten einer Sanierung in der Insolvenz zu erhöhen. Die nachfolgende Tab. 5.1 stellt die Rechte und Pflichten der Gläubiger und der Schuldner bei der Insolvenzantragstellung dar.

Tab. 5.1: Stellung des Insolvenzantrags durch Gläubiger und Schuldner (Quelle: Eigene Darstellung)

	Gläubiger	**Schuldner**
Zahlungsunfähigkeit	Antragsrecht	Antragspflicht, § 15a InsO
Drohende Zahlungsunfähigkeit	Kein Antragsrecht	Antragsrecht
Überschuldung	Antragsrecht	Antragspflicht, § 15a InsO

Das Insolvenzverfahren wird nur dann begonnen, wenn der Antragsteller ein rechtliches Interesse an der Insolvenzeröffnung hat und seine Forderung sowie das Vorliegen eines Insolvenzgrundes glaubhaft machen kann (§ 14 Abs. 1 InsO). Es erfolgt eine Überprüfung durch das zuständige Insolvenzgericht. Sachlich ausschließlich zuständig ist gemäß § 2 Abs. 1 InsO das Amtsgericht, in dessen Bezirk ein Landgericht seinen Sitz hat beziehungsweise das von der jeweiligen Landesregierung für den jeweiligen Gerichtsbezirk bestimmte Amtsgericht. Örtlich zuständig ist das Gericht, in dessen Bezirk der Schuldner seinen allgemeinen Gerichtsstand hat, beziehungsweise der Schwerpunkt seiner wirtschaftlichen Tätigkeit liegt (§ 3 Abs. 1 Satz 1 und 2 InsO). International zuständig sind die inländischen Gerichte, wenn der Mittelpunkt der wirtschaftlichen Interessen in Deutschland liegt. Ansonsten gilt die internationale Zuständigkeit. Funktionell zuständig ist im Eröffnungsverfahren dann der Richter, im eröffneten Verfahren der Rechtspfleger, soweit nicht ein Insolvenzplanverfahren durchgeführt, wofür wieder seit dem ESUG der Richter zuständig ist. Bei der Prüfung der Begründetheit des voraussichtlich zulässigen Insolvenzantrags wird untersucht, ob die Insolvenztatbestände Zahlungsunfähigkeit, drohende Zahlungsunfähigkeit oder Überschuldung bestehen.

Zahlungsunfähigkeit ist gegeben, wenn das Schuldnerunternehmen aus § 17 Abs. 2 InsO nicht in der Lage ist, seine fälligen Zahlungsverpflichtungen zu erfüllen. Diese Illiquidität ist in der Regel anzunehmen, wenn der Schuldner die Zahlungen eingestellt hat (§ 17 Abs. 2 Satz 2 InsO).

Drohende Zahlungsunfähigkeit besteht gemäß § 18 Abs. 2 InsO, wenn der Schuldner voraussichtlich künftig nicht in der Lage sein wird, seine Zahlungsverpflichtungen zum Zeitpunkt der Fälligkeit zu erfüllen. Die bereits drohende Zahlungsunfähigkeit ist gemäß § 18 Abs. 1 InsO nur Eröffnungsgrund, wenn der Schuldner selbst einen Insolvenzantrag stellt. Dies ist in der Regel seltener der Fall, da viele Unternehmer den Insolvenzantrag als wirtschaftlichen Misserfolg interpretieren.

Sie ermöglicht den Antrag auf ein „Schutzschirmverfahren" (§ 270b InsO), das kein eigenständiges Insolvenzverfahren ist, sondern ein Verfahrensschritt des Insolvenzverfahrens unter vorläufiger Eigenverwaltung mit einer Reihe von Privilegien und Optionen für den Schuldner.

Überschuldung liegt gemäß § 19 Abs. 2 Satz 1 InsO dann vor, wenn das Vermögen eines Schuldnerunternehmens nicht ausreicht, um die Verbindlichkeiten zu decken. Eine Überschuldung kommt als Insolvenzeröffnungsgrund bei den juristischen Personen (§ 19 Abs. 1 InsO), dem nicht rechtsfähigen Verein (§ 11 Abs. 1 Satz 2 InsO) sowie bei Gesellschaften ohne Rechtspersönlichkeit, bei denen keiner der unmittelbar oder mittelbar unbeschränkt persönlich haftenden Gesellschafter eine natürliche Person ist, in Betracht (§ 19 Abs. 3 InsO). Das trifft auf die GmbH & Co. KG zu.

Zu beachten ist, dass die Überschuldungsregelung durch das Finanzmarktstabilisierungsgesetz (FMStG), das Gesetz zur Erleichterung der Sanierung von Unternehmen (ESUG) sowie die aktuelle Rechtsprechung abgeändert wurde. Eine Überschuldung ist insolvenzrechtlich nicht mehr relevant, wenn die Fortführung des Schuldnerunternehmens überwiegend wahrscheinlich ist (§ 19 Abs. 2 InsO in Verbindung mit Artikel 5 FMStG). Ein Überschuldungsstatus ist dann nicht erforderlich und nicht aufwendig zu erstellen, wenn eine positive Fortbestehensprognose besteht.

Die insolvenzrechtliche Fortbestehensprognose bezieht sich in erster Linie auf die künftige Zahlungsfähigkeit des Unternehmens. Diese ist durch einen Finanzplan zu prüfen. Es ist zu belegen, dass die Zahlungsfähigkeit über einen künftigen Zeitraum von mindestens rund zwei Jahren beziehungsweise über das laufende und folgende Geschäftsjahr mit überwiegender Wahrscheinlichkeit gewährleistet werden kann. Disee insolvenzrechtliche Prognose ist von der weitergehenden handelsrechtlichen Fortführungsprognose mit der Aussage zur Sanierungsfähigkeit aus einem umfassenden Sanierungskonzept, beispielsweise IDW S 6, abzugrenzen (vgl. Cranshaw et al., 2016a, § 19 InsO, Rn. 12 ff. sowie Groß, 2013, S. 64 ff.).

Problematisch ist es allerdings, wenn keine positive Fortbestehensprognose abgegeben werden kann, weil die Zahlungsfähigkeit zunächst nur für ein Jahr gesichert erscheint. Dann ist ein Überschuldungsstatus zu Liquidations- beziehungsweise zu Marktwerten zu erstellen. Dieser dürfte in vielen Fällen ein negatives Reinvermögen ausweisen und zu einer Antragspflicht wegen Überschuldung führen. Das eigentliche Antragsrecht bei drohender Zahlungsunfähigkeit wird damit unterwandert. Es ist allerdings grundsätzlich in Frage zu stellen, ob Firmen mit einer Kapitalunterdeckung generell marktfähig sind oder nicht Verwerfungen bei Kunden und Lieferanten erzeugen können. Dieses ist vor der Niedrigzinspolitik mit einem Anreiz zu einem hohen Fremdkapitalhebel zu beachten.

Dem Insolvenzantrag eines Schuldners ist gemäß § 13 Abs. 1 Satz 3 InsO ein Verzeichnis aller Gläubiger und der bestehenden Forderungen beizulegen (vgl. Schmidt et al., 2016, § 13 InsO, Rn. 16.).

In der Aufstellung sind unter anderem die Gläubiger mit den höchsten Forderungen und den höchsten gesicherten Forderungen kenntlich zu machen. Dies werden regelmäßig die beteiligten Kreditinstitute sein. Ebenso hat der Schuldner Angaben zur Bilanzsumme seines Unternehmens, zu den Umsatzerlösen und der durchschnittlichen Zahl der Arbeitnehmer des vorangegangenen Geschäftsjahres zu tätigen. Dies ist insbesondere dann von Bedeutung, wenn die Größenklassenmerkmale die Einsetzung eines vorläufigen Gläubigerausschusses nach § 21 Abs. 2 Satz 1 Nr. 1a InsO in Verbindung mit § 22a Abs. 1 InsO erforderlich machen.

Gefährlich für den Unternehmer, der natürliche Person ist, wirkt sich aus, wenn er die Pflichtangaben nach § 13 Abs. 1 InsO versäumt, denn dann ist sein Insolvenzantrag unzulässig und wird zurückgewiesen. Da das Verfahren nicht eröffnet worden ist, kann der Schuldner auch keine Restschuldbefreiung erhalten, wie es aus § 286 InsO hervorgeht, denn die Restschuldbefreiung bezieht sich auf die im Insolvenzverfahren nicht erfüllten Verbindlichkeiten gegenüber den Insolvenzgläubigern.

Im Eröffnungsverfahren kontrolliert das zuständige Insolvenzgericht von Amts wegen, ob ein zulässiger Antrag gestellt wurde. Dabei wird in erster Linie überprüft, ob ein Eröffnungsgrund glaubhaft gemacht wurde sowie die weiteren Zulässigkeitsvoraussetzungen der §§ 13, 14 InsO vorliegen. Daran schließt sich zur Prüfung der Begründetheit des Antrags an, ob ein Insolvenzgrund tatsächlich vorliegt und ob das freie Vermögen des schuldnerischen Unternehmens voraussichtlich ausreicht, um die Kosten des Verfahrens zu decken (§ 54 Abs. 1 Nr. 1 und § 26 Abs. 1 InsO).

Fehlt es an einem Insolvenzgrund, wird der Antrag abgewiesen. Mangelt es an hinreichender Masse, erklärt sich auch kein Beteiligter zur Kostentragung bereit (§ 26 Abs. 1 Satz 2 InsO) und werden die Kosten auch nicht gemäß § 4a InsO gestundet, wird der Antrag mangels Masse abgewiesen (§ 26 Abs. 1 Satz 1 InsO). Es bleibt dann praktisch nur die Abwicklung des Schuldnerunternehmens und die Liquidation der juristischen Person oder Gesellschaft, der die Unternehmensträger ist. Das Gericht beauftragt mit der Prüfung den vorläufigen Insolvenzverwalter oder den vorläufigen Sachwalter, gegebenenfalls auch nur einen Gutachter (§ 22 Abs. 1 Satz 2 Nr. 3 InsO, §§ 270a, 270b Abs. 2 InsO). Die nachfolgende Abb. 5.1 zeigt erste wichtige Schritte im Insolvenzantragsverfahren.

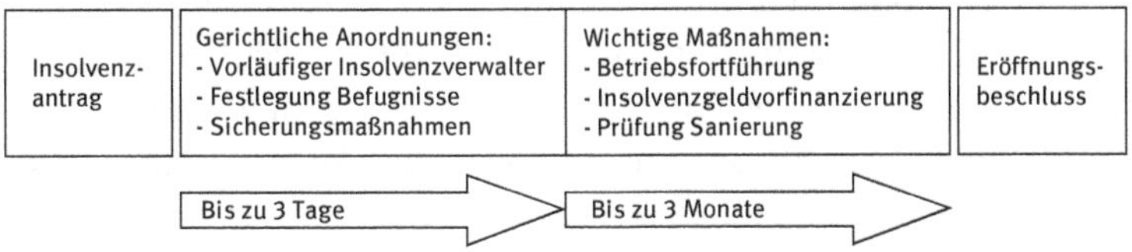

Abb. 5.1: Verlauf des Eröffnungsverfahrens (Quelle: Eigene Darstellung)

Während der Dauer des Eröffnungsverfahrens, das sich meist über mehrere Monate erstreckt, sind vorläufige Maßnahmen zu treffen. So hat das Gericht nach § 21 Abs. 1 InsO darüber zu bestimmen, ob gegebenenfalls Sicherungsmaßnahmen festzulegen sind, um bis zur Entscheidung über die Insolvenzeröffnung eine nachteilige Veränderung der Vermögenslage des Schuldners zu vermeiden.

Diese Sicherungsmaßnahmen dienen dem Interesse aller Beteiligten an der wertmäßigen Erhaltung des schuldnerischen Vermögens (Werterhaltungsfunktion) und an der Vermeidung der Auflösung des Vermögensverbundes (Bestandserhaltungsfunktion). Eine Ausnahme stellt es dar, wenn Veräußerungen für eine weitere Betriebsfortführung unbedingt notwendig sind, wie beispielsweise beim Abbau von Beständen aus dem Umlaufvermögen, um Liquidität zu schöpfen und das operative Geschäft aufrecht zu erhalten (vgl. Obermüller, 2016, S. 52).

Geschützt werden sollen die Insolvenzmasse sowie die Interessen der Gläubiger von Insolvenzforderungen, der Aussonderungsberechtigten sowie der Absonderungsberechtigten. Aus diesem Grund wird das Insolvenzgericht gemäß § 21 Abs. 2 Nr. 1 InsO einen vorläufigen Insolvenzverwalter bestellen, soweit nicht die vorläufige Eigenverwaltung beantragt wurde.

Die Bestellung des vorläufigen Insolvenzverwalters erfolgt durch das zuständige Insolvenzgericht beziehungsweise den betreffenden Insolvenzrichter (§ 21 Abs. 2 Satz 1 Nr. 1 InsO). Zur Auswahl verwenden die Insolvenzgerichte oft Vorauswahllisten, die Bewerber mit bestimmten Qualitätskriterien bewerten (vgl. Cranshaw et al., 2012c, § 21 InsO, Rn. 9 ff.). So verwendet das Insolvenzgericht Hamburg zur Selektion erfolgsorientierte Verfahrenskennzahlen, die eine Gruppierung der Verwalter über eine mehrjährige Leistungsbilanz ermöglichen.

Differenziert wird bei der Auswertung der schlussgerechneten Verfahren nach der Höhe der Teilungsmasse (vgl. Frind, 2011a, S. 170 ff.). Das Insolvenzgericht Hannover setzt ein Scoring-System zur Bewertung der Verwalter ein, bei dem sowohl quantitative Verfahrenskriterien, als auch qualitative Eigenschaften der Insolvenzverwalter mit in den Leistungskatalog einfließen (vgl. Neubert, 2010, S. 73 ff.).

Die Gerichte kommen damit insbesondere den Ausführungen der Entscheidung des BVerfG, 2530/04 vom 23.5.2006, 1 BvR 2530/04 nach. Demnach sollte sich ein Vorauswahlverfahren für die Bestellung zum vorläufigen Insolvenzverwalter nicht nur auf das Erfassen auf einer Liste interessierter Bewerber beschränken. Das Auswahlverfahren sollte auch die Erhebung, Verifizierung und Strukturierung der Daten gewährleisten, die nach der Einschätzung des jeweiligen Insolvenzrichters nicht nur für die Feststellung der Eignung des Bewerbers im konkreten Fall maßgebend sind, sondern auch eine sachgerechte Ermessensausübung bei der Auswahl eines Insolvenzverwalters aus dem Kreis geeigneter Bewerber ermöglichen. Der Anforderung kann über eine qualitative und quantitative Leistungsmessung bei schlussgerechneten Verfahren detailliert nachgekommen werden.

Gerade bei einer hohen Anzahl an evaluierten Verfahren ist eine gute Aussagekraft von Kennzahlen meist gegeben. Korrekturparameter oder Gruppierungen anhand der Teilungsmasse können zudem mögliche Ungerechtigkeiten bei der Verfahrensverteilung statistisch ausgleichen. Demnach wäre eine mögliche Verankerung von Leistungsdaten in § 56 InsO unter Umständen eine sinnvolle Maßnahme, um die Insolvenzverwalterauswahl zu optimieren (vgl. Frind, 2011a, S. 170).

Anregungen von Seiten der Kreditinstitute, als in der Regel größte Gläubigergruppe, die eine Verwalterauswahl unterstützen können, existieren derzeit noch nicht. Es ist von Interesse zu erfahren, auf welche Eigenschaften, Fähigkeiten und Erfahrungen Banken bei der Begleitung von Unternehmensinsolvenzen einen besonderen Wert legen (vgl. Portisch/Neumann, 2013a, S. 154 ff.). Gerade die Wahl des vorläufigen Insolvenzverwalters fällt aus Sicht der Kreditinstitute in Bezug auf die Firmengröße und die Branche nicht immer ideal aus, wie die Ergebnisse einer Untersuchung zeigen (vgl. Portisch/Neumann, 2013a, S. 144 ff.). Dabei werden insbesondere die eingeschränkten betriebswirtschaftlichen Kompetenzen und die fehlende Verfahrenstransparenz bemängelt. Kreditinstitute wünschen sich eine stärkere Einbindung in die Entscheidung zur Verwalterauswahl.

Unzulässig ist allerdings die Ablehnung eines vorgeschlagenen oder vom Gericht vorgesehenen Insolvenzverwalters, durch Einflussnahme im (vorläufigen) Gläubigerausschuss, mit der Begründung, der Betroffene werde erfahrungsgemäß die Insolvenzanfechtung auch gegenüber den beteiligten Banken betreiben und das sei inakzeptabel. Eine derartige Vorgehensweise, die als Bestellungsvoraussetzung faktisch jeweils den Ausschluss von Anfechtungen zugunsten des einen oder anderen Insolvenzgläubigers propagieren würde, ist nicht nur unerlaubt und sie liegt auch nicht nur weit außerhalb der berechtigten Verfolgung eigener Interessen, sondern würde auch den Gesetzgeber auf den Plan rufen, den Einfluss der Gläubiger auf die Verwalterauswahl, den das ESUG gerade gestärkt hat, zu beschränken. Ein solches Vorgehen, wenn dem ein Verwalter nachkäme, was er nicht dürfte, beeinträchtigt die systematisch unabdingbare Unabhängigkeit des Verwalters (§ 56 Abs. 1 Satz 1 InsO) oder Sachwalters und diskreditiert das Insolvenzverfahren in Deutschland.

Verhaltenspsychologisch würde ein Gläubiger, der in einem Verfahren derart vorgeht, beim nächsten Verfahren, bei dem ihm keine Anfechtung zu drohen scheint, aber einem anderen Beteiligten, unterstellen, der Verwalter oder Sachwalter sei nun eben bei jenem nachgiebig. Nach Inkrafttreten des ESUG mit seinen erhöhten Einflussmöglichkeiten wird nicht ganz selten von solchen Versuchen aus der Praxis berichtet. Zu ergänzen ist, dass frühzeitig erkannte werthaltige Anfechtungsansprüche meist entscheidend dafür sind, dass das Verfahren überhaupt eröffnet werden kann und sie sind ebenfalls nicht selten die wesentliche Grundlage für eine Quotenzahlung. In dem Kontext ist anzumerken, dass der Fokus der Anfechtung Gesellschafter, Geschäftsführer und dort nahestehende Personen (§ 138 InsO) betrifft, aber auch die Sozialversicherungsträger und Finanzämter.

Es besteht seit dem ESUG, die Möglichkeit, die Entscheidung über die Auswahl des (vorläufigen) Insolvenzverwalters (Sachwalters) in einem vorläufigen Gläubigerausschuss mitzubestimmen beziehungsweise zu treffen (§ 21 InsO in Verbindung mit § 22a InsO und § 56a Abs. 2 und 3 InsO). Demnach ist gemäß § 56a Abs. 1 InsO einem vorläufigen Gläubigerausschuss die Gelegenheit zu geben, sich zu den besonderen Anforderungen, die an den Insolvenzverwalter zu stellen sind und zur Person des Verwalters zu äußern. Die Möglichkeit sollte von Kreditinstituten unbedingt genutzt werden. Dazu muss man allerdings zur Mitarbeit in einem (vorläufigen) Gläubigerausschuss als Institut bereit sein beziehungsweise ein Institutsmitarbeiter oder ein Organmitglied muss in einem persönlichen Mandat dafür offen sein. Der Akteur ist als Ausschussmitglied weisungsfrei und muss Verschwiegenheit über alle Vorgänge im Ausschuss, auch gegenüber der Bank als seinem Dienstgeber, bewahren und ist nicht verlängerter Arm zur Verbesserung spezifischer Rechte.

Gemäß § 56a Abs. 2 InsO soll das Gericht von einem einstimmigen Vorschlag eines vorläufigen Gläubigerausschusses nur abweichen können, wenn die ausgesuchte Person als Insolvenzverwalter für die Übernahme dieses Amtes voraussichtlich ungeeignet ist (vgl. Kirchhof et al., 2013, § 56a InsO, Rn. 34 ff., S. 1743 ff.). Der vorläufige Gläubigerausschuss muss bei mittelgroßen und großen Firmen gemäß der handelsrechtlichen Definition nach § 267 Abs. 2 und Abs. 3 HGB mit einer Bilanzsumme von größer als 6.000.000 Euro, bei Umsatzerlösen von mehr als 12.000.000 Euro und mit im Jahresdurchschnitt von mehr als fünfzig Arbeitnehmern eingesetzt werden (§ 22a Abs. 1 InsO), wenn sich genügend Gläubiger zur Mitarbeit bereitfinden. Dies sind mindestens zwei und in der Praxis meist fünf (§ 67 Abs. 2 InsO).

Das Schuldnerunternehmen hat mindestens zwei der drei Tatbestandsmerkmale im vorangegangenen Geschäftsjahr zu erfüllen, wie die nachfolgende Tab. 5.2 mit den Merkmalen zur Einsetzungspflicht darstellt (vgl. BMJ, 2011, S. 5 zu § 22a Abs. 1 Nr. 1 bis 3 InsO sowie Schmidt et al., 2016, § 22a InsO, Rn. 3 ff.).

Tab. 5.2: Einsetzung eines vorläufigen Gläubigerausschusses (Quelle: Eigene Darstellung)

	Einsetzungswahlrecht	**Einsetzungspflicht**
Bilanzsumme	< 6.000.000 Euro	> 6.000.000 Euro
Umsatzerlöse	< 12.000.000 Euro	> 12.000.000 Euro
Arbeitnehmer	< 50 Arbeitnehmer	Jahresdurchschnitt > 50

Aufgrund der notwendigen Handlungsfähigkeit des insolventen Unternehmens sollten sich, gerade bei aussichtsreichen Sanierungsfällen, die potenziellen Mitglieder des Ausschusses bereits im Vorfeld des Insolvenzantrags möglichst einstimmig auf einen (vorläufigen) Verwalter einigen, damit dieser mit Beginn des Eröffnungsverfahrens die Geschäfte reibungslos fortführen kann.

Ein Einstellen des Geschäftsbetriebs auch nur für ein bis zwei Tage kann für etliche Betriebe bereits das Aus bedeuten. Daher ist eine zügige Koordination der Beteiligten von großer Relevanz. Hilfreich wäre die Einrichtung einer zentralen Stelle zur Bündelung der Gläubigerinteressen beispielsweise auf Ebene der Verbände, damit sich die Gläubigervertreter in Bezug auf diese gesetzliche Alternative frühzeitig abstimmen. Zusätzlich können Kreditinstitute bei den regional ansässigen Insolvenzgerichten eine Liste potenzieller Bankansprechpartner hinterlegen, die als geeignete Kandidaten für einen vorläufigen Gläubigerausschuss zur Verfügung stehen und im Fall eines Insolvenzantrags direkt kontaktiert werden können.

Aus Bankensicht ist es gerade bei Verfahren großer Unternehmen beziehungsweise bei Insolvenzverfahren, bei denen umfangreiche Kreditvolumina und Sicherheiten bestehen von Interesse, auf den Verfahrensweg sachgerecht einzuwirken. Dieses gelingt über die Auswahl des vorläufigen Insolvenzverwalters mit den bestmöglichen Kompetenzen der Sanierung oder Verwertung für den jeweiligen Fall und hat mit den bereits umrissenen Missbrauchsproblemen nichts zu tun.

Banken sollten aus eigenem Interesse sicherstellen, dass sie an derartigen mittleren und großen Insolvenzverfahren beteiligt werden, da der Schuldner eigenständig eine Liste der relevanten Gläubiger bei Insolvenzgericht einreicht (§ 13 Abs. 1 InsO und Schmidt et al., 2016, § 13 InsO, Rn. 1 ff.). Es ist gegebenenfalls eine Benachrichtigung bei dem zuständigen Gericht notwendig, dass bei einem insolventen Unternehmen Forderungen bestehen, damit sichergestellt werden kann, dass ein Institut für die Besetzung eines vorläufigen Gläubigerausschusses überhaupt berücksichtigt wird. Zudem sollte eine unverzügliche Abstimmung mit den übrigen Gläubigern in dem Ausschuss vorgenommen werden (§ 67 Abs. 2 InsO).

Aus Sicht der Kreditinstitute ist zu entscheiden, welche bestimmten Insolvenzverwalter sich in Sanierungs- oder Verwertungsverfahren bei gewissen Branchen und Größenklassen des Schuldnerunternehmens als geeignet erweisen. Wichtig ist der Aufbau einer Datenbank mit den Stärken sowie Schwächen der Insolvenzverwalter. Folgende Kriterien können dabei von Bedeutung sein:

- Präsenz in der Region und Größe des Büroapparats
- Kapazitätsauslastung durch bestehende Insolvenzverfahren
- Erfahrung in Großverfahren und in bestimmten Branchen

Dieses neue Mitbestimmungsrecht bei der Insolvenzverwalterauswahl sollten Kreditinstitute aktiv wahrnehmen, denn die Möglichkeit der späteren Abwahl eines für nicht geeignet gehaltenen Akteurs gemäß § 57 InsO im eröffneten Verfahren durch die Gläubigerversammlung kommt aufgrund der meist bereits im Antragsverfahren getroffenen Weichenstellungen zu spät. Die Bestellung des vorläufigen Insolvenzverwalters ist eine wichtige Entscheidung im Verfahren, die sich auf den weiteren Verlauf in Richtung einer Sanierung oder Liquidation des Schuldnerunternehmens und auf die Quote der Kreditinstitute auswirken kann.

Wenn Kreditinstitute die Chance haben diese Auswahl mitzubestimmen, sollten sie diese Möglichkeit im eigenen Interesse wahrnehmen. Der vorläufige Insolvenzverwalter trifft im Antragsverfahren wichtige Entscheidungen. Dieser Akteur wird prüfen, ob eine Betriebsfortführung möglich erscheint oder lediglich eine Liquidation, mit gegebenenfalls geringeren Haftungsrisiken für ihn, erfolgen soll.

Vorläufiger Insolvenzverwalter

Während der Dauer des Eröffnungsverfahrens wird der vorläufige Insolvenzverwalter versuchen, das Unternehmen zunächst weiter fortzuführen. Dieses wird ihm im Allgemeinen zur Pflicht gemacht (§ 22 Abs. 1 Satz 2 Nr. 2, Abs. 2 InsO). Die Fortführung des Schuldnerunternehmens wird sich aufgrund fehlender finanzieller Mittel allerdings oft als schwierig erweisen. Lediglich das Insolvenzgeld (§§ 165 ff. SGB III) hilft. Dennoch verlassen oft die gut qualifizierten Arbeitnehmer das Unternehmen wegen der Unsicherheit bei der langfristigen Lohnfortzahlung. Lieferanten beliefern die Firma nur noch gegen Vorkasse, Kunden springen ab und die Zahlungsmoral der Debitoren als Drittschuldner kann sinken. In dieser Phase ist es für den vorläufigen Insolvenzverwalter daher wichtig Liquidität zu schöpfen, um den Geschäftsbetrieb zunächst aufrecht zu erhalten. Dieses geschieht häufig durch den Einzug von nicht abgetretenen Forderungen oder die Veräußerung von freien Rohstoffen, Halbfabrikaten sowie Fertigprodukten beziehungsweise aus der Generierung von Erlösen aus der leistungswirtschaftlichen Fortführung eines Unternehmens.

Allerdings ist der vorläufige Insolvenzverwalter, unabhängig von seiner Rechtsstellung, noch nicht zur Verwertung von schuldnerischem Vermögen befugt. Die Verwertung der Insolvenzmasse erfolgt gemäß § 150 InsO erst nach dem Berichtstermin, soweit die Beschlüsse der Gläubigerversammlung nicht entgegenstehen. Möchte der Verwalter den Geschäftsbetrieb vor dem Berichtstermin stilllegen oder veräußern, muss er gemäß § 158 InsO verfahren und er hat die Zustimmung des Gläubigerausschusses einzuholen, wenn ein solcher bestellt ist. Andernfalls sollte der vorläufige Insolvenzverwalter bei einer Verwertung vor dem Berichtstermin diese Maßnahme unbedingt unter die aufschiebende Bedingung der Genehmigung der Gläubigerversammlung stellen (vgl. Cranshaw et al., 2016b, § 159 InsO, Rn. 2 ff.).

Damit kann er aber die Stilllegung nur vorbereiten, nicht schon umsetzen. Im Eröffnungsverfahren kann er den Betrieb stilllegen, um eine erhebliche Verminderung des Vermögens des Schuldners zu vermeiden, wozu er allerdings auch der Zustimmung des Insolvenzgerichts bedarf (§ 22 Abs. 1 Satz 2 Nr. 2 Fall 2 InsO). Der vorläufige Gläubigerausschuss muss dazu gehört werden (§§ 21 Abs. 2 Satz Nr. 1a, 69 InsO in Verbindung mit § 160 Abs. 1 InsO). Somit sind sämtliche Verwertungen von absonderungsberechtigten Sicherungsgütern und Rechten in dieser frühen Phase mit den Beteiligten abzustimmen, ansonsten macht sich der vorläufige Insolvenzverwalter gegebenenfalls aus § 60 InsO schadensersatzpflichtig, unter anderem wenn er nicht bestmöglich verwertet hat.

Dieses sollten Banken bei Absonderungsgut überwachen. Bei einer Verwertung von Absonderungsrechten durch den vorläufigen Verwalter, beispielweise auf den besonderen Wunsch der Kreditinstitute, unter anderem zur Gewährleistung einer Betriebsfortführung, stehen der Insolvenzmasse die Feststellung- sowie Verwertungskosten gemäß §§ 170, 171 InsO bereits im vorläufigen Verfahren zu. Dies aber nur, wenn eine Einigung mit den Instituten besteht oder das Insolvenzgericht den Absonderungsberechtigten die Verwertung und Einziehung gemäß § 21 Abs. 2 Satz 1 Nr. 5 InsO untersagt hat. Ein eigenständiges Verwertungsrecht wird man dem vorläufigen Verwalter unter anderem bei der Veräußerung verderblicher Ware zubilligen müssen, um wirtschaftliche Schäden zu vermeiden.

Im Vordergrund zur Liquiditätsbeschaffung steht die Einziehung sicherungszedierter Forderungen. Allerdings sind die eingezogenen Beträge beziehungsweise die Erlöse sicherungsübereigneter Gegenstände zu separieren und dürfen zu der Verwendung bei der Betriebsfortführung nur mit Zustimmung der betroffenen Sicherungsgläubiger als stiller Massekredit verwendet werden. Auch wenn, wie häufig, das Insolvenzgericht dem Sicherungszessionar die Einziehung untersagt, bedeutet dieses nicht, dass der vorläufige Verwalter die erhaltenen Beträge zur Deckung seines Liquiditätsbedarfs ohne Weiteres einsetzen darf. Hierfür bedarf es eben einer sachgerechten Vereinbarung mit dem Sicherungszessionar, die diesem die Erlöse der Sicherungszession auf geeignete Weise sichert. Der Zessionar wird jedenfalls die dem Schuldner erteilte Einziehungsbefugnis gegebenenfalls vorsorglich widerrufen, damit die im Sicherungsvertrag vereinbarte Einziehungsbefugnis für den Kreditnehmer und späteren Insolvenzschuldner nicht dazu führt, dass mit oder ohne gerichtliche Anordnung Forderungen vom Schuldner eingezogen und verbraucht werden und später mit dem Einverständnis der Bank argumentiert werden kann.

Vorfinanzierung des Insolvenzgeldes

Eine bedeutende Funktion zur Beschaffung liquider Mittel zum Zweck der Fortführung des Betriebs hat die Vorfinanzierung des Insolvenzgeldes (vgl. Bruder, 2018, S. 163 ff.). Der Insolvenzgeldzeitraum eröffnet der Firma weitere Optionen der Sanierung. Die Bundesagentur für Arbeit zahlt an die Arbeitnehmer insolventer Unternehmen das sogenannte Insolvenzgeld als Sozialleistung im Umfang derjenigen Nettogehälter, welche der insolvente Arbeitgeber aufgrund seiner Zahlungsunfähigkeit in den letzten drei Monaten vor Insolvenzeröffnung nicht bezahlt hat. Diese Beträge können durch eine Bank vorfinanziert werden, welche den Arbeitnehmern die Ansprüche auf Löhne und Gehälter abkauft und sie sich in Erfüllung des Kaufvertrages mit Zustimmung der Bundesagentur abtreten lässt. Kaufpreis ist der jeweilige Nettolohn, den die Bank an den Arbeitnehmer unmittelbar auszahlt. Nach der Insolvenzeröffnung stellt die vorfinanzierende Bank den Antrag auf Insolvenzgeld und erhält den Betrag, der dem einzelnen Arbeitnehmer zugestanden hätte, wenn er nicht seine Forderungen verkauft hatte, von der Arbeitsagentur.

Für das Unternehmen hat das den Vorteil, dass es in dem Eröffnungszeitraum von maximal drei Monaten weitgehend von Arbeitskosten entlastet wird, denn die an die Bundesagentur mit dem Insolvenzgeldantrag übergegangenen Ansprüche auf Arbeitslohn beziehungsweise Gehalt sind stets Insolvenzforderungen, die mit der Insolvenzquote abgefunden werden (§ 55 Abs. 3 InsO und die §§ 165 ff. SGB III). Für Insolvenzpraktiker ist die Vorfinanzierung des Insolvenzgeldes ein in Deutschland unverzichtbarer Finanzierungsbestandteil. Auch wenn der Arbeitgeber an die Bank diejenigen Kosten der Vorfinanzierung zahlen muss, die die Bundesagentur im Rahmen der Insolvenzgeldzahlungen nicht trägt (Kontoführungsentgelte der Bank für die Führung der Abwicklungskonten der Arbeitnehmer, Refinanzierungskosten der Bank, Gewinnmarge), ist die Insolvenzgeldvorfinanzierung zivilrechtlich kein Kredit an den Arbeitgeber, das heißt das insolvente Unternehmen. Die Abtretung der Lohn- und Gehaltsansprüche der Arbeitnehmer an die Bank ist keine Sicherungszession.

Das Insolvenzgeld wird erst nach Eröffnung des Verfahrens gezahlt. Somit hat sich der vorläufige Insolvenzverwalter um diese Vorfinanzierung des Insolvenzgeldes zu kümmern. Ansonsten wird es im Eröffnungsverfahren kaum möglich sein, die Arbeitnehmer zu einer Weiterarbeit zu motivieren, wenn auf die Zahlung des Arbeitslohns erst auf den Zeitpunkt nach der Eröffnung des Verfahrens verwiesen werden muss. Bei der Vorfinanzierung verkaufen die Arbeitnehmer ihre Gehaltsansprüche, an denen das Insolvenzgeld hängt, an ein Kreditinstitut und treten ihre Forderungen gegenüber dem Arbeitgeber einschließlich ihres Anspruches auf Insolvenzgeld an das vorfinanzierende Institut ab (vgl. Bruder, 2018, S. 163 ff.). Die Bank stundet faktisch die erworbenen Ansprüche gegenüber dem schuldnerischen Unternehmen (vgl. Cranshaw et al., 2016a, § 22 InsO, Rn. 41 ff.).

Für die Dauer von drei Monaten vor der Eröffnung des Insolvenzverfahrens werden die Löhne sowie Gehälter des insolventen Betriebs somit indirekt von der Bundesagentur für Arbeit zu Lasten der Insolvenzgeldumlage übernommen. Dieses ist als Sanierungsbeitrag anzusehen. Der Zeitraum des Eröffnungsverfahrens wird davon abhängen, ob bereits rückständige Löhne und Gehälter bestehen. Ist dies nicht der Fall, wird der vorläufige Insolvenzverwalter den maximalen Zeitabschnitt von drei Monaten für das Eröffnungsverfahren voll ausschöpfen. Durch die Finanzierung der Löhne und Gehälter kann die notwendige Liquidität für eine Betriebsfortführung geschaffen und der Grundstein für eine erfolgreiche Sanierung gelegt werden.

Kreditaufnahme im Antragsverfahren und im eröffneten Verfahren

Zur Betriebsfortführung ist unter Umständen neben der Vorfinanzierung des Insolvenzgeldes die Aufnahme neuer Kredite im Insolvenzantragsverfahren notwendig. Dazu wird häufig ein Kreditrahmen beantragt, der für die Vorfinanzierung von Materialien und die laufenden Betriebskosten eingesetzt wird. Die Finanzierung durch die Gläubigerinstitute soll beziehungsweise darf nur dann erfolgen, wenn die Rückführung dieser Mittel mit hoher Sicherheit erwartet werden kann.

Im Eröffnungsverfahren ist der Status eines Insolvenzverwalters zu beachten. Wird der Kredit durch einen schwachen vorläufigen Verwalter gemäß § 22 Abs. 2 InsO beantragt, gilt der Kreditrückzahlungsanspruch im eröffneten Verfahren nicht als privilegierte Masseverbindlichkeit gemäß § 55 Abs. 2 InsO. Daher ist die ausreichende Besicherung für diesen Kredit von großer Bedeutung. Jedoch kann das Insolvenzgericht den schwachen vorläufigen Insolvenzverwalter durch einen Einzelbeschluss dazu ermächtigen der Höhe nach genau definierte Verbindlichkeiten bereits im Eröffnungsverfahren zu beantragen. Diese Schulden erlangen dann einen Status von vorrangigen Masseschulden (vgl. Wittig, 2009, S. 593 ff.).

Der starke Verwalter nach § 22 Abs. 1 InsO kann dagegen bereits im Eröffnungsverfahren wirksam Masseverbindlichkeiten begründen, die im eröffneten Verfahren vorrangig befriedigt werden. Zudem unterliegen Rechtshandlungen im Zusammenhang mit Masseverbindlichkeiten im Grundsatz nicht der Insolvenzanfechtung. Des Weiteren muss der vorläufige Insolvenzverwalter unter Umständen einen Massekostenvorschuss zur Begleichung der Verfahrenskosten gemäß § 54 InsO bei der Hausbank beantragen, um überhaupt eine Verfahrenseröffnung zu erreichen (§ 26 InsO). Dieser Betrag ist aus den Erlösen im eröffneten Verfahren vorrangig zurückzuführen. Mit der Bewilligung eines Massekostenvorschusses ist besonders sorgsam umzugehen, da eine freie Masse beim Schuldner zu dem fraglichen Zeitpunkt nicht vorhanden ist. Es muss daher besonders geprüft werden, welchen Vorteil die Verfahrenseröffnung mit sich bringt.

Das Insolvenzverfahren wird nur dann eröffnet, wenn die Gerichtskosten, die Vergütungen sowie die Auslagen des vorläufigen Insolvenzverwalters und der Mitglieder eines Gläubigerausschusses gedeckt sind. Neben diesen Sicherungsmaßnahmen hat der vorläufige Insolvenzverwalter auch die Möglichkeit, eine Sanierung über das Planverfahren oder die Übertragung von Assets zu prüfen und notwendige Vorbereitungen dafür zu treffen. Das Schutzschirmverfahren in der vorläufigen Eigenverwaltung dient gerade dazu, einen Insolvenzplan vor der Verfahrenseröffnung zu entwickeln (§ 270b Abs. 1 Satz 1 InsO. Folgende Maßnahmen sind vom vorläufigen Insolvenzverwalter daher zu untersuchen und gegebenenfalls anzubahnen:

- Prüfung der Betriebsfortführung oder der Stilllegung
- Beantragung der Vorfinanzierung des Insolvenzgeldes
- Erreichung der Finanzierung eines Massekostenvorschusses

Die Hauptaufgabe des vorläufigen Verwalters besteht dann, unabhängig von seiner Rechtsstellung, in der Erhaltung und der Sicherung des Vermögens des Schuldnerunternehmens. Dies dient auch der Unterstützung des Ziels eines Insolvenzverfahrens, die Gläubiger eines Schuldners gemäß § 1 InsO gemeinschaftlich und bestmöglich zu befriedigen. Dazu ist die vorgefundene Masse zunächst aufzuzeichnen, zu inventarisieren und zu bewerten. Es ist eine Inventur vorzunehmen. In Anlehnung an die Befugnisse des vorläufigen Verwalters sind weitere Maßnahmen zu ergreifen.

Wenn die Verwaltungs- und Verfügungsbefugnis dann vollständig auf den vorläufigen Insolvenzverwalter übergegangen ist, übt er das Hausrecht aus. Dies kann auch bedeuten, die Schließanlage auszutauschen, um das Inventar sowie die EDV-Daten angemessen zu sichern. Gegebenenfalls ist auch eine vorläufige Postsperre gemäß § 21 Abs. 2 Nr. 4 InsO zusätzlich anzuordnen.

Definition: Der **vorläufige Insolvenzverwalter** wird unverzüglich nach dem Insolvenzantrag einer Firma eingesetzt und hat in erster Linie das Vermögen eines Schuldners zu sichern. Weitere Pflichten und Befugnisse ergeben sich aus seiner Rechtsstellung als „starker" oder „schwacher" vorläufiger Verwalter. Im ersten Fall hat dieser die Geschäfte des Schuldnerunternehmens, bis zur Entscheidung über eine Eröffnung, fortzuführen, falls das Insolvenzgericht nicht einer Stilllegung zustimmt, um eine Vermögensminderung zu vermeiden. Im zweiten Fall hat er den Schuldner vornehmlich zu überwachen und weitere Einzelpflichten oder Genehmigungen werden durch das zuständige Insolvenzgericht erlassen. Wichtige unternehmerische Entscheidungen sind zustimmungspflichtig.

Zur Bewältigung dieser Aufgaben sind die gewährten Befugnisse eines vorläufigen Verwalters durch das Insolvenzgericht entscheidend sowie durch die Kreditinstitute zu überprüfen. In den §§ 21, 22 InsO wird zwischen dem sogenannten „starken" und dem „schwachen" vorläufigen Insolvenzverwalter differenziert. Maßgebend für die Unterscheidung ist, ob das Insolvenzgericht dem Schuldner ein allgemeines Verfügungsverbot oder nicht auferlegt. Dieses hat zur Folge, dass die Verwaltungs- und Verfügungsbefugnis über das gesamte schuldnerische Vermögen vollständig (allgemeines Verfügungsverbot) oder teilweise (Zustimmungsvorbehalt gemäß § 21 Abs. 2 Satz 1 Nr. 2, 2. Halbsatz InsO) auf den vorläufigen Insolvenzverwalter übergeht beziehungsweise überhaupt nicht (schwacher vorläufiger Verwalter). Diese Bestellung des vorläufigen Insolvenzverwalters wird gemäß § 23 Abs. 1 Satz 1 InsO in einem Beschluss öffentlich im Internet bekanntgemacht (§ 9 Abs. 1 InsO, siehe dazu auch www.insolvenzbekanntmachungen.de). Da die erteilten Befugnisse für die beteiligten Banken von Bedeutung sind, sollten diese den Beschluss einsehen, um den Haftungsumfang des vorläufigen Verwalters einschätzen zu können (vgl. Schmidt et al., 2016, § 23 InsO, Rn. 5 ff.).

Starker vorläufiger Insolvenzverwalter

Wird dem Schuldner ein allgemeines Verfügungsverbot auferlegt, ist seine Rechtsstellung als starker vorläufiger Insolvenzverwalter der eines endgültigen Insolvenzverwalters bereits sehr nahe (§ 21 Abs. 2 Satz 1 Nr. 2, 1. Halbsatz InsO). Gemäß § 22 Abs. 1 Satz 1 InsO geht in diesem Fall die Verwaltungs- und Verfügungsbefugnis über das gesamte Schuldnervermögen vollständig auf den vorläufigen starken Insolvenzverwalter über (vgl. Braun et al., 2017, § 22 InsO, Rn. 11 ff.). Mit der Übertragung dieser Befugnis auf einen starken vorläufigen Insolvenzverwalter verliert der Schuldner beziehungsweise der Rechtsträger des Schuldnerunternehmens auch die Fähigkeit, über das eigene Vermögen weiter zu bestimmen.

Aus § 24 Abs. 1 InsO in Verbindung mit §§ 81, 82 InsO sind Verfügungen des Schuldners oder seiner Vertreter über das Vermögen des insolventen Unternehmens unwirksam und es kann nicht mehr mit befreiender Wirkung an den Schuldner geleistet werden. Die Kreditinstitute können mit dem starken vorläufigen Verwalter direkt verhandeln. Dies kann den weiteren Ablauf des Verfahrens erheblich erleichtern, da Verwertungshandlungen ohne eventuelle Behinderungen durch den Schuldner einfacher durchgeführt werden können. Bereits der vorläufige Insolvenzverwalter hat die wichtige Aufgabe, die Insolvenzmasse zu mehren. Dieses gelingt meist über eine intensive Anfechtungstätigkeit, wenn auch das Anfechtungsrecht erst mit der Eröffnung des Verfahrens in der Hand des „endgültigen" Insolvenzverwalters des eröffneten Verfahrens oder des Sachwalters (§ 280 2. Halbsatz InsO) entsteht und sich der vorläufige Insolvenzverwalter im Eröffnungsverfahren nicht auch noch um Anfechtungsansprüche kümmern könnte.

Definition: Die **Insolvenzmasse** erfasst gemäß § 35 InsO das gesamte einer Zwangsvollstreckung unterliegende Vermögen des Schuldners, das zur Eröffnung des Insolvenzverfahrens vorhanden ist, später im Verlauf des Insolvenzverfahrens erworben wird oder im Wege der Insolvenzanfechtung zurückgeholt werden kann. Gerade die Anfechtung dient oft erfolgreich zur Masseanreicherung.

Dieser starke vorläufige Verwalter hat die Funktion, das Schuldnervermögen zu sichern und in seinem Umfang vollständig zu erhalten. Er ist berechtigt und verpflichtet, das Vermögen in Besitz zu nehmen. Der starke vorläufige Insolvenzverwalter ist in Rechtsstreitigkeiten gegen oder für das schuldnerische Unternehmen Partei kraft Amtes. Dieser ist dazu berechtigt, im eigenen Namen zu klagen. Gleichzeitig ist der starke vorläufige Insolvenzverwalter dazu verpflichtet, das Schuldnerunternehmen bis zur Entscheidung über die Eröffnung des Insolvenzverfahrens fortzuführen, sofern nicht das Gericht einer Stilllegung zustimmt.

Der starke Insolvenzverwalter wird bei der Betriebsfortführung zudem der Vertragspartner der Arbeitnehmer, Kunden sowie Lieferanten und bei der Aufnahme eines Massekredits gegenüber der Bank Kreditnehmer mit einer entsprechenden persönlichen Haftung aus § 61 InsO (vgl. Bruder, 2018, S. 161 ff.). Zur weiteren Anreicherung der Insolvenzmasse besteht die Möglichkeit, dass der starke vorläufige Insolvenzverwalter die Forderungen des schuldnerischen Unternehmens einzieht, auch wenn diese sicherungshalber an Kreditinstitute abgetreten sind. Auf diese Weise kann die Insolvenzmasse mit den Kostenpauschalen gemäß §§ 170, 171 InsO angereichert werden. Diese Vorgehensweise ist jedoch mit den Beteiligten abzustimmen.

Meist sind sämtliche Verbindlichkeiten, die von einem starken vorläufigen Insolvenzverwalter begründet werden, gemäß § 55 Abs. 2 InsO Masseverbindlichkeiten. Ausnahmen stellen die wegen der Auszahlung von Insolvenzgeld auf die Bundesanstalt für Arbeit übergegangenen Ansprüche der Arbeitnehmer und die Forderungen der Einzugsstellen auf Zahlung des Gesamtsozialversicherungsbeitrags dar.

Die Bundesagentur für Arbeit beziehungsweise die Einzugsstelle kann diese Forderungen gemäß § 55 Abs. 3 InsO lediglich als Insolvenzgläubiger im Verfahren geltend machen. Diese Positionen sind nicht vorrangig und damit erhöht ausfallgefährdet (vgl. Schmidt et al., 2016, § 55 InsO, Rn. 44).

Dagegen gelten die Verbindlichkeiten eines Insolvenzschuldners aus Steuerschuldverhältnissen, die vom vorläufigen Insolvenzverwalter oder vom Schuldner mit dessen Zustimmung begründet worden sind, nach der Eröffnung des Insolvenzverfahrens als Masseverbindlichkeiten (§ 55 Abs. 4 InsO). Zusätzliche Verbindlichkeiten, die der vorläufige starke Insolvenzverwalter dann im Rahmen der weiteren Unternehmensfortführung begründet, nehmen dann den Rang von Masseverbindlichkeiten gemäß § 55 Abs. 2 InsO ein.

Definition: Masseverbindlichkeiten sind im eröffneten Insolvenzverfahren durch den Insolvenzverwalter vorab zu befriedigen. Die Massegläubiger stehen im Rang zwar hinter den Aussonderungsberechtigten sowie den Absonderungsberechtigten. Deren Forderungen sind jedoch vorrangig zu den Insolvenzgläubigern und den nachrangigen Insolvenzgläubigern zu beachten.

Folge einer Privilegierung zu einer Masseverbindlichkeit ist, dass diese vom (vorläufigen) Insolvenzverwalter in vollem Umfang zu befriedigen sind. Anderenfalls können Schadenersatzverpflichtungen gegenüber dem vorläufigen Insolvenzverwalter begründet werden. Dies erhöht seine Haftungsrisiken unter Umständen beträchtlich (§ 61 InsO). In der Praxis werden starke vorläufige Insolvenzverwalter von den zuständigen Gerichten daher meist nur in Ausnahmefällen eingesetzt, wenn unter anderem von fraudulösen Handlungen des Gemeinschuldners beziehungsweise von der Erfüllung von möglichen Insolvenzstraftatbeständen auszugehen ist.

Aufgrund der Haftung für Masseverbindlichkeiten kann die Fortführung von Unternehmen durch den vorläufigen Verwalter beeinträchtigt sein, gerade wenn dieser tendenziell risikoavers ist und die Verwertungsalternative im eröffneten Verfahren vorziehen sollte. Das Insolvenzgericht wird in der Regel einen schwachen vorläufigen Verwalter ohne Verfügungsbefugnis bestellen, da es anfänglich bei ungeklärter Lage nicht zumutbar ist, dass der vorläufige Verwalter von Anfang an für jede während seiner Tätigkeit begründete Masseverbindlichkeit eventuell persönlich einstehen muss (§§ 61 Abs. 1, 55 Abs. 2, 55 Abs. 1 Abs. 1 Nr. 1 InsO).

Der Insolvenzverwalter und der Sachwalter sollen bei unternehmerischen Entscheidungen nicht weitergehend haften als der Geschäftsführer des Schuldnerunternehmens, dem in der Regel die Business Judgment Rule zugutekommt (§ 93 Abs. 1 Satz 2 AktG). Derjenige, der auf der Grundlage angemessener Informationen der Auffassung sein durfte, zum Wohl der Gesellschaft zu handeln, hat beim Fehlschlagen der aufgrund seiner Entscheidung getroffenen Maßnahmen keine Pflichtverletzung begangen und keinen Schadenersatz zu fürchten.

Schwacher vorläufiger Insolvenzverwalter

Das Gericht kann einen vorläufigen Insolvenzverwalter einsetzen und seine genauen Pflichten im Einzelnen bestimmen. Diese definierten Verpflichtungen dürfen jedoch nicht über diejenigen eines vorläufigen Insolvenzverwalters mit vollständiger Verwaltungs- und Verfügungsbefugnis hinausgehen. Entschließt sich das Gericht zu der Bestellung eines schwachen vorläufigen Insolvenzverwalters, wird nicht selten angeordnet, dass Verfügungen gemäß § 21 Abs. 2 Nr. 2 2. Halbsatz InsO des Schuldners nur mit Zustimmung des vorläufigen Insolvenzverwalters wirksam sind (vgl. Braun et al., 2017, § 22 InsO, Rn. 22 ff.). Der Schuldner oder das Schuldnerunternehmen behält damit die Verfügungsbefugnis über sein Vermögen.

Das Insolvenzgericht kann den Umfang der Pflichten des schwachen vorläufigen Insolvenzverwalters jedoch an die Erfordernisse des Einzelfalles anpassen, solange das Verfahren noch nicht eröffnet ist. Demnach können seine Rechte unter anderem erweitert werden, wenn dem Schuldner vom Gericht aus bestimmten Gründen ein besonderes Verfügungsverbot auferlegt werden soll (vgl. Obermüller, 2016, S. 55 sowie Braun et al., 2017, § 22 InsO, Rn. 22 ff.).

Da das Gericht kurz nach dem Insolvenzantrag nicht zu erkennen vermag, wie die wirtschaftliche Situation des schuldnerischen Unternehmens einzuschätzen ist und welches konkrete Sicherungsbedürfnis besteht, wird es häufig beschließen, dass Verfügungen des Schuldners ganz weitgehend der Zustimmung des vorläufigen Insolvenzverwalters bedürfen. Dies ist für den Schuldner und sein Unternehmen meist weniger einschneidend als das allgemeine Verfügungsverbot des § 22 Abs. 1 InsO und schont das Ansehen des Schuldners im Rechtsverkehr. Damit werden derartige Verfügungen des Schuldners nur mit nachträglicher Genehmigung oder aufgrund der vorherigen Einwilligung des vorläufigen Insolvenzverwalters wirksam und sind im Fall der Verweigerung durch den vorläufigen Verwalter endgültig unwirksam.

Der schwache vorläufige Insolvenzverwalter ist auch in diesen Fällen kein Vertreter des Schuldners. Er kann keine Verbindlichkeiten zur Masse gemäß § 55 Abs. 2 InsO begründen. Jedoch kann das Gericht den schwachen vorläufigen Insolvenzverwalter im Einzelfall auch dazu ermächtigen, im Voraus genau festgelegte Verpflichtungen zu Lasten der Insolvenzmasse einzugehen, soweit dies für die Verwaltung notwendig ist (vgl. Obermüller, 2016, S. 55 ff. und Schmidt et al., 2016, § 55 InsO, Rn. 40 ff.). Der schwache vorläufige Insolvenzverwalter hat vor allem die Aufgabe, durch die Überwachung des Schuldners das vorhandene Vermögen zu erhalten.

Dazu wird ihm unter anderem gegebenenfalls die Befugnis erteilt, über die Bankguthaben des Schuldners zu verfügen, Forderungen einzuziehen und Gelder auf einem oder mehreren offenen Treuhandkonten zu verwahren. Außerdem wird er dazu beauftragt, das Unternehmen zusammen mit dem Schuldner weiter fortzuführen. Diese Verpflichtung zur Unternehmensfortführung gemeinsam mit dem Schuldner wird durch das Insolvenzgericht als besondere Einzelanordnung festgelegt.

Aufgaben und Pflichten des vorläufigen Insolvenzverwalters

Gemäß §§ 22 Abs. 1 Satz 2 Nr. 2 InsO hat der starke vorläufige Insolvenzverwalter das Unternehmen des Schuldners bis zur Entscheidung über die Eröffnung des Insolvenzverfahrens fortzuführen. Einem schwachen vorläufigen Verwalter wird gemäß § 22 Abs. 2 InsO die Unternehmensfortführung gemeinsam mit dem Schuldner übertragen. Das Insolvenzgericht begründet generell eine Fortführungspflicht. Der vorläufige Verwalter kann daher nicht über die Frage entscheiden, ob er das schuldnerische Unternehmen fortführen will oder nicht. Unabhängig von der Frage, ob das Gericht einen starken oder schwachen vorläufigen Insolvenzverwalter bestellt, wird der Akteur aufgrund seiner Verpflichtung zur Weiterführung sowohl für die Gläubiger als auch für den Schuldner zur zentralen Figur des Insolvenzantragsverfahrens (vgl. Schmidt et al., 2016, § 22 InsO, Rn. 41 ff.).

Zur Betriebsfortführung kann es im Eröffnungsverfahren notwendig sein, Vollstreckungsmaßnahmen einzelner Gläubiger zu verhindern, damit das Schuldnervermögen nicht zerschlagen wird und Sanierungsmaßnahmen unmöglich werden. Somit kann das Gericht gemäß § 21 Abs. 2 Nr. 3 InsO die Zwangsvollstreckung in das bewegliche Vermögen untersagen oder einstellen. Zudem kann das Insolvenzgericht, seit der Umsetzung des Gesetzes zur Vereinfachung des Insolvenzverfahrens, gemäß § 21 Abs. 2 Nr. 5 InsO anordnen, dass die Gegenstände, die zur Sicherung übereignet worden sind, vom Gläubiger nicht verwertet oder eingezogen werden dürfen, wenn diese für die Weiterführung der unternehmerischen Aktivitäten von erheblicher betrieblicher Bedeutung sind. Dasselbe gilt für aussonderungsfähige bewegliche Gegenstände, wie gemietete und geleaste Kraftfahrzeuge oder Maschinen sowie Büroausstattungen oder IT-Komponenten.

Zudem kann das Insolvenzgericht festlegen, dass Forderungen, die zur Sicherheit abgetreten sind, nicht vom Gläubiger, sondern vom vorläufigen Insolvenzverwalter offengelegt und eingezogen werden. Damit kann bereits im Insolvenzantragsverfahren erheblich in die Rechte der Kreditinstitute eingegriffen werden. Der vorläufige Verwalter muss aus den Erlösen den Absonderungsgläubiger befriedigen. Zieht bereits der vorläufige Insolvenzverwalter an die Banken abgetretene Forderungen ein, verringert sich deren Sicherheitenerlös im Eröffnungsverfahren gegebenenfalls um die Kostenbeiträge für die Feststellung und Verwertung (§§ 170, 171 InsO).

Der vorläufige Insolvenzverwalter hat grundsätzlich die Pflicht, eine vorzeitige Zerschlagung des Unternehmens zu verhindern. Der vorläufige Verwalter ist in der Regel nicht berechtigt, den Betrieb stillzulegen. Besteht allerdings die erhöhte Gefahr, dass hohe Verluste durch die Betriebsfortführung entstehen, die zu einer Verringerung der Insolvenzmasse führen würden, kann der vorläufige Insolvenzverwalter den Geschäftsbetrieb mit Zustimmung des Gerichts einstellen. Hatte der Insolvenzschuldner den Unternehmensbetrieb jedoch bereits beendet, bevor der vorläufige Insolvenzverwalter eingesetzt wurde, ist dieser nicht dazu verpflichtet, die geschäftlichen Aktivitäten wieder aufzunehmen.

Vorläufiger Insolvenzverwalter als Sachverständiger

Um eine Entscheidung darüber zu treffen, ob das Insolvenzverfahren eröffnet werden kann, wird das Insolvenzgericht den vorläufigen Insolvenzverwalter gemäß § 22 Abs. 1 Nr. 3 InsO damit beauftragen, als Sachverständiger zu prüfen, ob ein Eröffnungsgrund vorliegt, welche Aussichten für eine Fortführung des Unternehmens im eröffneten Verfahren bestehen und ob die Kosten des Verfahrens gemäß § 54 InsO gedeckt sind (vgl. Schmidt et al., 2012, § 22 InsO, Rn. 68 ff., S. 249 ff.). Das Gericht kann sich sogar darauf beschränken, nur einen Sachverständigen ohne jede weitere Befugnisse einzusetzen, wenn es meint, im konkreten Fall seien ausnahmsweise Sicherungsmaßnahmen nicht erforderlich, um nachteilige Veränderungen der Insolvenzmasse zu vermeiden.

Der vorläufige Insolvenzverwalter wird sich bereits mit der Frage beschäftigen, ob das Unternehmen insolvenzplanfähig ist, ob also im eröffneten Insolvenzverfahren die Gläubiger einen Insolvenzplan akzeptieren könnten. Während des Insolvenzantragsverfahrens wird dieser somit einen Schwerpunkt seiner Tätigkeit auf die Prüfung der Frage legen, zu welchen Bedingungen das Unternehmen des Insolvenzschuldners oder Teile davon fortführungswürdig sind, zunächst im eröffneten Verfahren und später im Rahmen des Insolvenzplans mit demselben Rechtsträger oder durch eine NewCo-Auffanggesellschaft beziehungsweise Übernahmegesellschaft im Rahmen der übertragenden Sanierung (§ 260 Abs. 3 InsO).

Der Insolvenzverwalter wird eine umfassende Analyse durchführen, um die genauen Ursachen für die Unternehmenskrise, die Fehlentwicklung und die Schwachstellen aufzudecken. Außerdem wird der Insolvenzverwalter Vorschläge und Maßnahmen zur Verbesserung der Ertrags- und Liquiditätslage unterbreiten und unter Umständen die Basis für ein tragfähiges Sanierungskonzept erarbeiten.

Dabei kann er unter Umständen auf ein bestehendes Sanierungsgutachten zurückgreifen. Von Vorteil ist es, wenn dieses bereits im außergerichtlichen Sanierungsabschnitt vorbereitet wurde. In diesem Fall wird wertvolle Zeit eingespart. Zudem wurden unter Umständen bereits Investoren für eine übertragende Sanierung gesucht. Es wurde der notwendige Finanzierungsvolumen zur Fortführung bestimmt und es wurden bereits mit den wichtigen Lieferanten und Kunden weitere geschäftliche Belange in der Insolvenz abgestimmt.

Im vorläufigen Verfahren bietet sich die Chance, ohne die Kostenposition des Personalaufwands Gewinne zu erwirtschaften und eine Grundlage für die Fortführung zu legen. Die Sanierung in der Insolvenz über das Planverfahren oder die übertragende Sanierung kann für die betroffenen Banken von Vorteil sein. Kreditinstitute sollten daher frühzeitig Kontakt zu dem vorläufigen Insolvenzverwalter aufnehmen. Denn auch wenn das Auskunftsrecht gemäß § 167 InsO erst im eröffneten Verfahren gilt, ist der Insolvenzverwalter meist bereit, im Antragsverfahren detaillierte Informationen zu den Chancen einer Fortführung zu geben.

Ein wichtiges Ziel des Gesetzes zur Erleichterung der Sanierung von Unternehmen (ESUG) ist es, dem Schuldnerunternehmen über eine Reform der Insolvenzordnung die Möglichkeiten der Fortführung und der Sanierung zu verbessern (vgl. Wimmer, 2012, S. 3). Dieses soll unter anderem durch eine frühere Antragstellung des Schuldners erreicht werden. Dieser hat jedoch häufig Bedenken, dass ein Insolvenzantrag die Kunden- und Lieferantenbeziehungen belastet und dann eine Zerschlagung die Folge ist. Dennoch sind die erzielten Quoten auf die Forderungen der Gläubiger in einem sanierenden Insolvenzverfahren meist höher als bei der Liquidation. Dabei ist die Sanierung im Insolvenzverfahren dann erfolgversprechender, wenn ein frühzeitiger Insolvenzantrag erfolgt (vgl. Kranzusch/Icks, 2009, S. 22 ff.).

Daher wird eine späte Insolvenzantragstellung auch als häufiges Argument für das Scheitern von Sanierungslösungen in der Insolvenz angegeben (vgl. Portisch et al., 2013a, S. 160 ff.). Das Insolvenzkriterium der drohenden Zahlungsunfähigkeit wurde bis zum ESUG nur unzureichend angenommen. Aus diesem Grund wurde mit dem ESUG das Instrument des Schutzschirmverfahrens eingeführt, um den Schuldner zu einer früheren Insolvenzantragstellung zu motivieren (vgl. Wimmer, 2012, S. 24 ff.). Dieses Verfahren belässt dem Schuldner die Möglichkeit, die Abläufe weiterhin mit eigenen Gremien zu steuern und hilft seiner Befürchtung entgegenzuwirken, einen kompletten Kontrollverlust zu erleiden (vgl. Cranshaw, 2012b, S. 431 ff.).

Alternativen zur Weiterführung des Unternehmens durch den Schuldner selbst bieten im Eröffnungsverfahren die vorläufige Eigenverwaltung gemäß § 270a InsO und das Schutzschirmverfahren gemäß § 270b InsO beziehungsweise im eröffneten Verfahren die Eigenverwaltung nach den §§ 270 ff. InsO. Voraussetzungen für die vorläufige Eigenverwaltung im Schutzschirmverfahren sind, dass lediglich die drohende Zahlungsunfähigkeit oder Überschuldung besteht, die eingeleitete oder geplante Sanierung „nicht offensichtlich aussichtslos" ist und dies durch einen sachverständigen Gutachter bescheinigt wird (§ 270b Abs. 1 Satz 3 InsO).

Dem Schuldner wird dann ein vorläufiger Sachwalter an die Seite gestellt, der seine Geschäfte überwacht (§ 274 InsO), und der Unternehmer bleibt Entscheidungsträger in der Firma. Beim Schutzschirmverfahren handelt es sich gegenüber dem insolvenzrechtlichen Planverfahren nach der Eröffnung um einen vorgelagerten Verfahrensschritt zur Entwicklung und Vorlage eines Insolvenzplans. Dieser Verfahrensweg belässt dem Schuldner seine Gestaltungsmöglichkeiten.

Die Vorgehensweise soll die Basis dafür bilden, dass nach der Verfahrenseröffnung nicht nur finanz- und leistungswirtschaftliche Maßnahmen zur Sanierung eingeleitet werden, sondern alternativ auch gesellschaftsrechtliche Veränderungen umgesetzt werden können (vgl. Wimmer, 2012, S. 25), sofern den Verfahrenszielen des § 1 InsO mit einer gemeinschaftlichen Gläubigerbefriedigung entsprochen wird. In der Praxis wird davon auch Gebrauch gemacht (Suhrkamp-Fall). Im Folgenden werden die Möglichkeiten der Eigenverwaltung beschrieben.

Eigenverwaltung mit oder ohne Schutzschirmverfahren

Ein Insolvenzverfahren kann auch ohne Einsetzung eines Verwalters eröffnet und durchgeführt werden. Dies kommt dann in Betracht, wenn das Insolvenzgericht der Ansicht ist, dass der Schuldner selbst am besten die Verfahrensabwicklung führen kann. Dann ordnet das Gericht gemäß § 270 InsO die Eigenverwaltung an. Um den ordnungsgemäßen Verlauf des Verfahrensweges sicherzustellen, wird dem Schuldner ein Sachwalter zugeordnet. Dieser prüft die wirtschaftliche Lage des Schuldners und überwacht dessen Geschäftsführung. Wesentliche Verstöße teilt er unverzüglich den Insolvenzgläubigern und dem Insolvenzgericht mit. Gemäß § 275 InsO darf der Schuldner Verbindlichkeiten, die nicht zum gewöhnlichen Geschäftsbetrieb gehören, nur mit Zustimmung eines Sachwalters eingehen.

Mit dem ESUG erhalten die Gläubiger umfassende Mitwirkungsrechte, ob ein Verfahren in Eigenverwaltung des Schuldners durchgeführt werden kann. So darf das Insolvenzgericht aus § 270 Abs. 3 InsO dem Antrag des Schuldners auf Anordnung der Eigenverwaltung, der mit einem einstimmigen Votum des vorläufigen Gläubigerausschusses unterstützt wird, nicht als nachteilig für die Gläubigerschaft ablehnen. Neu gefasst wurde auch § 270 Abs. 2 Nr. 2 InsO mit der Voraussetzung, dass bei der Anordnung der Eigenverwaltung durch das Gericht keine Umstände bekannt sein dürfen, die erwarten lassen, dass diese Anordnung zu Nachteilen für die Gläubiger führen wird (vgl. Wimmer, 2012, S. 19 ff.).

Ob diese Regelung aus Sicht der Kreditinstitute langfristig zu einer höheren und signifikanten Anzahl an Eigenverwaltungen führen wird ist fraglich (vgl. Moldenhauer et al., 2013, S. 3 ff.). In einer aktuellen Untersuchung zeigt sich, dass sich die (vorläufige) Eigenverwaltung nach §§ 270a und 270b InsO nicht überraschend gerade bei größeren Insolvenzverfahren stärker durchgesetzt hat. Jedoch führt die Eigenverwaltung über alle Insolvenzverfahren betrachtet nur ein Schattendasein (vgl. Moldenhauer/Wolf, 2018, S. 4 ff.).

Die erheblichen Bedenken, der Altgeschäftsführung eine Sanierung des Krisenunternehmens, unter der Erschwernis der Insolvenz zuzutrauen, sind bei den Gläubigern und auch den Insolvenzrichtern geblieben. Im Mittelpunkt stehen die Kompetenzen der Organe des eigenverwaltenden Schuldners und das Vertrauen der Geschäftspartner in diese Fähigkeiten.

Definition: Das **Schutzschirmverfahren** ist eine neue Form der Eigenverwaltung im Eröffnungsverfahren, bei dem der Schuldner einen Insolvenzantrag aufgrund einer drohenden Zahlungsunfähigkeit oder Überschuldung stellt, dieses durch eine Bescheinigung eines Gutachters belegt und zusammen mit einem selbst ausgewählten Sachwalter den Betrieb fortführt. Es handelt sich nicht um ein eigenständiges Sanierungsverfahren innerhalb der Insolvenzordnung, sondern um einen besonderen Verfahrensschritt im Eröffnungsverfahren, welcher dem Unternehmen die Möglichkeit eröffnen soll, die Umsetzung einer Sanierung auch nach dem Insolvenzantrag in eigener Regie durch einen Insolvenzplan vorbereiten zu können (vgl. Cranshaw, 2012a, S. 6 ff.).

Mit dem Antrag auf ein Schutzschirmverfahren kann die Anordnung vorläufiger Sicherungsmaßnahmen aus § 270b Abs. 2 Satz 3, § 21 Abs. 2 und 2 Satz 1 Nr. 1a und Nr. 3 bis 5 InsO verbunden sein (vgl. Schmidt et al., 2012, § 270b InsO, Rn. 1 ff.). Auf diese Art und Weise kann sichergestellt werden, dass die Betriebsfortführung nicht durch die Verwertungs- oder Zwangsvollstreckungsmaßnahmen einzelner Gläubiger unmöglich gemacht wird (vgl. Buchalik, 2012a, S. 349 ff.). Jedoch wird eine Weiterführung des Unternehmens auch hier nicht ohne finanzielle Mittel möglich sein und die Zustimmung der Banken erfordern. Im Gegenteil bedarf das Schutzschirmverfahren, an dessen Ende ein Sanierungsinsolvenzplanentwurf steht, der sorgfältigen Vorbereitung unter Einbindung der maßgeblichen Stakeholder, kommt es doch insbesondere dann in Frage, wenn diese außergerichtliche Sanierung gerade ausscheidet, beispielsweise wegen der Blockade durch einzelne Gläubiger.

Nicht klar ist, ob der Beschluss zur Anordnung eines Schutzschirmverfahrens durch das Insolvenzgericht zu veröffentlichen ist. Eine Nichtveröffentlichung ist vorteilhaft, da Kundenbeziehungen nicht belastet werden. Im Hinblick auf eine notwendige Gleichbehandlung der Gläubiger und die gegebenenfalls notwendige Bildung eines vorläufigen Gläubigerausschusses erscheint diese Bekanntmachung jedoch unbedingt erforderlich zu sein. Mangels gesetzlicher Anweisung dazu (§ 23 InsO) besteht aber keine Pflicht dazu. Richtiger Weise ist aber die etwaige Anordnung von Maßnahmen nach § 270b Abs. 3 Satz 3 in Verbindung mit § 21 Abs. 1 Satz 1 Nr. 3 bis 5 InsO sinnvoller Weise bekannt zu machen.

Voraussetzung für die Beantragung eines Schutzschirmverfahrens ist gemäß § 270b Abs. 1 Satz 3 InsO die Vorlage der Bescheinigung eines in Insolvenzsachen erfahrenen Steuerberaters, Wirtschaftsprüfers oder Rechtsanwalts, dass das Schuldnerunternehmen voraussichtlich sanierungsfähig ist sowie lediglich eine drohende Zahlungsunfähigkeit oder eine Überschuldung vorliegt (vgl. IDW, 2014, Rn. 1 ff.). Dieser Bescheiniger sollte somit ein Berufsträger und ein neutraler Gutachter sein. Allerdings sollten auch Unternehmensberatungen mit dem Schwerpunkt der Sanierung für die finanzwirtschaftliche und die leistungswirtschaftliche Beurteilung geeignet erscheinen (vgl. Fröhlich et al., 2012, S. 269 ff.).

Vor dem Hintergrund der schnelleren Einarbeitung und des geringeren Kostenaufwands ist anzudenken, ob die bereits im Rahmen der außergerichtlichen Sanierung tätige Unternehmensberatungsgesellschaft diese Bescheinigung erstellen darf (vgl. Buchalik/Kraus, 2012b, S. 62). Aufgrund der geforderten Objektivität des Bescheinigers wird dieses jedoch kritisch gesehen (vgl. Fröhlich et al., 2012, S. 270).

Der Bescheiniger nach § 270b InsO erstellt einen Bericht zum einen über das Vorliegen der drohenden Zahlungsunfähigkeit, der Überschuldung und der nicht eingetretenen Zahlungsunfähigkeit und zum anderen darüber, dass die angestrebte Sanierung wahrscheinlich nicht aussichtslos ist. Die Überschuldung ist mit dem Überschuldungsstatus zu prüfen und die lediglich drohende Zahlungsunfähigkeit mit einem Finanzplan zu belegen.

Da viele Unternehmen in dieser Situation jedoch oft bereits tatsächlich zahlungsunfähig sind, ist dieser Tatbestand gegebenenfalls auch von den Kreditinstituten zu kontrollieren. Liegt tatsächlich eine Zahlungsunfähigkeit vor, muss die Bescheinigung negativ ausfallen und sie kann dann zu einem Antrag nach § 270a InsO führen (vgl. Fröhlich et al., 2012, S. 271). Die vorhandene Zahlungsfähigkeit ist während des gesamten Schutzschirmverfahrens laufend zu überprüfen und eine zwischenzeitlich eingetretene Liquiditätsbeeinträchtigung, in Form der Zahlungsunfähigkeit, ist dem Gericht durch den Schuldner oder den Sachwalter unbedingt rechtzeitig anzuzeigen (§ 270b Abs. 4 Satz 2 InsO).

Schwierig ist der Nachweis, dass die Sanierung nicht offensichtlich aussichtslos ist. Für diesen Beleg wird zumindest ein Sanierungskurzgutachten erforderlich sein. In diesem Gutachten ist zum einen die leistungswirtschaftliche Seite der Sanierung zu beschreiben. Zum anderen ist bei der finanzwirtschaftlichen Sanierung auf die Unterstützungsbereitschaft der wichtigen Gläubiger wie Banken und Lieferanten einzugehen, da diese die Sanierung über das Schutzschirmverfahren in der Regel mittragen und den Betrieb weiter finanzieren müssen.

Des Weiteren sind eine integrierte Planungsrechnung mit verschiedenen Szenarien und eine abschließende Aussage zur Sanierungsfähigkeit obligatorisch. Diese Zahlenwerke sollten für einen Zeitraum von mindestens zwei Jahren erstellt werden. In bestimmten Branchen mit einem langjährigen Auftragsvorlauf sollte dieser Zeitraum sogar noch weiter reichen (vgl. Fröhlich et al., 2012, S. 272). Kernelemente sind eine Planbilanz, eine Plan-GuV, eine Kapitalflussrechnung sowie eine unterjährige detaillierte Finanzplanung. Die weiteren Anforderungen an Sanierungsgutachten aus der Rechtsprechung sind ebenfalls zu beachten.

Die Erarbeitung eines umfassenden Sanierungskonzepts nach IDW S 6 zur Unterlegung der Sanierungsaussichten in der Bescheinigung erscheint aufgrund der Kosten sowie der notwendigen Zeit nicht möglich und auch nicht erforderlich zu sein (vgl. Wimmer, 2012, S. 27). Im Zweifel kann auf das außergerichtliche Gutachten Bezug genommen oder das Altgutachten weiterentwickelt werden. Generell ist es von Vorteil, wenn die Sanierungsoptionen in der Insolvenz bereits im außergerichtlichen Sanierungskonzept in einem Prepackaged Plan aufgegriffen werden. Dies verkürzt dann den Zeitraum zur Ausarbeitung der Bescheinigung nach § 270b Abs. 1 Satz 3 InsO und des im Schutzschirmverfahren nach § 270b InsO oder bei der Eigenverwaltung nach §§ 270, 270a InsO auszuarbeitenden Insolvenzplans.

Eine Bescheinigung, erstellt nach dem Standard des IDW S 9, scheint dagegen nicht ausreichend zu sein (vgl. IDW, 2014, Rn. 1 ff.). Erforderlich ist vielmehr die betriebswirtschaftlich fundierte Untersuchung der Sanierungsfähigkeit in einem Basisgutachten (vgl. Kraus, 2012, S. 587 ff.). Neben der Fortführungs- und Renditefähigkeit ist die langfristige Wettbewerbsfähigkeit und Kapitalisierung des betreffenden Unternehmens auf den Prüfstand zu stellen. Dabei kann der Aufbau des IDW S 6 mit dem dortigen Gliederungsschema hilfreich sein.

Auch eine Befragung der Gläubiger zur Einschätzung der Sanierungsaussichten und zur Unterstützung und Beurteilung des Vorhabens scheint erforderlich zu sein, da diese den zu erarbeitenden Insolvenzplan gegebenenfalls mittragen müssen (vgl. Fröhlich et al., 2012, S. 272 und Kraus, 2012, S. 589). Die Bescheinigung nach § 270b Abs. 1 Satz 3 InsO und das beinhaltete Gutachten sind vom Insolvenzgericht oder von einem beauftragten Dritten formal und materiell zu überprüfen (vgl. Buchalik, 2012a, S. 349 ff.). Oft wird dies lediglich eine reine Plausibilitätskontrolle sein. Daher ist es notwendig, dass die Bescheinigung im Hinblick auf die Sanierungsaussichten zumindest die wichtigen Kernbestandteile eines Sanierungskurzgutachtens enthält (vgl. Herbst et al., 2012, S. 160 ff.).

Die Zielrichtung des vorläufigen Insolvenzverfahrens mit Schutzschirm besteht in der Ausarbeitung eines sanierenden Insolvenzplans. Dieses Konzept sollte auf dem außergerichtlichen Gutachten sowie dem Kerngutachten gemäß § 270b Abs. 1 Satz 3 InsO aufsetzen. Die Maximaldauer zur Vorlage eines Insolvenzplans bei Gericht beträgt drei Monate. Diese Frist wird durch das Insolvenzgericht festgelegt und kann gegebenenfalls auch kürzer ausfallen. Der Schuldner führt sein Unternehmen dann im Antragsverfahren zunächst weiter fort.

Dem Schuldner wird im Schutzschirmverfahren ein vorläufiger Sachverwalter an die Seite gestellt (§ 270b Abs. 2 Satz 1 InsO), der nicht der Aussteller der Bescheinigung sein darf. Der Schuldner ist berechtigt, einen eigenen Vorschlag für diese Person zu unterbreiten und das Gericht kann von diesem Vorschlag nur abweichen, wenn es an der notwendigen Unabhängigkeit fehlt (§ 270b Abs. 2 Satz 2 InsO). Das Auswahlprinzip erscheint allerdings sehr weitgehend zu sein (vgl. Frind, 2012, S. 540 ff). Diese Auswahlentscheidung sollte in der Praxis durch die Gerichte unbedingt überprüft werden. Auf diese Weise soll das Vertrauen des Schuldners in das Schutzschirmverfahren und den Erhalt der Handlungsfreiheit gewährleistet werden. Der Schuldner rückt in die Stellung eines starken vorläufigen Insolvenzverwalters mit dem Recht zur Begründung von Masseverbindlichkeiten, ohne Ermessensspielraum des Insolvenzgerichts (§ 270b Abs. 3 InsO).

Es muss allerdings dennoch prüfen, denn es könnte sein, dass durch die unbegrenzte Begründung von Masseverbindlichkeiten die Masse abschmilzt und die Sanierung aussichtslos ist, in welchem Fall das Gericht das Schutzschirmverfahren aufheben muss (§ 270b Abs. 4 Satz 1 Nr. 1 InsO). Der Schuldner muss trotz der Bindung des Gerichts einen Antrag stellen, Masseverbindlichkeiten begründen zu dürfen (vgl. BGH vom 24.03.2016, IX ZR 157/14). Er kann auch nur die Einzelermächtigung beantragen, die sich auf einzelne Geschäfte oder Gruppen bezieht (vgl. BGH vom 16.6.2016, IX ZR 114/15). Macht er einen Fehler, haftet das Geschäftsführungsorgan gemäß § 61 InsO wie ein Insolvenzverwalter persönlich (vgl. BGH vom 26.4.2018, IX ZR 238/17). Die Vorgehensweise wurde vom Gesetzgeber gewählt, damit der Schuldner das Vertrauen im Geschäftsverkehr gegenüber den Vertragspartnern aufrechterhält. Der Sachwalter hat eine Überwachungsfunktion (vgl. Cranshaw, 2012b, S. 441 ff.).

Der Schuldner sollte sich mit den wesentlichen Gläubigern, insbesondere den Kreditinstituten oder dem vorläufigen Gläubigerausschuss bereits im Vorfeld über den einzusetzenden Sachwalter abstimmen, da das Schutzschirmverfahren und die Insolvenzplanumsetzung das Einverständnis der betroffenen Gläubiger erfordern (vgl. Herbst et al., 2012, S. 158 ff.). Des Weiteren sind zur Betriebsfortführung weitere finanzielle Mittel zur Verfügung zu stellen. Dazu werden Massekredite und die Vorfinanzierung des Insolvenzgeldes notwendig. Die Begleitung dieser Form der Eigenverwaltung ist von Seiten der Kreditinstitute insgesamt kritisch zu betrachten, da der Schuldner für die Krise des Unternehmens verantwortlich ist. Daher sollte eine gute Sanierungsperspektive vorliegen, wenn die Variante der Eigenverwaltung mit Schutzschirmverfahren unterstützt werden soll.

Der Schutzschirmverfahren bedeutet keinen Paradigmenwechsel der InsO, das Verfahren bleibt gläubigerorientiert. Das vorläufige Eigenverwaltungsverfahren nach § 270b InsO hat sich offenbar bei größeren Insolvenzfällen bewährt, die nicht selten damit einhergehen, dass das bisherige Vertretungsorgan des Rechtsträgers eines Schuldnerunternehmens durch einen Restrukturierungsmanager aus den Reihen erfahrener unternehmerisch agierender Insolvenzverwalter ersetzt wird, dem im Verfahren ein erfahrener (vorläufiger) Sachwalter an die Seite gestellt wird.

Aufgrund der Risikowirkung bei einer Begründung von Masseverbindlichkeiten aus § 270b Abs. 3 InsO und der Aufnahme durch den Schuldner wäre es von Vorteil gewesen, dass diese wie im üblichen Eröffnungsverfahren nur unter den Voraussetzungen des § 275 Abs. 1 InsO genehmigt werden. Es scheint sehr weitgehend zu sein, dass der Schuldner im Schutzschirmverfahren ohne eine wirkliche vorherige Überprüfung des Sachwalters oder des Insolvenzgerichts umfassend Masseverbindlichkeiten begründen darf (vgl. Frind, 2011b, S. 2260 ff.). Die Möglichkeit, das Schutzschirmverfahren wegen Aussichtslosigkeit der Sanierung zu beenden (§ 270b Abs. 4 Nr. 1 InsO), bleibt dahinter zurück.

Eine Abstimmung zwischen dem Schuldner, dem vorläufigen Sachwalter, wichtigen Gläubigervertretern und dem Insolvenzgericht erscheint im Vorfeld einer Antragstellung bei diesem komplexen Verfahrensweg ratsam zu sein, um bedeutende Fragen rechtzeitig zu klären (vgl. Jung/Schuller, 2013, S. 122 ff.). Erforderlich ist dieses Mitwirken wichtiger Gläubiger. Die Kreditinstitute können trotz der Anordnung eines Vollstreckungsverbots ihre Kredite fällig stellen oder Warenlieferanten auf Vorkasse bestehen (vgl. Wimmer, 2012, S. 25 ff.). Die Insolvenzgeldvorfinanzierung setzt meist ein vorfinanzierendes Kreditinstitut voraus und wird auch in der Regel erforderlich sein, um im Schutzschirmverfahren weitere Liquidität zu schöpfen. Daher ist eine Koordination der Verfahrensbeteiligten erforderlich. Die Bildung eines vorläufigen Gläubigerausschusses ist daher ratsam, um die Kommunikation stetig aufrecht zu erhalten. Bei Verfahren ab einer Größenordnung nach § 22a Abs. 1 InsO in Verbindung mit § 267 Abs. 2 HGB ist die Bildung eines vorläufigen Gläubigerausschusses zur Begleitung der vorläufigen Eigenverwaltung obligatorisch.

Aber auch in anderen Fällen ist die Bildung und Einbindung eines vorläufigen Ausschusses von Bedeutung, unter anderem, um Finanzierungsentscheidungen mit den Gläubigern frühzeitig abstimmen zu können. Die Beteiligung an einem vorläufigen Gläubigerausschuss ist aus Bankensicht bei einer Eigenverwaltung, mit oder ohne Schutzschirm, wichtig, um sich über den Verlauf dieses Sanierungsvorbereitungsverfahrens zu informieren. Der (vorläufige) Gläubigerausschuss ist aber kein Instrument, um spezifische Vorteile für die dort beteiligten Gläubiger zu generieren, sondern ein Gremium, das im Interesse aller Gläubiger agiert.

Die Arbeitskosten im Schutzschirmverfahren können ebenfalls mit dem Insolvenzgeld gemäß §§ 165 ff. SGB III finanziert werden. Die späteren Ansprüche der Bundesagentur für Arbeit sind wie auch sonst nach § 55 Abs. 3 InsO allerdings einfache Insolvenzforderungen (vgl. Buchalik, 2012a, S. 355 ff.).

Wird dieser Insolvenzgeldzeitraum von drei Monaten vollständig ausgeschöpft und scheitert die Insolvenzplanausarbeitung, ist eine Zerschlagung des Schuldnerunternehmens oft vorprogrammiert. Gelingt das Schutzschirmverfahren nicht, erfolgt regelmäßig die Überleitung in ein herkömmliches sogenanntes Regelinsolvenzverfahren mit Insolvenzverwalter. Dieses wird gegebenenfalls direkt zu einer Abwicklung des Schuldnerunternehmens führen (vgl. Herbst et al., 2012, S. 163).

Kommt dennoch ein Insolvenzplan zustande, wird dieser von den Gläubigern verabschiedet, vom Gericht rechtskräftig bestätigt, aber nur teilweise erfüllt und wird ein weiteres Mal ein Insolvenzverfahren beantragt und dann auch eröffnet, entsteht in dem Verfahren kein neuer Insolvenzgeldzeitraum (vgl. BSG vom 23.05.2017, B 12 AL 1/15 R). Mögliche Gründe für die Beendigung des Schutzschirmverfahrens werden in § 270b Abs. 4 InsO benannt. Diese liegen dann vor, wenn die Sanierung entweder aussichtlos geworden ist oder der vorläufige Gläubigerausschuss die Aufhebung begründet des Verfahrens beantragt.

Wenn kein vorläufiger Ausschuss bestellt wurde, kann auch ein Absonderungsberechtigter oder ein Insolvenzgläubiger die Beendigung beantragen, falls die Eigenverwaltung zu Nachteilen für diese Gläubiger führen wird und der Antragsteller die Umstände glaubhaft macht, die zu Nachteilen für die Gläubiger führen.

Dieses ist aus Bankensicht jederzeit zu untersuchen und im Zweifel ist gegenzusteuern und die Eigenverwaltung bei weiterer Verlustwirtschaft zu beenden. Ein weiterer Grund zum Abbruch dieses Verfahrensweges ist zudem die bereits eingetretene Zahlungsunfähigkeit (vgl. Wimmer, 2012, S. 28 ff.).

Das mit dem Insolvenzantrag beantragte Schutzschirmverfahren kann zur Planung einer Gesundung eines Unternehmens führen. Dies hat jedoch strukturell stets eine Insolvenzeröffnung zur Folge, mit ebenfalls allen Negativwirkungen. Daher ist diese Entscheidung auch betriebswirtschaftlich gut zu durchdenken. Wichtige Schritte im Schutzschirmverfahren werden in der nachfolgenden Abb. 5.2 in Abhängigkeit vom Verfahrensverlauf und den Akteuren dargestellt.

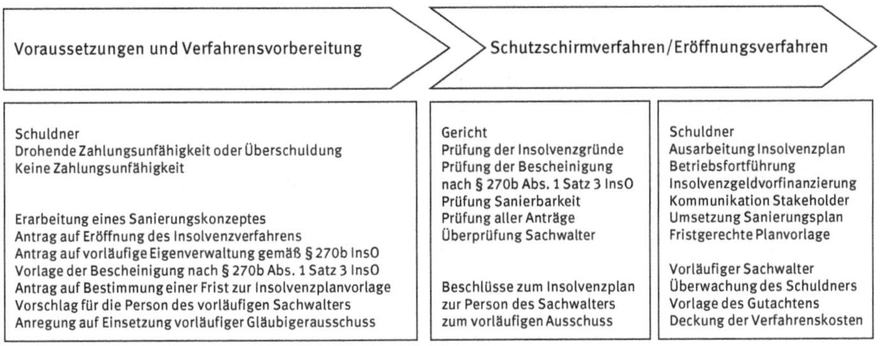

Abb. 5.2: Verlauf eines Schutzschirmverfahrens (Quelle: In Anlehnung an Buchalik, 2012a, S. 349)

Eine Alternative der Fortführung des Betriebes durch den Schuldner im Eröffnungsverfahren ist die „klassische" vorläufige Eigenverwaltung nach § 270a InsO. In diesem Fall bestellt das Insolvenzgericht einen vorläufigen Sachwalter. Der Schuldner kann in Abstimmung mit einem vorläufigen Gläubigerausschusses und dessen einstimmigen Beschluss den Sachwalter gemäß § 56a Abs. 3 InsO festlegen.

Die Ermächtigung zur Eingehung von Masseverbindlichkeiten kann dem Insolvenzschuldner und dem vorläufigen Sachwalter durch das Insolvenzgericht erteilt werden. Dieses Verfahren ist in der Handhabung einfacher als das Schutzschirmverfahren, erfordert jedoch ebenfalls die Unterstützung der wichtigen Gläubiger.

Beurteilung der Eigenverwaltung aus Sicht der Kreditinstitute

Das Schutzschirmverfahren hat nicht den vorrangigen Zweck, das Schuldnerunternehmen vor Eingriffen der Gläubiger zu bewahren. Vielmehr ist auch dieser Verfahrensweg auf die bestmögliche Gläubigerbefriedigung ausgerichtet. Ein begonnenes Schutzschirmverfahren hindert die Gläubiger nicht daran, ihre Verträge zu kündigen. Lieferanten können künftig ausschließlich gegen Vorkasse beliefern und Banken können ihre Linien einfrieren, Überziehungslinien kündigen und den Schuldner in die endgültige Zahlungsunfähigkeit zwingen.

Massekredite können ebenfalls versagt werden. Es wird deutlich, dass ein Schutzschirmverfahren nicht ohne die Zustimmung der Geld- und Warenkreditgeber gelingen kann. Dieses erfordert eine enge Abstimmung des Schuldners mit den Gläubigern über die Begleitung einer Eigenverwaltung nach § 270a oder § 270b InsO (vgl. Cranshaw, 2012b, S. 438 ff.). Anders ist dieses bei dem weitgehend befürworteten „präventiven Restrukturierungsrahmen" nach der aktuell diskutierten Sanierungsrichtlinie auf europäischer Ebene, die ein Moratorium und weitere Einschränkungen der Möglichkeiten der Rechtsverfolgung durch die Gläubiger vorsieht.

Zu beachten ist aus Bankensicht, dass der revolvierende Einsatz von abgetretenen Forderungen und sicherungsübereigneten Vermögensgegenständen des Umlaufvermögens nicht ohne Weiteres hingenommen werden sollte. Die Verwendung bedarf einer Einigung, damit die absonderungsberechtigten Bestände im Schutzschirmverfahren nicht abschmelzen. Die Positionen der zedierten Altforderungen sowie der sonstigen Sicherheiten des Umlaufvermögens sind mit der Feststellung der Verarbeitungsstufe zum Zeitpunkt des Insolvenzantrags im Rahmen einer Inventur festzuhalten. Bei einem Verbrauch der Sicherheiten im Eröffnungsverfahren, über eine Fortführung der Geschäftstätigkeit im Insolvenzgeldzeitraum, sind die Vorräte danach wieder auf den ursprünglichen Stand und Wert aufzufüllen, wenn man nicht als Gläubiger dem Einsatz der Sicherheiten zustimmt.

Von Seiten der Kreditinstitute sollte eine Eigenverwaltung, mit oder ohne Schutzschirmverfahren, generell nur im Ausnahmefall begleitet werden. Die Sanierungsaussichten in der Insolvenz sollten daher gut sein, auch vor dem Hintergrund, dass die außergerichtliche Sanierung bereits gescheitert ist. Dieses setzt ein hohes Vertrauen in die Person des Schuldners und gleichermaßen des eingesetzten Sachwalters voraus. Die Befürwortung sollte auch nur erfolgen, wenn eine gute Kommunikation mit dem Schuldner zu erwarten ist. Dazu sind die Kreditinstitute möglichst bereits im Vorfeld des Insolvenzantrags von dem Vorhaben zu informieren.

Die Kreditinstitute sollten die Bescheinigung nach § 270b Abs. 3 InsO einsehen, um die Person des Sachwalters sowie das Sanierungskonzept rechtzeitig überprüfen zu können. Zugleich ist die Einbindung eines vorläufigen Gläubigerausschusses wichtig, damit die Banken den Stand des Geschäftserfolgs überwachen können. Da die Aussichten der Sanierungsbemühungen unbestimmt sind, sollte bei der Gewährung von Massekrediten auf eine ausreichende Besicherung geachtet werden. Das gilt für stille Massekredite gleichermaßen. Die Eigenverwaltung setzt sich zunehmend auch in größeren Verfahren durch. Da die rechtlichen Anforderungen an die Geschäftsführung in der Insolvenz steigen können, ist es wichtig, diese Management-Kompetenzen gegebenenfalls mit einem juristisch ausgebildeten Geschäftsführer als Zeitmanager in der Geschäftsleitung neu zu besetzen.

Wird das Verfahren mangels Masse abgewiesen, trägt das Gericht den Schuldner in das Schuldnerverzeichnis ein, um den Geschäftsverkehr vor vermögenslosen Personen und Gesellschaften zu schützen. Gemäß § 26 Abs. 2, 2. Halbsatz InsO wird diese Eintragung im Schuldnerverzeichnis nach Ablauf einer Frist von insgesamt fünf Jahren gelöscht. Handelt es sich bei dem Schuldner um eine freiberuflich tätige Person, kann nach Rechtskraft des Abweisungsbeschlusses gemäß § 26 InsO die Bestellung zum Steuerberater, Wirtschaftsprüfer, Apotheker, Arzt, Rechtsanwalt oder Notar wegen Vermögensverfall widerrufen werden. Bei den Kapitalgesellschaften, Genossenschaften und bei Gesellschaften ohne Rechtspersönlichkeit und ohne unbeschränkt haftende natürliche Personen als Gesellschafter führt die rechtskräftige Abweisung des Eröffnungsantrages zur Auflösung der Gesellschaft und Löschung im Register.

Gesetz zur Erleichterung der Bewältigung von Konzerninsolvenzen

Der Gesetzgeber hat neben dem Gesetz zur Erleichterung der Sanierung von Unternehmen eine weitere Reform des Unternehmensinsolvenzrechts vorgenommen. So wurde das Gesetz zur Erleichterung der Bewältigung von Konzerninsolvenzen beschlossen. Es regelt den formalen und materiellen Ablauf von Konzerninsolvenzen. Dazu wurde ein freiwilliges Koordinierungskonzept als Grundlage gewählt. Im Vordergrund stehen die Kommunikation der an einer Konzerninsolvenz beteiligten Akteure, ein einheitlicher und in §§ 3a ff. InsO geregelter Gruppen-Gerichtsstand sowie ein Koordinationsinsolvenzplan. Auf der Ebene der Organe wurden die Positionen des Koordinationsinsolvenzverwalters, des Koordinationsgerichts und des Gruppen-Gläubigerausschuss geschaffen (vgl. Cranshaw et al., 2016a, S. 3 ff.).

Wesentliche Voraussetzung für den Antrag auf einen Gruppen-Gerichtsstand nach § 3a Abs. 1 InsO ist das Vorliegen einer Unternehmensgruppe. Ein Konzern ist demnach gemäß § 3e InsO gegeben, bei rechtlich selbständigen Unternehmen, die den Mittelpunkt ihrer hauptsächlichen Interessen im Inland haben und die unmittelbar oder mittelbar miteinander verbunden sind, durch die Möglichkeit der Ausübung eines beherrschenden Einflusses oder die Zusammenfassung unter einheitlicher Leitung. Für diese Auslegung ist § 290 HGB maßgeblich (vgl. Mock, 2017, S. 951 ff.). Der Antrag kann nur von einem Schuldner erfolgen, der für die Gruppe nicht unwesentlich ist. Die quantitativen Grenzen dafür sind in §§ 3a Abs. 1 InsO geregelt.

Die Folge der Begründung eines Gruppen-Gerichtsstands ist, dass dort die Zuständigkeit für die Folgeverfahren der Gruppe begründet ist. Der Gruppen-Gerichtsstand ist der Ausgangpunkt für die Einleitung des Koordinationsverfahrens und sorgt für eine Verfahrenskonzentration. Des Weiteren besteht die Möglichkeit der Bestellung eines Gruppeninsolvenzverwalters gemäß § 56b InsO. Dieses wurde eingerichtet, zur Reduzierung des Abstimmungsaufwands. Die wesentliche Neuerung ist die Einrichtung eines Koordinationsverfahrens gemäß § 269a bis § 269i InsO.

Über das Koordinationsverfahren soll die Kommunikation der Verfahrensbeteiligten und eine zentrale Abstimmung über den Verfahrenskoordinator ermöglicht werden. Durch die §§ 269a ff. InsO wird eine Rechtsgrundlage für die Zusammenarbeit im Konzerninsolvenzverfahren geschaffen. Demnach sind die jeweiligen Insolvenzverwalter, die Insolvenzgerichte und die Gläubigerausschüsse zur gegenseitigen Unterrichtung verpflichtet. Sie haben sich alle Informationen mitzuteilen, die für das andere Verfahren von Bedeutung sein können. Die gleiche Pflicht trifft auch die eigenverwaltenden Schuldner (§ 270d InsO). Eine Grenze der Informationspflicht und der Pflicht zur Zusammenarbeit besteht in der Pflicht zur Verfolgung der Interessen der Beteiligten im eigenen Insolvenzverfahren.

Die Aufgabe zur Zusammenarbeit besteht aus § 269b InsO auch für die beteiligten Insolvenzgerichte. Auf der Ebene der Gläubigerausschüsse wird eine Pflicht zur Zusammenarbeit nur indirekt angeordnet (§ 269c Abs. 2 InsO).

Es besteht die Möglichkeit ein Koordinationsverfahren gemäß § 269d InsO einzuleiten. In diesem Verfahren ist der Verfahrenskoordinator die zentrale Anlaufstelle für die organisatorische Verzahnung der Einzelkonzernverfahren. Des Weiteren schafft der Koordinationsplan als weitere Stufe die Verbindung dieser Einzelsegmente. Das Koordinationsverfahren kann auf Antrag eines gruppenzugehörigen Schuldners eingeleitet werden. Alternativ kann ein einstimmig handelnder (vorläufiger) Gläubigerausschuss oder ein Insolvenzverwalter diesen Verfahrensweg beantragen. Zuständig ist das Koordinationsgericht (vgl. Mock, 2017, S. 955 ff.).

Zentraler Akteur dieser Struktur ist der Verfahrenskoordinator. Dieser darf nicht bereits Insolvenzverwalter oder Sachwalter eines der Konzernschuldnerunternehmen sein und eine Doppelfunktion ausüben. Ansonsten sind Interessenkonflikte vorprogrammiert. Er sorgt für eine abgestimmte Abwicklung des Gesamtverfahrens im Interesse aller Gläubiger. So kann er gemäß § 269f Abs. 1 Satz 2 InsO einen Koordinationsplan vorlegen. Des Weiteren bildet er eine zentrale Anlaufstelle für die Verfahrensbeteiligten zu Informations- und Kommunikationszwecken.

Im Rahmen dieses Koordinationsverfahrens kann der Koordinator einen Koordinationsplan vorlegen, um eine abgestimmte Abwicklung des Konzerninsolvenzverfahrens zu ermöglichen. Das Initiativrecht für diesen Insolvenzplan haben der Koordinator sowie auch sämtliche Insolvenzverwalter der gruppenangehörigen Schuldner. In diesem Koordinationsplan können alle sachdienlichen Maßnahmen beschrieben werden, die für die abgestimmte Abwicklung aller Einzelverfahren sinnvoll sind. So kann der Plan gemäß § 269h Abs. 2 InsO folgende Vorschläge enthalten:

- Wiederherstellung der wirtschaftlichen Leistungsfähigkeit der Schuldner
- Beilegung gruppeninterner Streitigkeiten der Schuldnerunternehmen
- Abschluss vertraglicher Vereinbarungen unter den Insolvenzverwaltern

Hauptsächlich dürfte der Plan zur Beilegung von Streitigkeiten dienen, unter anderem im Hinblick auf die Ausübung von Anfechtungen im Rahmen von konzerninternen Leistungs- und Zahlungsströmen (vgl. Mock, 2017, S. 955 ff.). Der Koordinationsplan ist dem Koordinationsgericht zur Bestätigung vorzulegen und bedarf auch der Zustimmung eines bestellten Gruppen-Gläubigerausschusses beziehungsweise der jeweiligen Gläubigerversammlung. Dazu muss der Insolvenzverwalter oder der Verfahrenskoordinator den Gesamtplan im Berichtstermin erläutern. Die Bindungswirkung an den Koordinationsplan ist gering. So kommt dem Plan auch keine Auswirkung auf die materielle Rechtslage zu, wie beispielsweise im Insolvenzplan hinsichtlich des gestaltenden Teils aus § 254 Abs. 1 InsO. Im Ergebnis besteht keine materielle Konsolidierung mit der Erschaffung einer einheitlichen Insolvenzmasse (vgl. Cranshaw et al., 2016a, S. 3 ff.). In diesem Bereich muss der Gesetzgeber unter Umständen nachgestalten, damit das Konzerninsolvenzrecht auch wirkungsvoll eingesetzt werden kann. Es hat eine Abstimmung der Regelungen mit dem europäischen Konzerninsolvenzrecht (EuInsVO) stattgefunden (vgl. Mock, 2017, S. 957).

Eröffnetes Insolvenzverfahren

Kommt es zu der Eröffnung des Verfahrens, ist der weitere Ablauf fest vorgegeben. Stellt das Gericht auf Grundlage des Berichtes des vorläufigen Insolvenzverwalters fest, dass Insolvenzgründe vorliegen und ausreichend Masse vorhanden ist oder ein Vorschuss geleistet wurde, wird das Insolvenzverfahren durch Beschluss gemäß § 27 InsO eröffnet. Das zuständige Insolvenzgericht bestellt im Insolvenzeröffnungsbeschluss eine natürliche Person zum Insolvenzverwalter (vgl. Schmidt et al., 2016, § 27 InsO, Rn. 10 ff.). In der Regel wird das Insolvenzgericht den im Antragsverfahren tätigen vorläufigen Verwalter auch zum Insolvenzverwalter berufen. Der Eröffnungsbeschluss ist gemäß § 30 InsO öffentlich bekannt zu machen. Die Registergerichte und Grundbuchämter sind zu benachrichtigen. Dieser Beschluss ist auch den Gläubigern und Schuldnern zuzustellen (§§ 31, 32, 33 InsO). Gemäß § 32 InsO wird die Eröffnung des Insolvenzverfahrens bei vorhandenen Grundstücken im Eigentum des Schuldners in das Grundbuch eingetragen.

Da die Insolvenzeröffnung für die Gläubiger von Bedeutung ist, darf sich eine Bank nicht darauf verlassen, dass sie diese Information erst von dritter Seite erhält. Kreditinstitute sollten regelmäßig die Bonität ihrer Schuldner überwachen, um von einer Insolvenz nicht überrascht zu werden. So sind die in den Sanierungsabteilungen bekannten Fälle zu überprüfen sowie die Bekanntmachungen im Internet auf dem Justizportal der Länder zu kontrollieren (www.insolvenzbekanntmachungen). Diese Internetpublikation ist die vorgeschriebene Veröffentlichung (§ 9 Abs. 1, 3 InsO in Verbindung mit der Verordnung zu öffentlichen Bekanntmachungen in Insolvenzverfahren im Internet, InsoBekV, 2002).

Die Bekanntmachung gilt zwei Tage nach der Veröffentlichung dort als erfolgt. Das Insolvenzgericht kann nach Landesrecht weitere Veröffentlichungen veranlassen, soweit dieses landesrechtlich bestimmt ist (§ 9 Abs. 2 InsO). Üblich ist die regelmäßige Publikation in regionalen Tageszeitungen und zwar zusammengefasst für einen bestimmten Zeitraum, meist zusammen mit den Veröffentlichungen über Eintragungen im Handelsregister. Ohne die Veröffentlichung im Internet beginnt keine Rechtsmittelfrist zu laufen. Der Leser muss den Beschluss des Insolvenzgerichts verstehen können. Für Abwicklungsspezialisten in Banken ist dies meist unproblematisch. Es müssen neben dem Tenor auch die maßgeblichen Teile der Beschlussgründe veröffentlicht werden (vgl. BGH vom 14.12.2017, IX ZB 65/16).

Mit der Eröffnung des Verfahrens verliert der Schuldner die Befugnis, das zur Insolvenzmasse gehörende Vermögen zu verwalten und darüber zu verfügen (§ 80 InsO). Im eröffneten Verfahren handelt der Insolvenzverwalter als Partei kraft Amtes im eigenen Namen mit Wirkung für oder gegen den Insolvenzschuldner. Der Insolvenzverwalter begründet durch seine Handlungen gegebenenfalls Masseverbindlichkeiten gemäß § 55 InsO und unterliegt einer verschärften Haftung gemäß § 61 InsO. Der Eröffnungsbeschluss ist durch die Banken unbedingt einzusehen und im Hinblick auf die eigene Engagementstrategie zu untersuchen.

Mit der Verfahrenseröffnung geht die Verwaltungs- und Verfügungsbefugnis der zur Insolvenzmasse zugehörigen Wirtschaftsgüter nach § 80 Abs. 1 InsO vollständig auf den Insolvenzverwalter über. Nur der Insolvenzverwalter kann jetzt neue Kreditvereinbarungen treffen und Sicherheitenverträge abschließen. Gemäß des § 160 Abs. 2 Nr. 2 InsO ist hierzu die Zustimmung der Gläubigerversammlung oder eines gebildeten Gläubigerausschusses erforderlich oder mangels eines solchen Gremiums diejenige der Gläubigerversammlung. Die Zustimmung hat jedoch keine Außenwirkung auf die Wirksamkeit des Geschäfts (§ 164 InsO).

Die Genehmigung ist entbehrlich, falls die Insolvenzmasse durch ein Neudarlehen nicht erheblich belastet wird. Für die Rückführung der Masseverbindlichkeiten haftet der Insolvenzverwalter persönlich aus § 61 InsO. Die Haftung reicht aus Bankensicht jedoch meist nicht als ausreichende „Sicherheit" für die Vergabe von Neukrediten aus. So trifft den Verwalter der Schadensersatzanspruch nach § 61 Satz 2 InsO dann nicht, wenn er bei der Begründung neuer Verbindlichkeiten nicht erkennen konnte, dass die freie Masse zur Rückführung nicht ausreicht und er dieses über einen fachgerecht erstellten Liquiditätsplan vorab genau überprüft hat. Der BGH legt einen strengen Maßstab an, denn das Gesetz vermutet bei Nichterfüllung von Masseverbindlichkeiten widerlegbar, dass sie anfänglich nicht erfüllbar waren.

Dabei hat der Verwalter bei unternehmerischen Entscheidungen einen weiten Ermessensspielraum (vgl. BGH vom 16.03.2017, IX ZR 253/15), bei dessen Einhaltung eine Haftung nicht eintritt. Maßgeblich sind wie stets die Umstände des Einzelfalls. Danach hat der Verwalter in einer für das Unternehmen schwierigen Lage eine von vielen, teils unbeherrschbaren Faktoren abhängige Prognoseentscheidung zu treffen. Die Tendenz geht somit dahin, die Haftung des Verwalters wie die eines Geschäftsführers oder Vorstands mit der Business Judgment Rule zu begrenzen (§ 93 Abs. 1 Satz 2 AktG), ein auf alle Vertretungsorgane anzuwendende Vorschrift beziehungsweise ein anzuwendender allgemeiner Rechtsgedanke.

Von Bedeutung ist für das finanzierende Kreditinstitut zudem, dass Masseverbindlichkeiten bei Masseinsuffizienz untereinander konkurrieren und damit trotz ihres Vorrangs im Allgemeinen ein erhöhtes Ausfallrisiko beinhalten. So werden Masseschulden, die der vorläufige Insolvenzverwalter begründet hat und die bei Anzeige der Masseunzulänglichkeit (§ 208 InsO) im eröffneten Verfahren noch nicht befriedigt waren, erst im dritten Rang nach den Kosten gemäß § 54 InsO sowie den nach der Anzeige der Masseunzulänglichkeit begründeten Masseverbindlichkeiten gemäß § 209 Abs. 1 Nr. 3 InsO befriedigt.

Dieser Vorrang geht somit verloren, wenn die Insolvenzmasse nicht ausreicht, um sämtliche Masseverbindlichkeiten vollständig zu erfüllen. Bei einer Masseunzulänglichkeit werden die Forderungen im Rang des § 209 Abs. 1 Nr. 3 InsO (Altmasseverbindlichkeiten) aufgrund des Vorrangs der Kosten (§ 209 Abs. 1 Nr. 1 InsO) und der Neumasseverbindlichkeiten (§ 209 Abs. 1 Nr. 2 InsO) ausfallen oder auf sie wird nur eine, in der Regel geringe, Quote bezahlt werden.

Diese sind daher in der Konkurrenz der Masseverbindlichkeiten den Insolvenzforderungen vergleichbar. Daher kommt der ausreichenden Besicherung der Massekredite eine große Bedeutung zu. Für diese Absicherung hat der Insolvenzverwalter die Zustimmung eines eingesetzten Gläubigerausschusses beziehungsweise der Gläubigerversammlung einzuholen, wenn dies für das konkrete Verfahren von besonderer Bedeutung ist (§ 160 Abs. 1 Satz 1 InsO), obwohl die Wirksamkeit nicht von der Zustimmung abhängt (§ 164 InsO).

Die Vertragspartner des Insolvenzschuldners können nach der Verfahrenseröffnung schuldbefreiend nur noch an den Insolvenzverwalter leisten, sofern die Leistungen nicht in Unkenntnis einer Eröffnung der Insolvenz erfolgten (§ 82 Abs. 1 Satz 1 InsO), die aber zu verneinen ist, wenn zwei Tage nach dem Tag der Veröffentlichung der Verfahrenseröffnung im Internet verstrichen sind und die Bekanntmachung inhaltlich zutreffend war. Ansprechpartner für die involvierten Kreditinstitute ist fortan der eingesetzte Insolvenzverwalter, der üblicherweise mit dem vorläufigen Verwalter personengleich ist. Im Eröffnungsbeschluss werden die Gläubiger nach § 28 InsO in Verbindung mit § 174 InsO aufgefordert, ihre Forderungen und Sicherungsrechte beim Insolvenzverwalter schriftlich anzumelden. Eine spätere Befriedigung der Forderungen hängt maßgeblich von ihrem Rang ab.

Die Rechte der **aussonderungsberechtigten Gläubiger** sind außerhalb des Insolvenzverfahrens durchzusetzen. Gemäß § 47 InsO kann der Aussonderungsberechtigte, zum Beispiel der Eigentümer einer Sache, diesen Gegenstand aus der Insolvenzmasse heraus verlangen. Ein Anspruch auf die Aussonderung eines Wirtschaftsgutes bestimmt sich nach den Gesetzen außerhalb des Insolvenzverfahrens. Der Eigentümer kann diese Herausgabe dann einfordern, wenn dem Besitzer kein Recht zum Besitz zusteht, unter anderem nach §§ 985, 986 BGB.

Ein sehr wichtiges Aussonderungsrecht ist in der Praxis der Eigentumsvorbehalt des Warenlieferanten gegenüber dem Schuldner gemäß § 449 Abs. 1 BGB, auch in seiner verlängerten Form mit der Befugnis der Weiterveräußerung durch den Vorbehaltskäufer unter Abtretung der Verkaufsforderungen. Wurden diese Wirtschaftsgüter jedoch bereits weiterveräußert oder verarbeitet, so kann der Aussonderungsberechtigte gemäß § 48 InsO die Abtretung eines Rechtes auf die Gegenleistung auch als Ersatzaussonderung verlangen (vgl. Obermüller, 2016, S. 68 ff.). Zudem sind in der Insolvenz des Käufers oder Verkäufers unter Eigentumsvorbehalt die Sonderregelungen des § 107 InsO zu beachten.

Ein weiteres gewichtiges Aussonderungsrecht betrifft den Herausgabeanspruch des Vermieters beziehungsweise eines Leasinggebers in der Insolvenz des Mieters oder Leasingnehmers. Aussonderungsberechtigte sind keine Insolvenzgläubiger, da sich ihr Anspruch beziehungsweise ihr Recht auf Herausgabe auf einen Gegenstand oder ein Recht richtet, das nicht zur Insolvenzmasse gehört. Sie sind aber außerhalb ihrer Herausgabeansprüche regelmäßig Insolvenzgläubiger im Hinblick auf offen gebliebene Ansprüche aus dem zugrunde liegenden Schuldrechtsverhältnis.

So kann beispielsweise der Leasinggeber oder Vermieter neben der Herausgabe des Miet- oder Leasinggegenstandes regelmäßig noch einen Anspruch auf offene Mieten, Leasingraten, Abschlusszahlungen geltend machen, wobei es sich dabei um mit der Quote abzufindende Insolvenzforderungen handelt (§ 38 InsO).

Die Rechte der absonderungsberechtigten Gläubiger sind in den §§ 49 bis 51 InsO geregelt. **Absonderungsberechtigte Gläubiger** haben das Recht auf eine vorzugsweise Befriedigung. Abgesonderte Befriedigung bedeutet, dass der mit einem Absonderungsrecht belastete Gegenstand durch den Insolvenzverwalter verwertet sowie der dann erzielte Erlös bis zur Höhe einer gesicherten Forderung an den begünstigten Gläubiger ausgeschüttet wird, wobei bei den mobilen Sicherheiten gemäß § 171 InsO in der Regel 9,0 % des Verwertungserlöses bei der Masse verbleiben, davon 5,0 % Verwertungspauschale und 4,0 % Feststellungspauschale. Bei der Verwertung von Immobilien im Wege der Zwangsversteigerung erhält die Masse im Regelinsolvenzverfahren in den eher selteneren Fällen der Mitversteigerung von Zubehör 4,0 % aus dessen vom Vollstreckungsgericht festgesetzten Wert (§ 10 Abs. 1 Nr. 1a ZVG), in der Eigenverwaltung erhält sie nichts. Bei der meist besseren freihändigen Veräußerung durch den Verwalter ist es Verhandlungssache, wieviel der Gläubiger an die Masse zahlt, 3,0 % bis 6,0 % mögen angemessen sein.

Absonderungsberechtigte Gläubiger sind jene, die sich nach § 50 InsO auf ein gesetzliches Pfandrecht berufen können oder gemäß § 51 InsO Gläubiger, denen der Schuldner zur Sicherung eines Anspruchs eine bewegliche Sache übertragen oder bestimmte Rechte abgetreten hat. Aufgrund von bestehenden Kreditsicherungsrechten haben Banken regelmäßig das Recht, eine abgesonderte Befriedigung aus der Verwertung der sicherungsübereigneten beweglichen Wirtschaftsgüter und der Einziehung der abgetretenen Forderungen zu verlangen sowie natürlich aus den wichtigen Grundpfandrechten auf Grundbesitz des Insolvenzschuldners.

Massegläubiger werden aus der Insolvenzmasse vorweg, das heißt vor den Insolvenzgläubigern, befriedigt. Das Gesetz unterscheidet zwischen den Verfahrenskosten aus § 54 InsO und den sonstigen Masseverbindlichkeiten nach § 55 InsO. Zu den Verfahrenskosten gehören die Gerichtskosten und die Vergütungsansprüche des Insolvenzverwalters, des vorläufigen Insolvenzverwalters und der Mitglieder des (vorläufigen) Gläubigerausschusses. Die Masseverbindlichkeiten werden insbesondere durch die Handlungen des Insolvenzverwalters oder des starken vorläufigen Insolvenzverwalters begründet oder können aus gegenseitigen Verträgen, soweit deren Erfüllung vom Insolvenzverwalter aus der Insolvenzmasse verlangt wird, entstehen (§ 55 Abs. 1, 2, 4 InsO). Zur **Insolvenzmasse** gehört das gesamte Vermögen des Schuldners oder des Schuldnerunternehmens, das zur Zeit der Eröffnung des Verfahrens vorhanden ist, im späteren Verlauf dazugewonnen oder im Wege der Anfechtung zurückgeholt wird (§ 35 InsO), soweit nicht eine der Ausnahmen des § 36 InsO vorliegt, insbesondere Unpfändbarkeit (§ 36 Abs. 1 InsO), die bei juristischen Personen und Personengesellschaften in der Praxis irrelevant ist.

Von Bedeutung sind auch die Anfechtungsmöglichkeiten in einem Insolvenzverfahren (§§ 129 ff. InsO), die dem Insolvenzverwalter eine Handhabe geben, Schmälerungen des Vermögens oder der Insolvenzmasse vor der Verfahrensöffnung wieder rückgängig zu machen. Die Anfechtung erfasst im Wesentlichen die Vermögensverschiebungen des Schuldners zum Nachteil der Gläubiger. Dabei wird der Insolvenzverwalter auch die Zahlungseingänge bei Banken genau überprüfen und versuchen, gegebenenfalls Einzahlungen und auch Sicherheitenbestellungen anzufechten, um die Masse zum Teil erheblich anzureichern.

Insolvenzgläubiger werden im Rahmen des Verfahrens befriedigt. Dieses sind die persönlichen Gläubiger, die zur Zeit der Eröffnung des Insolvenzverfahrens einen begründeten Vermögensanspruch gegen den Schuldner haben. Die Gläubiger werden unterschieden in nicht nachrangige sowie in nachrangige Insolvenzgläubiger. Nicht nachrangige Insolvenzgläubiger nach § 38 InsO sind Gläubiger, die ihre Forderungen uneingeschränkt zur Insolvenztabelle anmelden können (§ 174 Abs. 1, 2 InsO). Diese werden später bei der Verteilung der Insolvenzmasse quotal befriedigt, erhalten jedoch in der Regel nur geringe Zahlungen.

Als **nachrangige Insolvenzgläubiger** gelten gemäß § 39 InsO diejenigen Gläubiger, die erst dann eine Ausschüttung erhalten, wenn die nicht nachrangigen Insolvenzgläubiger vollständig befriedigt worden sind sowie darüber hinaus ein Überschuss verbleibt. Aufgrund dieses Nachrangs ist in der Regel nur selten mit einer quotalen Zahlung auf die derart klassifizierten Forderungen zu rechnen. Sie können ihre Forderungen auch nur nach Aufforderung durch das Insolvenzgericht anmelden (§ 174 Abs. 3 InsO). Die folgende Tab. 5.3 führt die Gläubiger nach dem Rang ihres Rechts und der Art der Befriedigung auf. Deutlich wird die Position der Banken, oft als absonderungsberechtigte Gläubiger und als Insolvenzgläubiger.

Tab. 5.3: Gläubiger im Insolvenzverfahrens (Quelle: In Anlehnung an Foerste, 2008, S. 8)

Gläubigerart	Recht	Befriedigung
Aussonderungsberechtigte Gläubiger gemäß §§ 47 ff. InsO	Aussonderung Gegenstand	Außerhalb des Insolvenzverfahrens
Absonderungsberechtigte Gläubiger gemäß §§ 49 ff. InsO	Befriedigung durch Verwertung	Im eröffneten Insolvenzverfahren
Massegläubiger gemäß §§ 53 ff. InsO	Vorrang vor den Insolvenzgläubigern	Im eröffneten Insolvenzverfahren
Insolvenzgläubiger gemäß § 38 InsO	Vor nachrangigen Insolvenzgläubigern	Im eröffneten Insolvenzverfahren
Nachrangige Insolvenzgläubiger gemäß § 39 InsO	Quotale Befriedigung gemäß ihrem Rang	Im eröffneten Insolvenzverfahren

Mit dem Insolvenzbeschluss wird zugleich angeordnet, dass der bestellte Insolvenzverwalter eines Schuldnerunternehmens zeitnah ein Verzeichnis aller Massegegenstände (§ 151 InsO), ein Gläubigerverzeichnis (§ 152 InsO) und eine Vermögensübersicht (§ 153 InsO) zu verfassen hat. Diese Aufstellungen sind eine Woche vor dem Berichtstermin in der Geschäftsstelle des Gerichts zur Einsicht auszulegen.

Das **Verzeichnis der Massegegenstände** gemäß § 151 InsO umfasst sämtliche Sachen und Rechte des Schuldners inklusive der möglichen Ansprüche aus schwebenden Geschäften sowie Anfechtungen. Mit aufzuführen sind Gegenstände, an denen ein Absonderungsrecht besteht. Die Vermögensgegenstände, die unstreitig der Aussonderung unterliegen, sind in der Regel im Verzeichnis nicht mit aufzuführen. Eine Ausnahme stellen die unter Eigentumsvorbehalt gelieferten Waren dar, obwohl diese aus § 47 InsO der Aussonderung unterliegen. Sie sind mit aufzunehmen, da das wirtschaftliche Interesse des Vorbehaltslieferanten in der Käuferinsolvenz dem Absonderungsrecht stark angenähert ist (§ 107 Abs. 2 InsO) und sich ansonsten ein verzerrtes Bild der Vermögenslage ergibt.

Auch bereits freigegebene Werte sind dabei zu berücksichtigen, da das Verzeichnis der Massegegenstände rückwirkend auf den Zeitpunkt der Insolvenzeröffnung zu erstellen ist. Die Basis dieser Aufstellung kann der Jahresabschluss oder eine Inventur sein. Bei den einzelnen Gegenständen und Rechten sind die Fortführungs- und Liquidationswerte jeweils mit anzugeben. Diese Positionen des Verzeichnisses stellen die Aktivseite der Vermögensübersicht dar. Problematisch ist oftmals die Ermittlung der Fortführungswerte, da eine Weiterführung des insolventen Unternehmens nicht in allen Fällen möglich ist (vgl. Bruder, 2018, S. 201 ff.).

Des Weiteren hat der Insolvenzverwalter ein **Gläubigerverzeichnis** nach § 152 InsO zu erstellen. Dieses wird auf Basis der angemeldeten Forderungen geschehen, also erst nach Ablauf der Anmeldefrist nach § 28 Abs. 1 InsO. Dies erfordert jedoch auch eine Nachforschungspflicht des Insolvenzverwalters, ob nicht noch weitere, bislang unbekannte Gläubiger, mit entsprechenden Forderungen existieren. Dieses aufzustellende Verzeichnis stellt die Passivseite der Vermögensübersicht dar. Die aus dem Rechnungswesen des Schuldners bekannten Gläubiger wird der Insolvenzverwalter ohne Weiteres berücksichtigen.

Es sind in der Aufstellung gemäß § 152 Abs. 2 InsO die absonderungsberechtigten Gläubiger und die einzelnen Rangklassen der nachrangigen Insolvenzgläubiger gesondert zu erfassen, um ein Gesamtbild zu erhalten. Anzugeben sind die Gläubiger mit den Postanschriften, der bestehende Forderungsgrund, die Höhe der Forderung, der Gegenstand der Absonderung, der mutmaßliche Ausfall und mögliche Aufrechnungen. Die Absonderungsrechte korrespondieren mit dem Masseverzeichnis und der Aktivseite der Vermögensübersicht. Auch Vorbehaltslieferanten sind mit dem Gegenstand der Lieferung aufzuführen, um ein tatsächliches Bild der Vermögenslage beziehungsweise des Aktivvermögens zu erhalten.

Die Höhe der Masseverbindlichkeiten ist gemäß § 152 Abs. 3 InsO zu schätzen. Das Gläubigerverzeichnis gemäß § 152 InsO kann im Berichtstermin als wesentliche Grundlage für die Festlegung der Stimmrechte herangezogen werden. Diese Dokumentation beinhaltet alle wesentlichen Angaben, die zudem in der später zu erstellenden Insolvenztabelle enthalten sein müssen. Es ersetzt diese Aufstellung jedoch nicht (§ 175 InsO). Die Wirkung der Tabelle geht über den Charakter einer Liste hinaus. Die Eintragung wirkt dabei wie ein rechtskräftiges Urteil gegenüber Insolvenzverwalter und Insolvenzgläubigern (§ 178 Abs. 3 InsO).

Die **Vermögensübersicht** gemäß § 153 InsO fasst die vorigen Verzeichnisse zusammen und soll den Überblick über den Status sämtlicher Vermögenswerte und Schulden zum Zeitpunkt der Insolvenzeröffnung, differenziert nach Liquidations- sowie Fortführungswerten, liefern. Diese Aufstellung gibt Kreditinstituten einen Anhaltspunkt über die voraussichtlichen Verwertungserfolge und die zu erwartenden Insolvenzquoten im Insolvenzverfahren.

Diese drei Zahlenwerke sollten eine integrierte Einheit bilden. Das Verzeichnis der Massegegenstände stellt die Aktivseite und das Gläubigerverzeichnis die Passivseite der Vermögensübersicht dar. Die Vermögensübersicht dient unterschiedlichen Zwecken, wie unter anderem (vgl. Bruder, 2018, S. 209):

- Kontrolle der Vermögensgegenstände durch das Insolvenzgericht
- Verwertungsübersicht für den Insolvenzverwalter als Leitfaden
- Information der Gläubigerversammlung oder des Gläubigerausschusses

Die Vermögensübersicht kann bereits erste Hinweise für Gestaltungen in einem Insolvenzplanverfahren geben (vgl. IDW, 2000, S. 286 ff.). So kann der Verwalter eine integrierte Planung aus den Verzeichnissen und der Vermögensaufstellung als Bestandteil des Insolvenzplans ableiten und im Verlauf des Verfahrens die jeweiligen Positionen an die aktuellen Gegebenheiten anpassen. Hilfreich zum Erarbeiten dieser Verzeichnisse und Vorausschauen ist der Einsatz einer professionellen integrierten Planungssoftware. Die folgende Abb. 5.3 zeigt in einer Zusammenfassung die gesetzlich vorgesehenen Aufstellungen.

Sämtliche Verzeichnisse und Übersichten gemäß §§ 151 ff. InsO sind spätestens eine Woche vor dem Berichtstermin in der Geschäftsstelle gemäß § 154 InsO zur Einsicht niederzulegen. Eine Kontrolle insbesondere der Aussonderungsrechte sowie der Höhe der aufgeführten Forderungen ist aus Bankensicht empfehlenswert. Die Bank als Gläubiger und Verfahrensbeteiligte hat das Recht auf Einsicht nach dieser Norm innerhalb der Frist, aber keinen Anspruch auf Kopien durch das Gericht. Der Insolvenzverwalter kann mit einem elektronischen Gläubigerinformationssystem, unter Zurverfügungstellung einer PIN, die Gläubiger weitgehend auch über die Anforderungen des Gesetzes hinaus informieren. Das Gericht weiß dann im Zweifel weniger als der einzelne Gläubiger wissen kann und es hat auch keine Kenntnis, worüber sich der Gläubiger unterrichtet hat.

Gläubigerinformationssysteme sind weit verbreitet, wenn auch die Kosten von den Verwaltern zu tragen sind. Ein wesentlich eingehenderes Informationsformat bildet der Austausch im Gläubigerausschuss ab, dem der Verwalter und der Schuldner in der Eigenverwaltung Rede und Antwort stehen müssen.

Verzeichnis der Massegegenstände gemäß § 151 InsO

	Fortführungswert	Liquidationswert
Vermögensgegenstände	30.000	20.000
Forderungen	10.000	10.000

Gläubigerverzeichnis gemäß 152 InsO

	Grund der Forderung	Höhe der Forderung	Besicherung	Mutmaßlicher Ausfall
Papierlieferant GmbH	Warenlieferung	300.000	Eigentumsvorbehalt	250.000
Mittelstandsbank AG	Darlehensvertrag	500.000	Grundschuld	300.000

Vermögensübersicht gemäß 153 InsO

Aktiva	Passiva
Vermögensgegenstände	Rückstellungen
Forderungen	Verbindlichkeiten

Abb. 5.3: Verzeichnisse und Übersichten im Insolvenzverfahren (Quelle: Eigene Darstellung)

War der vorläufige Verwalter im Insolvenzantragsverfahren lediglich als schwacher vorläufiger Insolvenzverwalter bestellt, geht nunmehr gemäß § 80 Abs. 1 InsO das Recht des Schuldners, über das zur Masse gehörende sämtliche Vermögen zu verfügen, auf den Insolvenzverwalter über.

Im Eröffnungsbeschluss bestimmt das Insolvenzgericht gemäß § 29 InsO den Termin für die Gläubigerversammlung, in der auf Grundlage eines Berichtes des Insolvenzverwalters über den weiteren Fortgang entschieden wird. Der Termin zur Gläubigerversammlung ist spätestens drei Monate nach dem Eröffnungsbeschluss durch das Gericht anzuberaumen und aus Bankensicht unbedingt wahrzunehmen.

Der Insolvenzverwalter hat im Berichtstermin gemäß § 156 InsO ausführlich über die wirtschaftliche Lage des Schuldners beziehungsweise des Schuldnerunternehmens sowie die Ursachen der Krise zu informieren (vgl. Schmidt et al., 2016, § 156 InsO, Rn. 4 ff.). Er hat des Weiteren zu offenbaren, ob gute Aussichten bestehen, das Unternehmen des Schuldners im Ganzen oder zumindest in seinen Teilen zu erhalten und welche Möglichkeiten für die Umsetzung eines Insolvenzplans existieren. Auch die Vorteile einer Verwertungslösung sind darzulegen. Dabei ist auf die Einzelverwertung beziehungsweise auch auf die Veräußerungsoptionen von Teilbetrieben oder Bereichen im Rahmen einer übertragenden Sanierung einzugehen. Generell bietet die Investorlösung oftmals eine wirtschaftlich interessante Option.

Es sind genaue Prognosen für die Befriedigung der Gläubiger bei diesen verschiedenen Vorgehensweisen aufzuzeigen. So ergeben sich im Allgemeinen folgende Handlungsoptionen aus einem Insolvenzplan mit den entsprechenden Auswirkungen für die beteiligten Gläubiger (vgl. Lützenrath et al., 2006, S. 212):

- Liquidation des Unternehmens mit Verwertung der Vermögensgegenstände
- Sanierung des vorhandenen Rechtsträgers durch Reorganisation der Firma
- Übertragende Sanierung im Rahmen eines Asset Deals auf neuen Rechtsträger

Im **Berichtstermin** beschließt die Gläubigerversammlung über den Fortgang des Verfahrens (§ 157 InsO). So wird darüber entschieden, ob das Unternehmen stillgelegt oder fortgeführt und saniert werden soll. Ein Beschluss kommt aus § 76 Abs. 2 InsO nur dann zustande, wenn die Gesamtsumme der Forderungen der zustimmenden Gläubiger mehr als die Hälfte der Summe der Forderungen sämtlicher der abstimmenden Gläubiger beträgt. Bei den absonderungsberechtigten Gläubigern, denen der Schuldner nicht persönlich haftet, tritt der Wert des Absonderungsrechts an die Stelle des Betrags der Forderungen.

Die **Gläubigerversammlung** kann den Insolvenzverwalter gemäß § 157 InsO mit der Ausarbeitung eines Insolvenzplans beauftragen. Des Weiteren besteht die Möglichkeit, den Insolvenzverwalter im Gläubigerausschuss abzuwählen und einen neuen Akteur zu bestimmen. Dies erfordert gemäß § 57 InsO in Verbindung mit § 76 Abs. 2 InsO neben der Summenmehrheit die Kopfmehrheit der Abstimmenden. Da sich der Insolvenzverwalter in der Regel bereits eingearbeitet und wesentliche Entscheidungen im Antragsverfahren vorbereitet hat, wird diese Alternative in der Praxis nur selten gewählt. Daher ist die Auswahlentscheidung des vorläufigen Insolvenzverwalters von Bedeutung und aus Bankensicht zu begleiten.

Zur Unterstützung und Überwachung des Insolvenzverwalters kann die Gläubigerversammlung aus ihrer Mitte einen Gläubigerausschuss wählen beziehungsweise die Entscheidung treffen, den zunächst vom Gericht eingesetzten vorläufigen Gläubigerausschuss des eröffneten Verfahrens (§ 67 Abs. 1 InsO, der vom vorläufigen Gläubigerausschuss des Eröffnungsverfahrens gemäß den §§ 21 Abs. 2 Satz 1 Nr. 1a, 22a InsO strikt unterschieden werden muss) in seiner bisherigen Besetzung weiter fort zu führen (§ 68 InsO).

Der (vorläufige) Gläubigerausschuss ist ein wichtiges Organ im Insolvenzverfahren. Es erlaubt den Gläubigern, die Gestaltung des Verfahrens eng zu begleiten, besondere Vorschläge der Fortführung oder Verwertung zu unterbreiten sowie das Insolvenzverfahren im Sinne der Wahrnehmung der Gläubigerrechte zu überwachen. Die wesentlichen Hauptaufgaben dieses Gremiums sind in § 69 InsO festgehalten und betreffen die Prüfung des Geldverkehrs und des Geschäftsverlaufes (vgl. Kirchhof et al., 2013, § 69 InsO, Rn. 9 ff.). Da der Gläubigerausschuss zur Umsetzung dieser Aufgaben erhebliche Informationsrechte besitzt, ist die Entsendung eines Vertreters des Kreditinstituts sinnvoll.

Ist nicht das Institut als Gläubiger selbst Ausschussmitglied (§ 67 Abs. 2 InsO), sondern ein Mitarbeiter oder Organmitglied, handelt es sich um ein persönliches Mandat. Dieses Ausschussmitglied ist nicht verlängerter Arm oder Vertreter der spezifischen Interessen eines Instituts, sondern seine Aufgabe betrifft die Interessen der Insolvenzgläubiger und Absonderungsberechtigten in ihrer Gesamtheit (§ 71 InsO). Dies ist streng zu beachten.

Gegenüber der entsendenden Bank besteht weitgehende Schweigepflicht über Vorgänge im Ausschuss, die Reichweite ist nicht einfach zu bestimmen. Natürlich kann der Ausschuss verantwortlich selbst festlegen, was weitergegeben werden darf und was nicht. Geschäftsgeheimnisse des Schuldners beispielsweise sind zu wahren. Bei spezifischen Interessenkonflikten besteht daher ein Stimmrechtsausschluss, wenn der Ausschuss über eine Insolvenzanfechtung gegenüber der entsendenden Bank beschließen soll. Im Zweifel muss der Vertreter der Bank den Sitzungsraum verlassen. Die Zustimmung des Ausschusses ist bei bestimmten aufgeführten Rechtshandlungen gemäß § 160 Abs. 2 InsO und im Allgemeinen bei allen wichtigen Insolvenzverfahrensentscheidungen notwendig(§ 160 Abs. 1 InsO).

Eine Beschlussfassung im Gläubigerausschuss erfolgt gemäß § 72 InsO, wenn die Mehrheit der Mitglieder teilgenommen hat und der Beschluss mit einer Mehrheit der Stimmen gefasst worden ist. Die Zusammensetzung dieses Gläubigergremiums ist in § 67 Abs. 2 InsO geregelt. Dabei sollen die absonderungsberechtigten Gläubiger, die Insolvenzgläubiger mit den höchsten Forderungen sowie die Kleingläubiger in diesem Gremium vertreten sein. Die Haftung des Ausschusses ergibt sich aus § 71 InsO und die Mitglieder haben gemäß dem erforderlichen Zeitaufwand Anspruch auf eine angemessene, aber meist eher geringe Vergütung (§ 73 InsO, § 17 InsVV) von regelmäßig 35 bis 95 Euro pro Stunde zu einigen, welche die Eigenkosten des Mitarbeiters oder Organmitglieds der Bank, das im Ausschuss tätig ist, nicht decken dürfte. Eine Versicherung für die haftungsgeneigte Tätigkeit im Ausschuss ist unverzichtbar für die Aufnahme der Funktion in diesem Gremium.

Bereits im Eröffnungsbeschluss bestimmt das Insolvenzgericht eine Frist, innerhalb derer die Insolvenzforderungen anzumelden sind. Dabei ist eine Maximaldauer von drei Monaten ab Eröffnung der Insolvenz zu beachten. Jedoch können auch nach dieser Frist noch zusätzliche Forderungen gegen Zusatzkosten angemeldet werden (§ 177 InsO). Die Anmeldung der Forderungen sowie Sicherungsrechte der Kreditinstitute wird regelmäßig auf Basis der bestehenden Darlehens- und Sicherheitenverträge geschehen. Der Insolvenzverwalter trägt die angemeldeten Forderungen in eine gesonderte Insolvenztabelle ein (§ 175 Abs. 1 InsO). Diese Aufstellung unterscheidet sich von den bereits dargelegten Zahlenwerken gemäß §§ 151, 152, 153 InsO und ist später Grundlage zur Aufstellung des Verteilungsverzeichnisses (§ 188 InsO). Die Überprüfung der angemeldeten Forderungen erfolgt gemäß § 176 InsO an einem extra anberaumten Prüfungstermin, der mit dem Berichtstermin zusammenliegen kann (vgl. Kirchhof et al., 2013, Vor § 176 InsO, Rn. 13 ff.).

In diesem **Prüfungstermin** werden die Forderungen nach ihrem Betrag und Rang kontrolliert (§ 176 InsO). Nach § 178 Abs. 1 InsO gilt eine Forderung dann als endgültig festgestellt, wenn weder der Insolvenzverwalter noch ein Insolvenzgläubiger gegen diese Position am Prüfungstermin oder in einem schriftlichen Verfahren Widerspruch erhoben hat (vgl. Hanken, 2005, S. 296). Der Berichtstermin kann zusammen mit dem Prüfungstermin abgehalten werden (§ 29 Abs. 2 InsO). Die nachfolgende Abb. 5.4 zeigt diese wichtigen Ablaufschritte im eröffneten Insolvenzverfahren mit den wichtigen Ereignissen und Terminen.

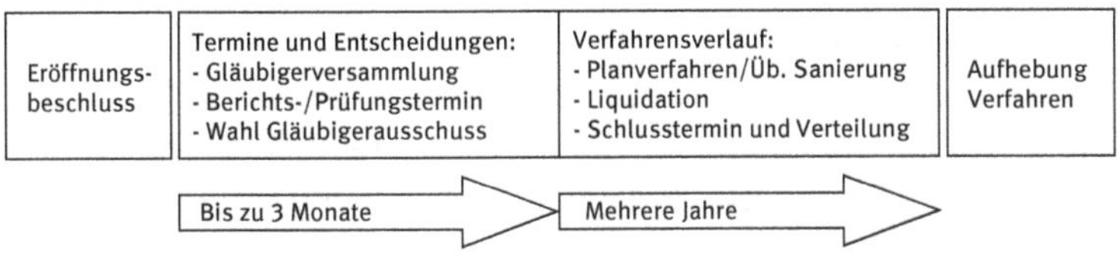

Abb. 5.4: Ablauf des eröffneten Insolvenzverfahrens (Quelle: Eigene Darstellung)

Trifft die Gläubigerversammlung die Entscheidung, das Unternehmen nicht weiter fortzuführen, hat der Insolvenzverwalter die Aufgabe, das zur Insolvenzmasse gehörende Vermögen unmittelbar nach dem Berichtstermin zu verwerten (§ 159 InsO). Dies bedeutet, dass der Verwalter die Forderungen des schuldnerischen Unternehmens einzuziehen sowie die vorhandenen weiteren Vermögenswerte zu liquidieren hat. Dabei hat er die Verwertung der Vermögensgegenstände und Rechte sowie die Verteilung der Gelder zügig und ohne schuldhaftes Verzögern durchzuführen (Abschlagsverteilungen, § 187 Abs. 2 InsO).

Sobald die Insolvenzmasse vollständig verwertet worden ist, wird das Gericht im Regelinsolvenzverfahren den Schlusstermin anberaumen. Im Insolvenzplanverfahren tritt ein anderer Verfahrensablauf ein. Zur Durchführung der endgültigen Aufteilung nach § 188 InsO wird ein Verteilungsverzeichnis erstellt.

In das **Schlussverzeichnis** sind die angemeldeten Forderungen aufzunehmen, die bei der Erlösverteilung berücksichtigt werden. Dies sind die Forderungen, die zur Insolvenztabelle angemeldet und als unbestritten aufgenommen worden sind. Des Weiteren sind die bestrittenen, aber titulierten Forderungen in dem zu erstellenden Schlussverzeichnis, ebenso wie auch in den vorausgehenden Abschlagsverteilungsverzeichnissen aufzuführen (§§ 189, 196 InsO). Sie sind aber bis zur Klärung der Rechtmäßigkeit des Bestreitens zurückzuhalten und bei Erfolg des angegriffenen Insolvenzgläubigers auszuzahlen. Ähnliches gilt für die Ausfallforderungen der absonderungsberechtigten Gläubiger (vgl. §§ 190 ff. InsO).

Nach Abhaltung des Schlusstermins wird das Insolvenzgericht dem Insolvenzverwalter die Zustimmung zur Ausschüttung der verbleibenden Masse an die Gläubiger geben. Die erzielten Erlöse aus der Verwertung der Masse hat er unter den Insolvenzgläubigern zu verteilen (§§ 187, 195, 196 InsO). Nachdem die Schlussverteilung gemäß § 196 InsO vollzogen wurde, beschließt das Insolvenzgericht die Aufhebung des Verfahrens (§ 200 Abs. 1 InsO). Können in seltenen Ausnahmefällen sämtliche Forderungen der Gläubiger befriedigt werden, auch die Nachrangforderungen, dann erhält der Schuldner den verbleibenden Liquidationsüberschuss (§ 199 InsO) oder seine Gesellschafter erhalten die ihnen gesellschaftsrechtlich zukommende Quote.

Ein verbleibendes Restvermögen, über das der Schuldner nunmehr wieder verfügen könnte, existiert nicht. Ausgenommen sind Vermögenswerte, die nicht Gegenstand der Masse geworden sind (§ 36 InsO) oder solche, die der Verwalter während des Verfahrens aus der Masse freigegeben hat. Nicht zur Insolvenzmasse gehören das P-Konto oder Pfändungsschutzkonto der natürlichen Person als Insolvenzschuldner (§ 850k ZPO), aber auch zur Sicherung an eine Bank abgetretene Mietansprüche der natürlichen Person, wenn der Schuldner daraus seinen Lebensunterhalt bestreitet (§ 850i ZPO und vgl. BGH vom 01.03.2018, IX ZB 95/15) und soweit das Insolvenzgericht auf Antrag des Schuldners darüber positiv entscheidet. Ob die Bank durch die Zwangsverwaltung die Vorgaben des § 850i ZPO überwinden kann, ist offen.

Zu den „freigegebenen" Vermögenswerten gehören bei selbstständig tätigen natürlichen Personen diejenigen Gesamtheiten von Gegenständen, die der Insolvenzverwalter während des eröffneten Verfahrens im Interesse der Fortsetzung oder Begründung einer selbstständigen Tätigkeit gegenüber dem Schuldner als nicht mehr als zur Masse gehörig erklärt (§ 35 Abs. 2 InsO). Dann entstehen keine Masseverbindlichkeiten mehr aus der selbstständigen Tätigkeit zu Lasten der Masse, aber auch keine Erlöse zugunsten der Masse.

Vielmehr haftet der Schuldner allein für diese neu entstehenden Verbindlichkeiten mit dem neu erworbenen Vermögen und insoweit kann ein zweites Insolvenzverfahren resultieren. Diese Entscheidung des Verwalters kann vom Insolvenzgericht auf Antrag von Gläubigerausschuss oder Gläubigerversammlung für unwirksam erklärt werden. Die Erklärung des Verwalters und der Beschluss über deren Unwirksamkeit ist öffentlich bekanntzumachen. Diese Freigabeerklärung des Verwalters hat erhebliche praktische Bedeutung in der Insolvenz von Selbstständigen. Ein weiterer wichtiger Fall der Freigabe aus dem Insolvenzbeschlag ist diejenige umweltbelasteter oder wertausschöpfend belasteter Grundstücke, deren Verbleib bei der Masse dort zu nichts anderem als weiterem Masseverzehr führen würde.

Das Amt des Insolvenzverwalters erlischt nach einem meist mehrjährigen Verlauf des Verfahrens. Gemäß § 201 InsO können die Insolvenzgläubiger auch nach Aufhebung des Verfahrens ihre Forderungen gegen den Schuldner unbeschränkt geltend machen und aus der Eintragung in der Insolvenztabelle nach § 201 Abs. 2 InsO die Zwangsvollstreckung betreiben.

Dieser Ablauf kann vorgenommen werden, soweit diesem bei natürlichen Personen nicht die Restschuldbefreiung entgegensteht (§ 301 Abs. 1, 3 InsO, § 302 Nr. 1 InsO). Die nachfolgende Abb. 5.5 zeigt den Ablauf eines Insolvenzverfahrens mit den wichtigen Fristen und bedeutenden Terminen.

Aus Gläubigersicht sind insbesondere der Beschluss einzusehen und die wichtigen Termine im Verfahren zu begleiten. Dies sind im Wesentlichen der Berichts- und der Prüfungstermin, die zeitlich häufig zusammenliegen. Ob eine persönliche Anwesenheit erfolgt ist meist von der Höhe der Forderungen abhängig. Gegebenenfalls kann auch ein externer Fachmann mit der Aufgabe der Vertretung der Interessen der Kreditinstitute betraut werden. Dies lassen die MaRisk im AT 9 zu. Gerade bei geringen Forderungen kann diese Verfahrensweise gewählt werden.

Bei hohen Forderungen oder anderweitigen Interessen ist die persönliche Anwesenheit der Bankspezialisten bei den Terminen anzuraten, da im Berichtstermin die Alternativen der Fortführung oder Verwertung diskutiert werden. Des Weiteren ist die Installierung und Besetzung des (vorläufigen) Gläubigerausschusses in bestimmten Konstellationen wie beispielsweise der Umsetzung und der Finanzierung einer Fortführungslösung zu empfehlen.

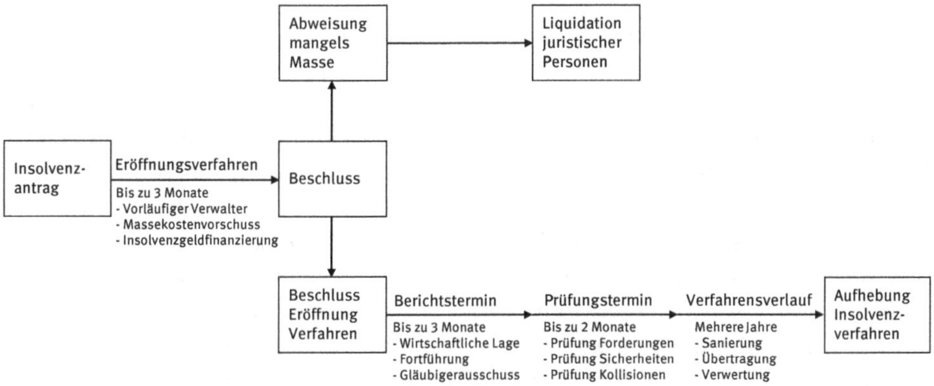

Abb. 5.5: Ablauf eines Insolvenzverfahrens (Quelle: Eigene Darstellung)

Zusammenfassung Theorieabschnitt 5.1.1: In diesem Abschnitt wurde der Ablauf des Insolvenzverfahrens erläutert. Der Verfahrensablauf wurde von der Insolvenzantragsstellung, der Position des starken sowie schwachen vorläufigen Insolvenzverwalters, der rechtlichen Stellung der gesicherten und ungesicherten Gläubiger, bis zur Aufhebung des Verfahrens in den einzelnen Ablaufschritten dargestellt. Dabei wurde in den aufgezeigten Verfahrenswegen, unter anderem im Eröffnungsverfahren, auf die Bankensicht eingegangen, um deren Gläubigerperspektive zu erläutern.

5.1.2 Praxisfall zur Insolvenzantragstellung

Wir befinden uns im ersten Quartal des Jahres xxx4. Im Folgenden wird die Alternative der Insolvenz betrachtet. Viele Sanierungen scheitern, da die Sanierung Stand Alone nicht erfolgversprechend ist und auch kein Investor gefunden werden kann. Dann ist in der Regel der Insolvenzantrag die Folge. Rund drei Jahre intensiver Sanierungsarbeit bei der Druck GmbH sind mittlerweile vorüber und das Unternehmen konnte lediglich stabilisiert werden. Der Geschäftsführer Müller ist entgegen seiner Ankündigung nicht aus dem Unternehmen ausgeschieden und die Eingliederung in die Print AG war aufgrund der Bedingungen, die Müller als Gesellschafter und Geschäftsführer gestellt hat, ebenfalls nicht erfolgreich.

Die Liquidität ist mittlerweile knapp und die Linien sind voll ausgeschöpft. Müller sieht sich nicht in der Lage, die Löhne und Gehälter am Monatsende zu bezahlen. Er lässt sich von seinem Rechtsanwalt beraten. Dieser verweist auf § 15a InsO mit der Folge einer notwendigen Insolvenzantragstellung innerhalb der nächsten drei Wochen. Zudem informiert ihn der Steuerberater über die neue Möglichkeit des Schutzschirmverfahrens nach § 270b InsO mit der Chance, in dieser Form der vorläufigen Eigenverwaltung zunächst die Firma selbst weiterführen zu können sowie vor Vollstreckungsmaßnahmen der Gläubiger geschützt zu sein. Notwendig ist lediglich die Bescheinigung gemäß § 270b Abs. 1 Satz 3 InsO.

Der Steuerberater bietet sich an, die Bescheinigung für wenig Geld zu erstellen. Ein sachkundiger und ihm sehr gewogener, allerdings auch neutral auftretender Freund wäre zudem bereit, die Position des Sachwalters zu übernehmen. Müller ist einverstanden und stellt beim zuständigen Amtsgericht einen Antrag auf die Umsetzung eines Schutzschirmverfahrens. Er reicht die Unterlagen des Steuerberaters ein und zudem ein Verzeichnis der Gläubiger und ihrer Forderungen. Der Insolvenzrichter überprüft die Unterlagen eingehend. Der zuständige Richter kommt zu dem Schluss, dass keine drohende Zahlungsunfähigkeit vorliegt, sondern Zahlungsfähigkeit. Die Unterlagen zur Bescheinigung nach § 270b Abs. 1 Satz 3 InsO sind zudem unvollständig. Der Insolvenzrichter weist den Antrag von Müller auf ein Schutzschirmverfahren aufgrund der eingeschränkten Liquidität und inhaltlicher Fehler zurück.

Müller stellt daraufhin den Insolvenzantrag für die Druck GmbH beim zuständigen Amtsgericht. Mit dem Antrag reicht er ein vollständiges Verzeichnis seiner Gläubiger ein und hofft auf die Bestellung eines befreundeten Insolvenzverwalters.

Aufgabenstellungen

1. Auf welche Art und Weise ist der Insolvenzantrag gemäß § 13 InsO durch Müller beim zuständigen Amtsgericht zu stellen?
2. Welche Prozesse sind aus Bankensicht notwendig, um dem Recht der Einflussnahme auf die Bestellung des vorläufigen Insolvenzverwalters nachzukommen?

5.1.3 Lösung des Praxisfalls zum Insolvenzantrag

1. Auf welche Art und Weise ist der Insolvenzantrag gemäß § 13 InsO durch Müller beim zuständigen Amtsgericht zu stellen?

Zusammen mit der Insolvenzantragstellung aufgrund der Zahlungsunfähigkeit als Insolvenzgrund hat der Geschäftsführer der Druck GmbH gemäß § 13 Abs. 1 InsO ein Verzeichnis der Gläubiger mit den höchsten Forderungen, denen mit den höchsten gesicherten Forderungen, den Forderungen der Finanzverwaltung, denen der Sozialversicherungsträger und den Forderungen aus betrieblicher Altersversorgung einzureichen. Des Weiteren sind Angaben zur Bilanzsumme, zu Umsatzerlösen und zur durchschnittlichen Arbeitnehmerzahl des vorangegangenen Geschäftsjahres erforderlich, damit das Insolvenzgericht beurteilen kann, ob die Einsetzung eines vorläufigen Gläubigerausschusses bei der Druck GmbH notwendig ist. Da alle Größenklassen aus § 22a Abs. 1 InsO erreicht werden, setzt das Insolvenzgericht nach § 21 Abs. 2 InsO dieses vorläufige Gremium ein.

2. Welche Prozesse sind aus Bankensicht notwendig, um dem Recht der Einflussnahme auf die Bestellung des vorläufigen Insolvenzverwalters nachzukommen?

Gemäß § 56 Abs. 2 InsO treffen sich die Vertreter der zu berücksichtigenden Gläubiger unverzüglich, um möglichst einstimmig die Wahl des vorläufigen Insolvenzverwalters zu beschließen. Der vorläufige Gläubigerausschuss trifft sich daher noch am gleichen Tag der Insolvenzantragstellung und möchte das Recht der Äußerung nach § 56a Abs. 1 InsO wahrnehmen. Es ist ein Vertreter der poolführenden Bank anwesend, der zum einen die höchsten Forderungen und zum anderen die anderen Poolbanken vertreten soll.

---

1. Abwicklungsregel: Die neueren Rechte der Gläubiger zur Einsetzung eines vorläufigen Gläubigerausschusses und zur Bestimmung eines vorläufigen Insolvenzverwalters sind aus Sicht der Banken wahrzunehmen, damit ein qualifizierter Insolvenzverwalter die Abwicklung übernimmt.

Erläuterung der 1. Abwicklungsregel

Die Möglichkeit der Einbringung in die Verwalterauswahl im Antragsverfahren über den vorläufigen Gläubigerausschuss ist eine wichtige Änderung für Banken. Dazu ist es auch erforderlich, sich möglichst schnell mit den übrigen Gläubigervertretern in diesem vorläufigen Gremium abzusprechen. Dies ist notwendig, damit die Verwalterauswahl möglichst einstimmig erfolgt und kein Stillstand des Geschäftsbetriebes eintritt. Insgesamt ist es von Vorteil, wenn sich alle Beteiligten auf einen Akteur einigen können. Im Folgenden wird anhand der empirischen Studie dargelegt, welche Verfahrensarten in der Insolvenz häufig vorkommen und in welchem Umfang die Instrumente des ESUG genutzt werden.

5.1.4 Empirische Ergebnisse zur Insolvenzentwicklung

Die Anzahl der Abwicklungsengagements ist in vielen Banken rückläufig, wie die Umfrage aus 2017 zeigt. Dies betrifft nicht nur die Engagementzahlen, sondern auch den Rückgang der einzelnen Verwertungsvorgänge. Rund 87,6 % der Kreditinstitute vermelden einen Rückgang der Abwicklungsfälle. Dieses korrespondiert mit den Resultaten aus der aktuellen Insolvenzstatistik (vgl. Creditreform, 2017, S. 1 ff.). Dabei sind die Fallzahlen gerade in kleinen Instituten stärker gesunken. Nach Banksektoren bemerken Privatbanken den Rückgang nicht so stark.

Immerhin rund 51,1 % der Teilnehmer an der Umfrage äußern, dass der Rückgang der Insolvenzzahlen mit einer Reduzierung der Mitarbeiterkapazitäten in der Abwicklungsabteilung einhergegangen ist. Des Weiteren berichten 66,7 % der Akteure aus den Instituten, dass in den letzten Jahren und auch derzeit noch weiter versucht wird, die Kosten in der Abwicklungsabteilung zu senken. Zur Umsetzung der Kosteneinsparungen im Abwicklungsbereich hat in 62,2 % der Banken auch das Denken in Prozessen erheblich zugenommen.

Dabei bearbeiten rund 85,5 % der Vertreter aus unterschiedlichen Kreditinstituten in der Umfrage aus 2012 oft inhabergeführten Unternehmen in der Insolvenz. Rund 39,1 % der Spezialisten berichten, dass oft auch managementgeführte Firmen in der Abwicklungsabteilung häufiger begleitet werden, gegenüber 8,7 % der Nennungen bei Zweckgesellschaften, 6,2 % bei regenerativen Energievorhaben sowie 1,2 % bei kapitalmarktorientierten Unternehmen. Die Häufigkeit der Abwicklung von Zweckgesellschaften und erneuerbarer Energieprojekten ist gegenüber der vorigen Untersuchung in 2009 deutlich angestiegen. Die nachfolgende Abb. 5.6 zeigt die häufigen Unternehmenstypen in der Insolvenzabwicklung.

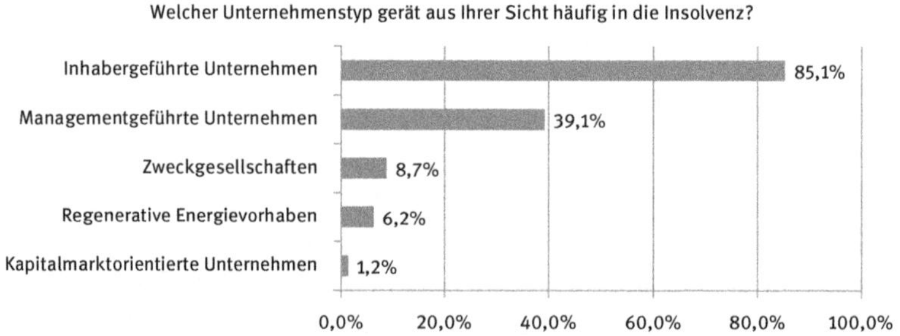

Abb. 5.6: Unternehmenstypen in der Insolvenz (Quelle: Eigene Darstellung)

Die Begleitung der betreuten Unternehmen in der Insolvenz fällt nach der Meinung der Experten unterschiedlich aus. In 95,7 % der Fälle findet aus Sicht der Institutsvertreter lediglich eine reine Zerschlagung mit der Umsetzung der Sicherheitenverwertung statt. Die fortführenden Lösungen in Form von übertragenden Sanierungen (24,7 %), Insolvenzplanverfahren (8,3 %) sowie Eigenverwaltungen (5,8 %) werden in der Praxis deutlich seltener umgesetzt, wie die nachfolgende Abb. 5.7 zeigt.

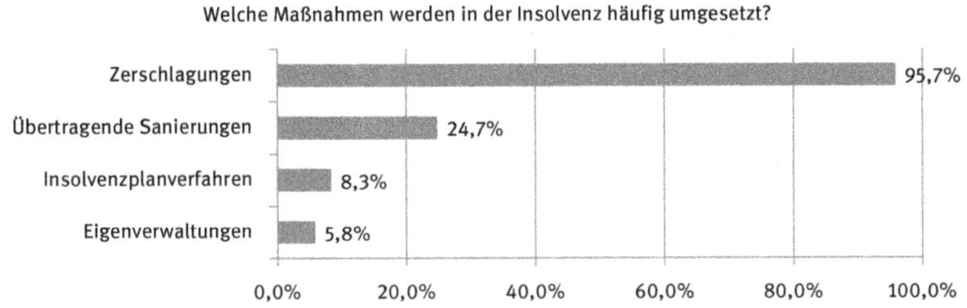

Abb. 5.7: Häufige Abwicklungsvarianten bei Firmenkunden (Quelle: Eigene Darstellung)

In Bezug auf die Wichtigkeit für die jeweiligen Institutszweige zeichnen sich Unterschiede zwischen den Verfahrensalternativen ab. So scheinen (vorbereitete) Planverfahren und übertragende Sanierungen bei den Instituten des Sparkassensektors deutlich häufiger vorzukommen als bei den Genossenschaftsbanken. Eine ähnliche Tendenz zeichnet sich bei den Insolvenzplanverfahren (Sparkassen 15,8 %, Gesamtbranche 10,5 %, Genossenschaften 8,3 %) sowie beim vorbereiteten Planinsolvenzverfahren (Sparkassen 14,0 %, Gesamtbranche 6,3 %, Genossenschaften 1,4 %) ab. Besonders häufig kommen übertragende Sanierungen in den Privatbanken vor.

Die hohe Quote an Unternehmen, die in der Insolvenz nur noch zerschlagen werden können, stellt ein nicht zu unterschätzendes Problem für Banken und Sparkassen dar. Denn nur eine Minderheit von 7,6 % der Kreditinstitute macht die Erfahrung, dass im Rahmen einer Liquidation noch nennenswerte Verwertungsquoten erzielt werden können. Befriedigend sind die Quoten aber auch bei den Sanierungslösungen in der Insolvenz nicht. So bestätigen lediglich 21,6 % der Institute, dass sich bei diesen Verfahrensformen noch relevante Quoten erzielen lassen. Rund 37,4 % sind in dieser Frage unentschieden und immerhin 41,0 % der Teilnehmer erwarten auch bei der Umsetzung von Sanierungen in der Insolvenz keine hohen Zahlungen auf die Restforderungen. Dieses Bild ist für Banken ernüchternd und die außergerichtliche Sanierung ist umso wichtiger, um meist erhebliche Forderungsausfälle in Form von Abschreibungen zu vermeiden. Es zeigt sich, dass der Sanierung für Banken eine große wirtschaftliche Bedeutung zukommt.

Mit einem in der Relation hohen Prozentsatz von 16,7 % stimmen lediglich die sonstigen Institute zu, dass eine Verwertung hohe Quoten ermöglicht. Dies kann damit zusammenhängen, dass das Sicherungsgut, unter anderem in Autobanken, noch zu hohen Verwertungspreisen veräußerbar ist. Diese Beobachtung wird von den anderen Institutsgruppen nicht geteilt. Der Aussage, dass Sanierungslösungen in der Insolvenz meist höhere Quoten erbringen, stimmen am ehesten noch die Privatbanken (33,3 %) und die Sparkassen (30,4 %) zu.

Rund 24,3 % der Akteure erwarten keine nachhaltige Verbesserung der Sanierungszahlen in einer Insolvenz. Die größten Hoffnungen beruhen mit rund 82,2 % der Institutsnennungen auf der Einsetzung des vorläufigen Gläubigerausschusses im Fall mittlerer und großer Unternehmen mit der Möglichkeit, die Auswahl des Insolvenzverwalters künftig mitgestalten zu können (78,1 %). Der vorläufige Ausschuss wird von rund 61,2 % der Teilnehmer als wichtiges Instrument zur Steigerung der Sanierungschancen der insolventen Firma angesehen.

Die im ESUG vorgesehenen Maßnahmen werden hinsichtlich ihrer positiven Auswirkungen auf die Sanierungschancen sehr zurückhaltend beurteilt. Nur 10,5 % der Institute sind der Ansicht, dass der Debt Equity Swap (DES) die Sanierungschancen in der Insolvenz erhöhen wird und 56,6 % der Institute sind der Meinung, dass dieses Instrument keinerlei Praxisrelevanz besitzt. Die Änderungen zum Insolvenzplan (30,9 %) sowie die Einführung des Schutzschirmverfahrens (32,9 %) werden jeweils nur von rund einem Drittel der Institute für wichtig, im Sinne einer Erhöhung der Sanierungschancen, gehalten. Etwa die Hälfte (49,3 %) der Banken plant künftig einen Sitz im vorläufigen Gläubigerausschuss zu beanspruchen, falls dieser in Anbetracht der Größe des insolventen Unternehmens vom Gericht eingesetzt wird. Im nennenswerten Umfang (30,2 %) werden die Mitarbeiter daher auch, zum Beispiel durch separate Fortbildungen, auf ihre Tätigkeit im Gläubigerausschuss vorbereitet. Etwa jedes fünfte Kreditinstitut (18,7 %) plant, sich durch externe Anwälte im vorläufigen Gläubigerausschuss vertreten zu lassen.

Hinsichtlich konkreter positiver Auswirkungen des ESUG sind die Studienteilnehmer mehr als skeptisch. So gehen etliche Institute davon aus, dass die Möglichkeit zur Einflussnahme auf die Insolvenzverwalterauswahl weder die Verfahrenskosten verringert (66,4 %), noch die Verfahrensdauer verkürzt (46,3 %) oder die Ausfälle nachhaltig reduziert (29,5 %). Die Erwartung, dass die Maßnahmen aus dem ESUG die Sanierungschancen tatsächlich steigern, schwankt bei einem Branchendurchschnitt von 29,7 % zwischen 16,7 % der Nennungen bei den Privatbanken und rund 35,2 % der Antworten bei den Genossenschaften. Die Praxisrelevanz des Debt Equity Swaps wird vor allem von den Sparkassen bezweifelt. Aber auch unter den anderen Institutsgruppen wird die Nutzung dieses Sanierungsinstrument sehr eingeschränkt erwartet. Hoffnungen werden in die sanierungsfördernden Änderungen zum Insolvenzplan gesetzt, die insbesondere die Sparkassen mit 35,7 % der Nennungen stärker betonen, als der bei 30,9 % liegende Branchendurchschnitt.

Die Sanierungserwartungen an das Schutzschirmverfahren finden vor dem Hintergrund einer Branchenmeinung von 32,9 % die meisten Unterstützer im Kreis der Genossenschaftsbanken (36,1 %). Die Aussage, dass der Gläubigerausschuss für Banken ein wichtiges Instrument darstellt, wird von den Privatbanken mit nur einem Drittel der Nennungen wenig geteilt (Branchendurchschnitt 61,2 %). Die Mehrheit der Umfrageteilnehmer (78,1 %) misst der Einflussnahme auf die Auswahl des Insolvenzverwalters eine wichtige Bedeutung bei. Dies wird im Lager der Privatbanken nur von der Hälfte der Institute bestätigt. Auch vom Schutzschirmverfahren erwarten die privaten Institute in der Regel keine Erhöhung der Sanierungschancen. Allerdings bejahen alle Großbanken die Wichtigkeit der neuen Einflussmöglichkeiten auf die Auswahl des Insolvenzverwalters sowie die Bedeutung des vorläufigen Gläubigerausschusses bei mittleren und großen Verfahren.

Die gezielte Vorbereitung von Mitarbeitern auf die Tätigkeit im vorläufigen Gläubigerausschuss wird insbesondere von Sparkassen (42,9 %) sowie sonstigen Instituten (40,0 %) betrieben. Die genossenschaftlichen Häuser treten hier mit 21,6 % der Zustimmung zurückhaltender auf. Allerdings scheinen Genossenschaftsbanken und Sparkassen bezüglich der Vertretung im Gläubigerausschuss grundsätzlich andere Strategien zu verfolgen. So planen insbesondere die kleineren Genossenschaftsbanken, sich verstärkt durch externe Anwälte in einem Gläubigerausschuss vertreten zu lassen. Die mangelnde Größe sowie der geringe Mitarbeiterstamm im Insolvenzbereich können Gründe für dieses Antwortverhalten sein. Die Motivation, sich durch externe Anwälte vertreten zu lassen, wird durch die Auswertung nach Institutsgrößenklassen bestätigt. Es sind mit 25,7 % vorrangig Kleinstinstitute, bei denen diese Option am stärksten präferiert wird. Je größer die Institute sind, desto seltener wird dieser Vertretungsweg beabsichtigt. In Anlehnung hieran nimmt tendenziell auch die Vorbereitung der eigenen Mitarbeiter auf die Neuerungen des vorläufigen Gläubigerausschusses mit steigender Institutsgröße zu. Die nachfolgende Abb. 5.8 zeigt die Antwortverteilung zur Bedeutung des vorläufigen Gläubigerausschusses.

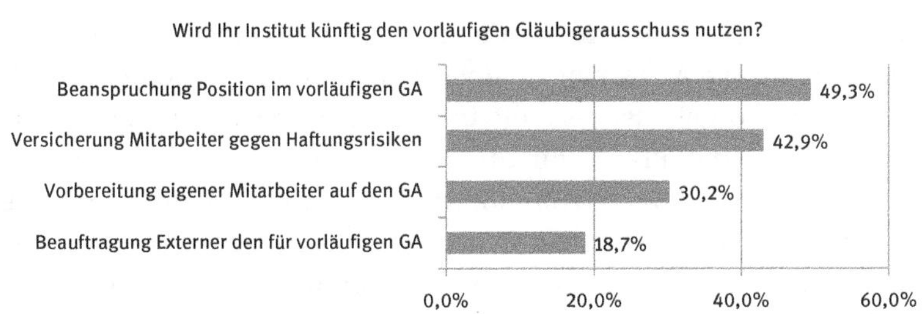

Abb. 5.8: Bedeutung des vorläufigen Gläubigerausschusses (Quelle: Eigene Darstellung)

Als wichtige Änderung des ESUG werden der vorläufige Gläubigerausschuss und die damit verbundene Möglichkeit der Kreditinstitute zur Einflussnahme bei der Auswahl des vorläufigen Insolvenzverwalters gewertet. In Bezug auf die institutsinterne Sphäre erwarten die Institute vor allem einen steigenden Personalbedarf in qualitativer Form. Treiber dieses Bedarfes sind die wachsenden fachlichen Anforderungen an die Mitarbeiter, die sich einerseits aus der Entwicklung des Abwicklungsgeschäftes, beispielsweise aufgrund komplexer Insolvenzverfahren, ergeben. Andererseits bedingt das Streben nach sanierungsorientiert ausgerichteten Abwicklungsformen ein verstärktes Zusammenwachsen der Bankbereiche Sanierung und Abwicklung mit dem Entstehen neuer Kompetenzprofile in den Kreditinstituten.

Hierzu gehört gegebenenfalls auch die Reorganisation von Bearbeitungsprozessen im Überschneidungsbereich zwischen den beiden Problemkreditbereichen, gegebenenfalls unter Einbindung dieser Marktsegmente. Neben den qualitativ-fachlichen Herausforderungen erwarten die Institute durch die steigende Komplexität in den Verfahren sowie durch die zunehmenden Sitzungen der Gläubigerausschüsse auch quantitativ erhöhte zeitliche Anforderungen. Es besteht das Bewusstsein, dass die optimale Nutzung des ESUG auch auf eine konsequente und erfolgreiche Risikofrüherkennung angewiesen ist. Bezogen auf den Verfahrensablauf erwarten einige Institute verbesserte Prozesse und eine schnelle Abwicklung der Verfahren. Der Bedeutungszuwachs der sanierenden Verfahrensvarianten ist sehr positiv aufzunehmen. Als eher kritisch wird die Stärkung der Eigenverwaltung gesehen.

Bei einer Zusammenarbeit mit den Insolvenzverwaltern gehen die Kreditinstitute von einer erhöhten Fortführungsorientierung sowie von einem steigenden Wettbewerb unter den Insolvenzverwaltern aus. Ferner erwarten die Bankenvertreter aufgrund einer verbesserten Einflussmöglichkeit auf die Verwalterauswahl eine erhöhte Kooperationsbereitschaft der Insolvenzverwalter. Dazu kann es aus Sicht des Insolvenzverwalters hilfreich sein, die Verfahrensquoten offenzulegen, um genau zu erfahren, welche Erfolge bei der Insolvenzabwicklung erzielt werden. Im Folgenden werden die Abwicklungsprozesse in den Kreditinstituten detailliert untersucht. Zunächst wird im folgenden Kapitel daher die Organisation der Prozesslandschaft in den Banken und Sparkassen analysiert.

Dabei zeigt es sich, dass der Prozessorientierung in der Abwicklung insgesamt eine hohe Bedeutung zukommt. Die Abwicklung eignet sich aufgrund der hohen Fallzahlen und der einheitlichen Vorgehensweise, die in den Insolvenzverfahren durch die festen Termine vorgegeben sind, meist sehr gut für eine prozessuale Gestaltung von Vorgängen. Zudem wird eine Voraussetzung für die Begleitung durch die bankeigene IT geschaffen. Damit werden diese Abläufe insgesamt auch auswertbar und eine Berichterstattung und ein Controlling der Abwicklungsaktivitäten wird ermöglicht. Dieses verschafft Transparenz und kann im Ergebnis dazu führen, dass die Prozesse in der Abwicklung weiter optimiert werden und die Resultate aus den Abwicklungen erhöhte Ausfälle in Form von Abschreibungen vermeiden helfen.

5.2 Bankorganisation und Prozesse der Abwicklung

Lernziele
Bankinterne Strukturen der Insolvenzbearbeitung kennen
Ablaufprozesse bei Abwicklungsfällen in Kreditinstituten wissen
Rechtliche Vorgaben in der Abwicklung bewerten können

Scheitern außergerichtliche Sanierungsbemühungen, ist der Insolvenzantrag oft die Folge. Der Geschäftsführer, der Gesellschafter, die Mitglieder eines Überwachungsorgans oder die Gläubiger der Schuldnerfirma stellen den Insolvenzantrag und das Engagement wechselt bankintern vom Sanierungsbereich in die Abwicklungsabteilung. Gründe für diese Engagementübergabe an die Abwickler liegen zum einen in der erforderlichen juristischen Begleitung der Fälle sowie zum anderen in der Trennung von den zur Sanierung bestimmten Betreuungskapazitäten. Diese Mitarbeiterprofile unterscheiden sich von den Akteuren in der Sanierungsabteilung. So werden Spezialisten für die Insolvenzverfahrensbegleitung benötigt, die bei der Abwicklung von Kreditsicherheiten Fachwissen aufweisen.

Die Prozesse in der Abwicklungsabteilung orientieren sich in der Regel am Verlauf eines Insolvenzverfahrens. Dabei sind die Teilnahme in einem Gläubigerausschuss, die Besuche der Termine einer Gläubigerversammlung, die Vorfinanzierung des Insolvenzgeldes, die Prüfung der Gewährung von Massekrediten und Maßnahmen zur Überwachung des Insolvenzverwalters oder die Begleitung von sanierenden Alternativen im Insolvenzverfahren zu entscheiden.

Der Verfahrensverlauf ist stark formaljuristisch geprägt und aus diesem Grund von den Hausjuristen mit zu begleiten. Gleichermaßen bietet der feste Insolvenzverfahrensablauf die Möglichkeit bestimmte Prozessabläufe zu installieren, um einheitliche, vollständige und weitgehend standardisierte Geschäftsprozesse im Rahmen der Abwicklung zu gestalten. Auf diese Weise lassen sich die Bearbeitungskosten senken und die Abwicklungskonzepte gemäß MaRisk BTO 1.2.5 Rn. 6 für die einzelnen Fälle erarbeiten. Aber eine einheitliche Vorgehensweise sollte den Mitarbeitern zudem noch Freiheiten belassen, um über kreative Gestaltungen in der Insolvenz gegebenenfalls noch Gelder und Firmenteile zu retten.

Im Anschluss an den Ablauf eines Verfahrens können die Erfolge und Kosten aus der Abwicklung erfasst werden. Dies setzt wiederum Prozesswege und eine umfangreiche IT-Unterstützung voraus. Auf dieser Basis kann dann auch die Berichterstattung nach MaRisk BTO 3.2 für den Bereich der Abwicklung aufgebaut und verfeinert werden, denn auch im Abwicklungssegment ist ein Monitoring erforderlich.

5.2.1 Bankinterne Steuerung der Abwicklung

Der Abwicklungsbereich bildet nach den MaRisk zusammen mit der Sanierung die Problemkreditbearbeitung. Während jedoch in BTO 1.2.5 Rn. 1 bis 5 die Begleitung von Sanierungen aus Sicht der Kreditinstitute detailliert beschrieben wird, bestimmt BTO 1.2.5 Rn. 6 lediglich die Ausarbeitung eines bankinternen Abwicklungskonzeptes für uneinbringliche oder ausgefallene insolvente Kreditengagements. Bei der organisatorischen Ausgestaltung sowie der prozessualen Umsetzung der Abwicklung werden den Banken und Sparkassen erhebliche Freiräume gelassen.

Die Aufbauorganisation in der Abwicklungsabteilung ist noch stärker von der Größe und der Ausrichtung eines Instituts auf bestimmte Geschäftsfelder abhängig als der Sanierungsbereich. Zunächst sind die hauptsächlichen Geschäftsarten eines Kreditinstituts zu bestimmen, um die Mitarbeiterprofile und die Kapazitäten auf die häufig vorkommenden Abwicklungen und Insolvenzfälle einzustellen nach:

- Fallzahlen je Geschäftsfeld: Kleine, mittlere oder größere Firmenkunden, Freiberufler, Projektfinanzierungsgeschäfte in den Bereichen Infrastruktur, Immobilien, Schiffen, regenerativer Energievorhaben sowie sonstiger Spezialprojekte im Rahmen der Single-Asset-Finanzierung.
- Größe, Branche und Spezialität der Engagements: Einfache Insolvenzfälle oder verstärkt komplexe inländische und internationale Kreditengagements mit Verflechtungen im Ausland und übertragenden Sanierungen oder Insolvenzplänen sowie der Beteiligung in Gläubigerausschüssen.
- Struktur sowie Spezialisierungsgrad der Sicherheiten: Klassische Kreditsicherheiten oder Spezialfinanzierungen mit besonderen Sicherheiten unter anderem in der Form von Schiffen, regenerativen Energievorhaben oder komplexen Immobilienfinanzierungen von Bauträgern.

Der Aufbau der Abwicklungsabteilung in den Kreditinstituten wird sich in erster Linie an den Stückzahlen und Volumina in den einzelnen Kundensegmenten orientieren. Banken, die sich im Vertrieb verstärkt auf das Privatkundengeschäft konzentrieren, werden sich intensiv mit der Abwicklung von Ratenkrediten, Baufinanzierungen und den zugehörigen Kreditsicherheiten wie Sicherungsübereignungen und Grundschulden beschäftigen. Es werden dort häufig Rückzahlungsvereinbarungen getroffen, um Teile der Restforderungen zu realisieren.

Im Firmenkundengeschäft ist diese Differenzierung des Organisationsaufbaus, der Mitarbeiterprofile und der Geschäftsprozesse aufgrund der höheren Komplexität der Kreditengagements und der Sicherheiten in Abhängigkeit von den Kreditportfolios stärker ausgeprägt. Es existieren Banken, die sich auf das kleinteilige Firmenkundengeschäft und Freiberufler konzentrieren sowie jene, die klassische Mittelständler oder große internationale Konzerne betreuen sowie Häuser, die zusätzlich Spezialsegmente unter anderem bei der Finanzierung von Projekten bedienen.

Das Projektfinanzierungsgeschäft ist ebenfalls weit aufgefächert, unter anderem in regenerative Energievorhaben, klassische Kraftwerke, Schiffe und Flugzeuge, Infrastrukturkonzepte oder größere Bauvorhaben. Im Folgenden werden die Segmente der Finanzierung von kleinen sowie mittleren Unternehmen im klassischen Firmenkundenkreditgeschäft und der damit zusammenhängende strukturelle, organisatorische Aufbau der Abwicklungsabteilung betrachtet.

Aufgrund des in der Insolvenz benötigten Spezialwissens ist es von Vorteil, die Federführung in der Spezialmarktfolge in einem gesonderten Abwicklungsbereich zu verankern. Ein mögliches Aufbauprofil einer Abwicklungsabteilung im Firmenkundengeschäft wird in der folgenden Abb. 5.9 dargestellt.

Abb. 5.9: Abwicklungsabteilung im zentralen Organisationsmodell (Quelle: Eigene Darstellung)

In diesem Modell existieren Betreuungsteams für die Begleitung einfach strukturierter Insolvenzfälle oder komplexer Firmenengagements in der Insolvenz. Des Weiteren werden Spezialisten für die Überwachung sowie die Unterstützung der Verwertungsprozesse bei den Kreditsicherheiten eingesetzt. Unter Umständen bestehen Betreuer für das Mengengeschäft der Privatinsolvenzen und Spezialisten, die sich mit den Besonderheiten bei der Abwicklung von Finanzierungen im Projektgeschäft bei regenerativen Energieprojekten, Schiffsfinanzierungen und im Hypothekengeschäft oder der Abwehr von Avalinanspruchnahmen auskennen.

Voraussetzung für dieses sehr stark aufgespaltene Modell mit einem hohen Spezialisierungsgrad sind umfassende Fallzahlen an Abwicklungen in den einzelnen Geschäftssegmenten. In kleineren Instituten kann es durchaus der Fall sein, dass nur eine Person die komplette Wertschöpfungskette der Abwicklung abdeckt. Zu überdenken ist auch die juristische Prägung der Abwicklungsabteilung. Es besteht die Möglichkeit, diesen Bereich aufgrund der vielfach juristischen Fragestellungen in der Rechtsabteilung zu verankern. Allerdings ist auch eine betriebswirtschaftliche Denkweise von hoher Bedeutung, da auch in diesem Segment wirtschaftliche Entscheidungen zu treffen sind. Das juristische Wissen kann in einer eigenen gesonderten Rechtsabteilung vorgehalten oder am Markt zugekauft werden.

In der Praxis großer Häuser bewährt es sich seit langem, wenn das Know How in einer zentralen Rechtsabteilung durch erfahrene Juristen vorgehalten wird, die einerseits die Abwicklung intern beraten, andererseits aber auch bei wesentlichen Verhandlungen, zum Beispiel mit dem Verwalter oder Eigenverwalter beteiligt sind und an Entscheidungen und Gremienvorlagen verantwortlich mitwirken. Dabei kann ein entsprechend sehr gut aufgestelltes Haus die vorhandene Kompetenz nicht nur in Gläubigerausschüssen sachgerecht einbringen, sondern auch Rechtsentwicklungen über die Verbände, in denen das Haus Mitglied ist, positiv begleiten beziehungsweise über wissenschaftliche Aktivitäten geeigneter Mitarbeitender einschließlich der Organmitglieder positive Diskussionsbeiträge für die Rechtsfortbildung in Insolvenz und Sanierung leisten.

Eine zentrale Rechtsabteilung, die nicht die Aufgabe der kreditwirtschaftlichen Engagementbearbeitung des Krisenengagements hat, sondern die Begleitung spezifischer rechtlicher Fragen unter wirtschaftlichem Blick in den Fokus stellt, hat sinnvoller Weise die Funktion der alleinigen Führung etwaiger Rechtsstreite der Bank auf der Aktiv- oder Passivseite mit entsprechenden Kompetenzen. Externer anwaltlicher Rat ist einzuholen, wenn spezifisches im Haus nicht vorhandenes Know How gefordert ist. Dieses wird häufig der Fall sein bei komplexen Kapitalmarktprodukten mit aufwendigen und umstrittenen Strukturen, generell aber bei wesentlichem Einschlag ausländischen Rechts. Die Grundlagen sowie Details des inländischen Insolvenz- und Sanierungsrechts sollte aber jeder Abwickler als Teil seiner täglichen Arbeit im Griff haben und er muss auch regelmäßig seine Kenntnisse in diesem weitgespannten dynamischen Rechtsgebiet auffrischen.

Des Weiteren ist dabei die Intensität der Zusammenarbeit mit der Sanierungsabteilung festzulegen. Gerade bei den Insolvenzen großer Unternehmen, in Verbindung mit für ein Institut umfangreichen Kreditvolumina, ist es von Vorteil, wenn der Sanierer zunächst weiterhin an der Begleitung und Entscheidungsfindung des Falls beteiligt wird. Dieser kennt das Engagement aus seiner Zeit als Sanierer gut und zudem wird dem Aspekt des Vier-Augen-Prinzips bei Entscheidungen zur Kreditvergabe und zu Verwertungen Rechnung getragen.

Zudem kann und muss auch ein Coaching der Abwickler bei der Betreuung von Fällen im Sanierungsbereich erfolgen, wenn sich ein Abgleiten des Unternehmens in die Insolvenz frühzeitig abzeichnet und eine Sanierung in der Insolvenz möglich ist. Die Bereiche Sanierung und Abwicklung sollten eng miteinander kommunizieren und die Vorteile der vorhandenen und spezialisierten Mitarbeiterprofile gegenseitig nutzen. Auf diese Weise kann das Sanierungswissen bei einer Fortführung in der Insolvenz beispielsweise im Insolvenzplanverfahren wichtig werden. Durch geeignete Mechanismen sollte eine Übergabedokumentation vom Sanierungsbereich zu den Abwicklern erfolgen, die dort in einer Übernahmedokumentation mündet, um keine Lücken durch den Übertragungsvorgang entstehen zu lassen. Dies ist eine potentielle Fehler- und Schadensquelle.

Die Größe der Engagements verteilt sich bei den auf das mittelständische Kreditgeschäft ausgerichteten Banken meist auf die Umsatzgrößensegmente der kleinen und mittleren Unternehmen gemäß § 267 Abs. 1 und 2 HGB. Diese Aufteilung bestimmt häufig auch den Komplexitätsgrad bei der Ausgestaltung der Abwicklungsbearbeitung. Es lassen sich in der Regel drei Geschäftsprozesse der Abwicklung in Kreditinstituten mit verschiedenen Komplexitätsgraden differenzieren.

Erstens Insolvenzen von Selbstständigen und Gesellschaften beziehungsweise juristischen Personen, die sich aufgrund geringer Kreditvolumina und einfacher Sicherheitenstrukturen im Rahmen des Geschäftsprozesses der **Standardabwicklung** bearbeiten lassen. In diesem Fall wird das betreffende Unternehmen durch den Insolvenzverwalter häufig zerschlagen und die einzelnen Veräußerungen bei den mit Absonderungsrechten belegten Firmenkreditsicherheiten werden durch diese Mitarbeiter in den Banken eng überwacht. Zudem umfasst dieser Bereich Fälle, die über Rückzahlungsvereinbarungen, Ablösungen oder weitere Vereinbarungen abgebaut werden können. Der einzurichtende Geschäftsprozess beinhaltet die außergerichtliche sowie die gerichtliche Forderungsbeitreibung der Forderungen mit den Mahn- und den Kündigungsschritten und lässt sich aufgrund der meist fest vorgegebenen Schritte gut durchstrukturieren.

Zweitens sind Unternehmensinsolvenzen mit komplexen Firmenstrukturen in einem Prozess der **Individualabwicklung** zu betreuen. Dies ist erforderlich bei Insolvenzen von Firmen mit umfangreichen Krediten und komplexen Sicherheiten, die mit einem hohen Einsatz an Abwicklungspersonal im Rahmen der Insolvenz, gegebenenfalls auch nur mit einer Teamlösung, begleitet werden können. In diesen Fällen wird meist das volle Repertoire an insolvenzrechtlichen Maßnahmen aus Gläubigersicht ausgeschöpft, mit der Begleitung im Rahmen eines vorläufigen Gläubigerausschusses, der Überprüfung der Gestaltung eines Insolvenzplanverfahrens sowie der Anbahnung von übertragenden Sanierungen. Auf den komplexen Prozessweg wird im Folgenden in den Ausführungen Bezug genommen.

Drittens bestehen in einigen Banken besondere Finanzierungen, die im Rahmen der **Spezialabwicklung** zu bearbeiten sind, da das Know How in der Abwicklung von Projektfinanzierungen bei Schiffen, regenerativen Energievorhaben oder bei Spezialverwertungen von Immobilien in den Kreditinstituten vorzuhalten ist.

Es lassen sich analog zum Bereich der Sanierung in vielen Bankinstituten drei unterschiedliche Abwicklungswege konstruieren, in denen die Firmenengagements in der Insolvenz bearbeitet werden. Die Entscheidungskompetenz und Überwachung der Prozesse ist außerhalb des Bereiches Markt wahrzunehmen (MaRisk BTO 1.2.5 Rn. 1) und die Gestaltung der Mitarbeiterprofile kann sich an den drei Abwicklungswegen orientieren. Diese Vorgaben in den MaRisk zum Abwicklungsbereich sind im Vergleich zu den Sanierungsaktivitäten wenig ausführlich. Nach MaRisk BTO 1.2.5. Rn. 6 wird lediglich bestimmt, dass für den Fall der Abwicklung eines Engagements ein **Abwicklungskonzept** zu erstellen ist.

Des Weiteren sind in den Prozess der Verwertung der Sicherheiten eigene Mitarbeiter oder gegebenenfalls externe Spezialisten mit entsprechenden Kenntnissen einzubeziehen. Der geringe Ausführlichkeitsgrad in den MaRisk hat jedoch auch Vorteile, da er den Kreditinstituten Freiheiten bei einer Ausgestaltung dieses Bereiches der Problemkreditbearbeitung lässt.

Im Vergleich zu den Sanierungsaktivitäten eines Kreditinstituts gilt auch für den Fall der Abwicklung von Kunden, dass die Mitarbeiterkosten in Relation zu den vermiedenen Forderungsausfällen und den abgewendeten Haftungsrisiken oftmals zu vernachlässigen sind. Mit einer zu starken Effizienzbetrachtung des Abwicklungsbereiches werden die Möglichkeiten der Vermeidung von endgültigen Abschreibungen oder erhöhten Wertberichtigungen unter Umständen stark beeinträchtigt. Fehlt es beispielsweise an der Erfahrung im sachgerechten Umfang mit Anfechtungs- oder Avalrisiken, besteht die Gefahr voreiliger Fehleinschätzung mit der Folge von Rückstellungs- beziehungsweise Wertberichtigungserhöhungen in beachtlichen Größenordnungen. Eine Wertorientierung ist in der Abwicklung gegenüber einer Kostenbetrachtung vorzuziehen (vgl. Portisch et al., 2013d, S. 162 ff.).

Somit ist den Mitarbeitern auch bei einer Gestaltung standardisierter Prozesswege unbedingt ein ausreichender Freiraum bei der Begleitung der Engagements einzuräumen, einschließlich entsprechender Kompetenzen und einer vernünftigen Fehlerkultur. Zunächst ist dazu festzulegen, wann eine Überleitung eines Kreditengagements an die Abwicklung erfolgt, mit der Kündigung des Engagements oder mit dem Insolvenzantrag. Es bieten sich beide Alternativen einer Übergabe des Engagements an, jedoch ist eine zeitnahe Überleitung sinnvoll. Sogar die Frage der Kündigung des Kreditengagements ist unter rechtlichem sowie wirtschaftlichem Aspekt sorgfältig abzuwägen, da bei vorhandener Sanierungsmöglichkeit mit voraussichtlich besserem Ergebnis für die Bank ein bloßes Einfrieren von Linien (Zurückbehaltungsrecht) oder ähnliche nur vorübergehende Maßnahmen gegebenenfalls rückgängig gemacht werden können, die vorschnell ausgesprochene Kündigung ohne rechtlichen Zwang, aber nicht. Die Kündigung ist mit all ihren Folgen endgültig.

Damit kein Insolvenzantrag übersehen wird, sind die Sanierungsfälle in regelmäßigen Abständen auf die Insolvenzgefahr hin zu überprüfen. Die amtlichen Bekanntmachungen sind durchzusehen, da die Anordnung von Sicherungsmaßnahmen im Regelinsolvenzverfahren öffentlich bekannt zu machen ist (§ 23 Abs. 1 InsO). Auch ein enger Kontakt zu den Insolvenzgerichten sowie zu den Insolvenzverwaltern in einer Region ist vorteilhaft, um zeitnahe Informationen über die eingehenden Insolvenzanträge als Beteiligter im Rahmen der Verschwiegenheitspflichten von Gericht und vorläufigem Insolvenzverwalter zu erhalten.

Dies ist insbesondere wichtig, wenn eine frühzeitige Verfahrensbeteiligung erwogen wird, unter anderem, um in einem vorläufigen Gläubigerausschuss des Eröffnungsverfahrens (§ 21 Abs. 2 Satz 1 Nr. 1a InsO, § 22a InsO) die Auswahl des (vorläufigen) Insolvenzverwalters mit zu begleiten.

Im Vorfeld der Gestaltung von Abwicklungskonzepten nach MaRisk BTO 1.2.5 Rn. 6 sind die zu begleitenden Fälle zunächst auf diese drei Prozesswege zu verteilen. Unter Umständen sind die Mitarbeiterkapazitäten in Anlehnung an den Komplexitätsgrad der Fälle sowie der Vermeidung von Wertberichtigungen, Rückstellungen, Abschreibungen und möglicher Haftungsrisiken auszurichten. Dazu ist ein zeitliches Schema für die Verfahrenswege aufzubauen, um dann einschätzen zu können, welche Anzahl von Mitarbeitern für die Begleitung erforderlich ist. Anschließend ist das interne Abwicklungskonzept gemäß MaRisk zu erstellen.

Definition: Das bankinterne **Abwicklungskonzept** nach MaRisk BTO 1.2.5 Rn. 6 beschreibt die weiteren Vorgehensweise bei einem sich in der Abwicklung befindenden Kreditengagement. Die Abwicklungsstrategie kann für gleichartige Produkte und Kundenbeziehungen ähnlich und für individuelle Engagements spezifisch verfasst werden. Dieses Konzept ist in die interne Berichtsstruktur zu verankern und durch den Kompetenzträger zu entscheiden, obwohl auch ein Einzelvotum möglich ist.

Das Abwicklungskonzept ist als Protokoll in Form einer standardisierten Berichterstattung festzuhalten. Es ist dort unter anderem einzugehen auf:

- Kostenlinien für Verwertungsmaßnahmen zur Einschaltung Externer
- Finanzierungen über die Insolvenzgeldvorfinanzierung oder Massekredite
- Geplante Vorgehensweisen einer Sanierung, Übertragung oder Verwertung

Das Abwicklungskonzept kann individuell für einen Firmenkunden oder auch standardisiert bei gleichartig ausgestalteten Engagements und Sicherheiten erstellt werden. In den Firmenkundensegmenten ab einer mittleren Unternehmensgröße und für die Risikotragfähigkeit einer Bank bedeutenden Kreditvolumina und Blankoteilen ist aufgrund der höheren Risikorelevanz ein individuelles Vorgehen vorzuziehen. Das Abwicklungskonzept ist in die bankinterne Berichterstattung zu integrieren. Ähnlich wie bei der Berichterstattung im Sanierungsbereich sind der umfassende Erstbericht (EB) und die Folgeberichte (FB) zu unterscheiden.

Im Folgebericht sind im Wesentlichen die neueren Ereignisse bei besonderen Kreditanlässen oder im regelmäßigen Turnus beispielsweise im Rahmen der jährlichen Prolongation zu berichten. Von besonderer Bedeutung ist, dass für den Kompetenzträger im Votum eine Entscheidung gut vorbereitet wird. Der Entscheidungsbedarf und der Wiedervorlagetermin sind abschließend aufzuzeigen. Ein möglicher Aufbau des Abwicklungsberichts wird in der nachfolgenden Abb. 5.10 dargestellt. Im Erstbericht erfolgt eine detaillierte Vorstellung des Falls. Diese Berichterstattung folgt der Dokumentation der gescheiterten Sanierung.

Des Weiteren ist die Gremienbeteiligung eines Kreditinstitutes in der Gläubigerversammlung festzulegen. Inwieweit eine Gremienbeteiligung bei einer Mitgliedschaft der Bank selbst in einem gebildeten (vorläufigen) Gläubigerausschuss tatsächlich in Frage kommt, ist vom Einzelfall abhängig.

Abwicklungsberichterstattung

Rating, Linien, Inanspruchnahmen, Sicherheiten, Risiko, EWB und Teilabschreibungen
→ darzustellen im EB und in den FB

Kreditanträge insbesondere zu Kostenlinien und Massekrediten
→ darzustellen im EB und in den FB

Teilnahme in einem (vorläufigen) Gläubigerausschuss und Auswahl Insolvenzverwalter
→ darzustellen im EB und Entwicklungen in den FB

Berichte von den Terminen der Gläubigerversammlung
→ darzustellen im EB und Entwicklungen in den FB

Angestrebte Verfahrensweise: Planverfahren, Übertragende Sanierung, Verwertung
→ darzustellen im EB und in den FB

Gläubigerstruktur, kollidierende Sicherheiten und Verhalten anderer Gläubiger
→ darzustellen im EB und in den FB

Angestrebtes Weiterbehandlungskonzept und Dauer der Abwicklung
→ darzustellen im EB und in den FB

Entscheidungsbedarf und Wiedervorlagetermin

Abb. 5.10: Inhalte eines Abwicklungsberichtes (Quelle: Eigene Darstellung)

Die Grenzen der Verschwiegenheitspflicht sind auch intern zu beachten, aber etwas fließend. Ist ein Mitarbeiter der Bank oder Organmitglied gar persönlich Mitglied des Gläubigerausschusses, führt dieses persönliche Mandat dazu, dass jedenfalls keine institutionalisierte Berichterstattung gegenüber den Gremien möglich ist, diese kann auch nicht gefordert werden. Verstöße dagegen können unter anderem zum Ausschluss aus dem Ausschuss aus wichtigem Grund führen (§ 70 InsO) oder gegebenenfalls zu Schadenersatz (§ 71 InsO). Der Gläubigerausschuss ist vom Gesetzgeber als Instrument der Wahrung der Interessen der Gesamtheit der Gläubiger konzipiert und nicht als Organ, das der Interessenverfolgung einzelner Gläubiger- oder Gläubigergruppen dient (Schmidt et al., 2016, § 70 InsO, Rn. 9 ff.). Insgesamt ist im Abwicklungskonzept zu erörtern, welche Maßnahmen eingeleitet werden sollen, um den Schaden aus der Unternehmensinsolvenz zu begrenzen.

Es ist regelmäßig Bericht zu erstatten über den Erfolgsgrad der vorgeplanten Abläufe. Bei komplexen Fällen sind die wichtigen Schritte im Insolvenzverfahren durch ein Berichtswesen eng zu begleiten. Dieses beginnt unter Umständen bereits im Vorfeld des Insolvenzantrags oder direkt im Anschluss an den Insolvenzantrag mit der Auswahl des vorläufigen Insolvenzverwalters.

Gerade bei bedeutenden Insolvenzfällen, in denen unter Umständen ein hoher Grad an Spezialwissen beim Verwalter erforderlich ist, sollten sich die Kreditinstitute Gedanken über einen geeigneten Insolvenzverwalter machen. Hilfreich ist es, wenn eine Datenbank mit Insolvenzverwaltern aufgebaut wird, in denen die Erfahrungen aus der Vergangenheit erfasst werden.

Für Kreditinstitute wichtige Eigenschaften eines Insolvenzverwalters sind unter anderem die zeitnahe Berichterstattung, das schnelle Reagieren auf Bankanfragen, die betriebswirtschaftliche Denkweise und die Gläubigerorientierung bei der Sanierung oder Verwertung. Es sollte insgesamt eine enge Abstimmung mit dem Insolvenzgericht und den weiteren in einem vorläufigen Gläubigerausschuss befindlichen Mitarbeitern im Abwicklungsprozess erfolgen, damit Entscheidungen zeitnah fachlich optimal getroffen werden können.

Die Entscheidung liegt aber beim vorläufigen Gläubigerausschuss des Eröffnungsverfahrens und beim Insolvenzgericht. Sobald nur ein einziges Mitglied eines mehrköpfigen Gläubigerausschusses die Erwägungen der Bank, sogar dann, wenn sie bei weitem größter Gläubiger ist, nicht teilt, kommt es nicht zu einem einstimmigen Beschluss des Ausschusses und damit auch nicht zu einer Bindung des Gerichts an die Mehrheitsentscheidung, auch wenn bei einem Ausschuss mit fünf Mitgliedern beispielsweise vier für den Vorschlag der Bank stimmen (§ 56a Abs. 2 Satz 1 InsO). Allerdings besteht dann eine Bindung des Gerichts an die allgemeinen Kriterien, die der Ausschuss mehrheitlich für die Auswahl des Verwalters beschlossen hat (§ 56a Abs. 2 Satz 2 InsO). Die formelle Entscheidung trifft dann das Insolvenzgericht nach seinem Ermessen aus der Zahl der von ihm konkret im Einzelfall für geeignet befundenen Verwalter (§ 56 InsO).

Direkt nach Kenntnis vom Insolvenzantrag sind Maßnahmen der Bank angezeigt, die der Sicherung der mobilen Sicherheiten dienen, insbesondere der Widerruf der Einziehungsbefugnis sicherungszedierter Forderungen oder bei der Weiterveräußerungsbefugnis sicherungsübereigneter Gegenstände gegenüber dem Schuldner und dem vorläufigen Insolvenzverwalter beziehungsweise Sachwalter. Die Anmeldung der Forderungen und Kreditsicherheiten beim Insolvenzverwalter (§§ 28, 174 InsO) erfolgt allerdings erst nach der Verfahrenseröffnung innerhalb der Fristen im Eröffnungsbeschluss. Dieses geschieht in der Regel mit der Einreichung der Kopien der Kredit- und Sicherheitenverträge (§ 174 Abs. 1, 2, 4 InsO).

Auch die ersten Sicherungsmaßnahmen eines Insolvenzverwalters sind unter Umständen eng zu begleiten sowie zu überwachen, unter anderem bei der Übernahme und Sicherheitenüberprüfung des sicherungsübereigneten Warenlagers, damit dieses nicht im Rahmen der Insolvenz ohne Wissen der Bank abgebaut wird. Dabei darf nicht übersehen werden, dass der Verwalter im eröffneten Verfahren verwertungsberechtigt ist (§ 166 InsO) und die Bank nur nach den §§ 167, 168 InsO zu unterrichten ist und sich zur geplanten Verwertung fristgebunden (eine Woche nach Information durch den Verwalter) äußern kann.

Bereits im vorläufigen Verfahren sind Entscheidungen zur Finanzierung zu treffen. Während die Insolvenzgeldvorfinanzierung aufgrund des geringen Risikos für Banken noch eine relativ leicht zu treffende Entscheidung darstellt, kann die Gewährung von echten oder unechten Massekrediten das Ausfallrisiko sowie die späteren Abschreibungen noch erhöhen.

Auf jeden Fall ist der Beschluss des Gerichts einzusehen, um die gewährten Kompetenzen des vorläufigen Insolvenzverwalters einschätzen zu können, überhaupt Masseverbindlichkeiten eingehen zu dürfen. Regelmäßig wird aber eine gesonderte Gerichtsentscheidung für die konkrete Finanzierung erforderlich sein.

Auch die Vorfinanzierung der Verfahrenskosten zur Eröffnung eines Insolvenzverfahrens in Form eines Massekostenvorschusses ist unter Umständen zu beschließen. Die Eröffnung eines Insolvenzverfahrens ist wichtig, wenn gute Sanierungs- oder Übertragungsaussichten bestehen oder Verwertungsmaßnahmen durch den Insolvenzverwalter erfolgversprechend und kostengünstig erscheinen und nicht hinreichend freie Masse vorhanden ist. So kann eine Offenlegung der Forderungen über den Verwalter im Fall einer Globalzession unter Umständen höhere Quoten erbringen, wenn dieser den Forderungseinzug im Fall der abnehmenden Zahlungswilligkeit der Drittschuldner aufgrund des Insolvenzereignisses intensiv nachverfolgt. Zudem wird die Bank in der Praxis im Allgemeinen kaum den Forderungseinzug bei einer Fülle von zedierten Forderungen bewerkstelligen können.

Des Weiteren ist der Besuch der wichtigen Verfahrenstermine vorzunehmen, damit der Insolvenzverlauf aus Bankensicht angemessen überwacht werden kann. Die beabsichtigen Sanierungs- und Verwertungsmaßnahmen sind mit dem Insolvenzverwalter zu diskutieren und die Auswirkungen auf die Absonderungsrechte der Kreditinstitute sind abzuschätzen. Gegebenenfalls ist der Insolvenzverwalter dann bei der Ausarbeitung des Insolvenzplans oder der Anbahnung von Übertragungsmaßnahmen zu unterstützen. Es ist aus Sicht der Kreditinstitute von Bedeutung, sich über alle Verfahrensschritte zeitnah zu informieren und die Auskunftsrechte wahrzunehmen, damit weitere Verluste aus einem Kreditengagement vermieden, mögliche Chancen aus einer optimalen Verwertung genutzt und zudem die internen Reportinganforderungen angemessen erfüllt werden können.

Das gesamte Verfahren ist insbesondere bei Engagements mit umfassenden Kreditforderungen und Absonderungsrechten aufgrund des oftmals hohen Verlustrisikos eng zu begleiten. Auch im Bereich der Abwicklung besteht eine asymmetrische Informationsverteilung zwischen dem Abwickler der Bank und dem Insolvenzverwalter, die es abzubauen gilt. So ist der Verwalter über den Fortgang der Abläufe im insolventen Unternehmen besser informiert und es gilt Anreize zu gestalten, damit die Bank zeitnahe und vollständige Informationen über den Verlauf erhält. Zudem sollte das Insolvenzverfahren nicht viele Jahre andauern, worauf zum Teil nur begrenzt eingewirkt werden kann. Hier ist zum Beispiel an einen für die Fortexistenz des fallierten Unternehmens oder die Insolvenzquote wichtigen Finanzgerichtsprozess zu denken, der eine ganze Reihe von Jahren andauern kann.

Da die Banken als Gläubiger bei der Auswahl des Insolvenzverwalters über den vorläufigen Gläubigerausschuss ein gewisses Mitbestimmungsrecht haben, kann dieses auch für Insolvenzverwalter einen zusätzlichen Anreiz entfalten, die Zusammenarbeit mit den Abwicklern aus Banken zu verbessern.

Wichtig ist, dass Kreditinstitute dieses Gremium besetzen, um den Verfahrensablauf im Rahmen der gegebenen Möglichkeiten zu monitoren (§§ 69 ff. InsO). Zum Abschluss des Verfahrens sind die Schlussrechnungen des Verwalters zu kontrollieren, ebenso etwaige Zwischenrechnungen (§ 66 InsO). Das Offenlegungsgremium ist die Gläubigerversammlung, die Rechnungskontrolle ist Angelegenheit des Gerichts, das zunehmend die Prüfung in die Hand eines dritten externen Prüfers gibt.

Die Gläubigerversammlung kann diese Rechnungslegungspflicht sogar noch erweitern, nicht jedoch darauf verzichten. Auch der Gläubigerausschuss hat die Pflicht zur Rechnungsprüfung und zwar von Beginn seiner Tätigkeit an fortlaufend (§ 69 Satz 2 InsO). Der Ausschuss darf sich nicht damit begnügen, Berichte des (vorläufigen) Verwalters entgegen zu nehmen.

Er hat vielmehr die Pflicht, von sich aus Einsicht in die Bücher, beispielsweise das Rechnungswesen, zu nehmen sowie gegebenenfalls Fragen zu stellen. Die Prüfung des Zahlungsverkehrs kann er an einen externen Prüfer auf Kosten der Masse vergeben. Die Intensität der Überwachungstätigkeit des Gläubigerausschusses, die in seinem Ermessen liegt, ist zu verstärken, wenn wichtige Planziele verfehlt werden oder Verdachtsmomente auftreten (vgl. BGH vom 09.10.2014, IX ZR 140/11).

Des Weiteren sind die abgeschlossenen Verfahren intern auszuwerten, um die Verfahrensabläufe in der Zukunft optimieren und mit Kennzahlen überwachen zu können. Dies dient auch der Vorbereitung von Messungen für ein Abwicklungscontrolling. Die nachfolgende Abb. 5.11 zeigt die wichtigen Handlungsschritte bei der Begleitung komplexer Firmeninsolvenzen bis zum Abschluss des Insolvenzprozesses aus der Sicht eines Kreditinstituts.

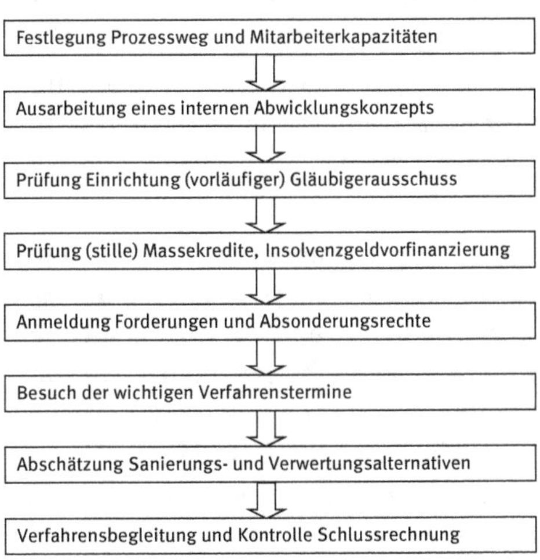

Abb. 5.11: Abwicklungsprozess komplexe Unternehmensinsolvenzen (Quelle: Eigene Darstellung)

Die Mitarbeiterprofile können je nach Branchenschwerpunkten im Kreditportfolio und Größe eines Kreditinstituts variieren. Die Stellenprofile der Mitarbeiter sind zudem an die bankintern gestalteten Geschäftsprozesse in der Insolvenz anzupassen. Dabei sind auch die Schwerpunkte im Kreditportfolio zu beachten.

Es ist ein Spezialist für Privatinsolvenzen vorzuhalten, der das Mengengeschäft von Ratenkrediten und Baufinanzierungen mit den zugehörigen Sicherheiten abwickelt. Die Prozesse sind in diesem Bereich stark standardisiert und unbesicherte Kleinstfälle werden unter Umständen an ein Inkassounternehmen abgegeben. Das Inkassounternehmen kann die Bank bei der Forderungsanmeldung vertreten (§ 174 Abs. 1 Satz 3 InsO). Zweifelhaft ist die Vertretungsbefugnis des Inkassounternehmens im Restschuldbefreiungsverfahren. Des Weiteren ist im Firmenbereich das Profil eines **Individualabwicklers** zu installieren. Dieser begleitet zum einen die Insolvenzfälle bei mittleren und großen Unternehmen und zum anderen komplexere Firmeninsolvenzen. Dazu können auch Teamlösungen zusammen mit dem ehemaligen Sanierer gestaltet werden. Der Sanierer kennt das Engagement aus der Zeit der außergerichtlichen Sanierungsphase oft gut und kann sein Wissen einbringen.

Zudem kann die Stelle eines **Standardabwicklers** geschaffen werden. Dieser nimmt verstärkt Aufgaben im Back Office wahr, vertritt den Insolvenzbetreuer und wird als eine Art Juniorinsolvenzbetreuer in die Aufgaben der Begleitung komplexer Insolvenzfälle eingearbeitet. Zudem bearbeitet dieser Betreuer die kleineren Insolvenzfälle und die Verwertungen bei einfachen Sicherheitenstrukturen.

In Abhängigkeit von der Größe des Instituts ist ein **Spezialabwickler** für reine Verwertungsvorgänge einzusetzen, der die Bewertung und Verwertung von klassischen Sicherungsgütern wie Maschinen, Rohstoffen und Waren begleitet. Beim Vorliegen einer Vielzahl an Zwangsverwaltungen und Zwangsversteigerungen kann aufgrund des erforderlichen Fachwissens zusätzlich ein Immobilienverwerter eingestellt werden. Arbeiten Kreditinstitute verstärkt in Spezialsegmenten wie in der Schiffsfinanzierung, sollten gegebenenfalls Abwickler für Spezialverfahren vorgehalten werden, aufgrund des erforderlichen individuellen Wissens der Insolvenzbegleitung und der Verwertungskompetenzen in diesem Sektor.

Die Begleitung der Insolvenzen kleiner sowie mittlerer Unternehmen erfolgt jeweils durch einen spezialisierten Insolvenzbetreuer der Bank. Bei Großfällen kann es geboten sein ein **Abwicklungsteam** zusammenzustellen, wenn das Engagement eine große Risikowirkung auf ein Institut entfaltet und die professionelle Insolvenzbearbeitung nicht mehr durch eine Person bewältigt werden kann. Zudem sollte gegebenenfalls ein Mitarbeiter für die ausgebuchten Fälle beschäftigt werden. Dieser sollte den Fällen nachgehen, die ansonsten durch die klassischen Insolvenzbearbeiter nur in der zweiten Reihe betreut werden. Meistes ist es auch in diesem Fall möglich, eine Arbeitskraft durch die Erfolge aus dieser Tätigkeit komplett zu finanzieren. Eingehende Pfändungen Dritter in Vermögenswerte des Kunden bei der Bank können in der Praxis ohnehin nur im Hause bearbeitet werden.

Gemäß MaRisk BTO 1.2.5 Rn. 6 sind in den Prozess der Verwertung eigene Mitarbeiter oder auch externe Spezialisten mit entsprechenden Kenntnissen einzubeziehen. Somit ist auch zu überdenken, ob alle Verwertungsschritte mit eigenem Personal begleitet werden sollen oder ob weitere Expertise von Externen zugekauft wird. Meist resultiert der Bedarf an Experten aus der Komplexität der Verwertung. Beispielsweise können in die Vermarktung der Firmenimmobilien externe Makler eingeschaltet werden, die bei einer Veräußerung von Spezialobjekten Know How aufweisen.

Des Weiteren kann der Abwicklungsteil des Problemkreditgeschäfts auf sogenannte „Bad Banks“ ausgegliedert werden oder es kann ein graduelles Outsourcing an auf die Abwicklung spezialisierte Institute vorgenommen werden. Die Alternativen der Fremdvergabe bestehen in der Abgabe der Wertschöpfungskette an Externe oder in der teilweisen Einbindung anderer Partner beispielsweise im Servicing, wie bei der Erstellung von Bewertungsgutachten und der Vermarktung von Sicherungsgut.

Auch der Forderungsverkauf von einzelnen Großkrediten oder Portfolios im kleinteiligen Geschäft als True Sale ist möglich. Gemäß § 25a Abs. 2 und 3 KWG in Verbindung mit MaRisk AT 3 und AT 9 ist eine Auslagerung von Abwicklungsaktivitäten vollumfänglich umsetzbar. Dies ist insbesondere anzudenken, wenn die Mitarbeiterfähigkeiten sowie die Personalkapazitäten nicht ausreichen, um die Abwicklungsfälle angemessen zu betreuen. Bei kleinen Insolvenzen besteht auch die Möglichkeit mit spezialisierten externen Rechtsanwälten zusammenzuarbeiten, die das Kreditinstitut bei den Terminen im Insolvenzverfahren vertreten.

Bei der Outsourcing-Entscheidung sind neben den Kosten auch die Qualitäts- und Risikoaspekte mit einzubeziehen (vgl. DSGV, 2015, S. 141 ff.). Neben dem Outsourcing und Insourcing kann auch eine Kooperation mit einem anderen Institut eingegangen werden, um Spezialisierungs-, Skalen- und Auslastungsvorteile zu erzielen. Das Outsourcing von Individualfällen mit hohen Außenständen und komplexen Sicherheiten ist aufgrund der Spezifität und Erfolgsbedeutung eher abzulehnen. So ist bei der Wahrnehmung von Outsourcing ein zentrales Auslagerungsmanagement aus MaRisk AT 9 Rn. 12 einzurichten. Des Weiteren ist gemäß MaRisk AT 9 Rn. 2 eine Risikoanalyse durchzuführen (vgl. DSGV, 2018, S. 129). Bei wesentlichen Auslagerungen gelten die verschärften Anforderungen aus MaRisk AT 9. Im Fall einer Auslagerung sind erhöhte Anforderungen an das Risikomanagement zu stellen, da die Geschäftsprozesse beim Outsourcingpartner überwacht werden müssen.

Zusammenfassung Theorieabschnitt 5.2.1: In diesem Abschnitt wurden die Organisation sowie die Prozesse in der Abwicklungsabteilung von Kreditinstituten beleuchtet. Im Unterschied zum Sanierungsbereich bestehen kaum Vorgaben in Form von Gesetzen oder Richtlinien wie die Abwicklung genau auszugestalten ist. Lediglich in MaRisk BTO 1.2.5 Rn. 6 findet die Abwicklung Erwähnung. Dies lässt den Banken und Sparkassen einen angemessenen Spielraum den Sektor auf die Struktur des Kreditportfolios institutsspezifisch anzupassen. Die Prozesse und die Mitarbeiterprofile sind in Anlehnung an die Abwicklungskonzepte und die Spezifika des Kreditportfolios zu gestalten.

5.2.2 Praxisfall zur Insolvenz

Mittlerweile liegt der Insolvenzantrag von Müller zu der Druck GmbH vor. Der vorläufige Gläubigerausschuss konnte frühzeitig gebildet werden. In sehr enger Abstimmung mit dem zuständigen Insolvenzrichter hat sich das Gremium einstimmig auf die Bestellung eines in der Branche und der Unternehmensgrößenklasse erfahrenen vorläufigen Insolvenzverwalters geeinigt. Mit dem Beschluss des Insolvenzgerichts wird dieser erfahrene Akteur als starker vorläufiger Insolvenzverwalter eingesetzt, mit umfassenden Verfügungsbefugnissen. Dieser Insolvenzverwalter hat sich in der Vergangenheit einen guten Ruf bei der Sanierung von Firmen erarbeitet. So konnten über Insolvenzplanverfahren einige der Firmen saniert werden. Bei anderen seiner Verfahren konnten wesentliche Assets im Rahmen einer übertragenden Sanierung zu guten Preisen veräußert werden. Des Weiteren hat sich der Insolvenzverwalter durch die zeitnahe Beantwortung von Anfragen der Gläubigerinstitute hervorgetan. Zudem ist die Verfahrensdauer der bereits begleiteten Insolvenzfälle im Durchschnitt deutlich kürzer als die seiner Kollegen.

Das Engagement der Druck GmbH wird an den Betreuer in der Abwicklungseinheit übertragen. Der Abwickler der Mittelstandsbank beginnt sich einen Überblick über den Fall zu verschaffen. Des Weiteren findet ein Abstimmungsgespräch mit dem ursprünglichen Saniererteam statt. Auf diese Weise werden die besonderen Risiken einer Betriebsfortführung und die Chancen einer Gesundung in der Insolvenz herausgearbeitet. Dabei konnte die Wertschöpfungskette bislang erhalten werden.

Die Kunden der Druck GmbH verhalten sich weiter treu zu dem Unternehmen. Die Lieferanten sind weiter bereit, die Firma zu annehmbaren Konditionen zu beliefern. Die Fortführung der Geschäftstätigkeit erscheint auch direkt nach der Stellung des Insolvenzantrags weiter möglich zu sein. Der Insolvenzverwalter hat dieses der Belegschaft bereits in einem ersten Gespräch mitgeteilt. Eine Inventur der Gegenstände des Anlage- und Umlaufvermögens hat bereits stattgefunden.

Der Individualabwickler beginnt mit einer Abarbeitung seiner Geschäftsprozesse. Er überprüft die eingereichten Kredit- und Sicherheitenverträge mit Blick auf die Einhaltung der Formalien und die materiellen Bewertungen. Es ergeben sich keine negativen Überraschungen. Er bereitet alle Unterlagen für die Einreichung beim Insolvenzgericht zur Anmeldung der Forderungen sowie Sicherheiten vor. Des Weiteren führt der Individualabwickler bereits Abstimmungsgespräche mit den Poolpartnern durch. Einige der Banken zeigen sich überrascht vom Insolvenzantrag.

Aufgabenstellungen

1. Welche Prozesse sind in den Kreditinstituten nach der Stellung des Insolvenzantrags eines Firmenkunden umzusetzen?
2. Welche Bedeutung hat die Bestellung eines starken vorläufigen Verwalters für die Kreditinstitute als absonderungsberechtigte Gläubiger?

5.2.3 Lösung des Praxisfalls zur Insolvenz

1. Welche Prozesse sind in den Kreditinstituten nach der Stellung des Insolvenzantrags eines Firmenkunden umzusetzen?

Im ersten Schritt beginnt der Abwickler mit der Zusammenstellung aller Kredit- und Sicherheitenverträge. Diese werden beim vorläufigen Insolvenzverwalter angemeldet und gegebenenfalls in das Gläubigerverzeichnis mit aufgenommen. Der Insolvenzverwalter prüft auf der Grundlage der eingereichten Verträge den Bestand an Forderungen und Sicherheiten und mögliche Kollisionen verschiedener Sicherungsnehmer. Da der Sicherheitenpoolvertrag sowie der Sicherheitenabgrenzungsvertrag nur für den Fall der außergerichtlichen Sanierung und nur im Innenverhältnis unter den beteiligten Banken und Lieferanten sowie Kreditversicherern Gültigkeit besitzt, sind die Forderungen und die Sicherheiten von den Instituten isoliert anzumelden. Aufgrund der guten Abstimmungen im Gläubigerkreis bereits vor der Insolvenz und aktuell im vorläufigen Gläubigerausschuss sind keine Abgrenzungsschwierigkeiten zu erwarten. Der Individualabwickler beginnt zugleich mit der Erstellung des bankinternen Abwicklungskonzepts gemäß MaRisk.

Dazu prüft der Abwickler der Mittelstandsbank bereits grob die möglichen Erfolgsauswirkungen für die Bank bei einer Sanierung über einen Insolvenzplan oder die Realisierung einer übertragenden Sanierung sowie bei einer reinen Verwertung der Sicherheiten. Er erstellt den umfassenden Erstbericht an den Kompetenzträger und stimmt sich im vorläufigen Gläubigerausschuss mit dem vorläufigen Insolvenzverwalter und den übrigen Gläubigern über die weitere Vorgehensweise ab.

Alle Beteiligten sind der Meinung, dass der Geschäftsbetrieb zunächst aufrechterhalten werden soll, damit die Alternativen einer Sanierung in der Insolvenz geprüft werden können. Dazu ist auch die Vorfinanzierung des Insolvenzgeldes zu realisieren. Des Weiteren kontrolliert der Individualbetreuer seine Checklisten und beginnt mit der Umsetzung der weiteren Teilprozesse. Zunächst prüft dieser die Sicherheitenwerte in einem erneuten Stresstest. Da die Verwertung der Sicherheiten zeitlich näher rückt, ist auch die Einzelwertberichtigung in Anlehnung an die zu erwartende Abschreibung anzupassen. Insbesondere die Bewertung bei den Kreditsicherheiten ist kritisch zu überdenken, da das Liquidationsszenario dominiert.

Er untersucht Möglichkeiten, um aktuelle Verwertungspreise herauszufinden. Dazu verwendet er die bereits bestehenden Kontakte zu den einschlägigen Verwertern und die Informationen aus speziellen Internetportalen. Es zeigt sich bereits jetzt, dass sich die Veräußerung der Druckmaschinen aufgrund der Probleme in dieser Branche nicht einfach gestalten wird. Der Preisdruck in diesem Segment ist hoch und das Angebot an Druckmaschinen sehr umfangreich. Auch die Verwertung des Warenlagers und die Veräußerung der Betriebsimmobilien werden sich voraussichtlich länger hinziehen und keine optimalen Verwertungspreise erbringen.

2. Welche Bedeutung hat die Bestellung eines starken vorläufigen Verwalters für die Kreditinstitute als absonderungsberechtigte Gläubiger?

Wird dem Schuldner ein allgemeines Verfügungsverbot auferlegt, ist seine Rechtsstellung als starker vorläufiger Insolvenzverwalter der des endgültigen Insolvenzverwalters sehr nahe. In diesem Fall geht die Verwaltungs- und die Verfügungsbefugnis über das Schuldnervermögen auf den vorläufigen starken Insolvenzverwalter über. Dieses hat den Vorteil, dass Verwertungshandlungen, Massekredite und gegebenenfalls freihändige Immobilienveräußerungen direkt mit dem Verwalter verhandelt und umgesetzt werden können.

Der starke Verwalter wird bei der Betriebsfortführung somit Vertragspartner der Arbeitnehmer, Kunden und Lieferanten und bei der Aufnahme eines Massekredits gegenüber dem Institut Kreditnehmer mit einer entsprechenden persönlichen Haftung gemäß § 61 InsO. Auf diese Art und Weise lassen sich Entscheidungen über Finanzierungen meist einfacher beantragen und aus Bankensicht auch genehmigen. Neben dem Schuldner steht die Person des Insolvenzverwalters im Fokus des Geschehens und Zusagen zu Finanzierungen sind eng mit dem Vertrauen, das diesem Akteur entgegengebracht wird, verbunden.

---

2. Abwicklungsregel: Direkt nach dem Insolvenzantrag ist der Beschluss des Insolvenzgerichts über die Einsetzung des vorläufigen Insolvenzverwalters hereinzunehmen, um dessen Position und seine Rechte abzuschätzen zu können und gegebenenfalls bereits gemeinsam mit ihm zu verwerten.

Erläuterung der 2. Abwicklungsregel

Die Einsetzung eines vorläufigen Insolvenzverwalters ist ein wichtiger Verfahrensschritt, da sich meist im Eröffnungsverfahren entscheidet, welche Vorgehensweise im Verfahren umgesetzt wird. Zur Einschätzung der Befugnisse des vorläufigen Verwalters ist der Beschluss des Insolvenzgerichts genau zu überprüfen. Um Liquidität zu schöpfen, können im Antragsverfahren bereits Verwertungshandlungen durch den Verwalter umgesetzt werden. Bankintern ist die Überleitung des Kreditengagements vom Sanierungs- in den Abwicklungsbereich vorzunehmen. Zudem ist zu entscheiden, welche Art von Betreuer den Fall bearbeitet.

Ab einer bestimmten Größenordnung von Kreditengagements ist entsprechend dem Sanierer ein Individualabwickler einzusetzen, der Spezialkenntnisse im Firmeninsolvenzbereich mitbringt. Bei der Umsetzung der Abwicklungsteilprozesse ist zu beachten, dass diese nicht zu stringent formuliert werden. Im Bereich der Abwicklung ist zu versuchen, einen möglichst großen Teil der Restforderung über eine Sanierungs- oder eine Verwertungslösung wieder einzubringen. Dazu benötigt der Individualabwickler besondere Gestaltungsfreiheiten. Das Instrumentarium in der Insolvenz ist voll auszuschöpfen, mit der engen Begleitung von wichtigen Verfahrensterminen und der Beteiligung in einem Gläubigerausschuss.

5.2.4 Empirische Ergebnisse zur Abwicklungsorganisation

Im Hinblick auf die organisatorische Zuständigkeit zeigt sich der Trend einer Spezialisierung in der Abwicklung. In 71,4 % der befragten Institute werden die Insolvenzfälle in gesonderten Abwicklungsabteilungen betreut. Weitere 11,8 % der Antworten entfallen auf die Rechtsabteilung und in nur 6,2 % der Häuser ist ein Sanierungsbereich für die Bearbeitung zuständig. In 7,5 % der Institute kommen sonstige Betreuungsformen zum Tragen. Dies sind unter anderem gemischte Sanierungs-, Abwicklungs- und Rechtsbereiche. In rund 6,2 % der Fälle ist die Sanierungsabteilung weiter eingebunden. Grundsätzlich ist die Insolvenzbearbeitung das Hoheitsgebiet der Kreditinstitute, denn nur in 2,4 % der Fälle erfolgt ein Outsourcing auf andere Akteure. Die folgende Abb. 5.12 zeigt die verwendeten Organisationsformen.

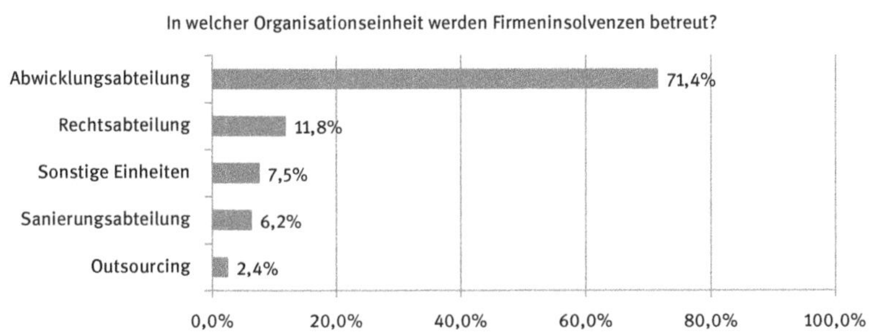

Abb. 5.12: Organisationsformen zur Betreuung von Abwicklungen (Quelle: Eigene Darstellung)

Zwischen den Institutssektoren ergeben sich keine deutlichen Unterschiede in der Verteilung der organisatorischen Zuständigkeiten bei Firmenabwicklungen. Sonstige Betreuungsformen werden mit 28,6 % der Nennungen im Vergleich zum Branchendurchschnitt von 7,5 % überdurchschnittlich häufig bei den Privatbanken gewählt, dafür ist die Variante einer reinen Abwicklungsabteilung hier nur mit 57,1 % vertreten. Die Sparkassen weisen mit 19,7 % eine erhöhte Relevanz der Rechtsabteilung auf. Hinsichtlich der Institutsgröße ergeben sich keine Anzeichen darauf, dass diese einen Einfluss auf die betreuende Organisationseinheit für Insolvenzen hat.

Aus der Umfrage in 2017 wird deutlich, dass der Spezialisierungsgrad in der Abwicklung weiter zugenommen hat. Das Vorhandensein einer Spezialabwicklungsabteilung ist in den oftmals Kreditinstituten üblich (95,6 %). Seltener wird im Bereich der Abwicklung die externe fachliche Unterstützung eingeholt (31,4 %) oder ein Verkauf von Kreditengagements vorgenommen (21,2 %).

Immerhin rund 51,1 % der Teilnehmer an der Umfrage aus 2017 äußern, dass der Rückgang der Insolvenzzahlen mit einer Reduzierung der Mitarbeiterkapazitäten in der Abwicklungsabteilung einhergegangen ist. Des Weiteren berichten 66,7 % der Akteure aus den Instituten, dass in den letzten Jahren und auch derzeit noch weiter versucht wird, die Kosten in der Abwicklungsabteilung zu senken. Zur Umsetzung der Kosteneinsparungen im Abwicklungsbereich hat in 62,2 % der Banken das Denken in Prozessen stark zugenommen. Maßnahmen zu Kostensenkungen sowie zur Umsetzung von Prozessen finden hauptsächlich in den Privatbanken statt.

Die Hauptprozesse und die Teilaktivitäten in der Abwicklungsarbeit lassen sich aufgrund der Einheitlichkeit und laufenden Wiederholung gut erfassen. Die Kosten und die Erfolge können den Prozessen zugerechnet werden. Da die Tätigkeiten in diesem Bereich oft einem gleichen Muster entsprechen und teilweise gesetzlich vorgegeben sind, mit Fristen und bestimmten Abläufen in Insolvenzfällen, erscheint dieser Bereich besonders geeignet zu sein, um die Strukturierung mit Prozessen voranzutreiben. Die nachfolgende Abb. 5.13 verdeutlicht dieses Bild.

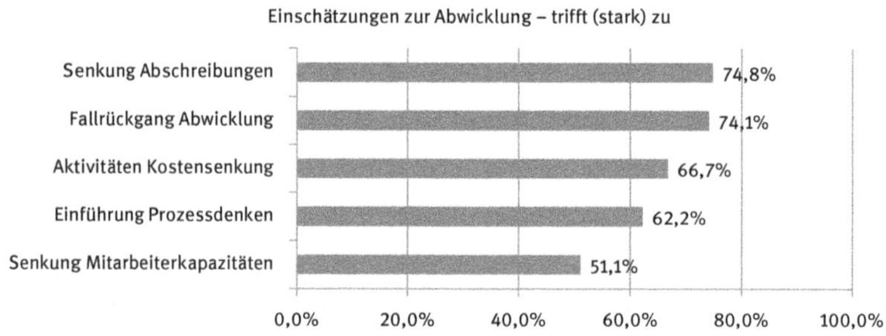

Abb. 5.13: Einschätzung des Abwicklungsgeschehens aus Bankensicht (Quelle: Eigene Darstellung)

Die prozessuale Steuerung in Banken und Sparkassen hat sich mittlerweile stärker durchgesetzt, wie die empirische Untersuchung aus 2017 zeigt. In der Abwicklung berichten lediglich 34,3 % der antwortenden Institute, beziehungsweise Teilnehmer der Umfrage, dass keine Prozesswege in der Abwicklung existieren. Eine Ursache kann das mangelnde Aufkommen an Insolvenzfällen sein. Der Umstand wird durch die aktuelle Insolvenzstatistik mit geringen Antragszahlen gestützt.

Berichtet wird von rund 35,8 % der teilnehmenden Institute, dass ein Prozess zur Regelinsolvenzbetreuung besteht. Des Weiteren werden zudem feste Abläufe bei der Sicherheitenverwertung mit 39,4 % der gültigen Antworten und mit 30,7 % der Prozessweg des Abbauportfolios häufiger genannt.

Einige der Institute (15,3 %) differenzieren den Ablauf des Insolvenzplanverfahrens als eigenen Prozessweg. Seltener existieren feste Prozesse der übertragenden Sanierung (15,3 %) und des Forderungsverkaufs von Einzelengagements (9,5 %) und von Kreditportfolios (2,9 %), wie die folgende Abb. 5.14 zeigt.

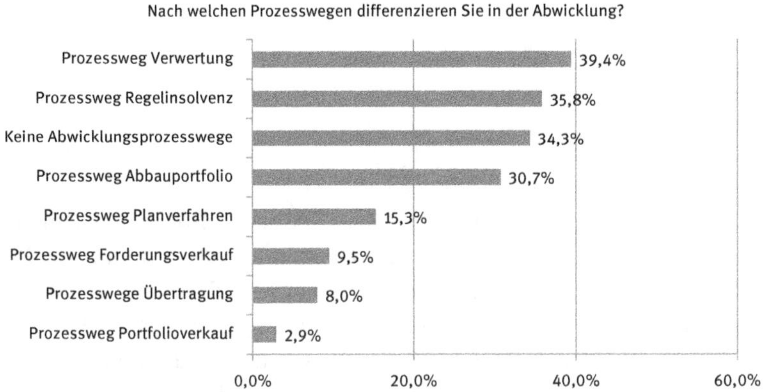

Abb. 5.14: Prozessdifferenzierungen in der Abwicklungsabteilung (Quelle: Eigene Darstellung)

In den Banksektoren ergeben sich zum Teil Unterschiede bei der Definition von den Prozesswegen. Die Genossenschaftsbanken haben seltener als der Durchschnitt feste Prozesse in der Abwicklung definiert, während Sparkassen und sonstige Institute dieses häufiger vollziehen. Auffällig ist, dass Privatbanken scheinbar öfter im Forderungsverkauf tätig werden, als Institute aus den anderen Sektoren, da hier meist ein fester Ablauf vorgesehen ist. Auch der Prozess des Abbauportfolios kommt dort regelmäßig vor. In den übrigen Segmenten sind keine größeren Abweichungen vom Durchschnitt zu bemerken. Deutlich erkennbar wird, gemessen an der Institutsgröße, dass Kleinstinstitute oft keine Prozesse in der Abwicklung definiert haben. Der Verlauf der Regelinsolvenz wird in großen Instituten häufiger festgelegt und die Sicherheitenverwertung in kleinen Banken. Größere Institute differenzieren auch den Prozessablauf des Portfolioverkaufes.

Des Weiteren war von Interesse zu erfahren, wie die Zuordnung der Engagements auf die einzelnen Prozesswege erfolgt. Das am häufigsten genannte Kriterium bestand in der Differenzierung nach der Fallkomplexität mit 55,5 % der Nennungen. In rund einem Drittel der Institute kommt die Sicherheitenart zum Zuge (28,5 %) und in nur rund 13,9 % der Banken der eingeschätzte Sicherheitenwert. Die nachfolgende Abb. 5.15 verdeutlicht die Merkmale für die Prozesswegzuordnung. Die Fallkomplexität wird häufig von der Art der Sicherheiten sowie der Einbringung in den Insolvenzprozess mit einer Gremienbeteiligung bestimmt.

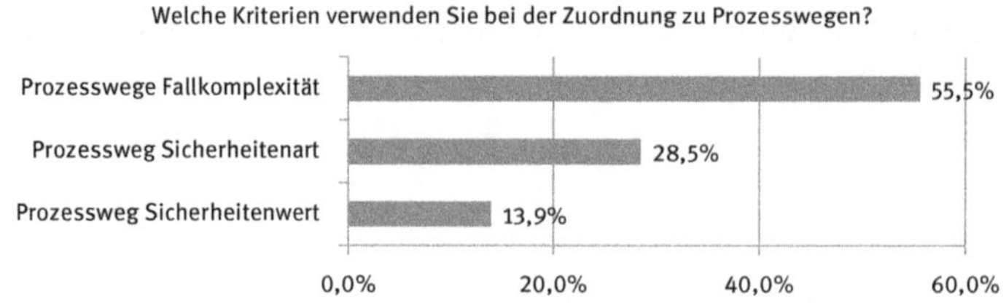

Abb. 5.15: Zuordnungskriterien auf die Prozesswege in der Abwicklung (Quelle: Eigene Darstellung)

Aus der Analyse der Banksektoren ergibt sich in Privatbanken und Sparkassen eine deutlich über dem Durchschnitt liegende Präferenz für eine Aufteilung auf die Prozesse nach der Komplexität des Falles. Die Sicherheitenart findet häufiger in Sparkassen Berücksichtigung und seltener der Sicherheitenwert, der mehr in Privatbanken zum Tragen kommt. Auf der Basis der Größenklassen lässt sich erkennen, dass kleine Institute öfter nach der Fallkomplexität entscheiden und große Banken seltener die Sicherheitenart in den Vordergrund der Prozesszuordnung stellen. Die Institute streben mit zunehmender Größe eine stärkere Prozessstandardisierung an.

Neben den ablauforganisatorischen Themen wird auch der Frage nachgegangen, inwieweit sich die Kreditinstitute beim Umgang mit Insolvenzen spezieller Mitarbeiterprofile bedienen. Die Mehrheit der Institute differenziert die Stellenprofile. Dieses kann Spezialisierungsvorteile bei der Abwicklungsarbeit bedeuten. Nur jeder dritte Teilnehmer (33,1 %) berichtet, dass keine Unterschiede bei den Mitarbeiterprofilen vorgenommen werden, wie die folgende Abb. 5.16 darstellt. Es zeigt sich insgesamt eine zunehmende Spezialisierung in der Abwicklungsarbeit von Banken.

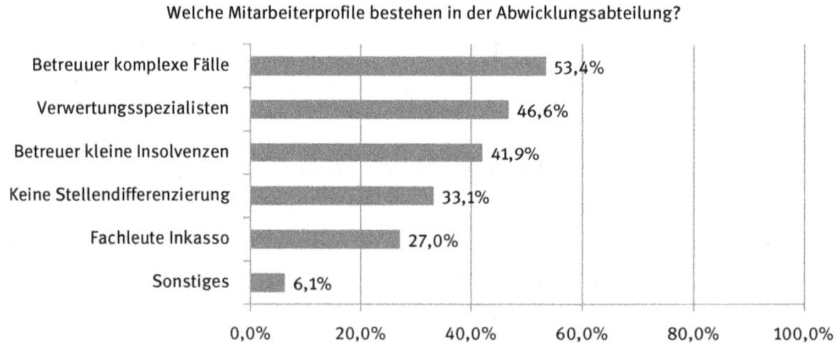

Abb. 5.16: Stellenprofile in der Abwicklungsabteilung (Quelle: Eigene Darstellung)

Bei der Profilbildung wird dabei mit 53,4 % (2009: 50,8 %) am häufigsten der Individualbetreuer für komplexe Insolvenzfälle eingesetzt. Es folgen mit 46,6 % (2009: 42,2 %) die Spezialisten für die Sicherheitenverwertung, mit 41,9 % (2009: 30,5 %) die Mitarbeiter für die Betreuung kleiner Unternehmensinsolvenzen und mit 27,0 % (2009: 21,9 %) besondere Fachleute für das Inkasso von Forderungen. Im Vergleich zur ersten Umfrage sind die Kreditinstitute in den letzten Jahren stärker dazu übergegangen kombinierte Stellenprofile zu bilden.

Wird der Personaleinsatz differenziert nach Sektoren betrachtet, scheinen die Sparkassen und die sonstigen Institute bei der Spezialisierung der Mitarbeiter sehr konsequent vorzugehen, denn lediglich 17,5 % beziehungsweise 16,7 % der Institute geben an, keine Differenzierungen von Stellenprofilen in einer Abwicklungsabteilung vorzunehmen. Es folgen die Genossenschaftsbanken mit 44,4 % und die Privatbanken mit 66,7 % der Nennungen. Dieses korrespondiert mit der Beobachtung, dass der Mitarbeitereinsatz umso spezialisierter erfolgt, je größer ein Institut ist.

In Anlehnung an die generelle Bearbeitung von Abwicklungsfällen war zudem von Interesse zu erfahren, wie die einzelnen Teilschritte bei einem insolventen Unternehmenskunden direkt nach einem Insolvenzantrag durchgeführt werden. Bei den Prozessen nach der Stellung eines Insolvenzantrages werden zwei Teilbereiche genauer betrachtet. Relevant sind hier zum einen die Teilschritte nach der Antragstellung im Eröffnungsverfahren und zum anderen die Abläufe nach der Verfahrenseröffnung. Hinsichtlich der Antragstellung steht die Erstinformation über neue Insolvenzverfahren zunächst im Vordergrund.

Zum häufigen Standardprozedere nach dem Bekanntwerden einer Kundeninsolvenz gehören die Hereinnahme des ersten Beschlusses (94,0 %), die Anmeldung der Forderungen und Kreditsicherheiten (98,7 %) und Kontaktaufnahme zum vorläufigen Insolvenzverwalter (84,7 %). Mit deutlichem Abstand von 23,0 % folgen der Versuch der Einflussnahme auf die Verwalterauswahl, die Prüfung einer übertragenden Sanierung inklusive der Investorensuche (16,9 %) oder die Überprüfung der Realisierung eines Planverfahrens (14,9 %).

Positiv ist, dass sich der Anteil der Institute mit einer Bereitschaft zur Einflussnahme auf die Verwalterauswahl im Vergleich zur Vorgängerstudie aus 2009 von 9,0 % auf 23,0 % mehr als verdoppelt hat. Dieses zeigt, dass die Änderungen der Auswahl des Insolvenzverwalters über den vorläufigen Gläubigerausschuss durch das ESUG in den Banken und Sparkassen zunehmend an Beachtung finden.

Ein wichtiger Prozessschritt betrifft die Anmeldung der Forderungen und der Sicherheiten, der bei 83,3 % der sonstigen Institute zum ersten Arbeitsschritt gehört. Etwa vier von zehn Privatbanken tendieren dazu, künftig einen stärkeren Einfluss auf die Auswahl eines vorläufigen Insolvenzverwalters zu nehmen. Die sonstigen Institute (33,3 %), die Sparkassen (26,3 %) und die Genossenschaftsbanken (20,3 %) äußern sich hier zurückhaltender.

Eine wichtige Informationsquelle zur systematischen Kenntnisnahme einer Kundeninsolvenz ist nach wie vor der Insolvenzverwalter mit den übermittelten Verfahrensdaten bei 69,9 % der Nennungen. Ähnlich dominierend sind die Informationen vom Kunden (64,2 %) oder durch eigene Recherchen der Kreditinstitute in den amtlichen Insolvenzmitteilungen (57,4 %).

Schriftlich dokumentierte Prozessschritte für den Fall der Insolvenzeröffnung sind heutzutage noch nicht in allen Instituten anzutreffen. Allerdings hat diese Verbreitung von festen Abläufen im Vergleich zur Vorgängeruntersuchung aus 2009 von 59,1 % der Häuser auf 64,6 % in der aktuellen Studie weiter zugenommen. Die regelmäßige Einsichtnahme oder Hereinnahme der Beschlüsse der Insolvenzgerichte nach der Insolvenzeröffnung wird von der Mehrheit der Häuser (78,4 %) praktiziert, wie die nachfolgende Abb. 5.17 zeigt.

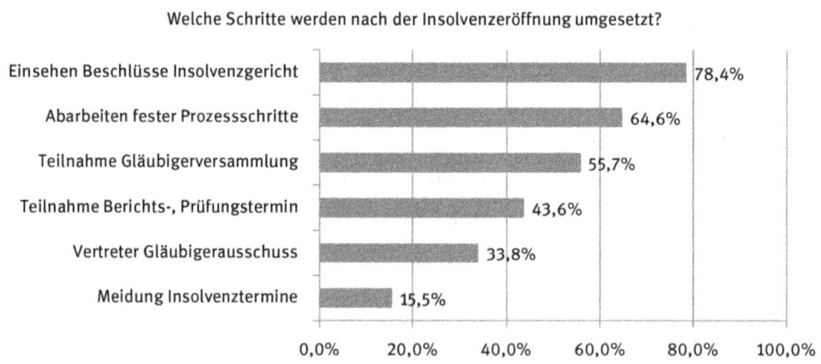

Abb. 5.17: Geschäftsprozesse im eröffneten Insolvenzverfahren (Quelle: Eigene Darstellung)

Die Gläubigerversammlungen werden mit einer Zustimmungsrate von 55,7 % (2009: 41,4 %) und auch Berichts- und Prüfungstermine mit 43,6 % (2009: 27,9 %) häufiger besucht als in der Vergangenheit. Ähnliches gilt für die Entsendung von bankeigenen Mitarbeitern in die Gläubigerausschüsse mit rund 33,8 % der Antworten (2009: 24,7 %). Hohe Arbeitsbelastungen durch eine Wahrnehmung von Verfahrensterminen scheinen primär in kleinen Instituten problematisch zu sein, da sich die fachliche Zuständigkeit für notleidende Engagements auf einen geringen Personalstamm konzentriert. Je größer die Institute sind, desto eher werden die Verfahrenstermine wahrgenommen. Allerdings tendieren auch die größeren Kreditinstitute dazu, sich aus der Teilnahme an den Gerichtsterminen zurückzuziehen, auch wenn dies offenbar nicht unmittelbar auf den entstehenden Arbeitsaufwand zurückzuführen ist. Die Teilnahme an den Gläubigerversammlungen wird nur rund durch ein Drittel dieser Institute regelmäßig wahrgenommen.

5.3 Finanzwirtschaftliche Abwicklungsmaßnahmen

Lernziele

Ablauf und Risiken der Insolvenzgeldvorfinanzierung wissen
Bedeutung des echten und unechten Massekredits bewerten können
Besicherung von Massekrediten und Anfechtungsrisiken kennen

Im Folgenden werden die Finanzierungsinstrumente nach dem Insolvenzantrag aus Bankensicht zunächst theoretisch untersucht. Dabei ist insbesondere die Mittelbereitstellung direkt nach dem Insolvenzantrag von Relevanz, um den Geschäftsbetrieb zumindest über den Insolvenzgeldzeitraum aufrechtzuerhalten und die Möglichkeiten einer Sanierung ausreichend zu überprüfen.

Im vorläufigen Verfahren und im eröffneten Insolvenzverfahren werden zur Fortführung der betrieblichen Aktivitäten weitere finanzielle Mittel benötigt. Der Insolvenzantrag hat das Vertrauen der Kunden, Lieferanten oder Kreditinstitute in die Bonität des Unternehmens erheblich beeinträchtigt. Demnach müssen die Geld- sowie Warenkreditgeber beim insolventen Unternehmen Forderungsausfälle einkalkulieren. Daher werden diese Gläubiger nicht ohne weiteren gewillt sein, der Krisenfirma zusätzliche Mittel zu gewähren oder Warenlieferungen auf Ziel vorzunehmen. In dieser Situation hat der Insolvenzverwalter meist bereits im Eröffnungsverfahren das Problem, Liquidität für die Fortführung des Betriebs aufzubringen. Bedeutende finanzielle Instrumente für die Betriebsfortführung bestehen in Massekrediten, die aus der Insolvenzmasse vorrangig zu befriedigen sind und in der Vorfinanzierung des Insolvenzgeldes. Gerade die Liquiditätsschöpfung über den Insolvenzgeldzeitraum von drei Monaten bewirkt, dass das Schuldnerunternehmen für diese Zeitdauer ohne Personalkosten weiterarbeiten kann.

Es besteht im vorläufigen Verfahren die Möglichkeit wieder Gewinne zu erwirtschaften, die im eröffneten Verfahren eine Grundlage für eine durchgreifende Sanierung bieten können. Des Weiteren ist das Unternehmen in dieser wirtschaftlichen Lage unter Umständen für Investoren wieder interessant und es kann ein Verkauf der Anteile realisiert werden. Weitere Gelder kann der Insolvenzverwalter über die Anfechtung von Zahlungseingängen kurz vor dem Insolvenzantrag oder durch vom Unternehmen gewährte Kreditsicherheiten dazugewinnen. Voraussetzung für die Anfechtung ist, dass eine Benachteiligung der Insolvenzgläubiger und bestimmte Fristen sowie besondere sachliche Gründe vorliegen müssen. Dabei wurde aktuell die Vorsatzanfechtung auch für Banken entschärft. Ziel ist es aus Bankensicht, die Anfechtungen von Zahlungseingängen und Sicherheiten zu vermeiden.

5.3.1 Finanzielle Instrumente im Insolvenzverfahren

Die Tätigkeiten des vorläufigen Insolvenzverwalters im Antragsverfahren sind für den weiteren Verfahrensablauf mit entscheidend. Meist konkretisiert sich im Eröffnungsverfahren, ob der Betrieb weiter fortgeführt und gegebenenfalls saniert werden kann. Für diese Weiterführung der operativen Tätigkeiten sind allerdings meist finanzielle Mittel erforderlich, damit die Löhne und Gehälter der Arbeitnehmer und die Warenlieferungen der Lieferanten vergütet werden können. Für die Gewährung zusätzlicher Gelder von Seiten der Kreditinstitute ist ein hohes Maß an Vertrauen in die professionelle Arbeit des (vorläufigen) Insolvenzverwalters erforderlich. Dieser sollte Erfahrung bei der Beantragung finanzieller Mittel in der Insolvenz aufweisen und eine Rückführung der Liquidität sollte gewährleistet sein.

Wichtige finanzielle Anlässe in einem Insolvenzverfahren bilden die Finanzierung eines Massekostenvorschusses zur Deckung der Verfahrenskosten, die Vorfinanzierung des Insolvenzgeldes zur Zahlung der Löhne und Gehälter sowie die Gewährung eines Massekredits zur Fortführung des Geschäftes. Beim Verwendungszweck der Massekredite handelt es sich oftmals um die Mittelbereitstellung für die Finanzierung von Einzelprojekten oder die Bereitstellung eines Kreditrahmens zur Durchfinanzierung der operativen Tätigkeiten und der Vorbereitung des Insolvenzplanverfahrens oder der übertragenden Sanierung.

Bei einer Betriebsfortführung wird der vorläufige Insolvenzverwalter zur Finanzierung des Massekostenvorschusses und des Insolvenzgeldes voraussichtlich auf die Hausbank oder ein ihm bekanntes Institut zugehen. Diese Kreditvergabe ist nach der Stellung eines Insolvenzantrags oder nach der Insolvenzverfahrenseröffnung aufgrund des Risikos für die involvierten Banken gut vorzubereiten. Kreditinstitute benötigen zur internen Bewilligung gut aufbereitete Unterlagen des Insolvenzverwalters, um über echte oder unechte Massekredite entscheiden zu können.

Dabei ist weiter von Bedeutung, dass der Insolvenzverwalter nach wirtschaftlichen Lösungen im Verfahren sucht sowie abschätzen kann, welche Finanzierungen von Seiten der Kreditinstitute überhaupt realisierbar erscheinen. Dieses wird erheblich davon abhängig sein, inwieweit der Betrieb weiter fortgeführt und saniert oder veräußert werden kann. Insgesamt sollte das Vertrauen in den Insolvenzverwalter bei einer Kreditvergabe im Eröffnungsverfahren sowie in der eröffneten Insolvenz hoch sein, damit die Entscheidungsträger in einer Bank einem insolventen Unternehmen weiteres Geld geben. Folgende Anlässe der Finanzierung in der Insolvenz kommen in der Praxis häufiger vor und werden im Folgenden untersucht:

- Insolvenzgeldvorfinanzierung zur Zahlung der Löhne und Gehälter
- Finanzierung des Massekostenvorschusses zur Verfahrenseröffnung
- Massekredit zur Einzelgeschäftsfinanzierung oder als Kreditrahmen
- Bereitstellung eines echten Massekredites zur Vorfinanzierung
- Gewährung eines unechten Massekredites aus den Sicherheiten

Eine wichtige Möglichkeit zur Generierung von Liquidität zur weiteren Betriebsfortführung im Antragsverfahren besteht in der Vorfinanzierung des Insolvenzgeldes. Nach Stellung des Insolvenzantrags existiert im Eröffnungsverfahren für den vorläufigen Verwalter die Möglichkeit, den Geschäftsbetrieb durch diese Vorfinanzierung des Insolvenzgeldes zunächst aufrecht zu erhalten und über die Einsparung der Personalkosten wieder kurzfristig Gewinne zu erwirtschaften. Das Insolvenzgeld hilft bei der Entlastung eines Betriebs von dem großen Kostenblock der Lohn- und Gehaltszahlungen und damit zur Sicherung der weiteren Liquidität im Unternehmen (vgl. Seagon, 2009, S. 583 ff.).

Die **Insolvenzgeldfinanzierung** ist ein wichtiges Instrument zur Erwirtschaftung von Cash Flows im Antragsverfahren. Daher wird die dreimonatige Phase der Zahlung meist vollständig ausgeschöpft. Auf diese Weise können bestehende Aufträge abgearbeitet und verschiedene Alternativen der Sanierung in der Insolvenz ausreichend geprüft werden. Das Insolvenzgeld wird von der Bundesagentur für Arbeit erst nach einem Insolvenzereignis ausgezahlt, für die hier interessierenden Fallkonstellationen nach Eröffnung des Insolvenzverfahrens (§ 165 Abs. 1 Satz 2 Nr. 1 SGB III). Dieser Auszahlungszeitpunkt liegt zu spät, da die Mitarbeiter auf ihr Arbeitsentgelt in der Regel angewiesen sind.

Nichtbezahlte Löhne und Gehälter können diese Situation in Richtung einer sofortigen Zerschlagung verschärfen, wenn wichtige Mitarbeiter das Unternehmen verlassen und bestehende Aufträge nicht mehr zeitlich eingehalten oder qualitativ minderwertig abgeliefert werden. Der Geschäftsbetrieb droht zum Erliegen zu kommen. In dieser Situation ist die Vorfinanzierung des Insolvenzgeldes durch ein Kreditinstitut zur Bindung der Mitarbeiter geboten (vgl. Seagon, 2009, S. 584). Dieses kann über die Hausbank oder andere Kreditinstitute erfolgen, die sich auf die Bevorschussung dieser Gelder spezialisiert haben.

Die Vorfinanzierung sorgt dann dafür, dass die Löhne und Gehälter pünktlich bezahlt werden können und qualifizierte Mitarbeiter nicht unverzüglich nach dem Insolvenzantrag das Unternehmen verlassen. Die Belegschaft kann damit insgesamt zusammengehalten werden. Auf diese Weise kann das insolvente Unternehmen für einen Zeitraum von maximal drei Monaten, ab der Insolvenzeröffnung zurück gerechnet, ohne Personalkosten weiterarbeiten, wenn zum Zeitpunkt des Insolvenzantrags keine Lohn- und Gehaltsrückstände bestanden. Die Gewährung des Insolvenzgeldes und die Vorfinanzierung sind allerdings an bestimmte Rahmenbedingungen geknüpft. Maßgeblich sind für die Arbeitnehmer die drei letzten Monate vor dem Insolvenzereignis, für die Arbeitsentgelte infolge Zahlungsunfähigkeit des Arbeitgebers nicht bezahlt worden sind. Das Insolvenzgeld für die letzten drei Monate des Arbeitsverhältnisses erhalten damit auch diejenigen Arbeitnehmer, deren Arbeitsverhältnisse vor dem Insolvenzereignis, hier der Insolvenzeröffnung, beendet wurden. Dabei spielt es keine Rolle, ob dies während der letzten drei Monate, unmittelbar vor Insolvenzeröffnung oder früher war.

Wird das Insolvenzverfahren am 15. Januar eröffnet und ist der Arbeitnehmer am 31. Dezember ausgeschieden, so sind seine Entgeltansprüche durch das Insolvenzgeld zwischen dem 1. Oktober bis 31. Dezember gesichert. Ist dieser am 15. Februar ausgeschieden und wurde das Verfahren am 28. Mai des Jahres eröffnet, erfasst der Insolvenzgeldzeitraum die Periode vom 16. November des Vorjahres bis zum 15. Februar des aktuellen Jahres. Für ausgeschiedene Arbeitnehmer scheidet die Insolvenzgeldvorfinanzierung, deren Ziel die Sanierungsunterstützung ist, aus. Für Zeiträume nach dem Ausscheiden aus einem Unternehmen oder nach der Insolvenzeröffnung besteht kein Insolvenzgeldanspruch.

Die Ansprüche für Insolvenzgeldleistungen der Bundesagentur der Arbeit sind in den §§ 165 ff. III SGB geregelt. Das Insolvenzgeld ist als soziale Leistung konzipiert. Es hat sich aber in der Praxis als Finanzierungsinstrument zur Fortführung des Geschäftsbetriebs im vorläufigen Insolvenzverfahren etabliert. Der Insolvenzgeldzeitraum beträgt genau drei Monate und sorgt dafür, dass das Eröffnungsverfahren in der Regel genau über diese Zeitspanne andauert. Dem Unternehmen wird in diesem Zeitraum die Möglichkeit gegeben, die Finanzierung der Löhne und Gehälter zu Lasten der Bundesagentur für Arbeit beziehungsweise der Insolvenzumlage, die alle Arbeitgeber zu zahlen haben und die 2018 0,06 % der rentenversicherungspflichtigen Arbeitsentgelte beträgt (§§ 360, 361 SGB III in Verbindung mit InsOGeldFestV 2018), zu verlagern und wieder Überschüsse zu erwirtschaften.

Der Übergang dieser Forderung bewirkt zwar, dass die Löhne weiterhin gegenüber dem Arbeitgeber geltend gemacht werden, dann aber nur als einfache Insolvenzforderung gemäß § 55 Abs. 3 InsO. Ist der Anspruch auf den insolvenzgeldfähigen Lohn auf die vorfinanzierende Bank mit Zustimmung der Agentur für Arbeit übertragen worden (§§ 398 ff. BGB), so entsteht der Insolvenzgeldanspruch später bei der vorfinanzierenden Bank unmittelbar (§ 170 SGB III, vgl. Schmidt et al., 2016, § 55 InsO, Rn. 44 und Cranshaw et al., 2016b, Vor § 120 InsO, Rn. 9 ff.). Mit dem Insolvenzgeldantrag durch die Bank gehen wiederum die der Bank übertragenen Lohn- und Gehaltsansprüche auf die Bundesagentur kraft Gesetzes über (§ 169 SGB III).

Eine wichtige Voraussetzung für die Entstehung des Anspruches auf Insolvenzgeld bei der vorfinanzierenden Bank ist die Zustimmung der Arbeitsagentur (§ 170 Abs. 4 Satz 1 SGB III). Das Einverständnis ist dabei an die positive Prognoseentscheidung über den Erhalt von Arbeitsplätzen im Rahmen des Sanierungsversuchs beim insolventen Unternehmen geknüpft. Das Insolvenzgeld wird maximal für die letzten drei Monate gezahlt, in denen die Gehälter sowie Löhne vor dem Eröffnungsbeschluss vom Arbeitgeber nicht mehr beglichen worden sind. Ein Anspruch auf die Zahlung des Insolvenzgeldes besteht dann, wenn der Arbeitnehmer kein Arbeitsentgelt erhalten hat und später die Insolvenzeröffnung beziehungsweise die Abweisung mangels Masse erfolgt oder die Einstellung der Betriebstätigkeit im Inland ohne Insolvenzantrag, wenn ein Insolvenzverfahren mangels Masse offensichtlich nicht in Betracht kommt (§ 165 Abs. 1 Satz 2 Nr. 1 bis 3 SGB III).

Für die Bank ist nur der erste Fall, die Insolvenzeröffnung, interessant, da ansonsten kein Anwendungsbereich für eine Vorfinanzierung des Insolvenzgeldes bleibt. In diesem Fall kann der Betrieb zunächst aufrechterhalten und es können unter Umständen Überschüsse erwirtschaftet werden. Dieses Anrecht ist gegenüber der Bundesagentur für Arbeit geltend zu machen. Das folgende Beispiel verdeutlicht dies.

Beispiel: Die Insolvenz der Druck GmbH wird am 1. Mai des Jahres per Beschluss durch das zuständige Insolvenzgericht eröffnet. Wurde ein Arbeitsverhältnis nicht gelöst und bestehen keine rückständigen Löhne und Gehälter, umfasst der Zeitraum des Insolvenzgeldes die Zeit vom 1. Februar bis 30. April. Endete ein Arbeitsverhältnis dagegen bereits am 31. März, so umfasst der Insolvenzgeldzeitraum dagegen den Zeitraum vom 1. Januar bis 31. März des jeweiligen Jahres.

Im Optimalfall kann der Betrieb im Eröffnungsverfahren für drei Monate weitergeführt werden. Das Insolvenzgeld wird dann rückwirkend für die letzten drei Monate ausgezahlt, für den Zeitraum, vor der:

- Eröffnung des Insolvenzverfahrens
- Abweisung des Insolvenzverfahrens mangels Masse
- Einstellung des Geschäftsbetriebs bei offensichtlicher Masselosigkeit

Da der Insolvenzgeldzeitraum genutzt werden kann, um Aufträge abzuarbeiten und zusätzliche Gelder zu erwirtschaften, wird auch die Chance einer späteren Verfahrenseröffnung meist deutlich steigen. Des Weiteren unterstützt dies die Umsetzung eines Schutzschirmverfahrens, eines sanierenden Planverfahrens oder einer übertragenden Sanierung. Es besteht die bereits beschriebene Möglichkeit, den Kern der Belegschaft zunächst zusammenzuhalten, um eine Sanierung im Hauptverfahren, über ein Insolvenzplanverfahren, zu ermöglichen. Die vollständige Nutzung dieses Insolvenzgeldzeitraums erfasst im Beispiel die Monate Februar bis April, wie in der nachfolgenden Abb. 5.18 gezeigt.

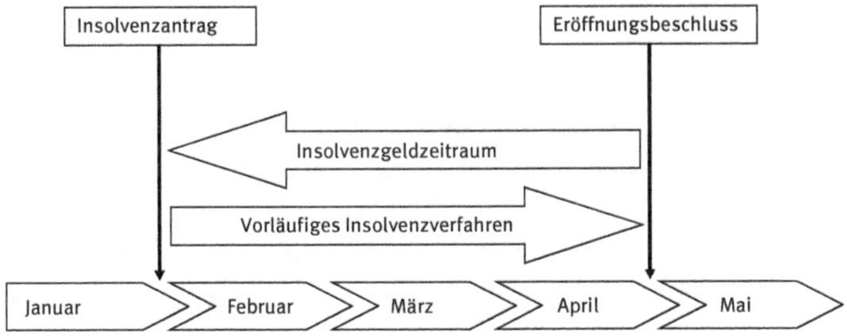

Abb. 5.18: Maximaler Insolvenzgeldzeitraum von drei Monaten (Quelle: Eigene Darstellung)

Die Zuwendungen betreffen alle aus dem betreffenden Arbeitsverhältnis bestehenden Lohnansprüche, vermindert um die gesetzlichen Abzüge, die das Arbeitsamt direkt an die zuständige Einzugsstelle zahlt. Die Lohnansprüche gehen mit Stellung des Antrags auf die Bundesagentur für Arbeit über. Nicht insolvenzgeldfähig sind oberhalb der Beitragsbemessungsgrenze in der gesetzlichen Rentenversicherung liegende Löhne und Gehälter (§§ 167 Abs. 1, 341 Abs. 4 SGB III).

Der Antrag auf Zahlung des Insolvenzgeldes ist innerhalb einer Frist von zwei Monaten ab dem Insolvenzereignis, hier der Eröffnung des Verfahrens bei der Arbeitsagentur durch den Anspruchsinhaber zu stellen (§ 324 Abs. 3 SGB III). Wurden diese Ansprüche auf einen Dritten übertragen, so ist der Antrag auf Auszahlung von diesem zu stellen. Dies betrifft in der Regel das vorfinanzierende Kreditinstitut. Zur Vereinfachung kann in einem Sammelantrag die Auszahlung der Ansprüche mehrerer Arbeitnehmer gleichzeitig beantragt werden. Im Folgenden wird der Ablauf der Insolvenzgeldvorfinanzierung dargestellt.

Kreditinstitute haben sich auf die Vorfinanzierung von Insolvenzgeld spezialisiert, da das Ausfallrisiko bei einer detaillierten Vertragsgestaltung begrenzt ist. Es haben sich drei Alternativen der Vorfinanzierung herausgebildet, mit einer klaren Dominanz des Forderungskaufs:

- Individuelle Kreditierung
- Rahmenkreditvertrag
- Forderungskauf

Beim individuellen Kreditierungsverfahren trifft der Arbeitnehmer mit seiner Hausbank eine Vereinbarung, mit der dieser sein laufendes Konto oder einen Kreditrahmen in Höhe von bis zu drei Nettomonatsgehältern in Anspruch nehmen kann. Zur Sicherheit lässt sich die finanzierende Bank die Entgeltforderungen gegenüber dem Schuldnerunternehmen abtreten. Mit dem Antrag auf Insolvenzgeld geht die Forderung auf die Bundesagentur für Arbeit über und wird durch die Insolvenzgeldforderung ersetzt. Die Rückführung erfolgt nach der Auszahlung des Insolvenzgeldes an den Arbeitnehmer. Dieses Vorgehen ist aufwendig und in Unternehmen mit vielen Arbeitnehmern nur mit hohen Verwaltungskosten umsetzbar. Zudem ist auch hier die Zustimmung der Arbeitsagentur gemäß § 170 Abs. 4 SGB III erforderlich, um der Bank den originären Insolvenzgeldanspruch zuzuweisen (§ 170 Abs. 1 SGB III).

Zur Verringerung des bürokratischen Aufwands besteht die Möglichkeit einen Rahmenkreditvertrag mit allen Arbeitnehmern abzuschließen, bei dem natürlich wiederum die Zustimmung der Arbeitsagentur einzuholen wäre. Jedoch können sich wie bei der individuellen Kreditierung Unsicherheiten bei der Rückzahlung für das finanzierende Institut bei diesem Kreditierungsverfahren ergeben, zumal der Arbeitnehmer dabei formal einem Kreditrückzahlungsrisiko ausgesetzt ist. In der Praxis hat sich der regresslose Forderungskauf durchgesetzt, um dem Arbeitnehmer jegliches Rückzahlungsrisiko zu nehmen (BSG vom 08.04.1992, 10 RAr 12/91).

Dieser vermeidet die Probleme des § 400 BGB, des Ausschlusses der Abtretbarkeit unpfändbarer Forderungen, wenn das gesamte Nettoentgelt einschließlich der unpfändbaren Beträge vorfinanziert wird. Beim Forderungskauf haften die Arbeitnehmer lediglich dafür, dass die Forderungen auf das insolvenzgeldfähige Nettoentgelt bestehen und der Arbeitgeber keine Einreden und Einwendungen geltend macht sowie nicht aufrechnen kann. Des Weiteren haftet der Arbeitnehmer dafür, wenn die Entgeltforderungen bereits zediert, verpfändet oder gepfändet worden sind.

Dieser haftet also im Grundsatz für die Verität der zedierten Lohn- und Gehaltsforderung. Es werden dann zwei Verträge geschlossen, zum einen mit dem Arbeitnehmer sowie zum anderen mit dem Insolvenzunternehmen beziehungsweise dem vorläufigen Verwalter. Gegebenenfalls ist der Betriebsrat einzubinden, um die Kooperation mit der Belegschaft sicherzustellen und den gesetzlichen Mitbestimmungsrechten genüge zu tragen (vgl. Cranshaw et al., 2016b, Vor § 120 InsO, Rn. 129 ff.).

Damit erwirbt das finanzierende Kreditinstitut im Eröffnungsverfahren von Arbeitnehmern der insolventen Firma käuflich deren Lohn- und Gehaltsansprüche gegen Zahlung des Kaufpreises in Höhe des Nettoentgelts. Nach dem Eintritt des Insolvenzereignisses stehen der Bank gemäß § 170 Abs. 1, 4 SGB III die Ansprüche auf Zahlung des Insolvenzgeldes gegen die Arbeitsagentur zu (vgl. Wittig, 2009, S. 605 ff.). Aus diesen Mitteln wird der Vorfinanzierungskredit später getilgt.

Auch die Zinsen und weitere Kostenbestandteile werden aus dieser Zahlung zurückgeführt. Damit ist das Risiko aus dieser Finanzierung eindeutig begrenzt. Die Vorfinanzierung des Insolvenzgeldes hat sich als wesentliches Finanzierungsinstrument im Insolvenzverfahren etabliert und trägt dazu bei die Chancen einer erfolgreichen Sanierung in der Insolvenz beträchtlich zu erhöhen. Allerdings dürfen die Sanierungserfolgschancen nicht überschätzt werden, vielfach wird der Betrieb nach diesem Zeitraum beendet. Der Ablauf der Insolvenzgeldvorfinanzierung wird in der nachfolgenden Abb. 5.19 dargestellt.

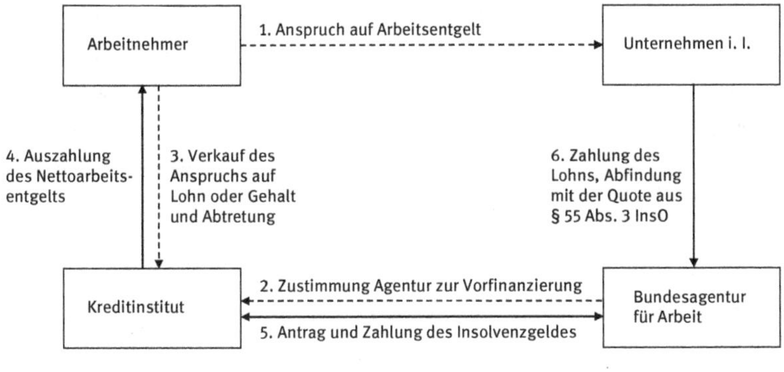

Abb. 5.19: Vorfinanzierung des Insolvenzgeldes durch Forderungskauf (Quelle: Eigene Darstellung)

Schuldner der Löhne und Gehälter ist das Krisenunternehmen. Die Vorfinanzierung des Insolvenzgeldes verläuft wie folgt:

- Nach der Stellung des Insolvenzantrags durch das Krisenunternehmen (1.) verkaufen die Arbeitnehmer ihre Ansprüche auf rückständige Löhne und Gehälter und treten sie mit vorheriger Zustimmung der Bundesagentur für Arbeit (2.) an das Kreditinstitut ab (3.). Anschließend zahlt das Kreditinstitut die Nettoentgelte revolvierend an die Arbeitnehmer aus (4.).
- Nach einer Insolvenzeröffnung stellt die vorfinanzierende Bank, innerhalb von zwei Monaten den Antrag auf Zahlung des Insolvenzgeldes bei der jeweiligen Agentur für Arbeit und die Mittel werden ausgezahlt (5.).
- Die Agentur hat als Insolvenzgläubiger einen zur Insolvenztabelle anzumeldenden Anspruch auf Zahlung der rückständigen Löhne und Gehälter gegenüber dem insolventen Unternehmen (6.), gemäß §§ 55 Abs. 3 Satz 1 InsO, 169 SGB III.

Der Anspruch wird wie bei jedem Insolvenzgläubiger mit der Quote abgefunden. Der insolvente Arbeitgeber beziehungsweise der vorläufige Insolvenzverwalter organisiert die technischen Voraussetzungen für den Ankauf der Forderungen, berechnet deren Höhe und administrieren den Ablauf der Zahlungen aus der Lohnbuchhaltung, gegebenenfalls für die Bank auch die Beantragung des Insolvenzgeldes und die Überwachung der Leistungen der Arbeitsagentur. Das insolvente Unternehmen trägt zugleich die Refinanzierungskosten der Bank für die Vorfinanzierung und die Kontoführungskosten sowie ähnliche Auslagen. Es haftet zugleich in den Fällen, in denen die Arbeitsagentur einen geringeren Betrag zahlt als durch die Bank an den Arbeitnehmer ausbezahlt wurde und setzt sich im Hinblick auf die Veritätshaftung mit dem betroffenen Arbeitnehmer auseinander. Es trägt ferner die Lasten einer etwaigen sozialgerichtlichen Auseinandersetzung der Bank mit der Arbeitsagentur.

Gegebenenfalls wird die Bank darauf bestehen, dass diese Verpflichtungen des Arbeitgebers, die im Insolvenzeröffnungsverfahren begründet werden, aufgrund einer Einzelermächtigung durch das Insolvenzgericht zu Masseverbindlichkeiten heraufgestuft werden. Mit den übertragenen Löhnen und Gehältern hat das nichts zu tun, diese bleiben entsprechend § 55 Abs. 3 InsO Insolvenzforderungen nach § 38 InsO. Zur Absicherung ihrer Position kann die Bank beispielsweise auch eine Haftung der Geschäftsführungsorgane für vorfinanzierte Beträge fordern, wenn der Insolvenzantrag zurückgenommen würde, denn dann existiert kein Insolvenzereignis und auch kein Insolvenzgeld, womit ein Ausfall der Bank entstehen würde.

Angefallene Zinsen und Provisionen

Im Antragsverfahren erhöhen aufgelaufene Zinsen sowie Provisionen die anzumeldenden Forderungen. Die im Antragsverfahren angefallenen Zinsen für das Kreditengagement können bis zur Eröffnung im gleichen Rang wie die Hauptforderung geltend gemacht werden, danach nur noch im Nachrang (§ 39 Abs. 1 Nr. 1 InsO).

Mit der Eröffnung des Insolvenzverfahrens erlischt unter anderem der „Kontokorrentkreditvertrag" (§§ 115, 116 InsO). Es handelt sich dabei um eine Geschäftsbesorgung in Form eines Zahlungsdienstrahmenvertrages (§ 675f Abs. 2 BGB) mit Zurverfügungstellung eines Kreditrahmens und Kontokorrentabrede (§§ 355 bis 357 HGB). Dieses bedeutet unter anderem, dass die betreffende Bank von diesem Zeitpunkt des Erlöschens an nur noch einfache Zinsen auf den Schlusssaldo als Nachrangforderung verlangen kann ohne Zinseszinseffekte nach Maßgabe der jeweiligen Schlusssalden aus dem Kontokorrent (§ 355 Abs. 1 HGB).

Allerdings kann die Bank den Ersatz eines Verzugsschadens fordern. Der Verzugszins liegt 5,0 % über dem jeweiligen Basiszinssatz. Während des Insolvenzverfahrens fällige Zinsen können jedoch nur noch im Nachrang geltend gemacht werden (§ 39 Abs. 1 Nr. 1 InsO). Nachrangige Forderungen werden jedoch nur dann beglichen, wenn alle Insolvenzgläubiger vorab vollständig befriedigt wurden. Dies wird in der Praxis jedoch selten der Fall sein. Sie sind im Allgemeinen auch nicht anmeldefähig (§ 174 Abs. 3 Satz 1 InsO). Diese Zinsen sind verloren, wenn die Kreditforderung nicht gesondert werthaltig durch ein Absonderungsrecht besichert ist. In diesem Fall kann die Bank vorrangig ihre nach Insolvenzeröffnung entstandenen Zinsansprüche aus dem Erlös des betreffenden Absonderungsrechts befriedigen (§ 367 Abs. 1 BGB sowie BGH vom 17.02.2011, IX ZR 83/10).

Die bankinterne Verrechnung der Zinsen hängt davon ab, ob das insolvente Engagement erfolgsmäßig auf die Abwicklungsabteilung übertragen wird. Wird dieser Spezialbereich als eigener Profitcenter geführt, dann sind die Zinsen für die Refinanzierung und den Eigenkapitalverzinsungsanspruch sowie sonstige Aufwendungen als Opportunitätskosten im Rahmen der internen Kalkulation anzusetzen.

Während die Vorfinanzierung des Insolvenzgeldes zunächst die Fortführung ermöglicht und einen Zusatzertrag für die vorfinanzierende Bank verspricht, sind häufig weitere Mittelbereitstellungen durch die bisherigen Gläubiger des Insolvenzschuldners zu entscheiden. So ist für die Verfahrenseröffnung im Interesse einer geordneten Abwicklung oft ein Massekostenvorschuss von der Hausbank zu leisten.

Gewährung eines Massekostenvorschusses zur Verfahrenseröffnung

Gemäß § 26 InsO weist das Insolvenzgericht den Antrag auf die Eröffnung des Insolvenzverfahrens ab, wenn das freie Vermögen des Schuldners voraussichtlich nicht ausreicht wird, um die Kosten des Insolvenzverfahrens zu decken. Eine Abweisung mangels Masse kann gemäß § 26 Satz 2 InsO durch den Vorschuss eines ausreichenden Geldbetrages zum Beispiel durch eine Bank verhindert werden. Der Umfang der Verfahrenskosten ergibt sich aus § 54 InsO. Gemäß § 54 Abs. 1 Nr. 1 InsO handelt es sich dabei um die Gerichtskosten und nach § 54 Abs. 1 Nr. 2 InsO um die Vergütung und die Auslagen des vorläufigen Insolvenzverwalters, des Insolvenzverwalters und der Mitglieder des möglicherweise installierten (vorläufigen) Gläubigerausschusses (vgl. Schmidt et al., 2016, § 54 InsO, Rn. 8 ff.).

Die Bereitstellung eines Massekostenvorschusses kann für die involvierten Banken sinnvoll sein, wenn an der Eröffnung des Verfahrens ein großes Interesse besteht. So kann eine Insolvenzeröffnung wirtschaftliche Vorteile bei der Abwicklung für die betroffenen Kreditinstitute bedeuten. Beispielsweise kann der Einzug der Forderungen durch den Verwalter unter Umständen kostengünstiger durchgeführt werden, wegen dem hohen Verwaltungsaufwand und der Belastung mit zusätzlichen Aufgaben für die Bankmitarbeiter. Zudem kann der Einzug eine höhere Quote erbringen, wenn der Insolvenzverwalter Einreden der Drittschuldner intensiv überprüft.

Auch der Forderungseinzug vor dem Insolvenzantrag durch Kreditinstitute ist daher kritisch zu überdenken, denn der Zahlungswille der Drittschuldner erlahmt häufig, wenn Kreditinstitute die ihnen abgetretenen Forderungen schon frühzeitig offenlegen. Der Insolvenzverwalter kann die absonderungsberechtigten Gläubiger im vorläufigen oder eröffneten Verfahren somit von zusätzlicher Arbeit entlasten, gegen die Abführung von vertraglich ausgehandelten Gebühren oder gesetzlichen Kostenbeiträgen gemäß §§ 170, 171 InsO. Allerdings können die vertraglich ausgehandelten Beträge, die sich nur auf die Verwertungskosten beziehen, nicht unter den gesetzlichen Pauschalen liegen. Eine derartige Abrede mit dem Insolvenzverwalter wäre insolvenzzweckwidrig und nichtig. Den Forderungseinzug sicherungszedierter Forderungen wird eine Bank bei der Globalzession einer großen Zahl von Forderungen organisatorisch nicht sinnvoll bewältigen können.

Des Weiteren wird mit der Verfahrenseröffnung ebenfalls die freihändige Verwertung von Immobilien im Eigentum des Schuldnerunternehmens ermöglicht, wenn der Schuldner sich bislang gegen diese Form der Veräußerung, die regelmäßig höhere Preise als die Zwangsverwertung erbringt, sperrt. Der Insolvenzverwalter kann zudem klageweise Ansprüche aus Anfechtungstatbeständen gegen Dritte realisieren und damit die Masse weiter anreichern. Dies bedeutet für Kreditinstitute unter Umständen allerdings auch eine gewisse Risikoerhöhung, die nicht steuerbar ist. Außerdem besteht die Möglichkeit mit der Verwertung des Gesamtbetriebes oder eines Teilbetriebs des Schuldnerunternehmens einen höheren Erlös als über die Einzelliquidation (Piecemeal) der Wirtschaftsgüter zu erreichen.

Daher ist aus Sicht der Kreditinstitute zu prüfen, ob Vorteile einer Eröffnung eines Verfahrens bestehen und der Massekostenvorschuss vorfinanziert werden soll. Sind mehrere Kreditinstitute, unter Umständen die Poolbanken eines Bankenpools, in das Verfahren involviert, können diese Kosten in der Regel quotal auf die verschiedenen Poolinstitute aufgeteilt werden. Es darf allerdings resümiert werden, dass Insolvenzanträge, die nur durch einen Massekostenvorschuss zur Eröffnung geführt werden können, im Ergebnis meist als Insolvenzen mit vermutlich keinem oder einem ganz schlechtem Quotenergebnis betrachtet werden müssen. Vorteile entfalten sie für die Sicherungsgläubiger, denen faktisch ein geordneter Ablauf für die Verwertung ihrer Sicherheiten zur Verfügung gestellt wird und die dafür ökonomisch mit den Gerichtskosten und der Verwaltervergütung zahlen.

Neben der Vorfinanzierung des Massekostenvorschusses wird ein vorläufiger Verwalter auf die involvierten Kreditinstitute zugehen, um weitere Finanzierungen für die Fortführung der Geschäfte zu erreichen, unter anderem um Vorprodukte zu erwerben, um die Produktion aufrecht zu erhalten. Wenn für eine vorteilhafte Fortführung des insolventen Unternehmens die Gewährung eines Massekredits erforderlich ist und die Bank sich dem entsprechenden Antrag des (vorläufigen) Insolvenzverwalters im Hinblick auf die erwarteten Vorteile einer durch die Betriebsfortführung ermöglichten übertragenden Sanierung nicht zu verschließen vermag, sollte die Bank ihre Massekreditzusage an verschiedene Bedingungen knüpfen. Dabei ist zu unterscheiden, ob der Massekredit im Insolvenzeröffnungsverfahren oder im eröffneten Insolvenzverfahren gewährt werden soll.

Massekreditgewährung im Eröffnungsverfahren

Im Antragsverfahren werden häufig bereits bestehende Aufträge abgearbeitet. Erforderlich ist dazu meist die Bestellung von Rohstoffen, Halb- und Fertigfabrikaten, Einkauf von Dienstleistungen, gegebenenfalls Mietzahlungen. Die Lieferanten werden in dieser Situation allerdings meist nur noch gegen Vorkasse liefern. Wenn die Fortführung der geschäftlichen Aktivitäten die spätere Sanierung eines Unternehmensträgers oder eine Übertragung begünstigt, die Sicherheiten wieder werthaltig gemacht und Gelder erwirtschaftet werden und damit das Risiko der Gläubigerbanken sinkt, kann gegebenenfalls die Vorfinanzierung des operativen Geschäfts durch die bereits involvierten Kreditinstitute, zum Beispiel im Pool, in Erwägung gezogen werden. So hat eine Bank unter Umständen ein Interesse an einer Fortführung des Betriebs, wenn darüber die ihr abgetretenen Forderungen im Wert erhalten bleiben.

Die Werthaltigmachung bestehender oder neu entstehender Sicherheiten zum Beispiel künftiger Forderungen im Eröffnungsverfahren sowie im eröffneten Verfahren durch die Fortführung kann die Bank jedoch nicht für sich reklamieren. Dieser Vorteil durch die Betriebsfortführung ist häufig entweder anfechtbar (§ 130 InsO) oder der Erwerb scheitert im eröffneten Verfahren an § 91 InsO. Die operativen Ergebnisse der Fortführung kommen der Masse zugute. Die Bank profitiert aber erheblich von der Werterhaltung, wenn Sicherheiten nicht stückweise oder notverkaufsähnlich, sondern zu realistischen Verkehrswerten veräußert werden können.

Im Hinblick auf diese zedierten Forderungen ist bereits darauf hingewiesen worden, dass die geordnete Einziehung durch den Verwalter sich positiv auf den Erlös auswirkt. Ähnliches gilt für Grundpfandrechtsgläubiger an Firmengrundstücken, da zumeist nur eine Fortführung die Sicherung und den Erhalt der Werthaltigkeit der Objekte gewährleistet. Alternativ bleibt dem Grundpfandgläubiger, abhängig von seiner Rangposition, die Zwangsverwaltung nach §§ 146 ff. ZVG zur Sicherung und die Zwangsversteigerung zur Verwertung der Substanz. Als weitere Variante der Immobiliensicherung besteht die kalte Zwangsverwaltung durch den Insolvenzverwalter (vgl. BGH vom 14.07.2016, IX ZB 31/14).

Im vorläufigen Insolvenzverfahren sind neben dem Insolvenzschuldner drei alternative Vertragspartner bei einer Finanzierung zu betrachten:

- Schwacher vorläufiger Verwalter, überwachender vorläufiger Sachwalter
- Vorläufiger Verwalter mit Zustimmungsvorbehalt
- Starker vorläufiger Insolvenzverwalter mit Verfügungsbefugnis

Bei einer **Massekreditgewährung** im Insolvenzeröffnungsverfahren sieht sich eine Bank oft einem schwachen vorläufigen Insolvenzverwalter oder im Schutzschirmverfahren einem Sachwalter gegenüber, der keine Verfügungsbefugnis besitzt und der im Gegensatz zu einem starken vorläufigen Insolvenzverwalter mit eigener Verfügungsbefugnis keine vorrangigen Masseverbindlichkeiten begründen kann. Damit dem Kreditrückzahlungsanspruch einer Bank im eröffneten Insolvenzverfahren der Rang der Masseforderung gegeben wird, ist ein Beschluss des Insolvenzgerichts notwendig, der dem vorläufigen Insolvenzverwalter die Massekreditaufnahme gestattet und ihn so partiell zu einem starken vorläufigen Insolvenzverwalter erhebt. Diese Ermächtigung ist auf die Vereinbarung zur Bestellung von Sicherheiten an das betroffene Kreditinstitut auszudehnen.

Die Einholung einer Einzelermächtigung beim Insolvenzgericht ist für den schwachen vorläufigen Verwalter aus Haftungsgründen von Relevanz. Im Schutzschirmverfahren kann der Schuldner zur Betriebsfortführung, unter Aufsicht eines selbst gewählten Sachwalters, gemäß § 270b Abs. 3 Satz 1 InsO Masseverbindlichkeiten auf Antrag nur dann begründen, wenn das Insolvenzgericht ihn dazu ausdrücklich ermächtigt hat (vgl. Gehrlein, 2017a, S. 411 ff.). Der Antrag kann sich auf alle Verbindlichkeiten beziehen (siehe den Wortlaut des § 270b Abs. 3 InsO), aber sich auch auf einzelne Ermächtigungen beschränken. Dies ist sinnvoll, da das Ausbluten der Masse auf diese Weise verhindert wird.

Aus Bankensicht ist zur Reduzierung des Ausfallsrisikos darauf zu achten, dass die Massekreditgewährung von der Vereinbarung neuer Sicherheitenverträge begleitet wird. Es kommen eine Sicherungsübereignung der mit dem Massekredit erworbenen Güter und eine Sicherungsabtretung der aus der Betriebsfortführung erzielten Forderungen in Betracht. Im Zweifel sind diese Geschäfte Bargeschäfte nach § 142 InsO. Hierauf kommt es aber nicht an, wenn diese Rechtshandlungen im Zusammenhang mit dem Massekredit beziehungsweise der Sicherheitenbestellung dann Masseverbindlichkeiten darstellen, die der Anfechtung entzogen sind.

Auch andere Vermögenswerte des insolventen Unternehmens wie zum Beispiel Patentrechte oder freie Grundschuldteile können als zusätzliche Sicherheiten herangezogen werden. Um jegliche Zweifel an der Befugnis des vorläufigen Insolvenzverwalters zur Sicherheitenbestellung auszuräumen, sollte in dem relevanten Gerichtsbeschluss zur Massekreditaufnahme die Erlaubnis zur Sicherheitenbestellung durch den vorläufigen Verwalter ausdrücklich enthalten sein.

Bei einer Vorfinanzierung durch die Kreditinstitute werden durch den starken vorläufigen Insolvenzverwalter Masseverbindlichkeiten begründet (§ 55 Abs. 2 InsO). Es ist keine gesonderte Einzelermächtigung des Gerichtes erforderlich. Allerdings ergibt sich bei der Qualifizierung der Kreditaufnahme als eine bedeutende Handlung das Zustimmungserfordernis des gegebenenfalls vorhandenen vorläufigen Gläubigerausschusses des Eröffnungsverfahrens nach § 160 InsO, wenn man nicht die Anwendung der Vorschrift im Eröffnungsverfahren ablehnt. Einzelheiten sind hier umstritten (Schmidt et al., 2016, § 160 InsO, Rn. 1).

Die künftige Insolvenzmasse haftet bei einer Kreditaufnahme und daraus entstehender Verbindlichkeiten gemäß § 55 Abs. 2 InsO. Nach § 61 Satz 1 InsO kann der (vorläufige) Insolvenzverwalter für die Nichterfüllung von Masseverbindlichkeiten persönlich in Regress genommen werden (vgl. Kirchhof et al., 2013, § 61 InsO, Rn. 7 ff.). Diese Risikolage wird seine Bereitschaft zur Fortführung des operativen Betriebs unter Umständen beeinträchtigen können und ein Hinwirken auf eine Liquidationslösung bewirken, gerade wenn umfangreiche Kredite erforderlich sind.

Der Verwalter hat zudem die Pflicht, einen Überblick über die Zahlungsvorgänge im Unternehmen zu behalten, damit die Rückführung dieser Verbindlichkeiten hinreichend gesichert werden kann. Zur Überprüfung dieser Aufgabe sollte von Seiten der im Eröffnungsverfahren finanzierenden Banken eine Rentabilitätsvorausschau sowie eine Liquiditätsplanung vom vorläufigen Verwalter für das Eröffnungsverfahren verlangt werden. Können die Zahlenwerke nicht bereitgestellt werden, ist eine Vorfinanzierung von Warenbestellungen durch frisches Geld im vorläufigen Verfahren aus Bankensicht kritisch zu betrachten.

Massekreditgewährung im eröffneten Insolvenzverfahren

Für eine Massekreditgewährung im eröffneten Insolvenzverfahren ist kein Gerichtsbeschluss erforderlich, da ein vollumfänglich verfügungsbefugter Insolvenzverwalter Vertragspartner der Bank wird. Mit diesem kann auch die Bestellung von Sicherungsrechten vereinbart werden. Dennoch hat der Insolvenzverwalter das Zustimmungserfordernis des gegebenenfalls vorhandenen Gläubigerausschusses oder der Gläubigerversammlung nach § 160 InsO einzuholen, wenn beispielsweise ein Darlehen aufgenommen werden soll, das die Insolvenzmasse erheblich belastet.

Das Zustimmungserfordernis nach dieser Norm ist aber keine Wirksamkeitsvoraussetzung des Geschäfts (§ 164 InsO), wenn nicht ganz ausnahmsweise das Vorgehen des Verwalters, der sich über die Gläubigerorgane hinwegsetzt, indem er sie nicht einschaltet oder gegen ihr Votum handelt, evident insolvenzzweckwidrig und daher nichtig ist. Diese Evidenz muss aber für den Vertragspartner, hier die Bank, ersichtlich sein (vgl. Schmidt et al., 2016, § 164 InsO, Rn. 4). Eine neue vertragliche Vereinbarung über die Massekreditgewährung sowie die Besicherung ist auch dann erforderlich, wenn ein im Insolvenzeröffnungsverfahren aufgenommener Massekredit lediglich im Sinne eines neuen Kapitalnutzungsrechts verlängert werden soll.

Möchte die Bank Sicherungsrechte an nach der Verfahrenseröffnung vom insolventen Unternehmen erworbenen Vermögensgegenständen erlangen, so muss sie eine Bestätigung zur Massekreditaufnahme einschließlich der Sicherungsvereinbarung vom Insolvenzverwalter erhalten. Bei dieser Finanzierung wird es sich meist um einen echten Massekredit handeln.

Definition: Von einem **echten Massekredit** wird gesprochen, wenn die zugesagten Mittel wie bei einem normalen Bankkredit von einem Kreditinstitut über einen Kreditvertrag zur Verfügung gestellt und liquide Mittel ausgereicht werden. Dabei kann es sich um die Verfügungsstellung einer Kreditlinie, einer Avallinie oder fester Darlehensmittel zur Durchfinanzierung des Betriebs handeln.

Aus der Sichtweise des Kreditinstituts oder der Poolbanken handelt es sich um ein übliches Kreditgeschäft, dass unter der Erschwernis einer Insolvenz zu entscheiden ist. Die Kreditierung wirkt unmittelbar risikoerhöhend und dem Kreditgeber haftet nur das Massevermögen. Die Gewährung eines echten Massekredits in der Insolvenz erfordert in der Regel eine hohe Kompetenzstufe des Entscheidungsträgers in einer Bank. Daher ist eine ausreichende Besicherung gegebenenfalls mit einer Überdeckung im zulässigen Umfang bereitzustellen, um das Risiko eines weiteren Forderungsausfalls aus Bankensicht gering zu halten. Die Annahmen der Betriebsfortführung sind durch den Insolvenzverwalter mit der detaillierten integrierten Planungsrechnung zu unterlegen und genau zu überprüfen. Dabei spielt die Reputation des Insolvenzverwalters, wie auch bei einer unechten Massekreditgewährung, eine wesentliche Rolle (vgl. Cranshaw et al., 2016a, Vor § 21 InsO, Rn. 9 ff.).

Definition: Bei einem **unechten Massekredit** stammen die Kreditmittel im Antragsverfahren aus der Verwertung von Vermögensgegenständen eines insolventen Unternehmens, an denen das betreffende Institut ein Absonderungsrecht besitzt, wie insbesondere aus der Einziehung sicherungsabgetretener Forderungen sowie der Verwertung eines Warenlagers. Statt einer unverzüglichen Auskehrung der erzielten Erlöse aus den Forderungen an die absonderungsberechtigte Bank, wie es die Insolvenzordnung gemäß § 170 Abs. 1 Satz 2 InsO vorsieht, verwendet der (vorläufige) Insolvenzverwalter die über einen Forderungseinzug erlangten Gelder mit Einverständnis der Bank zur Finanzierung der Betriebsfortführung. Im eröffneten Verfahren steht dem Insolvenzverwalter dagegen das gesetzliche Verwertungsrecht nach §§ 166 ff. InsO zu und damit auch die Kostenbeiträge der Feststellung und Verwertung aus §§ 170, 171 InsO zu (vgl. BGH vom 20.02.2003, IX ZR 81/02). Erst mit der Eröffnung erhält er die Befugnis das schuldnerische Vermögen zu verwalten und darüber zu verfügen (§ 80 Abs. 1 InsO). Kreditiert wird im Rahmen dieses „unechten" Massekredites dann wirtschaftlich der Anspruch eines absonderungsberechtigten Gläubigers auf die Auskehr des Verwertungserlöses gemäß § 170 Abs. 1 Satz 2 InsO. Auch Kombinationen aus einem echten und einem unechten Massekredit über das Antragsverfahren und das eröffnete Verfahren hinweg sind zur Finanzierung der weiteren betrieblichen Aktivitäten oder der Vorbereitung von Sanierungslösungen in der Insolvenz möglich und wirtschaftlich typisch, da ansonsten der Betrag des „unechten" Massekredits nach Verfahrenseröffnung zunächst zurückbezahlt werden müsste, um dann im Rahmen eines „echten" Massekredites neu valutiert zu werden.

Die Kreditentscheidung ist bei einem unechten Massekredit einfacher zu treffen, da keine neuen Gelder ausgereicht werden und somit auf den ersten Blick keine Risikoerhöhung eintritt. Der unechte Massekredit im Eröffnungsverfahren vermeidet zudem in einer frühen Phase des Verfahrens die Diskussion über den Umfang und die Wirksamkeit der Sicherungsrechte und die etwaige Anfechtbarkeit. Vereinbarungsgemäß wird diese Diskussion gegebenenfalls anlässlich der Rückzahlung des stillen Massekredits zu führen sein. Sie ist damit aus praktischen Gründen lediglich aufgeschoben und zwar zu einem Zeitpunkt, in dem noch keine Gelegenheit bestand, die entsprechenden Prüfungen vorzunehmen.

Hat im Ausnahmefall der Gläubiger die Sicherheitenverwertung betrieben zum Beispiel die Verwertung einer abgetretenen Kapitallebensversicherung des Schuldners und seine Verwertungsmaßnahmen bereits vor der Eröffnung des Insolvenzverfahrens abgeschlossen, werden keinerlei Verwertungs- und Feststellungskosten an die Masse fällig (vgl. Schmidt et al., 2016, § 170 InsO, Rn. 6). Wenn diese Verwertung durch den vorläufigen Insolvenzverwalter aus Bankensicht allerdings ausdrücklich gewünscht wird, sind auch Regelungen mit einer Kostenbeteiligung in Anlehnung an § 171 InsO zu vereinbaren. Ansonsten muss differenziert werden, welche Verwertungsvorgänge vor der Eröffnung und welche nach der Eröffnung einer Insolvenz stattfinden, wobei zum Beispiel der Forderungseinzug durch den vorläufigen Verwalter aufgrund gerichtlicher Anordnung nach § 21 Abs. 2 Satz 1 Nr. 5 InsO sowohl zur Auskehrungspflicht seitens des vorläufigen Verwalters an den Gläubiger als auch zu Kostenbeiträgen des Gläubigers nach § 171 InsO führt. Der Erlös aus der Sicherheitenverwertung ist im Übrigen nicht Teil der Masse, der Anspruch auf Auszahlung nicht nur Masseverbindlichkeit, sondern bis zur Höhe der wirksam besicherten Forderung eine allein dem Gläubiger zustehende Vermögensmasse.

Beim Einzug von Forderungen ist die Verwertung sicherlich einfacher als bei der Produktion und dem eintretenden Wertzuwachs von sicherungsübereigneten Gegenständen. Der Bank stehen daran nur die Wertanteile zum Zeitpunkt der Eröffnung zu, wenn nicht schon im Eröffnungsverfahren durch Weiterverarbeitung Wertzuwächse entstanden sind, die der Bank durch Anfechtung entzogen werden können. Im Allgemeinen sind einvernehmliche Lösungen zwischen den absonderungsberechtigten Kreditinstituten sowie dem Insolvenzverwalter anzustreben. Auch die Verzinsung der Massekredite als Gegenleistung für die Kapitalüberlassung ist beim echten und beim unechten Massekredit zu regeln. Der Rückzahlungsanspruch der Forderungen aus dem Massekredit zuzüglich der Zinsen stellt eine vorrangige Masseverbindlichkeit nach § 55 Abs. 1 Nr. 1 InsO dar. Unklar ist die Fragestellung, ob ein vorläufiger Verwalter mit Ermächtigung des Insolvenzgerichts zur Verwertung des schuldnerischen Vermögens auch bereits im Eröffnungsverfahren Kostenbeiträge beanspruchen kann. So stehen dem vorläufigen Verwalter aber beim Erlass eines Einziehungs- und Verwertungsverbotes durch das Insolvenzgericht nach § 21 Abs. 2 Satz 1 Nr. 5 Satz 3 InsO die Kostenbeiträge gemäß §§ 170, 171 InsO zu.

Dies erfordert jedoch den Beschluss eines Einziehungs- und Verwertungsverbotes und zudem die klare Definition, welche Sicherungsrechte von dieser Anordnung erfasst werden. Des Weiteren sind nur Gegenstände zu berücksichtigen, die sich noch im Besitz des Schuldners befinden. Hat ein Kreditinstitut bereits die Herrschaft über das Sicherungsgut erlangt, kann das Insolvenzgericht ein Verwertungsverbot nach § 21 Abs. 2 Satz 1 Nr. 5 InsO nicht mehr erlassen (vgl. Seidel, 2012a, S. 547 ff.). Nach der Eröffnung des Verfahrens können die Kostenbeiträge nur noch für die Absonderungsrechte geltend gemacht werden, die nicht bereits im Antragsverfahren im Rahmen eines unechten Massekredits verwendet worden sind. Somit ist eine Abgrenzung auf den Verfahrensstand wichtig, um die Verwertungsmaßnahmen vor sowie nach der Insolvenzeröffnung zeitgenau voneinander abzugrenzen zu können (vgl. Kümmel/Viehoff, 2012, S. 522 ff.).

Beurteilung des echten und des unechten Massekredits aus Bankensicht

In der Regel fällt der Bank die Gewährung eines unechten Massekredits leichter als die Einräumung eines echten Massekredits, da ersterer bankintern gewöhnlich nicht als Risikoausweitung betrachtet wird. Dann findet keine echte Obligoerhöhung statt und die Verfügung über Sicherungsrechte in der Insolvenz erfordert eine geringere Kompetenzstufe als die Vergabe neuer Mittel (vgl. Kümmel/Viehoff, 2012, S. 516 ff.). Diese Sichtweise darf jedoch nicht darüber hinwegtäuschen, dass wirtschaftlich gesehen gerade kein Unterschied zu einer klassischen Kreditierung besteht.

Wenn ein Massekredit nicht zurückgezahlt werden kann, ist es für die Bemessung des daraus entstandenen Schadens im Ergebnis für die Banken gleichgültig, ob es sich um einen echten oder einen unechten Massekredit handelt. Oft werden über einen unechten Massekredit die Sicherungsrechte aufgebraucht, die dann später im Verwertungsfall nicht mehr zur Verfügung stehen. Meist wird das Umlaufvermögen verwendet und für die weitere Betriebsfortführung genutzt.

Ein Vorteil der Vereinbarung eines unechten Massekredits ist, dass bereits in einem frühen Zeitpunkt des Verfahrens eine kontroverse Diskussion zwischen dem Sicherungsnehmer und dem (vorläufigen) Insolvenzverwalter über die Wirksamkeit und den Umfang sowie Kollisionen von aussonderungs- und absonderungsberechtigten Kreditsicherheiten entfällt. Es müssen zudem keine zusätzlichen finanziellen Mittel ausgereicht werden, mit problematischen bankinternen Entscheidungen.

Unabhängig von der Gewährung eines echten oder unechten Massekredits in den verschiedenen Verfahrensstadien bedeutet diese Art der Finanzierung wirtschaftlich eine vorzugsweise Befriedigung aus der Masse. Dieses Recht kann auch durch einen aufgestellten Insolvenzplan nicht abbedungen werden, da dieser Rückzahlungsanspruch im Hinblick auf den Massekredit als Masseverbindlichkeit nicht der Disposition der Gläubigermehrheit unterliegt. Jedoch besteht auch bei der Vergabe des später vorrangigen Massekredits die Gefahr eines Ausfallrisikos, wenn eine Masseunzulänglichkeit eintritt (§§ 208 ff. InsO).

Daher ist die Vereinbarung von Sicherheiten zur Reduzierung des Rückzahlungsrisikos unerlässlich. Dabei unterliegt die Besicherung eines Massekredits von vornherein nicht der Anfechtung nach §§ 129 ff. InsO (vgl. Kümmel/Viehoff, 2012, S. 530 ff.), wobei dies für die Kreditierung gegen Sicherheiten und die in diesem Kontext geschlossenen Verträge sowie vorgenommenen Rechtshandlungen im Eröffnungsverfahren nur dann gilt, wenn ein starker vorläufiger Verwalter gehandelt hat oder das Insolvenzgericht durch entsprechende Einzelermächtigung die daraus resultierenden Verbindlichkeiten zur Masseverbindlichkeit heraufgestuft hat. Dies gilt auch in der vorläufigen Eigenverwaltung in Fällen des § 270b Abs. 3 InsO.

Die Kreditierung kann als Einzelgeschäftsfinanzierung oder Projektfinanzierung mit einer Abtretung der Einzelforderung und der Sicherungsübereignung der finanzierten Gegenstände oder als globaler Kreditrahmen zur Fortführung der Geschäfte erfolgen. Generell ist eine Risikoaufteilung mit weiteren Banken und auch den Lieferanten zu empfehlen, wenn andere Kreditinstitute, wie unter anderem die Poolbanken, ein Interesse an der Fortführung eines insolventen Unternehmens haben, beispielsweise, um ihre Sicherheitenwerte im Wert zu erhalten.

Bei der Besicherung neu zu vergebender Kredite durch die Vermögenswerte des Umlaufvermögens ist wie in der außergerichtlichen Sanierungsphase die Vereinbarung eines Sicherheitenabgrenzungsvertrags mit den Lieferanten und Kreditversicherern zweckmäßig, um im Verwertungsfall dann spätere Aufteilungsprobleme zu vermeiden. Bei der Einzelgeschäftsfinanzierung sollte jedes finanzierte Projekt mit einem gesonderten Finanzplan unterlegt werden, der zeigt, dass diese Mittelrückführung aus dem vorzufinanzierenden Auftrag mit hoher Sicherheit erreicht werden kann. Es ist zu beachten, dass die Zahlungen auf das Einzelgeschäft bezogen und nicht mit dem Gesamtbetrieb vermischt werden. Auch die Bonität und die Zahlungswilligkeit der Drittschuldner sind zu eruieren. Wichtig ist auch, dass das Projekt mängelfrei abgeliefert wird, damit keine Einreden von dem Leistungsempfänger oder dem Abnehmer geltend gemacht werden, die den Erlös möglicherweise schmälern.

Bei der Finanzierung des gesamten Geschäftsbetriebs über einen Kreditrahmen ist ebenfalls eine Ertrags- und Finanzplanung einzureichen und durch die Kreditinstitute ist zu prüfen, ob eine mittelfristige Kapitaldienstdeckung überhaupt gegeben ist. Insgesamt sollten sich aus der Weiterführung des Schuldnerunternehmens, im vorläufigen Verfahren mit Unterstützung durch die Insolvenzgeldfinanzierung, keine Unterdeckungen im Finanzplan und keine Verlustwirtschaft ergeben.

Besicherung eines Massekredits im vorläufigen und eröffneten Verfahren

Die Vergabe eines echten oder unechten Massekredits von Seiten einer Bank wird stark davon abhängen, ob diese Mittelvergabe das Risiko eines Forderungsausfalls ausweitet oder ob die Kreditvergabe risikoneutral erfolgen kann. Die Erhöhung des Abschreibungsrisikos wird aus bankinternen Richtlinien und aus vernünftigen wirtschaftlichen Erwägungen für ein Kreditinstitut oftmals nicht in Frage kommen.

Somit kommt der materiell, formell und rechtlich eindeutigen werthaltigen Besicherung dieser Form der Kreditgewährung eine besondere Bedeutung zu. Als mögliche Sicherungsrechte kommen grundsätzlich sämtliche freien materiellen und auch immateriellen Vermögenswerten eines Schuldnerunternehmens in Betracht. Auch ein Drittsicherungsgeber kann sogar anfechtungsfrei eingebunden werden. Allerdings ist es aus wirtschaftlichen Gründen meist schwierig, Außenstehende zu einer Absicherung von Krediten an ein insolventes Unternehmen zu bewegen.

Dazu wird unter Umständen nur ein finanziell starker Gesellschafter oder ein wirtschaftlicher Partner in der Wertschöpfungskette, der auf die Lieferungen des Unternehmens angewiesen ist, bereit sein. Demnach ist die Stellung einer Garantie oder Bürgschaft durch einen bonitätsmäßig einwandfreien Geschäftspartner andenkbar. Üblicherweise erfolgt, wie oben bereits beschrieben, die Absicherung durch die im Rahmen der Betriebsfortführung neu entstehenden Kreditsicherheiten des Umlaufvermögens. Gerade die Forderungen sind bei einer guten Bonität der Drittschuldner und bei möglichen Anzahlungen häufig als werthaltig zu betrachten.

Zu beachten ist, dass für die Weiterführung des Unternehmens nach dem Insolvenzantrag meist die variablen Sachvermögenswerte und die Forderungen des Umlaufvermögens als Kreditsicherheiten herangezogen werden. In diesem Fall sind die Bestände an Roh-, Hilfs-, Betriebsstoffen und Halbfabrikaten und Fertigfabrikaten, die unter die Sicherungsübereignung der Banken fallen und die Positionen der Forderungen, die von der Globalzession erfasst wird, festzuhalten. Diese Werte sind für die Kreditinstitute im Antragsverfahren wirtschaftlich durch die Betriebsfortführung mit Hilfe der durch die Insolvenzgeldvorfinanzierung ersparten Arbeitnehmerkosten wieder aufzufüllen, damit kein Verbrauch der Sicherungswerte eintritt, der die Abschreibungen der Kreditinstitute später erhöht. Die nachfolgende Abb. 5.20 verdeutlicht diesen Sachverhalt.

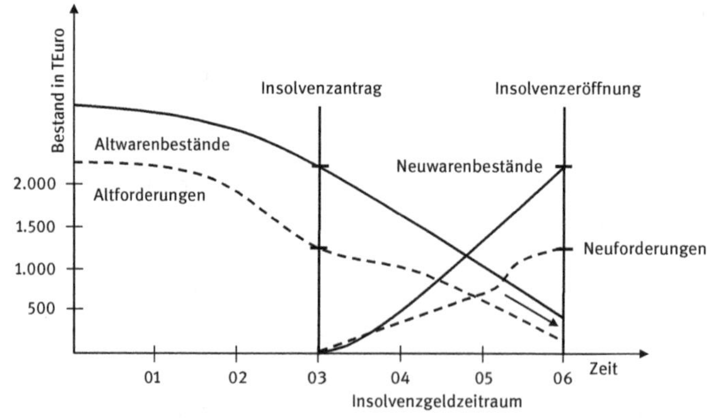

Abb. 5.20: Bestände des Umlaufvermögens im Insolvenzverfahren (Quelle: Eigene Darstellung)

Es gilt, dazu die verbrauchten Bestände an Altforderungen und Gütern des Umlaufvermögens durch Neuforderungen sowie Neuwarenbestände wieder anzureichern, damit aus Sicht der abgesicherten Kreditinstitute keine wirtschaftlichen Nachteile eintreten. Der Forderungsbestand ist daher direkt im Anschluss an den Insolvenzantrag über eine Debitorenliste und der Bestand des sonstigen übereigneten Umlaufvermögens durch eine Inventur genau zu ermitteln.

Als werthaltige Sicherheiten bieten sich im Antragsverfahren die neuen Forderungen und die neu produzierten Halb- und Fertigfabrikate an, die im Rahmen der Fortführung des Betriebes im Eröffnungsverfahren entstehen. Im Fall eines schwachen vorläufigen Verwalters bedarf es einer gerichtlichen Einzelermächtigung, um diese Finanzierung mit Sicherheitenbestellung in den Rang einer nicht anfechtbaren Masseverbindlichkeit zu erheben. Die im Eröffnungsverfahren neu geschaffenen Forderungen und Waren werden unter Umständen von einer bereits bestehenden Globalzession und Raumsicherungsübereignung erfasst, die jedoch nach der Insolvenzeröffnung der insolvenzrechtlichen Anfechtung InsO unterliegen können. Der Erwerb einer Sicherheitenposition der Bank daran scheitert im eröffneten Verfahren an § 91 InsO, dieser ist insolvenzrechtlich unwirksam.

Der vorläufige Insolvenzverwalter kann zur Finanzierung einer Betriebsfortführung mit dem Sicherungsnehmer eine Vereinbarung treffen, mit der neu entstehende Forderungen im Rahmen der Betriebsfortführung ebenfalls wieder verbraucht werden dürfen und andere an ihre Stelle treten. Die Vorausabtretung stellt ein Bargeschäft nach § 142 InsO dar und ist nicht anfechtbar. Gleiches gilt für die Raumsicherungsübereignung (vgl. Cranshaw et al., 2016a, Vor § 21 InsO, Rn. 20 ff.). Auf die etwas problematische Struktur des § 142 InsO kommt es jedoch nicht an, wenn der (stille) Massekredit des Eröffnungsverfahrens zur Masseverbindlichkeit wird und seine Besicherung wie üblich mit den mobilen Sicherheiten revolvierend erfolgt.

Im eröffneten Insolvenzverfahren stellen die entstandenen Forderungen und erworbene und hergestellte Vorräte, Halbfabrikate und Fertigprodukte freie Masse dar, da Rechte der bisherigen Sicherungsgläubiger daran während des Insolvenzverfahrens nicht erworben werden können (§§ 781, 91 InsO). Diese Vermögenswerte und Rechte können als Sicherheit für eine Kreditvergabe verwendet werden. Für die Gläubiger besteht jedoch das Risiko, dass das Verfahren mangels Masse eingestellt wird (§ 207 InsO), so dass es nicht mehr zu hinreichend neuen Forderungen oder Sicherungseigentum infolge Betriebsbeendigung kommt. Dann bleibt diesem Sicherungsgläubiger gegebenenfalls nur, die Aufrechterhaltung des Verfahrens zu finanzieren. Auch Abtretungen von Anfechtungsansprüchen nach §§ 129 ff. InsO können als Kreditsicherheiten verwendet werden (vgl. Cranshaw et al., 2016a, Vor § 21 InsO, Rn. 20 ff.), eine mit Vorsicht zu handhabende und damit höchst fragile Sicherheit. Ein Massekredit und dessen Besicherung unterliegen nicht der insolvenzrechtlichen Anfechtung aus den §§ 129 ff. InsO, da die Insolvenzgläubiger wirtschaftlich nicht benachteiligt werden (vgl. Kümmel/Viehoff, 2012, S. 536).

Neue Vermögenswerte entstehen im Antragsverfahren in der Regel wirtschaftlich auch als Folge der Insolvenzgeldvorfinanzierung und der daraufhin ersparten und herabgestuften Arbeitnehmerlöhne und Gehälter, die zu Überschüssen im Rahmen der Unternehmensfortführung beitragen. Die damit geschaffenen Werte können zur Absicherung von beantragten Massekrediten verwendet werden. Dieses erfordert jedoch eine klare Abgrenzung von den bestehenden Vermögenswerten, die den Aussonderungsberechtigten sowie den absonderungsberechtigten Gläubigern zustehen und die bereits im Rahmen der ausführlichen Inventur nach dem Insolvenzantrag aufgenommen wurden. Wichtig ist es, die vor der Insolvenzeröffnung bestehenden Vermögenswerte sowie Forderungen von neu geschaffenen Sicherungswerten nach der Eröffnung abzugrenzen. Demnach werden im eröffneten Verfahren neue Forderungen nicht von einer bestehenden Globalzession erfasst.

Die Gläubigergleichbehandlung betrifft lediglich alle zum Zeitpunkt des Insolvenzantrags bestehenden Forderungen, unter der Berücksichtigung von Absonderungsrechten. Neu geschaffene Werte im vorläufigen Verfahren dienen zur Anreicherung der künftigen Insolvenzmasse, gehen in die spätere verfahrensrelevante Masse ein und können zur Absicherung echter Massekredite und zum Ausgleich der eingesetzten variablen Sicherheiten im Antragsverfahren beim stillen oder unechten Massekredit verwendet werden. Wichtig ist es aus Sicht der Banken, die Drittschuldner, den Entstehungszeitpunkt, die Fälligkeit und die Höhe der Forderungen festzustellen, die aufgrund einer Betriebsfortführung im vorläufigen Insolvenzverfahren entstehen. Dieses ist bei der Feststellung des Wertschöpfungsstandes von halbfertigen Produkten zum Stichtag des Insolvenzantrages in einem Produktionsbetrieb bei einer vorhandenen Raumsicherungsübereignung meist schwieriger.

Diese Werte können zur Besicherung von Massekrediten eingesetzt werden, begründet durch einen schwachen vorläufigen Verwalter mit Einzelermächtigung des Gerichts, Masseverbindlichkeiten zu generieren, durch einen starken vorläufigen Insolvenzverwalter sowie durch einen Insolvenzverwalter nach der Verfahrenseröffnung (§§ 53, 55 InsO), wie oben bereits weitgehend erläutert.

Zu beachten ist, dass eine Privilegierung von Masseverbindlichkeiten aus dem Vorverfahren nur dann zum Tragen kommt, wenn das Verfahren später auch wirklich eröffnet wird. Die nachfolgende Abb. 5.21 verdeutlicht die zeitliche Abgrenzung von Altsicherheiten und neu geschaffenen Vermögenswerten, die als Kreditsicherheiten verwendet werden können. Es sind die Chancen sowie Risiken aus der Besicherung bei den Kreditinstituten unbedingt gegenüberzustellen, damit nicht weitere Ausfallrisiken auftreten. Im Optimalfall kann ein Bargeschäft gestaltet werden oder es werden werthaltige Drittsicherheiten vereinbart, die nicht einer Anfechtung unterliegen können, soweit der Drittsicherungsgeber nicht selbst in die Insolvenz gerät, wobei ein hohes Anfechtungsrisiko bei den Kreditsicherheiten bestehen kann, die durch Gesellschaften bestellt werden, die der Unternehmensgruppe des Insolvenzschuldners angehören, und damit das Kreditgeschäft gut absichern.

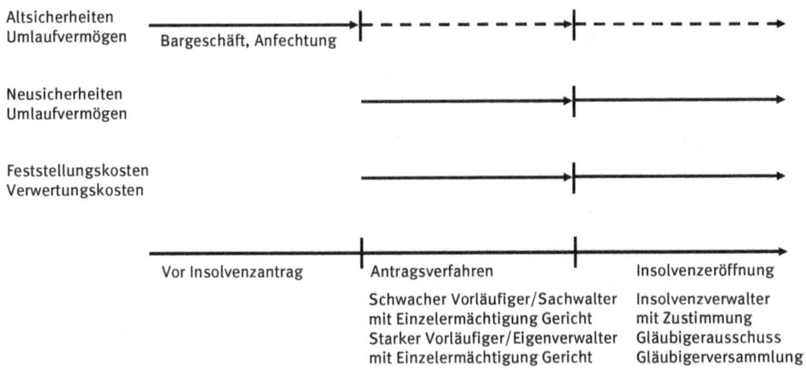

Abb. 5.21: Besicherung von Massekrediten in den Verfahrensstadien (Quelle: Eigene Darstellung)

Eine Abgrenzung bestehender sowie neu geschaffener Werte vor und nach dem Insolvenzantrag ist daher unbedingt wie folgt vorzunehmen:

- Es können auch Altkreditsicherheiten, die bereits sicherungshalber abgetreten sind, nach dem Insolvenzantrag zur Finanzmittelgenerierung als unechter Massekredit verwendet werden, ausgedrückt durch die gestrichelte Linie.
- Dies gilt auch für neu entstehende Vermögenswerte im Antragsverfahren. In der Fallkategorie können neu gewährte Kredite mit neuen Sicherheiten nach dem Insolvenzantrag unterlegt werden und als Massekredit gewertet werden.
- Des Weiteren können auch die künftig entstehenden Mittel in Form der Feststellungs- und Verwertungskosten zur spezifischen Absicherung einer neuen Geldvergabe im vorläufigen Insolvenzverfahren eingesetzt werden.

Für alle Kreditgewährungen nach dem Insolvenzantrag sind aus Sicht der Bank detaillierte Berichtspflichten mit dem (vorläufigen) Insolvenzverwalter zu vereinbaren. Wichtig ist es, die Kreditrückführung und die Entstehung der neuen Sicherungswerte zu überwachen, damit das Forderungsausfallrisiko neuer Gelder im Eröffnungsverfahren sowie nach der Insolvenzeröffnung so gering wie möglich gehalten wird. Auch Risiken aus einer Inanspruchnahme aus Bankavalen sind zu berücksichtigen. Im Zweifel ist der Massekredit bei Vorliegen eines Kündigungsgrundes zu kündigen und diese Kreditsicherheiten sind anschließend zu verwerten.

Risiken des Ausfalls eines Massekredits

Wenn sich nach der Eröffnung des Insolvenzverfahrens herausstellt, dass die Insolvenzmasse nicht ausreicht, um alle vorrangigen Forderungen zu bedienen, können auch Massegläubiger mit ihren Forderungen teilweise oder gänzlich ausfallen.

Bei der Massekreditvergabe von einem Kreditinstitut sollten daher, wie dargestellt, unbedingt zusätzliche Sicherheiten hereingenommen werden. Trotz rechtlicher und wirtschaftlicher Unwägbarkeiten hat die finanzierende Bank zumindest eine bessere Verhandlungsposition gegenüber dem Insolvenzverwalter. Um eine Privilegierung als Masseverbindlichkeit zu erhalten, ist bei einem schwachen vorläufigen Insolvenzverwalter ein gesonderter Beschluss des Insolvenzgerichts zur Genehmigung der Kreditaufnahme und Besicherung einzuholen. Dies ist für Banken von Vorteil, denn gemäß § 61 InsO haftet dann auch der vorläufige Insolvenzverwalter persönlich für eine Nichterfüllung von Masseverbindlichkeiten.

Entlasten kann sich der vorläufige Insolvenzverwalter nur dann, wenn er darlegen kann, dass die Masseunzulänglichkeit bei Begründung der Verbindlichkeiten nicht erkennbar war. Der BGH stellt hohe Anforderungen an den Entlastungsbeweis (vgl. BGH vom 06.05.2004, IX ZR 48/03 und BGH vom 17.12.2004, IX ZR 185/03). Der vorläufige Insolvenzverwalter kann sich von der Haftung nur befreien, wenn er zum Zeitpunkt der Begründung der Masseverbindlichkeiten einen auf zutreffenden Tatsachen beruhenden und sorgfältig erwogenen betriebswirtschaftlichen Liquiditätsplan erstellt hat, der eine Erfüllung der Masseverbindlichkeiten erwarten ließ. Da es sich um unternehmerische Entscheidungen handelt, hat der (vorläufige) Verwalter aber einen weiten Ermessensspielraum, so dass die Haftung nach § 61 InsO nicht ganz so umfassend ist, wie es scheint (vgl. BGH vom 16.3.2017, IX ZR 253/15).

Dem Verwalter obliegt die Darlegung und der Beweis dafür, dass er nicht pflichtwidrig und auch nicht schuldhaft gehandelt hat. Der mit seiner Forderung ausgefallene Massegläubiger muss lediglich darlegen und beweisen, dass er eine Masseforderung hatte, die infolge Masseinsuffizienz nicht vollständig erfüllt wurde, woraus ihm ein Schaden entstanden sei(§ 61 Satz 2 InsO). War die Prognose des Verwalters objektiv falsch, trägt er nicht die Darlegungs- und Beweislast für die Ursachen einer von dieser Vorhersage abweichenden Entwicklung (vgl. BGH vom 17.12.2004, IX ZR 185/03). Grundlage der Entlastung ist ein aussagekräftiger Liquiditätsplan. Dieser muss alle Einzahlungen und Auszahlungen erfassen und Risiken, beispielsweise eines möglichen Forderungsausfalls, berücksichtigen. Bei einer Erstellung dieser Prognose sind die folgenden betriebswirtschaftlichen Grundsätze zu beachten:

- Grundsatz der Vollständigkeit der Planung: Es sind sämtliche Zahlungen einer Periode in Form von Ein- und Auszahlungen integriert zu berücksichtigen.
- Grundsatz der Zeitgenauigkeit der Planung: Erforderlich ist eine exakte und zudem realistische Schätzung der Eintrittszeitpunkte der Zahlungen.
- Grundsatz der Betragsgenauigkeit der Planung: Erwartete Zahlungen sind der Höhe nach genau abzuschätzen und es sind Saisoneffekte zu beachten.
- Grundsatz der Antizipation von Risiken: Mögliche Forderungsausfälle oder verspätete Einzahlungen sind realistisch einzukalkulieren.
- Grundsatz der laufenden Anpassung der Planung: Diese Planung ist rollierend fortzuführen und der jeweiligen aktuellen Entwicklung anzupassen.

Werden diese Grundsätze eingehalten, so zeigt das Vorgehen die betriebswirtschaftlichen Planungsqualitäten eines Insolvenzverwalters. Durch Vorverlagerungen von Einzahlungen und das Hinausschieben von Auszahlungen kann oftmals zusätzliche Liquidität für eine Überdeckung geschaffen werden. Es ist zu erwarten, dass nach der Stellung des Insolvenzantrags nicht alle Einzahlungen der Drittschuldner planungsgemäß eintreffen. Daher werden Schuldner versuchen, Beträge einzubehalten, zum Beispiel aufgrund von Mängeleinreden. Aus diesem Grunde empfiehlt sich der Einsatz einer Szenarioanalyse mit der Berücksichtigung eines Worst-Case-Falls, um die Unsicherheit der Prognose zu erfassen, denn vielfach ist der Geschäftsbetrieb nach dem Insolvenzereignis stark beeinträchtigt.

Die Einreichung von hochwertigen Planungsunterlagen gibt den Banken ein positives Signal. Diese Banken werden Sanierungsoptionen in der Insolvenz mit einem fachlich geeigneten Insolvenzverwalter wahrscheinlich optimistischer sehen. Die involvierten Kreditinstitute sollten diese Planungsrechnungen dennoch kritisch überprüfen und auf eine hinreichende Überdeckung der Zahlungsmittelbestände achten. Des Weiteren sind die eingereichten Finanzpläne laufend zu überwachen. Die zeitliche Einteilung der Prognose ist an die zugrundeliegende Geschäftsart und Branche anzupassen. Meist sind zwei Parallelplanungen notwendig, eine langfristige Jahresprognose und zusätzlich eine kurzfristige nach Tagen oder Wochen gestaffelte Vorausschau über drei Monate.

Der vorläufige Insolvenzverwalter wird versuchen, bereits zu diesem Zeitpunkt die Umsatz- und Ertragszahlen für die nächsten Jahre zu prognostizieren und eine für die Betriebsfortführung notwendige Zusammenarbeit mit den involvierten Kreditinstituten vorausplanen. Nach Vorlage des Gutachtens vom vorläufigen Insolvenzverwalter zu den Fragen, ob das Verfahren eröffnungsfähig ist, gegebenenfalls ob Insolvenzgründe vorliegen sowie „welche Aussichten für eine Fortführung des Unternehmens bestehen" (§ 22 Abs. 1 Satz 2 Nr. 3 InsO) trifft das Gericht eine Entscheidung über die Eröffnung des Insolvenzverfahrens.

Mit der Stellung eines Insolvenzantrags ist üblicherweise die Kreditwürdigkeit des Schuldnerunternehmens derart stark beeinträchtigt, dass eine weitere Kreditmittelvergabe der beteiligten Banken aus wirtschaftlichen Gründen unmöglich erscheint. Dennoch existieren besondere Situationen, in denen eine weitere Ausreichung von Krediten wirtschaftlich sinnvoll sein kann, um den Geschäftsbetrieb im Antragsverfahren oder im eröffneten Insolvenzverfahren fortzuführen.

Nachfolgend werden die verschiedenen Möglichkeiten der Finanzierung der Sanierungslösung bei einem Insolvenzplanverfahren oder einer übertragenden Sanierung betrachtet, wobei die Eröffnung des Insolvenzverfahrens erforderlich ist. Im Vordergrund stehen der Ablauf der Kreditierung und die damit verbundenen Risiken. Ziel ist es, besondere Gefährdungen der Mittelrückführung in der Insolvenz zu erkennen, um Strategien zur Vermeidung von Ausfallrisiken einzuleiten.

Wurden im Verfahren Masseverbindlichkeiten begründet, sind sie gemäß § 55 InsO aus der Insolvenzmasse vor den Forderungen sämtlicher Insolvenzgläubiger gemäß §§ 38, 39 InsO vorrangig zu befriedigen. Auch ein Insolvenzplanverfahren gemäß §§ 217 ff. InsO kann diese feste Rangordnung nicht verändern, da der Insolvenzplan nur die Befriedigung der absonderungsberechtigten Gläubiger sowie der Insolvenzgläubiger regelt (§ 217 InsO), gegebenenfalls unter Eingriff in die Rechte der Gesellschafter (§ 225a InsO). In die Rechte der Massegläubiger und der Aussonderungsberechtigten kann der Plan dagegen nicht eingreifen. Diese können aber als Dritte die Sanierung freiwillig durch entsprechende Verpflichtungserklärungen fördern, wenn sie ein wirtschaftliches Interesse an der Sanierung haben (§ 230 Abs. 3 InsO). Wenn umfangreiche Masseverbindlichkeiten bestehen, ist die Planumsetzung belastet.

Kreditrahmen zur Durchführung eines Insolvenzplanverfahrens

Nach der Bestätigung des Insolvenzplans beschließt das Insolvenzgericht die Aufhebung des Verfahrens. Gemäß § 258 Abs. 2 InsO hat der Insolvenzverwalter die unstreitigen und fälligen Masseansprüche zu begleichen sowie für die streitigen oder nicht fälligen Sicherheit zu leisten. Für die nicht fälligen Masseverbindlichkeiten genügt alternativ ein Finanzplan, der zeigt, dass die Erfüllung gewährleistet ist. Eine Prolongation der Massekredite über die Verfahrensaufhebung hinaus bedeutet aber für eine Bank, dass sie unter Umständen ihren Vorrang gegenüber Neugläubigern verliert. Gemäß § 264 Abs. 1 InsO kann dem Massegläubiger im gestaltenden Teil des Insolvenzplans jedoch ein Vorrang eingeräumt werden, für den gesamten Zeitraum der Überwachung nach der Aufhebung des Insolvenzverfahrens, wenn eine Überwachung stattfindet (§ 260 InsO). Die Regelung des § 264 InsO hat den Vorteil, dass der stehen gelassene Massekredit einen Vorrang vor Forderungen der Neugläubiger genießt, deren Forderungen im Überwachungszeitraum begründet lagen (§§ 265 ff. InsO), wenn es in dieser Phase zu einer Zweitinsolvenz kommt.

Zur Fortführung der Unternehmensaktivitäten mit Umsetzung eines Insolvenzplans ist es in der Regel erforderlich, dass weitere Mittel aufgenommen werden, die aber für die Dauer des Überwachungsverfahrens einen Vorrang besitzen sollten. Dieser Kreditrahmen ist zum Schutz der Neugläubiger nach § 229 in Verbindung mit § 264 Abs. 1 Satz 3 InsO auf das im Insolvenzplan festgestellte Aktivvermögen begrenzt. Der somit bestimmte Höchstbetrag umfasst alle Nebenforderungen aus dem Kredit bis zu der Höchstgrenze, nicht jedoch einen darüber hinausreichenden Saldo. Umgekehrt kann der Rahmen auch nach Erledigung des ursprünglich betroffenen Kredits mehrfach verwendet werden oder im Plan in seiner Tragweite auf bestimmte Gläubiger oder Finanzierungsformen beschränkt werden. Entscheidend ist das Stehenlassen der Kreditmittel in die Überwachungsphase hinein oder die Aufnahme in diesem Zeitraum (vgl. Schmidt et al., 2016, § 266 InsO, Rn. 4 ff.). Ohne den Kreditrahmen des § 264 InsO ist der stehen gelassene Massekredit nur vorrangig gegenüber den Insolvenzgläubigern.

Voraussetzung für die Gewährung des Vorranges ist neben der Aufnahme in den gestaltenden Teil des Insolvenzplans (§ 264 Abs. 1 InsO) eine schriftliche Vereinbarung mit dem Insolvenzverwalter, in welcher Höhe das Darlehen inklusive Zinsen sowie Bearbeitungskosten innerhalb eines Kreditrahmens liegt und damit privilegiert ist (§ 264 Abs. 2 InsO). Dieser Vorrang ist jedoch nur möglich in einem Insolvenzplan, der eine besonderen Überwachung seiner Erfüllung anordnet (§ 260 InsO).

Die Überwachung wird spätestens nach drei Jahren beendet (§ 268 InsO). Dies kann auch früher geschehen und ist öffentlich bekannt zu geben. Zu diesem Zeitpunkt endet auch der Vorrang der im Insolvenzplanverfahren neu vergebenen Kredite. Somit ist aus Sicht der Kreditgeber darauf zu achten, dass eine Mittelvergabe in einem Insolvenzplanverfahren möglichst in den Kreditrahmen nach § 264 InsO fällt und dann mit der Zustimmung des Insolvenzverwalters einen Vorrang erhält (vgl. Braun et al., 2017, § 264 InsO, Rn. 1 ff.). Es ist mit dem Insolvenzverwalter enger Kontakt zu halten, damit das Kreditinstitut rechtzeitig von einer vorgezogenen Aufhebung der Überwachung erfährt, denn dieser kontrolliert die Planerfüllung (§ 261 InsO).

Zudem ist aus wirtschaftlicher Sicht der mögliche Sanierungserfolg eines Insolvenzplanverfahrens vorsichtig einzuschätzen. Häufig ist der Ruf eines insolventen Unternehmens derart stark beschädigt, sodass eine Fortführung des Geschäftsbetriebs nur geringe Aussichten auf einen wirtschaftlichen Erfolg mit der Wiederherstellung der Wettbewerbsfähigkeit hat. Daher ist auch eine Neukreditvergabe umsichtig zu prüfen. Auch ein Vorrang hilft hier nicht weiter, wenn in der Zukunft keine Erträge erwirtschaftet werden. Bei der Finanzierung im Rahmen einer übertragenden Sanierung gelten andere Rahmenbedingungen. Der Insolvenzplan aber ist nicht dafür gedacht, das Geschäftsmodell des Schuldnerunternehmens vollständig zu ändern. Der erfahrene Insolvenzverwalter wird den von ihm vorgelegten Insolvenzplan gegebenenfalls nach IDW S 6 vor einer Beschlussfassung verproben und die Gläubiger daran über ein Gläubigerinformationssystem in geeigneter Form partizipieren lassen.

Finanzierung einer übertragenden Sanierung

Neben der Finanzierung eines Insolvenzplanverfahrens kann der Erwerber eines insolventen Unternehmens im Rahmen einer übertragenden Sanierung die Mittelbereitstellung für die Übernahme von bestimmten Vermögensgegenständen beantragen. Dieser Finanzierungswunsch wird dann regelmäßig an die involvierten Banken herangetragen. In diesem Fall ist abzuwägen zwischen den Chancen der Erlangung eines höheren Verwertungserlöses und den Risiken der Rückführung der zusätzlichen Mittel und eines potenziellen Ausfalls künftiger Zinsansprüche. Zudem sind die Risiken der weiteren Begleitung einzupreisen, da sich das Institut in der Regel nicht endgültig von dem Kreditengagement trennen kann. Eine Fortführung ist in Erwägung zu ziehen, wenn die Integration der verkauften Betriebsteile in ein neues Unternehmen mit einer einwandfreien Bonität gute Aussichten verspricht oder ein hoher Kaufpreis für die veräußerten Assets fließt, an dem die Bank partizipiert.

Abzulehnen ist diese Lösung dann, wenn die Prognosen sehr unsicher sind und einem finanzierenden Kreditinstitut neben den bereits eingeplanten Abschreibungen zusätzliche Forderungsausfälle aus einer Neufinanzierung drohen. Weitere Gefährdungen eingesetzter Finanzierungsmittel in einer Insolvenz sind unbedingt zu vermeiden. Bereits im Vorfeld der Insolvenz sind die Finanzierungen und die neu hineingenommenen Kreditsicherheiten rechtlich in Bezug auf formale, materielle und rechtliche Kriterien zu prüfen. Es spielt auch der Zeitpunkt, wann eine Kreditsicherheit hereingenommen wurde, eine Rolle. So können gegebenenfalls Anfechtungsrisiken durch Handlungen im Vorfeld der Insolvenz entstehen, die in den Verlauf des Insolvenzverfahrens hineinwirken.

Dabei gilt es zu beachten, dass möglichst keine Sicherungsvereinbarungen getroffen sowie Zahlungseingänge vereinnahmt werden, die einer Anfechtung im eröffneten Insolvenzverfahren unterliegen. Denn der Insolvenzverwalter ist nach der Eröffnung des Verfahrens verpflichtet, die Masse durch die Anfechtung von Rechtshandlungen anzureichern, die vor der Eröffnung des Verfahrens vorgenommen worden sind und die Insolvenzgläubiger benachteiligen (§§ 129 ff. InsO). Aus Anfechtungstatbeständen können erhebliche rechtliche und wirtschaftliche Folgen für die beteiligten Kreditinstitute entstehen. So können eben Sicherheitenbestellungen und Zahlungseingänge vom Insolvenzverwalter nachträglich über unterschiedliche Zeiträume angefochten werden und die Risikolage für die Kreditinstitute verschlechtern.

Anfechtung im Insolvenzverfahren

Das ein Insolvenzverfahren prägende Prinzip ist die gemeinschaftliche, (möglichst) gleichmäßige und strukturierte Gläubigerbefriedigung. Diese kann durch bestimmte Rechtshandlungen vor der Stellung des Insolvenzantrags, welche die Masse schmälern, indem sie die Passivmasse erhöhen oder die Aktivmasse vermindern und die Gläubiger benachteiligen, beeinträchtigt sein. Aus diesem Grund hat der Gesetzgeber mit der Einführung der Insolvenzordnung das Anfechtungsrecht verschärft, um einen Ausgleich der Interessen zwischen den verschiedenen Gläubigergruppen zu erreichen, eine Besserstellung Einzelner zu vermeiden sowie eine Anreicherung der Insolvenzmasse zu ermöglichen. Daher entfalten Anfechtungen eine Wirkung auf Rechtshandlungen, die vor und nach der Stellung des Insolvenzantrages vorgenommen wurden (vgl. Kirchhof et al., 2013, Vor §§ 129–147 InsO, Rn. 2 ff.).

Ziel der Insolvenzanfechtung ist es, Vermögensverschiebungen rückgängig zu machen, die insbesondere zum einen in zeitlicher Nähe zur Verfahrenseröffnung stehen und zum anderen unter Bedingungen erfolgt sind, die eine Rückgewähr an die Insolvenzmasse gerechtfertigt erscheinen lassen. Damit wird in den §§ 130 bis 132 InsO einer Gleichbehandlung der Gläubiger bereits im Vorfeld der Insolvenzeröffnung Geltung verschafft. Anfechtungen werden nach §§ 129 ff. InsO ausschließlich vom Verwalter im eröffneten Verfahren durchgeführt (vgl. Schmidt, 2016, § 129 InsO, Rn. 1 ff.), in der Eigenverwaltung vom Sachwalter (§ 280 Fall 2 InsO).

Es ist seine Pflicht, die relevanten Sachverhalte aufzudecken und die Rechtshandlungen anzufechten, um darüber die erfolgte Masseschmälerung wieder rückgängig zu machen. Eine erfolgreiche Anfechtung von Zahlungen sowie Besicherungen setzt allgemein voraus, dass eine vor oder ausnahmsweise auch nach der Insolvenzeröffnung gemäß § 147 InsO erfolgte Rechtshandlung folgende Voraussetzungen erfüllt und auch die Verjährungsfristen nach Verfahrenseröffnung gemäß § 146 InsO noch nicht abgelaufen sind (vgl. Dauernheim, 2018, S. 647):

- Benachteiligung: Die Rechtshandlung führt vor oder nach der Verfahrenseröffnung zu einer Benachteiligung der Insolvenzgläubiger gemäß § 129 InsO.
- Zurechnungszusammenhang: Zwischen der Rechtshandlung sowie der Benachteiligung besteht ein besonderer zeitlicher und inhaltlicher Zusammenhang.
- Tatbestandsvoraussetzungen: Der betreffende Vorgang erfüllt einen der in den §§ 130 bis 136 InsO genannten Sachverhalte.

Anfechtung aus vorsätzlicher Benachteiligung (Vorsatzanfechtung)

Besonders weitgreifend ist die Anfechtung gemäß § 133 InsO. Diese sogenannte Vorsatzanfechtung wurde im Rahmen der Reform des Insolvenzanfechtungsrechts neu gefasst. Dabei war etwa geplant, die Sicherung oder Befriedigung von Ratenzahlungen zur Abwendung von Zwangsvollstreckungen nicht länger der Anfechtung wegen inkongruenter Deckung gemäß § 131 InsO zu unterwerfen. Dieses Vorhaben ist an der Überlegung gescheitert, dass unter anderem Finanzämter und Sozialversicherungsträger ihre Forderungen sogar selbst durch vollziehbaren Bescheid titulieren können und dadurch ein Privileg vor allen anderen Gläubigern bekommen hätten (BT-Drs. 18/11199, S. 11).

Im Rahmen der Vorsatzanfechtung (§ 133 InsO) kann es für Kreditinstitute relevant sein, wenn von einem Gläubiger im Gesetz vermutet wird, er habe den Benachteiligungsvorsatz des Schuldners gekannt, weil er die drohende Zahlungsunfähigkeit des Schuldners sowie die Gläubigerbenachteiligung durch die anfechtbare Rechtshandlung kannte (§ 133 Abs. 1 Satz 2 InsO). Hierbei führt aber der Nachweis der Einleitung eines sogenannten ernsthaften und professionell eingeleiteten Sanierungsversuchs mit einem rechtskonformen Sanierungskonzept zur direkten Abwendung dieses Anfechtungstatbestands (vgl. BGH vom 04.12.1997, IX ZR 47/97, BGH vom 12.05.2016, IX ZR 65/14 und BGH vom 21.02.2013, IX ZR 52/10).

Des Weiteren ist der Anfechtungszeitraum von zehn Jahren nach § 133 Abs. 1 Satz 1 InsO seit dem 5. April 2017 auf vier Jahre für Deckungsgeschäfte verkürzt worden. Deckungsgeschäfte betreffen Fälle, die dadurch geprägt sind, dass der Schuldner auf eine bestehende Forderung leistet, sie besichert oder dies auch nur ermöglicht. Zudem setzt die Anfechtung nach § 133 Abs. 1 InsO bei kongruenten Deckungsgeschäften die eingetretene Zahlungsunfähigkeit nach § 133 Abs. 3 Satz 1 InsO voraus. Hat ein Gläubiger dem Schuldner Zahlungserleichterungen gewährt, wird sogar vermutet, dass er die Zahlungsunfähigkeit nicht kannte (§ 133 Abs. 3 Satz 2 InsO).

Es sei denn, dass aus Indizien und Beweisanzeichen gefolgert werden kann, er habe den Benachteiligungsvorsatz des Schuldners und die Benachteiligung der Gläubiger durch die angefochtene Rechtshandlung positiv gekannt, denn dann ist § 133 Abs. 3 Satz 1 InsO nicht anwendbar, da dieser dann nur die Vermutung des § 133 Abs. 1 Satz 2 InsO entkräftet. Kongruenz liegt vor, wenn der Gläubiger auf diese konkrete Rechtshandlung, zum Beispiel die Zahlung einer Kreditrate, einen Anspruch hatte, dieser Anspruch auch fällig war und der Anspruch auch exakt derart erfüllt wurde, wie ursprünglich verabredet. Hat der Schuldner keine Liquidität, aber eine werthaltige Forderung und tritt er diese an Erfüllung statt an den Gläubiger ab (§ 364 Abs. 1 BGB), um eine fällige Verpflichtung zu erfüllen, so ist die Erfüllungshandlung nicht kongruent, sondern als inkongruent leichter anfechtbar. Diese Fallkonstellation in § 133 Abs. 3 Satz 1 InsO ist dann nicht anzuwenden.

Bargeschäfte (§ 142 InsO) sind nur noch dann anfechtbar, wenn die Voraussetzungen der § 133 Abs. 1 bis 3 InsO gegeben sind und der Anfechtungsgegner die Unlauterkeit des Handelns eines Schuldners erkannt hat. Die Voraussetzungen hierfür erscheinen allerdings recht unklar. Der unmittelbare Leistungsaustausch wird in § 142 Abs. 2 InsO definiert (vgl. Cranshaw et al., 2016a, S. 5). Zwischen der Leistungserbringung und der Zahlung dürfen bis zu 30 Tage liegen. Für Arbeitsentgelte wurde der Zeitraum des Vorliegens von Bargeschäften sogar auf bis zu drei Monate festgeschrieben (§ 142 Abs. 2 InsO). Zudem werden Anfechtungsansprüche nur noch ab dem Verzugseintritt und nicht mehr wie früher beginnend ab der Rechtshandlung beziehungsweise der Insolvenzeröffnung verzinst. Insgesamt ergeben sich folgende wichtige Änderungen durch die Reform:

- Der Anfechtungszeitraum für Deckungshandlungen bei Zahlung von erbrachten Lieferungen und Leistungen wurde von zehn auf vier Jahre reduziert.
- In diesen Fällen wird bei kongruenter Deckung hinsichtlich der Kenntnis nicht mehr an drohende, sondern an eingetretene Zahlungsunfähigkeit angeknüpft.
- Hat der Gläubiger dem Schuldner Zahlungserleichterungen gewährt, wird vermutet, dass er eine Zahlungsunfähigkeit nicht kannte, mit Beweislastumkehr.

Vor Anfechtungen im Fall des Scheiterns des Sanierungsversuchs schützen erstens bargeschäftsähnliche Vorgänge mit zeitnaher und betragsmäßiger Leistung und Gegenleistung und zweitens die Einleitung die professionell aufgesetzten Sanierungsprojekts. Zahlungen sind im ersten Fall im Hinblick auf den bargeschäftsähnlichen Charakter mangels Gläubigerbenachteiligung nicht anfechtbar (vgl. LG Würzburg vom 06.02.2018, 71 O 1592/16 Ins). Geändert wurden die Voraussetzungen an die Vierjahresfrist für die Deckungsgeschäfte (§ 133 Abs. 2 InsO n.F.). Die bloße Kenntnis der drohenden Zahlungsunfähigkeit reicht bei kongruenten Geschäften nicht mehr aus. Daher können sich Erleichterungen über Ratenzahlungen positiv auf die Möglichkeiten der Abwehr von Ansprüchen auswirken, da nachsichtige Gläubiger privilegiert werden, wenn die Voraussetzungen des § 133 Abs. 3 InsO n.F. vorliegen.

Ferner schützt im zweiten Fall ein ernsthafter Sanierungsversuch vor Anfechtungshandlungen des Insolvenzverwalters, unter dem rechtlichen Aspekt der Vorsatzanfechtung. Es ist zu beachten, dass ein tragfähiges, von einem externen unabhängigen Experten erstelltes Konzept vorliegt. Das Gutachten sollte rechtskonform sein. Dies kann erfolgen, indem die Leitsätze sowie Inhalte wesentlicher Entscheidungen des BGH oder ein rechtskonformer Standard beauftragt werden. Dann liegt in der Regel ein ernsthafter Sanierungsversuch vor.

Sowohl die Zahlungsunfähigkeit als auch der Tatbestand der Inkongruenz können ihre Bedeutung als Beweisanzeichen für den Benachteiligungsgrundsatz verlieren, wenn die angefochtenen Rechtshandlungen Bestandteile eines ernsthaften Sanierungsversuchs sind, der letztlich fehlgeschlagen ist, denn in diesem Fall wurde die Rechtshandlung von einem unbedenklichen Willen geleitet und das Bewusstsein einer Benachteiligung anderer Gläubiger tritt klar in den Hintergrund (vgl. Gehrlein, 2017b, S. 474 und BGH vom 21.06.2016, IX ZR, 84/13). Voraussetzung dafür ist, dass zu der Zeit der angefochtenen Handlung ein schlüssiges, von den tatsächlichen Gegebenheiten ausgehendes Sanierungskonzept vorliegt, das mindestens in den Anfängen schon in die Tat umgesetzt worden ist und beim Schuldner die ernsthafte und auch begründete Aussicht auf Erfolg rechtfertigt.

Auf der Gläubigerseite trifft den über die Zahlungsunfähigkeit des Schuldners unterrichteten Anfechtungsgegner die Darlegungs- und Beweislast dafür, spätere Zahlungen des Schuldner auf Grundlage eines schlüssigen Sanierungskonzepts erlangt zu haben (vgl. BGH vom 12.05.2016, IX ZR 65/14). Daher sind aus Bankensicht hohe Anforderungen an die Sanierungskonzepte zu stellen. Diese sind im Hinblick auf die Einhaltung der Grundsätze der BGH-Judikatur zu überprüfen. Daher ist bereits bei der Vergabe eines Sanierungsauftrags durch den Schuldner darauf zu achten, dass die eingesetzte Beratungsgesellschaft als in der Lage angesehen werden kann, ein professionelles Konzept zu erstellen und dass der Auftrag des Kunden bei der Konzepterstellung die Rechtskonformität verlangt.

Ein schlüssiges Sanierungskonzept räumt eben diesen Benachteiligungsvorsatz aus. Dabei ist zu beachten, dass das Sanierungskonzept auch umsetzbar erscheint (vgl. OLG Frankfurt vom 19.10.2016, 19 U 102/15). Dies ist nicht mehr gegeben, wenn ein Großgläubiger der Sanierung nicht zustimmt und der Schuldner nicht mehr mit der erfolgreichen Umsetzung rechnen kann (vgl. BGH vom 04.12.1997, IX ZR 47/97).

Die Anfechtungstatbestände umfassen im Wesentlichen die Bereiche der kongruenten oder der inkongruenten Deckung sowie aus unmittelbar nachteiligen Rechtshandlungen gemäß §§ 130 bis 132 InsO, die vorstehend behandelte Vorsatzanfechtung nach § 133 InsO, die Schenkungsanfechtung gemäß § 134 InsO und die Anfechtung der Besicherung oder Befriedigung von Gesellschafterdarlehen aus § 135 InsO. Die Berechnung der relevanten Fristen für die jeweiligen Anfechtungszeiträume ist in § 139 InsO geregelt.

Die folgende Tab. 5.4 stellt diese maßgeblichen Zeiten sowie die möglichen Anfechtungsgründe dar. Die Fristen und die Tatbestände sind von Kreditinstituten bei der Besicherung und bei Zahlungseingängen zu beachten. Die Tatbestände bestehen alle nebeneinander und schließen sich gegenseitig nicht aus. Damit können sie auch gleichzeitig erfüllt sein. Durch die Anfechtungsmöglichkeiten und die weitreichenden Fristen sollen Vermögensverschiebungen des Schuldners oder Vollstreckungen der Gläubiger, mit der die Masse im Vorfeld des Insolvenzantrags geschmälert wurde, wieder rückgängig gemacht werden.

Tab. 5.4: Fristen und Anfechtungstatbestände (Quelle: In Anlehnung an Dauernheim, 2018, S. 650)

Fristen der Anfechtung	Anfechtungstatbestände
Nach der Verfahrenseröffnung	Anfechtung gemäß § 147 InsO
Nach dem Insolvenzantrag	Anfechtung nach allen Tatbeständen
Maximal 1 Monate vor Insolvenzantrag	Anfechtung gemäß § 131 Abs. 1 Nr. 1 InsO (Inkongruente Deckung)
Maximal 2–3 Monate vor Insolvenzantrag	Anfechtung gemäß § 131 Abs. 1 Nr. 2 InsO (Inkongruenz und Zahlungsunfähigkeit) Anfechtung gemäß § 131 Abs. 1 Nr. 3 InsO (Inkongruenz, Gläubigerbenachteiligung)
Maximal 3 Monate vor Insolvenzantrag	Anfechtung gemäß § 130 Abs. 1 Nr. 1 InsO (Deckungsanfechtung, kongruente Deckung, Kenntnis Zahlungsunfähigkeit des Schuldners) Anfechtung gemäß § 132 Abs. 1 Nr. 1 InsO (Unmittelbar nachteilige Rechtshandlungen, Kenntnis Zahlungsunfähigkeit des Schuldners)
Maximal 1 Jahr vor Insolvenzantrag	Anfechtung gemäß § 135 Abs. 1 Nr. 2 InsO (Rückgewähr von Gesellschafterdarlehen) Anfechtung gemäß § 135 Abs. 2 InsO (Befreiung der Haftung aus Drittsicherheit) Anfechtung gemäß § 136 InsO (Einlagenrückgewähr oder Erlass Verlustanteil)
Maximal 2 Jahre vor Insolvenzantrag	Anfechtung gemäß § 133 Abs. 4 InsO (Entgeltlicher Vertrag nahestehenden Personen)
Maximal 4 Jahre vor Insolvenzantrag	Anfechtung gemäß § 134 InsO (Unentgeltliche Leistung) Anfechtung gemäß § 133 Abs. 2 InsO n.F. (Vorsatzanfechtung)
Maximal 10 Jahre vor Insolvenzantrag	Anfechtung gemäß § 133 Abs. 1 InsO (Vorsätzliche Benachteiligung) Anfechtung gemäß § 135 Abs. 1 Nr. 1 InsO (Sicherung von Gesellschafterdarlehen)

Aus Sicht der Kreditinstitute ist bereits in der Phase der Krise und Sanierung auf eine mögliche Anfechtung von Rechtshandlungen im Fall einer Insolvenz zu achten, damit der potenzielle Forderungsausfall nicht weiter ansteigt. Dabei ist die Kenntnis der Zahlungsunfähigkeit von Relevanz und differenziert die Anfechtungsfristen und Tatbestände (vgl. Rechtmann, 2012, S. 382 ff.). Besonders die inkongruente Deckung ist nachteilig für Kreditinstitute:

- Kongruente Deckung gemäß § 130 InsO: Anfechtbar ist die rechtliche Handlung, die dem Insolvenzgläubiger die Sicherung oder Befriedigung gewährt in Kenntnis der Zahlungsunfähigkeit oder des Insolvenzeröffnungsantrags.
- Inkongruente Deckung gemäß § 131 InsO: Anfechtbar ist eine Rechtshandlung, die dem Insolvenzgläubiger die Sicherung oder Befriedigung verschafft hat, die er nicht in der Art oder nicht zu der Zeit zu beanspruchen hatte.
- Unmittelbar nachteilige Rechtshandlungen gemäß § 132 InsO: Anfechtbar sind Rechtsgeschäfte, die Insolvenzgläubiger unmittelbar benachteiligen, wenn der Schuldner zahlungsunfähig war und die Bank die Zahlungsunfähigkeit kannte. § 132 InsO tritt hinter die Deckungsanfechtung nach den §§ 130, 131 InsO zurück.

Die möglichen Anfechtungsgründe betreffen aus Bankensicht im Wesentlichen Zahlungen oder Besicherungen, die ein Institut im Vorfeld eines Insolvenzantrags erhalten hat. Kreditinstitute sollten diese Anfechtungstatbestände beachten und gegebenenfalls abwehren sowie bei einer Vereinnahmung von Geldern oder der Hereinnahme von Sicherheiten geeignete Gegenmaßnahmen zu treffen. Auf diese Art und Weise kann das Risiko einer Inanspruchnahme aus einem Anfechtungsprozess unter Umständen reduziert oder komplett vermieden werden.

Voraussetzungen und Auswirkungen der Anfechtung

Anfechtbar sind nach § 129 InsO Rechtshandlungen, die vor der Eröffnung des Insolvenzverfahrens vorgenommen worden sind. Eine weitere notwendige Bedingung für das Geltendmachen einer Anfechtung ist das Vorliegen einer objektiven Benachteiligung der Insolvenzgläubiger (vgl. Michel/Danckelmann, 2010, S. 87 ff.). Dazu ist eine wirtschaftliche Betrachtung anzustellen. Dabei folgt das Anfechtungsrecht der schuldrechtlichen Theorie, dass ein Anspruch auf Rückgewähr aus § 143 InsO entsteht (vgl. Dauernheim, 2018, S. 645 ff.).

Ist beispielsweise eine ausreichende Masse vorhanden, um alle Gläubiger zu befriedigen, entfällt die Gläubigerbenachteiligung. Eine weitere Voraussetzung ist die Betroffenheit des der Gläubigergemeinschaft verhafteten Vermögens in Form der Insolvenzmasse. Die Gläubigerbenachteiligung scheidet demnach aus, wenn ein Gläubiger mit Fremdmitteln, außerhalb des Vermögens eines Schuldners, befriedigt wird oder ein zur Sicherheit übertragener Gegenstand beispielsweise mit einem Aussonderungsrecht belegt ist und damit nicht zur Insolvenzmasse gehört (vgl. Cranshaw et al., 2016b, § 129 InsO, Rn. 3 ff.).

Beispiel: Ein Minderheitsgesellschafter M. hat an einen späteren Insolvenzschuldner, die Gesellschaft G., die Betriebsimmobilie vermietet. Jahre später fordert die das schuldnerische Unternehmen schon lange finanzierende Bank in der Krise der Mieterin von den Gesellschaftern eine bonitätsmäßig einwandfreie Sicherheit und erhält zwei Monate vor dem Insolvenzantrag der G. eine Grundschuld an dem Grundbesitz des M. In der Insolvenz der G. kann M. das Grundstück aussondern (§ 47 InsO). Er muss aber dennoch die Zwangsvollstreckung in seinen Grundbesitz erdulden (§ 1147 BGB). Für den Insolvenzverwalter der G. ist nichts anzufechten und M. ist nicht insolvent.

Ein Nachteil muss in der Beeinträchtigung des den Gläubigern im Zeitpunkt der Verfahrenseröffnung haftenden Schuldnervermögens liegen (vgl. Kirchhof et al., 2013, § 129 InsO, Rn. 76 ff.). Nur der Insolvenzverwalter ist zu der Anfechtung befugt. Voraussetzung für die Durchführung der Insolvenzanfechtung ist daher zwingend die Eröffnung des Insolvenzverfahrens. Eine Anfechtung bei einer Ablehnung der Verfahrenseröffnung oder eine Insolvenzanfechtung durch den vorläufigen Verwalter im Antragsverfahren ist nicht statthaft (vgl. Bauer, 2008, S. 105). An der Stelle der Insolvenzanfechtung tritt in diesen Fällen die ähnliche Gläubigeranfechtung nach dem Anfechtungsgesetz (AnfG), die sich dann die Bank, die einen Titel gegen ihren Schuldner in Händen hat, gegebenenfalls zunutze machen kann.

Die Geltendmachung der Insolvenzanfechtung erfolgt notfalls durch Klage eines Insolvenzverwalters innerhalb der Regelverjährung nach §§ 146 ff. InsO und §§ 195 ff. BGB. Der Beweis der Gläubigerbenachteiligung obliegt ebenfalls dem Insolvenzverwalter. Er muss dann darlegen, dass sich die Befriedigung der Insolvenzgläubiger im Fall des Unterbleibens der Rechtshandlung günstiger gestaltet hätte.

Mit der Anfechtung wird bezweckt, dass die ungerechtfertigte Verkürzung der Masse, die zu einer gleichmäßigen Befriedigung der Insolvenzgläubiger verwendet werden soll, wieder beseitigt wird. Daher auch der „Rückgewähranspruch" als Anfechtungsfolge in § 143 InsO. Demnach können insbesondere Zahlungen des Schuldners an einzelne Gläubiger erfolgreich angefochten werden. Dieses kann Kreditinstitute beeinträchtigen, zum Beispiel, wenn im Kontokorrent verrechnete Zahlungseingänge später wieder herauszugeben sind. Drittsicherheiten oder gleichwertige Leistungen und Gegenleistungen wie bei einem Bargeschäft unterliegen nicht der Anfechtung, da das Schuldnervermögen nicht betroffen oder die Bedingung einer Benachteiligung anderer Gläubiger nicht gegeben ist.

Definition: Drittsicherheiten stammen nicht aus dem Vermögen des Schuldnerunternehmens und werden beispielsweise aus dem Privatvermögen eines Gesellschafters oder dem Vermögen von anderen Unternehmen in der wirtschaftlichen Wertschöpfungskette für neue Kredite bereitgestellt, um den Geschäftsbetrieb des Schuldnerunternehmens in der Insolvenz aufrecht zu erhalten. Zur Vermeidung von Anfechtungen auf dieser Ebene, zum Beispiel nach § 134 InsO, müssen die Drittsicherungsgeber ihrerseits bonitätsmäßig möglichst einwandfrei sein.

Eine durch den Verwalter erfolgreich durchgeführte Anfechtung führt nicht automatisch zu einer Nichtigkeit der angefochtenen Rechtshandlung nach § 134 BGB oder nach § 138 BGB, die vielmehr nur dann in Frage kommt, wenn der Nichtigkeitsgrund über den Anwendungsbereich des Anfechtungstatbestands hinausreicht. Im Allgemeinen geht der Anfechtungsanspruch den §§ 134, 138 BGB vor, zivilrechtlich bleibt die anfechtbare Handlung wirksam. Systematisch hat die Anfechtung mit einer „Unlauterkeit" nichts zu tun, abgesehen von dem Sondertatbestand des § 142 Abs. 1 Fall 2 letzter Halbsatz InsO. Vielmehr steht dem Verwalter ein Anspruch auf Rückgewähr der Leistung zu (§ 143 InsO). Wurde eine zedierte Forderung erfolgreich angefochten, ist diese zurück abzutreten. Der Rückzahlungsanspruch ist allerdings nur noch ab dem Verzugseintritt mit 5,0 % über dem Basiszinssatz zu verzinsen. Von Bedeutung sind Anfechtungen im Zahlungsverkehr aus kongruenter Deckung gemäß § 130 InsO oder aus inkongruenter Deckung gemäß § 131 InsO.

Anfechtung bei kongruenter Deckung

Eine kongruente Deckung liegt unter den erschwerten Anfechtungsvoraussetzungen gemäß § 130 InsO vor, wenn der Gläubiger eine Besicherung oder Befriedigung erhält, auf die er zu diesem Zeitpunkt einen Anspruch hatte. Dabei musste er von der Zahlungsunfähigkeit Kenntnis haben (Michel/Danckelmann, 2010, S. 88). Der Anspruch kann aus einem Kreditvertrag oder aus einem Sicherungsvertrag begründet sein. Nach § 130 Abs. 1 InsO ist eine Rechtshandlung aus kongruenter Deckung nur dann anfechtbar, wenn die Rechtshandlung:

- in den letzten drei Monaten vor dem Insolvenzantrag vorgenommen wurde, der Schuldner zur Zeit der Handlung zahlungsunfähig war und der Gläubiger zu der Zeit Kenntnis von der eingetretenen Zahlungsunfähigkeit hatte (Nr. 1).
- nach dem Insolvenzeröffnungsantrag vorgenommen wurde und der Gläubiger zum Zeitpunkt dieser Rechtshandlung die Zahlungsunfähigkeit oder diesen Eröffnungsantrag kannte (Nr. 2),
- wenn der Anfechtungsgegner Kenntnis von Umständen hatte, die auf Zahlungsunfähigkeit oder einen Antrag schließen lassen (§ 130 Abs. 2 InsO). Die Tatbestandsvoraussetzungen und Fristen werden in Tab. 5.5 aufgeführt.

Tab. 5.5: Anfechtung bei kongruenter Deckung (Quelle: Eigene Darstellung)

Zeitraum	**Tatbestandsvoraussetzungen**	
Rückwirkung bis	**Wirtschaftliche Lage Schuldner**	**Kenntnis Gläubiger**
3 Monate vor Insolvenzantrag (§ 130 Abs. 1 Nr. 1 InsO)	Zahlungsunfähigkeit	Zahlungsunfähigkeit
Nach Insolvenzantrag (§ 130 Abs. 1 Nr. 2 InsO)	Zahlungsunfähigkeit	Zahlungsunfähigkeit oder Eröffnungsantrag

Bei einer Kongruenzanfechtung kommt es demnach maßgeblich auf die subjektive Kenntnis des Gläubigers von der Zahlungsunfähigkeit des Schuldners an. Diese Ermittlung der Zahlungsunfähigkeit richtet sich § 17 InsO und der Rechtsprechung des BGH, wie auch im IDW S 11 beschrieben. Die Kenntnis der Zahlungsunfähigkeit setzt das für sicher gehaltene Wissen zum Zeitpunkt der anfechtbaren Rechthandlung positiv voraus (vgl. Cranshaw et al., 2016b, § 130 InsO, Rn. 32 ff.). Diese ist vom anfechtenden Insolvenzverwalter zu beweisen.

Anfechtbar sind in der Praxis insbesondere Zahlungsvorgänge und Vereinbarungen von Sicherheiten. Deshalb sollte bei einer Hereinnahme von Kreditsicherheiten der Schuldnerfirma generell bereits vorab geprüft werden, ob die Dreimonatsfrist bis zur Stellung eines Insolvenzantrags überdauert werden kann und auch nicht die Voraussetzungen der Vorsatzanfechtung bejaht werden können. Ob es sich bei der Verrechnung von Zahlungseingängen dann um den Fall der kongruenten Deckung handelt, hängt maßgeblich davon ab, ob die Bank diese Deckung zu dieser Zeit auch zu beanspruchen hatte.

Eine kongruente Deckung liegt vor, wenn zum Zeitpunkt des Zahlungseingangs die bestehende Forderung der Bank fällig war. Im Fall von vereinbarten Tilgungen liegt daher eine Kongruenz mit der Zahlung bei Fälligkeit oder auf die vereinbarten Raten vor. Die Inkongruenz besteht dagegen bei einer Zahlung beispielsweise bereits fünf Tage vor Fälligkeit eines Anspruchs (vgl. BGH vom 09.06.2005, IX ZR 152/03). Existiert somit im Zeitpunkt des Zahlungseingangs ein fälliger Zahlungsanspruch in der gleichen Höhe, beispielsweise aus einer ausgelaufenen Kreditzusage, liegt dann im Ergebnis eine kongruente Deckung vor.

Eine Rückzahlung fälliger Forderungen verschafft immer eine kongruente Deckung. Handelt es sich um die Überziehung eines Kontokorrentkontos, so kann die Bank die Rückführung in den vereinbarten Kreditrahmen verlangen. Die Deckung ist als kongruent anzusehen. Besteht dagegen neben dem Kontokorrentvertrag eine Kreditlinie, das heißt ein vereinbartes Limit, bis zu dem der Kunde über sein Konto verfügen kann, ist er im Rahmen der Linie nicht zum Ausgleich eines debitorischen Saldos verpflichtet, und es entsteht bei Verfügungen innerhalb der Kontokorrentlinie kein fälliger Rückzahlungsanspruch der Bank.

---

i **Beispiel:** Die Druck GmbH befindet sich in einer Sanierungsphase. Die Ausstiegsbank AG hat der Druck GmbH eine Kreditlinie auf dem Kontokorrentkonto in Höhe von 500.000 Euro eingeräumt. Am 10. Januar weist das Konto einen Sollsaldo von 550.000 Euro mit einer nur geduldeten Überziehung von 50.000 Euro auf. Am 15. Januar erfolgt die Einzahlung eines Kunden in Höhe von 50.000 Euro, die mit dem Sollsaldo verrechnet wird. Am 1. März stellt die Druck GmbH Insolvenzantrag. Es liegt ein Fall kongruenter Deckung vor, da die Ausstiegsbank AG Anspruch auf die Rückführung der Überziehung hatte. Der Insolvenzverwalter kann die Einzahlung nicht anfechten, es sei denn, er kann nachweisen, dass die Ausstiegsbank AG positive Kenntnis von der Zahlungsunfähigkeit hatte oder die Umstände im Sinne von § 130 Abs. 2 InsO zu bejahen sind.

Im Fall einer unmittelbaren Insolvenzgefahr könnte in diesem Fall mit dem Schuldnerunternehmen zwar eine ratierliche Reduzierung der Linie vereinbart oder diese Kreditlinie im beiderseitigen Einvernehmen komplett aufgehoben werden, damit bei Verfügungen jederzeit ein fälliger Anspruch entsteht und erhaltene Einzahlungen aufgerechnet werden können. Eine schriftliche Vereinbarung mit dem Schuldnerunternehmen vor einem Insolvenzantrag erscheint sinnvoll, wenn Zahlungseingänge auf dem laufenden Konto zu erwarten sind und diese vor einer möglichen Anfechtung zugunsten der Masse gesichert werden sollen.

Indes dürfte dieses scheinbar zielführende Vorgehen bei Kenntnis der unmittelbaren Insolvenzgefahr fehlschlagen, da beziehungsweise sofern eben die Voraussetzungen des § 130 InsO vorliegen. Nicht nur Vereinbarungen mit dem Schuldner wie in dem vorstehend umrissenen Beispiel, sondern sogar die Kündigung durch den Schuldner ist ein anfechtbares Rechtsgeschäft. Folge der erfolgreichen Anfechtung ist, dass „die Fälligkeit des Rückzahlungsanspruchs außer Betracht zu bleiben hat“ (vgl. BGH vom 12.01.2017, IX ZR 130/16).

Diese Bank kann durch das scheinbar so nahe liegende Vorgehen keine Kongruenz herbeiführen und damit besteht die in § 130 InsO liegende Erschwernis der Anfechtung. Sie scheitert vielmehr mit ihrem Ziel, eingehende Zahlungen im Kontokorrent zu verrechnen, an dem insolvenzrechtlichen Aufrechnungs- beziehungsweise Verrechnungsverbot des § 96 Abs. 1 Nr. 3 InsO, denn sie hat die Verrechnungsmöglichkeit ohne Wiederausreichung dieses verrechneten Betrages durch eine anfechtbare Handlung erlangt. Diese erhaltene Deckung ist inkongruent (vgl. BGH vom IX ZR 63/08). Nur eine berechtigte Kündigung durch die Bank, gegebenenfalls aus wichtigem Grund, ist möglich, damit ein fälliger Zahlungsanspruch entsteht, der kongruent befriedigt werden kann. Die Gläubigerbenachteiligung kann auch darin bestehen, dass der Gläubiger sich besser stellt als er bei vertragsgemäßem Ablauf stünde. Das zinslose Darlehen ist daher abzuzinsen (§ 41 Abs. 2 InsO).

Die Kündigung kann jedoch auch direkt einen Insolvenzantrag nach sich ziehen, und künftige Einzahlungen stehen dem Kreditinstitut dann unter Umständen nicht mehr insolvenzanfechtungsfest zu. Ohnehin belegt eventuell bereits die Kündigung aus wichtigem Grund, dass man die Zahlungsunfähigkeit oder den Eröffnungsantrag kennt oder dass man als Hauptkreditverbindung weiß, dass man mit der Kündigung die Zahlungsunfähigkeit auslöst, so dass jede Zahlung danach anfechtbar sein kann. Wichtig ist es im Rahmen der außergerichtlichen Sanierung, das später möglicherweise auftretende Anfechtungsrisiko abzuschätzen und frühzeitig Gegenmaßnahmen einzuleiten oder Sicherheiten rechtzeitig hereinzunehmen.

Dabei ist die Globalzession eine wichtige Sicherheit, um Zahlungsanfechtungen zu vermeiden, da man an den Forderungen des Schuldners, auf die gezahlt wird und die daraufhin erlöschen (§ 362 BGB), ein Absonderungsrecht hatte, das sich im AGB-Pfandrecht aufgrund der vereinbarten AGB fortsetzt (Sicherheitentausch, vgl. BGH vom 29.11.2007, IX ZR 30/07 und BGH vom 02.02.2017, IX ZR 245/14).

Neben den Zahlungseingängen ist auch bei der Vereinbarung von Sicherheiten darauf zu achten, zu welchem Zeitpunkt diese hereingenommen werden und ob eine mindestens kongruente Gegenleistung vorliegt, damit es möglichst nicht zu einer potenziellen Anfechtung kommen kann. Es scheint ein hinreichender Schutz gegeben zu sein, wenn zwischen der Besicherung und dem Insolvenzantrag mindestens ein Zeitraum von drei Monaten vergangen ist, sofern nicht die Voraussetzungen des § 133 InsO zu bejahen sind. Eine Anfechtung ist ausgeschlossen, soweit, wie bereits oben dargestellt, die Zahlungen auf Forderungen beruhen, die im Rahmen der Globalzession ihrerseits anfechtungsfest abgetreten waren.

Diese kontrovers diskutierte Fragestellung der Anfechtbarkeit von Forderungsabtretungen auf einer Basis von geschlossenen Globalzessionsverträgen, die unter anderem durch eine Entscheidung des OLG Karlsruhe 2005 ausgelöst wurde (OLG Karlsruhe vom 08.04.2005, 14 U 200/03, Portisch/Bode, 2007a, S. 142 ff.), hat mit der Entscheidung des BGH vom 29.11.2007 und Folgeentscheidungen ihr Ende gefunden (vgl. BGH vom 29.11.2007, IX ZR 30/07). Die von einem Kreditinstitut vorgenommenen Verrechnungen sind nur als kongruente Deckung gemäß § 130 InsO anfechtbar (vgl. BGH vom 07.03.2002, IX ZR 223/01), wenn die Forderung fällig ist und der Zahlung beziehungsweise Verrechnung kein insolvenzfestes Absonderungsrecht zu der Seite steht. Verrechnungen von Einzahlungen sind ebenfalls nur wegen Kongruenz anfechtbar, wenn die Bank den Kunden „vereinbarungsgemäß" nach Zahlungseingang wieder über die Linie verfügen lässt. Lässt sie ihn bei Fortbestehen der vertraglichen Abreden nicht mehr verfügen, ist auch bei ungekündigtem Kreditverhältnis die Deckung inkongruent (§ 131 InsO).

Umgekehrt liegt ein Bargeschäft vor, soweit die Bank in Abhängigkeit von den Auszahlungen den Kunden wieder verfügen lässt (vgl. BGH, IX ZR 223/01, Rn. 24 ff.), auf die Reihenfolge der Zahlungen kommt es nicht an. Diese grundsätzliche Betrachtung der höchstrichterlichen Rechtsprechung festigt die Neufassung des § 142 InsO. Die durchgehende Bejahung auch nur einer kongruenten Deckung würde die potentielle Anfechtbarkeit aller Zahlungseingänge beziehungsweise aller Verrechnungen im Kontokorrent über den gesamten Zeitraum von drei Monaten vor dem Insolvenzantrag bedeuten. Die Folge wäre die Finanzierung des Umsatzes des Krisenunternehmens in diesem Zeitraum zu Lasten der kontoführenden Bank und zugunsten allein der anderen Gläubiger. Die Bank würde dann bei erstem Anschein einer Krise kündigen und dem Unternehmen die letzte Chance einer Sanierung durch Entziehung der maßgeblichen Konto- und Kreditverbindung nehmen.

Im Gegensatz zur Anfechtung bei einer inkongruenten Deckung ist bei der Annahme der kongruenten Deckung die Kenntnis des Gläubigers von der eingetretenen Zahlungsunfähigkeit des Schuldnerunternehmens stets eine Tatbestandsvoraussetzung (vgl. Kirchhof et al., 2013, § 130, Rn. 31 ff.). Argumentiert wird zur Globalzession, dass die Entstehung künftiger Rechte nicht von vorneherein als inkongruent angesehen werden kann, nur weil diese von Anfang an nicht identifizierbar waren.

Ausgeführt wird weiter, dass eine Globalzession auf dem gemeinsamen Verständnis beruht, dass der Geschäftsbetrieb fortgeführt wird und dass beide Parteien bereits bei Abschluss des Kreditsicherungsvertrags alles dafür tun werden, um die abgetretenen Forderungen bestimmbar zu machen, was für die Annahme der kongruenten Deckung ausreicht. Dabei genügt für die Bestimmbarkeit nach § 398 BGB die übliche Bezeichnung zur Abtretung „sämtlicher bestehender und zukünftiger Forderungen aus Warenlieferungen und Leistungen gegen Kunden der Anfangsbuchstaben A bis Z" (vgl. Dippmann/Jordans, 2008, S. 132 ff., zur Bestimmbarkeit und zur Globalzession siehe auch Nobbe et al., 2018, § 398, Rn. 19).

Mit der Judikatur zur Globalzession hat der BGH eine durchaus praxisnahe Entscheidung zugunsten der Finanzierung des Mittelstands getroffen. Denn häufig stellt dieses werthaltige Kreditsicherungsmittel für kleine und mittlere Unternehmen die einzige Möglichkeit dar, weitere Finanzmittel von Kreditinstituten zu erhalten. Dann ist die Globalzession weitgehend insolvenzsicher und die Hereinnahme ist besonders der Hausbank zu empfehlen, wenn auch die Werthaltigmachung selbstständig anfechtbar ist (vgl. BGH vom 29.11.2007, IX ZR 30/07).

Maßgeblich für den Anfechtungszeitraum ist die Entstehung der künftigen Forderung oder der Werthaltigmachung, wie aus § 140 Abs. 1 InsO hervorgeht. Dann kann der Globalzessionsvertrag als solcher insolvenzfest sein, aber die besonders wichtigen Forderungen aus den letzten drei Monaten vor Antragstellung des Insolvenzantrags je nach Sachlage nicht oder nur teilweise. Umgekehrt kann der Globalzessionsvertrag vielleicht inkongruent sein, weil er eine Nachbesicherung darstellt. Sind drei Monate ohne Insolvenzantrag abgelaufen, werden die künftigen darunter fallenden einzelnen Forderungen kongruent erworben.

Des Weiteren ist eine Deckungsanfechtung bei Bargeschäften grundsätzlich ausgeschlossen, insoweit nicht die Voraussetzungen der Vorsatzanfechtung gemäß § 133 Abs. 1 bis 3 InsO vorliegen und der Schuldner unlauter gehandelt hat (§ 142 Abs. 1 InsO n.F.). Die Anfechtung des Bargeschäfts scheidet aufgrund der fehlenden Gläubigerbenachteiligung aus (§ 142 InsO). Voraussetzung ist der in einem direkten zeitlichen Zusammenhang stehende Austausch deckungsgleicher Leistungen.

Definition: Die Leistung sowie die bezogene Gegenleistung müssen bei einem **Bargeschäft** gemäß § 142 InsO gleichwertig sein und in einem engen wirtschaftlichen, rechtlichen und zeitlichen Bezug zueinanderstehen. Maßgeblich sind die „Gepflogenheiten des Geschäftsverkehrs". Zwischen Leistungserbringung und Zahlung dürfen bei Beratungs- und Dienstleistungen bis zu 30 Tage liegen.

So liegt bei einer Neukreditvergabe, vor einem Insolvenzantrag, unter anderem zur Vorfinanzierung eines spezifischen Projekts, mit der gleichwertigen und gleichzeitigen Besicherung in Form der Abtretung neu entstehender bestimmbarer Forderungen, ein Bargeschäft vor (vgl. Portisch, 2007c, S. 38 ff.).

Wird dagegen für dieses Geschäft eine weite Zweckerklärung hereingenommen und werden neben der Neukreditierung auch alte Forderungen besichert, liegt eine inkongruente Deckung vor, die einer erleichterten Anfechtung unterliegen kann, sowohl nach § 131 InsO als auch gegebenenfalls nach § 133 InsO. Die gläubigerbenachteiligende Wirkung infiziert gegebenenfalls auch den Bargeschäftsteil der Abtretung (§ 142 InsO n.F.), jedenfalls dann, wenn nicht eine Rangfolge der Sicherheitenzwecke schriftlich, unter anderem in einem Sicherheitenpoolvertrag, verabredet wird. Insbesondere ist die Problematik bei Poolsicherheiten mit der Erweiterung der Zweckerklärungen für neue Poolfinanzierungen auf in den Pool einbezogene „Altforderungen" der Poolbanken zu berücksichtigen. Das folgende Beispiel verdeutlicht die Vereinbarung eines vor der Anfechtung sicheren Bargeschäfts.

---

i **Beispiel:** Die Druck GmbH befindet sich in der Sanierung. Die Gefahr einer Insolvenz ist nicht auszuschließen. Die Druck GmbH erhält einen Großauftrag der WP GmbH. Dieser soll durch die Mittelstandbank AG vorfinanziert werden. Die Vorfinanzierung umfasst im Wesentlichen den Materialeinkauf in Höhe von 200.000 Euro. Im Gegenzug wird die Abtretung der neu entstehenden Forderung des Kunden in Höhe von 220.000 Euro im Rahmen eines Einzelzessionsvertrags vorgenommen. Die Abwicklung dieses Auftrages scheint hinreichend gesichert zu sein, da vergleichbare Projekte von der Firma in der Vergangenheit ebenfalls erfolgreich abgearbeitet wurden und der Drittschuldner eine unzweifelhafte Bonität aufweist. Die Druck GmbH reicht der Mittelstandsbank einen projektbezogenen Finanzplan ein. Die Ein- sowie Auszahlungen werden auf besonderen Konten separiert und die Zahlungsvorgänge anhand eines Finanzplans überwacht. In diesem Fall liegt eine gleichwertige Deckung zwischen der Finanzierung und der Besicherung als Bargeschäft vor, da die Leistung und die Gegenleistung in einem engen wirtschaftlichen, rechtlichen sowie zeitlichen Bezug zueinander stehen. Die Besicherung ist nicht anfechtbar, aufgrund der fehlenden Gläubigerbenachteiligung.

Die Gleichwertigkeit der Absicherung ist grundsätzlich gegeben, wenn der Wert der Sicherheit, unter Berücksichtigung üblicher Wertschwankungen, die Höhe des herausgelegten Kredites nicht wesentlich übersteigt. Bei der Inkongruenz der Leistung und Gegenleistung ist ein Bargeschäft dagegen ausgeschlossen, und das betreffenden Rechtsgeschäft oder die jeweilige Rechtshandlung sind nicht gemäß § 142 InsO der Anfechtung entzogen.

Anfechtung bei inkongruenter Deckung

Eine Rechtshandlung ist als inkongruente Deckung gemäß § 131 InsO anfechtbar, wenn sie dem Gläubiger eine Besicherung oder eine Befriedigung gewährt oder ermöglicht hat, die er nicht oder nicht in dieser Art oder nicht zu dieser Zeit zu beanspruchen hatte (vgl. Danckelmann, 2011, S. 1208 ff). Dies betrifft aus Sicht der Kreditinstitute im Wesentlichen vereinnahmte Einzahlungen außerhalb der Fälligkeit sowie hereingenommene Besicherungen ohne konkreten Anspruch darauf, typisch sind das Nachbesicherungsrecht nach den AGB und das AGB-Pfandrecht (vgl. BGH vom 07.03.2002, IX ZR 223/01).

Eine vorgenommene Rechtshandlung bei einer inkongruenten Deckung gemäß § 131 Abs. 1 Nr. 1 bis 3 InsO ist anfechtbar, wenn:

- die Handlung im letzten Monat vor dem Antrag auf Eröffnung des Insolvenzverfahrens oder bereits nach dem Insolvenzantrag vorgenommen wurde (Nr. 1).
- die Handlung innerhalb des zweiten oder dritten Monats vor dem Eröffnungsantrag vorgenommen worden ist und der Schuldner zur Zeit der Handlung tatsächlich zahlungsunfähig war (Nr. 2).
- die Handlung innerhalb des zweiten oder dritten Monats vor dem Antrag vorgenommen wurde und dem Gläubiger diese Benachteiligung des Insolvenzgläubigers eindeutig bekannt war (Nr. 3).

Im Folgenden werden die zu berücksichtigenden Tatbestandsvoraussetzungen und Fristen für eine Anfechtung aus inkongruenter Deckung in Tab. 5.6 aufgeführt.

Tab. 5.6: Anfechtung bei inkongruenter Deckung (Quelle: Eigene Darstellung)

Zeitraum Rückwirkung bis	Tatbestandsvoraussetzungen Wirtschaftliche Lage Schuldner	Kenntnis Gläubiger
1 Monat vor Insolvenzantrag (§ 131 Abs. 1 Nr. 1 InsO)	Unerheblich	Unerheblich
2–3 Monate vor Insolvenzantrag (§ 131 Abs. 1 Nr. 2 InsO)	Zahlungsunfähigkeit	Unerheblich
2–3 Monate vor Insolvenzantrag (§ 131 Abs. 1 Nr. 3 InsO)	Unerheblich	Gläubigerbenachteiligung

In diesen Fällen ist die Anfechtung verschärft, da ein Gläubiger, der eine ihm nicht zustehende Leistung, zum Beispiel unter einer Ausübung von starkem Druck erhält, weniger schutzwürdig gegenüber demjenigen ist, dem eine kongruente Deckung gewährt wird. Daher sind Rechtshandlungen gemäß § 131 Abs. 1 Nr. 1 InsO innerhalb eines Monats vor dem Insolvenzeröffnungsantrag, unabhängig von der wirtschaftlichen Lage des Schuldners und der Kenntnis des Gläubigers zur Zeit der Handlung, anfechtbar (vgl. Dauernheim, 2018, S. 679 ff.).

Auch die Anfechtung innerhalb des Dreimonatszeitraumes ist bei Inkongruenz verschärft, da es auf die Kenntnis der Zahlungsunfähigkeit nicht mehr ankommt (vgl. Cranshaw et al., 2016b, § 131 InsO, Rn. 26 ff.). Der maßgebliche Zeitpunkt der Rechtshandlung ergibt sich aus § 140 InsO (vgl. Michel/Danckelmann, 2010, S. 88 ff.).

Darüber hinaus sind Rechtshandlungen anfechtbar, wenn sie im zweiten und dritten Monat vor Insolvenzeröffnung erfolgen und der Schuldner zu diesem Zeitpunkt bereits zahlungsunfähig war. Bei der Inkongruenzanfechtung aus § 131 Abs. 1 Nr. 3 InsO kommt es nicht auf die Kenntnis des Gläubigers von der Illiquidität an.

Es reicht dagegen das Wissen über eine Benachteiligung anderer Insolvenzgläubiger aus. Dies gilt unabhängig von der wirtschaftlichen Lage eines Schuldners, das heißt seiner Zahlungsunfähigkeit oder auch Überschuldung. Die Qualifizierung als kongruente oder inkongruente Deckung ist insbesondere für Zahlungseingänge auf Konten bei Kreditinstituten relevant.

Verwendet eine Bank die Zahlungseingänge aus einer Überweisung zugunsten des Kunden zur Reduzierung des Sollsaldos auf seinem Konto oder verrechnet die Bank den Zahlungseingang auf einem kreditorischen Konto, dass mit einem debitorischen Konto saldiert wird, so erhält sie je nach Fälligkeit der Forderung eine kongruente oder inkongruente Deckung. Bei der Abgrenzung zwischen Kongruenz oder Inkongruenz kommt es somit maßgeblich darauf an, ob die Bank diese Deckung zu diesem Zeitpunkt beanspruchen konnte. Bei dieser Beurteilung ist auf die Kreditvereinbarung mit dem Schuldner abzustellen (vgl. Lützenrath et al., 2006, S. 253 ff.). Dann kommt es darauf an, ob die Forderung fällig war.

War der Kredit zu dem Zeitpunkt des Zahlungseingangs bereits gekündigt, so ist die Fälligkeit hergestellt und damit die Kongruenz gegeben. Dieses setzt jedoch voraus, dass die Bank den Kredit wirksam gekündigt hat. Wurde ein Kredit innerhalb der Frist von zwei bis drei Monaten vor der Insolvenzeröffnung wirksam gekündigt, ist die nachfolgende Deckung kongruent. Wird diese Kündigung dagegen erfolgreich angefochten, gilt der Kredit als ungekündigt und die Verrechnung der Zahlungseingänge ist als inkongruent einzustufen.

Die Befriedigung von Bankforderungen nach der Kündigung, die innerhalb der letzten drei Monate vor dem Eröffnungsantrag zum Beispiel mit der Begründung einer deutlichen Verschlechterung der wirtschaftlichen Verhältnisse erfolgte, wird in der Regel immer anfechtbar sein. Denn es ist dabei zu vermuten, dass die Bank in diesem Fall bereits Kenntnis von der schwachen wirtschaftlichen Lage des Firmenkunden hatte, sonst würde sie nicht derart durchgreifend handeln. Dies gilt sowohl für den Fall der ordentlichen als auch für die Alternative der außerordentlichen Kündigung, die Rechtmäßigkeit jeweils vorausgesetzt.

Problematisch ist es für Banken, wenn der nicht ausgenutzte Teil einer Kreditlinie gekündigt werden soll. Aus Risikosicht kann dies verlockend sein, da unverzüglich die Verminderung der etwa gebildeten Einzelwertberichtigung oder die Vermeidung einer Erhöhung der Wertberichtigung erreicht werden kann. Vorteilhaft ist es in diesem Fall, eine Vereinbarung mit dem Schuldner über eine freiwillige Reduzierung der Linie zu treffen. Im Zweifel führt die Verkürzung jedoch gleichzeitig zur Insolvenz des Schuldnerunternehmens, wenn keine weiteren freien Kontokorrentlinien bei anderen Instituten bestehen, jedenfalls zur Anfechtbarkeit, wenn Insolvenzantrag und Insolvenzeröffnung folgen. Somit kommt es im Allgemeinen auf die Kenntnis der Zahlungsunfähigkeit oder dem Insolvenzantrag beziehungsweise auch der Benachteiligung anderer Insolvenzgläubiger an.

Hat das betreffende Kreditinstitut im maßgeblichen Zeitpunkt die Kenntnis von diesen Tatbeständen, so ist die Aufrechnung oder Verrechnung von Zahlungseingängen wie dargestellt in der Regel anfechtbar. Aus dieser Position können sich umfangreiche Risiken für Kreditinstitute ergeben. Diese möglichen Gefährdungen sind zu antizipieren und im Vorfeld möglichst zu vermeiden. Daher ist zum Beispiel die rechtzeitige Hereinnahme der Globalzession ein wichtiges Sicherungsmittel, um die Kongruenz herzustellen und Anfechtungsrisiken zu verhindern, auch wenn dies nur gelingt, soweit die in der Praxis entscheidenden künftigen Forderungen nicht ihrerseits anfechtbar sind.

Das folgende Beispiel verdeutlicht den Fall einer inkongruenten Deckung mit einem offensichtlich erhöhten Anfechtungsrisiko für die involvierten Kreditinstitute. Dies trifft dann zu, wenn eine nichtausgenutzte Kreditlinie besteht.

Beispiel: Die Ausstiegsbank AG hat der Druck GmbH eine Kreditlinie auf dem Kontokorrentkonto in Höhe von 500.000 Euro eingeräumt. Am 10. Januar weist das Konto den Sollsaldo von 500.000 Euro auf. Am 15. Januar erfolgt die Einzahlung eines Kunden in Höhe von 50.000 Euro, die sofort verrechnet wird, sodass ein Sollsaldo von 450.000 Euro entsteht. Am 1. März stellt die Druck GmbH Insolvenzantrag. Hier liegt ein Fall der inkongruenten Deckung vor, da die Ausstiegsbank AG keinen Anspruch auf diese Zahlung hatte. Der Insolvenzverwalter kann diese Einzahlung wirksam anfechten. Um dies zu verhindern, hätte die Ausstiegsbank AG mit der Druck GmbH rechtzeitig eine schriftliche Vereinbarung zur Rücknahme der Kontokorrentlinie auf 450.000 Euro treffen müssen und der Anfechtungszeitraum von drei Monaten hätte vor dem Insolvenzantrag abgelaufen sein müssen.

Besicherungen kurz vor dem Insolvenzantrag sind regelmäßig inkongruent sein und unterliegen der Insolvenzanfechtung. Eine nicht zu beanspruchende inkongruente Sicherheit liegt vor, wenn der Insolvenzgläubiger kein hinreichend konkretisierbares Anrecht auf diese Besicherung hatte (vgl. Kirchhof et al., 2013, § 131 InsO, Rn. 20 ff.). Dabei sind Drittsicherheiten ebenso wie Bargeschäfte generell nicht anfechtbar, da es an einer Gläubigerbenachteiligung fehlt. Der Anfechtung unterliegt die Hereinnahme von Kreditsicherheiten aus dem Vermögen eines insolventen Kreditnehmers (vgl. Dauernheim, 2018, S. 679), aber auch eines insolventen Drittsicherungsgebers. Dieser nicht schon anfänglich aus dem Kredit verpflichtete Drittsicherungsgeber generiert für den Sicherungsnehmer ein besonders unangenehmes Problem, da die von ihm bestellte Sicherheit unentgeltlich nach § 134 Abs. 1 InsO sein kann. Sie ist dann in der Insolvenz des Drittsicherungsgebers anfechtbar mit einem Anfechtungszeitraum von vier Jahren.

Bereits die Erweiterung des Sicherungszwecks auf andere Kreditforderungen kann anfechtbar sein. Wenn gleichzeitig mit dem Neukredit ein bereits ausgezahlter Kredit besichert werden soll, ist die Vereinbarung eines festen Rangverhältnisses in der Sicherungszweckvereinbarung dahingehend zwingend, dass zunächst der Neukredit aus dem Sicherheitenerlös zurückzuführen ist.

Für diese neue Forderung handelt es sich dann um ein der Anfechtung entzogenes Bargeschäft, während die Besicherung der Altkredite unter Umständen anfechtbar ist. Auf die besondere Relevanz dieser Thematik beim Bankenpool ist oben ebenfalls bereits hingewiesen worden.

Damit Abgrenzungsschwierigkeiten von Vornherein vermieden werden, kann zur Besicherung der Altkredite gegebenenfalls auch der Anspruch auf Rückgewähr dieser betreffenden Absicherung verwendet werden. Von Bedeutung sind zudem die Fristen bei der Vereinbarung der Kreditbesicherung, wie das nachfolgende Beispiel zeigt. Dabei sind insbesondere die Zeiträume von einem oder drei Monaten vor dem Insolvenzantrag für Anfechtungen kritisch zu betrachten.

---

i **Beispiel:** Die Ausstiegsbank AG droht der Druck GmbH mit der Kündigung der Kontokorrentlinie, da die wirtschaftlichen Verhältnisse sich verschlechtert haben. Die Bank fordert am 20. Februar eine Sicherheitenverstärkung für die Kontokorrentlinie in Form der Abtretung einer Einzelforderung über 100.000 Euro aus einer Warenlieferung. Diese Zahlung geht am 25. Februar auf dem Konto der Ausstiegsbank AG ein. Bereits am 1. März des Jahres stellt die Druck GmbH aufgrund einer Zahlungsunfähigkeit Insolvenzantrag. Die Besicherung ist als inkongruente Deckung anfechtbar, da der Insolvenzantrag innerhalb der Einmonatsfrist nach der Abtretung der bereits bestehenden Forderung gestellt wurde. Mit einer erfolgreichen Anfechtung durch den Insolvenzverwalter wird die Forderungszession anfechtungsrechtlich angreifbar und der Betrag muss zurückgezahlt werden.

Somit ist auch bei der Bestellung neuer Sicherheiten auf die Einmonatsfrist beziehungsweise Dreimonatsfrist zu achten. Des Weiteren sind die formalen und materiellen Anforderungen für die möglichen Anfechtungen bei Sanierungsengagements bereits im Vorfeld genau zu prüfen und gegebenenfalls mit der Rechtsabteilung abzusprechen, damit sich im Fall des Insolvenzantrags keine negativen Überraschungen mit der Herausgabe von Zahlungseingängen oder Sicherheiten ergeben.

Des Weiteren können auch aktive Verteidigungsstrategien gegen Anfechtungen eingeleitet werden. Nicht jeder der vom Insolvenzverwalter gemachten Anfechtungsansprüche wird auch anerkannt werden. Vielmehr empfiehlt sich die genaue Überprüfung aus Sicht der betroffenen Banken, gerade vor dem Hintergrund, dass die Insolvenzverwalter auch externe Dienstleister mit der Anfechtungsaufgabe betrauen, die unter Umständen die aktuelle Rechtsprechung nicht kennen. Insgesamt sollte kein Anfechtungsschreiben ungeprüft bleiben und gegebenenfalls sind folgende Aspekte in Betracht zu ziehen (vgl. Henning, 2016, S. 560 ff.):

- Nutzung der Informationsrechte beispielsweise im Gläubigerausschuss
- Hereinnahme der Globalzession als Sicherheit für den Kontokorrentkredit
- Erhebung der Verjährungseinrede von drei Jahren bei Anfechtungen
- Detailliertes Prüfen sämtlicher Anfechtungsvoraussetzungen
- Verwenden der Vorschriften des reformierten Anfechtungsrechts

Entscheidend ist aber zunächst, dass der Insolvenzverwalter den geltend gemachten Anfechtungsanspruch der Bank gegenüber sorgfältig begründen muss. Dazu gehört die Darstellung des Sachverhaltes, der Grund der Anfechtbarkeit sein soll, die Angabe des Anfechtungstatbestandes und die Subsumtion des Sachverhalts darunter sowie die begehrte Rechtsfolge im Einzelnen. Der Subsumtionsvorgang erfordert regelmäßig auch die Angaben zur höchstrichterlichen Rechtsprechung. Das Anfechtungsschreiben gegenüber der Bank erfordert im Grundsatz dieselbe Sorgfalt, die bei einer Klageschrift in einem einmal gedachten Prozess gegen die Bank aufzuwenden ist, soll diese Klage erfolgreich sein.

Mit einem Minus des Anfechtungsschreibens darf sich die Bank nicht begnügen und erst recht auf dieser Basis nicht ohne Weiteres einen Vergleich schließen. Vielmehr muss sie nach Eingang der sachgerecht begründeten Anfechtung intern den Sachverhalt prüfen und bei dem von ihr festgestellten Sachverhalt wieder prüfen, ob hier ein Anfechtungsproblem besteht. Dann erst mag eine Basis für Verhandlungen im Einzelfall eröffnet sein. Neben den Anfechtungsrisiken können auch Haftungstatbestände und weitere Gefährdungen aus einer Gesellschafterstellung für die in die Sanierung und Insolvenz eines Kunden involvierten Kreditinstitute bestehen.

Haftungsrisiken der Kreditinstitute

Mit einer Verschlechterung der wirtschaftlichen Lage eines Krisenunternehmens sowie einem Zuspitzen der Gefährdungslage in Richtung eines Insolvenzantrags wird ein Kreditinstitut versuchen, das Ausfallrisiko bei dem gefährdeten Kunden zu senken. Denkbar sind unter anderem die Hereinnahme neuer Sicherheiten, die Herabsenkung von Kreditlinien sowie die Forcierung zur Erwirkung von Zahlungseingängen auf das bankeigene Konto, mit all den damit verbundenen potentiellen und zu berücksichtigenden Anfechtungsrisiken.

Dieses Vorgehen wird von einem Kreditinstitut nach MaRisk BTO 1.2.1 verlangt und ergibt sich im Falle der Nachbesicherung beispielsweise aus den Bedingungen in einem Kreditvertrag oder aus AGB (vgl. Rechtmann, 2012, S. 373 ff.). Derartige Handlungsweisen können jedoch auch über die Anfechtung hinausgehende Haftungsrisiken nach sich ziehen (vgl. Ahlers, 2016, S. 297 ff.):

– Strafbarkeit: Bei einer Verletzung der Grenzen der Kreditvergabe und der Nachbesicherung können sich die handelnden Bankmitarbeiter strafbar machen, unter anderem aus Untreue zu Lasten der Bank, Beihilfe zu Insolvenzstraftatbeständen, zum Beispiel zur vorsätzlichen Insolvenzverschleppung gemäß § 15a Abs. 4 InsO (vgl. BGH vom 21.03.2018, 1 StR 423/17).
– Schadensersatzpflicht: Ein Kreditinstitut kann sich gegenüber dem Kreditnehmer oder einem Dritten schadensersatzpflichtig machen.
– Faktische Gesellschafterstellung: Kreditinstitute können in die Position geraten und Forderungen werden wie Gesellschafterdarlehen behandelt.

Deshalb werden im Folgenden ausgewählte Haftungsrisiken der Kreditinstitute und der Mitarbeiter aus der Begleitung eines Krisenunternehmens betrachtet. Diese entstehen oft aus Handlungen der Banken in der außergerichtlichen Sanierungsphase, können aber auch in die Insolvenz hineinreichen. Haftungstatbestände treten unter Umständen ein, wenn sich Kreditinstitute im Rahmen einer Sanierung an Unternehmen beteiligen, wenn sie Beihilfe zur Insolvenzverschleppung leisten oder aus eigennützigen Gründen einen Sanierungskredit vergeben.

Auch Bankmitarbeiter können gegebenenfalls dem Vorwurf einer leichtfertigen Kreditvergabe ausgesetzt sein, wenn die Sanierungsfähigkeit des Krisenunternehmens von diesen nur unzureichend geprüft wurde. Von Relevanz sind diese Sachverhalte insoweit, da die potenziellen Schadensersatzansprüche anderer Gläubiger aus § 826 BGB, mit einer vorsätzlich sittenwidrigen Schädigung, die eigentlichen ursprünglichen Kreditausfallrisiken deutlich übersteigen können. Diese Gefährdung resultiert dann daraus, dass viele anspruchsberechtigte Gläubiger bestehen, wie Lieferanten, Kreditversicherer oder Krankenkassen.

Schuldnerknebelung

In einer verschlechterten wirtschaftlichen Lage mit erhöhter Insolvenzgefahr wird ein Kreditinstitut regelmäßig die Verstärkung der Sicherheitenbasis fordern. Jedoch sind dabei gewisse Grenzen zu beachten. Bei einer Verletzung dieses Rahmens können sich die handelnden Personen, somit die Sanierer und Abwickler, sogar strafbar machen. Das Kreditinstitut kann sich gegenüber einem Kreditnehmer oder einem Dritter zudem schadensersatzpflichtig machen. Es ist daher zu vermeiden, dass ein Kreditinstitut sich infolge umfassender Besicherungsvereinbarungen dem Vorwurf der faktischen Geschäftsführung aussetzt (vgl. Rechtmann, 2012, S. 374 ff.).

Allerdings kann ein Institut in der Rechtsform einer juristischen Person selbst niemals faktischer Geschäftsführer sein, da nur eine natürliche Person eine derartige Funktion innehaben und ein entsprechendes Risiko haben kann. Betroffen können daher nur Mitarbeiter oder Organmitglieder von Instituten sein, wenn diese einem Geschäftsführer gleich das Schicksal der Krisengesellschaft steuern.

Dazu gehören aber eine Gesamtbetrachtung des Handelns des Betreffenden und der Außenauftritt gegenüber Dritten. Dieses wäre etwa der Fall, wenn ein Organmitglied der finanzierenden Bank oder ein Mitarbeiter in entsprechender Position zusammen mit dem satzungsmäßigen Geschäftsführer der Krisengesellschaft bei wesentlichen Verhandlungen mit Dritten stets auftritt sowie die Verhandlungen dominiert, wobei im Innenverhältnis der Gesellschaft nichts geschieht, was nicht vorher von dem betroffenen Mitarbeiter oder Organmitglied einer Bank abgesegnet worden ist. Einzelheiten dieses Instruments der richterlichen Rechtsfortbildung sind umstritten. Der faktische Geschäftsführer ist zum Insolvenzantrag verpflichtet und trägt alle Risiken aus einem verspäteten Antrag einschließlich der gesellschaftsrechtlichen Haftungsrisiken nach § 64 GmbHG (vgl. BGH vom 11.07.2005, II ZR 235/03).

Eine derartige Vorgehensweise stellt zugleich eine Knebelung des Vertragspartners, hier des Kreditkunden, dar und ist von dem berechtigten Verlangen nach Sicherheiten, Informationen über die wirtschaftliche Lage des Kreditnehmers, Auszahlungskontrollen und ähnlichen Maßnahmen zu der aufsichtsrechtlich vorgegebenen Prüfung der wirtschaftlichen Verhältnisse des Kunden und zur ordnungsgemäßen Administrierung des Kredits strikt zu unterscheiden. Die sittenwidrige Knebelung eines Kreditnehmers mit der Folge der Nichtigkeit der betroffenen Rechtsgeschäfte liegt vor, wenn die mit einem Kreditinstitut getroffenen Vereinbarungen seine wirtschaftliche Bewegungsfreiheit komplett oder zu wesentlichen Teilen lähmen (vgl. Palandt et al., 2018, § 138 Rn. 39). Dieses kann unter anderem dadurch verursacht werden, dass sich ein Kreditinstitut die letzten freien Vermögensteile eines Kreditnehmers übertragen lässt, obwohl mit einem baldigen Eintritt der Insolvenz zu rechnen ist.

Eine Knebelung liegt dann vor, wenn dem Sicherungsgeber infolge der Sicherheitenbestellung praktisch keine freien Mittel zur eigenen Verfügung verbleiben. Des Weiteren besteht die Gefahr der Knebelung, wenn die weitgehende Absicherung mit intensiven Kontroll- und Weisungsrechten einhergeht. Dieses ist zu vermuten, wenn besondere Abmachungen es einer Bank ermöglichen, Einfluss auf das operative Geschäft zu nehmen sowie die Geschäftsführung eines Krisenunternehmens zu einem bloßen Verwalter des Kreditinstituts degradiert wird. Selbst die Vereinbarung einer Vielzahl von Hard sowie Soft Covenants im Kreditvertrag kann ein Unternehmen in seinem Handlungsspielraum stark einschränken. Daher empfiehlt sich gegebenenfalls die Vereinbarung lediglich eines groben Gerüsts an Covenants im Rahmen der geschlossenen Kreditverträge.

Als Rechtsfolge bei Bejahen der Knebelung sind Sicherungsvereinbarungen gemäß § 138 Abs. 1 BGB nichtig. Der Kreditnehmer oder der Insolvenzverwalter hat dann einen Anspruch wegen ungerechtfertigter Bereicherung nach § 812 BGB auf Herausgabe aller aus dieser Vereinbarung zugeflossenen Werte.

Die Sittenwidrigkeit und die Nichtigkeit einer Kredit- oder Sicherheitenvereinbarung kann auch wegen einer anfänglichen Übersicherung bestehen. Eine Übersicherung wird objektiv als gegeben angesehen, wenn bereits beim Vertragsabschluss ein auffälliges Missverhältnis zwischen der gesicherten Forderung sowie den Kreditsicherungswerten, auch vor dem Hintergrund des Insolvenzereignisses, ermittelt werden kann (vgl. Ahlers, 2016, S. 302 ff.).

Eine wegen anfänglicher Übersicherung sittenwidrige Vereinbarung ist gemäß § 138 BGB nichtig mit der Folge, dass die Sicherungsvereinbarung nicht zustande gekommen ist. Dies gilt auch bei der Einbringung von Kreditsicherheiten in einen Poolvertrag. Dergleichen Fälle sind, wenn auch von den insolventen Kreditnehmern gelegentlich behauptet, außerordentlich selten, die Risiken daraus werden gerne überschätzt. Unter anderem verlangt das Verdikt der anfänglichen sittenwidrigen Übersicherung eine verwerfliche Gesinnung des Vertragspartners, der diese Sicherung durchgesetzt hat, die der Gegner im Prozess nachzuweisen hat.

Insolvenzverschleppung

Eine sittenwidrige Insolvenzverschleppung kommt dann in Betracht, wenn der Kreditgeber die Insolvenz des Unternehmens lediglich zeitlich hinausschiebt, um eigene Vorteile zu realisieren. Diese Situation tritt ein, wenn bereits abzusehen ist, dass die Insolvenz eines Kunden beispielsweise durch eine Nutzung von zeitlich revolvierenden Überziehungen allenfalls verzögert, aber auf Dauer nicht verhindert werden kann (vgl. Rösler et al., 2002, S. 827). In diesem Fall macht sich ein Kreditinstitut unter Umständen gegenüber anderen Gläubigern schadensersatzpflichtig (§ 826 BGB, vorsätzliche sittenwidrige Schädigung). Daher ist die Abgrenzung zwischen einem zulässigen Sanierungskredit und einer sittenwidrigen Insolvenzverschleppung danach zu treffen, ob mit dem Kredit wirklich beabsichtigt wurde das Schuldnerunternehmen durchgreifend und nachhaltig zu sanieren oder ob die Kreditgewährung von Anfang an ungeeignet war das Unternehmen zu sanieren und nur dem Zweck diente, eigene Vorteile zu realisieren (vgl. Palandt et al., 2018, § 826 BGB, Rn. 44, „Insolvenzverzögerung"). Der in diesem Kontext zustande gekommene Sicherungsvertrag ist sittenwidrig und nichtig (§ 138 BGB).

Zögert eine Bank den unabwendbaren Zusammenbruch lediglich über einen längeren Zeitraum hinaus, indem sie einen erhöhten Liquiditätsrahmen zur Verfügung stellt, der für eine Sanierung unzureichend ist und nutzt diese den Zeitraum für eine Sicherheitenverstärkung zu Lasten anderer Gläubiger aus, liegt unter Umständen eine Beihilfe zur Insolvenzverschleppung vor. Entscheidend dafür ist, dass die eingeleiteten Sanierungsmaßnahmen von vornhinein nicht dazu geeignet waren, einen Zusammenbruch der Krisenfirma vermeiden (vgl. Veith, 2012, S. 210 ff.). Misslingt dieser Sanierungsversuch dagegen, obwohl das Kreditinstitut einen echten Versuch zur Gesundung unternommen hat, besteht kein Verstoß, auch wenn die Möglichkeit der Schädigung anderer Gläubiger existiert.

Ein eigensüchtiges und damit sittenwidriges Verhalten liegt immer dann vor, wenn ein Kreditinstitut wissentlich oder auch billigend in Kauf nimmt, dass andere Gläubiger wie beispielsweise Lieferanten durch die Kreditvergabeentscheidung zu einem Schaden kommen können. Verfolgt eine Bank durch die Kreditvergabe lediglich den Zweck, den Zusammenbruch eines Unternehmens zu verzögern, um sich weitere Sicherheiten übertragen zu lassen, so ist dieses Rechtsgeschäft sittenwidrig und nichtig. Der Anspruch auf Ersatz des entstandenen Schadens kann von dem geschädigten Gläubiger geltend gemacht werden. Zu beachten ist, dass Haftungsrisiken und daraus entstehende Schadensersatzforderungen Dritter die Vorteile der Besicherung bei weitem übersteigen und das Ausfallrisiko deutlich erhöhen können. So sind Krisenfälle mit Insolvenznähe aus Bankensicht kritisch zu überprüfen. Es darf bei einer Kreditvergabe keine Insolvenzantragspflicht bestehen. Der Sanierungskredit ist erst auszureichen, wenn die Insolvenztatbestände nicht mehr erfüllt sind. Zudem ist ein schlüssiges Sanierungskonzept zur Feststellung der Sanierungsfähigkeit hereinzunehmen (vgl. BGH vom 04.12.1997, IX ZR 47/97).

Eigennütziger Sanierungskredit

Der eigennützige Zweck kann unter anderem darin bestehen, dass Anfechtungsfristen überschritten, neue Sicherheiten bestellt oder zeitnah zur Insolvenz entstandene Zahlungseingänge vereinnahmt werden sollen. Wenn einem Bankinstitut noch Forderungen aus früheren Krediten zustehen, so ist ein Sanierungsversuch als eigennützig anzusehen, wenn das Institut in dieser Situation ohne Prüfung einen Kredit vergibt, nur um zum Beispiel eine verbesserte Sicherheitenstellung zu erreichen. Die Bank setzt sich damit dem Vorwurf der Beihilfe zur Insolvenzverschleppung und erheblichen Haftungsrisiken aus. Hier ist das Vorhandensein des Sanierungskonzeptes für eine Entlastung unbedingt notwendig. Das Gutachten muss von einem unabhängigen und fachkundigen Dritten erstellt worden sein und die Sanierungsfähigkeit auf Grundlage der intensiven Prüfung der Geschäftsaussichten eindeutig belegen. Das Kreditinstitut sollte nachweisen, dass die Option zur wirtschaftlichen Gesundung sorgfältig überprüft und der Kredit auf dieser Basis gewährt wurde.

So kann eine Neukreditvergabe als objektiv sittenwidrig angesehen werden, wenn dieser erkennbar nicht für die Umsetzung und die Sanierung an sich ausreicht. Es wird lediglich der endgültige Zusammenbruch verzögert und das Kreditinstitut verwendet die Zeit zum Nachteil anderer Kreditgeber beziehungsweise Gläubiger, indem es eine angreifbare Verbesserung der Befriedigungsmöglichkeiten erreicht. Die Kreditgewährung begründet allerdings nur dann einen Schaden zum Nachteil Dritter, wenn diese durch das Verhalten der Bank einen Schaden beispielsweise durch die Vergabe neuer Mittel erleiden. Eine Täuschung kann auch vorliegen, wenn die letzten publizitätslosen Mobiliarsicherheiten übertragen werden, gegen das Stehenlassen oder die Neuvergabe von Krediten. Jedoch ist ein Stillhalten der Bank mit einem Verzicht auf die Kündigung oder der Duldung einer Inanspruchnahme des Kreditrahmens im Allgemeinen unbedenklich und führt nicht zu einer Haftung gemäß § 826 BGB (vgl. Henning, 2016, S. 305).

Nach geltender Rechtsprechung sind die von einem Kreditinstitut im Zusammenhang mit einer eigennützigen Verwendung abgeschlossenen Darlehensverträge gegebenenfalls sittenwidrig und nichtig. Dieses gilt parallel auch für die vereinbarten Sicherheitenverträge. Um daher die Risiken aus einer eigennützigen Kreditvergabe zu verringern, ist eine Sanierung generell durch intensive Prüfungshandlungen und Überwachungen von Seiten einer Bank zu begleiten. Zu unterscheiden sind Ansprüche der geschädigten Gläubiger gegen die betroffene Bank nach § 826 BGB und die Geltendmachung der Nichtigkeit der entsprechenden Vereinbarungen durch den Insolvenzverwalter des in die Insolvenz geratenen Unternehmens. Dieser wird meist den Weg der Anfechtung nach § 133 InsO wählen, da die Insolvenzanfechtung der Durchsetzung der bereicherungsrechtlichen Ansprüche nach § 812 BGB, die eine Rechtsfolge der Nichtigkeit nach § 138 BGB sind, vorgeht, soweit nicht im konkreten Fall ein über § 133 InsO hinausreichender spezifischer Sachverhalt zu bejahen ist, der die Geltendmachung der Nichtigkeit nach § 138 BGB erforderlich macht.

Betroffen sind auch die involvierten Mitarbeiter. So ist durch die Bankmitarbeiter die Vergabe von Sanierungskrediten auf der Basis eines Sanierungskonzepts genau zu prüfen und die Votierung ausreichend zu begründen und auch schriftlich zu dokumentieren, um sich nicht zusätzlich persönlich dem Vorwurf einer leichtfertigen Kreditvergabe auszusetzen, mit arbeitsrechtlichen, haftungsrechtlichen sowie gegebenenfalls strafrechtlichen Folgen. Des Weiteren darf ein Bankmitarbeiter dem Unternehmer nicht bestimmte Handlungen anraten, um die Position des Instituts zu Lasten der anderen Gläubiger zu verbessern. Unter anderem darf ein Bankmitarbeiter nicht aktiv in die Kontodisposition eingreifen oder der Firmenleitung bestimmte Entscheidungen wie die Auswahl des Sanierungsberaters vorgeben. Ansonsten liegt gegebenenfalls ein Eingriff in die Geschäftsführung vor. Bei einer Steuerung der Kontodisposition überschreitet das Institut die Rolle als Zahlungsmittler und kann zusätzlich auf Rückgewähr der an dritte Gläubiger in der Krise über das Konto ausbezahlten Gelder vom Insolvenzverwalter des Unternehmens nach § 133 InsO in Anspruch genommen werden, ohne die Gewähr, dass der begünstigte Gläubiger den Betrag dem Institut wirklich erstatten muss (vgl. BGH vom 26.4.2012, IX ZR 74/11).

Risiken aus der Gesellschafterstellung einer Bank

Weitere Schwierigkeiten können entstehen, wenn sich Banken im Rahmen von Sanierungen als Gesellschafter am Krisenunternehmen beteiligen. Es kann wirtschaftlich reizvoll sein, mit dem Tragen des Sanierungsrisikos gleichzeitig an einer künftigen Werthaltigkeit der Anteile zu partizipieren. Dies kann im Rahmen eines Debt Equity Swaps etwa durch eine Abtretung der Geschäftsanteile einer GmbH erfolgen (§ 15 GmbHG) oder durch Übereignung von Aktien bei einer AG. Der Erwerb einer Beteiligung an einer Personengesellschaft hingegen verbietet sich aufgrund der damit verbundenen unbeschränkten persönlichen Haftung (vgl. § 128 HGB), soweit es sich nicht um die Beteiligung als Kommanditist an der Kommanditgesellschaft handelt. Der weitere Weg der Beteiligung neben der Umwandlung der bisherigen Kreditforderung in eine gesellschaftsrechtliche Beteiligung („Debt Equity Swap") ist die Teilnahme an einer Barkapitalerhöhung (vgl. zum Beispiel für die GmbH die §§ 56 ff. GmbHG, dort insbesondere den Kapitalschnitt nach § 58h GmbHG, der in Krisenfällen geeignete Weg der Restrukturierung des gezeichneten Kapitals).

Zu beachten ist für die Bank als bisherigem Fremdkapitalgeber als Risikofaktor zum einen das Anfechtungsrecht bei Gesellschafterdarlehen (§§ 135, 143 Abs. 3 InsO). Die Einführung des Debt Equity Swaps gemäß § 225a InsO im Rahmen des ESUG hat bei Kreditinstituten kaum Resonanz erfahren. Ein strategisches Interesse oder die bloße Erwartung der Partizipation an Wertsteigerungen sind nur selten gegeben. Aus folgenden Argumenten scheidet der Debt Equity Swap als Sanierungsinstrument aus:

- Aufwand der Bewertung des Eigen- und Fremdkapitals
- Steuerkonsequenz bei Herabwertung
- Fehlende Vorteilhaftigkeit und Zusatzrisiken als Gesellschafter

Auch die Differenzhaftung, das heißt der Wert der Sacheinlage muss Nennbetrag des dafür übernommenen Geschäftsanteils entsprechen, ansonsten haftet der Gesellschafter für die Differenz, als Folge des § 254 Abs. 4 InsO, allerdings nur bei bewusster Überbewertung, der in eine gesellschaftsrechtliche Beteiligung umgewandelten Darlehensforderung bei Gesellschaften mit einem Kapitalaufbringungsschutz ist problematisch, wie bei der GmbH sowie der AG. Es wird angenommen, dass die Umwandlung in gezeichnetes Kapital nur im Umfang des reduzierten Wertes der Kreditforderung im Insolvenzverfahren möglich ist. Dies bedeutet in Höhe der voraussichtlich gezahlten Insolvenzquote, wenn es zu einer Schlussverteilung käme.

Durch das MoMiG wurde das frühere Eigenkapitalersatzrecht aufgehoben und die Regelungen zur Behandlung von Gesellschafterdarlehen einschließlich deren Rückführung und Besicherung ausschließlich in § 39 sowie § 135 InsO verortet. Demnach ist jedes Gesellschafterdarlehen bei Eintritt einer Insolvenz nachrangig (vgl. Veith, 2012, S. 234 ff.). Das Sanierungsprivileg sowie das Kleinbeteiligungsprivileg, mit der Nichtanwendung der Regelungen der §§ 39, 135 InsO bei der Beteiligung von bis zu maximal 10,0 % bei fehlender Geschäftsführungsfunktion wurden durch das MoMiG nicht geändert (§ 39 Abs. 4 InsO und § 135 Abs. 4 InsO). Von den Regelungen werden lediglich Gesellschafter an einer GmbH und AG erfasst, die mit mehr als 10,0 % am Haftkapital beteiligt sind, aber auch der geschäftsführende Minderheitsgesellschafter mit einer Beteiligung von unter 10,0 % (§ 39 Abs. 5 InsO und § 135 Abs. 5 InsO). Problematisch ist, dass das Sanierungsprivileg nur einmalig bis zu einer nachhaltigen Sanierung gilt. In einer erneut eingetretenen wirtschaftlichen Krise greift diese Privilegierung nicht mehr und bestehende Darlehen und Sicherheiten fallen unter die Regeln der Insolvenzanfechtung gemäß § 135 InsO.

Eine bloße typische Verpfändung von Gesellschaftsanteilen zur Kreditbesicherung begründet dagegen noch keine faktische Gesellschafterstellung, da das Pfandrecht dem Gläubiger nur das Recht gibt, sich aus dem Anteil zu befriedigen. Die Verbindung eines Pfandrechts mit umfangreichen Kreditklauseln in Form eines Covenant-Katalogs ist zu vermeiden, da aus diesen Nebenabreden unter extremen Umständen ein Einfluss auf die Geschäftsführung abgeleitet werden kann, der auch dazu führen kann, eine Bank als gesellschafterähnlich anzusehen (vgl. Veith, 2012, S. 238 ff.). Bei dem Pfandrecht sind gesellschafterähnliche Teilhaberechte zu vermeiden, will man Risiken aus den §§ 39, 135 InsO ausschließen.

Zusammenfassung Theorieabschnitt 5.3.1: In diesem Abschnitt wurde die Finanzierung einer Betriebsfortführung im Antragsverfahren und im eröffneten Verfahren aus Bankensicht beschrieben. Wichtige Bausteine der Finanzierung wie die Insolvenzgeldvorfinanzierung oder die Mittelbereitstellung in Form eines echten oder unechten Massekredits wurden erörtert. Dabei wurden auch die Risiken einen weiteren Forderungsausfall zu erleiden für die Kreditinstitute bewertet. Des Weiteren können zu den wirtschaftlichen Risiken einer Nichtrückzahlung weiterer Gelder zusätzliche rechtliche Risiken der Anfechtung von Zahlungseingängen und Besicherungen für die Banken hinzutreten.

5.3.2 Praxisfall zur Insolvenzfinanzierung

Der eingesetzte vorläufige Insolvenzverwalter informiert die Vertreter im vorläufigen Gläubigerausschuss über die derzeitigen Möglichkeiten einer dauerhaften Betriebsfortführung. Es kommen stetig neue lukrative Druckaufträge rein und der Verwalter sieht gute Chancen einer Sanierung im Insolvenzverfahren. Insgesamt zeigt sich, dass die Kunden und Lieferanten weiter zu dem Unternehmen stehen. Voraussetzung für eine erfolgreiche gerichtliche Sanierung ist allerdings, dass der Betrieb nicht stillsteht und die Vorfinanzierung des Insolvenzausfallgeldes erreicht werden kann, damit Mitarbeiter das Unternehmen nicht verlassen. Des Weiteren plant der vorläufige Verwalter bei einer Fortführung in der Regel die Beantragung eines unechten Massekredits, da für die weiteren Unternehmensprozesse Rohstoffe beschafft werden müssen und die Lieferanten derzeit auf Vorkasse bestehen.

Im Rahmen des unechten Massekredits sollen die bestehenden und abgetretenen Altforderungen zur Beschaffung weiterer Materialien eingesetzt werden. Als Sicherheit ist ein Auffüllen der verbrauchten Forderungen durch neu entstehende Forderungen vorgesehen. Dazu ist der Stand der Forderungen zum Zeitpunkt des Insolvenzantrags unbedingt festzustellen.

Aufgabenstellungen

1. Auf welche Weise ist die Insolvenzgeldvorfinanzierung umzusetzen, damit sich keine weiteren Ausfallrisiken ergeben?
2. Welche Chancen und Risiken ergeben sich aus der Bereitstellung des Massekredits zur Fortführung der betrieblichen Aktivitäten?

5.3.3 Lösung des Praxisfalls zur Insolvenzfinanzierung

1. Auf welche Weise ist die Insolvenzgeldvorfinanzierung umzusetzen, damit sich keine weiteren Ausfallrisiken ergeben?

Die Insolvenzgeldvorfinanzierung ist über einen Forderungskauf zu realisieren. Auf diese Art und Weise haften die Arbeitnehmer dafür, dass die Forderungen auf das insolvenzgeldfähige Nettoentgelt bestehen, der Arbeitgeber keine Einreden und Einwendungen geltend macht und dass die Forderungen nicht bereits zediert, verpfändet oder gepfändet worden sind. Damit erwirbt das finanzierende Kreditinstitut im Eröffnungsverfahren von den Arbeitnehmern der insolventen Firma käuflich deren Lohn- und Gehaltsansprüche gegen Zahlung des Kaufpreises in Höhe des Nettoentgelts zusammen mit der Abtretung der Ansprüche auf Insolvenzgeld gegenüber der Bundesagentur für Arbeit. Zu regeln ist in diesem Zusammenhang erstens die Erklärung einer Bank, diese insolvenzgeldfähigen Nettoentgelte gegen eine Tilgung aus dem Rückfluss der Bundesagentur für Arbeit vorzufinanzieren.

Zweitens sind die Unterstützungen des vorläufigen Verwalters und des Schuldnerunternehmens bei der Abwicklung des Forderungskaufs abzustimmen. Dies betrifft die Ermittlung der genauen Höhe der vorzufinanzierenden Löhne und Gehälter, die Steuerung der Abwicklung über ein Kaufpreisabwicklungskonto, zumeist ein Treuhandkonto des vorläufigen Insolvenzverwalters, und die Erstellung der Verträge mit den Arbeitnehmern unter Mithilfe eines Betriebsrats sowie der Einreichung bei dem vorfinanzierenden Kreditinstitut. Diese Formalia werden üblicherweise vom Lohnbüro beziehungsweise der Personalabteilung des Schuldnerunternehmens mit Überwachung durch den vorläufigen Insolvenzverwalter erledigt. Des Weiteren hat der vorläufige Verwalter die Zustimmung der Agentur für Arbeit zu dem Erwerb der Entgelte vor deren Kauf und der Abtretung einzuholen. Diese ist durch ein Gutachten zu unterlegen, dass mit der Vorfinanzierung voraussichtlich ein erheblicher Erhalt der Arbeitsplätze gewährleistet werden kann.

Drittens ist eine Regelung zu anfallenden Zinsen, Bankprovisionen und Leistungen bei Abwicklungsstörungen infolge reduzierter Zahlungen durch die Agentur für Arbeit zu treffen. Besondere Risiken für die finanzierenden Banken können durch einen Verlust der Zinszahlungen für den Zeitraum zwischen der Vorfinanzierung der Löhne und der Erstattung des Insolvenzgeldes durch die Bundesagentur für Arbeit entstehen. Der Zinsanspruch wird durch das Insolvenzgeld nicht gedeckt. Die Bank muss somit einen anderen Weg suchen, der es ihr ermöglicht, den Zinsanspruch sicher durchzusetzen. In der Regel geschieht dies durch eine Vereinbarung mit dem vorläufigen Insolvenzverwalter, dass die Insolvenzmasse die Zinsen aus dieser Vorfinanzierung trägt und der Verwalter dafür persönlich haftet.

Es sind die jeweiligen Befugnisse des vorläufigen Insolvenzverwalters zu beachten. Stand dem vorläufigen Verwalter im Eröffnungsverfahren die Verfügungsbefugnis nicht zu, erhalten rückständige Zinsforderungen aus der Zeit bis zur Verfahrenseröffnung mit der Eröffnung des Insolvenzverfahrens nur den Rang einfacher Insolvenzforderungen. Die vorfinanzierende Bank kann lediglich auf die Vertrauenswürdigkeit des schwachen Insolvenzverwalters abstellen.

Zudem besteht die Unsicherheit, dass dieser mit der Verfahrenseröffnung nicht zum Insolvenzverwalter bestellt wird. Die Absicherung des Ausfallrisikos kann über die persönliche Haftung des vorläufigen Verwalters erfolgen. Der vorläufige Insolvenzverwalter sollte daher bereit sein, mit seinem Privatvermögen für Unterdeckungen einzustehen. Diese Forderungen können durch Einzelermächtigung des Insolvenzgerichts in Analogie zu § 55 Abs. 2 Satz 2 InsO zu vorrangigen Masseforderungen umqualifiziert werden. Die Risiken entfallen, wenn der schwache Insolvenzverwalter durch einen Beschluss des Insolvenzgerichts zur Eingehung bestimmter Masseverbindlichkeiten ermächtigt wurde oder dem vorläufigen Verwalter die vollständige Verfügungsbefugnis übertragen wurde. Wenn im Hinblick auf eine Masseunzulänglichkeit das Ausfallrisiko ausgeschlossen werden soll, empfiehlt es sich, einen Abschlag zur Bedienung der Zinsen bei der Kreditauszahlung vorzunehmen.

2. Welche Chancen und Risiken ergeben sich aus der Bereitstellung des Massekredits zur Fortführung der betrieblichen Aktivitäten?

Im Antragsverfahren kann die Vergabe eines Massekostenvorschusses erforderlich sein, um eine Abweisung mangels Masse zu verhindern. Dies hat für Kreditinstitute den Vorteil, dass zum einen die Verwertung der Gesamtheit der Sicherheiten durch einen Insolvenzverwalter strukturiert erfolgt und oft ein besseres Ergebnis erzielt wird. Zum anderen werden die Banken von den meist umfangreichen und personalkostenintensiven Tätigkeiten der Veräußerung von Sicherungsgütern und dem Einzug von Forderungen entlastet.

Bei einer Vorfinanzierung werden in diesem Fall durch den starken vorläufigen Insolvenzverwalter Masseverbindlichkeiten begründet. Demnach ist keine gesonderte Einzelermächtigung des Gerichtes für eine Kreditaufnahme hereinzunehmen. Allerdings ergibt sich bei der Qualifizierung der Kreditaufnahme als eine bedeutende Handlung bereits im Antragsverfahren das Zustimmungserfordernis des vorläufigen Gläubigerausschusses oder der Gläubigerversammlung gemäß § 160 InsO. Damit die Rückzahlung mit einer hohen Wahrscheinlichkeit als gesichert anzusehen ist, sollte der vorläufige Insolvenzverwalter eine Rentabilitätsvorausschau und eine Liquiditätsplanung für den vorläufigen Verfahrensabschnitt erstellen. Bei dieser Finanzierung von Einzelgeschäften im Rahmen von Projektfinanzierungen sind zusätzlich Teilpläne erforderlich. Damit eine Rückführung eines echten Massekredits erfolgt, sind möglichst werthaltige Sicherheiten bereitzustellen. Bei der Gewährung eines unechten Massekredits sind die verbrauchten Sicherungsrechte wieder auf den ursprünglichen Stand der Inventur aufzufüllen, damit keine Wertverluste eintreten. Die Verzinsung für die Kreditierung und die Vergütung für die Nutzung der Druckmaschinen sind ebenfalls zu regeln.

---

3. Abwicklungsregel: Die Bereitstellung weiterer finanzieller Mittel im Eröffnungsverfahren und im Hauptverfahren ist aus der Bankensicht durch zusätzliche werthaltige Sicherheiten zu unterlegen, damit eine Rückführung der Neukredite mit hoher Wahrscheinlichkeit erfolgen kann.

Erläuterung der 3. Abwicklungsregel

Generell ist zu entscheiden, ob ein echter oder ein unechter Massekredit vergeben wird. Von Nutzen ist der Einsatz der abgetretenen Altforderungen sowie des sicherungsübereigneten Warenlagers, da über diesen unechten Massekredit keine unmittelbare Kreditausweitung erforderlich wird. Dazu ist jedoch im Rahmen einer Inventur festzuhalten, in welcher Höhe Altforderungen und Rohstoffe sowie Waren zum Zeitpunkt des Insolvenzantrags bestanden. Des Weiteren sind Abgrenzungen zu den Rechten der Lieferanten und Kreditversicherer vorzunehmen. Vorteilhaft ist, wenn die Mitglieder des Banken- und des Lieferantenpools zur Risikoaufteilung quotal in die notwendigen Finanzierungen mit eingebunden werden können.

5.3.4 Empirische Ergebnisse zur Insolvenzfinanzierung

Damit eine Verfahrenseröffnung erfolgt, beziehungsweise eine Fortführungslösung überhaupt angedacht werden kann, sind häufig finanzielle Mittel erforderlich, um den Geschäftsbetrieb aufrecht zu erhalten. Jedoch verengt sich oft der Handlungsspielraum im Hinblick auf die anwendbaren Finanzierungsinstrumente. Daher wird im Rahmen der Befragung untersucht, inwieweit finanzielle Unterstützungen in der Insolvenzpraxis angewendet werden, wie unter anderem über:

- Massekostenvorschüsse zur Verfahrenseröffnung
- Massekredite zur Fortführung des operativen Geschäfts
- Vorfinanzierungen des Insolvenzausfallgeldes

Der eingesetzte vorläufige Insolvenzverwalter wird zunächst feststellen, ob ausreichend freie Masse zur Deckung der Verfahrenskosten aus § 54 Abs. 1 InsO vorhanden ist. Dabei kann die Finanzierung des Massekostenvorschusses zur Insolvenzeröffnung und zur Vermeidung einer Abweisung mangels Masse für die beteiligten Kreditinstitute aus verschiedenen Gründen wirtschaftlich sinnvoll sein. Unter anderem kann die Verwertung erleichtert sein, wenn der Insolvenzverwalter die Veräußerung der belasteten Sicherungsgüter eigenständig vornimmt. Zudem besteht die Möglichkeit der Prüfung der verschiedenen Alternativen einer Sanierung in der Insolvenz durch den Insolvenzverwalter.

Des Weiteren kann die Finanzierung eines Massekredits oder des Insolvenzgeldes durch einen vorläufigen Insolvenzverwalter an die involvierten Banken herangetragen werden. Während die Finanzierung des Insolvenzgeldes einen Zusatzertrag verspricht und das Rückzahlungsrisiko durch die Auszahlung der Bundesagentur für Arbeit abgedeckt ist, kann sich durch einen „echten“ oder „unechten“ Massekredit das potenzielle Ausfallrisiko für die finanzierenden Kreditinstitute erhöhen. Die folgende Abb. 5.22 zeigt häufige Finanzmittelbereitstellungen im Insolvenzverfahren durch die Kreditinstitute auf. Dabei konzentriert sich die Vergabe weiterer Gelder auf den Massekostenvorschuss, die Insolvenzgeldvorfinanzierung und die Vergabe echter und unechter Massekredite.

Insgesamt vergeben mittlerweile rund 22,4 % der befragten Banken regelmäßig einen Massekostenvorschuss zur Verfahrenseröffnung. Im Vergleich zur Vorgängerstudie ist dies fast eine Verdopplung des Wertes von 12,0 % aus 2009. Leicht rückläufig hat sich der Massekredit zur Fortführung des operativen Geschäftes der insolventen Firma entwickelt, der nur von 15,4 % (2009: 17,3 %) der befragten Institute eingesetzt wird. Eine Kreditierung mit der Besicherung an den Verwertungskostenbeiträgen erfolgt mit 24,0 % der Antworten deutlich häufiger. Die Insolvenzgeldvorfinanzierung wird lediglich von rund 21,0 % der Banken häufiger durchgeführt. Die Sicherheitenfreigabe ist mit 0,7 % der Institutsrückmeldungen aus nachvollziehbaren wirtschaftlichen Gründen nahezu bedeutungslos.

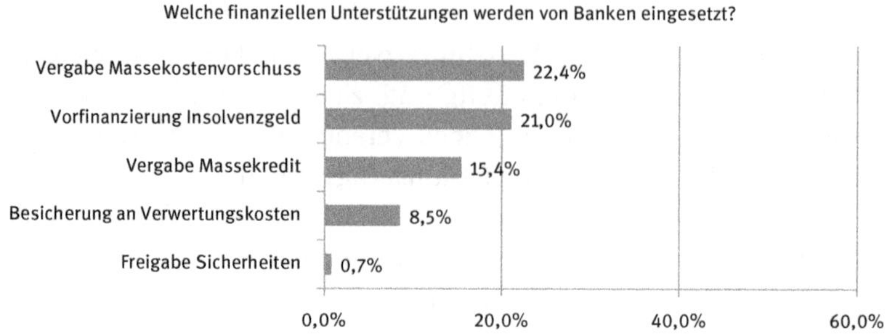

Abb. 5.22: Finanzierungsinstrumente nach dem Insolvenzantrag (Quelle: Eigene Darstellung)

Gemäß der Betrachtung nach Banksektoren wird die Vergabe eines Massekostenvorschusses vor allem von Sparkassen und Landesbanken (35,1 %) und von Privatbanken (33,3 %) öfter in Erwägung gezogen. Der Massekredit zur Fortführung des operativen Geschäfts wird von den öffentlich-rechtlichen Instituten (19,3 %) sowie den Privatbanken (16,7 %) häufiger gewährt. Vorfinanzierungen des Insolvenzausfallgeldes werden von Privatbanken (33,3 %) stetiger begleitet.

Dabei organisieren rund 89,1 % der Verwalter die Insolvenzgeldvorfinanzierung regelmäßig und schätzen die Relevanz dieser Finanzierungsquelle als sehr hoch ein. Die Mittelaufbringung über einen Massekredit zur Fortführung der betrieblichen Aktivitäten erfolgt von rund 30,6 % der Probanden und 12,6 % benennen die Absicherung des beantragten Massekredits über die Abtretung der Verwertungskostenpauschalen. Nur 9,0 % der Banken äußern, dass sie öfter einen Massekostenvorschuss zur Verfahrenseröffnung beantragen. Die folgende Abb. 5.23 fasst die Anwendung häufiger finanzieller Mittelbereitstellungen beziehungsweise Beantragungen im Insolvenzverfahren aus Sicht der Insolvenzverwalter zusammen.

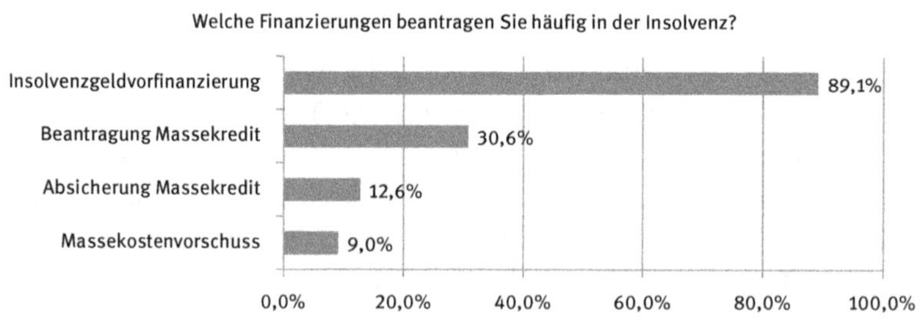

Abb. 5.23: Finanzierungen der Insolvenz aus Sicht der Verwalter (Quelle: Eigene Darstellung)

5.4 Auswahl des Insolvenzverwalters

Lernziele:
Wichtige Anforderungen an den Insolvenzverwalter kennen
Auswahlkriterien formulieren und die Zusammenarbeit gestalten
Chancen der Einsetzung eines vorläufigen Gläubigerausschusses wissen

Für die Unternehmensfortführung im eröffneten Verfahren sind die Vorarbeiten im Antragsverfahren mit entscheidend. Dazu ist es von Bedeutung, einen erfahrenen unternehmerisch denkenden (vorläufigen) Insolvenzverwalter einzusetzen, der mit Fortführungslösungen und deren Umsetzungen vertraut ist. Neben den rechtlichen Kompetenzen werden immer mehr betriebswirtschaftliche Qualifikationen benötigt, da es sich bei der Unternehmensinsolvenz primär um betriebswirtschaftliche Fragestellungen dreht. So ist die Fortführungsfähigkeit eines Schuldnerunternehmens in der Insolvenz zu beurteilen. Bereits die Fortführung des operativen Geschäfts über den Insolvenzgeldzeitraum erfordert besondere Fähigkeiten im Management.

Kreditinstitute sollten Vertrauen zum Verwalter und seiner Arbeit haben. Dazu ist es wichtig, sich von Seiten der Banken Gedanken über die Auswahl eines geeigneten Kandidaten zu machen und sich in die Bestellung des vorläufigen Verwalters über den vorläufigen Gläubigerausschuss aktiv im Rahmen der gesetzlichen Möglichkeiten einzubringen. Dann kann ein passender Akteur für die jeweilige Branche sowie Unternehmensgröße gefunden werden. Jedoch sind die Leistungen der Insolvenzverwalter aus Bankensicht nicht immer optimal. Die Quoten, die auf Forderungen der verschiedenen Gläubigerklassen ausgezahlt werden, sind in den meisten Insolvenzverfahren sehr gering. Gerade die ungesicherten Quotengläubiger erhalten im Rahmen der Schlussrechnung meist nur geringe Anteile auf ihre angemeldeten Forderungen (vgl. Kranzusch/Icks, 2009, S. 7 ff.). Das ist regelmäßig die Folge zweier Faktoren, nämlich der zu späten Antragstellung, wenn die Masse weitgehend abgeschmolzen ist und der Belastung der vorhandenen Masse mit Absonderungsrechten, zugunsten der institutionellen, erfahrenen Gläubiger.

Viele Verwalter lehnen zudem quantitative Auswertungen der Verfahren mit der Begründung ab, dass diese nicht vergleichbar sind. Bei mehreren zehntausend Verfahren pro Jahr findet jedoch über die hohen Stückzahlen eine statistisch nivellierende Wirkung statt. Seit dem Inkrafttreten des InsStaG werden wichtige Verfahrenskennzahlen flächendeckend erhoben. Mit diesen Resultaten bestehen Möglichkeiten, die Anforderungen an qualitativ hochwertige Insolvenzverwalter aus Gläubigersicht zu identifizieren und die Auswahl daran zu orientieren.

5.4.1 Verwalterauswahl und Gremienbeteiligung

Die Auswahl eines geeigneten (vorläufigen) Insolvenzverwalters, aber auch eines Sachwalters der Eigenverwaltung, ist eine der Kernentscheidungen im Insolvenzverfahren. Dieser Akteur trifft als starker oder schwacher vorläufiger Verwalter im Antragsverfahren wichtige Vorentscheidungen für den weiteren Verfahrensablauf. So werden in dieser Verfahrensstufe bereits Vorbereitungen für Sanierungs- oder Übertragungslösungen in der Insolvenz getroffen und die Weichen gegebenenfalls unverrückbar gestellt. Des Weiteren hat er die Insolvenzgeldvorfinanzierung und nötigenfalls die Bereitstellung eines Massekostenvorschusses zu organisieren. Dazu benötigt dieser gute Kontakte und das Vertrauen der Kreditinstitute.

Die sachgerechte Auswahl des vorläufigen Verwalters ist von großer Bedeutung, da ein späterer Wechsel aufgrund der notwendigen Einarbeitungszeit und der bereits getroffenen Entscheidung zur Fortführung faktisch nicht mehr vorgenommen werden kann, nicht zuletzt ist auch der Kostenfaktor durch eine Änderung zu bedenken. Die Bestimmung des vorläufigen Insolvenzverwalters liegt grundsätzlich beim zuständigen Insolvenzgericht. Entschieden wird die Bestellung unter anderem auf der Basis von Vorauswahllisten, die jene Kandidaten aufführen, die eine grundsätzliche Eignung für das Amt eines Insolvenzverwalters aufweisen. Die Gerichte sind allerdings in der Aufnahme in die Vorauswahlliste nicht völlig frei.

Zudem haben sie die Entscheidung über die Bestellung eines vorläufigen Insolvenzverwalters bei Eingang eines Insolvenzantrags sehr schnell zu treffen, ohne eingehend das Für und Wider zu prüfen, denn es geht um die Sicherung der Masse (§ 21 Abs. 1 InsO). Hinzu kommt, dass seit dem ESUG nicht selten Anträge auf vorläufige Eigenverwaltung gestellt werden, über die gleichermaßen zu entscheiden ist und bei der eben die Verfügungsmacht allein beim Schuldner bleibt und nur ein vorläufiger Sachwalter bestimmte Kontrollfunktionen ausübt.

Jedoch erscheint die Wahl aus Sicht der Kreditinstitute oder auch nur eines der beteiligten Institute in Bezug auf die Firmengröße und die Branche nicht immer ideal auszufallen. Die Möglichkeiten der Abwahl sowie Bestellung eines neuen Insolvenzverwalters im eröffneten Verfahren gemäß § 57 InsO durch die Gläubigerversammlung kommt eindeutig zu spät. Gerade die Gläubigerbanken wünschen sich daher oftmals eine frühere Einbindung in den Entscheidungsprozess der Insolvenzgerichte. Dieses konnte bislang durch Gespräche der Banken, beziehungsweise der poolführenden Bank, mit dem Insolvenzgericht erreicht werden.

Seit dem ESUG können sich die Gläubiger ab einer mittleren Größe des Schuldnerunternehmens gemäß § 267 Abs. 2 und 3 HGB in die Bestellung des vorläufigen Insolvenzverwalters mit einbringen. So ist ab der Verfahrensgröße gemäß § 22a Abs. 1 InsO vom Insolvenzgericht ein vorläufiger Gläubigerausschuss einzusetzen und diesem ist gemäß § 56a Abs. 1 InsO die Gelegenheit zu geben, sich zu den Anforderungen an das Insolvenzverfahren und zu der Person des Verwalters zu äußern.

Gemäß § 56a Abs. 2 InsO darf das Insolvenzgericht von einem einstimmigen Vorschlag des vorläufigen Gläubigerausschusses zur Person eines Verwalters nur abweichen, wenn die Person für die Übernahme des Amtes voraussichtlich nicht geeignet ist. Des Weiteren kann der vorläufige Gläubigerausschuss gemäß § 56a Abs. 3 InsO in seiner ersten Sitzung mit Einstimmigkeit einen anderen Verwalter wählen, falls das Gericht dem vorläufigen Ausschuss mit Rücksicht auf eine nachteilige Veränderung der Vermögenslage des Schuldners bislang keine Möglichkeit zur Anhörung gegeben hat und einen vorläufigen Verwalter eingesetzt hat.

Es ist jedoch sicherzustellen, dass Banken an einem derartigen Verfahren überhaupt beteiligt werden, da in der Insolvenzordnung vorgesehen ist, dass der Schuldner eine Liste der wichtigen Gläubiger beim Insolvenzgericht einreicht (§ 13 Abs. 1 InsO). Dieser kann jedoch aufgrund einer schwierigen außergerichtlichen Phase die Benennung der Banken vergessen. Daher ist eine Benachrichtigung des zuständigen Gerichtes notwendig, dass bei einem insolventen Unternehmen Forderungen in einer bestimmten Höhe bestehen, damit sichergestellt werden kann, dass dieses Institut für die Besetzung eines vorläufigen Gläubigerausschusses überhaupt herangezogen werden kann. Allerdings wird bei mehreren Banken, meist nur eine im Ausschuss vertreten sein. Dabei spielt die Größenordnung der Forderung keine Rolle für die Abstimmung im Gläubigerausschuss, denn dort wird nach dem Kopfprinzip entschieden (§ 72 InsO). Des Weiteren ist eine unverzügliche Abstimmung mit den übrigen Gläubigern in dem Ausschuss spätestens nach dessen Einsetzung und Konstituierung vorzunehmen (§ 67 Abs. 2 InsO). Es ist zu beachten, dass verschiedene Arten des vorläufigen Gläubigerausschusses nach § 22a InsO, je nach obligatorischer Einrichtung dieses Gremiums, bestehen. Diese werden in Tab. 5.7 dargestellt.

Tab. 5.7: Einsetzung eines vorläufigen Gläubigerausschusses (Quelle: Eigene Darstellung)

Muss-Ausschuss	**Soll-Ausschuss**	**Kann-Ausschuss**
Obligatorischer Ausschuss gemäß § 22a Abs. 1 InsO mit Vorliegen von zwei der drei Schwellenwerte gemäß § 267 Abs. 2 HGB hat das Insolvenzgericht einen vorläufigen Gläubigerausschuss einzusetzen.	Quasi-obligatorischer Ausschuss gemäß § 22a Abs. 2 InsO auf Antrag des Schuldners, des vorläufigen Verwalters oder eines Gläubigers an das Insolvenzgericht mit Benennung einverstandener Personen.	Einsetzung nach dem Ermessen des Insolvenzgerichts nach § 21 Abs. 1 Satz 1 Nr. 1a InsO unabhängig von den Größenklassen. Nichtgläubiger und sachverständige Dritte können allerdings nicht Ausschussmitglieder werden.

Ausnahme gemäß § 22a Abs. 3 InsO bei eingestelltem Geschäftsbetrieb, geringer Insolvenzmasse oder Verzögerungen der Einsetzung führen zu Verschlechterung der Schuldnervermögenslage.

Wichtig ist gemäß § 13 Abs. 1 InsO die Einreichung eines Gläubigerverzeichnisses durch den Schuldner mit der Benennung verschiedener Forderungsklassen und bestimmter Gläubigerarten.

Grundlage für die Einbringung der Kreditinstitute in die Auswahl eines Verwalters ist, dass zunächst die notwendigen Anforderungen für ein Verfahren bestimmt werden. Anschließend sind Insolvenzverwalter zu benennen, die dieses Anforderungsprofil bestmöglich abdecken. Dazu ist es erforderlich, die bisherigen Erfahrungen mit den Insolvenzverwaltern zu erfassen. Es ist ein Kriterienkatalog zu entwickeln, mit denen sich die Akteure klassifizieren lassen. Dabei sind Merkmale zu bestimmen, die aus Bankensicht bei einem Verwalter als wichtig empfunden werden. Es ist festzuhalten, welche Kriterien ein Insolvenzverwalter erfüllen sollte, damit die Anforderungen der Banken optimal erreicht werden. Diese Merkmale sind unter anderem aus den persönlichen Eigenschaften, den fachlichen Fähigkeiten sowie dem vorhandenen Büroapparat abzuleiten. Zudem ist eine gute Anpassung der Größe der Kanzlei mit der Verfahrensgröße anzustreben. Bei kleinen Unternehmensinsolvenzen spielt der regionale Bezug unter Umständen eine große Bedeutung.

Mögliche Ansatzpunkte zu den persönlichen und organisatorischen Voraussetzungen der Berufsausübung eines Insolvenzverwalters finden sich in den Berufsgrundsätzen des Verbandes der Insolvenzverwalter Deutschlands (VID), den Grundsätzen ordnungsgemäßer Insolvenzverwaltung (GOI), den Empfehlungen der Uhlenbruck-Kommission, in dem Regelwerk der DIN ISO 9001, dem Regelwerk der MaInsO sowie in den Auswertungen des BAKinso-Fragebogens mit wichtigen quantitativen Verfahrensdaten (vgl. Portisch, 2013g, S. 1 ff., Uhlenbruck, 2007a, S. 760 ff. Uhlenbruck 2007b, S. 268 ff. und VID, 2016, S. 1 ff.). Wichtige Eigenschaften werden im Folgenden aus den Regelwerken und weiteren Empfehlungen abgeleitet. Insgesamt spielen quantitative und qualitative Bewertungen eine Rolle.

Qualitative Bewertung der Insolvenzverwalter

Beurteilungsobjekte sind die Person des Insolvenzverwalters, aber auch die Büroorganisation der Kanzlei. Die qualitativen Kriterien umfassen Fakten wie beispielsweise die Spezialisierung zum Fachanwalt für Insolvenzrecht. Die meisten bekannten Verwalter haben wohl diese Qualifikationen, wobei die Gerichte dies nicht als entscheidenden Faktor ansehen, sondern nur als eines einer Reihe positiver Merkmale oder Kennzahlen aus abgeschlossenen Insolvenzverfahren.

Des Weiteren wird die Einhaltung von weiteren Attributen gefordert wie die außerordentlich wichtige Unabhängigkeit (§ 56 Abs. 1 Satz 1 InsO) und als Selbstverständlichkeit die geordneten wirtschaftlichen Verhältnisse des Insolvenzverwalters. Gute Verfahrensabläufe und eine professionelle Büroorganisation der Kanzlei sind weitere Voraussetzungen, die gegeben sein sollten (vgl. Kirchhof et al., 2013, § 56 InsO, Rn. 17 ff.). Die qualitativen Vorgaben bei der Insolvenzverwaltung beziehen sich in der Regel auf die folgenden drei Bereiche:

- Person des Verwalters mit Fähigkeiten, Erfahrungen und Eigenschaften
- Organisationsstruktur, Personal- und Sachkapazitäten der Kanzlei
- Ablaufprozesse bei der Verfahrensbearbeitung und Reportingqualität

Wichtige Qualifikationen für das Amt des Insolvenzverwalters liegen in einer spezifischen Grundausbildung. Erforderlich ist allgemein der Abschluss eines rechtswissenschaftlichen, eines wirtschaftswissenschaftlichen Studiums oder einer sonstigen Hochschulausbildung mit einer betriebswirtschaftlichen Ausrichtung. Der Nachweis einer mehrjährigen verwalterspezifischen Tätigkeit ist von Vorteil. Es ist aber auch von Bedeutung, jungen Berufsanfängern eine Chance zu geben. Diese können bereits als sogenannter Schattenverwalter umfassende Erfahrungen in Insolvenzbüros gesammelt haben. Des Weiteren ist aufgrund der neueren Rechtsprechung und der Gesetzesänderungen eine kontinuierliche Fortbildung von Relevanz.

Die berufliche Erfahrung kann im Hinblick auf spezielle Kenntnisse weiter erläutert werden. So kann es für Kreditinstitute von Interesse sein, welche Verfahrensgrößen bislang begleitet wurden, welches Branchenwissen besteht und wie häufig Sanierung- und Fortführungslösungen umgesetzt wurden. Gerade die betriebswirtschaftlichen Qualifikationen sind von großer Bedeutung, da bei einer Verfahrensabwicklung von Unternehmensinsolvenzen unternehmerische Entscheidungen vorzubereiten und zu treffen sind, beispielsweise im Rahmen der Fortführung.

Diese persönlichen Eigenschaften sind für Externe meist schwer zu beurteilen. Von Bedeutung sind unter anderem die Integrität, die Zuverlässigkeit, die wirtschaftlichen Verhältnisse, die Unabhängigkeit und die Einhaltung von Compliance-Regeln. Zudem sind Interessenkollisionen proaktiv anzuzeigen (vgl. Uhlenbruck, 2015 et al., § 59 InsO, Rn. 12). Der Insolvenzverwalter darf keine Eigengeschäfte mit der Insolvenzmasse tätigen. Verboten sind demnach Erwerbsgeschäfte des Insolvenzverwalters zum Beispiel gemäß § 450 Abs. 2 BGB mit der Insolvenzmasse sowie ein Selbstkontrahieren, wie aus § 181 BGB hervorgeht. Der Insolvenzverwalter, der für den Geschäftsführer einer GmbH dessen Geschäftsanteile über Jahre treuhänderisch gehalten hat und dieses in dem in den Gerichten üblichen Fragebogen zu den Voraussetzungen seiner Unabhängigkeit verschwiegen hat, ist daher zu entlassen (§ 59 InsO, vgl. BGH vom 04.05.2017, IX ZB 102/15).

Er wird Probleme haben, bei diesem Gericht wieder bestellt zu werden. Ein Insolvenzverwalter, der eine Eigentumswohnung aus dem Bestand des Schuldnerunternehmens im Wert von 42.000 Euro für beispielsweise 3.000 Euro persönlich erwirbt, als WEG-Verwalter für die Schuldnerin in seiner Eigenschaft als Insolvenzverwalter dem Verkauf zustimmt und in dieser Eigenschaft die notwendigen grundbuchrechtlichen Erklärungen abgibt, macht sich schadenersatzpflichtig und schafft ebenfalls sicher ein Bestellungshindernis für künftige Insolvenzverfahren bei dem tangierten Insolvenzgericht. Die Rechtsprechung verbietet dem Insolvenzverwalter eine solche Nutzung persönlicher Geschäftschancen, soweit jedenfalls die Masse im Hinblick auf den Gegenstand des Geschäfts selbst noch irgendeine Geschäftschance hat oder wenn „ihm ein vorteilhaftes Angebot nur mit Rücksicht auf seine Stellung unterbreitet worden ist" (vgl. BGH vom 16.3.2017, IX ZR 253/15). Ein derartiges Verhalten ist nicht zulässig und damit verboten.

Diese Qualifikationsmerkmale können über insolvenzspezifische Zertifikate eruiert oder von Bankbetreuern, die das Verfahren von Seiten der Kreditinstitute begleiten, zumindest in Teilen kontrolliert werden. An der Schnittstelle zwischen den persönlichen Merkmalen und der Organisationsstruktur sowie den Prozessen steht der Bereich der Höchstpersönlichkeit. So ist im Einklang mit der höchstrichterlichen Judikatur zu fordern, dass der Insolvenzverwalter sein Amt in Bezug auf die wichtigen Verfahrensschritte und bedeutenden Termine höchstpersönlich wahrnimmt. In diesem Zusammenhang ist auch das Vertretungsmanagement zu regeln. So sind Anfragen von Seiten der Kreditinstitute gegebenenfalls durch geeignete Stellvertreter zeitnah zu beantworten. Dazu ist auch die Auslastung des Büros zu beachten. Gerade in der Anfangsphase eines Verfahrens ist in der Regel ein hoher persönlicher Zeiteinsatz zum Teil mit einer Anwesenheitspflicht vor Ort erforderlich.

Wenn ein Insolvenzverwalter dann durch zu viele Verfahren überlastet ist, leidet unter Umständen die Qualität der Abwicklung. Vielfach werden die Sitzungstermine mit dem Gläubigerausschuss beziehungsweise mit der Gläubigerversammlung nicht mehr persönlich abgehalten und der notwendige Informationsfluss kann unter Umständen stark leiden. Allerdings ist die Anwesenheit in der Sitzung des Gläubigerausschusses kein Recht des Insolvenzverwalters, sondern seine Hinzuziehung liegt in der Hand des Ausschusses. Dennoch bestehen auch Ausnahmen von der Höchstpersönlichkeit. So ist es in großen und gegebenenfalls internationalen Insolvenzverfahren nicht möglich, sämtliche Gebiete der Insolvenzverwaltung persönlich abzudecken. Vielmehr sind eine umfassende Büroorganisation und viele Berufsträger erforderlich. Dann kommt es auf einen qualifizierten Mitarbeiterstab an, der die im Insolvenzverfahren notwendigen Kompetenzen vollumfänglich abdeckt. Bei Großverfahren ist gegebenenfalls ein ganzes Netzwerk von Bearbeitern beziehungsweise Bearbeiterteams erforderlich mit „generalstabsmäßiger“ Planung.

Wichtig ist, dass die oberste Verfahrensleitung in Händen des Insolvenzverwalters verbleibt und bedeutende Entscheidungen höchstpersönlich getroffen werden. Die Büroausstattung sollte eine aktuelle Software umfassen und ein Gläubigerinformationssystem ist für eine effiziente Informationsübermittlung aus Bankensicht förderlich. Dabei sind auch die gesetzlichen Bestimmungen des Datenschutzes zu beachten, namentlich dürfte die DSGVO neue Anforderungen stellen.

Die Abwicklung von Insolvenzverfahren im Unternehmensbereich erfordert ebenfalls gewisse Mindestanforderungen an die Organisationsstrukturen in der Kanzlei. Bei Büros mit mehreren Standorten oder größeren Einheiten ist dieses Kriterium mit Sorgfalt zu prüfen, da aufgrund der hohen Steuerungskomplexität besondere Anforderungen an die Abläufe und Geschäftsprozesse zu richten sind.

Der individuell auszugestaltende Umfang der einzurichtenden strukturellen Primärorganisation in der Kanzlei ist abhängig von den abzuwickelnden Verfahrensarten und Größenklassen. Es bietet sich daher die Entwicklung einer Aufbauorganisation mit der Gestaltung nach Funktionsbereichen an.

Wichtige Mindestbereiche, die vorgehalten werden müssen, sind die Kanzleileitung, die Insolvenzsachbearbeitung, die Tabellenführung, die insolvenzrechtliche Buchhaltung und das Forderungsmanagement sowie das Sekretariat. Zusätzlich Funktionen ergeben sich aus der Größe der Kanzlei und dem Umfang und der Komplexität der zu bearbeitenden Insolvenzverfahren (vgl. Geiwitz/Schneider, 2010, S. 47 ff.).

Bei Insolvenzverfahren ab einer mittleren Unternehmensgröße ist eine professionelle Verfahrensplanung erforderlich. Diese Planung beginnt mit einer Verteilung der Zuständigkeiten innerhalb der Kanzlei, der Vorausplanung der Prozesse und der Beauftragung von Drittdienstleistern. Wichtig ist, dass diese Akteure die ausgegliederten Prozesse sicher und qualitativ hochwertig abwickeln können. Werden Dritte in den Insolvenzbearbeitungsprozess mit eingebunden, sind hohe Anforderungen an die Steuerung und Überprüfung der externen Leistungsersteller sowie der ausgelagerten Prozesse zu stellen. An die Durchführung der ausgelagerten Aufgaben sind dieselben qualitativen sowie quantitativen Ansprüche zu richten wie an den Insolvenzverwalter selbst. Unabdingbar ist es, dass der Insolvenzverwalter die Möglichkeit hat, die betreffenden Geschäftsprozesse bei einem Dienstleister im Hinblick auf den Einzelfall wie auch die angewandte Methodik zu kontrollieren.

Soweit das Gericht und die Gläubiger Einflussmöglichkeiten haben, wenn sie gegebenenfalls Akteneinsicht nehmen möchten, müssen diese Anforderungen für den Dienstleister ebenso gelten wie für den Insolvenzverwalter selbst. Ferner sollte die Anzeige an das Insolvenzgericht, den Gläubigerausschuss sowie die Gläubigerversammlung vorgesehen werden, insbesondere, wenn externe Dienstleister betroffen sind, an denen der Insolvenzverwalter sowie ihm nahestehende Personen beteiligt sind (vgl. Portisch/Cranshaw, 2012g, S. 275 ff.). Auch die Befangenheit durch sonstige Mandate bei dem Schuldnerunternehmen ist offenzulegen.

Denkbar ist die Auslagerung von Prozessen unter anderem bei der Inventarisierung, der Bewertung und Verwertung von Sicherheiten in schwierigen Fällen, der Prüfung einer Anfechtbarkeit von Sicherheiten beziehungsweise Zahlungen in komplexeren Engagements, der Buchführung sowie der Erstellung von Business Plänen und integrierten Zahlenwerken in Insolvenzplanverfahren, der Insolvenzbuchhaltung, der Steuerberatung und der Wirtschaftsprüfung bei der Abschlussprüfung und in M&A-Prozessen. Das Kontrahierungs-, Erwerbs- und Nutzungsverbot ist zu prüfen.

Die Festlegungen bei der Planung der Insolvenzabwicklung sind über Organigramme und Ablaufdiagramme den eigenen Mitarbeitern, aber auch den übrigen Verfahrensbeteiligten wie Gläubigern bekannt zu machen. Die Ablaufstruktur der Prozesse ist das Resultat der zeitlichen und räumlichen Aufgabenaufteilung. Dabei sind die Meilensteine zur Erreichung bestimmter Zwischenziele sowie ein strategisch ausgerichtetes Gesamtziel, das es zu erreichen gilt, für das einzelne Verfahren zu benennen. Dieses kann zum Beispiel in einer bestmöglichen Verwertung durch Einzelliquidation oder im Rahmen eines sanierenden Insolvenzplans bestehen.

Diese Verfahrensausarbeitung bietet auch eine Grundlage für das in den Kreditinstituten zu erarbeitende Abwicklungskonzept nach MaRisk. Von Seiten der Kreditinstitute ist zudem zu überprüfen, dass die Kontenführung mit einem Treuhandkontensystem professionell geführt und den Verfahrensbeteiligten jederzeit Konteneinsicht gewährt wird. Dabei sind Buchungen zeitnah vorzunehmen. Zudem sind diese verschiedenen Bereiche des Risikomanagements vom Verwalter zu beachten. Dazu gehört auch eine angemessene und auf das Risiko des Verwalters sowie des einzelnen Insolvenzverfahrens abgestimmte Haftpflichtversicherung. Zu überprüfen sind auch notwendige Objekteindeckungen. Diese Verfahrensabwicklung ist durch ein umfassendes Rechnungswesen, eine interne Kostenrechnung und ein Controlling zahlenmäßig abzubilden und das Finanzreporting ist den Gläubigervertretern dann in regelmäßigen Abständen zuzuleiten.

Die Verfahrensbearbeitung ist auf Grundlage dieser Planungen durchzuführen. Dies ist durch die Abwickler in den Kreditinstituten zu kontrollieren. Dazu sollte bei jedem Verfahren durch den Insolvenzverwalter eine Zielrichtung und Verfahrensweise in Form einer Strategie vorgegeben werden. Diese kann auch nur grob benannt werden und unter anderem in einer Sanierung oder einer Zerschlagung bestehen. So ist insbesondere frühzeitig die Möglichkeit einer Betriebsfortführung zu prüfen. Interne Rechenwerke sind derart aufzubereiten, dass diese auch Externen wie Gläubigern zur Verfügung gestellt werden können. Der Verwalterbericht sollte eine möglichst einheitliche Gliederung und bestimmte Mindestinhalte aufweisen sowie ein den tatsächlichen wirtschaftlichen Verhältnissen entsprechenden Bild abgeben. Das Unternehmen ist mit integrierten Planungssystemen zu steuern.

Insgesamt ergeben sich aus Bankensicht erhebliche Anforderungen an die laufende Kommunikation und die Übermittlung von aktuellen und vollständigen Informationen durch den Insolvenzverwalter. Für die laufende Berichterstattung und die Herbeiführung von Entscheidungen in den Kreditinstituten benötigen die Bankmitarbeiter zeitnahe, relevante und umfangreiche Informationen über den Stand des Verfahrensablaufes. Diese sind durch den Insolvenzverwalter bereitzustellen. Somit ist ein wesentliches Beurteilungskriterium neben den betriebswirtschaftlichen Fähigkeiten auch die Reportingqualität der Insolvenzverwalter. An diese Berichte und die Zahlenwerke im Verfahren sind entsprechend hohe Anforderungen zu stellen (vgl. Geiwitz/Schneider, 2010, S. 61 ff.).

Rechtliche Grundlage sind die zwischen dem Verwalter für die Masse bestehenden Vertragswerke bei Massekrediten, im Übrigen die gesetzlichen Informationspflichten des Insolvenzverwalters gegenüber den absonderungsberechtigten Gläubigern (§§ 167 ff. InsO), gegenüber der Gläubigersammlung (§ 75 InsO) und gegenüber dem Gläubigerausschuss. Soweit die Bank dort nicht vertreten ist, gibt es von dort auch keinen automatischen Informationsfluss, der ohnehin nur im Gesamtinteresse aller Gläubiger genutzt werden darf. Es kommt daher auf die persönliche Kommunikationsstrategie des Verwalters an, der viele Beteiligteninteressen zu wahren hat.

Art und konkreter Umfang der erforderlichen bankinternen Berichterstattung sind von der Verfahrensgröße, der Verfahrensstrategie im Hinblick auf die Zielrichtung einer Sanierung oder Zerschlagung, dem Blankorisiko der Kreditinstitute und dem Umfang des Kreditvolumens und dem Wert der Absonderungsrechte abhängig. Die zeitnahe, vollständige sowie richtige Informationsübermittlung bietet eine Grundlage für den Aufbau von Vertrauen in die Arbeit eines Insolvenzverwalters und sollte bei dessen Beurteilung eine bedeutende Rolle spielen.

Zur konsequenten Erhebung dieser stark qualitativ ausgeprägten Kriterien kann ein Fragebogen entwickelt werden, mit denen die bisherigen Erfahrungen der Bankbetreuer mit dem Insolvenzverwalter festgehalten werden. Auf diese Weise können Polaritätsprofile für Insolvenzverwalter erstellt und es kann eine Datenbank mit den Erfahrungen zu den Leistungen der Insolvenzverwalter aufgebaut werden. Zudem sind auch quantitative Ergebnisse aus schlussgerechneten Verfahren zu erfassen. Bei einer hohen Anzahl an abgewickelten Verfahren zeigen diese quantitativen Daten im Vergleich zu bundesweiten Vorgabewerten ebenfalls die Leistung des Insolvenzverwalters an (vgl. Frind, 2011b, S. 1913 ff.).

Quantitative Erfolgsmessung der Insolvenzverwalterleistung

Mengenmäßige Bewertungen der Verfahrungsabwicklung zur Beurteilung der Leistung eines Insolvenzverwalters werden von diesen häufig im Hinblick auf die fehlende Vergleichbarkeit aus den zugeteilten Insolvenzfällen kritisiert. Der Gesetzgeber hat mittlerweile ebenfalls erkannt, dass sich diese Eigenarten bei einer großen Zahl an Verfahren ausgleichen. Mit dem ESUG wurde ein eigenständiges Insolvenzstatistikgesetz (InsStatG) geschaffen, um detaillierte Erkenntnisse über die finanziellen Ergebnisse eröffneter Insolvenzverfahren zu gewinnen und damit die Transparenz über die Ergebnisse aus den Insolvenzverfahren zu erhöhen (vgl. Wimmer, 2012, S. 33 ff.). Zusätzlich erheben einige Insolvenzgerichte bereits viele Jahre eigene Daten zu den schlussgerechneten Verfahren (vgl. Frind, 2011b, S. 1913 ff.).

Die Kennzahlen des Insolvenzstatistikgesetzes umfassen wichtige Eckdaten des Verfahrens wie beispielsweise die Art des Rechtsträgers, den Eröffnungsgrund, die Verfahrensdauer und die erzielten Quoten auf die unterschiedlichen Forderungsgruppen. Künftig werden wichtige Kerndaten aus den Insolvenzverfahren nicht nur erhoben, sondern wohl auch veröffentlicht. Die Kennzahlen können als Benchmarks genutzt werden, um die Leistungen der Insolvenzverwalter an diesen Vorgaben zu messen. Da eine hohe Anzahl an Verfahren in die Messungen eingeht, lässt sich eine gute Aussagekraft der Daten vermuten.

Von Bedeutung sind für Banken die durchschnittliche Befriedigungsquote auf die absonderungsberechtigten Forderungen sowie die Verwaltungs- und Verwertungskosten für das Verfahren. Der erhobene Fortführungserfolg und die Insolvenzplanhäufigkeit können zudem weiteren Aufschluss über die Sanierungsfreudigkeit eines Insolvenzverwalters geben.

Auf Basis großer Stückzahlen über Jahre hinweg lassen sich valide Daten ermitteln, die Vorgabecharakter für zu erzielende Leistungen von Insolvenzverwaltern haben können (vgl. Frind, 2011a, S. 170 ff. und Frind, 2011b, S. 1913 ff.). Mit der Erfassung der Daten erhalten die Insolvenzgerichte und Gläubiger neben Informationen zum Verfahren eine standardisierte Einschätzung der Verwalterleistungen.

Diese Informationen lassen sich zielgerichtet von Vertretern der Kreditinstitute für die Auswahl von Insolvenzverwaltern nutzen. Dann bilden diese ermittelten Kennzahlen grobe Benchmarks für die Leistungsfähigkeit. Die häufig eingesetzten Insolvenzverwalter sollten daher von den Bankmitarbeitern auch zu ihren eigenen Kennzahlen befragt werden. Auf diese Weise setzt sich der Leistungsgedanke durch und Verwalter werben im eigenen Sinne mit erreichten Kennzahlenwerten um neue Verfahren. Zudem zeigt ein Verwalter durch erworbene fachliche Zertifikate oder sonstige Tätigkeiten wie Publikationen, dass er in seinem Arbeitsgebiet auf dem neuesten Stand ist. Aus Bankensicht dienen die Schlussrechnungsprüfung und die Kontrolle einer angemessenen Vergütung als weitere Grundlage für die Beurteilung der Arbeitsweise eines Insolvenzverwalters.

Allgemein gilt, dass Kreditinstitute ihre Erfahrungen mit diesen Kernakteuren festhalten sollten. Auf diese Weise lassen sich geeignete Insolvenzverwalter für die jeweiligen Verfahren finden. Des Weiteren kann ein Erfahrungsaustausch mit anderen Gläubigervertretern vorgenommen werden, damit zum einen die Erkenntnisse aus der Zusammenarbeit mit den Insolvenzverwaltern diskutiert und zum anderen Kontakte zu Instituten und Gläubigervertretern aufbaut werden, die für die Gläubigerausschusstätigkeit hilfreich sind, unter Wahrung der Verschwiegenheitspflicht.

Ein Insolvenzverwalter sollte wirtschaftliche Lösungen im Verfahren suchen, somit ist seine betriebswirtschaftliche Prägung von besonderer Bedeutung. Dazu gehört es auch, Kreditentscheidungen zu unterstützen, denn Banken benötigen dazu die entsprechenden Unterlagen, um über echte oder unechte Massekredite entscheiden zu können. Der Insolvenzverwalter sollte dazu auch einschätzen können, welche Kreditentscheidung im Insolvenzverfahren wirtschaftlich machbar ist und aus der Risikosicht der Banken noch tragbar erscheint.

In der Regel ist auch bei der Zusammenarbeit mit großen Verwalterbüros entscheidend, welcher konkrete Insolvenzverwalter tätig wird und zu wem eine gute Vertrauensgrundlage besteht. Dies wird sich auch auf die Bereitschaft zur Mitarbeit von Bankenvertretern in einem Gläubigerausschuss auswirken. Von Vorteil ist es, dass sich die Gläubigervertreter den Insolvenzverwalter künftig über das Vehikel des vorläufigen Gläubigerausschusses weitgehend aussuchen können, wobei sachbezogene Kriterien im Interesse aller Gläubiger maßgeblich sein dürfen. Dennoch muss der Richter eben den aus seiner Sicht im konkreten Fall ungeeigneten Kandidaten nicht bestellen (§ 56a Abs. 1 Satz 1 InsO), wenn er dies auch im Eröffnungsbeschluss begründen muss (§ 27 Abs. 2 Nr. 4 InsO). Eine Bestenauslese kann der vorläufige Gläubigerausschuss nicht vornehmen (Schmidt et al., 2016, § 56a InsO, Rn. 20).

Zur Wahrung der Beteiligung an der Verwalterauswahl ist es erforderlich, dass sich der vorläufige Gläubigerausschuss zeitnah konstituiert. Diese Vertretung durch den Poolführer in einem eventuell zu bildenden Ausschuss sollte dazu bereits in den Sicherheitenpoolvertrag mit aufgenommen werden. Dann lässt sich die Vertreterfrage der Kreditinstitute zügig umsetzen. Im Hinblick auf die Gläubigerbeteiligung an einem vom Gericht zu bestellenden vorläufigen Gläubigerausschuss ist es daher empfehlenswert, den Insolvenzgerichten bereits im Vorfeld diejenigen Ansprechpartner von Bankenseite zu benennen, die als Gläubigerausschussmitglieder potenziell zur Verfügung stehen, damit die Insolvenzgerichte ohne zeitliche Verzögerung auf die Kandidaten zugehen können (vgl. Voss, 2012, S. 43 ff.).

Der **Gläubigerausschuss** beziehungsweise die verschiedenen Erscheinungsformen, vom vorläufigen Gläubigerausschuss des Eröffnungsverfahrens bis zum „endgültigen" Ausschuss im eröffneten Verfahren, die sämtlich strikt voneinander zu unterscheiden sind, ist das zentrale Gremium der Gläubiger, um Einblick in die Geschicke des Insolvenzverfahrens sowie des Schuldnerunternehmens zu erhalten. Der Gläubigerausschuss ist neben der Gläubigerversammlung ein wichtiges Vertretungsorgan der Gläubiger und hat daher eine Unterstützungs- und Überwachungsfunktion gegenüber dem Insolvenzverwalter (§ 69 Satz 1 InsO). Des Weiteren bietet der Gläubigerausschuss die Möglichkeit, den Verfahrensweg mitzubestimmen.

Vorläufiger, interimsmäßiger und endgültiger Gläubigerausschuss

Unterscheiden lassen sich der vorläufige Gläubigerausschuss des Antragsverfahrens gemäß den §§ 21 Abs. 2 Satz 1 Nr. 1a, 22a InsO, der Interimsausschuss in der Zeit zwischen der Eröffnung eines Insolvenzverfahrens sowie der ersten Gläubigerversammlung (§ 67 Abs. 1 InsO) und der endgültige Gläubigerausschuss für das eröffnete Insolvenzverfahren (§ 68 InsO). Im Interesse der Klarheit der Darlegungen wird im Folgenden nur zwischen dem vorläufigen Ausschuss des Eröffnungsverfahrens sowie dem endgültigen Ausschuss im eröffneten Verfahren differenziert. Die Bildung des vorläufigen Ausschusses ist in der Regel von der Größe des insolventen Unternehmens abhängig (vgl. Schmidt et al., 2016, § 22a InsO, Rn. 1 ff.).

Der Gesetzgeber hat durch die Einrichtung eines vorläufigen Gläubigerausschusses im Eröffnungsverfahren bekanntlich die Typen der Gläubigerausschüsse bei einer Gesamtbetrachtung nach der Pflicht des Einsatzes und in den verschiedenen Verfahrensstadien gestuft. Über den (vorläufigen) Gläubigerausschuss besteht für Banken die Möglichkeit, den Verfahrensweg aktiv mitzugestalten und das eigene Wissen im Sinne der bestmöglichen gemeinschaftlichen Gläubigerbefriedigung einzubringen. Die Insolvenzordnung enthält dabei selbst keine systematisch zusammenhängende Darstellung der Aufgaben und Funktionen der Gläubigerausschüsse. Die Zuständigkeiten des Ausschusses sind über das Gesetz verstreut, sachgerecht in Abhängigkeit von den jeweiligen Verfahrensabschnitten. Diese Aufgaben sind von den Gläubigervertretern zu kennen und zu beachten.

Vorläufiger Gläubigerausschusses im Eröffnungsverfahren

Der vorläufige Ausschuss im Eröffnungsverfahren hat die Pflichten jedoch nur, soweit die Regelungen über die Aufgaben des Ausschusses im eröffneten Verfahren entsprechend heranzuziehen sind. Gerade für ihn als einziges Gläubigerorgan in dieser Phase gelten die Aufgaben zur alsbaldigen Konstituierung und zur Selbstorganisation. Der Ausschuss hat unter anderem folgende Aufgaben sowie Befugnisse, wie in nachfolgender Tab. 5.8 dargestellt.

Tab. 5.8: Vorläufiger Gläubigerausschusses im Eröffnungsverfahren (Quelle: Eigene Darstellung)

Norm (InsO)	Funktion
§ 56a	Vorschlagsrecht beziehungsweise bei Einstimmigkeit Recht zur Bestimmung des (vorläufigen) Insolvenzverwalters beziehungsweise Sachwalters und/oder der generellen Anforderungen an diesen, im konkreten Insolvenzfall.
§ 69	Grundsatznorm, Unterstützung und Überwachung des vorläufigen Verwalters und des Schuldners, insbesondere im vorläufigen Eigenverwaltungsverfahren der §§ 270a, 270b InsO.
§ 270	Grundsatznorm der Eigenverwaltung. Fiktion des Fehlens eines Nachteils für die Gläubiger bei einstimmigem Votum des vorläufigen Ausschusses für die Eigenverwaltung gemäß § 270 Abs. 3 Satz 2 InsO.
§ 270b Abs. 4 Satz 1 Nr. 2	Kompetenz, das Schutzschirmverfahren zu beenden, falls nötig. Pflicht zur Antragstellung bei aussichtslos gewordener Sanierung. Konsequenz hiervon wiederum ist die Pflicht zur laufenden Überwachung des Schuldners.
§ 218 Abs. 3	Mitwirkung bei Aufstellung des Insolvenzplans, nach § 270b Abs. 1 Satz 1 InsO

Aufgrund der notwendigen Handlungsfähigkeit des insolventen Unternehmens sollten sich, gerade bei aussichtsreichen Sanierungen, die potenziellen Mitglieder des Ausschusses bereits im Vorfeld eines Insolvenzantrags möglichst einstimmig auf einen vorläufigen Verwalter oder Sachwalter unverbindlich einigen, damit dieser mit Beginn des Eröffnungsverfahrens die Geschäfte reibungslos fortführen kann (§§ 21 Abs. 2 Satz 1 Nr. 1, 22 InsO und §§ 270 ff. InsO). Kreditinstitute sollten, gerade dann wenn sie Großgläubiger sind, soweit als möglich sicherstellen, dass sie an mittleren und großen Insolvenzverfahren in einem vorläufigen Ausschuss beteiligt werden. Dazu könnten Kreditinstitute bei den regionalen Insolvenzgerichten ihrer räumlichen Geschäftsgebiete eine Liste von Ansprechpartnern hinterlegen, die als geeignete Kandidaten für den vorläufigen Gläubigerausschuss zur Verfügung stehen und im Fall des Insolvenzantrags kontaktiert werden können.

Kreditinstitute sollten daher in ihren Richtlinien unter Umständen vorsehen, dass in Verfahren ab einer mittleren Unternehmensgröße nach HGB-Definition bei Firmenkunden eine Beteiligung an einem obligatorischen vorläufigen Gläubigerausschuss oder einem Sollausschuss angestrebt wird.

Dieses kann bankintern durch quantitative Volumensgrenzen unterlegt werden, wie beispielsweise bei Verfahren mit:

- Hohen Kreditvolumina und Blankoteilen als Hausbank
- Umfassenden Absonderungsrechten und als Poolführer
- Öffentlichkeitswirkung und drohendem Reputationsverlust

In diesen Verfahren ist der wirtschaftliche und der öffentliche Druck auf Kreditinstitute meist hoch und es stehen umfassende Werte auf dem Spiel. Daher sollte die Bildung und Beteiligung an einem vorläufigen Gläubigerausschuss unbedingt erfolgen. Dieser sollte sich zügig konstituieren, da die zeitweise Stilllegung eines Unternehmens am Markt mögliche erfolgreiche Gesundungsmaßnahmen endgültig vereiteln kann. Über den Gläubigerausschuss kann auch ein kooperatives Vorgehen mit dem Insolvenzverwalter eingeleitet werden. Dabei ist intern vorzusehen, ob sich die Bank als juristische Person beteiligt oder ob ein Mitarbeiter oder Organmitglied gebeten wird, in den Ausschuss einzutreten. In allen Fällen ist jedoch im Hinblick auf die Ausschusstätigkeit je nach den voraussichtlichen Anforderungen eine Teilfreistellung von den sonstigen Aufgaben in der Bank erforderlich. Ferner sollte festgelegt werden, aus welcher Hierarchiestufe der Bank das Gläubigerausschussmitglied auszuwählen ist. Interessenkonflikte zwischen der Tätigkeit im Ausschuss und der Bank müssen vermieden werden. Ein wesentlicher Grund ist die relative Verschwiegenheitspflicht der Ausschussmitglieder und deren Funktion als „Interessewahrer" für die Gesamtheit der Gläubiger.

Bei der Implementierung eines vorläufigen Gläubigerausschusses durch das Insolvenzgericht ist zwischen einem originären Pflichtausschuss nach § 22a Abs. 1 InsO, der aufgrund der Erfüllung von zwei Größenklassenparametern sowie einem (derivativen) Ausschuss, der nach § 22a Abs. 2 InsO auf Antrag des Schuldners, des vorläufigen Insolvenzverwalters oder eines Gläubigers vom Gericht eingesetzt wird, zu unterscheiden. Von Bedeutung ist beim derivativen Soll-Ausschuss, beispielsweise auf Antrag eines Kreditinstituts, dass mit der Beantragung zugleich geeignete Gläubigerausschussmitglieder nach den für die Besetzung geltenden Regelungen gemäß § 67 InsO unverzüglich benannt werden.

Beim Antrag des Schuldners ist dieser gemäß § 13 Abs. 1 Satz 3 InsO verpflichtet, seinem Insolvenzantrag ein qualifiziertes Verzeichnis der Gläubiger nach § 13 InsO beizufügen und gemäß § 13 Satz 5 InsO Angaben zur Bilanzsumme, zu den Umsatzerlösen sowie der durchschnittlichen Arbeitnehmerzahl des vorangegangenen Geschäftsjahres zu machen. Für die Beteiligung der Kreditinstitute setzt dieses voraus, dass der Schuldner zum einen richtige Angaben zu seinen Gläubigern macht und nicht gegebenenfalls ihm lästige Institute „vergisst". Zum anderen muss für die sichere Bestimmung der Größenklasse eines Unternehmens der Jahresabschluss erstellt worden sein. In beiden Fällen ergeben sich unter Umständen Hindernisse für die zeitnahe Bildung eines vorläufigen Gläubigerausschusses.

Es wird aus Sicht der Kreditinstitute deutlich, dass im Falle eines Abgleitens der Gesundung bereits in der außergerichtlichen Sanierungsphase besondere Vorbereitungen zur Bildung eines vorläufigen Gläubigerausschusses zu treffen sind und die Vorteile dieses Gremiums auch dem Schuldner klargemacht werden beziehungsweise ihm frühzeitig ein Anreiz zum Kooperieren gegeben wird. Die Interessen der Kreditinstitute an einer Mitgliedschaft im vorläufigen Gläubigerausschuss liegen dabei klar auf der Hand (vgl. Obermüller, 2016, S. 108 ff.). Obwohl sich die Aufgaben nicht selten mit der Bestellung eines vorläufigen Insolvenzverwalters erschöpfen, sind die Haftungsrisiken und auch der Aufwand nicht zu unterschätzen. Ein Gläubigerausschuss darf in Funktion und Haftung in der jeweiligen Phase des Verfahrens mit einem Aufsichtsrat verglichen werden. Trotz der wesentlichen Weichenstellungen aus dem Insolvenzeröffnungsverfahren sind der Zeitaufwand sowie die Haftungsrisiken für das Gläubigerausschussmitglied des eröffneten Verfahrens größer.

Gläubigerausschuss im eröffneten Verfahren

Zu den Pflichten des Gläubigerausschusses gehört es gemäß § 69 Satz 2 InsO, sich laufend über den Gang der Geschäfte unterrichten zu lassen. Neben der Unterstützung des Insolvenzverwalters muss seine Geschäftsführung überwacht werden. Die Intensität wird sich am Einzelfall auszurichten haben. Wichtig ist dabei die Kontrolle des Geldverkehrs und des Geldbestands. Der zeitliche Abstand sowie der Tiefgang dieser Kontrollen hängt vom individuellen Fall ab (vgl. Cranshaw et al., 2016a, § 69 InsO, Rn. 2 ff.). Bedeutsam ist es daher, die Prüfungshandlungen in einem Kassenbericht zu dokumentieren (vgl. Steinwachs, 2016, S. 585 ff.). Eine zentrale Norm ist § 160 InsO. Demnach hat der Verwalter die Zustimmung des Gläubigerausschusses einzuholen, bei bedeutsamen Rechtshandlungen. Dies können sein:

- Veräußerung des Unternehmens, eines Betriebs, des Warenlagers
- Aufnahme von Darlehen, die die Insolvenzmasse erheblich belasten
- Aufnahme eines Rechtsstreits mit für die Masse erheblichem Streitwert

Der Gläubigerausschuss hat die Arbeit des Verwalters zu unterstützen und zu überwachen. Dabei bedeutet Überwachung im Sinne des § 69 InsO die nachträgliche, die begleitende und die vorausschauende Kontrolle. Überprüft werden die Rechtmäßigkeit und die Wirtschaftlichkeit der Geschäftsführung, anhand von Stichproben der Akten und Geschäftsunterlagen (vgl. Steinwachs, 2016, S. 576 ff.). Hier ist die Festlegung einer Wesentlichkeitsgrenze sinnvoll. Eine Generalklausel für alle Ausschüsse enthält § 69 InsO, der in dem Eigenverwaltungsverfahren modifiziert zu lesen ist. Im Eröffnungsverfahren bestehen die nicht ausdrücklich auf den vorläufigen Ausschuss bezogenen Funktionen nach den allgemeinen Vorschriften nur insoweit, als dies der Eigenart des Eröffnungsverfahrens entspricht. Gegenüber dem Schuldner setzt der Ausschuss seine berechtigten Informationsinteressen, die wichtige Grundlage seiner Arbeit sind, nach Maßgabe der §§ 97 ff. InsO durch.

Wesentliche Aufgaben des Gläubigerausschusses im eröffneten Insolvenzverfahren sind in der nachfolgenden Tab. 5.9 zusammengefasst.

Tab. 5.9: Gläubigerausschussfunktionen im eröffneten Verfahren (Quelle: Eigene Darstellung)

Norm (InsO)	Funktion
§ 59 Abs. 1 Satz 1	Antrag auf Entlassung des Insolvenzverwalters aus wichtigem Grund
§ 66 Abs. 2	Pflicht zur Stellungnahme bei Erteilung der Schlussrechnung
§ 69 Satz 1	Pflicht zur Konstituierung des Ausschusses
§ 69 Satz 1	Selbstorganisationspflicht des Ausschusses, Geschäftsordnung
§ 69 Satz 1	Überwachung Insolvenzverwalter, Sachwalter, Schuldner in Eigenverwaltung
§ 69 Satz 2	Laufende zeitnahe Prüfung des Zahlungsverkehrs und der Barbestände
§ 75 Abs. 1 Nr. 2	Antrag auf Einberufung einer Gläubigerversammlung
§ 149	Bestimmungsbefugnis bei Vermögensanlagen
§ 158	Mitwirkung an der Betriebsstilllegung vor dem Berichtstermin
§ 160	Zustimmung bei besonders bedeutsamen Rechtshandlungen
§ 187 Abs. 3	Mitwirken an der Erlösverteilung an die Insolvenzgläubiger
§ 218 Abs. 3	Wesentliche Mitwirkung in verschiedenen Phasen des Insolvenzplans

Die konkreten Aufgaben dieses Gremiums sind zum Teil gesetzlich fixiert. So hat der Verwalter vom Gläubigerausschuss beispielsweise die Genehmigung für die Veräußerung eines Unternehmens, einer Beteiligung oder eines Warenlagers einzuholen (§ 160 InsO). Zudem gilt dieses für die Kreditaufnahme, den Abschluss eines Vergleichs, die Aufnahme eines Rechtsstreits, die Vornahme von Abschlagsverteilungen im Verfahren, die freihändige Veräußerung von Firmenimmobilien und die geplante Erlösverteilung (§ 187 Abs. 3 InsO). Des Weiteren hat der Gläubigerausschuss Mitwirkungsrechte bei der Entlassung des Verwalters (§ 59 Abs. 1 InsO), der Einberufung der Gläubigerversammlung (§ 75 Abs. 1 InsO), der Schlussrechnungsprüfung (§ 66 InsO), der Auskunft gegenüber den Gemeinschuldnern (§ 97 InsO) und der Erstellung eines Insolvenzplans (§ 218 InsO).

Aus Bankensicht sind die Gestaltungsmöglichkeiten im Gläubigerausschuss zu nutzen, um zum einen den Insolvenzverwalter mit auszuwählen und sich zum anderen in die Überwachung des Verwalters stärker einzubringen. Es werden dazu drei besondere Befugnisse in § 69 Satz 2 InsO hervorgehoben, die Unterrichtung über den Geschäftsgang, die Einsichtnahme in die Bücher und die Geschäftspapiere sowie die Prüfung des Geldverkehrs und des Geldbestands. Gerade die Unterlassung oder nur oberflächliche Durchführung der Kassen- sowie Kontenprüfung kann eine Haftung aus § 71 InsO nach sich ziehen. Daher ist die Übertragung dieser Aktivitäten auf eine sachkundige externe Person, wie einen Wirtschaftsprüfer, zweckmäßig.

Die Gläubigerausschussmitglieder sollten sich über ihre Rechte und Pflichten informieren, damit für diese Akteure keine Risiken entstehen, denn Pflichtverletzungen ziehen gegebenenfalls erhebliche Haftungsrisiken gemäß § 71 InsO zum Schadensersatz nach sich (vgl. Steinwachs, 2012a, S. 6 ff.). Die Verantwortung der Mitglieder des Gläubigerausschusses entspricht weitestgehend derjenigen eines Insolvenzverwalters nach § 60 InsO und erstreckt sich auf die Verletzung dieser insolvenzrechtlichen Pflichten. Dann ergibt sich der allgemeine Haftungsmaßstab aus der Sorgfalt, die von einem ordentlichen und gewissenhaften Gläubigerausschussmitglied erwartet werden kann und ist immer situationsabhängig zu betrachten (vgl. Schmidt et al., 2016, § 71 InsO, Rn. 1 ff.).

In den internen Kreditrichtlinien ist in diesem Zusammenhang auch zu regeln, wem die Vergütung für die Tätigkeit zusteht und wie eine Absicherung gegen Haftungsrisiken durch die Bank erfolgt. Wichtig ist, dass der Mitarbeiter, der das Institut im vorläufigen Gläubigerausschuss vertritt, gegebenenfalls eine zusätzliche Haftungsfreistellungserklärung der Bank bis zur Grenze des bedingten Vorsatzes erhält (vgl. Steinwachs, 2012a, S. 5 ff.). Zusätzlich ist der Abschluss einer Haftpflichtversicherung zu Lasten der Masse unabdingbar (vgl. Portisch et al., 2015b, S. 1 ff. und Portisch et al., 2015c, S. 63 ff.).

Jedes Gläubigerausschussmitglied ist grundsätzlich zu versichern (Vermögensschadenhaftpflichtversicherung). Hierbei ist stets zu beachten, dass zum einen ein ausreichender Versicherungsschutz besteht und dass zum anderen eine kostengünstige Versicherung ausgewählt wird, da die Prämien aus der Insolvenzmasse zu begleichen sind (vgl. Portisch et al., 2015b, S. 1 ff. und Portisch et al., 2015c, S. 63 ff.). Die Versicherung ist durch den Gläubigerausschuss selbst zu organisieren, die Häuser können zu diesem Zweck den Kontakt mit ihrem Versicherungsmakler vermitteln, damit die Versicherung angemessen in Umfang und Prämien ausfällt.

Die Ausschussmitglieder können sich auch eines Kontakts durch den Insolvenzverwalter bedienen, der aber weder ihre Versicherungen organisieren noch sie in seine Versicherung inkludieren kann, wenn auch die Risiken weitgehend übereinstimmen und die Haftung von Verwalter und Ausschuss regelmäßig auf denselben Fallumständen beruht. Da der Ausschuss den Verwalter überwacht, ist es nicht angezeigt, wenn er die Versicherung organisierte. Die Versicherung muss eine Rückwärtsversicherung sein, eine vorläufige Deckung kann aber in der Praxis schnell eingeholt werden. Die Versicherung sollte sämtliche Schäden abdecken, die während des Versicherungszeitraums entstehen, wenn sie auch nach Ende der Versicherung erst geltend gemacht werden. Sie muss im Volumen ferner stets an den Bedarf angepasst werden können. Auf Limits und Obliegenheiten ist zu achten. Das Insolvenzgericht sollte der Versicherung zustimmen und im Voraus die Entnahme der Prämien aus der Masse genehmigen. Kann die Masse die Prämien nicht mehr tragen, ist das ein wichtiger Grund des Ausschussmitglieds, auf eigenen Antrag aus diesem Ausschuss entlassen zu werden (vgl. BGH vom 29.03.2012, IX ZB 310/11).

Mit der Tätigkeit im Ausschuss besteht für Kreditinstitute auch die Möglichkeit, die Kommunikation zum Verwalter aufrecht zu erhalten. Im eröffneten Verfahren sind die Aufgaben eines Gläubigerausschusses weitaus umfassender. Bereits vor der ersten Gläubigerversammlung kann und wird das Insolvenzgericht gegebenenfalls gemäß § 67 Abs. 1 InsO einen interimsmäßigen Gläubigerausschuss einsetzen, wenn dieses geboten erscheint (vgl. Schmidt et al., 2016, § 67 InsO, Rn. 8 ff.). Regelmäßig dürften dafür die Mitglieder des vorläufigen Ausschusses des Eröffnungsverfahrens in Frage kommen, deren Amt mit der Verfahrenseröffnung geendet hat.

Häufig wird die Installierung des Gläubigerausschusses durch einen Beschluss der Gläubigerversammlung nach § 68 Abs. 1 InsO vorkommen. In diesem Fall ist die Beteiligung der Kreditinstitute meist als gesichert anzusehen. Es ist möglich, dass zwischen den verschiedenen Ausschüssen vom Eröffnungsverfahren bis im eröffneten Verfahren nach der ersten Gläubigerversammlung eine Personalunion besteht. Dieses dürfte beim Bestehen eines vorläufigen Ausschusses und der erfolgten Einarbeitungszeit der Regelfall sein. Allerdings kann die Gläubigerversammlung gemäß § 68 Abs. 2 InsO einzelne vom Gericht bestellte Ausschussmitglieder auch wieder abwählen und andere Akteure auswählen. Die Gläubigerversammlung besteht dabei unabhängig vom Gläubigerausschuss und ist auch nicht das ranghöhere Organ (vgl. Schmidt et al., 2016, § 68 InsO, Rn. 6 ff.).

Somit besitzt die Gläubigerversammlung auch kein Weisungsrecht gegenüber dem Gläubigerausschuss und es besteht auch kein Auftragsverhältnis des Ausschusses zur Gläubigerschaft. Die Gläubigerversammlung besitzt daher bis zum Berichtstermin keine Einflussnahmemöglichkeit auf die Zusammensetzung des Gläubigerausschusses. Im Berichtstermin kann zwar bestimmt werden, ob ein bereits bestehender vorläufiger Gläubigerausschuss beizubehalten ist oder ob dieser in Teilen beziehungsweise sogar insgesamt neu zu besetzen ist (§ 68 Abs. 2 InsO). Die spätere Abwahl des Mitglieds ist nach dem Berichtstermin nicht mehr möglich. Der Ausschuss hat unter anderem die Befugnis die Gläubigerversammlung nach § 75 InsO einzuberufen und an der Sitzung gemäß § 74 Abs. 1 InsO teilzunehmen (vgl. Kirchhof et al., 2013, § 75 InsO, Rn. 1 ff.). Die Gläubigerversammlung kann die Beschlüsse des Gläubigerausschusses weder ändern noch aufheben (vgl. Steinwachs, 2012b, S. 81 ff.). Die Aufgaben eines endgültigen Gläubigerausschusses erstrecken sich auf die Überwachungsfunktion und die Entscheidungsabstimmungsfunktion.

Wie auch der Gläubigerversammlung aus § 79 InsO, steht dem Gläubigerausschuss zur Umsetzung dieser Prüfungspflichten ein Recht zu Einzelauskünften, zu Berichten über den Sachstand des Verfahrens sowie zur Geschäftsführung des Insolvenzverwalter zu. Eine gute Informationslage ist für die Tätigkeit dieses Ausschusses als Unterstützungs- und Überwachungsgremium daher unbedingt erforderlich. Sollten dem Gläubigerausschuss dann Unregelmäßigkeiten auffallen, ist der Verwalter zunächst aufzufordern, diesen Missstand zu beseitigen, ansonsten ist das Insolvenzgericht unverzüglich zu informieren (vgl. Steinwachs, 2012b, S. 77 ff.).

Das Insolvenzgericht kann zwar Gläubigerausschussmitglieder aus einem wichtigen Grund entlassen (§ 70 InsO), es ist dennoch kein Aufsichtsorgan für den Gläubigerausschuss, für den es keine Aufsicht gibt. Das Insolvenzgericht hat auch keinen formalen Anspruch, an den Sitzungen des Gläubigerausschusses teilzunehmen. Es empfiehlt sich dennoch, im Interesse vernünftiger Kommunikation und gegenseitigen Vertrauens, das Gericht und den Insolvenzverwalter beziehungsweise Sachwalter zu Ausschusssitzungen mit bedeutenden Beschlussgegenständen hinzuzuziehen.

Das Verhältnis zur Gläubigerversammlung regelt das Gesetz so, dass dem Gläubigerausschuss zugewiesene Beschlussgegenstände (vgl. § 160 InsO) dort für die Gläubiger abschließend entschieden werden. Es dürfte aber nichts dagegen sprechen, wenn der Ausschuss in wichtigen und kritischen Angelegenheiten die Entscheidung an die Gläubigerversammlung delegiert, um eine breite Diskurs- und auch Entscheidungsbasis zu generieren. Die Abstimmungen im Gläubigerausschuss erfolgen unabhängig von der Summe der Forderungen und sonstigen Rechte immer nach Kopfmehrheit beziehungsweise bestenfalls einstimmig.

Die Vergütung für die vorläufigen Ausschussmitglieder ist pauschal auf 300 Euro festgelegt, wenn nur über die Mitwirkung an der Bestellung des (vorläufigen) Verwalters und die Unbedenklichkeit der Eigenverwaltung behandelt und beschlossen wurde (§ 17 Abs. 2 Satz 1 InsVV in Verbindung mit § 73 InsO). Diese Pauschale kann dem Grundsatz des § 73 Satz 2 InsO mit einer Vergütung nach dem Umfang der Tätigkeit und dem Zeitaufwand klar widersprechen. Die Mitglieder des jeweiligen Ausschusses sind ansonsten zum einen nach dem Zeitaufwand und zum anderen nach dem Umfang der Aktivitäten zu vergüten. Diese Stundenvergütungen belaufen sich auf 35 Euro bis 95 Euro (§ 17 Abs. 1 Satz 1 InsVV und § 73 InsO). Das sind Beträge, die die Kosten eines Mitarbeiters der Institute nicht decken. Im Einzelfall können die Insolvenzgerichte über die Sätze des § 17 InsVV hinausgehen. Eine Vergütung nach pauschalen Prozentsätzen der festgesetzten Vergütung des (vorläufigen) Insolvenzverwalters beziehungsweise Sachwalters ist jedoch unzulässig.

Kreditinstitute können sich gemäß § 67 Abs. 3 InsO in diesem Gremium des eröffneten Verfahrens gegebenenfalls auch durch externe Fachleute vertreten lassen (vgl. Cranshaw et al., 2012c, § 67 InsO, Rn. 31 ff.), das heißt der Externe übt ein persönliches Mandat als Nichtgläubiger aus. Die Entscheidung ist in den Kreditinstituten betriebswirtschaftlich zu treffen, unter Kosten- und Nutzenaspekten. Es liegt in gewisser Weise eine klassische Abwägung der Eigenerstellung oder des Fremdbezugs von Leistungen vor, da der Dritte nicht gebundener Auftragnehmer des Instituts ist. Diese Entscheidung kann erweitert werden auf das Insourcing von Dienstleistungen. Für die Kreditinstitute bestehen auf der Grundlage des § 25a Abs. 1 KWG mit der Forderung, über eine ordnungsgemäße Geschäftsorganisation zu verfügen und den besonderen Bestimmungen aus AT 3 und AT 9 der MaRisk weitgehende Möglichkeiten der Auslagerung von bestimmten Dienstleistungen bei der Bearbeitung der Abwicklung von Firmenengagements.

Insourcing oder Outsourcing der Insolvenztermine und der Gremienarbeit

Genau wie im laufenden Insolvenzverfahren der Verwalter Auslagerungen an Drittdienstleister vornimmt, kann dieses auch durch Kreditinstitute bei der Abwicklung von insolventen Engagements in Erwägung gezogen werden. Von einer Fremdvergabe sind lediglich die Leitungsaufgaben der Geschäftsführung grundlegend ausgeschlossen. Ansonsten ist auf der Basis der Einhaltung zu erfüllender Rahmenbedingungen wie der durchgeführten internen Risikoanalyse, der Bestimmung eines fachlich geeigneten Partners und der Vertragsgestaltung mit den vorgesehenen Überwachungsvorgängen ein Outsourcing von Aktivitäten der Insolvenzbegleitung von Firmenengagements umfassend möglich. Das Outsourcing von Teilschritten, Funktionen und Mandaten im Abwicklungsprozess bei Firmeninsolvenzen ist eine grundlegende Entscheidung in Kreditinstituten, die einerseits auf der Basis von Kosten- und Kapazitätsüberlegungen zu führen ist, andererseits aber auch von den Spezialisierungsvorteilen abhängig ist (vgl. Portisch/Cranshaw, 2012g, S. 275 ff.).

So ist zu entscheiden, ob alle Schritte in einem Insolvenzverfahren mit eigenen Mitteln bewältigt werden können oder ob Teilprozesse wie beispielsweise Mandate in Insolvenzgremien an externe Fachkräfte ausgelagert werden sollen. Dabei ist allerdings zu beachten, dass es für den Gläubigerausschuss keine echte Mandatierung gibt, wenn nicht der Dritte in denjenigen Fällen, in denen das Institut selbst Ausschussmitglied ist, lediglich tatsächlich als ständiger Vertreter des Instituts auftritt anstelle des Vorstands als „geborener" Vertreter. Davon zu unterscheiden ist die oben erwähnte Mitgliedschaft eines Nichtgläubigers im Ausschuss, der auf Betreiben eines Instituts gewählt und bestellt wurde (§ 68 InsO). Die Vertretung in der Gläubigerversammlung ist mit Vollmacht jederzeit möglich, ob dieses sinnvoll ist, ist im Einzelfall zu bestimmen. Bei diesem Entscheidungsprozess spielen die Fallzahlen an Insolvenzen, der Umfang von zu betreuenden Kreditvolumina sowie Absonderungsrechten eine besondere Bedeutung. Auch der Verkauf von Engagements als True Sale ist potenziell möglich. Jedoch werden in diesem Segment meist nur geringe Quoten aufgerufen, sodass das Abschreibungsrisiko ansteigt.

Zusammenfassung Theorieabschnitt 5.4.1: In diesem Abschnitt wurden die Möglichkeiten der Einbringung von Kreditinstituten bei der Auswahl eines Insolvenzverwalters und die Alternativen der Gremienbeteiligung im vorläufigen sowie im eröffneten Insolvenzverfahren untersucht. Dabei hat sich gezeigt, dass die Möglichkeiten des ESUG bei der Mitbestimmung der Auswahl des Insolvenzverwalters aus Bankensicht unbedingt zu nutzen sind. Dazu sind geeignete Vorbereitungen zu treffen. So sind Kompetenzprofile der Insolvenzverwalter aufzubauen und es sind prozessuale Wege zu gestalten, mit denen sichergestellt werden kann, dass Bankenvertreter in einem vorläufigen Gläubigerausschuss vertreten sind. Des Weiteren sind die Rechte und Pflichten der Tätigkeit in einem Gläubigerausschuss bei den Mitarbeitern zu schulen und es sind grundlegende Rahmenbedingungen in den Kreditrichtlinien festzulegen, die eine konkrete Ausgestaltung einer höchstpersönlichen oder einer Institutsvertretung in den Gläubigerorganen regeln. Von Bedeutung ist es für Kreditinstitute, sich als Hauptgläubiger möglichst aktiv in das Insolvenzverfahren einzubringen.

5.4.2 Praxisfall zur Insolvenzverwalterauswahl

Das Insolvenzgericht plant in einem weiteren Beschluss den bislang bei der Druck GmbH bisher eingesetzten Insolvenzverwalter für das Hauptverfahren zu bestellen. Der vorläufige Gläubigerausschuss soll bestehen bleiben und den Verwalter im eröffneten Insolvenzverfahren weiter überwachen. Mit der Eröffnung des Verfahrens besteht potenziell die Möglichkeit, den vorläufigen Insolvenzverwalter gemäß § 57 InsO in der ersten Gläubigerversammlung abzuwählen. Diese Alternative wird jedoch selten gewählt, da sich der Verwalter im Antragsverfahren bereits eingearbeitet und die Weichenstellungen im Abwicklungskonzept gestellt hat. Dennoch sollten die Leistungen der eingesetzten Insolvenzverwalter im Verfahrensablauf erfasst werden, damit die Bestellung in künftigen Verfahren optimal erfolgen kann.

Aufgabenstellungen

1. Welche quantitativen Kennzahlen eignen sich zu Beurteilung der Leistung eines Insolvenzverwalters aus Sicht der Kreditinstitute?
2. Erstellen Sie auf der Grundlage qualitativer Kriterien einen Beurteilungsbogen zur Bewertung der Leistung eines Insolvenzverwalters?

5.4.3 Lösung des Praxisfall zur Verwalterauswahl

1. Welche quantitativen Kennzahlen eignen sich zu Beurteilung der Leistung eines Insolvenzverwalters aus Sicht der Kreditinstitute?

Als Grundlage für die Messung quantitativer Kennzahlen des Insolvenzverwalters bieten sich die Erhebungsmerkmale des Insolvenzstatistikgesetzes an. Von Bedeutung ist es, eine Unterteilung der Insolvenzverfahren nach der Größe sowie der Art des Verfahrens vorzunehmen. Dabei kann die Teilungsmasse als Gliederungskriterium herangezogen werden. Zudem kann erfasst werden, wie viele Insolvenzverfahren eröffnet wurden und bei welchen Unternehmensgrößen bestimmte Verfahrensvarianten zur Abwendung kommen. Dazu kann differenziert werden zwischen der Verwertung, der Umsetzung einer übertragenden Sanierung sowie der Realisierung eines Insolvenzplanverfahrens. Auch der wirtschaftliche Erfolg der Begleitung einer Eigenverwaltung im Rahmen eines Schutzschirmverfahrens kann ermittelt werden. Wichtige Quoten, die für die derart aufgegliederten Insolvenzverfahren erhoben und verglichen werden sollten sind unter anderem:

- Durchschnittliche Verfahrensdauer sowie die Mehrung der Insolvenzmasse
- Verfahrenskosten und Verwaltervergütung in Relation zur Teilungsmasse
- Quote auf die absonderungsberechtigten Forderungen nach der Teilungsmasse
- Quote auf die Forderungen der Insolvenzgläubiger gemäß der Teilungsmasse
- Insolvenzplan mit Erfolgsquote, Häufigkeit übertragender Sanierungen

2. Erstellen Sie auf der Grundlage qualitativer Kriterien einen Beurteilungsbogen zur Bewertung der Leistung eines Insolvenzverwalters?

Neben den Hard Facts aus den schlussgerechneten Verfahren sind während eines Verfahrensverlaufes oder zum Abschluss eines Insolvenzverfahrens auch qualitative Merkmale aus der Begleitung der Unternehmensinsolvenzen von Interesse. In der folgenden Tab. 5.10 werden wichtige Beurteilungsmerkmale zur Person des Verwalters und zur Kanzlei aufgeführt. Diese können auf einer Skala bewertet werden.

Tab. 5.10: Beispiel für das Polaritätsprofil eines Insolvenzverwalters (Quelle: Eigene Darstellung)

Name Kanzlei/Insolvenzverwalter:						
Skala: 1 = „trifft stark zu „ bis 6 = „trifft gar nicht zu"	1	2	3	4	5	6
Individuelle Anforderungen an die Person des Verwalters						
Betriebswirtschaftliche Kenntnisse						
Juristische Kompetenzen						
Kommunikative Fähigkeiten						
Individuelle Anforderungen an den Verfahrensweg						
Transparente Abwicklung der Verwertungsprozesse						
Insolvenzplanerfahrung						
Erfahrung mit übertragenden Sanierungen						
Kanzlei des Insolvenzverwalters						
Strukturierter Organisationsaufbau						
Klare Geschäftsprozesse						
Hohe Reportingqualität						
Unternehmensbezogene Kenntnisse						
Kenntnisse bei Brancheneigenheiten						
Größenklassenerfahrung						
Erfahrung in der Unternehmensleitung						
Internationale Verfahren, Konzernerfahrung						
Erfahrung im internationalen Insolvenzrecht						
Erfahrung bei der Begleitung von Großunternehmen						
Gute Investorenkontakte und M&A-Erfahrung						
Sonstiges, Kennzahlen						
Berufsqualifizierender Abschluss						
Fremdsprachenkenntnisse						
Höhe der Vergütungen						
Durchschnittliche Verfahrensdauer						
Erfolgsquoten						

Des Weiteren können der Anforderungs- und der Erfüllungsgrad in Anlehnung an den begleiteten Verfahrensweg erfasst werden. So ist unter anderem von Interesse, auf welche Art und Weise die verschiedenen Varianten bearbeitet wurden. Bei der Umsetzung von Verwertungshandlungen ist beispielsweise von Bedeutung, inwieweit ein bestmöglicher Veräußerungserlös erzielt wurde. Bei der Realisierung eines Insolvenzplanverfahrens sind die Schnelligkeit sowie die Berichterstattungsqualität von großer Wichtigkeit. Dieses dient in Kreditinstituten insbesondere der Vorbereitung von zu treffenden bankinternen Kreditentscheidungen.

4. Abwicklungsregel: Die Erfahrungen mit Insolvenzverwaltern sind im Insolvenzverfahren und nach Abschluss des Verfahrens in einem einheitlichen Berichtsbogen zu erfassen, um die Auswertungen für die künftige Auswahl heranzuziehen. Banken sollten sich im Gläubigerausschuss engagieren.

Erläuterung der 4. Abwicklungsregel

Bei der systematischen Auswertung von Insolvenzverfahren sind die individuellen Eigenschaften der eingesetzten Insolvenzverwalter zu beurteilen, um einen Erfahrungsschatz mit den Akteuren aufzubauen. Von Relevanz sind bei den Verwaltern die betriebswirtschaftlichen Fähigkeiten sowie die juristischen Kenntnisse und die Kommunikation mit den Banken und anderen Gläubigern. Zudem ist der Kanzleiapparat mit den bestehenden Kapazitäten und dem vorhandenen betriebswirtschaftlichem Know How insbesondere bei aussichtsreichen Sanierungen in der Insolvenz und bei der Begleitung von großen Firmeninsolvenzen von Bedeutung.

Kreditinstitute sollten sich in die Auswahl des Insolvenzverwalters bereits frühzeitig einsetzen. Daher sollten Banken eine Position im vorläufigen Gläubigerausschuss besetzen, um darüber einstimmig den qualitativ bestmöglichen Verwalter für das jeweilige Verfahren auszuwählen. Des Weiteren sollten Banken diesen Gläubigerausschuss aus dem Eröffnungsverfahren beibehalten, um Überwachungs- und Kontrollrechte wahrzunehmen und sich laufend mit dem Insolvenzverwalter abzustimmen. Nur auf diese Weise kann dann gewährleistet werden, dass beispielsweise gute Sanierungsperspektiven in der Insolvenz auch genutzt werden. Des Weiteren erhalten die Banken auf diese Weise zeitnah Informationen für die eigene Berichterstattung. Es kann darauf hingewirkt werden, dass sich der Verfahrensablauf nicht viele Jahre in die Länge zieht, sondern eine zeitnahe Beendigung erfolgt.

Bei Verwertungslösungen können sich die Bankspezialisten im Sinne einer optimalen Veräußerung einbringen. Des Weiteren können die Aussichten eines Insolvenzplans frühzeitig abgestimmt werden. Auch die Alternative einer übertragenden Sanierung kann aktiv begleitet werden, indem Kontakte des eigenen Firmenkundennetzwerks eingebracht werden. Im Folgenden wird die Auswahl des Insolvenzverwalters, mit erforderlichen Merkmalseigenschaften, als wichtige Entscheidung für den weiteren Verfahrensablauf aus empirischer Sicht beleuchtet.

5.4.4 Empirische Ergebnisse zur Verwalterbeurteilung

Die Festlegung des vorläufigen Insolvenzverwalters ist für den weiteren Verfahrensablauf von großer Bedeutung, da ein späterer Wechsel der Person aufgrund der notwendigen Einarbeitungszeit und im vorläufigen Verfahren getroffener Weichenstellungen faktisch nicht mehr vorgenommen werden kann. So kommt die Möglichkeit der Abwahl und der Bestellung eines neuen Insolvenzverwalters im eröffneten Verfahren gemäß § 57 InsO durch die Gläubigerversammlung zu spät, da bedeutende Verfahrensentscheidungen meist bereits getroffen wurden.

Diese wichtige Entscheidung zur Bestimmung des vorläufigen Insolvenzverwalters liegt bei kleinen Unternehmen gemäß HGB-Definition beim zuständigen Insolvenzgericht. Entschieden wird die Bestellung auf der Grundlage von Vorauswahllisten, die Kandidaten aufführen, die eine grundsätzliche Eignung für dieses Amt aufweisen. Die Wahl fällt aus Sicht der Kreditinstitute in Bezug auf die Firmengröße sowie die Branche nicht immer optimal aus. Gerade die Gläubigerbanken wünschen sich daher eine frühe Einbindung in den Entscheidungsprozess der Insolvenzgerichte. Die Möglichkeit ist durch die Umsetzung des ESUG in die Insolvenzordnung mit der Bildung eines vorläufigen Gläubigerausschusses gegeben.

Auf diesem Weg können Kreditinstitute mit entscheiden, welche Insolvenzverwalter sich in definierten Branchen oder in bestimmten Sanierungs- oder Verwertungsverfahren als geeignet erweisen. Hilfreich ist es für Kreditinstitute dazu einen Erfahrungspool mit Verwaltern aufzubauen, um künftig zielgerichtet die zweckmäßigen Kandidaten vorschlagen und auswählen zu können. Folgende Kriterien können neben der Kapazitätsauslastung durch bereits laufende Verfahren zusätzlich bei der Auswahlentscheidung von Bedeutung sein:

- Präsenz in der Region und Größe des Büroapparates
- Erfahrung in Großverfahren, in bestimmten Branchen
- Zügige Abwicklung der Verfahren, zeitnahe Information

Voraussetzung für die Bestellung zum Insolvenzverwalter ist, dass mögliche Kandidaten geschäftskundig sind und bestimmte Fähigkeiten sowie Kenntnisse für den Einsatz als Insolvenzverwalter bei Unternehmen mitbringen.

Ein wirtschaftswissenschaftliches oder juristisches Studium sowie praktische Erfahrungen in der Insolvenztätigkeit sollten vorhanden sein. Eine Zusatzqualifikation als Fachanwalt für Insolvenzrecht kann diese erforderlichen Qualifikationen weiter unterlegen. Es zeigt sich, dass das betriebswirtschaftliche Wissen im Rahmen einer Insolvenzsanierung aufgrund der wirtschaftlichen Fragestellungen eine sehr hohe Bedeutung besitzt. Des Weiteren ist die Unabhängigkeit des Insolvenzverwalters ein wichtiges Kriterium bei der Bestellung durch das zuständige Insolvenzgericht. Zudem ist die Dauer seiner bisherigen Verfahren von Interesse.

Zur Objektivierung der Auswahlentscheidung des Insolvenzverwalters können die Merkmale zur Qualifikation und Erfahrung des Akteurs, sein Branchenwissen und die Infrastruktur der Büroorganisation erhoben und systematisch ausgewertet werden. Zudem kann die Sanierungseignung mit der Durchführung von Planverfahren oder übertragenden Sanierungen sowie der daraus resultierende wirtschaftliche Erfolg in Höhe der Befriedigungsquoten gemessen werden. Auf diese Weise lässt sich der Auswahlprozess auf eine objektive Grundlage stellen.

Mit einer Erfassung ausgewählter qualitativer und quantitativer Daten im Rahmen des Insolvenzstatistikgesetzes (InsStatG) erhalten die Insolvenzgerichte und Gläubiger künftig Informationen, die zu einer systematischen Auswahl der Insolvenzverwalter herangezogen werden können. Kennzahlen wie die Verfahrensdauer oder die Quoten in Anlehnung an die Teilungsmasse können interessante Erkenntnisse erbringen, wenn diese mit bundesweiten Zahlen verglichen werden. Zusätzlich kann die Überprüfung von Eckdaten dazu beitragen, die Qualität der abgewickelten Insolvenzverfahren nachträglich zu analysieren. Bei der Betreuung einer Vielzahl von Insolvenzfällen gleichen sich mögliche Ungerechtigkeiten einer Verfahrensvergabe im Durchschnitt aus. Zudem können regionale Besonderheiten oder die Größenklassen der insolventen Unternehmen berücksichtigt werden. Des Weiteren besteht die Möglichkeit die Teilungsmasse als Referenzkriterium heranzuziehen.

Nur 39,3 % der Befragten aus den Kreditinstituten bestätigen eine gute Auswahl der Insolvenzverwalter durch die Insolvenzgerichte. Dieses ist allerdings immerhin ein Anstieg um 7,8 % gegenüber den Ergebnissen aus der Vorgängerstudie. Dabei konstatieren 57,3 % der Antwortenden (2009: 45,0 %), dass die Insolvenzgerichte verstärkt die Größe eines Schuldnerunternehmens berücksichtigen. Etwa 14,0 % der Befragten sind jedoch der Meinung, dass auf die Größe der Firma bei der Auswahl des Insolvenzverwalters keine Rücksicht genommen wird.

Die Größe der Firma und des Insolvenzbüros sollten aufgrund der meist erhöhten Komplexität umfangreicher Verfahren korrespondieren. Demnach ist zu erwarten, dass größere Unternehmen in der Insolvenz auch eine umfassendere Büroorganisation der Insolvenzverwalter erfordern, unter anderem mit der Erstellung von Reportings oder der Abarbeitung von Spezialaufgaben im Bereich der Investorensuche und der rechtlichen Vertragsgestaltungen. Dies bedeutet zusätzliche Erfahrungen im internationalen Insolvenzrecht sowie umfassende Fremdsprachenkenntnisse bei der Abwicklung international tätiger Firmen.

Eine deutliche Mehrheit von rund 77,3 % der Befragten stellt fest, dass häufig dieselben Insolvenzverwalter von den Gerichten ausgewählt werden. Dieses muss nicht von vorneherein als negativ eingeschätzt werden, denn erfahrene Verwalter können für einen effizienten Verfahrensablauf sorgen. Nur rund 12,1 % der Antwortenden aus den Banken sind jedoch der Meinung, dass die Präferenzen der Kreditinstitute ausreichend berücksichtigt werden.

Dagegen benennen 63,1 %, dass Wünsche der betroffenen Kreditinstitute bei einer Auswahl des Insolvenzverwalters allgemein nicht berücksichtigt werden. Durch die gesetzlichen Änderungen besteht für Kreditinstitute jedoch die Möglichkeit, sich in die Verwalterauswahl einzubringen. Diese Alternative sollte aus Bankensicht unbedingt genutzt werden, damit das Verfahren optimal verläuft.

Die Auswahl des (vorläufigen) Insolvenzverwalters ist eine Kernentscheidung im Insolvenzprozess und für den weiteren Verlauf der Sanierung oder Abwicklung bestimmend. So kann nur eine gewisse Risikobereitschaft des Verwalters dafür sorgen, dass mögliche Sanierungslösungen begonnen werden. Damit sind bei der Entscheidung zur Auswahl eines Verwalters unter anderem Kriterien wie die Sanierungsbereitschaft mit heranzuziehen. Letztendlich ist es zu versuchen, das insolvente Unternehmen bei vorhandenen Potenzialen wieder an den Markt zu bringen oder aus einer Verwertung das Maximale für die Gläubiger zu erreichen.

Nach Banksektoren sind mit nur rund 16,7 % der Nennungen die Vertreter der sonstigen Institute der Meinung, dass Insolvenzgerichte eine gute Verwalterauswahl tätigen, während rund 43,6 % der Vertreter aus den öffentlich-rechtlichen Instituten sowie etwa 30,0 % aus dem genossenschaftlichen Sektor den Insolvenzgerichten grundsätzlich eine gute Selektion bescheinigen. Die Berücksichtigung der Größe eines insolventen Unternehmens bei der Verwalterauswahl durch die Insolvenzgerichte sehen mit 60,3 % Zustimmung vor allem die Sparkassen, gefolgt von den Genossenschaftsbanken mit 59,5 % als gegeben an.

Während der Zufriedenheitsgrad mit der Verwalterauswahl über die Größenklassen der Institute hinweg keine wesentlichen Schwankungen aufweist, zeichnen sich bei der Angemessenheit hinsichtlich der Berücksichtigung der Branche sowie der Unternehmensgröße deutliche Unterschiede in den Bewertungen ab. Es bestätigen lediglich 33,3 % der Großbanken eine Berücksichtigung der Branche des Schuldnerunternehmens durch die Gerichte. Aus den Reihen der mittelgroßen Institute wird nur von 10,0 % eine Selektion in Anlehnung an die Branche bestätigt.

Von Interesse ist es zudem in Erfahrung zu bringen, welche Eigenschaften die Abwickler aus den Kreditinstituten zum einen bei Insolvenzverwaltern für wichtig halten und wie der Erfüllungsgrad dieser Fähigkeiten in der Insolvenzpraxis tatsächlich wahrgenommen wird. Dazu wird im Folgenden ein Abgleich von Anspruch und Wirklichkeit aufgrund der Eigenschaften von Insolvenzverwaltern zu verschiedenen Bereichen ermittelt. Bei den Bewertungen zur betriebswirtschaftlichen Eignung der Insolvenzverwalter ist auffällig, dass sämtliche Teilnehmer aus den Kreditinstituten die Bedeutung der betriebswirtschaftlichen Fähigkeiten als hoch einschätzen, der Erfüllungsgrad in der Praxis aber nur von 37,4 % der Häuser als zufriedenstellend bewertet wird. Immerhin ist im Vergleich mit der Vorgängerstudie eine geringfügige Verbesserung des seinerzeitigen Wertes von 31,7 % festzustellen. Somit ist aus Sicht der Experten in den Kreditinstituten oftmals eine fehlende betriebswirtschaftliche Expertise bei den Verwaltern zu diagnostizieren.

Die Vertreter aus den Sparkassen erkennen die betriebswirtschaftlichen Fähigkeiten der Verwalter mit einer Zustimmungsquote von 41,4 % noch am ehesten als vorhanden an. Dahinter rangieren mit Werten zwischen 33,3–34,7 % die genossenschaftlichen Institute, Privatbanken und die sonstigen Kreditinstitute. Die Qualitäten im juristischen Bereich werden mit Quoten von rund 94,8 % beziehungsweise 94,4 % von Sparkassen beziehungsweise den Genossenschaftsbanken fast uneingeschränkt bestätigt. Erhebliche Defizite nehmen hier lediglich die Privatbanken (66,7 %) und die sonstigen Institute (50,0 %) wahr.

Des Weiteren sind die persönlichen Fähigkeiten der Insolvenzverwalter von Interesse. Eine erhebliche Abweichung existiert bei der Beurteilung der kommunikativen Eigenschaften der Insolvenzverwalter. Während rund 94,0 % diese Komponente als bedeutend ansehen, sind nur 41,5 % der Befragten mit der Erfüllung in der Praxis zufrieden. Hier zeigt sich eine deutliche Unzufriedenheit der Spezialisten aus den Instituten mit dem Kommunikationsverhalten der Insolvenzverwalter. Gemeint sind hier unter anderem die zeitnahe Beantwortung von Anfragen und die Berichterstattung über den Zwischenstand des Verfahrens.

Mit einer Zustimmung von 87,2 % wird die Neutralität des Verwalters als wichtig erachtet, diese in der Praxis aber teilweise als erfüllt angesehen. So besteht ein positives Votum lediglich von 52,4 % der Befragten aus den Instituten. Bei den wichtigen unternehmensbezogenen Merkmalen ist auffällig, dass Abweichungen bei den Erfahrungen der Verwalter mit der Branche und der Unternehmensgröße der insolventen Firmen konstatiert werden. Dies ist als besonders kritisch zu betrachten, da die Insolvenz ein stark wirtschaftlich geprägtes Projekt ist.

Im Bereich der Risikobereitschaft sowie der Neigung zur Realisierung einer Sanierung in der Insolvenz bestehen Bewertungsunterschiede zwischen den Wünschen der Beteiligten aus den Banken und dem wahrgenommenen Erfüllungsgrad in der Praxis. Hiermit wird deutlich, dass die Sanierungslösung in der Insolvenz, unter Umständen aus Haftungs- und Aufwandsgründen selten gewählt wird.

Jedoch wird hier die Bedeutung der Bereitschaft zur Umsetzung von Sanierungen in der Insolvenz als weniger wichtig erachtet. So sehen nur rund 59,5 % die Wichtigkeit beim Einsatz zur Verwirklichung einer übertragenden Sanierung beziehungsweise nur circa 51,0 % zur Realisierung eines Insolvenzplanverfahrens.

Somit weichen die Erwartungen an den Insolvenzverwalter in diesen Punkte von der Praxiserfüllung nicht sehr stark ab. Der einzige Bereich, in dem sich eine deutlich stärkere als die gewünschte Merkmalsausprägung zeigt, ist das Item „Bereitschaft zur Abwicklung". Dieses scheint aus Sicht der Banken jedoch nicht unbedingt gewünscht zu sein, zeigt jedoch die Präferenz der Insolvenzverwalter für die Verwertungslösung. Die folgende Tab. 5.11 fasst die Mittelwerte der Beurteilungen auf einer Schulnotenskala (1,0 = „wichtig" beziehungsweise „erfüllt" bis 5,0 = „unwichtig" beziehungsweise „nicht erfüllt") zusammen.

Tab. 5.11: Wichtigkeit und Erfüllungsgrad von Insolvenzverwalter (Quelle: Eigene Darstellung)

Eigenschaften von Insolvenzverwaltern	Wichtigkeit der Eigenschaft		Erfüllungsgrad in der Praxis		Abweichung
	% Zustimmung	Mittel	% Zustimmung	Mittel	Differenz
Betriebswirtschaftliche Fähigkeiten	100,0 %	1,3	37,4 %	2,8	1,5
Erfahrung mit der Unternehmensgröße	92,6 %	1,6	47,9 %	2,6	1,0
Juristische Fähigkeiten	91,9 %	1,7	90,5 %	1,8	0,1
Neutralität und Unbefangenheit	87,2 %	1,7	52,4 %	2,6	0,9
Kommunikative Fähigkeiten	94,0 %	1,7	41,5 %	2,8	1,1
Verständnis Position Kreditinstitute	82,6 %	1,8	10,3 %	3,3	1,5
Erfahrung mit der Branche	81,2 %	1,9	25,2 %	3,0	1,1
Umsetzung übertragende Sanierung	59,5 %	2,4	26,4 %	3,0	0,6
Umsetzung Insolvenzplanverfahren	51,0 %	2,5	12,4 %	3,5	1,0
Bereitschaft Abwicklung	41,6 %	2,8	62,3 %	2,3	0,5
Vorhandene Risikobereitschaft	23,6 %	3,2	12,3 %	3,4	0,2

Verglichen mit der Vorgängerstudie stellen sich besonders die betriebswirtschaftlichen Kompetenzen erneut als Kriterium heraus, das den teilnehmenden Instituten am wichtigsten ist. Auch die übrigen Bereiche haben keine wesentliche Bedeutungsveränderung erfahren. Um zwei Rangstufen im Vergleich zu der Erhebung aus 2009 gestiegen ist jedoch die Wichtigkeit bei der Erfahrung des Verwalters mit der jeweiligen Unternehmensgröße. Demnach zeigt sich, dass bei Großverfahren von Bedeutung ist, dass das Verwalterbüro diese kapazitätsmäßig begleiten kann.

Wichtige Eigenschaften sehen die Vertreter der Kreditinstitute insbesondere in den betriebswirtschaftlichen Fähigkeiten. Diese sind insbesondere bei der Anbahnung und der Beurteilung von Fortführungslösungen in der Insolvenz von Firmenkunden notwendig. Die Gesamtübersicht zeigt, dass Insolvenzverwalter die von den Kreditinstituten geforderten Erwartungen häufig nicht erfüllen. Dies betrifft häufig den betriebswirtschaftlichen Bereich, wie die nachfolgende Abb. 5.24 in der graphischen Auswertung der Soll-Ist-Ausprägungen verdeutlicht.

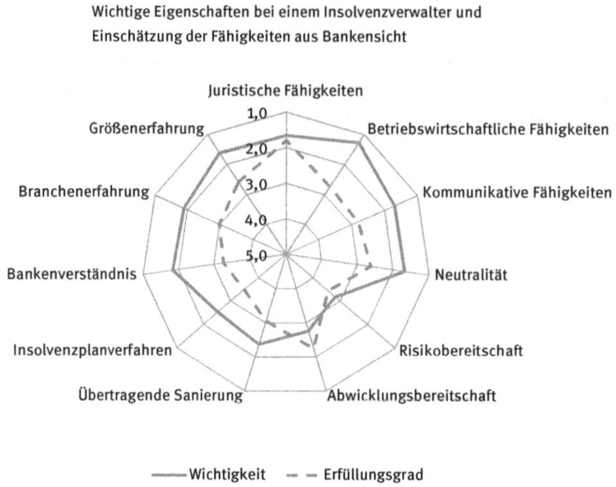

Abb. 5.24: Anforderungen an den Insolvenzverwalter aus Bankensicht (Quelle: Eigene Darstellung)

Der Vergleich der Befragung dieser Abwicklungsspezialisten in den Kreditinstituten mit einer bundesweit durchgeführten Erhebung von Insolvenzverwaltern zeigt, dass die Verwalter die Bedeutung der erforderlichen Eigenschaften zur optimalen Insolvenzabwicklung als ähnlich wichtig einschätzen wie die Vertreter aus den Banken. Jedoch wird die eigene subjektive Leistung positiver wahrgenommen, wie Abb. 5.25 zeigt. Dies betrifft insbesondere die Bereiche der betriebswirtschaftlichen Fähigkeiten sowie der eigenen Kommunikationspolitik (vgl. Portisch et al, 2013a, S. 209).

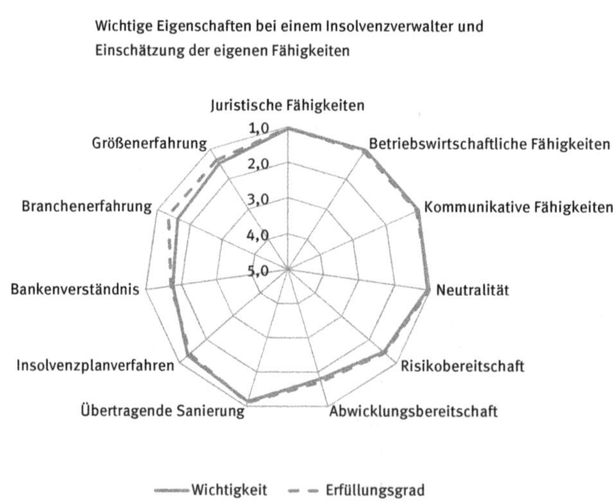

Abb. 5.25: Anforderungen an Insolvenzverwalter aus Verwaltersicht (Quelle: Eigene Darstellung)

5.5 Gestaltung des Insolvenzplanverfahrens

Lernziele:
Ziele und Beteiligte eines Insolvenzplanverfahrens kennen
Ablauf des Insolvenzplanverfahrens mit Gestaltungselementen wissen
Risiken bei der Umsetzung eines Insolvenzplans einschätzen können

Das Insolvenzverfahren dient gemäß § 1 InsO dazu, die Gläubiger eines Schuldners gemeinschaftlich, strukturiert und bestmöglich zu befriedigen. Dies kann durch ein Regelinsolvenzverfahren mit Liquidation der Assets geschehen, indem das Vermögen des Schuldnerunternehmens verwertet wird und die Erlöse gemäß den gesetzlichen Vorschriften verteilt werden. Alternativ besteht auch die Möglichkeit, in einem Insolvenzplan gemäß §§ 217 ff. InsO eine von der Verwertung sowie Erlösverteilung abweichende Gestaltung zu treffen. Ein Insolvenzplan soll die wirtschaftliche Situation der an einer Insolvenz beteiligten Akteure verbessern. Insbesondere ist dort die Sanierung des betrachteten Unternehmens vorgesehen. Der Plan kann sich auf Teilverfahrensschritte beschränken. Auch im Insolvenzplanverfahren steht das Gläubigerinteresse im Vordergrund.

Die Insolvenzordnung hat seinerzeit mit der Einführung des Insolvenzplanverfahrens ein Instrumentarium geschaffen, das den Beteiligten auf Grundlage der Gläubigerautonomie eine flexible Gestaltung von Insolvenzen ermöglicht. Es kann zwischen Sanierungsplänen, Übertragungsplänen und Liquidationsplänen unterschieden werden. In der Praxis sind meist Sanierungspläne anzutreffen. Das Unternehmen bleibt als Rechtsträger erhalten, wird aber wie bei einer außergerichtlichen Sanierung betriebswirtschaftlich und auch rechtlich umstrukturiert (vgl. Cranshaw et al., 2016b, § 217 InsO, Rn. 3 ff.).

Dabei ist eine Reorganisation einer Firma über ein Insolvenzplanverfahren dann anzudenken, wenn der rechnerische Fortführungswert den Liquidationswert des Unternehmens übertrifft und insgesamt eine bestmögliche Gläubigerbefriedigung gegeben ist. Das Zielkriterium steht im Vordergrund des meist komplexen und Kosten generierenden Verfahrens. Ein Fortführungsplan liegt in der Regel auch im Interesse der Kreditinstitute als Hauptgläubigergruppe. Aufgrund der Komplexität des Verfahrensablaufes, des Blockadepotenzials einzelner Gläubiger und eines möglichen Vetorechts bei der Gestaltung eines Insolvenzplans durch die Altgesellschafter wurden im Rahmen des ESUG ebenfalls umfassende Reformen beim Insolvenzplanverfahren durchgeführt. Des Weiteren wurde die Berichtigung der Masseansprüche vor der Aufhebung eines Insolvenzplanverfahrens neu geregelt.

5.5.1 Ablauf des Insolvenzplanverfahrens

Der Insolvenzplan gewinnt als Sanierungsinstrument in der Praxis stetig an Bedeutung (vgl. Paffenholz/Kranzusch, 2007, S. 1 ff.). Als wirtschaftlich planfähig erweisen sich große Unternehmen mit einem guten Namen, einem umfangreichen Kundenstamm und einer umfassenden Auftragslage. Die Unternehmensgröße sorgt für einen hohen Bekanntheitsgrad und oft wertvolle Markenpotentiale. Dennoch ist die Größe einer Firma nicht immer allein entscheidend dafür, dass ein sanierendes Insolvenzplanverfahren im Ergebnis erfolgreich ist. Auch die bereits geleisteten Vorarbeiten im Rahmen der Sanierung sind von Bedeutung.

Dabei ist es hilfreich, wenn ein außergerichtliches Sanierungskonzept vorliegt, in dem die leistungswirtschaftliche Lage bereits eingehend untersucht sowie wichtige Sanierungsmaßnahmen vorgeschlagen werden. In diesem Fall kann der Insolvenzplan auf dem Sanierungskonzept aufsetzen und es wird wertvolle Zeit eingespart. Denn es zeigt sich häufig, dass bei einem zeitlichen Hinausziehen der Insolvenz die Reputation des Unternehmens bei Kunden und Lieferanten leidet. Optimal ist es, wenn frühzeitig im außergerichtlichen Gutachten die Alternative der Planinsolvenz ins Kalkül gezogen und in einem Prepackaged Plan vorbereitet wird. Generell kann es von Vorteil sein, die bereits mit dem Sanierungskonzept beauftragte Unternehmensberatung auch in die Erarbeitung eines Insolvenzplans mit einzubeziehen, um Einarbeitungszeit und Kosten zu reduzieren.

Das Insolvenzplanverfahren wird auch immer häufiger in mittelständischen Betrieben und bei Freiberuflern angewendet (vgl. Steinwachs, 2007, S. 80 ff.). Bei letzteren liegt ein wesentlicher Erfolgsfaktor in der Fortführung der Arbeitskraft des Freiberuflers. Dabei bietet die Eigenverwaltung in Verbindung mit einem sanierenden Insolvenzplan für den Freiberufler die Möglichkeit das Schuldnerunternehmen eigenverantwortlich fortzuführen und die Sanierung mit eigenen vorhandenen fachlichen Qualifikationen umzusetzen (vgl. Holtkötter, 2012, S. 175 ff.). Der Insolvenzplan steht zwar in Konkurrenz zu der sogenannten Freigabe, der für die freiberufliche Praxis erforderlichen Vermögensgegenstände durch den Verwalter gemäß § 35 Abs. 2 InsO, hat aber durchaus Vorteile im Einzelfall für sich.

Die Erarbeitung von Muster-Insolvenzplänen bei kleinen und mittleren Verfahrensgrößen ist auch durch kleine Insolvenzbüros effizient durchführbar. Interessant ist in diesem Kontext, dass der erwähnte Richtlinienvorschlag der Europäischen Kommission über präventive Restrukturierungsrahmen vorsieht, dass die Mitgliedstaaten dazu Online-Musterrestrukturierungspläne nach nationalem Recht zur freiwilligen Verwendung verfügbar halten sollen. Große Verfahren erfordern eine angemessene Büroorganisation mit einer betriebswirtschaftlichen Abteilung beim Verwalter. Alternativ können Einzelaufträge an Beratungen und Wirtschaftsprüfer extern vergeben werden, wie bei der Erstellung des leistungswirtschaftlichen Sanierungsgutachtens oder der integrierten Planungsrechnung.

Die Änderungen des ESUG haben insgesamt zur Vereinfachung des Ablaufes beim Planverfahren beigetragen. Mit der Einführung neuer Finanzinstrumente, der Beseitigung von Blockadepotenzialen und weiterer Erleichterungen bei der Berichtigung von Masseansprüchen wurde das Insolvenzplanverfahren zu einem sehr wirkungsvollen Sanierungsinstrument ausgebaut. Folgende Verbesserungen wurden mit dieser Reform der Insolvenzordnung umgesetzt:

- Einschränkung Blockademöglichkeiten von Altgesellschaftern, Gläubigern
- Erleichterung bei der Aufhebung des Insolvenzverfahrens
- Umwandlung von Forderungen in Eigenkapital (Debt Equity Swap)

Die Gestaltung eines Insolvenzplanverfahrens mit der Umsetzung eines Sanierungskonzepts ist oft komplex, sodass die Anwendung in erster Linie, auch aufgrund der Transaktionskosten, bei mittleren und großen Firmenkunden erfolgt. Dabei ist unter einem Insolvenzplan folgendes zu verstehen.

Definition: Der **Insolvenzplan** hat die Aufgabe, eine Alternative zur Verwertung des insolventen Unternehmens im Regelinsolvenzverfahren aufzuzeigen. Inhalte des Plans sind der darstellende Teil, der gestaltende Teil und die Plananlagen. Gemäß § 217 ff. InsO wird durch den Insolvenzplan eine von den Vorschriften des Regelinsolvenzverfahrens abweichende Verfahrensweise zur Befriedigung der Gläubiger und zur Verwertung der Insolvenzmasse getroffen. Ziel ist es insbesondere in einem Sanierungsplan die leistungswirtschaftliche und finanzielle Gesundung des insolventen Unternehmens zu erreichen (§ 1 Satz 1, Fall 2 InsO). Aber auch alternative Vorgehensweisen wie der Unternehmensverkauf in einem Übertragungsplan oder eine Liquidation mit der Abwicklung des Schuldnerunternehmens und des Rechtsträgers sind denkbar.

Das Insolvenzplanverfahren nach §§ 217 ff. InsO kann helfen, das insolvente Unternehmen in den wesentlichen Zügen zu erhalten und zu konsolidieren (vgl. Schmidt et al., 2016, § 217 InsO, Rn. 2 ff.). Im Optimalfall geht diese Alternative mit einer verbesserten Rückführung der Bankverbindlichkeiten gegenüber einer Einzelliquidation der Vermögenswerte einher. Zur Vorbereitung eines Insolvenzplans ist unter anderem die Prüfung der Zuordnung beziehungsweise die Verfügbarkeit der für den Betrieb nötigen Assets notwendig, denn die Aussonderungsberechtigten (vgl. § 47 InsO) sind an einem Insolvenzplanverfahren als solche nicht beteiligt, sondern sie sind nur Insolvenzgläubiger (§ 38 InsO) im Hinblick auf die etwaigen Verpflichtungen aus dem schuldrechtlichen Vertrag mit dem Insolvenzschuldner (zum Beispiel Miete, Pacht, Finanzierungsleasing). Mit den Aussonderungsberechtigten, wie beispielsweise den Leasinggebern, sind zeitnah die Verhandlungen aufzunehmen, damit keine betriebsnotwendigen Wirtschaftsgüter abgezogen werden. Im Eröffnungsverfahren können sie an der Herausgabe noch durch einen Beschluss des Insolvenzgerichts nach § 21 Abs. 2 Satz 1 Nr. 5 InsO gehindert werden, wobei die Masse die in dieser Norm umrissenen Gegenleistungen schuldet.

Der Insolvenzplan ermöglicht den Verfahrensbeteiligten eine von den gesetzlichen Normen abweichende Verfahrensweise (insbesondere) zum Erhalt des insolventen Unternehmens. Die Gläubiger als Hauptbeteiligte des Insolvenzverfahrens sollen eine Entscheidung darüber treffen, auf welche Art und Weise eine bestmögliche Befriedigung ihrer offenen Forderungen erfolgen kann. Die Umsetzung dieses Prinzips erfolgt durch den Mehrheitsentscheid der Gläubiger. Anzustreben ist ein Interessenausgleich über den Insolvenzplan, damit sich möglichst alle Gläubiger mit ihrer Zustimmung und der Bereitschaft zu Verzichten an einer Planlösung beteiligen. Ziele des Insolvenzplans liegen in der optimalen Befriedigung aller Insolvenzgläubiger. Durch die Fortführung der betrieblichen Tätigkeit des Schuldnerunternehmens erhalten die Gläubiger dann die Chance auf eine höhere Quote als bei einer Einzelverwertung zu Liquidationswerten. Die Befriedigung erfolgt dann in der Praxis aus den laufenden Einnahmeüberschüssen.

Die Insolvenzordnung enthält aufgrund der Privatautonomie der Gläubiger nur grobe Vorgaben zur Gestaltung eines Insolvenzplans. Ein Typenzwang möglicher Gestaltungen existiert nicht, allerdings haben sich in der Praxis folgende Grundformen bei der Realisierung von Insolvenzplänen herausgebildet:

- Sanierungslösung: Der Sanierungsplan stellt den typischen Fall des Insolvenzplans dar. Dieser bezweckt die Fortführung des schuldnerischen Unternehmens oder bestimmter Unternehmensteile, um die Gläubiger aus den laufenden Erlösen des operativen Geschäfts zu befriedigen.
- Übertragungslösung: Das Hauptmerkmal des Übertragungsplans liegt auf dem Verkauf von Vermögensgegenständen an einen neuen Rechtsträger, über eine Auffanggesellschaft, im Rahmen des Asset Deals. Der erzielte Gesamterlös wird gleichmäßig an die Gläubiger verteilt.
- Liquidationslösung: Der Gegenstand des Liquidationsplans ist die planmäßige Verwertung von Vermögensgegenständen des Anlage- und Umlaufvermögens. Die Gläubigerbefriedigung erfolgt direkt aus den Verwertungserlösen der Veräußerung der einzelnen Assets.

Gerade die Reorganisationslösung im Rahmen eines Sanierungsplans ist für Gläubigerbanken interessant, wenn eine höhere Rückführungsquote bei den Forderungen gegenüber einer übertragenden Sanierung oder einer Einzelliquidation zu erwarten ist. Insolvenzrechtlich lässt sich unter der gerichtlichen Unternehmensreorganisation die Sanierung der notleidenden Firma in der Hand des bisherigen Rechtsträgers verstehen. Erforderlich sind dazu in der Regel leistungswirtschaftliche und finanzwirtschaftliche Maßnahmen, vergleichbar mit den außergerichtlich einzuleitenden Sanierungsschritten. Diese sind im darstellenden Teil zu erörtern und im gestaltenden Teil umzusetzen (§§ 220, 221 InsO). Der Insolvenzplan kann auf dem bestehenden Sanierungsgutachten aufsetzen. Zur Genehmigung eines Insolvenzplans ist die Zustimmung sämtlicher Beteiligten einzuholen.

Grundzüge des Insolvenzplanverfahrens

Gemäß § 217 InsO sind der Schuldner, die Insolvenzgläubiger, die nachrangigen Insolvenzgläubiger und die absonderungsberechtigten Gläubiger und die Gesellschafter an einem Insolvenzplanverfahren beteiligt. Der Insolvenzschuldner ist eine natürliche oder juristische Person beziehungsweise eine Personengesellschaft, gegen die sich das Insolvenzverfahren richtet. Der Schuldner muss dem ausgearbeiteten Insolvenzplan zustimmen, wenn er natürliche Person ist und das Unternehmen fortgeführt werden soll (§ 230 Abs. 1 Satz 1 InsO). Mit den maßgeblichen Gläubigern ist möglichst vor der Vorlage beim Gericht ihr Einverständnis wenigstens mit den wesentlichen Punkten des Insolvenzplanentwurfs abzustimmen.

Insolvenzgläubiger sind die persönlichen Gläubiger, die zur Zeit der Eröffnung des Verfahrens einen Vermögensanspruch gegenüber dem Schuldnerunternehmen haben. Die in das Verfahren einbezogenen Insolvenzgläubiger werden unterschieden in nicht nachrangige und nachrangige Insolvenzgläubiger.

Nicht nachrangige Insolvenzgläubiger sind diejenigen Gläubiger, die ihre Forderungen zur Insolvenztabelle anmelden und im Rahmen der späteren Verteilung der Insolvenzmasse anschließend quotal befriedigt werden (§ 38 InsO). Als nachrangige Insolvenzgläubiger gelten nach § 39 InsO diejenigen Gläubiger, die dann eine Ausschüttung erhalten, wenn sämtliche nicht nachrangigen Insolvenzgläubiger in ihren Rangklassen vollständig befriedigt wurden und darüber hinaus ein Überschuss verbleibt. Diese Forderungen der nachrangigen Insolvenzgläubiger gelten im Insolvenzplanverfahren nach § 225 InsO jedoch als erlassen, wenn in einem Insolvenzplan nicht etwas anderes vorgesehen ist.

Die Rechte der absonderungsberechtigten Gläubiger sind in den §§ 49 ff. InsO geregelt. Absonderungsberechtigte Gläubiger haben ein Anrecht auf eine vorzugsweise Befriedigung aus Gegenständen und Rechten der Insolvenzmasse. Es bedeutet, dass der mit dem Absonderungsrecht belastete Gegenstand verwertet und der erzielte Erlös bis zur Höhe der gesicherten Forderung nach Abzug der Kosten gemäß § 171 InsO an den berechtigten Gläubiger ausgeschüttet wird. Absonderungsberechtigte Gläubiger sind Grundschuldgläubiger, Gläubiger, die sich gemäß § 50 InsO auf ein gesetzliches Pfandrecht berufen können oder jene, denen der Schuldner zur Sicherung eines Anspruchs eine bewegliche Sache übertragen oder Rechte abgetreten hat (§ 51 InsO). Dies werden im Wesentlichen Kreditinstitute sein.

Die Massegläubiger und die aussonderungsberechtigten Gläubiger, wie Leasinggeber, sind dagegen nicht am Insolvenzplanverfahren beteiligt. Massegläubiger sind Gläubiger, deren Ansprüche erst nach Verfahrenseröffnung begründet oder durch das Verfahren selbst veranlasst worden sind (§ 53 InsO). Diese werden aus der Insolvenzmasse vorweg, das heißt noch vor den Insolvenzgläubigern befriedigt. Das Gesetz unterscheidet zwischen den Verfahrenskosten nach § 54 InsO und den (sonstigen) Masseverbindlichkeiten gemäß § 55 InsO.

Zu den genannten Verfahrenskosten gehören die Gerichtskosten, die Vergütungsansprüche des Insolvenzverwalters, des vorläufigen Insolvenzverwalters und der Mitglieder des Gläubigerausschusses. Die Masseverbindlichkeiten werden durch Handlungen des Insolvenzverwalters oder des starken vorläufigen Insolvenzverwalters begründet oder entstehen aus gegenseitigen Verträgen, soweit deren Erfüllung vom (vorläufigen) Insolvenzverwalter zur Insolvenzmasse verlangt wird beziehungsweise aus ungerechtfertigter Bereicherung der Masse.

Gemäß § 47 InsO kann ein Aussonderungsberechtigter den ihm gehörenden Gegenstand aus der Insolvenzmasse heraus verlangen. Ein Anspruch auf Aussonderung eines Vermögensgegenstands bestimmt sich nach den Gesetzen außerhalb des Insolvenzverfahrens. Aussonderungsberechtigte sind dagegen keine Insolvenzgläubiger, weil sich ihr Anspruch keine Insolvenzforderung ist. Häufig haben sie jedoch aus dem zugrunde liegenden schuldrechtlichen Vertrag mit dem Schuldner doch Insolvenzforderungen und sind daher auch Insolvenzgläubiger wie beispielsweise bei offenen Leasingraten. Sie können auch Massegläubiger sein, wenn etwa eine an den Schuldner vermietete Immobilie nach Eröffnung des Verfahrens weiter genutzt wird und Miete bezahlt werden muss. Problematisch ist, wenn betriebsnotwendige Vermögensgegenstände abgezogen werden sollen. Dies gilt es bei aussichtsreichen Sanierungen im Rahmen von Vereinbarungen sowie durch das Verhandlungsgeschick der Vertreter aus den Kreditinstituten zu verhindern. Im Eröffnungsverfahren hilft die Anordnung nach § 21 Abs. 1 Satz 2 Nr. 5 InsO gegen das Herausgabeverlangen wichtiger Gegenstände durch Aussonderungsberechtigte.

Ablauf des Insolvenzplanverfahrens

Gemäß § 218 Abs. 1 InsO ist der Insolvenzplan dem Insolvenzgericht vorzulegen. Das Initiativrecht zur Vorlage eines Plans haben der Insolvenzverwalter oder auch der Schuldner. Die Planvorlage durch den Insolvenzschuldner kann bereits mit dem Antrag auf Eröffnung des Insolvenzverfahrens erfolgen (§ 218 Abs. 1 Satz 2 InsO, Pre packaged Plan). Der Schuldner hat somit die Möglichkeit, frühzeitig durch die Vorlage eines Insolvenzplans gestaltend auf dieses Verfahren einzuwirken. Die Einreichung eines Insolvenzplans durch den Schuldner kann bei Antragstellung ein Mittel sein, den beteiligten Gläubigern schon zu Beginn des Verfahrens mögliche alternative Lösungen zur Bewältigung der Unternehmenskrise anzubieten.

Handelt es sich bei dem schuldnerischen Unternehmen um eine Kapitalgesellschaft, wird der Insolvenzplan durch den Geschäftsführer beziehungsweise den Vorstand vorgelegt. Bei Personengesellschaften sind die vertretungsberechtigten Gesellschafter zur Einreichung eines Insolvenzplans berechtigt. Bei der Kommanditgesellschaft übernimmt die Aufgabe der persönlich haftende Gesellschafter. Die Gläubiger werden der Planvorlage mit Vorbehalten entgegen treten, da der Schuldner die Insolvenz verursacht hat und die Verantwortung für einen entstandenen Schaden trägt. Daher ist die Planerarbeitung durch den Insolvenzverwalter der Regelfall.

Ganz anders im Eigenverwaltungsverfahren, denn hier ist der Schuldner Planvorleger. Auch die Gläubigerversammlung kann dem Insolvenzverwalter, dem Eigenverwalter und dem Sachwalter die Vorlage des Plans aufgeben (§§ 157 Satz 2, 284 Abs. 1 InsO) und das Ziel vorgeben. Ein divergierender Schuldnerplan wird dann obsolet.

Während der vorläufige Gläubigerausschuss gemäß § 22a InsO zunächst mit der Aufgabe betraut ist, einen vorläufigen Insolvenzverwalter auszusuchen, kann er auch wie der Interimsgläubigerausschuss nach § 67 Abs. 1 InsO oder der endgültige Gläubigerausschuss nach § 68 InsO die Ausarbeitung eines Insolvenzplans anregen und die Erarbeitung überwachen. Im vorläufigen Eigenverwaltungsverfahren insbesondere nach § 270b InsO hat der vorläufige Gläubigerausschuss sogar prägende Bedeutung, da er beantragen kann, diesen Verfahrensschritt des Schutzschirmverfahrens aufzuheben, wenn er die angestrebte Sanierung zum Beispiel für aussichtslos hält (§ 270b Abs. 4 Nr. 2 InsO) beziehungsweise das Insolvenzplankonzept des Schuldners (endgültig) für untauglich, denn die Entwicklung des Insolvenzplans ist ja Gegenstand des Schutzschirmverfahrens (§ 270b Abs. 1 Satz 1 InsO). Der Insolvenzverwalter kann von der Gläubigerversammlung im Berichtstermin beauftragt werden, einen Insolvenzplan auszuarbeiten (§ 157 Satz 2 InsO).

Gemäß § 218 Abs. 1 InsO ergibt sich allerdings, dass der Verwalter durch die Planvorgaben nicht gehindert ist, einen eigenen Insolvenzplan vorzulegen. Die Gläubigerversammlung kann dem Insolvenzverwalter auch keine direkten Vorgaben für die genauen Inhalte des zu erstellenden Insolvenzplans erteilen. Diese Meinung ist umstritten, müssen doch die Gläubiger den Plan des Verwalters erst einmal annehmen (vgl. Schmidt et al., 2016, § 218 InsO, Rn. 10). Jedoch kann die Gläubigerversammlung gemäß § 157 Satz 2 InsO jedenfalls das grobe Planziel in der Insolvenz vorgeben und damit die letztendliche Zielrichtung als Sanierungsplan, als Übertragungsplan oder als Liquidationsplan prägen (vgl. Schmidt et al., 2016, § 157 InsO, Rn. 19 ff. sowie Kirchhof et al., 2013, § 157 InsO, Rn. 18 ff.).

Des Weiteren wird der Verwalter inhaltlich umsetzbare Anregungen einzelner Gläubiger oder auch der Gläubigerversammlung annehmen, wenn diese Vorgaben von der Gläubigermehrheit mitgetragen werden. Auf diese Weise wird die Chance zur Annahme des Insolvenzplans durch die Gläubigerversammlung erhöht. Dabei ist es von Vorteil, wenn alle Hauptgläubiger an einer Sanierung über einen Insolvenzplan interessiert sind, da in der Regel für die Fortführung weitere Liquidität bereitgestellt werden muss. Eine Planumsetzung gegen den Willen der Kreditinstitute wird in der Praxis kaum möglich sein. Gemäß § 218 Abs. 2 InsO hat der Insolvenzverwalter den Planentwurf in einer angemessenen Frist dem Gericht vorzulegen, wenn die Gläubigerversammlung den Insolvenzverwalter mit der Erstellung des Insolvenzplans beauftragt hat. Als angemessen wird eine Frist von maximal drei Monaten angesehen. Der Verwalter wird zur Vorbereitung des Berichtstermins die für die Erstellung des Plans notwendigen Informationen ausgearbeitet haben, denn auch zu einem Insolvenzplan muss er sich äußern (§ 156 Abs. 1 Satz 2 InsO).

Dies ist vor dem Hintergrund zu erwarten, dass der Insolvenzverwalter regelmäßig bereits als vorläufiger Insolvenzverwalter eingesetzt war und sich in dieser Funktion im Rahmen der Prüfung der Fortführungsaussichten mit der Erstellung eines Insolvenzplans befasst hat.

Das Insolvenzgericht nimmt gemäß § 231 InsO eine rechtliche Vorprüfung der Planungsunterlage vor, nicht jedoch eine wirtschaftliche. Erfüllt der Plan die Voraussetzungen nicht, wird dieser gemäß § 231 Abs. 1 InsO von Amts wegen zurückgewiesen. Damit sollen offenkundig rechtlich aussichtslose oder unseriöse Pläne von der Beschlussfassung ausgeschieden werden.

So etwa ist ein Schuldnerplan an einem Insolvenzgericht gescheitert, der nach einigen vergeblichen Anläufen vorsah, dass ein Grundpfandgläubiger auf seine mindestens teilweise werthaltige Forderung in Höhe von bald 1,3 Mio. Euro nur eine Zahlung von 587,99 Euro erhalten sollte, wobei er bis zu weitere 400.000 Euro bekommen sollte, wenn er nachweisen konnte, dass beziehungsweise in welchem Umfang er durch den Plan benachteiligt würde (§ 251 InsO). Sein Grundpfandrecht sollte er aufgeben gegen Bürgschaft einer mit der Schuldnerin offenbar verbundenen Gesellschaft und gegen ein Grundpfandrecht in Höhe von 400.000 Euro an einem anderen Grundstück, über dessen Werthaltigkeit noch gar nichts ausgesagt wurde (vgl. BGH vom 20.07.2017, IX ZB 13/16).

Durch die seltene und nur ausnahmsweise mögliche Zurückweisung des Insolvenzplans durch das Insolvenzgericht tritt eine wesentliche Verzögerung des Verfahrens ein. Zudem ist ein Vertrauensverlust in die Kompetenz des Vorlegenden vorprogrammiert. Daher ist der Insolvenzplan formal und inhaltlich sehr sorgfältig auszuarbeiten. Die Abarbeitung einer Checkliste möglicher formaler und inhaltlicher Zurückweisungsgründe kann bei der Erstellung eines Insolvenzplans helfen (vgl. Gietl, 2014, S. 1209 ff.). Erachtet das Gericht diesen Plan als zulässig, so wird er und das dortige Unternehmenskonzept zunächst gemäß § 232 Abs. 1 InsO zur Stellungnahme an den Gläubigerausschuss, den Betriebsrat, den Sprecherausschuss der leitenden Angestellten und den Schuldner (beim Verwalterplan) beziehungsweise den Insolvenzverwalter (beim Schuldnerplan) zur Stellungnahme weitergeleitet. Gelegenheit dazu können auch die Berufsvertretungen, wie die IHK, die Handwerkskammer oder die Landwirtschaftskammer, erhalten (§ 232 Abs. 2 InsO).

Diese Weiterleitung zur fristgebundenen Stellungnahme ist von dem der Beratung dienenden Mitwirkungsrecht an der Planaufstellung (§ 218 Abs. 3 InsO) zu unterscheiden, das aber auch wichtige Impulse für den Plan zu geben vermag. Daher sollte sich der Gläubigerausschuss schon in dieser frühen Phase einbringen, Fortschritte erfragen und Anregungen geben, nicht erst in den Fällen des § 232 InsO, wenn der Plan schon detailliert ausgearbeitet ist. Im nächsten Schritt wird durch die Gläubiger über die Annahme oder Ablehnung des Plans entschieden. Dies geschieht in einem einheitlichen Erörterungs- und Abstimmungstermin. In diesem Termin werden zunächst der Insolvenzplan sowie das Stimmrecht erläutert.

Es werden mögliche Bedenken ausgeräumt und die erforderlichen Mehrheiten für die Abstimmung geprüft. Damit wird die Grundlage für die Entscheidung über den Plan geschaffen. Der Zeitpunkt dieser Sitzung wird gemäß § 235 InsO durch das Insolvenzgericht bestimmt. Der Erörterungs- und Abstimmungstermin darf nach § 236 InsO nicht vor dem Prüfungstermin stattfinden, da die Ergebnisse dieses Prüfungstermins wesentlich für die im Insolvenzplan zu gestaltenden Rechte der Beteiligten sind, mit dem er aber verbunden werden kann.

Vor der Abstimmung sind die Stimmrechte der Gläubiger festzustellen und die Zuordnung zu den Gruppen vorzunehmen (§§ 237 ff. InsO). Entscheiden sich die Gläubiger für die Annahme des Insolvenzplans, so ist dieser anschließend durch das Insolvenzgericht nach §§ 248 ff. InsO zu bestätigen. Die Bestätigung ist Voraussetzung für das Wirksamwerden des Plans. Das Insolvenzgericht prüft die ordnungsgemäße Annahme des Insolvenzplans durch die Gläubiger und die Einhaltung des gesetzlichen Ablaufes. So wird beispielsweise der Minderheitenschutz (vgl. § 251 InsO) begutachtet. Die Inhalte des Insolvenzplans bleiben dabei unangetastet. Die Entscheidung über die endgültige Annahme oder die Ablehnung des Insolvenzplans ergeht nach § 252 Abs. 1 InsO durch einen gerichtlichen Beschluss. Mit Wirkung dieser Entscheidung treten die im gestaltenden Teil vorgesehenen Regelungen für oder gegen die Beteiligten und auch die Kreditinstitute ein (§§ 254–254b InsO).

Anschließend erfolgt nach § 258 InsO die Aufhebung des Insolvenzverfahrens durch das Gericht mit den Folgen des § 259 InsO. Zuvor hat der Insolvenzverwalter die unstreitigen fälligen Masseverbindlichkeiten zu berichtigen (§§ 258 Abs. 2, 53 ff. InsO), für die anderen Sicherheit zu leisten. Bei den fälligen genügt ein Finanzplan, aus dem die Gewährleistung der Erfüllung dieser Verbindlichkeiten hervorgeht. Zudem ist er gemäß § 66 InsO zur Rechnungslegung verpflichtet. Mit der Aufhebung des Insolvenzverfahrens erlöschen gleichzeitig die Ämter des Insolvenzverwalters und der Mitglieder des Gläubigerausschusses. Der Schuldner erhält zudem auch das Recht zurück, über die Insolvenzmasse zu verfügen (§ 59 Abs. 1 InsO). Damit die im Insolvenzplan vorgesehenen Verpflichtungen auch eingehalten werden und das Konzept nach den vorgegebenen Rahmenbedingungen verwirklicht wird, ist eine Planüberwachung möglich (§ 260 InsO).

Die Überwachungsfunktion wird durch den Insolvenzverwalter sowie den Gläubigerausschuss ausgeübt (§§ 260, 261 InsO). Er besitzt Detailkenntnisse über den Insolvenzplan und ist für die Überprüfung gut geeignet. Nach einem Planverfahren in Eigenverwaltung ist der Sachwalter anstelle eines Insolvenzverwalters für die Überwachung zuständig (§ 284 Abs. 2 InsO). Die Überwachung ist gemäß § 267 InsO zusammen mit der Verfahrensaufhebung durch das Insolvenzgericht im Internet unter www.insolvenzbekanntmachungen.de bekannt zu machen. Auch die Aufhebung einer Planüberwachung ist durch das Gericht nach maximal drei Jahren zu beschließen sowie zu veröffentlichen. Die nachfolgende Abb. 5.26 zeigt den schematischen Ablauf eines Insolvenzplanverfahrens.

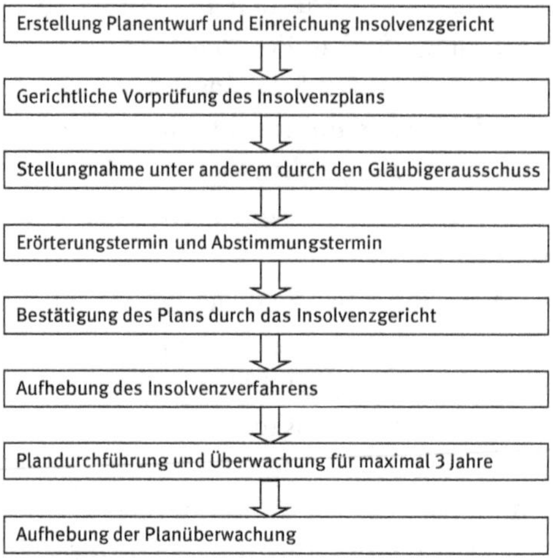

Abb. 5.26: Verlauf eines Insolvenzplanverfahrens (Quelle: Eigene Darstellung)

Grundlage für diesen ordnungsgemäßen Ablauf ist die Erfüllung der Auflagen des Insolvenzplans. Kommt der Schuldner den im Plan vorgesehen Verpflichtungen allerdings nicht nach, ergeben sich die Rechtsfolgen aus §§ 255 ff. InsO. So leben die im gestaltenden Teil erlassenen oder gestundeten Forderungen wieder auf. Voraussetzung ist ein erheblicher Rückstand gemäß § 255 Abs. 1 Satz 2 InsO. Ein bedeutender Rückstand ist beispielsweise anzunehmen, wenn der Schuldner eine fällige Verbindlichkeit nicht bezahlt hat, obwohl dieser dazu schriftlich gemahnt und ihm eine zweiwöchige Frist gesetzt wurde.

Inhalte eines Insolvenzplans

Gemäß § 219 InsO besteht der Insolvenzplan aus einem darstellenden und einem gestaltenden Teil sowie den Plananlagen (§§ 229, 230 InsO). Gemäß § 220 InsO ist im darstellenden Teil zu beschreiben, welche Maßnahmen nach Eröffnung des Insolvenzverfahrens durch den Insolvenzverwalter getroffen worden sind oder noch getroffen werden sollen, um die Grundlage für eine geplante Gestaltung der Rechte aller Beteiligten zu schaffen. In der Darstellung sind die Auswirkungen zu erläutern, um eine Entscheidungsgrundlage für die Gläubiger und das Gericht vorzubereiten. Im gestaltenden Teil ist gemäß § 221 InsO festzulegen, wie sich die Rechtsstellung sämtlicher Beteiligter durch den Insolvenzplan verändert (vgl. Schmidt et al., 2016, § 221 InsO, Rn. 2 ff.). Zur inhaltlichen Ausgestaltung eines Insolvenzplans kann gegebenenfalls der IDW Standard Anforderungen an Insolvenzpläne (IDW S 2) herangezogen werden (vgl. IDW, 2000, S. 285 ff.). Nach diesem Standard sind Insolvenzpläne auf der Grundlage vorhandener Informationen aus dem internen und dem externen Rechnungswesen zu erstellen.

Es kann unter Umständen auf ein außergerichtliches Sanierungskonzept zurückgegriffen werden. Zusätzlich können Daten aus den nach Verfahrenseröffnung erstellten Verzeichnissen verwendet werden.

Dazu besteht die Möglichkeit, das Masseverzeichnis (§ 151 InsO), das Gläubigerverzeichnis (§ 152 InsO) sowie die Vermögensübersicht (§ 153 InsO) als Basis für einen Vorteilhaftigkeitsvergleich zwischen einer Betriebsfortführung und Abwicklung zu verwenden. Die Daten sind dann laufend zu aktualisieren und zu einem echten Planungsinstrument weiterzuentwickeln. Szenarioanalysen können verschiedene und zu erwartende Zukunftsverläufe abbilden (vgl. IDW, 2000, S. 285 ff.). Dabei ist das jeweilige Planungsziel der Sanierung, Übertragung oder Liquidation zugrunde zu legen. Im Folgenden wird verstärkt auf die Fortführungslösung Bezug genommen, da diese meist zentraler Gegenstand eines Insolvenzplans ist.

Darstellender Teil des Insolvenzplans (§ 220 InsO)

Der darstellende Teil eines Insolvenzplans soll zunächst den aktuellen Zustand eines Unternehmens beschreiben. Es ist einzugehen auf die Krisenursachen sowie die Auswirkungen auf das Unternehmen, die Marktsituation und die aktuelle Vermögens-, Ertrags- und Finanzlage (vgl. Obermüller, 2016, S. 175 ff.). Im Zentrum steht die Überprüfung der Sanierungsfähigkeit über die finanzwirtschaftlichen sowie leistungswirtschaftlichen Maßnahmen. Daher kann von der Konzeptstruktur auf den Standard IDW S 6 oder die Mindestanforderungen an Sanierungskonzepte zurückgriffen werden. Diese Untersuchungen sind vergleichbar mit den außergerichtlichen Sanierungshandlungen.

Der darstellende Teil soll eine Ergebnisprognose für die beteiligten Gläubiger beinhalten und genaue Ausführungen darüber geben, wie sich diese Gläubigerbefriedigung bei Wirksamwerden des Insolvenzplans im Vergleich zu einer vollständigen Zerschlagung oder in Bezug zu einem Verkauf des Unternehmens sowie seiner Teile gestaltet. Konkrete Inhalte des darstellenden Teils sind unter anderem:

- Krisenursachenanalyse und genaue Darlegung der aktuellen Marktstellung
- Darstellung der bereits eingeleiteten oder noch geplanten Sanierungsschritte
- Leitbild saniertes Unternehmen zur Herstellung der Wettbewerbsfähigkeit

Das Insolvenzplankonzept sollte ein zusammenfassendes Ergebnis zu den möglichen Chancen der Sanierung enthalten. Hilfestellung zur abschließenden Einschätzung der Sanierungsfähigkeit, auf qualitativer Basis, kann ein betriebswirtschaftliches Stärken-Schwächen-Modul oder ein Chancen-Risiken-Profil leisten. Dabei sind die Ergebnisse im Insolvenzplan differenziert nach Gläubigergruppen darzustellen. Es ist aus Sicht der Banken unter anderem auf die zu erbringenden Leistungen im Rahmen eines Verzichts, einer Stundung oder notwendiger Neukreditierungen einzugehen. Diese finanziellen Zugeständnisse sollten für Kreditinstitute wirtschaftlich tragbar sein und keine zu hohen Risiken bewirken.

Da die Gläubiger durch die Umsetzung des Insolvenzplans in der Regel eine finanzielle Verbesserung durch Befriedigung aus den Erträgen des fortgeführten Unternehmens erreichen sollen, ist die Besserstellung in einer Vergleichsrechnung nach § 229 InsO nachzuweisen (vgl. Schmidt et al., 2016, § 229 InsO, Rn. 4 ff.).

Gestaltender Teil des Insolvenzplans (§ 221 InsO)

Gemäß §§ 187 ff. InsO werden die Insolvenzforderungen im Rahmen einer Regelabwicklung quotal befriedigt. Wenn von der gesetzlichen Regelung dann durch einen Insolvenzplan abgewichen werden soll, ist gemäß § 224 InsO im gestaltenden Teil eines Insolvenzplans anzugeben, in welcher Höhe Forderungen gekürzt oder welchen sonstigen Regelungen diese unterworfen werden sollen. Im gestaltenden Teil wird festgelegt, wie die Rechtsstellung der Beteiligten durch den Insolvenzplan geändert werden soll. Dies bedeutet, dass die im Insolvenzplan vorgesehenen Eingriffe in die Rechte sämtlicher Beteiligter festzulegen und zu erläutern sind.

Involviert sind daher regelmäßig die nicht nachrangigen, die nachrangigen Insolvenzgläubiger sowie die absonderungsberechtigten Gläubiger. Dabei gelten die Forderungen der nachrangigen Insolvenzgläubiger gemäß § 225 Abs. 1 Satz 1 InsO als erlassen, wenn in dem Insolvenzplan nichts anderes bestimmt ist. Nach § 223 InsO bleiben die Rechte der absonderungsberechtigten Gläubiger unberührt, falls der Insolvenzplan für diese nichts anderes regelt.

Soll die Rechtsstellung der absonderungsberechtigten Gläubiger im Insolvenzplan geändert werden, sind die Rechte dieser Gläubigergruppe im Abstimmungstermin einzeln zu erörtern. Deshalb müssen die abweichenden Regelungen im gestaltenden Teil gemäß § 223 Abs. 2 InsO genau angegeben werden. Somit können unter anderem von den Absonderungsberechtigten, wie Banken, im Insolvenzplan erhebliche Zugeständnisse gefordert werden. Diese reichen im Hinblick auf die schuldrechtlichen Forderungen von einer Stundung bis hin zu einem Zinsverzicht oder auch zu einem teilweisen oder vollständigen Forderungserlass. Bei den Absonderungsrechten ist anzugeben, wie diese Rechte beschränkt werden. So könnte, um Beispiele zu nennen, festgelegt werden, dass die Sicherungsübereignung einer Produktionsanlage gegen Zahlung einer Abstandssumme aufgehoben wird, die am unteren Rand der Schwankungsbreite einer professionellen Schätzung liegt. Dasselbe gilt für die Ablösung von Grundpfandrechten auf dem Betriebsgelände, auch wenn die Bank auf Verwertung besteht. Eventuell hat sie mit dem Minderheitenschutz (§ 251 InsO) oder mit der Beschwerde gegen die Bestätigung des Insolvenzplans (§ 253 InsO) mit der Behauptung der Schlechterstellung durch den Plan Erfolg, wenn sie bereits am Obstruktionsverbot (§ 245 InsO) gescheitert ist. Der Verzicht sollte möglichst mit einem Besserungsschein versehen sein, der auf der mehrjährigen Zeitachse nach Verfahrensaufhebung in Abhängigkeit von der Vermögens- und Ertragslage zu Zahlungen an die Gläubiger über im Insolvenzplan festgelegte Quoten führt. Damit besteht die Hoffnung, dass künftig gegebenenfalls noch Zahlungen erfolgen.

Auch erhebliche Eingriffe in die Sicherungsrechte der Banken sind, wie vorstehend aufgezeigt, möglich, wenn unter anderem bei einer Neukreditaufnahme den neu hinzutretenden Gläubigern ein Gleichrang oder sogar ein Vorrang an einer werthaltigen Kreditsicherheit eingeräumt werden soll. Dieses ist von den Kreditinstituten wirtschaftlich genau zu überprüfen und gegen ihren Willen nur eingeschränkt hinzunehmen, wenn sie sich nämlich im Vergleich zu einer möglichen Liquidationslösung deutlich schlechter stellen würden.

Die Interessenlagen der unterschiedlichen Gläubiger sind meist sehr heterogen ausgeprägt. Daher sind die Gläubiger in Gruppen aufzuteilen (§ 222 InsO) und gemäß § 226 InsO in den Gruppen gleich zu behandeln. Dies fördert in der Regel eine Einigungslösung, da in den Gruppen über den Insolvenzplan abgestimmt wird (vgl. Foerste, 2008, S. 235). Im Insolvenzplan sind diese Gläubigergruppen detailliert zu beschreiben sowie voneinander abzugrenzen (vgl. IDW, 2000, S. 289). Kerninhalte des gestaltenden Teils betreffen daher unter anderem:

- Bildung der Gläubigergruppen
- Neugestaltung der Gläubigerrechte
- Ausführungen zur Planüberwachung

Gemäß § 227 InsO wird der Insolvenzschuldner mit den im gestaltenden Teil vorgesehenen Regelungen von seinen restlichen Verbindlichkeiten gegenüber den Gläubigern befreit, soweit der Plan nichts anderes vorsieht. Der Schuldner als natürliche Person erhält somit eine Restschuldbefreiung, ohne dass er das gesonderte Restschuldbefreiungsverfahren nach den §§ 286 ff. InsO durchlaufen muss. Dies bedeutet, dass in der Insolvenz natürlicher Personen selbst der unredliche Schuldner sowie der Schuldner, der die Voraussetzungen für eine Versagung der Restschuldbefreiung nach den §§ 290, 296 ff. InsO erfüllt, von seinen restlichen Verbindlichkeiten befreit wird. Hierzu sind ebenfalls Ausführungen im gestaltenden Teil eines Insolvenzplans zu machen, da dies für die Gläubiger von Bedeutung sein kann.

Plananlagen des Insolvenzplans (§§ 229, 230 InsO)

Die Plananlagen dienen der zahlenmäßigen Nachvollziehbarkeit des Insolvenzplans und müssen daher mit den beabsichtigen Sanierungsmaßnahmen eine Einheit bilden. Handelt es sich um einen Fortführungsplan, so sollen die Gläubiger erkennen können, wie sie aus den künftigen Erträgen des wieder gesundeten Unternehmens mit hoher Wahrscheinlichkeit befriedigt werden. Es sind gemäß § 229 InsO bestimmte Zahlenwerke auf eine integrierte Art und Weise und möglichst mit einer professionellen Software zu erstellen und diese dem Insolvenzplan als quantitative Grundlage beizufügen. Dies sind im Wesentlichen:

- Planvermögensübersicht
- Plangewinn- und Verlustrechnung
- Planliquiditätsrechnung

Hilfreich ist eine weitere Differenzierung der Rechenwerke. So kann zusätzlich zur Plangewinn- und Verlustrechnung eine Segmentberichterstattung für wichtige Teilbereiche erstellt werden, die eine prognostizierte Entwicklung für jeden Profit Center aufzeigt. Bei der Liquiditätsplanung sollte nach Fristen differenziert werden. Neben einer langfristigen nach Monaten aufgeteilten Jahresplanung ist eine Wochen- oder auch eine Tagesplanung zu erarbeiten. Die bereitgestellten Plananlagen müssen eng aufeinander abgestimmt werden zu einem integrierten System (vgl. Braun et al., 2017, § 221 InsO, Rn. 8 ff.). Unter Umständen kann der Berater, der bereits in der außergerichtlichen Sanierung die Zahlenwerke erstellt hat, in diesem Bereich weiter tätig bleiben, da die Einarbeitungszeit geringer ist.

Die Planzahlen sollten interdependent, widerspruchsfrei und vollständig, auf einer aktuellen Basis, erstellt werden. Es sind auch die jeweiligen Prognoseannahmen sowie Szenarien und die voraussichtliche vorsichtig geschätzte Zeitdauer der Umsetzung des Konzeptes mit anzugeben. Im Folgenden wird der Aufbau des Insolvenzplans mit dem darstellenden, dem gestaltenden Teil und den ergänzenden quantitativen Plananlagen in Abb. 5.27 aufgezeigt.

Darstellender Teil (§ 220 InsO)
- Beschreibung des Unternehmens
- Analyse der Krisenursachen
- Leistungswirtschaftliche Maßnahmen
- Leitbild des sanierten Unternehmen
- ....

Gestaltender Teil (§ 221 ff. InsO)
- Bildung der Gläubigergruppen
- Neugestaltung der Gläubigerrechte
- Eingriff in die Gläubigerrechte
- Gesellschaftsrechtliche Änderungen
- ....

Plananlagen (§ 229 ff. InsO)
- Planvermögensübersicht
- Plangewinn- und Verlustrechnung
- Planliquiditätsrechnung
- Vergleichsrechnung zum Regelinsolvenzverfahren
- ....

Abb. 5.27: Struktur und Inhalte eines Insolvenzplans (Quelle: Eigene Darstellung)

Bei der Begleitung eines Insolvenzplans ist aus Sicht der Kreditinstitute zu untersuchen, ob das Sanierungskonzept mit den finanzwirtschaftlichen und leistungswirtschaftlichen Maßnahmen im Hinblick auf die erwarteten finanziellen Zugeständnisse tragbar erscheint und bessere Ergebnisse gegenüber einer Abwicklung erbringt. Die Prüfungsprozesse ähneln denen eines vorinsolvenzlichen Sanierungskonzeptes (vgl. Lützenrath et al., 2006, S. 224).

Nach einer genaueren Erläuterung des Plans im Erörterungs- und Abstimmungstermin wird im Anschluss an die Feststellung der Stimmrechte über den Insolvenzplan abgestimmt. Wesentlich für die Annahme und die Umsetzung des Insolvenzplans ist die geeignete Aufteilung der Beteiligten auf die verschiedenen Gläubigergruppen, denn es wird in gleichartigen Fraktionen über das Konzept entschieden.

Gruppenbildung (§§ 237, 238, 243 ff. InsO)

Im Anschluss an die Erörterung eines Insolvenzplans und vor der eigentlichen Abstimmung in den einzelnen Gruppen sind die Stimmrechte durch den Insolvenzverwalter festzustellen (§§ 237, 238 InsO). In einer Stimmliste ist festzuhalten, welche Stimmrechte den Gläubigern zustehen (§ 239 InsO). Durch dieses Verzeichnis wird eine Zuordnung zu den Gruppen vorgenommen, es sei denn, der Insolvenzplan trifft gemäß § 222 Abs. 2 InsO eine andere Regelung. Der Zuschnitt der Gruppen liegt in der Hand des Planverfassers und kann auch die Annahme des Insolvenzplans durch die Gläubiger im Ergebnis erheblich beeinflussen.

So kann der Gestalter diejenigen Gläubiger, die einem Insolvenzplan voraussichtlich gewogen sind, in zwei Gruppen aufteilen und ihnen auf diese Weise ein doppeltes Stimmgewicht geben. Der Insolvenzplan gilt dann nach § 245 Abs. 1 Nr. 3 InsO mit der Mehrheit der Gruppen als angenommen (vgl. Foerste, 2008, S. 236 ff.). Diese Gestaltungsmacht des Planvorlegers reicht bis zur Missbrauchsgrenze. Gemäß § 222 InsO sind zur Festlegung der Stimmrechte der einzelnen Beteiligten im Insolvenzplan genau definierte Gläubigergruppen zu bilden, sofern sie mit einer unterschiedlichen Rechtsstellung am Insolvenzverfahren beteiligt sind. Das Gesetz differenziert gemäß § 222 Abs. 1 Satz 2 und Abs. 3 InsO zwischen den Gruppen:

- Absonderungsberechtigte Gläubiger
- Nicht nachrangige Insolvenzgläubiger
- Nachrangige Insolvenzgläubiger verschiedener Rangklassen
- Arbeitnehmer, als Insolvenzgläubiger
- Kleinstgläubiger, mit geringen Forderungen

Gemäß § 222 Abs. 2 InsO können innerhalb der Gläubigergruppen nochmals weitere Untergruppen mit gleichen wirtschaftlichen Interessen gebildet werden. Damit entstehen weitere Gruppen. Innerhalb jeder Gruppe sind den Beteiligten dann dieselben Rechte anzubieten und es sind alle gleich zu behandeln (§ 226 InsO). Diese Abgrenzungskriterien der Gruppenzuteilung sind aus § 222 Abs. 2 InsO im Plan anzugeben und gegebenenfalls durch den Insolvenzverwalter näher zu erläutern.

Gruppen, die aus einem einzigen Gläubiger bestehen, sind zulässig. So etwa ermöglicht § 9 Abs. 4 BetrAVG die Bildung einer besonderen Gruppe für diesen wichtigen Pensionssicherungsverein aG als Gläubiger sowie Träger der Insolvenzsicherung der betrieblichen Altersversorgung (§ 14 BetrAVG). Nachdem die Stimmrechte festgestellt sind, kommt es zum eigentlichen Abstimmungsprozess.

Nach § 243 InsO stimmt jede Gruppe gesondert über den Insolvenzplan ab. Zur Annahme des Plans ist es gemäß § 244 InsO erforderlich, dass in jeder der gebildeten Gruppen die Mehrheit der abstimmenden Gläubiger dem Plan zustimmt sowie die Summe der Ansprüche der zustimmenden Gläubiger mehr als die Hälfte der Summe der Ansprüche der abstimmenden Gläubiger beträgt. Es ist die Kopf- und Summenmehrheit in jeder Gruppe für eine positive Entscheidung zu erreichen und es müssen alle Gruppen zustimmen. Der Widerstand opponierender Gruppen kann im Rahmen eines Cramdowns des § 245 InsO überwunden werden.

Definition: Unter **Kopfmehrheit** wird verstanden, dass innerhalb einer Gruppe die Mehrheit der abstimmenden Gläubiger zustimmen muss. Es wurde beispielsweise eine Gläubigergruppe der Lieferanten aus sechs Mitgliedern gebildet. Die Gruppe hat Forderungen in Höhe von 120.000 Euro gegen das Schuldnerunternehmen. Die Kopfmehrheit in der Gruppe wird erreicht, wenn vier der sechs Lieferanten zustimmen. Unter der **Summenmehrheit** wird verstanden, dass innerhalb einer Gruppe die Summe dieser Ansprüche aller zustimmenden Gläubiger mehr als die Hälfte der gesamten Ansprüche der abstimmenden Gläubiger beträgt. Ausgehend vom oben genannten Beispiel wäre die Summenmehrheit dann erreicht, wenn die Lieferanten, die diesem Insolvenzplan zustimmen, mehr als 60.000 Euro der Forderung auf sich vereinen können. Stimmen zwar vier Lieferanten zu, haben diese aber nur 59.000 Euro der Forderungen inne, ist die Summenmehrheit nicht erreicht.

Dabei soll dieses **Obstruktionsverbot** verhindern, dass ein wirtschaftlich sinnvoller Plan aufgrund eines Widerstandes einzelner Gläubiger oder einer Gruppe abgelehnt wird (§ 245 InsO), das sind die sogenannten „Akkordstörer". Über die Regelung wird das Mehrheitsprinzip dann relativiert (vgl. Schmidt et al., 2016, § 245 InsO, Rn. 1 ff.). Bei der Ablehnung des Insolvenzplans durch eine der beteiligten Gläubigergruppen kann die Zustimmung durch das Insolvenzgericht fiktiv ersetzt werden, wenn:

- die Gläubiger der betroffenen Gruppe durch den Insolvenzplan voraussichtlich nicht schlechter gestellt werden, als ohne Plan (§ 245 Abs. 1 Nr. 1 InsO).
- die Gläubiger dieser Gruppe angemessen an dem wirtschaftlichen Wert beteiligt werden, der den Beteiligten aus dem Plan zufließen soll (§ 245 Abs. 1 Nr. 2 InsO).
- die Mehrheit der abstimmenden Gruppen dem Insolvenzplan mit den erforderlichen Stimmenmehrheiten zugestimmt hat (§ 245 Abs. 1 Nr. 3 InsO).

Durch dieses Obstruktionsverbot soll verhindert werden, dass das Zustandekommen eines wirtschaftlich sinnvollen Planes durch die Ablehnung einer Gruppe blockiert wird, obwohl das Konzept insgesamt mindestens gleichwertige Ergebnisse, im Vergleich zu einer Liquidation für alle vorsieht, und die Mehrheit der Gruppen diesem Plan zugestimmt haben. Gemäß § 245 Abs. 1 Nr. 1 InsO kann die Zustimmung daher fingiert werden, wenn die blockierende Gruppe durch den Plan nicht schlechter gestellt wird, als ohne den Plan. Maßgebend ist, ob die für die betreffende Gruppe vorgesehene Planregelung ein geringeres Ergebnis ausweist, als bei einer Regelabwicklung und ist somit eine wirtschaftliche Betrachtung.

Dies ist zum Beispiel dann der Fall, wenn konkrete Anhaltspunkte dafür vorliegen, dass die in dem Insolvenzplan prognostizierten Erlöse zu einer deutlich besseren Befriedigung der Gläubiger führen würden, als im Fall einer Regelabwicklung durch eine Verwertung über eine Einzelliquidation.

Gemäß §§ 245 Abs. 1 Nr. 2 und Abs. 2 Nr. 1 bis 3 InsO kommt eine Zustimmungsfiktion in Betracht, wenn die Gläubiger der ablehnenden Gruppe darüber hinaus angemessen an dem wirtschaftlichen Wert beteiligt werden, der den Beteiligten auf der Grundlage des Plans zufließen soll. Daher liegt eine angemessene Beteiligung dann vor, wenn nach dem Insolvenzplan kein anderer Gläubiger wirtschaftliche Werte erhält, die den vollen Betrag seines Anspruchs übersteigen, kein nachrangiger Gläubiger, der Schuldner oder eine an ihm beteiligte Person wirtschaftliche Werte erhalten und kein Gläubiger gegenüber anderen gleichrangigen Gläubigern dann besser gestellt wird (vgl. Hanken, 2005, S. 308 ff.). Interessant ist in dem Zusammenhang, dass der Richtlinienentwurf der EU-Kommission über präventive Restrukturierungsrahmen ebenfalls die Abstimmung über den dortigen Restrukturierungsplan durch die Gläubiger in Gruppen vorsieht, wobei jedoch der Cramdown bereits möglich ist, wenn auch nur eine einzige Gruppe dem Plan zustimmt.

Durch einen wirksamen Minderheitenschutz gemäß § 251 InsO wird zusätzlich sichergestellt, dass keiner der Beteiligten gegen seinen Willen durch den erarbeiteten Insolvenzplan schlechter gestellt wird, als im Fall einer Liquidation. Da durch die Mehrheitsentscheidungen der Gläubiger über den Inhalt des Insolvenzplans innerhalb einer Gruppe entschieden wird, besteht für Gläubigerminderheiten oder einzelne Gläubiger durch die Ausgestaltung des Insolvenzplans unter Umständen die Gefahr, dass Entscheidungen über die Verwertung und die Gläubigerbefriedigung zugunsten der Gläubigermehrheit auf Kosten dieser Minderheit oder des Einzelnen getroffen werden können. Die Bestätigung des Insolvenzplans kann auf Antrag eines einzelnen Gläubigers gemäß § 251 InsO versagt werden, wenn dieser dem Plan spätestens im Abstimmungstermin schriftlich oder zu Protokoll der Geschäftsstelle widersprochen hat und er glaubhaft macht, durch den Plan voraussichtlich schlechter gestellt zu sein, als ohne den Insolvenzplan (vgl. Schmidt et al., 2016, § 251 InsO, Rn. 3 ff.). Voraussetzung für die Zurückweisung eines Insolvenzplans ist der form- sowie fristgerechte Widerspruch des Gläubigers, der spätestens vor dem förmlichen Schluss des Abstimmungstermins erklärt werden muss.

Zudem hat der Gläubiger Tatsachen glaubhaft zu machen, mit denen er diese voraussichtliche Schlechterstellung klar begründen kann. Enthält der Insolvenzplan eine salvatorische Klausel, nach der den Gläubigern, die durch den Insolvenzplan schlechter gestellt werden, als sie ohne diese Ausarbeitung des Konzeptes stehen würden, eine Kompensation angeboten wird, können die Wirkungen des § 251 InsO allerdings ausgehebelt werden § 251 Abs. 3 InsO). Widerspruchsberechtigt sind gemäß § 251 Abs. 1 sowie beschwerdeberechtigt gemäß § 253 Abs. 1 InsO der Schuldner und die beteiligten Gläubiger.

Aussonderungsberechtigte sind nicht zur Blockade befugt, da sie ihre Rechte gemäß § 47 InsO außerhalb des Insolvenzverfahrens verfolgen. Den Massegläubigern steht ebenfalls kein Beschwerderecht zu (vgl. Schmidt et al., 2016, § 253 InsO, Rn. 4 ff.). Des Weiteren wurden die Hürden für die Versagung eines wirtschaftlich gerechtfertigten Insolvenzplans durch das ESUG deutlich erhöht.

Änderungen des ESUG zur Beschleunigung eines Insolvenzplanverfahrens

Mit der Umsetzung des ESUG in die Insolvenzordnung wird die Fortführung sanierungsfähiger Unternehmen in der Insolvenz erleichtert. Es soll das Insolvenzplanverfahren als Sanierungsinstrument beschleunigt werden. Daher wurde § 253 InsO, der die Rechtsmittel der Beschwerde für oder gegen einen Insolvenzplan regelt, in Teilen neu gefasst. Diese Verhinderung des Zustandekommens eines wirtschaftlich vorteilhaften Insolvenzplans des Schuldnerunternehmens soll auf die berechtigten Bedürfnisse zurückgeschnitten werden.

Der Minderheitenschutz wurde so ausgestaltet, dass es nicht zu einer Verfahrensverzögerung kommt und die Rechte der betroffenen Insolvenzgläubiger dennoch gewahrt bleiben. Somit kann ein Antrag auf die Versagung der Bestätigung aufgrund einer geltend gemachten und nachgewiesenen finanziellen Schlechterstellung eines Insolvenzgläubigers gemäß § 253 Abs. 3 InsO durch eine Bereitstellung von ausreichenden Finanzmitteln im Plan versagt werden. Die Klärung der Höhe dieses Ausgleichsanspruchs erfolgt dann in einem gesonderten Rechtsstreit außerhalb des Insolvenzverfahrens. Diese Beschwerdeführung ist zudem nur unter den erhöhten Anforderungen des § 253 Abs. 2 InsO mit der Glaubhaftmachung (§ 294 ZPO) einer wesentlichen Schlechterstellung möglich. Das Erreichen dieser Wesentlichkeitsgrenze wird bei 10,0 % der Einbußen gesehen (vgl. Schmidt et al., 2016, § 253 InsO, Rn. 10). Zudem muss der widersprechende Gläubiger gegen diesen Insolvenzplan stimmen und er hat diesem Plan spätestens im Abstimmungstermin schriftlich oder auch zu Protokoll ausdrücklich zu widersprechen (vgl. Wimmer, 2012, S. 10 ff.). Den Minderheitenschutz nach § 251 InsO muss er jedoch nicht wahrgenommen haben.

Des Weiteren gilt vorrangig das Vollzugsinteresse. Stellt das Gericht fest, dass das Interesse am Wirksamwerden eines Insolvenzplans gegenüber dem Aufschub eines Beschwerdeführers überwiegt, ist die Beschwerde gemäß § 253 Abs. 4 InsO unmittelbar zurückzuweisen. Durch das ESUG wurde der Kreis der Beschwerdeberechtigten wegen der Neufassung des § 225a InsO auf die Anteilseigner erweitert.

Ein zentraler Regelungspunkt im ESUG gilt der Möglichkeit des Eingriffs in die Rechte der Anteilseigner. So sind gemäß § 225a InsO im Rahmen eines Insolvenzplanverfahrens seit dem ESUG solche Eingriffe in die Rechte der Altgesellschafter möglich. Ziel ist es, das deutsche Insolvenzplanverfahren nach dem Vorbild des amerikanischen Chapter-11-Verfahrens und anderer ausländischer Rechtsordnungen umzugestalten, um Sanierungslösungen in der Insolvenz zu ermöglichen.

Seit dem ESUG ist es daher realisierbar, die Rechte der Anteilseigner in einem Insolvenzplan neu zu regeln. Dabei ermöglicht die Umwandlung der Verbindlichkeiten in Anteilsrechte über einen Debt Equity Swap gemäß § 225a Abs. 2 InsO neue Gestaltungsmöglichkeiten. Das bislang bestehende Vetorecht der Alteigentümer wird damit aufgehoben, um weitere Blockademöglichkeiten gegen den wirtschaftlich sinnvollen Insolvenzplan durch die Gesellschafter zu vermeiden.

Definition: Bei einem **Debt Equity Swap** handelt es sich um einen Tausch von Fremdkapital in Eigenkapital. Damit sind oftmals umfassende gesellschaftsrechtliche Veränderungen wie beispielsweise die Kapitalherabsetzung, eine vom Debt Equity Swap zu unterscheidende Barkapitalerhöhung, der Ausschluss von Bezugsrechten oder die Abfindung der ausscheidenden Gesellschafter verbunden. Mit dem Debt Equity Swap im etwas engeren Sinne bezeichnet man allein die Kapitalerhöhung gegen Sacheinlage in Gestalt der in gezeichnetes Kapital umgewandelten Forderung eines Gläubigers.

So kann gemäß § 225a Abs. 2 InsO im gestaltenden Teil des Insolvenzplans vorgesehen sein, dass Forderungen von Gläubigern, allerdings nicht gegen den Willen der Gläubiger, in Anteilsrechte umgewandelt werden. Die geplanten gesellschaftsrechtlichen Maßnahmen werden den Beteiligten zur Abstimmung gestellt und bei einer Bestätigung des Plans auch ohne ein Mitwirken der Gesellschaftsorgane wirksam. Über den Tausch von Fremdkapital in Eigenkapital kann zum einen unter Umständen eine deutliche Verbesserung der Verschuldungssituation erreicht werden und es soll zum anderen das mögliche Obstruktionspotenzial der Altgesellschafter überwunden werden (vgl. Wimmer, 2012, S. 6 ff.).

Dabei ist das Risiko der Differenzhaftung gemäß § 254 Abs. 4 InsO ausgeschlossen, soweit nicht vorsätzlich eine Überbewertung über die potentielle Insolvenzquote, die auf die umgewandelte Forderung bezahlt werden würde, hinaus vorgenommen wurde. Umstritten ist, ob die Forderung zum Nominalbetrag umgewandelt werden darf oder nur zum Befriedigungswert im Insolvenzverfahren, nach der bislang herrschenden Meinung und auch Rechtsprechung (vgl. Schmidt et al., 2016, § 254 InsO, Rn. 14 ff.). Aufgrund des weitreichenden § 254 Abs. 4 InsO existiert für umwandelnde Gläubiger im Allgemeinen kein Risiko, dass unter Umständen eine Nachschusspflicht wegen der Überbewertung der eingebrachten Forderung droht, wenn man sich an die Vorgaben der herrschenden Meinung hält.

Ob diese Änderungen die vorsichtigen Meinungen der Kreditinstitute zum Halten einer Beteiligung an einem Krisenunternehmen allerdings verändern, ist weiter fraglich. Möglicher Weise wird damit aber ein Anreiz zum Beispiel für strategische Investoren geschaffen, an Banken zum Erwerb von deren Forderungen gegen insolvente Unternehmen heranzutreten, um dann nach Verkauf und Abtretung selbst im Insolvenzverfahren als Gläubiger zu agieren und einen Sanierungsplan mit Debt Equity Swap zu favorisieren, in dessen Rahmen man die Geschäftsanteile des Krisenunternehmens an sich bringt.

Vorteilhaft ist an der gesetzlichen Neuregelung, dass ein Blockadepotenzial der Altgesellschafter vermieden wird und die in der Sanierung erarbeiteten Vorteile aus einem geschaffenen Sanierungsmehrwert bei den Gesellschaftsanteilen, unter der Risikobeteiligung und der Zurverfügungstellung von Mitteln durch die Gläubiger, bei diesen verbleiben und nicht den Alteigentümern zukommen. Jedoch erscheint die Verwaltung von Kapitalbeteiligungen aus Bankensicht in der Regel zu aufwendig. Beispielsweise wären Untergesellschaften mit einer Kapitalausstattung zu gründen, die diese Firmenbeteiligungen aufnehmen.

Ein Beteiligungsmanagement beziehungsweise ein Beteiligungscontrolling und ein damit zusammenhängender Mitarbeiteraufbau wären neben weiteren Transaktionskosten erforderlich. Da die zahlreichen Industriebeteiligungen von Kreditinstituten im Rahmen der Entflechtung der sogenannten „Deutschland-AG" über viele Jahre hinweg mittlerweile erfolgreich abgebaut worden sind, könnte ein erneuter Beteiligungsaufbau für Banken die Folge sein.

Unklar sind im Einzelfall zudem die Risiken aus einer Stellung als Gesellschafter in einer möglichen Folgeinsolvenz (vgl. § 39 Abs. 1 Nr. 5, Abs. 4, 5 InsO). Unter Umständen werden die Beteiligungsgrenzen des Kleinbeteiligungsprivilegs überschritten. Des Weiteren kann eine Zersplitterung der Anteile durch den Swap der ehemaligen Poolbanken zu einem verminderten Einigungspotenzial bei den neuen Gesellschaftern führen. Bei einer Folgesanierung kann aus dieser Gesellschafterstellung heraus von den jetzt beteiligten Kreditinstituten der Einschuss neuer Gelder gefordert werden und das Sanierungsprivileg zudem kippen.

Des Weiteren ist die steuerliche Behandlung des Sanierungsgewinns bei einem Debt Equity Swap unklar. Dieses wird ein erhebliches Hindernis für die Umsetzung eines Swaps darstellen. Dann entsteht nämlich auf der Ebene des Unternehmens in Höhe des nicht werthaltigen Teils der Forderung ein Sanierungsgewinn, wie dies bei jedem Forderungsverzicht von Gläubigern der Fall ist. Die steuerliche Behandlung des Sanierungsgewinns ist einigermaßen unklar. Nachdem die gesetzliche Steuerbefreiung des Sanierungsgewinns nach § 3 Nr. 66 EStG im Jahr 1997 ausgelaufen war, sah das BMF mit den Ländern im März 2003 berechtigte Veranlassung, die Steuerbefreiung auf dem Erlasswege zu regeln.

Ist dieser Sanierungsgewinn zu versteuern, verunmöglicht das die Sanierung beziehungsweise macht sie für die Gläubiger kostspieliger. Dieser Erlass kam der Natur der Sache nach nur den Krisenunternehmen zugute und war nicht etwa zur Einhaltung der staatsbeihilfenrechtlichen Vorgaben des Unionsrechts (Art. 107–109 AEUV) der EU-Kommission notifiziert worden. Jahre später wurden die Grundfesten dieser Freistellung des Sanierungsgewinns von der Versteuerung erschüttert. Im Jahr 2016 entschied der Große Senat des Bundesfinanzhofs (28.11.2016, GrS 1/15), der Sanierungserlass sei rechtswidrig wegen Verstoßes gegen den Grundsatz des Vorbehalts des Gesetzes. Ein schneller Nachbesserungsversuch der Finanzverwaltung war dann ebenfalls ohne Erfolg (vgl. BFH vom 23.8.2017, I R 52/14 und X R 38/15).

Der Gesetzgeber hat aber schnell reagiert und die „unternehmensbezogene Sanierung" (§ 3a EStG, § 8 KStG, § 7b GewStG) steuerfrei gestellt. Diese Vorschriften treten aber erst in Kraft, wenn die EU-Kommission ihre Zustimmung dazu erteilt hat. Derzeit besteht auf einem für die Sanierung wichtigen Gebiet Unsicherheit.

Der wirtschaftliche Nutzen aus einer Beteiligung an einem Krisenunternehmen für Kreditinstitute wird kaum gegeben sein, da die Anteile in der Regel in der insolvenzrechtlichen Krise wertlos sind. Besteht die Möglichkeit, dass Gesellschaftsanteile in einer Sanierung wieder werthaltig werden können, werden sich Kreditinstitute diese über andere Rechtsvehikel, bereits im Vorfeld der Insolvenz, wie unter anderem der doppelnützigen Treuhand, sichern. Somit bestehen zahlreiche Unklarheiten und die Praxisbedeutung des Debt Equity Swaps könnte daher insgesamt gering ausfallen, wenn man von dem obigen Beispiel des True Sale absieht. Seit der Einführung des ESUG sind somit auch erst wenige Debt Equity Swaps bekannt geworden (vgl. Moldenhauer et al., 2013, S. 2 ff. und Cranshaw, 2016a, S. 2).

Banken sind Gläubiger und an einer Doppelstellung als Gläubiger und gleichzeitiger Eigentümer mit potenziellen Interessenkonflikten in der Regel nicht interessiert. Ein Debt Equity Swap zur Kapitalbereinigung ist auch in der Anwendung auf Gesellschafterdarlehen nur denkbar, wenn der betroffene Gesellschafter unter das Kleinbeteiligungsprivileg fällt, da ansonsten die umzuwandelnde Forderung, weil diese als nachrangig regelmäßig wertlos (vgl. § 225 Abs. 1 InsO), trotz § 254 Abs. 4 InsO nicht umwandlungsfähig ist.

Eine Wandlung von Forderungen in Eigenkapital ist aus Sicht der Kreditinstitute lediglich interessant, wenn der Debt Equity Swap gegebenenfalls als ein Transportmedium bei einem Forderungsverkauf an einen strategischen Investor oder einen Finanzinvestor eingesetzt wird, der auf diesem Wege eine Beteiligung am insolventen Unternehmen erwirbt oder dieses Krisenunternehmen in der Insolvenz komplett übernimmt. Der Ablauf des Debt Equity Swaps wird dargelegt.

Ablauf eines Debt Equity Swaps zur Kapitalbereinigung

Über einen Debt Equity Swap erhalten Gläubiger eine Beteiligung am Schuldnerunternehmen. Das Vorgehen ermöglicht den Beitritt neuer Gesellschafter. Da die Anteile am Unternehmen in einer Insolvenz regelmäßig wertlos sein werden, ergibt sich aus dem Tausch materiell zunächst keine Wirkung mit Ausnahme der Verbesserung der Eigenkapitalsituation durch den anteiligen Passivtausch einer Forderung in das Eigenkapital. Auch eine Abfindung der durch Verwässerung ihrer Quote hinausgedrängten Altgesellschafter (vgl. § 225a Abs. 5 InsO) ist dann aufgrund der Wertlosigkeit der Gesellschaftsanteile nicht relevant. In der Regel besteht infolge der Krise ein Unterkapital, das es zu bereinigen gilt. Zudem ergeben sich über einen Tausch positive Effekte auf den Zinsaufwand, falls dieser in der Insolvenz überhaupt noch beglichen werden kann. Im Gegenzug fallen bei der Reorganisation des Unternehmens unter Umständen Ausschüttungen auf die Anteile an.

Die Kapitalbereinigung erfolgt zunächst durch eine Kapitalherabsetzung. Anschließend erfolgt eine Kapitalerhöhung durch Sacheinlage mit Einbringung der Darlehensforderung und gegebenenfalls einer zusätzlichen Bareinlage. Die übrigen Gläubiger können beispielsweise aus den neuen Barmitteln abgefunden werden, um die Bilanzsanierung vollständig zu vollziehen. Nicht möglich ist der sogenannte „rückwirkende" Kapitalschnitt, dies bedeutet die Kapitalherabsetzung bei gleichzeitiger Kapitalerhöhung nach § 58f GmbHG beziehungsweise den §§ 234, 235 AktG, da dort eine Sacheinlage nicht möglich ist, also insoweit auch kein Debt Equity Swap. Daher ist bei dieser Konstellation eine zweifache Kapitalmaßnahme erforderlich, neben dem Debt Equity Swap eine Barkapitalerhöhung.

In der nachfolgenden Abb. 5.28 wird ein Debt Equity Swap mit bilanzieller Bereinigung des Unterkapitals ohne weitere Verzichtslösungen und bei Unterstellung einer vollständigen Werthaltigkeit des Darlehens vereinfacht dargestellt.

Bilanz	
AV	EK
12.000	0
UV	FK-KI
3.000	13.900
Fehlbetrag	FK-LuL
1.000	2.100

Gewinn- und Verlustrechnung
Umsatzerlöse
...
Entlastung Zinsaufwand
...
Sanierungsgewinn
...

Bilanz	
AV	EK
12.000	2.000
UV	FK-KI
3.000	10.900
Fehlbetrag	FK-LuL
0	2.100

Abb. 5.28: Neustrukturierung des Kapitals nach Debt Equity Swap (Quelle: Eigene Darstellung)

In der Praxis ist die Vollziehung der Gestaltung der Anteilseignerstruktur oft deutlich komplexer. Diese ist zudem von der jeweiligen Rechtsform abhängig. So ist der Tausch von Fremdkapital in Eigenkapital bei börsennotierten Aktiengesellschaften aufwendig. Die Bewertung der Forderungen im Rahmen einer Umwandlung ist realistisch vorzunehmen. Des Weiteren ist zu entscheiden, ob die Altgesellschafter weiter am Unternehmen beteiligt werden oder komplett ausscheiden sollen. Es können sich zudem Schwierigkeiten bei der Umsetzung des Debt Equity Swaps im Detail ergeben (vgl. Horstkotte/Martini, 2012, S. 557 ff.). Dies erschwert die Umsetzung in der Praxis und fördert nicht die Anwendung.

Neben der Möglichkeit des Debt Equity Swap darf nicht verkannt werden, dass im Insolvenzplanverfahren Gesellschaftsrecht und Insolvenzrecht noch weiter verzahnt sind. Der Insolvenzplan kann jede gesellschaftsrechtliche Maßnahme enthalten. Die Gläubigerversammlung kann darüber auch gegen den Willen der Gesellschafter entscheiden und diese Entscheidung kann verfahrensrechtlich vollzogen werden, zum Beispiel durch Eintragung im Handelsregister (§ 225a Abs. 3 InsO in Verbindung mit § 254a Abs. 2, 3 InsO).

Aus Sicht der beteiligten Kreditinstitute ist die individuelle Einstellung zum Insolvenzplan und zu einer möglichen Kapitalumstrukturierung im Rahmen eines Debt Equity Swaps relevant. Wird der Plan grundsätzlich von den Banken gestützt, dann ist bei der Gruppenbildung auf eine geeignete Einteilung der Gläubiger zu achten. Bei einer negativen Beurteilung der Sanierungswürdigkeit stellt sich die Frage, ob eine Begleitung der Sanierung über einen Insolvenzplan überhaupt gegen den Willen der beteiligten Kreditinstitute möglich erscheint. In der Regel werden zur Fortführung neue Geldmittel benötigt, die meist nur durch die bereits involvierten Banken bereitgestellt werden können. Diese werden zusätzliche liquide Mittel aber nur zur Verfügung stellen, wenn die Sanierungsaussichten positiv sind. Zudem werden Geschäftspartner des Schuldnerunternehmens vor neuen Vertragsabschlüssen darauf achten, ob der Insolvenzplan auf einer juristisch gesicherten Basis steht.

Vorprüfung des Insolvenzplans durch das Insolvenzgericht

Gemäß § 231 InsO nimmt das Insolvenzgericht eine Vorprüfung des Insolvenzplans zu der Einhaltung der Verfahrensvorschriften und der Inhalte vor. Das Gericht weist den Insolvenzplan von Amts wegen zurück, wenn die Vorschriften über das Recht zur Vorlage und des Inhalts nicht beachtet worden sind sowie der Vorlegende den Mangel nicht beheben kann oder diesen nicht innerhalb einer angemessenen, vom Gericht festgesetzten Frist, beseitigt (§ 231 Abs. 1 Nr. 1 InsO). Im Übrigen untersucht das Insolvenzgericht, ob der Plan unzulässige Regelungen enthält. Die Gliederung und die vorgegebenen Inhalte sind notwendige zu erfüllende Voraussetzungen für eine Annahme eines Plans. Gemäß § 231 Abs. 1 Nr. 2 InsO hat das Gericht den Insolvenzplan ebenfalls dann zurückzuweisen, wenn die vom Schuldner vorgelegte Ausarbeitung des Konzeptes keine Aussicht auf eine Annahme durch die Gläubiger oder die Bestätigung durch das Insolvenzgericht hat.

Ebenso hat das Gericht den Plan gemäß § 231 Abs. 1 Nr. 3 InsO abzulehnen, wenn Zweifel bestehen, ob die Ansprüche, die den Beteiligten eines vom Schuldner vorgelegten Plans zustehen sollen, in der Praxis überhaupt erfüllt werden können. Eine Zurückweisung des Plans kommt in Betracht, wenn der Schuldner den Gläubigern Leistungen zusagt, die er bei objektiver Betrachtung seiner Leistungsfähigkeit offensichtlich nicht erbringen kann. Der Zweck der Vorprüfung ist die zügige effiziente Abwicklung des Insolvenzverfahrens. Durch diese Analyse wird verhindert, dass die Gläubiger mit gesetzeswidrigen oder aussichtslosen Insolvenzplänen befasst werden und damit das Insolvenzverfahren verzögert wird. Falls der Insolvenzplan ohne formalrechtliche Mängel eingereicht wird, legt das Insolvenzgericht gemäß § 232 Abs. 1 InsO den Plan zur Stellungnahme dem Gläubigerausschuss, dem Betriebsrat sowie dem Sprecherausschuss der leitenden Angestellten vor. Zudem wird der Plan dem Schuldner zur Äußerung dargelegt, wenn er die Ausarbeitung nicht selbst erstellt hat. Entsprechendes gilt für den Insolvenzverwalter. Das Gericht bestimmt eine Frist für die Abgabe einer Stellungnahme nach § 232 Abs. 3 InsO.

Erörterungs- und Abstimmungstermin

Das Insolvenzgericht legt gemäß § 235 Abs. 1 Satz 1 InsO in der Regel einen gemeinsamen Erörterungs- und Abstimmungstermin fest, in dem der Plan und das Stimmrecht diskutiert und über den Insolvenzplan final abgestimmt werden soll. Gemäß § 241 InsO kann das Insolvenzgericht auch einen gesonderten Abstimmungstermin bestimmen, der nicht mehr als einen Monat nach dem Erörterungstermin liegt. Eine Trennung des Erörterungstermins von der Abstimmung ist unter anderem sinnvoll, wenn der Insolvenzplan aufgrund komplexer Sachverhalte zunächst vorbesprochen werden soll. Dann muss der Insolvenzverwalter beziehungsweise das Insolvenzgericht davon ausgehen, dass die Gläubiger erst nach gründlicher Überprüfung der im Erörterungstermin verhandelten Gesichtspunkte zu einer Entscheidung über die Realisierung eines Insolvenzplans gelangen werden.

Zu Beginn des Termins, unter dem Vorsitz des Gerichts, wird der Insolvenzverwalter den Gläubigern die wesentlichen Inhalte des Insolvenzplans darlegen. Danach können die Beteiligten den Insolvenzplan besprechen und ihre Stellungnahmen abgeben. Anschließend werden die Stimmrechte der Insolvenzgläubiger und der absonderungsberechtigten Gläubiger festgestellt. Gemäß §§ 237, 238 InsO in Verbindung mit § 77 Abs. 1 InsO sind Insolvenzgläubiger stimmberechtigt, deren Forderungen angemeldet und weder vom Insolvenzverwalter noch von einem anderen stimmberechtigten Gläubiger bestritten worden sind (vgl. Schmidt et al., 2016, §§ 237 ff. InsO, Rn. 2 ff.). Die Gläubiger ohne Beeinträchtigungen ihrer Forderungen haben dagegen kein Stimmrecht (§ 237 Abs. 2 InsO).

Der Insolvenzplan sollte auf eine breite Gläubigerzustimmung stoßen, die nur dadurch zu erzielen ist, dass die Inhalte des Planungskonzepts insgesamt überzeugen. Im Erörterungs- und Abstimmungstermin wird es häufig dazu kommen, dass der Plan aufgrund von Einwendungen oder Anregungen der Gläubiger inhaltlich noch abgeändert werden muss. Gemäß § 240 InsO ist der Vorlegende zur Änderung des Plans aufgrund der Diskussionen im Erörterungs- und Abstimmungstermin berechtigt. Über die gewünschten Anpassungen kann auch im Termin abgestimmt werden. Damit die Rechte der am Insolvenzplanverfahren Beteiligten auch ausreichend berücksichtigt werden, sollte der Insolvenzplan möglichst in seinem wirtschaftlichen Kern erhalten bleiben. Nicht zulässig sind insbesondere Änderungen, aufgrund derer dann erstmalig in die Rechte von Beteiligten eingegriffen werden soll und die nach dem ursprünglichen Plan bislang von unveränderten Rechtsstellungen ausgehen konnten. Im Anschluss an diesen Abstimmungsvorgang ist der Insolvenzplan endgültig durch das Gericht zu prüfen und zu bestätigen.

Bestätigung und Aufhebung des Insolvenzplans

Der Schuldner muss dem vorgelegten Plan zustimmen. Gemäß § 247 Abs. 1 InsO gilt seine Zustimmung als erteilt, wenn er dem Plan nicht spätestens im Abstimmungstermin schriftlich oder zu Protokoll der Geschäftsstelle widerspricht.

Gemäß § 247 Abs. 2 InsO ist der Widerspruch des Schuldners allerdings unbeachtlich, wenn dieser durch den Insolvenzplan voraussichtlich nicht schlechter gestellt wird, als er ohne diesen dastünde und kein Gläubiger einen wirtschaftlichen Wert erhält, der den vollen Betrag seines Anspruchs übersteigt. Nach der Annahme des Insolvenzplans durch die Gläubiger gemäß §§ 244 ff. InsO und der Zustimmung des Schuldners, bedarf die Konzeption einer rechtskräftigen Bestätigung durch das zuständige Insolvenzgericht (§ 248 Abs. 1 InsO). Vor einer Entscheidung des Insolvenzgerichts sind der Insolvenzverwalter, der Gläubigerausschuss und der Schuldner gegebenenfalls anzuhören. Der Gegenstand einer Überprüfung des Gerichts vor der Entscheidung über die Bestätigung ergibt sich aus § 250 Abs. 1 Nr. 1 und 2 InsO.

Demnach ist die Bestätigung von Amts wegen zu versagen, wenn die Vorschriften über den Inhalt und die verfahrensmäßige Behandlung des Plans und über die Annahmen durch die Gläubiger und die Zustimmung des Schuldners in wesentlichen Punkten nicht beachtet worden sind und die Mängel nicht behoben werden können. Dem Insolvenzplan muss die Bestätigung versagt werden, wenn diese Zustimmung der Gläubiger unlauter zustande gekommen ist, zum Beispiel erkauft wurde.

Verstöße, die dazu führen, dass das Gericht ein Bestätigungshindernis annehmen muss, sind zum Beispiel das Vergehen gegen die Pflicht der Zuleitung dieses Insolvenzplans gemäß § 232 InsO. Der Beschluss des Gerichts erfolgt im Abstimmungstermin. Gegen den Beschluss der Versagung eines Insolvenzplans können Gläubiger oder Schuldner Beschwerde gemäß § 253 InsO einlegen (vgl. Schmidt et al., 2016, §§ 237 ff. InsO, Rn. 2 ff.). Mit Rechtskraft der Bestätigung des Insolvenzplans treten die im gestaltenden Teil festgelegten Wirkungen für und gegen sämtliche Beteiligten ein (§ 254 Abs. 1 InsO). Die Wirkungen des bestätigten Plans gelten nach § 254b InsO auch für Insolvenzgläubiger, die ihre Forderungen nicht angemeldet haben und für Beteiligte, die diesem Insolvenzplan widersprochen haben.

Durch das ESUG 2012 wurde gemäß § 259a InsO zudem ein Vollstreckungsschutz des Schuldners gegen Insolvenzgläubiger bei nicht angemeldeten Forderungen eingeführt. So kann das Insolvenzgericht eine Maßnahme der Zwangsvollstreckung ganz oder teilweise aufheben oder diese bis zu drei Jahren untersagen, wenn durch die Vollstreckung einer nicht angemeldeten Forderung die Durchführung eines Insolvenzplans gefährdet wird. Gemäß § 259b InsO wurde zudem für nicht angemeldete Forderungen eines Insolvenzgläubigers in einem Planverfahren eine Verjährungsfrist von einem Jahr eingeführt (vgl. Wimmer, 2012, S. 12 ff.).

Gemäß § 254 Abs. 2 InsO bleiben Sicherungsrechte der Gläubiger in einem Planverfahren gegenüber Dritten bestehen. Die Drittsicherheiten existieren in Form von Ansprüchen gegen Bürgen des Insolvenzschuldners, gegen Schuldbeitretende und Gesamtschuldner, die mit dem Insolvenzschuldner gemeinschaftlich haften. Alle von Dritten gewährten dinglichen Sicherheiten, wie beispielsweise Sicherungsübereignungen und Pfandrechtsbestellungen an Sachen und Rechten bleiben, ebenfalls erhalten. Dies gilt ebenso für Vormerkungen im Grundbuch.

Diese Sicherungsrechte verbleiben auch nach der Bestätigung des Insolvenzplans in Höhe der ursprünglich gesicherten Forderung bestehen. Der Drittschuldner kann gegenüber dem Gläubiger nicht einwenden, die Hauptforderung gegenüber dem Insolvenzschuldner sei durch diesen Plan reduziert oder erloschen. Der § 254 Abs. 2 Satz 2 InsO versagt dem in Anspruch genommenen Dritten einen Schuldnerregress. Der Dritte kann seine Regressforderung gegenüber dem Schuldner nur in der Höhe durchsetzen, die dem Gläubiger gemäß dem bestätigten Insolvenzplan im Ergebnis erhalten geblieben ist § 254 Abs. 2 Satz 2 InsO). Hier zeigt sich auch für den Drittsicherungsgeber im Rahmen eines Insolvenzplanverfahrens unter Umständen ein erhebliches Ausfallrisiko für seine Leistungen.

Überprüfung von Insolvenzplänen aus Gläubigersicht

Wird die Umsetzung des Insolvenzplanverfahrens angeregt, stellt sich für die Gläubiger bereits im vorläufigen Verfahrensabschnitt die Frage, ob dieses Projekt unterstützt werden soll. Neben den Erfolgsaussichten eines sanierenden Insolvenzplans spielen auch die Risikoreduzierung, die Nutzung der Sicherheiten und die Notwendigkeit der Vergabe neuer Mittel für Kreditinstitute eine Rolle.

Die zu lange Verfolgung eines aussichtslosen Insolvenzplans kann gegebenenfalls dazu führen, dass die Sicherheiten des Umlaufvermögens verbraucht werden sowie die Befriedigungsquoten stark sinken (vgl. Fröhlich, 2011, S. 38 ff.). Erfolgsfaktoren für das Insolvenzplanverfahren sind die frühe Erarbeitung eines Konzeptes und die zeitnahe Umsetzung. Wenn das Planungskonzept bereits vorinsolvenzlich entworfen wurde, kann im Rahmen eines Antragsverfahrens auf diesen Prepackaged Plan zurückgegriffen werden (vgl. Braun et al., 2017, Vor §§ 217–269 InsO, Rn. 14 ff.). Das erarbeitete Sanierungskonzept sollte aus diesem Grund umfassend sein und neben der finanzwirtschaftlichen Sanierung sowie den leistungswirtschaftlichen Bereichen auch die insolvenzrechtlich relevanten Aspekte erörtern. Letztendlich wird es aber in einem Insolvenzplanverfahren auf den potenziellen Erfolg des Unternehmens am Markt ankommen, der sich zum Teil erst viele Jahre nach der Beendigung des Insolvenzverfahrens einstellt.

Detailliert ist aus Bankensicht zu prüfen, ob die Sanierung über einen Insolvenzplan ohne neues Geld gelingen kann und wie die Banken zu einer möglichen Risikoerhöhung über die Vergabe neuer Gelder in einem Insolvenzverfahren stehen. Dieses erfordert als Grundlage eine Sanierungsfähigkeitsprüfung und eine Einschätzung der Sanierungswürdigkeit wie auch in der außergerichtlichen Sanierungsphase. Als Besonderheit gilt es zu beachten, dass eine Sanierung in der Insolvenz aufgrund des Insolvenzmakels häufig unter erschwerten Bedingungen stattfindet. Daher wird in Praxis und Wissenschaft, unter Hinweis auf erfolgreiche ausländische Sanierungsmodelle, dazu aufgerufen, eine Sanierungskultur zu entwickeln. Das ESUG ist eines der gesetzlichen Angebote, das Planverfahren ein gutes Instrument. Mit der Bestätigung des Plans ist das Insolvenzverfahren beendet.

Gemäß § 258 Abs. 1 InsO beschließt das Insolvenzgericht die Aufhebung des Insolvenzverfahrens, wenn die Bestätigung eines Insolvenzplans rechtskräftig geworden ist. Voraussetzung für die Aufhebung ist neben der Rechtskraft des Insolvenzplans auch die Erfüllung der vorrangigen Masseansprüche gemäß § 258 Abs. 2 InsO. Der Verwalter hat die unstreitig fälligen Masseansprüche aus der vorhandenen Insolvenzmasse zu berichtigen. Die Regelung ist vor allem für Bankkredite relevant, die von einem starken vorläufigen Verwalter im Antragsverfahren oder vom Insolvenzverwalter im eröffneten Verfahren aufgenommen worden sind. Hier ergeben sich für Massegläubiger erhebliche Änderungen durch das ESUG, die auch nachteilig für die Vergabe von Massekrediten im Insolvenzverfahren sein können.

Erleichterung bei der Aufhebung des Planverfahrens durch das ESUG

Bei Unternehmensfortführungen in der Insolvenz ist das Eingehen von neuen Masseverbindlichkeiten üblich. Deren Befriedigung ist allerdings nicht immer möglich. Nach der Neufassung des § 258 Abs. 2 InsO sind nur noch die fälligen und unstreitigen Masseschulden zu bedienen. Für die nicht fälligen und die streitigen Masseverbindlichkeiten ist es für die Aufhebung des Insolvenzverfahrens ausreichend, dass diese in einer Liquiditätsplanung berücksichtigt werden und sich aus dem Finanzplan ergibt, dass die Erfüllung voraussichtlich gewährleistet ist (vgl. Schmidt et al., 2016, § 258 InsO, Rn. 15 ff.). Aus Sicht der Kreditinstitute sind diese Finanzpläne genau zu überprüfen, damit sichergestellt ist, dass eine Begleichung der nicht fälligen Masseverbindlichkeiten möglich erscheint. Die zügige Umsetzung eines Insolvenzplans wird auch dadurch gefördert, dass dem Insolvenzverwalter nach § 248a InsO in Verbindung mit § 221 Satz 2 InsO die Befugnis eingeräumt wird, offensichtliche Fehler des Insolvenzplans zu korrigieren, falls der Plan die „Bevollmächtigung“ des Insolvenzverwalters vorsieht. Diese Korrektur bedarf der Bestätigung des Insolvenzgerichts. Eine erneute Abstimmung über den Insolvenzplan durch die Gläubigerversammlung ist nicht erforderlich. Nach § 248a Abs. 2 InsO soll das Gericht allerdings die Beteiligten anhören. Der Beteiligtenkreis erfasst den Verwalter, den Gläubigerausschuss, die Gläubiger und die Anteilseigner, soweit ihre Rechte betroffen sind.

Der Beschluss und der Grund der Aufhebung des Verfahrens sind wie stets im Internet im Bund-Länder-Portal öffentlich bekannt zu machen (§ 258 Abs. 3 Satz 1 InsO, § 9 InsO). Mit der Aufhebung eines Insolvenzverfahrens erlöschen die Ämter des Insolvenzverwalters und der Mitglieder des Gläubigerausschusses gemäß § 259 Abs. 1 InsO. Der Schuldner erhält aus § 259 Abs. 1 Satz 2 InsO das Recht zurück, frei über die Insolvenzmasse zu verfügen. Er ist berechtigt sowie durch den Insolvenzplan in aller Regel auch verpflichtet, das Unternehmen weiter fortzuführen. Aus der Formulierung wird auch das Recht des Schuldners hergeleitet, den Besitz an den Massegegenständen zurückzuverlangen. Der Insolvenzschuldner hat gegen den Insolvenzverwalter einen Anspruch auf die Herausgabe aller Vermögensgegenstände, die der Verwalter während des Verfahrens für die Insolvenzmasse, erworben hat.

Ansprüche aus der Insolvenzmasse stehen nunmehr dem Schuldner zu. Die Forderungen, die der Insolvenzverwalter zugunsten der Masse begründet hat, sind ausschließlich durch den Insolvenzschuldner geltend zu machen. Stellt sich nach Aufhebung des Insolvenzverfahrens heraus, dass noch Masseverbindlichkeiten bestehen, sind diese vom Insolvenzschuldner vorab zu befriedigen. Der Insolvenzverwalter verliert mit der Aufhebung des Verfahrens auch die Prozessführungsbefugnis für Rechtsstreitigkeiten für sowie gegen das schuldnerische Unternehmen. Nur bereits rechtshängige Anfechtungsprozesse kann der Insolvenzverwalter nach § 259 Abs. 3 InsO zu Ende führen. Voraussetzung dafür ist allerdings, dass diese Legitimation im gestaltenden Teil des Insolvenzplans ausdrücklich vorgesehen ist.

Die Forderungen der Insolvenzgläubiger, die aufgrund des gestaltenden Teils eines Insolvenzplans gestundet oder teilweise erlassen worden sind, leben in ihrem ursprünglichen Bestand wieder auf (§ 255 InsO), sobald der Schuldner mit der Erfüllung seiner Planvorgaben erheblich in Rückstand gerät. Ein Erfüllungsrückstand ist anzunehmen, wenn der Schuldner seine ihm nach dem Insolvenzplan obliegenden Zahlungsverpflichtungen nicht erfüllt. Schuldet der Insolvenzschuldner nach einem Insolvenzplan andere Leistungen als Zahlungen, gilt Entsprechendes.

Gemäß § 255 Abs. 1 Satz 2 InsO ist ein erheblicher Rückstand erst dann anzunehmen, wenn der Insolvenzschuldner eine fällige Verbindlichkeit nicht bezahlt hat, obwohl der Gläubiger ihn dann schriftlich gemahnt sowie ihm dabei eine mindestens zweiwöchige Nachfrist gesetzt hat. Diese Vorschrift zwingt den Insolvenzschuldner, die ihm nach dem Insolvenzplan obliegenden Verpflichtungen gegenüber allen Gläubigern einzuhalten. Die Regelung des § 255 Abs. 1 Satz 1 InsO betrifft jedoch nur die Forderung eines Gläubigers, dem gegenüber der Insolvenzschuldner in Rückstand geraten ist. Gemäß § 255 Abs. 2 InsO leben indes alle Gläubigerforderungen des Insolvenzplans vollständig wieder auf, wenn über das Vermögen des Schuldners oder des Schuldnerunternehmens ein erneutes Insolvenzverfahren eröffnet wird.

Gemäß § 260 Abs. 1 bis 3 InsO kann im gestaltenden Teil des Insolvenzplans vorgesehen werden, dass nach der Aufhebung des Insolvenzverfahrens weiterhin genau überwacht wird, ob die Ansprüche, die den Gläubigern nach dem gestaltenden Teil des Plans zustehen, vom Insolvenzschuldner erfüllt werden. Die Überwachung erfolgt durch den Insolvenzverwalter oder Sachwalter bei einem vorausgegangenen Eigenverwaltungsverfahren §§ 261 Abs. 1, 284 Abs. 2 InsO) Er hat ausschließlich die Aufgabe die Planvorgaben zu kontrollieren. Stellt der Insolvenzverwalter oder der Sachwalter fest, dass die im Insolvenzplan den Gläubigern zugesagten Leistungen vom Schuldner eingehalten werden, zeigt dieser dem Gericht die Erfüllung der Verpflichtungen aus dem Insolvenzplan als gesichert an. Damit der Insolvenzverwalter oder Sachwalter seine Überwachungs- und Informationspflichten vollständig erfüllen kann, sind ihm Rechte zum Betreten der Geschäftsräume des überwachten Unternehmens, zur Einsichtnahme in die Geschäftspapiere und Auskünfte zu verlangen, zugewiesen (§§ 261 Abs. 1 Satz 3, 22 Abs. 3 InsO).

Die Planüberwachung wird zusammen mit dem Beschluss über die Aufhebung des Insolvenzverfahrens nach § 267 InsO öffentlich bekannt gemacht. Gemäß § 268 InsO werden der Beschluss sowie der Grund für die Aufhebung der Überwachung durch den Sachwalter ebenfalls veröffentlicht (§ 268 Abs. 2 und § 267 Abs. 3 InsO).

Der Erfolg bei der Umsetzung eines Insolvenzplans wird, wie bei der außergerichtlichen Sanierung, erheblich vom voraussichtlich leistungswirtschaftlichen Erfolg des insolventen Unternehmens am relevanten Markt sowie dem professionellen Sanierungsmanagement durch erfahrene Akteure abhängen.

In den letzten Jahren zeigt sich, im Gleichklang der Zunahme bei der Anzahl an Insolvenzen größerer Unternehmen, auch eine höhere Zahl an Insolvenzplanverfahren. Damit vergrößern sich die Chancen, Arbeitsplätze und Produktion zu erhalten. Dazu hat auch die stärkere Nutzung des ESUG beigetragen, wie eine aktuelle Studie zeigt (vgl. Moldenhauer, R./Wolf, 2018, S. 1 ff.). Dabei ist auf Seiten der Verfahrensbeteiligten eine deutliche Spezialisierung eingetreten. So konzentrieren sich gerade die größeren Verfahren der Eigenverwaltung, mit und ohne ESUG sowie einem Insolvenzplan, auf wenige große Insolvenzkanzleien in Deutschland, die Erfahrungen auf diesem Gebiet aufgebaut haben. Auch die internationalen Bestrebungen der Installierung eines präventiven Restrukturierungsrahmens, mit Elementen sowie Verfahrensweisen des Insolvenzplans, können unter Umständen auch zu der intensiveren Nutzung dieses Instruments der Sanierung beitragen.

Dabei sind die guten positiven Erfolgsaussichten des Insolvenzplans eine wesentliche Voraussetzung für seine Umsetzung. Neben den Kreditinstituten hat auch das Insolvenzgericht die Aufgabe, einen vom Schuldner vorgelegten Insolvenzplan auf seine Erfolgsaussichten und gegebenenfalls fehlende Erfüllbarkeit hin zu überprüfen. So kann das Gericht den Plan mangels Erfolgsaussichten zurückweisen.

Es ist zu berücksichtigen, dass es sich bei der Realisierung und Planannahmen lediglich um Prognosen zur wirtschaftlichen Zukunft des Unternehmens handelt, deren Eintreten allgemein schwer zu einzuschätzen ist. Aus der Sicht der beteiligten Kreditinstitute ist hier entsprechend vorsichtig heranzugehen, handelt es sich doch um ein Unternehmen, dessen Geschäftsmodell angeschlagen ist und das dem negativen Image eines Insolvenzantrags ausgesetzt ist.

Zusammenfassung Theorieabschnitt 5.5.1: In diesem Abschnitt wurde der Ablauf eines Insolvenzplanverfahrens dargestellt. Dabei zeigt sich, dass bei der inhaltlichen Ausgestaltung einer Sanierungslösung im Insolvenzplan auf diese Ausarbeitungen im außergerichtlichen Sanierungskonzept zurückgegriffen werden kann. Wichtig für die Umsetzung des Insolvenzplans ist die Abstimmung in Gläubigergruppen im Erörterungs- und Abstimmungstermin. Zur Erreichung einer Mehrheit ist auch auf die Gruppenbildung zu achten. Das Plankonzept sollte auf eine breite Zustimmung stoßen, um auch die Geldgeber von dem Insolvenzplan zu überzeugen. Dies ist für die Kreditinstitute unter anderem davon abhängig, ob die Befriedigungsquote gegenüber der Einzelverwertung bei einer Vergleichsrechnung, auch bei einer vorsichtigen Betrachtung, deutlich höher ausfällt.

5.5.2 Praxisfall zum Insolvenzplanverfahren

Bereits im vorläufigen Verfahrensabschnitt verfolgt der bei der Druck GmbH eingesetzte Insolvenzverwalter nach Abstimmung mit den Gläubigern über den vorläufigen Ausschuss die verschiedenen Alternativen der Sanierung über einen Insolvenzplan und über eine übertragende Sanierung parallel. Bei der Erstellung des Insolvenzplans konnte der vorläufige Verwalter auf die leistungswirtschaftlichen Ausarbeitungen eines außergerichtlichen Sanierungskonzepts zurückgreifen. So hat sich die Sanierungsstrategie auch in der Insolvenz nicht stark verändert. Insbesondere der Geschäftsbereich des Etikettendrucks wird als rentabel angesehen. Dieser soll aus der Druck GmbH herausgelöst und weiterbetrieben werden.

Lediglich die Zahlenwerke sind aufgrund der teilweise eingebrochenen Auftragslage an die neue Insolvenzrealität anzupassen. Der Insolvenzverwalter hat eine neue Liquiditätsplanung für die Phase des Insolvenzgeldzeitraums erstellt. Dabei zeigt sich, dass sich über die Finanzierung der Personalkosten die Liquiditätslage wieder entspannt. Die nachfolgende Tab. 5.12 zeigt den Aufbau eines Finanzplans für den gesamten Insolvenzgeldzeitraum.

Tab. 5.12: Finanzplan der Druck GmbH für den Insolvenzgeldzeitraum (Quelle: Eigene Darstellung)

Angaben in TEuro/Monate	01	02	03
Konto-Anfangsbestand	-5.400	-5.250	-4.950
Einzahlungen	800	700	750
Auszahlungen	650	400	500
Saldo Ein-/Auszahlungen	150	300	250
Konto-Endbestand	-5.250	-4.950	-4.700
Ursprüngliche Kreditlinien	5.100	5.100	5.100
Über-/Unterdeckung	-150	150	400

Der Finanzplan zeigt, dass die monatlichen Umsätze gegenüber der Lage in der außergerichtlichen Sanierungsphase eingebrochen sind. Die Auftragslage weist lediglich einen bestehenden Auftragsvorlauf von drei Monaten auf. Aufgrund der Insolvenzgeldvorfinanzierung kann jedoch ohne belastende Personalkosten weitergearbeitet werden, sodass in den nächsten drei Monaten voraussichtlich erhebliche finanzielle Überschüsse erwirtschaftet werden können.

Über den Insolvenzgeldzeitraum soll zum einen der unechte Massekredit mit dem Verbrauch der Absonderungsrechte an den Forderungen und dem Warenlager über 200 TEuro zurückgeführt werden und darüber hinaus sogar ein geringer Überschuss von 200 TEuro an neuer Liquidität erwirtschaftet werden.

Bei den betrachteten Aufwendungen im Finanzplan sind bereits die Mieten und Nutzungsentgelte für die Beanspruchung der Druckmaschinen enthalten. Mit der gewonnenen Liquidität soll die Umsetzung eines Insolvenzplans erreicht werden.

Der Gläubigerausschuss hat den vorläufigen Insolvenzverwalter nach §§ 67, 68 InsO mit der Ausarbeitung eines Insolvenzplans beauftragt. Dieser plant, das Konzept innerhalb des Insolvenzgeldzeitraums von drei Monaten auszuarbeiten und dem Insolvenzgericht vorzulegen. Erachtet das Gericht den Plan als zulässig, so wird das Sanierungskonzept zur Stellungnahme an den Gläubigerausschuss weitergeleitet. Im Erörterungs- und Abstimmungstermin wird über die Realisierung des Plankonzepts entschieden. Anschließend prüft das Gericht die ordnungsgemäße Annahme des Insolvenzplans durch die Gläubiger.

Die Entscheidung über die Annahme oder die Ablehnung des Insolvenzplans ergeht durch einen gerichtlichen Beschluss. Mit Wirkung dieser Entscheidung treten die im gestaltenden Teil des Plans vorgesehenen Regelungen für oder gegen die Beteiligten ein. Angeregt wird durch den Gläubigerausschuss der Druck GmbH parallel die Ausarbeitung einer Sanierungslösung und einer Übertragungslösung als Planvorgabe. Wesentliches Ziel ist es dann, mit der Verfahrenseröffnung eine Sanierung mit der eigenständigen Fortführung des Etikettendrucks oder eine Übertragung wesentlicher Betriebsteile an einen Investor zu erreichen.

Dem Insolvenzverwalter wird klar, dass die Rahmenbedingungen in der Insolvenz im Anschluss an das Antragsverfahren weitaus problematischer sind als im Zeitraum vor dem Insolvenzantrag, da die Kunden dem Unternehmen mit Misstrauen begegnen. Dennoch ist er gerne bereit, die Planausarbeitung zu übernehmen, da er bereits gute Erfahrung mit diesem Sanierungsinstrument gesammelt hat. Er beginnt mit dem darstellenden Teil und der aktuelle wirtschaftliche Zustand des Unternehmens zu beschreiben. Es ist einzugehen auf die Krisenursachen, die Marktsituation und die aktuelle Vermögens-, Ertrags- und Finanzlage. Der darstellende Teil gibt eine Prognose darüber ab, inwieweit sich die Gläubigerbefriedigung bei Wirksamwerden des Insolvenzplans im Vergleich zu einer vollständigen Zerschlagung oder einem Verkauf gestaltet. Im gestaltenden Teil beschreibt er die vorgesehenen Eingriffe in die Rechte der Beteiligten. Involviert sind die nicht nachrangigen, die nachrangigen Insolvenzgläubiger sowie die absonderungsberechtigten Gläubiger. Anhand der Plananlagen sollen die Gläubiger erkennen, wie sie aus den künftigen Erträgen des Unternehmens befriedigt werden. Bestandteile sind eine Planvermögensübersicht, eine Plangewinn- und Verlustrechnung und eine Planliquiditätsrechnung.

Aufgabenstellungen

1. Welche Ausarbeitungen hat der vorläufige Insolvenzverwalter vorzunehmen, damit der Insolvenzplan realisiert werden kann?
2. Auf welche Art und Weise erfolgt die Abstimmung über den vorgelegten Insolvenzplan und welche Folgen sind zu beachten?

5.5.3 Lösung des Praxisfalls zum sanierenden Planverfahren

1. Welche Ausarbeitungen hat der vorläufige Insolvenzverwalter vorzunehmen, damit der Insolvenzplan realisiert werden kann?

Dem Insolvenzverwalter wird klar, dass eine dauerhafte Sanierung nur über die Bewältigung der leistungswirtschaftlichen Krise erreicht werden kann. Er erstellt einen Insolvenzplan. Im darstellenden Teil ist der aktuelle wirtschaftliche Zustand des Unternehmens zu beschreiben. Im gestaltenden Teil eines Insolvenzplans wird festgelegt, wie die Rechtsstellung der Beteiligten durch den Insolvenzplan geändert werden soll. Die Plananlagen dienen zur Nachvollziehbarkeit des Konzepts anhand der relevanten Zahlenwerke. Die Gläubiger sollen erkennen, wie sie aus den künftigen Erträgen des wieder gesundeten Unternehmens befriedigt werden.

2. Auf welche Art und Weise erfolgt die Abstimmung über den vorgelegten Insolvenzplan und welche Folgen sind zu beachten?

Im Anschluss an die Erörterung des Plans und vor der eigentlichen Abstimmung in den einzelnen Gruppen sind die Stimmrechte durch den Insolvenzverwalter festzustellen. Es ist festzuhalten, welche Stimmrechte den Gläubigern zustehen. Der Zuschnitt der abstimmenden Gruppen liegt in der Hand des Planverfassers und kann die Annahme des Insolvenzplans beeinflussen. Aus § 243 InsO stimmt jede Gruppe gesondert über den Insolvenzplan ab. Zur Annahme des Plans ist es nach § 244 InsO erforderlich, dass in jeder der gebildeten Gruppen die Mehrheit der abstimmenden Gläubiger dem Insolvenzplan zustimmt und die Summe der Ansprüche der zustimmenden Gläubiger mehr als die Hälfte der Summe der Ansprüche der abstimmenden Gläubiger beträgt. Es ist die Kopf- und die Summenmehrheit in jeder Gruppe für eine positive Entscheidung zum Plan zu erreichen.

---

5. Abwicklungsregel: Bei der Realisierung einer Sanierungslösung über einen Insolvenzplan sollte der Fokus auf der leistungswirtschaftlichen Reorganisation der insolventen Firma liegen, denn eine erfolgreiche Bewältigung der Krise und nachhaltige Gesundung gelingt nur über den Markterfolg.

Erläuterung der 5. Abwicklungsregel

Die Erarbeitung eines sanierenden Insolvenzplans ist kein Selbstzweck. Die Gläubiger beurteilen den Insolvenzplan und stimmen über diesen im Abstimmungstermin ab. Eine wesentliche Basis für den Erfolg eines Insolvenzplans ist, dass die Sanierung über den Markt erreicht wird. Der Fokus sollte daher nicht allein auf der Bereinigung der finanzwirtschaftlichen Seite liegen, sondern insbesondere die Neupositionierung in den leistungswirtschaftlichen Bereichen im Blick haben. Zudem ist für die Gläubiger ein wichtiges Abstimmungsmerkmal, dass der Insolvenzplan bessere Ergebnisse erbringt als eine Übertragung oder Zerschlagung.

5.5.4 Empirische Ergebnisse zum Insolvenzplanverfahren

Untersucht wird im Folgenden, welchen Varianten im Insolvenzverfahren eine große Bedeutung zukommt. Die folgende Abb. 5.29 fasst die Bedeutung der verschiedenen Optionen zusammen. Es dominiert die Verwertungslösung.

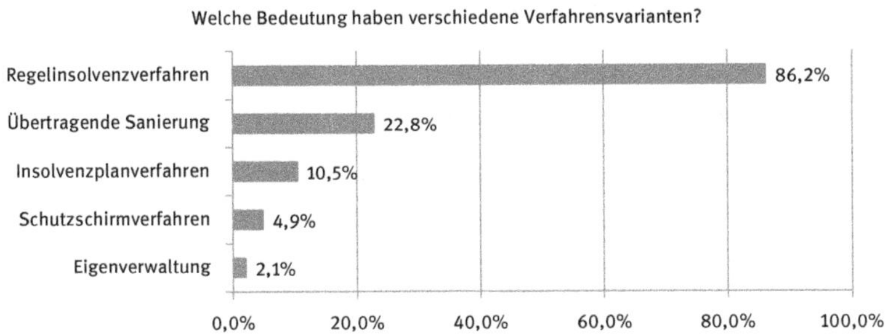

Abb. 5.29: Bedeutung verschiedener Insolvenzvarianten für Banken (Quelle: Eigene Darstellung)

Eine große Relevanz hat für 86,2 % der teilnehmenden Banken die Liquidation beziehungsweise die Verwertung der materiellen und immateriellen Vermögensgegenstände des Schuldnerunternehmens. Die übertragende Sanierung wird von etwa einem Viertel (22,8 %) der Kreditinstitute als bedeutsam in der Praxis angesehen. Die klassische Eigenverwaltung (2,1 %) und das Schutzschirmverfahren (4,9 %) haben sich aus Sicht der Institute nicht durchgesetzt.

Für die Umsetzung von Fortführungslösungen sollten bestimmte Voraussetzungen gegeben sein. In Abb. 5.30 werden wichtige Rahmenbedingungen zur Realisierung eines Planverfahrens angegeben. Rund neun von zehn Banken sehen in der Bestellung eines geeigneten Insolvenzverwalters den zentralen Erfolgsfaktor zur Umsetzung eines sanierenden Planverfahrens. Einer frühen Anbahnung im Rahmen des Eröffnungsverfahrens sowie einer schnellen Umsetzung der notwendigen Maßnahmen wird eine fast ebenso große Bedeutung beigemessen.

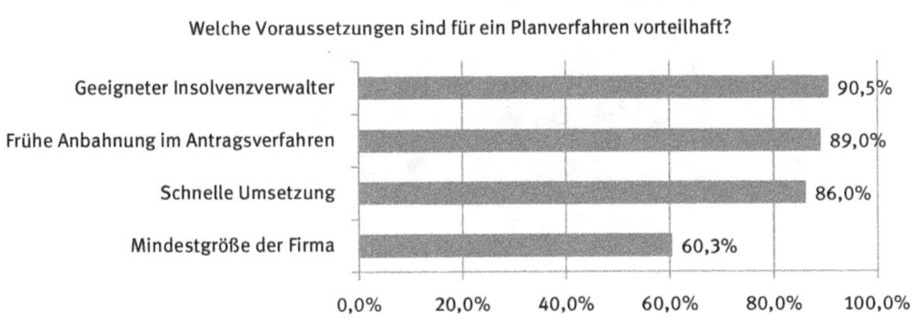

Abb. 5.30: Voraussetzungen zur Umsetzung eines Planverfahrens (Quelle: Eigene Darstellung)

Von Interesse war zudem von den Bankspezialisten zu erfahren, warum Sanierungen in der Insolvenz scheitern. Diese Gründe sind vielfältig. Häufig genannt werden die Kriterien der späten Antragstellung, der fehlenden Eignung des Managements, der Finanzierungsschwierigkeiten in der Insolvenz, fehlende Investoren sowie auch das erschütterte Vertrauen bei Kunden und Lieferanten. Genannt wird auch die Risikoaversion des Verwalters, mit der Tendenz zu Verwertungslösungen. Die folgende Abb. 5.31 zeigt die Hauptgründe des Scheiterns der Insolvenzsanierung.

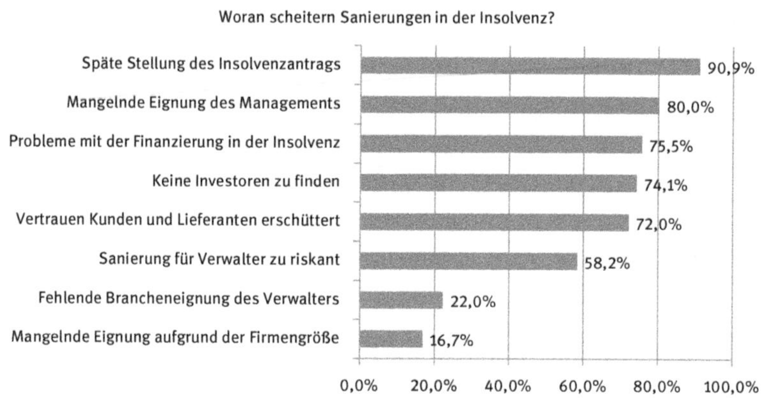

Abb. 5.31: Gründe des Scheiterns von Insolvenzsanierungen (Quelle: Eigene Darstellung)

Interessant war daher es auch die Gegenseite zu hören. Aus Verwaltersicht wird bei der Umsetzung des Insolvenzplanverfahrens die Zustimmungsbereitschaft der Gläubiger mit 91,1 % der Nennungen als wichtig erachtet. Zudem sind die frühe Anbahnung der Insolvenzplanlösung mit 88,3 % sowie die schnelle Umsetzung des Plans mit 75,0 % der Antworten von Bedeutung. Die Mindestgröße ist nicht so relevant mit 41,8 % der Nennungen. Die folgende Abb. 5.32 zeigt die Bewertungen.

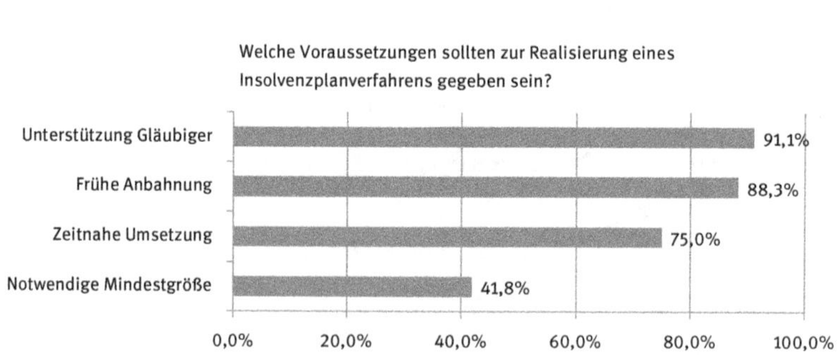

Abb. 5.32: Rahmen für Insolvenzplansanierungen aus Verwaltersicht (Quelle: Eigene Darstellung)

5.6 Verlauf der übertragenden Sanierung

Lernziele:
Rechtliche Gestaltungen bei übertragenden Sanierungen wissen
Optimalen Zeitpunkt der Übertragung einschätzen können
Risiken für Banken bei einer übertragenden Sanierung beurteilen können

Neben dem Insolvenzplanverfahren hat sich ein weiteres praxisnahes Instrument der Rettung von Unternehmen etabliert. Die übertragende Sanierung ist dabei nicht als klassische Sanierungslösung zu bezeichnen. Vielmehr wird über dieses Vehikel erreicht, dass gesunde Unternehmens- oder Betriebsteile durch eine Übertragung auf einen neuen Rechtsträger erhalten bleiben.

Das Unternehmen wird in diesem Fall vor einer Liquidation bewahrt, indem die gesunden Teile extrahiert, auf eine neue rechtliche Hülle übertragen werden und damit die Fortführung ermöglicht wird. Der Erwerber wird sich dabei die wertvollen Vermögensgegenstände aus einer Unternehmensinsolvenz heraussuchen und diese Assets dann in der Gesamtheit weiter nutzen. Für die Kreditinstitute ist diese Lösung von wirtschaftlichem Interesse, da der Kaufpreis der Assets zur Reduzierung der Altverbindlichkeiten herangezogen werden kann. Des Weiteren kann das Altengagement unter Umständen beendet werden.

Wesentlich für die Übertragung sind die vollrechtliche Übereignung im Wege einer Rechtsnachfolge und die Trennung der gesunden Assets vom insolventen Unternehmensträger. Mit dieser Sanierungstechnik ist eine Aufspaltung der Aktiva und Passiva möglich (vgl. Schmidt, 1980, S. 328 ff.). Die interessanten Vermögensgegenstände werden auf einen neuen Rechtsmantel übertragen und dann weiter genutzt (vgl. Besau, 2011, S. 202 ff.). Die Altverbindlichkeiten verbleiben beim insolventen Unternehmen und belasten den neuen Eigentümer nicht.

Auf diese Weise gelingt unter Umständen ein erfolgreicher Neustart mit einer Weiterführung des operativen Geschäfts. Weiter ist kennzeichnend, dass die Veräußerung zu einem möglichst frühen Zeitpunkt stattfindet, in der sich das Unternehmen entweder im Eröffnungsverfahren oder bereits im eröffneten Insolvenzverfahren befindet (vgl. Thiele, 2014, S. 1278 ff.).

Dieser Abschnitt wurde von Dr. Christoph Bode verfasst, der auf eine jahrelange Erfahrung als Vertreter von Banken im Rahmen von übertragenden Sanierungen zurückblicken kann. Seine Tätigkeitsschwerpunkte liegen in den Bereichen Insolvenzrecht und Sanierungsberatung, Bankrecht sowie Vertragsrecht. Er ist Partner einer renommierten Kanzlei in Oldenburg.

5.6.1 Ablaufschritte bei der übertragenden Sanierung

Kreditinstitute haben in der Regel ein großes Interesse an einer Übertragungslösung, da über einen Bietungsprozess potenzieller Kaufinteressenten ein hoher Erlös generiert werden kann. Des Weiteren besteht der Vorteil, dass im Gegensatz zum Insolvenzplan ein einfaches Verfahren zugrunde liegt. Auf diese Weise kann oft auch unter Zeitdruck schnell eine Übertragungslösung erarbeitet werden. Zudem greift der Insolvenzverwalter als Richtschnur für die Kaufpreisverhandlung anders als im Regelinsolvenzverfahren nicht auf die Liquidationswerte der einzelnen Wirtschaftsgüter, sondern auf die Fortführungswerte zurück, da diese Übertragung eine Fortsetzung unternehmerischer Aktivitäten beinhaltet. Somit lassen sich für Sachwerte und auch für immaterielle Wirtschaftsgüter wie Marken- oder Patentrechte teilweise hohe Erlöse erzielen (vgl. Lerche/Wahl, 2004, S. 380 ff.).

Für die Gläubiger kann es vorteilhaft sein, das insolvente Unternehmen mit einer übertragenden Sanierung in Teilen zu erhalten, um höhere Rückflüsse zu erzielen. Dabei handelt es sich bei der übertragenden Sanierung nicht um eine wirtschaftliche Gesundung im eigentlichen Sinne. Es wird vielmehr ein neuer rechtlicher Rahmen vorbereitet, auf den die werthaltigen Vermögensgegenstände übertragen werden, von denen ein wirtschaftlicher Erfolg zu erwarten ist.

Das insolvente Unternehmen verbleibt weiter im Regelinsolvenzverfahren und wird nach den gesetzlichen Bestimmungen liquidiert. Dabei ist die übertragende Sanierung auf die Interessen der Gläubiger ausgerichtet und eine Verwertungshandlung des Insolvenzverwalters, die sich am Nutzen der Gläubiger zu orientieren hat (vgl. Thiele, 2014, S. 1272 ff.). Da maßgeblich in die Rechte der betroffenen Gläubiger eingegriffen wird, ist die Zustimmung der Gläubigerversammlung oder eines gebildeten Gläubigerausschusses für die Übertragung einzuholen (§ 160 InsO).

Definition: Unter einer **übertragenden Sanierung** ist die Veräußerung des gesamten Unternehmens oder von funktionsfähigen Unternehmensteilen des insolventen Rechtsträgers im Wege eines Asset Deals, also der Übereignung einzelner Vermögensgegenstände, an einen neuen Rechtsträger zu verstehen (vgl. Uhlenbruck, 2015, § 159 InsO, Rz. 24). Nach Durchführung der übertragenden Sanierung entfaltet der insolvente Rechtsträger in aller Regel keine operative Tätigkeit mehr. Wesentlicher verbleibender Vermögenswert ist der Kaufpreis, der ihm als Gegenwert für die übertragenen Vermögensgegenstände zugeflossen ist und der unter Beachtung der Vorschriften der Insolvenzordnung an die absonderungsberechtigten Gläubiger verteilt wird (Wellensiek, 2002, S. 233 ff.).

Die übertragende Sanierung ist daher nicht mit der klassischen Gesundung eines insolventen Schuldnerunternehmens im Rahmen eines vollständigen Sanierungsprozesses gleichzusetzen (vgl. Falk/Schäfer, 2004, S. 1337 ff.). Vielmehr werden gerade die sanierungsfähigen Vermögensgegenstände detailliert ausgesucht und auf einen neuen Rechtsmantel übertragen.

Zur Realisierung eines hohen Kaufpreises ist eine möglichst frühe Übertragung erforderlich, da das Unternehmen in einer frühen Phase der Sanierung oder Insolvenz oft noch in voller Funktion und somit für einen potenziellen Käufer von Interesse ist. Der Zeitpunkt der Übertragung ist daher von wesentlicher Bedeutung für den erzielbaren Kaufpreis. Eine übertragende Sanierung ist nicht zwingend an die Eröffnung des Insolvenzverfahrens geknüpft. Diese kann auch im Vorfeld der Insolvenz oder bereits im Insolvenzeröffnungsverfahren erfolgen.

Übertragende Sanierung im Vorfeld einer Insolvenz

Bei einem Erwerb im Vorfeld einer Insolvenz muss der Käufer jedoch häufig erhebliche Haftungsrisiken eingehen. So haftet der Erwerber bei Fortführung der Firma des übernommenen Unternehmens gemäß § 25 Abs. 1 Satz 1 HGB für die gesamten Verbindlichkeiten. Diese Haftung kann allerdings gemäß § 25 Abs. 2 HGB durch eine entsprechende Eintragung im Handelsregister ausgeschlossen werden.

Hinderlich wirkt sich auch § 75 Abs. 1 AO aus. Demnach haftet das übernommene Vermögen weiter für Steuerschulden eines übertragenden Unternehmens. Nicht zu vernachlässigen sind außerdem die Rechtsfolgen aus § 613a BGB. Nach dieser Vorschrift tritt der Erwerber eines Betriebes oder Betriebsteiles in die Rechte und Pflichten aus bestehenden Arbeitsverhältnissen ein. Daher muss der Käufer die bisherige Zugehörigkeit eines Arbeitnehmers zum Unternehmen akzeptieren. Hinzu kommt schließlich, dass die vorinsolvenzlich erfolgte Vermögensübertragung mit der Unsicherheit der Anfechtbarkeit gemäß §§ 129 ff. InsO belastet ist.

Dies bedeutet, dass eine Übertragung vor der Insolvenzeröffnung durch einen späteren Insolvenzverwalter im eröffneten Insolvenzverfahren womöglich angefochten werden kann. Das wird einen potenziellen Erwerber normalerweise davon abhalten, ein insolvenzgefährdetes Unternehmen oder wesentliche Betriebsteile zu übernehmen. Dagegen ist die übertragende Sanierung im Insolvenzeröffnungsverfahren etwas häufiger anzutreffen. Die Risiken sind für einen Käufer meist deutlich geringer und die schnelle Veräußerung ermöglicht unter Umständen einen noch zufriedenstellenden Kaufpreis.

Übertragende Sanierung im Insolvenzeröffnungsverfahren

Im Insolvenzeröffnungsverfahren wird die übertragende Sanierung durch den vorläufigen Insolvenzverwalter unter Mitwirkung des Schuldners oder des Insolvenzgerichtes vorgenommen (vgl. Kammel, 2000, S. 102 ff. und Vallender, 2004, S. 543 ff.). Die Haftung für Steuerverbindlichkeiten gemäß § 75 Abs. 1 AO entfällt, da nach § 75 Abs. 2 AO der erste Absatz dieser Norm bei "einem Erwerb aus der Insolvenzmasse" nicht zum Tragen kommt und der BFH die Ausnahmeregelung auch im Eröffnungsverfahren für anwendbar erachtet (vgl. BFH, ZIP, 1998, 1845 ff.).

Darüber hinaus ist die Möglichkeit der Anfechtung durch einen späteren Insolvenzverwalter, der in der Regel mit dem vorläufigen Insolvenzverwalter personenidentisch sein wird, meist von untergeordneter Bedeutung. Die Haftungsnormen des § 25 Abs. 1 Satz 1 HGB und insbesondere des § 613 a BGB mit dem Eintritt in die Rechte sowie Pflichten aus bestehenden Arbeitsverhältnisse stellen jedoch unverändert ein beträchtliches wirtschaftliches Hindernis dar. Daher erfolgt die übertragende Sanierung in der Praxis regelmäßig erst nach der Eröffnung des Insolvenzverfahrens.

Übertragende Sanierung im eröffneten Insolvenzverfahren

Bei einem Unternehmenserwerb im eröffneten Insolvenzverfahren findet § 25 Abs. 1 Satz 1 HGB nach der Rechtsprechung des BGH keine Anwendung (vgl. BGHZ 104, 151, 153 und auch Müller-Feldhammer, 2003, S. 2186 und 2188). Zudem werden die Folgen des § 613a BGB insoweit abgemildert, als der Erwerber nicht für solche Verbindlichkeiten haftet, die vor einer Verfahrenseröffnung entstanden sind, wie zum Beispiel wegen geleisteter Überstunden (vgl. BAG, NJW, 1993, S. 2259 und 2260 sowie Menke, 2003, S. 1133 und 1140).

Aufgrund der Ausnahmeregelung des § 75 Abs. 2 AO braucht der Erwerber ebenfalls keine Haftung für Steuerverbindlichkeiten zu befürchten. Schließlich besteht somit auch kein Risiko einer Anfechtung der Übertragung. Denn die §§ 129 ff. InsO gelten nur für diejenigen Rechtshandlungen, die vor Eröffnung eines Insolvenzverfahrens vorgenommen wurden (§ 129 Abs. 1 InsO).

Diese haftungsrechtliche Privilegierung der übertragenden Sanierung im eröffneten Insolvenzverfahren ist somit ganz erheblich und führt dazu, dass übertragende Sanierungen in der Praxis fast ausnahmslos erst nach der Eröffnung des Insolvenzverfahrens durchgeführt werden (vgl. Vallender, 2004, S. 642 und 649). Die kommenden Ausführungen beziehen sich deshalb auf die Fallgestaltung. Die nachfolgende Abb. 5.33 illustriert das Vorgehen der Asset-Übertragung auf einen neu gegründeten Rechtsträger in Form einer NewCo.

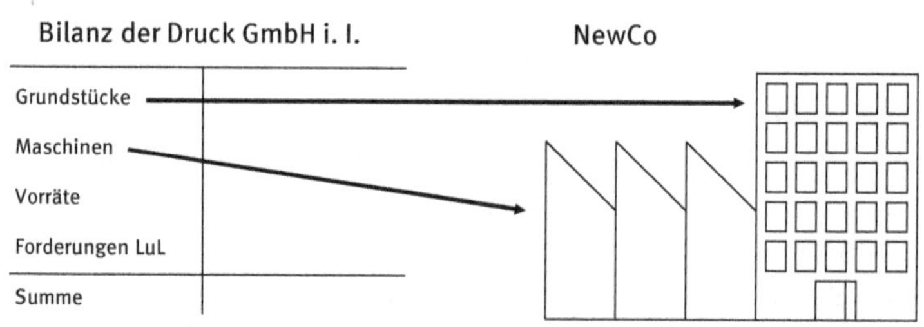

Abb. 5.33: Übertragende Sanierung in Form eines Asset Deals (Quelle: Eigene Darstellung)

Fremderwerb oder Auffanggesellschaft des insolventen Rechtsträgers

Die Veräußerung der einzelnen Vermögensgegenstände kann zum einen an Dritte, insbesondere an Mitbewerber eines insolventen Unternehmens, die an dessen Kundenstamm sowie am Marktanteil interessiert sind, erfolgen. Zum anderen kann ein Verkauf auch an die Gesellschafter oder Mitarbeiter des insolventen Unternehmens durchgeführt werden. Dieser Fremderwerb wird bei einer übertragenden Sanierung regelmäßig angestrebt, da dieser für den insolventen Rechtsträger beziehungsweise für die handelnden Personen, insbesondere für den eingesetzten Insolvenzverwalter, eine endgültige Lösung bedeutet. Das künftige Schicksal der übertragenen Unternehmensteile ist dann aus Sicht des insolventen Unternehmens ohne Belang. Die wirtschaftlichen Risiken einer Fortführung des Geschäftsbetriebs sind künftig allein Angelegenheit des Erwerbers. Dieses ist auch für die beteiligten Kreditinstitute von Vorteil, wenn der Fall endgültig abgeschlossen werden kann.

Es kommt auch die Gründung einer Auffanggesellschaft in Betracht, an der der insolvente Rechtsträger als Gesellschafter beteiligt ist (vgl. Vallender, 2004, S. 543 ff.). Diese Variante bietet sich an, wenn ein Fremderwerb kurzfristig nicht zu realisieren ist, Teile des insolventen Unternehmens jedoch profitabel und somit ohne die Altlasten des insolventen Unternehmens wirtschaftlich überlebensfähig sind. In diese Auffanggesellschaft werden dann die für die überlebensfähigen Unternehmensteile benötigten Wirtschaftsgüter eingebracht.

Ziel ist auch in diesem Fall der Erwerb dieser Auffanggesellschaft durch Dritte. Somit wird eine mittelbare Verwertung der in die Auffanggesellschaft eingebrachten Vermögensgegenstände zugunsten der Gläubiger des insolventen Unternehmens ermöglicht. Falls sich das gesamte insolvente Unternehmen als sanierbar und auch als überlebensfähig erweist, ist die zwischengeschaltete Gründung einer neuen Auffanggesellschaft hingegen weder erforderlich noch sinnvoll. Vielmehr wird der Insolvenzverwalter zunächst das insolvente Schuldnerunternehmen in der bestehenden Rechtsform weiter fortführen, um später, wenn dessen Überlebensfähigkeit unter Beweis gestellt worden ist, einen Fremderwerb zu erreichen.

Banken als Betroffene einer übertragenden Sanierung

Von einer übertragenden Sanierung können Kreditinstitute in verschiedener Weise betroffen sein, zum einen als Kreditgeber des insolventen Unternehmens, zum anderen auch als absonderungsberechtigte Sicherungsnehmer. Das insolvente Unternehmen hat der Bank in der Regel Sicherungsrechte eingeräumt, die im Insolvenzverfahren ein Recht auf abgesonderte Befriedigung aus dem jeweiligen Sicherheitenerlös gewähren. Zunächst ist die Rolle der Bank als Kreditgeber des insolventen Unternehmens zu beachten. Dabei ist zwischen der Bank als Geldkreditgeber und als Avalkreditgeber zu unterscheiden. Kerngeschäft eines Kreditinstituts ist die Gewährung verschiedener Formen von Geldkrediten.

Dieses können sowohl kurzfristige Kontokorrentkredite als auch mittelfristige Investitionskredite oder langfristige Grundschulddarlehen sein. Banken sind aufgrund eines drohenden Forderungsausfalls in der Insolvenz eines Unternehmens immer stark betroffen. Die Bank als Geldkreditgeber nimmt dabei in aller Regel eine besonders herausgehobene Gläubigerposition ein, die ihr ein entsprechendes Stimmgewicht in der Gläubigerversammlung verleiht (§ 76 Abs. 2 InsO). Diese Gewichtung wird im Unterschied zur Konkursordnung nicht durch zur Absonderung berechtigende Sicherungsrechte reduziert.

Die übertragende Sanierung ist als Rechtshandlung zu qualifizieren, die für das Insolvenzverfahren von besonderer Bedeutung ist. Diese bedarf nach § 160 InsO der Zustimmung der Gläubigerversammlung oder des Gläubigerausschusses, dem häufig gemäß § 67 Abs. 2 InsO ein Vertreter der Bank als Mitglied und Repräsentant des größten Gläubigers angehört (vgl. Kirchhof et al., 2013, § 160 InsO, Rz. 26 ff. sowie Menke, 2003, S. 1133 ff.). Aufgrund des Zustimmungserfordernisses kommt der Bank bei der Entscheidung über die Durchführung oder Ablehnung einer übertragenden Sanierung eine Schlüsselrolle zu. Sofern die Bank ausschließlich als Geldkreditgeber von der Insolvenz betroffen ist, wird diese sich bei ihrer Entscheidung daran orientieren, ob durch die übertragende Sanierung eine Mehrung der Insolvenzmasse erreicht wird, die später die Ausschüttung einer Insolvenzquote ermöglicht. Neben der Höhe des Kaufpreises, der im Rahmen einer Übertragung als Gegenwert für die übereigneten Vermögensgegenstände an die Masse fließt, ist dabei zu berücksichtigen, ob die übertragende Sanierung zur Verringerung von bevorrechtigten Masseforderungen zum Beispiel von Arbeitnehmern führt.

Außer als Geldkreditgeber kann eine Bank auch als Avalkreditgeber an einer Insolvenz beteiligt sein, das heißt sie hat sich im Auftrag des insolventen Unternehmens gegenüber dessen Geschäftspartnern verbürgt. Soweit die Bank aus den herausgelegten Avalen noch nicht in Anspruch genommen wurde, handelt es sich bei den Avalkreditforderungen der Bank gegen das insolvente Unternehmen um Eventualforderungen, die in einem Insolvenzverfahren allerdings im Wesentlichen wie fällige Forderungen zu behandeln sind und dementsprechend auch ein volles Stimmrecht gewähren. Die Bank als Avalkreditgeber wird zunächst dieselben Überlegungen anstellen wie ein typischer Geldkreditgeber.

Allerdings muss die Bank ein Interesse daran haben, dass sie aus den von ihr herausgelegten Avalen nicht in Anspruch genommen wird. Eine übertragende Sanierung, mit der eine wirtschaftliche Fortführung des Geschäftsbetriebs des insolventen Unternehmens verbunden ist, dient diesem Interesse. Denn gerade bei einer Betriebsfortführung besteht die Möglichkeit, dass die laufenden Verträge erfolgreich erfüllt und bei bereits abgeschlossenen Arbeiten mögliche aufgetretene Mängel beseitigt werden. Dadurch kann eine Inanspruchnahme der von der Bank gestellten Gewährleistungs- und Vertragserfüllungsavale in aller Regel abgewendet wird. Dies ist eine Form der Abwehr von Avaninanspruchnahmen.

Zudem hält häufig allein die Tatsache der weiteren Betriebsfortführung Avalbegünstigte insbesondere bei Gewährleistungsavalen von einer Inanspruchnahme ab, da die Begünstigten in diesem Fall damit rechnen müssen, dass die ausgesprochenen Mängelrügen von den noch verfügbaren, sachkundigen Mitarbeitern des insolventen Unternehmens sorgfältig bearbeitet werden. Bei einer Betriebsstilllegung kann die Bank hingegen oft nicht auf Unterlagen und Mitarbeiter des insolventen Unternehmens zurückgreifen, um sich dann gegen unberechtigte Avalinanspruchnahmen aktiv zur Wehr zu setzen. Als Avalkreditgeber wird das Kreditinstitut eine übertragende Sanierung somit in aller Regel befürworten.

Im Gegenzug zur Kreditgewährung lässt sich eine Bank vielfach Sicherungsrechte einräumen, die ihr im Insolvenzfall ein Recht auf abgesonderte, also vorrangige Befriedigung aus dem jeweiligen Sicherheitenerlös geben (§§ 49, 50, 51 und 170 Abs. 1 InsO). Als Sicherungsnehmer ist das primäre Interesse der Bank auf eine optimale Verwertung ihres Sicherungsgutes gerichtet. Die Mehrung der Insolvenzmasse mit dem mittelbaren Ziel der Erlangung einer möglichst hohen Quotenzahlung tritt dagegen angesichts der häufig sehr geringen Insolvenzquote in den Hintergrund. Im Folgenden soll die Werthaltigkeit der einzelnen Kreditsicherungsrechte im Rahmen der übertragenden Sanierung geprüft werden.

Immobiliarsicherheiten

Wenn ein Institut über Grundpfandrechte am Betriebsgrundstück eines insolventen Unternehmens verfügt, ist die übertragende Sanierung oft der einzige Weg, einen nennenswerten Sicherheitenerlös zu erzielen. Aufgrund der bereits seit einigen Jahren andauernden schwachen Nachfrage nach Gewerbeimmobilien ist eine Verwertung des für die Bank belasteten Grundstücks für sich allein dagegen häufig nur zu sehr niedrigen Kaufpreisen realisierbar. Falls das Objekt mit besonderen Nachteilen wie einer schlechten Verkehrsanbindung, einer veralteten Bausubstanz oder Altlastenrisiken behaftet ist, kann es sogar gänzlich unmöglich sein, einen Käufer zu finden. Zudem handelt es sich bei Betriebsimmobilien in der Regel um Spezialobjekte, die eine alternative Nutzung meist nicht oder nur schwer ermöglichen.

Gerade bei einer Immobiliarsicherheit ist eine zeitnahe Verwertung für die Bank jedoch von herausgehobener Bedeutung. Denn neben den auflaufenden Zinsen hat das Institut bis zum Verwertungszeitpunkt die Grundabgaben, die Aufwendungen für die Gebäudeversicherung sowie die Energiekosten zu tragen. Zwar trifft sie als Grundpfandrechtsgläubiger keine rechtliche Verpflichtung. Nicht bezahlte Grundabgaben nebst Säumniszuschlägen ruhen jedoch als vorrangige öffentliche Last auf dem Grundstück und bei nicht bezahlten Versicherungsprämien erlischt der Versicherungsschutz, was in einem Brandfall zu einer vollständigen Vernichtung des Sicherungswertes führen kann. Ebenso wichtig ist die fortwährende Versorgung des Beleihungsobjekts mit Energie, um beispielweise in Wintermonaten einer Beschädigung aufgrund von zugefrorenen Leitungen vorzubeugen.

Eine fortgesetzte Nutzung des grundpfandrechtlich belasteten Grundstücks im Rahmen einer übertragenden Sanierung ist für die Bank also oftmals vorteilhaft. Dies gilt selbst dann, wenn das Grundstück von dem Übernehmer nicht sofort gekauft, sondern zunächst gemietet wird. Aus den der Bank zustehenden Nutzungsentgelten können zumindest die laufenden Abgaben und Kosten beglichen werden. Zudem wird das Objekt instandgehalten und vor Vandalismus bewahrt. Im Übrigen wird der Übernehmer bei einer erfolgreich verlaufenden übertragenden Sanierung das Objekt später häufig doch noch erwerben.

Mobiliarsicherheiten

Auch für eine erfolgreiche Verwertung von Mobiliarsicherheiten, üblicherweise der Sicherungsübereignung beweglicher Sachen und der Sicherungsabtretung von Forderungen des insolventen Unternehmens gegen dessen Geschäftspartner, ist das Gelingen einer übertragenden Sanierung vielfach von zentraler Bedeutung. Bewegliche Sachen wie Vorräte, Waren, Maschinen und sonstiges Inventar eines insolventen Unternehmens erfahren durch eine Betriebsstilllegung im Verhältnis zu ihrem Fortführungswert oft sogar deutlich stärkere Werteinbußen als das Betriebsgrundstück. Dies gilt insbesondere für teilfertige Erzeugnisse und für Vorräte, die für den speziellen Fertigungsprozess des insolventen Unternehmen angeschafft wurden.

Derartige Güter sind für Dritte häufig nicht verwendungsfähig, mit der Folge, dass ein maßgeblicher Verwertungserlös in der Regel nicht erzielbar ist. Aber auch Maschinen und andere Gegenstände, die am Markt veräußerbar sind, werden durch eine Betriebsstilllegung meist stark beeinträchtigt und erbringen im Zweifel nur einen geringen Erlös. Neben dem „Insolvenzrabatt“, den ein Erwerber in diesem Fall erwartet, wirken sich hier insbesondere die Verwertungskosten, wie Versteigerungs-, Ausbau- sowie Abtransportkosten, stark aus. Somit wird die Bank als Sicherungseigentümer beweglicher Sachen eine Betriebsfortführung im Rahmen einer übertragenden Sanierung regelmäßig befürworten.

Ähnlich verhält es sich, wenn der Bank Forderungen des insolventen Unternehmens gegen dessen Geschäftspartner, dem sogenannten Drittschuldner, sicherungshalber abgetreten worden sind. Besonders die Werthaltigkeit von Forderungen aus teilfertigen Arbeiten tendiert im Fall einer Betriebsstilllegung gegen Null. Hier wirken letztlich dieselben Mechanismen wie bei den gestellten Avalen. Denn die Verringerung von Gegenansprüchen der Geschäftspartner bedeutet gleichzeitig eine erhöhte Realisierbarkeit der gegen die Geschäftspartner gerichteten und jedoch an die Bank abgetretenen Forderungen. Um eine übertragende Sanierung zu realisieren, sind jedoch bestimmte Bedingungen zu erfüllen.

Voraussetzungen der übertragenden Sanierung

Wie dargelegt, kann oft nur durch eine übertragende Sanierung ein angemessener Erlös aus der Verwertung der einer Bank gestellten Sicherheiten erzielt werden.

Zudem bietet sich mit einer übertragenden Sanierung aus Sicht der Bank die Chance einer schnellen, umfassenden und damit Arbeit und Kosten sparenden Abwicklung des Kreditengagements. Diesen auf den ersten Blick überzeugenden Vorteilen stehen allerdings auch Nachteile und besondere Gefährdungen für die beteiligten Kreditinstitute gegenüber. Somit bestehen weitere Ausfallrisiken unter anderem dann, wenn für die Realisierung der übertragenden Sanierung weitere Kredite vergeben werden müssen. Dann können bei einer negativen Entwicklung zu den geplanten Abschreibungen neue Forderungsausfälle hinzukommen.

Fortführung des Betriebs und Gewährung eines Massekredits

Eine übertragende Sanierung wird in der Regel nur gelingen, wenn der potenzielle Erwerber von dem Insolvenzverwalter einen noch lebenden Geschäftsbetrieb übernehmen kann. Eine Betriebsstilllegung führt in der Regel dazu, dass sich die Geschäftspartner eines insolventen Unternehmens anderweitig orientieren (vgl. Vallender, 2004, S. 642 ff.). Bestehende Liefer- und Absatzverbindungen gehen oftmals unwiederbringlich verloren. Ebenso negativ wirkt sich der Weggang von fähigen Arbeitskräften aus. Insbesondere die qualifizierten Mitarbeiter, die für das Überleben des Unternehmens von zentraler Bedeutung sind, gehen bei der Betriebsstilllegung meist unverzüglich Verträge mit anderen Arbeitgebern ein und stehen dann für einen Neuanfang nicht mehr zur Verfügung.

Schließlich sollte auch die negative Außenwirkung einer Stilllegung nicht unterschätzt werden. Wenn der Markt das insolvente Unternehmen erst einmal als aus dem Wirtschaftsprozess ausgeschieden betrachtet, ist es oft schwer, dieses Bild wieder zu korrigieren. Der eingeführte Name des insolventen Unternehmens und der Kundenstamm, die für einen potenziellen Erwerber von bedeutendem Anreiz sind, verlieren dann massiv an Wert. Dieses lässt die Kosten und die Risiken einer Wiederaufnahme des Geschäftsbetriebs im Vergleich zur Übernahme eines lebenden Geschäftsbetriebes deutlich steigen, sodass eine übertragende Sanierung nach einer erfolgten Betriebsstilllegung in aller Regel nicht mehr oder nur unter hohen ökonomischen Risiken möglich ist.

Wichtig ist eine Fortführung des Geschäftsbetriebs nach einer Insolvenzantragstellung auch deswegen, da nur diese Fortführungsphase dem (vorläufigen) Insolvenzverwalter die Gelegenheit gibt, das Unternehmen umzugestalten, es insbesondere von unrentablen Geschäftsfeldern sowie einer nicht verkraftbaren Personalausstattung und Mitarbeiterstruktur zu befreien (vgl. Wellensiek, 2002, S. 233 ff.).

Denn nicht von ungefähr ist das Unternehmen in seiner bisherigen Form insolvent geworden. Die Umgestaltungsmaßnahmen des vorläufigen Insolvenzverwalters dienen zum einen zur Steigerung der Attraktivität des insolventen Unternehmens und damit der Erhöhung des vom Erwerber bei einer übertragenden Sanierung zu zahlenden Kaufpreises. Zum anderen wird sich ohne eine derartige Umstrukturierung oft kein externer Partner für eine übertragende Sanierung finden lassen.

So bedeutend eine erfolgreiche Betriebsfortführung als Voraussetzung einer übertragenden Sanierung ist, so problembehaftet ist sie allerdings auch. Der (vorläufige) Insolvenzverwalter findet ein defizitär arbeitendes Unternehmen vor, dessen Abläufe er nicht kennt. Er ist selbst als sogenannter starker vorläufiger Insolvenzverwalter mit Verfügungsbefugnis zunächst auf die Zusammenarbeit mit dem vorhandenen, gescheiterten Management angewiesen.

Nur die ehemalige Geschäftsführung kann die von ihm benötigten Zahlen und Daten zur Verfügung stellen. Eine sorgfältige Überprüfung der Angaben ist dem Verwalter angesichts der Kürze der Zeit, in der jetzt Entscheidungen getroffen werden müssen, oftmals nicht möglich. Es besteht also die Gefahr der Fehleinschätzung der mit einer Betriebsfortführung einhergehenden Kosten und Risiken. Hinzukommen kann, dass diese Umgestaltungsmaßnahmen des Insolvenzverwalters nicht zeitnah greifen und zunächst tiefgreifende Verluste erwirtschaftet werden.

Das Eingehen dieser Risiken lässt sich auch aus Sicht des (vorläufigen) Insolvenzverwalters, der an seine mögliche persönliche Haftung aus den §§ 60 und 61 InsO denken muss, häufig nur deshalb vertreten, weil die Personalkosten des Unternehmens für den Zeitraum von maximal drei Monaten vor der Verfahrenseröffnung durch das Insolvenzgeld aufgefangen werden. Der Personalaufwand der Firma wird von der Agentur für Arbeit übernommen, sodass der Betrieb im Insolvenzgeldzeitraum ohne diese Kostenbelastung weiter fortgeführt werden kann. Eine der ersten Handlungen des gerade eingesetzten vorläufigen Insolvenzverwalters wird somit sein, zu prüfen, ob und wie lange die Löhne und Gehälter der Arbeitnehmer schon rückständig sind. Ein bestehender Rückstand verkürzt den Zeitraum, für den der Betrieb ohne eigene Personalkosten aufrechterhalten werden kann.

Die Kostenentlastung durch das Insolvenzgeld ändert jedoch nichts daran, dass das Unternehmen für eine Betriebsfortführung häufig weitere Finanzmittel benötigt. Schließlich sind die laufenden Sachkosten weiter zu tragen. Zudem müssen Waren und Vorräte gekauft werden, wobei eine weitere Belieferung nach Insolvenzantragstellung nur noch gegen Vorkasse möglich sein wird. In dieser Situation muss die Bank als Sicherungsnehmerin darauf achten, dass nicht ohne ihre Zustimmung Sicherheiten verwertet und Verwertungserlöse zur Deckung der laufenden Kosten der Betriebsfortführung verwendet werden.

Dies gilt insbesondere für die an die Bank abgetretenen Forderungen des insolventen Unternehmens gegen dessen Geschäftspartner, die sogenannten Drittschuldner. Hier führen missverständlich formulierte Beschlüsse der Insolvenzgerichte über die Eröffnung des vorläufigen Insolvenzverfahrens, in denen es heißt, Schuldner des insolventen Unternehmens dürfen mit schuldbefreiender Wirkung nur noch an den zum Forderungseinzug berechtigten Insolvenzverwalter leisten, mitunter dazu, dass eigentlich der Bank zustehende Forderungen auf das Treuhandkonto des (vorläufigen) Insolvenzverwalters gezahlt werden, der auf diese Weise eine willkommene Liquidität zur Fortführung des Betriebs erhält.

In Anbetracht des Liquiditätsbedarfs des Unternehmens einerseits und der im Normalfall bei der Insolvenzantragstellung nicht mehr oder nur sehr spärlich vorhandenen Barmittel andererseits sieht sich die Bank indes häufig mit einem neuen Problem bei der geplanten Fortführung konfrontiert, dem Wunsch des (vorläufigen) Insolvenzverwalters nach der Gewährung eines Massekredits. Die Bank wird also aufgefordert, dem insolventen Unternehmen weitere finanzielle Mittel oder Avale zur Verfügung zu stellen. Die Rückzahlung dieses Massekredits soll dann aus der freien Insolvenzmasse, das heißt im Wesentlichen aus den während einer Fortführungsphase erzielten Gewinnen erfolgen.

Grundsätzlich wird die Bank einem solchen Ansinnen des (vorläufigen) Insolvenzverwalters skeptisch begegnen. Denn beim Anlegen banküblicher Kriterien verbietet es sich eigentlich, einem Unternehmen, das gerade Insolvenzantrag gestellt hat, einen neuen Kredit zu geben. Es ist jedoch zu berücksichtigen, dass das insolvente Unternehmen nun zum einen unter der Leitung eines neuen Managements, nämlich der des (vorläufigen) Insolvenzverwalters, steht und zum anderen aufgrund der Insolvenzgeldregelung eine gewisse Zeit ohne Personalkosten wirtschaften kann.

Zudem muss sich die Bank vergegenwärtigen, dass die Verweigerung eines echten Massekredits eine Betriebsfortführung und damit eine spätere übertragende Sanierung unmöglich machen wird. Die Beantragung einer Massekreditgewährung lässt die Bank somit in einen Abwägungsprozess folgender Aspekte eintreten:

- Größenordnung des beantragten echten oder unechten Massekredits
- Risiko des Scheiterns einer Betriebsfortführung nach Bankeneinschätzung
- Vorteile der übertragenden Sanierung für die Verwertung der Sicherheiten

Die Massekreditgewährung ist daher letztlich weniger als Kreditgewährung, sondern eher als Kostenbestandteil einer Verwertungsmaßnahme anzusehen. Nicht immer wird es bankintern für die mit der Insolvenzabwicklung betrauten Mitarbeiter leicht sein, diese Sichtweise ihren für eine Gewährung von Krediten zuständigen Kollegen zu vermitteln. Zudem ist die Weiterführung aller Arbeitsverhältnisse für den Erwerber problematisch.

Ausräumen der § 613a BGB-Problematik

§ 613a BGB ist die einzige Norm, die denjenigen, der den Betrieb oder bestimmte Betriebsteile eines insolventen Unternehmens im Wege der übertragenden Sanierung übernimmt, für Verbindlichkeiten eines insolventen Unternehmens einstehen lässt. Gemäß dieser Vorschrift gehen die Arbeitsverhältnisse des insolventen Unternehmens auf den Erwerber über. Dieser kann zwar nun betriebsbedingte Kündigungen aussprechen. Dies ist jedoch ein langwieriger und oft kostenintensiver Prozess. Außerdem wird die vorzunehmende Sozialauswahl meist eine wenig attraktive Arbeitnehmerstruktur hinterlassen. Dieses wirkt sich im Ergebnis auf den wirtschaftlichen Erfolg des Unternehmens aus.

Die Rechtsfolgen des § 613a BGB erweisen sich somit nicht selten als entscheidendes Hindernis für eine übertragende Sanierung. Deswegen hat die Praxis Vorgehensweisen entwickelt, um die sich aus § 613a BGB ergebenden Probleme auszuräumen (vgl. Besau, 2011, S. 203 ff.). So wird der (vorläufige) Insolvenzverwalter versuchen, mit dem Betriebsrat des insolventen Unternehmens einen Sozialplan aufzustellen und nach Verfahrenseröffnung eine Interessenausgleichsvereinbarung schließen, in der die Arbeitnehmeranzahl, die sozialen Auswahlkriterien für eine Kündigung und die Höhe der Abfindung geregelt werden. Zudem enthält diese Liste meist bereits erste Namen der zu entlassenden Arbeitnehmer (vgl. Rattunde, 2003a, S. 2103 ff.). Wenn eine derartige Vereinbarung getroffen wird, ist die Möglichkeit der einzelnen entlassenen Arbeitnehmer, erfolgreich gegen die vom Verwalter ausgesprochene Kündigung vorzugehen, beschränkt. Der Insolvenzverwalter kann einem Übernahmeinteressenten nach Durchführung der Maßnahme somit eine bereinigte und optimierte Arbeitnehmerstruktur präsentieren. Die für einen Übernehmer verbleibenden rechtlichen und wirtschaftlichen Risiken sind überschaubar.

Die im Rahmen der Interessenausgleichsvereinbarung vom Insolvenzverwalter zu erbringenden Abfindungszahlungen belasten die Insolvenzmasse allerdings mit erheblichen Kosten. Dies gilt insbesondere, wenn die Interessenausgleichsvereinbarung mit dem Betriebsrat vorsieht, dass die gekündigten Arbeitnehmer für einen bestimmten Zeitraum, unter Fortzahlung der bisherigen Gehälter, in eine neu geschaffene Beschäftigungs- und Qualifizierungsgesellschaft wechseln können (vgl. Uhlenbruck, 2015, § 159 InsO, Rz. 29 und Wellensiek, 2002, S. 233 ff.). Da die Insolvenzmasse häufig nicht über ausreichende Geldmittel verfügt und das Kreditinstitut von einer übertragenden Sanierung profitiert, wird die Bank diese Bitte des Insolvenzverwalters, sich an den Kosten zu beteiligen, nicht ablehnen können. Dieses kann durch eine direkte Zahlung an die Insolvenzmasse geschehen. Eleganter dürfte die indirekte Beteiligung über erhöhte Kostenbeiträge des Insolvenzverwalters sein.

Finanzierung des Übernehmers

Der Erwerber, der den Betrieb des insolventen Unternehmens im Rahmen der übertragenden Sanierung übernimmt, richtet sich oft mit dem Wunsch an die Hausbank, ihm den für die übereigneten Vermögensgegenstände zu zahlenden Kaufpreis dann vorzufinanzieren. Wenn kein anderer Übernahmeinteressent zur Verfügung steht, macht der potenzielle Erwerber die übertragende Sanierung sogar nicht selten von einer Finanzierung durch die Bank abhängig. Für die betroffene Bank bieten sich dann nur die Alternativen, in die Finanzierung einzuwilligen oder die übertragende Sanierung zum Scheitern zu verurteilen. Ein Scheitern hätte zur Folge, dass die bisher von der Bank im Rahmen der Vorbereitung der übertragenden Sanierung getätigten Aufwendungen vergebens gewesen wären. Insbesondere bliebe der durch die zunächst noch nicht eingeleitete Kreditsicherheitenverwertung eingetretene Zeit- und damit Zinsverlust ohne jegliche Kompensation.

Die Hoffnungen auf einen höheren Sicherheitenerlös im Vergleich zu einer Einzelverwertung wären zudem endgültig dahin. Angesichts der fehlenden Alternativen wird sich die Bank dem Finanzierungswunsch des möglichen Erwerbers in der Regel nicht verschließen. Dies bedeutet allerdings auch, dass sich das Kreditinstitut nicht endgültig von dem problematischen Kreditengagement trennen kann. Gegen eine weitere Betriebsfortführung kann auch ein hoher Erlös aus der Einzelliquidation von Wirtschaftsgütern sprechen.

Verlust der Chancen der Einzelverwertung

Bei einer übertragenden Sanierung übernimmt der Erwerber sämtliche für die Fortführung des übernommenen Betriebs oder Betriebsteils benötigten Vermögensgegenstände und zahlt dafür insgesamt einen Kaufpreis, dessen Aufteilung gesonderte Absprachen zwischen dem Insolvenzverwalter und den einzelnen Sicherungsnehmern vorbehalten ist. Es kommt zu einer Verwertung der Vermögensgegenstände im Ganzen. Dies kann für die Bank nützlich sein. Wenn ihr jedoch nicht an allen übertragenen Vermögensgegenständen Sicherungsrechte zustehen, was regelmäßig der Fall sein wird, muss die Bank sorgfältig prüfen, ob ihre jeweiligen Sicherungsrechte bei der Kaufpreisfindung und der Verteilung des Kaufpreises angemessen berücksichtigt werden (vgl. Kirchhof et al., 2013, § 159 InsO, Rz. 4 ff.).

Dieses kann sich insbesondere dann als problematisch erweisen, wenn der Insolvenzverwalter dem potenziellen Erwerber eine Paketlösung andient, die eine Übernahme sehr lukrativer Betriebsteile von der gleichzeitigen Übernahme weniger attraktiver betrieblicher Bestandteile abhängig macht. Falls einem Kreditinstitut die Sicherungsrechte gerade an Vermögenswerten der interessanten Betriebsteile zustehen, kann eine Einzelverwertung dieser Sicherheiten gegebenenfalls vorteilhafter sein als eine Gesamtlösung im Rahmen einer übertragenden Sanierung (vgl. Vallender, 2004, S. 642 ff.).

Wie die dargestellten Überlegungen zeigen, ist für eine übertragende Sanierung ein einheitliches Handeln aller betroffenen Akteure erforderlich. Nur wenn sich der Insolvenzverwalter sowie sämtliche Sicherungsnehmer, also in der Regel die Banken und Lieferanten, einig sind, können einem Erwerber alle für eine Betriebsfortführung benötigten Vermögensgegenstände übertragen werden. Das Einigkeitserfordernis eröffnet schlechter abgesicherten Gläubigern Spielräume, Lästigkeitspotenziale auszuschöpfen, um den auf sie entfallenden Kaufpreisanteil unangemessen hoch ausfallen zu lassen. Zu denken ist hier insbesondere an nachrangige Grundpfandrechtsgläubiger, die im Fall einer Zwangsversteigerung leer ausgehen.

Sie können für die benötigte Löschungsbewilligung zur Umsetzung der Grundstücksübereignung ein Entgelt fordern. Derartige Verhaltensweisen, aber auch grundsätzlich unterschiedliche Auffassungen der betroffenen Gläubiger über eine gerechte Verteilung des erzielten Kaufpreises, können eine erfolgreiche übertragende Sanierung gefährden.

Gestaltungsmöglichkeiten der Bank

Hauptakteur einer übertragenden Sanierung ist zweifellos der (vorläufige) Insolvenzverwalter. Aufgrund der rechtlichen Vorgaben der Insolvenzordnung kommt jedoch auch den Gläubigern eine wichtige Bedeutung zu. So muss der Gläubigerausschuss oder die Gläubigerversammlung dieser übertragenden Sanierung zustimmen und zusätzlich sind die Sonderrechte der aus- und absonderungsberechtigten Gläubiger zu beachten. Diese rechtlichen Rahmenbedingungen, aber auch die tatsächlichen Notwendigkeiten der Mitwirkung der Banken, beispielsweise bei einem Massekreditbedarf, eröffnen den Kreditinstituten verschiedene Möglichkeiten einer Einflussnahme auf das weitere Geschehen.

Ein wichtiges Kriterium zur Realisierung einer übertragenden Sanierung ist der Zeitfaktor. Dies gilt allein schon deswegen, weil der Insolvenzgeldzeitraum, innerhalb dessen eine Betriebsfortführung oftmals wirtschaftlich noch vertretbar ist, auf maximal drei Monate begrenzt ist. Eine rasche Umsetzung der Umgestaltungsmaßnahmen des vorläufigen Insolvenzverwalters und ein frühzeitiger Kontakt zu den potenziellen Erwerbern sind daher von wesentlicher Bedeutung für das Gelingen einer übertragenden Sanierung. Wichtig ist die rechtzeitige Vorbereitung der übertragenden Sanierungslösung, mit der möglichst bereits im Vorfeld der Stellung des Insolvenzantrags begonnen werden sollte.

Bei der rechtzeitigen Vorbereitung kann die Bank eine aktive Rolle einnehmen. Da dieser regelmäßig die wirtschaftlichen Verhältnisse offenzulegen sind und sie auch aus anderen Quellen, wie zum Beispiel der Kontoführung, Informationen erlangen kann, ist die Bank vielfach in der Lage, Krisenanzeichen bei einer Firma frühzeitig zu erkennen und darauf zu reagieren. Dies erfolgt mitunter schneller als die Reaktion des Managements eines insolvenzgefährdeten Unternehmens, das sich die eigenen Fehler nicht eingestehen möchte. Die Bank kann in dieser Situation die Unternehmensleitung auf die sich abzeichnende Krise aufmerksam machen und eine Sanierung mit externer Unterstützung durch eine darauf spezialisierte Beratungsgesellschaft anregen. Insbesondere durch die Beauftragung einer Unternehmensberatung durch die Geschäftsleitung lassen sich wichtige Erkenntnisse über die Sanierungsfähigkeit des Unternehmens oder bestimmter Unternehmensteile gewinnen.

Selbst wenn sich ein erstelltes Sanierungsgutachten dann als nicht umsetzbar erweist oder wenn die Untersuchungen der Unternehmensberatung zu dem Ergebnis führen, dass eine Insolvenz nicht mehr abwendbar ist, müssen die dafür getätigten Aufwendungen nicht vergebens sein. Denn die gewonnenen Erkenntnisse können in einer Insolvenz als Grundlage für die Ausarbeitung eines Übertragungskonzepts verwendet werden. Dies kann zu einer erheblichen Zeitersparnis führen. Darüber hinaus werden auch die Verhandlungen mit Übernahmeinteressenten beschleunigt, da in diesem Fall die Unternehmensdaten zur Verfügung gestellt werden können, die von dritter Seite verlässlich und objektiv ermittelt wurden.

Abstimmung mit anderen Gläubigern

Nach dem Erkennen der ersten Krisenanzeichen bietet es sich für die Bank an, die Abstimmung mit anderen Gläubigern, insbesondere solchen, die Sicherungsrechte innehaben, zu suchen. Zu denken ist dabei zunächst an andere Kreditinstitute. Die Kontaktaufnahme mit den weiteren Gläubigerbanken, die das insolvente Unternehmen finanzieren, dient zweierlei Zielen. Zum einen gilt es zu verhindern, dass eine Bank im Alleingang ihre Kredite kündigt und so vorschnell die Insolvenz auslöst. Zum anderen kann eine Aufteilung der zu erwartenden Sicherheitenerlöse bereits in diesem frühen Stadium geregelt werden. Auf diesem Wege wird vermieden, dass die nach Insolvenzantragstellung unter beträchtlichem Zeitdruck zu führenden Verhandlungen über eine übertragende Sanierung durch unnötige Auseinandersetzungen zwischen den involvierten Banken und Lieferanten belastet werden.

Um die vorgenannten Ziele erreichen zu können, schließen sich Kreditinstitute in der Praxis häufig zu einem Sicherheitenpool zusammen, der die quotale Verteilung der auf die Sicherungsrechte der beteiligten Banken entfallenden Erlöse grundsätzlich entsprechend der Höhe ihrer ausgereichten Kredite festschreibt. Allerdings sollte ein im Vorfeld einer Insolvenz geschlossener Sicherheitenpoolvertrag nicht zum Nachteil anderer Gläubiger wirken. Ansonsten könnte er vom späteren Insolvenzverwalter nach Maßgabe der §§ 129 ff. InsO angefochten werden.

Der Sicherheitenpoolvertrag darf also keine Neubestellung von Sicherheiten ohne gleichwertige Gegenleistung als Bargeschäft oder eine massebeeinträchtigende Ausweitung des Sicherungszwecks einzelner Kreditsicherheiten enthalten. Zulässig ist es hingegen, die Verteilung der jeder einzelnen Bank anfechtungsfest zustehenden Sicherheitenerlöse in beliebiger Weise untereinander vertraglich zu regeln.

Ebenso zweckmäßig ist eine Abstimmung mit den betroffenen Lieferanten des insolvenzgefährdeten Unternehmens. Diese haben in ihren Allgemeinen Geschäftsbedingungen einen Eigentumsvorbehalt hinsichtlich der gelieferten Produkte sowie eine Abtretung der aus dem Verkauf der Güter resultierenden Forderungen festgeschrieben. Die Sicherungsrechte der Lieferanten konkurrieren dann mit den Sicherungsübereignungen sowie Sicherungsabtretungen zugunsten der involvierten Banken. Im Vorfeld der Insolvenz ist eine Gesprächsaufnahme mit den Lieferanten allerdings schwierig, da im Normalfall eine Vielzahl von Lieferanten existiert und eine Interessenbündelung in einem gemeinsamen Vertretungsgremium, das als Ansprechpartner für die Banken fungieren könnte, noch nicht erreicht ist.

Nach Insolvenzantragstellung hingegen finden sich die Lieferanten nicht selten auf Initiative der Kreditversicherungsgesellschaften in einem Lieferantenpool zusammen. Mit diesem Pool kann die Bankenseite dann verlässliche Absprachen über die genaue Abgrenzung dieser Sicherungsrechte treffen. Diese Abgrenzung erfolgt überwiegend anhand der Materialeinsatzquote, also des Anteils der Materiallieferungen am Wert des erzeugten Endprodukts.

Einflussnahme auf die Auswahl des (vorläufigen) Insolvenzverwalters

Der (vorläufige) Insolvenzverwalter bestimmt den Verlauf des Insolvenzverfahrens entscheidend. Von seiner Sachkenntnis und Erfahrung hängt der Erfolg oder Misserfolg einer übertragenden Sanierung maßgeblich ab. Deshalb kommt der Auswahl des Insolvenzverwalters eine herausgehobene Bedeutung zu. Da das Insolvenzverfahren nach dem Leitbild der Insolvenzordnung maßgeblich von der Gläubigerautonomie geprägt ist (vgl. Kirchhof et al., 2013, § 1 InsO, Rz. 20 ff.), wurde der Einfluss der Gläubiger auf diese für das gesamte Insolvenzverfahren zentrale Entscheidung durch das ESUG (Gesetz zur weiteren Erleichterung der Sanierung von Unternehmen) insgesamt deutlich ausgeweitet.

Gesetzlich normiert ist nun die Einsetzung eines vorläufigen Gläubigerausschusses, der bereits im vorläufigen Insolvenzverfahren agiert und dem Insolvenzgericht eine bestimmte Person als vorläufigen Insolvenzverwalter vorschlagen kann. Wenn dieser Vorschlag einstimmig erfolgt, ist das Insolvenzgericht daran gebunden, es sei denn, die vorgeschlagene Person ist ungeeignet weil diese beispielsweise nicht unabhängig ist. Ungeachtet dessen ist es daher ratsam, eine bereits beim Insolvenzgericht gelistete Person vorzuschlagen oder rechtzeitig Kontakt mit dem zuständigen Insolvenzrichter aufzunehmen, um die Person des vorläufigen Insolvenzverwalters frühzeitig zu erörtern.

Auf diese Weise können Kreditinstitute über die Entsendung eines Vertreters in den vorläufigen Gläubigerausschuss Einfluss auf die Auswahl der Person des (vorläufigen) Insolvenzverwalters nehmen. Die Möglichkeit ist nicht nur dann eröffnet, wenn das insolvente Unternehmen bestimmte Unternehmenskennzahlen erreicht (§ 22a Abs. 1 InsO). Vielmehr kann ein vorläufiger Gläubigerausschuss auch dann, wenn die Unternehmenskennzahlen nicht erreicht sind, auf Antrag des Insolvenzschuldners oder eines Gläubigers eingerichtet werden. Es empfiehlt sich für die Bank daher, bei den Insolvenzgerichten eine Liste mit Ansprechpartnern zu hinterlegen und die grundsätzliche Bereitschaft zur Mitgliedschaft in zu bildenden vorläufigen Gläubigerausschüssen zu erklären.

Alternativ haben die Gläubiger gemäß § 57 InsO in der ersten Gläubigerversammlung die Möglichkeit, einen anderen Insolvenzverwalter zu wählen. Zu diesem Zeitpunkt, der durchaus bereits ein halbes Jahr nach der Eröffnung des vorläufigen Insolvenzverfahren liegen kann, sind die für den Verfahrensweg einer übertragenden Sanierung wesentlichen Weichenstellungen jedoch bereits gefallen. Außerdem gilt für die Wahl eines anderen Insolvenzverwalters die Ausnahme, dass dafür nicht nur eine nach der Höhe der angemeldeten Forderungen zu bemessende Stimmenmehrheit in der Gläubigerversammlung, sondern zudem auch die Mehrheit der abstimmenden Gläubiger nach Köpfen gerechnet erforderlich ist. Dies erschwert der Bank die Abwahl des bisherigen Insolvenzverwalters und die Besetzung durch einen neuen Akteur meist erheblich.

Die Bank muss deshalb versuchen, bereits auf die Auswahl des vorläufigen Verwalters durch das Insolvenzgericht Einfluss zu nehmen. Solche Versuche können allerdings auch das Gegenteil des Gewollten bewirken. Denn immer noch werten die Insolvenzrichter einen entsprechenden Vorstoß eines Kreditinstituts nicht selten als mangelnden Respekt vor der richterlichen Unabhängigkeit und nehmen diesen Vorschlag einer bestimmten Person zum Anlass, gerade diese nicht zum (vorläufigen) Insolvenzverwalter zu bestellen (vgl. Rattunde, 2003a, S. 2103 ff.). Dabei wird indes häufig übersehen, dass ein Zusammenwirken des (vorläufigen) Insolvenzverwalters mit den Hauptgläubigern als Finanzierer und den absonderungsberechtigten Gläubigern entscheidend für einen positiven Verlauf des Insolvenzverfahrens und auch für eine übertragende Sanierung ist.

Die Bank wird sich insbesondere schwer tun, einen Massekredit zu gewähren, wenn sie zu der Person des (vorläufigen) Insolvenzverwalters kein Vertrauen hat. Die Bestellung eines (vorläufigen) Insolvenzverwalters, dem die Hauptgläubiger mit Skepsis begegnen oder der über keine ausreichenden Erfahrungen mit Betriebsfortführungen und übertragenden Sanierungen verfügt, kann eine übertragende Sanierung somit schon im Ansatz scheitern lassen. Im Ergebnis sollte sich die Bank deshalb nicht scheuen, Kontakt zu dem zuständigen Insolvenzrichter aufzunehmen, um mit diesem die Auswahl einer geeigneten Person als Insolvenzverwalter zu besprechen. Dabei wird die Bank die Auswahlentscheidung des Insolvenzrichters eher in ihrem Sinne beeinflussen können, wenn sie sich nicht nur auf eine Person fokussiert, sondern mehrere qualifizierte Personen vorschlägt.

Einrichtung eines Gläubigerausschusses mit Verfahrenseröffnung

Für eine umzusetzende übertragende Sanierung ist die Zustimmung der Gläubigerversammlung oder des Gläubigerausschusses unbedingt erforderlich. Da zeitnahe Entscheidungen für das Gelingen einer übertragenden Sanierung unerlässlich sind, die erste Gläubigerversammlung jedoch häufig erst eine geraume Zeit nach Eröffnung des Insolvenzverfahrens stattfindet, empfiehlt es sich, in Insolvenzverfahren, in denen eine übertragende Sanierung in Betracht kommt, zeitgleich mit der Verfahrenseröffnung auch einen Gläubigerausschuss zu bilden, der einer übertragenden Sanierung zustimmen kann, wenn nicht bereits im vorläufigen Verfahren ein vorläufiger Gläubigerausschuss eingerichtet wurde. Das Abwarten der ersten Gläubigerversammlung ist dann nicht mehr erforderlich. Dem vorläufigen Gläubigerausschuss kommen wesentliche Entscheidungsbefugnisse zu. Zudem lassen sich über eine Mitgliedschaft im Gläubigerausschuss wichtige Informationen erlangen und das Kreditinstitut kann eine gewisse Kontrolle des Insolvenzverwalters sicherstellen (§ 69 InsO). Deshalb muss das Interesse einer Bank darauf gerichtet sein, einen Vertreter in den Ausschuss zu entsenden. Die Bildung des Gläubigerausschusses und dessen Zusammensetzung obliegt einer Entscheidung des Insolvenzgerichts, erfolgt aber in der Regel auf den Vorschlag des vorläufigen Insolvenzverwalters.

Die Bank ist also gut beraten, wenn sie gegenüber dem vorläufigen Verwalter rechtzeitig die Bildung eines Gläubigerausschusses anregt und ihren Anspruch auf Entsendung eines Vertreters in den Ausschuss geltend macht. Normalerweise wird sich dies aufgrund der Verfahrensbeteiligung der Bank als Großgläubiger und Absonderungsberechtigter ohnehin aufdrängen, sodass das Anliegen der Bank nicht zu Unstimmigkeiten mit dem vorläufigen Insolvenzverwalter führen sollte. Falls der vorläufige Insolvenzverwalter allerdings zu erkennen gibt, dass er dem Wunsch der Bank nicht folgen wird, sollte dieses Kreditinstitut sich unmittelbar an das zuständige Insolvenzgericht wenden. Unabhängig von der Entscheidung des Gerichts darf aber nicht übersehen werden, dass eine Auseinandersetzung zwischen der Bank und dem vorläufigen Insolvenzverwalter in dem frühen Stadium nicht optimal für den weiteren Verfahrensverlauf und das Gelingen einer wirtschaftlich erfolgreichen übertragenden Sanierung ist.

Absicherung einer Massekreditgewährung

Wenn für die Fortführung des Betriebes des insolventen Unternehmens die Gewährung eines Massekredits erforderlich ist und die Bank sich einem entsprechenden Antrag des (vorläufigen) Insolvenzverwalters im Hinblick auf die erwarteten Vorteile einer durch die Betriebsfortführung ermöglichten übertragenden Sanierung nicht zu verschließen vermag, sollte die Bank ihre Massekreditzusage gleichwohl an verschiedene Bedingungen knüpfen. Dabei ist zu unterscheiden, ob der Massekredit bereits im Insolvenzeröffnungsverfahren oder erst im eröffneten Insolvenzverfahren gewährt werden soll. Bei einer Massekreditgewährung im Insolvenzeröffnungsverfahren sieht sich eine Bank meist einem schwachen vorläufigen Insolvenzverwalter gegenüber, der keine Verfügungsbefugnis besitzt und der im Gegensatz zu einem starken vorläufigen Insolvenzverwalter mit eigener Verfügungsbefugnis keine vorrangigen Masseverbindlichkeiten begründen kann. Um dem Kreditrückzahlungsanspruch der Bank im eröffneten Insolvenzverfahren den Rang einer Masseforderung zu geben, ist daher auf den Beschluss des Insolvenzgerichts zu drängen, der einem vorläufigen Insolvenzverwalter diese konkrete Massekreditaufnahme gestattet und ihn so partiell zu einem starken vorläufigen Insolvenzverwalter macht.

Zudem ist zu beachten, dass die Massekreditgewährung von der Vereinbarung neuer Sicherheitenverträge begleitet wird. Es kommen regelmäßig eine Sicherungsübereignung der mit dem Massekredit erworbenen Güter und eine Sicherungsabtretung der aus der Betriebsfortführung erzielten Forderungen in Betracht. Aber auch andere freie Vermögenswerte des insolventen Unternehmens zum Beispiel Patentrechte oder freie Grundschuldteile können als zusätzliche Sicherheiten herangezogen werden. Um jegliche Zweifel an der Befugnis des vorläufigen Insolvenzverwalters zur Sicherheitenbestellung auszuräumen, sollte im Gerichtsbeschluss zu der Massekreditaufnahme die Erlaubnis zur Bestellung von Sicherheiten durch den vorläufigen Verwalter ausdrücklich enthalten sein.

Für eine Massekreditgewährung im eröffneten Insolvenzverfahren ist dagegen kein Gerichtsbeschluss erforderlich, da hier ein vollumfänglich verfügungsbefugter Insolvenzverwalter Vertragspartner der Bank ist. Mit diesem kann auch die Bestellung von Sicherungsrechten vereinbart werden. Eine solche neue vertragliche Vereinbarung über die Massekreditgewährung sowie deren Besicherung ist auch dann erforderlich, wenn ein im Insolvenzeröffnungsverfahren aufgenommener Massekredit lediglich verlängert werden soll. Denn unabhängig davon, ob dieser Kreditrückzahlungsanspruch eine Masseforderung darstellt oder nicht, ist der Insolvenzverwalter nicht an die Vereinbarungen des vorläufigen Verwalters gebunden. Dies gilt selbst dann, wenn es sich beim vorläufigen Insolvenzverwalter um ein und dieselbe Person handelt, die später zum Insolvenzverwalter bestellt wird. Möchte die Bank Sicherungsrechte an den nach Insolvenzverfahrenseröffnung vom insolventen Unternehmen erworbenen Vermögensgegenständen erlangen, so muss sie eine Bestätigung zur Massekreditaufnahme einschließlich der Sicherungsvereinbarungen vom Insolvenzverwalter erhalten. Sowohl im Insolvenzeröffnungsverfahren als auch im eröffneten Insolvenzverfahren kann ein Massekredit als sogenannter echter oder als unechter Massekredit gewährt werden.

Definition: Von einem **echten Massekredit** wird gesprochen, wenn die zugesagten Mittel wie bei einem normalen Bankkredit von einem Kreditinstitut zur Verfügung gestellt werden. Bei einem unechten Massekredit stammen die Kreditmittel dagegen aus der Verwertung von Vermögensgegenständen des insolventen Unternehmens, an denen die Bank ein Absonderungsrecht besitzt, wie aus der Einziehung sicherungsabgetretener Forderungen. Statt einer unverzüglichen Auskehrung der erzielten Erlöse aus den Forderungen an das absonderungsberechtigte Institut, wie es die Insolvenzordnung gemäß § 170 Abs. 1 Satz 2 InsO vorsieht, verwendet der eingesetzte (vorläufige) Insolvenzverwalter die über einen Forderungseinzug erlangten Gelder zur Finanzierung der Betriebsfortführung.

Häufig fällt der Bank die Gewährung eines unechten Massekredits leichter als die Einräumung eines echten Massekredits, da ein unechter Massekredit bankintern gewöhnlich nicht als Risikoausweitung betrachtet wird. Diese Sichtweise darf jedoch nicht darüber hinwegtäuschen, dass wirtschaftlich kein Unterschied besteht. Denn wenn ein Massekredit nicht zurückgezahlt werden kann, ist es für die Bemessung des der Bank daraus entstehenden Schadens gleichgültig, ob es sich um einen echten oder unechten Massekredit handelt.

Ein häufiger Streitpunkt zwischen der Bank und dem (vorläufigen) Insolvenzverwalter ist die Abgrenzung der Sicherheitenerlöse einschließlich der Höhe der von der Bank an die Insolvenzmasse zu zahlenden Kostenbeiträge. Denn diese Fragen berühren elementare finanzielle Interessen der Beteiligten. Während für die Bank jedes Zugeständnis zu einer unmittelbaren Erhöhung ihres Kreditausfalls führt, bedeutet ein Entgegenkommen des (vorläufigen) Insolvenzverwalters auch eine Reduzierung der freien Insolvenzmasse, die wiederum die Grundlage für die Bemessung seiner persönlichen Vergütung ist.

Um zu einer für alle Parteien einvernehmlichen Lösung zu gelangen, bietet sich ein schrittweises Vorgehen an. Im ersten Schritt sollte eine grundlegende Einigung über die Abgrenzung der Sicherheitenerlöse erzielt werden. Dabei können sich die Verhandlungspartner an gesetzlichen Vorgaben, zum Beispiel an den Anfechtungsvorschriften der Insolvenzordnung gemäß §§ 129 ff. InsO orientieren. Eine Einigung über die Erlösabgrenzung wird daher regelmäßig derart aussehen, dass die bis zur Kenntnis der Bank von der Insolvenzantragstellung entstanden Forderungen und erzeugten Güter dem Kreditinstitut und anschließend der Insolvenzmasse zustehen. Dieses erfordert insbesondere bei teilfertigen Arbeiten eine exakte Bestandsaufnahme, um spätere Unstimmigkeiten zu vermeiden.

In einem zweiten Schritt können die Kostenbeiträge festgelegt werden. Auch für die Bemessung der Kostenbeiträge gibt es gemäß § 171 InsO Vorgaben in der Insolvenzordnung. Diese Regelungen sind jedoch zum einen nicht abschließend. Daher findet sich keine gesetzliche Norm zum freihändigen Verkauf von Grundstücken. Zum anderen ist die grundsätzlich vorgesehene Verwertungspauschale von 5,0 % nicht immer geeignet, dem Aufwand eines (vorläufigen) Insolvenzverwalters im Zusammenhang mit einer Betriebsfortführung und einer sich anschließenden übertragenden Sanierung gerecht zu werden. Insofern verbietet sich ein schematischer Lösungsansatz. Vielmehr kann für jede Sicherheit und Sicherheitengruppe gesondert eine Regelung, unter Berücksichtigung des Einzelfalls, gefunden werden.

Gleichwohl haben sich in der Praxis bestimmte Kostenbeitragsrahmen herausgebildet, die als Leitlinien dienen können. Eine praxisnahe Lösung könnte demnach so aussehen, dass für den freihändigen Verkauf von Grundstücken ein Kostenbeitrag von 3,0 % bis 5,0 %, für die Veräußerung sicherungsübereigneter Sachen und den Einzug von Forderungen aus fertiggestellten Arbeiten ein Kostenbeitrag von 10,0 % bis 15,0 % und für den Einzug rechtshängiger Forderungen sowie von Forderungen aus teilfertigen Arbeiten, die vom (vorläufigen) Insolvenzverwalter beendet werden, ein Kostenbeitrag von bis zu 30,0 % des auf die Bank entfallenden Erlöses an die Insolvenzmasse gezahlt wird. Innerhalb dieser Bandbreiten sind unterschiedliche Varianten, wie zum Beispiel eine Staffelung der Kostenbeiträge je nach Verwertungserfolg des (vorläufigen) Insolvenzverwalters, vorstellbar.

Es sei auf eine Besonderheit der Kostenbeitragsverhandlungen in Insolvenzverfahren, bei denen es zu einer Betriebsfortführung mit anschließender übertragenden Sanierung kommt, hingewiesen: Während der vorläufige Insolvenzverwalter gemäß den Vorschriften der Insolvenzordnung grundsätzlich keine Sicherheiten verwerten darf und für durchgeführte Verwertungsmaßnahmen keine Kostenbeiträge zur Insolvenzmasse erhält, vereinbaren die Beteiligten in den Fällen der Fortführung des Betriebes des insolventen Unternehmens mit dem Ziel einer späteren übertragenden Sanierung häufig, dass bereits der vorläufige Insolvenzverwalter Verwertungsmaßnahmen durchführen darf und dafür dieselben Kostenbeiträge zur Masse zu zahlen sind wie bei einer Verwertung im eröffneten Insolvenzverfahren.

Bei einer übertragenden Sanierung erwirbt der Übernehmer bestimmte Vermögensgegenstände des insolventen Unternehmens. Er tritt, abgesehen von besonderen Gestaltungen im Einzelfall, nicht in bestehende Verträge ein und übernimmt auch keine Verbindlichkeiten daraus. Dies gilt auch für Verpflichtungen des insolventen Unternehmens, für deren Erfüllung sich die Bank verbürgt hat. Bei der Inanspruchnahme des Kreditinstituts aus bereitgestellten Avalen kann die Bank daher grundsätzlich nicht auf den Übernehmer zurückgreifen, um ihre Zahlungspflichten abzuwenden. Da der Übernehmer aufgrund dieser teilweisen Betriebsübernahme jedoch zum einen über die technischen und personellen Möglichkeiten verfügt, die Verpflichtungen des insolventen Unternehmens zu erfüllen, und er zum anderen ein Interesse daran haben muss, die bestehenden Geschäftsverbindungen unbelastet zu erhalten, wird dieser sich häufig dazu bereit erklären, für die Bank tätig zu werden. Aus Sicht der Bank empfiehlt es sich, die Bereitschaft des Übernehmers und die von der Bank dafür zu erbringende Gegenleistung bereits im Übernahmevertrag rechtsverbindlich festzuschreiben. Die Gegenleistung der Bank kann in der möglichen Reduzierung des Kaufpreises für Vermögensgegenstände, an denen diese Sicherungsrechte in Form von Sicherungsübereignungen hält, bestehen. Voraussetzung einer übertragenden Sanierung ist in aller Regel eine unverzügliche Fortführung des Geschäftsbetriebs. Die mit der Betriebsfortführung verbundenen Risiken sind nur tragbar, weil die Personalkosten durch das Insolvenzgeld aufgefangen werden. Mit der Eröffnung des Insolvenzverfahrens läuft diese Vereinbarung aus.

Dann werden mit der Betriebsfortführung vielfach weiterhin hohe Verluste erwirtschaftet, die sukzessive sowohl die freie Insolvenzmasse als auch die Sicherungswerte der Bank aufzehren. Dies ist aus Sicht der absonderungsberechtigten Kreditinstitute unbedingt zu vermeiden. Das Kreditinstitut sollte darauf hinwirken, dass die übertragende Sanierung möglichst sofort nach dem Ende des Insolvenzgeldzeitraums erfolgt. Idealerweise hat der vorläufige Insolvenzverwalter den Vertrag zur übertragenden Sanierung schon zur Insolvenzverfahrenseröffnung unterschriftsreif ausgehandelt. Der Übernahmevertrag wird dann unmittelbar nach der Insolvenzverfahrenseröffnung durch den Insolvenzverwalter geschlossen und von dem bereits bestellten Gläubigerausschuss genehmigt. Wenn die übertragende Sanierung nicht sofort nach Ende des Insolvenzgeldzeitraums gelingt, muss die betroffene Bank eine fortgesetzte Betriebsfortführung äußerst kritisch begleiten.

Zusammenfassung Theorieabschnitt 5.6.1: In diesem Abschnitt wurde die Ausgestaltung der übertragenden Sanierung aus Sicht der beteiligten Banken untersucht. Es zeigt sich, dass der Zeitpunkt der Übertragung von großer Bedeutung für die Werthaltigkeit der zu veräußernden Assets ist. Dazu ist durch den Insolvenzverwalter frühzeitig Kontakt zu potenziellen Erwerbern aufzunehmen. Optimal ist eine Umsetzung dieser Übertragung direkt nach Ausnutzung des Insolvenzgeldzeitraums. Dabei muss ein eingesetzter Gläubigerausschuss oder die Gläubigerversammlung der übertragenden Sanierung zustimmen. Wichtig ist es, die werthaltigen Assets aus einem fortgeführten Betrieb heraus zu übertragen, um einen maximalen Kaufpreis zu erzielen.

5.6.2 Praxisfall zur übertragenden Sanierung

Im Rahmen der Insolvenzplanausarbeitung bei der Druck GmbH hat der Insolvenzverwalter zudem eine M&A-Gesellschaft mit der Suche nach Investoren beauftragt. Als übertragungsfähig haben sich insbesondere die Geschäftsfelder des Etikettendrucks und der Logistik mit den zugehörigen Assets erwiesen. Diese Bereiche werden als fortführungsfähig eingestuft. Es bestehen mehrere Bieter, die an dem Erwerb des Produktionsgebäudes und einer der Druckmaschinen interessiert sind.

Die Gläubiger haben den Insolvenzverwalter damit beauftragt, in einer Vergleichsrechnung die Insolvenzquoten für den Fall der Sanierung, der Übertragung oder der Veräußerung gegenüberzustellen:

- Eigenständige Sanierungslösung ohne Investor: Die Quote auf die ungesicherten Forderungen liegt bei einem Scheitern voraussichtlich bei 5,0 %, die absonderungsberechtigen Kreditinstitute erhalten rund 15,0 %.
- Übertragungslösung mit Investor: Im Rahmen einer Übertragung der Assets auf einen Investor kann mit einer Quote von 10,0 % auf ungesicherte Forderungen und auf absonderungsberechtigte Forderungen von 20,0 % gerechnet werden.
- Verwertungslösung: Die Verwertungsquote auf die ungesicherten Forderungen liegt bei 3,0 %, die Quote auf absonderungsberechtigen Forderungen für das Anlage- und das Umlaufvermögen bei 10,0 % und auf Immobilien bei 12,0 %.

Mit der Übertragungslösung können rund 50,0 % der Arbeitsplätze erhalten werden. Die Veräußerung der einzelnen Vermögensgegenstände soll an einen Dritten, einen bisherigen Mitbewerber des insolventen Unternehmens erfolgen Als Kaufpreis stehen bis zu 2.500 TEuro im Raume. Zusätzlich bietet sich die Möglichkeit, die restlichen Vermögenswerte zu realisieren und Überschüsse zu erzielen. Im Wesentlichen verbleiben das Verwaltungsgebäude und die zweite Druckmaschine.

Von Vorteil für die Mittelstandsbank AG ist, dass zum einen Gesamtgrundschulden an dem Verwaltungsgebäude und dem Produktionstrakt bestehen und zum anderen die Druckmaschinen nicht mit in den Sicherheitenpool eingebracht wurden. Es entfällt ein Kaufpreisanteil aus der Übertragung von rund 1.000 TEuro auf die Hausbank. Des Weiteren kann ein Anteil in Höhe der Poolquote aus der Verwertung beziehungsweise der Übertragung der variablen Sicherheiten des Umlaufvermögens geltend gemacht werden. Der Erwerber plant zudem seine eigene Hausbank mit der Übernahmefinanzierung und der laufenden Betriebsmittelfinanzierung zu betrauen.

Aufgabenstellungen

1. Welchen Verfahrensweg sollten die Gläubigerbanken in der Insolvenz wählen und auf welche Kriterien ist bei dieser Entscheidung zu achten?
2. Mit welchen Elementen und zu welchem Zeitpunkt ist eine übertragende Sanierung in der Insolvenz umzusetzen?

5.6.3 Lösung des Praxisfalls zur übertragenden Sanierung

1. Welchen Verfahrensweg sollten die Gläubigerbanken in der Insolvenz wählen und auf welche Kriterien ist bei dieser Entscheidung zu achten?

Falls das gesamte insolvente Unternehmen nicht komplett sanierbar und wettbewerbsfähig ist, sind die wertvollen Teile an einen Investor zu veräußern. Die Veräußerung der einzelnen Betriebsteile kann als Fremderwerb an einen Dritten erfolgen. Diese Lösung ist anzustreben, wenn der Fall aus Sicht der Kreditinstitute sofort abgeschlossen werden kann. Voraussetzung dafür ist, dass der Erwerber die bestehenden Verbindlichkeiten, meist nach einer zu vereinbarenden Verzichtsquote, im Rahmen eines Forderungsankaufs übernimmt.

Alternativ kann der Wunsch des Erwerbers an die Altinstitute herangetragen werden, die Finanzierung des Unternehmens weiter zu begleiten. Dies ist in Erwägung zu ziehen, wenn die Bonität des Übernehmens sich als gut darstellt und sich dieses in die Haftung der Altkredite mit einbindet. Als zusätzliche Option kommt die Gründung einer Auffanggesellschaft in Betracht, an der der insolvente Rechtsträger beteiligt ist. In diese Auffanggesellschaft werden die für die überlebensfähigen Unternehmensteile benötigten Wirtschaftsgüter eingebracht. Das Ziel besteht dann darin, dass ein möglichst bonitätsstarker Dritter sich an dem neu gegründeten Rechtsträger beteiligt und diesen anschließend weiterführt.

Bei der übertragenden Sanierung übernimmt der Erwerber sämtliche für die Fortführung des übernommenen Betriebs oder Betriebsteils benötigten Vermögensgegenstände und zahlt dafür einen Kaufpreis. Dabei muss die Bank prüfen, ob sich eine Einzelverwertung als vorteilhafter erweist gegenüber dieser Paketlösung. Wenn der Bank die Sicherungsrechte an den werthaltigen Assets zustehen, kann auch eine Liquidation finanziell attraktiver sein. Die unterschiedlichen Sanierungs- und Verwertungslösungen sind gegeneinander abzuwägen. Des Weiteren sind gegebenenfalls im Banken- und Lieferantenpool die Optionen zur Einzelverwertung oder zur Übertragung mit allen Vor- und Nachteilen abzustimmen.

2. Mit welchen Elementen und zu welchem Zeitpunkt ist eine übertragende Sanierung in der Insolvenz umzusetzen?

Im Eröffnungsverfahren wird die übertragende Sanierung durch den vorläufigen Insolvenzverwalter unter Mitwirkung des Schuldners oder des Insolvenzgerichtes beziehungsweise des starken vorläufigen Insolvenzverwalters vorgenommen. Bei der Übertragung im Antragsverfahren stellen die Haftungsnormen des § 25 Abs. 1 Satz 1 HGB und insbesondere des § 613 a BGB ein beträchtliches Hindernis dar. Demnach haftet der Erwerber bei Betriebsfortführung der Firma des übernommenen Unternehmens für dessen gesamte Verbindlichkeiten. Zudem gelten die Rechtsfolgen aus § 613a BGB und bedeuten zusätzliche Risiken für den Erwerber.

Nach dieser Vorschrift tritt der Erwerber eines Betriebes oder Betriebsteiles in die Rechte sowie Pflichten aus bereits bestehenden Arbeitsverhältnissen ein. Aufgrund dieser Schwierigkeiten erfolgt die Übertragung der relevanten Assets in der Praxis regelmäßig erst nach der Eröffnung des Insolvenzverfahrens.

Bei einem Unternehmenserwerb im eröffneten Insolvenzverfahren findet § 25 Abs. 1 Satz 1 HGB keine Anwendung. Zudem werden die Folgen des § 613a BGB abgemildert. Aufgrund der Ausnahmeregelung des § 75 Abs. 2 AO braucht der Erwerber ebenfalls keine Haftung für Steuerverbindlichkeiten zu fürchten. Schließlich besteht auch kein Risiko einer Anfechtung der Übertragung. Denn die §§ 129 ff. InsO gelten nur für Rechtshandlungen, die vor der Eröffnung eines Insolvenzverfahrens vorgenommen wurden. Diese haftungsrechtliche Privilegierung der übertragenden Sanierung im eröffneten Insolvenzverfahren ist somit ganz erheblich und führt dann dazu, dass übertragende Sanierungen in der Bankenpraxis fast ausnahmslos nach der Eröffnung des Insolvenzverfahrens durchgeführt werden.

Aus diesem Grund sollten die Verträge für eine Übertragung im Insolvenzgeldzeitraum durch den Insolvenzverwalter bereits vorbereitet und mit der Eröffnung der Insolvenz unverzüglich umgesetzt werden. Dies hat neben der Vermeidung von den dargestellten Übertragungsrisiken den weiteren erheblichen Vorteil, dass der Betrieb unmittelbar fortgeführt werden kann und kein Stillstand eintritt. Für die beteiligten Kreditinstitute hat diese Lösung den besonderen Reiz, dass der Sanierungsfall größtenteils als abgeschlossen betrachtet werden kann und keine neuen Ausfallsrisiken einer Finanzierung des Erwerbers entstehen.

---

6. Abwicklungsregel: Die übertragende Sanierung ist nach der Eröffnung eines Insolvenzverfahrens dann durchzuführen, wenn sich eine eindeutige finanzielle Vorteilhaftigkeit gegenüber einer eigenständigen Fortführungslösung mit Insolvenzplan oder einer Verwertung der einzelnen Assets ergibt.

Erläuterung der 6. Abwicklungsregel

Die übertragende Sanierung ist eine interessante Variante der Fortführung von betrieblichen Teilen durch einen Erwerber. Vorteile dieses Verfahrensweges können sich daraus ergeben, dass zum einen ein Kaufpreis für die zu übertragenden Assets fließt, der das Obligo der Kreditinstitute und sonstigen Gläubiger reduziert. Des Weiteren ergibt sich die Möglichkeit den Fall unverzüglich abzuschließen, indem entweder der Erwerber nicht weiter finanziert werden muss oder dieser derartig bonitätsstark ist, dass der Fall im Anschluss an eine Übertragung an die Normalkreditbearbeitung übergeben werden kann. Aus Haftungs- und Fortführungsgründen ist es von großem Vorteil, die übertragende Sanierung direkt nach der Eröffnung des Insolvenzverfahrens umzusetzen. Dann entstehen keine Risiken aus § 613 BGB und § 25 Abs. 1 Satz 1 HGB findet keine Anwendung. Ebenso braucht der Erwerber keine Haftung für Steuerverbindlichkeiten zu fürchten (§ 75 Abs. 2 AO).

5.6.4 Empirische Ergebnisse zur übertragenden Sanierung

Die übertragende Sanierung ist eines der wesentlichen Instrumente zum Erhalt der werthaltiger Betriebsteile und Assets eines insolventen Unternehmens. Aufgrund der Übertragung ausgewählter Vermögensgegenstände auf den neuen Rechtsträger aus den Aktiva der Bilanz des Schuldnerunternehmens können die werthaltigen und interessanten Wirtschaftsgüter ausgewählt und es kann ein Neustart begonnen werden. Gegenüber dem Insolvenzplanverfahren wird eine übertragende Sanierung in der Praxis deutlich häufiger umgesetzt.

Es zeigt sich, dass für die erfolgreiche Umsetzung einer Übertragung aus Sicht der Kreditinstitute die Auswahl eines erfahrenen Insolvenzverwalters von Vorteil ist. Rund 91,2 % der befragten Spezialisten aus den Banken halten die Bestellung eines geeigneten Insolvenzverwalters für die Realisierung einer übertragenden Sanierung für wichtig. Des Weiteren ist die Anbahnung der Übertragung von Assets bereits im Eröffnungsverfahren hilfreich für die zeitnahe Umsetzung dieser Sanierungsalternative beziehungsweise Veräußerungslösung. Zudem kann über eine frühzeitige Erörterung dieser Lösung ein Bieterkreis für die interessanten Vermögensgegenstände aufgebaut werden, um die Veräußerungserlöse zu steigern. So halten 86,8 % der Befragten einen rechtzeitigen Beginn dieser Vorarbeiten zur Erhöhung der Umsetzung der Übertragungschancen für förderlich.

Die zeitnahe Umsetzung meist direkt nach der Eröffnung des Insolvenzverfahrens spielt mit 78,5 % ebenfalls eine bedeutende Rolle. Da die übertragende Sanierung eine besondere Art der Verwertungslösung darstellt, ist eine Mindestgröße der insolventen Firma aus Sicht der Bankmitarbeiter mit lediglich 57,8 % der Zustimmung nicht von Bedeutung. Die nachfolgende Abb. 5.34 zeigt die wichtigen Voraussetzungen zur erfolgreichen Umsetzung einer übertragenden Sanierung. Bestimmte Teile werden unter dem Namen einer neuen Firma fortgeführt, andere Bereiche liquidiert. Damit werden im Rahmen der übertragenden Sanierung in der Regel auch klassische Verwertungsmaßnahmen erforderlich.

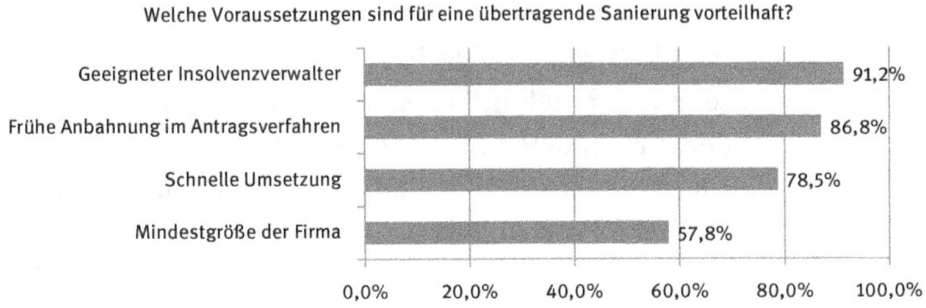

Abb. 5.34: Umsetzungsvoraussetzungen für übertragende Sanierung (Quelle: Eigene Darstellung)

Im Folgenden werden die Ergebnisse der Befragung der Insolvenzverwalter zur Gestaltung eines Planverfahrens und einer übertragenden Sanierung dargestellt. Zur erfolgreichen Realisierung der Fortführung des Geschäftsganges im Rahmen einer Übertragung oder eines Insolvenzplanverfahrens sind bestimmte Bedingungen zu beachten. Dabei wird bei der Umsetzung einer übertragenden Sanierung insbesondere die frühzeitige Anbahnung mit der Suche möglicher Investoren von 77,5 % für wichtig gehalten. Es folgen die schnelle Umsetzung der Verfahrenseröffnung mit 66,7 % und die Sicherung der Unterstützung der Gläubiger mit 47,3 % der Nennungen. Als nicht so relevant wird mit lediglich 20,0 % der Antworten eine notwendige Mindestgröße der insolventen Firma betrachtet. Es ist von großer Bedeutung, dass eine übertragende Sanierung frühzeitig im Eröffnungsverfahren vorbereitet und mit Gläubigerunterstützung realisiert wird. Die nachfolgende Abb. 5.35 fasst die Bewertungen zusammen.

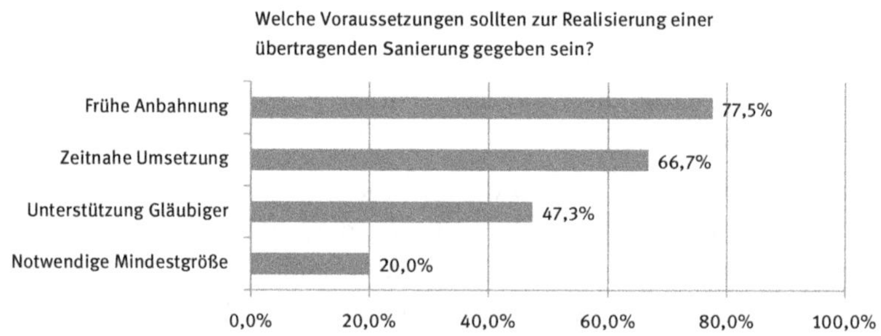

Abb. 5.35: Rahmen für übertragende Sanierungen aus Verwaltersicht (Quelle: Eigene Darstellung)

Ein wesentlicher Vorteil der übertragenden Sanierung im Vergleich zu einer Eigensanierung kann sein, dass sich bei einem Verkauf an finanzstarke Investoren die Liquidität und die Eigenkapitallage unverzüglich verbessert. Zudem wird die Bonität nicht mehr an der Vergangenheit des Alteigentümers gemessen, da der Rechtsträger durch die Übertragung gelöscht wird (vgl. Kranzusch/Icks, 2009, S. 22 ff.).

Des Weiteren sind die gemessenen durchschnittlichen Deckungsquoten bei übertragenden Sanierungen im Vergleich zu anderen Lösungen meist noch erträglich (vgl. Kranzusch/Icks, 2009, S. 91 ff.). Dennoch kann für Banken, aufgrund der bestehenden Absonderungsrechte auch eine Verwertungslösung vorteilhaft sein. In diesem Fall werden die Vermögensgegenstände und Rechte gemeinsam mit dem Insolvenzverwalter verwertet. Banken sollten die Verwertungsprozesse überwachen und gegebenenfalls auf bessere Veräußerungsalternativen hinwirken. Im Folgenden wird auf die Verwertung von Absonderungsrechten eingegangen.

5.7 Verwertungsstrategien bei Kreditsicherheiten

Lernziele:
Verwertungen von variablen Sicherheiten begleiten können
Verwaltung und Veräußerung von Immobilien beurteilen können
Überwachung des Insolvenzverwalters bei Verwertungen vornehmen

Für Kreditinstitute kann, aufgrund der bestehenden Absonderungsrechte auch eine Verwertungslösung in Gestalt einer Verwertung einzelner Vermögensgegenstände vorteilhaft sein. So kann das Anlagevermögen in Zusammenarbeit mit professionellen Verwertern noch Erlöse erbringen. Beispielsweise erfahren Grundstücke sowie Gebäude aufgrund des aktuellen Immobilienbooms oft einen starken Wertzuwachs, im Gegensatz zu früheren Perioden am Immobilienmarkt. Insgesamt ist die Verwertungsoption der Einzelverwertung durchweg in Betracht zu ziehen und als Alternative aus Sicht der Bank durchzukalkulieren.

Kreditinstitute haben sich bei uneinbringlichen Krediten strategisch mit der weiteren Vorgehensweise zu befassen. Es ist nach MaRisk BTO 1.2.5 Rn. 6 für den Fall der Insolvenz des Kunden ein Abwicklungskonzept zu erstellen und in den Prozess der Verwertung von Kreditsicherheiten sind spezialisierte Bankmitarbeiter und gegebenenfalls externe Spezialisten einzubeziehen. Dann besteht auch die Möglichkeit, auf die Expertise externer Verwerter oder auch Makler zurückzugreifen. Während in den MaRisk die Bestimmungen zur Begleitung von Sanierungsfällen detailliert dargelegt werden, fallen die Beschreibungen im dem Sektor der Abwicklung sehr gering aus. Es handelt sich bei der Zerschlagung der insolventen Firmen um den wohl am häufigsten vorkommenden Verfahrensweg, zumal auch die bereits behandelte übertragende Sanierung auf die Einzelverwertung, der nicht in die veräußerten Betriebsteile integrierten Vermögensgegenstände, angewiesen ist.

Im Folgenden wird spezifisch auf die Verwertungshandlungen bei Einzelverwertung aus Sicht der Kreditinstitute eingegangen. Es wird differenziert zwischen den Veräußerungen im Antragsverfahren und im eröffneten Verfahren. Es werden der Verkauf von mit Absonderungsrechten der Institute belasteten beweglichen Wirtschaftsgütern und der Einzug von sicherungszedierten Forderungen durch den Insolvenzverwalter oder das Kreditinstitut abgewogen. Zusätzlich werden die zwangsweise Verwertung, die freihändige Veräußerung und die Zwangsverwaltung von Immobilien behandelt. Dabei sind die Ersatzansprüche und die Kostenbeiträge aus der Veräußerung für die Institute von Bedeutung. Es werden Strategien aufgezeigt, um die Sicherheitenerlöse aus Bankensicht zu optimieren.

5.7.1 Verwertungen bei unterschiedlichen Sicherheitenarten

Auch wenn meist die Sanierung innerhalb der Insolvenz unter der Beachtung des § 1 InsO mit der bestmöglichen Gläubigerbefriedigung anzustreben ist, ergibt sich in vielen Fällen dennoch die Notwendigkeit der Einzelverwertung der Vermögensgegenstände eines Schuldnerunternehmens. Die erzielten Erlöse werden auf die unterschiedlichen Gläubigergruppen strukturiert aufgeteilt. Banken sichern sich für den Fall einer Insolvenz antizipativ durch die Vereinbarung von Kreditsicherungsrechten ab. Wirtschaftliche Bedeutung zur Reduzierung des Kreditausfalls haben die variablen Kreditsicherheiten des Umlaufvermögens in Form von Sicherungsübereignungen oder Zessionen. Diese Vermögenswerte lassen sich zeitnah und unter geringem Aufwand verwerten. Des Weiteren zählen die Grundpfandrechte in Form von Grundschulden und Hypotheken zu den werthaltigen Sicherheiten.

Bewegliche Gegenstände des Anlagevermögens werden üblicherweise sicherungsübereignet, zum Beispiel eine von der Bank finanzierte Maschine. Bei Großmaschinen und großvolumigen Produktionsanlagen besteht nicht selten das Problem, dass sie wesentlicher Bestandteil eines Grundstücks oder Gebäudes werden können, auf dem sie installiert werden (§ 94 BGB). In diesen Fällen ist eine Sonderrechtsfähigkeit nur dann herzustellen, wenn die Anlagen Scheinbestandteil nach Maßgabe des § 95 BGB geblieben sind. Ein Beispiel sind die Windkraftanlagen auf fremdem Grund und Boden, deren Finanzier mit Hilfe der Methodik des § 95 BGB, durch eine beschränkte persönliche Dienstbarkeit für den Anlagenbetrieb, gegen den Verlust seines Sicherungseigentums geschützt werden kann. Eine ganz andere Frage ist die Werthaltigkeit einer solchen Anlage, die zum Zwecke einer Verwertung abgebaut, überholt und wieder aufgebaut werden muss. Ein Beispiel ist eine Großdruckmaschine, die viele Jahre in Betrieb war. In solchen Fällen ist soweit wie möglich die übertragende Sanierung des Betriebsteils angezeigt. Die rechtlich mögliche Verwertung durch Abbau und Verkauf ist ökonomisch betrachtet meist unsinnig.

Den Kreditinstituten steht im Rahmen eines Insolvenzverfahrens aufgrund ihrer Sicherungsrechte ein Absonderungsrecht gemäß §§ 49 ff. InsO an dem Veräußerungserlös der Vermögenswerte sowie Rechte zu. Im eröffneten Insolvenzverfahren sind vorweg die zu entrichtenden Kosten für die Feststellung sowie Verwertung der Sicherungsgüter, die der Insolvenzmasse zufließen, abzuziehen (§§ 170, 171 InsO).

Definition: Das **Absonderungsrecht** gewährt dem Gläubiger gemäß § 49 InsO die vorzugsweise Befriedigung eines Anspruchs aus einem Gegenstand oder Recht. Die Verwertungsbefugnis liegt aus §§ 166 ff. InsO ab dem Zeitpunkt einer Insolvenzeröffnung beim Insolvenzverwalter. Nach der Eröffnung fließen diese Kostenbeiträge der Feststellung und Verwertung uneingeschränkt der Masse zu. Die Veräußerung eines Vermögensgegenstands oder Einziehung eines Rechts kann im vorläufigen Verfahren oder im eröffneten Verfahren durch den Gläubiger erfolgen (vgl. Dauernheim/Schörnig, 2018, S. 530). Eine Ausnahme ist die Anordnung von Sicherungsmaßnahmen durch das Gericht.

Das **Absonderungsrecht** gewährt dem Gläubiger eine vorzugsweise Befriedigung. Dabei betrifft § 49 InsO die im Grundbuch beziehungsweise weiteren öffentlichen Registern eingetragenen Rechte an Immobilien sowie sonstigen unbeweglichen Gegenständen (eingetragene Schiffe und Flugzeuge), deren Verwertung nach dem ZVG vorgenommen wird. Die §§ 50, 51 InsO betreffen Pfandrechte an beweglichen Sachen und Forderungen sowie vergleichbare Rechte. Die wichtigsten Erscheinungsformen sind die Sicherungsübereignung als besitzloses Pfandrecht an Sachen und die Sicherungszession von Forderungen als ebenfalls publizitätsloses Recht. Die Verwertungsbefugnis der „beweglichen Gegenstände" Sicherungsübereignung und Sicherungszession liegt nach den §§ 166 ff. InsO ab dem Zeitpunkt der Insolvenzeröffnung beim Insolvenzverwalter. Nach der Eröffnung fließen diese Kostenbeiträge der Feststellung und Verwertung uneingeschränkt der Masse zu.

Die Veräußerung eines Vermögensgegenstands oder Einziehung eines Rechts kann im vorläufigen Verfahren, in Ausnahmefällen auch im eröffneten Verfahren auch durch den Gläubiger gemäß § 173 InsO selbst erfolgen. Ob dies wirtschaftlich eine sinnvolle Alternative ist, ist eine andere Frage. Eine Ausnahme ist im Eröffnungsverfahren die Anordnung von Sicherungsmaßnahmen durch das Insolvenzgericht (§ 21 Abs. 2 Satz 1 Nr. 5 InsO). Das Verwertungsrecht des Verwalters an beweglichen Sachen setzt voraus, dass er diese im mittelbaren oder unmittelbaren Besitz hat.

Besitz des Insolvenzverwalters ist auch zu bejahen, wenn das Schuldnerunternehmen ein Vermietungsunternehmen ist und die Mietgegenstände dauerhaft vermietet und den Mietern zu Nutzung überlassen sind. Gegenbeispiel ist das Finanzierungsleasing in der Insolvenz des Leasinggebers mit einem ein Erwerbsrecht des Leasingnehmers. Demnach steht das Verwertungsrecht an den betroffenen Wirtschaftsgütern, die dem Refinanzierungsinstitut des insolventen Leasingebers sicherungsübereignet wurden, dem Insolvenzverwalter des Leasingebers nicht zu, da dieser Gegenstand aus dem Vermögen ausgeschieden ist (vgl. BGH vom 11.01.2018, IX ZB 295/16).

Bei den Kreditsicherheiten werden akzessorische sowie fiduziarische Rechte unterschieden. Akzessorische Sicherungsrechte erfordern das Bestehen der Hauptforderung, während fiduziarische Sicherheiten von der Hauptforderung unabhängig und mit ihr nur über den Sicherungsvertrag verbunden sind (vgl. Lwowski/Merkel, 2003, S. 48). Wichtige Kreditsicherheiten sind in der Praxis:

- Sicherungsübereignungen (§§ 929 ff. BGB): Übereignet werden bestimmte Gegenstände des Anlagevermögens, wie Maschinen und Wirtschaftsgüter des Umlaufvermögens, im Rahmen eines Raumsicherungsübereignungsvertrags.
- Sicherungszessionen (§§ 398 ff. BGB): Abgetreten werden einzelne Forderungen im Rahmen einer Einzelzession oder Forderungsgesamtheiten bei der Mantel- oder Globalzession. Von Bedeutung ist, dass die Forderungen bestimmbar sind.
- Grundschulden (§ 1191 BGB): Es wird ein Grundstück belastet, sodass dem Begünstigten eine Geldsumme aus dem Grundstück zu zahlen ist und ihm ein Verwertungsrecht zusteht. Die Bank hält diese als Sicherungsgrundschuld.

Bei der Verwertung von absonderungsberechtigten Kreditsicherheiten durch den Insolvenzverwalter im eröffneten Insolvenzverfahren stehen absonderungsberechtigten Kreditinstituten bei den mobilen Sicherheiten nach den §§ 166 ff. InsO verschiedene Rechte zu. Dies sind beispielsweise:

- Auskunftsrecht gemäß § 167 InsO: Der Insolvenzverwalter hat absonderungsberechtigten Banken bei der Verwertung von beweglichem Anlagevermögen oder Rechten Auskunft über den Zustand der Sache oder des Rechts zu erteilen.
- Verwertungsmöglichkeit gemäß § 168 InsO: Der Insolvenzverwalter hat dem absonderungsberechtigten Gläubiger eine geplante Veräußerung mitzuteilen. Der Gläubiger kann innerhalb einer Woche auf eine bessere Verwertung hinweisen.
- Zinsanspruch gemäß § 169 InsO: Wird ein Gegenstand vom Insolvenzverwalter nicht zeitnah verwertet, so sind dem absonderungsberechtigten Gläubiger vom Berichtstermin an die geschuldeten Zinsen aus der Masse zu zahlen.
- Wertersatzanspruch gemäß § 172 InsO: Bei der Weiternutzung des Sicherungsguts durch den Insolvenzverwalter ist ein entstehender Wertverlust durch laufende Zahlungen an den absonderungsberechtigten Gläubiger auszugleichen.

Dazu ist in der Praxis aus Sicht der Kreditinstitute von Bedeutung, bei Verwertungshandlungen im Antragsverfahren oder auch im eröffneten Verfahren mit dem Insolvenzverwalter zu kooperieren. Dann sind mit ihm Vereinbarungen über die Art der Verwertung, über Kostenbeiträge, über Besicherungen von unechten Massekrediten mit revolvierendem Einsatz von neu entstehenden Forderungen und Waren sowie Abgrenzungen bei den Erlösen zu treffen. So lassen sich unter Umständen bei einfachen Verwertungsvorgängen auch Verabredungen zu den Kostenbeiträgen erzielen, die unter dem gesetzlichen Pauschalbetrag gemäß § 171 Abs. 2 InsO in Höhe von 5,0 % für die Verwertung des absonderungsberechtigten Sicherungsgutes liegen.

Geht es beispielsweise nur darum, eine wirksam abgetretene Lebensversicherung durch den Verwalter mittels eines einfachen Schreibens einzuziehen, so genügen unabhängig von dem eingezogenen Betrag in der Regel 25 bis 50 Euro je Fall (vgl. LG Wiesbaden vom 28.1.2015, 12 O 21/14). Die weitere Pauschale von 4,0 % für die Kosten der Feststellung des Absonderungsguts sowie der Rechte daran ist der Verhandlung hingegen in der Regel nicht zugänglich.

Die geplante Verwertungsart ist auch vom weiteren Verfahrensablauf einer Liquidation, einer Plansanierung oder einer übertragenden Sanierung abhängig. Des Weiteren ist zu entscheiden, in welchem Maße sich die Mitarbeiter der Institute in diese Verwertungshandlungen einbringen. Dies wird in MaRisk BTO 1.2.5 Rn. 6 gefordert, jedoch sind gerade kleine Institute nicht in der Lage, umfassende Verwertungskompetenzen aufzubauen sowie den Verwertungsprozess mit eigenen Experten selbst zu gestalten. Die Banken können dann auch auf die Leistungen externer Spezialisten zurückgreifen oder den (vorläufigen) Insolvenzverwalter mit Verwertungshandlungen von Absonderungsrechten betrauen.

Wie im Sanierungsbereich zeigt sich auch bei der Bearbeitung von uneinbringlichen Engagements, dass anhand eines strukturierten Abwicklungskonzepts oftmals noch in erheblichem Maße Gelder gerettet werden können. Daher ist eine Abwicklungsabteilung in einer Bank vor dem Hintergrund der meist umfassenden Sicherungswerte sowie der Vermeidung von Haftungsrisiken nicht allein unter Kostengesichtspunkten, sondern vielmehr unter Erlösaspekten, zu planen. Auf diese Weise können zum Teil noch erhebliche Gelder in der Abwicklung erwirtschaftet werden (vgl. Portisch et al., 2013a, S. 278 ff. und Portisch, 2013b, S. 28 ff.).

Grundsätzlich sollten Banken versuchen, eigene Verwertungskompetenzen und Absatzkanäle aufzubauen, um den Schaden in einer Abwicklung so gering wie möglich zu halten. Es kann ein interner Verwertungsspezialist in die Problemkreditbearbeitung integriert werden, der Erfahrungen bei der Liquidation von Wirtschaftsgütern sammelt und Kontakte zu professionellen Verwertern aufbaut, um die Erlöse zu optimieren. Dazu ist ein internes Abwicklungskonzept nach MaRisk BTO 1.2.5. Rn. 6 zu erarbeiten. Darzulegen sind die vorhandenen Sicherheiten und der Verwertungsablaufs ist vorzuplanen. In den Verwertungsprozess sind qualifizierte Mitarbeiter oder externe Spezialisten einzubeziehen, da diese Tätigkeiten umfangreiche Fachkenntnisse und Kontakte erfordern (vgl. Hannemann et al., 2011, S. 584 ff.). Es ist über das Verwertungskonzept ein möglichst hoher Erlösanteil zu realisieren.

Anforderungen und Gestaltungsmöglichkeiten bei Verwertungshandlungen

Im Rahmen der bankeigenen und gegebenenfalls freihändigen Verwertung lassen sich in der Regel die Kostenbeiträge für den Insolvenzverwalter senken und damit höhere Erlöse erzielen. Zudem sollte ein durch den Insolvenzverwalter betriebener Verwertungsprozess nicht lediglich beobachtet werden. Vielmehr sollte, aufgrund der zum Teil nicht unerheblichen Liquidationserlöse, jederzeit überwacht werden, ob auch der maximale Kaufpreis erzielt wird. Die Rahmenbedingungen für das Auskunftsrecht und die Nutzung der eigenen Verwertungsoptionen sind in den §§ 167 ff. InsO verankert (vgl. Schmidt et al., 2016, § 167 InsO, Rn. 1 ff.). Im Folgenden werden Regelungen zur Verwertung von Sicherheiten erläutert, um aus der Bankensicht die Möglichkeiten zur Optimierung der Verwertungserlöse aufzuzeigen.

Nach dem Eröffnungsantrag werden mit den Kreditforderungen gleichzeitig diejenigen Sicherheiten, an denen ein Absonderungsrecht besteht, auf Basis einer Kopie des Kreditsicherungsvertrags beim (vorläufigen) Verwalter geltend gemacht. Nach Verfahrenseröffnung sind die absonderungsberechtigten Gläubiger verpflichtet, ihre Sicherungsrechte an beweglichen Sachen und Rechten dem Insolvenzverwalter mitzuteilen. Der Verstoß führt zu Schadenersatzrisiken (zum Beispiel wegen überhöhter Verwertungskosten als Folge der verzögerten oder unterbliebenen Meldung oder wenn aus diesem Grunde ein Insolvenzanfechtungsanspruch der Masse gegen den Absonderungsberechtigten im Zusammenhang mit dem betroffenen Recht verjährt (vgl. Schmidt et al., 2016, § 28 InsO, Rn. 19).

Der Verwalter prüft, ob eine Besicherung wirksam zustande gekommen ist. Zusätzlich werden die konkurrierenden Rechte wie unter anderem die Zubehörhaftung bei Grundpfandrechten oder das Vermieter- und Verpächterpfandrecht in Konkurrenz zur Sicherungsübereignung, Mehrfachabtretungen und Kollisionen zum einfachen und verlängerten Eigentumsvorbehalt der Lieferanten, vom (vorläufigen) Insolvenzverwalter begutachtet und in eine Reihenfolge gebracht. Dabei geht das Vermieterpfandrecht ebenso wie der Eigentumsvorbehalt einer Sicherungsübereignung der Bank vor, wenn diese Sicherungsübereignung erst nach Entstehung des Vermieterpfandrechts wirksam wird (vgl. BGH vom 15.10.2014, XII ZR 163/12 sowie BGH vom 12.02.1992, XII ZR 7/91, Konkurrenz des Sicherungseigentums zum Vermieterpfandrecht beim Raumsicherungsvertrag über Umlaufvermögen). Die Kollision zwischen Sicherungseigentum und Eigentumsvorbehalt wird durch Übertragung des Anwartschaftsrechts und die Befugnis der Bank aufgelöst, den Restkaufpreis an den Lieferanten zu zahlen, soweit der Kreditnehmer der Pflicht nicht nachgekommen ist.

Aus der Sicht der Kreditinstitute ist es wichtig, mögliche Beeinträchtigungen des Sicherheitenwertes und der Realisierung bereits im Vorfeld einer Insolvenz zu überprüfen. Dabei sind die bestehenden Sicherheiten aufgrund der Bedeutung für die Risikovorsorge im Rahmen des außergerichtlichen Sanierungsstadiums, aber auch außerhalb der Krise, regelmäßig auf die formale Rechtmäßigkeit. Fragestellungen in der Praxis sind hier unter anderem:

- Steht der Sicherungsvertrag noch im Einklang mit der Rechtslage?
- Ist der Sicherungsraum auf der Lageplanskizze ordnungsgemäß bezeichnet?
- Ist das Warenlager vorhanden oder die sicherungsübereignete Maschine?

Ergeben sich im Abwicklungsverlauf Werteinbußen, sollte versucht werden, diese vertraglich zu heilen oder es sind weitere Wertabschläge in einem erneuten Sicherheitenstresstest vorzunehmen. Dies wird bei einem Liquidationsszenario im Insolvenzverfahren erforderlich sein. Das Sicherungseigentum beziehungsweise die weiteren Absonderungsrechte der Banken bestehen an Wirtschaftsgütern des Anlage- oder Umlaufvermögens. Dies können im Anlagevermögen unter anderem Maschinen, Kraftfahrzeuge sowie die Betriebs- und Geschäftsausstattung sein. Im Umlaufvermögen werden Rohstoffe, halbfertige Erzeugnisse und Fertigfabrikate zur Sicherung übereignet. Auch Übereignungen von ganzen Sachgesamtheiten in Form von Warenlagern mit wechselndem Bestand sind üblich.

Ein Kreditinstitut erwirbt mit dem Sicherungsübereignungsvertrag gegenüber Dritten ein vollwertiges bürgerlich-rechtliches Eigentum. Verfügungen über das Sicherungsgut sind dem Kreditnehmer nur im Rahmen der getroffenen Sicherungsvereinbarung gestattet. Wichtig ist bei der Übereignung die Bestimmtheit der zu übereignenden Sache. Die Individualisierung lässt sich bei Maschinen unter anderem aufgrund eines bestimmten Merkmals wie der Fabriknummer erreichen. Des Weiteren können die zur Sicherung übereigneten Gegenstände markiert werden.

Bei einer Übereignung von Sachgesamtheiten wird ein Raumsicherungsvertrag geschlossen. Die Individualisierung wird dann durch eine räumliche Abgrenzung erreicht. Dem Sicherungsvertrag wird zum Beispiel eine Lageskizze beigefügt, in der dieses betreffende Gebiet farblich hervorgehoben wird. Wichtig ist, dass eine Individualisierung der Vermögensgegenstände aus dem Sicherheitenvertrag hervorgeht. Bei einer Abtretung ist lediglich die Bestimmbarkeit der Forderungen aus Lieferungen und Leistungen im Rahmen der schriftlichen Sicherungsvereinbarung erforderlich, aber auch hinreichend, dort kommt es auf die weitergehende Bestimmtheit wie bei den sicherungsübereigneten Sachen nicht an.

Zu differenzieren ist bei den Verwertungsmaßnahmen nach einem Insolvenzantrag zwischen den Verfahrensstadien des Antragsverfahrens und des eröffneten Verfahrens, nach der Stellung des vorläufigen Insolvenzverwalters im vorläufigen Verfahren sowie nach der Besicherungsart. Des Weiteren ist zu beachten, welche Vereinbarung bezüglich der Gewährung eines echten oder unechten Massekredits zur Finanzierung der Betriebsfortführung mit dem (vorläufigen) Insolvenzverwalter getroffen wurde. Die nachfolgende Tab. 5.13 zeigt die üblichen Verwertungskompetenzen bei absonderungsberechtigten Sachen, Forderungen und unbeweglichen Gegenständen durch den Insolvenzverwalter oder den absonderungsberechtigten Gläubiger.

Tab. 5.13: Verwertungsoptionen nach Verfahrensstadien (Quelle: Eigene Darstellung)

Verwertung	Absonderungsgläubiger	(Vorläufiger) Insolvenzverwalter
Gegenstände	Antragsverfahren üblich Eröffnetes Verfahren nein	Antragsverfahren möglich Eröffnetes Verfahren üblich
Forderungen	Antragsverfahren üblich Eröffnetes Verfahren nein	Antragsverfahren möglich Eröffnetes Verfahren üblich
Immobilien	Antragsverfahren üblich Eröffnetes Verfahren üblich	Antragsverfahren unüblich Eröffnetes Verfahren unüblich

Verwertungshandlungen im Eröffnungsverfahren

Die Vornahme von Verwertungshandlungen bei absonderungsberechtigten Kreditsicherheiten setzt die Kündigung der Kreditvereinbarung und die Verwertungsreife beziehungsweise die Zwangsvollstreckung über einen erwirkten Titel voraus. Die Voraussetzungen der Verwertungsreife sind nach der Insolvenzeröffnung schon aufgrund der Fälligkeit der Forderung gemäß § 41 InsO gegeben.

Grundsätzlich ist bereits im vorläufigen Verfahrensabschnitt von Seiten der Kreditinstitute zu entscheiden, ob die Verwertungshandlungen selbst vorgenommen oder auf einen (vorläufigen) Insolvenzverwalter delegiert werden sollen. Allerdings kann die Verwertung durch den (vorläufigen) Insolvenzverwalter wirtschaftlich vorteilhaft sein. Dies ist gerade bei aufwendigen Verwertungsvorgängen der Fall.

Werden bankeigene Mitarbeiter mit der Veräußerung von Wirtschaftsgüter oder dem Einzug von Forderungen sowie der Begleitung von Zwangsmaßnahmen betraut, bedeutet dieses zum einen den Aufbau an Spezialwissen sowie notwendige Personal- und Sachkapazitäten. Dies kann mit hohen laufenden Kosten verbunden sein. Zum anderen sind die Erlöschancen im Rahmen der Verwertung durch die Bank gegenüber der Liquidation durch einen erfahrenen Verwalter abzuwägen. Meist handelt es sich bei den Verwertungshandlungen um die Begleitung von Zwangsverwaltungen oder Zwangsversteigerungen grundpfandrechtlich belasteter Objekte des Kreditnehmers, die Veräußerung von Rohstoffen, Halbfabrikaten und Fertigfabrikaten, Maschinen und den Einzug von Forderungen. Im Falle der Durchführung von Verwertungshandlungen durch den vorläufigen Insolvenzverwalter sind jedoch die abzuführenden Verwertungskosten zu beachten.

Ist die Verwertungsreife mit dem Insolvenzantrag und der Kündigung durch die Kreditinstitute eingetreten, kann der Gläubiger die ihm gestellten Kreditsicherheiten noch ohne Kostenbeiträge an die Masse selbst verwerten. Jedoch können sich Einschränkungen ergeben. Demnach kann das Gericht Sicherungsmaßnahmen gemäß § 21 Abs. 2 Satz 1 Nr. 5 InsO anordnen und ein Verwertungsverbot gegenüber dem Absonderungsgläubiger aussprechen. Auf diesem Wege wird die Veräußerung von Gegenständen, die zur Fortführung eines Unternehmens von erheblicher Bedeutung sind, durch den Gläubiger zunächst blockiert. Darüber kann sich auch der vorläufige Insolvenzverwalter zum Einzug der Forderungen sowie zum Einsatz der Sicherungsgegenstände ermächtigen lassen. Nimmt der vorläufige Verwalter die Verwertung vor, kann dieser die Verfahrenskostenbeiträge aus §§ 170, 171 InsO verlangen und zur Finanzierung des Insolvenzverfahrens einsetzen.

Die Verwertung von Gegenständen, die für die Fortführung von erheblicher Bedeutung sind, ist dann nicht mehr möglich. Ein durch die Nutzung möglicherweise eingetretener Wertverlust ist durch laufende Zahlungen an den absonderungsberichtigten Gläubiger auszugleichen. Normalerweise fallen Kostenbeiträge bei bankeigenen Verwertungen im Eröffnungsverfahren nicht an. Für die Verwertung von Sicherheiten wie der Globalzession oder mobilen Sicherheiten bedeutet eine gerichtliche Anordnung eine erhebliche Einschränkung. Voraussetzung dafür ist jedoch als Folge des § 166 Abs. 1 InsO, dass sich die Sache im Besitz des Schuldners oder des (vorläufigen) Insolvenzverwalters befindet.

Hat die Bank die tatsächliche Herrschaft über das Sicherungsgut erlangt, kann das Gericht keine Anordnung nach § 21 Abs. 2 Satz 1 Nr. 5 InsO mehr erlassen. Zieht die Bank trotz eines Einziehungs- und Verwertungsverbots Forderungen ein oder verwertet sie Sicherheiten, so kann der vorläufige Insolvenzverwalter diesen Vorgang genehmigen. Dann ist darauf zu achten, dass lediglich der Feststellungsbeitrag zugunsten der künftigen Masse anfällt. War dem Drittschuldner diese Anordnung des Gerichts vor der Zahlung jedoch bekannt, ist er nicht von seiner Leistungspflicht befreit und muss nochmal an den Insolvenzverwalter zahlen (§ 82 InsO).

Der Verwalter hat dann gegen die Bank einen Bereicherungsanspruch im Umfang der nochmaligen Zahlung an den vorläufigen Verwalter. Dann sind vom Kreditinstitut im Ergebnis auch die Verwertungsbeiträge zu leisten und es gelten die Vorschriften des §§ 170, 171 InsO wie beim Forderungseinzug direkt durch den vorläufigen Insolvenzverwalter (vgl. Seidel, 2016a, S. 486 ff.).

Dem vorläufigen Insolvenzverwalter kann der Einsatz des Sicherungsguts dann gestattet werden, wenn dieser für die Unternehmensfortführung von erheblicher Bedeutung ist. Führt der vorläufige Insolvenzverwalter den Betrieb allerdings gar nicht fort, kann die Bank unter Umständen bei Gericht eine Anordnung nach § 21 Abs. 2 Satz 1 Nr. 5 InsO verhindern (vgl. Seidel, 2016a, S. 489). Außerdem bedeutet das Verwertungsverbot gegenüber einem Gläubiger nicht, dass sicherungsübereignete Gegenstände im Interesse der Fortführung verbraucht werden dürften, ohne für den Sicherungsgläubiger hinreichend werthaltige Kompensation zu schaffen. Diese Gegenstände treten dinglich an Stelle der verarbeiteten oder veräußerten Gegenstände (Schmidt et al., 2016, § 21 InsO, Rn. 75 ff.). Betroffen sind außerdem ausschließlich Gegenstände, die für die Fortführung von erheblicher Bedeutung sind. Die Anordnung des Gerichts nach der zitierten Norm bedeutet nicht die gerichtliche Sanktionierung eines stillen Massekredits.

Zu beachten ist aber, der Gläubiger kann im eröffneten Verfahren aber nur gemäß § 173 InsO mit der Sicherheitenverwertung beweglicher Gegenstände gemäß § 166 InsO beginnen, wenn also der Insolvenzverwalter nicht gemäß den §§ 166 ff. InsO verwertungsberechtigt ist. Das gilt auch dann, wenn die Bank im Eröffnungsverfahren bereits berechtigt mit der Verwertung begonnen hat sowie diese bei Eröffnung nahezu abgeschlossen ist. Allerdings kann der nach § 166 InsO zur Verwertung befugte Insolvenzverwalter dem Gläubiger die Verwertung auch nach § 170 Abs. 2 InsO überlassen. In der Eigenverwaltung steht das Verwertungsrecht dem Schuldner zu (§ 282 Abs. 1 InsO) zu, der sein Recht allerdings möglichst im Einvernehmen mit dem Sachwalter ausüben soll (§ 282 Abs. 2 InsO).

Die Verwertungspauschale erhält er aber nicht, lediglich die tatsächlichen und notwendigen Verwertungskosten und die Umsatzsteuer. Unternimmt der Gläubiger entgegen dem Verwertungsrecht des Verwalters gemäß § 166 InsO im eröffneten Verfahren die Verwertungshandlungen selbst oder setzt er im Eröffnungsverfahren oder gar früher begonnene Verwertungshandlungen fort, die noch keinen Abschluss gefunden haben, handelt dieser rechtswidrig und macht sich gegebenenfalls schadenersatzpflichtig gegenüber der Masse (vgl. BGH vom 20.11.2003, IX ZR 259/02). Bei den rechtswidrig, aber erfolgreich eingezogenen Forderungen, hat diese Bank die Feststellungspauschale zu zahlen. Entsteht durch konkurrierende Einzugsversuche sicherungszedierter Forderungen seitens der Bank und des Insolvenzverwalters im eröffneten Verfahren ein Wirrwarr, der damit endet, dass der Drittschuldner nicht zahlt, kann es sein, dass im Falle der Verjährung der Forderung oder der eigenen Insolvenz des Drittschuldners ein Schadenersatzrisiko der Bank besteht.

Bei der Geltendmachung von Grundpfandrechten an Immobilien wie bei der Grundschuld richtet sich das Absonderungsrecht nach § 49 InsO und damit nach dem Gesetz über die Zwangsversteigerung und die Zwangsverwaltung. Die Bank hat somit auch das Recht, im Antragsverfahren sowie im eröffneten Verfahren, die Zwangsversteigerung oder die Zwangsverwaltung zu betreiben. Diese Verwertungsmöglichkeiten der Gläubiger können allerdings schon im Eröffnungsverfahren beschränkt werden. Dann kann der vorläufige Verwalter gemäß § 30d Abs. 4 ZVG die einstweilige Einstellung eines Zwangsversteigerungsverfahrens beantragen, wenn dies zur Vermeidung nachteiliger Veränderungen der Vermögenslage des Schuldners, beispielsweise im Rahmen der Betriebsfortführung, erforderlich erscheint (vgl. Seidel, 2016a, S. 485 ff.). Erweiterte Möglichkeiten einer einstweiligen Einstellung bestehen im eröffneten Verfahren gemäß § 30d Abs. 1 bis 3 ZVG, zum Beispiel zur Sicherung der Durchführung eines vorgelegten Insolvenzplans.

Der vorläufige Insolvenzverwalter und der Verwalter müssen allerdings mit Bedacht handeln, denn diese Einstellung geht mit Masseverbindlichkeiten einher. Das Vollstreckungsgericht muss dann nämlich als Auflage anordnen, dass einem betreibenden Gläubiger ab dem Berichtstermin sowie spätestens drei Monate nach der „ersten einstweiligen Einstellung“, laufend die fälligen Zinsen zu zahlen sind und der durch die Nutzung entstehende Wertverlust auszugleichen ist (§ 30e Abs. 1, 2 ZVG). Maßstab des zu verzinsenden Betrags sind die Höhe der Forderung, der Wert des Grundstücks gemäß § 74a ZVG und der Rang des Grundpfandrechts.

Umstritten ist zwischen den Vertretern des Insolvenzrechts und denjenigen des Immobiliarvollstreckungsrechts, ob dann die schuldrechtlichen Zinsen aus einem fälligen Darlehen zu zahlen sind (Sichtweise Insolvenzrecht) oder die dinglichen Zinsen aus dem Grundpfandrecht, die deutlich höher ausfallen werden (Betrachtungsweise Immobiliarvollstreckungsrecht), auch wenn beides auf die Forderungen des Gläubigers der Grundschuld über den Sicherungsvertrag anzurechnen ist. Darüber werden damit auch die nachrangigen Darlehenszinsen gemäß § 39 Abs. 1 Nr. 1 InsO unmittelbar aus der Masse befriedigt.

Auch die Zwangsverwaltung kann im eröffneten Verfahren auf Antrag des Verwalters einstweilen eingestellt werden, wiederum mit der Auflage, dass Nachteile für den Grundpfandgläubiger durch laufende Zahlungen aus der Insolvenzmasse ausgeglichen werden (§ 153b ZVG). Vom Schuldner genutzte Immobilien fallen im Eröffnungsverfahren nur insoweit unter § 21 Abs. 2 Satz 1 Nr. 5 InsO, als sie einem Aussonderungsrecht unterliegen, also im Fremdeigentum stehen. Grundpfandgläubiger können nicht nach dieser Norm an der Vollstreckung durch Zwangsversteigerung und Zwangsvollstreckung gehindert werden, auch ein Vollstreckungsverbot des Insolvenzgerichts nach § 21 Abs. 2 Satz 1 Nr. 3 InsO erstreckt sich nach Fall 2 dieser Vorschrift nicht auf den Grundpfandgläubiger mit einem dinglichen Duldungstitel (§ 1147 BGB), sehr wohl aber auf den persönlichen Gläubiger, der die Vollstreckung in die Immobilie aufgrund eines persönlichen Titels betreibt.

Besteht ein Einziehungs- sowie Verwertungsverbot und nimmt der vorläufige Insolvenzverwalter die Abwicklungsmaßnahme vor, kann dieser gemäß § 21 Abs. 2 Satz 1 Nr. 5 Satz 3 InsO, wie nach der Verfahrenseröffnung, die Kostenbeiträge nach §§ 170, 171 InsO geltend machen. Für das Sicherungseigentum und die Globalzession bedeuten derartige Anordnungen des Insolvenzgerichts unter Umständen erhebliche Einschränkungen in den Handlungsoptionen der Kreditinstitute und gegebenenfalls zusätzliche Kosten (vgl. Seidel, 2016a, S. 486 ff.).

Der schwache vorläufige Insolvenzverwalter kann zu Notverkäufen berechtigt sein. Dann gelten die Voraussetzungen gemäß § 166 Abs. 1 InsO analog und fordern den unmittelbaren Besitz. Der starke vorläufige Insolvenzverwalter benötigt aufgrund des Übergangs der Verwaltungs- und Verfügungsbefugnis keine Ermächtigung des Insolvenzgerichts zur Verwertung (vgl. Schmidt et al., 2016, § 166 InsO, Rn. 12 ff.). In der Notsituation ist keine Zeit zu Verhandlungen und Vertragsschlüssen, da bis dahin das Sicherungsgut zu entsorgungspflichtigem Abfall geworden sein kann.

Es empfiehlt sich bei der Verwertung vor der Eröffnung des Insolvenzverfahrens der Abschluss einer Verwertungsvereinbarung zwischen dem Sicherungsgläubiger und dem vorläufigen Insolvenzverwalter. Es sind Feststellungs- und Verwertungsbeiträge zu vereinbaren, die sich in der Höhe an den Kostenbeiträgen des § 171 InsO orientieren können. Bei aufwendigen und komplexen Verwertungen sind höhere Beträge für die Masse möglich und umgekehrt.

Auch in einem Schutzschirmverfahren kann der Schuldner für eine Zeit von bis zu drei Monaten einen besonderen Schutz vor dem Ausbluten seiner Betriebsmittel (§ 270b Abs. 2 Satz 3 InsO) erhalten und auch dadurch die Kontrolle über sein Unternehmen sichern. Demnach können Maßnahmen der Zwangsvollstreckung gegen den Schuldner untersagt oder eingestellt werden, sofern der Schuldner dies beantragt und ferner ein besonderes Verwertungsverbot nach § 21 Abs. 2 Satz 1 Nr. 5 InsO erlassen werden. Führt eine Betriebsfortführung jedoch zu einem Wertverlust beispielsweise bei der Abnutzung von sicherungsübereigneten Maschinen oder einem Abbau von abgetretenen Forderungen, ist ein Wertausgleich vorzunehmen. Bei diesen Abgeltungsansprüchen handelt es sich wie bei dem Verzinsungsanspruch aus § 169 InsO um eine Masseverbindlichkeit gemäß § 55 InsO.

Allgemein sind nach dem Insolvenzantrag alle Möglichkeiten zu nutzen, um das Sicherungsgut optimal zu verwerten. So kann die absonderungsberechtigte Bank als Sicherungsnehmerin den Insolvenzverwalter rechtzeitig im Hinblick auf eine bessere Verwertungsmöglichkeiten informieren (vgl. Wegmann, 2009, S. 86 ff.). Die Optimierung der Verkaufserlöse kann durch die aktive Aufnahme einer Investorensuche oder die Initiierung von Auktionen bei eigenen Firmenkunden erfolgen (vgl. Fröhlich/Sitter, 2009, S. 378 ff.). Auktionen finden zunehmend auch über das Internet und international statt. Es ist auf die zeitnahe Auskehrung der Sicherheitenerlöse durch den Insolvenzverwalter zu achten, wenn nicht die Vereinbarung eines unechten Massekredits mit den Verwertungshandlungen in Verbindung steht.

Ein Abwarten auf das Verfahrensende ist zu langwierig, zumal das Gesetz eben unverzügliche Auskehrung des Erlöses vorschreibt (§ 170 Abs. 1 Satz 2 InsO). Dem kann mehrerlei entgegenstehen. Zum einen kann etwa Streit über den Umfang der Berechtigung des Gläubigers entstehen oder es werden seitens des Verwalters Anfechtungsansprüche vorgetragen. Zum anderen macht es bei den Sachgesamtheiten wie beim Warenlager oder den Forderungsgesamtheiten wie bei der Globalzession ökonomisch keinen Sinn, jeden Teilverkauf sofort abzurechnen und dann auszuzahlen. In diesen Fällen ist ein vernünftiger Modus zwischen Gläubiger und Insolvenzverwalter zu verabreden. Es ist eben scharf zu unterscheiden zwischen der Pflicht zur unverzüglichen Abrechnung, dem „stillen" Massekredit und sachgerechten Abrechnungsmodalitäten. Die Kostenbeiträge sind möglichst gering zu halten, indem unter anderem der Veräußerungsprozess aktiv unterstützt und mit dem Insolvenzverwalter gegebenenfalls eine individuelle Verwertungsvereinbarung in Anlehnung an den tatsächlichen Veräußerungsaufwand getroffen wird. Dies gilt auch für Verwertungen von Poolsicherheiten.

Verwertungen im eröffneten Insolvenzverfahren

Gemäß § 159 InsO hat der Verwalter nach der Eröffnung des Verfahrens das zur Insolvenzmasse gehörende Vermögen unverzüglich zu verwerten. Relevant sind für Kreditinstitute Sicherungsrechte, die einer abgesonderten Befriedigung unterliegen. Im eröffneten Insolvenzverfahren steht dem eingesetzten Insolvenzverwalter grundsätzlich das Verwertungsrecht des Schuldnervermögens zu (§§ 165 ff. InsO). Eine Voraussetzung für die Wahrnehmung dieses Verwertungsrechts ist gemäß § 166 Abs. 1 InsO bei den beweglichen Gegenständen die Existenz des Absonderungsrechts des Gläubigers (vgl. Schmidt et al., 2016, § 166 InsO, Rn. 3 ff.). Dieses richtet sich nach den §§ 50 ff. InsO. Eine weitere wesentliche Bedingung ist, dass der Insolvenzverwalter die bewegliche Sache in seinem Besitz hat (§ 854 Abs. 1 BGB). Gemäß § 166 Abs. 2 InsO darf der Verwalter sicherungszedierte Forderungen einziehen, nicht jedoch vom Schuldner an einen Factor verkaufte und abgetretene Forderungen beim echten Factoring mit Delkredereübernahme. Dabei ist es nicht relevant, ob die Forderungen bereits offengelegt wurden (vgl. Seidel, 2016b, S. 493 ff.).

Verwertung von beweglichem Sicherungsgut

Bevor der endgültige Insolvenzverwalter die Veräußerung von Wirtschaftsgütern allerdings umsetzt, muss er der absonderungsberechtigten Bank mitteilen, auf welche Weise die betreffenden Gegenstände konkret verwertet werden sollen (§ 168 Abs. 1 InsO). Das Kreditinstitut kann im Gegenzug alternative Verwertungsmöglichkeiten prüfen und den Insolvenzverwalter binnen einer Woche auf eine bessere Veräußerungsoption hinweisen. Die Bank kann den Gegenstand dann auch selbst gegen einen günstigeren Wert, als den vom Insolvenzverwalter vorgesehenen, selbst übernehmen und eigenständig verwerten (§ 168 Abs. 3 Satz 1 InsO).

Es gibt jedoch keinen Überbietungswettbewerb dergestalt, dass die Bank einen verbesserten Vorschlag macht und der Verwalter diesen dann übertreffen und der Bank nochmals Gelegenheit zur Stellungnahme geben muss. Er muss vielmehr die Bank so stellen, als habe er deren angezeigte günstigere Verwertungsmöglichkeit wahrgenommen (vgl. BGH vom 04.07.2013, IX ZR 264/12) oder das eventuell verbesserte Angebot eines Dritten annehmen (vgl. BGH vom 22.04.2010, IX ZR 208/08). Aus der Bankensicht sind Veräußerungen unbedingt zu überwachen.

Gerade bei fungiblen Wirtschaftsgütern sollten die Feststellung des Wertes und die Möglichkeiten alternativer Verkäufe über professionelle Verwerter oder eigene Auktionen im Kundenkreis geprüft werden. Im Fall der Verwertung über den Insolvenzverwalter entstehen nach der Insolvenzeröffnung folgende Kostenbeiträge:

- Feststellungskosten gemäß § 171 Abs. 1 InsO: Die Kostenpauschale in Höhe von 4,0 % des Bruttoerlöses dient zur Feststellung des Absonderungsrechts. Abgedeckt werden Kosten für die Klärung konkurrierender Rechte oder Gutachten.
- Verwertungskosten gemäß § 171 Abs. 2 InsO: Diese Pauschale in Höhe von 5,0 % des Bruttoerlöses macht der Insolvenzverwalter für die Verwertung geltend. Abgegolten wird der Aufwand für die Durchführung des Veräußerungsprozesses.
- Umsatzsteuer gemäß § 171 Abs. 2 Satz 3 InsO: Vom Erlös sind 19,0 % Umsatzsteuer zu entnehmen, sofern durch die Verwertung Lasten zur Masse ausgelöst werden. Berechnungsbasis ist der Bruttoerlös vor Abzug der Kostenbeiträge.

Dabei ist es von Relevanz, zu welchem Zeitpunkt und durch wen die Wirtschaftsgüter veräußert oder die Forderungen eingezogen werden. Bei den Verwertungshandlungen des (vorläufigen) Insolvenzverwalters ist unabhängig vom Verfahrensstand, sowohl im Eröffnungsverfahren, als auch im eröffneten Insolvenzverfahren die Umsatzsteuer zu berücksichtigen und abzuführen. Der Verwertung durch den Verwalter liegt umsatzsteuerrechtlich ein Dreifachumsatz zugrunde. Es besteht für Banken in der Regel keine Vorsteuerabzugsmöglichkeit.

Beispiel: Der Insolvenzverwalter der Druck GmbH i. I. veräußert eine sicherungsübereignete Druckmaschine an einen Dritten. Der Erlös beläuft sich auf brutto 119.000 Euro. Darin sind 19.000 Euro Mehrwertsteuer enthalten. Zudem zieht der Verwalter die vollen Kostenpauschalen für die Feststellung in Höhe von 4,0 % (4.760 Euro) und für die Verwertung von 5,0 % (5.950 Euro) auf den Bruttoerlös von 119.000 Euro ab. Es verbleibt ein Restbetrag von lediglich 89.290 Euro. Nach § 171 Abs. 2 Satz 3 InsO kürzt der Verwalter den an die Bank auszuzahlenden Betrag um die darauf bezogene Umsatzsteuer in Höhe von 16.965,10 Euro, zahlt anschließend die 89.290 Euro abzüglich 16.965,10 Euro und somit 72.324,90 Euro an den absonderungsberechtigten Gläubiger aus. Wenn der Gläubiger vorzugssteuerberechtigt ist, kann der dieser Nettogutschrift widersprechen und folglich selbst eine Rechnung zuzüglich Umsatzsteuer an die Masse schreiben. Es besteht in Banken jedoch keine Umsatzsteuerpflicht und auch keine Vorsteuerabzugsmöglichkeit. Bemessungsgrundlage der Umsatzsteuer ist der Nettobetrag, der der Bank zur Reduzierung ihrer Forderung auszuzahlen ist. Dieses ist der Bruttoerlös, ohne Umsatzsteuer und ohne Gläubigerbeiträge, das heißt 72.324,90 Euro.

Erstens liefert der Insolvenzverwalter das Sicherungsgut bei der Verwertung fiktiv an den Sicherungsgläubiger. Zweitens erhält er es anschließend von diesem zur Verwertung fiktiv zurück. Drittens liefert er es an den Käufer. Auf die Bruttoverwertungserlöse, inklusive der verlangten Umsatzsteuer des Käufers, werden die Verwertungskosten gemäß §§ 170, 171 InsO berechnet und abgezogen. Der Umsatzsteuerbetrag ist von dem an den Sicherungsnehmer auszukehrenden Veräußerungserlös einzubehalten. Der Gläubiger trägt somit die Umsatzsteuerlast.

Differenziert sieht es bei Verwertungshandlungen durch ein Kreditinstitut aus. Im Sicherungsfall erhält ein Kreditinstitut grundsätzlich die Verwertungsbefugnis und wird mit einer Veräußerung von Sicherungsgütern oder der Einziehung von Forderungen umsatzsteuerpflichtig. Mit der Eigentumsübertragung an Dritte im Rahmen einer Veräußerung von beweglichem Sicherungsgut schuldet der Sicherungsnehmer die Umsatzsteuer gemäß § 13b Abs. 2 Nr. 2 UStG im vorläufigen Insolvenzverfahren oder außerhalb des Verfahrens. Dies betrifft auch die Abweisung mangels Masse. Die Vorschrift geht von der Rechtsprechung des BFH aus, dass bei der Verwertung von Sicherungsgut durch den Sicherungsnehmer eine Lieferung des Sicherungsgebers an den Sicherungsnehmer vorliegt und damit ein Doppelumsatz. Verwertet die Bank, dann schuldet sie die Umsatzsteuer. Dieses dient der Sicherung des Steueranspruchs, da außerhalb des Verfahrens keine Masseverbindlichkeit vorliegt. Zusätzlich wäre der Sicherungsnehmer nach § 15 Abs. 1 Satz 1 Nr. 1 UStG zum Vorsteuerabzug berechtigt (vgl. Rau/Dürrwächter, 2018, § 13b UStG).

Die Lieferung eines Sicherungsgebers tritt erst mit dem Verwertungsfall des Sicherungsguts ein. Der Doppelumsatz ist auch dann gegeben, wenn der Sicherungsgeber im Namen des absonderungsberechtigten Gläubigers veräußert. Der Vorteil dieser Konstruktion liegt darin, dass dem Erwerber des Gegenstandes gegenüber nicht offenbart werden muss, dass es sich um Sicherungsgut handelt und der Preis nicht beeinträchtigt wird (vgl. Rau/Dürrwächter, 2018, § 13b UStG). Die Verwertung des Sicherungsguts durch den Sicherungsgeber im Auftrag des Sicherungsnehmers löst sogar drei umsatzsteuerliche Lieferungen aus, da dieser Sicherungsgeber gegenüber dem Erwerber im eigenen Namen auftritt. Damit tätigt er eine weitere umsatzsteuerliche Lieferung und schuldet die daraus resultierende Umsatzsteuer. Im Endergebnis kann der Sicherungsgeber den Erlös an das Kreditinstitut voll weitergeben und die Bank schuldet die abzuführende Steuer (vgl. Hahne, 2010, S. 10 ff.).

Außerhalb eines Insolvenzverfahrens erfolgt die Lieferung eines Sicherungsgebers, wenn die daraus resultierende Umsatzsteuer nicht zu Massekosten führt. Wird insolvenzbefangenes Vermögen während eines Insolvenzverfahrens geliefert, so werden hinsichtlich der Umsatzsteuer Massekosten (§ 53 in Verbindung mit § 55 Abs. 1 Nr. 1 InsO) begründet, so dass der Steueranspruch befriedigt werden wird und es der Verlagerung der Steuerschuldnerschaft auf den Lieferungsempfänger nicht bedarf. Außerhalb des Insolvenzverfahrens erfolgen deshalb Lieferungen, die vor Eröffnung oder nach Einstellung oder Aufhebung des Verfahrens durchgeführt werden.

Veräußerungen im Rahmen des Geschäftsbetriebs, die sich nicht als Verwertungen darstellen, sind eine einfache Lieferung durch den Sicherungsgeber beziehungsweise den Insolvenzverwalter an den Erwerber und Masseverbindlichkeiten. Den Beteiligten bleibt bei all dem die Pflicht zur ordnungsgemäßen Steueranmeldung und zur ordnungsgemäßen umsatzsteuerrechtlichen Rechnungsstellung sowie Abrechnung, um unter anderem Schäden durch überhöhte Umsatzsteuerzahllasten zu vermeiden. Die Abwicklungsabteilung der Bank wird sich hier der internen Steuerabteilung, gegebenenfalls auch einer externen Steuerberaterkanzlei bedienen.

Zum Insolvenzverfahren zählt zwar nicht das Insolvenzeröffnungsverfahren, auch wenn ein vorläufiger Verwalter bestellt ist. Die Umsatzsteuer aus einer während dieser Zeit erfolgten Lieferung an den Sicherungsnehmer (Gläubiger) wird bei Verfahrenseröffnung deswegen nicht zu einer Masseverbindlichkeit nach § 55 Abs. 2 InsO, da diese nicht vom vorläufigen Verwalter begründet worden ist. Zudem greift § 55 Abs. 2 InsO auch nur dann ein, wenn das Insolvenzverfahren eröffnet wird. Der Gesetzgeber des Haushaltsbegleitgesetzes 2011 fand es aber unangemessen, dass der Fiskus mangels Begründung von Masseverbindlichkeiten bei der Umsatzsteuer leer ausgehen sollte und hat daher § 55 Abs. 4 InsO geschaffen, der Steuerforderungen im Eröffnungsverfahren generell zu Masseverbindlichkeiten hochstuft.

Die Umkehrung der Steuerschuldnerschaft bei der Verwertung des Sicherungsguts dient der Sicherung des Steueranspruchs, da dieser gegenüber dem insolventen Sicherungsgeber, soweit keine Masseverbindlichkeit vorliegt, oft nicht durchsetzbar wäre. Der Sicherungsnehmer könnte aber aus der Lieferung eines Sicherungsgebers an den Sicherungsnehmer einen Vorsteueranspruch geltend machen. Liegen Masseverbindlichkeiten vor, ist dieser Steueranspruch regelmäßig durchsetzbar, sodass es der Umkehrung der Steuerschuldnerschaft nicht bedarf.

Nach der Rechtsprechung des BFH ist das wesentliche Kriterium, ob die Umsatzsteuer Masseverbindlichkeiten begründet oder auch nicht. Aufgrund der Fiktion eines Doppelumsatzes ergeben sich die folgenden umsatzsteuerlichen Konsequenzen (vgl. Rau/Dürrwächter, 2018, § 13b UStG):

- Verwertung außerhalb des Insolvenzverfahrens: Liefert der Sicherungsgeber an den Sicherungsnehmer, die Bank, kehrt sich die Umsatzsteuerschuldnerschaft auf den Empfänger um. Die von einer Bank abzuführende Steuer kann als Vorsteuer aus § 15 Abs. 1 Nr. 4 UStG geltend gemacht werden.
- Verwertung innerhalb des Insolvenzverfahrens: Dabei begründet die Umsatzsteuer aus dieser Lieferung eine Masseverbindlichkeit. Das Finanzamt kann seinen Anspruch damit auch wahrscheinlich durchsetzen und daher ist keine Umkehrung der Umsatzsteuerschuldnerschaft erforderlich.
- Lieferung der Bank an den Erwerber des Sicherungsguts: Hier gelten keine umsatzsteuerlichen Besonderheiten. Regelmäßig schuldet das Institut die Umsatzsteuer. Der Erwerber hat einen Vorsteueranspruch. Der Steueranspruch ist nicht als gefährdet beziehungsweise als unsicher anzusehen.

Die Verwertung durch Eintritt des Gläubigers ist möglich. Der absonderungsberechtigte Gläubiger kann von seinem Eintrittsrecht gemäß § 168 Abs. 3 InsO Gebrauch machen und dem Insolvenzverwalter das betreffende Wirtschaftsgut abkaufen. Es liegt dann ein umsatzsteuerlicher Doppelumsatz für die Bank vor. Die nachfolgende Tab. 5.14 verdeutlicht die Umsatzsteuerpflichten.

Tab. 5.14: Umsatzsteuerpflichten in den Verfahrensstadien (Quelle: Eigene Darstellung)

Umsatzsteuerpflicht	Außerhalb Insolvenz	Eröffnungsverfahren	Insolvenzverfahren
(Vorläufiger) Verwalter	Nicht relevant	Nicht relevant	Masseverbindlichkeit
Gläubiger	Steuerschuldner	Steuerschuldner	Nicht relevant

Wird bewegliches Anlagevermögen durch den Insolvenzverwalter bei der Betriebsfortführung weiterverwendet, sind dem gesicherten Gläubiger gemäß § 169 InsO ab dem Berichtstermin die laufenden Zinsen aus der Insolvenzmasse für diese Nutzung zu zahlen. Gemeint sind Zinsen der schuldrechtlichen Forderung der Bank gegen den Kreditnehmer und Sicherungsgeber. Zinstragend ist der dem Wert des Absonderungsrechts entsprechende Betrag. Der Zinssatz beträgt mindestens 4,0 % p.a. und richtet sich nach den Zinsen, die der Gläubiger aus dem ungestörten Schuldverhältnis beanspruchen konnte (vgl. BGH vom 16.02.2006, IX ZR 26/05).

Ob dieses Zinsverlangen angesichts der Niedrigzinsphase wirklich angemessen ist, wenn der vertragliche Zins niedriger lag, muss offen bleiben. Überlässt die Bank die Erlöse der betroffenen mobilen Sicherheiten im Kontext mit einem „stillen" Massekredit dem (vorläufigen) Insolvenzverwalter zur Verwertung und Verwendung der gewonnenen Liquidität im Betrieb des fallierten Unternehmens, an dessen Sanierung die Bank Interesse hat, tritt an die Stelle der Ansprüche nach den §§ 169 und 172 Abs. 1 InsO die Zinsvereinbarung über den Massekredit. Darüber hinaus hat der Insolvenzverwalter den durch eine Verwendung entstandenen Wertverlust mit laufenden Zahlungen auszugleichen (§ 172 Abs. 1 InsO). Allerdings darf der Insolvenzverwalter Sachen verbinden, vermischen oder verarbeiten, wenn dadurch diese Sicherungsrechte nicht beeinträchtigt werden (§ 172 Abs. 2 InsO).

Dieses gilt in erster Linie für Gegenstände des Umlaufvermögens wie Rohstoffe und Halbfabrikate. Hier kann durch eine Weiterverarbeitung im Rahmen der Fortführung der Produktion gegebenenfalls ein erheblicher Mehrwert geschaffen werden, der später der Masse zugutekommt und zur Rückführung von Masseverbindlichkeiten eingesetzt werden kann und jedenfalls mittelbar die Insolvenzquote für alle erhöht. Auch die Verbindung, Vermischung und Verarbeitung sind gemäß § 172 Abs. 2 InsO unter der Bedingung zulässig, dass sie die Sicherung des absonderungsberechtigten Gläubigers nicht beeinträchtigen. Hier kann die Fortführung einer Sicherheitenabgrenzung hilfreich sein.

Das Verwertungsrecht am Vorratsvermögen, an dem das Institut aus einem Raumsicherungsübereignungsvertrag ein Absonderungsrecht hat, steht dem Insolvenzverwalter zu, wenn er die Sache in Besitz hat (§ 166 InsO). Die Verwertung von Wirtschaftsgütern des Umlaufvermögens durch den Insolvenzverwalter ist häufig beziehungsweise meist sinnvoll, da der Aufwand bei der Veräußerung und das erforderliche Know How hoch sind.

Der Verwalter selbst wird sich regelmäßig der Unterstützung oder der Organisation eines professionellen Verwerters bedienen, der gegebenenfalls auch international tätig ist. Im Einzelfall, zum Beispiel bei Maschinen, kann auch die Kooperation mit dem Hersteller eine Option sein. Eine Bank wird sicherlich nur schwer bis gar nicht eine ihr sicherungsübereignete Fahrzeugflotte eines Vermieters mit einigen hundert PKW verwerten können, bei der es nicht nur auf die Schätzung der Fahrzeuge ankommt, sondern auch auf den Vertrieb zu angemessenem Preis, sowie die Wartung und die Pflege der Fahrzeuge erforderlich ist. Dies ist auch ein Problem eines kompetenten Verwerterteams, einer geeigneten Verwertungssoftware sowie überhaupt der Erfassung von Sicherungsgut, das in einem großen Verfahren leicht einige Hunderttausend Positionen erfassen kann, die zu inventarisieren und für einen Verkauf beziehungsweise die Versteigerung organisatorisch aufzubereiten sind und in überschaubarer Zeit zu guten Preisen über das Internet veräußert werden sollen. In solchen Fällen ist es freilich nicht mit Kostenpauschalen von 5,0 % getan. Zudem sind mögliche Kollisionen mit dem Vermieterpfandrecht oder Abgrenzungsprobleme mit den Lieferanten und Kreditversicherern aus einem verlängerten Eigentumsvorbehalt zu klären. Es ist der Regelfall, dass dem Insolvenzverwalter der Verwertungsprozess in der Praxis vollständig überlassen wird.

Verwertung von sicherungsabgetretenen Forderungen

Entsprechend der Übereignung von beweglichen Sicherheiten des Anlage- oder Umlaufvermögens werden gerade Forderungen aus Lieferungen und Leistungen zur Sicherung gemäß §§ 398 ff. BGB abgetreten. Diese Sicherungsabtretung hat im Wirtschaftsleben eine große Bedeutung. Die Zession kann dem Drittschuldner als offene Zession angezeigt werden. Üblich ist jedoch die stille Zession. Die Sicherungsabtretung gibt dem Sicherungsnehmer ein fiduziarisches Recht, das heißt er erhält die volle Inhaberschaft an der Forderung mit der Maßgabe der Rückübertragung nach Erledigung der besicherten Forderung. Allerdings ist dieser aus dem Sicherungsvertrag dazu verpflichtet, die im Vertrag getroffenen Vereinbarungen zu beachten.

In der Praxis werden häufig auch Einzelforderungen aus einer bestimmten Lieferung beziehungsweise Leistung oder aus Ansprüchen aus kapitalbildenden Lebensversicherungen im Rahmen eines Einzelzessionsvertrags abgetreten. Des Weiteren können Forderungsgesamtheiten im Rahmen einer Globalzession zediert werden. Wichtig für die eindeutige Identifizierbarkeit ist, dass die betreffenden Forderungen der Drittschuldner für einen Außenstehenden hinreichend bestimmbar sind.

Auch künftige Forderungen können in ihrer Gesamtheit abgetreten werden, wenn das Kriterium der Bestimmbarkeit erfüllt ist. Bei der Globalzession, dem gebräuchlichsten Sicherungsmittel an Mobilien, liegt das wesentliche Interesse der Bank auf den künftig entstehenden Forderungen. Dabei sind die Person des Drittschuldners und sowohl der Rechtsgrund als auch der Umfang einer Forderung zu beschreiben (vgl. Lwowski/Merkel, 2003, S. 113 ff.). Die Globalzession sollte aufgrund der meist hohen Werthaltigkeit mit der Hereinnahme von aktuellen Forderungslisten genau überwacht werden. Die Aufstellungen sind auf uneinbringliche und im Wert zu berichtigende Forderungen zu überprüfen. Oft ist die Zeitdauer der Fälligkeit ein Indiz für die beeinträchtigte Werthaltigkeit.

Mit der Kündigung des Engagements in der Krise oder Insolvenz ist zu prüfen, ob die gesicherte Bank diese Abtretung gegenüber einem Drittschuldner offenlegt oder die abgetretene Forderung „still" vereinnahmen sollte, soweit möglich. Für Forderungen, die bis zur Eröffnung des Verfahrens bereits durch Zahlungseingänge realisiert worden sind, sind keine Kostenbeiträge an den vorläufigen Insolvenzverwalter auszukehren. Allerdings darf der Kreditnehmer nach den üblichen Globalzessionsverträgen über die von ihm auf das Konto bei der Bank, mit der die Zession vereinbart wurde, eingezogenen Beträge wieder verfügen. Das ist die zwangsläufige Folge des Umstandes, dass sich die Bank über die Globalzession aller Kundenforderungen von A–Z wesentliche Teile des liquiden Kapitals des Kreditnehmers gesichert hat, so dass sie diese Rechte solange freigeben muss, als es nicht zur Verwertung kommt. Die Kündigung des Kredites ändert an der Einziehungsbefugnis nichts, wenn nicht die Einziehungsbefugnis widerrufen wird.

Nicht die Offenlegung gegenüber den Drittschuldnern steht daher im Fokus, sondern die Entziehung der Einziehungsermächtigung gegenüber dem Kreditnehmer. Die Anzeige an die Drittschuldner, die bei diesen bewirkt, dass sie mit befreiender Wirkung nur noch an die betroffene Bank und Sicherungsnehmerin zahlen können, wird die Bank jedenfalls bei größeren Stückzahlen schlicht nicht durchführen können. Dazu bräuchte sie nämlich nicht nur die jeweils aktuelle Liste der zedierten Forderungen, sondern weitere Details wie Anschriften der Drittschuldner, die offenen Beträge, die Fälligkeit und gegebenenfalls Details über die zugrunde liegende Leistung. Jedoch kann die frühe Offenlegung eine Rufschädigung des Kreditnehmers verursachen und künftige Sanierungsbemühungen zunichtemachen.

Zudem werden Drittschuldner die volle Zahlung nicht selten verweigern, wenn sie an einen Dritten zahlen sollen und Einreden geltend machen. Ungeachtet all dem kommt hinzu, dass die Sicherungszession von Forderungen des Kreditkunden auch nach Offenlegung nicht zwingend zur Zahlung an die Bank führen muss, wenn der Kreditnehmer mit seinem kommerziellen Kunden ein Abtretungsverbot gemäß § 399 BGB vereinbart hat und dieser Kunde unbeeindruckt von Offenlegung weiter an den Schuldner zahlt. Denn § 354a Abs. 1 Satz 2 HGB gestattet ihm die Zahlung an den Kreditnehmer mit befreiender Wirkung.

Aus Sicht des Kreditinstituts ist zu prüfen, in welcher Höhe die Außenstände noch eingehen werden. Es ist ein Stresstest zur Bewertung der Sicherheitenposition nach dem Insolvenzantrag wichtig. Bei einem im Hinblick auf den Erfolg meist eher skeptisch zu betrachtenden Forderungseinzug durch das Kreditinstitut im Eröffnungsverfahren kann der vorläufige Insolvenzverwalter keine Kostenbeiträge verlangen. Auf die Folgen der oben besprochenen Anordnung des Gerichts gemäß § 21 Abs. 2 Satz 1 Nr. 5 InsO darf aber hingewiesen werden, wodurch die Verwertung dem Institut untersagt und dem vorläufigen Verwalter zugewiesen wird.

Mit der Eröffnung des Insolvenzverfahrens geht das Verwertungsrecht gemäß § 166 Abs. 2 InsO auf den Insolvenzverwalter über. Wurde die Verwertung der Forderungen durch die Bank bereits eingeleitet, ist eine Absprache zur Fortsetzung der Einziehung mit dem Verwalter zur Erreichung des optimalen Erlöses wichtig, auf die er sich als Folge der §§ 166 ff. InsO indes nicht einlassen muss.

Generell ist zu bedenken, dass als Konsequenz der langen Dauer des Insolvenzeröffnungsverfahrens von meist drei Monaten und mehr eine Reihe der zum Zeitpunkt des Insolvenzantrags noch offenen Forderungen unter Beachtung der üblichen Zahlungsfristen bereits bezahlt sein wird. Die Werthaltigkeit der älteren Forderungen ist meist kritischer zu betrachten. Die nach Kenntnis vom Insolvenzantrag entstandenen oder werthaltig gemachten Forderungen bis zur Verfahrenseröffnung stehen zwar der Bank zu, der Forderungsübergang ist jedoch eine nach § 130 InsO anfechtbare kongruente Deckung. Das Absonderungsrecht der Bank an den sicherungszedierten Forderungen ist daher nur insoweit insolvenzfest, als es vor dem Beginn des Anfechtungszeitraums der Deckungsanfechtung entstanden ist oder wenn es zwar danach entstand, ohne dass jedoch die insbesondere subjektiven Voraussetzungen eines Anfechtungstatbestandes nach den §§ 130 ff. InsO vorgelegen haben. Kennt die Bank den Insolvenzantrag des Unternehmens, können keine Forderungen mehr unanfechtbar neu erworben werden.

Die nach Insolvenzeröffnung entstehenden Forderungen kann die Bank als Folge des § 91 InsO im Insolvenzverfahren nicht mehr erwerben. Mit anderen Worten ist damit zu rechnen, dass gerade ein Teil der wichtigen und werthaltigen Forderungen schon während des Eröffnungsverfahrens eingehen werden. Daher ist es wesentlich, mit der Kreditkündigung auch den Widerruf der Einziehungsermächtigung des Sicherungsgebers zu verbinden und die Erklärung an den Kunden und auch den vorläufigen Insolvenzverwalter oder den vorläufigen Sachwalter zu richten, wobei dieses gleichgültig ist. Wenn alle formell einwandfrei unterrichtet sind, hat die Bank jedenfalls alles getan, was getan werden konnte.

Die Kostenbeiträge der Gläubiger, hier der Bank fallen nur bei sicherungszedierten Forderungen an, nicht jedoch bei einer Verpfändung, wie der Wortlaut des § 166 Abs. 2 InsO darlegt. Die Verpfändung bedarf jedoch zu ihrer Wirksamkeit der Anzeige an den Drittschuldner (§ 1280 BGB), eine schlichte Unmöglichkeit für die Fallkonstellationen der Verpfändung künftiger Forderungen.

Auch bei bereits bestehenden Einzelforderungen ist aus diesem Grunde regelmäßig die Sicherungszession der Verpfändung vorzuziehen, die daher ihrerseits niemals als „stille“ Verpfändung wirksam werden kann. Im Folgenden wird der Forderungseinzug im Insolvenzverfahren beschrieben.

Beispiel: Die Ausstiegsbank AG hat vor der Verfahrenseröffnung bei der Druck GmbH mit dem Forderungseinzug begonnen. Es ist eine Einzelforderung von 119.000 EUR auf dem Sicherheitenerlöskonto der Bank eingegangen. In diesem Fall sind keine Kostenpauschalen zu bezahlen, da die Bank den Erlös selbst erzielt und betrieben hat. Jedoch ist die Umsatzsteuer in Höhe von 19.000 EUR abzuführen. Dem Kreditinstitut verbleibt somit ein Erlös von 100.000 EUR. Wenn der Drittschuldner nach Verfahrenseröffnung an den Gläubiger zahlt, steht dem Insolvenzverwalter lediglich ein Anspruch auf die Feststellungskosten in Höhe von 4,0 % auf den erzielten Bruttoerlös zu. Wenn dagegen der Insolvenzverwalter die Forderung nach der Insolvenzeröffnung selbst offenlegt und vereinnahmt, kann dieser die Kostenpauschalen für die Feststellung in Höhe von 4,0 % und für die Verwertung von 5,0 % auf den Bruttoerlös vollständig für die Insolvenzmasse geltend machen.

Leistet ein Drittschuldner in Kenntnis der Einzugsermächtigung des vorläufigen Insolvenzverwalters an die Bank, hat dieser nicht mit schuldbefreiender Wirkung gezahlt. Gleiches gilt wie im Antragsverfahren auch für die Zahlung nach der erfolgten Verfahrenseröffnung. Gefährlich ist dieses für den Drittschuldner deshalb, weil die Sicherungsmaßnahmen im Eröffnungsverfahren nach § 21 Abs. 2 Satz 1 Nr. 2 InsO mit der Benennung eines allgemeinen Verfügungsverbots oder Zustimmungsvorbehalts für den vorläufigen Insolvenzverwalter gemäß § 23 Abs. 1 InsO im Internet im Justizportal der Länder öffentlich bekanntzumachen sind und die Bekanntmachung innerhalb der Fristen des § 9 Abs. 1 InsO als bewirkt gilt. Diese können dann nicht mehr mit befreiender Wirkung an den Schuldner leisten (§ 82 InsO). Dasselbe gilt für den Eröffnungsbeschluss (§§ 9, 27, 30, 82 InsO).

Nach der Insolvenzverfahrenseröffnung wird der Verwalter aufgrund der Kostenbeiträge für die Masse und des meist geringen Aufwands nicht auf die Verwertung von Forderungen verzichten wollen. Bei kleinen Einzelforderungen werden Kreditinstitute in der Regel kein Interesse an einer eigenhändigen Verwertung haben. Aus dem Verwertungserlös fließen gemäß § 171 InsO 4,0 % für die Feststellung und 5,0 % für die Verwertung an die Masse. Die Feststellung umfasst den Aufwand für die Prüfung auf Kollisionen mit anderen Sicherungsrechten.

Die Verwertungs- beziehungsweise Kostenpauschale ist daher ein Entgelt für den Aufwand des Forderungseinzugs beispielsweise über den Aufbau des Mahnwesens. Auch in diesem Fall gilt, dass eine individuelle Vereinbarung über die Kostenbeiträge mit dem Insolvenzverwalter getroffen werden kann. Gerade wenn der Aufwand für die Betreibung der Forderungen deutlich geringer als gewöhnlich ausfällt, ist aus Sicht der Bank eine Reduzierung der Verwertungspauschalen durch Verhandlungen mit dem Verwalter durchaus anzustreben (§ 171 Abs. 2 Satz 2 InsO).

Es können auch Ansprüche aus Lebensversicherungen zur Besicherung von Krediten abgetreten werden. Zessionen der Ansprüche aus Kapitallebensversicherungen haben eine umfassende wirtschaftliche Bedeutung. Insoweit ist jedoch zu beachten, dass diese Abtretung erst wirksam wird, wenn diese der Lebensversicherungsgesellschaft schriftlich angezeigt wurde. Eine stille Zession ist hier nicht möglich, die verspätete Anzeige nach Insolvenzantrag führt zur Anfechtbarkeit nach § 130 InsO, die Anzeige nach Insolvenzeröffnung scheitert an § 91 InsO, auch wenn die Abtretung lange vor jeder Krise erfolgt wäre.

Umsatzsteuerrisiken bei der Verwertung von zedierten Forderungen

Die Sicherungsabtretung von Forderungen ist mit einem umsatzsteuerlichen Risiko für die Bank als Sicherungszessionarin verbunden, das aus § 13c Abs. 1 UStG resultiert. Die Finanzverwaltung hat Einzelheiten dazu im Umsatzsteuer-Anwendungserlass (UStAE) geregelt. Gemäß § 13c UStG haftet der Zessionar, ebenso wie der Pfandgläubiger und Pfändungspfandgläubiger einer Forderung, für die Umsatzsteuer, die im Zusammenhang mit dem Umsatzgeschäft des Zedenten entsteht, welches zu der Forderung geführt hat, soweit der Zedent als Unternehmer die Umsatzsteuer nicht vollständig bezahlt hat. Das setzt eine Umsatzsteuerzahllast voraus, die dann nicht besteht, wenn der Sicherungszedent und Kreditnehmer einen Vorsteuerüberschuss hat (13c.1 Abs. 11 Sätze 1, 2 UStAE).

Voraussetzung der Haftung des Zessionars ist die Vereinnahmung der abgetretenen Forderung (13c.1, Abs. 18 ff. UStAE). Dieses Tatbestandsmerkmal der Haftung (siehe § 13c Abs. 2 UStG) ist dann zu bejahen, wenn die Bank den abgetretenem Betrag, in dem die Umsatzsteuer enthalten ist, selbst einzieht oder Zahlungseingänge, die der Kunde aus abgetretenen Forderungen auf sein Konto bei der Bank veranlasst, behält und den Kunden nicht mehr verfügen lässt, die Bank die „Verfügungsmacht über die in der abgetretenen Forderung enthaltene Umsatzsteuer hat" (13c.1 Abs. 19 ff., 23). Die Verwertung durch den Insolvenzverwalter gilt infolge der Auskehrung des Erlöses an die Bank als Sicherungszessionarin ebenfalls als umsatzsteuerliche Vereinnahmung (§ 170 InsO, 13c.1 Abs. 28 UStAE). Die Rn. 13.1 UStAE beschreibt in den Abs. 24 bis 27 eine Reihe von weiteren Beispielen, die sämtlich eine „Vereinnahmung" durch den Zessionar darstellen und verschiedene typische Abläufe der Beendigung beziehungsweise Beschränkung der Kontenverbindung in der Krise des Kreditnehmers und Sicherungszessionars betreffen. Im Kern steht die Reduzierung der Kreditinanspruchnahme durch sicherungszedierte Forderungen auf Kosten der dort enthaltenen Umsatzsteuern bei verschiedenen Kredit- sowie Überziehungskonstellationen. Die Finanzverwaltung geht allerdings auch davon aus, dass ein Kreditrahmen im Allgemeinen ohne „Widerspruch" der Bank um 15,0 % überzogen werden kann „auch nach Gutschrift des Forderungseingangs" der zedierten Forderung (Rn. 13.1 Abs. 25 UStAE). Das dortige und im Folgenden verkürzt dargestellte Beispiel zeigt die innere Struktur der Erwägungen der deutschen Finanzverwaltung.

Beispiel: Unternehmer A. sei Bankkunde mit einer Linie von 100.000 Euro, die Bank ist Sicherungszessionar einer Globalzession. Auf dem Konto geht die Zahlung eines Drittschuldners ein. Dennoch verbleibt nach deren Verrechnung ein Saldo von 110.000 Euro. Unter Heranziehung der These der unbeanstandeten Überschreitung von 15,0 %, hat der Kunde noch einen Verfügungsrahmen von 5.000 Euro. Die Folge hiervon ist nach der Finanzverwaltung, dass die Gutschrift der global zedierten Forderung von der Bank abzüglich der fraglichen 5.000 Euro in voller Höhe vereinnahmt worden ist. Damit haftet die Bank für die Umsatzsteuerzahllast des Kunden in Höhe des Zahlungseingangs minus 5.000 Euro. Gewährt die Bank Rückzahlungsfristen, gilt die Reduzierung des Kreditsaldos nach Ablauf der Frist als vereinnahmt. Die daraus entfallende Steuer ist dann von ihr zu entrichten, wenn der Steuerschuldner die daraus resultierende Umsatzsteuerzahllast nicht erfüllt.

Im eröffneten Insolvenzverfahren löst § 170 Abs. 2 InsO das Problem. Der Insolvenzverwalter behält die Steuer ein. Im Eröffnungsverfahren dürfte § 55 Abs. 4 InsO dafür sorgen, dass das Finanzamt die Umsatzsteuer erhält. Die Bank kann kein Interesse daran haben, den Kreditnehmer oder den vorläufigen Insolvenzverwalter über die globalzedierte Forderungen verfügen zu lassen, wenn auch die darin enthaltene Umsatzsteuer ihre Erwartungen an eine Saldenreduzierung schmälert.

Verwertung von Ansprüchen aus kapitalbildenden Lebensversicherungen

Bei der Verwertung von Kapitallebensversicherungen kommt aus Sicht der Kreditinstitute die weitere „Besparung" und Fortführung der Verträge in Betracht. Alternativ besteht die Möglichkeit der Beitragsfreistellung, der Kündigung oder des Verkaufes. Dabei sind die Aussichten der Generierung des höchsten Erlöses zu prüfen. Die weitere Besparung von Lebensversicherungen in der Krise durch ein Kreditinstitut wird in der Praxis eine Ausnahme darstellen. Es stellt sich die Frage, ob eine Bank in der Krise des Kreditnehmers dazu bereit sein wird, das Obligo zu eigenen Lasten über die Prämienzahlungen weiter auszudehnen. Dies wird nur Fälle betreffen, bei denen die abgetretene Lebensversicherung bereits lange Zeit läuft und der Auszahlungszeitpunkt nicht mehr in weiter Ferne ist. Zudem sollte ein erheblicher Vorteil aus der Überschussbeteiligung erwartet werden können. Dieses ist bei der Versicherungsgesellschaft in Erfahrung zu bringen. Entscheidend ist die Differenz zwischen dem Rückkaufswert bei der Kreditkündigung, der Forderung der Bank und der zu erwartenden Ablaufleistung unter Berücksichtigung des Aufwandes für die Bank bei Fortführung der Prämienzahlung bis zum Ablauf sowie die weiter fortlaufende Verzinsung der Kreditforderung.

Der vorläufige Insolvenzverwalter wird im Eröffnungsverfahren aber nur diejenigen Ausgaben tätigen, die für eine Betriebsfortführung unbedingt notwendig sind. Die Beiträge zu einer Kapitallebensversicherung des Schuldners, die an eine Bank abgetreten ist, gehören in der Regel nicht dazu, wenn die Masse daraus nichts erwarten darf. Möchte das Kreditinstitut die vollständige Kapitalsumme beziehungsweise Ablaufsumme aus der Lebensversicherung erhalten, so muss es in dieser Verfahrensphase selbst für eine Beitragszahlung Rechnung tragen.

Dies wird nur dann geschehen, wenn aus der Überschussbeteiligung der Lebensversicherung ein deutlich höherer Anstieg des Rückkaufswertes im Vergleich zu den eingezahlten Beiträgen zu erwarten ist. Alternativ ist eine Beitragsfreistellung ohne weitere Prämienzahlungen möglich. Vor der Eröffnung eines Insolvenzverfahrens kann die Bank die abgetretene Lebensversicherung durch Kündigung selbst verwerten, wenn der Sicherungsfall eingetreten ist. Veräußert die Bank die Sicherheit im Rahmen des vorläufigen Insolvenzverfahrens, ist der vorläufige Insolvenzverwalter, wie auch sonst in den Fällen der §§ 166 ff. InsO, nicht dazu berechtigt, Verwertungsbeiträge zu verlangen.

Das Gericht kann auch hier ein Verwertungs- und Einziehungsverbot im Rahmen des vorläufigen Insolvenzverfahrens gegenüber dem Gläubiger und damit der Bank als Inhaberin der Ansprüche aus der Lebensversicherung, unter anderem den Rückkaufswert, erlassen. War bislang die Kündigung einer Lebensversicherung im Rahmen eines vorläufigen Insolvenzverfahrens noch durch das Kreditinstitut möglich, kann die Verwertung bei Erlass eines entsprechenden Beschlusses durch das Insolvenzgericht ausgeschlossen werden. Existiert ein derartiger Beschluss, der den vorläufigen Insolvenzverwalter zur Einziehung der Lebensversicherung ermächtigt, so kann er die vollen Verfahrenskostenbeiträge aus der Verwertung verlangen.

Mit Eröffnung des Insolvenzverfahrens ist der Insolvenzverwalter grundsätzlich zur Verwertung des Lebensversicherungsvertrages berechtigt und nach Maßgabe des § 159 InsO auch verpflichtet. Dem Kreditinstitut als Abtretungsinhaber steht dann als Folge des Absonderungsrechts bis zur Höhe der Forderung gegen den Schuldner ein Anspruch auf Auszahlung des aus der Verwertung der Versicherung erzielten Erlöses, unter Berücksichtigung der Gläubigerbeiträge, zu (§ 170 Abs. 1 InsO).

Der Insolvenzverwalter ist berechtigt sowie verpflichtet, die Verfahrensbeiträge zu verlangen. Der Feststellungsbeitrag gemäß § 171 Abs. 1 InsO in Höhe von 4,0 % des erzielten Erlöses ist eine aufwandsunabhängige Pauschale. Mit dieser wird wie stets in den Fällen der §§ 166 ff., 170 ff. InsO der Aufwand des Insolvenzverwalters abgegolten, die Wirksamkeit der Kreditsicherheit, vorliegend der Abtretung der Lebensversicherung, zu überprüfen. Hier besteht für die begünstigten Kreditinstitute regelmäßig kein Verhandlungsspielraum.

Etwas anderes gilt jedoch für den Verwertungsbeitrag nach § 171 Abs. 2 InsO. Der Gesetzgeber hat eine Kostenpauschale von 5,0 % des erzielten Erlöses für angemessen erachtet, soweit nicht der tatsächliche Aufwand erheblich höher oder niedriger ausfällt. Da sich die Verwertung eines Lebensversicherungsvertrages meist auf die Versendung des Kündigungsschreibens beschränkt, besteht hier die Möglichkeit für das Kreditinstitut, unter Hinweis auf diesen geringen Aufwand, den Kostenbeitrag zu senken, wobei Beträge zwischen 20 bis 50 Euro als Kostenersatz in Frage kommen, wie oben bereits umrissen. Hat der Insolvenzverwalter einem Kreditinstitut dagegen die Abwicklung explizit überlassen, so besteht auch kein Anspruch auf diese Zahlung des Verwertungskostenbeitrags.

Bei der Auflösung einer Kapitallebensversicherung durch Kündigung des Vertrages existieren jedoch meist keine Ansprüche auf den möglichen Schlussbonus in Gestalt der Überschussbeteiligung. Kündigung und Einziehung des Rückkaufswerts sind oft die ungünstigere Lösung.

Als Alternative kann die Veräußerung auf einem Zweitmarkt für Versicherungspolicen erfolgen. Der Aufkäufer führt die Versicherung weiter fort und erhält die komplette Ablaufleistung. Primär ist im Eröffnungsverfahren die Bank verwertungsberechtigt. Als Verkäufer kann tätig werden die Bank im Rahmen der Verwertung, gegebenenfalls zusammen mit dem Verkauf der notleidenden besicherten Forderung, der Schuldner mit Zustimmung der Bank oder der vorläufige Insolvenzverwalter, abhängig von seiner Rechtsstellung als „starker" Verwalter oder als „Zustimmungsverwalter". Der Verkauf und die Übertragung der Rechte aus einer Lebensversicherung fallen unter § 21 Abs. 2 Satz 1 Nr. 2 InsO.

Verwertungsbefugt wird er aber erst mit einer Anordnung des Gerichts nach § 21 Abs. 2 Satz 1 Nr. 5 InsO, dass er zur Einziehung von Forderungen beziehungsweise Durchsetzung von Rechten des Schuldners ermächtigt ist und der Bank die eigene Verwertung untersagt wird oder wenn er mit Zustimmung der Bank als Rechtsinhaberin. Den Erlös muss er wie auch sonst nach § 170 Abs. 1 InsO an den absonderungsberechtigten Gläubiger nach Abrechnung abführen, bei Zweifeln über die Berechtigung des Gläubigers aber mindestens separieren. Im laufenden Betrieb zur Liquiditätsunterstützung darf er jedoch den Betrag nicht einsetzen. Der vorläufige Insolvenzverwalter wird zu einem Verkauf aber nur dann bereit sein, wenn er einen Betrag für die spätere Insolvenzmasse erhält. Die Höhe kann sich an den nach der Eröffnung des Insolvenzverfahrens zu entrichtenden Kostenbeiträgen orientieren.

Im Rahmen des eröffneten Insolvenzverfahrens kann die Veräußerung ausschließlich durch den Insolvenzverwalter vorgenommen werden (§ 166 InsO). Dieser wird einen Verkauf allerdings nur gegen Zahlung entsprechender Beiträge an die Insolvenzmasse durchführen. Unter Umständen wird er auch eine Beteiligung an dem durch die Zweitmarktverwertung generierten Mehrerlös verlangen. Fraglich ist, ob der Insolvenzverwalter diese Handlungsoption prüfen sowie den Verkauf der Lebensversicherung vornehmen muss. Dabei besteht grundsätzlich die Pflicht für einen Insolvenzverwalter, die Vermögensgegenstände der Insolvenzmasse möglichst gewinnbringend zu veräußern, das sogenannte Massemehrungsgebot als Aufgabe des Insolvenzverwalters (vgl. BGH vom 16.03.2017, IX ZR 253/15).

Vor diesem Hintergrund ist der Insolvenzverwalter daher haftbar zu machen, wenn dieser sich grundlos weigert, eine kapitalbildende Lebensversicherung bestmöglich zu veräußern. Anders, wenn es aus dem Blick der Masse sinnvoll ist, die Ablaufleistung abzuwarten. Erhält die Masse die höheren Verfahrensbeiträge aus einem Erlös, spricht vieles dafür, von einer Veräußerungspflicht des Insolvenzverwalters auszugehen (vgl. Portisch/Seidel, 2007e, S. 542 ff.). Nachfolgend wird der zeitliche Verlauf der Verwertungsvorgänge behandelt.

Verwertung von beweglichen Wirtschaftsgütern und Forderungen

Bei einer Verwertung vor dem Insolvenzantrag steht einem absonderungsberechtigen Gläubiger der vollständige Nettoerlös aus dem veräußerten Sicherungsgut oder der eingezogenen Forderung abzüglich der zu zahlenden Umsatzsteuer zu.

Nach einem Insolvenzantrag ist im Eröffnungsverfahren danach zu unterscheiden, wer den Verkauf der Sache durchführt oder den Forderungseingang realisiert. Zahlt der Drittschuldner bereits vor der Insolvenzeröffnung auf das Sicherheitenerlöskonto des absonderungsberechtigten Gläubigers, so schuldet dieser allgemein nicht die Feststellungs- sowie Verwertungspauschale an die Insolvenzmasse. Ausnahmen bestehen, wenn einem vorläufigen Insolvenzverwalter die gesonderte Ermächtigung zum Forderungseinzug nach § 21 Abs. 2 Nr. 5 InsO durch das Insolvenzgericht vorliegt oder bereits Gefahr im Verzug ist.

Wird der Forderungseinzug durch den vorläufigen Verwalter vorgenommen, wird er die Kostenpauschalen für die Masse verlangen. Unerheblich ist es, ob die Forderungen offengelegt wurden oder nicht und zudem wer den Zahlungseingang realisiert. Die Feststellungspauschale von 4,0 % ist unabhängig vom tatsächlichen Aufwand zu begleichen. Die Verwertungspauschale von 5,0 % ist dagegen aufwandsabhängig und von den absonderungsberechtigen Gläubigern nur dann abzuführen, wenn die Verwertung tatsächlich durch den Verwalter vorgenommen wurde. Liegen die tatsächlichen Kosten der Verwertung beispielsweise deutlich unter 5,0 % sind nur die angefallenen Aufwendungen zu vergüten.

Nach der Insolvenzeröffnung wird der Insolvenzverwalter bewegliche Sachen in seinem Besitz und Forderungen verwerten sowie neben den Feststellungskosten von 4,0 % auch die zusätzliche Verwertungskostenpauschale von 5,0 % auf den gesamten Erlös geltend machen. Wenn dann der Drittschuldner nach Verfahrenseröffnung auf eine abgetretene Forderung an den Gläubiger zahlt, steht dem Insolvenzverwalter nur ein Anspruch auf die Feststellungspauschale für die Prüfung der Wirksamkeit des Absonderungsrechts zu.

Die Verwertungskostenpauschale kann er dagegen nicht verlangen. Dies gilt ebenfalls, wenn der Insolvenzverwalter dem Gläubiger die Sache zur Verwertung überlässt. Auch in diesem Fall steht ihm nur die Feststellungspauschale von 4,0 % für die Masse zu. Der Insolvenzverwalter kann jedoch erklären, dass die Zahlung nicht mit schuldbefreiender Wirkung erfolgt ist und vom Drittschuldner erneut die Zahlung verlangen. Dieses wird dann in der Praxis in der Regel dazu führen, dass das Kreditinstitut von der vereinnahmten Forderung die herauszugebenden Kostenbeiträge an den Insolvenzverwalter abführt. Die Kosten der Verwertung setzen sich zusammen aus dem Aufwand für die Vorbereitung und den Kosten für die Durchführung einer Veräußerung. Liegen die Aufwendungen für den Verwertungsvorgang erheblich über oder unter dem Pauschalbetrag von 5,0 % sind nach § 171 Abs. 2 Satz 2 InsO die tatsächlichen Kosten zu bezahlen.

Die Kosten für die gegebenenfalls notwendige Erstellung eines Verkehrswertgutachtens gehören in der Regel nicht dazu (vgl. Seidel, 2012b, S. 498 ff.). Sie zählen zu den Feststellungskosten und sind bereits mit der Pauschale von 4,0 % abgedeckt. Aus Sicht der absonderungsberechtigten Banken ist der tatsächliche Aufwand der Veräußerung durch den Insolvenzverwalter kritisch zu überprüfen.

Bei fungiblen Wirtschaftsgütern sowie Forderungen kann ein erhebliches Missverhältnis zwischen der Pauschale und dem Verwertungsaufwand bestehen. Es kann mit dem Insolvenzverwalter in der Regel eine Einigung zur Senkung dieser Beträge getroffen werden. Im Allgemeinen empfiehlt es sich im Hinblick auf die entstehenden Kosten und die Abgrenzungsschwierigkeiten, eine Verwertungsvereinbarung zu treffen, um Auseinandersetzungen zu vermeiden. Die nachfolgende Abb. 5.36 zeigt die Verwertungsalternativen im Zeitablauf.

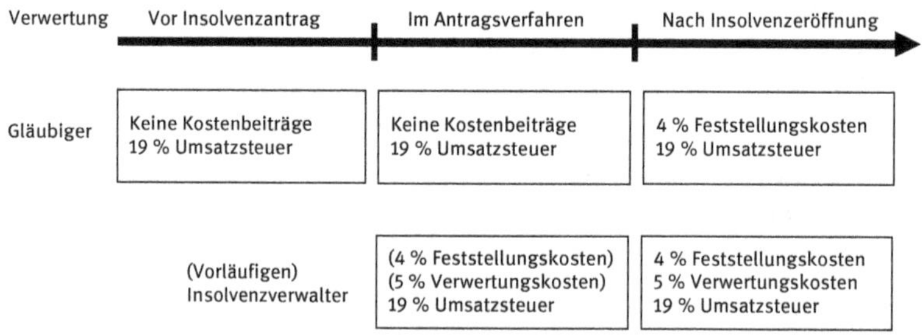

Abb. 5.36: Verwertung absonderungsberechtigter Sicherheiten (Quelle: Eigene Darstellung)

Die Verwertung von Grundstücken und Gebäuden kann im eröffneten Insolvenzverfahren durch den Grundpfandrechtsgläubiger nur über eine Zwangsversteigerung mittels eines dinglichen Titels, aus der Rangklasse 4 des § 10 Abs. 1 ZVG, oder mit dem Insolvenzverwalter über einen freihändigen Verkauf betrieben werden. Auch die Zwangsverwaltung nach den §§ 146 ff. ZVG oder eine stille (kalte) Zwangsverwaltung kann als Übergangslösung wirtschaftlich geeignet sein, um zwischenzeitlich Mieterlöse zu erzielen und ein Objekt in seinem Zustand zu erhalten. Grundlage der verschiedenen Formen von Verwertungshandlungen ist aus der Sicht eines Kreditinstituts die Belastung des Objekts mit einem Grundpfandrecht.

Verwertung von Grundpfandrechten an Grundstücken und Objekten

Nach § 49 InsO erfolgt die Verwertung von Immobilien durch Zwangsversteigerung oder Zwangsverwaltung nach dem ZVG. Dabei besteht ein Antragsrecht durch den Insolvenzverwalter (§ 165 InsO, §§ 172–174 ZVG).

Auch der Gläubiger, der grundpfandrechtlich gesichert ist, kann die Zwangsversteigerung oder Zwangsverwaltung im eröffneten Verfahren aufgrund des § 49 InsO beantragen. Grundschulden und Hypotheken gehören zur Klasse der Grundpfandrechte. Dabei haben sich Grundschulden aufgrund der fehlenden Akzessorietät als ein praxisnahes Sicherungsmittel etabliert. Seit dem Risikobegrenzungsgesetz aus 2008 ist die Sicherungsgrundschuld in § 1192 Abs. 1a BGB legaldefiniert.

Demnach wird bei einer Grundschuld gemäß § 1191 BGB das Grundstück in der Weise belastet, dass an den Begünstigen eine bestimmte Geldsumme aus dem Grundstück zu zahlen ist. Einer zu besichernden Forderung bedarf es bei dieser fiduziarischen (nicht-akzessorischen) Sicherheit nicht (vgl. Lwowski/Merkel, 2003, S. 116 ff. und BGH vom 20.04.2018, V ZR 106/17).

Die Grundschuld wird mit ihrem Kapitalbetrag nach der Grundschuldbestellungsurkunde und einem dinglich wirkenden Zinssatz, gegebenenfalls auch mit einer weiteren Nebenleistung, im Grundbuch eingetragen. Zudem wird der jeweilige Inhaber der Grundschuld dort vermerkt. Gegebenenfalls wird über die Grundschuld ein Brief erstellt mit der Folge, dass der aktuelle Grundschuldgläubiger nicht aus dem Grundbuch ersichtlich sein muss, denn diese Briefgrundschuld kann ohne Grundbucheintragung übertragen werden (§§ 1154, 1192 Abs. 1 BGB).

Belastet werden durch dieses Sicherungsrecht das Grundstück sowie die wesentlichen Bestandteile des Grundstücks gemäß §§ 93 ff. BGB und das Zubehör aus § 97 ff. BGB. Zum sogenannten Haftungsverband dieser Grundschuld gemäß den §§ 1120 ff. BGB gehören im Wesentlichen Erzeugnisse und die nicht wesentlichen Bestandteile (§ 1120 BGB), Miet- und Pachtforderungen (§ 1123 BGB) und Versicherungsforderungen (§§ 1127 ff. BGB), aber nicht die Scheinbestandteile des § 95 BGB.

So fallen unter Umständen auch sicherungsübereignete Gegenstände in diesen Haftungsverbund. Wesentlich dafür ist, ob die Sicherungsübereignung vor der Verbringung auf das Grundstück vorgenommen wurde. Damit ist auch die Zubehörhaftung von wirtschaftlicher Bedeutung für den Grundpfandrechtsgläubiger und ist durch diesen oder den Insolvenzverwalter bei möglichen Kollisionen mit anderen Kreditsicherungsrechten unbedingt zu prüfen.

Dabei darf freilich nicht verkannt werden, dass der Begriff des Zubehörs im Einzelfall schwer zu bestimmen ist. Ferner tritt nach der differenzierten Regelung gemäß § 1121 BGB Enthaftung des Zubehörs mit Veräußerung des Zubehörs und Entfernung von dem Grundstück ein. Aus der Sicht der Praxis wird sich der Grundschuldgläubiger gegebenenfalls die Zubehörstücke parallel sicherungsübereignen lassen, so dass er nicht von Anfang darauf angewiesen ist, die bewegliche Sache eindeutig als Zubehör identifizieren zu müssen. Er kann dann nämlich nach seiner Wahl die Verwertung als bewegliche Sache durchführen oder das Zubehörstück mitversteigern lassen. Scheitert diese Zubehöreigenschaft bei der Prüfung zum Verwertungszeitpunkt, ist er trotzdem absonderungsberechtigt, aufgrund seines Sicherungseigentums.

Dem Insolvenzverwalter steht an unbeweglichen Wirtschaftsgütern kein gesondertes Verwertungsrecht zu. Er kann lediglich die Zwangsversteigerung oder Zwangsverwaltung beantragen. Daher werden auch keine gesetzlichen Verwertungsbeiträge geschuldet. Für seine Tätigkeit der Feststellung, welche Gegenstände gegebenenfalls einer Zubehörhaftung unterliegen erhält er nur die Feststellungspauschale von 4,0 % bezogen auf den gesamten festgesetzten Wert des Grundstückzubehörs. Bei einer freihändigen Verwertung, unter der Begleitung durch den Insolvenzverwalter, kann auch ein Gläubigerbeitrag für die Insolvenzmasse, nicht den Insolvenzverwalter, vereinbart werden, die sich an dem § 171 InsO orientieren kann, wobei die Norm indes nicht der rechte Maßstab sein dürfte.

Man wird hier eher an Maklerentgelte als Parallele denken müssen. Dabei ist zu beachten, inwieweit der Insolvenzverwalter, bei einer Spezialimmobilie, in problematischer Lage, den Erwerber gefunden hat (vgl. Seidel, 2016b, S. 504 ff.).

Die Verwertung von Grundstücken und Gebäuden kann auf verschiedene Arten erfolgen. Bei den Verkaufsoptionen spielen die Marktsituation und gegebenenfalls die laufenden Erträge aus dem betreffenden Objekt eine Rolle. Die folgenden Alternativen sind wirtschaftlich gegeneinander abzuwägen:

- Freihändige Verwertung: In dem Fall wird das Objekt am Markt frei veräußert. Die Erlösverteilung erfolgt mit Treuhandaufträgen gegen die Abgabe sogenannter Löschungsbewilligungen. Die Vergütung für den Makler sowie die Insolvenzmasse sind mit dem Insolvenzverwalter zu regeln.
- Zwangsverwaltung: Hier bleibt einem Schuldner zwar das Eigentum erhalten, aber das Nutzungsrecht und die Verwaltung werden ihm entzogen. Die Befriedigung der Gläubiger erfolgt aus der weiteren Nutzung des betrachteten Grundstücks über die Mieterträge, soweit ein Überschuss über die Kosten verbleibt.
- Zwangsversteigerung: Die Beantragung einer Zwangsversteigerung erfolgt aus einem vollstreckbaren Titel. Dieser kann in einer vollstreckbaren Ausfertigung der Grundschuldbestellungsurkunde oder dem Duldungsurteil bestehen (§ 1147 BGB). Das Zwangsversteigerungsverfahren ist stark formalisiert.

Absonderungsberechtigte Gläubiger haben in der Regel ein starkes Interesse an einer zeitnahen Verwertung von Kreditsicherheiten, um mit dem Erlös die wertberichtigte Forderung zu reduzieren, Zinsausfälle zu vermeiden, die Restforderung auszubuchen und den Fall abzuschließen. Gerade Verwertungen von Immobilien binden oft erhebliche Personalkapazitäten, da sich der Verkauf häufig zeitlich stark hinziehen kann. Des Weiteren bestehen vielfältige Risiken, die den Wert der Objekte beeinträchtigen können. Zusätzlich fallen weitere Kosten, unter anderem für die Heizung in den Wintermonaten und für den Objektschutz, an. Im Gegenzug dazu kann der Insolvenzverwalter auch das Interesse haben, den Verkauf, beispielsweise einer Firmenimmobilie, zeitlich hinaus zu schieben, um die Möglichkeiten einer Fortführung mit Insolvenzplan oder einer übertragenden Sanierung zu prüfen.

In diesem Fall hat dieser jedoch einen Ausgleich für den Wertverlust und die Nutzung an die absonderungsberechtigten Gläubiger zu entrichten, wenn auf seinen Antrag das Zwangsversteigerungsverfahren einstweilen eingestellt wurde (§§ 30d, 30e ZVG). Diesen Ausgleich erhält nur der betreibende Gläubiger und auch nur, soweit der Rang seines Grundpfandrechts, die Höhe seiner Forderung und der Wert der Immobilie dies zulassen. Nicht ganz geklärt ist, ob die dingliche Forderung oder ob hier die schuldrechtliche Darlehensforderung gemeint ist. Ansonsten erhält der Grundpfandgläubiger nichts.

Wichtig ist es für Kreditinstitute, dass eine gute Kommunikation mit dem Insolvenzverwalter stattfindet, damit über ein gleichgerichtetes Handeln im Ergebnis ein optimaler Verwertungserlös oder als Alternative erhebliche laufende Erträge aus der Vermietung und Verpachtung des Objektes generiert werden. Mieterträge erhält der Grundpfandgläubiger im Rahmen der Zwangsverwaltung und kalten Zwangsverwaltung aus dem Rang seines Grundpfandrechts. Die Mietzession ist im eröffneten Insolvenzverfahren wertlos (vgl. § 110 Abs. 2 InsO), im Eröffnungsverfahren entstandene Mietforderungen und infolge der Sicherungsabtretung übergegangene Mietforderungen sind gegebenenfalls als kongruente Deckung anfechtbar.

Bei einer guten Vermarktungsmöglichkeit ist eine freihändige Verwertung von unbebauten und bebauten Grundstücken zu bevorzugen, da auf diese Weise oft ein höherer Verwertungserlös erzielt werden kann als im Zwangsversteigerungsverfahren. Im Eröffnungsverfahren ist für den Verkauf die Mitwirkung des Schuldners erforderlich. Jedoch wird dieser häufig aus persönlichen Gründen nicht zu einer freihändigen Veräußerung bereit sein. Der Umstand kann auch dazu führen, dass ein Kreditinstitut den Massekostenvorschuss zur Verfahrenseröffnung vorfinanziert, um gemeinsam mit dem Insolvenzverwalter verkaufen zu können.

Im eröffneten Verfahren ist der Insolvenzverwalter nach § 80 InsO mit der Zustimmung des Gläubigerausschusses oder der Gläubigerversammlung gemäß § 160 InsO dazu berechtigt, den Grundbesitz des insolventen Unternehmens freihändig zu verwerten. Dann kann eine fehlende Einwilligung des Schuldners einen freihändigen Verkauf nicht mehr behindern. Wichtig ist es unter Hilfestellung der Banken, sich rechtzeitig einen Interessenkreis für die betreffende Immobilie aufzubauen, der sich im Optimalfall gegenseitig überbietet.

Wird der Käufer über die Kreditinstitute gefunden, sollte sich dies auf eine Reduzierung des zu vereinbarenden Gläubigerbeitrags für die Masse auswirken. Der Insolvenzverwalter muss aber nicht freihändig verkaufen, auch wenn die Verwertungsalternative ausgesprochen vorteilhaft sein sollte. Der Insolvenzverwalter wird neben einem angemessenen Betrag für die Masse für seine Mitwirkung am Verkauf auch die Freistellung der Masse von Risiken aus dem Verkaufsgeschäft fordern. Dann besteht ein Verhandlungsspielraum, der auch davon abhängt, ob diejenige Immobilie wertausschöpfend belastet ist oder ob die Masse ohnehin erwarten kann, einen Teilbetrag aus dem Verkaufserlös zu erhalten.

Diese freihändige Veräußerung erfordert die Zustimmung sämtlicher Grundpfandrechtsgläubiger. In einem Sicherheitenpool sollte daher schon frühzeitig eine Abstimmung untereinander und eine Vereinbarung mit dem Insolvenzverwalter über die Preisuntergrenze, die Erlösverteilung sowie den Beitrag für die Masse getroffen werden. Wenn der Erwerber durch eine dinglich gesicherte Gläubigerin gefunden wird, kann gegebenenfalls eine deutlich verringerte Verwertungsgebühr vereinbart werden, die ohnehin frei vereinbar ist.

Hindernisse können auftreten, wenn in der Krise des Schuldnerunternehmens noch nachrangige Grundpfandrechte, insbesondere durch Behörden Zwangssicherungshypotheken, insolvenzfest beantragt und auch eingetragen werden konnten, die bei außerordentlich günstigem freihändigen Verkauf nicht entfernt irgendeine Befriedigung erwarten durften. In diesen Fällen werden dann einzelfallabhängig von diesen nachrangigen Gläubigern, zum Teil recht umfassende, sogenannte „Lästigkeitsprämien“ verlangt. Ohne deren Zahlung erfolgt keine Pfandfreigabe beziehungsweise Löschungsbewilligung des Rechts an aussichtsloser Rangstelle. In der Konsequenz erfolgte eine Entscheidung des BGH, wonach die Zahlung einer Lästigkeitsprämie durch den Insolvenzverwalter insolvenzzweckwidrig und nichtig ist, so dass der Betrag nach § 812 BGB zurückzuzahlen ist (vgl. BGH vom 20.03.2008, IX ZB 69/06 und Seidel, 2016b, S. 504 ff.).

Die Rechtsmeinung wurde in der Literatur und vereinzelt von Instanzgerichten vertreten. Der an aussichtsloser Rangstelle im Grundbuch stehende Gläubiger müsse gegen Zahlung der Notarkosten bei einem freihändigen Verkauf die Löschungsbewilligung seines Rechts erteilen, damit der Verkauf nicht scheitert. Der Verstoß dagegen führe zu Schadenersatzansprüchen, wenn der spätere Verwertungserlös aus der Zwangsverwertung dann hinter dem Erlös eines freihändigen Verkaufs zurückbleibe. Die Meinung ist seit der neuen Judikatur des BGH nicht mehr haltbar, wenn die Zahlung der Lästigkeitsprämie nicht aus der Masse erfolgt, sondern unmittelbar aus dem Kaufpreis und ausschließlich zu Lasten der vorrangigen Gläubiger geht.

Der nachrangige Grundpfandgläubiger ist nicht verpflichtet, sein Recht zu löschen, um den vorrangigen Gläubigern über einen freihändigen Verkauf eine bessere Befriedigungsquote zu ermöglichen (vgl. BGH vom 20.03.2014, IX ZR 80/13, und BGH, vom 30.04.2015, IX ZR 301/13). Es bleibt daher nur, mit den nachrangigen Gläubigern zu verhandeln, will man einen freihändigen Verkauf ermöglichen. Durch den Verkauf über den Insolvenzverwalter im eröffneten Verfahren ist eine freihändige Veräußerung zeitnah, mit dem Einverständnis der Gläubigerversammlung oder des vorhandenen Gläubigerausschusses realisierbar. Allerdings wird der Insolvenzverwalter bei einem Verkauf innerhalb des Insolvenzverfahrens einen Anteil des Erlöses für die Masse beanspruchen müssen (vgl. Haunschild, 2010, S. 18 ff.). Der Insolvenzverwalter wird ebenso wie die durch den Verkauf begünstigten Grundpfandgläubiger ins Kalkül einbeziehen, dass das Zwangsversteigerungsverfahren Kosten verursacht, unter anderem Gerichtskosten und Gutachterkosten.

In der Regel wird man auch hier nicht ohne einen Makler kommen. Eine Verwertung kann sich dann lange hinziehen, wenn Rechtsbehelfe in verschiedenen Verfahrensschritten eingelegt werden. Dabei kann sich im Laufe der Zeit der aktuell günstige Immobilienmarkt deutlich verschlechtern. Zudem ist die Substanz der Immobilie oft kostenaufwendig aufrecht zu erhalten. Des Weiteren generiert der frühzeitige Verwertungserlös zudem Zinsen. Daher wird man sich sicherlich gut überlegen, inwieweit man nicht doch Lästigkeitsprämien als vorrangige Bank oder als Sicherheitenpool akzeptiert, um den Verkauf zu beschleunigen.

Dabei darf nicht das wirtschaftspsychologische Phänomen übersehen werden, dass sich die Bieterinteressenten aufgrund der eigentlich dem Interesse des Schuldners dienenden Bietuntergrenzen von 7/10 und 5/10 des vom Gericht festgesetzten Verkehrswerts der Immobilie (§§ 74a, 85a ZVG) ein „Schnäppchen" in dem Versteigerungstermin ausrechnen und taktisch maximal die erwähnten 70,0 % oder 50,0 % bieten, ein weiteres gewisses Risiko für die Grundpfandgläubiger.

Als Alternative bis zur Verwertung kann ein Antrag auf Zwangsverwaltung gestellt werden. Diese Zwangsverwaltung wird regelmäßig dann eingesetzt, wenn einerseits Einnahmen aus dem Beleihungsobjekt zu erzielen sind und die Erträge an den Gläubigern bislang vorbeigeleitet werden. Andererseits kann über diese Zwischenlösung die Sicherung und der Erhalt der Immobilien vor einer Verwahrlosung in einer Phase problematischer Marktbedingungen, unter anderem in einer Immobilienkrise, erreicht werden (vgl. Gerhards/Keller, 2009, S. 37 ff.).

Eine im Auftrag des BMJV 2017 erstellte wissenschaftliche Studie belegt in Abweichung von den vorstehenden Literaturmeinungen, dass die Grundpfandgläubiger die Sicherungsfunktion der Zwangsverwaltung und die Möglichkeit des Zutritts zur Immobilie im Interesse der Verwertung praktisch gleichwertig zu der Erzielung von Mieteinkünften sehen, zumal die Mieterlöse meist nur sehr verhalten ausfallen. Die Zwangsverwaltung blockiert die Verwertung der Substanz durch Versteigerung und freihändigen Verkauf nicht. Häufig ist die Versteigerung mit der Zwangsverwaltung verbunden. Ein potenzieller externer Mieter wird das Objekt gegebenenfalls später auch erwerben wollen. Ist das insolvente Unternehmen dagegen Eigentümer und alleiniger Nutzer der Immobilie, das heißt geht es um das Betriebsgrundstück, ist die Zwangsverwaltung meist sinnlos.

Der Insolvenzverwalter muss keine Miete zahlen. Die Zwangsverwaltung müsste das Schuldnerunternehmen aus dem Besitz weisen oder der Zwangsverwalter muss den Betrieb führen, was bei einem Hotelgrundstück gegebenenfalls noch funktionieren kann (vgl. BGH vom 14.04.2005, V ZB 16/05), bei einem produzierenden Industrie- oder Handelsunternehmen aber sicher nicht. Zudem muss der Grundpfandgläubiger gegebenenfalls Vorschüsse an den Zwangsverwalter leisten, ohne die das Zwangsverwaltungsverfahren zeitnah sein Ende findet. Die laufenden Kosten des Betriebs, einschließlich der laufenden öffentlichen Lasten in Form der Grundsteuer und weiterer Abgaben, gehen den Grundpfandgläubigern vor.

Einfluss auf die Festlegung der Person des Zwangsverwalters können die Institute nur mittelbar nehmen, denn das Gericht schuldet nur die Auswahl eines geeigneten Kandidaten (vgl. Wedekind, 2010, S. 180 ff.). Eine Alternative zur Zwangsverwaltung bietet formal nach § 150a ZVG die Institutszwangsverwaltung durch eine Bank, richtiger durch einen Mitarbeiter der Bank. Dazu sind jedoch optimale Voraussetzungen für eine professionelle Zwangsverwaltung zu treffen. Dieses wird nur bei einer gewissen Anzahl an Objekten wirtschaftlich durchführbar sein. Gegebenenfalls kann bei bestimmten Fallzahlen die Institutsverwaltung kostengünstig sowie mit einem hohen Qualitätsstandard umgesetzt werden. Im Allgemeinen kann auf diese Art und Weise eine gute Verkaufsvorbereitung erfolgen sowie insgesamt ein besserer Verwertungserlös erzielt werden (vgl. Flebbe, 2010, S. 174 ff.).

Insgesamt muss man hier aber skeptisch sein, denn der als Zwangsverwalter eingesetzte Mitarbeiter erhält keine Vergütung, denn er arbeitet für alle Grundpfandgläubiger, Mieter, öffentliche Stellen wie der „externe" Zwangsverwalter und die Kosten seiner Tätigkeit trägt allein die Bank. Dies ist aus wirtschaftlichen Überlegungen zu beachten. Zudem haftet die Bank für seine etwaigen Fehler gegenüber allen Verfahrensbeteiligten (§§ 150a Abs. 2 Satz 1, 154 ZVG). Nicht selten wird er vom Schuldner oder auch anderen Beteiligten den hoffentlich sicher unbegründeten Vorwurf hören, er arbeite einseitig nur für die Bank. Diese ist des Weiteren in der Situation, dass sie eher gezwungen sein könnte, Zwangsverwaltervorschüsse zu bewilligen als sie das bei einem Fremdverwalter vertreten würde.

Häufig erfolgt die Durchführung der „kalten" oder der „stillen" Zwangsverwaltung, die nicht kostengünstiger sein muss als die formelle Zwangsverwaltung nach den §§ 146 ff. ZVG, denn im Grundsatz muss sie ganz ähnlich bis deckungsgleich ablaufen. Die Zwangsversteigerung führt zur Vereinfachung bei der Abstimmung über die Verwertung, Sicherungsmaßnahmen für die Immobilie. Sie bringt der Masse ebenso wie dem Grundpfandgläubiger unter Umständen Vorteile (vgl. BGH vom 14.7.2016, IX ZB 31/14, Depré, 2017, S. 27 ff. und Cranshaw/Welsch, S. 101 ff.).

Hier wird eine Vereinbarung zwischen dem (vorläufigen) Insolvenzverwalter für die Insolvenzmasse und den abgesicherten Kreditinstituten darüber getroffen, dass die Gläubiger von der Einleitung einer Zwangsverwaltung absehen und die Mieteinnahmen abzüglich der gesamten Objektkosten und abzüglich einer Beteiligung der Insolvenzmasse an die Banken ausgekehrt werden. Nicht selten ist auch hier ein Vorschuss des Grundpfandgläubigers erforderlich.

Die kalte Zwangsverwaltung darf keine Nachteile für die Insolvenzmasse in sich bergen, auch keine steuerlichen, denn der Zwangsverwalter ist auch für die Steuer des Schuldners im Kontext mit der Immobilie verantwortlich, damit übrigens auch der Institutszwangsverwalter (vgl. BFH vom 10.02.2015, IX R 23/14). In der Regel wird zudem eine Vereinbarung darüber getroffen, ab welchem genauen Zeitpunkt denn dem Grundpfandrechtsgläubiger die erzielten Mieten aus dem Objekt zustehen (vgl. Seidel, 2016b, S. 511 ff.).

Zu vereinbaren sind in diesem Fall der Verzicht auf die Beantragung der formellen Zwangsverwaltung, die Verrechnung von Reparaturen, die Einziehung der Mieten sowie die Aufteilung der Mieterlöse beziehungsweise der Mietüberschüsse auf die Masse und die Gläubigerinstitute. Nebenbei kann der Verwertungsprozess über einen freihändigen Verkauf oder die Einleitung einer Zwangsversteigerung weiter verfolgt werden. Der Insolvenzverwalter erhält für diese Tätigkeit der kalten Zwangsverwaltung keine Vergütung von den Grundpfandgläubigern, eine entsprechende Vereinbarung wäre nichtig. Vielmehr kann er bei dem Vergütungsantrag für seine Tätigkeit als (vorläufiger) Verwalter einen Betrag für die kalte Zwangsverwaltung beziehungsweise sogar erhebliche Zuschläge nach der InsVV beantragen (vgl. BGH vom 14.07.2017, IX ZB 31/14).

Die Zwangsversteigerung kann durch die Grundpfandrechtsgläubiger aus den verschiedenen Rangklassen oder auch durch den Insolvenzverwalter aus § 165 InsO betrieben werden. Dies erfordert beim dinglich gesicherten Gläubiger die Existenz einer fälligen Forderung und eines vollstreckbaren Titels gemäß § 794 ZPO. Die Vollstreckungsklausel ist auf den Verwalter umzuschreiben, wenn die Abwicklung nach der Eröffnung des Verfahrens eingeleitet werden soll. Gläubigerbeiträge werden hier nur eingeschränkt geschuldet. Für die Feststellung, ob bewegliche Gegenstände der Vollstreckung in das unbewegliche Vermögen der Zubehörhaftung unterliegen, erhält der Insolvenzverwalter dann 4,0 % des nach § 74a ZVG festgesetzten Wertes des Grundstückzubehörs gemäß § 10 Abs. 1 Nr. 1a ZVG.

Nur im Ausnahmefall wird der Insolvenzverwalter eine Immobilie aus der Masse unter Umständen freigeben. Der Verzicht auf die Verwertung kann beispielsweise der Sorge gelten, eine Haftung für Umweltgefahren, zum Beispiel für Altlasten auf einem Grundstück, zu vermeiden. Ein weiterer Grund kann eine vollständig wertausschöpfende grundpfandrechtliche Belastung eines Grundstücks sein, dessen laufender Unterhalt zudem Geld kostet, ohne dass die Masse einen Vorteil davon hat und ohne dass die vom Erlös begünstigten Grundpfandgläubiger irgendwelche Zahlungen zu leisten bereit sind, was sie nicht müssen. Anders ist das bei Betriebsgrundstücken, die für die Betriebsfortführung des Schuldnerunternehmens benötigt werden. Ob den Gläubigern bei der Freigabe allerdings damit gedient ist, dass mit der Freigabe der Schuldner wieder die Verwaltung innehat, erscheint zweifelhaft.

Zusammenfassung Theorieabschnitt 5.7.1: In diesem Abschnitt wurde die Ausgestaltung des Abwicklungskonzeptes im Sinne einer Verwertung aus Bankensicht erörtert. Die Verwertungsprozesse wurden nach Sicherheitenarten, nach dem Zeitpunkt der Verwertung und aus Sicht des veräußernden Akteurs, betrachtet. Insgesamt lässt sich festhalten, dass auch in einem Liquidationsszenario noch umfangreiche Gelder für die gesicherten Kreditinstitute gerettet werden können. Dies erfordert den professionellen Aufbau einer Abwicklungsabteilung sowie die Ausstattung mit umfangreichen Personal- und Sachkapazitäten. Über individuelle Verhandlungen mit dem Insolvenzverwalter lassen sich Vereinbarungen treffen, die zur Optimierung der Sicherheitenerlöse führen können.

5.7.2 Praxisfall zur Verwertung von Sicherheiten

Die übertragende Sanierung der betrieblichen Assets im Rahmen der Druckmaschine und des Produktionsgebäudes sowie der vorhandenen variablen Vermögenswerte des Umlaufvermögens konnte unter einer angemessenen Beteiligung der Insolvenzmasse mit dem Insolvenzverwalter erfolgreich vollzogen werden.

Bei der Verwertung der restlichen Werte in Form der Druckmaschine und des grundbuchlich belasteten Verwaltungsgebäudes findet eine enge Abstimmung mit dem Insolvenzverwalter statt. Die Veräußerung der Betriebsimmobilie gestaltet sich aufgrund der geringen Größe und des Standortes als problematisch.

Es existiert lediglich ein Interessent, der das Gebäude jedoch zunächst nur für einen befristeten Zeitraum für eine geringe Miete anmieten möchte. Die Veräußerung der Druckmaschine wird unter Umständen zeitnah für möglich gehalten, da diese weltweit potenziellen Interessenten über ein Internetportal angeboten werden kann.

Aufgabenstellungen

1. Auf welche Art und Weise kann die Verwertung der Druckmaschine mit bestmöglichen Erfolgsaussichten umgesetzt werden?
2. Wie kann die Veräußerung oder die Zwangsverwaltung der Betriebsimmobilie aus Sicht der grundbuchlich gesicherten Institute optimalerweise erfolgen?

5.7.3 Lösung des Praxisfalls zur Verwertung von Sicherheiten

1. Auf welche Art und Weise kann die Verwertung der Druckmaschine mit bestmöglichen Erfolgsaussichten umgesetzt werden?

Zunächst sind die aktuellen Verwertungspreise für diese Art von Druckmaschinen über spezialisierte Internetportale herauszufinden. Des Weiteren sollte gegebenenfalls ein Gutachter den Zustand der Druckmaschine beurteilen und eine erste Werteinschätzung abgeben. Anschließend ist ein umfangreicher Bieterkreis für die Maschine zu mobilisieren. Die absonderungsberechtigte Mittelstandsbank sollte sich in die Verwertung aktiv einbringen und auch versuchen, diese Druckmaschine im eigenen Firmenkundenkreis anzubieten.

Mit der Einbringung in die Verwertung kann gegebenenfalls auch eine Senkung der Kostenpauschalen des § 171 InsO vereinbart werden. Wenn sich das absonderungsberechtigte Kreditinstitut in den Verwertungsprozess einbringt und auch einen Käufer für die Maschine findet, ist der Insolvenzverwalter unter Umständen bereit, über eine Senkung der Kostenpauschale zu verhandeln. Die Maschine sollte einem großen Käuferkreis, unter anderem den eigenen Firmenkunden, angeboten werden, damit ein höchstmöglicher Kaufpreis erzielt werden kann.

2. Wie kann die Veräußerung oder die Zwangsverwaltung der Betriebsimmobilie aus Sicht der grundbuchlich gesicherten Institute optimalerweise erfolgen?

Eine bestmögliche Verwertung von Immobilien ist oftmals über einen freihändigen Verkauf zu erreichen. Da es sich bei Betriebsimmobilien häufig um Spezialobjekte handelt, die auf die Bedürfnisse des Schuldnerunternehmens zugeschnitten sind, wird sich selten unmittelbar ein Käufer finden lassen. In diesem Fall sind alle Möglichkeiten der Objektverwertung oder einer Weiternutzung in Betracht zu ziehen. Problematisch ist es, wenn sich der Verkauf zu lange Zeit hinzieht. Dann tritt in der Regel ein erheblicher Wertverfall ein und zudem sind die Kosten für den Erhalt der Immobilie zu tragen. Es sollte versucht werden, neben einem freihändigen Verkauf parallel auch die Zwangsversteigerung zu betreiben.

Bei der Zwangsverwaltung in den verschiedenen Ausprägungsformen ist zu beachten, dass mit einer Vermietung meist nur geringe Beträge realisiert werden können, ein Verkauf jedoch unter Umständen blockiert wird. Andererseits kann mit einer Weiternutzung des Objektes oftmals der Erhalt des Gebäudes in einer schwierigen Phase der Verwertung gesichert werden.

---

7. Abwicklungsregel: Absonderungsberechtigte und grundbuchlich besicherte Kreditinstitute sollten sich in Anlehnung an das interne Abwicklungskonzept selbst aktiv in die Verwertungsprozesse einbringen, um einen maximalen Anteil der noch ausstehenden Forderungen zu erzielen.

Erläuterung der 7. Abwicklungsregel

Kreditinstitute sollten sich in die Verwertungsvorgänge eines Insolvenzverwalters möglichst aktiv einbringen. Dieses kann zum einen darüber erreicht werden, indem das Auskunftsrecht über den Zustand der absonderungsberechtigten Vermögensgegenstände und den aktuellen Stand der Verwertungsmaßnahmen wahrgenommen wird. Zum anderen besteht die Alternative, sich in den Veräußerungsprozess über die Gewinnung potenzieller Interessenten für die Sicherungsgüter aktiv einzubringen, um einen möglichst hohen Kaufpreis zu realisieren. Insgesamt sollte eine enge Abstimmung bestehen, um im Ergebnis das Optimum zu erreichen.

Generell sollte mit dem Insolvenzverwalter im Rahmen der Verwertung der Vermögensgegenstände und Rechte zusammengearbeitet werden. Dafür sind schon im Antragsverfahren die Voraussetzungen über eine laufende Kommunikation zu schaffen. Dieses kann optimalerweise über einen (vorläufigen) Gläubigerausschuss realisiert werden. Wichtig ist es in diesem Zusammenhang, alle Verwertungsalternativen und Sanierungsoptionen gegenüberzustellen. Des Weiteren ist zum Zweck der Klarheit mit dem Verwalter eine Sanierungsvereinbarung zu treffen über die Feststellungs- und Verwertungskosten bei beweglichen Wirtschaftsgütern und Rechten. Es ist auch darüber zu entscheiden, wer die Verwertungsmaßnahme durchführt. Über die Zwangsverwaltung ist ebenfalls eine vertragliche Vereinbarung zu treffen.

5.7.4 Empirische Ergebnisse zu Verwertungsstrategien

Die Verwertungshandlungen der Kreditinstitute erfolgen in der Regel durch die Entwicklung und die Überwachung der Realisierung bankeigener Abwicklungskonzepte. Dieses Vorgehen wird gemäß BTO 1.2.5 Rn. 5 in den MaRisk gefordert. Die Verfahrensweise kann zu Spannungen führen, wenn der Insolvenzverwalter für sich in Anspruch nimmt, eine eigene davon abweichende Abwicklungsstrategie zu verfolgen. So kann er beispielsweise im Antragsverfahren die Verwertung der Sicherungsgüter durch eine Anordnung des Gerichts unterbinden lassen. Darüber kann ein erheblicher Eingriff in die Rechte der absonderungsberechtigen Banken entstehen. Im Folgenden werden die alternativen Verwertungsstrategien von Kreditinstituten empirisch untersucht. Es erfolgt eine differenzierte Betrachtung der Abwicklung von Immobilien, beweglichen Wirtschaftsgütern und Forderungen.

Sowohl in Bezug auf Forderungen als auch auf bewegliche Wirtschaftsgüter präferiert eine Mehrheit Spezialisten in der Abwicklung aus den Kreditinstituten die Verwertung der als Sicherheiten dienenden Vermögenswerte durch den Insolvenzverwalter, wie die nachfolgende Abb. 5.37 zeigt.

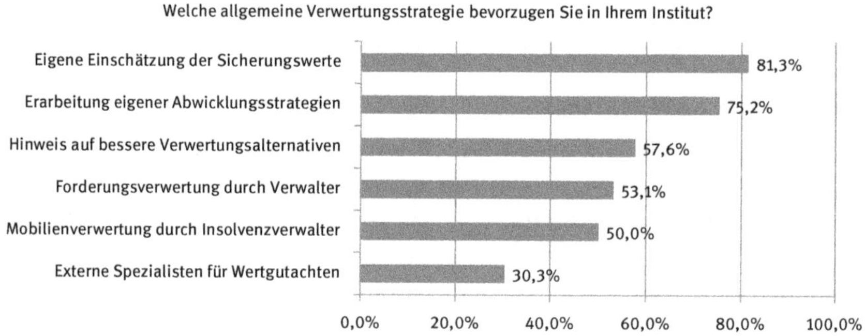

Abb. 5.37: Grad der Zustimmung zu Verwertungsstrategien bei Banken (Quelle: Eigene Darstellung)

Unterschiedliche Ansätze zwischen Verwaltern und Instituten ergeben sich bei der Wertermittlung der zur Verfügung stehenden Vermögens- beziehungsweise Sicherungswerte. Hier bevorzugen 81,3 % der Kreditinstitute selbst eine realistische Einschätzung der Sicherungswerte vorzunehmen. Von etwa 30,3 % der Bankinstitute greifen zusätzlich auf ein externes Wertgutachten zurück. Eine Mehrheit der absonderungsberechtigten Kreditinstitute in Höhe von rund 57,6 % (2009: 49,4 %) weist den (vorläufigen) Insolvenzverwalter bei der Veräußerung gegebenenfalls auf eine bessere Verwertungsmöglichkeit hin.

Beim Vergleich zwischen der Verwertung abgetretener Forderungen und der Veräußerung sicherungsübereigneter Güter ergeben sich ähnliche Befunde. Jeweils rund 60,0 % der Institute streben zwar an, die Kostenbeiträge des Verwalters zu senken, erklären sich aber auch bereit, für aufwendige Verwertungen höhere Kostensätze zu tolerieren. Ebenso sprechen sich zahlreiche Kreditinstitute bei Forderungen (58,7 %) und Sicherungsübereignungen (50,0 %) dafür aus, diese selbst frühzeitig zu realisieren. Die nachfolgende Abb. 5.38 verdeutlicht die allgemeinen Einschätzungen zu den Vorgehensweisen der Einziehung von Forderungen und der Verwertung von sicherungsübereigneten Gegenständen.

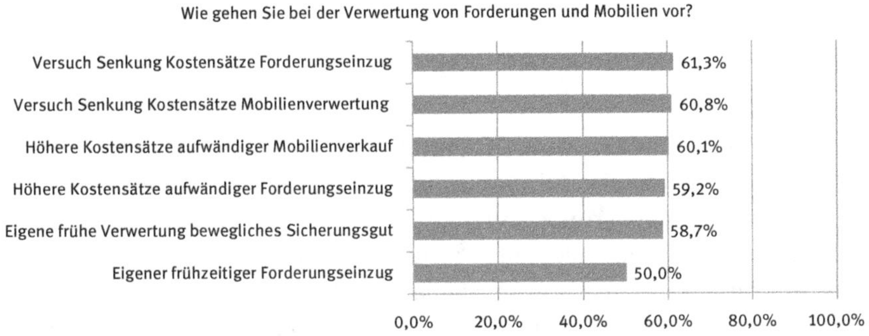

Abb. 5.38: Verwertungen von Forderungen und Mobilien in Banken (Quelle: Eigene Darstellung)

Bei grundpfandrechtlich belasteten Immobilien streben fast sämtliche Kreditinstitute (95,9 %) eine zeitnahe und auch freihändige Verwertung an, da über diesen Veräußerungsweg höhere Preise zu erzielen sind. Die Einsetzung der eigenen Immobilienabteilung hat mit 75,5 % der Nennungen eine große Bedeutung. Sollte die freihändige Veräußerung nicht möglich sein, fordern 56,8 % der Institute im Rahmen eines Planverfahrens entsprechende Beiträge für die Objektnutzung ein oder streben mit 40,0 % der Nennungen Zwangsverwaltungen und mit 35,4 % der Antworten Zwangsversteigerungen an. Die nachfolgende Abb. 5.39 stellt dieses dar.

Auch bei der Sicherheitenverwertung ergeben sich Unterschiede zwischen den Institutsgruppen. So neigen beispielsweise die Sparkassen mit 81,0 % der Institute häufiger als die Gesamtbranche (75,2 %) dazu, eigene Abwicklungs- und Verwertungsstrategien zu erarbeiten. Die Privatbanken streben häufiger die Einbindung externer Spezialisten für Wertgutachten als andere Institutsgruppen an. Die Möglichkeit, eine eigene Immobilienabteilung mit regional angepasstem Know How in diese Verwertungsbemühungen einzubinden, ist bei dezentral organisierten Institutsgruppen wie Genossenschaftsbanken (80,6 %) und Sparkassen (77,6 %) ausgeprägt.

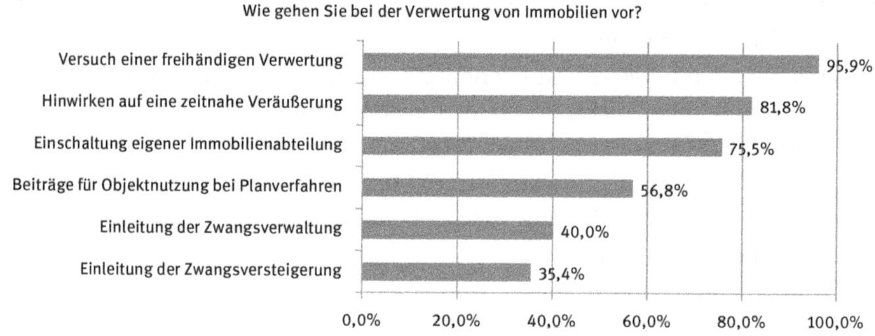

Abb. 5.39: Verwertung von Immobilien aus Sicht der Kreditinstitute (Quelle: Eigene Darstellung)

Aus der Umfrage der Insolvenzverwalter wird deutlich, dass der übertragenden Sanierung eine hohe Wichtigkeit und Praxisrelevanz mit 80,7 % der Nennungen zukommen, noch vor der Verwertung, mit 77,0 %. Das Planverfahren mit einer Fortführungslösung wird nur von 34,8 % der Probanden als wichtig erachtet und die Eigenverwaltung von 15,7 % der Insolvenzverwalter. Die folgende Abb. 5.40 zeigt die Einschätzungen zu den Verfahrenswegen aus Verwaltersicht.

Es besteht insgesamt ein starker Zusammenhang zwischen der Firmengröße und der Verfahrensart. Je größer die begleiteten insolventen Unternehmen sind, desto häufiger werden Fortführungslösungen im Rahmen einer übertragenden Sanierung und eines Insolvenzplanverfahrens sowie einer Eigenverwaltung für möglich erachtet. Die Alternative der Zerschlagung mit einer Verwertung der Vermögensgegenstände kommt aus der Sicht der Insolvenzverwalter deutlich öfter bei kleineren Unternehmensgrößen vor und ist meist alternativlos.

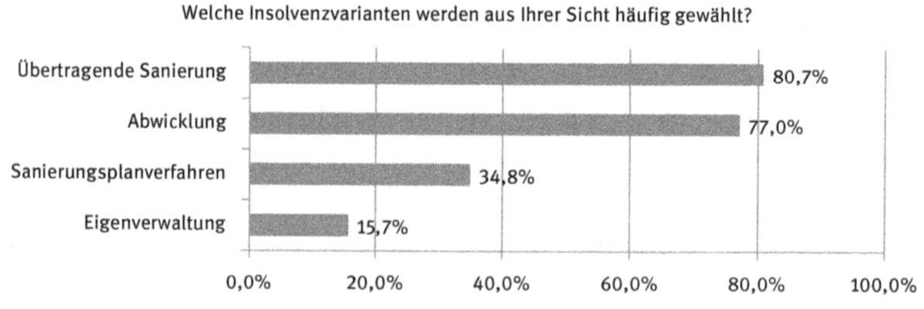

Abb. 5.40: Verfahrenswege im Insolvenzverfahren aus Verwaltersicht (Quelle: Eigene Darstellung)

5.8 Controlling und Reporting der Abwicklungsaktivitäten

Lernziele:
Möglichkeiten der Auswertung von Insolvenzverfahren wissen
Bankinterne Kennzahlen im Abwicklungscontrolling kennen
Ex-post-Berichterstattungen auf Basis der MaRisk gestalten können

Nach dem Abschluss des Abwicklungsprozesses sind die Erfolge aus der Tätigkeit des Kreditinstituts zu erfassen. Von Interesse sind die Kosten und der Nutzen aus der Bearbeitung von Unternehmensinsolvenzen aus der Sichtweise eines Kreditinstituts. Es ist zu beurteilen, ob diese Abwicklungstätigkeit weitere Verluste verhindert hat oder ob lediglich zusätzliche Aufwendungen durch die Engagementbearbeitung entstanden sind. Damit die Ergebnisse aus den Insolvenzverfahren überwacht werden können, ist von Banken ein ausführliches Controlling einzuführen. Des Weiteren kann die Erfassung von Daten aus den Arbeitsabläufen und den erzielten Zeitbedarfen zur Verbesserung der bankeigenen Prozesse beitragen.

Zahlengerüste sind für ein Controlling der Abwicklungstätigkeiten erforderlich, um die Aufwandsstrukturen und Erfolge, auch im Vergleich mit anderen Kreditinstituten, beurteilen und im Hinblick auf mögliche Prozessoptimierungen durchdringen zu können. Anschließend ist darüber zu entscheiden, mit welcher Intensität die Insolvenzfälle in bestimmten Unternehmensgrößenklassen oder bei definierten Kreditvolumensgrößen mit internen oder externen Kräften begleitet werden sollen. Zugleich sind Messungen erforderlich, um das bankinterne Reporting im Abwicklungsbereich gegebenenfalls zu reformieren.

Des Weiteren ist von Relevanz, welche Erfolge der Insolvenzverwalter mit der Übernahme seines Amtes bei der Rückführung von Forderungen im Rahmen der Sanierung oder Verwertung im Insolvenzverfahren erzielt hat. Als Benchmark können die Datenauswertungen aus dem InsStatG dienen. Zusätzlich sind qualitative Fähigkeiten wie das Branchenwissen und die Erfahrung bei der Abwicklung spezifischer Unternehmensgrößen und Rechtformen bankintern zu erfassen.

Diese Informationen sollten auch dazu genutzt werden, um sich künftig über einen vorläufigen Gläubigerausschuss stärker in die Auswahl eines geeigneten vorläufigen Insolvenzverwalters einzubringen. Nur wenn die Kreditinstitute das Insolvenzinstrument nutzen, kann sich an der Verwalterbestellungspraxis etwas verändern. Auf der Basis der Untersuchungen lässt sich eine Datenbank mit Informationen über die Qualität der Arbeit von Insolvenzverwaltern aufbauen. Im Folgenden werden die Auswertungen im Anschluss an die Abwicklung betrachtet.

5.8.1 Prozesse im Anschluss an die Abwicklung

Es bestehen vielfältige Gründe für Messungen im Abwicklungsbereich. Beispielsweise erhält die Leitung der Abwicklungsabteilung ein Rahmengerüst für Durchlaufzeiten, kostenintensive Prozesse und Erfolgskennzahlen. Auf diesem Weg lassen sich die Arbeitsschritte in der Abwicklungsarbeit stark optimieren sowie zeitaufwendige und kostenintensive Abläufe können unter Umständen verbessert werden. Des Weiteren besteht die Möglichkeit der Neugestaltung von Stellenprofilen. Dabei können in der Zukunft beispielsweise verstärkt Tätigkeiten in den (vorläufigen) Gläubigerausschüssen anfallen. Mitarbeiter sind für diesen Bereich auszuwählen, zu schulen sowie zu versichern. Zudem erlaubt die Erfolgsmessung in der Abwicklung die Ausgestaltung folgender Bereiche:

- Einführung Mitarbeiterbeurteilung und leistungsorientierter Vergütung
- Entscheidung über Selbsterstellung oder Fremdbezug von Leistungen
- Ermittlung der Personalkapazitäten und des Erfolgs in der Abwicklung

Der Fokus liegt in vielen Kreditinstituten im Abwicklungsbereich sehr auf der Erfüllung operativer Prozesse. Zudem ist das Segment der Abwicklung meist mit einem negativen Image behaftet. So gelten die notleidenden Kredite bereits als abschreibungsreif und die ausgereichten Mittel als verloren. Vergessen wird dann, dass Gelder auch im Rahmen der Abwicklung gerettet und durch die besondere Fachexpertise der Abwickler zudem häufig umfangreiche Haftungsrisiken vermieden werden können. Zudem besteht die Möglichkeit, die Tätigkeiten in der Sanierung und in der Abwicklung eng miteinander zu verzahnen, um die Erfolge zu erhöhen. Es sollte ein Abwicklungskonzept erarbeitet und mit dem Banksanierer gesonderte Anfechtungsvermeidungsstrategien ausgearbeitet werden.

Allgemein findet der strategische Gedanke wenig Beachtung. So kann grundlegend überdacht werden, wie die Tätigkeiten in diesem Teil der Problemkredittätigkeit laufend verbessert, Schnittstellenprobleme gelöst und konzeptionelle Neuerungen eingeführt werden können. Damit Prozessanpassungen auf einer gesicherten Grundlage stehen, sind Erhebungen erforderlich in den folgenden Bereichen:

- Kostenstrukturen, Zeitdauern, Verwertungserfolge bei Kreditsicherheiten
- Erfolge aus der Begleitung von Planverfahren, übertragenden Sanierungen
- Rückführungen von Massekrediten, angefallene Kosten der Bearbeitung

Im Zeitablauf sind Änderungen der Einzelwertberichtigungen, Rückstellungen und Abschreibungen über den gesamten Sanierungs- und Abwicklungsverlauf zu erfassen. Neben den Messungen im bankinternen Bereich, sind auch weitere Erhebungen der externen Erfolge des Insolvenzverwalters durchzuführen, um dessen Leistungen genauer beurteilen zu können.

Es ist ein Gesamtkonzept interner sowie externer Kennzahlen aufzubauen, mit dem laufend die Kosten und Erträge bei der Abwicklung von Firmenengagements erfasst werden. Auf diese Weise lassen sich zudem Vergleiche im Zeitablauf und über verschiedene Kreditinstitute hinweg durchführen. Optimal ist es, ein institutsübergreifendes Sanierungs- und Abwicklungsmonitoring zu gestalten, mit dem Transparenz über die erreichten Kennzahlen in der Abwicklung geschaffen wird.

Messungen sind in vielen Segmenten einer Abwicklung möglich. Die Ausgestaltung von institutsindividuellen Erfassungssystemen erfordert Kreativität. Möglich ist unter anderem die Erhebung von Fallzahlen der Begleitung verschiedener Arten von Unternehmensinsolvenzen. Die Zeitdauern und die Kosten können auch für die einzelnen Tätigkeiten erfasst werden, wie bei der Teilnahme in vorläufigen und in endgültigen Gläubigerausschüssen und an Gläubigerversammlungen im Insolvenzverfahren. Diese Messungen erfordern dezidierte Zeitaufschreibungen. Zudem können Kostenstrukturen sowie Erfolgsquoten bei der Begleitung von Sanierungs- und Verwertungsprozessen in der Insolvenz berechnet werden, um den Bereich gegenüber der Geschäftsleitung gut zu präsentieren und Kapazitäten aufrecht zu erhalten.

Des Weiteren können die Ergebnisse der Prüfung der Schlussrechnungen der Insolvenzverwalter ermittelt und es kann ein Anforderungsprofil für diese Kernakteure erarbeitet werden. Abschließend ist auch das Reporting über die quantitativen und die qualitativen Erfolge der Abwicklungsabteilung von Bedeutung. Die nachfolgende Abb. 5.41 zeigt einen Katalog an Geschäftsprozessen, der in bestimmten Abständen im laufenden Insolvenzprozess und nach der Beendigung des Insolvenzverfahrens umgesetzt werden kann. Mit diesem standardisierten Vorgehen können vereinfachte Messungen der Erfolge in der Abwicklung vorgenommen werden.

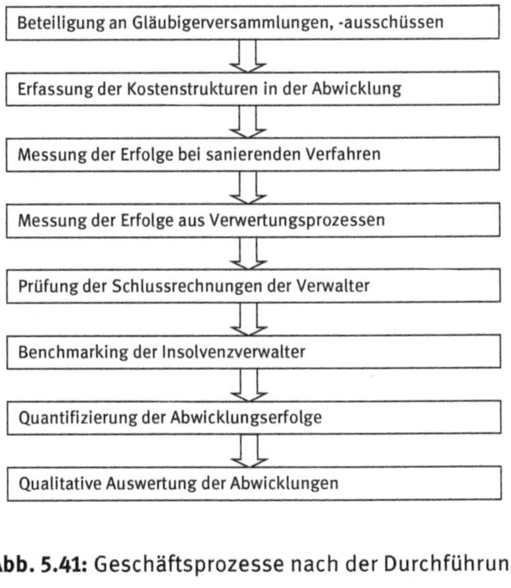

Abb. 5.41: Geschäftsprozesse nach der Durchführung der Abwicklung (Quelle: Eigene Darstellung)

Diese Einzelauswertungen zu den Insolvenzverfahren und sonstigen Abwicklungen können in regelmäßigen Zeitabschnitten zu einem institutsweiten Gesamtabwicklungsbericht verdichtet werden. Dieser basiert auf den Auswertungen aller bearbeiteten Abwicklungsfälle in einem festgelegten Zeitraum. Auf diese Weise können die Leistungen der Abwicklungsarbeit gegenüber den Leitungsorganen dokumentiert werden. Es kann zudem gezeigt werden, dass in der Abwicklungsarbeit umfassende Erfolge durch verhinderte Abschreibungen erzielt werden. Die Inhalte können in die regelmäßige Risikoberichterstattung an die Geschäftsleitung mit einfließen.

Der Problemkreditbericht im Abwicklungsbereich ist Bestandteil der Risikokommunikation innerhalb der Bank sowie ein zentrales Informationsinstrument für die Geschäftsleitung. Zudem kann dargelegt werden, welche Fälle aus welchen Gründen vom Sanierung- in den Abwicklungsbereich übertragen wurden. Des Weiteren dienen die Auswertungen unter anderem folgenden Zwecken:

- Erfassung der Bearbeitungsdauer und Kosten der Abwicklungsarbeit
- Messung der Veränderungen der Wertberichtigungen, Abschreibungen
- Dokumentation Erfahrungen mit unterschiedlichen Insolvenzverwaltern

Auf diese Weise können Bewertungen im Zeitvergleich erfolgen. Zusätzlich können die Ergebnisse in einen institutsübergreifenden, anonymen Betriebsvergleich eingebracht werden, um die eigenen Quoten mit denen anderer Banken vergleichen zu können. Auswertungen sind für jedes Engagement zu erstellen und über einen Zeitraum zu einem Gesamtbericht zu verdichten. Von Bedeutung sind die Erfolgs- und Kostenquoten im Abwicklungsprozess. Die Insolvenzfälle können differenziert nach Engagementgrößenklassen, Abwicklungsprozessen und der Position als Hausbank oder Nebenbank oder weiteren Kriterien untersucht werden. Die folgende Abb. 5.42 zeigt mögliche bankinterne Auswertungen.

Abwicklungsmonitor

Abwicklungsprozess

Bearbeitungsdauer wichtiger Abwicklungsteilprozesse
Gesamtbearbeitungsdauer als Hausbank oder Nebenbank
Dauer und Mitarbeiterkosten des Abwicklungsprozesses
Bearbeitete Fallzahlen je Mitarbeiter nach Firmengröße
Verwertungserfolge nach Kreditsicherheiten
Verfahrensvarianten und erfolgreiche Insolvenzsanierungen

Insolvenzverwalter

Erfahrung der Verwalter in Branchen und Größenklassen
Kommunikation der Insolvenzverwalter mit der Bank
Qualität und Verlässlichkeit der Zahlenwerke, Prognosen
Dauer der Durchführung der Sanierung oder Verwertung
Befriedigungsquoten nach Forderungsarten
Erreichte Kennzahlen des InsStatG und Benchmarkvergleich

Abb. 5.42: Kennzahlen in einem Ex-Post-Abwicklungsmonitoring (Quelle: Eigene Darstellung)

Interne Auswertung der Abwicklungsprozesse

Bankintern lassen sich quantitative und qualitative Informationen aus den Abwicklungsvorgängen auswerten. Wichtig ist es, aus Effizienzgründen relevante Daten im Zeitablauf zu erfassen und Abweichungen zu erkennen. Auch ein institutsübergreifender Vergleich sollte effizient durchführbar sein. Von Vorteil ist es, wenn viele Informationen aus dem vorhandenen IT-System automatisch generiert werden können und keine manuellen Eingaben erfolgen.

Im quantitativen Bereich lassen sich beispielsweise Auswertungen zu den Erfolgsquoten bei den Sicherheitenverwertungen und zu den Kostenstrukturen bei den Abwicklungsteilprozessen vornehmen. Die nachfolgende Tab. 5.15 zeigt eine Auswertung der Verwertungsvorgänge gestaffelt nach Sicherheitenobjektgruppen. Ausgehend von der ursprünglichen Werteinschätzung lassen sich dann die quantitativen Erfolge über die Bruttoerlöse und die Nettoerlöse nach den Kosten einer Verwertung messen. Zusätzlich lassen sich noch die Stückzahlen beziehungsweise die Einzelvolumina und die Verwertungszeiten erheben.

Tab. 5.15: Verwertungserfolge bei Sicherheiten (Quelle: Eigene Darstellung)

Sicherheitenart	Übernahmewert	Verwertungsart	Gesamterlös	Nettoerlös
Immobilien				
Sicherungsübereignungen				
Forderungen				
Bürgschaften				
Barsicherheiten				
Sonstiges				

Zudem kann die Verwertungsmethode ausgewertet werden, um Rückschlüsse über möglichst erfolgreiche Wege zu erhalten. So kann beispielsweise bei Immobilien erfasst werden, ob bei bestimmten Objektgruppen wie Betriebsimmobilien, Mehrfamilienhäusern oder Einfamilienhäusern, freihändige Verwertungen über das Einschalten interner oder externer Makler besonders erfolgreich war. Es lassen sich Barwerte bei den Verwertungen inklusive der Kosten ermitteln, insbesondere wenn es sich um mehrjährige Vorgänge handelt.

Die Zeit spielt bei den Verwertungsvorgängen eine bedeutende Rolle. Bei zeitnahen Veräußerungen lassen sich die kalkulatorischen Zinsen einsparen. Zudem bedeutet ein zeitaufwendiger Verwertungsprozess in die Regel die Inanspruchnahme teurer Mitarbeiterkapazitäten. So ist bei Messungen im Zeitablauf zu ermitteln, ob Verwertungsabläufe unter Umständen durch die Veränderung der Verwertungsart oder die Herangehensweise an den Veräußerungsprozess beschleunigt werden können.

Die Fallzahlen, die Verwertungsdauern sowie die Kostenstrukturen können auch für die Gesamtprozesswege in der Abwicklung analog den Abläufen in der Sanierungsabteilung erfasst werden, wie die nachfolgende Tab. 5.16 zeigt.

Tab. 5.16: Dauer und Kosten der Geschäftsprozesse in der Abwicklung (Quelle: Eigene Darstellung)

Verfahrensweg	Dauer Teilprozess	Dauer Gesamtprozess	Gesamtkosten
Standardabwicklung			
Individualabwicklung			
Spezialabwicklung			

Differenziert werden kann nach den Verfahrensweisen in der Insolvenz im Hinblick auf eine Liquidation, eine Sanierung beziehungsweise eine Übertragung oder gemäß den unterschiedlichen Prozesswegen einer Individualabwicklung, einer Standardabwicklung oder einer Spezialabwicklung. Des Weiteren können die Kosten sowie Mitarbeiterbeanspruchungen für die Teilprozesse bei den Verwertungsarten und bei der Gremientätigkeit und weiteren wichtigen Schritten im Insolvenzprozess ermittelt werden. Ebenso können die Erfolgsquoten aus den Insolvenzverfahren bestimmt werden. Da ein Insolvenzverfahren maßgeblich durch den Insolvenzverwalter gestaltet wird, ist in die Beurteilung der Leistung des Hauptakteurs im Insolvenzprozess erforderlich. Erfassen lassen sich qualitative Leistungen sowie quantitative Ergebnisse der Tätigkeit des Insolvenzverwalters.

Externe Auswertung der Abwicklungsprozesse

Bei der Ausgestaltung und Umsetzung des ESUG in die Insolvenzordnung wurde ein neues und eigenständiges Insolvenzstatistikgesetz geschaffen. Mit den notwendigen Pflichtangaben soll Transparenz in die finanziellen Ergebnisse sowie die Verfahrensabläufe gebracht werden (vgl. Wimmer, 2012, S. 33). Dazu sind künftig vom Insolvenzverwalter ausgewählte Pflichtdaten aus den Insolvenzverfahren zu melden. Aus diesen Daten können Auswertungen vorgenommen werden. Es besteht die Möglichkeit, dass künftig Benchmarks zu Verfahrensquoten, zu Sanierungserfolgen und zu Verfahrensdauern differenziert nach Regionen, Verfahrensarten und Größenordnungen als Vergleichsmaßstab veröffentlicht werden. Folgende Pflichtangaben sind unter anderem zu den folgenden Bereichen aus § 2 Nr. 3 und 4 InsStatG sowie § 3 Nr. 1 bis 5 und 7 InsStatG zu übermitteln:

- Dauer des Insolvenzverfahrens, Art der Beendigung des Verfahrens
- Höhe der befriedigten Absonderungsrechte, Quoten Insolvenzforderungen
- Angaben zur Betriebsfortführung, zum Sanierungserfolg, Eigenverwaltung
- Informationen über die Vorfinanzierung Insolvenzgeld und Abschläge
- Daten zur Einreichung des Schlussberichts bei Gericht zur Beendigung

Diese Auswertungen können auch Kreditinstitute verwenden, um die Qualität der eingesetzten Verwalter an den Benchmarks zu überprüfen. Zusätzlich können Kennzahlen aus der Erhebungssystematik des BAKinso zur Beurteilung der Leistungen des Insolvenzverwalters herangezogen werden. Es hier liegen mittlerweile umfangreiche quantitative Auswertungen zu verschiedenen Quoten, differenziert nach der Teilungsmasse an verschiedenen Insolvenzgerichten vor. Aufgrund der Vielzahl der ausgewerteten Fälle gleichen sich mögliche Ungerechtigkeiten bei der Verfahrensvergabe sowie den regionalen Besonderheiten aus. Damit bestehen bereits fundierte Referenzwerte, die zu einer Beurteilung der Leistungen herangezogen werden können (vgl. Frind, 2011a, S. 170 ff und Frind, 2011b, S. 1913 ff.).

Des Weiteren können bankinterne Schlussrechnungsprüfungen durchgeführt werden und die Transparenz im Sinne der Kommunikation und vollständigen sowie regelmäßigen Informationsübermittlung durch den Verwalter im Rahmen der Verfahrensabwicklung kann qualitativ sowie quantitativ beurteilt werden. Banken sollten Statistiken zu eingesetzten Verwaltern aufbauen, um deren Qualität beurteilen zu können und in künftigen Insolvenzverfahren über den vorläufigen Gläubigerausschuss geeignete Vertreter auswählen zu können. Bei dieser Einschätzung sind auch qualitative Bewertungselemente heranzuziehen.

Zudem kann die regelmäßige Information und Einbindung des Gläubigerausschuss oder der Gläubigerversammlung durch den Insolvenzverwalter beurteilt werden. Im Allgemeinen sind die Informationsweitergaben eines Verwalters sowie vollständige und aktuelle Berichte, richtige Abrechnungen, die Transparenz im Verfahrensablauf und die zügige und qualitativ hochwertige Abwicklung für Kreditinstitute von großem Interesse. Die bankinterne Berichterstattung hängt von der Informationsverteilung durch die Insolvenzverwalter ab. Die Transparenz ist zu bewerten und zur Auswahl von künftigen Insolvenzverwaltern heranzuziehen. Des Weiteren sollten durch die Tätigkeiten eines Insolvenzverwalters keine zusätzlichen Risiken entstehen, beispielsweise bei der Rückführung von Massekrediten oder der Absicherung von Haftungsrisiken im Insolvenzverfahren. Aus diesem Grund ist auf einen ausreichenden Kanzleiversicherungsschutz im Verfahren zu achten. Dies ist auch bei der Absicherung der Bankmitarbeiter im vorläufigen Gläubigerausschuss zu berücksichtigen. Es ist auch die Entscheidung darüber zu treffen, ob für die bankeigenen Mitarbeiter zusätzlich Versicherungen abgeschlossen werden sollen.

Mit der Beendigung der Sanierungs- und Verwertungsprozesse sowie des Insolvenzverfahrens ist ein Abschlussbericht für den jeweiligen Kompetenzträger zu erstellen, in dem die Verfahrensweise bei der Begleitung des Insolvenzverfahrens aus Bankensicht dargelegt wird. Eine schematische Gegenüberstellung der geplanten sowie der erfolgten Maßnahmen kann einen Überblick darüber geben, inwieweit das Abwicklungskonzept gemäß MaRisk BTO 1.2.5 Rn. 6 tatsächlich realisiert wurde. Insgesamt sind wichtige Erfolgsmaßstäbe auf der Ebene der Einzelengagements und der Steuerungsebene des Abwicklungskreditportfolios zu ermitteln.

Die folgende Tab. 5.17 zeigt mögliche Kriterien für die Auswertung und das Management von Abwicklungsengagements.

Tab. 5.17: Erfolgsmaßstäbe in der Abwicklung (Quelle: Eigene Darstellung)

Engagementebene	Portfolioebene
Einhaltung Meilensteine Abwicklungskonzept	Fallzahl/Obligo/Abschreibungen/Dauer
Erlöse aus der Vor- und Nachkalkulation	Plan-Ist-Vergleich Sicherheitenerlöse
Kosten aus der Vor- und Nachkalkulation	Durchschnittliche Verwertungsdauer
Reduzierung der Abschreibungen	Erträge über EWB/Abschreibungen
Einhaltung der maximalen Betreuungsdauer	Erträge aus ausgebuchten Forderungen

Diese Inhalte sollten in die Risikoberichterstattung an die Geschäftsleitung aus MaRisk BT 3.2 Rn. 3 einfließen. Dazu sind auch die strukturellen Gegebenheiten eines Abwicklungsportfolios darzulegen. Die Verteilung dieser Adressenausfallrisiken ist in dem Analysebericht unter anderem nach Branchen, Ländern und Größenklassen auszuwerten und die Entwicklung der Abschreibungen sowie der Migrationen von Engagements von der Sanierung in die Abwicklung ist darzustellen.

Der Problemkreditbericht ist Bestandteil der Risikokommunikation. Dabei sollte der Berichtsaufbau aus Gründen der Einheitlichkeit und schnelleren Einarbeitungsmöglichkeiten ähnlich wie im Sanierungsbereich erfolgen. Die folgende Abb. 5.43 zeigt einen ausführlichen Bericht in der Individualabwicklung mit Angaben in TEuro.

KNE Schmidt, Baugewerbe Individualabwicklung			**Maßnahmen**	**Plantermin**	**Planeffekt**	**Plandauer**	**Status**
Merkmal/Zeit	01/2018	01/2019	Volksbank – Status Hausbank Verantwortlich: Abwickler Wohlfahrt – Insolvenzverwalter Meyer				
Kredite	1.848	1.798	**Finanzwirtschaftliche Maßnahmen**				
Sicherheiten	728	698	Insolvenzgeld-vorfinanzierung	05.01.2019	200	3 Monate	Umgesetzt
Blanko	1.120	1.100	Massekredit Waren	05.03.2019	100	2 Monate	Umgesetzt
EWB	1.200	1.100	Massekredit Waren	05.04.2019	200	3 Monate	Umgesetzt
Abschreibung	0	0	**Leistungswirtschaftliche Maßnahmen**				
Rating	15	16	Stellung Insolvenzantrag	03.01.2019	Sanierung	12 Monate	Offen
Strategie	Individual-sanierung	Individual-abwicklung	Beginn Planverfahren	31.03.2019	Sanierung	12 Monate	Offen
Bearbeitung seit	02.01.1998	03.01.2019	Gesamtstatus	Internes Abwicklungskonzept in Umsetzung		Abwicklungserfolg noch offen	

Abb. 5.43: Statusbericht in der Individualabwicklung (Quelle: Eigene Darstellung)

Steht die Veräußerung der Sicherheiten im hervorgehobenen Zielbereich der Maßnahmen, dann kann auch ein Verwertungsbericht gestaltet werden. Hier liegt der Fokus auf der Darlegung der vorhandenen Sicherheiten mit den geplanten und realisierten Verwertungserlösen, vor und nach Kosten. Des Weiteren steht die Verwertungsdauer im Vordergrund der Betrachtung, da zeitliche Verzögerungen beispielsweise bei der Verwertung von Immobilien oftmals hohen Kosten, beispielsweise für die Instandhaltung der Gebäude mit sich bringen. Die nachfolgende Abb. 5.44 zeigt einen Bericht, mit dem Fokus auf die Verwertungserfolge.

KNE Schmitz, Anlagenbau Sicherheitenkomplex							
Kredite/Blanko	2.200/1.100	**Insolvenzverwalter Hanken**					
Sicherheitenart	**Einbuchung**	**Abzug**	**Sicherungswert**	**Eingang (Plan)**	**Kosten (Plan)**	**Dauer-Plan**	**Status**
Immobilien	800	300	500	0 (500)	15 (55)	09/2019	Offen
Maschinen	200	100	100	90 (100)	20 (20)	01/2019	Abgeschlossen
Forderungen	200	100	100	55 (70)	15 (15)	01/2019	Abgeschlossen

Abb. 5.44: Statusbericht beim Prozessweg Sicherheitenkomplex (Quelle: Eigene Darstellung)

Die Einzelberichte lassen sich ebenfalls zusammenfassen, zu einem abteilungsübergreifendem Report in der Abwicklung. Es werden die wesentlichen Zahlungsströme in der Abwicklungsabteilung, zum einen für die Einzelengagements und zum anderen auf der Gesamtbankebene deutlich. Im Vordergrund der Betrachtung stehen die quantitativen Werte, wie die nachfolgende Abb. 5.45 darstellt.

Kunde Branche	**Kredite (Veränd. VJ)**	**Sicherheiten (Veränd. VJ)**	**Blankoanteil (Veränd. VJ)**	**EWB (Veränd. VJ)**	**Rating (VJ)**	**Prozessweg**	**Bearbeitung seit**
Schmidt Baugewerbe	1.798 (-50)		1.100 (-50)	1.100 (-100)	16 (15)	Individual-abwicklung	03.01.2019
Müller Anlagenbau	...	...	...	...			

Kumuliert							
505 Engagements	55.706 (-1.000)	25.251 (+500)	30.455 (-500)	28,978 (-555)			

Abb. 5.45: Portfoliobericht in der Abwicklung (Quelle: Eigene Darstellung)

Des Weiteren kann eine aggregierte Darstellung der Abwicklungswege mit wichtigen quantitativen Volumina erfolgen. Zudem kann die Zeitdauer der Engagements in den Prozesswegen, je nach Abwicklungsweg dargelegt werden. Die nachfolgende Abb. 5.46 zeigt den Gesamtstatus in der Abwicklungsabteilung.

Handlungsstrategie	KNE 01/2018 Kredite Blanko EWB	Zugänge 2018 Kredite Blanko EWB	Abgänge 2018 Kredite Blanko EWB	KNE 01/2019 Kredite Blanko EWB	(Durchschnittliche) Verweildauer Jahre <1 <2 <3 <4 >4
Individualabwicklung	15 13.700 7.800 7.780	3 1.500 1.000 1.020	3 2.700 2.300 2.250	15 12.500 6.500 6.550	1 2 5 5 2 3,20 Jahre
Sicherheitenkomplex	40 20.600 5.850 5.750	25 7.900 5.900 5.890	10 3.500 3.000 2.900	55 25.000 8.750 8.740	15 20 10 10 0 2,27 Jahre
Standardverwertung	213 18.450 11.600 11.500	45 3.800 2.500 2.450	23 4.900 3.600 3.550	235 17.350 10.500 10.400	50 50 50 50 35 2,72 Jahre
Sonstiges	23 2.500 2.000 1.990	5 1.000 1.000 1.000	3 2.000 2.000 2.000	25 1.500 1.000 990	20 5 0 0 0 1,20 Jahre

Abb. 5.46: Portfoliostatusbericht nach Prozessen in der Abwicklung (Quelle: Eigene Darstellung)

Diese Ansicht kann in der Abwicklung auch nach verschiedenen Sicherheitenarten visualisiert werden, da häufig die Verwertung mit den erzielten Erlösen und Kosten im Vordergrund der Betrachtung steht, wie Abb. 5.47 vermittelt.

Sicherheitenart	Anzahl 01/2018 Plan-Erlös EWB-Neu Abschreibung	Zugänge 2018 Plan-Erlös EWB-Neu Abschreibung	Abgänge 2018 Plan-Erlös Netto-Ist-Erlös Abschreibung	Anzahl 01/2019 Plan-Erlös EWB-Neu Abschreibung	(Durchschnittliche) Verwertung Jahre <1 <2 <3 <4 >4
Immobilien	150 35.000 900 0	35 13.500 1.500 0	15 7.800 6.000 1.800	170 40.700 2.400 1.800	10 20 50 90 0 3,29 Jahre
Übereignungen	380 15.000 14.000 0	55 3.000 2.000 0	35 2.000 1.000 1.000	400 16.000 16.000 1.000	300 50 50 0 0 1,38 Jahre
Abtretungen	50 7.500 0 0	20 2.500 1.000 0	10 1.000 600 400	60 9.000 1.000 400	40 10 10 0 0 1,50 Jahre
Sonstiges	20 2.000 0 0	10 300 200 0	10 500 200 300	20 1.800 200 300	20 0 0 0 0 1,00 Jahre

Abb. 5.47: Portfoliostatusbericht zur Sicherheiterverwertung (Quelle: Eigene Darstellung)

---

i **Zusammenfassung Theorieabschnitt 5.8.1:** In diesem Abschnitt wurden die Prozesse erläutert, die nach der Beendigung der Abwicklung umzusetzen sind. Dazu ist ein Abwicklungscontrolling einzurichten, mit dem die Erfolge aus der Abwicklungsarbeit systematisch und laufend erfasst werden. Es sind die bankinternen Tätigkeiten zu erheben, aber auch die externen Prozesse eines Insolvenzverwalters. So können Abweichungen erkannt und Verbesserungen der Abwicklungsprozesse aus Bankensicht erfolgen. Das bankinterne Controlling ist die Basis für ein aussagekräftiges Reporting.

5.8.2 Praxisfall zum Abwicklungscontrolling

Das Engagement der Druck GmbH konnte bei der Mittelstandsbank AG mittlerweile vollständig erledigt werden. Die Übertragung wichtiger Assets wurde umgesetzt und hat aufgrund der Geltendmachung der Absonderungsrechte und der grundbuchlichen Besicherung eine zufriedenstellende Quote erbracht. Die restlichen Kreditsicherheiten konnten verwertet werden. In diesem Sektor wurden bei der Verwertung der Druckmaschine und bei der Zwangsversteigerung des Verwaltungsgebäudes geringere Quoten im Vergleich zu der übertragenden Sanierung erzielt.

Die Zusammenarbeit mit dem Insolvenzverwalter war zufriedenstellend. Die Kommunikationspolitik des Verwalters war sehr gut. Es wurde zeitnah auf Anfragen der Gläubiger reagiert. Des Weiteren erfolgte bei den Verwertungsvorgängen eine sehr enge Abstimmung. Das Abschließen einer Verwertungsvereinbarung mit den absonderungsberechtigten Gläubigern hat Klarheit bei der Aufteilung der Erlöse gebracht. Die Festellungs- und die Verwertungsquote wurde bei den einfachen Veräußerungen angepasst. Dies erfolgte insbesondere beim Einzug der Rückkaufswerte aus der Kapitallebensversicherung. Die folgende Tab. 5.18 zeigt eine Aufstellung der Erfolge aus der übertragenden Sanierung und der Verwertung der restlichen Sicherheiten bei der Druck GmbH aus der Sichtweise der Mittelstandsbank AG.

Tab. 5.18: Verwertungserfolge bei Sicherheiten Einzelengagement (Quelle: Eigene Darstellung)

Sicherheitenart	Übernahmewert	Verwertungsart	Gesamterlös	Nettoerlös
Grundschuld	500	Verkauf	500	480
Druckmaschinen	800	Verkauf	600	580
Warenübereignung	0	Verkauf	100	60
Globalzession	200	Einzug	100	80
Bürgschaft	500	Zahlung	100	100
RKW Kapital-LV	100	Einzug	100	100
Summe	2.100	Diverse	1.500	1.400

Das Gesamtobligo der Druck GmbH beläuft sich inklusive des Zinsschadens und der entstandenen Kosten auf 6.000 TEuro. Es entstand ein Ausfall von 4.600 TEuro.

Aufgabenstellungen

1. Auf welche Art ist ein bankinternes Controlling und Reporting zur Beurteilung der Umsetzung des Abwicklungskonzepts aufzubauen?
2. Auf welchem Weg kann ein externes Controlling über die Erfolge des eingesetzten Insolvenzverwalters gestaltet werden?

5.8.3 Lösung des Praxisfalls zum Abwicklungscontrolling

1. Auf welche Art ist ein bankinternes Controlling und Reporting zur Beurteilung der Umsetzung des Abwicklungskonzepts aufzubauen?

Das bankinterne Abwicklungscontrolling sollte zum einen die quantitativen Erfolge aus der Sanierung der Einzelengagements und zum anderen der aggregierten Fälle für eine bestimmte Periode betrachten. Des Weiteren sind die erzielten qualitativen Erfolge im Rahmen der Umsetzung des ursprünglich konzipierten Abwicklungskonzepts, unter anderem anhand der Verwertungsdauer, zu eruieren.

Neben der finanziellen Auswertung der Abwicklung sollte auch eine Gegenüberstellung des seinerzeit geplanten Abwicklungskonzepts mit den umgesetzten Varianten der Sanierung, des Insolvenzplans oder der Übertragung beziehungsweise der Verwertung im Rahmen der Erfolgs- und Kostenbetrachtung erfolgen.

Wichtige Kennzahlen aus allen bearbeiteten Engagements in der Abwicklung sind anschließend zu einem Gesamtbericht zu aggregieren sowie der Geschäftsleitung im Rahmen der Berichterstattung nach MaRisk vorzulegen. Diese Aufstellungen sollten zum einen nach den gewählten Verfahrenswegen der Standardabwicklung, der Individualabwicklung sowie der Spezialabwicklung erfolgen und zum anderen nach den Verwertungsarten und Veräußerungserfolgen bei den unterschiedlichen Kreditsicherungsrechten. Dabei ist es insbesondere von Bedeutung, die Erlöse und Kosten der Abwicklung bei den Engagementgrößenklassen und den unterschiedlichen Geschäftsprozesswegen gegenüberzustellen. Denn oftmals zeigt sich, dass die Bearbeitungskosten weit unter den erwarteten Aufwendungen liegen. Die aus dem Vertrieb bekannte Kennzahl Cost Income Ratio kann auch für den Abwicklungsbereich ermittelt werden. Diese beläuft sich häufig nur auf wenige Prozentpunkte und ist ab einer Engagementgröße von 250 TEuro vielfach sogar einstellig. Die Erkenntnis sollte bei der Ausstattung des Bereiches der Problemkreditbearbeitung und beim Festlegen von Schwellenwerten für ein Outsourcing beachtet werden.

Die Berichterstattung sollte auf Einzelengagementebene bei komplexen Strukturen im Rahmen der Individualabwicklung erfolgen. Meist sind es Insolvenzfälle mit umfangreichen und komplexen Sicherheitenarten der Verwertung beziehungsweise Insolvenzfälle in denen Eigenverwaltungen, Insolvenzplanverfahren und Übertragungen erfolgen. Bei diesen Engagements erfolgt in der Regel eine enge Abstimmung mit dem Insolvenzverwalter. Des Weiteren werden Verfahrenstermine wahrgenommen und gegebenenfalls Gläubigerausschüsse mit eigenen Mitarbeitern besetzt. Neben der Engagementebene sollten verdichtete Reports über die Verwertungserfolge, differenziert nach Sicherheitenarten, auf Gesamtbankebene erstellt werden. Zudem können die Fallzahlen und die bewegten Kreditvolumina dargestellt werden und zu einer Steuerung dienen. Die Berichterstattung ist an die internen Erfordernisse und die Mindestanforderungen aus MaRisk BT 3 auszurichten.

2. Auf welchem Weg kann ein externes Controlling über die Erfolge des eingesetzten Insolvenzverwalters gestaltet werden?

Der Erfolg in der Abwicklung wird durch den Insolvenzverwalter beeinflusst. Daher sollten sich Kreditinstitute intensiv in die Auswahl der vorläufigen Insolvenzverwalter mit einbringen. Damit die Leistungen der Verwalter verlässlich beurteilt werden können, sind die qualitativen und die quantitativen Ergebnisse aus der Insolvenzbearbeitung systematisch und einheitlich auszuwerten.

Die qualitative Beurteilung des Insolvenzverwalters sollte sich an wichtigen Kriterien orientieren. Daher sind die betriebswirtschaftlichen Fähigkeiten und die bereitgestellten Informationen neben der Reportingqualität meist bedeutende Merkmale zur Bewertung der Leistung eines Insolvenzverwalters. Die korrekte Schlussabrechnung und die Höhe der Verwaltervergütung können in diese Begutachtung mit einfließen. Diese Merkmale sind im Verfahrensablauf oder nach der Beendigung eines Verfahrens mit einem Auswertungsbogen standardisiert zu erfassen.

Des Weiteren sind die erbrachten Quoten der Verwalter zu messen, da diese die finanziellen Ergebnisse aus den Abwicklungen beziehungsweise die Abschreibungen in den Kreditinstituten bestimmen. Diese Leistungsmessung kann sich an den in der nachfolgenden Tab. 5.19 aufgestellten Positionen orientieren.

Tab. 5.19: Schlussgerechnete Quoten eines Insolvenzverwalters (Quelle: Eigene Darstellung)

Quoten/Teilungsmasse in TEuro	< 25 TEuro	< 250 TEuro	> 250 TEuro
Eröffnungsquote			
Quote ungesicherter Gläubiger			
Quote Absonderungsberechtigter			
Durchschnittliche Massemehrung			
Verwaltungs-, Verwertungskosten			
Fortführungserfolg, Insolvenzpläne			
Durchschnittliche Verfahrensdauer			

Die Auswertung sollte differenziert nach der Teilungsmasse und in Bezug auf die wichtigen Quoten sowie der Verfahrensdauer erfolgen. Diese Erfolgsquoten können mit bankinternen Benchmarks oder den bundesweiten Kennzahlen aus dem Insolvenzstatistikgesetz verglichen werden. Auf dieser Grundlage kann die Qualität der Verwalterauswahl stark verbessert werden, sodass die Quoten möglichst dauerhaft ansteigen, die Qualität bei der Abwicklung optimiert wird und die Verfahrensdauer nachhaltig sinkt. Auf Basis der Kennzahlen können das Controlling und die bankinterne Berichterstattung aufgebaut werden. Insgesamt kann darüber eine hohe Verfahrenstransparenz erreicht werden.

8. Abwicklungsregel: Kreditinstitute sollten die bankinternen Kosten und Erfolge sowie die extern erzielten Ergebnisse der Insolvenzverwalter in der Abwicklung in regelmäßigen Abständen messen und in das quantitative Reporting über die Problemkredite nach MaRisk mit aufnehmen.

Erläuterung der 8. Abwicklungsregel

Die Auswertung der Insolvenzverfahren erfolgt in Kreditinstituten derzeit noch sehr uneinheitlich beziehungsweise es werden keinerlei Messungen durchgeführt. Dabei liefern die Daten aus der Begleitung von Abwicklungen meist sehr interessante Erkenntnisse. Auswertbar sind die bankinternen Abwicklungsvorgänge und die durch den Insolvenzverwalter erzielten Erfolge beziehungsweise verursachten Kosten.

Die bankinterne Erfassung der Abwicklungen sollte sich an der Prozessstruktur der Verfahrenswege ausrichten. Dann sind die Kosten sowie Mengengerüste der wesentlichen Teilprozesse bei den Abwicklungswegen der Verwertung oder der Insolvenzsanierung in Erfahrung zu bringen. Dieses erfordert eine genaue Zeitaufschreibung der Vorgänge, um anschließend die Kosten auf die Teilprozesse verteilen sowie zusammenfassen zu können.

Bei den erzielten Erfolgen in der Abwicklung ist ähnlich zu verfahren. Diese sind in Abhängigkeit von der Struktur des Abwicklungsportfolios zu messen und können sich an den Verfahrenswegen in der Abwicklung beziehungsweise an den Größenklassen der Engagements oder der Blankoteile orientieren. Die Einbringungsquoten sind mit den Kosten für die Bearbeitung und den Kreditausfall in Relation zu setzen. Auf diese Weise ist eine dezidierte Beurteilung der Aufwendungen und Erlöse in der Abwicklungsabteilung möglich. Über Zeitreihenanalysen können zudem Entwicklungen der Quoten beobachtet werden. Die Auswertungen erbringen meist sehr interessante Erkenntnisse über die umfassende Erfolgsbedeutung des Problemkreditbereiches für den Gewinn auf Gesamtbankebene.

Neben den bankinternen Auswertungen sollten die Abwicklungsergebnisse durch den Insolvenzverwalter beziehungsweise die Verfahrensdauern bei den gewählten Verfahrensvarianten gemessen werden. Nur auf der Basis des Controllings der Abwicklungsaktivitäten eines Insolvenzverwalters können verlässliche Aussagen über die Qualifikationen getroffen werden. Die Messung quantitativer Ergebnisse hat den Vorteil, dass diese Werte objektiv sind und sich Verzerrungen bei hohen Fallzahlen über die Jahre ausgleichen.

Dabei spielen nicht nur quantitative Verfahrensergebnisse eine Rolle. Auch die Beurteilung der Verfahrensabwicklung mit der Kommunikation zu den Gläubigern und der Qualität der Berichterstattung sowie der Kontrolle der Schlussrechnung sollte erfolgen, um eine gesamtheitliche Einschätzung über einen Verwalter beziehungsweise eine Kanzlei zu erhalten. Die quantitativen sowie die qualitativen Ergebnisse aus den Analysen sollten in die Auswahl der Insolvenzverwalter mit einfließen, damit die Qualität im Verwaltermarkt steigt.

5.8.4 Empirische Ergebnisse zum Abwicklungscontrolling

Die Verfügbarkeit von Kennzahlen ist eine Grundvoraussetzung für die Erfolgsüberprüfung von Geschäftsprozessen. Zum einen ermöglichen diese Kennzahlen die Dokumentation der in den Insolvenz- beziehungsweise in den Abwicklungsbereichen im Zeitverlauf hausintern erzielten Erfolge. Zum anderen bieten die Werte auch Vergleichsmöglichkeiten mit anderen Banken im Rahmen eines Benchmarkings.

Die Bestandsaufnahme zur Erhebung von Kennzahlen in der Insolvenzbearbeitung fällt insgesamt eher ernüchternd aus. Die größte Zustimmung genießt auf Basis des Gesamtsamples noch die Aussage, dass der bankinterne Mitarbeitererfolg von Verwertungen im Rahmen von EWB-Anpassungen gemessen wird. Die Erfassung nehmen 48,9 % der Kreditinstitute vor. Verhältnismäßig stark ausgeprägt ist das Messen der Fallzahlen. Rund 42,0 % der teilnehmenden Institute erfassen diese Kennzahlen. Auch zur Frage, ob Verwertungsquoten im langfristigen Zeitverlauf nachgehalten werden, fällt das Antwortmuster sehr heterogen aus. Nur rund ein Drittel der Institute (35,8 %) misst entsprechende Zahlen.

Lediglich 13,1 % der antwortenden Institute misst die Bearbeitungszeit je Insolvenzfall. Offenbar sind auch weitere Messungen nur gering verbreitet. Auch eine Erfassung der Erfolgsquoten als Ergebnisse von übertragenden Sanierungen und Insolvenzplänen bestätigen lediglich 11,7 % der Teilnehmer. Die Ergebnisse dieser Umfrage zur Insolvenzabwicklung vermitteln den Eindruck, dass die Leistungsbeurteilung und die Steuerung der Mitarbeiter noch nicht durchgreifend anhand von bestimmten Kennzahlen erfolgen wie die nachfolgende Abb. 5.48 zeigt.

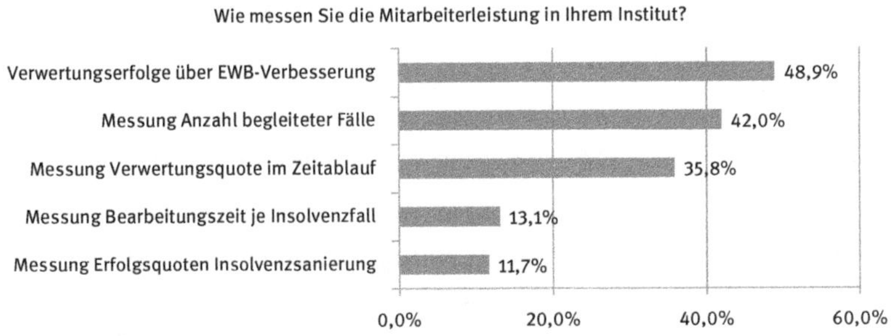

Abb. 5.48: Internes Erfolgscontrolling in der Abwicklung (Quelle: Eigene Darstellung)

Wird der Blick von der internen Controlling-Perspektive auf die externe Sphäre gerichtet, so besteht das mögliche Handlungsfeld in der Beurteilung des qualitativen und des quantitativen Erfolges des Insolvenzverwalters.

Hier fallen die Controllingaktivitäten im Durchschnitt der Fragen jedoch nur geringfügig intensiver aus als in Bezug auf die internen Abläufe. So erklären lediglich 45,8 % der Kreditinstitute, dass diese die Schlussrechnungen der Insolvenzverwalter regelmäßig prüfen. Verglichen mit den zuvor genannten Zahlen fällt der Anteil derjenigen Kreditinstitute, die individuelle Verwaltererfolge mit ihren bankinternen Prognosen vergleichen, mit 41,1 % noch bemerkenswert hoch aus.

Im Folgenden richtet sich das Augenmerk der Studie darauf, inwieweit die Institute die Befriedigungsquote auf die angemeldeten, absonderungsberechtigten und nachrangigen Forderungen erheben. Priorität genießen hier die angemeldeten und die absonderungsberechtigten Forderungen mit Erhebungsgraden von 41,4 % und von 39,9 %. Wenig Beachtung findet mit 15,9 % die Befriedigungsquote auf nachrangige Forderungen. Dieses ist nicht verwunderlich, da diese Kennzahl meist nur sehr gering ausfällt. Ergänzende Kennzahlen beschäftigten sich mit der Zügigkeit der Verwertung und mit der Kooperation und Informationspolitik des Verwalters. Die nachfolgende Abb. 5.49 zeigt die gewählten Alternativen zur Beurteilung der Leistungen der eingesetzten Insolvenzverwalter.

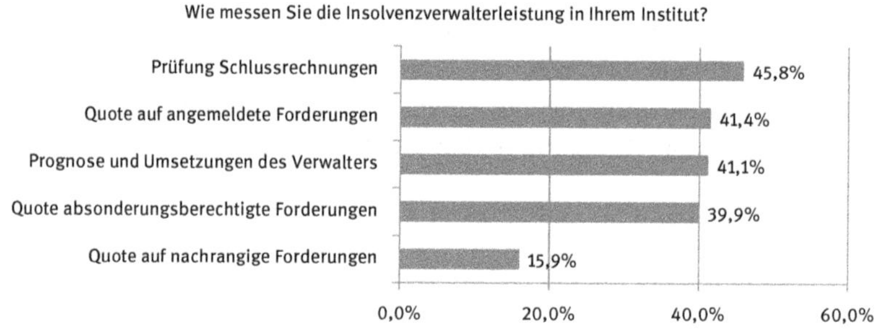

Abb. 5.49: Externes Erfolgscontrolling in der Abwicklung (Quelle: Eigene Darstellung)

In den Umfrageergebnissen zur Kennzahlenerhebung wird deutlich, dass noch etliche Institute Optimierungspotenziale für Messungen in der Insolvenzbegleitung realisieren können. Nur auf der Basis von umfassenden Daten kann die Leistung der Insolvenzverwalter beurteilt werden und künftig in den Auswahlprozess mit einfließen. Nicht nur quantitative Erfolge sollten systematisch erhoben werden, sondern auch qualitative Informationen, wie die Reportingqualität und die zeitnahe Berichterstattung. Aus der Studie in 2017 wird erkennbar, dass im Abwicklungsbereich den Segmenten Controlling und Reporting eine hohe Bedeutung beigemessen wird. Die Wichtigkeit der Erfassung von Kostenpositionen im Abwicklungsbereich wird von 67,9 % der gültigen Antworten dieser Umfrage gesehen.

Die Messung der wirtschaftlichen Erfolge, beispielsweise aus der Verwertung von Sicherungsgütern, wird von 88,1 % der Banken als bedeutend gewertet. Bei dieser Beurteilung wird klar, dass der Erhebung der Erfolge aus der Abwicklung eine besonders hohe Bedeutung beikommt.

Die Messung der Abwicklungsdauer wird lediglich von 59,0 % als wertvoll eingeschätzt. Auch bei der Erfassung wichtiger Parameter in der Abwicklung ist eine Differenz zwischen der eingeschätzten großen Bedeutung von Kennzahlenerhebungen und der tatsächlichen Erfassung zu erkennen. So benennen nur rund 29,3 % der Institute, dass diese Werte regelmäßig gemessen werden. Diese Werte liegen nur geringfügig über den erfassten Beurteilungen im Sanierungsbereich und zeigen einen deutlichen Bedarf an weiteren Messungen im Abwicklungscontrolling an, wie die nachfolgende Abb. 5.50 belegt.

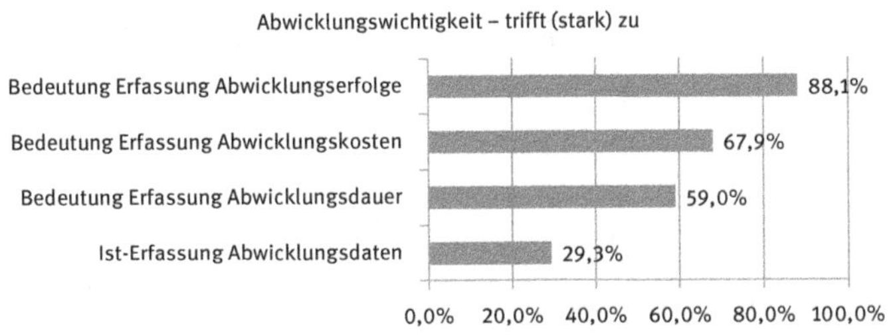

Abb. 5.50: Wichtigkeit der Erfassung von Daten in der Sanierung (Quelle: Eigene Darstellung)

Aus der Definition von Prozessen in der Abwicklung lässt sich häufig auch ein Mengengerüst für die optimale Anzahl der zu bearbeitenden Fälle festlegen. Aufgrund der guten Strukturierung der Abwicklungsvorgänge bestehen hier unter Umständen auch Vorteile gegenüber dem Sanierungsbereich, mit dort teilweise deutlich individueller gestalteten Vorgängen.

Es wird oft differenziert zwischen dem Ist-Bestand an Engagements und den Neuzugängen, die beispielsweise maximal pro Jahr und Mitarbeiter hinzukommen sollten. Dazu berichten rund 29,2 % der Banken, dass die maximalen Mitarbeiterkapazitäten für die Ist-Bearbeitung und die Neuzugänge in der Abwicklung grundsätzlich festgelegt werden. Weitergehende Analysen, auf Basis der Prozesse, erfolgen jedoch seltener. Es antworten nur rund 10,2 % der Teilnehmer, dass eine Analyse der Kostenstrukturen bei der Bearbeitung der Abwicklungen oder einzelner Ablaufschritte vorgenommen wird. Lediglich rund 2,9 % der Antwortenden äußert, dass eine Prozesskostenrechnung in der Abwicklung besteht.

Neben den Abläufen für Engagements war auch im Bereich der Abwicklung von Interesse, welche Bedeutung diese Prozesssteuerung allgemein, beziehungsweise die prozessuale Betrachtung der Abwicklungswege, besitzt. Mit 60,8 % der Nennungen wird der Transparenzerhöhung eine hohe Bedeutung bei dieser prozessweisen Betrachtung der Abwicklungsverläufe zugeschrieben. Des Weiteren war mit 41,3 % der Antworten die Möglichkeit der Kostenerfassung und mit 58,7 % die Erfolgsermittlung von Bedeutung. Rund die Hälfte der Antwortenden (46,4 %) hält die Personalkapazitätsbestimmung, auf Basis der Abwicklungswege, für wichtig.

Die Bedeutung der auftretenden Kosten in der Abwicklung ist für viele Teilnehmer der Umfrage nur von untergeordneter Relevanz. Lediglich rund 7,9 % der Antwortenden halten diesen Aspekt für wichtig. Daher finden es auch nur 19,7 % zutreffend, dass die Personalkosten in der Abwicklung gegebenenfalls zu reduzieren sind. Aufgrund der geringen relativen Bedeutung wird auf die Analyse der Kosten in der Abwicklung nach Banksektoren und Größenklassen im Folgenden verzichtet.

Dagegen wird von der überwiegenden Mehrheit von 88,4 % der Teilnehmer die Bedeutung der Ermittlung des Sanierungsgesamterfolgs als wichtig eingeschätzt, wie die nachfolgende Abb. 5.51 zeigt.

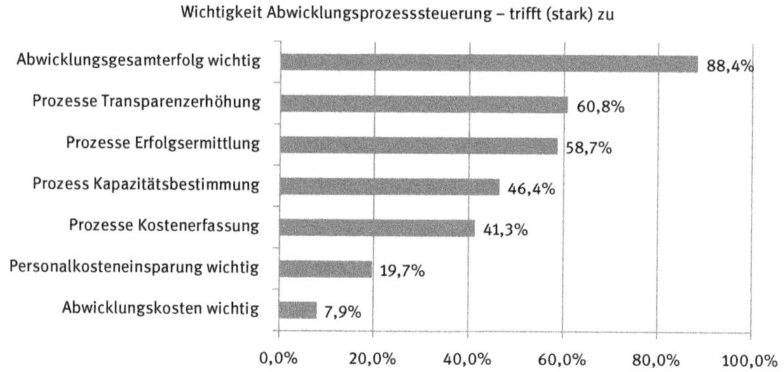

Abb. 5.51: Bedeutung der Prozesssteuerung in der Abwicklung (Quelle: Eigene Darstellung)

Kennzahlen im Abwicklungsbereich wird allgemein von rund der Hälfte der Teilnehmer an der Umfrage eine große Bedeutung beigemessen (47,3 %). Besonderer Wert wird auf die Feststellung der Erfolge aus der Abwicklung gelegt, mit 51,9 % der Nennungen. Es folgen die zeitliche Vergleichen der Kennzahlen (38,0 %), sowie die Institutsvergleiche (33,3 %) bei den Werten, um sich einordnen zu können und gegebenenfalls Optimierungspotenziale zu identifizieren. Gerade Vergleiche mit anderen Instituten können zur Verbesserung der eigenen Tätigkeit beitragen.

Seltener genannt wurde die Bedeutung der Einführung einer variablen Vergütung mit 15,4 % der Antworten, beispielsweise auf der Basis von Benchmarks mit Kennzahlen. Dennoch liegt dieser Wert über der Messung des Ist-Zustands der Existenz einer variablen Vergütung im Sanierungsbereich mit 7,8 % der Antworten und zeigt gegebenenfalls Handlungsbedarf, da anscheinend teilweise der Wunsch einer Einführung des Anreizsystems besteht, wie die folgende Abb. 5.52 zeigt.

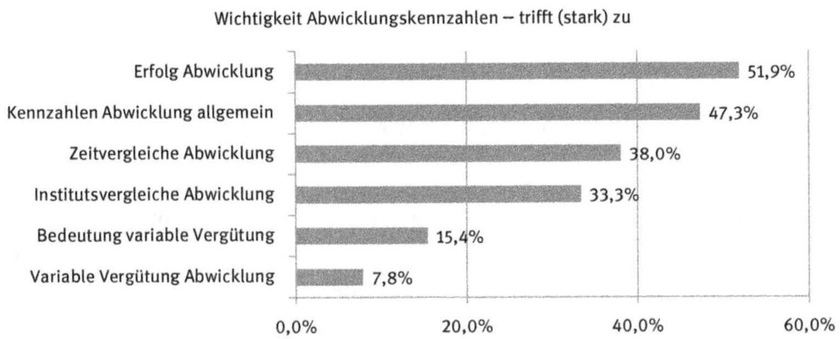

Abb. 5.52: Bedeutung von Kennzahlen in der Abwicklung (Quelle: Eigene Darstellung)

Allgemein können im Bereich der Abwicklung verschiedene Kennzahlen zum Einsatz kommen. Es war von Interesse zu erfahren, welche Messungen häufig erfolgen. Des Weiteren bestand auch die Möglichkeit, im Freitext eigene Erhebungsmethoden und Kennzahlen zu benennen. Einige Institute äußern, dass derzeit keine Kennzahlenmessungen in der Abwicklung erfolgen (21,3 %). Es zeigt sich jedoch, dass diese Bewertungen unter denen im Sanierungsbereich liegen und die Bedeutung der Messung von Werten im Abwicklungsbereich höher ist.

Häufige Antworten zu Datenerhebungen finden sich in einer Erfassung der Einbringungsquoten mit 61,3 % der Angaben. Des Weiteren ist auch die Messung der Verwertungsdauer für viele Teilnehmer an dieser Umfrage von Bedeutung (44,5 %). Die Erfassung der Einhaltung der Meilensteine in der Abwicklung hat mit rund 52,6 % der Benennungen eine große Bedeutung. Nur wenig Beachtung finden Kennzahlen aus dem Insolvenzstatistikgesetz (2,2 %) und allgemein werden Insolvenzverwalter nicht anhand von erreichten Kennzahlen verglichen. Zudem bringt sich nur rund jedes vierte Institute in die Auswahl des Insolvenzverwalters aktiv ein (25,5 %) wie die nachfolgende Abb. 5.53 zeigt. Dieser Zustand verwundert, da die Zufriedenheit mit der Auswahl sowie der Leistung der Insolvenzverwalter aus Bankensicht nicht hoch ist, wie andere Untersuchungen zeigen. Hier besteht durch das ESUG die Möglichkeit, den Insolvenzverwalter mitzubestimmen und dies sollte genutzt werden.

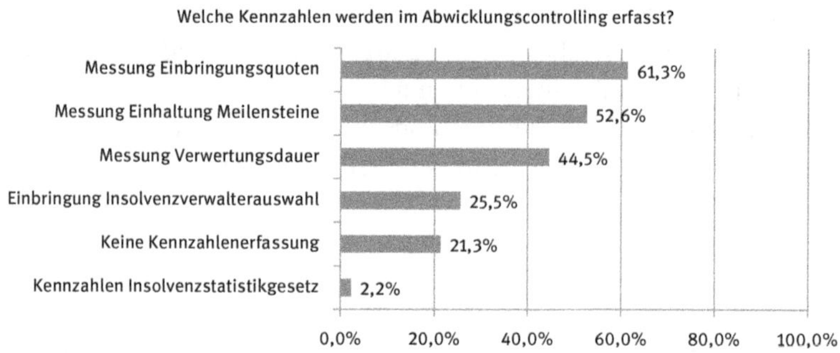

Abb. 5.53: Angewendete Kennzahlen in der Abwicklung (Quelle: Eigene Darstellung)

Die Bedeutung der Abwicklungsberichterstattung an den Vorstand wird als geringer eingeschätzt als bei der Sanierung (67,2 %), beziehungsweise eine geringere Anzahl an Teilnehmern an der Umfrage berichtet in diesem Sektor von einem intensiven Reporting im Ist-Zustand. Die Relevanz der Darlegungen auf Einzelengagementebene ist mit 71,5 % der Nennungen besonders hoch und die Wichtigkeit der Berichterstattungen auf der Portfolioebene im Sektor der Abwicklung liegt mit 43,1 % noch leicht über den Werten im Bereich der Sanierung.

Das Zeitintervall der Berichterstattung ist meist quartalsweise (56,2 %) und seltener jährlich oder sogar monatlich. Anlassbezogen reporten immerhin regelmäßig 35,8 % (49) der Institute. Insgesamt zeigt sich, dass die Berichterstattungspflichten auch im Bereich der Abwicklung hoch sind, wie die nachfolgende Abb. 5.54 zeigt.

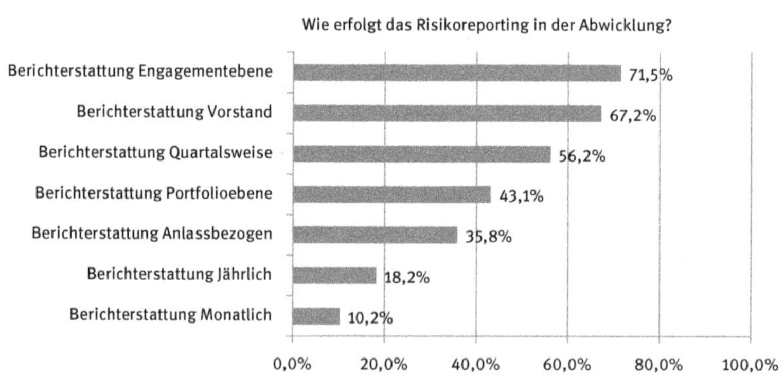

Abb. 5.54: Risikoreporting in der Abwicklung (Quelle: Eigene Darstellung)

Eine Erhöhung der Berichtsanforderungen im Abwicklungsbereich ist nach Ansicht der Antwortenden aus den Kreditinstituten auf die Rechnungslegungsanforderungen (22,6 %), auf die aktuelle MaRisk-Novelle (19,7 %) oder auf Stresstests (31,1 %) zurückzuführen. Dabei berichten im Ergebnis etwas weniger Teilnehmer, als im Bereich der Sanierung, dass die erhöhten Anforderungen im Reporting insbesondere quantitative Kennzahlen (29,2 %) und qualitative Werte (15,3 %), betreffen, wie die nachfolgende Abb. 5.55 darstellt.

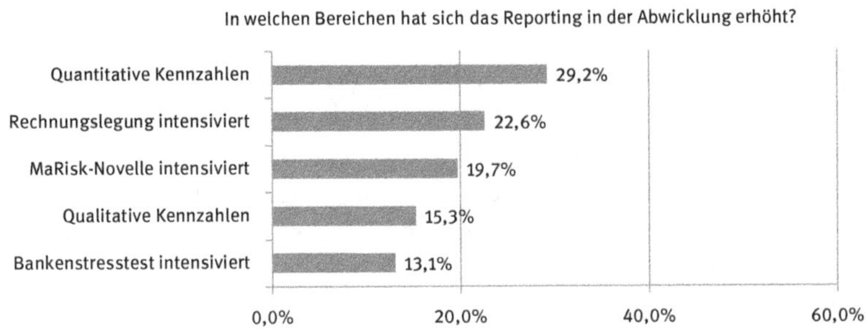

Abb. 5.55: Intensivierung Berichterstattung in der Abwicklung (Quelle: Eigene Darstellung)

Aus der Sichtweise der Insolvenzverwalter ergeben sich folgende Einschätzungen bezüglich eines Erfolgs von Abwicklungsmaßnahmen. Die Realisierung einer hohen Befriedigungsquote wird aus Sicht der Insolvenzverwalter bei einer übertragenden Sanierung für möglich gehalten (53,6 %). Es folgt das Planverfahren mit 36,9 % der Nennungen noch deutlich vor der Abwicklung mit 12,5 % der Antworten. Dies ist ein klares Bild und verwundert, da in der Praxis übertragende Sanierungen oder Insolvenzplanverfahren deutlich seltener realisiert werden als Verwertungen oder reine Zerschlagungen. Diese erbringen aber laut den Aussagen der Verwalter regelmäßig nur eine geringe Quote auf die angemeldeten Forderungen.

Rund 77,5 % der Insolvenzverwalter benennen, dass diese grundsätzlich eine eigene Abwicklungsstrategie erarbeiten und diese konsequent umsetzen. Bei der Verwertung von beweglichen Wirtschaftsgütern setzen rund 65,5 % externe Dienstleister ein. Dieses spiegelt sich auch bei der Bewertung der Vermögensgegenstände wider. Es beauftragen rund 75,2 % externe Spezialisten für Wertgutachten. Bei dem Forderungseinzug ist das Bild umgekehrt. Mit 94,7 % der Nennungen nehmen viele Insolvenzverwalter die Eintreibung der Forderungen vor. Zur Realisierung eines Unternehmensverkaufes werden häufig Experten beauftragt. Dies äußern rund 29,1 % der Insolvenzverwalter, wie die folgende Abb. 5.56 darlegt.

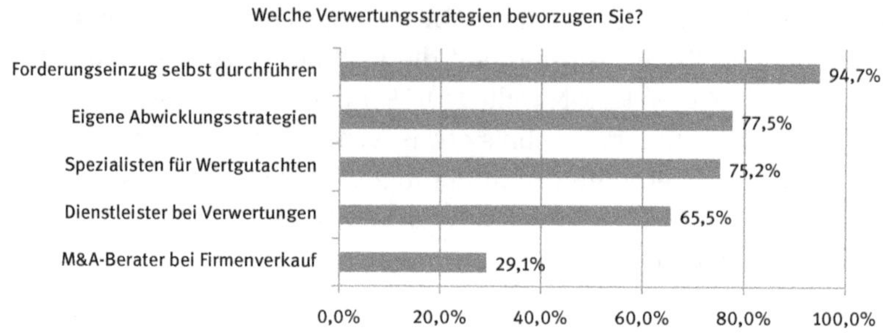

Abb. 5.56: Verwertungsmaßnahmen aus Insolvenzverwaltersicht (Quelle: Eigene Darstellung)

Nur wenn im Rahmen eines Insolvenzcontrollings die Ergebnisse aus abgeschlossenen Verfahren regelmäßig gemessen werden, ist es möglich Anhaltspunkte zur Verbesserung der Verfahrensabläufe zu erhalten. Es zeigt sich, dass die gemessenen Erfolgsquoten, unter anderem zu der Massemehrung, zum Fortführungserfolg oder zu Zahlungen auf Forderungen, mittlerweile eine hohe Akzeptanz finden. Selten werden Messungen zur Quoten der Absonderungsberechtigten, zu Verwertungsquoten differenziert nach der Teilungsmasse oder in Relation zur Verfahrensdauer genannt. Mit den Kennzahlen des Insolvenzstatistikgesetzes können Vergleiche durchgeführt werden. Abb. 5.57 zeigt wichtige Kennzahlen aus Sicht der Insolvenzverwalter.

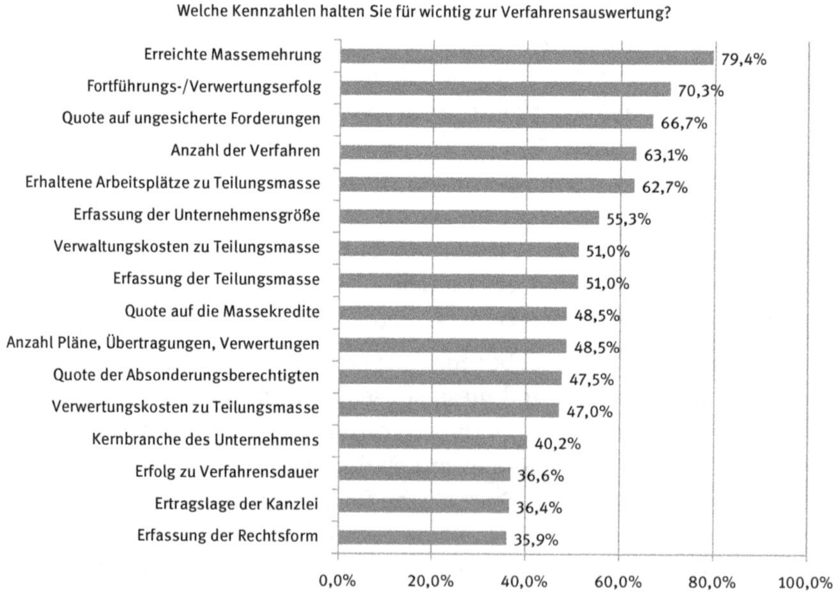

Abb. 5.57: Kennzahlen zur Verfahrensauswertung aus Verwaltersicht (Quelle: Eigene Darstellung)

6 Erfolgsfaktoren der Sanierung und Insolvenz

Abschließend werden die theoretischen, die praktischen und die empirischen Empfehlungen zur Sanierung und zur Insolvenz aus Bankensicht mit den aufgestellten Sanierungs- und Abwicklungsregeln zusammengefasst dargestellt.

6.1 Erfolgsfaktoren der Sanierung

Risikoerkennung aus Bankensicht

1. Sanierungsregel: Das frühe Feststellen einer Krisenlage sowie die unverzügliche Einleitung eines Sanierungsprozesses mit Einschaltung der Sanierungsabteilung sind die wesentlichen Erfolgsfaktoren zum Erreichen des nachhaltigen Turnarounds bei einem Firmenkunden.

Eine frühzeitige Risikoerkennung, bereits in der Phase einer Strategiekrise, erhöht die Sanierungschancen meist erheblich. Damit die Krisenengagements aus Bankensicht professionell betreut werden, sollte eine unverzügliche Einbeziehung der Sanierungsspezialisten erfolgen. Durch das Abwarten und Vertrauen auf Aussagen einer positiven wirtschaftlichen Entwicklung von Seiten der Geschäftsleitung vergeht wertvolle Zeit. Dann reduzieren sich kontinuierlich die finanziellen Ressourcen des Krisenunternehmens. Dies erschwert einen Sanierungsprozess und die Chancen der nachhaltigen Gesundung. Die Kreditinstitute sollten zum Erkennen des frühen Krisenstadiums weiter in die ständige Entwicklung ihrer Risikosysteme, die Qualifizierung des Personals und die Fortentwicklung der Geschäftsprozesse mit der Einrichtung von Frühwarnsystemen investieren. Nur so können Krisen bei Firmenengagements bereits im Stadium einer Strategiekrise frühzeitig erkannt werden. Zudem ist auf die Weiterentwicklung leistungsfähiger Organisationsstrukturen und professioneller Abläufe bei einer bankinternen Betreuung von Problemkrediten sowie insbesondere von Sanierungsfällen zu achten.

Bankorganisation und Prozesse der Sanierung

2. Sanierungsregel: Bei auffälligen Risiken hat nach Überleitung an die Sanierungsabteilung unverzüglich eine Bestimmung der quantitativen und qualitativen Risikoposition des Kreditinstituts zu erfolgen und es sind erste Schritte zur Senkung des Risikos einzuleiten.

Nach Feststellung des Risikos ist ein umfassender Bericht durch die Sanierungsabteilung zu erstellen, damit ein Gesamtüberblick über die Historie und die wirtschaftliche Entwicklung der Krisenfirma besteht. Auf Basis dieser Berichterstattung lassen sich weitere Gefährdungen oder erste Risikosenkungspotenziale erkennen.

https://doi.org/10.1515/9783110605136-006

Linienreduzierungen sind zu nutzen, um den Blankoteil zu senken. Es sollten neue Kreditsicherheiten hereingenommen werden und es lassen sich Unzulänglichkeiten bei den bestehenden Verträgen bereinigen. Zu beachten ist, dass erhebliche Gefahren im Rahmen der Insolvenz aus Anfechtungsrisiken resultieren können. Des Weiteren ist zeitnah überzuleiten, damit die optimalen wirtschaftlichen Möglichkeiten zur Reduzierung der Risiken genutzt werden können, indem die Firma durchgreifend saniert wird. Problematisch ist die Situation allerdings, wenn bei dem Krisenunternehmen bereits durchgreifende Liquiditätsprobleme bestehen.

Finanzwirtschaftliche Sanierungsmaßnahmen

3. Sanierungsregel: Nach der Identifizierung einer Krise sind zunächst über finanzielle Sofortmaßnahmen die Zahlungsfähigkeit abzusichern und bei haftungsbeschränkten Unternehmen die Überschuldung über Kapitalmaßnahmen abzuwenden, um die Insolvenzantragspflicht zu vermeiden.

Die Vermeidung der Insolvenz ist der erste Meilenstein, der erreicht werden sollte, damit die Sanierungsbemühungen nicht bereits in einer frühen Phase scheitern. Dazu ist bei haftungsbeschränkten Firmen die Überschuldung abzuwenden. Dies kann über die positive Fortbestehensprognose beziehungsweise mit der Aufdeckung stiller Reserven oder der Erklärung des Rangrücktritts erreicht werden. Schwieriger gestaltet sich in der Praxis dagegen die Sicherung der Liquidität zur Vermeidung der Zahlungsunfähigkeit. Von Bedeutung ist es hier, zunächst sämtliche Möglichkeiten der Liquiditätsgenerierung aus dem Unternehmen heraus umzusetzen. Gleichzeitig sind primär von den Gesellschaftern finanzielle Beträge einzufordern, damit die Lasten nicht einseitig auf die Gläubiger verteilt werden. Erst wenn die internen Alternativen ausgeschöpft sind, ist eine Überbrückungsfinanzierung durch die Banken zu prüfen. Die finanzielle Unterstützung ist an strenge Auflagen wie die Beauftragung eines externen Beraters zur Erstellung eines qualifizierten Gutachtens zu knüpfen. Daher sollte auch eine schriftliche Sanierungsvereinbarung getroffen werden. Dort werden unter anderem der zeitliche Verlauf des Beratereinsatzes und der einzuhaltende Sanierungsstandard festgelegt.

Auswahl des Sanierungsberaters

4. Sanierungsregel: Die Empfehlung eines geeigneten externen Sanierungsberaters zur Erstellung eines aussagekräftigen und rechtskonformen Standardsanierungskonzepts und zur Sicherstellung der Umsetzung der empfohlenen Maßnahmen ist für das Erreichen eines Turnarounds bedeutend.

Die Auswahl eines geeigneten Sanierungsträger, der die Konzepterstellung und die Umsetzung der Maßnahmen verantwortlich begleitet, ist eine der Kernentscheidungen im Sanierungsprozess. Nur wenn ein fachlich und persönlich geeigneter Berater eingesetzt wird, kann eine hohe Turnaroundquote erreicht werden.

Von Bedeutung bei der Auswahl eines für den individuellen Fall geeigneten Beraters ist aus Sicht der Kreditinstitute, dass dem Unternehmer die freie Entscheidung bei der Beauftragung gewährt wird. Bankenvertreter sollten aus Haftungsgründen lediglich mehrere Unternehmensberater empfehlen und den Geschäftsführer nicht zur Entscheidung mit der Beauftragung eines bestimmten Beraters drängen. Neben den fachlichen Eignungen, die der Akteur aufweisen sollte, ist es bedeutend, dass dieser über empathische Fähigkeiten verfügt, um sich auf die Geschäftsleitung und Mitarbeiter der Krisenfirma einzustellen. Dies erfordert ein erhebliches Einfühlungsvermögen beim Berater. Wird die Umsetzung der Sanierungsmaßnahmen über Externe sichergestellt, kann das Vertrauen zu den Gläubigern wieder aufgebaut werden. Es lässt sich meist auch eine Verbesserung der externen Finanzkommunikation erreichen. Dieses führt zu einem Abbau der asymmetrischen Informationsverteilung zwischen dem Unternehmen und seinen Gläubigern.

Erstellung und Prüfung des Sanierungskonzepts

5. Sanierungsregel: Ein Sanierungsgutachten sollte die langfristigen Erfolgspotenziale des Krisenunternehmens analysieren, das Marktprofil und Geschäftsmodell der Firma auf seine langfristigen Chancen und Risiken untersuchen und die Sanierungsfähigkeit vorsichtig einschätzen.

Ein Sanierungsgutachten, das von den Banken und anderen Gläubigern akzeptiert wird, sollte eine Unternehmensanalyse beinhalten und interne und externe Krisenursachen feststellen. Im Rahmen einer Marktanalyse sind die Produkte und Dienstleistungen eines Unternehmens im Marktzusammenhang zu betrachten. Dann sind die notwendigen Sanierungsschritte, unterteilt nach den finanzwirtschaftlichen und leistungswirtschaftlichen Maßnahmen sowie mit Meilensteinplan auszuweisen. Das Sanierungskonzept ist durch aktuelles Zahlenmaterial zu unterlegen. Eine Spartenrechnung sollte die Ertragslage und Erfolgsbereiche des Unternehmens darstellen. Wichtig ist es, dass realistische Planzahlen in Form einer aufeinander abgestimmten Ertragsplanung sowie Liquiditätsplanung bereitgestellt werden. Abschließend sollte das Sanierungsgutachten ein Urteil zur Sanierungsfähigkeit abgeben.

Poolbildung zur Finanzsanierung

6. Sanierungsregel: In einer eingeleiteten Sanierung sind möglichst alle Gläubiger zu einer Sicherheitenpoollösung zu gewinnen, um die finanzwirtschaftlichen Rahmenbedingungen vertraglich abzusichern und die Risiken auf viele Parteien quotal gleich zu verteilen.

Die Umsetzung der leistungswirtschaftlichen Sanierung kann erst beginnen, wenn die finanziellen Rahmenbedingungen abgesichert sind. Dabei ist es zu vermeiden, dass Gläubiger isoliert Schritte zur Absenkung ihres Risikos vornehmen. Dies erfordert eine schriftliche Vereinbarung im Rahmen eines Sicherheitenpoolvertrags.

Mit dem Vertrag gelingt es zum einen, die vorhandenen Sicherheiten in einer Sanierung neu zu strukturieren und zum anderen, die Poolbanken zu binden und schädigende Handlungen zu vermeiden. Zusätzlich ist der Ausstieg der Lieferanten sowie der Kreditversicherer zu verhindern. Wenn die Lieferanten nur noch gegen Vorkasse liefern oder Warenkreditversicherer ihre Linien kürzen, wird die Liquidität belastet und der Gesundungsprozess kann scheitern. In diesem Fall müssten die Kreditinstitute das Vorfinanzierungsvolumen auffangen und die Balance zwischen den Finanzierern Bank und Lieferant gerät aus dem Gleichgewicht. Die Integration der Warengläubiger gelingt mit dem Abschluss einer Abgrenzungsvereinbarung.

Sanierungsüberwachung und Berichterstattung

7. Sanierungsregel: Der Erfolg einer Sanierung hängt maßgeblich von der Umsetzung der leistungswirtschaftlichen Maßnahmen mit der Festlegung der Verantwortlichkeiten für die Realisierung der Meilensteine und der Überwachung durch die Sanierer der Kreditinstitute ab.

Außergerichtliche Sanierungen zeigen häufig gute Anfangserfolge, da zu Beginn der Sanierung durchgreifende Maßnahmen umgesetzt werden wie Personalreduzierungen und sonstige einmalige Kostenersparnisse. Im weiteren Verlauf nehmen diese Erfolge zumeist ab und der Gesundungsprozess stagniert. Es verschlechtern sich die Ertragszahlen nach den Anfangserfolgen wieder, da das Krisenunternehmen in alte Gewohnheiten zurückfällt und Wachstumsprozesse stagnieren. Daher ist der Sanierungsprozess mit den wesentlichen Maßnahmen aus dem Sanierungskonzept nachhaltig umzusetzen. Die Realisierung der Sanierungsschritte ist zu überwachen, um bei den Planverfehlungen frühzeitig gegensteuern zu können.

Controlling und Reporting der Sanierungsaktivitäten

8. Sanierungsregel: Es sind wichtige Merkmale für den Turnaround wie die nachhaltige Kapitaldienstfähigkeit oder die erreichte Wettbewerbsfähigkeit im relevanten Markt festzulegen und die Erfolge und Kosten aus der Sanierungsarbeit sind anschließend zu messen.

Die Kapitaldienstfähigkeit sowie die wiedererlangte Wettbewerbsfähigkeit im Branchenvergleich sind wichtige Kriterien, die eine wirtschaftliche Gesundung anzeigen. Nach dem Feststellen des Turnarounds bei einer ehemaligen Krisenfirma sollten in Kreditinstituten feste Prozesse einsetzen, um die Übergaben in den Normalkreditbereich effizient sowie effektiv zu gestalten. Von Bedeutung ist es, den neuen Engagementbearbeitern die ehemaligen Krisenmerkmale aufzuzeigen, damit ein künftiges Risiko unverzüglich erkannt sowie schnell bearbeitet wird. Die quantitativen Sanierungserfolge sind zu messen sowie zu untersuchen. Zusätzlich ist ein Abgleich zwischen dem ursprünglich geplanten internen Sanierungskonzept und der tatsächlichen qualitativen und quantitativen Umsetzung vorzunehmen.

6.2 Erfolgsfaktoren der Insolvenz

Insolvenzantrag und Verfahrensablauf

1. Abwicklungsregel: Die neueren Rechte der Gläubiger zur Einsetzung eines vorläufigen Gläubigerausschusses und zur Bestimmung eines vorläufigen Insolvenzverwalters sind aus Sicht der Banken wahrzunehmen, damit ein qualifizierter Insolvenzverwalter die Abwicklung übernimmt.

Die Möglichkeit der Einbringung in die Insolvenzverwalterauswahl über einen vorläufigen Gläubigerausschuss ist eine wichtige Neuerung für Kreditinstitute. Dazu ist es erforderlich, sich möglichst schnell mit den übrigen Gläubiger-vertretern in diesem vorläufigen Gremium abzusprechen. Dies ist notwendig, damit die Verwalterauswahl möglichst einstimmig erfolgt und kein Stillstand des Geschäftsbetriebs eintritt. Dazu ist es hilfreich, wenn eine Liste mit Ansprechpartnern in den Banken bei den Insolvenzgerichten hinterlegt wird, sodass der vorläufige Gläubigerausschuss unverzüglich eingesetzt werden kann.

Bankorganisation und Prozesse der Abwicklung

2. Abwicklungsregel: Direkt nach dem Insolvenzantrag ist der Beschluss des Insolvenzgerichts über die Einsetzung des vorläufigen Insolvenzverwalters hereinzunehmen, um dessen Position und seine Rechte abzuschätzen zu können und gegebenenfalls bereits gemeinsam mit ihm zu verwerten.

Die Bestellung des vorläufigen Insolvenzverwalters ist ein wichtiger Schritt, da sich meist im Eröffnungsverfahren entscheidet, welche Variante im Verfahren umgesetzt wird. Zur Einschätzung der Befugnisse eines vorläufigen Insolvenzverwalters ist der Beschluss des Insolvenzgerichts zu überprüfen. Bankintern ist die Überleitung des Kreditengagements vom Sanierungs- in den Abwicklungsbereich vorzunehmen. Des Weiteren ist zu entscheiden, welche Art von Abwicklungsbetreuer den Fall bearbeitet und wie intensiv die Begleitung des Insolvenzfalles mit einer möglichen Gremienarbeit erfolgen soll. Ab einer bestimmten Größenordnung der Firma und des Kreditengagements ist ein Individualabwickler einzusetzen, der Spezialkenntnisse im Insolvenzbereich mitbringt. Bei einer Umsetzung der Abwicklungsteilprozesse ist zu beachten, dass diese nicht zu stringent formuliert werden, denn es gilt auch im Bereich der Abwicklung einen möglichst großen Teil der Restforderung über eine Sanierungs- oder eine Verwertungslösung wieder einzubringen. Dazu benötigt der Individualabwickler gewisse Gestaltungsfreiheiten, damit dieser das Instrumentarium in der Insolvenz voll ausschöpfen kann. In BTO 1.2.5 Tz. 6 der MaRisk werden Vorgaben zu der optimalen Erlöserzielung aus einer Abwicklung der vorhandenen Sicherheiten erläutert, um einen möglichst großen Anteil der Restforderung einzutreiben. Dazu ist ein bankinternes Abwicklungskonzept zu erstellen.

Finanzwirtschaftliche Abwicklungsmaßnahmen

3. Abwicklungsregel: Die Bereitstellung weiterer finanzieller Mittel im Eröffnungsverfahren und im Hauptverfahren ist aus der Bankensicht durch zusätzliche werthaltige Sicherheiten zu unterlegen, damit eine Rückführung der Neukredite mit hoher Wahrscheinlichkeit erfolgen kann.

Im Verfahren ist häufig zu entscheiden ob ein echter oder ein unechter Massekredit vergeben werden soll. Von Vorteil ist der Einsatz der abgetretenen Altforderungen und des sicherungsübereigneten Warenlagers, da über diesen unechten Massekredit keine unmittelbare Kreditausweitung erforderlich wird. Die Verwertung von Absonderungsrechten ist jedoch auch als finanzieller Einsatz zu betrachten. Daher ist im Rahmen einer Inventur festzuhalten, in welcher Höhe Altforderungen und Rohstoffe und Waren zum Zeitpunkt des Insolvenzantrags bestanden. Des Weiteren sind Abgrenzungen zu den Rechten der Lieferanten vorzunehmen. Von Vorteil ist, wenn die Mitglieder des Bankenpools sowie des Lieferantenpools quotal in die notwendigen Finanzierungen in der Insolvenz mit eingebunden werden, damit wie in der Sanierungsphase eine Risikoaufteilung erreicht wird.

Auswahl des Insolvenzverwalters

4. Abwicklungsregel: Die Erfahrungen mit Insolvenzverwaltern sind im Insolvenzverfahren und nach Abschluss des Verfahrens in einem einheitlichen Berichtsbogen zu erfassen, um die Auswertungen für die künftige Auswahl heranzuziehen. Banken sollten sich im Gläubigerausschuss engagieren.

Bei einer Auswertung der Insolvenzverfahren sind die individuellen Eigenschaften der eingesetzten Insolvenzverwalter zu beurteilen, um einen Erfahrungsschatz mit den Akteuren aufzubauen. Von Relevanz sind besonders die betriebswirtschaftlichen Fähigkeiten sowie die juristischen Kenntnisse und die Kommunikation mit den Banken und anderen Gläubigern. Zudem ist der Kanzleiapparat mit den bestehenden Kapazitäten und dem vorhandenen betriebswirtschaftlichem Know How insbesondere bei aussichtsreichen Sanierungen in der Insolvenz und bei der Begleitung von großen Firmeninsolvenzen von Bedeutung. Kreditinstitute sollten sich in die Auswahl des Insolvenzverwalters frühzeitig einbringen. Daher sollten Banken eine Position im vorläufigen Gläubigerausschuss besetzen, um darüber einstimmig den bestmöglichen Verwalter für den jeweiligen Fall auszuwählen. Zudem sollten Banken den Gläubigerausschuss aus dem Eröffnungsverfahren möglichst beibehalten, um Überwachungs- und Kontrollrechte wahrzunehmen sowie sich laufend mit dem Insolvenzverwalter abzustimmen. Nur auf diese Art kann verhindert werden, dass beispielsweise gute Sanierungsperspektiven in der Insolvenz nicht umgesetzt werden. Des Weiteren erhalten die Banken auf diese Weise zeitnah Informationen für die eigene bankinterne Berichterstattung.

Gestaltung des Insolvenzplanverfahrens

5. Abwicklungsregel: Bei der Realisierung einer Sanierungslösung über einen Insolvenzplan sollte der Fokus auf der leistungswirtschaftlichen Reorganisation der insolventen Firma liegen, denn eine erfolgreiche Bewältigung der Krise und nachhaltige Gesundung gelingt nur über den Markterfolg.

Die Erarbeitung eines sanierenden Insolvenzplans ist kein Selbstzweck. Die Gläubiger beurteilen den Insolvenzplan und stimmen über diesen im Abstimmungstermin ab. Eine wesentliche Basis für den Erfolg eines Insolvenzplans ist, dass die Sanierung über den Markt erreicht wird. Der Fokus sollte daher nicht allein auf der Bereinigung der finanzwirtschaftlichen Seite liegen, sondern insbesondere die Neupositionierung in den leistungswirtschaftlichen Bereichen im Blick haben. Zudem ist für die Gläubiger ein wichtiges Abstimmungsmerkmal, dass der Insolvenzplan bessere Ergebnisse erbringt als eine Übertragung oder Zerschlagung.

Verlauf der übertragenden Sanierung

6. Abwicklungsregel: Die übertragende Sanierung ist nach der Eröffnung eines Insolvenzverfahrens dann durchzuführen, wenn sich eine eindeutige finanzielle Vorteilhaftigkeit gegenüber einer eigenständigen Fortführungslösung mit Insolvenzplan oder einer Verwertung der einzelnen Assets ergibt.

Die übertragende Sanierung ist eine interessante Variante der Fortführung von betrieblichen Teilen durch einen Erwerber. Vorteile des Verfahrensweges können sich daraus ergeben, dass zum einen ein hoher Kaufpreis für die zu übertragenden Assets fließt, der das Obligo der Kreditinstitute und der sonstigen Gläubiger reduziert. Zusätzlich ergibt sich die Möglichkeit den Fall unverzüglich abzuschließen, indem entweder der Erwerber nicht weiter finanziert werden muss oder dieser derart bonitätsstark ist, dass der Fall an die Normalkreditbearbeitung übergeben werden kann. Aus Haftungs- sowie aus Fortführungsgründen ist es von Vorteil, die übertragende Sanierung direkt nach der Insolvenzeröffnung umzusetzen.

Verwertungsstrategien bei Kreditsicherheiten

7. Abwicklungsregel: Absonderungsberechtigte und grundbuchlich besicherte Kreditinstitute sollten sich in Anlehnung an das interne Abwicklungskonzept selbst aktiv in die Verwertungsprozesse einbringen, um einen maximalen Anteil der noch ausstehenden Forderungen zu erzielen.

Kreditinstitute sollten sich in die Verwertungsvorgänge eines Insolvenzverwalters möglichst aktiv einbringen. Dieses kann zum einen darüber erreicht werden, indem das Auskunftsrecht über den Zustand der absonderungsberechtigten Vermögensgegenstände und den Stand der Verwertungsmaßnahmen wahrgenommen wird.

Zum anderen besteht die Alternative, sich in den Veräußerungsprozess über die Gewinnung potenzieller Interessenten für die Sicherungsgüter einzubringen, um einen möglichst hohen Kaufpreis zu realisieren. Generell sollte mit dem Insolvenzverwalter im Rahmen der Verwertung der Vermögensgegenstände und Rechte zusammengearbeitet werden. Dazu sind schon im Antragsverfahren die Voraussetzungen über eine laufende Kommunikation zu schaffen. Dies kann über einen vorläufigen Gläubigerausschuss realisiert werden. Wichtig ist es in diesem Zusammenhang alle Verwertungsalternativen und alle Sanierungsoptionen mit den finanziellen Auswirkungen gegenüberzustellen. Des Weiteren ist zum Zweck der Klarheit eine Sanierungsvereinbarung über die Feststellungs- und Verwertungskosten bei beweglichen Wirtschaftsgütern und Rechten zu treffen. Es ist zu entscheiden, wer diese Verwertungsmaßnahmen durchführt und welche Kosten dafür entstehen.

Controlling und Reporting der Abwicklungsaktivitäten

8. Abwicklungsregel: Kreditinstitute sollten die bankinternen Kosten und Erfolge sowie die extern erzielten Ergebnisse der Insolvenzverwalter in der Abwicklung in regelmäßigen Abständen messen und in das quantitative Reporting über die Problemkredite nach MaRisk mit aufnehmen.

Die bankinternen Abwicklungsvorgänge sind konsequent auszuwerten im Rahmen des Abwicklungscontrollings. Die Erfolgsmessung kann sich an den Verfahrenswegen in der Abwicklung orientieren. Die Einbringungsquoten sind mit den Kosten für die Bearbeitung und den Kreditausfall in Relation zu setzen. Auf diese Weise ist eine dezidierte Beurteilung der Kosten und Erlöse in der Abwicklungsabteilung möglich. Über Zeitreihenanalysen können Entwicklungen der Verwertungsquoten je Sicherheitenart ermittelt und untersucht werden. Diese Erkenntnisse können für den Aufbau eines aussagekräftigen Reportings auf Engagementebene und das Kreditportfolios verwendet werden. Neben bankinternen Kennzahlen sollten die Abwicklungsergebnisse durch den Insolvenzverwalter beziehungsweise die Verfahrensdauer und die gewählten Verfahrensvarianten erhoben werden. Nur auf Basis des Controllings der Abwicklungsaktivitäten des Insolvenzverwalters können verlässliche Aussagen über seine Qualifikationen und Eigenschaften getroffen werden. Die Messung quantitativer Resultate hat den Vorteil, dass die Werte objektiv sind und sich Verzerrungen bei hohen Fallzahlen ausgleichen.

Viele Unternehmen sind auch in einer verfahrenen Krisenlage noch sanierbar. Eine Sanierung innerhalb und außerhalb der Insolvenz kann jedoch nur dann gelingen, wenn die Wettbewerbsfähigkeit des Unternehmens mit den Produkten und Dienstleistungen am Markt langfristig wiederhergestellt wird. Ein wichtiger Erfolgsfaktor für das Gelingen einer Sanierung ist die rechtzeitige Einleitung des Sanierungsprozesses durch ein Kreditinstitut. Genauso erhöht ein frühzeitig gestellter Insolvenzantrag die Sanierungsoptionen in der Insolvenz.

Literaturverzeichnis

Abend, T./Schnüttgen, M. (2011): Risikofrüherkennung und Watch List, in: Dürr, R./Schnüttgen, M., Hrsg.: Optimierung der Kreditprozesse, Heidelberg, 2011, S. 112–116.

Ahlers, H. (2016): Sicherheiten in der Krise: Neubestellung und Aktivitäten zu bestehenden Sicherheiten, in: Portisch et al., Hrsg.: Problematische Firmenkundenkredite, 5. Auflage, Heidelberg, 2016, S. 297–365.

Andersch, T. (2017): Sanierungskonzepte und Sanierungsgutachten, Frankfurt, 2017.

Ansoff, H. I. (1976): Managing surprise and discontinuity – Strategic response to weak signals, in: Schmalenbachs Zeitschrift für betriebswirtschaftliche Forschung, 28, 1976, S. 129–152.

Arrow, K. J. (1985): The Economics of Agency. Principals and Agents, in: Pratt J. W./Zeckhauser R. J.: The Structure of Business, Boston, 1985, S. 37–51.

Backhaus, K./Erichson, B./Plinke, W./Weiber, R. (2006): Multivariate Analysemethoden, 11. Auflage, Heidelberg, 2006.

Backhaus, K./Voeth, M. (2010): Industriegübermarketing, 9. Auflage, München, 2010.

Baetge, J./Kirsch, H.-J./Thiele, S. (2004): Bilanzanalyse, 2. Auflage, Düsseldorf, 2004.

Baetge, J./Kirsch, H.-J./Thiele, S. (2012): Bilanzen, 12. Auflage, Düsseldorf, 2012.

Baetge, J./Kirsch, H.-J./Thiele, S. (2013): Konzernbilanzen, 10. Auflage, Düsseldorf, 2013.

BaFin (2017): Mindestanforderungen an das Risikomanagement – MaRisk, Rundschreiben 09/2017 (BA) vom 27.10.2017.

Bales, K. (2007): Sanierungsbeiträge von Banken und Sparkassen, in: BankPraktiker, 5, 2007, S. 260–265.

Barz, K. / Eckes, B. / Weigel, W. (2008) IFRS für Banken, 4. Auflage, Frankfurt, 2008.

Bauer, J., Hrsg. (2008): Die GmbH in der Krise, 2. Auflage, Münster, 2008.

BDU Bundesverband Deutscher Unternehmensberater e. V. (2005): Tipps für eine erfolgreiche Zusammenarbeit mit Unternehmensberatern, Frankfurt, 2005.

Becker, B./Bieckemann, B./Martin, K./Müller, S. (2014): Der neue IDW ES 11, in: Krisen-, Sanierungs- und Insolvenzberatung, 5, 2014, S. 197–201.

Becker, W./Brenner, F. (2005): Sanierungsmanagement durch Kreditinstitute – Ergebnisbericht einer empirischen Untersuchung, Bamberg, 2005.

Becker, J./Schneider, H., (2005): Bildung und Weiterbeobachtung von EWB, in: BankPraktiker, 1, 2005, S. 26–31.

Becker, J./Pidbilik, A./Plum, D./Schneider, H., Hrsg. (2012): EWB, 3. Auflage, Heidelberg, 2012.

Becker, W./Ulrich, P./Botzkowski, T. (2015): Finanzierung im Mittelstand, Wiesbaden, 2015.

Becker, C. (2008): Insolvenzrecht, 2. Auflage, Köln, 2008.

Bennewitz, A./Kasterich, A. (2004): Krisenfrüherkennung und Krisenbewältigung im mittelständischen Firmenkundengeschäft aus Sicht der Kreditinstitute, in: Schmeisser, W./Bretz, M. et al., Hrsg.: Krisen- und Insolvenzmanagement bei kleinen- und mittleren innovativen Unternehmen, Stuttgart 2004, S. 3–22.

Berner, S. (2006): Sicherheitenpools der Lieferanten und Banken im Insolvenzverfahren, Köln, 2006.

Berndt, M./Mantell, G. (2011): Blick von außen – Kreditprozesse aus Sicht der Dienstleister, in: Dürr, R./Schnüttgen, M., Hrsg.: Optimierung der Kreditprozesse, Heidelberg, 2011, S. 239–262.

Besau, S. H. J. (2012): Chancen und Risiken bei der Rettung von Unternehmen durch übertragende Sanierung, in: Krisen-, Sanierungs- und Insolvenzberatung, 5, 2011, S. 202–206.

Bieg, H./Waschbusch, G. (2017): Bankbilanzierung nach HGB und IFRS, 3. Auflage, München, 2017.

https://doi.org/10.1515/978311060513-007

Bitter, G./Röder, S. (2009): Insolvenz und Sanierung in Zeiten der Finanz- und Wirtschaftskrise: Ergebnisse einer Befragung von Unternehmensinsolvenzverwaltern, in: Zeitschrift für das gesamte Insolvenzrecht, 28, 2009, S. 1283–1292.

Blatz, M./Eilenberger, G. (2004): Ausblick, in: Bickhoff, N./Blatz, M., Hrsg.: Die Unternehmenskrise als Chance, Heidelberg, 2004, S. 427–432.

Bode, C. (2005): Übertragende Sanierung aus Bankensicht, in: Portisch, W./Shahidi, K., Hrsg.: Sanierung und Restrukturierung von kleineren und mittleren Unternehmen, Bern, 2005, S. 317–343.

Böhmer, N. (2007): Variabel Vergüten, Düsseldorf, 2007.

Bös, S./Schwarz, A. (2017a): Besteuerung von Sanierungsgewinnen, in: Krisen-, Sanierungs- und Insolvenzberatung, 4, 2017, S. 169–171.

Bös, S./Schwarz, A. (2017b): Gesetzlichen Neuerungen zum Sanierungsgewinn, in: Krisen-, Sanierungs- und Insolvenzberatung, 6, 2017, S. 268–271.

Bork, R. (1999a): Insolvenzordnung, 5. Auflage, München, 1999.

Bork, R. (1999b): Die Doppeltreuhand in der Insolvenz, in: Neue Zeitschrift für das Recht der Insolvenz und Sanierung, 1999, S. 337–344.

Bork, R. (2000): Wie erstellt man eine Fortbestehensprognose? in: Zeitschrift für Wirtschaftsrecht, 39, 2000, S. 1709–1713.

Braun, E., Hrsg. (2017): Insolvenzordnung, 7. Auflage, München, 2017.

Brömmekamp, U./Radner, B. (2010): Die Anforderungen an die Erstellung von Sanierungskonzepten nach dem neuen IDW S 6, in: Zeitschrift für Insolvenzverwaltung und Sanierungsberatung, 4, 2010, S. 152–160.

Bruder, K. (2014): Amt und Aufgaben des Insolvenzverwalters, in: Wimmer, K./Dauernheim, J./Wagner, M./Gietl, J., Hrsg.: Handbuch des Fachanwalts Insolvenzrecht, 8. Auflage, Köln, 2018, S. 114–362.

Buchalik, R. (2012a): Das Schutzschirmverfahren nach § 270b InsO (incl. Musteranträge), in: Zeitschrift für das gesamte Insolvenzrecht, 9, 2012, S. 349–363.

Buchalik, R. (2012b): Die Bescheinigung nach § 270B Abs. 1 Satz 3 InsO als Eintrittsvoraussetzung in das neue Schutzschirmverfahren, in: Krisen-, Sanierungs- und Insolvenzberatung, 2, 2012, S. 60–66.

Buchholz, R. (2008): Grundzüge des Jahresabschlusses nach HGB und IFRS, 4. Auflage, München, 2008.

Bundesregierung (2011): Entwurf eines Gesetzes zur weiteren Erleichterung der Sanierung von Unternehmen (ESUG) vom 04.05.2011.

Buschmann, H. (2004): Stakeholder–Management als notwendige Bedingung für erfolgreiches Turnaround–Management, in: Bickhoff, N./Blatz, M., Hrsg.: Die Unternehmenskrise als Chance, Heidelberg, 2004, S. 197–220.

Buschmann, H. (2006): Erfolgreiches Turnaround–Management – Empirische Analyse mit dem Schwerpunkt auf dem Einfluss der Stakeholder, Wiesbaden, 2006.

Copeland, T./Antikarov, V. (2002): Realoptionen, Ulm, 2002.

Cranshaw, F. L. (2009): Die Sicherheiten- bzw. Sicherungstreuhand in Sanierung und Abwicklung im Spiegel der Rechtsprechung, in: Zeitschrift für Wirtschafts- und Bankrecht, 36, 2009, S. 1682–1689.

Cranshaw, F. L. (2012a): ESUG: Vorfahrt für die Sanierung im Insolvenzverfahren, in: BankPraktiker, 2, 2012, S. 6–13.

Cranshaw, F. L. (2012b): Das Schutzschirmverfahren, in: Clemens, M./Cranshaw, F. L. et al., Hrsg.: Problematische Firmenkundenkredite, 4. Auflage, Heidelberg, 2012, S. 431–447.

Cranshaw, F. L./Steinwachs, T./Bruhn, H. (2013): Problemfelder der Avale in Krise und Insolvenz des Avalauftraggebers, in: Zeitschrift für das gesamte Insolvenzrecht, 22, 2013, S. 1005–1017.

Cranshaw, F. L./Paulus, C. G./Michel, N., Hrsg. (2016a): Bankenkommentar zum Insolvenzrecht, Band 1, 3. Auflage, Heidelberg, 2016.
Cranshaw, F. L./Paulus, C. G./Michel, N., Hrsg. (2016b): Bankenkommentar zum Insolvenzrecht, Band 2, 3. Auflage, Heidelberg, 2016.
Cranshaw, F. L. (2017): Forderungsverfolgung: Zwischen Sanierungskultur und Krisenprävention, in: InsoPraktiker, 9–10, 2017, S. 102–109.
Cranshaw, F. L./Welsch, F. M. (2017): Kalte beziehungsweise stille Zwangsverwaltung, in: Deutsche Zeitschrift für Wirtschafts- und Insolvenzrecht, 3, 2017, S. 101–133.
Creditreform (2017): Insolvenzen in Deutschland, Jahr 2017, Neuss, 2017.
Crone, A. (2017): Erstellung von Sanierungskonzepten, in: Crone, A./Werner, H., Hrsg.: Handbuch modernes Sanierungsmanagement, 5. Auflage, München, 2017, S. 65–108.
Crone, A./Kreide, R. (2017a): Finanzwirtschaftliche Sanierungsmaßnahmen, in: Crone, A./Werner, H., Hrsg.: Handbuch modernes Sanierungsmanagement, 5. Auflage, München, 2017, S. 157–208.
Crone, A./Kreide, R. (2017b): Steuerliche Aspekte im Rahmen der Sanierung, in: Crone, A./Werner, H., Hrsg.: Handbuch modernes Sanierungsmanagement, 5. Auflage, München, 2017, S. 421–454.
Crone, A./Werner, H. (2017): Prüfung der Insolvenztatbestände, in: Crone, A./Werner, H., Hrsg.: Handbuch modernes Sanierungsmanagement, 5. Auflage, München, 2017, S. 31–63.
Cyert, R. M./March, J. G. (1963): A behavioral theory of the firm, New Jersey, 1963.
Dauernheim, J./Schörnig, U. (2018): Aussonderung, Absonderung und Aufrechnung im Insolvenzverfahren, in: Wimmer, K./Dauernheim, J./Wagner, M./Gietl, J., Hrsg.: Handbuch des Fachanwalts Insolvenzrecht, 8. Auflage, Köln, 2018, S. 508–556.
Dauernheim, J. (2018): Insolvenzanfechtung, in: Wimmer, K./Dauernheim, J./Wagner, M./Gietl, J., Hrsg.: Handbuch des Fachanwalts Insolvenzrecht, 8. Auflage, Köln, 2018, S. 644–729.
David, S. (2001): Externes Krisenmanagement aus Sicht der Banken, Köln, 2001.
Depré, P. (2017): Die stille Zwangsverwaltung – Zweckmäßigkeit und Grenzen, in: Zeitschrift für Immobilienrecht, 1, 2017, S. 27–32.
Deutscher Sparkassen– und Giroverband (2006): Modell Pro – Organisation und Prozesse der Problemkreditbearbeitung, Berlin, 2006.
Dippmann, A./Jordans, R. (2008): Globalzession – BGH sorgt für Rechtssicherheit, in: BankPraktiker, 3, 2008, S. 132–136.
Dixit, A. K./Nalebuff, B. J. (1997): Spieltheorie, Stuttgart, 1997.
Dobler, T. (2009): Ertrags– und Liquiditätsplanung, Herne, 2009.
Draxlinger, M./Schöning, S. (2014): Steuerung von Abwicklungsabteilungen, in: BankPraktiker, 5–6, 2014, S. 216–223.
Drukarczyk, J. (1992): Theorie und Politik der Finanzierung, 2. Auflage, München, 1992.
Dürr, R./Schnüttgen, M. (2011): Einflussfaktoren auf das Prozess(neu)design, in: Dürr, R./Schnüttgen, M., Hrsg.: Optimierung der Kreditprozesse, Heidelberg, 2011, S. 9–59.
DSGV, Hrsg. (2013): Modell K 3.0 – Schlanke IT-optimierte, Neugeschäftsprozesse im Kreditbereich – Projektdokumentation, Version 1.1, Berlin, 2013.
DSGV, Hrsg. (2014): Mindestanforderungen an das Risikomanagement – Interpretationsleitfaden, Version 5.1, Berlin, 2014.
DSGV, Hrsg. (2015): Modell Pro 2.0 – Problemkredite effizient und ergebnisorientiert managen Projektdokumentation, Berlin, 2015.
DSGV, Hrsg. (2018): Mindestanforderungen an das Risikomanagement Interpretationsleitfaden, Version 6, Berlin, 2018.
DVFA (2008): DVFA–Grundsätze für Effektive Finanzkommunikation, Dreieich, 2008.

Eidenmüller, H. (1996): Die Banken im Gefangenendilemma: Kooperationspflichten und Akkordstörungsverbot im Sanierungsrecht, in: Zeitschrift für das gesamte Handelsrecht und Wirtschaftsrecht, 160, 1996, S. 343–373.

Eichhorn, K. T./Warnke, L. (2003): Das Überleben wird gesichert, in: Droege & Comp., Hrsg.: Restrukturierungs Management, Köln, 2003, S. 19–68.

Emmrich V./Titz, H. J. (2004): Krisentreiber und kritische Erfolgsfaktoren der Krisenbewältigung aus Bankensicht, in: Wieselhuber & Partner, Hrsg.: Erfolgsfaktoren der Unternehmenssanierung, 2004.

Erbe, T. (2017): Vorinsolvenzrechtliches Sanierungsverfahren: Wesentliche Punkte des Richtlinienvorschlags, in: InsoPraktiker, 9–10, 2017, S. 110–115.

EZB (2017a): Leitfaden für Banken zu notleidenden Krediten, Frankfurt, 2017, S. 1–145.

EZB (2017b): Ergänzung zum Leitfaden für Banken zu notleidenden Krediten, Frankfurt, 2017, S. 1–13.

Falk, U./Schäfer, C. (2004): Insolvenz- und gesellschaftsrechtliche Haftungsrisiken der übertragenden Sanierung, in: Zeitschrift für Wirtschaftsrecht, 29, 2004, S. 1337–1346.

Falter, M. (2007): Die Praxis des Kreditgeschäfts, 17. Auflage, Stuttgart, 2007.

Faulhaber, P., Grabow, H.-J. (2009): Turnaround-Management in der Praxis, 4. Auflage, Frankfurt, 2009.

Fechner, D./Kober, B. (2004): Praxis der Unternehmenssanierung, 2. Auflage, Würzburg, 2004.

Flebbe, M. (2010): Institutszwangsverwaltung Auslauf- oder Zukunftsmodell, in: ForderungsPraktiker, 4, 2010, S. 174–181.

Flöther, L., Hrsg. (2018): Konzerninsolvenzrecht, 2. Auflage, München, 2018.

Foerste, U. (2008): Insolvenzrecht, 4. Auflage, München, 2008.

Freeman, R. E. (1984): Strategic Management – A Stakeholder Approach, Marchfield, 1984.

Frind, F. (2011a): Fortgeschriebene Verfahrenskennzahlenauswertung – was Insolvenzverwalter leisten können, in: Zeitschrift für das gesamte Insolvenzrecht, 5, 2011, S. 170–178.

Frind, F. (2011b): Hilfestellung zur Formulierung eines Anforderungsprofils an einen erfolgreichen Insolvenzverwalter: die fortgeschriebene Verfahrenskennzahlenauswertung, in: Zeitschrift für das gesamte Insolvenzrecht, 43, 2011, S. 1913–1921.

Frind, F. (2011c): Die Praxis fragt, „ESUG“ antwortet nicht, in: Zeitschrift für das gesamte Insolvenzrecht, 50, 2011, S. 2249–2261.

Frind, F. (2012): Anmerkungen zur Musterbescheinigung des IDW nach § 270b Abs. 1 Satz 3 InsO, in: Zeitschrift für das gesamte Insolvenzrecht, 12, 2012, S. 540–541.

Fröhlich, A./Sitter, T. (2009): Sicherheitenverwertung: Realisierung maximaler Erlöse im Rahmen übertragender Sanierungen, in: BankPraktiker, 7–8, 2009, S. 378–383.

Fröhlich, A. (2011): Überprüfung von Insolvenzplänen aus Gläubigersicht, in: ForderungsPraktiker, 1, 2011, S. 38–45.

Fröhlich, A./Ringelspacher, E./Röver, N. (2012): Problematische Bescheinigung für das Schutzschirmverfahren, in: ForderungsPraktiker, 6, 2012, S. 268–274.

Füser, K./Weber, M. (2005): Mindestanforderungen an das Risikomanagement (MaRisk), Wiesbaden, 2005.

Geiwitz, A./Schneider, W. (2010): Person des Insolvenzverwalters: Qualifikation und Organisation, in: IQS – Institut für Qualität und Standards in der Insolvenzabwicklung (Hrsg.): MaInsO – Mindestanforderungen an die Insolvenzabwicklung, Heidelberg, 2010, S. 7–81.

Gehrlein, M. (2017a): Aktuelle höchstrichterliche Rechtsprechung zum Insolvenzrecht (Teil 1), in: Der Betrieb, 8, 2017, S. 411–416.

Gehrlein, M. (2017b): Aktuelle höchstrichterliche Rechtsprechung zum Insolvenzrecht (Teil 2), in: Der Betrieb, 9, 2017, S. 472–477.

Geist, A. (2008): Die Besteuerung von Sanierungsgewinnen – Zur Anwendbarkeit, Systematik und Auslegung des BMF–Schreibens vom 27.03.2003, in: Betriebs-Berater, 49, 2008, S. 2658–2666.

Gerhards, H./Keller, H. (2009): Die Zwangsversteigerung, Köln, 2009.

Gietl, J. (2018): Insolvenzplanverfahren, in: Wimmer, K./Dauernheim, J./Wagner, M./Gietl, J., Hrsg.: Handbuch des Fachanwalts Insolvenzrecht, 8. Auflage, Köln, 2018, S. 1240–1333.

Gleißner, W. (2008): Die Rating–Qualität verbessern, in: Die Bank, 9, 2008, S. 50–55.

Gleumes, G. (2005): Der Verkauf von notleidenden Krediten an Distressed-Debt-Investoren, in: Jobe, C. J./Stachuletz, R., Hrsg.: Workout – Management und Handel von Problemkrediten, Frankfurt, 2005, S. 349–386.

Goette, W. (2008): Einführung in das neue GmbH-Recht, München, 2008.

Gogger, M. (2005): Insolvenzrecht, München, 2005.

Gräfer, H. (2008): Bilanzanalyse, 10. Auflage, Herne, 2008

Gramlich, D. (2002): Kreditinstitute und Cross Risks, Wiesbaden, 2002.

Grell, F./Splittgerber, D. (2017): Gestaltungsmöglichkeiten bezüglich des Gerichtsstands bei der nationalen Konzerninsolvenz, in: Der Betrieb, 26, 2017, S. 1497–1501.

Grigg, R. (2005): BWA–Analyse in der Kreditpraxis, 2. Auflage, Heidelberg, 2005.

Groß, P. J./Amen, M. (2002a): Die Fortbestehensprognose – Rechtliche Anforderungen und ihre betriebswirtschaftlichen Grundlagen, in: Die Wirtschaftsprüfung, 5, 2002, S. 225–240.

Groß, P. J./Amen, M. (2002b): Die Erstellung der Fortbestehensprognose, in: Die Wirtschaftsprüfung, 9, 2002, S. 433–450.

Groß, P. J./Amen, M. (2003): Das Beweismaß der „überwiegenden Wahrscheinlichkeit“ im Rahmen der Glaubhaftmachung einer Fortbestehensprognose, in: Die Wirtschaftsprüfung, 9, 2002, S. 67–89.

Groß, P. J. (2007): Anforderungen an Sanierungskonzepte, in: Krisen-, Sanierungs-, und Insolvenzberatung, 2, 2007, S. 49.

Groß, P. J. (2008): Anforderungen an Sanierungskonzepte, in: Krisen-, Sanierungs-, und Insolvenzberatung, 2, 2008, S. 49.

Groß, P. J. (2009): Wesentliche Gesichtspunkte der Erarbeitung von IDW ES 6 – Zu den Hinter–gründen des IDW Standards: Anforderungen an die Erstellung von Sanierungskonzepten, in: Die Wirtschaftsprüfung, 5, 2009, S. 231–245.

Groß, P. J. (2013): Zur Abgrenzung der handelsrechtlichen Fortführungsprognose von der insolvenzrechtlichen Fortbestehensprognose, in: Krisen-, Sanierungs- und Insolvenzberatung, 2, 2013, S. 64–69.

Grünberger, D. (2009): IFRS 2009 – Ein systematischer Leitfaden, 7. Auflage, Herne, 2009.

Hahne, K. D. (2010): Umsatzsteuerliche Risiken bei der Verwertung von Sicherungsgut, in: ForderungsPraktiker, 1, 2010, S. 10–13.

Hanken, C. (2005): Der Insolvenzplan als Sanierungshilfe, in: Portisch, W./Shahidi, K., Hrsg.: Sanierung und Restrukturierung von kleineren und mittleren Unternehmen, Bern, 2005, S. 285–315.

Hannemann, R./Schneider, A. (2011): Mindestanforderungen an das Risikomanagement (MaRisk), 3. Auflage, Stuttgart, 2011.

Harz, M./Hub, H.-G./Schlarb, E. (1999): Sanierungs-Management, 2. Auflage, Düsseldorf, 1999.

Haunschild, M. (2010): Alternativen zur Zwangsversteigerung, in: ForderungsPraktiker, 1, 2010, S. 18–25.

Hefermehl, H. (2018): Die Regelinsolvenz: Eröffnungsantrag und Antragsverfahren – Insolvenzeröffnungsgründe, in: Wimmer, K./Dauernheim, J./Wagner, M./Gietl, J., Hrsg.: Handbuch des Fachanwalts Insolvenzrecht, 8. Auflage, Köln, 2018, S. 1–113.

Henning, T. (2016): Verteidigung gegen Anfechtungshandlungen des Insolvenzverwalters, in: Portisch et al., Hrsg.: Problematische Firmenkundenkredite, 5. Auflage, Heidelberg, 2016, S. 560–568.

Herbst, C./Hörmann, M./Reus, A. (2012): Das Schutzschirmverfahren nach § 270b, in: ForderungsPraktiker, 4, 2012, S. 158–165.

Hess, H. (2009): Sanierungshandbuch, 4. Auflage, Köln, 2009.

Hesse, F./Kuklick, C./Pfingsten, A. (2012): Sanierung und Abwicklung in Sparkassen und Genossenschaftsbanken, in: Zeitschrift für das gesamte Kreditwesen, 15, 2012, S. 746–750.

Hill, C. W. L./Jones, T. M. (1992): Stakeholder–Agency Theory, in: Journal of Management Studies, 29, 1992, S. 131–154.

Hirschman, A. O. (1974): Abwanderung und Widerspruch, Tübingen, 1974.

Hirte, H. (2008): Neuregelungen mit Bezug zum gesellschaftsrechtlichen Gläubigerschutz und im Insolvenzrecht durch das Gesetz zur Modernisierung des GmbH-Rechts und zur Bekämpfung von Missbräuchen, in: Zeitschrift für das gesamte Insolvenzrecht, 13, 2008, S. 689–702.

Holtkötter, D. (2012): Freiberufler in der Krise, in: ForderungsPraktiker, 4, 2012, S. 172–178.

Holtkötter, D. (2017): Anforderungen an Sanierungskonzepte „light“: aus Bankensicht, in: ForderungsPraktiker, 3–4, 2017, S. 76–79.

Hören, M. v. (2003): Führungskräftevergütung in Banken: Aktuelle Befunde zu festen und variablen Bezügen, in: Die Bank, 1, 2003, S. 22–24.

Horstkotte, M./Martini, T. (2012): Die Einbeziehung der Anteilseigner in den Insolvenzplan nach ESUG, in: Zeitschrift für das gesamte Insolvenzrecht, 13, 2012, S. 557–581.

Horváth, P./Mayer, R. (1989), Prozesskostenrechnung, in: Zeitschrift für Controlling, 1989, 4, S. 214–219.

Horváth, P./Gleich, R./Seiter, M. (2015): Controlling, 13. Auflage, München, 2015.

Hull, J. (2012): Optionen, Futures und andere Derivate, 8. Auflage, München, 2012.

IDW, Hrsg. (2000): Anforderungen an Insolvenzpläne (IDW S 2), in: Die Wirtschaftsprüfung, 6, 2000, S. 285–295.

IDW, Hrsg. (2002): IDW Prüfungsstandard: Prüfung der Adressausfallrisiken und des Kreditgeschäfts von Kreditinstituten (IDW PS 522), in: IDW Fachnachrichten, 11, 2002, S. 623–640.

IDW, Hrsg. (2009): Beurteilung eingetretener oder drohender Zahlungsunfähigkeit bei Unternehmen (IDW PS 800 n. F.), in: IDW Fachnachrichten, 4, 2009, S. 161–169.

IDW, Hrsg. (2012a): IDW Standard: Anforderungen an die Erstellung von Sanierungskonzepten (IDW S 6), in: IDW Fachnachrichten, 12, 2012, S. 719–741.

IDW, Hrsg. (2012b): Entwurf IDW Standard: Bescheinigung nach § 270b InsO (IDW ES 9),), in: IDW Fachnachrichten, 4, 2012, S. 282–286.

IDW, Hrsg. (2013): Zusammenwirken von handelsrechtlicher Fortführungsannahme und insolvenzrechtlicher Fortbestehensprognose, in: Krisen-, Sanierungs- und Insolvenzberatung, 2, 2013, S. 70–74.

IDW, Hrsg. (2014): IDW-Standard: Bescheinigung nach § 270b InsO (IDW S 9), 2014.

IDW, Hrsg. (2017a): IDW Standard: Beurteilung des Vorliegens von Insolvenzeröffnungsgründen (IDW S 11) vom 22.08.2016, in: IDW Life, 3, 2017, S. 332–342.

IDW, Hrsg. (2017b): Entwurf einer Neufassung des IDW Prüfungsstandards: Die Beurteilung der Fortführung der Unternehmenstätigkeit im Rahmen der Abschlussprüfung (IDW EPS 270 n.F.) vom 19.10.2017.

IDW, Hrsg. (2018a): IDW Standard: Anforderungen an Sanierungskonzepte (IDW S 6), in: IDW Life, 8, 2018, S. 813–826.

IDW, Hrsg. (2018b): Fragen und Antworten: Zur Erstellung und Beurteilung von Sanierungskonzepten nach IDW S 6 (F & A zu IDW S 6), in: IDW Life, 8, 2018, S. 826–847.

Ifftner, A. (2012): Organisation der Sanierungsbearbeitung in Kreditinstituten, in: ISU Institut für die Standardisierung von Unternehmenssanierungen: Mindestanforderungen an Sanierungskonzepte (MaS), 2. Auflage, Heidelberg, 2012, S. 215–249.

Insolvenzordnung, 15.Auflage, München, 2012.

Janssen, B. (2005): Steuererlass in Sanierungsfällen – faktisches Wiederauflegen des § 3 Nr. 66 EstG a. F.?!, in: Betriebs-Berater, 19, 2005, S. 1026–1027.

Jensen, M. C./Meckling, W. H. (1976): Theory of the Firm: Managerial Behavior, Agency Costs and Ownership Structure, in: Journal of Financial Economics, 1976, S. 305–360.

Jung, B./Schuller, P. (2013): Das Zusammenspiel der Kräfte im Schutzschirmverfahren, Krisen-, Sanierungs- und Insolvenzberatung, 3, 2013, S. 122–125.

Jung, B./Meißner, F./Rep, T. (2017): Der präventive Restrukturierungsrahmen als Äquivalent zum Schutzschirmverfahren, in: Krisen-, Sanierungs- und Insolvenzberatung, 7, 2017, S. 245–250.

Kämpfer, G. (1997): „Zur Vereinbarkeit von Jahresabschlußprüfungen und Beratung" – das BGH-Urteil vom 21. April 1997, in: Die Betriebswirtschaft, 57. Jahrgang, Nr. 6, 1997, S. 869–872.

Kaiser, T. (2011): Berücksichtigung der Operationellen Risiken, in: Hofmann, G., Hrsg.: Basel III und MaRisk, Frankfurt, 2011, S. 285–309.

Kajüter, P./Hannen, S./Huth, M. (2014): Prognosebericht nach DRS 20 – Anforderungen und Berichtspraxis bei kapitalmarktorientierten Unternehmen, in: Der Betrieb, 50, 2012, S. 2841–2848.

Kammel, V. (2000): Ausgewählte Probleme des Unternehmenskaufs in der Insolvenz, in: Zeitschrift für das Recht der Insolvenz und Sanierung, 3, 2000, S. 102–107.

Kayser, G./Thole, C., Hrsg. (2018): Insolvenzordnung, 9. Auflage, Heidelberg, 2018.

Kenner, D. E. (2005): Unternehmensfinanzierungen bei Krise, Sanierung und Insolvenz, Wiesbaden, 2005.

Kessler, H./Leinen, M./Strickmann, M., Hrsg. (2008): Bilanzrechtsmodernisierungsgesetz – Die neue Handelsbilanz, Freiburg, 2008.

Kirchhof, H.-P./ Stürner, R./Eidenmüller, H., Hrsg. (2013): Münchener Kommentar zur Insolvenzordnung, 3. Auflage, Band 1, München, 2013.

Kirchhof, H.-P./ Stürner, R./Eidenmüller, H., Hrsg. (2013): Münchener Kommentar zur Insolvenzordnung, 3. Auflage, Band 2, München, 2013.

Kirf, B./Rolke, L. (2002): Der Stakeholder–Kompass, Frankfurt, 2002.

Kirsch, H. (2003): Gestaltungspotenzial durch verdeckte Bilanzierungswahlrechte nach IAS/IFRS, in: Deutsches Steuerrecht, 58, S. 1111–1116.

Kirsch, H. (2006): Finanz– und erfolgswirtschaftliche Jahresabschlussanalyse nach IFRS – Aussagefähigkeit und Einfluss der IFRS–Rechnungslegung, 2. Auflage, München, 2006.

Klinkmann, W. (1996): Interim–Management, in: IGA Internationales Gewerbearchiv, Zeitschrift für Klein- und Mittelunternehmen, 44. Jahrgang, 3, 1996, S. 193–203.

KPMG (2002): Kreditinstitute und Unternehmenskrisen, Berlin, 2002.

Kranzusch, P./Icks, A. (2009): Die Quoten der Insolvenzgläubiger in Regel- und Insolvenzplanverfahren, Bonn, 2009, S. 1–51.

Kratz, T. (1996): Krisenmanagement durch Steuerberater für Mittelständische Unternehmungen, Aachen, 1996.

Kraus, K./Haghani, S. (2004): Krisenverlauf und Krisenbewältigung – der aktuelle Stand, in: Bickhoff, N./Blatz, M., Hrsg.: Die Unternehmenskrise als Chance, Heidelberg, 2004, S. 13–37.

Kraus, A./Lenger, N./Radner, B. (2012): „Viel zu kurz gesprungen...", in: Zeitschrift für das gesamte Insolvenzrecht, 13, 2012, S. 587–589.

Kremers, T. (2007): Kreditderivate und Structured Credit, Stuttgart, 2007.

Kruschwitz, L. (2014): Investitionsrechnung, 14. Auflage, München, 2014.

Krystek, U. (2005): Analyse von "Weak Signals" für die Vermeidung von Ad–hoc–Krisen, in: Burmann, C./Freiling, J./Hülsmann, M., Hrsg.: Management von Ad–hoc–Krisen, Wiesbaden, 2005, S. 169–184.

Kümmel, L./Viehoff, M. (2012): Massekredit, in: Clemens, M./Cranshaw, F. L. et al., Hrsg.: Problematische Firmenkundenkredite, 4. Auflage, Heidelberg, 2012, S. 511–543.

Küting, K./Weber, C.-P. (2012): Die Bilanzanalyse, 10. Auflage, Stuttgart, 2012.

Kudla, R. (2005): Finanzierung in der Sanierung, Wiesbaden, 2005.

Kurfels, M. (2018): Neue Vorgaben zum Risikoberichtswesen in BT 3 MaRis, in: Buchmüller, P./ Pfeifer, G., Hrsg.: MaRisk-Interpretationshilfen, 5. Auflage, Heidelberg, 2018.

Lauer, J. (2005): Das Kreditengagement zwischen Sanierung und Liquidation, 4. Auflage, Stuttgart, 2005.

Lerche, N./Wahl, T. (2004): Unternehmenskauf aus der Insolvenz – Rechtliche Rahmenbedingungen und praktische Aspekte, in: Brühl, V./Göpfert, B., Hrsg.: Unternehmensrestrukturierung – Strategien und Konzepte, Stuttgart, 2004, S. 365–419.

Liebl, F. (1996): Strategische Frühaufklärung, München, 1996.

Litke, H.-D. (2004): Projektmanagement, 4. Auflage, München, 2004.

Littkemann, J./Madrian, J.-P. (2000): Die Rolle des Insolvenzverwalters aus der Perspektive des Principal-Agent-Ansatzes, in: Beck, M./Möhlmann, T., Hrsg.: Sanierung und Abwicklung in der Insolvenz: Erfahrungen, Chancen, Risiken, Berlin, 2000, S. 74–107.

Löw, E., Hrsg. (2005): Rechnungslegung für Banken nach IFRS, 2. Auflage, Wiesbaden, 2005.

Lubos, G. (2002): Finanzierung in der Unternehmenskrise, in: Krimphove, D./Tytko, D., Hrsg.: Praktiker–Handbuch Unternehmensfinanzierung, Stuttgart, 2002, S. 1019–1035.

Lützenrath, C./Peppmeier, K./Schuppener, J. (2006a): Bankstrategien für Unternehmenssanierungen, Wiesbaden, 2. Auflage, 2006.

Lützenrath, C./Peppmeier, K./Schuppener, J. (2006b): Distressed Debt und Non–Performing Loans, Wiesbaden, 2. Auflage, 2006.

Lützenrath, C. (2012): Umsetzung des Sanierungskonzeptes in der Praxis, in: ISU Institut für die Standardisierung von Unternehmenssanierungen: Mindestanforderungen an Sanierungskonzepte (MaS), Heidelberg, 2012, S. 129–164.

Lurati M. C./Passarge, M./Torwegge, C./Werthmann–Feldhues, A. (2009): Das neue GmbH–Recht, Freiburg, 2009.

Lwowski, H.-J./Merkel, H. (2003): Kreditsicherheiten, 8. Auflage, Berlin, 2003.

Maatz, B. (2017): Entscheidungskriterien für die Auswahl von Sanierungsberatern, in: Krisen-, Sanierungs- und Insolvenzberatung, 4, 2017, S. 158–164.

Maatz, B./Neuhaus, R. (2017): Kompetenzbewertung in der Sanierungspraxis, in: Krisen-, Sanierungs- und Insolvenzberatung, 6, 2017, S. 251–257.

Märki, M. (2004): Die Sanierung von krisenbehafteten Grossunternehmen aus Sicht der Gläubigerbanken, Bern, 2004.

March, J. G./Simon, H. A. (1958): Organizations, New York, 1958.

Meffert, H. (2001): Marketing, 9. Auflage, Wiesbaden, 2001.

Meffert, H./Burmann, C./Kirchgeorg, Marketing, 11. Auflage, Wiesbaden, 2012.

Menke, T. (2003): Der Erwerb eines Unternehmens aus der Insolvenz – das Beispiel der übertragenden Sanierung, in: Betriebswirtschaftliche Blätter, 22, 2003, S. 1133–1141.

Merten, M. (2012): Die neue Insolvenzrechtsreform 2012 (ESUG), Weil, 2012.

Meyer, H. (2000): Forderungsverzicht, Rangrücktritt und Erfüllungsübernahme zur Abwendung der Überschuldung, in: Beck, M./Möhlmann, T., Hrsg.: Sanierung und Abwicklung in der Insolvenz, Berlin, 2000, S. 55–72.

Michel, N./Danckelmann, V. v. (2010): Das scharfe Schwert des Insolvenzverwalters: Die Insolvenzanfechtung, in: BankPraktiker, 2, 2010, S. 86–94.

Minz, K.-A. (2003): Operationelle Risiken in Kreditinstituten, Frankfurt., 2003.
Mock, S. (2017): Das neue Konzerninsolvenzrecht nach dem Gesetz zur Erleichterung der Bewältigung von Konzerninsolvenzen, in: Der Betrieb, 17, 2017, S. 951–957.
Möhrle, M. G./Müller, S. (2005): Frühzeitige Krisenwahrnehmung durch Szenarien und anknüpfende Methoden, in: Burmann, C./Freiling, J./Hülsmann, M. Hrsg.: Management von Ad-hoc-Krisen, Wiesbaden, 2005, S. 185–205.
Moldenhauer, R./Herrmann, W./Wolf, R./Drescher, F. (2013): Die ersten 1 ½ Jahre ESUG, Frankfurt, 2013, S. 1–14.
Moldenhauer, R./Wolf, R. (2018): Sechs Jahre ESUG, Frankfurt, 2018, S. 1–16.
Müller, W. (1985): Duden "Bedeutungswörterbuch", 2. Auflage, Mannheim, 1985.
Müller, R.: (1986): Krisenmanagement in der Unternehmung, 2. Auflage, Bern, 1986.
Müller–Feldhammer, R. (2003): Die übertragende Sanierung – ein ungelöstes Problem der Insolvenzrechtsreform, in: Zeitschrift für Wirtschaftsrecht, 28, 2003, S. 2186–2193.
Müller–Ganz, J. (2004): Turnaround, Zürich, 2004.
Müller, S./Peskes, M. (2006): Die Segmentberichterstattung als Instrument der Corporate Governance, in: Zeitschrift für Corporate Governance, 1, 2006, S. 33–38.
Neubert, K. D.: (2010): Das Hannoveraner Modell zur Verwalterauswahl, in: Zeitschrift für das gesamte Insolvenzrecht, 3, S. 73–78.
Nobbe, G., Hrsg. (2018): Kommentar zum Kreditrecht, 3. Auflage, Heidelberg, 2018.
Noeske, M. (2005): Restrukturierung der Prozesse, in: Portisch, W./Shahidi, K., Hrsg.: Sanierung und Restrukturierung von kleineren und mittleren Unternehmen, Bern, 2005, S. 200–239.
Obermüller, M. (2016): Insolvenzrecht in der Bankpraxis, 9. Auflage, Köln, 2016.
Paffenholz, G./Kranzusch, P. (2007): Insolvenzplanverfahren – Sanierungsoption für mittelständische Unternehmen, in: Institut für Mittelstandsforschung Bonn, Hrsg.: Schriften zur Mittelstandsforschung Nr. 114 NF, Wiesbaden, 2007.
Palandt, O., Hrsg. (2018): Bürgerliches Gesetzbuch, 77. Auflage, München, 2018.
Pannen, K./Deuchler, I./Kahlert, G./Undritz, S. H. (2004): Sanierungsberatung, Köln, 2004.
Paul, S./Stein, S. (2013): FiKomm 2012 – Klimawandel in der Finanzkommunikation, Hamburg, 2013, S. 1–20.
Pellens, B./Füllbier, R. U./Gassen, J./Sellhorn, T. (2008): Internationale Rechnungslegung, 7. Auflage, Stuttgart, 2008.
Peppmeier, K./Neumann, A.: (2005): Organisation und Management eines Sicherheitenpools, in: Betriebswirtschaftliche Blätter, 1, 2005, S. 53–55.
Peppmeier, K./Schuppener, J. (2012): Inhalte des Sanierungskonzepts, in: ISU – Institut für die Standardisierung von Unternehmenssanierungen (Hrsg.): Mindestanforderungen an Sanierungskonzepte (MaS), 2. Auflage, Heidelberg, 2012, S. 49–127.
Perridon, L./Steiner, M./Rathgeber, A. (2012): Finanzwirtschaft der Unternehmung, 14. Auflage, München, 2012.
Pochmann, G. (2013): Der Konzernjahresabschluss nach Handelsgesetzbuch (HGB) und International Financial Reporting Standards (IFRS) – Der Konzernlagebericht nach DRS 20, Düsseldorf, 2013, S. 1–25.
Pohl, R. (2011): Kann IDW S 6 Marktstandard werden? in: Zeitschrift für das gesamte Insolvenzrecht, 6, 2011, S. 207–211.
Porter, M. E. (2000): Wettbewerbsvorteile – Spitzenleistung erreichen und behaupten, 6. Auflage, Frankfurt am Main, 2000.
Porter, M. E. (2013): Wettbewerbsstrategie – Methoden zur Analyse von Branchen und Konkurrenten, 12. Auflage, Frankfurt am Main, 2013.
Portisch, W. (1997): Überwachung und Berichterstattung des Aufsichtsrats im Stakeholder-Agency-Modell, Frankfurt am Main, 1997.

Portisch, W. (2003a): Sanierung von mittelständischen Unternehmen aus Sicht der Banken, in: Bouncken, R., Hrsg.: Management vom KMU und Gründungsunternehmen, Wiesbaden, 2003, S. 319–334.
Portisch, W. (2003b): KMU-Monitoring per Internet: Kreditrisiken frühzeitig erkennen, in: Die Bank, 5, 2003, S. 318–320.
Portisch, W. (2004): Sanierung: Die Kraft der Kommunikation, in: Die Bank, 10, 2004, S. 56–59.
Portisch, W. (2005a): Verbundene Kreditrisiken systematisch managen: Die verborgene Gefahr, in: Die Bank, 7, 2005, S. 52–56.
Portisch, W. (2005b): Krisenerkennung und Einleitung eines Sanierungsprozesses in kleinen und mittleren Unternehmen, in: Portisch, W./Shahidi, K., Hrsg.: Sanierung und Restrukturierung von kleineren und mittleren Unternehmen, Bern, 2005, S. 3–32.
Portisch, W. (2005c): Sofortmaßnahmen zur Sicherung der Liquidität und des Eigenkapitals, in: Portisch, W./Shahidi, K., Hrsg.: Sanierung und Restrukturierung von kleineren und mittleren Unternehmen, Bern, 2005, S. 35–64.
Portisch, W. (2006a): Sanierung aus Bankensicht, Bern, 2006.
Portisch, W. (2006b): Firmenkundengeschäft: Im Netz der Konzernrisiken, in: Die Bank, 3, 2006, S. 46–50.
Portisch, W. (2006c): Stakeholder-Management in der Sanierung: Koalitionen bilden, in: Die Bank, 8, 2006, S. 54–58.
Portisch, W. (2006d): Key-Akteure im Sanierungsprozess: Haftungsrisiken vermeiden, in: Die Bank, 12, 2006, S. 58–62.
Portisch, W./Bode, C. (2007a): Globalzession – Sicherheit ohne Wert? – Tatsächliche und rechtliche Werthaltigkeit der Globalzession in der Krise und Insolvenz vor dem Hintergrund der neueren Rechtsprechung, in: BankPraktiker, 3, 2007, S. 142–147.
Portisch, W. (2007b): Interim Manager – Professionelle Umsetzung einer Sanierung, in: Die Bank, 4, 2007, S. 36–39.
Portisch, W. (2007c): Richtig finanzieren in der Krise und Sanierung, in: Die Bank, 11, 2007, S. 38–40.
Portisch, W./Reiner, K./Schuppener, J. (2007d): Grundsätze ordnungsgemäßer Sanierungskonzepte (GoS), in: BankPraktiker, 10, 2007, S. 468–473.
Portisch, W./Seidel, C. (2007e): Kapitallebensversicherungen: Alternativen der Verwertung aus Sicht der Kreditinstitute, in: BankPraktiker, 11, 2007, S. 540–548.
Portisch, W./Maatz, B./Ifftner, A. (2007f): Lösung von Unternehmenskrisen im Zusammenspiel von Unternehmer, Berater und Bank, in: Zeitschrift für das gesamte Kreditwesen, 24, 2007, S. 29–31.
Portisch, W. (2008a): Finanzierung im Unternehmenslebenszyklus, München, 2008.
Portisch, W. (2008b): Creditor Relations im Firmenkundengeschäft – Beziehungsmanagement verbessern, in: Die Bank, 1, 2008, S. 44–47.
Portisch, W. (2008c): Creditor Relations im Firmenkundengeschäft – Kodex für KMU, in: Die Bank, 2, 2008, S. 44–47.
Portisch, W./Ifftner, A./Düerkop, C. (2008d): Erfolgsfaktor Sanierungsgutachten – Empirische Untersuchung zur Qualität von Sanierungsgutachten, in: BankPraktiker, 11, 2008, S. 494–500.
Portisch, W. (2008f): Effiziente Sanierungsprozesse in Banken und Sparkassen, Heidelberg, 2008.
Portisch, W. (2009a): Unternehmenssanierung – Die Rolle der Finanzinvestoren, in: Die Bank, 2, 2009, S. 34–38.
Portisch, W. (2009b): Variable Vergütung in der Sanierung – Leistungsanreize setzen, in: Die Bank, 3, 2009, S. 60–62.
Portisch, W. (2009c): Fortführungsprognose für überschuldete Unternehmen – Wenn die Insolvenz droht, in: Die Bank, 5, 2009, S. 36–38.

Portisch, W. (2009d): Sanierungseinsatz – Gütesiegel für Beratungsqualität, in: Die Bank, 6, 2009, S. 44–48.

Portisch, W./Fröhlich, K./Ifftner, A./Maatz, B. (2009e): Unternehmenskrisen frühzeitig erkennen – Sanierung gemeinsam umsetzen, in: Zeitschrift für das gesamte Kreditwesen, 14/15, 2009, S. 39–42.

Portisch, W. (2009f): Neue Muster in der Problemkreditbetreuung – Insolvenzwelle, in: Die Bank, 12, 2009, S. 40–43.

Portisch, W. (2010a): Sanierung und Insolvenz aus Bankensicht, 2. Auflage, München, Wien, 2010.

Portisch, W. (2010b): Untersuchung von Sanierungsprozessen, in: Bachmann, M. / Bales, K. et al. (Hrsg.): Problematische Firmenkundenkredite, 3. Auflage, Heidelberg, 2010, S. 22–71.

Portisch, W./Keller, C. U./Lützenrath, C./Peppmeier, K./Schuppener, J. (2010c): Anforderungen an die Sanierung und Unternehmensfortführung in der Insolvenz, in: IQS – Institut für Qualität und Standards in der Insolvenzabwicklung (Hrsg.): MaInsO – Mindestanforderungen an die Insolvenzabwicklung, Heidelberg, 2010, S. 277–358.

Portisch, W. (2010d): Prozessoptimierung bei der Insolvenzabwicklung, in: IQS – Institut für Qualität und Standards in der Insolvenzabwicklung (Hrsg.): MaInsO – Mindestanforderungen an die Insolvenzabwicklung, Heidelberg, 2010, S. 591–630.

Portisch, W. (2010e): Zunächst saniert – dann doch gescheitert, in: Die Bank, 2, 2010, S. 28–31.

Portisch, W. (2010f): Risikoeffekte durch Branchenverzahnung – Steuerung des Kreditportfolios, in: Die Bank, 4, 2010, S. 52–55.

Portisch, W./Peppmeier, K./Schuppener, J. (2010g): Gestaltung von Sanierungen – Vergleich der Sanierungsstandards IDW S 6 und ISU–MaS, in: ForderungsPraktiker, 3, 2010, S. 110–116.

Portisch, W. (2010g): Drohende Insolvenzen frühzeitig erkennen, in: Die Bank, 7, 2010, S. 60–69.

Portisch, W./Neumann, M. (2010h): Insolvenzen: Bei der Abwicklung professionell agieren, in: Die Bank, 9, 2010, S. 50–53.

Portisch, W./Neumann, M. (2010i): Studie zur Abwicklung und zum Insolvenzverwalter, in: Betriebswirtschaftliche Blätter, 9, 2010, S. 498–504.

Portisch, W./Neumann, M. (2010j): Effiziente Insolvenzprozesse in Kreditinstituten, in: BankPraktiker, 10, 2010, S. 376–383.

Portisch, W./Neumann, M. (2010h): Effiziente Insolvenzprozesse in Banken und Sparkassen, Heidelberg, 2010.

Portisch, W. (2011a): Risikofrüherkennung per GuV–Simulation, in: Die Bank, 1, 2011, S. 60–62.

Portisch, W. (2011b): Insolvenzverwalterqualität gewährleisten, in: ForderungsPraktiker, 1, 2011, S. 8–13.

Portisch, W. (2011c): Intensivbetreuung während der Sanierung, in: Die Bank, 2, 2011, S. 32–34.

Portisch, W. (2011d): Stabilität im Finanziererkreis – Neugestaltung der Bankbeziehungen, in: Die Bank, 3, 2011, S. 50–53.

Portisch, W. (2011e): Den Sanierungsprozess konsistent gestalten, in: Die Bank, 4, 2011, S. 74–78.

Portisch, W. (2011f): Die Rolle von Steering Committees bei Sanierungen, in: bank und markt, 7, 2011, S. 38–41.

Portisch, W./Smit, M. (2011g): IFRS 9: Neue Bilanzierung von Wertberichtigungen, in: ForderungsPraktiker, 5, 2011, S. 214–219.

Portisch, W. (2012a): Firmensanierungen und Insolvenzen effektiv steuern, Köln, 2012.

Portisch, W./Holtkötter, D./Schuppener, J. (2012b): Rechtliche Anforderungen an Fortführungsprognosen, Fortbestehensprognosen und Sanierungskonzepte, in: ISU – Institut für die Standardisierung von Unternehmenssanierungen (Hrsg.): Mindestanforderungen an Sanierungskonzepte (MaS), 2. Auflage, Heidelberg, 2012, S. 1–15.

Portisch, W. (2012c): Beurteilung der Sanierungsstandards IDW S 6 und ISU-MaS, in: ISU – Institut für die Standardisierung von Unternehmenssanierungen (Hrsg.): Mindestanforderungen an Sanierungskonzepte (MaS), 2. Auflage, Heidelberg, 2012, S. 21–35.

Portisch, W./Schuppener, J. (2012d): Grundsätze ordnungsgemäßer Sanierungskonzepte (GoS), in: ISU – Institut für die Standardisierung von Unternehmenssanierungen (Hrsg.): Mindestanforderungen an Sanierungskonzepte (MaS), 2. Auflage, Heidelberg, 2012, S. 36–46.

Portisch, W. (2012e): Prozessstandard für Sanierungsumsetzungen, in: ISU – Institut für die Standardisierung von Unternehmenssanierungen (Hrsg.): Mindestanforderungen an Sanierungskonzepte (MaS), 2. Auflage, Heidelberg, 2012, S. 150–164.

Portisch, W./Holtkötter, D. (2012f): Going-Concern-Prognosen in der Unternehmenskrise, in: ForderungsPraktiker, 5, 2012, S. 214–219.

Portisch, W./Cranshaw, F. L. (2012g): Insolvenzverfahren: Mindestanforderungen an das Outsourcing von Dienstleistungen, in: ForderungsPraktiker, 6, 2012, S. 275–281.

Portisch, W./Neumann, M./Lüerßen, G. (2013a): Prozesshandbuch Sanierung, Abwicklung und Insolvenz, 2. Auflage, Heidelberg; 2013.

Portisch, W. (2013b): Abwicklungsprozesse in Insolvenzverwalterkanzleien und in Kreditinstituten, in: Krisen-, Sanierungs- und Insolvenzberatung, 1, 2013, S. 28–32.

Portisch, W. (2013c): Facetten der Sanierung, in: Die Bank, 2, 2013, S. 46–50.

Portisch, W./Neumann, M./Lüerßen, G (2013d): Abwicklungskonzepte: Prozesse festlegen und Erfolge messen, in: BankPraktiker, 5, 2013, S. 162–169.

Portisch, W./Neumann, M./Lüerßen, G. (2013e): Wertorientierte Sanierung, in: Die Bank, 6, 2013, S. 32–36.

Portisch, W. (2013f): Risikoerkennung und Sanierungswürdigkeitsprüfung durch Kreditinstitute, in: Krisen-, Sanierungs- und Insolvenzberatung, 4, 2013, S. 149–154.

Portisch, W./Neumann, M./Lüerßen, G. (2013g): Effiziente Sanierungsprozesse: Ergebnisse einer aktuellen Studie, ForderungsPraktiker, 7–8, 2013, S. 152–158.

Portisch, W. (2013h): Regelwerk zur InsO 9001:2013, Berlin, 2013.

Portisch, W./Cranshaw, F. L. (2014): Poolvertrag in Zeiten des ESUG – Sicherheitenpoolverträge an gesetzliche Neuerungen anpassen, in: Krisen-, Sanierungs- und Insolvenzberatung, 1, 2014, S. 9–15.

Portisch, W. (2015a): Intensivkonzepte in einem frühen Krisenstadium, in: Krisen-, Sanierungs- und Insolvenzberatung, 1, 2015, S. 13–17.

Portisch, W./Cranshaw, F. L./Knöpnadel, U. (2015b): Aspekte der Haftung, der Versicherung und des Risikomanagements des Gläubigerausschusses – Teil 1, Zeitschrift: Zeitschrift für das gesamte Insolvenzrecht, 1, 2015, S. 1–15.

Portisch, W./Cranshaw, F. L./Knöpnadel, U. (2015c): Aspekte der Haftung, der Versicherung und des Risikomanagements des Gläubigerausschusses, – Teil 2, in: Zeitschrift für das gesamte Insolvenzrecht, 3, 2015, S. 63–71.

Portisch, W. (2015d): Intensivprozesse aus Bankensicht gestalten, in: Krisen-, Sanierungs- und Insolvenzberatung, 2, 2015, S. 66–69.

Portisch, W./Maatz, B./Neuhaus, R. (2015e): Ganzheitlicher Turnaround-Prozess für Firmenkunden – Teil A: Anwendungsempfehlungen für ein Intensivkonzept, in: Krisen-, Sanierungs- und Insolvenzberatung, 6, 2015, S. 245–248.

Portisch, W./Wuschek, T. (2015f): Erlös- und Kostentransparenz: Im Sanierungsbereich von Banken und Sparkassen, in: BankPraktiker, 11, 2015, S. 412–419.

Portisch, W. (2016a): Finanzierung im Unternehmenslebenszyklus, 2. Auflage, München, Berlin 2016.

Portisch, W. (2016b): Untersuchung von Bearbeitungsprozessen im Problemkreditbereich, in: Portisch, W. et al. (Hrsg.): Problematische Firmenkundenkredite, 5. Auflage, Heidelberg 2016, S. 22–120.

Portisch, W./Maatz, B./Neuhaus, R. (2016c): Ganzheitlicher Turnaround-Prozess für Firmenkunden – Teil B: Anwendungsempfehlungen für ein Nachhaltigkeitskonzept, in: Krisen-, Sanierungs- und Insolvenzberatung, 1, 2016, S. 10–13.

Portisch, W./Wuschek, T. (2016d): Problemkreditcontrolling in Banken und Sparkassen, in: Krisen-, Sanierungs- und Insolvenzberatung, 2, 2016, S. 61–66.

Portisch, W. (2017a): Prozesse und Controlling in Sanierung und Abwicklung, 3. Auflage, Heidelberg 2017.

Portisch, W. (2017b): Sanierung – Prozesscontrolling, in: ForderungsPraktiker, 5–6, 2017, S. 100–109.

Portisch, W. (2017c): Abwicklung – Prozesscontrolling, in: ForderungsPraktiker, 7–8, 2017, S. 146–153.

Portisch, W. (2017d): Risikoreporting in der Sanierung und Abwicklung – Teil A, in: Krisen-, Sanierungs- und Insolvenzberatung, 4, 2017, S. 165–168.

Portisch, W. (2017e): Risikoreporting in der Sanierung und Abwicklung – Teil B, in: Krisen-, Sanierungs- und Insolvenzberatung, 5, 2017, S. 202–205.

Portisch, W. (2018a): IDW ES 6 n.F.: Neufassung des IDW Standards Sanierungskonzepte, in: ForderungsPraktiker, 1–2, 2018, S. 18–24.

Portisch, W. (2018b): Wandel in der Intensivbetreuung durch MaRisk und EZB-Leitfaden, in: ForderungsPraktiker, 7–8, 2018, S. 144–148.

Prütting, H. (2013): Der rechtliche Hintergrund des IDW S 6 zur Erstellung von Sanierungskonzepten, in: Zeitschrift für Insolvenzverwaltung und Sanierungsberatung, 3, 2013, S. 101–105.

Püschel, R. (2013): Anwendung des IDW S 6 auf Sanierungskonzepte für kleine und mittelgroße Unternehmen, in: Krisen-, Sanierungs- und Insolvenzberatung, 2, 2013, S. 53–59

Rattunde, R. (2003a): Sanierung durch Insolvenz, in: Zeitschrift für Wirtschaftsrecht, 2003, S. 2103–2110.

Rattunde, R. (2003b): Sanierung von Großunternehmen durch Insolvenzpläne – Der Fall Herlitz, in: Zeitschrift für Wirtschaftsrecht, 2003, S. 596–600.

Rau, G./Dürrwächter, E. (2018): Kommentar zum Umsatzsteuergesetz, Köln, 2018.

Reck, R. (2004): Die Analyse der Überschuldung in der strafrechtlichen Praxis – Teil 1, in: Zeitschrift für das gesamte Insolvenzrecht, 12, 2004, S. 661–667.

Rechtmann, J. (2008): Gesetz zur Modernisierung des GmbH–Rechts und Bekämpfung von Missbräuchen (MoMiG), in: BankPraktiker, 3, 2008, S. 120–123.

Rechtmann, J. (2012): Sicherheiten in der Krise: Neubestellung und Aktivitäten zu bestehenden Sicherheiten, in: Clemens, M./Cranshaw, F. L. et al., Hrsg.: Problematische Firmenkundenkredite, 4. Auflage, Heidelberg, 2012, S. 373–427.

Reiner, K. (2009): Sanierungskonzepte aus Sicht der Kreditinstitute, in: Die Wirtschaftsprüfung, 5, 2009, S. 320–325.

Ringelspacher, E. (2012): (Kredit-)Entscheidungen in der Krise mit Haftungsfolgen, in: ISU Institut für die Standardisierung von Unternehmenssanierungen: Mindestanforderungen an Sanierungskonzepte (MaS), 2. Auflage, Heidelberg, 2012, S. 250–273.

Rockel, K./Andersch, T. (2009): Erstellung von Sanierungskonzepten als berufstypische Tätigkeit eines Wirtschaftsprüfers, in: Die Wirtschaftsprüfung, 5, 2009, S. 246–253.

Rösler, P./Mackenthun, T./Pohl, R. (2002): Handbuch Kreditgeschäft, 6. Auflage, Wiesbaden, 2002.

Rüschen, T. (1989): Consulting–Banking: Hausbanken als Unternehmensberater, Frankfurt, 1989.

Ruhnke, K. (2005): Rechnungslegung nach IFRS und HGB, Stuttgart, 2005.

Schaber, M./Märkl, H./Kroh, T. (2010): IFRS Financial Instruments: Exposure Draft zu fortgeführten Anschaffungskosten und Wertminderungen, in: Zeitschrift für internationale und kapitalmarktorientierte Rechnungslegung, 2, 2010, S. 241–246.

Schaber, M./Brixner, J./Bosse, M. (2013): Der Exposure Draft ED/2013/3 „Expected Credit Losses", in: Zeitschrift für internationale und kapitalmarktorientierte Rechnungslegung, 5, 2013, S. 221–235.

Scharpf, P. (2004): Handbuch Bankbilanz, 2. Auflage, Düsseldorf, 2004.

Schiller, B./Tytko, D. (2001): Risikomanagement im Kreditgeschäft, Stuttgart, 2001.

Schimansky, H./Bunte, H.-J./Lwowski, H.-J. (2011): Bankrechtshandbuch, 4. Auflage, München, 2011.

Schmidt, A., Hrsg. (2012): Hamburger Kommentar zum Insolvenzrecht, 4. Auflage, Köln, 2012.

Schmidt, K. (1980): Organverantwortlichkeit und Sanierung im Insolvenzrecht der Unternehmen, in: Zeitschrift für Wirtschaftsrecht, 1980, S. 328–337.

Schmidt, K. (2009): Kreditfinanzierung durch Gesellschafter, in: Schmidt, K./Uhlenbruck, W., Hrsg.: Die GmbH in der Krise, Sanierung und Insolvenz, 4. Auflage, Köln, 2009, S. 166–196.

Schmidt, K., Hrsg. (2016): Insolvenzordnung, 19. Auflage, München, 2016.

Schmidt, R. H./Weiß, M. (2003): Shareholder vs. Stakeholder: Ökonomische Fragestellungen, 104, Working Paper Series: Finance & Accounting, 2003.

Schnüttgen, M. (2011a): Aufbau einer Prozessorganisation im Kreditgeschäft, in: Dürr, R./Schnüttgen, M., Hrsg.: Optimierung der Kreditprozesse, Heidelberg, 2011, S. 30–45.

Schnüttgen, M. (2011b): Monitoring der Prozesse, in: Dürr, R./Schnüttgen, M., Hrsg.: Optimierung der Kreditprozesse, Heidelberg, 2011, S. 205–238.

Schuppener, J./Peppmeier, K./Lützenrath, C. (2008): Inhalte des Sanierungskonzepts, in: ISU Institut für die Standardisierung von Unternehmenssanierungen: Mindestanforderungen an Sanierungskonzepte (MaS), Heidelberg, 2008, S. 21–155.

Schuppisser, S. W. (2002). Stakeholder Management, Bern, 2002.

Seagon, C. (2009): Möglichkeiten der Sanierung nach der Insolvenzordnung, in: Buth, A. K./Hermanns, M., Hrsg.: Restrukturierung, Sanierung, Insolvenz, 3. Auflage, München, 2009, S. 573–619.

Seidel, C. (2016a): Verwertungsmöglichkeiten im vorläufigen Verfahren durch die Bank, in: Portisch et al., Hrsg.: Problematische Firmenkundenkredite, 5. Auflage, Heidelberg, 2016, S. 483–490.

Seidel, C. (2016b): Sicherheitenverwertung durch Verwalter oder Bank, in: Portisch et al., Hrsg.: Problematische Firmenkundenkredite, 5. Auflage, Heidelberg, 2016, S. 493–515.

Sickel, H. U. (2008): Sicherheitenpoolverträge, in: Klein, J., Hrsg.: Konsortialkreditgeschäft und Sicherheitenpools, 2008, S. 89–129.

Simon, U. (2012): Das neue Schuldverschreibungsgesetz und Treuepflichten im Anleiherecht als Bausteine eines außergerichtlichen Sanierungsverfahrens, Baden-Baden, 2012.

Sladek, R. S./Heffner, A./Brockdorff, C. G., Hrsg. (2008): Insolvenzrecht – Aktuelle Schwerpunkte aus Gläubigersicht, Stuttgart, 2008.

Staehle, W. H. (1994): Management, 7. Auflage, München, 1994.

Staufenbiel, P./Hoffmann, V. (2008a): Die Ermittlung des Eintritts der Zahlungsunfähigkeit – Teil 1, in: Zeitschrift für das gesamte Insolvenzrecht, 14, 2008, S. 785–790.

Staufenbiel, P./Hoffmann, V. (2008b): Die Ermittlung des Eintritts der Zahlungsunfähigkeit – Teil 2, in: Zeitschrift für das gesamte Insolvenzrecht, 15, 2008, S. 838–843.

Steffan, B. (2016): Sanierungskonzepte nach IDW S 6: Lösungsansätze zu offenen Anwendungsfragen, Die Wirtschaftsprüfung, 23, 2016, S. 1310–1315.

Steffan, B./Solmecke, H. (2018): Neufassung des IDW S 6, in: Krisen-, Sanierungs- und Insolvenzberatung, 1, 2018, S. 5–12.

Steinwachs, T. (2007): Der Insolvenzplan als Sanierungsalternative, in: BankPraktiker, 2, 2007, S. 80–85.
Steinwachs, T. (2008): Die Insolvenzfestigkeit des Sicherheitenpoolvertrags, in: Neue Juristische Wochenschrift, 2008, S. 2231–2233.
Steinwachs, T. (2012a): Einleitung, in: Steinwachs, T./Vallender, H., Hrsg.: Der Gläubigerausschuss in der Insolvenz des Firmenkunden, 2012, S. 5–13.
Steinwachs, T. (2012b): Die Stellung des GA im Insolvenzverfahren, in: Steinwachs, T./Vallender, H., Hrsg.: Der Gläubigerausschuss in der Insolvenz des Firmenkunden, 2012, S. 77–83.
Steinwachs, T. (2016): Der Gläubigerausschuss: Vor- und Nachteile für die Bank, in: Portisch et al., Hrsg.: Problematische Firmenkundenkredite, 5. Auflage, Heidelberg, 2016, S. 569–590.
Stosch, A. v. (2008): Wertberichtigungen unter Anwendung des IAS 39, in: BankPraktiker, 5, 2008, S. 241–246.
Strüber, M./Donat, C. (2003): Die ertragsteuerliche Freistellung von Sanierungsgewinnen durch das BMF–Schreiben vom 27.03.2003, in: Betriebs-Berater, 39, 2003, S. 2036–2043.
Swoboda, P. (1991): Betriebliche Finanzierung, 2. Auflage, Heidelberg, 1991.
Tanski, J. S. (2005): Internationale Rechnungslegungsstandards, 2. Auflage, München, 2005.
Tetzlaff, C. (2007): Neues zum Insolvenzgrund der Zahlungsunfähigkeit, in: Zeitschrift für das gesamte Insolvenzrecht, 24, 2007, S. 1334–1337.
Theewen, E. 2003): Haftungsrisiken der Kreditinstitute in der Krise ihrer Schuldner, in: Zeitschrift für Bank- und Kapitalmarktrecht, 4, 2003, S. 141–148.
Theewen, E. (2011): Sanierungsgutachter: Zivilrechtliche Haftung der Hausbank bei der Empfehlung eines konkreten Beraters, in: ForderungsPraktiker, 1, 2011, S. 28–33.
Theisen, M. R. (2000): Der Konzern, 2. Auflage, Stuttgart, 2000.
Thiele, F. (2018): Übertragende Sanierung, in: Wimmer, K./Dauernheim, J./Wagner, M./Gietl, J., Hrsg.: Handbuch des Fachanwalts Insolvenzrecht, 8. Auflage, Köln, 2018, S. 1334–1388.
Tobias, R./Schampel, C. (2011): Sanierungskonzepte nach IDW S 6, in: Krisen-, Sanierungs- und Insolvenzberatung, 6, 2011, S. 245–251.
Trippler, T. (2005): Erstellung des Sanierungskonzepts und Auswahl des Sanierungsberaters, in: Portisch, W./Shahidi, K., Hrsg.: Sanierung und Restrukturierung von kleineren und mittleren Unternehmen, Bern, 2005, S. 67–89.
Uhlenbruck, W. (2007a): Zusammenfassung der Empfehlungen der Kommission zur Vorauswahl und Bestellung von InsolvenzverwalterInnen sowie Transparenz, Aufsicht und Kontrolle im Insolvenzverfahren („Uhlenbruck–Kommission“), in: Zeitschrift für das gesamte Insolvenzrecht, 14, 2007, S. 760–764.
Uhlenbruck, W. (2007b): Hohe Qualitätsanforderungen an Insolvenzverwalter, in: Krisen-, Sanierungs- und Insolvenzberatung, 6, 2007, S. 268–269.
Uhlenbruck, W., Hrsg. (2015): Insolvenzordnung, 14. Auflage, München, 2015.
Uhlenbruck, W./Vallender, H. (2009): Zehn Jahre Insolvenzordnung – eine kritische Zwischenbilanz, in: Neue Zeitschrift für das Recht der Insolvenz und Sanierung (NZI), 1, 2009, S. 1–11.
Vallender, H. (2004): Unternehmenskauf in der Insolvenz, in: GmbH Rundschau, 2004, S. 543–548.
Veith, M. (2012): Sanierungskonzepte und rechtliche Sanierungswerkzeuge, in: Clemens, M./Cranshaw, F. L. et al., Hrsg.: Problematische Firmenkundenkredite, 4. Auflage, Heidelberg, 2012, S. 187–243.
VID, Hrsg. (2016): Grundsätze ordnungsgemäßer Insolvenzverwaltung (GOI) – Beschlussfassung 22.04.2016, Berlin, 2016, S. 1–16.
Voss, M. (2012): Bildung des Gläubigerausschusses im Verfahren, in: Steinwachs, T./Vallender, H., Hrsg.: Der Gläubigerausschuss in der Insolvenz des Firmenkunden, 2012, S. 41–49.
Voß, R. (2009): Wiederkehrende Probleme mit der Insolvenzordnung aus Sicht der Banken, in: BankPraktiker, 6, 2009, S. 304–307.

Wedekind, L. H. (2013): Die Auswahl des Zwangsverwalters aus Gläubigersicht, in: ForderungsPraktiker, 7–8, 2013, S. 180–185.
Wegener, H. U./Schäfer, I. (2005): Überwachung des Sanierungsverlaufs über ein Sanierungsinformationssystem, in: Portisch, W./Shahidi, K., Hrsg.: Sanierung und Restrukturierung von kleineren und mittleren Unternehmen, Bern, 2005, S. 121–148.
Wegmann, F. (2009): Ansprüche der Bank bei ungünstiger oder verzögerter Verwertung durch den Insolvenzverwalter, in: BankPraktiker, 2, 2009, S. 86–91.
Wegmann, F./Habl, R. (2012): Vorfinanzierung von Insolvenzgeld, in: Clemens, M./Cranshaw, F. L. et al., Hrsg.: Problematische Firmenkundenkredite, 4. Auflage, Heidelberg, 2012, S. 486–495.
Weigel, W./Flick, P. (2007): IFRS–Bilanzanalyse – Die Uhr tickt, in: BankPraktiker, 7–8, 2007, S. 392–397.
Weis, D: Neuorganisation der Problemkreditbearbeitung aus Sicht von Kreditinstituten vor dem Hintergrund der MaK, in: Zeitschrift für Bank- und Kapitalmarktrecht, 5, 2003, S. 181–189.
Wellensiek, J. (2002): Übertragende Sanierung, in: Neue Zeitschrift für das Recht der Insolvenz und Sanierung, 5, 2002, S.233–239.
Werner, H./Schreitmüller, A. (2017): Integrierte Finanz- bzw. Sanierungsplanung, in: Crone, A./ Werner, H., Hrsg.: Handbuch modernes Sanierungsmanagement, 5. Auflage, München, 2017, S. 209–237.
Werner, H./Weniger, S./Schulz, T. (2017): Organisation der Sanierung, in: Crone, A./Werner, H., Hrsg.: Handbuch modernes Sanierungsmanagement, 5. Auflage, München, 2017, S. 239–285.
Wilden, P. (2009): Praxisorientierte Verfahren zur Früherkennung von Unternehmenskrisen und Insolvenzgefahren, in: Buth, A. K./Hermanns, M., Hrsg.: Restrukturierung, Sanierung, Insolvenz, 3. Auflage, München, 2009, S. 48–78.
Williamson, O. E. (1985): The Economic Institutions of Capitalism, New York, 1985.
Wimmer, K. (2012): Das neue Insolvenzrecht nach der ESUG-Reform, Köln, 2012.
Winkelmann, P. (2010): Marketing und Vertrieb, 7. Auflage, München, 2010.
Wittig, A. (2009): Kredite und Kreditsicherheiten im Insolvenzeröffnungsverfahren, in: Schmidt, K./ Uhlenbruck, W., Hrsg.: Die GmbH in der Krise, Sanierung und Insolvenz, 4. Auflage, Köln, 2009, S. 588–604.
Wöhe, G./Bilstein, J. (2002): Grundzüge der Unternehmensfinanzierung, 9. Auflage, München, 2002.
Wohlert, D. (2007): MaRisk versus MaH/MaK, in: Hofmann, G., Hrsg.: Basel II und MaRisk – Regulatorische Vorgaben, bankinterne Verfahren, Risikomanagement, Frankfurt, 2007, S. 455–480.
Wollgarten, R./Killig, U. (2009): Insolvenzverwalterauswahl aus Sicht der Kreditinstitute, in: BankPraktiker, 1, 2009, S. 32–37.
Wolf, T. C./Schlagheck, M. (2007): Überschuldung – Tatbestand, Bilanzierung, Steuerrecht, Herne, 2007.
Wuschek, T. (2011): Sicherheitenpoolvertrag: Besonderheiten und spezielle Regelungen, in: BankPraktiker, 10, 2011, S. 358–363.
Wuschek, T. (2017): Leitfaden für Banken zu notleidenden Krediten (NPL), in: ForderungsPraktiker, 9–10, 2017, S. 196–198.
Zülch, H./Höltken, M. (2013): Die neue (Konzern-)Lageberichterstattung nach DRS 20 – ein Anwendungsleitfaden, in: Der Betrieb, 44, S. 2457–2465.
Zwirner, C. (2018): Anpassung des IDW S 11, in: Krisen-, Sanierungs- und Insolvenzberatung, 2, 2018, S. 60–65.

Stichwortverzeichnis

8https://doi.org/10.1515/9783110601855-008

www.ingramcontent.com/pod-product-compliance
Lightning Source LLC
LaVergne TN
LVHW081353011026
849161LV00013BA/2805